日本語 文章・文体・表現事典

新装版

中村　明・佐久間まゆみ・髙崎みどり・十重田裕一・半沢幹一・宗像和重【編集】

朝倉書店

刊行のことば

文章論・文体論・表現論の分野を統括し、さらに日本の言語と文学を体感的に展望するために、日本語表現体系の総合的な事典をめざし、今その数年間の試みを世に問う。

「文章論」があり、「文体論」があり、「表現論」があり、たがいに関連する研究成果がそれぞれの分野で別々に発表されてきた。他方、同じ「文章」の分野で「文章論」と「文章研究」は違うとか、同じ「文体」の分野で「文学的文体論」と「語学的文体論」との接点に疑問をもつとか、同じ「表現」関連の分野で「表現論」と「表現研究」との関係や「レトリック」の位置づけにとまどうとか、それぞれの分野の内部もすっきりと整理されていない。

「文体」の定義にいたっては、それを研究する学者の数だけあると極論されるほど、その概念は驚くほど多様な広がりを見せる。だがそれは、「鰆」と「椹」とを強引に括り、「鯊」と「櫨」とを乱暴に一括するのとは問題が異なる。「サワラ」や「ハゼ」とは違って、それらは「ブンタイ」といった音の共通性でつながっているわけではない。「文体」の定義が何十種類に及ぼうと、文章として表現された「ことばの形」を問題にするという一点ではどの文体観も共通し、それらの概念の間には音だけでない意味のつながりが存在するはずだからだ。むろん、文体論には限らない。文章論も表現論も、レトリックも、あるいは文学の表現分析も、そういう共通の土台の上に構築されたネットワークなのではないか。

具体例で考えても、『坊っちゃん』や『細雪』や『雪国』の「文章」の特徴を分析する人と、それらの作品の「文体」の特徴を探る人と、それぞれの「表現」の性格を明らかにしようとする人とが、はっきりと違った対象を思い描き、まったく異なる方法論を駆使しているなどということは現実にありえない。森鷗外・志賀直哉・井伏鱒二・吉行淳之介といった作家を単位に、その「文章」「文体」「表現」を究明しようとする場合も、事情は何も変わらない。

具体的な言語事実にふれない文章批評は信用できず、作品の文体価値に届かない言語分析は文学研究として無意味である。この分野の研究は、それぞれアプローチの方法は異なっても、たがいに関連性のある対象を見すえ、いずれも知性と感性の両面で筋を通し響き合いながらそこに迫る愚直な実践であったはずである。

しかし、現状において、個人著述の試みを除けば、日本語の文体や文体論を専門にあつかった本格的な辞典も事典もいまだに刊行されていない。「文章」や「表現」と名のつく辞典類はいくつか出ているものの、そのほとんどが文章の書き方に関する実用書か、鑑賞のための名文集に類するものに限られる。このように密接に関連し合う領域で、やれ文章論だ文体論だ表現論だと、各分野の縄張り争いをくりひろげても進展はない。

ともに日本語の姿を追うこれらの関連分野の研究においては、拠って立つ考え方に多少の差はあっても、そういう立場の違いを乗り越えて語り合うことにより、ともに鋭い刺激と豊かな影響を受ける期待は大きい。その際、たがいに話がかみあい、共通認識をもって実りある議論ができてこそ道は開け、発展する。共通理解を基礎に話がかみあうその第一歩として、知性と感性の響き合うこの魅力的な研究領域を包括的に視野におさめ、それぞれの知見を総合的に解説した大著の出現が望まれてきた。

そういう期待に応えるべく、文章・文体・表現に、その技術的成果としてのレトリックを含め、さらに、生きた日本語のひとつの姿として文学的に結晶した言語芸術をも対象に加えた、そんな幅広い分野を一望できる大冊の事典を構想し、文章論・文体論・表現論・レトリック・文学研究の各領域の第一線に立つ専門学者が編集委員として細部にわたる具体的な計画・立案をおこなった。膨大な量の原稿の執筆にあたっては、編集委員のほか二百名を超える関連諸分野それぞれの気鋭の研究者の協力を仰いだ。

全体の構成としては、表現用語・文章用語・文体用語・レトリック用語の解説から始め、ジャンル別の文体の概観、文章・文体・表現の基礎知識、目的・用途別の文章作法と続き、近代作家二〇二名の文体概説および表現鑑賞、近代の名詩六一編、名歌一〇〇首、名句一〇一句それぞれの表現鑑賞という流れで展開したあと、文章・文体・表現の分野の基本文献約七〇冊に関するそれぞれの解題を添え、巻末に総合索引を付した。研究領域の幅および収録内容のスケールにおいて他に類を見ない試みとして、今後しばらく、この分野をめざす人たちの指針となるだろう。そうして、読者諸賢のご教示を得ながら、いずれ秋の夕陽の中で、さらによい姿に向かって静かに熟れてゆくことになれば理想的である。

二〇一一年　風薫る武蔵野にて

編者を代表して　中村　明（早稲田大学名誉教授）

編集委員

中村　明（早稲田大学名誉教授）【編集主幹】
佐久間まゆみ（早稲田大学教授）
髙崎みどり（お茶の水女子大学教授）
十重田裕一（早稲田大学教授）
半沢幹一（共立女子大学教授）
宗像和重（早稲田大学教授）

編集協力

石黒　圭（一橋大学）
河内彩香（東京大学）
塩野加織（早稲田大学）
水藤新子（中央学院大学）
名木橋忠大（中央大学）
野網摩利子（東京大学）

執筆者（五十音順）

青木亮人
赤羽研三
秋元美晴
阿久澤忠
安部達雄
阿部由香子
阿毛久芳
安藤恭子
安藤　宏
井内美由起
池野美穂
石川　巧
石黒　圭
石月麻由子
石出靖雄
市村和久
糸井通浩
稲益佐知子
乾口達司
今川英子
岩淵宏子
位田将司
植木賢一
宇佐美毅
内田安伊子
内海紀子
瓜生鐵二
遠藤織枝

大木志門
大久保恵子
大熊　徹
大塚常樹
大野亮司
大原祐治
岡本真一郎
尾崎美紀
小澤　純
小平麻衣子
小沼喜好
小野正弘
柿谷浩一
梶尾文武
勝原晴希
加藤邦彦
加藤禎行
金井景子
金子明雄
金子亜由美
蒲谷　宏
河内彩香
川津　誠
川原塚瑞穂
菅　聡子
喜古容子
木坂　基
木戸光子
木戸雄一
城殿智行
木村寛子
木村陽子
木村義之
楠見　孝
熊谷昭宏
久米依子
倉田靜佳
倉田容子
倉西　聡
栗原　裕
栂沢　健
小池一夫
小池博明
紅野謙介
神野紗希
河野龍也
郡　史郎
郡千寿子
小仲信孝
小林裕子
小宮千鶴子
小森陽一
近藤尚子
近藤　富
近藤裕子
西條美紀
坂田達紀
坂本　恵
佐久間まゆみ
笹原宏之
佐藤　泉
佐藤嗣男
ポリー・ザトラウスキー
澤　正宏
塩澤和子
塩野加織
篠崎美生子
島村　輝

白藤禮幸
真銅正宏
陣内正敬
水藤新子
杉浦　静
杉戸清樹
鈴木香子
鈴木敬司
鈴木貴宇
砂川有里子
関　綾子
関谷　博
染谷裕子
孫　軍悦
髙崎みどり
髙野奈保
高橋　修

高橋孝次
高橋広満
高橋真理
高橋淑郎
田口麻奈
竹内栄美子
武内佳代
立尾真士
立川和美
田中佳太
田中妙子
田中千世子
田中南穂
田中　寛
田中　実
田中ゆかり
田中励儀

棚田輝嘉
多門靖容
田山のり子
千葉俊二
辻　吉祥
出口智之
寺澤浩樹
寺田智美
東郷克美
十重田裕一
時野谷ゆり
戸塚　学
鳥羽耕史
内藤千珠子
内藤寿子
永井聖剛
中里理子

中沢　弥
中島国彦
中島礼子
中西亮太
長沼英二
永野宏志
中丸宣明
中村　明
中村敦雄
中村晋吾
中村ともえ
中村三春
中村三代司
中山弘明
名木橋忠大
西川真貴
西谷裕子

西村将洋
西元康雅
仁田義雄
二瓶浩明
野網摩利子
野村眞木夫
畑中基紀
花崎育代
馬場俊臣
浜田雄介
林　浩平
速水博司
原田　桂
半沢幹一
疋田雅昭
日高昭二
平　浩一
平野芳信
藤村知子
船所武志
星野祐子
細谷　博
前田直子
松木正恵
松村由利子
水谷真紀
三原祥子
宮内淳子
宮川健郎
宮坂康一
宮崎真素美
宮澤隆義
宮田公治
武藤康史
宗像和重
村井幹子
泉子・K・メイナード
森　雄一
諸岡卓真
安　智史
柳沢孝子
柳澤浩哉
山岸郁子
山口　徹
山口俊雄
山﨑義光
山下喜代
山下真史
山田俊治
山根道公
山本幸正
山本芳明
山本　良
山本亮介
吉田竜也
吉田司雄
与那覇恵子
若狭　絢
和田敦彦
渡邊英理
渡邉さやか

目次

第X章　文章論・文体論・表現論の文献解題　七五九

第Ⅰ章

表現用語の解説

「表現用語」とは、「表現論」「表現法」および言語表現一般に関する研究における用語として、基本的かつ一般的なものを含むが、本章では、用語それ自体よりも、日本語の表現と理解の基礎として、「文章」「文体」を分析する際に重要な要素となりうることがらを項目としている。

大小様々な言語の構成単位から「談話」のジャンルまで及ぶが、そもそも言語とは何かという言葉の本質を考える基礎となるものが多い。とりわけ、欧米の「テクスト言語学」「ディスコース研究」「語用論」などにおける話し言葉の「談話」に関する用語を取り上げ、第Ⅱ章の「文章」に関する用語と区別している。

表現研究は、文章と談話の両面を対象とすべきであるが、近年は、言語の表現と理解を表裏一体と見なして、コミュニケーションを分析することが多いが、本章では、「談話」に関する項目に限定している。

1　言語

表現の基礎

言語とは何かという規定については、大きく分けて二つの考え方がある。それぞれの考え方のなかにはさらに様々な立場や見方があるのだが、その一つは言語を「構造や体系」として捉えるもので、もう一つは「活動や行為」として捉えるものである。

一つ目の「構造や体系」として捉える規定は、「概念を表す記号体系」「記号形式（聴覚映像・音声・文字など）と記号内容（思想・感情・概念・指示物・意味など）からなる」「社会的慣習として定まった記号の体系」「伝達のための意味のある音声形式」などと記述されている。大まかにいえば、ソシュール（Saussure）のラング（langue）としての規定に関連するものであり、伝統的な言語学の立場における規定である。

それに対して、二つ目の「活動や行為」として捉える規定は、「言語主体（話し手・書き手・聞き手・読み手）による表現行為・理解行為」「伝達・コミュニケーションとしての行為」などと記述されている。これも大まかにいえば、時枝誠記の主張する、言語は主体の行為（過程）であるとする言語観に関連する規定である。この立場では、言語の持つ伝達・コミュニケーションの面がより重視され、個々の主体がある場面において行う表現行為・理解行為こそが言語であるということになる。

こうした二つの考え方は、根本的な違いによる対立関係にあるとも見えるのだが、言語研究が進化するにつれ、「構造や体系」として捉える立場であっても「活動や行為」を無視することはできず、「活動や行為」を重視する立場であっても「構造や体系」なしに言語を説明することはできない、という点で、相互に補完する関係になっているといえよう。

一つ目の立場を代表するといわれるソシュールのパロール（parole）も、「個人的な一回限りの発話」であるとすれば、それはまさに「行為」としての言語を意味するわけであり、パロールを通じてしかラングは存在しえないとも考えられるため、実は二つの立場にそれほど大きな差異はないということもできるのである。しかし、言語が持つ重要な機能が伝達・コミュニケーションにあることはいうまでもなく、それを明らかにするためには、言語の規定を狭い意味での構造や体系だけにとどめておくことはできないだろう。

言語の一般的な特徴としては、「言語記号の恣意性（概念と音声の結びつきには必然性がない）」「言語記号の線条性（時間軸に沿ってのみ表現される）」などがあり、言語の機能としては、「伝達機能」のほか「社交機能（あいさつなど）」「表出機能（独り言など）」「思考機能（内言）」などがある。

言語は、表現主体、理解主体、場面、文脈などといった観点、ある個別言語における、音声、音韻、文字、表記、語彙、意味、文法、文章、談話などといった観点、それぞれの歴史的、地理的、社会的、文化的、心理的、物理的な側面など、様々な点から研究される対象である。今後の言語研究では、表現行為、理解行為の総体をより深く解明していくことが求められている。それによって、言語研究が、言語教育をはじめとする言語関連の諸分野の基礎をなすものとして、さらに展開し得るようになるといえるだろう。

〔蒲谷　宏〕

2　表現の基礎
コミュニケーション

〈コミュニケーションの規定〉

コミュニケーション（communication）は、人間の意思を伝達し、交流させる行為・活動を指す。この行為・活動は、人間の思考や思想のあり方、その伝達、交流の手段・方法、背景となる文化的・社会的・心理的な問題を広く含む概念だといえる。

コミュニケーションを捉える視点としては、主に次の四つがあると言われている。

①機械論的視点…コミュニケーションを物理学的に捉え、機会が情報を伝達する効率に焦点を当てたもの。

②心理学的視点…外から受ける刺激を選別して取り入れるフィルターに焦点を当てたもの。

③シンボリック相互作用論的視点…コミュニケーションの当事者間にある言葉や行為というシンボルが、どのように創造され、意味づけされ、共有されるかに焦点を当てたもの。

④システム論的視点…コミュニケーションを行っている二者を一つの単位とみなし、その単位で見たときに、コミュニケーションがどのような仕組みで動いているかに焦点を当てたもの。

コミュニケーションの定義は無数にあるが、人が人との関わりのなかで生きていくためのコミュニケーション活動を説明するには、「シンボリック相互作用論」の視点がわかりやすく、この観点からは、コミュニケーションは、「シンボルを創造し、そのシンボルを介して意味を共有するプロセスである」と定義されている。

〈コミュニケーションのあり方〉

コミュニケーションを大きく分けると、言語によるコミュニケーションの「バーバルコミュニケーション（verbal communication）」と、非言語によるコミュニケーションの「ノンバーバルコミュニケーション（nonverbal communication）」とがある。後者は、ジェスチャーや顔の表情など、言語以外の手段によるコミュニケーションである。

コミュニケーションは、そのコミュニケーションを行う主体が一対一の場合と一対多の場合があり、後者の「多」には、二、三名から不特定多数の場合がある。「不特定多数」にも、講義や講演などから、新聞・雑誌・テレビ・ラジオのように無数に及ぶものまであり、これらは、「マスコミュニケーション（マスコミ）」と呼ばれる。マスコミは、現代社会にとって不可欠のものだが、コンピュータや携帯電話などの進歩、インターネットの普及により、一対一の個人的なコミュニケーションから一対多数・無数のコミュニケーションまでの境界が曖昧になってきており、コミュニケーションのあり方が大きく変質してきているといえよう。

〈コミュニケーションを考える枠組み〉

基本的なコミュニケーションの仕組みとしては、次のような枠組みで考えることができる。

コミュニケーション主体…表現主体・理解主体

言語の場合には、

表現主体…話し手・書き手
理解主体…聞き手・読み手

媒材の観点からは、

音声によるコミュニケーション…話し手・聞き手
文字によるコミュニケーション…書き手・読み手

コミュニケーション主体がそのコミュニケーションによって何かを実現しようとする意識…意図（表現意図・理解意図）

コミュニケーションの場面…人間関係（自分・相手・第三者の関係）、場（状況・文脈）などの認識、位置づけ

コミュニケーションの内容…話題・知識・情報・感情・意志など

コミュニケーションの形式…言語によるもの（音声・文字、語・文・文章・談話などの単位）非言語によるもの（動作・態度・表情など）

コミュニケーションの媒体…電話・手紙・Eメール、新聞・雑誌・書籍、テレビ・ラジオ・インターネットなど

〈コミュニケーションの問題点〉

実際のコミュニケーションにおいては、これらの要素が複雑に絡み合い、誤解や曲解など様々なコミュニケーション上の問題が生じる。コミュニケーションは、主体の意思を伝達し、交流させる行為だといっても、伝えようとする感情や意識、思考内容や情報などは、何らかの媒材、媒体を通してしか伝えることはできない。主体Aの意図が主体Bにそのまま伝わるとは限らず、むしろ伝わらないことが常態なのだとする考え方もある。しかし、だからこそ、主体Aの表現行為、理解行為、主体Bの表現行為、理解行為をくりかえし行うことで、コミュニケーションの成立を図ることが重要になってくるといえるのである。コミュニケーションは創造的なプロセスであり、コミュニケーションによって社会的な現実が創られ、維持されるという、動態的な捉え方をする必要があるだろう。

〈異文化間コミュニケーション〉

コミュニケーションは、同一の文化や社会に属する人々の間だけではなく、異なる文化、社会に属する人々の間でも行われるものである。異なる言語や異なる文化間でのコミュニケーションの問題は、これからの世界のあり方を考えていくときには極めて重要な課題となるだろう。これは、異なる国家間のコミュニケーションだけではなく、同じ社会の中での異なる言語や文化間でのコミュニケーションの問題も含むものである。こうした問題は、母語と第二言語の習得の問題、バイリンガル、異文化受容の問題、アイデンティティーの問題などにつながっている。コミュニケーションの課題を情報の伝達だけに限ってしまうのではなく、さらに広がりを持ったものとして捉え、その総体を解明していくことが期待される。

書籍
岡野雅雄編（二〇〇四）『わかりやすいコミュニケーション学』三和書籍
末田清子・福田浩子（二〇〇三）『コミュニケーション学』松柏社
西田ひろ子編（二〇〇〇）『異文化コミュニケーション入門』創元社

〔蒲谷　宏〕

表現の基礎

3 言語主体

言語主体は、言語を「構造や体系」として捉える場合は、言語を使う主体という意味になるが、言語を「活動や行為」として捉える場合は、活動や行為の主体という意味になる。「言語主体」という用語は、主に後者の立場で用いられており、言語を表現行為、理解行為と考えた際、その行為を行う主体、と規定することができる。

言語主体には、表現主体と理解主体があり、表現主体には、話し手と書き手、理解主体には聞き手と読み手がある。音声によるコミュニケーションの主体は、話し手と聞き手、文字によるコミュニケーションの主体は書き手と読み手、という捉え方もできる。

ここで問題になるのは、話し手、書き手、聞き手、読み手、というのは、あくまでも言語主体として規定される用語だということである。したがって、たとえば、話し手が聞き手に対して話す、というとき、話すという行為において、話し手から見た聞き手は、言語主体として規定される聞き手とは異なるものとなる。聞き手は、あくまでも聞くという行為を行っている主体であり、話す行為の相手として捉えられた聞き手ではない、ということである。この関係を整理すると、次のようになる。

話す行為　話し手（表現主体）—聞き手（相手）
聞く行為　聞き手（理解主体）—話し手（相手）
書く行為　書き手（表現主体）—読み手（相手）
読む行為　読み手（理解主体）—書き手（相手）

また、たとえば、ある文章のなかで「それは、私があなたにお伝えしたことです。」などと書かれた文を対象として、「私」は書き手、「あなた」は読み手を指す、などとする説明も混乱を招く。たしかに客観的には、この表現のなかにおける「私」が書き手、「あなた」がこの文の読み手と一致する場合もあるが、これはあくまでも、この文章の表現主体（書き手）が自分自身を「私」と捉え、相手である読み手を「あなた」と捉えて記述したということなのである。さらにいえば、この文では「お伝えする」の主体は「私」だ、というように説明されるときの主体（動作主体）と、言語主体とはまったく異なる捉え方である。

時枝誠記は、言語の成立条件として、「主体・場面・素材」を挙げたが、「主体」は、「話し手・書き手・聞き手・話し手」であり、「相手」としての「話し手・書き手・聞き手・読み手」は、「場面」に含まれるものだといえる。また、文中の「私」や「あなた」は、客観的には「主体」を指していたとしても、それらは「素材」として示された人物として位置づけられる。

言語主体を明示することの重要性は、文章や談話の内容（素材）における人物や出来事にばかり目が向けられ、その文章や談話の表現主体そのものを見失わないようにすることにつながる。それは、言語研究においても、また、実際の言語生活においても必要なことである。客観的に記述された文章であっても、そこにはそれを書いた表現主体がいること、不特定多数の人に向けて書いた文章であっても、それを読む一人ひとりの理解主体がいることに着目しなくてはならない。

〔蒲谷　宏〕

時枝誠記（一九四一・一九五五）『国語学原論』正・続　岩波書店

表現の基礎

4　言語行動

言語による思考・表現・伝達、及び、これらに対応する理解・受容・反応などの行動をいう。思考内容の構築・内省・記述・表現・理解・記録、あるいは、意思や感情の表出・伝達・受容・反応、さらに、歌謡・文芸・書など言語芸術の表現・鑑賞・蓄積など、さまざまな種類がある。いずれも、音声・文字・単語などの言語記号や文・文章・発話などの言語形式・言語作品そのものではなく、それによって人が行う行動ややりとりをいう。たとえば、言語教育の分野では、言語記号のうち音声による「話す・聞く」、文字による「書く・読む」という四技能（四領域）を区別し、「言語活動」と呼ぶことが多いが、言語行動と言語活動とは厳密に区別された術語ではなく、意味することがらの範囲や具体的な内容は重なっている。また、言語行動を日常的な生活のさまざまな場面の中で観察すると、たとえば、買物場面で店員と客がするあいさつ・質問・勧誘・依頼・応諾・雑談など、会社の場面で上司と部下がする指示・命令・伺い・相談・議論など、学校の場面で教師と生徒・学生がする説明・教示・質問・返答など、より具体的な言語行動がとらえられる。こうした言語行動によって成り立つ社会的生活の総体を「言語生活」という。なお、実際のコミュニケーションや表現・伝達には、音声や文字による言語行動とともに、表情・姿勢・身振り、図・信号などの非言語的な媒体が同時に現れる場合も多い。

〔杉戸清樹〕

談話・口頭表現

5　談話

〈談話の規定〉

「談話（discourse）」は、文よりも大きい言語単位で、あるまとまりをもって展開した文の集合体と規定することができる。音声による表現、文字による表現の両者を含むとする規定もあり、「テクスト（text）」、「文章」などとの用語上の区別については諸説あるが、ここでは、音声による言語の単位を「談話」とし、文字によるものは「文章」として区別しておくことにする。

〈談話の認定〉

談話は、文よりも大きい言語単位と規定されるが、その単位認定を厳密に行うことは難しい。一つの文（あるいは、一つの語）で一つの談話を構成する場合もある（たとえば、「あぶない！」と注意を喚起する場合など）。ここでは、談話を音声コミュニケーションとして捉え、談話を分析するための基本的な枠組みを示しつつ、単位の認定に関する点についても述べる。

談話は、コミュニケーション主体AとBが、相互に表現主体（話し手）・理解主体（聞き手）となって、展開し、構成されていく。このとき、一対一の談話（対話・会話）もあれば、一対多の談話（講演・講義・演説など）もあり得る。一対一、あるいは、談話の参加者（主体）が少数の場合、それらの参加者で一つの談話を展開、構成させていくことになる（「対話」）が、一対多の談話の場合には、話し手、聞き手の関係は一方向的であり、話し手が談話を展開させていく（「独話」）という違いがある。途中で、参加者が交替したり、増減したりすると、そこで展開、構成された談話が一つの談話であるかどうかが認定し難くなる。

ある一つの「意図」に沿って談話が展開した場合は、その意図が実現するまでが一つの談話であると認定しやすい。たとえば、依頼（を意図とした）談話、勧誘（を意図とした）談話、などと名付けられるものである。ただし、実際の談話は様々な意図が複雑に組み合わさった形で展開することも多く、その場合は、一つの意図で一つの談話、という認定はしにくい。

表現の「内容」のまとまり、という点が重視されると、話のテーマや素材、内容に一貫性のあることが一つの談話であることの認定基準になる。言語的文脈、状況的文脈の連続性なども関係する。

「形式」としての統一性、一貫性も、一つの談話であることの認定基準になり得る。対象となる表現の前後に時間的な区切りがあること、表現の内部にも連続性があること、使われている言語の種類（共通語か方言か、A言語かB言語か）が一定であること、外来語や他の言語を用いた場合であっても、それが談話の一部をなす引用などであることが明らかなこと、二つ以上の言語の種類が混在しないこと、表現を構成する要素の関係に一定の型が見られること、などが関連してくる。

表現の「媒体」にも、連続性、一貫性があること。たとえば、対面でのコミュニケーションと電話でのコミュニケーションが混在しないことなどもある。

このほか、表現の「態度」が一定していること（改まっているか、くだけているか、など）、社会的、心理的、物理的状況に連続性があること、非言語的表現にも同種のものが連続していること、などが、談話の認定基準として挙げられている。

〈「談話」という観点の重要性〉

以上述べてきたことは、談話という単位を認定するための重要な枠組みであるが、実際の音声コミュニケーションを談話という単位で客観的に切り取ることは、かなり困難な課題であるといえるだろう。むしろ、大切なことは、音声コミュニケーションを文の単位で考えるのではなく、「コミュニケーション主体」の「意図」は何か、「コミュニケーション主体」は、そのコミュニケーションの「場面」（「人間関係」や「場」）をどう認識しているのか、「内容」としては何を伝えようとし、それをどのような「形式」で伝えようとしているのか、ということを、より大きなまとまりとして切り取り、それを研究上の対象として、その展開のしかたや構造などを明らかにすることで、実際のコミュニケーション活動に意味のある研究を進めていくことにあるといえよう。

〈談話の研究〉

談話を研究する分野や内容としては、次のようなものがあるとされる。

談話文法…文の文法現象を談話レベルから捉えることで説明するもの。談話文法は、機能主義的であり、語用論にもつながっている。研究課題としては、「主語と情報構造」「視点」「結束性―文脈指示、置き換え、省略、反復、接続関係、首尾一貫性」などがあるとされる。

談話分析…談話文法と関連しているが、研究の主眼は、「一貫性のある文脈のなかで、文がどのように情報伝達の機能を果たすのかを明らかにすること」であった。

会話分析…「やりとり」「発言の順番（turn）」「発話交替（turn taking）」「あいづち」「会話を構成するトピックの構造」などが課題となっている。

語用論…ことばの運用について研究する分野。「発語行為」「会話のルール」などを扱う。

研究の範囲や内容については、それぞれの研究分野が重なりつつ展開しているため、厳密に区分することはできないが、いずれもが文を超える音声コミュニケーションの実態を明らかにすることを目指しているといえるだろう。

このほか、心理学、民族学、認知科学などからの解明も行われている。

狭い意味での言語の研究を超えるものとして、談話や文章の研究が進められているが、談話の研究が、文法の研究範囲を広げるということだけではなく、極めて動態的な音声コミュニケーションの実態、本質を解明することにもつながること、そして、そのことが言語教育の基礎研究としても実質的に意味を持つものとなることが期待される。

佐久間まゆみ・杉戸清樹・半沢幹一（一九九七）『文章・談話のしくみ』おうふう
佐久間まゆみ編・北原保雄監修（二〇〇三）『朝倉日本語講座第七巻　文章・談話』朝倉書店
ザトラウスキー、ポリー（一九九三）『日本語の談話の構造分析』くろしお出版
南不二男（一九七四）『現代日本語の構造』大修館書店
メイナード、泉子・K（二〇〇四）『談話言語学』くろしお出版

〔蒲谷　宏〕

6　ディスコース

談話・口頭表現

「ディスコース（discourse）」とは内容的なまとまりを持つ複数の文からなる言語表現である。「談話」という訳語が使われるが、海外の研究を重視する研究者間では「ディスコース」、その研究分野を「ディスコース分析（discourse analysis）」と呼ぶことが多い。ディスコースは、一般に文よりも大きい単位、段や文章を指すが、言語表現をディスコースとして扱うことは、単なる単位の問題ではなく、言語が実際に意味を伝えるために使われるコミュニケーション機能を重視することを意味する。

ディスコースを「談話」と同一視すると、話されたものを指すことが多いが、それに対して、書かれたものを指す場合は「テクスト（テキスト）」という用語が使われる。一般にディスコースの分析では、実際に使用される言語表現の断片をデータとして機能的な分析をする傾向があるが、特にテクストの情報に焦点を当て、モデル中心で演繹的な分析手法をとる立場が、テクスト文法やテクスト言語学である。

〈テクスト〉

話し言葉としてのディスコースは、会話分析の手法を用いた研究によってその特徴が明らかにされている。一方、書き言葉としてのテクストの特徴は、テクスト性や間テクスト性などの概念で捉えられる。「テクスト性」とは、あるディスコースがテクストとして成り立つための条件や特徴を指していう。たとえば、テクストには「結束性」（複数の言語形式の意味解釈上のつながり）が認められ、新情報・旧情報の呼応が観察され、

意味の「一貫性」があり、テクストとコンテクストが適合している、などの条件がある。間テクスト性とはクリステヴァ(Kristeva)が用いた概念であるが、テクストには常に他のテクストの声が響いていて、言語表現は複数の声を反映するモザイクのようなものであるとする立場である。

〈ディスコースへの批判的アプローチ〉

実際のコミュニケーションを実現するディスコースをどのように捉えるかについて、社会に敏感な研究態度を維持し、常に深く言語と社会の相互関係を探求する研究姿勢がある。一九七〇年代の後半、イギリスやオランダで始まった「批判的談話分析(クリティカル・ディスコース分析、critical discourse analysis)」である。たとえば、能動態と受動態という言語表現に関して文の生成を研究するのではなく、なぜ、どんな意図で用いられるか、それがどんな視点を反映しているかを問う。イラク戦争のレポート記事で、レポーターの政治的イデオロギーによって、同じ爆撃の様子を能動態で表現したり、受動態にしたりするという言語表現の選択が認められるが、談話を批判的に分析することによって、その選択の根底に隠された思想、偏見、利害関係などを明らかにすることができる。批判的談話分析は、人種偏見、女性蔑視、植民地主義など人間社会の不平等や、アイデンティティー意識などの言語表現の根本問題を明らかにする目的で、メディアのディスコースを意識して分析する

メイナード、泉子・K(一九九七)『談話分析の可能性』くろしお出版
橋内　武(一九九九)『ディスコース　談話の織りなす世界』くろしお出版

〔**泉子・K・メイナード**〕

7　内　言

談話・口頭表現

「内言」とは、頭のなかで考えをめぐらすときに使う言語のことである。

「内言」には二つの見方がある。

一つは心理学における、他者に向けられた社会的な外言と、自分に向けられた内言を対立させるヴィゴツキーの考えである。ヴィゴツキーの「内在化(internalization)」では、内言は個人に内面化された言語である。

もう一つはバフチン(一九七五、一九七九)によるものであり、複数の言葉とジャンルが互いに影響し合い、もとのままではないという考えである。引用や間接話法などに顕著に見られるように、ある話者の発話は、他者の言葉を借り受けると同時に、発話者自身のものを加えており、このように考えると、発話はすべて内言だということになる。つまり、人間が使用する言語すべてに「声の多様性(multi-voicedness, polyphony)」、社会の「声」が潜んでいる。言語行為は、内的発話も形成され、二重性をもつ。

ヴィゴツキー、L・S・(一九三四、一九五六、一九六二)『思考と言語』(柴田義松訳)明治図書
茂呂雄二(一九九九)『具体性のヴィゴツキー』金子書房
バフチン、M・M(伊東一郎訳)(一九七五、一九七九)『バフチン著作集第五巻　小説の言葉』新時代社

〔**ポリー・ザトラウスキー**〕

8

談話行動

談話・口頭表現

談話行動に書き言葉を含める考え方もあるが、ここでは話し言葉を中心に説明する。談話行動は、時間軸に沿った人々の実際の言葉と身ぶり・動作などを行動の過程において総合的、かつ動態的に扱う研究分野である。談話は単独の発話や複数の発話からなる一まとまりで、以下のような特徴がある。

①言語表現は、使用言語（日本語か外国語か、方言か共通語かなど）、形態（音声要素、イントネーション、ポーズ、フィラーなど）である。沈黙やポーズは息継ぎ、単位の切れ目に用いられ、話の聞きやすさと分かりやすさをもたらすが、相互作用においては、話者が相手に発話順を与えているのに相手が話さない「空所」、話が一段落した後の「時間的経過」、応答ペアの第一発話を発した後、指定された相手が発言しない「意味のある沈黙」の三種類が考えられる。「意味のある沈黙」で相手が発話をしない場合、当該の話者は先へ進まず、第一発話を修正して、再度相手に発話の機会を与える。「あのう」「ええと」「なんか」などのフィラーは、単位の開始時に用いられ、思考中であることを表示し、探している言葉の種類や相手への働きかけの度合いによって使い分けられる。笑いは、言語か非言語かが識別しにくいが、仲間作り、話す内容の厚かましさの緩和、ごまかしなどに用いられる。

②参加者は、送り手（話し手）、受け手（聞き手、関係者・第三者）に分かれる。受け手は、発話を向けているマトモの受け手か向けていないワキの受け手（同席者）か、単独か複数か、特定か不特定かなど、様々な種類がある。また、送り手（話し手）は、他の人を代弁する場合と元の発話の責任者の場合がある。

③話題は、内容上の一貫性がある。

④コミュニケーションの機能とは、挨拶、用談、雑談、勧誘のようなコミュニケーション全体の目的のことである。

⑤表現態度（フリ）には、話し手の言い方が直接的か婉曲的か、皮肉っぽいか普通か、改まっているかくだけているか、本当か嘘かなどがある。

⑥媒体には、物理的なもの（電話、対面、放送などの伝達媒体）と社会的なもの（使いの伝言、代理人などの人間的媒体）がある。

⑦状況は、四囲の社会的・心理的・生理的・物理的な状況である。

⑧参加者間の情報の流れには、一方的に話す独話、送り手と受け手が一対一で交代する対話、一対複数、複数対一、複数対複数などがある。

⑨文脈とは、ある言語表現と関係する情報の連鎖のことである。

⑩非言語表現は、「随伴的」なものと、「独立的」なものに分けられる。前者は声の質、話に伴う顔の表情や身ぶりなどである。後者は、服装、表情、身ぶり、物腰などのように、言語行動がなくても現れる。

言語行動と非言語行動は相互作用で関係し合っている。英語の話し手は、ターンの最中に聞き手の視線を得る必要があるために、聞き手に視線を向ける前後に、ポーズを置いたり、発話の一部を言い直したりして、聞き手の視線を要求する。一方、日本人の話し手は、発話の終わりに受け手に視線を向けたり、うなずいたりすることで、聞き手の相づちとうなずきを要求する。

　身ぶりとは、発話の意味と関係のある手や体などの動作であり、次の五種類がある。

　①図像的な身ぶり（iconic）は、発話の意味内容と近い関係があり、身ぶりの実行や仕方が話の中で言及される具体的な出来事、物、動作を表す。②指示的な身ぶり（deictic）は、人差し指や体の他の部位、棒等で指す動作である。③隠喩的な身ぶり（metaphoric）は抽象的な概念を提示する。④拍子的な身ぶり（beat）は、意味は表さないが、二段階からなる指や手による動作で拍子をとる。⑤認知に関する身ぶり（Butterworth）は、単語を思い出したり、適切な文の構造を探す時にする動作である。

ザトラウスキー、ポリー（二〇〇二）「相互作用における非言語行動と日本語教育」『日本語教育』一一〇巻七号、七—二二頁
早川治子（一九九七）「笑いの意図と談話展開機能」現代日本語研究会編『女性ことば・職場編』ひつじ書房、一七五—一九五頁
林　四郎（一九七三）「表現行動のモデル」『国語学』九二号、三—二二頁
南不二男（一九八七）「談話行動論」『談話行動の諸相——座談資料の分析』国立国語研究所報告九二、三省堂、五—三五頁
Goodwin, Charles (1981) *Conversational Organization*. New York: Academic Press.
McNeill, David (1992) *Hand and Mind: What Gestures Reveal about Thought*. Chicago: Chicago University Press.

〔ポリー・ザトラウスキー〕

9　発話

談話の単位

話し言葉を文字化する際には単位が問題になる。「イントネーション単位（intonation unit）」は、ポーズや音律の上昇と下降、イントネーション曲線の変化によって区分され、活性化された情報を一つ含むものである。「発話」は、他の参加者の音声言語の連続とポーズで区分される単位で、重複も考慮する必要がある。

例：19Y　お話ししたいんで//すけどね？
　　20K　　　　　　　　えー、えー、えー。
　　21Y　あのー、えーと、月曜日か、水曜日にー、
　　22Y　あのー、もと、本蓮沼でしたっけ？

例のように、発話が重複する場合、「発話」19Yは、他の参加者の音声の連続によって区切られない。19Yの途中に20Kと重複し、20Kは、19Yと重複したところからYが次の発話21Yをするまでである。

　発話は、「相づち的な発話」と「実質的な発話」に分けられる。「相づち的な発話」は、相手の話を受ける発話で、「はい。」「ええ。」「うん。」「あ、そうですか。」などの応答詞（相づち詞）、笑い、オーム返しや単純な聞き返しを含む。オーム返しや単純な聞き返しの発話が「相づち的な発話」になるかどうかは、先行する発話との時間的な距離、イントネーションなどを考慮する必要がある。「実質的な発話」は、「相づち的な発話」以外の発話で、情報を提供したり、要求したり、判断を示したりする発話である。

「発話行為（speech act）」とは、発話者が発話することによって情報の伝達や依頼、約束などの行為をすることである。「暑いですね」という発話は、文字通りの意味のほかに、冷房を入れてほしいという間接発話行為も考えられる。発話機能とは、以下の①～⑫のような、発話の目的や聞き手への働きかけである。実際の会話では、単独の発話が複数の「発話機能」を同時に帯びたり、単独の「発話機能」が複数の発話に及んだりする。また、同じ言語形式でも、場面によって機能が異なることもある。

①〈注目要求〉とは、呼びかける発話（「あのね」など）である。

②〈談話表示〉とは、談話の展開そのものに言及する「接続表現」「メタ言語的発話」（「話は変わるけどね?」「そういうわけで、など」）である。

③〈情報提供〉とは、実質的な内容を伝える発話で、客観的事実に関する質問に対する応答も含む。

④〈意志表示〉とは、話し手の感情や意志等を示す発話である。

⑤〈同意要求〉とは、相手の同意を求める発話（「でしょ?」「よねえ。」「じゃない?」で終わることが多い）である。

⑥〈情報要求〉とは、情報の提供を求める発話で、「質問」の類が多い。

⑦〈共同行為要求〉とは、「勧誘」などのように、話し手の参加する行為に参加を求める発話である。

⑧〈単独行為要求〉とは、聞き手の単独の行為を求める発話（「依頼」「勧告」「命令」など）である。

⑨〈言い直し要求〉とは、相手の発話が聞き取れなかった際に問い返す発話（「えー?」「え?」「なに?」など）である。

⑩〈言い直し〉とは、〈言い直し要求〉に先行する発話をそのままか、多少言い換えて繰り返す発話である。

⑪〈関係作り・儀礼〉とは、よい人間関係を作り上げる発話（「感謝」「陳謝」「挨拶」など）である。

⑫〈注目表示〉とは、相手の発話を認識する発話で、「同意要求」に対する応答も含む。

参加者の目的が異なる勧誘などの談話では、各参加者が発話機能を使い分けることが観察される。参加者の発話機能の使い分けは、発話と談話の中間にある「話段」という単位を認定する上で、重要な手がかりとなる。

国立国語研究所（一九九七）『日本語教育映画基礎編　総合文型表』日本シネセル株式会社
ザトラウスキー、ポリー（一九九三）『日本語の談話の構造分析——勧誘のストラテジーの考察——』くろしお出版
杉戸清樹（一九八七）「発話のうけつぎ」『談話行動の諸相——座談資料の分析』国立国語研究所報告九二、三省堂
Chafe, Wallace. 1987 Cognitive constraints on information flow. *Coherence and grounding in discourse*, ed. by Russell Tomlin. Amsterdam: John Benjamins Publishing Company.

〔ポリー・ザトラウスキー〕

10　談話の単位

発話連鎖

「発話連鎖」とは発話のつながりのことで、「隣接ペア（隣接応答ペア、adjacency pair）」が中心となる。「隣接ペア」とは、「問い―答え」「挨拶―挨拶」「申し出―受容」「陳謝―軽い否定」のような、対になった発話の組み合わせである。その発話の組み合わせの前、中、後が拡張（expansim）され、多様な発話連鎖が生まれる。

例：T1　1A　今週の木曜日休み取れる？
T2　2B　取ろうと思えば、取れるけど、
T3　3A　ニューオータニのプールの券があるけど、行かない？
　　4B　一日いいのかな。
　　5A　うん、いいよ。
T4　6B　行きたい。
　　7A　よかった。

（T1（ターン（turn）1）からT4は先行発話連鎖である。）

例は、1A–2Bと4B–5Aが「問い―答え」、3A–6Bが「勧誘―承諾」のペアになる。

「第一発話」（3A）と「第二発話」（6B）の間に4B–5Aのような「挿入発話連鎖（insertion sequence）」が頻繁に生じ、隣接が起きなくなるため、「隣接ペア」を「応答ペア」と呼ぶこともある。

また、「第一発話」の前に後続する「第二発話」に必要な前提条件が満たされているかどうかを確認する「先行発話」もある。「先行発話」から始まる一連の連鎖は「先行発話連鎖」と呼び、前提条件が満たされている場合、次のT1～T4の連鎖となる。

T1：T3である行動（誘い）が行われるための前提条件が満たされるかどうかを確認する問い。（1A）
T2：T1の問いの前提条件が満たされているという応答。T3を導く「問い」を伴うことが多い。（2B）
T3：T2の「先へ進め」という合図に対するT1で暗示された行動（誘い）。（3A）
T4：T3での行動（誘い）に対する応答。（6B）

例の発話7Aのように、隣接ペアの後で発話連鎖を拡張させるものもある。

ザトラウスキー、ポリー（一九九三）『日本語の談話の構造分析―勧誘のストラテジーの考察―』くろしお出版
レビンソン、スティーブン（一九九〇）『英語語用論』研究社（安井稔、奥田夏子訳）Levinson, S. C. (1983) *Pragmatics*. Cambridge: Cambridge University Press.
Sacks, Harvey, Emanuel A. Schegloff & Gail Jefferson. 1974. A simplest systematics for the organization of turn-taking in conversation. *Language* 50. 4: 696–735.
Schegloff, Emanuel A. 2007. *Sequence organization in interaction*. Cambridge: Cambridge University Press.

〔ポリー・ザトラウスキー〕

11 話段

談話の単位

音声言語最大のまとまりである「談話」の構成要素で、大小の話題のまとまりにより、他と相対的に区分される。佐久間（一九八七）が「話し言葉の文章構造を対象とする際により重要なものとなる」として提唱した、文章の「文段」（→Ⅱ文段）に相当する成分である。佐久間（二〇〇六）は「話題のまとまりを表す統括機能による多重構造をなして、談話の全体的構造を支え、音声コミュニケーションの成立に大きく関与する言語行動の動態的単位」であると規定している。

〈話段の認定基準〉

南（一九九七）で挙げた「談話の単位認定の手がかり」の六〜一一基準には、「参加者」「話題」「言語的コミュニケーションの機能」「全体的構造」などがあるが、これらは話段の認定基準となる。「提題表現」や「反復表現」などの言語形態や参加者の目的が異なる勧誘・依頼などの談話における各参加者の「発話機能」の出現傾向も認定基準の一種となる。

話段の開始部には「接続表現」「メタ言語的表現」、終了部には「指示表現」「相づち発話」の「反復」「沈黙（ポーズ）」などの言語形態的指標が認められる。

〈話段の構造と話段の種類〉

話段の構成要素は「発話」であるが、相づち発話のみで成立する話段はなく、実質的発話なら、一発話でも話段となりうる。

話段の構造は、最小の話段である「小話段」が複数連なって「話段」に、さらに複数の話段が「大話段」にと、低次から高次の話段へ統括される「多重構造」が認められる。各話段は、中心的な内容を表す「中心発話」により統括される。佐久間（二〇〇三）は、中心発話が話題に関わる「内的統括機能」と展開に関わる「外的統括機能」を併せ持つことを指摘している。

談話の種類によって、話段の種類も異なるが、談話の「開始部」「展開部」「終了部」が高次の大話段として認められる。雑談などの参加者の役割が固定しない談話では、各話題によって話段が認められるが、話題や話者交替が複雑な談話は、話段の構造もより複雑になる。

『新版日本語教育事典』（二〇〇五年）の「言語の単位」で、南不二男氏により、初めて「話段」が挙げられたことから、「話段」が談話の単位として認められつつあるといえる。

佐久間まゆみ（一九八七）「『文段』認定の一基準（Ⅰ）―提題表現の統括」『文芸言語研究　言語篇』一一号
佐久間まゆみ（二〇〇三）「文章・談話における『段』の統括機能」（佐久間まゆみ編『朝倉日本語講座第七巻　文章・談話』）朝倉書店
佐久間まゆみ（二〇〇六）「文章・談話の分析単位」『言語』三五巻一〇号
佐久間まゆみ編著（二〇一〇）『講義の談話の表現の理解』くろしお出版
ザトラウスキー・ポリー（一九九三）『日本語の談話の構造分析―勧誘のストラテジーの考察―』くろしお出版
南不二男（一九九七）『現代日本語研究』三省堂

〔鈴木香子〕

12 音

談話の単位

表現手段としての「音」には音楽、効果音、音声の3形態があるが、音声だけを考えてもその使われ方は多種多様である。

音声は分節音と韻律から成る。分節音とは母音や子音であり、韻律は声の高さ、長さ、強さで表される音声要素である。このうち表現の幅が広いのは韻律で、特にイントネーションやテンポ、ポーズの使い方が重要になる。

日本語のイントネーションは文末および文節末での音調（高低変化）と、文全体がどのように音調句に分かれるかという二大要素に分解できる。このうち、文末がどのような音調をとるかは表現意図によって決まり、述べ立てなら平調、質問ならぐんぐん昇ってゆく上昇調、強い主張ならさっと上昇し、もし音を延ばすなら上昇後の高さがそのまま続くような音調をとる。ただし、今述べたような意図と音調の関係はネ、ヨ、ワなど終助詞類にはそのままあてはまらない。

「音調句」とは音調としてのまとまりの単位である。文節がふたつ以上連続するとき、第二文節以降の高低変化を抑えて発音すると、第一文節を含む全体がひとつのまとまり感を持つ高低の動き、つまりひとつの音調句を作る。文をどのように音調句に分けるかは、構成要素間の意味的・統語的な関係や、伝えるべき重要な情報は何かによって概ね決まる。文の意味にふさわしい音調句の分け方をすることは音声表現のかなめとなる。

意味的・統語的な関係の違いが音調句の分け方とどのようにかかわるかは、次のような曖昧文の例がわかりやすい。「さっき割れた皿は捨てました」という文で「さっき」を「割れた」のがいつかを指定する意味で言うならば、「さっき割れた皿」をひとつのまとまりとして発音する。したがって、文全体は「さっき割れた皿は|捨てました」という2音調句に分かれる。もし捨てたのがさっきなら「さっき」と「割れた皿」は一体化させず「さっき|割れた皿は|捨てました」と3音調句に分ける。

一方、伝えるべき重要な情報にはフォーカスがあると言う。たとえば、「豚肉で肉じゃがを作った」を「牛肉ではなくて」という含みで言う場合は「豚肉」にフォーカスがある。フォーカスがある語は通常際立たせて言うが、同時にその後の語群の高低変化を抑えるので、フォーカス語とそれ以降が一音調句になる。この文の場合は全体が一音調句となる。これに対し、何を作ったかを問題にする場合は「肉じゃが」にフォーカスが来るので、音調句は「豚肉で|肉じゃがを作った」と分かれる。

長さについては「奥」と「多く」が別語であることからもわかるように、自由度は小さい。しかし条件が許せば「赤い」を「あかーい」、「どうぞ」を「どうぞー」などと言うことができ、強調やうながしなどの表現効果を持たせることができる。

声の使い方の型を「口調」と呼び、強い口調、優しい口調、怒り口調、穏やかな口調、淡々とした口調などがある。口調の違いは高さ、強さ、テンポ、ポーズなど韻律の全要素を動員して実現されているが、詳細な実態解明は今後の研究課題である。

〔郡　史郎〕

郡　史郎（二〇〇三）「イントネーション」（上野善道編『朝倉日本語講座第三巻　音声・音韻』朝倉書店）

13 独話

談話の分類

独話には、「いやだなあ、雨で」とぼやくように、相手なしに一人でものを言う行為がある。文章・談話研究でテーマとなる独話は、このような独り言というよりもコミュニケーションのジャンルとしてである。「独話」とは、話し手が不特定の聞き手に向けて話すことで、その不特定の聞き手がことばで対応することができない状況を指す。講演、講義、スピーチ、演説、プレゼンテーション、研究発表などである。聞き手は話す権利がないだけでなく、途中でその場を去ることができない場合が多い。なお、劇のなかで、ある登場人物が心中に思っていることなどを観客に知らせるため、相手なしで語る「モノローグ（独白）」がある。また、文章や談話のなかで、「ダイアローグ（対話）」と対照的に用いられるモノローグは、相手なしに自問自答したりする発話であるが、いずれの場合も聞き手・読み手を想定して表現される。

〈講演のことば〉

相手が不特定多数の他者であり、一人が連続して話す時間が長い独話の典型的な例として、講演がある。たとえば、テレビの講演に使われる表現は、文が長く、一文に含まれる従属節の数が多く、文構造が複雑である。特に、会話の表現と比較すると、会話では限られた語彙が繰り返し使われる傾向があるが、講演にはそのような傾向がない。また、会話には「ですが」「ですし」など言い切らない発話が多いが、講演にはあまり使われないなどの特徴がある。

なお、独話では、特に聞き手に語りかけることが可能な場合、一人で話しているようでも、「皆さん」というような呼びかけ表現、間投助詞や終助詞の「ね」、「よろしいでしょうか」というような確認表現などがあり、会話や対話とは異なるものの、相手に向けた表現が使われる。

〈スピーチ〉

スピーチは、学校教育で「三分間スピーチ」などが実施されるが、アメリカの「パブリック・スピーキング」をモデルとしたジャンルである。やや改まった場で多数の相手に向かって目的を持って一定の時間内に筋道立てて話す独話である。相手に伝わる声で話す、効果的な順序や論理を追って話す、ことばを過不足なく発しながら、うなずきなどの聞き手の反応を観察し、聞き手を話に引き込む、などの技術が必要になる。

〈語り〉

話し手が比較的長い時間にわたって個人的な経験談や物語を提供することがある。いずれの場合も、語りには内部構造があり、前者では、要旨、設定、出来事、評価、結果、結語、後者では、はじめの決まり文句、ステージ、エピソード、結末、終りの決まり文句、という構成要素が知られている。語り手が相手と話者交替することなく、物語内部の視点に基づいて独話を提供するのだが、語りの前後には相手に向けた対人的態度を示す会話表現が使われることが多い。

丸山岳彦他（二〇〇一）「日本語における独話の特徴と文分割」『言語処理学会第七回年次大会発表論文集』四二九–四三二頁

〔泉子・K・メイナード〕

14　談話の分類

対　話

「対話」とは、相手と直接向かい合って議論することで、三人以上の会話や一人だけの独話とは違い、一対一の発話のやりとりを指す。「親子の対話」などのように、何らかの意義が意識される相互行為である。広義の対話には、二人が向かい合い、比較的フォーマルな場で特定の問題について話し合う対談、たとえば、テレビ対談などがある。また、特に報道記者が取材のために行う面談として、インタビューがある。

対話は、単に二人の会話として理解するだけでは不十分である。それは、会話が親しい人の間のおしゃべりであるのに対して、対話がダイアローグ、つまり、他者との新たな情報交換や交流を意味するからである。気心の知れた者の間でも、価値観が異なり、差異が認められれば、それを出発点として価値観をすり合わせながら意見交換する場合があるが、それが対話である。

日本語のコミュニケーションでは仲間うちの会話を交わすことが多い反面、他者と出会って対話する機会が少なく、また、日本語自体対話に向いていないとする見方もある。いずれにしても、人間社会のコミュニケーションで意識的に異なる立場を理解し合おうとする時に、対話が生まれる。対話が人間関係に重要な機能を果たし、特にその心理的な意味が認められ、さらに思考や認知の発達に寄与することが明らかになっている。

〈聞き手の態度〉　対話は、一問一答的なインタビューや対談とは根本的に異なる相互行為で、会話分析で明らかになった会話のルールが適用される。特に重要なのは、話の聞き方、つまり、聞き手としての態度で、代表的なものに「相づち」がある。相づちの機能には、軽い同意を伝える、話を続けてという合図をする、内容理解を伝える、話し手の判断を支持する、感情を強く出す、情報の追加や訂正を要求するなどがある。

〈対話性〉　対話の重要性が認められて久しいが、特に、文章・談話の表現と関連する概念に、「対話性（dialogicality, dialogism）」という概念が知られている。「対話性」とは、バフチン（Bakhtin）が小説のテクストの解釈に用いた概念であり、テクストを体系コード化した分析の対象物としてではなく、そのコミュニケーションの過程として理解するという態度から生まれた。小説のコミュニケーションの構成要素には、語りの主体、発話のジャンル、発話の対象、発話に先行・継続する他の発話、解釈に能動的に参加する聞き手や読み手が含まれる。さらに、テクストを支える社会、文化、歴史などとの関連もある。テクストには、言語を使用する多くの人々の発話が反映される。対話性とは、言語表現には、それがただの一言であっても、常に他者の発話が反映され、文章・談話には、そのような複数の発話が対話として存在するという「間テクスト性」や「間主観性」につながる。

バフチン、M・M著、伊東一郎訳（一九七五、一九七九）『バフチン著作集第五巻　小説の言葉』藤新時代社
メイナード、泉子・K（一九九七）『談話分析の可能性』くろしお出版
メイナード、泉子・K（二〇〇四）『談話言語学』くろしお出版

〔泉子・K・メイナード〕

15　談話の分類
会　話

会話を広義に解釈して、複数の参加者による言語表現を用いる相互行為とすると、「会話」には、座談、三人が向かい合って話し合う鼎談、会談、話し合い、面談などが含まれる。「座談」は、座談会のように、形式ばらずに複数の参加者が意見交換し合う場合で、リーダー的な役目を果たす参加者が全体を仕切ることもある。「会談」は、トップ会談のように、責任ある地位の者が公に面談して話し合うことを指す。話し合いは理解を深めたり、問題解決のために話し合うことで、それぞれの参加者の協力が期待される。「面談」は、先生との面談のように、直接会って話すことであり、地位の異なる者の間で、フォーマルな雰囲気を維持しながら情報交換が行われる。

〈日常会話〉

狭義の会話は、親しい者同士の楽しいおしゃべりという意味で使われ、いわゆる「日常会話」を指す。その特徴やメカニズム、会話行為の管理などが、会話分析の手法を通して明らかにされている。使われる言語表現の特徴としては、話の場の具体的なコンテクストを取り入れる、日常的な簡易な語彙を使う、名詞句や体言止めが使われる、省略や倒置表現、繰り返し、いいよどみ、発話の前置き、間を埋めるフィラーなどが頻繁に使われる、などがある。また、会話行為には、話し手と話し手をサポートする（複数の）聞き手の参加が必要となるが、その役割は常に交替される。また、聞き手が相づちを打つなど、会話進行上の重要な役割を果たすことも無視できない。

〈話者交替（turn-taking）〉

一見、自由に参加しているように見えても、日常会話にはその内部に一定の規則が認められる。代表的なものとして、「話者交替」のシステムがある。話し手が自分の発話の順番を譲ることを知らせる手段としては、相手に質問したり、終助詞で相手に働きかけたりしながら、相手の目を見るという手法がある。そのような状況では、つまり、状況の適切性があると認められた場合、相手は新しい話し手として順番を取ることが期待される。発話の順番を取らないと、その瞬間に相互行為上意味のある「空き」ができるため、そこには、答えを避ける、相手を無視するなどのメッセージが隠されていると解釈される。

〈隣接応答ペア（adjacency pair）〉

状況の適切性を基盤にした考え方であるが、異なる話し手の発話がペアになって交わされる場合（あいさつとあいさつ、呼びかけと答え、質問と答え、要請と許可など）を指していう。「隣接応答ペア（隣接ペア）」で、話し手が相手に期待する答えは好まれる応答形式として意識される。たとえば、誘いを受けてそれを受諾する場合は好まれる応答形式であり、簡単な答えで十分だが、拒否する場合は、前置きを置いたり、遠まわしに言ったり、長い説明をしたりする必要がある。

〔**泉子・K・メイナード**〕

堀口純子（一九九一）『日本語教育と会話分析』くろしお出版
メイナード、泉子・K（一九九三）『会話分析』くろしお出版
メイナード、泉子・K（二〇〇一）『恋するふたりの「感情ことば」』くろしお出版

16　談話の分類

議　論

二人以上の人が互いに意見を主張し合い、聞き合って、自らの認識を変えるきっかけになるような話し合いを「議論」という。「ディスカッション」ともいう。参加者間の意見の対立や隔たりが大きい場合は、討論、討議などと呼ばれる。相手の言うことを聞かずに、自らの主張を互いに言い合うのは、口論、言い争い、口喧嘩と呼ばれる行為である。

議論は、多人数で行うこともあれば、二人で行うこともあるが、多人数での話し合いが議論として成立するためには、進行役による「ファシリテーション（facilitation）」が必要である。議論における「ファシリテーション」とは、話し合いの目的を明確にして、全員がある程度平等に意見が言えるように配慮し、目下のところ、何を話し合っているかを参加者に明示し、個人攻撃を回避し、進行方法とまとめかたについて参加者の合意を得ながら話し合いを進めることである。良い進行役がいることは、実りある多人数の議論の前提となる。二人で議論するには、互いが進行役を兼ねており、ファシリテーションをしながら、意見を言い合って、話し合いを深めていく必要がある。

議論の目的は、問題の発見・分析・解決、情報収集、知的な娯楽に大別される。議論のテーマが人々の関心を広く集めるものの場合には、議論が聴衆の前で行われることがある。その場合は、「シンポジウム」や「フォーラム」と呼ばれる場で、「パネルディスカッション」という形式で議論が行われる。このような公開で行われる議論は、時間の制約などから、問題を分析し、解決の糸口を探ることを目的とするよりも、情報収集や知的関心の喚起を目的としたものになりやすい。問題の発見・分析・解決につながる議論は、職場の少人数の会議のように、関係者のみで行われることが多い。しかし、近年は、社会の様々な場面で住民参加、市民参加による公共事業などについての合意形成が目指されるようになった。これは、議論を公開で行い、事業に関係する広い層の合意を形成しようとする試みであるが、問題に対する様々な利害と関心を持つ人々の間の話し合いであるため、ファシリテーションが難しく、議論がうまく行われず、行政側の情報提供や情報収集に終始してしまうこともある。

議論の名に値する話し合いを行うには、言語技術の教育が必要である。その基本は、自分と相手の論の展開に関する「モニタリング」である。議論における「モニタリング」とは、自分と相手が話していることについて、①話題と合っているか、②意見の重要性に対する的確な評価をしているか、③根拠を示しているか、④根拠と主張のつながりはあるか、などの点について、意識的に吟味していくことである。参加者相互が議論全体のモニタリングをしながら、自分の主張内容を組み立てれば、噛み合わないやり取り、自分の意見への固執、根拠ない攻撃、同調などが避けられるだろう。議論におけるモニタリング能力を身につけることが実りある議論を行う言語技術教育の基本である。

〔西條美紀〕

談話の分類

17 雑談

雑談とは日常会話の一種で、特に、話す話題を決めずに行う、すべての参加者が自由に発話できる対話や会話のことである。「おしゃべり」、「自由会話」ともいう。主婦が家事の合間に集まって話す「井戸端会議《いどばたかいぎ》」、老人がお茶を飲みながら話す「茶飲み話」など、場面の違いによる下位分類もある。

「雑談」は、何らかのことがらに関する伝達を行ってはいるが、話すこと自体が目的であり、または話を続けることで人と人との間のなんらかの関係を維持することが目的である（南、一九八三）。したがって、雑談で話される話題には決まった順序はなく、話題が様々移り変わることも多い。

雑然と見える雑談だが、南（一九八三）は、「談話の単位」について、「①表現された形そのもの」、「②参加者」、「③話題」、「④言語的コミュニケーションの機能」、「⑤表現態度（フリ）」、「⑥使用言語」、「⑦媒体」、「⑧全体的構造」という八種の単位認定の手がかりのうち、①、②、③、④、⑤の五種の基準を用いて、単位の認定を試みている。佐久間（二〇〇三）の「話段の統括機能」の分析観点も、雑談における「話段」の認定の際の根拠となる。映像を被調査者に見せて実施する話段区分調査も、話段を認定する際の手がかりになる。

雑談では、前後の話段で提題表現の連鎖や反復表現の系列が入れ替わり、話題転換がなされる。話段の開始部には「話を変える機能」や「話を戻す機能」の接続表現、疑問表現、提題助詞の省略、略題表現、話段の終了部には相づちの繰り返しなどの言語的な特徴がある。

雑談で話される「話題」の内容には、日常・身辺・家族に関するもの、世間・時事に関するもの、個人の噂話など様々あるが、参加者の親疎関係や世代差によって、回避される話題もある。

雑談の参加者は、二人以上で、多人数による雑談も可能である。多人数の場合は、参加者全員が同一話題について話すこともあれば、参加者が自然発生的に複数のグループに分かれて、別の話題について話すこともある。また、全参加者が自由に発話でき、発話者の交替にも決まった順序はないが、参加者の上下・親疎関係や各参加者の発話機会のバランスなどが考慮される。複雑な話題の展開の様相を呈するため、雑談の構造の分析はあまり進んでいないが、雑談は、多様な話題の展開方法を観察しうる談話であるといえる。

河内彩香（二〇〇九）「日本語の雑談における話題の展開方法」『東京大学留学生センター教育研究論集』一五号
佐久間まゆみ（二〇〇三）「文章・談話における『段』の統括機能」（佐久間まゆみ編『朝倉日本語講座第七巻　文章・談話』朝倉書店）
鈴木香子（一九九五）「内容区分調査による対話の『話段』設定の試み」『国文目白』三四号
南不二男（一九八三）「談話の単位」（『談話の研究と教育I』（日本語教育指導参考書）大蔵省印刷局）

〔河内彩香〕

談話の分類

18 講演

「講演」とは、一般の聴衆、もしくは、ある種の専門家を聞き手として、特定分野の専門家である講師が自身の専門に関する知見を、主として口頭で述べ伝える形態の音声言語のコミュニケーションである。

主に単独の講師によって行われる点や、専門家の講師が主として非専門家に対して、「教える」立場にある点など、コミュニケーション上の基本的な条件は大学の講義と共通しており、表現面でも講義と似たような性格を持っている。しかし、同時に、以下に挙げるような、社会的・制度的な環境の違いを反映した講演独自の表現の特徴も認められる。

まず、通常の講演は一回限りで完結するため、テーマに関して講義ほど体系的かつ詳細な説明ができない。また、講義のように、話し終わらなかった内容を次回に回すというようなこともできず、時間の制約が厳しい談話だといえる。

次に、講演は、授業ではないため、聴衆に宿題・予習・復習が期待できず、テスト、レポートなどによって評価をすることもない。また、商業的に行われる講演では、聴衆が支払う対価が直接的・間接的に講師の収入に結びつく。こうしたことから、講師に対する聴衆の立場は、講義における学生の立場よりも相対的に高く、講師が聴衆を「満足」させなければならないという要求の度合いも強い。

さらに、講演は、講義に比べて、より多種多様な聴衆に開かれており、一回限りの特別なイベントとして実施されることも多い。つまり、講義よりも公的な性格を強く持っている。講演には司会者が配されるのが一般的であることや、記録が活字化されて出版されたり、音声あるいは映像作品として発表されたりすることがあるのも、そうした公的な性格の反映である。

このように講演は、講義に比べて、①時間の制約が厳しく、②聴衆へのサービスがより強く求められ、③改まりの度合いが高い談話である。

こうした特性が表現面に具体的にどのように反映するのかは今後の検討課題であるが、現時点で考えられる点を挙げると、まず、時間的制約の強さを反映して、時間に配慮する表現（「そろそろ時間ですので」「時間がないので、省略しますが」等）が比較的多く用いられることである。また、時間の調整がしやすいように、独立した短いエピソードの組み合わせによって話が構成されることが多い。次に、聴衆へのサービスとしては、表現の分かりやすさ・面白さ・丁寧さの三つの面が予想される。分かりやすさは、言い換え・具体例などの効果的な活用、面白さでは、聴衆に身近な例の使用とウィット・ユーモア、丁寧さでは、聴衆への語りかけの表現や待遇表現の多用などがポイントになる。最後に、改まりの度合いの高さに関して、改まった言葉遣いのほかに、挨拶などの儀礼的表現なども講義よりも多く用いられている。

〔高橋淑郎〕

19 談話の分類

講　義

大学や大学院などの高等教育機関における授業のうち、主として教員の口頭による説明として行われる談話である。通常、半年ないし一年間の学期を通して毎週決まった時間帯に行われ、出席、課題、学期中・末の試験やレポートなどから受講者は教員による成績の評価を受ける。

講義以外の授業形態として、文献読解を行う「講読」、学生による発表や議論を中心に行われる「ゼミ・演習」、既習の知識をもとに特定の課題や活動を学生が準備・遂行し評価を受ける「実習」、また、外国語能力の習得のための練習を中心とする「語学」などがあるが、「講義要項」「開講」「休講」における「講（義）」が授業一般を指す語として使われていることからも明らかなように、講義は大学における教育活動の最も代表的な形態だといえる。

一般に、講義は教員から学生への一方向的なコミュニケーションであると思われがちであるが、実際には、教員から学生への質問の投げかけ、学生からの返答や質問・意見、学生に書かせたコメントの活用などによって、教師と学生、あるいは、学生間の発話のやりとりのある講義も少なくない。また、一見、教員による説明だけの講義であっても、教員は自覚的・無自覚的に学生の反応を見ながら講義の内容・展開、説明の仕方などを調整しており、実際には双方向的なコミュニケーションの性格を持つものとして理解されるべきである。その点、受講者が眼前にいない、放送大学の講義などはかなり特殊なものだといえる。

これまで講義を対象とした研究には、「FD（ファカルティ・デベロップメント）」・「授業改善」を目指す心理学・教育工学的なもの、大学授業の具体的実践そのものを研究対象とする教育学・社会学・心理学的なもの、留学生の講義理解を支援する日本語教育の立場からの言語学・心理学・教育学的なものなどがある。こうした研究から分かることは、講義を実現させている要素やリソースの豊富さ・多様性と、それを反映した講義の談話の複雑さ・多面性である。にもかかわらず、多くの場合、学生が講義をそれなりに理解できるのはなぜなのか（また、ある種の学生はそれができないのか）という問いに答えることが、大学教育の大衆化が進み、留学生の増加を含む学生の多様化が著しい現在、重要な課題となっている。

金久保紀子・金仁和・本田明子・松崎　寛（一九九三）「講義の日本語における理科系・文科系の特徴」『日本語教育』八〇号
京都大学高等教育教授システム開発センター編（一九九七）『開かれた大学授業をめざして――京都大学公開実験授業の一年間』玉川大学出版部
京都大学高等教育教授システム開発センター編（二〇〇一）『大学授業のフィールドワーク――京都大学公開実験授業』玉川大学出版部
京都大学高等教育教授システム開発センター編（二〇〇二）『大学授業研究の構想――過去から未来へ』東信堂
西條美紀 研究代表（二〇〇七）『学際的アプローチによる大学生の講義理解能力育成のためのカリキュラム開発』平成一六～一八年度科研費（基盤研究C）報告書
佐久間まゆみ編著（二〇一〇）『講義の談話の表現と理解』くろしお出版

〔高橋淑郎〕

20 講読

談話の分類

文章を読んでその内容について講義すること。専門的な文献を読んで講義する「文献講読」や、翻訳ではなく、原書で読む「原書講読」、古典を読む「古典講読」がある。参加者で分担し、順番に解釈を加えながら読む「輪読」もよく行われる。

一般的に文章を読んで理解することを「読解」といい、「精読」と「速読」がある。「精読」は、一文ずつあるいは一語ずつていねいに読み、行間の意味さえも読み取ろうとするのに対し、「速読」は、概要を把握するための読み方である。「講読」は「精読」で行われる。大量の文章を読む「多読」の場合には、「速読」の技術が必要である。

「読む」というと、通常は声に出して読むことはせず、「黙読」が多い。声に出して読む「音読」より、読む分量が格段に多いからである。しかし、日本語教育を含む外国語教育の場合は、意味の切れ目がわかっているか、漢字や綴り（たとえばle chat noir）を正しく発音できるかを教師が確かめるために、学習者に「音読」をさせることが多い。母語の場合でも、学校教育では、右と同様の目的により、授業で生徒に「音読」をさせることが多い。また、声に出して読むことを前提に作られている詩、短歌、俳句といった韻文は音読することもある。

散文にしても、韻文にしても、他人に聞かせるために、感情豊かに朗々と声に出して読むことを「朗読」という。文字の読めない子どものために大人が本を読んでやる「読み聞かせ」もその類である。

〔藤村知子〕

21 報告

談話の分類

業務や任務の一環として、特定の相手に対して、あることがらの現状やそれまでの経緯を伝えることを「報告」という。報告には、口頭による場合と文書による場合とがある。

業務・任務として行われることから、報告の表現はある程度公的で改まった性格を持ち、また、伝えられる内容が正確で客観的であることも求められる。さらに、たとえば、企業の決算報告などのように、質疑、議論を経て、承認・否認が行われたり、何らかの政治的判断や決断を行うための前提・素材として使われたりすることも少なくなく、したがって、報告は、それを含む、より総合的で複雑なコミュニケーション活動の一環としてとらえる必要がある。

また、報告は、通常、特定の相手（個人であれ、集団であれ）に対して行われるものであり、そのため、報告者と報告を受ける相手との社会的関係や、両者が共有する場面や文脈のあり方が報告の表現に反映する。たとえば、定義や説明なしに使われる特殊な用語の使用頻度、特に口頭の場合に、待遇表現の使用などに現れると考えられる。

報告は、多くの場合、活動の資金を提供した相手に成果を知らせるという形で行われる。出張報告、会計報告、研究報告などはそれが明確だが、中央官庁による白書も、納税者に対する国の社会経済状況の報告という側面を持っている。

〔高橋淑郎〕

22 口述

談話の分類

「口述」とは口頭で述べることである。述べる行為が口頭で行われ、しかも口頭の伝達であることを特に明示する場合に、口述という。日常生活では、用件の伝達や意見の表明に、口頭によるものと文章によるものがあり、口頭で行われることが原則である場面はあまりないので、口述という用語は日常生活ではあまり使われない。

述べる行為が原則として口頭で行われなければならない場面として、裁判、特に刑事事件の公判審理がある。公判廷では、当事者などがその場で主張し、かつ相手に反論できるように、また裁判官がその場で主張や証拠に接することができるように、証拠たる供述についても口頭によることを旨とし、原則として、口頭で述べられたことだけが判決を下すための検討材料となる（「口頭主義」「直接主義」）。しかし、この理念は現実には徹底されていない。裁判員制度の導入により、法律について の素人が公判廷で判断ができるように、口頭主義・直接主義の理念に近づくことが期待される。裁判には口述についての語彙が豊富にある。供述は被告人が意見を述べることを指し、証言は被害者や目撃者などが、自らが知覚した事実を事実として述べることをいう。「論告」とは検察官が行う意見の陳述のことで、弁護人の意見の陳述は「弁論」と呼ばれている。

法例用語研究会編（一九〇〇）『有斐閣法律用語辞典』有斐閣

〔**西條美紀**〕

23 発表

談話の分類

一般に知られていない情報や事物を、その情報や事物に関して責任を持つ表現主体が、多数の受け手に向けて提示する言語行為である。口頭、文書によるほか、実物の提示やデモンストレーションによる発表もある（たとえば、電化製品や自動車、洋服など）。

企業による新商品の発表や宝くじの当選番号発表などのように、大規模で公的な性格の強いものから、学校・大学での授業中の活動としての「発表」のように、小規模で公的な性格がほとんどないものまで、様々な形態の発表があるが、それらに共通するのは、発表者が不特定多数の受け手（学生・生徒にとっては数十人のクラスメイトでも十分な「不特定多数」でありうる）に対して、何らかのニュース性のある情報や事物を提示するという点である。

したがって、発表という行為には、発表される内容の価値（ニュース性、オリジナリティなど）に対する判断が織り込まれており、それが発表を内容面から強く規定しているといえる。

また、表現形式の面で見ると、不特定多数の受け手に対するコミュニケーションであることから、発表者が場の改まりなどに配慮した様々な待遇表現を用いたり、特殊すぎる専門的な表現を避けて、分かりやすく言い換えたりすることなどがあげられる。

〔**高橋淑郎**〕

24 手話

談話の分類

手、指、腕による「手指動作」と表情、あごの動きなどによる「非手指動作」、体の前後左右の空間を用いた言語である。

手話には、ろう者間に広がった「日本手話」（Japanese Sign Language, JSL）と、音声による日本語に手話の単語を対応させた「日本語対応手話」（Signed Japanese）がある。日本語対応手話は、語順も日本語とほぼ同じことから、「手話（Sign Language）」ではないとされることもある。また、日本手話と日本語対応手話の双方を取り入れた「中間手話」もある。五十音やアルファベットは「指文字」で表す。

ろう者は、聾学校で「口話法」の教育により、口話と読唇を学び、日本語の語順を理解することにより、日本語対応手話のしくみも理解する。日本手話は自然に習得するため、ろう者は語順の異なる二言語を獲得することになる。日本手話はろう者にとっての母語であり、ろう者は日本語とは異なる言語を話すと言われる。日本手話は近年、聴者（健聴者）も意識して学習するという動きがあり、研究対象としても注目されている。

難聴者や中途失聴者は、音声による日本語の影響から日本語対応手話、あるいは、それに近い手話を用いると言われる。

講演などの公話の内容を伝達する手段は、ろう者、難聴者、中途失聴者には、手話通訳や「要約筆記」が、盲ろう者には、手の甲に指で点字を打つ「指点字」が用いられる。

〔**鈴木香子**〕

25 文

文法

〈文規定の困難さ〉

文に対する十全な規定は、単語のそれに劣らず難しい。フリーズ（C. C. Fries）の *The Structure of English* は、文の定義が二百あまりあることを指摘している。

「男がうつぶせに倒れていた。」、「彼女はとてもやさしい。」などは、一つの文であることの分かりやすい典型的なもの。「大阪市の主な外郭団体の見直しを進めてきた市管理団体評価委員会は二七日、〇七年度までに七団体を解散、一三団体を六団体に統合・再編するなどして、現在六六ある団体数を二二に減らすよう求める提言をまとめた。」のように、内部構造の複雑なものも一つの文。「お巡りさんだぜ、俺は。」も、文の成分の配列が通常とは異なるが、全体で一つの文。［「おふくろさんも、そうだったのか?」宏が言った。「らしいですね。」］の「らしいですね。」のように、通例付属語と呼ばれているもののみで出来ているものも、一つの文。「うわ！　川に！」の「うわ！」は、一語文や独立語文と呼ばれるもので、「川に！」も、省略を含むが一つの文。さらに、「八月二一日、一二時三〇分、白川院ロビー集合　一三時～一八時、会議」のような予定表は、どのように扱えばいいのだろうか。文なのか、単語連続なのか、文であるとすれば、二つの文なのか。

文への十全な規定が困難であるのは、その形態・現れ方や内容が多様であることが関係している。

〈文の暫定的規定〉

文とは、言語活動の所産である発話において独立する最小の単位体的存在である。言語活動は、話し手が外在的世界や内在的世界との関係において形成した判断や情報や感情や意志や要求を聞き手（聞き手の存在が必要でない場合もある）に発話・伝達することにより成り立っている活動。言語活動の所産であり、その基本的単位であることからの起因および結果として、文には、話し手が外在・内在的世界との関係で描き取った対象的な事柄的内容と、対象的な事柄的内容をめぐっての話し手の主体的な捉え方および話し手の発話・伝達的態度のあり方とが含まれている。

文には、言語活動の基本的単位であることを受け、その前後に音声の切れ目があり、末尾には特有のイントネーションを伴う。また書き言葉では、通例末尾に句点「。」が打たれるなどの外形的な特徴が存在する。

① 明日の会議は二時から始まります。

② 車！

①の文は、［明日の会議が二時から始まる］コトという事柄的な内容と、事柄的な内容が確かであると捉えているという話し手の捉え方、それを情報として聞き手に伝えるという話し手の発話・伝達的な態度、さらに聞き手に丁寧に伝えているという話し手の述べ伝え方とが、担われている。②の「車！」という文の場合、［車の接近］という事態の未分化なままの描き取り、およびその事態に対する切迫的把握や聞き手への注意喚起といった発話・伝達的態度とを、未分化に一体的に表現している。

〔仁田義雄〕

26 文の構造

文　法

〈文の種類と文の構造の異なり〉

「あれ？」「火事！」などは、「一語文（独立語文）」と呼ばれ、内部構造を持たない文である。文の構造が問題になるのは、基本的に、「その時A君は自分の部屋で一人で本を読んでいた。」「彼は人に優しい。」のような「述語文」である。

〈節による文の構造〉

述語文は、節を下位的構成要素として成り立っている。①「雨が激しく降っている。」のように、節を一つしか含むのが「単文」で、②「雨が激しく降ってきたので、試合は中止になった。」のように、節を二つ以上含むものが「複文」である。複文は、中核となる一つの「主節」とそれに依存・従属している「従属節」からなる。②では、「試合は中止になった」が主節で、「雨が激しく降ってきたので」が従属節である。

従属節は、複雑な複文になれば二つ以上現れうる。

③ 紅茶を飲みながら新聞を読んでいたら、電話が鳴り出し、コップを落としたが、幸い割れなかった。

③は一つの複文であるが、一つの主節と四つの従属節が含まれている。これらの節は最終的に主節に包み込まれながら、包み包み込まれの階層構造を有している。③は、［［［［紅茶を飲みながら］新聞を読んでいたら、］電話が鳴り出し、］コップを落としたが、］幸い割れなかった］のような階層構造を示す。

「学校を抜け出して遊んでいると、先生にしかられる。」は、［［［学校を抜け出して］遊んでいると、］先生にしかられる］という階層構造を持つ。「紅茶を飲みながら」を副詞節、「電話が鳴り出し」「学校を抜け出して」を中止節、「新聞を読んでいたら」「遊んでいると」を条件節、「コップを落としたが」を接続節と呼べば、日本語の複文は、次のような階層構造性を示す。

[[[[副詞節] 中止・条件節] 接続節] 主節]

〈単文・節の構造〉

単文は一つの節（主節）のみから出来ている。節の中核・支配要素は述語である。述語が決まれば、その述語の表す動きや状態などを実現するためにいくつかの要素が要求される。それが主語であり、補語である。さらに動きの実現のあり方を修飾する修飾語や動きの背景を表す状況語などが生起する。また、それぞれの成分をなしている名詞を修飾する規定語が現われることもある。規定語は間接的に、他の成分は直接的に述語に、それぞれの関係のあり方で従属していき、節が完成する。

④　とても大きな車がゆっくりこちらに近づいてきた。

④は、「近づいてきた」が述語で、他の要素は述語に従属・依存していく。従属の段階的なあり方は、述語を「0」、それに直接従属するものを「1」、段階を重ねるごとに数字を増やせば、次のように示すことができる。

[｛（とても）3 大きな｝2 車が]1 [ゆっくり]1 [こちらに]1 **【近づいてきた】**0

「車がこちらに近づいてきた」が事柄の核として成り、修飾語「ゆっくり」が付加される過程が想定できる。

南不二男（一九九三）『現代日本語文法の輪郭』大修館書店

〔仁田義雄〕

27 文法　文末

文の構造と意味を理解し、表現する際の大きな着目点として、「文末」という形態・形式が取り出される。〈文頭〉、〈文中〉とともに語順を意識した区切りで、「文末表現」、「文末形式」、「後続句」ともいう。

文末形式には、形式名詞（相当部分を含む）を述語成分とする「のだ」「ことだ」「ものだ」「わけだ」「はずだ」「つもりだ」「ところだ」や、「だけだ」「ばかりだ」、さらに「予定だ」「模様だ」「見込みだ」「一方だ」などの報告にまつわる形式、「限りだ」「思いだ」などの感情表出にかかわるものなどがある。また、話し手、書き手の心的な姿勢（態度）を表すモダリティで、従来、考察の対象とされている「にちがいない」「かもしれない」「ことはまちがいない」「かねない」などの認識のモグリティのほか、「ないものではない」「わけではない」「とは限らない」などの否定文末形式、「てやまない」「てたまらない」「ずにはすまない」「ざるをえない」などの表出の文末形式もある。さらに、文末に現れる文の成分に着目した〈文末詞〉として、終助詞とそれに準ずる「ね」「よ」「よね」や、「じゃない」「かもね」「かしら」などもある。日本語は、文末に表現意図が具現される（あるいは余情的に示される）という特徴があり、通時的にも助動詞の変化、組み合わせの多様さが重視される。

佐伯哲夫（一九七五）『現代日本語の語順』笠間書院
村木新次郎（二〇〇五）「《とき》をあらわす従属接続詞」『同志社女子大学学術研究年報』五六号

〔田中　寛〕

28 節　文法

「節」は、原則として、「主語・述語の関係」を含む文を構成する大きな成分の一つであるが、主語の省略がある日本語では、一つ以上の述語からなる「文」に準ずる単位で、「主節（・主文）」と「従属節（・従属句）」がある。前者は用言の終止形や終助詞による言い切りの形の文末の述部からなる。後者は、接続助詞や連用中止形による言い切らない文中の節末述部からなり、「連体節（修飾節・名詞節）」、「連用節（副詞節）」、「引用節」などに分類される。

〈接続助詞〉　文中において先行する従属節を受けて、後続する主節や従属節に連結する働きをする助詞を指し、意味上・機能上の様々な関係を表す。→接続表現

〈連用中止形〉　先行する従属節の動詞の連用形が文中において中止的に用いられるもので、この用法を「連用中止法」ともいう。「よく学び、よく遊ぶ」のように、動詞の連用形の後に読点を付けたりして文を途中で一度中止して、次の文節に続ける用法のことである。

〈従属節〉　複文において主節に対し、名詞、形容詞、副詞に相当する機能をもって従属する「節」をいう。たとえば、「風が吹けば、桶屋が儲かる。」という文では、先行する「風が吹けば、」が後続する主節の「桶屋が儲かる。」に従属するとして、「副詞節」の「条件節」だとされる。

主な従属節には次のような種類がある。

・連体節　［あちらに座っている］男性が鈴木さんです。
・補文・補足節　警官は、［犯人が逃げて行くの］を追いかけた。
・引用節　Aさんが［今日は会社を休む］と電話をしてきた。
・並列・対比節　［おばあさんは川に洗濯に］、おじいさんは山へ芝刈りに行きました。

「連用節・副詞節」は、発話意図や機能の違いによって、また、構造的、意味的な特徴から、次のように分類される。

・条件節　［トンネルを抜けると］、そこは雪国だった。
・譲歩節（逆条件節）　［時間があっても］、参加しません。
・原因・理由節　［台風で木が倒れたために］、通れなくなった。
・目的節　［病気にならないように］、毎日体を鍛えている。
・様態節　父は、［新聞を読みながら］、コーヒーを飲んでいる。

「節」は文と句の中間に位置する単位であるが、話し言葉の場合は、「早く起きないと。」「病院に行ったら。」「少々急いでおりますので。」「もう時間がないし。」「あれほど言ったのに。」などと、従属節の発話のみで文の伝達的な意味を表すこともあり、「言いさし文」と呼ばれる。また、「食事をしながらの商談」「もし来週開催できればの話」「日本へ来る前の仕事」というように、節による「連体修飾構造」をなすこともある。

〈句〉　二語以上の単語が連続して一つの意味を表す文の構成要素の一つで、「主語・述語の関係」はない。動詞句（「魚を釣る」）、形容詞句（「人が多い」）、名詞句（「大きな態度」）、副詞句（「朝早く」）などがある。「恐縮ですが」「正直言って」などの前置き的表現も誘導・導入句、注目・注釈句として含めることもある。

〈文節〉　文の構成要素の一つで、文を不自然にならない程度に最小に区切ったときの一ひとまとまりをいう。一つの自立語、

または、それに付属語が一つ以上付いたものから構成される。また、発話上の単位としても、文を声に出して読んだり、口頭で伝えたりする際に不自然にならないように区切った単位で、実際に話す際にその区切りで音声の切れ目を生じることがある。

〈連文節〉 二つ以上の文節が一つにまとまって文の成分となるものである。「髪の長い女性が公園を歩いている。」という文は、「髪の長い女性が」と「公園を歩いている」という二つの連文節からなる。また、「あそこに立っている帽子をかぶった男の人」のように、複数の節からなる連文節もある。さらに、「英語が話せれば、他の外国語が話せなくても、特に問題ない。」のように、複数の従属節が主節にかかるものも連文節の一種とされる。

〈フレーズ（phrase）〉 英文法の用語で、名詞フレーズ（名詞句）、動詞フレーズ（動詞句）などがある。動詞句（「傘をさす」「電話をかける」）と形容詞句（「仕事で忙しい」「数字に強い」）は、格結合による連語構造をなし、副詞句（「われながら」「本番さながら」）もほぼ一語に相当する成分となる。

〈クローズ（clause）〉 英文法の用語で、「主語・述語の関係」を示す、文を構成する要素の一つである。日本語の「節」に相当する、「フレーズ」より大きな成分である。

仁田義雄・益岡隆志編（一九九六）『複文の研究（上・下）』くろしお出版
仁田義雄・宮島達夫編（一九九八）『日本語類義表現の文法・複文・連文編』くろしお出版
日本語記述文法研究会編（二〇〇八）『現代日本語文法　複文』くろしお出版
益岡隆志（一九九六）『複文』くろしお出版

（田中　寛）

29 文の成分　文法

通例、文はいくつかの下位的要素が集まって出来ている。文の成分とは、統一体である文を、表層の表現形式のレベルで分割していった時に取り出される下位的構成要素である。

〈文の成分の種類〉

文の成分は、自らの担っている関係構成のあり方によって類別される。下位類として、述語・主語・補語・状況語・修飾語・接続語・独立語・規定語（連体修飾語）・並立語がある。

〈文の成分各論〉

「述語」とは、文の中核成分であり、第一次的な支配要素。動きや状態や属性などの語彙的意味を担い、自らに依存・従属してくる他の諸成分をまとめ上げ文を形成する。「子供が遊んでいる。」の傍線部が動詞述語、「僕、お腹が痛い。」が形容詞述語、「その時彼は学生だった。」が名詞述語である。

「主語」とは、述語の表す動きや状態や属性を実現させるために必須的に要求される成分の一つで、動きや状態、属性を体現する主体として、事態の中心に引き上げられた成分。「男が本を読んでいる。」「彼は優しい人です。」「その件、僕から彼に伝えておいたよ。」の傍線部が主語である。日本語の主語は、述語の形態と呼応したり、それを制約したりすることはない。

「補語」とは、述語の表す動きや状態、属性を実現させるために必須的に要求される成分のうち、主語以外として現れる成分。どのような補語が要求されるかは、述語の語彙的意味のあり方によって定まっている。ヲ格補語「彼を励ます」、ニ格補語「壁に掛ける」、カラ格補語「弘から借りる」、ト格補語「彼女と結婚する」、へ格補語「社へ帰る」、デ格補語「広場が人で埋まった」などがある。

「状況語」とは、「一九八五年A市で彼は生れた。」の傍線部のように、事態成立の外的背景である、時や所を表したもの。

「修飾語」とは、事態の広い意味での成り立ち方を様々な観点から修飾・限定した成分。「塀がこなごなに崩れた。」「雪がすごく積もった。」「今日はたっぷり遊んだ。」などの傍線部。また、「彼はたぶん来る。」は、モダリティの領域で働く修飾語。

「接続語」とは、先行する文と自らを除いた当該の文・節とのつながり方を示す成分。「四月になった。しかし桜はまだだ。」「彼に会った。そして事情を知った。」などの傍線部。

「独立語」とは、述語との結び付きが緩やかで、後に続く語句の先触れ的な役割を果たす成分。「洋子さん、後に犬がいるよ。」「わあ、大きい！」などの傍線部。

「規定語」とは、名詞を修飾限定したり、説明したりする成分。「その学生」「所長の岡部」「柔らかい地面」「知らない人」などの傍線部。「今春社会人になった彼」は節が成分化したもの。

「並立語」とは、後続する成分に統語関係の表示を任せ、後続する成分と同一資格で支配的な成分に結び付いていく成分。「本とノート」「松だの梅だのを植えた」などの傍線部。

規定語と並立語は、間接的にしか述語と結び付かない。

鈴木重幸（一九七二）『日本語文法・形態論』むぎ書房

〔**仁田義雄**〕

30　文型

文法

「文型」とは文の構成上の類型で、個々の具体的な文表現から抽出された各種の文の言語形式を互換性のある例文によって組織的に示したものである。文を出現頻度の高い語形的、形態的な特徴によって分類するもので、文型教育、文型練習などの語学教育の要として重視される。日本語教育の「文型」は、国語教育よりも発展段階を重視し、構文的特徴を重視した構造文型、場面を重視した表現文型、談話のなかでの機能を重視した機能文型などがある。また、従属節のなかで主として副詞節（「から」「たら」「ために」など）を含んで複文構造をなす文型を「複文文型」という。

〈表現類型〉　文の表現を場面によって類型化したもの。理由、時、存在・位置、誘い・勧め、予想・予感など、表現意図によって分類が試みられたが、希望・願望や誘いが語用論的に依頼・命令、勧めなどに用いられるものもある。日本語教育では特に類義近似表現が中級以降の指導事項となる。

〈構造文型〉　主語、目的語、述語、補語などの構文上の役割をもとに文構造を類型化したもので、外国語教育では積み上げ式の文型の提示に応用される。動詞述語文、名詞述語文、形容詞述語文などのように品詞的な形態を軸に文の述語形式を分類するのは構造文型の基本的なものである。名詞と動詞の関係では格関係が、また動詞や形容詞の活用のほか、助動詞の語序などが顕著な特徴として取り出される。

〈表現文型〉　実際の言語生活の様々な場面を観察、整理していくつかの文型に分類したもので、一般的には会話の場面や特定の文脈に現れる一定の表現類型をさす。言語行為「依頼」「断り」「勧め」などの表現のほか、文法概念に着目した「比較」「程度」「伝聞」「逆接」など、意味機能上の分類と文法構造上の分類が混在している。大分類のほかに下位分類がなされている。各種文型集などの編集も表現の分類に基づくものが多い。

〈機能文型〉　文の構造、意味を統括的にとらえ、どの場面でどのように対象や聞き手に働きかけ、表出の様相を見せるのか、といった観点から新たな文型の枠組みを構築しようとしたもの。また、文型が当該文脈・談話にどのように現われ、表現の展開を予測しうるかという観点を重視したもの。しかし、この定義は表現文型との関係が明確に区別されにくく、なお流動である。たとえば、「までだ」は範囲を表すとされるが、機能的には「諦念」「弁明」のような多義的な表現意図をもつ。「のだ」や「わけだ」などの多機能的な働きを担う文型は、従来の構造文型、表現文型では説明がカバーしきれない多義的な意味が観察される。こうした形式名詞を成分とする文型の理解などには有効であるものの、どの特徴的な側面に焦点をあてて機能文型を記述するのかは、今後の文の機能をどう解釈するか、という課題とも密接なつながりをもつ。

〈複文文型〉　複文により表される文型。主として副詞節に多様な展開がある。例えば、条件節の文型では「たら・と・れば・なら」が、理由原因節の文型では「ために・ので・から」などがある。また、機能語（関連語）によって連結され、文末表現によって構成されるもので、「〜からといって〜わけではない」「〜くらいなら〜ほうがましだ」「〜れば〜かねない」「〜のなら〜までだ」などの呼応表現の形式がある。

グループ・ジャマシイ（一九九八）『教師と学習者のための日本語文型辞典』くろしお出版
国立国語研究所（一九六〇）『話しことばの文型（Ⅰ）—対話資料による研究—』秀英出版
国立国語研究所（一九六三）『話しことばの文型（Ⅱ）—独話資料による研究—』秀英出版
佐久間まゆみ（一九八六）「『日本語表現文型』の諸問題」『日本語教育』五九号
佐久間まゆみ（二〇〇六）「日本語の機能文型の分類と教材開発」早稲田大学日本語研究教育センター二〇〇五年度重点研究・研究成果報告書
田中　寛（二〇〇四）『日本語複文表現の研究　接続と叙述の構造』白帝社
田中　寛（二〇一〇）『複合辞からみた日本語文法の研究』ひつじ書房
寺村秀夫（一九九〇）「構造文型と表現文型」『講座日本語と日本語教育第三巻　日本語教授法（上）』明治書院
仁田義雄・益岡隆志編（一九九六）『複文の研究（上・下）』くろしお出版
仁田義雄・宮島達夫編（一九九八）『日本語類義表現の文法　複文・連文編』くろしお出版
日本語記述文法研究会編（二〇〇八）『現代日本語文法　複文』くろしお出版
林　四郎（一九六一）『基本文型の研究』明治図書出版
前田直子（二〇〇九）『日本語の複文』くろしお出版
益岡隆志（一九九六）『複文』くろしお出版
森田良行・松木正恵（一九八八）『日本語表現文型——複合辞の意味と用法』アルク

〔田中　寛〕

31
文の分類
文法

文の分類には、大別すると、構造上の分類（文に含まれる成分とそれらの関係からみた分類）と性質上の分類（文の意味内容や言語活動の場でのはたらきからみた分類）とがある。それぞれに特徴があり、分類をする目的に応じて、その有用性も異なってくる。

〈構造上の分類〉

まず、主語・述語の結びつきに焦点を当てる立場がある。山田（一九三六）は、主語と述語の結びつきが一組で成立する文を「単文」、二組以上で成立する場合、それらが対等な関係であれば「重文」、条件接続によって連続すれば「合文」、従属的な関係にあれば「有属文」とする。また、橋本（一九五九）は、主述の結びつきが一組だけ成立している文を「単文」、二組以上成立している文のうち、二組の関係が並列的であるものを「重文」、重文以外のものを「複文」とする。

さらに、述語になる品詞の違いに注目する立場として、三上（一九五五）の「動詞文」「形容詞文」「準詞文」という分類がある。以上の分類は、いずれも述語を含む文にのみ適用できるものである。

日本語には主語のない、あるいは、表現されない文が存在することから、主述の組み合わせという基準が適切ではない分類対象もある。述語を持たない文までを含めた分類としては、鈴木・南（一九六三）の「独立語構文」と「述語構文」がある。この分類では、述語構文はさらに陳述成分や独立語の有無によって分けられており、その下位項目もさまざまな文の成分を観点として分類されている。

〈性質上の分類〉

文の意味に焦点を当てると、「平叙文」「疑問文」「命令文」「感嘆文」の四種に分類され、それぞれ、断定や推量、疑問または反語、感動、命令や禁止を表す。この分類は、文の構造と機能を対応させた英語の文の分類に倣ったもので、日本語では両者の対応が明確でない場合もある。

松下（一九二八）は、ある事柄に対する話し手の了解作用の違いとその現れとしての構造から、文を「思惟断句」と「直観断句」とに二分する。前者は係助詞「は」に導かれる「題目部」と「解説部」とを備える「有題文」と、主語などと述語を有する「無題文」とに分類され、後者は「体言を核とした一語文的構造を持つもの」と「感動詞による一語文」とに分けられる。

佐久間（一九四一）は、文の表現機能に焦点を当て、まず、言語機能を「表出」「うったえ」「演述（いいたて）」に分けた上で、文はそれぞれこれらを担うものとして分類されるとする。「いいたて文」は「物語文」と「品定め文」とに分かれ、後者はさらに「何かの性状を表現する文」と「話し手の判断を表す文」とに分けられる。

文の統一形態からの分類としては、時枝（一九五四）がある。助動詞およびゼロ記号によって統一された「陳述によって統一された文」と、詠嘆・希望・呼びかけの助詞などによる「陳述によらないで統一された文」とに分けられる。さらに、芳賀（一九六二）による「客体的表現：D（dictum）」と「主体的表現：M（modus）」を組み合わせる分類がある。文は、客体的表現が主体的表現によってしめくくられた「DM文」と主体的表現だけの「M文」とに二分され、後者は、述定表現で終えられた「述定文」と伝達表現による「伝達文」とに分類される。

文の機能を話し手の意図という観点からみる立場として、宮地（一九六〇）の分類が挙げられる。話し手の意図を表すための表現は、「相手に対する何らかの表現」と「相手のことばに応じる表現」とに大別される。前者は相手に求めるところのない「詠嘆表現」「判叙表現」と、何かを求める「要求表現」とに分かれ、三者はさらに、「表現がやや分化（形容詞など）／未分化（感動詞）」「判断の既定（事実の叙述・断定の様相）／未定（判断が未確定・判断への疑念）」「質問／命令」にそれぞれ分かれる。相手のことばに応じる「応答表現」は、「やや分化しているもの（指示詞など）」と「未分化なもの（応答詞）」に分類される。

佐久間鼎（一九四一）『日本語の特質』育英書院
鈴木重幸・南不二男（一九六三）「Ⅲ．構文」国立国語研究所『話しことばの文型　第二』秀英出版
時枝誠記（一九五四）『日本文法　文語篇』岩波書店
芳賀綏（一九六二）『日本文法教室』東京堂出版
橋本進吉（一九五九）『国文法体系論』岩波書店
松下大三郎（一九二八）『改撰標準日本文法』紀元社
三上章（一九五五）『現代語法新説』刀江書院
宮地裕（一九六〇）「Ⅱ．2　表現意図」国立国語研究所『話しことばの文型　第一』秀英出版
山田孝雄（一九三六）『日本文法学概論』宝文館

〔内田安伊子〕

32　質問

文法

「質問」とは、ある命題が真か偽か、または、命題中の一要素を同定するものは何かについて疑問を抱いているにもかかわらず、自ら判断を下せないとき、他者にその答えを求めるために発する発話である。会話においては、二名以上の参加者による発話がやりとりの最小単位となるが、質問は、述べ立て・依頼・勧誘・申し出などとともに、話題を開始する発話として位置づけられる。

質問は、求める情報の性質という観点から、命題の真偽判定を求める「判定質問」（真偽質問、イエス／ノー質問）と、命題中の要素の同定を求める「同定質問」とに大別される。前者には文末に上昇イントネーション、または、それに加えて終助詞「か」を伴う文が、後者には疑問詞疑問文がそれぞれ用いられる。

判定質問には、命題の真偽が命題中の一要素にかかっている「歩いて来たんですか?」のようなものと、命題全体が成立するか否かを質問の焦点とする「もう風邪治った?」のようなものとがある。前者は「そう」による応答ができるが、後者は「そう」で答えられない。さらに、判定質問においては、命題の真偽に対する質問者の見込みの差を文末形式で示すことがある。真である見込みが強い場合は、「だろう」「ね」「よね」によって確認の質問であることを表したり、「もしかして疲れてない?」のように、否定辞「ない」を付したりして、その見込みを表すことができる。一方、同定質問では「これ、誰が書いたの?　佐藤さん（が書いたの）?」のように、質問者の見込みは判定質問に組み入れるかたちで示される。〔内田安伊子〕

33 文の表現意図

文法

日本語の文は、命題・素材が叙述の対象（言表事態）として あり、それを包みこむように主体の感情（言表態度）が存在する。判断・断定は最も基本的なカテゴリーで、肯定・否定、判断保留などの話し手の姿勢（態度）が複数の叙述の層を構成する。なお、表現意図は、文章の性質による分類にも関与し、意図の違いによって実用的文章（記録・報告書・稟議書・評論・説明など）と、非実用的文章（小説・随筆・紀行・詩歌など）に分類される。後者は、芸術性をもたせるために、メタファー（比喩）や各種の修辞法が用いられる。

〈判断・断定〉　「だ」「ではない」「のだ」「のではない」「はずだ」「はずではない」「わけだ」「わけではない」などの現在時点での対立のほか、「た」「なかった」、「していた」「していなかった」のような過去の一定の時点、時間幅での判断を述べる言い方がある。「のだ」「わけだ」の文は「説明のモダリティ」という側面から考察されることが多い。「XはYだ」の文を断定表現の基本的な姿であるが、「目は心の窓だ」のような隠喩を表すものもある。なお、「YがXだ」のような文（「英国へ行ったのは昨年だ」）は分裂文と称される。

〈推量〉　いわゆる「認識のモダリティ」に属するもので、話し手・書き手の想像を独白的、または伝達的に述べる言語形式である。想像の根拠を外部に認める「らしい」「ようだ」「そうだ」を〈推定〉として、本来の推量の「だろう」「かもしれない」と区別することもある。「にちがいない」「はず」などは確信を表す。語彙的なものでは、「のは確実だ」「に決まっている」「に相違ない」などが〈確実性〉を表す。このほか、「可能性がある」「かねない」などの「可能性、信憑性」を表す言い方や「ありえよう」「行くまい」などの文語的表現がある。

〈確認〉　「のではないか」「だろう」「はずだ」などの話し手・書き手の判断を述べるものと聞き手に確かめるものがある。「分かった」「思い出した」などに現れる「た」も確認の一種とされる。「と思う」から発展した「と思われる」「とされる」「と見られる」などの、報道文や説明文、評論・解説文などに見られる言い方、「とのことだ」「と言われている」などの伝聞表現も確認表現の一種である。

〈要求〉　話し手の要求する何らかの行為を聞き手に求める言い方で、「てくれ」「てほしい」「てもらいたい」などが主な表現形式である。依頼表現、勧めの表現とも重なる形式で、情報の相応伝達達成には、言語行動、待遇レベルなどの場面的、文脈的理解が重要な意味をもつ。間接的な表現として「ればと思う」などの期待を含んだ要求表現もある。待遇的な要素をもつため「命令」「依頼」などの表現とも連繫する。

〈依頼〉　話し手ができないことを聞き手に頼むことを直接・間接に述べる言語形式である。「てください」「ていただきたい」などのほか、「てくれませんか」「てくださいませんか」などの疑問文による働きかけも含む。

〈希望・願望〉　「ように」「たい」「たがっている」などのほかに、「ことを望みます」「ことを期待します」「ことを願っている」「よう祈っている」などの語彙的な表現もある。反実仮想的、独白的な形式の「たらなあ」「もの（だろう）か」、期待を表す「ればいい」「て（も）いい」などもある。また、「たいと思う」は意志・意向を表す「ようと思う」の婉曲的な表現で、希望・願望表現の背景には意志が介在する。

〈勧誘〉 働きかけの一種で「ませんか」「ましょう」などが代表的だが、「ようではないか」などの提案も含む。また、間接的な提案の「のはどうですか」「してみたいのですが」などもある。勧誘の働きかけの強い「ほうがいい」「すべきだ」のような忠告、警告、「入った入った」などの呼びかけ表現も含む。

〈命令〉「見て！」などの呼びかけ的な指示のほか、「見なさい」のような「なさい」、命令形「見ろ」などが代表的な命令表現。広義には「泣かない」「泣くな」「泣かないでください」など禁止命令をさすこともある。「いけません」は不許可だが、命令の変種である。「ことを命じる、禁じる」「飲食しないこと」や、「禁煙」「土足厳禁」「進入禁止」「一旦停止」「減速」「整理整頓」といった立札などによる指示も命令表現である。号令「起立！」「礼！」「着席！」、柔道の「待て」「はじめ」、軍隊用語の「進め」「撃て」、道路標識や工事現場での「止まれ」「注意！」など特殊なものもある。「がんばれニッポン」の「がんばれ」は命令ではなく、希求と意義づけられる。なお、不特定多数の聞き手に対しては、「買った、買った」のような反復表現、「のだ」を用いた「立つんだ（＝立て）」などの直接的な働きかけがある。

〔田中　寛〕

34 修飾

文法

「修飾」とは、物や事柄、動きなどを説明・限定して表現することで、「修飾語」には、用語の在り方・様子などを修飾する「連用修飾語」と、体言の概念内容を修飾する「連体修飾語」とがある。連用修飾を担うのは、副詞、形容詞・形容動詞の連用形、動詞の連用形（テ形）など、連体修飾を担うのは、名詞＋「の」、形容詞・形容動詞・動詞の連体形、連体詞などである。節で連体修飾する「雨が降った日」は「連体修飾節」だが、「雨が降ったので」のように接続助詞で連用修飾する節は「副詞節」と呼ばれる。学校文法では、「音楽を静かに聴く」の「音楽を」「静かに」のどちらも連用修飾語だが、「聴く」という行為の成立に欠かせない「音楽を」（名詞＋格助詞）を格成分（補充成分・補語）とし、連用修飾語の「静かに」とは区分するのが文法論としては一般的である。また、連用修飾と連体修飾はその構文的機能が異なり、前者は文の成分を構成する構文レベル、後者は常に他の成分の一部として機能する、語・句構成レベルである。ただ、「穴を深く掘る／深い穴を掘る」のように、動作の結果生じる対象を描写する場合には、連用修飾も連体修飾も意味的に近づく。これは、数量詞表現の「水を三杯飲んだ／三杯の水を飲んだ」も同様である。さらに、副詞は連用修飾機能が主だが、「ちょっと昔・やや南」「すごく美人」のように相対名詞や程度性の名詞を連体修飾したり、「あいにく・概して」のように文修飾の形で表現者の評価や言表態度を表したりする機能もある。

〔松木正恵〕

35 文法

文法論

文には、外的な表現形式と意味内容とが存在する。人間の感覚器官でその差異を識別しなければならない表現形式は、識別可能であるために有限でなければならない。それに対して、意味内容は可能性として無限である必要がある。有限個の要素を用意しておき、それを組み立てて統一体的全体を作る、という分化・統合を行うことによって、言語は、このことを可能にした。このことが、言語に文法が存することの根拠である。

文法とは、単語を材料にしてその言語（たとえば日本語）の適格な文を組み立てる際の組み立て規則・法則性である。つまり、文を組み立てる際に単語が帯びる形態変化や文構成への単語結合のあり方などに見られる法則性が、文法である。

〈文法論〉

文法を研究の対象とする分野は、通例「文法論」、ないしは「文法学」と呼ばれる。もっとも、文法論における研究・学説を指して、「文法」と呼ぶこともある。山田文法、橋本文法や伝統文法、変形生成文法、記述文法などという言い方がこれである。

文法研究の分野は、大きく、「形態論（morphology）」と「統語｛構文／統辞｝論（syntax）」とに分けられることが多い。

文は、文章・談話という文連続の中に通常は存在する。そのことによって、文は、文連続中の他の文とのつながり・関係のあり方を何らかの手段・方法で表している。文の帯びている、文連続中の他の文とのつながり・関係のあり方に対する分析・記述も、中心ではないにしても、また文法研究の対象である。

〈形態論〉

形態論は、広い意味で単語の構成を取り扱う。この広い意味での単語の構成には、主に単語の形成に関わる領域と単語の文法的側面に関わる領域とがある。単語形成を取り扱う形態論では、形態素とは何か、形態素にはどのような種類があるのか、形態素はどのように配列されて単語を形成するのか、配列された場合はどのような外形上の変容を被るのかなどを考察する。単語の文法的側面を取り扱う形態論では、単語とは何か、単語にはどのような種類があるのか、下位類ごとに単語はどのような文構成機能を有しているのか、単語は自らの文構成機能を果すためにどのような語形変化をするのか、語形変化はどのように実現されるのかなどを考察する。

〈統語論〉

統語論は、文の構成つまり文の構造と成立を取り扱う。文とは何か、文はどのように成り立つのか、文の種類にはどのようなものがあるのかなどを考察する。さらに、文の内部構造、言い換えれば、下位的構成要素つまり節や文の成分がどのように結び付くことで文が形成されているのかを分析・記述する。また、節や文の成分とは何か、それらにはどのような種類があるのか、また、文の成分はどのような文法カテゴリーを帯び、どのような文法的意味を担うのか、さらにどのように結び付き合いまとまりながら、文を形成するのかなどを考察する。

大塚高信（一九九五）『文法の組織』研究社出版

〔**仁田義雄**〕

36 文法

待遇表現

待遇表現とは、ある「表現主体」（話し手・書き手）が、何らかの「意図」をもって、「人間関係」（自分・相手・話題の人物相互の関係）、「場」（状況・文脈）を認識した上で、ある「内容」（題材・内容）を、ある「形式」（音声・文字／語・文・文章・談話）によって表現する、一連の「表現行為」である。またその行為の結果としての「表現」を指すこともある。したがって、ほぼすべての表現が待遇表現となる。

待遇表現を考える際は、「いらっしゃる・申し上げる」などの敬語だけではなく、「行く・来る・いる・言う」などの通常の表現、「行きやがる・ほざく」などの軽卑語までを含み、「いらっしゃいますか」「行きますか」「行く?」「行きやがるのか」などの様々なレベルの表現を扱う必要がある。また、そうした文レベルの表現だけではなく、文章・談話レベルでの待遇表現を考えるべきである。

基本的には、待遇表現としての一連の行為は、社会的・文化的な一般性は持ちつつ、表現主体の認識によって決まる。「人間関係」をどう位置づけるか、「場」をどう認識するか、「意図」と「内容」と「形式」について表現主体がどのように意識し、考え、選択するのかということによる。その意味では、表現主体の意識を明らかにすることが重要な課題となる。

待遇表現を規定する上で、「人間関係」と「場」は最重要の要素である。「人間関係」は、表現主体が捉えた「自分・相手・話題の人物」相互の関係をどう位置づけるかということだが、それは「上下」や「親疎」だけではなく、それぞれの「立場・役割」なども含まれる。「ウチ・ソト」の関係によって表現を使い分けることなども「人間関係」の重要な観点となる。「場」は、単なる場所の意味ではなく、表現主体が時間的・空間的に位置する場であり、経緯、文脈、状況、雰囲気などを総合的に含む概念である。状況や雰囲気に関しては、「改まり―くだけ」の軸で捉えることもできる。

この「人間関係」と「場」を総称したものが「場面」で、待遇表現は、「場面」による表現の使い分けということもできる。

待遇表現と、敬語、軽卑語などとの関わりからは、尊敬表現、謙譲表現、丁寧表現、丁重表現、美化表現、軽卑表現、尊大表現など、様々な表現のあり方が考えられるが、それらの「形式」だけを問題にするのではなく、意識、内容、形式が連動した表現行為として捉えること、文章・談話レベルで検討することによって、待遇表現の実態、本質が明らかにされるのだといえよう。

待遇表現は、言語によるものだけではなく、非言語の観点からも扱う必要がある。これは「待遇行動」といえるものだが、態度、表情、行動のすべてにわたり、待遇表現として捉えることが可能である。

なお、今後は、待遇表現を表現からだけではなく、理解面からの「待遇理解」も含む、「待遇コミュニケーション」として捉えることが求められる。

菊地康人編（二〇〇三）『朝倉日本語講座第八巻　敬語』朝倉書店

〔蒲谷　宏〕

37 文法 敬語の分類

現在、最も普及している敬語の分類は、尊敬語、謙譲語、丁寧語の三分類である。敬語の分類は諸説あるが、三分類では見えてこない敬語の性質に関する問題を、現代語の敬語の分類に焦点を絞って述べる。

まず、敬語を二分する考え方がある。これは、時枝誠記の『国語学原論』などにおける「詞の敬語と辞の敬語」をはじめ、「素材敬語と対者敬語」「話題の人物に対する敬語と聞き手に対する敬語」という捉え方に共通するものであり、尊敬語、謙譲語と、丁寧語との間には、概念を表す敬語と文体に関する敬語という大きな性質上の違いがあるという考え方である。ここから、三分類の丁寧語に混在する「お天気・ご飯」と「です・ます」とを区分し、前者を美化語として別に立てるという考え方が示された。美化語については、すでに一部の国語教科書でも採用されているが、尊敬・謙譲・丁寧・美化に四分類にすることで、二分類の趣旨も生かされている。

「敬語の指針」（文化審議会答申）では、敬語を五種類に区分することを提唱している。それは、尊敬語、謙譲語Ⅰ、謙譲語Ⅱ（丁重語）、丁寧語、美化語であるが、謙譲語をⅠとⅡの二種に区分するのは、謙譲語Ⅰが「自分側から相手側または第三者に向かう行為・ものごとなどについて、その向う先の人物を立てて述べるもの」であるのに対し、謙譲語Ⅱ（丁重語）が「自分側の行為・ものごとなどを、話や文章の相手に対して丁重に述べるもの」という違いを重視したからである。謙譲語Ⅰには、「伺う」「お会いする」など、謙譲語Ⅱ（丁重語）には、「参る」「申す」などの敬語が該当する。これは、従来の敬語研究でも、「謙譲語と丁重語」「謙譲語Aと謙譲語B」などと区分されていたものであり、細部については諸説あるものの、研究者間では普及していたもので、特に新しい考え方ではない。

「敬語の指針」では、さらに謙譲語ⅠとⅡの両方の性質を併せ持つ敬語（「お・ご…いたす」）も補足するが、これを加えれば、六種類に区分したことになる。

尊敬語については、大きな異同はないが、「お・ご…になる」と「お・ご…くださる」とでは、後者が「…」の動作主体を高めるとともに恩恵を表す点で違いがあること、「御社」「玉稿」など相手専用の尊敬語があること、などの相違がある。

謙譲語については、「伺う」（謙譲語Ⅰ）「まいる」（謙譲語Ⅱ）「ご説明いたす」（謙譲語Ⅰ＋Ⅱ）という違いの外にも、「私が参りました。」と「熱くなって参りました。」という違いがあること、「弊社」「拙稿」など自分専用の謙譲語があることなど、謙譲語Ⅱの下位区分が指摘されている。

また、丁寧語のなかでも、「です・ます」と「でございます」（「最上丁寧体」ともいう）には、文体上の丁寧さの違いがあること、「でございます」には、「ござる」の持つ丁重の性質が加わっていることなどが指摘されている。

したがって、敬語の分類はさらに細かくなるわけだが、分類上、最も重要なことは、敬語の持つ性質をどのように捉えて、整理するかということである。

〔蒲谷　宏〕

蒲谷　宏・川口義一・坂本　恵（一九九八）『敬語表現』大修館書店

38

単語

語彙・意味

単語は、現実世界にある事物や現象をある言語に特有のとらえ方で切り取り、一定の音の連続と一定の意味を付与するものである。言語の最も基本的な単位で、文を構成する最小の単位であるが、意味的には有意味な最小の言語単位である形態素からなる。通常、一つの単語は、一定の意味と一定の語形が結びついたものであり、「語」ともいう。たとえば、「海」は「地球の表面のうち、塩水をたたえた広い部分」という意味をもち、「ウミ」（/u/mi/）と発音される。「海」は /u/mi/ という一定の語形を持っているが、/u/ の部分を /a/ に変えて、/a/mi/ とすると、「網」などの別の単語になる。つまり、単語とは意味と語形の統一体である。

「地球の表面のうち、塩水をたたえた広い部分」をなぜ「ウミ」というのかという説明はできない。なぜなら、一般に語の意味と語形は恣意的なものだからである。これに対して「コケコッコー」「デレデレ」などオノマトペは語形と事物・事柄の間にある程度有縁性が認められる。特に鶏の鳴き声を表す「コケコッコー」のような擬音語は、現実の音に似せて作られているからであるが、これを日本語を母語としない人が聞いた場合は、鶏の鳴き声とは感じないことが多い。これは擬音語が日本語の言語体系に沿って音声化されているためである。

「桜の花」と「菜の花」はともに〈名詞＋助詞＋名詞〉と同じ構造を持つが、「桜の花」は三つの単語から構成されていると感じられるのに対し、「菜の花」は現代人の意識では一つの単語だと感じるのが普通だろう。このように、意味や形式の面のみから判断できない場合もある。なお、二つ以上の単語が結合して、全体が特定の意味を表す「油を売る」「手を焼く」などの慣用句は、「さぼる」「困る」という一単語に相当する。このように何を一単語とするかという語の認定には様々な問題がある。語の切れ目をどこにするか、たとえば、「防災科学技術研究所雪氷防災研究センター」などの長い語は一語の複合語か、複数の語が連続したものか、という問題である。また、同音異義語（同音語）か、多義語という問題もある。たとえば、「とる」を国語辞典で引くと、「取る・執る・採る・捕る・撮る（獲る・穫る・摂る・盗る・録る）」という漢字表記があり、多くの意味が載っているが一語として扱っている。一方、「すむ」は「住む」「済む」「澄む」の三語を見出し語としている。「とる」は多義語とし、「すむ」は同音語として扱っていることになる。

「海で朝早く泳ぐらしい。」という文を考えみよう。「海」「朝」「早い」「泳ぐ」は、それぞれ固有の意味をもっているが、これを「語彙的意味」という。一方、「で」「らしい」は文法的意味を表す単語である。「海」「朝」は名詞で「で」などの助詞や助動詞を伴って、主語、述語、連体修飾語、連用修飾語などになることができる。「泳ぐ」は動詞に、「早い」は形容詞に分類され、主な働きは文の述語になることである。このように単語は文の中で特定の文法的性質をもつが、単語を文法上の形態と働きによって分類したものが品詞である。単語はこのほか、語種、語構成、文体的特徴など様々な面からとらえることができる。

〔秋元美晴〕

39　語彙・意味

語　彙

　時代、人、作品などの一定の範囲で使用される単語（語）の集合を語彙という。たとえば、江戸時代の語彙、夏目漱石の語彙、『源氏物語』の語彙などという。

　語彙は、音韻や文法の体系に比べて、一般的に体系性が低いが、いくつかの語彙領域には体系性の高いものもある。たとえば、これ・それ・あれなどのコソアド体系や、「オジーサン―オバーサン」「チチ―ハハ」「アニ―アネ」「ムスコ―ムスメ」などの親族語彙、また、「アカ―アカイ―アカミ―アカアカ―マッカ」などの色彩語彙、「コロ―コロコロ―コロリ―コロン―コロッ」のようにオノマトペの語根の重複や語根に「リ」「ン」「ッ」を加えることにより意味の違いを表すという点でオノマトペもきわめて高い体系性をもつといわれている。

　語彙の意味的な体系としては、同義関係（台所とキッチン）、包摂関係（文房具と鉛筆）、同位関係（商業と工業と農業）、反義関係（深いと浅い）などがあるが、実際はこれらの関係が複雑に絡み合って語彙を作り上げている。

　対象とする語彙に含まれている語の数を語彙量というが、語彙量はその対象を構成している異なり語（そこに出て来た単語の種類）の総量をいう場合と、延べ語（同じ単語が何度繰り返されてもその対象に出てくる単語を全て数えたもの）をいう場合がある。

　古典の異なり語の語彙量の調査によれば、『枕草子』は約五千語で、『源氏物語』はその倍の約一万語だと言われている。現代日本語で成人が使用する語彙量は四万語から五万語だと言われているが、そのうち話したり書いたりして使うことができる「使用語彙」と、使わなくても聞いたり読んだりして意味のわかる「理解語彙」があり、語彙量も異なる。共通語における成人の使用語彙は理解語彙の三分の一程度ではないかと推定されている。

　言語学習のためには、その言語の語彙の基本的な性質をもった語を取り出すことが必要となる。国語教育、日本語教育などの目的に応じて、語彙調査を行い、選定された使用率が高く、使用範囲の広い語を選んだものを一般に「基本語彙」という。また、日常の言語生活に必要な最小限の語彙を主観的な判断によって体系的に選定したものを「基礎語彙」という。基本語彙、基礎語彙のとらえ方は研究者により異同がある。

　語彙は語種の面から和語、漢語、外来語に分けられる。たとえば、宿泊施設を表す語として「宿屋」「旅館」「ホテル」があるが、それらは各々の使用領域がある程度決まっており、文脈に応じて使い分けられている。

　日本語の語彙には、自然現象、特に雨とか風などの気象を表す語や鳥、魚、虫などを表す語も豊富で、また、「はにかむ」「ばつがわるい」など感情を微妙に表す語も多いと言われている。さらに外国語と比較した場合、日本語では一語であるが、英語では二語で表されることがある。たとえば、日本語の「罪」は一語であるが、英語では宗教的な罪 ‘sin’ と刑事上の罪 ‘crime’ に分けられる。逆に英語の brother は日本語では「兄」「弟」として表される。このように、文化・社会の相違が語彙の濃淡に反映されるといえるだろう。

〔秋元美晴〕

40　複合語　語彙・意味

一つの語基（語の意味上の中心となる部分で、単独で使われる）からなる単語を「単純語」（「男」「人」）というのに対して、二つ以上の語基からなる語（「男心」）を「複合語」という。同一の語基が結合した「畳語」（「人びと」）と語基に接辞が結合してできた派生語（「男っぽい」）、それに複合語を合わせて「合成語」という。このなかで最も多いのは複合語である。

複合語の「男心（おとこごころ）」の「ごころ」は、単独で用いられることはなく、すでに複合語の構成要素となっており、常に一続きに発音され、「おとこ＋こころ→おとこごころ」と変化している。また「男」と「心」が複合することにより、「男に特有の心持ち」という意味も加わっている。

漢語の複合語には「天地」「冷夏」などがあるが、「天地」のように「天」と「地」の二つの単語が結びついたものと、「冷（レイ）」と「夏（カ）」のようにそれぞれ単独では単語とならないが、語基が結びついたものがある。さらに、二語の漢語には「宇宙」のように全体で一語の単純語もある。

複合語の語基と語基の結合関係は、複合名詞の「学力向上」のように前要素が後要素の主体であるもの、「環境破壊」のように前要素が後要素の対象であるものなど、様々な統語的な関係にあるものがほとんどである。「手足」「男女」のように前要素と後要素が対等の資格で並列構造をなすものもある。

複合語は、語数と構成パターンの種類の多さから、「複合名詞」と「複合動詞」が代表的なものである。

〔秋元美晴〕

41　語構成　語彙・意味

語構成には、語がどのようにして造られるかという造語的な側面と、語がどのような構造から成り立っているかという語構造の側面を持つ。たとえば、「返事」は「かえりごと」という和語が漢字表記され、音読みにしてできた和製漢語というのが前者で、「返事」は「返（ヘン）」と「事（ジ）」という漢語要素から構成されるというのが、後者の見方である。一般に語構成とは語の構造の問題である。

語は、「単純語」と「合成語」に分けることができるが、語構成で扱うのは主として合成語である。単純語は一つの「語基」からなるため、それ以上分解できないからである。語基とは、語の意味上中心となる部分で、単独で使われるが、語基に付属するものとして接辞がある。語基にはさらに「近道」の「近（ちか）」のように単独で使えないものも含まれる。

語構成はあくまでも共時態で考えるものである。たとえば、「さかな」は「酒《さけ》の菜《な》（おかず）」の意味だったが、酒を飲むときに添えて食べるおかずとして「魚（うお）」を用いることが多かったので、「うお」を「さかな」というようになったというように、遡って分析することが可能な語でも、現代の言語意識で一語であるものは、単純語として扱う。これは外来語でも同様で、「ノウハウ（know-how）」など原語では語構成上は、合成語でも、日本語では単純語として考えられる。

合成語は、単独で単純語となることができる語基が二つ以上結びついた複合語（「男心」）と、語基に接辞が結びついた派生語（「男っぽい」）に分けることができる。同一の語基が結合した畳語（「人びと」）を合成語に含めることもある。接辞は「っぽい」のように、単独で用いられることがなく、常に語基につき、語基の意味を強めたり、ある意味を添えたりする。「っぽい」のように語基の後につく接尾辞と、「真心《まごころ》」の「真」のように前につく接頭辞がある。接尾辞は接頭辞に比べ、その種類も「っぽい」のような和語系のもの、「―的」「―性」「―化」などの漢語系、「―イズム」など外来語系のものと豊富で、生産性も高い。語の構成要素で考えるとき、問題となるのは漢語である。二字漢語でも、「暖冬」のように語の構成要素に分けられるものから「挨拶」のように分けられないものまで様々な段階のものがある。

語のなかには、「恩着せがましい」「非常勤講師」のように階層的な結合となるものもある。

（恩＋着せ）＋がましい
複合語　接尾辞
派生語

（非＋常勤）＋講師
派生語　単純語
複合語

合成語の品詞は「にわか雨（名詞）」「位置づける（動詞）」「蒸し暑い（形容詞）」のように、語の後要素の品詞により決まるが、接尾辞には「男（名詞）＋っぽい→男っぽい（形容詞）」のように結合対象となる語基の品詞を変えるものもある。なお、合成語が造られるとき「男＋こころ→男ごころ」「あめ＋みず→あまみず」（ame＋mizu→amamizu）と、語の構成要素が音変化することがあり、「変音現象」という。〔秋元美晴〕

42 意味
語彙・意味

言語の意味は、一般に語の意味と文の意味に分けて考えられるが、ここでは語の意味について考える。

語とは、文章・談話において母語話者なら直感的に認識できる表現の単位であり、普遍的な単位でもある。語は、自然現象、事物、感情など現実世界のある物事の側面をとらえて名づけたものである。この現実世界にある物事（指示対象）ととらえた側面（語の意味、語義とも）と名づけたもの（語形）との関係は、左のように図示される。

人間が経験するすべての物事に名づけを行っていたら、その数は膨大なものになる。そこで、たとえば「鳥」にも様々な種類があるが、普通、「体が羽毛に包まれ、空を飛ぶ動物」を「鳥」とし、魚や獣と区別する。語の意味とは、このようにその語に共通する一般的な特徴をいう。ただし、通時的には、その意味内容の変化が観察される。たとえば「車」は「車輪が回ることによって進む、物や人を運ぶ機械」であるが、平安時代は「牛車」、現代では「自動車」を指す。

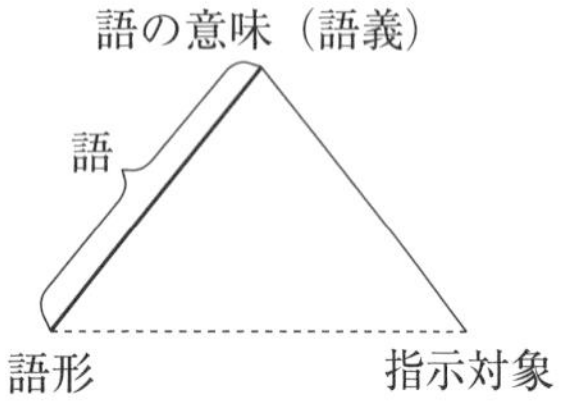

語の意味については、多くの説がある。語の意味は、実際はその語が使われる場面や文脈において初めて具体化されるわけだが、それに関連して、大きく三つの説がある（池上、一九七七）。一つは、用法説で文脈が語の意味を決定するという考え方であり、二つ目は基本的意味説で、語には基

本的な意味があり、それが文脈によって少しずつ変化して使われるという考え方である。三つ目は用法説と基本的意味説の中間の考え方で、語は二つ以上の意味を持っており、それが文脈によっていずれかが用いられるという考え方である。

語の意味（「語義」）は、具体的な場面や文脈の影響を除いた、ある時点でその言語を母語とする多くの人が共通に認める辞書的な意味（「ディノテーション」）と、語の意味からくる連想や文化、個人的判断によりもたらされる文脈的な意味（「コノテーション」）に分けられる。たとえば、「台所」と「キッチン」の辞書的な意味は同じだが、「キッチン」は「台所」に比べ、清潔で機能的な感じが伴うので、文脈的な意味は異なる。文脈的意味は語感やニュアンスの関連する問題であり、類義語間の差異を明らかにする際に重要となる。

一つの語が二つ以上の意味をもつ語を多義語といい、「もの」「こと」などの抽象的な名詞や「手」「目」「とる」「みる」「よい」などの基本的な語は、ほとんど多義語である。これに対して、「交渉」「公称」「好尚」のように本来は別の語なのに、たまたま同じ形式（「語形」）を持つ語を同音異義語（「同音語」）という。語の意味（「語義」）の間に関連性があるかないかで多義語と同音語を分けるが、語源を基に分ける考え方もあり、両者の間に明確な境界線を引くことは難しい。

語と語の意味の関係には、類義関係、包摂関係、同位関係、反義関係などがあり、特に類義関係と反義関係が論じられる。

池上嘉彦（一九七七）「意味の体系と分析」『岩波講座日本語第九巻　語彙と意味』岩波書店

〔秋元美晴〕

43　文脈

語彙・意味

「文脈」（context）とは、言語表現の意味内容の一続きの流れであり、表現者の表現意図が言語表現として具体的に展開されたものである。特に、「言語的文脈（言語内文脈）」ともいう。話しことばについては「話脈」ともいう。

広義には、表現活動・理解活動に関与する場面・状況を「文脈」（非言語的文脈、言語外文脈）という。話しことばでは、特に話の場面、身振り・手振りなどの非言語的行動、話し手・聞き手の属性やそれぞれの既有知識などが表現の解釈に影響を及ぼす。書きことばでも、時代背景・風俗・習慣・信念などの歴史的・社会的・文化的背景が重要になる。

言語的文脈・非言語的文脈は、曖昧な語や文の意味や多義語の意味を特定したり、語用論的含意を適切に引き出したりする際に重要な働きをする。

〈文・発話の文脈と文章・談話の文脈〉

文脈は、「文・発話の文脈」と「文章・談話の文脈」（文間文脈）に分けられる。文・発話と文章・談話の中間的なまとまりの単位である文段・話段に対応した「文段・話段の文脈」を設けることもある。

文・発話の文脈は語や句により形成される。文章・談話の文脈は文・連文・文段（話段）により形成され、文と文との連接関係によって文脈をたどることができる。連接関係の指標となる言語形式に、接続表現、指示表現、反復表現、省略表現、ある種の助詞・助動詞類（「も」「のだ」等）などがある。話しことばでは、複数の参加者の発話のやりとりから話脈が形成される。

〈文脈の種類〉

「文脈」を、文章に客観的に備わっているもの（客観的文脈）であるとする立場と、表現者の頭の中にあるもの、および理解者が文章・談話の理解の際に作り出したもの（主観的文脈）とする立場がある。前者の立場の永野（一九八六）の『文章論総説』では「主観的文脈」を「脈絡」と呼ぶ。後者の立場の林（一九九八）の『文章論の基礎問題』では、理解者の頭の中に作り出される要素に応じて、「言語文脈」「事物文脈」「心（こころ）文脈」を分けている。

文章・談話の展開の方法や内容のつながり方に応じて、「文脈」を分けることもできる。時間的に展開する「線条的文脈」と空間的に配置される「非線条的文脈（空間的文脈）」（広告、看板など）、また、内容上の直接的なつながりをもつ「直接的文脈」と相互に何らかのつながりが想定される「間接的文脈」（編纂意図の明確な歌集・句集・文集など）がある（市川、一九七八）。

市川　孝（一九七八）『国語教育のための文章論概説』教育出版
佐久間まゆみ（二〇〇三）「文章・談話における「段」の統括機能」
　佐久間まゆみ編『朝倉日本語講座第七巻　文章・談話』朝倉書店
永野　賢（一九八六）『文章論総説』朝倉書店
林　四郎（一九九八）『文章論の基礎問題』三省堂
藤田保幸（一九九〇）「文脈論」『日本語学』九巻十号

〔馬場俊臣〕

44　転　義　語彙・意味

語の元の意味である原義から派生した意味を「転義」という。語には、一つしか意味をもたない単義語もあれば、複数の意味をもつ多義語もある。たとえば、動詞「みる」は多義語で、原義は、「花をみる」の「みる」のように「目によって物の存在、状態、内容などを知る」ことである。しかし、「みる」は「味をみる」「患者をみる」「馬鹿をみる」「相手の出方をみる」「老いた両親をみる」のように対象が具体物「花」から抽象的なものへと変化していくにしたがい、原義の視覚による物事の判断からメタファー的なものへと移行していく。「味をみる」の「みる」は〈物事をこうだと判断する〉という意味であり、「患者をみる」は〈診察する〉、「馬鹿をみる」は〈経験する〉、「老いた両親をみる」は〈世話をする〉という意味である。これらの転義は、互いに無関係ではなく、基本的に原義とつながっている。このような関係を説明するのに、プロトタイプ（典型）という概念が用いられることがある。プロトタイプとはカテゴリーに属する成員のうち、そのカテゴリーを代表するものをさすが、動詞「みる」のプロトタイプは「目でみる」である。原義の「みる」と「味をみる」「患者をみる」「馬鹿をみる」などの転義の境界は必ずしも明確なものではなく、延長線上に連なると考えられる。抽象的な意味の名詞「こと」「もの」をはじめ、「手」や「目」などの身体語彙、動詞「ある」「とる」などの基本語はほとんどが多義であり、転義をもっている。

〔秋元美晴〕

45 対義語
語彙・意味

共通の意味領域にあって、ある特定の点において対立する関係にある語を「対義語（antonym）」または「反義語」「反意語」「反対語」「対語（たいご／ついご）」という。対義語は語種や文体的特徴が共通している。「ママ」と「おやじ」のようなペアは、対義語という意識が希薄になる。また、一般的には同じ品詞の間で対義関係が成立するが、「貧しい（形容詞）」と「豊かだ（形容動詞）」のように、異なる場合もある。

対義関係は以下のように分類される。

①相補関係…一方が肯定されれば、他方が否定される関係
　男／女、生／死、真／偽、ある／ない、等しい／異なる

②両極関係…空間・時間などの数量上の両極を表す関係
　満点／零点、始まり／終わり、最高／最低、北極／南極

③相対関係…ものごとの性質を相対的に表す関係
　重い／軽い、明るい／暗い、奇麗な／汚い、大／小

④逆意関係…一つの物事を異なる視点から捉えた関係
　売る／買う、教える／教わる、入口／出口、上り坂／下り坂

⑤前提関係…互いに相手を示す語を前提とした関係
　親／子、夫／妻、先生／生徒、医者／患者、加害者／被害者

⑥位置変化の関係…空間上の位置変化が逆方向にある関係
　上がる／下がる、入る／出る、つく／離れる、前進／後退

⑦状態変化の関係…相互に元の状態に戻る可逆的な関係
　寝る／起きる、立つ／座る、開ける／閉める、生産／破壊

その他「全体／部分」などは分類できない。

〔山下喜代〕

46 同義語
語彙・意味

異なる複数の語が、同じ意味を共有する関係にある語を「類義語」という。類義語の関係は、その意味領域の重なりにより次のように分類される。

①等価関係…意味が重なるもの。「卓球／ピンポン」

②包摂関係…一方の意味が他方に含まれるもの。上位語と下位語の関係。「色彩／黄色」

③共通関係…意味が部分的に重なるもの。「机／テーブル」

④隣接関係…隣り合っていて重ならないもの。「霧／霞」

この中で、①のように、意味領域が完全に重なる関係の語を「同義語（synonym）」または「同意語」という。しかし、語の意味を概念的な意味に限定せずに、文体や様々な付加的意味まで含めると、完全な同義語は存在しない。たとえば、「あした／あす／みょうにち」は、概念的意味は同じだといえるが、改まり度の違いにより文体的意味が異なる。「赤ちゃん／赤ん坊／ベビー／嬰児」は同じ概念的意味を表すが、語種の違いによる文体や語感の相違がある。「赤ちゃん」は和語、「赤ん坊」は混種語で、共に話し言葉的だが、「赤ちゃん」は、愛らしさが感じられ、より話し言葉的である。「ベビー」は外来語で、しゃれた語感を与える。「嬰児」は漢語で、固い語感を与え、主に文章語として使用される。一方、「盲腸炎／虫垂炎、空調／エアコン、桃色／ピンク」など、概念的意味も、その他の違いも感じられない「同義語」もある。

〔山下喜代〕

47 同音語

語彙・意味

発音が同じで、意味の異なる二つ以上の語を「同音語」または「同音異義語」という。一般に同音語は、漢語や和語などの語種を区別せずに用いられる。外来語の「ライト」には、原語の異なる「右」と「照明」の意味を表す語があり、これらも同音語である。また、同音語には、「雨」と「飴」のようなアクセントの異なるものも含める。なお、和語の「納める／収める／治める／修める」は、同訓で、意味の異なるものであるが特に「同訓異義語」と呼ぶことがある。日本語は同音語が多いと言われるが、日本語の音節数が少なく、語は二拍から四拍のものが多くて、長い語は拍数の少ない略語になるのが一般的であること、さらに、限られた音節で発音される漢語が多いことが同音語の生じやすい原因となっている。

話し言葉においては、類義関係にある同音語は紛れやすいので、「辞典／事典」を「ジテン／コトテン」、「市立／私立」を「イチリツ／ワタクシリツ」などと言い換えることがある。しかし、アクセントや他の語との関係、文脈や場面によって、同音語も区別がつくのが一般的である。一方、書き言葉においては、漢字の使い分けに迷う場合も少なくない。漢語の「追及／追求／追究」、和語の「変える／代える／換える／替える」などは意味の違いによって書き分けられるが、表記にゆれが生じることもある。これらは、同音語なのか、多義語なのかの判断が微妙で、その境界は明確ではない。

〔山下喜代〕

48 語種

語彙・意味

その語が本来どの言語に属していたかという出自から分類した時の語の種別を「語種」という。日本語では、日本で生み出された固有語である「和語」、外国語からの借用語である「漢語」、「外来語」の三種に分けられる。また、「本読み・胃カメラ・大型スクリーン・生ビール党」などの三種の組み合わせからなる合成語を「混種語」と呼ぶ。日本語の語彙体系から見ると、和語が基層をなし、その上に漢語と外来語が重なって体系をなしている。日本語は語種によりそれぞれ特徴がある。

〈和語〉　和語は「大和言葉」ともいう。一般に和語と意識されているものでも、古くは中国語や朝鮮語から入ってきた語もある。たとえば「馬・梅・菊」などは中国語から、「寺・村・島」などは朝鮮語からの借用と考えられている。しかし和語は、おおむね漢字の「訓」とされるものといえる。また、使用頻度が高くて、使用範囲の広い、多義の基本語が多い。

国立国語研究所『現代雑誌二〇〇万字言語調査』によると、「する・いる・いう・なる・ある・くる・できる」などの動詞の基本語が使用度数の上位を占める。また、和語はすべての品詞に分布し、助詞や助動詞などの付属語はほとんどが和語で、日本語の表現の骨格をなす語種である。意味分野については、自然物や自然現象を表す語が多く、一方で抽象的な概念を表す語が少なく、それを漢語や外来語が補っているといえる。

〈漢語〉　漢語は「字音語」ともいう。近世以前に中国から借用したもののほか、近世後期から近代にかけてオランダ語や英語の訳語として日本で作られた「地球・科学・工業・雑誌」などの「和製漢語」もあり、「新漢語」という。漢語は抽象名詞が多く、専門用語などでは使用比率が圧倒的に高く、書き言葉に属するものが中心であるが、二字漢語には基本語彙に入るものも少なくない。また、分析的で限定的な意味を表すものが多く、類義語彙を形成する。和語の「なおす」に対して、漢語では「訂正・修正・修整・修繕・修理・修復・治療・矯正」などが「する」を伴って複雑に対応する。

〈外来語〉　外来語は欧米からの借用語が多く、「洋語」ともいう。カタカナで表記することが多く、「カタカナ語」ともいう。近代以降に中国から入った「マージャン・シューマイ」などや「ナイター・ナイスミドル」などの「和製英語」も含める。外来語は日本語に組み込まれるとき、音声や意味の面で日本語化して、原語とは異なるのが一般的である。また、基本語彙に属するものは少ないが、増加傾向にあり、新語が多く、最も変化の激しい語種といえる。

一般的に文体については、和語は口語的、漢語は文章語的といわれるが、和語には「しじま・しとね・まさご」などの古典的で優雅な響きをもつ雅語もあり、専ら詩歌などに用いられる。また、語感としては、和語は俗っぽい感じ、混種語は普通の話し言葉の感じ、漢語はやや改まった感じ、外来語はしゃれた感じを与えるといえよう。

国立国語研究所（二〇〇六）『現代雑誌二〇〇万字言語調査度数順語彙表』（ウェブ公開版）

〔**山下喜代**〕

49　現代語

語彙・意味

「現代語」とは、昭和二〇年（第二次世界大戦後）から現在に至る日本語を指す。それ以前の明治から第二次世界大戦までを近代語という。終戦とそれに続く社会変革は日本人の意識変容をもたらし、現代語は様々な点でそれ以前とは違いが見られる。主な特徴は、激しい社会変容を象徴する新語の多発、マスメディア隆盛による流行語現象、女性語と男性語の境界の曖昧化、グローバル化を反映した外来語の増加、方言の隆盛と相対的な標準語の価値低下、携帯メールなどの急速な普及による口頭語（話し言葉）の文字化現象などがある。全体として、①ことばの揺れの増大、②言語使用の自由裁量の増大、③言文一致の増進、などにまとめることができる。日本社会の変化に伴う日本人の言語意識の変容などを背景に生じているものである。

まず、ことばの揺れは規範意識の衰退によってもたらされている部分が大きい。現代日本語は、従来の属性や場面に強く制約された言語使用から、個人の個性を表現していくものへと変わりつつあり、それを背景に、ことばの面でも表面上の揺れが大きくなったといえよう。

また、近代語は、言文一致運動などを経て口頭語と文章語が近くなっていたが、現代語では、現代仮名遣いなどに見られるように、その傾向はさらに強まり、最近では、携帯メールをはじめ、ブログ（web-log）やSNS（social network service）の急速な普及で口頭語の文字化・文章化が促進され、話す・聞く行為と書く・読む行為の境界が一段と曖昧化している。〔**陣内正敬**〕

50　方言　語彙・意味

「方言」とはある言語における変種のことで、地域による変種である「地域方言（regional dialect）」のことを指すのが一般的である。社会的な変種である「社会方言（social dialect）」を含むこともある。「方言」と「言語」は、その言語体系性や価値は等しいものである。いくつかの言語変種が、ある言語の「標準語」や「共通語」に対応する地域的な変種であると、政治的・文化的要因などの言語外的要因によって位置づけられる場合、それらを「方言」と呼ぶ。

一般には、「メンコイ（かわいらしい、東北方言）」や「シンドイ（つらい、関西方言）」のような標準語あるいは共通語とは異なる語形をもつ地域独特の方言語彙である「俚言」を「方言」と見ることが多いが、「地域方言」とは、「俚言」に限定せず、その地域の言語体系全体を指す。それは、音声・音韻・語彙・文法・言語行動などの変種にかかわるすべてを含むと同時に、共通語形と同じ形式のものも含むことを意味する。

〈標準語、共通語〉

「標準語（standard language）」は、公文書、教育、マスメディアなどにおいて用いられる規範的統一性をもつ言語である。規範的統一性をもつという点において、「共通語（common language）」とは異なる。「共通語」とは、二者間においてコミュニケーションが成立する言語を指し、国際共通語、民族共通語、全国共通語、地域共通語、通商語、人工語など広く含む。多くは、全国共通語を指す。現代日本語では、放送などでアナウンサーが原稿を読み上げる際に使用することばが共通語として認識されることが多い。

日本語の標準語は、上田（一八九五）によって示され、「一国内に規範として用ゐらる丶言語」で「教育ある東京人の話すことば」とされた。

国立国語研究所（一九五三）では、共通語を方言と対立する要素として仮設し、「全国どこでも通じることば、東京語に近いが、必ずしも一致しない」ことば、標準語を「なんらかの方法で国として制定された規範的な言語」とした。

日本語社会における標準語と共通語の関係として、上記のような区別をする立場、標準語は実態言語として存在しないという考える立場、共通語は標準語のやわらかい言い換えで実質的には同じものとみなす立場がある。共通語への言い換えは、標準語のもつ方言撲滅あるいは植民地における「国語教育」というイデオロギー色を緩和させる意味合いがあったとされる。

〈日本語の方言の分類〉

日本語の方言の分類については、どのような観点から分類するかによってさまざまな提案がなされている。その中では、語彙・文法・音韻の観点から大局的に分類した東条（一九五三）における「方言区画」が最もよく知られる。まず、日本語は本土方言と琉球方言に大きく分類され、本土方言は東部方言・西部方言・九州方言の三方言に分けられる。東部方言は北海道・東北・関東・東海東山・八丈島に、西部方言は北陸・近畿・中国・雲伯・四国に、九州方言は豊日・肥筑・薩隅に分けられる。

東条の区画とはタイプの異なるものとして、主にアクセントに基づく金田一（一九六四）の分類がある。近畿地方を中心とした内輪方言、その外周の中輪方言、さらにその外周の外輪方言、南島方言と、日本語の方言を同心円状に区画している。

〈新方言、ネオ方言、気づかない方言〉

「新方言」の定義は、「若い世代に向けて使用者が多くなりつつある非共通語形で、使用者自身も方言扱いしているもの（井上、一九九四）」である。「ネオ方言」は、方言と共通語の接触により発生した非標準語形で、必ずしも使用者に方言意識があるとは限らない新しいスピーチ・スタイルをさす（真田、一九八七）。両者の違いは、ネオ方言が共通語との接触によるスピーチ・スタイルである点、必ずしも使用者に方言意識がない点である。

「気づかない方言」は、「気づきにくい方言」、「気づかれにくい方言」など、いつくかの呼び名があり、非標準語形だが、地元では方言と意識されず、文体も低いとは限らない、という性質をもつ。「気づかない方言」は、現代において新しく地域差が発生した「新物新語」と、古くからあった地域差が発見されたものに分類される。後者は、標準語形と語形は同じだが、意味・用法が異なるものが、とくに「気づきにくい方言」となりやすい（篠崎、一九九七）。

〈日本語方言の社会的位置づけの変遷〉

近代以降の日本語社会において、方言は、標準語政策などとの関わりから、一九七〇年代半ばあたりまで、おおむね抑制の対象で、社会的に「スティグマ」として位置づけられており、「方言コンプレックス」（柴田、一九五八）というような呼び名も生んだ。

その後、テレビの普及などにより共通語化がほぼ完了し、方言が衰退傾向を示すに従い、「危機言語」の一種として文化財的価値が認識されはじめ、方言アーカイブの構築や各地における方言イベントが盛んとなるなど、方言の社会的地位が向上した。

一九八〇年代末ごろより、方言を「娯楽」の対象とみる考え方も浸透し（井上、一九九三）、方言の用法も、生育地方言の私的場面におけるスタイル的用法から、地方中核都市においては生育地方言の「アクセサリー的」な部分使用（小林、二〇〇四）に移行し、さらに首都圏生育者における非生育地方言を用いた「方言コスプレ」（田中、二〇〇七）用法まで現れるに至った。二〇〇〇年代中ごろには、女子高校生向けの方言本が次々と刊行されたり、方言をとりあげるテレビ番組が多く放映されるなど、「方言ブーム」がマスメディアをにぎわせた。

現代における各地の方言は、さまざまなレベルの共通語化あるいは東京化に伴い、伝統的な方言としての特色を急速に薄めつつあるものの、すべてのレベルにおいて完全に消失することはないと考えられている。ただし、どのような方言が、また、それぞれの方言においてどのような部分が、どのような用途において、どのような方向を目指しつつ運用されていくのかについては今後の課題となる。

漫画などの創作物における「表現としての方言」という観点からみると、なんらかの意味合いで地域性にかかわる用法とは別に、「役割語」（金水、二〇〇三）的なキャラクター性を示す用法が新たに分化しつつあることがうかがえる。

井上史雄（一九九三）「価値の高い方言／低い方言」『言語』二二–

九、大修館書店
井上史雄（一九九四）『方言学の新地平』明治書院
上田万年（一八九五）「標準語に就きて」『帝国文学』一―一
金田一春彦（一九六四）「私の方言区画」（『日本の方言区画』東京堂）
金水　敏（二〇〇三）『ヴァーチャル日本語 役割語の謎』岩波書店
国立国語研究所（一九五一）『言語生活の実態―白河市および附近の農村における―』秀英出版
小林　隆（二〇〇四）「アクセサリーとしての現代方言」『社会言語科学』七巻一号
小林　隆編（二〇〇七）『シリーズ方言学第三巻　方言の機能』岩波書店
真田信治（一九八七）「ことばの変化のダイナミズム―関西圏におけるneodialectについて―」『言語生活』四九二
柴田　武（一九五八）『日本の方言』岩波書店
篠崎晃一（一九九七―一九九八）「気づかない方言」『日本語学』一六巻四号～一七巻三号
田中ゆかり（二〇〇七）「「方言コスプレ」にみる「方言おもちゃ化」の時代」『文学』八巻六号
東条　操（一九五三）『日本方言学』吉川弘文館

〔田中ゆかり〕

51

位　相

語彙・意味

言語のバリエーションは、その言語を使用する者の社会的属性や、その言語が使用される場面や状況によって異なる。そのバリエーションを生む様相のことを「位相」という。また、その言語のバリエーションのことを「位相語」と呼ぶ。この「位相」という概念を言語研究に導入したのは、菊沢季生の『国語位相論』（一九三三年）である。

柴田（一九七七）では、「位相語」のうち、特定の集団で用いられている言語変種を「集団語」と呼んだ。集団語の機能には、当該コミュニティの構成員か否かを示す機能、構成員同士の仲間意識の高揚、コミュニティの構成員自身のコミュニティへの自己同一機能などがある。

「位相」にかかわる使用者の社会的属性は、おもに①「性（ジェンダー）」・「年齢」、②「職業」・「階層」、③「趣味」・「志向性」に区分できる。

使用者の社会的属性のうち、①②にかかわる集団語には、次のようなものがある。

①性（ジェンダー）：男ことば・女ことば・トランスジェンダーことば（おねえことば）など
　年齢：幼児語・児童語・若者ことば・おじさん／おばさんことば・老人ことばなど
②職業：生業語（農業語／漁業語／学生ことば／犯罪者集団のことばなど）・各業界用語（芸能界／音楽／マスコミ／経済／政治／ITなど）

階層：「士農工商」・「華族／士族」・「上流／中流／下流」・「本家／分家」など

③の「趣味」「志向性」については、①や②のカテゴリに対する「趣味」や「志向性」であることが多く、その実態は重なる。はっきりと定義づけられた固定的なコミュニティを示すことは困難であるが、「ギャルことば」・「おたくことば」なども集団語といえる。

また、「位相」にかかわる場面や状況については、ⓐ「書きことば」・「話しことば」、ⓑジャンル（小説、新聞、論文など）、ⓒメディア（電話、携帯電話、ＦＡＸ、手紙、電子メールなど）、ⓓ場面・状況・内容（自分の役割・立場、相手との関係、公的場面か私的場面か、一対一か一対多か、軽微な内容か深刻な内容かなど）によって、どのような言語変種が用いられるかが異なる。

〈歴史的な集団語〉

集団語は、現代社会にのみ特徴的に現れるものではなく、歴史的な「集団語」も存在する。歴史的な集団語として、室町期に御所に勤めた女房の間で用いられた「女房詞」や、江戸期に主として遊女によって用いられた「廓ことば」などが挙げられる。これらはジェンダーと職業・階層が組み合わさった集団語である。また、「士農工商」という江戸期の身分制度による集団語も同様である。男性ジェンダーにかかわる歴史的な集団語としては中世以降武士の間で使用されていたと考えられる「武者ことば」や、一七世紀の江戸において台頭した「奴」たちが用いたという「奴ことば」「六方ことば」などがある。

〈集団語の特徴〉

それぞれの文体的特徴は、単語や人称、文末表現に最も多く現れ、文法事象や音声・音韻事象として現れることは少ない。

新造語もそれぞれの集団に独特なシステムにかかわる部分において見られるが、多くは既存の語を利用した造語である。「借用」・「省略（上略／中略／下略）」・「読み替え」・「言い換え」・「頭文字化」・「もじり」・「語呂合わせ」・「混交」・「派生」・「複合」・「音の転化」が用いられる。

アクセントは、従来、集団語として観察されることは少ないとされてきたが、「専門家アクセント（井上、一九九二）」がそれに該当する。その事例として「専門化集団」における一部の外来語や漢語の平板型アクセントを、指摘できる。「専門家アクセント」は、専門家集団に所属していることばかりでなく、その専門についての「趣味」や「志向性」をもっていることを示す機能ももつ。

イントネーションや声質、声のレンジ、スピードなどパラ言語がかかわることも多い。たとえば車掌やエレベーター係員（主として女性）の鼻にかかった声とイントネーション、無線交信の送受信交替確認時におけるフレーズの入りを低く抑え末尾をはねあげるイントネーション、卸売り場の仲買人における早口なダミ声と高めの平たいイントネーションなど、パラ言語がかかわる例といえる。単語や人称、文末表現に比べると談話全体に及ぶ特徴だといえる。

〈新しい集団語、位相語〉

新しい集団語あるいは位相語として、インターネットの一般化に伴う「ネットことば」を指摘できる。ブログ（web-log）、

ＳＮＳ（social networking service）や、「掲示板ことば」などである。これらは、ネット上の言語活動を好む集団による集団語という側面と、キーボードを用いた「打ちことば」による、「対不特定多数」が前提の「親しみやすさ」や「目立ち」を意識した、使用場面や状況に基づく位相語が組み合わさって現れた変種と見ることができる。

「ネットことば」の文体的特徴の多くは、従来の集団語の範囲を逸脱しないが、「誤変換系単語」や「誤変換系言い回し」は独特といえるだろう。たとえば、「萌え（燃え）」、「漏れ（オレ）」、「逝ってよし（行ってよし）」などである。文字や記号などを複合的に用いた「読み方不詳」の存在も特色の一つだろう。

〈表現としての「位相語」〉

「位相語」や「集団語」は、小説や脚本、漫画やアニメーションなどの創作物において、登場人物のカテゴリを受容者に対して自動的に与える効果を示す変種・話体となる。現実社会において使用される変種・話体の位相の違いが、ステレオタイプとして創作物に反映されている。このような仮想現実における「言語のステレオタイプ」は、特に「役割語」と呼ばれている。「役割語」は、「ある特定の言葉づかい（語彙・語法・言い回し・イントネーション等）を聞くと特定の人物像（年齢・性別・職業・階層・時代・容姿・風貌・性格等）を思い浮かべることができる」、「ある特定の人物像を提示されると、その人物がいかにも使用しそうな」言葉づかい、と定義されている（金水、二〇〇三）。

「位相語」が「役割語」化した例として、「女ことば」が「お嬢様ことば」、「武士ことば」が「博士ことば」として用いられていることなどを挙げることができる。

今日においては、「公的」な創作物ではないところにも「役割語」は、臨時的なキャラクター着脱行動の「ことばのコスプレ」のコスチューム、「キャラ語」として現れる。「打ちことば」や「ネットことば」の文体的特徴は顕著である。掲示板などの「匿名」の世界におけるキャラクターの確立（キャラを立てる）としての側面と、「実名」世界におけるキャラ語の共有による「仲間性」・「親和性」の強調、その情報を発信する時点における発信者の表現意図や心理状態などを明示化する便利なツールとして「キャラ語」が用いられている。

井上史雄（一九九二）「業界用語のアクセント〈専門家アクセントの性質〉」『言語』二一巻二号
菊沢季生（一九三三）『国語位相論（国語科学講座）』明治書院
金水　敏（二〇〇三）『ヴァーチャル日本語　役割語の謎』岩波書店
国田百合子（一九六六）『女房詞の研究』風間書房
定延利之（二〇〇六）「ことばと発話キャラクター」『文学』七巻六号
柴田　武（一九七七）『社会言語学の課題』三省堂
田中ゆかり（二〇〇七）「「方言コスプレ」にみる「方言おもちゃ化」の時代」『文学』八巻六号
真下三郎（一九六六）『遊里語の研究』東京堂出版
松川弘太郎（一九三五）「六方言葉の考察」『江戸時代語研究』一巻一号
米川明彦（一九九八）『若者語を科学する』明治書院

〔田中ゆかり〕

52　用語　語彙・意味

「用語」は、同じ職業や専門の人がその分野で使うことばで、「術語」「専門語」「テクニカルターム」ともいう。学術用語、哲学用語、科学用語、放送用語、新聞用語、官庁用語などがある。学術用語は、制定と分野間の統一を図る必要から、主として理工系の専門分野について『学術用語集』が公刊されている。また、マスコミのなかでもテレビやラジオ放送の影響力は大きく、放送用語は、できるだけ多くの人にわかりやすい表現を使う必要があるためＮＨＫには放送用語委員会が設置され、『ＮＨＫことばのハンドブック』が出版されている。

科学技術の進歩により、新しい概念や事物が日々生み出され、効率よく伝達するために多くの用語が作られる。従来は専門に属する人々の間で使用するため作られていたが、学際化や情報技術の進歩と情報に対する社会的欲求の増加にともない、一般の人々にもわかりやすくすることが必要となっている。

新概念、新事物に対して新たな用語を作る際は、外来語を利用する場合と、既存の語を結合させる合成法という造語法による場合が多い。前者は行政白書、新聞など公共性が高いものに対して、「ノーマライゼーション」など長くて分かりにくい外来語が使われることが多いため、国立国語研究所に委員会が設けられ、『分かりやすく伝える外来語言い換え手引き』が出版されている。後者の場合も漢語の性質を利用し、長く難解な漢語を並べた語が作られやすく、コミュニケーション上支障を来たすこともある。

〔秋元美晴〕

53　慣用句　語彙・意味

「慣用句」は、二つ以上の単語が固定的に結びつき、個々の単語の意味の総和ではなく、全体で決まった意味を表す句をいう。たとえば、「道草を食う」は「道ばたの草を食べる」ことではなく、「まっすぐに帰らないで、途中で寄り道をしたりして時間を費やす」意味であり、「顔が広い」は顔の面積を問題にしているのではなく、「世間にその人がよく知られている」という意味である。「道草」と「食う」、「顔」と「広い」の単語の結びつきは、日本語として決まっている組み合わせであり、「道草を食っていないで、さっさと帰りなさい。」「田中さんは政界ではかなり顔が広い。」のように文の構成要素となる。

二つ以上の単語が固定的に結びつき、ある決まった意味を表す句を成句というが、「慣用句」のほかに「格言」「ことわざ」「故事成句」「決まり文句」がある。これらは昔から世間に広く言いならわされてきたものである。格言とことわざはその境界線は明らかでないが、事実や事態の一面や、教え・いましめを簡潔に表現したもので、「十人十色」「下手の横好き」「急がば回れ」「二兎を追う者一兎をも得ず」などがある。故事成句は歴史上の有名な出来事から生まれたなどのいわれのあるもので、「蛍雪の功」「孟母三遷の教え」「小田原評定」などがある。また、決まり文句には、「うだるような暑さ」「猫の額ほどの庭」のような比喩表現のほかに、特定の場面や文脈に使われる「こんばんは」「ありがとう」などの挨拶表現や、宴会などでよく使われる「これでお開きといたします」なども含まれる。

連語は、「汗をかく」「真赤なうそ」「不退転の決意」など二つ以上の単語の結びつきが強く、全体の意味は個々の単語の意味の総和からわかるが、成句に含める考え方もある。

慣用句は、統語的な制約が強く、「道草を食う」は「道草を食われる」と受身にも、「食う道草」と名詞句に転換することも、「道草を食え」と命令表現にも、また、「道草を食おう」と意志表現にすることもできない。このような統語的な操作を許さない慣用句ほど典型的な慣用句であるといえよう。

意味的に見た場合、次の三種類に分けることができる。①慣用句を構成している単語の意味が不明だったり、慣用句以外では用いられなかったりするもの（「あっけに取られる」「地団駄を踏む」）。②構成語の意味から慣用句の意味がある程度予測できるもの（「首を縦に振る」「雀の涙」）。③文字どおりの意味と慣用句としての意味が併存するもの（「足をひっぱる」「あぐらをかく」）。この場合、実際の使用状況から言って、慣用句としての意味で使われる場合のほうが文字どおりの意味で使用されるよりも多いとされている。

慣用句は、「頭にくる」「鎌をかける」のような〈名詞＋動詞〉からなる動詞慣用句、「敷居が高い」のような形容詞慣用句、「寝耳に水」のような名詞慣用句の三つのパターンに大別できる。このうち最も多いのが動詞慣用句で、なかでも「水をあける」のような〈名詞＋を＋動詞〉型が最も多い。

慣用句には言語によって似たような言い方をする場合があるが、意味が異なることもある。たとえば、'pull a person's leg'（からかう）と「足をひっぱる」では、英語には悪意が感じられないが、日本語ではたぶんに悪い意味がある。〔秋元美晴〕

54 記号

語彙・意味

ある情報を伝達しようとするとき、そこには情報の内容とそれを表す手段とが存在する。前者は形のない抽象物で、後者は形のある具象物である。広義の記号とは後者全体を指す。

情報を伝達する手段としての記号の最たるものは言語である。言語は「赤くて丸い果物」という概念を /ringo/ という音声や「りんご」という文字によって伝える。

言語以外の記号とは、たとえば、交通信号、道路標識、ジェスチャー、舌打ちなどである。交通信号は「進め」という情報を「青」という色によって伝える。また、舌打ちは、聞き手に不快の念を伝えることができる。ただし、舌打ちは自然に発せられることもあり、そのような場合は、伝達の意図が存在しないので、記号とは呼ばれない。

狭義の記号とは、文字に対する符号のことを指す。日本語で通常使われる文字は、漢字、ひらがな、カタカナ、アルファベット、数字である。符号には、「長音符号」「踊り字」「感嘆符」「句読点」「かっこ」などがある。

文字と符号とは、音声化できるか否かによって区別される。たとえば、ひらがなの「き」は /ki/、数字の「3」は /san/ という具合に、それぞれ音声との対応がある。これに対して、符号は音声化することができない。たとえば文中の読点「、」を /ten/ とは発音しない。長音符号「ー」と踊り字「々」は、文字とともに用いられれば音声化されるが、単独では音声化することができないため、符号として分類される。〔喜古容子〕

55 略語

語彙・意味

語句の一部分が省略されてできた語を略語という。固有名詞の略語は略称と呼ぶこともある。

略語は普通、よく使われる長い語が発音や表記の便利のために省略されることから生まれる。「よく使われる」とは、世間一般にというだけでなく、特定の業界や仲間内においてという場合も含む。

略語を語種別にみると、和語は比較的少なく、漢語・外来語が多い。次の略語の例の（　）内は、元の語である。

〈和語〉たとう（畳紙《たとうがみ》）、空巣（空巣狙い）、ざる（ざるそば）

〈漢語〉文庫（文庫本）、高校（高等学校）、公選法（公職選挙法）、自賠責（自動車損害賠償責任保険）

〈外来語〉アイス（アイスクリーム）、バイト（アルバイト）、エアコン（エアコンディショナー）

〈混種語〉学割（学生割引）、省エネ（省エネルギー）

このほか、「泥縄（泥棒を捕らえて縄をなう）」、「朝シャン（朝のシャンプー）」のように、句が省略された略語もある。

表記の面をみると、漢字・仮名だけでなく、アルファベットも用いられている。「ＴＶ（television）」、「ＰＲ（public relations）」などは英語に本来存在する略語であるが、「ＮＨＫ（日本放送協会）」、「ＫＫ（株式会社）」のように、日本語のローマ字表記による省略も少なくない。また、「ＪＡ（農業協同組合）」などは、日本語を一度英語に翻訳してから頭文字をとった略語である。

〔喜古容子〕

56 命名

語彙・意味

「命名」とは、広義には、一般的な物や事柄に名づけることを指すが、狭義には人名・地名などの固有名詞や新しい概念や新しく発見・発明された事や物に対して名づけることをいう。

人間は、森羅万象を様々に切り取り、その一つ一つに名前をつける。その分け方は言語社会によって異なるが、ある対象が他の対象とは違うと認識したとき、人間は命名という行為を行い、ある対象と他の対象にそれぞれ別の語や名前を与える。その際、命名者は対象のもつ多くの属性からある側面を取り出し、それに対応する言語形式（語形）を決める。

命名には、人名・地名・動植物名・店名・各品種名、専門的な概念に対するものなどの様々なものがあるが、特に人名について使われることが多い。それは多くの人が人間の出生時に命名に関係することが多いためである。

命名は、その対象により大体の方式が決まっていると言われている。たとえば、誕生した子供の命名には、誕生の際の状況や出来事、事物にちなんだり、有名人にあやかったり、親の名前から一字とったり、言葉の意味や音の響きを考えたりと、いくつかの動機が考えられる。人名には時代によるはやり廃りがあり、特に女性の名前にその傾向が著しい。女性の名前の接尾辞と考えられていた「子」は、一九四〇年代がピークで、その後漸次減少し、現在は、複数の漢字を用いて複合的なイメージを醸し出すと同時に、響きを重視する傾向があると言われている。

〔秋元美晴〕

57 文字

文字・表記

「もじ」「もんじ」という。言語を視覚的に表す平面図形やその集合で個々に点画に基づく形態と文節性を有し，配列に際しては一定の線条性を有するが，書字方向と併せて言語ごとに規定される。言語の表記は，情報の記録や蓄蔵につながり，伝達に革新をもたらし，人類に有史時代を生み出した。筆記・入力などの書記行為により，紙面や画面などに表示されて具体化する。印刷，押印，複写などでも複製されるが，空書，砂字など，原則として後に残らないものもある。

言語によっては文字をもたないものもあり，言語と文字との関係は一定ではない。同一言語が複数の文字で記され，逆に異なる言語が同じ文字を共有するという，文字が言語の差を超えるケースもあり，文化圏を構成することがある。

言語の意味の面に結びつくものを「表意文字」，音韻の面に結びつくものを「表音文字」という。前者はさらに「音節文字」と「単音文字」とに分かれ，表意文字のうち，同時に音韻も示し，語の単位との一致が顕著なものは「表語文字」と呼ぶ。

文字は，通常，古代より社会的な慣習，文化として存続し，宗教，政治などの権威や各種の文化事象と結びつきやすい。字源としては，「象形文字」のほか，抽象的な概念を表現した「指事文字」，それらを意味に着目して組み合わせた「会意文字」，意味の範疇と発音を意識して組み合わせた「形声文字」などによって多くの文字が生み出されてきた。しかし，個々の字については字源は学説にとどまるものが少なくない。用法には，意味の転化による転注，発音の転化による仮借などもあり，形態とともに史的変転を経てきた。たとえば漢字は表語文字としての性質が強いが，万葉仮名では表意性を原則として排除する。

個々の文字（字）は，互いに引き合い，張り合う関係をもつ文字体系をなす。弁別や衝突，暗合などのために変化も生じる。読み書き能力は，教育やメディア接触などの文字習得機会により変化する。文字は人為が加えられ，改革が行われる反面，時空を超越しうる性質によっても固定的なものとして認識されやすく，一般に強い規範意識が抱かれる。

同一言語内で複数の文字体系や文字の選択がなされるほか，地域差，集団差，個人差，場面差という変異（位相）も確認できる。正書法の確立した社会でも同様である。文字には保守的な面がある一方で，音韻に比べて個々の要素に種々の面で恣意性が強いため，その全体的な構成，関係性の把握は困難なことがある。個々の形態には抽象的な字体と，具体化した字形があり，後者には様式化された書体がかかわる。

文字使用の際の選択には，字種や字体のイメージが影響することがある。音声（口頭）言語と文字言語とを同一視はできないが，文字は文体，語（彙），音韻などに影響を与え，音声言語に影響する。さらに文化自体への波及も起こる。文字は大衆化，実用化が進む一方で遊戯，さらに芸術の対象ともなる。

文字の起源・系統や，言語研究における文字の本質，性質や機能についての研究にはそれぞれ文字学，文字論の名が与えられることがある。

河野六郎（一九九四）『文字論』三省堂

〔笹原宏之〕

58 字種

文字・表記

字種は、文字体系の種別やそれによる差異を指す場合と、字の種類つまり延べ字数に対する異なり字数を指す場合とがある。

前者は、日本語を表記する文字の場合は、漢字、平仮名、片仮名、ローマ字などがある。漢字には、「国字」と呼ばれる日本製の文字も含まれるが、通常は区別の意識はない。

仮名とローマ字は表音文字であるが、文字列の綴り方によって表語性を帯びることがある。たとえば「えい」と「ええ」は口頭では仮に同音であっても、「英」（英国）と感動詞など互いに異なる語を表す。また、英語では'knight'（騎士）は「k」によって'night'（夜）と意味の差が示され、'sign'（サイン）と'signal'（シグナル）のように、綴り字で同根であることが表される。また、「A」で成績優秀やエースの意を表すたぐいのことも生じた。ほかにギリシャ文字も「α」「β」などがアルファ、ベータなどの読みで使用される。ロシア文字は、JIS規格に採用されたために「ë」「Л」などが飾りの付いたローマ字や「顔文字」の一部として利用されることがある。

異なり字数は、たとえば、漢字は『大漢和辞典』には五万の字種を収める。ほかに、日本製の漢字も千という単位で存在する。常用漢字表では、二一三六の字種が公認されているほか、新聞や雑誌を一年間分調べると、四〇〇〇種前後の字種が版面に現れるといった使用実態も、異なり字数に当たる。

日本の文字は、それらのいずれの意味でも、世界の文字の中で、まれに見る多様性を呈する。

字種の選択に基づく表記様式と文体は、相互に関わってきた。歴史的背景や、形態的な特徴から文章に特定の雰囲気を醸し出す。作家によっては、種々の漢字を文章表記に使用することで、その文体の一端を特徴づける者もある。

数字は、アラビア数字、ローマ数字などは、同一言語にあっても、「1」の読みが「10」「100」「1000」などで変わるように、その分節に従わないことがあり、表語文字ではなく表意文字に分類される。漢数字も「一」「一〇」「一〇〇」「一〇〇〇」の「一」を見れば同じであるが、一般に漢字と意識されている（漢数字の「〇」も同様である）。

文字列に参入する要素であっても、語との対応が一般的に明確化しえないものもある。それらは、記号（符号）、絵文字などとして区別される。なお、音声記号は、言語自体を表記するものではなく、音声そのものを示すものであるため、文字ではない。

笹原宏之（二〇〇七）『国字の位相と展開』三省堂
宮島達夫他（一九八二）『図説日本語』角川書店

〔笹原宏之〕

59　表記

文字・表記

語を文字で書き記すこと、また、その書き記されたものを指す。文字の代わりに、記号や絵文字、顔文字によって、語や、語と語の関連などを補うことも含む。遊戯的な場面では、文字や記号（符号）の代わりに絵を用いるケースも見受けられる。また、速記や点字、暗号などでそれに代用することもある。

ある語にいかなる文字体系の字を用いるか、あるいは同じ文字体系の中からいかなる字を選ぶかという表記の仕方は、表記法という。たとえば、「ねこ」という語を表記する際には、「猫」「ねこ」「ネコ」あるいは‘neko’といった表記が可能である。これらは、文字の面から見れば広い意味での用字法といえる。正式な文書だから、常用漢字に沿って「猫」と書こうとか、先にイヌを「犬」と書いたから、揃えて漢字で書こう、といった意識や、生物としての記述なので「ネコ」と書こう、かわいさを表現したいので親しみやすい形で易しく「ねこ」と書こう、といった意図が反映することがある。また、実際には「猫」を「猫」あるいは「猫」と誤字で書いてしまうことがある。また、ローマ字で書く際に種々の動機から‘neco’と書いてみることも行われる。「薔薇」などは漢字の方が雰囲気を出す効果があると好まれる傾向がある。多義語の「はかる」にどの漢字を当てるかといった同訓異字も表記の問題であり、「体」に対する、辞書で参考表記などとされる「身体（からだ）」もその例である（「躰」は異体字で、字体による表現とされる）。文字体系の選択に関しては、規範が明示されているわけではなく、新聞などでも常用漢字であっても仮名で書くことを妨げていない。

漢語であっても、たとえば「銓衡」は一字目が当用漢字になかったために「選考」と書き換えられたものが定着した。こうした代用された表記は、「貫禄」を「貫録」とするもののように、抵抗感が残るものも少なくなく、標準表記の確立がなされず正書法も成立していない。「憂鬱」を「憂うつ」「ゆううつ」「ユーウツ」とするような交ぜ書きや仮名書きも同様である。「行（おこな）う」などの送り仮名も表記上の問題である。別語との書き分けのために「行なった」がよいのではという意見がある。送り仮名は「食う　食べる　食す　食む」のように、漢字の読みを示すほか、語形自体を示す機能も持つ。平仮名表記でも「ひざまずく」「じめん」など、仮名遣いが問題となる。片仮名表記でも、語形の揺れとあいまって、「ウイスキー」「ヰスキー」、「キウイ」「キューイ」などの揺れが生じる。ローマ字表記には、訓令式、ヘボン式、日本式などがあり、「シ」「チ」やオの長音などに揺れが見られる。数字にも、縦書きならば漢数字だが、三桁区切りとするか否か、横書きにしたときにどこまでアラビア数字に換えるかなど、揺れが生じる。記号にも「々」を避ける意識などが見られる。

表記には様々な理由から揺れが生じるが、それが表現意図を有することもある。読み仮名は日本で独自に発展してきた表記法であるが、振り仮名（ルビ）を付すかどうか、振り仮名にするか括弧内に示すか、総ルビとするか否か、漢字一字ごとに読みを対応させながら振るか否か、促音を小書きにするかなど、対象やメディア、個人により差がある。

〔笹原宏之〕

60 仮名遣い

文字・表記

日本語の音韻に対する仮名による書き表し方で、特にその法則性、基準を指す。「仮名遣」とも記す。音韻変化が起こっても、仮名による表記法が慣習化していて変わらない場合には、音韻と仮名との間の対応関係にずれが生じる。たとえば、「い」「ゐ」「ひ（語中）」は平安初期には［i］［wi］［Φi］と互いに異なる音であったが、次第に区別を失い、いずれも［i］と発音されるようになった。それを従来の通り書き分けるか、発音の通りにいずれも「い」と書くように変えるかが問題となる。

「歴史的仮名遣い」は、「旧仮名（遣い）」ともいわれる。平安時代の中期辺りに行われた仮名の用法による基準である。いろは四十七字と一致する、当時の表音的な表記法であり、平安初期にア行のエとヤ行のエに差があったことは通常問題とされない。江戸時代に僧契沖が見出し、国学者に受け継がれ、明治時代から終戦直後にかけて国語政策に採り入れられ国家的な基準とされた。

鎌倉時代初期に生じた「定家仮名遣い」は、発音が変化した後の文献や語のアクセントに基づいて制定されたもので、例示される語が増補されながら歌道、物語などで用いられた。「かをり」を「かほり」と書くのは、これによるものである。ほかに、独自の仮名遣いを行う者もあった。

表音的な仮名遣いは、江戸時代にも見られるが、戦後に「現代仮名遣い」が制定された。助詞に「は」「へ」「を」を残し、「はなぢ」「つづみ」などを認め、歴史的仮名遣いを一部採り入れている。現代人の語源意識により、「つまず（づ）く」「いなず（づ）ま」なども定められた。「新仮名（遣い）」とも呼ばれ、社会的な規範となっているが、歴史的仮名遣いでなければ、語源までを示す本来の表現や表意性が損なわれるとする立場もある。上代特殊仮名遣いは、奈良時代における万葉仮名の使い分けから帰納したもので、音韻の差によるとの説がある。

仮名の字母、崩し方による遣い分けにも、「は」に対する「𛂚」「𛂞」では後者が助詞に多用されるなど一定の傾向が見られた。後二者の類は明治期に変体仮名として位置付けられたが、美的な効果、伝統の暗示を求めた使用例は今なお多い。

和語ではなく、漢字音に対する字音仮名遣いは、『韻鏡』などによる漢字音に対する研究によって進展した。かつては、漢語による外来音だった韻尾の「ng」を表す仮名も造られ、用いられたことがあった。なお個々の字音については説に一定しない部分も残っている（和語にも同様の例はある）。

「コウ」には五種の書き分けが生じたが、明治期には、棒引き仮名遣いという、「かう・かふ・こう・こふ・くわう」を「こー」とするものが、国定教科書に用いられたことがあった。現代仮名遣いは、表音的な立場に立つが、「王」の「おお」（おー）と発音する字音でも、「おう」と書くように、歴史的字音仮名遣いを残す部分もある。「地面」「布地」は連濁によったものではないため「じめん」「ぬのじ」とされる。また、「世界中《じゅう》」「融通《ずう》」は現代人の意識によって改められた。

ほかに「外来語の表記」で片仮名の用い方が取り決められ、ローマ字による表記にも別の基準が示されている。〔笹原宏之〕

61 字音

文字・表記

漢字は、中国では中国語（漢語）を表記するものであり、本来、漢語の発音を有していた。それは時代による変化や地域による変異（方言差）を常に有してきた。周辺各国では、それらを漢字音として受け入れ、「朝鮮漢字音」「越南（ベトナム）漢字音」「日本漢字音」と呼ばれるものになった。日本では、漢字音を段階的に受け入れて、日本語の中に摂取してきた。漢字に当てた和語すなわち字訓に対して字音という。その際、漢語の影響で、濁音や撥音などが日本語の音韻として生じる一方で、本来の漢語の発音が日本語化する現象が生じた。有気音、無気音の差は行われず、声調の違いは原則として消滅した。「皿」（ベイ）のように字音が意識されなくなった字もある。

漢語では漢字一字で単音節を表すが、日本語ではそれが一拍か二拍で受容された。たとえば「行」という字であれば、「いく」「おこなう」といった訓読みの他に、「コウ」「ギョウ」などの音読みがある。「行（コウ（カウ））為」は、漢音すなわち唐代の長安（現在の西安）辺りでの発音（推定音価［ɦʌŋ］など）が、遣唐使などによって日本に伝えられ、さらに日本語らしく変化したものである。「修行」という語の「行」（ギョウ（ギヤウ））は、六朝期の南方の「呉」地方から伝来していたとされる発音が、日本化した呉音である。日常の生活用語や仏教語に多く残っている。「行灯」（アンドン）も音読みであるが、これは宋代から清代にかけて禅僧や商人が伝えた南方の杭州や寧波（ニンポー）を中心とする発音が日本語式に転化した唐音であり、個別の語に見られる程度である（宋音をそれから切り出すこともある）。「北京」「餃子」「炒飯」などはより新しい中国での字音（方言音を含む）である。漢音を正音、呉音を和音などと価値判断や出自を加えて称することもあった。「関」を「クワン」というように、字音仮名遣いであれば、古い漢字音を彷彿とさせる例もある。中古漢語［ung］（オウ）、［əu］（オウ）、［ap］（アフ）などはいずれも「オウ」に合流した。古くは韻尾の［ng］を表すために「宀」など片仮名や記号も用いられた。「天皇」「三位」などは連声となった語形で古い字音の影響を残す。音韻学の資料から帰納した理論的な字音と、実際に当時書き込まれた資料上の字音とは、一致しないこともある。漢音のうち「明」のベイを新漢音とするなど、個々の認定には細部では諸説がある。

ほかにも、「意」（オ）など、伝えられた時代がさらにさかのぼる古音がある。また、「輸」（ユ）のように形声字の声符からの類推読み（百姓読み）、「漁」（ギョ）が「猟」（リョウ）と語義に重なるために、その「リョウ」という読みも定着させた例など、日本で独自に生じた慣用音などもある。「甦」（セイ・コウ）「俸（ボウ）給」は誤用とされるが、「嵩（コウ）じる」や「深圳」（シンセン）「璦琿」（アイグン）のそれぞれの二字目などは問題視されることがほとんどない。「既出」を「概」により「ガイシュツ」と誤読した例は一部で位相語となった。

中国でも「獰」（ning）のように、類推読みはある。先の慣用音のたぐいであっても中国で用いられていた何らかの漢字の発音がその根幹にあることに間違いはない。国字にさえも「働」のように漢字に準じて発音が与えられた。「鋲」「錻力

（ブリキ）」のように、漢語に直接は由来しないものも生じた。「困（こう）ず」「双六（すごろく）」「執念（しふね）し」のように、不規則なまま定着し、字訓との混淆も生じた。一部の慣習が根付いた故実読みには、個人の発音の癖に基づく「大納言」（じゃあなごん）なども含まれる。

字音からなる語を字音語、漢語と呼ぶことがある。中には先の国字のほかに、和製漢語も少なからずあり、たとえば「出張る」から「シュッチョウ」が生じるケースもあった。日本漢字音は、音素数が少なく、声調も失ったため「詮索」「穿鑿」などの同音異義語が多数生じた。「字典」から「辞典」「事典」、「攻撃」から「口撃」など語の派生も起こす。

音読みと訓読みを交ぜて語を造り、また使うことはかつて無学であるとされ、湯桶読み、重箱読みと呼ばれた。「輿論」の書き換えによって生じた「世論」を湯桶読みを避け、「セロン」と読むこともある。「十本」は「ジッポン」か「ジュッポン」か、「熱気球」は促音化させるかどうかなど、語形に揺れがあるが、読み仮名は示されないことが多い。「研究所」は「ジョ」か「ショ」かなどの連濁（地域差がある）も同様である。

「訳」（ヤク・わけ）のように音読みと訓読みとで意味を分担することがあるが、「風車」「市場」などでは前者の方が大がかりな意味となる傾向がある。読めない語や人名はとりあえず音読みしておくと無難ともされるが、「国境」のように特定の文脈で意味の差が強く意識されることもある。

〔笹原宏之〕

62

書体

文字・表記

文字の形を表す用語に「字体」「字形」「書体」がある。この中で、「字体」「字形」が他と区別される個々の文字ごとの特徴であるのに対し、「書体」は文字に対して統一的に施されたデザインを指す。線の太さ、曲線の曲がり方、線の長短、丸み等、様々なデザイン上の特徴を持つ。いわゆる「丸文字」や印刷活字体に見られる「ゴシック体」「斜体」、筆運びにより線画を続けて点画を省いて書く「崩し字」も、書体の一種である。

一般に、「篆書体」「隷書体」「行書体」「草書体」「楷書体」の五体に分類される。

〈篆書体〉 大篆と小篆の総称。大篆は周の時代、小篆は秦の時代に創始された書体で、現代でも篆刻、印章の書体として広く用いられる。「篆」とは筆を引いて書く書法の意を示す。

〈隷書体〉 篆書を簡略化し、書写に便利なようにしたものである。秦時代に始まり、漢魏に普遍的となった。

〈草書体・行書体〉 隷書の早書きを経て、後漢末には成立した。「行書」は草書と楷書とを続けて書いた崩し字。「行草体」ともいい、今日の書道芸術の創作に盛んに用いられる書体である。

〈楷書体〉 隷書を簡略化し、筆画を平直にするなどの整理を加えたものである。規範となる書体の意で、現在、最も広く用いられている。木版印刷の発展により「明朝体・宋朝体」等の書体が編み出され、今日まで最も安定した書体として続いている。

〔若狭 絢〕

63 字体　文字・表記

文字の形を表す語「字体」「字形」「書体」のうち、「書体」は文字に施されたデザイン、「字形」は実際に目で見える文字の具体的な形をいう。そして、「字体」とは、字の形を抽象化した骨組みであり、社会的に一定している字画の構成の概念であり、今日では楷書体を元にしているといわれる。

「常用漢字表」では個々の漢字の字体を「明朝体活字」の一種を例に用いて示している。活字体であるために、手書きの楷書体の「字形」と相違する場合もあるが、「習慣の相違に基づく表現の差」であり、「字体」が異なるわけではない。「当用漢字表」「常用漢字表」の制定により、中には簡略化された漢字（「略字体」「略字」）も採用された。（「燈→灯」「辨・瓣・辯→弁」「轉→転」）。日本では、新しく採用された字体を「新字体」、それまでのものを「旧字体」と呼び分ける。中国では、簡略化された「簡体字」が採用されている。旧来の康熙字典に基づく字体を「正字体」とする見方もある。常用漢字表には康熙字典体の活字が括弧内に示されているが、これは明治以来の活字の字体とのつながりを示すためである。

明らかに「字体」が異なるのに、「同字」として扱われる漢字の組を「異体字」と呼ぶ。「異体字」は、字体は異なるが、音も意味も共通する漢字同士である。（「盃・杯」「島・嶌・嶋」「棲・栖」「燈・灯」）。新字体・旧字体の関係や正字体とその他（略字など）は「異体字」の関係にあるともいえる。

〔若狭 絢〕

64 踊り字　文字・表記

同じ字が連続する際、下の字を省略するために用いる記号で、重ね字、畳字《じょうじ》、繰り返し符号などともいう。踊り字は繰り返す文字の種類、文字数などよって使い分けるが、現在、普通の文章に用いられるのは、「々」（同の字点）と「〃」（ノの字点）である。

「々」は漢字一字を繰り返す場合に用いる（「国々」「久々」など）。ただし、「会社社長」、「宗教教育」のように、二語にまたがる繰り返しの場合には使わない。また、かつては、「一歩々々」、「毎日々々」のように、同一の熟語を繰り返す際にも用いられたが、現在は一般的ではなくなっている。なお、「々」はあくまでも省略のための記号であるから、これを用いずに、「人人」、「様様」と書く方法もある。文字数の都合で、「々」が行頭に来る場合には「々」を漢字に直すことが原則であるが、新聞紙面等では漢字に直さない方針が採られている。

「〃」は表などにおいて、同じ語句や数字が繰り返されるときに使う（「交際費　一月　二万五千円　〃　二月　三万円」など）。

このほか、「ゝ」（一つ点）、「〱」（くの字点）などがある。「ゝ」は平仮名一字の繰り返しに使う（「あゝ」「すゞめ」など）。片仮名一字用の一つ点には「ヽ」があるが、「バナナ」、「カカオ」のような外来語には用いない。「〱」は二字以上の仮名、または漢字仮名交じり語句の繰り返しに用いられた（「いよ〱」「散り〲」「知らず〱」など）。

〔喜古容子〕

65 当て字

文字・表記

漢字を本来的、一般的な音・訓義に従わずに、あるいは語源・語形・語義に即さずに語の表記に用いることで、また、その漢字や表記をいう。宛（て）字とも書く。正しいと意識される文字による表記、定訓などとは異なり、違和感が抱かれがちであるが、中国で古くよりある場合には、「音訳」「仮借（かしゃ）」と称する。『名語記』では字義と語源とが一致する表記に対して生じた変則的な表記を指す。一般には誤字、誤用、誤変換、嘘字を含めるなど、より多義的に使用される語。

日本で転化や創作を経た漢語に、さらに別の漢字を当てたものも当て字となる。たとえば「土圭」を字義を二次的に考慮して「時計」と表記したのもそれである。「十分」から派生した「充分」は表記が意味機能の分担を行った結果である。「住まい」を「住居」とするのは、「すまひ」から「すまゐ」へという二次的な解釈が加わったことを反映する。

「昨日」「吹雪」「蒲公英」「似而非」（えせ）などの熟字訓は、文字列全体の字義と語義との間に関連性は見て取れるが、一字一字については読みと対応しない。上代以前より「日下」（くさか　固有名詞）などが生じていた。明治以降も「五月蠅（うるさ）い」、近年でも口語に対する「本気」（まじ）など遊戯性を込めた表現ながら定着した。

外来語に対しても「銃」（ガン）「粍」（センチメートル）「金平糖」（コンペイトウ）のたぐいがある。「弗」を「ドル」に当てるのは「$」との形の類似から生じた用法であった。これらの多くは、日本に字訓や熟字訓があるために可能になったものである。「米突」（メートル）、「亜米利加」（アメリカ）からは「平米」「欧米」のように派生語も生じている。「すてき」に「素敵」を当てたのは何らかの表現効果を求めた結果である。喫茶店で「珈琲」（コーヒー）とするのも同様である。

井原西鶴や夏目漱石などの当て字の使用が目立つとされる作家もおり、文芸上のレトリックとしても扱いうるが、文体や使用場面による位相差も見られた。また意図せぬ誤用も混在するが、歴史的なものや同時代では一般的なものも存在する。

一般に当て字は良くないという意識もあるが、「仕事」「試合」「支払い」と「し」（和語のサ変動詞）に漢字を当てたものは、常用漢字などで公認され、当て字という意識がほとんどもたれていない。当用漢字の制限などから「叡智」を「英知」としたたぐいの書き換えも当て字の一種である。当て字を排除する原則を示した当用漢字は、明治期以降の文部省などによる施策の方針や振り仮名廃止論の影響も受けており、当て字は減少していったが、いまなお方言に対しても漢字が当てられることがあるほか、ウェブ上では新たな当て字が様々な意図から次々と生み出され、一般に広まるものも現れている。固有名詞などの表記に際し、漢字の意味を無視し、漢字の発音だけを利用する手法は「万葉仮名」の一種ともいわれ、命名にも盛んに用いられている。

笹原宏之（二〇一〇）『当て字当て読み漢字表現辞典』三省堂

杉本つとむ（一九九二）『文字史の構想』萱原書房

田島　優（一九九八）『近代漢字表記語の研究』和泉書院

築島　裕（一九六〇）「宛字考」『言語生活』七月号

〔笹原宏之〕

66 筆順　文字・表記

文字を書くときの点画の順序のことで、「書き順」ともいう。特に漢字について問題にされることが多いが、それは、漢字の点画が仮名やローマ字よりも複雑なことによるものである。

漢字・仮名の筆順は、毛筆を右手で使って書くという様式から生まれたものである。「上から下へ」「左から右へ」という筆順の二大原則は、この様式にとってきわめて自然な方法だといえる。

筆順は文字の形を整える上で重要な働きをする。たとえば、「右」と「左」は「ノ」の長さが前者は短く、後者は長い。この違いは、「右」は「ノ」をはじめに書き、左は「一」の次に書くことで得やすくなる。また、片仮名の「ソ」と「ン」は形のよく似た文字であるが、二画目の微妙な差異は、書き始めが右上か左下かの違いによって作り出される。正しい筆順を用いて文字の形を整えることは、文字の弁別にも関わる問題なのである。

漢字の筆順は、書道の流派によって異なる場合がある。学校教育においては筆順の違いによる混乱を避けるため、文部省『筆順指導の手引き』をよりどころとした指導が行われている。なお、この手引きは漢字についてのものであり、仮名やローマ字の筆順について公に統一されたものはない。また、手引きに示された筆順以外の筆順を否定するものではない。

文部省（一九五八）『筆順指導の手引き』

〔喜古容子〕

67 縦書き　文字・表記

文字を配列する方向のことを「書字方向」という。文字と画面（紙面）との関係ではなく、並び合う単字同士の関係である。単字の正立像に対し水平方向に文字が並ぶものを「横書き」（例「夏目漱石」）、単字の正立像に対し垂直方向に文字が並ぶものを「縦書き」（例「夏目漱石」）という。

〈縦書き・横書き〉

世界の言語の書字方向は、①右横書き（右から左への横書きで、下へ行移り）、②左横書き（左から右への横書きで、下へ行移り）、③右縦書き（縦書き、右から左へ行移り）、④左縦書き（縦書き、左から右へ行移り）の四種に分けられる。

英語や独語・仏語などのアルファベット圏は「左横書き」方式で、世界的にもこの書字方向が多い。アラビア文字は「右横書き」であり、モンゴル文字は「左縦書き」、そして、日本は「左横書き」「右縦書き」の両方が可能である。

中国や韓国は現在では「左横書き」を採用しているが、古くは「右縦書き」であり、その影響を受け、日本語の書字方向は「右縦書き」になった。寺や老舗の看板などには「右横書き」で書かれていることもあるが、これは一行一文字ずつの「右縦書き」と考えられる。

〈散らし書き〉

紙・短冊・艶書などに、和歌や俳句などを行の頭をそろえずに、飛び飛びに散らして書くことをいう。

〔若狭　絢〕

68 句読点

文字・表記

言語は継時的にしか実現されない。そこで、ことばの切れ続きや係り受けの関係を配慮して、読み誤りを避け、読みやすくするために、文字表現の文章に施す「くぎり符号」を句読点と言う。文末を示す「。」を句点、文中に点ける「、」を読点というが、それらの総称である。なお、語句の列挙を示す並列点（中黒・中点）「・」を含めることもある。また、「くぎり符号」を広く捉えて、かっこ類やかぎかっこ類、感嘆符（！）・疑問符（?）、挿入（ダッシュなど）・省略（リーダー）符号をも含めて指すこともある。なお、横書きで用いるピリオド（.）は句点に相当し、コンマ（,）は読点に相当する。

「句読」は、本来漢文（中国語文）に由来する用語であるが、日本では、漢籍文を日本語で訓読するようになり、漢籍文に読み方を示すいろいろな補助符号（「訓点」）「ヲコト点」「返り点」「声点・清濁点」などを用いたが、「句読点」もその一つで、「点」と言うのもそのためである。

古来日本語文では句読を施すことはなく、キリシタン資料などに見られるのが最も早い例で、現在のように、句点と読点を区別して使い分けるようになるのも明治以降であり、当初は実際の使用も教科書などの、まだ限られた範囲で用いられたに過ぎなかった。しかし、句読点を施す基準については、早くに権田直助の『国文句読考』（一八八七年）があり、明治三〇年代には、文部省図書課が『句読法案』を示している。近くは戦後にも文部省が「くぎり符号の用い方」（一九四七年）で、特に「読点」の用い方を詳細に示している。にもかかわらず、現在においても実際には書き手によってかなりズレが見られ、一定の基準によって整然とまとめることは困難な状態である。読点の用い方の指針となる「句読法」はまだないに等しい。

文末の句点については、特に混乱することはなく、まぎらわしい点はない。ただ、多少の不統一が、「」や（）の中の文末の場合にみられる。文部省国語課の「くぎり符号の使い方」（一九五〇年）によると、この場合は「。」を用いるとしている。問題は読点の用い方である。先の指針では、読点について、「『、』は、文の中でことばの切れ続きを明らかにしないと、誤解されることのある場合に用いる。」とある。また、一般的に、読点は「読みを助けるために打つ」ものと指摘されるように、読点をどこに打つか打たないか、という判断には、書き手の主観が入る余地が大きい。読点の使用の多少という面から見ても、比較的よく使う人、あまり使わない人、その差は様々であろう。息の長い人と短い人とでは違いも見られる。

一文が長くなればなるほど、文の構造は複雑になる。すると、文を構成する成分間の係り受けや切れ続きが読み手には読みとりにくいものになる。そこで、成分間の論理的な関係を、読点を打って示すことは、読みやすさのためや誤解を避けるために、必要な配慮だといえよう。逆に、連続する成分が直接かかるところには、読点は打たない。

読点の正書法は、まだ整備されていないとしても、多くの人がよく読点を打つところ、打たないところという違いも観察される。その実態を中心に、読点の整備がなされることが望まれる。

〔糸井通浩〕

69
表現論
表現研究

個々の表現を対象とする研究や表現一般に関する理論を総称して、表現論という。

〈表現とは〉

表現とは、内面にある思考や感情を知覚で受け取れるように外に表わすこと、または、現われたものである。表す手段によって、絵画や音楽等々、様々な分野がある。ただ、近似する研究分野に文体論、文章論があり、これらが「文（ことばのあや）」つまり「言語」を対象としているように、ここでも、「表現」を言語によるものに限定する。言語表現とも言う。expression の訳語としても用いる。

言語表現は、「早く窓を開けて！」を例にすると、「早く窓をあけること。」という事態を伝える言語形式を持ち、表現主体の、（臭くてたまらないなどの）感情や相手への行動要求を伴っていて、聞き手に何らかの影響を与える機能や力を有している。

〈表現論の範囲〉

くしくも、「表現」という語が「表す」（他動詞）と「現れる」（自動詞）の両方を含み持つように、表現論も大きく二つの領域に区分できる。

一つは、「表現する」ことに関する研究で、何をどのように書くか、どのように文章を紡ぎ出すかなど、文章を作る過程が対象となる。表現法、国語（言語）表現法、文章作法、文章表現（法）などという場合は、この面に焦点を合わせたものが多い。「国語」教育での作文教育などの、言語技術・技法の学習や大学での日本語リテラシーとの関係が深い。

もう一つは、「表現する」という表現を生み出す行為の結果として生まれたもの、それを「表現」と総称して研究の対象とする場合である。どのように書かれているか、どういう言語的特徴が読み取れるかなど、表現された結果としての文章（文学作品など）が対象となる。表現研究、表現論という場合は、どちらかというと、後者を指すことが多い。

従来は、主として書きことばを念頭に置いて研究されてきたが、「表現」は話しことばを除外するものでない。近年は、話しことばの「表現論」も盛んになってきている。

〈表現学の可能性〉

表現を対象とする研究である表現論は現にあるが、表現学はまだ確立されていないと言われている。もっとも、近似の分野の文体論、文章論や語用論にも、文体学、文章学、また、語用学という学問はまだ見られない。日本では、表現学の確立を目指す気運があるが、それには、これまでの表現論の諸研究を視野に入れ、表現を対象とする研究の理論化、その方向性や方法論の確立、体系化が進まないと、「論」を「学」にすることはできないであろう。

〈表現研究の課題〉

確かに「言葉は、常に表現」であるが、表現論は言語学の一分野である。言語一般の研究ではなく、言語活動や言語表現を対象とする研究である。言語活動や表現行為、及びその結果としての言語の研究、言語の単位体で言えば、言語の最も大きな単位体である「談話・文章」を対象とする研究、これを、世界に先駆けて、言語学の研究分野に位置づけたのは、時枝誠記の、言語過程説による国語学においてであった。文章論・文章研究（時枝、一九五〇・一九六〇）と命名されている。それまでの言語学は、F・ソシュール（Saussure）の構造主義の言語学の流れの中にあって、研究の最大の単位体は「文」（センテンス）であり、「談話・文章」を対象とする「修辞学」や「文体論」は文学論（研究）と見なされていた。

時枝の指摘する「言語が成立する外的条件」、つまり「主体・場面・素材」の三つを手がかりに、表現研究の諸相を概観してみる。

言語活動や表現（行為）を対象とする限り、表現する主体を抜きにしては考えられない。「主体」とは言語主体のことで、言語の理解行為も言語行為であるから、「聞く」「読む」主体も含む。結果としての「表現」の研究は、理解行為の一種ともみられる。したがって、時枝は、世界に先駆けて、「読者論」を指摘していたとも言える。「場面」は言語学の言う「言語場」とは異なる。言語主体は含まず、言語主体が向き合う場、わかりやすくは、「相手」（話し手にとっては、聞き手）と考えてもよい。「素材」は、表現素材、表現対象とも伝達内容ともいえるが、概念や事態、指示物などのことである。これらは、言語にとって外的なもので、言語そのものではない。三つの条件「主体」「場面」「素材」のどれが欠けても、言語表現は成立しないと、時枝は言う。

A　主体と表現：言語表現には、意義・意味・意図が込められる。主体はどういう意味・意図・ねらいで表現するのか、また、表現されているのか。「今・ここ」に位置する主体と表現はどういう関わりがあるか。こういう表現のよって立つ視点や表現に現れた主観性を問うことになる。

B　場面と表現：主体と相手との関係が言語表現とどういう関係にあるかが、中心的課題である。同意（共感）、疑問、反論、命令、勧誘、報告等々、相手との関わり方とその表現のそれぞれの特質。考慮されるストラテジー（方略）やポライトネスなど、いかに相手が配慮されるか。コミュニケーション論に繋がる表現論の課題である。

C　素材と表現：素材を表現するとき、主体の取る姿勢に、描写と説明がある。描写は、対象によって、自然描写、人物描写、心理描写、状況描写などがあり、事実を客観的に描く姿勢にある。説明は、論理的な思考によって、相手（聞き手・読み手）の理解を導こうとする姿勢で表現される。主体は、それぞれの姿勢を貫くために、どういう表現の工夫をするか、また、それぞれにどういう表現上の特徴が見られるか、などが課題である。

A、B、C、各側面は、具体的な表現においては、すべてが複合的総合的に関わり合う。表現の様式（ジャンル）を決定する「何を伝えるか」の面とともに、「いかに伝えるか」という面にも表現論の課題は多い。そこに、修辞的要素の選択など、それぞれの文章において表現の工夫が凝らされる。ナラトロジー（物語学）では、前者を「物語内容」、後者を「物語言説」という。

〈表現論と学界〉

学会名に「表現」を明示する学会に、一九六三年に設立された「表現学会」（機関誌『表現研究』）がある。創設以来、表現学の樹立を目指している。時枝が先駆的に提唱した「主体中心の言語学」の、学会活動としての具体化の一つである。因みに、言語を、表現・理解する行為そのものとして捉える時枝は、「主体抜きの言語学」は人間性喪失の言語学だという。近年、ソシュールの近代言語学を受け継ぐ現代言語学界においても、「主体」を含めて言語を分析する談話分析、テクスト言語学、語用論、認知言語学などが盛んになりつつある。隣接の文体論も、文学学（研究）から言語学の一分野にも位置づけられるものとして、拡充されてきている。

石黒　圭（二〇〇四–七）『よくわかる文章表現の技術I―V』明治書院
今井文男（一九六八）『表現学仮説（再版）』法律文化社
亀井孝他編（一九九六）『言語学大辞典　術語編』三省堂
阪倉篤義（一九七五）『文章と表現』角川書店
時枝誠記（一九五〇）『日本文法　口語編』岩波書店
時枝誠記（一九六〇）『文章研究序説』山田書院
時枝誠記（一九七三）『言語本質論』岩波書店
中村　明他編（二〇〇五）『表現と文体』明治書院
半沢幹一他編（二〇〇九）『日本語表現学を学ぶ人のために』世界思想社
表現学会編（一九八六–）『表現学大系　全三〇巻（未完結）』冬至書房
水谷修他編（一九八三–八五）『講座　日本語の表現　全六巻』筑摩書房

〔**糸井通浩**〕

70　作　文　表現研究

文章を作る（書く）こと、また、作られた文章を「作文」という。欧米では、「コンポジション（composition）」、または「ライティング（writing）」という。

〈作文と綴り方〉

一八七二（明治五）年の「学制」頒布の翌年に公表された「師範学校下等小学教則」の教科目に「作文」を見ることができ、一八八六（明治一九）年の「小学校令」では「作文」が学科の一つとされている。一九〇〇（明治三三）年に「小学校令」が改正され、従来の「作文」は「綴り方」と呼称を変え、「読み方」「書き方」「綴り方」が「国語科」に統一された（ただし、中学校は「作文」である）。この「綴り方」の呼称は、小学校国語教育界においては、一九四六（昭和二一）年の学習指導要領の「学習指導要領（試案）」において、現在の「作文」に改称されるまで、約半世紀近く親しまれた呼称である。

〈国語科教育における学習内容〉

小・中学校の国語科においては、一般的には、取材、構成、記述、推敲、評価の順に指導することが多い。ジャンルとしては、生活文、意見文、感想文、説明文、観察文、報告文、記録文、創作文、随筆など、多様である。学習活動としては、新聞作り、依頼文・招待状・礼状等々の手紙、日記、小論文等々、児童・生徒の興味・関心や必要性に対応している。〔**大熊　徹**〕

71　表現対象　表現研究

言語（記号）によって表現された対象を表現対象という。時枝（一九七三）は、言語が成立する外的条件として、「主体」「場面」「素材」の三要素を指摘したが、その中の「素材（表現素材）」が表現対象に当たる。

「表現」を広く取ると、語レベルでは、ネーミング（記号化）の対象となるもので、各品詞の表す内容（概念・観念、および主観的判断など）や名詞の指す指示物などが表現対象である。文レベルでは、述語の意味内容によって、名詞文は「もの」を、形容詞（形容動詞を含む）文は事態・事物の「さま」を、動詞文は「こと」を表現対象としているといえよう。

さらに、「表現」とは言語行為を意味する語であるから、表現対象も一般には、文章・談話レベルの用語と見られている。つまり、大きなまとまりを持った文章、あるいは、作品で表現主体が描こうとした思考や感情、または、説明しようとした事柄・事態・事物が表現対象である。これは、何についての表現か、という「主題」の問題でもある。表現の形態について従来言われているものを整理すると、対象の人物の会話（文）や心内（語）、そして、地の文（自然描写、状況（事態）描写、人物描写、心理描写、主体の判断・評価など）になる。

時枝誠記（一九七三）『言語本質論』岩波書店

〔糸井通浩〕

72　表現法　表現研究

「話す・書く」ときの具体的な表現の仕方や工夫を表現法という。古来、主として文章を書く場合について考えられてきたことから「文章術」「文章作法」とか、「文章法」「文章表現法」「国語（日本語）表現法」などと呼ばれることが多いが、広くは古来の「弁論術」や「話術」「話し方」なども含めていう。

教科「国語」の免許取得上の「免許法施行規則の科目」として、「国語学（音声言語および文章表現に関するものを含む）」が必修科目であることから、「国語」の教職課程を設置する多くの大学では、「文章表現法」などの科目を設置している。そこでは、表現技術や表現技法も含めて、表現の機能や様式などを幅広く学習し、主として「書く（表現する）」能力を高めることを目指している。

まずは、日本語という言語の持つ特性・特質を学んでおくことが大切である。同時に、的確に相手に伝える上で、どういう点に留意しておく必要があるか、どういう工夫をすることが求められるか、などを学ぶ。

表現主体が文章に表現するのは、ある目的・ねらい・意図に基礎づけられているものである。その達成のために、それぞれにふさわしい文章のスタイル（様式）がある。それぞれの目的等を達成するためには、より適切な表現の仕方・方法があることを実践的に学ぶ必要がある。

〔糸井通浩〕

73　表現研究　談話論

「談話」は、「文章」との比較から、話しことばを指すという考え方もあるが、ここでは、話しことばと書きことばの両方を対象とし、文よりも大きい単位の言語現象を指すという立場をとる。談話を分析するのが「談話論」であるが、その基本的立場は、ただの単位の問題ではなく、言語を抽象的なシステムとしてではなく、コミュニケーションのために実際に相手に（架空の相手である場合も含めて）向ける行為とすることにある。特に、言語の運用プロセスそのものを談話として捉え、機能に焦点を当てて分析する。

〈談話分析〉

談話論の中で、具体的に談話を分析する研究として談話分析がある。談話分析の基本的なアプローチとして、従来の言語学で言語を複数の階層に分けて部分的に考察してきたことを超えて、統合的に考察すること（談話の一部や全体の構造の特徴を明らかにする）また、談話における言語表現の意味や機能を明らかにすること（「指示詞」には文章に「結束性」をもたらす機能がある）という二点がある。

「談話論（談話分析）」にはいろいろな研究の流れがあるが、機能を中心としたプラーグ学派、社会的なコンテクストを重視する体系機能文法の枠組み、書き言葉の語や文が談話構造とどのように関連付けられるかを明らかにするテクスト言語学、物語の構成を探るタグミーミックス、社会言語学的な談話論、批判的談話分析（「談話研究」ともいう）などがある。

〈会話分析〉

談話分析の談話を話しことばとして捉えると、談話論に「会話分析」が含まれる。会話分析とは、実際の会話を録音・録画し、相互行為のあり方を分析する分野である。特に、友人同士の自然会話、日常会話がデータとなる。

会話分析では、会話を相互行為として捉え、発話をやりとりする行為の意味を探求する。分析上、有効な概念としては、話者交替とそのシステム、発話の単位、隣接応答ペア、好まれる応答形式、会話のスタイル、会話展開と構造、相づちを含む会話管理の方法などがある。さらに、会話における言語表現の機能（たとえば「談話標識」としての「接続詞」の機能）を明らかにしたり、うなずきなどの非言語行為を会話行為の一部として考察する研究がある。

〈談話論と文法の関係〉

言語表現を中心とする談話論では、文法との関係が常にテーマになる。談話論、特に談話言語学の視点からアプローチすることで、文や語句の使用状況やその談話上の意味をより正確に把握することができる。

なお、日本語の談話現象を他の言語と比較・対照して分析する分野に「対照談話分析」がある。

メイナード、泉子・K（一九九七）『談話分析の可能性』くろしお出版
メイナード、泉子・K（二〇〇四）『談話言語学』くろしお出版
沖　裕子（二〇〇六）『日本語談話論』和泉書院

〔泉子・K・メイナード〕

第Ⅱ章

文章用語の解説

「文章用語」とは、第Ⅰ章の「表現用語」および第Ⅲ章の「文体用語」に対する、いわゆる「文章研究」における専門語であり、書き言葉の「文章」一般の性質・構造に関するものである。

日本語学における「文章論」、欧米の「テクスト言語学」や「談話分析」における研究は複雑多岐にわたるが、本章では、時枝誠記『文章研究序説』（山田書院、一九六〇年）、市川孝『国語教育のための文章論概説』（教育出版、一九七八年）、特に、永野賢『文章論総説』（朝倉書店、一九八六年）などの「文章論」に提示された「連接論」「連鎖論」「統括論」という分析観点に基づく主要な概念と方法論を取り上げて、具体的に解説する。

また、可能な限り、テクスト言語学やディスコース研究における「結束性（cohesion）」、「整合性（coherence）」などの用語についても取り上げて、それぞれの領域における用語・概念の異同が捉えられるように解説されている。

文章・文章表現

1　文章

「文章」とは、言語の単位体の一つであり、文字言語（書き言葉）による表現の具体相として最大のものをさす。国語学における「文章論」の提唱者、時枝誠記は、『日本文法口語篇』（一九五〇年）で、語・文・文章の三つを言語研究上の統一体すなわち単位として認定し、『文章研究序説』（一九六〇年）で、文章は語・文と異なった一全体だとして、文章が展開において成立することを重視した。

文章と文の中間的な単位として、「文段」が認められる。さまざまな規模の文段が相互に統括し合い、文章全体を構造化している。なお、「文段」と「段落」（形式段落・意味段落）・「パラグラフ」などとの概念上の相違を明確に区別する必要がある。また、長田久男により文の連続体として「連文」が提案されたが、これは単位体ではなく、文と文の意義の繋がりの発動にどのような実体が関与しているのかが問題とされている。

近年、音声言語（話し言葉）による同様の単位体を指す語として「談話」が用いられ、「文章・談話」のように並記されることが多い。海外では、「テクスト（text）」や「ディスコース（discourse）」が用いられており、それぞれ、文章と談話に対応する場合が認められるが、必ずしも明確な区別はない。また、書き言葉と話し言葉との中間的な性質をもつ表現として携帯メールなどがあり、メディアに即した位置づけが必要になる。

文章が具体的にどのように展開するのかは、個々の文章の特性に応じて特徴づけられる。詳細なジャンルの区分ではなく、言語表現上の特徴として、たとえば、文章（またはその部分）の展開が、時間的に推移するのか推移しないのか、という観点を導入すると、前者は時間軸に依拠しながら、その連続と不連続、継起性と同時性が文章展開を規定しており、後者は時間軸ではなく、言及される話題相互の関係、あるいは話題を構成する要素の論理関係や概念関係が軸をなしている、という特性を取り出すことができる。ジャンルの観点からとらえると、前者は、物語・歴史記述、後者は説明・評論などが例になる。

こうした文章の展開する様相を理解するために、反復表現、接続表現、提題表現と叙述表現、「〜のだ」などの文末表現をはじめ、多くの観点が必要となる。たとえば、接続表現についても、文と文の接続のみならず、文と文段、文段と文段の関係を動的にとらえることが要求され、この関係の理解を通して、文章の全体構造を把握することができる。

文章は表現され構造化されるものであると同時に、理解され評価される対象である。文章理解には、心理学・認知科学の側面からのアプローチがあり、理解過程のモデルが複数提案されつつある。

市川　孝（一九七八）『文章論概説』教育出版
寺村秀夫・佐久間まゆみ・杉戸清樹・半沢幹一編（一九九〇）『ケーススタディ日本語の文章・談話』
時枝誠記（一九五〇）『日本文法　口語篇』岩波書店
時枝誠記（一九六〇）『文章研究序説』山田書院（明治書院復刊）
永野　賢（一九八六）『文章論総説』朝倉書店
長田久男（一九八四）『国語連文法』和泉書院
野村眞木夫（二〇〇〇）『日本語のテクスト』ひつじ書房

〔野村眞木夫〕

文章・文章表現

2 テクスト

テクストとは、人の行う言語活動において、あるまとまりをもった具体的な表現を指す。表現のサイズは条件ではなく、文学作品であれば、俳句も長編小説も等しく一編のテクストである。ディスコースと同義で用いられることもあるが、両者が並記される場合、テクストは文字言語または言語作品、ディスコースは音声言語または処理過程を指すことがある。

文献学においては、言語作品の草稿、写本、刊本等を校合する本文批評（textual criticism）の対象を指す。また、記号論の領域では、言語表現のみならず、人の表現行為の所産すべて、絵画、映画、舞踊、建築さらに都市などもテクストとみなされる。広義のテクスト記号論はこれらの対象にも言及する。

ここでは文章用語としてのテクストの概念のみ取りあげる。

テクストは言語表現のさまざまな観点から分類することができる。俳句や小説は、ジャンルの一つであるが、無制限にその種類を列挙するのではなく、なんらかの基準が要求される。

たとえば、工藤（一九九五）は、「はなしあいのテクスト」「かたりのテクスト」を区分し、テンス形式の意味・機能が異なることを述べる。Longacre（一九九六）は、ジャンルを区分する基準として、テクストを「±時間的連続」と「±動作主指向」とで区分し、さらに前者を「±計画性」で再区分する。また Pilegaard and Frandsen（一九九六）は、テクストの区分の原理として「ジャンル」と「タイプ」の範疇を明示する。ジャンルは伝達の目的や言語外の文脈により規定され、タイプは言語学的な観点から形式的・意味論的に規定され、認知作用、言語的意味、コミュニケーション機能を基準として定義される。

テクストの種類は、従来、文学作品を中心に慣習的にまたは規範的に区分されてきた趣きがある。そうではなく、テクストの言語的な特性に応じ、文体論、修辞論、文芸学などとの連繋において、体系的かつ可変的に検討される必要がある。

テクストは、言語表現の一つのまとまりをもった実体である。したがって、当該のテクストの内部で種々の関係が認められ、これがテクスト言語学においてテクスト構造として取りあげられるが、さらに他のテクストとの関係が認められる。これは Kristeva（一九六六）が「間テクスト性（intertextuality）」、すなわち、どのようなテクストも引用のモザイクとして構成され、テクストは他のテクストの吸収と変形だ、と規定した概念によって検討されている。しかし、引用やテクストの相互依存の問題にとどまらず、テクストを受容するとき、どのような意味を生成しうるかが問われるのである。

〔野村眞木夫〕

Kristeva, J.（1966）"Word, Dialogue, and Novel." in her *Desire in Language: A Semiotic Approach to Literature and Art*. Columbia University Press.（原田邦夫訳『記号の解体学―セメイオチケ1』せりか書房所収）

工藤真由美（一九九五）『アスペクト・テンス体系とテクスト―現代日本語の時間の表現―』ひつじ書房

Longacre, R. E.（1996）*The Grammar of Discourse*（second edition）. Plenum Press.

Pilegaard, M. and Frandsen, F.（1996）"Text Type." in Verschueren, J. et al. eds. *Handbook of Pragmatics*. John Benjamins.

3　構　成　文章・文章表現

言語作品として文章を作成する際、発想の段階を経て、何を主題とするかを明確にした後、その主題をどのように展開するか、題材の配列、段落・場面の配置など、どのような作品に仕立て上げるかの段階を指す。この段階を経て、具体的な叙述へと向かう。「主題・構成・叙述」という文章作成過程の一段階を表す。

〈構成と構想〉

「構想」は、西尾（一九二九）で、文学形象の成り立ちを「主題・構想・叙述」として以来、国語教育界で周知の用語である。「構想（invention）」と「構成（disposition）」との異なりに着目し、文章の作成過程においては、「構想」に次ぐ段階として「構成」を用いることがある。また、表現主体側からの「構想」（主題→構想→叙述）と理解主体側からの「構成」（主題←構成←叙述）を区別することもある。

〈構成と構造〉

「構成」は、主に文章の展開形態として、時間的順序を重んじた全体の配列、あるいは、文章の部分に着目して、全体へとまとまる関係を捉えて用いられる。一方、「構造」は、文章の空間的関係性を重んじて、全体と部分との関係を捉えて用いられる。「構成」が段落構成・場面構成などと使われるのに対して、「構造」は物語構造、文章構造などと使われる。

西尾　実（一九二九）『国語国文の教育』古今書院

〔船所武志〕

4　文章構成の型　文章・文章表現

文章構成の型には、文章の展開形態に着目した考え方と文章の「統括」機能の観点からの考え方がある。

〈文章の展開形態による分類〉

展開形態としては、漢詩絶句の「起句・承句・転句・結句」が、四段構成の典型とされる。古来、広く散文の構成にも応用されてきた。筆を起こし、起を承け、話頭もしくは眼を転じて、一編の内容を結合する。古くは、「起承転合」ともいう。川端康成の『小説の構成』（一九四一年）では、小説における「プロット」の基本的形式として、「起首・中枢・終結」と「起・承・転・結」とを関係づけ、「中枢」が「承・転」に当たるとしている。

雅楽の楽曲構成、能楽や浄瑠璃などの脚本構成では、「序・破・急」の型をもつ。「導入部・展開部・結末部」からなる構成の型である。連歌・連句や演出、劇構成などに広く応用された。

論理的文章においては、「序論・本論・結論」が典型となる。「本論」を「総論・各論」とすることもある。手紙などの実用的な文章においても、「冒頭・展開部・結尾」などの構成をとることが一般的である。文章の展開形態に着目すると、「序・本・結」の三段構成が基本にあるといえる。

〈文章の「統括」機能による分類〉

五十嵐（一九〇九）では五種の分類がある。すなわち、「追歩式」「散叙式」「頭括式」「尾括式」「雙括式」である。

市川（一九七八）では、二類五種とし、まず、「統括型」か「非統括型」かとみる。「統括型」は、「頭括式・尾括式・双括式・中括式」に下位区分する。

塚原（一九八七）では、まず「統合型文章」と「列挙型文章」に二分する。「統合型」には「二段型文章」と「三段型文章」とを認め、「二段型」には、「演繹型文章」と「帰納型文章」を認める。「三段型」には、「一元型文章」と「二元型文章」を認める。「列挙型」には、「並列型文章」と「追歩型文章」とを認めている。

土部（一九七三）では、「話題」の設定のされかた、「趣意（表現内容に対する意図（目的・姿勢）のあらわれ）」の顕在・潜在のしかたによって、五類十四種に分類している。すなわち、「① 独主型・② 頭主型・③ 中主型・④ 尾主型・⑤ 双主型・⑥ 反復型・⑦ 対比型 ⑧ 陰在型 ⑨ 頭括型 ⑩ 尾括型 ⑪ 不即不離型 ⑫ 潜在型 ⑬ 連叙型 ⑭ 散叙型」である。

文章の「統括」機能の観点からは、「統括型文章」か「非統括型文章」かが問われる。「統括型文章」の場合は、「統括段」と「非統括段」との二段構成が基本にある。「非統括段」の配置のしかたによって、実際に、三段構成が形成される。

五十嵐力（一九〇九）『新文章講話』早稲田大学出版部
市川　孝（一九七八）『国語教育のための文章論概説』教育出版
川端康成（一九四一）『小説の構成』三笠書房
塚原鉄雄（一九八七）『王朝初期の散文構成』笠間書院
土部　弘（一九七三）『文章表現の機構』くろしお出版
森岡健二（一九六三）『文章構成法』至文堂

〔船所武志〕

文章・文章表現

5 書　式

書式とは、文書を書くために決められている方式である。書式が必要なのは、公文書、ビジネス文書、私文書であり、それぞれには、人間関係を円滑にし、意思疎通を図り、効率よく目的を達成させるために必要な基本的なルールがある。

公文書（公用文）は、国や地方公共団体の機関、公務員が職務上作成する文書で、文化庁編『公用文の書き表し方の基準（資料集）』の「公用文作成の要領」には、「公用文を、感じのよく意味の通りやすいものとするとともに、執務能率の増進を図るため、その用語用字・文体・書き方などについて」詳細な取り決めが示され、それに則ることが求められる。

ビジネス文書には、社内文書（企画書・報告書）・社外文書（取引文書）があり、仕事を順調に進展させるために表現上注意すべき点がある。一文書は一用件でまとめる、一文を短くする、簡潔明瞭に要点を押さえる、結論を先に経過説明を後にする、平易な表現・語句を心がける等である。自称（弊社・受領）と他称（貴社・ご査収）との区別も必要となる。

私的文書（手紙文）の基本的構成は、「本文・後付・副文」で、本文は「頭語・前文・主文・末文・結語」からなる。頭語（拝啓）と結語（敬具）は手紙特有の挨拶語、前文は「時候・安否・近況報告・感謝・陳謝」の挨拶、主文は用件、末文は締めくくりの挨拶である。後付は、年月日、差出人名（自著）、受取人名（宛名・敬称）を記し、副文（追而書《おってがき》）は、主文に付け足す内容を追伸で表す。

〔塩澤和子〕

文章・文章表現

6　冒　頭

文章の冒頭は、文章の展開形態における「冒頭・展開・結尾」の初めに位置する。文章の書き始めの一文ないし数文によって形成される一まとまりをいう。「起筆」「書き出し」などともいう。話芸・落語での「まくら」などは、本題に入るための前提や予備知識を確認するなどの本題への橋渡しをして、笑いの土俵へと誘う機能がある。

〈冒頭〉と「書き出し」〉

文章における「冒頭」と「書き出し」とを区別したのは、時枝（一九六〇）である。「どのやうな文章も、書き出しの無い文章は無いが、冒頭の無い文章といふものはあり得ることである。」として、漱石の「虞美人草」やトルストイの「アンナ・カレーニナ」などは、冒頭の無い小説である、という。時枝は、機能の面から、冒頭を五種に分類している。すなわち、「1全体の輪郭、枠の設定であって、時、処、登場人物が提示される。2作者の口上、執筆の態度を述べたもので、本文に述べられる事柄とは明かに次元を異にしている。3全体の要旨、筋書、概要を述べる。4作品展開の種子或は前提となる事柄の提示。5作者の主題の表白。」である。

林（一九六七）では、「即題法（解題法）」・「題言法（前置き式）」・「破題法」である。「即題法」は、題目に即して述べたり、結論を述べるものである。「題言法」は、直ちに主題目に入るのではなく、時候の挨拶など主題目とは無関係な語りかけによって、読み手との場を整える。「破題法」は、いきなり話を始める方法である。

市川（一九七八）では、三類九種に分類している。三類とは、1「叙述内容の集約としての冒頭」、2「本題に対する前置き・導入としての冒頭」、3「本題を構成する一部としての冒頭」である。1は、さらに、「a主題・要旨・結論・提案などを述べる　b主要な題材・話題について述べる　cあら筋・筋書きを述べる」2は、さらに、「a筆者の立場・意向・執筆態度などを述べる　b本題の内容を規定し、本題に枠をはめる　c導入として、時・所・登場人物を紹介する　d本題に入る前に「まくら」を置く　e本題に対して対比的な内容を述べる」に分類する。3が、林の「破題法」に相当する。

「冒頭」は、「展開」とは異なる機能的なまとまりを有するものと、「展開」の構成要素としての一まとまりを有するものとがある。

〈「結尾」の型〉

「結尾」の型について、市川（一九七八）では、三類七種に分類している。1「叙述内容の集約としての結尾」、2「本題に対するつけたりとしての結尾」、3「本題を構成する一部としての結尾」である。2のcに「本題と関連のある事柄や感想などを、つけたりとして添える」とする以外は、「冒頭」と概ね対応する。

市川　孝（一九七八）『国語教育のための文章論概説』教育出版
時枝誠記（一九六〇）『文章研究序説』山田書院
林　巨樹（一九六七）『国語の表記と表現』文化書房博文社

〔船所武志〕

文章・文章表現

7 前置き

「前置き」とは、本題（本論）に入る前に述べる言葉や文章を言う。学術論文・専門書の「まえがき・はしがき・序・序文・序言・序説・序論・序章・緒言《しょげん》・緒論」、芸能や談話での「前口上」、落語などの話芸で使う「まくら」、また文芸作品の導入部に位置する「プロローグ（prologue）」などがそれに当たる。

「序・緒言」の漢字表記は、古くは格調ある書物などで使用されたが、近年は平仮名表記が中心で、「まえがき」「はしがき」「はじめに」を「まとめ」「あとがき」などに対応させる。

前置きには、本論（本題）に導くための導入部としての役割、本題につなげる橋渡しとしての役割があるため、文章の中心となる内容を簡潔に述べたり、本題を際立たせるために対比的な事柄を持ち出して述べたりする。論文では、執筆の動機、研究の目的、研究の現状と課題、研究方法、執筆者の立場、問題提起、文章全体の主題や要旨などを述べるものが多い。

前口上は、本題や本芸に入る前に述べる口上をいう。歌舞伎の襲名披露などで出演者が観客に挨拶として口上を述べることがある。まくらは、落語家が時事的な話題を取り入れながら本題に入る前にする短い話で、「まくらを振る」という。「プロローグ（prologue）」は、作品構成の導入部で、音楽の序奏、演劇の序幕、文学作品の書き出しなどに当たる。本題に対する前置きで、作品の流れ、趣旨、意図などを示す働きがあり、「エピローグ（epilogue）」に対応する。

〔塩澤和子〕

文章・文章表現

8 本文

「本文」は、文書・書物で中心となる文章の部分で、目次・序文・跋文《ばつぶん》・索引・文献目録・付録（年表・図表等）・注釈などは含まない。著者によっては、緒論、結論を含めることもある。五十嵐（一九〇九）は、「此の文章修業に関する主要なる知識を説いたものが、本書『新文章講話』の本文であります」と言う。ここでの「本文」とは、「緒論」に始まり「第一編　文章基礎論」から「第八編　文章の品位及び結論」に至る本体部分であり、緒論・結論も含まれる。

書物や注釈では、典拠とする文章を指すこともある。例えば「十字軍の歴史的役割について福沢が強調していることは、本文を読まれればお分りになる」とある「本文」とは、著者が典拠とする著作物中の文言・文章を意味する。また「校訂にあたっては、できるだけ底本を尊重したいが、他の諸傳本と比較し、他本の方が正しい本文を伝えていると考えられる」とある「本文」とは、正統と見なされる文書中の文言・文を意味する。

なお「本文の校訂」とは、原本の探求で古写本などの本文（底本）と異本（諸伝本）の異同を検討し、別筆の加筆などを調べ、字句・表記などの誤りを訂正することをいう。

手紙の本文は、頭語（拝啓）・前文（時候などの挨拶）・主文（用件）・末文（締めの挨拶）・結語（敬具）という構成になり、その後に後付などがつく。

五十嵐力（一九〇九）『新文章講話』早稲田大学出版部

〔塩澤和子〕

9　後書き

文章・文章表現

「後書き」とは、著作物、文書などの結尾部に書き記す言葉や文章をいう。その文章における中心的な話題を集約し、締めくくる部分であり、本題（本論）に対する結びの役割がある。例えば文章全体の要旨・要点を整理してまとめる、執筆に取り組む動機となったものを表明する、執筆に取り組んだときの目標をどの程度達成できたかを検証する、取りあげることのできなかった話題や執筆中に発見した問題に触れる、出版に至る経緯を述べる、今後の課題を提起し、読者の問題意識を喚起する、書き終えた後の率直な感想を述べるなど、本論の締めくくりの役割や執筆者の実感を述べる役割もある。

　表記は、古くは「終章・結《むすび》・跋《ばつ》・跋文」などの漢字表記を採用することが多かったが、近年は、「あとがき・おわりに・むすび」などの平仮名表記を採用する傾向がある。

「奥書《おくがき》」（「識語《しきご》」とも）「エピローグ（epilogue）」も、後書きの一つである。「奥書」とは、文書（写本）の末尾に記す由緒書きとして著作（筆写・伝書）の年月日、著者名（筆写者名）、由来（筆写に至る経緯）などを書き入れたものをいう。「エピローグ」は、詩・小説・戯曲などの終章・演劇の最後に述べる閉幕の辞・テレビ番組の終結部などに当たる。

　著作物には、巻末に位置する「後付《あとづけ》」（索引・参考文献）、「後記《こうき》」（完了後の感想・反省・後日談）、「奥付《おくづけ》」（出版内容の証明）などがある。

〔塩澤和子〕

10　注（註）

文章・文章表現

「注（註）」とは本文中に書かれた内容に関する説明や補足を、本文とは別の場所に書き込んだものである。

　用語の説明や引用の出典などの参考情報、細かなデータや些末な事項の説明など、論旨を追うのに必須ではない、もしくは、読者が必ずしも読む必要のない情報を、すべて本文に書き込むと、冗長で饒舌な文章になってしまうおそれがある。この種の情報は、（ ）の中に示すなどして本文中に埋め込まれることもあるが、本文から切り離して、別の位置に配置したものが注である。

　注の配置に関しては、いくつかの方法があり、本文の末尾に置く「後注（こうちゅう）」、本文脇の行間に添える「傍注」（左側なら「左注」、右側なら「右注」）、当該ページの欄外の空白部に置く「標注」（下端なら「脚注」、上端なら「頭注」）などがある。いずれも、本文よりも小さな活字で記すのが一般的である。本文中の該当個所には、「注一」「＊」などの目印が付けられる。本文に注が一つしかない場合は「注」「＊」などが用いられるが、複数ある場合は「注一」「注二」のように番号が付される。

　注は、著者自身が付すほかにも、翻訳者や校訂者が読者の便宜のために書き加える「訳注」「校注」、研究者や批評家が解説に加えて自らの批評も記した「評注」がある。これらがある場合、著者自身による注は、「原注」として区別される。

〔宮田公治〕

文章・文章表現

11 箇条書き

「箇条書き」とは、報告文・説明文・論証文などを作成する際に、複数の項目を書き並べたもので、メモを取り、話題を整理し、考えをまとめるのに有効な方法である。作成上の留意点は、項目（箇条）ごとに番号を付け、一文（句）一行を原則に、列挙する。各項目は、冗長文を避け、短文（短い語句）で簡潔に表し、文末の表現形式を「〜する。」「〜こと。」で統一し、一項目を一つの話題でまとめるようにする。

取りあげる話題は、興味・関心のある問題・気づいた点・疑問点・注意点・整理されずに漠然と頭の中にある問題である。それらを項目を列挙して書き出すことで、何が問題なのか、実態はどうか、どこに興味・関心を覚えたのかなど、漠然と考えていた問題が徐々に整理され、問題の所在が明らかになる。同時に、書き出した項目について、材料に不備はないか、一面的な捉え方になっていないか、有効な具体例があるかなど、物事を多面的に検討するのに便利で、構想を練り、考えを深めていくうえでも役に立つ。

箇条書きは、「凡例」「注記」「但し書・追記・付記」「別記」などでも用いられる。凡例は、書物の冒頭で編纂方針を説明したもの、注記は、補足説明を要する字句に〔注〕を付け、本文末で用語の解説をしたもの、但し書・追記・付記は、本文終了後にする追加説明、別記は、本書の付録（「註釈、敷衍、参考、考証、弁解」など解説）として出版された別冊本である。

〔塩澤和子〕

文章・文章表現

12 要約

元になる文章や談話（「原文」・「原話」という）から理解した内容についてより少ない言語量で表現する行為を「要約」、まとめた文章を「要約文」という。

重要な内容とは、書き手や話し手の述べたいことであり、文章論では「主題文」「中心文」と呼ぶ。これを読み取る手がかりには、「結論は、〜」という直截な表現、「したがって」という接続表現、「〜については、…であると思う」「〜は…のではないか」などの提題表現と叙述表現の組み合わせ、文段や文章の終わりに使われる「このように〜」という指示表現がある。また、同じ語句を反復したり、パラフレーズして同じ内容を表すこともある。読み手や聞き手はそれらを手がかり原文や原話をから重要な内容を選び出し、原文や原話より少ない言語量で表現するのである。

要約の方法は二つに分けられる。原文の文章型や原話の談話型に沿って二分の一から四分の一程度の言語量でまとめる「大意」と、原文や原話の結論を中心に要点のみをまとめる「要旨」である。

要約文の書き方は、文字数や再構成の方法と原文の種類によって、次のように分けられる。

まず、原文の文章型に沿ってまとめる「大意」については、原文が物語文の場合、「あらすじ」と呼ばれ、ストーリーの時系列に沿って表現される。小説やシナリオの場合、「梗概」と呼ばれ、登場人物の紹介と「あらすじ」が書かれることが多い。新聞記事では、「リード」と呼ばれる部分にニュースの主な内容が書かれ、続けて本文に詳細な情報が書かれる。ニュースの内容を一文で、体言止めなどを使って短く表現したものが新聞記事の「見出し」であるが、「要旨」の一種である。

原文の結論を中心に再構成する「要旨」については、「要約」の文字数が限られる場合に行われる書き方である。論文では、研究の結論や概略を伝えるために冒頭に、研究目的、研究方法、得られた結果、結論を記した「要旨」もしくは「抄録」や「キーワード」を付けることが多い。読み手はこの「要旨」や「抄録」を読み、論文の全容を読むべきかどうかを判断する。会議の記録を取る「議事録」では、決定事項を中心に「議事要旨」が書かれる。

なお、自然言語処理の分野では、大量の文章の解析をもとに、重要な内容の選択に規則性を見出し、それに基づいてプログラムを作成し、人間の手を経ずにコンピュータで自動的に要約するための「自動要約」の研究も行われている。

佐久間まゆみ編（一九八九）『文章構造と要約文の諸相』くろしお出版
佐久間まゆみ編（一九九四）『要約文の表現類型』ひつじ書房
奥村　学・難波英嗣（二〇〇五）『テキスト自動要約』オーム社

〔**藤村知子**〕

13　題

文章・文体表現

「題」とは、小説や論文、書類など言語のみによって表現されたもののほか、絵画、映像、映画、舞踊、バレエ、音楽、工芸、演劇などの芸術作品の内容やテーマを言葉によって端的に表すものである。

芸術作品の「題」は、「題名」と呼ばれるのに対し、討論の「題」は「論題」、演説の「題」は「演題」と呼ばれる。また、書物の表紙に掲げられた「題」は「表題」「書名」という。表題となった作品、すなわちその書物の中で重要な作品となっているものを「表題作」という。

文章と談話の「題」とは、全体の主な内容を端的に表すものであるため、究極の要約ともいえる。「題（主題）」を補足説明する「副題」を付けることもある。

歴史が比較的新しい映画、映像、ポップ・ミュージック、論文、ウェブページには、「タイトル」というカタカナ語が使われることが多い。主要な題と副題は、それぞれ「メイン・タイトル」、「サブ・タイトル」と呼ばれる。

実用的な文章の場合は、読み手は題から文章の内容をある程度予測することができる。インターネットを通じて、様々な情報が発信される現代においては、膨大な情報の中から、目的とする情報を見つけるためにも、また、情報を必要としている相手に届けるためにも、題の付け方は重要な課題となっている。

〔**藤村知子**〕

14 見出し

文章・文体表現

「見出し」は、書き手にとっては、文章を作成する場合に、文章の構成を示す「アウトライン」となり、読み手にとっては、それをたどれば、すべて読まなくても、その文章の概略がわかる手がかりとなるものである。したがって、編、章、節などの主な内容を名詞止めなどで端的に示す必要がある。

ただし、段落のような単位にまで見出しが付けられる、とはないので、読んで理解した内容を要約して簡潔に表現した「見出し」を書き込みながら、読むこともある。その際、大小の段落のレベルに応じて、文章の全体をまとめる「大見出し」、部分をまとめる「小見出し」を付けて、文章の構成を把握する。

新聞の記事では、ニュースの重要性に応じて、見出しの文字の大きさや字体などを変える。重要性が目立つように、大きく示すのが「大見出し」、補足する内容をより小さく示すのが「小見出し」である。

書物の末尾に付ける索引の「見出し語」は、主な内容を示すキーワードや専門用語からなる。なお、辞書では、五十音順などの一定の順番に並べられている項目を「見出し語」という。見出し語に上位項目や下位項目を立てる場合は、前者を「親見出し」、後者を「子見出し」という。

野口崇子（二〇〇二）「『見出し』の〝文法〟―解読への手引きと諸問題」『講座　日本語教育』三八号

〔**藤村知子**〕

15 構想

文章・文章表現

一つの統一体としての文章を組み立てる際に働く精神活動を「構想」という。

国語教育界に初めて登場したのは、西尾実の『国語国文の教育』（一九二九年）においてである。「主題そのものの自律的展開としての内面的プロット」を構想とし、文学作品にのみ見られるものとした。「構想を見ることは、単なる知的認識ではなくて、表現の立場に立った体験的認識でなければならぬ」ともいう。

修辞学においては、発想や創造を表す「インベンション」を構想（創構ともいう）とするが、作文教育における構想は、むしろ配置、配列を表す「ディスポジション」に近い。

〈作文教育における構想と構成〉

小、中学校の作文教育においては、構想と構成とを区別しない指導がしばしば見なされる。文章を執筆する過程に即して考えれば、構成は、主題、取材、構成、記述、推敲という文章執筆過程の一段階であるが、構想とは、文章執筆過程における構成よりも幅広く働く心の作用である。具体的には、取材の際にも、構成の際にも、あるいは、両者を同時進行的に行う場合にも働く、構成決定に至るまでの心の作用である。

現在の作文教育においては、「はじめ・なか・おわり」「序・破・急」「起・承・転・結」などの構成指導は十分に行われていても、構想の指導にまでは至らない場合が多い。

〔**大熊　徹**〕

16　主　題

文章・文章表現

文章・談話の中で述べようとする、または、述べられた最も中心的な事柄、最も重要な考えや主張のことである。それを具体化したものを「話題」、その元になる材料を「題材」という。

土部（一九七三）は、「文章作品の主要な意味内容を表す」「主題（テーマ）」「話題（トピック）」「題目（サブジェクト）」という三事項には、〔｛（題目）話題｝主題〕という関連性があると規定した。また、「題材」の中心が「話題」であるという。

平井（一九八四）は、「主題（theme）」「主張（assertion）」「話題（topic）」「モチーフ（motif）」などをまとめて、「中心思想（central idea）」と呼ぶが、「中心となる考え」という意味だという。「主題がさらに具体化される」と、「話題」になり、その実際の材料・素材が「題材」で、「表現内容のあらわれ」だと規定している。

文章を構成する複数の「連段」において、最も重要な内容を表し、文章全体を統一して完結させる働きをする「中心段」の中核の「主題文」が表す内容が「主題」である。

〈テーマ（theme）〉

元来、文芸用語としての「主題」とは、「テーマ（ドイツ語 thema）」「スィーム（theme）」に由来する訳語であるため、「文学的文章」に限定して、「説明的文章」は「要旨」「意図（表現意図）」と区別する立場もある。文章中に主題文が出現する位置や展開機能により分類するが、「中心文」と同様、主題の「統括機能」や形態的指標の有無により規定される文章論の重要概念である。

〈文章の主題の統括〉

一編の文章全体の「主題」を表す「中心段」（→連段）の「中心文」を「主題文」と呼ぶが、通常、文章は主題の統一のある複数の文段（→連段）から構成される。

主題文の文章統括機能は、文章の種類や主題の規模や頻度、文章展開機能に応じた相対的な統括力が最大のものであり、中心文段の主題文が文章全体をまとめ上げて、文章を完結させる。文脈の「主題」の「統括機能」には、「①話題提示」「②結論表明」「③問題提起」「④課題導入」「⑤承前起後」などがある。

〈文の主題と談話の主題〉

近年、構文論では、文の「主語」「主題」「主格」を区別して、「談話の主題」に言及するようになった。「文の主題」とは、「話題」「小主題」「トピック」など、係助詞の「ハ」を伴う名詞句を指すが、日本語には、他にも様々な「提題表現」があり、未解決の課題も少なくない。また、「談話の主題（discourse topic）」を「文の主題の複合」や「談話の主題の階層構造」とする立場もあるが、文段の「中心文」や「文章の主題」と同様に、話題の統括機能から話段の「多重構造」の観点から解明する必要がある。

砂川有理子（二〇〇五）『文法と談話の接点―日本語の談話における主題展開機能の研究』くろしお出版
永野　賢・市川　孝（一九七九）『学習指導要領言語事項用語辞典』教育出版
土部　弘（一九七三）『文章表現の機構―国語教育の実践原理を求めて―』くろしお出版
平井昌夫（一九八四）『何でもわかる文章の百科事典』三省堂

〔佐久間まゆみ〕

17　記録

文章・文章表現

　特定の時点や場所で発生した事態を、後で参照・活用できるように、文書などの再現可能な形にして保存することである。

　言語（文章）を用いて行われる記録には、議事録、業務日誌、報道記事、記録文学（ルポルタージュ）などの例がある。この他にも、レシートやタイムカード、さらには、写真やビデオなども、広義の記録を目的とする媒体である。

　いずれも、事実を過不足なく、解釈や評価を交えずに保存することが求められるという点で共通する。個人的なメモや日記であれば、客観的事実と主観的解釈を区別することの意義はそれほど大きくないが、利害を異にする人や集団の間で共有される記録を作成する場合は、両者の峻別は重要な課題となる。

　ただし、言語を用いた記録の場合、言語化される事柄は記録者や検閲者によって取捨選択されたものとならざるを得ず、また、何らかの意図によって隠蔽・改竄されている可能性を排除できないので、完全に客観的で漏れのない記録を残すことは困難である。だからといって、文章化された記録が、録音・録画テープや速記録などの主観が入り込みにくい記録よりも価値が劣るというわけではない。記録者が自分の判断で取捨選択し、整理・再構成した記録の方が利用価値が高い場合が多いためである。

〔宮田公治〕

18　書写

文章・文章表現

　『広辞苑第一版』（一九五五年）では「書きうつすこと。」とあり、第二義「②小学校・中学校の国語科の一科目。習字。」が付加されたのは、第二版（一九六九年）からである。一九五八年の「学習指導要領」改訂で、小学校高学年と中学校では〈文字を書く〉学習時間が規定され、時間割に「書写」の時間が載るようになった。このため、一般には「科目」と呼ばれているが、「書写」は、旧来の習字（主として毛筆習字）と区別して、学習内容を拡大するための国語科の一分野として位置づけられる。例えば、小・中学校の国語科の読解指導の一環で、「文章を読んで感動した部分」「主題のよく表れている部分」の「抜き書き」の作業も「書写」指導とされている。

　「書写」の学習法に、手本になる絵や文字を書き写す「臨写」、文字を書き写す「臨書」などがある。類似語句の「転写」「転記」は、手本に限らず、必要な文章や図・絵など写し取ることである。器機を使った「コピー」の意味まで含む「転写」は国語科教育の領域外であり、小中学校の「書写」指導の中心目標は国語科教育の一分野として「文字を正確に書く」ことにある。

　指導に当たっては、練習した文字や草稿（下書きの原稿）をまとめ、書き直し、「清書」「浄書」して完成、提出させるが、作品の評価段階や公開展示などの段階では「書写」は芸術的観点に近接する。高等学校では芸術性に比重が移り、国語科から独立し、選択科目芸術科書道が成立する。

〔市村和久〕

19 文章・文章表現

原稿

原稿とは、発表を予定した内容を書き記した文章のことである。原稿用紙などに書き記した文章を原稿と呼ぶことが多いが、口頭発表や放送などのために書かれた文章も原稿と呼ばれる。公的場面における口頭発表では、その内容が保存されるので、原稿として書かれることが通例である。同様な意味に使われることばに、ドラフトがあるが、これは起草（する）の意で、原案・草案とほぼ同意義に使われている。

原稿の作成開始から完成までの過程は、まず原案・草案等ドラフトを作り、草稿と呼ばれる下書きを書き、これを推敲して完成稿とする。一般に原稿とは、完成稿を呼ぶことが多いが、草稿の段階にあるものを呼ぶ場合もあり、「原稿」の概念は広い。

原稿の書式は、「タイトル・執筆者名・内容・補注など」から構成されるのが普通である。一般に原稿用紙の紙面は、原稿を活版印刷するのに便利にできている。文字数を数えやすいように四百字詰（二〇字×二〇行）・二百字詰（二〇字×一〇行）の用紙が一般的で、レイアウトや活字の指定などを書き入れやすいように周囲の余白を広くとり、誤字脱字の訂正等の書入れの便を図って、行間へ余白を設けるなどと工夫されている。印刷工は原稿をもとに植字して、印刷物を完成させるのが基本である。原稿の提出法は、原稿用紙による方法が本来であるが、グローバルネットワーク時代である近来、編集者の方針によってコピーメディアやインターネット経由などのデジタル原稿も善及しつつある。

〔市村和久〕

20 文章・文章表現

速記

会議の議事録、取材の記録などの長時間におよぶ音声情報を簡略化した符号（「速記符号」「速記文字」）で記録したものである。記録後、普通の文字に「反訳」する。近年、コンピューター反訳の発達により、聴覚障害者への情報伝達手段としての機能も果たすようになった。

〈速記の歴史〉

日本では、明治維新期に、米国の速記法が導入され、一八八一年以降、国会議事録作成の必要上、速記法が考案された。現在は、「中根式」「早稲田式」「衆議院式」「参議院式」の四大方式の他に、「石村式」「小谷式」などの速記方式がある。

〈速記符号・速記文字〉

原則として、一音節に一符号が対応し、直線・曲線、水平線・斜線、長短、濃淡など、線の対照で音の違いを表す。「日本」を「〓」と「単語符号」で表すこともある。

〈国会速記者・裁判所速記官〉

国会議事録は、一八九〇年の第一回より速記で記録されていた。近年は、国会速記者が手で速記した後に反訳していたが、録画ビデオや音声認識システムの活用が検討され、二〇〇四年に国会速記者の養成を中止した。法廷記録も、裁判所速記官が速記タイプライターで記録した後に反訳していたが、裁判量の増加に伴い、同年、新規採用を停止した。

〔鈴木香子〕

21 明記
文章・文章表現

見落とされたり、誤解されたりすることのないように、はっきりと文書などに書き記すことである。

「明記する」という状況としては、①読み手が見落とすことのないように強調する、②一定の様式に従って必要な情報を満たす、③言質となりうる事柄を表明する（もしくは、読み手にそう見なされる）、などがある。

①は、書き手が重要だと判断した事項を、強調して書く場合である。傍線を引く、書体を変える、改行するなど、目立つように書くことが多い。

②は、「住所氏名を明記のうえ、ご応募ください」とか、「出典を明記すること」とかいう場合で、必要な情報項目を、一定のフォーマットに沿って、欠落のないように満たすという場合である。この場合も見やすく書くことが求められる。

③は、「増税の方針を答申に明記する」とか「目標数値については明記を避ける」とかいうように、後々まで争点となりうることをあえて書くという場合である。この場合は、書き手が表現上そのことを特に強調して示す必要はなく、どんな形であれ、書いたということ自体が意味を持つ。そのため、うっかり書いてしまったことであっても、読み手側が「明記されている」と受け取る場合もある。

〔宮田公治〕

22 執筆
文章・文章表現

「執筆」とは、本来訓読「筆を執る」から文章を書き表すことを意味するが、特に一定のまとまった文章を書くことを意味する語である。「起筆」から「擱筆《かくひつ》」までの執筆活動の過程は、「主題・構想・叙述」「主題・集材・構成・執筆・推敲」などの段階に分けて考察が可能で、執筆計画もこの段階に応じて立てることができる。

執筆活動は、動機があって始まる。その第一は執筆者自身の感動や問題意識など、習慣や儀礼など内部にあるものである。第二は課題作文や原稿依頼など、外からのアプローチである。この外的動機は内的なものに転換し執筆活動が始まる。

執筆活動の第一段階は、主題がまとまってくる過程である。第二段階は、全体の構造を考察して「構成」する段階である。この構成の段階では、量的制限、時間的制限、質的制限（題・課題を含む）、対象読者などの諸条件に適合する材料を集め、主題に即応するかを検討して取捨選択し、効果的に配列する。第三段階は、叙述を進める実質的な執筆行為である。第四段階の「推敲」の段階を経て、文章が完成し、「執筆」が終了する。この文章を書き終えること、草稿ができあがることを「擱筆」といい、書き終えて執筆を終了することを「脱稿」という。

執筆終了を意味する他の語句に「断筆」「絶筆」がある。断筆は、執筆活動を途中で断念する意、または文章を書いても公表をやめる意で、絶筆は執筆者生前の最後に書かれた原稿、または筆を絶ってその後書かない最後の作品を意味する。〔市村和久〕

23 予稿

文章・文章表現

「予稿」とは「(本原稿に対して) あらかじめ書いておく原稿。また、その概要。」と辞書等にはあるが、主に次の場面で使われる。

①執筆者自身が自分のために、文章の素案を事前に書き置く。これによって、執筆を順調に進めることが可能になる。この場合、執筆の進行に応じて、草稿・下書きの段階もあるし、まだ公表できない未定稿の段階を「予稿」という場合もある。

②編集者などに事前に示すために「予稿」を渡す。編集者はこれに基づき、編集計画をたて出版準備にかかることができる。この場合の予稿は、「素案」「草稿」等様々である。

③公開発表の際には、事前に「予稿」の提出を参加条件に求められることがある。提出された予稿を主催者は「予稿集」として印刷し、参加者に事前に知らせて発表内容の周知徹底を図るとともに、会の円滑な進行運営のための事前準備を行う。

旧来、公開発表などでの発表の概要を記した印刷物や冊子は「レジュメ」と呼ばれてきた。しかし、現代のパソコンとプロジェクタなどを駆使した公開発表(プレゼンテーション)では、口頭発表の手順に沿って資料等映像の投影までも含めての詳細な発表概略が要求される。これまでの発表内容の要約(「レジュメ」)では、実態に合わなくなっている。そこで、「履歴書」の意味としても使われている「レジュメ」よりも、視聴覚器具利用の手順も含めた発表概要を意味する語としての「予稿」が近頃では多用されるようになっている。

〔市村和久〕

24 推敲

文章・文章表現

「推敲」とは書いた文章を読み直し、文字・表記を直したり、より適切な語句や文、叙述の仕方になるように練り直すこと。

「推敲」の由来は、唐の詩人賈島が「僧は推す月下の門」という詩句を作り、「推《お》す」か「敲《たた》く」かで迷っている時に、都の長官韓愈の馬とぶつかってしまい、「敲」がよいとの助言を受けた故事による。

〈どこをどのように推敲するのか〉

推敲指導の段階を、二〇〇八年度版学習指導要領から列記する。

文章を読み返す習慣を付けるとともに、間違いなどに気付き、正すこと(小学校一・二年)、文章の間違いを正したり、よりよい表現に書き直したりすること(小学校三・四年)、表現の効果などについて確かめたり工夫したりすること(小学校五・六年)、表記や語句の用法、叙述の仕方などを確かめて、読みやすく分かりやすい文章にすること(中学校一年)、語句や文の使い方、段落相互の関係などに注意して、読みやすく分かりやすい文章にする(中学校二年)、文章全体を整えること(中学校三年)。

〈いつ推敲するのか〉

小・中学校の作文指導では、文章を書き上げてから推敲をするだけではなく、取材、構成、記述という執筆過程のそれぞれの段階で推敲することが大事である。

〔大熊　徹〕

25 詳述

文章・文章表現

ある叙述内容を、それについて言及した他の箇所よりも詳しく述べることである。多くは、ある表現場面では様々な制約から十分な説明が不可能なため、別の場で詳しい説明をするという状況がこれにあたる。「詳説」「詳論」もほぼ同じ意味で用いられる。

たとえば、書物の冒頭（「まえがき」など）で、「～については、○章で詳述する。」と、それ以上の言及はせずに、後述の部分を指示する場合などである。「稿を改めて詳述する」とか「××氏が詳述している」とかいうように、他の文章や著作を指す場合もある。さらに、書名やコラムの題名などに「詳述」という語を入れて、これまでは踏み込んで論じてこなかった問題を詳しく取り上げることをアピールすることもある。

「詳述」の逆は「略述」であるが、詳しい説明は他にゆずり、要点のみを簡潔に記述するという場合である。試験問題で「～に関して略述せよ」と問われたり、論文などで「本稿は～について略述したものである」と、半ば謙遜として用いられることもある。

両者の中間に当たるのが「概述」「概説」「概論」で、全体を広く浅く説明するという場合である。ある学問の全体像を初学者向けに紹介する際に用いられることが多く、大学の講義名やテキストの書名などによく使用される。

〔宮田公治〕

26 実用的文章

文章の分類

手紙や礼状、案内状などの日常生活や社会生活に役立つ文章を実用的文章という。

実用的文章の種類は多岐にわたる。たとえば、手紙、葉書、絵はがきなどの手紙文、日記、絵日記、旅行日記、業務日誌などの日記文、条文、条例、範例、成文などの法令文、公文書、公用文などの文章、説明書、効能書、マニュアルなどの仕様書の文章、借用書、証文、保証書などの契約書の文章、さらに、履歴書、広告文、報道文、賞状の文章、誓約書、遺言等々、の種類がある。

〈国語教育における「実用的文章」〉

小・中学校では、あくまでも児童・生徒の日常生活や社会生活に役立つ実用的文章を指導する。例えば、お礼状、依頼状、案内状、招待状、見舞い状などの手紙文、日記、絵日記、観察日記、学級日誌、班日誌などの日記文、壁新聞、学級新聞、グループ新聞、学校新聞などの報道文、掲示物に書く文章、また、メモ書き、ノートの書き方、レポートの書き方、答案の書き方等々も実用的文章である。

〈これからの「実用的文章」の指導〉

新教育課程の指針である二〇〇八年一月『中央教育審議会答申』には、「実社会で活用することのできる表現の能力を確実に育成する」とあり、これからの学校教育においては、実用的文章の指導がこれまで以上に求められることになる。

〔大熊　徹〕

27 説明的文章　文章の分類

「説明的文章」とは、ある物事（知識・情報など）を、それについて知らない人に要点を整理してよく分かるように説明する文章のことである。

「説明的文章」の種類は、広義には、新聞、辞典・事典、図鑑などの「解説」、入門書、手引き、製品・器具の取扱い説明書、薬品や食品の効能書きなどと、幅が広い。一方、狭義には、「説明文」「意見文」「観察記録文」「論説文」などをいう。

〈「説明的文章」指導の意義〉

木下是雄（一九八一）は、「日本の学校における作文教育は文学に偏向している。（中略）正確に情報をつたえ、筋道を立てて意見を述べることを目的とする作文の教育（中略）に、学校がもっと力を入れるようにならなければならない」と述べている。今後、益々国際社会化、情報社会化が進む日本の学校教育において、説明的文章の指導は重要である。

〈「説明的文章」の書き方〉

まず、説明する物事についての知識・情報を確実に把握することである。次に、読み手を十分に把握する。その上で、読み手に応じて、説明する内容を選択し、文章構成を整え、分かりやすい語句・表現で説明することである。説明文教材を読むことによって説明の仕方を理解することも効果的である。

木下是雄（一九八一）『理科系の作文技術』中央公論社

〔大熊　徹〕

28 論説文　文章の分類

「論説文」とは、話題として取り上げることがらに対する筆者の考えを論理的に説明して、その正当性、妥当性を論証し、読者に同意を求める文章である。対立する考えを取り上げて、比較対照することにより説得力を増す。意見の表明に主眼を置いた文章が「意見文」、書式・書類としての体裁に着目すると「意見書」である。新聞などで、社の見解が表明されるものが「社説」である。「コラム」は、論説・評論的な文章から随想・エッセイ的な文章まで幅がある。「評論」は、主観的な価値判断（美醜、好悪、善悪など）に基づく評価が際立つ。批判的考察を行い、対象の価値を評価するのが「批評」である。

「論文」は、話題としてとりあげるものごとについて、論議する文章で、「議論文」ともいう。また、事理を探究し、論理を究明する文章である。とくに、学術的な研究水準の成果を盛り込んだものを「学術論文」という。教育上、課される数百字から千数百字程度のものを「小論文」という。

土部（一九九〇）には、「論説文」は、「ものごとについて定立した見解を、客観的に根拠づけ、すじみちだてて論証し、その見解の正当性を認定させようとする文章」であるとされている。「論説文」の基本的な表現機能は、「論証する」ところにあり、真偽判断に基づく解釈が際立つ。

土部　弘編（一九九〇）「論説・評論の表現特性」（『表現学大系　各論編第二七巻　論説・評論の表現』）教育出版センター

〔船所武志〕

29 広告文

文章の分類

雑誌・新聞、テレビ・ラジオなどのマスコミ媒体において企業の知名度アップやイメージ浸透、商品への購買意欲喚起等を目的とする表現のうち、文字・音声の受け持つ部分。受け手に、注目・興味・欲望・記憶・行動（英語の頭文字をとってAIDMA）を起こさせることをめざす。その中でも受け手の目を引く主要な表現をキャッチフレーズ・キャッチコピーといい、企業や商品などの特徴・長所を端的な語句で象徴的に表現するために、各種の修辞技巧を用いる。その中から流行語が生まれることも多い。放送CMでは同一キャッチフレーズやキャッチコピーの反復が、声の調子とともに記憶され、浸透する効果がある。CMソングも広告表現の一種である。購買意欲の刺激という本意を、受け手が楽しめる娯楽に変えるのが表現技巧の力だといえる。

また、広告文には商品や企業についての説明の機能を果たす情報部分も欠かせない。そのため、情報部分まで誘い込む誘導の工夫がなされ、数字や専門用語・外来語の使用も目立つ。

冒頭のメディアの他、ダイレクトメールや街頭・店頭配布のパンフレット様の紙媒体、ウェブサイトアドレスを記して電子媒体に誘導するものなどは、ターゲットを絞り込んだ情報伝達となっている。同一商品の広告でも、使用メディアの多様化に即した表現形式の選択、各種リサーチにより細分化された購買層各々に共感される表現の工夫、さらに季節に即した語彙選択などがきめ細かく戦略的に行われている。

〔髙崎みどり〕

30 記録文

文章の分類

「記録文」とは出来事や物事について何らかの目的で情報として残すために書かれた文章である。起こった出来事を伝える報告文、物事の様子や経過や状態変化を詳述する観察文、風景や自然を描写する写生文などが含まれる。また、仕事上作成する文章には、成果報告などの報告書、会議の議事録などもある。

記録文では、実際の出来事を後で振り返る材料を提供するという再現性、書き手の主観を交えずに客観的に描写し説明するという客観性が求められる。再現性とは、読み手がその記録文を読んで同じ出来事や物事を正確に思い起こすことができるということである。時間的な再現性と空間的な再現性があり、起こった時間に従って説明し、物事の全体から部分まで実物が目に浮かぶかのように記録する。たとえば、旅の記録なら、出発から到着までの時間軸に沿って、行き先で見たものや自分の行動などを描写する。また、客観性とは、書き手の主観を排して説明・描写することである。会議の議事録のように私的な記録ではなく、公的な記録として第三者が読む場合、実験や観察の結果をデータとして利用する場合に特に求められる。

なお、報告書や会議の議事録は、目的に従って情報の重要性による取捨選択が行われ、記録に残す価値があるもののみを書き留めることがある。仕事を円滑に進めるために報告書や議事録を共有する場合は、報告内容や会議内容が全部記録されていると、かえって重要な点があいまいになるからである。

〔木戸光子〕

31　報道文

文章の分類

「報道文」とは、新聞記者やフリーライターなどの職業的な書き手が公に知らせる価値があると判断した出来事を伝える文章であり、新聞や放送のようなマスメディアを通して広く一般に公開される。新聞・雑誌の報道記事、解説記事、囲み記事、探訪記事、テレビ・ラジオのニュース、ルポルタージュがある。

記事やニュースは重要な情報から知らせるため、文章構造が「見出し・リード・本文」の順に書かれて逆三角形の形になる。速報性と臨場感が重視され、必要最小限で過不足なく情報を伝えるために、「いつ（When）・どこで（Where）・だれが（Who）・何を（What）・なぜ（Why）・どのように（How）」という5W1Hの要素が盛り込まれる。字数や時間の制限の下に情報を伝えるため、記事やニュースの表現には、「首都高でトラック事故が発生。」のように、名詞止めや省略表現がよく用いられる。また、解説記事や囲み記事では、報道内容を多角的な視点から見られるように、出来事の起こった背景などを説明し、関連する話題を取り上げる。さらに、報道姿勢として公正な立場での客観報道が求められ、差別的な表現や特定の思想に偏った表現は避けられる。

ルポルタージュは明確な問題意識があり、出来事の起こった過程や因果関係、社会的な背景を浮かび上がらせる。報道記事が出来事を即時に断片的に伝えるのに対し、ルポルタージュは時間をかけて取材して、出来事と社会との関連性や深層にある社会現象を明らかにする。

〔木戸光子〕

32　落書き

文章の分類

「落書き」とはいたずらや楽しみとして、門や壁、塀、机など本来、書くべきではないところに個人的な文章や絵画を書くこと、また、書かれたものをいう。

国語学会編『国語学大辞典』（一九八〇年）や樋口清之「むだではないむだ—落書き」（一九六二年）によると、日本最古の落書きは、法隆寺金堂のもので、これから当時の手習い歌が明らかになったという。平安末期には、相手を誹謗・摘発する落書きが現れ、院政・鎌倉期には、政治的風刺・批判の「落《らく》書《しょ》」が溢れた。この「落書《らくしょ》」が「落書《らくが》き」の由来の言葉で、室町期頃に「落書き」と呼ばれるようになった。

現在も、批判、誹謗、いたずら、自己表現など、落書きの目的は様々に存在する。最近では、落書きの場所は、街中や歴史的な建造物のみならず、インターネット上にも拡大している。落書きは、目的や場所、文章・短文・漢字一字など、長さは違えども、書き手によって、どこかに一まとまりの言語表現として書き落とされた時点で、「文章」資料としての価値を持つ。落書きは、庶民層を中心に発展したものであり、各時代における庶民の文字表記、言語表現など、言語生活を解明する手がかりとなりうるものである。

樋口清之（一九六二）「むだではないむだ—落書き」『言語生活』一二六号
国語学会編（一九八〇）『国語学大辞典』東京堂

〔河内彩香〕

33 手紙文

文章の分類

近年は、紙とペンからファクス、携帯・パソコンメールへと媒体に変化があるが、手紙は、基本的には紙とペンによる人から人への心の伝達であるから、相手の立場に立ち、内容を豊かに、簡潔明瞭に、誠実に書くことが求められる。ワープロの手紙も、署名は自筆が原則である。

明治期には、巻紙を使用し候文で書くことがあったが、明治末頃から口語文が盛行するようになり、便箋、葉書が一般的となった。便箋は、封書として、改まった内容、秘密事項、重要な用件などに向き、葉書は、軽い用事、年賀状、旅の便り、絵手紙、案内状（往復葉書）などに適する。

手紙は目的に応じて、挨拶状・祝い状・礼状・案内状・招待状・見舞い状・依頼状・紹介状・詫び状・悔み状などがあり、手紙特有の書式、言い回し（時候の挨拶など）・用語によって成り立っている。特に改まった文面や目上に対しては、基本的書式に従うことが求められ、敬語など慎重にする必要がある。

書式には、「頭語（拝啓）・前文（時候の挨拶など）・主文（用件）・文末（締めの挨拶）・結語（敬具）・後付（日付・署名・宛名と敬称）」という、基本的構成があり、副文（追伸）を添えることもある。留意点に、拝啓と前略を使い分ける、句読点を使用しない（自筆）、改行の時に相手の名前は分割しない、署名と宛名は基本的に姓名で書く、敬称（様と殿、御中と各位）を使い分ける、縦書きでは、差出人（私）を受取人（先生など）より上に書かない、などがある。

〔塩澤和子〕

34 賞状

文章の分類

〈感謝状・表彰状・賞状〉 ともに、厚手の紙に墨で縦書きで書かれることが多かった。最近では横書きのものも出てきた。授与される人物の呼称が「貴殿・貴下」などの漢語から「あなた」に変わり、「である」体から「ます」体に変わってきている。句読点はつけない。表彰状は、「あなたは多年にわたり＊＊会長として地域社会の福祉向上に尽力されました　その功績はまことに大でありますので　これを表彰します」のようなもので、感謝状は「これを表彰します」の部分が「ここに感謝の意を表します」「ここに記念品を添えて感謝の意を表します」のようになる。賞状は以下のようなものが多い。「最優秀賞／あなたは○○市主催の第5回作文コンクールにおいて　頭書の成績をおさめられましたので　これを賞します」

〈辞令〉 任命権者が職員の身分、給与など人事上の異同を本人に知らせる文書で、昇給・昇任・転任・分限懲戒・休職・退職などの際に交付される。一般に「である」体で書かれる。たとえば、昇任の辞令は、氏名・現在の職位が記された後「○○部○○課長を命ずる」と、昇任して新しくつくポストが示される。

〈委任状〉 会議などに参加すべきメンバーが参加できないとき、また、本人が出頭できないとき、その議決の権限や任務を委任する。「私は＊＊＊を代理人と定め、以下の細目に関する一切の権限を委任します」として、＊＊の箇所に委任する人の住所氏名が書かれる。

〔遠藤織枝〕

35 日記

文章の分類

〈日記〉日々の出来事や感想などを率直に書いて、喜怒哀楽がそのまま表出されるような私的なものが中心だが、文学者や政治家のものには公開を前提とするもの、後世に残す目的のものなど、公的色彩を帯びるものもある。永井荷風の『断腸亭日乗』は生前から発表されており、『木戸幸一日記』『入江相政日記』『宇垣一成日記』など天皇の側近や軍人などの日記は当人の没後、歴史的な証言として、近代史の資料となった公的なものである。

〈業務日誌〉筆記者の所属・氏名・業務項目・業務内容・日時などが記され、組織内の人々に伝達し、記録として残すために記される。

〈ブログ〉インターネット時代が産んだ日記。多くの人に読まれることを前提として書かれ、ウェブ上で公開される。公開されるだけでなく、それを読んだ人からの書き込みが可能で、読者たちは書き込まれた文章も同時に読むことができる。さらにそれに触発されて書き込みが続き、読むこと書くことの連鎖が広がり、意見と情報交換の場になって、日記が相互発信の舞台になっている。

〈メモ〉忘れないために、要点だけを簡単に書いておくもの。文章の形をとらず、単語や、句の羅列であったり、記号であったりする。政治家など著名人の覚え書きが「○○メモ」として話題になることもある。

〔遠藤織枝〕

36 議題

文章の分類

会議で審議し、あるいは、報告する内容を議題という。会議の前や冒頭で、原則的には箇条書きの形式で示され、その提示順に従って会議が進行する。その意味で、議題は会議をどのように行うかについての計画の重要な一部をなす。

会議で話し合うべき内容が明確でない場合は、議題が明示されず、進行役が話題をその都度提示して話し合いが行われる。このような場合には、会議の話題や進行が参加者にとって予測できない状況となるので、会議が活性化しにくい。会議中に議題が決まるような場合にも、書記役を設け、その場で提案された議題を板書して参加者に明示すると、話し合いの話題が明確になり、参加者の参加意識を高め、会議が活性化されやすい。あえて議題を明示せず、思いついたアイデアを参加者がランダムに述べるようなブレーンストーミング（brainstorming）では、相互に出されたアイデアを批判しないなどのルールを設け、進行役が話し合いの舵取りをしないと、雑談のようになってしまうこともある。

議題が明示されるような会議においては、会議終了後に話し合ったことをまとめる議事録が作成されることが通常である。議事録は、話し合われた内容の書記による要約なので、会議終了後に回覧され、誤りがないかどうか確認する手続きを経て、内容が決定される。

〔西條美紀〕

37 文書

文章の分類

〈公文書〉 国や公共団体などが作る、公式の文書。外交文書・財政文書・各種通達・公示文などがある。国家機密なども含まれるため、公表されないことが多いが、時間を経て歴史的な存在となって後に公開されることがある。

〈公用文〉 公文書や法令の文章。戦前は漢字片仮名交じりの文語文であったが、戦後は漢字平仮名交じりの口語文になった。一九四六年に当用漢字表が制定され、現代仮名づかいが告示されて、公用文作成の際の漢字使用の枠組みとなり、仮名遣いの基準となった。各官庁での公用文の書き方を徹底させるために、一九五二年には、内閣から「公用文作成の要領」が通知された。そこには、「特殊なことば・使い方の古いことば・言いにくいことば・かたくるしいことば」などを避けて「日常一般に使われているやさしいことば・日常使い慣れていることば」をもちいることなどが通知されていた。

〈古文書〉 むかし書かれた日記・記録・覚え書きなどで、歴史の史料になるもの。現在でも、江戸時代の武家屋敷や裕福な商家などから出ることがある。

〈ビジネス文書〉 商取引の場で交わされる文書。日時・数量・金額・受け渡しの方法や期日・支払方法や期限など、取引きに不可欠な項目を網羅し、しかも、正確・簡明・直截的で誤解の生じないように曖昧さを避けた文章でなければならない。

〈書類〉 事務的な事項や、記録すべきことを書きつけたもの。

〔遠藤織枝〕

38 詔書

文章の分類

戦前の君主国家の時代には、国家の重大事発生時に、天皇の意思を示す詔勅・勅語が公布された。アメリカとの戦争を布告した宣戦の詔書が代表例である。当時は「大詔」と呼ばれ、その布告日を記念して、一二月八日は「大詔奉戴日」とされた。この詔書は、「天佑ヲ保有シ万世一系ノ」で始まり「朕茲ニ米国及ビ英国ニ対シテ戦ヲ宣ス」と説き起こし、「速ニ禍根ヲ芟除シテ東亜永遠ノ平和ヲ確立シ以テ帝国ノ光栄ヲ保全セムコトヲ期ス」で終わる、四四行七七四文字の文語文である。筆書きされ、最後に裕仁と署名され、「天皇御璽」の印が捺されている。新聞や各家庭に配布された詔書の写しの最後は「御名御璽」と記されていた。

戦後の憲法の下では、象徴たる天皇が詔書を発するのは、国会召集・衆議院の解散・衆参両院議員選挙の時だけになった。二〇〇七年九月六日開会の臨時国会の際の詔書は「日本国憲法第7条及び国会法第1条によって、平成一九年九月一〇日に、国会の臨時会を東京に召集する。／御名御璽／平成一九年九月六日／内閣総理大臣　安倍晋三」となっている。戦後の詔書には句読点がつくようになった。

いろいろな行事の際に天皇のことばは発せられるが、それは「おことば」であり、「スピーチ」であって、詔書ではない。

〈親書〉 国家元首や自治体の長などが、親しみを込めて自ら書き、相手に送り、手渡されたりする手紙。

〔遠藤織枝〕

39 文章の分類

文範

「文範」とは、模範となる文章や優れた文章を集めた範例集のことである。

「文範」を書名にもつ国会図書館所蔵本は、『初学文範』（明治九）に始まり、明治一〇年代から四〇年代にかけて盛行し、二百種類以上にのぼる。明治期は文語文から口語文へと移行する過渡期で、多様な文体が並び行われていたため、『高等小学文範』『普通文範』『記事論説文範』『新撰軍人文範』『言文一致文範』『明治時代文範』『祝賀弔祭文範』『中等学生文範』『作文講話及文範』など、作文教育の効果を上げたり、時代が求める実用文の模範を提供たりするために、多くの文範が出版されている。

しかし、大正期以降は出版数が激減し、『作文講話及文範』が版を重ねる他は、書簡文・実用文が中心で見るべきものは少ないが、一九七七年出版の『現代作文講座』の『別巻　現代文範集』は注目に値する。戦後、価値観が多様化して名文の基準が失われ、優れた文章を読み味わう心が薄れて、実用主義が主流になったため、範例集を必要としなくなったが、「文章作法」と「文章範例集」とは、作文教育の車の両輪であり、作文教育の本筋は、範例によって感動させ、刺激し、文章のよさを体得させることにあるとして、推薦理由を付けた模範文を掲載している。戦後出版された本格的な文範といえる。

〔**塩澤和子**〕

40 文章の分類

仕様書

「仕様書」とは、製品の性能や品質、仕組みなどを使用者に説明する文章である。工業製品開発やコンピュータのシステム開発、建築の分野では、開発や製造、建造にあたり、完成したものが具体的にどのような姿となるかを顧客やユーザーに示すために用いられる。仕様書は、工学的な分野では技術文書として製品やシステム開発に必要な文章であり、仕事上不可欠な一種のビジネス文書だともいえる。

仕様書に書かれた説明は実物を正確に反映したものである。仕様書とは、使用者の要求に応じて、実際に開発・製造されるものを文章の形で具体化するものであり、製品やシステムの性能や品質、仕組みが一つの実物として文章にまとめられる。たとえば、システム開発では、顧客であるユーザーの要求を具体化するシステム設計の詳細が説明される。建築物の仕様書では、設計された建築物の建材等の性能や品質について色や素材なども含めて具体的に示される。

なお、日常生活で用いられる電化製品の説明書の中にある仕様書きや薬の効能書きは、その製品の購入者に対して性能や品質を簡潔に示したものであり、工学的な製品開発で用いられる仕様書とは区別して考えたほうがよい。また、マニュアルは、使用者が製品やシステムをどのような手順で使用すべきかを説明したものである。製品自体の説明としての仕様書とは異なり、その製品の使用者の行動を対象とする。

〔**木戸光子**〕

文章の分類

41 挿話

文章・談話の中に挿まれた本筋とはあまり関係のない短い話を挿話という。「エピソード（episode）」と言われることもある。

挿話は、本筋の文章や談話と不可分の一体をなすわけではないので、本筋から取りだされても、話として成立する。ある人物の人にあまり知られていない一面を表す話（逸話）やある問題や事件に関する人の興味を引くような話（こぼれ話）などが挿話の例である。

作者が人物や出来事について語る散文の一形式である点においては挿話も物語である。物語が、まとまった内容の語りの全体を指す言葉であるのに対し、挿話は、全体の一部に挿まれた物語であるとも言える。

日本語の挿話が書かれたり、話されたりする「話」であるのに対し、英語のエピソード（episode）は「特定の出来事」、あるいは「出来事の続く期間」という意味である。心理学でいう「エピソード記憶」とは、特定の出来事の記憶という意味であり、英語の episode の意味で使われている。質的心理学研究の分野でも、「エピソード記述」や、「エピソード分析」という言葉が使われるが、これらは個人の出来事の記述や分析であり、物語の一部としての挿話の分析ではない。

〔西條美紀〕

文章の分類

42 契約書

〈契約書〉 ある出版契約書は「上記著作物を書籍として出版することについて著作権者○○を甲とし、出版権者○○書店を乙とし、両者の間に次の通り契約する」で始まる。他の分野の契約書でも甲と乙がよく使われる。出版契約の場合は、原稿の引き渡し期日・出版期日・発行部数・価格・印税などが必要項目で、両者が合意すれば、互いに押捺したものを交換し、それぞれが保有することになる。

〈保証書〉 新しく入社する人物を保証する身元保証書は、次のように書き始められる。

「私○○は、このたび貴社に採用される○○が、法令および貴社の就業規則並びに諸規則を順守することを、身元保証人として保証いたします。」そして、保証される人物名と保証人の住所氏名が書かれ、捺印される。

また、商品の売買の際、その品質を保証する保証書がつけられることも多い。ここには、一定期間内で、その製品に不具合が生じた場合の保証方法が記されている。

〈借用書〉 金銭の借用が多いが、借用の金額とその返済期日と返済方法、借りる側の署名捺印が必須条件になる。

〈念書〉 約束ごとがある場合、その内容を書いて署名捺印して相手に渡すもの。念書は、法的な拘束力や強制力はないが、約束を交わしたということの証拠で、一種の契約であるから、それを守る義務がある。裁判で争う場合などには有力な証拠となる。

〔遠藤織枝〕

43　文章の分類　偽書

本物に似せて書いたもの、あるいは、ある人が書いたように見せかけて作られたもので、その行為のことも指す。藤原（二〇〇四a）によると、「偽書《ぎしょ》」とは、作者・書名を偽った、文字を用いたあらゆる書き物を指し、書物の体裁をとっているものとは限らない。作者名を偽っていれば、偽書と考えられ、内容の真偽は問われない。また、原作者未詳の書に作者名を仮託する際、故意ではなく、過失による場合も想定されるため、偽作の意図の有無も問われないという。

偽書の範疇は、史書、日記、紀行、神道・仏教などの典籍、伝授書、歌学書・歌集、楽書、有職故実書、医書、兵書、軍記、地誌類、社寺縁起、系図書と、様々なジャンルにわたっている（藤原、二〇〇四b）。

偽書は、主に、歴史学や文学の分野で研究対象となると考えられているが、文体分析や語彙分析など、言語研究の分析手法を用いることが可能である。

『月刊言語』特集（二〇〇一）「特集　偽書の文化史」『月刊言語』三〇巻八号
藤原　明（二〇〇四a）『日本の偽書』文藝春秋
藤原　明（二〇〇四b）「近代の偽書―〝超古代史〟から「近代偽撰国史」へ」『偽文書学入門』柏書房

〔河内彩香〕

44　文章の分類　誓約書

〈声明書〉二〇〇八年五月に中国の胡錦濤国家主席が訪日した際、「日中共同声明」が発せられた。ここでは、「双方は…決意した。」「双方は…確認した。」「双方は…表明した。」のように、日中両国首脳が会談して確認したことを声明している。なお、一九九八年に江沢民国家主席が訪日した際も、「平和と発展のための友好協力パートナーシップの構築に関する日中共同宣言」が発せられたが、「双方は…意見の一致を見た」などの書き方は全く変わらない。

〈宣言文〉二〇〇二年に小泉首相が北朝鮮の平壌で金正日総書記と会談した際は、「日朝平壌宣言」が発せられた。その全文には、上記声明文と同じく、「双方は…表明した。」「日本側は…表明した」「双方は…認識を一にした。」のような文が記されている。声明文と宣言文とは、文章の書き方をみるかぎりでは、区別できない。

〈誓約書〉入社する際の誓約書は「このたび、貴社の社員として入社するに際して、以下の事項を遵守履行することを、ここに謹んで誓約いたします。」のように書き、誓約事項としては「就業規則を守る」「貴社の社員としての品格を向上させる」「損害を与えた場合は補償する」などが記される。

〈誓詞〉結婚式で、結婚する男女が、神前や参会者の前で誓うことば。「お互いに力を合わせ 協力しあいながら、立派な家庭を築くことを、今ここに 皆様の前で誓います。」など。

〔遠藤織枝〕

45　文章の分類　法令文

各種の法律・条例等が記された文章を法令文と言う。法令とは、「法律および命令を包括する称」（『広辞苑』第三版）であり、官報によって公布される。

法令における漢字の使い方、送り仮名の付け方は、一九八一年に出された内閣法制局の「法令における漢字使用等について」の通知に基づいて決められている。漢字使用については、常用漢字表を目安とすることとされている。

法令文には、常用漢字表にあるような身近な言葉だけではなく、一般になじみのない言葉も使われている。これについては、先の通知と同時期に出された「法令用語改正要領の一部改正について」（通知）によって、意味の通じにくい言葉については、一般に通じやすい表現に改めることが明記されている。それによれば、「思料」は「考える」、「宥恕」は「ゆるす」、「誤謬」は「誤り」とするとされているが、現在も、各地の裁判所において、これらの用語が広く使われている。

また、前述の内閣法制局の通知以前に制定された法令については、読むことさえ難しい漢字が使われており、片仮名書きの法令も多い。司法において使われる言葉を一般的なものに変えていくことは、司法制度改革の柱である司法への市民の参加を促すうえで欠かせないことである。

〔西條美紀〕

46　文章の分類　字幕

主に映画やテレビ番組、ビデオ、ＤＶＤ等の映像メディアに、文字で情報を表示するものである。外国映画やドラマの科白を日本語に翻訳した「字幕」、映画の出演者、関係者などを示す「クレジット（credit）」、テレビ番組で科白や説明を示す「テロップ（telop）」、表や写真の見出し、説明などを示す「キャプション（caption）」などの種類がある。

〈映画・テレビ番組の日本語字幕〉

外国映画やテレビドラマなどの科白の日本語字幕は、限られたスペースに、観客や視聴者が一定時間内に内容を把握できるように、簡潔に科白を入れなくてはならないため、厳密な翻訳ではなく、意訳されることも少なくない。

〈字幕放送〉

総務省は、一九八五年に開始された字幕放送（broadcast captioning）について、七時から二四時までの字幕付与が可能な全番組での字幕付与を二〇一七年までに達成するとしている。

〈テロップ〉

近年、テレビの対談番組で話題を示したり、バラエティ番組で強調したい部分や面白い場面が放映されるまでの秒数を示したりする際に、テロップが用いられる。字体などの変化も工夫される一方で、視聴者が文字・音声・映像の情報の多さから、内容を掴みきれないことも懸念されている。

〔鈴木香子〕

47 遺言書

文章の分類

〈遺言書〉自分の死後の財産の処置などについて生前から書いておく書類。法律上の呼び名は「いごんしょ」。法律的に有効なのは「公正遺言証書」。証人とともに公証役場に出向き、遺言内容を書いた書面を提示して公証人に認められたもの。

〈遺書〉遺書と言えば、一九〇三年に日光華厳の滝に一六歳で身を投じた藤村操の「巌頭の辞」が有名で、「万有の真相は唯だ一言にして悉す、曰く『不可解』」を抜きにしては語れない。これを「自問自答型」とすると、多くは「呼びかけ型」になる。マラソンのメダルの期待に押しつぶされた円谷幸吉は「父上様母上様、幸吉はもうすっかり疲れ切ってしまって走れません。何卒、お許し下さい。」「俊雄兄、姉上様、おすし美味しうございました」「巌兄姉上様、しそめし、南ばんづけ美味しうございました」と六人の兄に一人ずつ呼びかけている。

残る者の身を案ずるのも多い。沖縄戦の沖縄根拠地隊司令官大田実は、県民の身を案じる。「沖縄県民斯ク戦ヘリ／県民ニ対シ後世特別ノ御高配ヲ賜ランコトヲ」と願った。日航機の事故で墜落直前のきりもみ状態の中で書かれた河口博次さんの遺書も辛い。「ママ　こんな事になるとは残念だ／さようなら子供達のことをよろしくたのむ」不本意な事態に追い込まれて、必死で書いたものも、覚悟のうえ、推敲のうえ書いたものも、死に向き合った最後の文は極めて真摯・平明・直截で哀しく美しい。

〔遠藤織枝〕

48 翻訳

文章の分類

翻訳とは日韓、日独などの異なる言語間での変換である言語間翻訳を指し、他言語へ変換すること、または変換したものを意味するが、狭義には書き言葉間での変換を指す。

言語間には音声、語彙など、様々なずれがあるので、完全な翻訳は不可能である。母語が異なる人たちの間の理解を助けるために話し言葉で翻訳する行為と行為者を「通訳」、話者の発話とほぼ同時の通訳を「同時通訳」と言う。日本語の翻訳を「邦訳・和訳」とも言う。

翻訳には、内容から見ると、原書（元の本）中の原文の語句を一つ一つ忠実に翻訳する「逐語訳・直訳」と、全体の意味を取り、翻訳先の目標言語で適切な表現へ翻訳する「意訳」とがある。量から見ると、原文のすべてを翻訳する「完訳・全訳」と、要点や原文の一部を抜き出して翻訳する「抄訳・鈔訳」とがある。翻訳元から見ると、原文ではなく、すでに存在する翻訳をさらに他の言語へ翻訳する「重訳」、一度なされた翻訳をもう一度原文の言語へ翻訳する「反訳」がある。外国語学習のテキストには原文と翻訳を並べた「対訳」が用いられる。また、原書の筋や内容は変えずに人名、地名などを自文化の基準に相応しく改作して翻訳する「翻案」もある。外国映画には自国語へ翻訳したせりふで吹き込む「吹き替え」がある。

ヤーコブソン、ロマーン著、川本茂雄他訳（一九七三）「翻訳の言語学的側面について」『一般言語学』みすず書房、五六―六四頁

〔小沼喜好〕

49 文章の単位①—連文

連　文

「連文」とは、二つ以上の文が意味のつながりを持って連続したものである。「文連続」「文連鎖」ともいう。特に、話しことばの場合、「発話連鎖」ともいわれる。二文の連続体に限定する立場もある。しかし、最小の連文は二文であり、最大の連文は文章という最大の言語単位と一致するとする立場が、一般的である。

連文は意味のつながりを持つという観点から文の連続体を捉えたものであるのに対し、段落（文段）や文章という言語単位は意味のつながりとともにまとまり（統一性）も持つという観点からとらえたものである。

「連文」を研究対象とする「連文論」には、連続する二文間の意味的つながりを分析する狭義「連文論」と、連接論や段落・文章のまとまりも対象とした広義「連文論」とがある。

長田（一九八四）では、広義「連文の研究」として「『連文の成立』を論ずる分野」「成立している連文について『連接している文と文との続き方』を論ずる分野」「連文成立の結果形成される『連文が示す意義』を論ずる分野」を挙げ、「『連文の成立』を論ずる分野」を狭義「連文の研究」とし単に「連文論」と呼んでいる。「成立している連文について『連接している文と文との続き方』を論ずる分野」は「文の連接」の研究であり、「連文成立の結果形成される『連文が示す意義』を論ずる分野」は「段落」の研究に属するとしている。

同書では、狭義「連文論」の立場から、「言語の内面的意義が連文における意義の繋がりをつけているときの役割」を「連文的職能」と名づけ、文の成分中の「素材表示部の意義」に連文的職能が託されると捉え、連文的職能の発動の仕方を品詞ごとに記述している。連文的職能が託される「素材表示部の意義」の機能を、「持ち込み機能」（持ち込み詞（指示詞）、接続副詞、並列副詞）、「限定を期待する機能」（名詞）、「格成分を要求し格成分の素材表示部を選択する機能」（動詞、形容詞、状名詞）、「前提を必要とする機能」（「素材表示部＋判定詞」（接続詞）、連用副詞、注釈の誘導副詞、素材表示部の無形化表現）、「分化発展の機能」「応答機能及び分化発展の機能」（陳述副詞）に分類している。

林（一九七三）では、文章中で先行文を受ける「承前型の文」の「承前記号」（承前性を示すための特定の語）と「承前要素」（固定した明示的な形式でないもの）を詳述している。「承前記号」（接続詞、指示詞など）と「承前要素」（語の意味の働き、文の成分の省略、先行文中の語の反復など）は連文の意味のつながりを表す「記号」「要素」であり、長田の連文的職能の発動に関わる形式と共通する形式が挙げられている。

〔馬場俊臣〕

佐久間まゆみ（二〇〇二）「接続詞・指示詞と文連鎖」益岡隆志編『日本語の文法第四巻　複文と談話』岩波書店
長田久男（一九八四）『国語連文論』和泉書院
林　四郎（一九七三）『文の姿勢の研究』明治図書

50 文章の単位①――連文
文脈展開形態

文章や談話における様々なレベルの意味内容上の脈絡を「文脈」というが、「文の文脈」と「文章の文脈」に大別され、後者は「文章・談話の文脈」と「段の文脈」に分けられる。後者の文脈は、言語の線条性に基づき、開始↓継続↓終了と展開して、文章・談話を完結統一させる。文脈展開を示す言語形式が「文脈展開形態」であるが、談話分析の「談話標識」「ディスコースマーカーズ（discouse markers）」「結束性」等に相当する。

〈文のつながり〉文章・談話における一続きの意味を表す複数の文の連続体が「連文」であるが、「文連鎖」「文連続」「発話対」等ともいう。

連文は、接続詞や指示語等の「文脈展開形態」を用いて、文を越える大小様々の意味内容を表す。最小の連文は隣接する前後二文、最大は文章である。また、複数の述語を持つ「節」からなる「複文」は、用言の連用形や接続助詞が接続詞相当の働きをするため、連文と連続した表現として扱う。

連文には、話題のまとまりを表す「段」（↓段落）や複数の段のまとまりを表す「連段」等も含まれる。

〈連文論の種類〉文のつながりを分析する「連文論」に広狭二種があり、狭義の連文論は連続する二文のつながり、広義の連文論は段の話題のまとまりと文章全体を分析する。

「連文型」「段型」「連段型」「文章型」「談話型」として、文脈展開形態や文章・談話の統括機能を体系づける必要がある。

〈文脈展開形態の種類〉

市川（一九七八）は、「文をつなぐ形式」として三類一二種を挙げ、文章の文脈展開における機能を分類した。

(a)前後の文（節）相互を直接、論理的に関係づける形式

①接続詞、②接続詞的機能をもつ語句、③接続助詞、④接続助詞的機能をもつ語句

(b)前文（前節）の内容を、後文（後節）の中に持ち込んで、前後を内容的に関係づける形式

⑤指示語、⑥前文の語句と同一語句、⑦前文の語句と同義・類義の語句

(c)その他の形式

⑧前後関係を説明する表現、⑨前文の表現を（要約して）接続語的反復、⑩特殊な文末表現、⑪なんらかの意味で前後関係を表す語（記号）〈助詞〉〈ある種の名詞〉〈ある種の表示〉、⑫特殊な活用形〈連用中止形〉〈仮定形〉

(c)の⑧～⑫の五形式は、「前後の文（節）のつながりを説明・暗示するもの」で、(a)と(b)との中間的な性質のものである。このほか、文と文のつながりを示す形式として、「用語上の親近性」によるものがあるという。また、発話の連続からなる談話の場合は、応答詞・相づち・フィラーなどの発話機能も、話題展開の指標となる。

図書

市川　孝（一九七八）『国語教育のための文章論概説』教育出版

長田久男（一九八四）『国語連文論』笠間書院

林　四郎（一九七三）『文の姿勢の研究　言語教育の基礎論Ⅰ』明治図書

〔佐久間まゆみ〕

文章の単位①—連文

51 場面

言語を用いるときの諸条件として、主に言語行動論、社会言語学や言語教育の領域で言及される。シチュエーションの訳語として用いられる場合、コミュニケーションの範疇との関連性が高い。言語学用語の場面は、その種類や構成要素が問われる。時枝（一九四一）は、主体・素材と連繫する言語の存在条件とし、場所の概念と通じ、主体の態度、気分、感情をも含むとした。塚原（一九六三）は言語を現実的に規定する条件として、言語行動との関連で規定した。場面の要素については、国立国語研究所（一九九〇）は、日本人の言語行動との関連で、上下関係、性別関係、親疎関係、空間的距離、場所・環境、話題・用件の六種を挙げる。しかし、これに尽きるものではなく、関与する程度が同等である必然性もない。日常的には「場面」が言語表現から切り取られた一つの情景を指すことがあるが、これは場面の変化が前提になる。このような変化の可能性を理解する基準として、南（一九九七）は、言語の時間的構造に着目し、言語要素やその体系的関係が途中からの情報の介入による変更を受けながら、線条的に表現される仕組を理論化する。場面の内実は、具体的な言語表現とその理解に即して認定される。

国立国語研究所（一九九〇）『場面と場面意識』三省堂
塚原鉄雄（一九六三）「場面とことば」森岡健二ほか編『講座現代語 第一巻』明治書院
時枝誠記（一九四一）『国語学原論』岩波書店
南不二男（一九九七）『現代日本語研究』三省堂

〔野村眞木夫〕

文章の単位①—連文

52 連接関係

「文の連接関係」とは、基本的には、文章・談話の中の隣り合った二文（談話の場合は発話）の間の広義の論理的関係（因果関係・時間関係・序列関係などを含む）のことである。「文の接続関係」「文と文との関係」「文相互の関係」ともいう。一文と複数の文の集まり（一段落や複数の段落の集まりも含む）、複数の文の集まりと複数の文の集まりの間の関係も連接関係を適用できる。

連接関係を捉える指標として、主に接続表現（接続詞及び接続詞と類似の接続機能を持つ副詞や名詞、連語や文相当の表現なども含む）が用いられるが、接続表現の想定できない文間の関係もある。連接関係の分類は、主に接続詞の意味用法の分類を手がかりとして行われてきた。

〈連接関係の類型〉

連接関係の基本的類型については、分類の観点・区分や名称などで様々な説がある。

市川（一九七八）では、以下の八種類の基本的類型を挙げている。

（一）順接型（だから・すると・かくて等）（二）逆接型（しかし・それなのに・ところが等）（三）添加型（そして・つぎに・また等）（四）対比型（というより・一方・それとも等）（五）転換型（ところで・さて・それでは等）（六）同列型（すなわち・要するに・たとえば等）（七）補足型（なぜなら・ただし・なお等）（八）連鎖型

「連鎖型」は「前文の内容に直接結びつく内容を後文に述べる型」で、接続表現が普通用いられず、前文か後文に指示表現（または、その省略）を含むことが多く、「初めて朝顔が咲いた。白い大きな花だ。」（連係―解説付加）「その人は、わたしにこう話しかけた。『いつかお目にかかりましたね。』」（引用関係）「『あなたはどなたですか。』『わたしは中村です。』」（応対）「八月十五日。わたしはこの日が忘れられない。」（提示的表現との連鎖）など多様な関係が含まれる。なお、順接型・逆接型を「論理的結合関係」、添加型・対比型・転換型を「多角的連続関係」、同列型・補足型・連鎖型を「拡充的合成関係」として、三種類に大きくまとめている。

〈連接関係の実際〉

二文の間の関係がすべていずれかの基本的類型に当てはまるわけではない。接続表現が明示されない二文は、文脈の解釈に応じて、類型の異なる複数の接続表現が想定されることもある。また、連接類型と接続表現とが一対一で対応するわけではない。接続詞の二重使用で多角的な連接関係を示すこともある。

市川　孝（一九七八）『国語教育のための文章論概説』教育出版
佐久間まゆみ（二〇〇二）「接続詞・指示詞と文連鎖」益岡隆志編『日本語の文法第四巻　複文と談話』岩波書店
永野　賢（一九八六）『文章論総説』朝倉書店
馬場俊臣（二〇〇六）『日本語の文連接表現―指示・接続・反復―』おうふう

〔**馬場俊臣**〕

53　文章の単位①―連文

連用中止形

「連用中止形」とは、類似・関連する内容を持つ述語を連用形で並立させたものである。連用中止形は、用法に対する名称であり、連用中止形という特別な形があるわけではない。終止形で文を終わらずに、連用形で一旦述語を中止して、さらに叙述を継続することから、「連用中止法」と呼ばれることもある。

理由の「から」や逆接の「けど」のような接続助詞を用いた接続とは異なり、連用中止形自体に、前件と後件の関係を明確に表す働きはない。そのため、前件と後件を結びつける際の意味的な制約が少なく、多様な結びつきを構成できる。

・雨が降り、風も吹く。（並列）
・シャワーを浴び、ベッドに入った。（継起）
・姉は背が高く、妹は背が低い。（対比）
・電柱が倒れ、車が下敷きになった。（因果）

注意したいのは、連用中止形に「継起」「対比」「因果」といった関係を積極的に表す機能があるわけではない点である。右の例でも、前件と後件の意味を読みこんだ結果、そのような関係を表しているように見えるに過ぎず、その基本はあくまで類似・関連する内容をセットで並べるところにある。

連用中止形と類似する接続に、接続助詞「て」による接続があり、多くの場合、両者は言い換え可能である。しかし、接続助詞「て」と比較すると、連用中止形には、二つの特徴が認められる。

一つは文体的な相違である。連用中止形は、接続助詞「て」

に比べて、表現が硬く、書き言葉的で、一般的な日常会話にはあまり用いられない。

・早朝に目覚め、食卓でひとり朝食を摂る。
・朝早く起きて、台所で朝ご飯を食べた。

ちなみに、「していて」の連用中止形は「しており」、「しないで」の連用中止形は「せず（に）」となり、やはり文体的に硬い印象を与える。

・今週中は忙しくしており、うかがえそうにありません。
・食事も一切口にせず（に）、ひたすら執筆に集中した。

もう一つの特徴は述語の独立度の差である。接続助詞「て」よりも連用中止形のほうが前後の切れ方が強く感じられ、述語としての独立度が高い。そのため、連用中止形は、文の上位の切れ目に使われやすく、読点を伴うことが多い。一方、接続助詞「て」は、「ポケットに手を突っ込んで立っていた。」のような付帯状況や、「はさみを使って画用紙を切った。」のような手段を表す場合などの、独立度の低い述語との相性がよい。

次の二つの例でも、「地下鉄に乗る」のは手段であり、上位の切れ目は「銀座に行く」であるため、「地下鉄に乗る」は接続助詞「て」、「銀座に行く」は連用中止形を用いたほうが、落ち着きがよいように感じられる。

・地下鉄に乗って銀座に行き、新橋演舞場で歌舞伎を見た。
・地下鉄に乗り銀座に行って、新橋演舞場で歌舞伎を見た。

なお、語幹と語尾の区別のない「見る」「来る」「する」などを単独で連用中止形にすると、述語としての力を欠くように感じられるため、接続助詞「て」に置き換えられる傾向がある。

〔田中　寛〕

54　文章の単位①—連文

接続表現

文章・談話における語・句・節・文・連文・段・連段等の種々の単位をつなぎ、より上位の成分にまとめる働きをする、「接続詞」「接続助詞」「接続連語」「用言の連用中止形」などを一括して、「接続表現」という。「文脈展開形態」の一種として、文のつながりから段のまとまりを作り上げる「統括機能」を有する文章・談話の展開を示す指標である。

〈文・節のつながり〉 前後する二文のつながりは、接続詞・接続連語により、前後する二節のつながりは、接続助詞・連用中止形により、連接関係が分類される。

〈段・複文のまとまり〉 複数の文や節が、「中心文」と「主題文」の話題の統括機能により、一まとまりの段や連段を形成する際にも、接続表現の連接関係が指標となる。

〈文の連接関係〉 文のつながりは、主に接続詞の働きによる「順接型・逆接型・添加型・対比型・同列型・補足型・転換型」の七種の「接続の型」に、接続詞の用いられない「連鎖型」（市川、一九七八）を加えた八種を「連接類型」として、接続詞や指示語等の指標とともに、接続助詞や用言の連用中止形が指標の複文文型とも関連付けて、文脈展開機能を解明する。

① 順接型　ダカラ　シタガッテ　ソレデ　ソコデ　ジャア
② 逆接型　ケレドモ　シカシ　デモ　トコロガ　ダノニ　ソレドコロカ　ソレナノニ　ソレデモ　ソレガ
③ 添加型　ソシテ　マタ　ソレカラ　シカモ　サラニ　デシカモ
④ 対比型　一方　他方　反面　ソレニ対シテ　トイウヨリムシロ

トイウカ　アルイハ　マタハ
⑤同列型　タトエバ　ツマリ　要スルニ　スナワチ　特ニ少ナクトモ　言イ換エレバ　言ワバ
⑥補足型　ナゼナラ　トイウノハ　ソレハ　タダ　タダシ　モットモ　ダッテ　ナオ
⑦転換型　トコロデ　サテ　ソレニシテモ　ソレデハ
⑧連鎖型[一]提題・叙述関係　[二]引用関係　[三]応対関係　[四]提示・説明関係（指示・反復・省略表現の内容的結合）

（例[一]）初めて朝顔が咲いた。白い大きな花だ。
（例[二]）その人はこう話しかけた。「いつかお会いしましたね。」
（例[三]）「お出かけですか。」「ええ、ちょっとそこまで。」
（例[四]）八月十五日。わたしはこの日が忘れられない。

「⑧連鎖型」は、実際の文章や談話に多く用いられる、文脈展開上の重要な役割を果たす連接類型の一種である。

〈段の統括関係〉文章・談話において、複数の文や節、段が一つにまとまって、同じ話題を述べる段や連段が成立する場合は、接続表現を指標とする「文・節・段の連接関係」に働く、「中心文」と「主題文」の「統括関係」が成立している。

ⓐ後括型［順接型・逆接型・添加型・転換型・同列型・連鎖型］
ⓑ前括型［補足型・同列型・連鎖型］
ⓒ無括型［添加型・対比型・同列型・連鎖型］

市川　孝（一九七八）『国語教育のための文章論概説』教育出版
佐久間まゆみ（二〇〇二）「接続詞・指示詞と文連鎖」益岡隆志編『日本語の文法第四巻　複文と談話』岩波書店

〔佐久間まゆみ〕

55　文章の単位①―連文
指示表現

指示表現は、文章・談話の中の文・発話間の意味的つながりを担う重要な言語形式の一つであり、「指示語（指示詞）」以外に、「こういう、そういった、こうした、そのような、こんなふうに」などの指示語を含む連語、「次、以上、前者」などの語句も含まれる。

〈指示語の体系・用法〉指示語は「コソアド言葉」とも呼ばれ、整然とした体系をなしている。なお、ド系は指示対象が不定であるために、指示表現に含めない考えもある。

	事物	場所	方向		態様	名詞修飾	
コ系	これ	ここ	こちら	こっち	こう	この	こんな
ソ系	それ	そこ	そちら	そっち	そう	その	そんな
ア系	あれ	あそこ	あちら	あっち	ああ	あの	あんな
ド系	どれ	どこ	どちら	どっち	どう	どの	どんな
						どんなに	

用法は、発話の現場の事物が指示対象となる「現場指示用法」と文章・談話の文脈中の内容が指示対象となる「文脈指示用法」とに二大別される。また、話し手の観念（過去の経験の記憶）の中に存在する内容が指示対象となる「観念指示用法」や特定の場所・時間が常に指示対象となる「絶対指示用法」

（話し手が存在する時間（現在）を表す「これまで」等）を立てることもある。

現場指示用法では、話し手・聞き手と指示対象との物理的・心理的距離に応じて、コ系・ソ系・ア系が使い分けられる。話し手と聞き手が心理的に疎遠な状況である「対立型」では、話し手に近く話し手の心理的領域（なわばり）に属する対象にコ系が使われ、聞き手に近く聞き手の心理的領域に属する対象にソ系が使われ、両者から遠く両者の心理的領域に属さない対象にア系が使われる。話し手が聞き手を心理的に身辺な存在と捉え「われわれ」意識を持つ状況である「融合型」では、話し手・聞き手（われわれ）に近く両者の心理的領域に属する対象にコ系が使われ、両者から遠くにある対象にア系が使われ、ア系で指すには近すぎる対象にソ系が使われる。

文脈指示用法では、コ系とソ系が使われる。文章・談話内の現場指示用法以外のア系は、観念指示用法として用いられ、多くは読み手・聞き手もよく知っている対象を指示する場合に使われるが、読み手・聞き手が指示対象を知らない場合でも、独言的に回想したり、当然知っているべきなのに知らないのを非難したりするニュアンスを伴って使われる。ソ系の指示語は文脈指示用法として広く使われる。コ系は指示対象が目の前に見えるかのような生き生きとした印象を与える効果があるのに対し、ソ系は平静・中立的に叙述している印象を与える。コ系の指示内容は文章・談話の中心的な話題に関わる対象となりやすく、コ系を用いることによって話題を維持することもできる。仮定や空想の事物などを指す場合や話し相手が提示した内容はコ系を用いることができないなど、文章・談話におけるコ系の使用には特徴・制約がある。

〈文章・談話における機能〉

文章・談話に用いられる指示表現は、単に語句や文のくり返しを避けて、表現を簡潔にするだけでなく、文脈から作り上げられた内容を自らの文・発話に持ち込むこと（持ち込み機能）によって文・発話と文・発話とをつなげる結束機能を果たす。

また、指示表現は、文章・談話の展開やまとまり（統括機能）にも関わっており、文章構造の分析では指標の一つになる。後続する文脈に指示内容がある後方指示（後方照応）の指示表現は、後述する表現内容を予告し、展開の方向性を示す働きをする。複数の文や段落にわたる比較的長い指示内容を指す指示表現は、文章・談話の部分的なまとまり（文段）の認定の手がかりとなる。「こうして」「このように」などのコ系の指示表現によって、それまでの叙述内容全体を指示内容として持ち込み、文章全体のまとめを導く接続詞的な用法などもある。

〔馬場俊臣〕

市川　孝（一九七八）『国語教育のための文章論概説』教育出版
金水　敏・田窪行則編（一九九二）『日本語研究資料集　指示詞』ひつじ書房
国立国語研究所（一九八一）『日本語の指示詞』大蔵省印刷局
佐久間まゆみ（二〇〇二）「接続詞・指示詞と文連鎖」益岡隆志編『日本語の文法第四巻　複文と談話』岩波書店
長田久男（一九八四）『国語連文論』和泉書院
馬場俊臣（二〇〇六）『日本語の文連接表現―指示・接続・反復―』おうふう
堀口和吉（一九七八）「指示語の表現性」『日本語・日本文化』八号、大阪外国語大学

56 文章の単位①—連文 疑問表現

疑問とは、ある対象を同定する要素が何か、または、ある命題が真か偽かについて自ら判断を下せないときに抱く思いのことである。前者のタイプの疑問は、「何を食べますか。」「どうして来なかったの。」のように、不明な要素の部分に疑問詞を充てた疑問文で表し、「疑問詞疑問文」と呼ぶ。これに対し、命題の真偽に対する疑問は、「これ、難しい？」「もう仕上がってますか。」のように、問題の命題を表す文を上昇イントネーションで発話するか、さらにその文の末尾に終助詞「か」を付すかによって表し、「真偽疑問文」などと呼ぶ。

疑問文は、単独で主文として発話することもできる（直接疑問文）が、文の成分として他の文に含めることもできる（間接疑問文／埋め込み疑問文）。間接疑問文の場合は、疑問詞疑問文では「どうして来なかったのか教えてください」のように「か」が必須であり、真偽疑問文では「もう仕上がっているかどうか／か否かが問題だ」のように「かどうか／か否か」の形にする。

疑問文は、疑問を解消するために他者に対して質問として発せられるものが典型であるが、相手を求めず自らの疑問を内省するための独白的なものもある。そのほか、実際には疑問を抱いていない事柄についての「誰がそんなことを言うものか。（誰も言わない）」「誰かそんなこと言うの？（誰も言わないよ）」のような反語や、「一体どうしてくれるの。」のような詰問にも用いられる。

〔内田安伊子〕

57 文章の単位①—連文 反復表現

反復表現は、文章・談話の中で二回以上くり返される表現であり、文・発話と文・発話をつなぐ文の連接に関わる言語形式の一つである。「反復語句」「繰り返し語句」ともいう。同一の語句だけでなく、同義・類義・対義の語句も含まれる。ただし、助詞・助動詞類、感動詞・接続詞等や無性格語（「する」「こと」などのような文章・談話にも頻出する語）は含めないのが普通である。なお、「同一指示」という観点から指示表現や省略表現も含めて扱う立場もある。

反復表現は、文章・談話の主題の把握、話題の推移・展開の把握、文章・談話の直接的成分としての文段・話段の区分など、文章・談話構造を分析する際の重要な指標となる。

〈文章における反復表現の分布の型〉

文章全体の反復表現の出現の仕方に基づいて、全体にわたって反復されつつ拡充する「反復拡充型」、途中でくり返される語句が入れ替わる「変換型」、これら二つの型が複合した「混合型」の三つの基本型に分けることができるが、実際の文章ではこれらの型が組み合わされる。また、質的な違いに基づいて、前出の語句を直接的に受けとめてくり返す「受け継ぎ」、その場その場で個々にくり返す「重出」、離れた箇所で前出の語句を引き合いに出す「照応」を区別することができる。「受け継ぎ」「照応」は文脈のつながりをとらえる上で重要である（市川、一九七八）。

〈主要反復語句系列・部分反復語句系列〉

反復語句は、反復の間隔や頻度などに基づいて「主要反復語的系列」と「部分反復語句系列」に分けられる。反復語句が文章全体にわたって高い頻度で出現する主要反復語句系列は、文章全体の主題をとらえる指標となる。文章中の特定の部分だけに高い頻度で出現する部分反復語句系列は部分的な話題をとらえる指標となる（馬場、二〇〇六）。

〈主要語句の連鎖〉

「主要語句の連鎖」は、文章の主題に深く関わって反復される「主要語句」（同一語句、類義語・対義語、関連語）の連鎖関係によって文章構造を分析する観点である。主題との関わりに基づいて立てられた系列の相互関係及び系列内の主要語句の布置に基づいて分析が行われる（永野、一九八六）。

〈会話における反復〉

会話における反復のタイプは、発話主体（自身の発話か他者の発話か）、出現のタイミング（もとの発話にすぐ続くか否か）、反復の形状（再現型、一部変更型、補足型、言い換え型、要約型、対句類）に分けられる。反復の機能・効果として「会話への参加・寄与」「共感」「強調」「情報伝達」「談話構成」が挙げられる（中田、一九九二）。

市川　孝（一九七八）『国語教育のための文章論概説』教育出版
中田智子（一九九二）「会話の方策としてのくり返し」『国立国語研究所報告104　研究報告集13』国立国語研究所
永野　賢（一九八六）『文章論総説』朝倉書店
馬場俊臣（二〇〇六）『日本語の文連接表現―指示・接続・反復―』おうふう

〔馬場俊臣〕

58　省略表現

文章の単位①―連文

省略表現は、言語的文脈あるいは非言語的文脈に基づいて復元可能な要素を省略した表現である。

先行する言語的文脈に現れた要素を、省略すると省略表現になり、くり返すと反復表現になる。省略表現と反復表現の機能や表現効果には類似点と相違点がある。省略表現と反復表現はともに文・発話と文・発話をつなぐ結束機能がある。省略表現は先行文脈の要素と復元される要素との照応によって結束機能が生じる。省略表現は単に簡潔さを増すだけでなく、文中の人物への思い入れを聞き手に求める「引き込み」の表現効果があるのに対し、反復表現は冗長さを増しくどい感じを与える一方、会話者相互の親密感を高める表現効果もある（牧野、一九九六）。

〈主題の省略と文章・談話の展開的構造〉

主題の省略は、文章・談話の展開的構造の分析の際の重要な指標になる。先行する文の主題（助詞「は」などで提示される）と同じ文の主題は省略することができる。主題の省略された略題の文は、主題を表す表現（提題表現）を含む文に従属しており、提題表現を含む文によって統括される。提題表現と略題表現は、文章・談話の意味的まとまりである文段・話段を分析する際の指標となる（佐久間、一九八七）。

また、文章・談話全体の包括的な主題を表す表現は省略されることが多く、省略によって主題が維持されることを示す。文章・談話の一部分に関わる話題は、連続して言及される場合は省略されるが、他の話題がはさまれた場合は省略されずに再導入される（砂川、二〇〇五）。

〈言いさし〉

話し言葉では、文末が省略される「言いさし」が現れやすい。挨拶（「先日はどうも」）などの慣用化された言いさしや接続助詞の文末使用（「これなんですけど。」）などによる意図的な言いさしも多い。言いさしによって、相手の意図を互いに察して共感・一体感が生まれたり、遠慮や丁寧さなどが生じたりすることがあり、円滑な人間関係の構築にも関係する。

〈会話における省略の復元〉

会話では、語彙や構文などの言語的な手がかりや、表情・身振り、相手との関係、内容に関する知識、常識などさまざまな非言語的な手がかりにより、聞き手は省略された要素を復元しようとする。聞き手は省略が含まれる発話に対して、復元要素を言語形式で表出せずに応答したり、復元要素を言語形式で表出して補充や確認をしたり、復元できずに問い返したりする。こうした反応に基づいて話し手は聞き手の理解を確かめ、円滑に会話を進展させていくことができる（堀口、一九九七）。

久野　暲（一九七八）『談話の文法』大修館書店
佐久間まゆみ（一九八七）「「文段」認定の一基準（I）—提題表現の統括—」『文芸言語研究・言語篇』一一巻、筑波大学文芸・言語学系
砂川有里子（二〇〇五）『文法と談話の接点—日本語の談話における主題展開機能の研究—』くろしお出版
堀口純子（一九九七）『日本語教育と会話分析』くろしお出版
牧野成一（一九九六）『ウチとソトの言語文化学—文法を文化で切る—』アルク

〔馬場俊臣〕

59　提題表現

文章の単位①—連文

文章・談話における文や「文段」「話段」の話題を取り上げる言語形式全般を一括した表現で、「提題内容＋提題形式」からなり、「叙述表現」と対応して情報の核をなす。提題表現には、係助詞「ハ」「モ」、格助詞「ガ」の外にも、「ニツイテハ」「トイウノハ」「ッテ」「トハ」などの複合辞や無助詞がある。

明治期に英文典から「主語」の概念が導入されて以来、伝統的な国文法では、一般に、文の成分の「述語」の表す動作・作用・性質・状態などの主体を表す「主語」が用いられてきた。

一方、三上（一九六〇）は、日本語の主語を廃止し、「ガ」を「主格」、「ハ」を「主題」（提題、題目の提示）として区別し、「ハ」には文を越える「ピリオド越え」や主題の省略があるとした。

永野（一九八六）は、文法論的文章論に「ガ」と「ハ」の役割の違いを認めた上で、「主語の連鎖」という分析観点を提案した。「主語」の有無、主語が「ハ」か「ガ」かという観点から、文を「現象文・判断文・述語文・準判断文」という四種に分類して、「陳述の連鎖」「主要語句の連鎖」と合わせて、文章構造を類型化した。

佐久間（一九八七）は、三上・永野の論をさらに発展させ、文章・談話の成分としての文段・話段の統括機能という観点から文章構造を分析した。文段・話段は、一対の「提題表現」（題部・トピック（topic, theme））と「叙述表現」（述部・コメント（comment, rheme））の「題・述関係」に基づく「節」か

ら構成され、複数の題・述関係により、多重構造をなす。

（二）①抽出しについては疾《と》うに諦めている。②机に四つ、小物入れに四つ。③数だけは人並みにあるのだが、いま間違いなく出るものといえば耳掻きとお金ぐらいで、あとは考えるだけで気が滅入ってくる。（向田邦子「抽出しの中」）

例（一）の文①は、文章の冒頭で提題表現「抽出しニツイテハ」と叙述表現「諦めている」で「抽出し」を話題に取り上げる話題提示の中心文である。文②、③は略題表現「抽出しハ」によって「抽出し」の話題が継続されている。文③は、提題表現「数ダケハ」、「出るものトイエバ」、「あとハ」で「抽出し」の小話題を提示し、文①の中心文に統括される。

（二）①「最近φ、バイトφ、週何回やってるの。」
②「今は、就職活動してるから、週一回だけ。」

例（二）の発話①は、無助詞の提題表現「最近」「バイト」と叙述表現「やってるの」で「バイト」を話題提示する。発話①は疑問文で、文全体で発話②の話題を提示する。略題表現「最近、バイト、週何回やっているのカトイウト」に対応する叙述表現が発話②「今は、就職活動してるから、週一回だけ。」で、二発話で話段を形成する。提題表現は疑問文、存在文に発展していく可能性がある。文段・話段の多重構造から、文章・談話の全体構造の分析にまで発展させられるかが今後の課題である。

佐久間まゆみ（一九八七）「「文段」認定の一基準（Ⅰ）―提題表現の統括―」『文藝言語研究　言語篇』一一号
永野　賢（一九八六）『文章論総説』朝倉書店
三上　章（一九六〇）『象は鼻が長い』くろしお出版

〔河内彩香〕

60　文章の単位①―連文

叙述表現

テーマ・トピックを示す「提題表現」に対応するのが、コメント・レーマを述べる「叙述表現」である。文構造をとらえる文法的要素としては、「主語」「主部」に対応して「述語」「述部」があるが、文の情報構造をとらえるレベルとして、旧情報を提示する「テーマ」と、それに答えて新情報を伝える「レーマ」に分ける発想がある。文のテーマ・レーマの呼応関係を文章・談話に応用すると、テーマとレーマの相互依存的な連結関係を追うことで、様々な展開パターンを抽出することができる。

「叙述」という術語は文法論の分野では様々に用いられるが、渡辺（一九七一）の「叙述」と「陳述」のとらえ方が一般的である。たとえば、「花が咲く」の「が」のように叙述を展開する「展叙の職能」と「咲く」のように述語で叙述をまとめ統一する「統叙の職能」を一括して「叙述の職能」と呼び、それによって「花が咲くコト」という一つの「叙述内容」が形成される。そして「叙述内容」は、言い切り「咲く」や終助詞「よ・ね」などが果たす「陳述の職能」によって初めて文として完結・成立するとみなされる。山田孝雄以来の、「陳述」を文成立の要件とみなす流れは紆余曲折を経ながらも引き継がれ、今日のモダリティ論では、「叙述内容（コトガラ）」を「モダリティ」が包み込む形で文が成立すると考えることが多い。

文章論の分野で「叙述表現」と言うと、文法論の「叙述内容」から「提題表現」「主語」「補語」「修飾語」などを除いた

「述部」と、それに続く文末モダリティ部分に着目する場合がある。一般に「述部（述語句）」は、中核となる動詞の後にヴォイス・アスペクト・否定・テンス・モダリティ（判断系）・モダリティ（伝達系）の表現がこの順に付加して成立するが、この文末の重層性に着目した永野（一九八六）では、「叙述辞」（関係辞（分節された話材を相互に関係づけ順序立てて配列する機能）」と「統一辞（関係づけた話材の総体を取りまとめる機能）」）「述定辞（言語主体が一つに統一した客観的事物について、自らの立場・態度を明らかにする機能）」「伝達辞（言語主体が一つに統一した客観的事物とそれについての自らの立場・態度を含めた全体を相手に持ちかける機能）」に分ける。（「統一辞…た（過去）・ない（動詞の打消）・ている・てしまう等」「統一辞と述定辞の両方…だ・だろう・です・ます・らしい・まい・かもしれない・はずだ・ほうがよい・にちがいない・なければならない等」「述定辞…た（確認）・ある（肯定判断）・ない（否定判断）・の（断定）・のだ等」「述定辞と伝達辞の両方…か・ぞ・わ・こと・かしら・ではないか（驚き）・かどうか・のか・ものか等」「伝達辞…ね・さ・よ・の（質問）・て（主張・依頼）・ではないか（勧誘）・のよ・わね・ものを等」）これにより、表現者の描写態度を、「叙述内容（コトガラ）」（統一辞）・判断のモダリティ（述定辞）・伝達のモダリティ（伝達辞）の三段階に位置付け、文末表現の陳述の連鎖の観点から文章構造が分析できる。

永野　賢（一九八六）『文章論総説』朝倉書店
渡辺　実（一九七一）『国語構文論』塙書房

〔松木正恵〕

61

引用表現

文章の単位①―連文

「引用」は、古人の言や他人の文章・談話を引く、という意味で日常場面や文学作品でも一般的なもので、元発話の場と新たな伝達の場の二重性を背景とした表現効果を狙ったものである。レトリックの一つとしての「引用法」には、原文の形をそのまま再現する「直接引用」と、意味内容を重視し、引用者の解釈により原文が改変される「間接引用」とがある。直接引用では、単なる音声・無意味語・外国語・不完全文・感動詞なども引用できるが、間接引用では制約が強く、ダイクシス表現（人称代名詞・指示詞・発話時基準の時空間副詞・視点動詞など）は発言の場に調整され、聞き手めあてのモダリティ（価値判断の副詞・感動詞・終助詞など）は出現しにくい。さらに藤田（二〇〇〇）が主張する「文法論的引用論」では、引用句を所与のコトバが再現されたイコン記号ととらえ、それが通常のシンボル記号列の中に組み込まれて引用構文を構成するという。「さよならと言った」は発言内容を示す動詞「言う」を用いた典型的な引用構文で、引用句の内容と述語の行為が等しいが、「さよならとドアを開けた」は引用句の内容と述語の行為は異なるものの同一場面に共存するタイプとして位置づけた。

引用と関連して話法の区別もある。「直接話法」と「間接話法」は、英語の場合は形態の違い（構文・時制・人称・述語動詞など）から明確に区別されるが、日本語の場合は確固とした形態上の指標がないと言われる。たとえば、「太郎は私が行くんだと言った」の「私」は、原文（引用句）の話し手である

「太郎」を指す（直接話法）とも、原文の聞き手であり文全体の話し手でもある引用者を指す（間接話法）とも解釈できる。その場合、引用句末の「んだ」の意味合いも異なり、前者は太郎の主張・決意を表すのに対して、後者は太郎から引用者に対する命令・勧告を表すように解釈される。このように日本語の引用表現にも話法の区別はあるが、どちらの読みが適切かは使用場面による。また、「太郎は私が行くようにと命令した」と引用句末と述語動詞を変えると間接話法的になり、逆に「太郎は私が行くんだよと言った」と表出的な意味を持つ終助詞を付加するとより直接話法的になる。さらに、「太郎は私が行けと言った」のような直接・間接の折衷的な表現もあり、ダイクシス調整やモダリティ出現をもとに話法を段階的・連続的にとらえる見方もある（遠藤、一九八二）。伝達者の意図を重視した「引用句創造説」を唱える鎌田（二〇〇〇）も、視点調整と発話生成に着目した段階説だが、話法を事実の問題と切り離して文法論的に論じる藤田（二〇〇〇）は、それらは語用論・文体論の問題だとして批判的立場に立つ。

引用表現か否かの境界領域に位置し、藤田（二〇〇〇）では「準引用」とする副詞的修飾語（「対等に見える」「猫の声に聞こえた」）や、対格補語となる感情名詞（「感謝を感じた」）、「こと」「かどうか」などの名詞句、「場の二重性」のない文末の伝聞表現（「と見える」「そうだ」）など、「と」引用句の周辺に存在する数多くの関連表現の位置づけも今後の課題である。

遠藤裕子（一九八二）「日本語の話法」『月刊言語』一一巻三号
鎌田　修（二〇〇〇）『日本語の引用』ひつじ書房
藤田保幸（二〇〇〇）『国語引用構文の研究』和泉書院
〔**松木正恵**〕

62 文段

文章の単位②―文段

比較的長い文章を、内容上、一つの話題を表す複数の文のまとまりに区分した文を越える言語単位であり、文章の直接的成分である。形式上、その書き出しの文を改行一字下げにして記す、文と文章の中間に位置する「段落」（→改行のルール）は、表現手法、句読法の一種として区別される。

「文段」は、改行の有無によってではなく、意味的・論理的なまとまりとして、文章の文脈を展開する様々な働きを有し、文章の「主題」を支える大小様々の話題を一つに統括する機能と形態的指標による多重構造をなして、一編の文章を完結統一させる。

〈段落〉 通常、二文以上の連続集合体からなる段落は、文章を直接に構成する要素といわれるが、日本語の段落は、現在、句読法としての段落の改行規則が確立されているとはいえない。

段落は、文章の意味内容のまとまりの一区分を表すが、印刷・表記上の分量面の配置も示すため、主観的な裁量の働く余地が大きいため、言語単位の認定上、恣意性が問われてきた。国語科教育では、「形式（・改行・小）段落」と「意味（・内容・大）段落」という実践用語による段落指導の効果が問題視されている。

〈パラグラフ〉 漢文作法の「句読段落」に由来する日本語の「段落」は、明治以降、西欧の「パラグラフ（paragraph）」の翻訳概念も付与された。英文構成の基本単位として、「改行字下げ（indention, indentation）」で記される文章中の一定の意味を表す複数の文のまとまりである。内容面では、一つの考え（main idea）を表す「トピック・センテンス（topic sentence）」とその「支持文（supporting sentences）」からなる文の集合体を示す。英文の「一つのパラグラフには一つのトピックを述べる」という原則が、日本語の段落とは異なるという立場もあるが、改行規則の不統一こそあるものの、いずれも、文章表現の構成要素としての本質は等しい言語単位の一種である。

〈段・話段〉 近年、「文章・談話論」においては、書きことばの「文章」と話しことばの「談話」の成分を、それぞれ、「文段」と「話段」として区別し、その総称として、「段」という単位を新たに設けている。

「段」には、文章・談話を展開する機能があり、意味的に関連のある、より大きな話題のまとまりを表す複数の段が、相互に統括し合い、「連段」（「大段」ともいう）を形成し、文章・談話を構成するすべての段が大小幾重にも統括し合いつつ、主題と話題のまとまりによる多重構造を作り上げている。

段が文章を構成する複数の文の連続統一体であるのに対し、連文は文章の構成要素の一部分か、一つの話題の部分的断片を表す文の連続体にすぎない。文段とは違い、連文の成立条件は、意味のつながりのみにあり、話題のまとまりではない。

市川　孝（一九七八）『国語教育のための文章論概説』教育出版
佐久間まゆみ（二〇〇三）「文章・談話における『段』の統括機能」北原保雄監修・佐久間まゆみ編『朝倉日本語講座第七巻　文章・談話』朝倉書店
塚原鉄雄（一九六六）「修辞的段落と論理的段落」『表現研究』四号
平井昌夫（一九八四）『何でもわかる文章の百科事典』三省堂
森岡健二（一九五九）『文章構成法』至文堂

〔**佐久間まゆみ**〕

63　連段

文章の単位②—文段

原則として、一つの話題を表す複数の文のまとまりが「文段」であるが、文章展開上、相対的により近い内容を表す複数の文段が相互に統括し合い、より大きな話題のまとまりを形成する言語表現を「大文段」「連段」という。これは、文段の話題を統括する中心文の統括力が相対的で、複数の文段のある中心文がより統括力の小さい中心文を統括して、より高次の大文段の、「連段」を成立させることによるものである。塚原（一九六六）は「連合段落」と呼び、「論理的段落」としている。

最も高次元の連段は一編の文章に相当する。また、一文からなる文段であっても、他の複数の蓮文からなる連段と同等の統括力を有する中心文として機能する場合は、その連段に相当するものとして位置づけられる。

さらに、複数の節が接続助詞などで連続する長大な一文、一つの複文の内部に、複数の文段や連段が含まれ、一文中で連段が統括関係を形成する場合もあることから、文段の統括機能は意味的・機能的なものであり、連段は談話の構成要素の「発話」に通じる性質を有する言語単位でもある。

市川　孝（一九七八）『国語教育のための文章論概説』教育出版
佐久間まゆみ（二〇〇三）「文章・談話における『段』の統括機能」北原保雄監修・佐久間まゆみ編『朝倉日本語講座第七巻　文章・談話』朝倉書店
塚原鉄雄（一九六六）「論理的段落と修辞的段落」（『表現研究』四）

〔**佐久間まゆみ**〕

64　文章の単位②―文段
中心段

文章の全体的構造をとらえるには、「大文段（連段）」相互の関係を考える必要がある。文章全体における中心的な内容をまとめて述べた文段を「中心文段」という。「中心段」とは、談話の「中心話段」と文章の「中心文段」の総称であり、文章・談話の「主題」を端的に表す「主題文」の統括機能により成立する「段」のまとまりのことである。

〈中心段と文章型・談話型〉

文章・談話において、「中心段」が出現する位置（開始部・展開部・終了部）とその出現頻度により、「文章型」と「談話型」を六種類に分類する。

①頭括型（開始部に中心段がある）
②中括型（展開部に中心段がある）
③尾括型（終了部に中心段がある）
④両括型（開始部と終了部に中心段が二つある）
⑤分括型（開始部・展開部・終了部に複数の中心段がある）
⑥隠括型（文章・談話の表現に中心段がない）

市川　孝（一九七八）『国語教育のための文章論概説』教育出版
佐久間まゆみ（二〇〇三）「文章・談話における『段』の統括機能」
　佐久間まゆみ編『朝倉日本語講座第七巻　文章・談話』朝倉書店
塚原鉄雄（一九六六）「論理的段落と修辞的段落」『表現研究』四号
平井昌夫（一九八四）『何でもわかる文章の百科事典』三省堂
森岡健二（一九五九）『文章構成法』至文堂

〔**佐久間まゆみ**〕

65　文章の単位②―文段
主題文

言語によるコミュニケーションにおいて、最も重要な意味内容を表し、最も大きな統括力を有する、文章・談話の全体を統一・完結する働きをする文を「主題文」という。文章の成分としての文段の中心文（「小主題文」とも言う）の中で、最も強力な統括機能を発揮する文である。

言い換えれば、文章を構成する複数の文段群、つまり、連段の中で相対的に重要な内容を表し、文章全体を完結・統一する働きを有する「中心段」の中心文が、「主題文」である。

〈セーシス・センテンス（thesis sentence）〉英作文の実践用語として、テクストの「主題」や「中心的思想」を表す文を、「セーシス・センテンス」「スィーム・センテンス（theme sentence）」と呼び、「テクスト（text）」における出現位置やその機能を論じるが、「中心文」の場合と同様、これらとは、主題の「統括機能」や形態的指標の有無によって区別される、文章論の重要概念として規定される。

〈文章の統括と主題文〉一編の文章全体の「主題」を表す「中心段」の「中心文」を「主題文」と呼ぶが、通常、文章は主題の統一のある複数の文段から構成される（→**連段**）。

主題文の文章統括機能は、文章の種類や主題の規模や頻度、文章展開機能に応じた相対的な統括力が最大のものであり、中心文段の主題文が文章全体をまとめ上げて、文章を完結させる。

〈主題文の統括機能〉「中心文」の「文章展開機能」にも共通するが、「①話題提示」「②結論表明」「③問題提起」「④課題導入」「⑤承前起後」等がある。

文章は、単独の一文段からなるものや、単独の一文のみからなるごく短いものもあるが、この場合は、主題文が中心段を兼ねている。

〈主題文の頻度と出現位置〉文章の「①最初」「②最後」「③最初と最後」「④中間」「⑤分散」「⑥潜在」などがある。文章の種類や中心段の出現位置と頻度、「文章展開機能」によって異なる。

「話題提示」「課題導入」の主題文は、文章の最初の「開始段」、「結論表明」「問題提起」は最後の「終了段」に、「承前起後」は一文一文章や一文段一文章に多い。複数の主題の「分散」は長い複合文章や法令文などに多く、小説や記録などに多い「潜在」は、文章の文脈に潜在する主題文により統括される。

一つの文章は、普通、一つの主題によって統括されているが、複数の主題を含む「分散」型の文章型も、複合的文章にはある。

市川　孝（一九七八）『国語教育のための文章論概説』教育出版
樺島忠夫（一九九二）『文章作成の技術』三省堂
佐久間まゆみ（二〇〇三）「文章・談話における『段』の統括機能」佐久間まゆみ編『朝倉日本語講座第七巻　文章・談話』朝倉書店
土部　弘（一九七三）『文章表現の機構―国語教育の実践原理を求めて―』くろしお出版
永野　賢（一九八六）『文章論総説』朝倉書店
平井昌夫（一九八四）『何でもわかる文章の百科事典』三省堂
森岡健二（一九五九）『文章構成法』至文堂

〔**佐久間まゆみ**〕

66　中心文

文章の単位②―文段

書きことばの最大の単位である「文章」の直接的成分とされる「文段」は、原則として、一つの話題を表す複数の文の集合体からなるが、それぞれの出現位置に応じ、種々の文章展開上の働きを担っている。「中心文」とは、当該の文段の内容を最も端的に表し、各文段の「文章展開機能」を有する、同一文段内の他の文集合をまとめる「統括力」を備えた文のことである。また、中心文は、言語形態上も、当該の文段の文章中の出現位置や頻度、各々の統括機能に応じた表現上の特徴のある文型を持っている。

〈トピック・センテンス（topic sentence）〉英作文の「パラグラフ」の「トピック・センテンス」「キー・センテンス（key sentence）」、訳語としての「段落」の「小主題文」「話題文」等とは、話題の統括機能と形態的指標の有無により区別される「中心文」は、文章論の主要概念の一種である。

〈文段の統括と中心文〉文章論では、文段の主要な話題を端的に表す一文を「中心文」と呼ぶが、文段は話題の統一がある複数の文からなる（→連文）。

「話題」とは、一つの文段で取り上げる中心的内容の言語表現で、係助詞のハを伴う名詞句の「提題表現」によって示されるものであるが、大小様々の話題の言語表現をまとめる「統括機能」を備えた文が、「中心文」である。

中心文の統括機能は、文段の話題の規模や頻度、「文章展開機能」に応じた相対的な統括力の強弱があり、各文段の中心文が相互にまとめ合い、統括力の最も大きい主題文が全体をまとめて文章を完結させる。

〈中心文の統括機能〉
「文章展開機能」とも一部重なるが、「①話題提示」「②結論表明」「③問題提起」「④課題導入」「⑤承前起後」等がある。

文段は、単独の一文からなるものや一文段からなる短い文章もあるが、この場合は、中心文と中心段を兼ねている。

〈中心文の頻度と出現位置〉
文段の「①最初」「②最後」「③最初と最後」「④中間」「⑤分散」「⑥潜在」などがある。文章の種類や文段の出現位置と頻度、「文章展開機能」の種類によって異なる。「話題提示」「課題導入」の中心文は文段の最初、「結論表明」「問題提起」は最後に、「承前起後」は一文一文段や一文段一文章に多い。「複数分散」は長い複雑な文章や法令文等に多く、小説や記録文等に多い「潜在」は、前後の文段の中心文に統括されるか、同じ文段内の文間文脈に暗示される中心文を想定できるものが多い。

市川　孝（一九七八）『国語教育のための文章論概説』教育出版
樺島忠夫（一九九二）『文章作成の技術』三省堂
佐久間まゆみ（二〇〇三）「文章・談話における『段』の統括機能」北原保雄監修・佐久間まゆみ編『朝倉日本語講座第七巻　文章・談話』朝倉書店
永野　賢（一九八六）『文章論総説』朝倉書店
平井昌夫（一九八四）『何でもわかる文章の百科事典』三省堂
森岡健二（一九五九）『文章構成法』至文堂

〔佐久間まゆみ〕

67　文章構造
文章の単位②—文段

最大にして最も具体的な文字言語の単位である「文章」の開始から終了に至る表現の全体的なまとまりを、複数の「文脈展開形態」を指標として解析するしくみのことである。時枝（一九五〇）により提唱された国語学の「文章論」における究極の課題は、言語過程説に基づく文章の展開的構造の解明にある。

永野（一九八六）は、「文法論的文章論」において、「構想」「構成」「構造」という三種の概念を文章の成立過程に沿って区別し、「文章の構造」とは「構想にもとづき、構成することによってできあがった文章を、全体として眺め渡したときに見られる結構」と定義した。「文章の構想」（「文章全体をどのような形で述べようかという、文章を組み立てる前の段階の目論見」）や「文章の構成」（「構想にもとづいて実際に書き進めていく手続き」で、「言語形式に力点を置いて、書き上げていく段階における諸問題を処理すること」）とは区別される。

文章構造は、文章における文脈の統一と完結を備えた「統括」の機能の規模と出現頻度、文章の構成要素としての各種の言語単位の成立過程において、「①微視的」「②過程的」「③巨視的」という三つの観点から総合的に分析される。

〈文章の成分〉　文章構造を分析する上で最も有効な「文章の成分」は、単語や文節（句）などの小さな単位ではなく、節・文・文段などのより大きな単位である。特に、文章を直接に構成する「文段」より上位の単位が必要である。現代日本語の文章は、改行一字下げの体裁で「段落」を表示するが、「句読法」

としての「改行規則」が一定しておらず、視覚的な印象の効果を示す表現手法としての個人差や恣意性が拭い切れないことから、「段落」を文章の成分とするのは、自ずと限界があるとされてきた。

市川（一九七八）は、改行一字下げの体裁による「段落」とは別に、「内容上のまとまりとして他と相対的に区分される」「文段」という単位を文章の成分とする文章構造の分析を提案した。塚原（一九六六）も、「修辞的段落」に対する「論理的段落」を文章の「補助的単位」として、「基本段落」が「文」、「段落連合」が「文段」に相当する「文法的単位」だとした。

〈微視的構造〉　微視的な観点の文章構造は、文と文との連接関係が中心となる低次の連文関係からとらえられる。

a．文と文はどんな語句で関係づけられるか。（文脈展開形態）

b．文のつながりはどんな種類があるか。（文連接論・連鎖論）

前後する二文の意味内容のつながりは「接続表現」「指示表現」を主な指標とする「文の連接関係」の分析観点である。

〈過程的構造〉　文章の成立過程における展開的な文章構造は、「文段」の成立に関して、大小様々の話題をまとめる統括機能や統括力の規模、複数の文の連接関係と連鎖関係から捉える観点である。

c．文段はどのようにして成立するか。（段統括論）

d．文段のつながりとまとまりにはどんな種類があるか。（連段統括論）

〈巨視的構造〉　巨視的な観点による文章の全体的構造は、文章の主題の統括機能や中心文段の出現位置と頻度から、全六種の「文章型」（文章構造類型）」として認定される。

e．文章のまとまりはどのように成立するか。（文章統括論）

従来、修辞学や文章表現論において、「文章構成の型」という慣用的な類型として、「起承転結（転合）」「序破急」「序論・本論」などの「運びの型」が論じられたが、いずれも特定のジャンルの文章構成法で、文章構造の類型とは異なる。

市川（一九七八）は、「段落関係論」や「文章構成論」を文法論的文章論とは切り離し、「表現論」や「一般文章研究（汎文章論）」の中に位置づけるという説を示したが、山口（一九七九）による文章論に「一般性・傾向性」を追求することの困難さは、現在も引き続き問われる重要な問題である。

文章構造の分析に際して、特定のジャンルや個人の文章をデータとするが、特定の文章の表現特性や個性の解明は、「文体論」にほかならない。コミュニケーションの実現形態としての文章は、本来、個別的で具体的なものであるため、そこから文章の一般的性質を導くには、相当量の資料を扱う必要がある。しかし、そこでもまた「類型的文体論」との境界が問題となるだろう。

〈文章構造類型〉　現在、永野（一九八六）の「文章統括論」が最も有効な文章構造の分析観点とされるが、文章の成分として「文段」を設けて、大小の次元の異なる話題の相対的な統括関係をとらえ直す必要がある。

佐久間編（一九八九）は、五十嵐（一九〇九）・市川（一九七八）・塚原（一九六六）・永野（一九八六）・神尾（一九八九）等《ら》による文章の統括類型を六種類に整理して、論説文の要約文調査の結果に基づき、最も統括力の大きい主題文が文章中に出現する位置と頻度によって、「頭括型」「尾括型」「両括型」「中括型」「分括型」「隠括型」の六種の文章型を検証した。また、六種の類型は、中心文の出現位置と頻度の違いによる文段の統括類型にも認められ、さらに、講義や講演などの独話の「談話型」にも適用可能だという。

五十嵐力（一九〇九）『新文章講話』早稲田大学出版。
市川　孝（一九七八）『国語教育のための文章論概説』教育出版。
神尾暢子（一九八九）「文章の種類」山口佳紀編『構座日本語と日本語教育第五巻　日本語の文法・文体（下）』明治書院
北原保雄監修・佐久間まゆみ編（二〇〇三）『朝倉日本語講座第七巻　文章・談話』朝倉書店
佐久間まゆみ編著（一九八九）『文章構造と要約文の諸相』くろしお出版
佐久間まゆみ編著（二〇一〇）『講義の談話の表現と理解』くろしお出版
塚原鉄雄（一九六六）「文章と段落」『人文研究』一七―二。
時枝誠記（一九五〇）『日本文法 口語篇』岩波書店
時枝誠記（一九六〇）『文章研究序説』山田書院
長田久男（一九九五）『国語文章論』和泉書院
永野賢（一九八六）『文章論総説』朝倉書店
中村　明（一九九一）『日本語レトリックの体系』岩波書店
中村　明（一九九三）『日本語の文体』岩波書店
土部　弘（一九七三）『文章表現の機構―国語教育の実践原理を求めて―』くろしお出版。
平井昌夫（一九六九）『文章表現法』至文堂
山口仲美編（一九七九）「解説」『論集日本語研究第八巻　文章・文体』有精堂

〔佐久間まゆみ〕

68

文章の単位②―文段

テクスト構造

「テクスト構造」とは、統一体としてのテクストが任意の要素にある規則を適用することで組み立てられていると見なすとき、その規則の適用を明示したパターンである。これをとらえる観点には微視的レベルから巨視的レベルまであり、統語論的特性・意味・機能・関係など、参照される範疇も多様である。

結束性（cohesion）は、Halliday and Hasan（一九七六）の提案した概念で、テクスト内のある要素が他の要素の解釈に依存するときに生じる意味の関係であり、テクスト性を与える文法的・語彙的な要因である。結束性のタイプには、①「指示」として文脈照応（前方照応と後方照応）と外界照応、②「代用」として名詞・動詞・節の代用、③省略、④「接続」として付加的・反意的・因果的・時間的なタイプ、⑤「語彙」として再叙と連語がある。日本語学における結束性に相当する現象の研究である林（一九七三）は、接続詞などの承前記号、語の意味・省略・反復などの承前要素、位置による承前を記述する。長田（一九八四）は、連文の成立を問う。言語の内面的意義に託される連文的職能を品詞別に説明し、指示詞を「持ち込み詞」とするなど独自の論を展開している。

一貫性（coherence）は、表層テクストの基礎をなす意義（sense）の連続のことで、場面の脈絡を含む様々な概念や関係の配列で構成される。一貫性の記述として、認知科学の領域に、文の「一貫性の関係（coherence relation）」をとりあげる研究がある。Hobbs（一九九〇）は、テクストの分節間に一貫性の関係を認め、これがテクスト全体の巨視的な構造をもたらすと考える。その関係は、「強い時間的な関係」（因果関係を含む）、「評価の関係」「連鎖の関係」（地と図の関係、説明の関係）、「展開の関係」（詳述を含む並列の関係、一般化の関係、例示の関係、対比の関係）である。Dahlgren の“*Naive Semantics for Natural Language*”では、関係の範疇によってテクストを解析し、その階層的な構造を描く。Mann らの“Rhetorical Structure Theory”では、テクストの部分に見いだされる関係において、相対的に中心となる「核（nucleus）」と周辺的な位置づけになる「衛星（satellite）」との二つの部分を認定し、核と衛星の間に関係を規定するモデルを提案する。

　テクストの全体構造を理解するためには、複数の規準を設け、多視点的に構造を認定することが求められる。実体が複合的であるため、文からテクストまでを見通す整合性の高いモデルが必要である。Halliday and Hasan（一九八五）によるコンテクストの形相（contextual configration）の考え方もその一例である。

長田久男（一九八四）『国語連文論』和泉書院
林　四郎（一九七三）『文の姿勢の研究』明治図書
南不二男（二〇〇三）「文章・談話の全体構造」『朝倉日本語講座第七巻　文章・談話』朝倉書店
Halliday, M. A. K. and Hasan, R. (1976) *Cohesion in English*. Longman.
Halliday, M. A. K. and Hasan, R. (1985) *Language, Context and Text: Aspects of Language in a Social-Semiotic Perspective*. Oxford University Press.
Hobbs, J. R. (1990) *Literature and Cognition*. CSLI.

〔**野村眞木夫**〕

69 文章研究
文章論

「文章」とは、文字言語における最大にして最も具体的な単位であるが、その性質・構造を解明する「文章論」は、音声言語の「談話論」と並ぶ日本語学の一研究部門である。従来、文章の類型的・個性的な表現特性を扱う「文体論」とともに、「文章・文体」として扱われてきたが、近年、談話の類型的・個性的な表現特性を扱う「話体論」が設定され、「文章・談話論」が定着しつつある。

　二十世紀後半の言語学の展開による学際的研究として、今なお構築途上にある「文章・談話論」は、欧米の「テクスト言語学」「談話分析」「会話分析」「語用論」などを含む領域である。

　国語学の「文章論」は、波多野（一九三五）の「文章心理学」や小林（一九四三）の「文体論」にやや遅れ、時枝（一九五〇）により「語論」「文論」と並ぶ「文法論の一領域」として提唱されたが、その後、時枝（一九六〇）は「文章研究」として拡張した。一方、永野賢・市川孝・塚原鉄雄・土部弘・長田久男・林四郎などが「文章論」の体系化を進め、一九六〇年代に国語学界に「文章・文体」部門が定着した。一九七〇年代以降、欧米のディスコースやテクスト研究が伝来し、一九九〇年代にはコミュニケーションの唯一の実現形態としての「文章・談話」という単位を併置する日本語学の新領域が確立して、今日に至っている。

　「文法論」との境界を問い、「文体論・話体論」「表現論」「レトリック（修辞学）」「語用論」などとも相互補完し合いつつ、より包括的な言語研究としての本格的な進展が期待される。

〈文章論の課題〉　時枝（一九五六）・市川（一九七八）は次の七項目を挙げている。

①文章とは何か（文章本質論）
②文章にはどのような種類があるか（文章分類論）
③文と文はどのような語句で関係づけられるか（連文論）
④文と文はどのようにつながるか（文・段連接論・連鎖論）
⑤文段（→段落）はどのように成立するか（段統括論）
⑥文段相互の関係はどのようなものか（連段統括論）
⑦文章の全体的構造はどのようなものか（文章統括論）

音声言語の「談話論」とも関連する⑤「段統括論」、⑥「連段統括論」、⑦「文章統括論」の解明が、「文章論」の重要な課題となる。また、「文章・談話史」の通時的研究や諸外国語との「対照文章・談話研究」も不可欠の課題である。

〈文章の定義〉　「文章」とは、文字を伝達媒体とするコミュニケーションの最大かつ最も具体的な言語表現の総体である。「文章」の定義は、『国語学大辞典』（一九八〇）の時枝による「それ自身完結し、統一ある言語表現」という規定があるが、文章に音声言語も含める点は、現在では、「文章」は文字言語、「談話」は音声言語として区別されている。

「時枝誠記が、言語において、「(1) 語、(2) 文、(3) 文章」を「単位」というときは、その単位の概念は、究極不可分の要素としての単位の意味ではなく、質的統一体としての全体概念の意味」として用いたものである（『日本文法　口語篇』）。すなわち、言語表現における語・文・文章とは、それぞれ、「別個の統一原理を有する全体」として考えられる。（「文章」項の解説［以上、時枝誠記］七六三頁）

「文章」と「談話」は、日本語のコミュニケーションにおける唯一の実現形態で、「文を越える単位」として共通の本質と機能をもつ。「文章・談話論」は、文章・談話という言語単位の共通性と固有性を、言語行動における動態的な現象として総合的な観点から捉えることを目的とする研究部門である。

③「連文論」、④「文・段連接論・連鎖論」で文のつながり、⑤「段統括論」、⑥「連段統括論」で文と段・連段のまとまり、⑦「文章統括論」で文章の全体的構造を解明する。③「連文論」の「文脈展開形態」とは「文章・談話標識」のことで、文法論・連文論と文段・文章統括論の接点にある言語要素である。

〈文章の本質〉　「文章」は、「統一性」と「完結性」が成立要件となるが、両者を併せもつ「統括性」が最も重要である。

文章の「統括性」とは、大小の「話題」の相対的なまとまりを意味し、文章は大小の意味内容のまとまりが幾重にも多重構造をなすものとして捉えられる。文章の統括とは、複数の文における意味のつながりとまとまり、特に、話題の一まとまりを表す「文段」を作り上げる働きのことである。文章中の話題の統括機能を本質とする「文段」は、「語」「文」「連文」などの単位とは別個の統一原理をもつ文章の直接成分である。

〈文章の成分〉　従来、文章の構成要素として、改行一字下げにして記す「段落」の「恣意性」が指摘されたが、談話論の成立により、問題の所在が明確になった。談話と発話の中間に「話段」という言語単位が設定されたためである。

近年、文章の文段を統括する「中心文」とともに、談話の話段をまとめる「中心発話」の形態と機能が解明されつつある。文章論と文法論の接点にある文脈展開形態、また、文連接論の文段連接論への適用可能性が課題となる。文法論の射程範囲が拡大するとともに、文法論と文章論の位置づけの再検討、実践用語としての「段落」と「文段」の認定基準の設定も、今後の重要な検討課題となっている。

〈文章の分類〉　文章は、構造・内容・機能の三つの観点から分類される。特に、文章の主題の出現位置と頻度による六種の文章構造類型（「文章型」）は、統括機能から分類される。文章の中心的内容を表し、統括力の最も大きい「主題文」を有する「中心文段」の出現位置と出現頻度の違いから、「頭括型」「尾括型」「両括型」「中括型」「分括型」「隠括型」の六種に分類される。文章における文段の統括機能の形態的指標や話段の談話標識の解明も、今後の検討課題である。

市川　孝（一九七八）『国語教育のための文章論概説』教育出版。

北原保雄監修・佐久間まゆみ編『朝倉日本語講座第七巻　文章・談話』（二〇〇三）朝倉書店。

小林英夫（一九四三）『文体論の建設』育英書院。

時枝誠記（一九五〇）『日本文法　口語篇』岩波書店。

時枝誠記（一九五六）「文章論」西尾実他編『国語教育辞典』朝倉書店。

時枝誠記（一九六〇）『文章研究序説』山田書院。

永野　賢（一九五九）『学校文法文章論』朝倉書店。

永野　賢（一九八六）『文章論総説』朝倉書店。

波多野完治（一九三五）『文章心理学―日本語の表現価値―』三省堂。

林　四郎（一九九七）『文章論の基礎問題』三省堂

〔**佐久間まゆみ**〕

70　文章研究

文章研究

「文章研究」とは、文章を研究することであり、またそういう研究分野の一つをさすが、類義の用語に「文章論」がある。

文章論は、時枝誠記が文法論の一分野として（時枝、一九五〇）、従来文学論や修辞論と見なされていた「文章」（文学作品など）を研究する分野を言語学の一分野として確立したもので、世界の言語学の先駆けとなった提唱である。その後、現代言語学でも、従来の「文」を最大の研究対象とした枠を破り、文を超える文法・談話文法、談話分析、談話（ディスコース）研究、テクスト言語学、語用論、認知言語学、会話分析など、「談話・文章」レベルの研究が陸続と現れた。

時枝の文章論は、その継承者たちにより一定の成果を挙げた。文法論として、文と文が結合して、より大きな意味的まとまりの、「展開」を本質とする「文章」をいかに形成するかという表現機構を明らかにしている。これに対して、時枝自身、個別の文章（文学作品など）の個別的特徴を明らかにする研究分野を示したのが『文章研究序説』（一九六〇年）で、本書における時枝の研究を一般に「文章研究」と言うが、散文作品の冒頭論などがよく知られている。

時枝誠記（一九五〇）『日本文法　口語篇』岩波書店
時枝誠記（一九六〇）『文章研究序説』山田書院

〔**糸井通浩**〕

71　文章研究

テクスト言語学

テクストの意味・機能・構造などを研究対象とし、そこから規則を導く言語学の一分野。一九六〇年代後半からヨーロッパで Weinrich, van Dijk, Dressler らが提唱し、日本語学の文章論・談話論・文体論を包括する研究領域が展開されている。

この研究分野は、具体的に取りあげる言語現象や対象の観点、サイズによって、テクスト文法またはテクスト論とも呼ばれる。ここではそれらを一括してテクスト言語学と総称し、微視的・中間的・巨視的の三つのレベルで論点を整理する。

微視的なレベルでは、語の反復と省略、接続表現や指示表現の意味・機能と用法、文の連接関係など、結束性（cohesion）や連文論の課題が問われ、音声言語では、統語論的には許容しにくいが談話においては自然だと認められる表現、共同発話（共話）などが問題となる。文法論との接点があるが、文法の規則には還元できない現象がとりあげられる。

中間的なレベルでは、連続する文の概念関係、表現類型の反復、話題が維持される様相（Daneš（一九七四）の「テーマ進行」など）、テクストの中間的なまとまりとしての「段」の成立や構造・相互関係・中心文の類型性が扱われ、また文の要素がコミュニケーションの推進にどの程度貢献するかなどが問われる。一貫性（coherence）や推論の問題、テクストのタイプの理解はこのレベルに属する。音声言語では、さらに話者交替の様相、応答ペア、同時発話などが問われる。

巨視的なレベルでは、テクストのジャンルやタイプにそくした区分やテクストのスキーマ的な描写が行われる。また、コミュニケーション上の戦略や異文化コミュニケーション、社会言語学のテクストの規模の諸課題が含まれる。

テクストのある部分で、文法論的に整った文が不自然と判断されたり、文法的には欠陥のある表現が受容されることがある。これは、テクストが文の単純な連続体としては特徴づけられないことを意味する。テクストには、文法規則を越えた多様な範疇が作用しており、de Beogrande and Dressler（一九八一）は、テクストと非テクストを分かつ基準である「テクスト性」として、結束性・一貫性・意図性・容認可能性・情報性・場面適切性・間テクスト性の七つを挙げ、これらは現在までテクスト言語学の主要な研究課題とされている。

テクスト言語学は、修辞学、語用論、認知科学などと隣接するが、Weinrich, Genette, Stanzel らの物語論との接点が大きく、方法論上も相互に摂取すべきものがある。

de Beogrande, R. A. and Dressler, W.（1981）*Introduction to Text Linguistics*. Longman.（池上嘉彦他訳『テクスト言語学入門』紀伊國屋書店）
Daneš, F.（1974）"Functional Sentence Perspective and the Organization of the Text." in Daneš, F. ed. *Papers on Functional Sentence Perspective*. Mouton.
van Dijk, T. A.（1972）*Some Aspects of Text Grammars*. Mouton.
Weinrich, H.（1964）*Tempus: Besprochene und erzählte Welt*. 5. Auflage. Kohlhammer.（脇坂豊他訳『時制論　文学テクストの分析』紀伊國屋書店（第三版の訳））

〔野村眞木夫〕

72　文章研究

語用論

語用論（プラグマティックス、pragmatics）は、特に一九六〇年代から海外で盛んになった言語へのアプローチであるが、言語の伝達機能の解明を重視し、言語を発話行為としてとらえるAustinやSearlの発話行為理論（speech act theory）に始まった。その後、行為としての発話には言外の意味が隠されているとするGriceの立場や、言語の意味とコンテクストとの関係を理論化するSperber and Wilsonの「関連性理論」などの枠組みの研究が盛んになった。これらの語用論の研究に共通するのは、コミュニケーションは文法的な知識だけでは達成できないとする立場である。言語以外にも、ジェスチャー、声の特徴、コンテクスト、社会的な背景、文化的な知識、参加者の相互関係など、多くの要素が複雑に関係し合っている。特に重視されるテーマには、言語形式と意味との関係、コンテクストに依存した文の解釈、談話標識を含む談話操作の機能などがある。広くは会話分析、レトリック論、言語障害、言語習得、メディア論など、多くの分野に応用されている。

〈コンテクスト〉

語用論で問題となるコンテクストとは、具体的に、発話とその前後の発話の関係、発話と身体行為の関係、発話と発話現場の関係である。これらは、一般的に「場の状況」（situational context）と呼ばれ、発話や発話が構成する談話現象に直結している。さらに、コンテクストには、発話とそれにまつわる社会・文化的要素との関係があり、ここには広範囲の知識や情報が含まれる。コンテクストが語用論において重視されるのは、意味を理解する際に必要な推論を引き出すのに不可欠だからである。語用論では発話行為の意味や機能がコンテクストとの相互関係を無視することなく論じられる。

コンテクストに関連して、意図された意味の解釈を聞き手がどのように認識するかを説明する理論として、関連性理論がある。具体的には、コンテクスト含意、既存情報の強化、既存情報の排除というコンテクスト効果（contexutal effects）の概念を利用し、その関連性を性格付けることで意味解釈のヒントとする。関連性理論は、コミュニケーションの参加者として我々が常日頃経験する認知プロセスを理論化したものである。

〈協調の原理と発話の含意〉

あるコンテクストにおける言語の意味を考える上で、発話者が言語行為に参加する際のルール、「マクシム」が役に立つ。適切な情報量を与える（量のマクシム）、真実を語る（質のマクシム）、関連のないことは言わない（関係のマクシム）、簡潔で順序立てた話し方をする（様態のマクシム）の四種がある。これらの原理はコミュニケーションが正しく十分に達成される条件であるが、これに違反した場合、それなりの意味があると理解する。たとえば、会話では「ちょっと寒くない?」という表現が「窓を閉めて」という意味に理解される場合があるが、それは「発話の含意（conversational implicature）」という。

高原　脩ほか（二〇〇二）『プラグマティックスの展開』勁草書房

〔泉子・K・メイナード〕

73

文章研究

社会言語学

社会言語学は、社会の中のことば、あるいは、生活の中のことばを研究する分野である。すなわち、ある言語社会に存在することばの多様性を明らかにし、それぞれがどのように機能しているか、また、ことばの使用者はそれをどのような意識のもとに用いているのかなどが、その研究対象となる。

ことばの多様性とは、その言語社会にどのような言語が存在するのかはもちろん、方言、新語・流行語、集団語、性別語など、どのような言語変種（language variety）があり、それがどのような属性の人に、どのような場面で使われているかを明らかにすることも重要な究明事項である。特に、日本語の社会言語学ではこの点に力点の置かれた研究が盛んである。

社会言語学は sociolinguistics の訳語であるが（真田他編『社会言語学』）、日本では、戦後早くに「言語生活」の名のもとに、同様の調査・研究が行われていた。

さて、最近の社会言語学は、日本社会の国際化を反映して、多言語社会研究や言語政策的研究が盛んになってきた。在日外国人の言語生活研究、日本語との言語接触研究、都市社会の多言語景観研究、あるいはまた、在日外国人のための言語サービス研究などである。在日外国人の増加という経済社会現象が、日本の社会言語学により実践的な調査・研究を要求したともいえる。一言でいえば、従来のミクロ社会言語学中心のものからマクロ社会言語学の視点も盛り込んだものへと、その研究領域が広がっているのである。

〔陣内正敬〕

第Ⅲ章

文体用語の解説

　文体研究における用語として一般的に認知されているのは、「〜体」と称されるものであろうが、本章では、それらの用語とともに、文体そのものを考え調べるうえで重要な要素となりうることがらを項目としている。それは、一覧すれば明らかなように、ことばの様々な単位から文学ジャンルにまで及ぶ。これらを通して、そもそも文体とは何かという本質的な問題を改めて見直すことにもなろう。

　文体は文章のみならず談話にも認められるものであるが、これまでの研究の経緯から、結果的に文章、とりわけ文学的な文章に関する項目が多くなっている。

　その個々の作品への具体的な適用は第Ⅷ章および第Ⅸ章で展開され、また実用的な文章の文体に関しては、第Ⅴ章で解説されている。

文体の基礎

1 文体

「文体」の定義は学者の数だけあるといわれるとおり、この語はたしかに驚くほどさまざまな意味合いで使われてきた。英文と日本文は使用する言語体系の違いであり、漢文体と仮名文は漢字か仮名かという表記に用いる文字の違い、和文体と漢文訓読体は使用する語彙の性格の違いであり、文語体と口語体は依拠する文法体系の違い、デアル体とデスマス体は文末表現の違いであり、韻文体と散文体は音声リズムの有無の違い、対偶体と四六駢儷《べんれい》体は修辞の違いであり、日記体と書簡体は文章の種類の違い、感想文と意見文は文章の用途の違い、論説文と記事文は文章のジャンルの違いである。そのほか、時代の違いから王朝体、元禄体、書き手の属性の違いから女の文体、老年の文体、軍人の文体、大阪人の文体、印象の違いから簡約体、華麗体、蔓衍《まんえん》体などを問題にすることもある。以上の類型的な文体とは別に、個別的な方向に注目して、文学史上の流派の違いから白樺派の文体、新感覚派の文体、作家ごとの表現特徴の違いに応じて森鷗外の文体、太宰治の文体などといった取り上げ方をする場合もあり、執筆時期の違いから谷崎潤一郎の初期作品の文体、志賀直哉の晩年の文体、さらに作品ごとの表現差に応じて、「紫式部日記」の文体、樋口一葉「たけくらべ」の文体、藤沢周平「蟬しぐれ」の文体といったターゲットのしぼり方もある。こういった極度に多様な文体観も、文章の表現上の性格を他と対比的にとらえた特殊性を問題にしている点ではすべて共通しており、大別すれば文体を類型面でとらえるか個性面でとらえるかで二分できる。『文章研究序説』で「文体の概念は、文章に対する類型認識の所産である」と述べた時枝誠記が普遍と個別とを一つのものの両面と見ているとおり、大きなスケールで展望すれば、個性としてとらえたはずの文体も、普遍へと向かう思い思いのアプローチにすぎない。『国語学大辞典』の「文体」の項で市川孝は時枝学説に言及したあと、「文体とは、表現主体によって開かれた文章が、受容主体の参加によって展開する過程で、異質性としての印象・効果をはたすときに、その動力となった作品形成上の言語的な性格の統合である」とした中村明の定義を引用してその「文体」の項を結んだ。その後、中村自身が『日本語の文体』でこの定義の背景を解説し、文章というものを単なる文字連続ではない人間の表現行動の軌跡と見なして言語作品の場で書き手と読み手との個性のぶつかり合う動的現象の中に文体をとらえようとした点を特色とし、作中の言語的性格のすべてではなく、作品の場で読者の心に響く特徴だけが文体形成に働きかけることを強調した。一歩踏み込めば、それは読者のつかみとった言語面での作者のスタイルであり、その背後に感じ取った人間の考え方ひいては生き方であるともいえるだろう。この「文体」という語があくまで作品の言語事実から抽出された帰納的概念であるのに対し、類義とされる「スタイル」は人間の個性が文面に反映したものとして、実現した文章の背景をなす可能性まで視野に入れて演繹的に用いる傾向が見られる。なお、文章中の表現傾向に対する印象を「筆致」とし、個々の作品を創作する際に採用する表現手段の総称として「手法」を用い、ある作家の作品群に共通して見られる特徴や傾向を「作風」と呼ぶ。〔**中村　明**〕

2 表現方法

文体の基礎

一般的には、ある人間が自分の内面の情報を他の人間が感覚でとらえうる形にして外面に示す方法の総称。具体的には、考えや知識や感覚や心情などを、他者の認知可能な表情・身振り・行動や絵画・音楽・言語などに託して理解させようとするときに採用する伝達方法をさす。言語を媒介とした伝達の場合は、送り手側の「話す」または「書く」という方法がそれにあたるが、文章や文体を扱う分野では言語作品を書く際の具体的な表現の技術面を問題にする。文章を作成するにあたって表現手段の選択が生ずる範囲は広い。大きなほうから並べると、まず何を書くかの「何」にあたる内容の選択がある。第一はその文章で取り上げる話題、第二はその話題について表現する中心内容としての主題で、ここが発想の段階である。第三はそのテーマを浮き彫りにし効果的に伝えるための題材選び、第四はそれらを文章の中にどう組み込んで主題を展開させるかという構成で、ここまでが構想の段階に相当する。第五は執筆態度の決定、第六は曖昧さを避けわかりやすく伝える読み手への配慮、第七は調子を整え、分量を調節し、段落づくりに工夫をこらす文章調整の段階、第八は一文の長短を考慮し、主語や述語の脱落や混乱を避け、並列や助詞の乱れ、修飾のルール違反に注意する文構成の段階、第九は敬語のバランスをとり、文末形式の単調さを回避し、不適切な表現に留意するなどの表現調整の段階、第一〇は用語の不注意や用字の勘違いを正し、句読点の数や位置を調節する体裁の段階などが考えられる。〔中村　明〕

3 表現様式

文体の基礎

「様式」という概念は幅広く、その時代・地域・社会などを特徴づける生活の仕方や行動パターンなどの一切をさすが、「表現様式」となれば芸術関連に限定され、何らかの基準をもとに分化した芸術的表現の類型を意味し、その芸術家らしい個人様式から、その流派に共通する様式、その時代を特徴づける様式まで、さまざまなレベルで言及される。言語表現の分野で用いる場合は、例えば「雪国」といった作品や、川端康成といった作家や、新感覚派といった流派や、小説といったジャンルなどが、例えば「山の音」といった作品、井伏鱒二といった作家、白樺派といった流派、評論といったジャンルなど、他の作品・作家・流派・ジャンルなどに対して有する相対的な表現特徴の型を意味する。「スタイル」という語が個々の作品や作家の個性的な部分に向かうのに対して、これは日本の古典で「ますらをぶり」の「ぶり」、「万葉調」の「調《ちょう》」、「蕉風」の「風《ふう》」、「近松流」の「流」などと称した概念をも含み、個性という異質性よりは、それぞれの中での共通性という類型認識が強い。その類型面を特化して抽象的にとらえると「ジャンル」に近づく。各分野での言語使用の実態は、同じテレビでもニュースとドキュメンタリーで違い、メロドラマとサスペンスでも違う。文学の中でも短歌と俳句と物語とでは違い、同じ小説でも恋愛小説と推理小説では違う。同じ新聞記事でも全国紙と地方紙と娯楽紙とでは皆違う。ジャンルごとの様式の違いが「ジャンル特性」といわれる文体的な差を生み出している。〔中村　明〕

4　文体の基礎　類型・個性

「類型」は共通点に重点があり、「個性」は相違点に重点があって、両者は正反対の概念に見えるが、一つのものの両面ともなる。万葉調は古今和歌集や新古今和歌集の調べと違うという意味で個別性を主張すると同時に、柿本人麻呂にも山部赤人にも大伴家持にも見られるという意味での共通性をそなえているし、志賀直哉の文体的個性は谷崎潤一郎や芥川龍之介らと違うと同時に、「暗夜行路」にも「和解」にも「城の崎にて」にも共通して見られるはずである。その意味で「文体」という概念はまさにその類型性と個別性とを兼ね備えている。時枝誠記は『文章研究序説』で「表現主体が、素材や題材をどのように把握し、どのような態度で表現するか、また、表現の場面をどのように意識し、それによって表現をどのように調整するかによって、そこに幾つかの類型が存在する」と述べ、文体の概念は文章に対する類型認識の所産であるとした。文体を人間不在の文章形態論から解き放したこの示唆多い文体観も、最終的に文体という研究対象の類型的な側面を照らすものであった。逆に、作品が読み手の参加を得て展開する過程で異質性を印象づける動力となった言語的特質とする、個性面に着目した中村明の動的な文体観も、その奥に普遍への志向が横たわっている。いかに個別化されても作品ごとに通い合うものがあるからこそ「スタイルをなした」といえるのであり、美的感動が実現するのも、作者と読者という二つの魂をつなぐ普遍的な意思のようなものが感じられるからである。

〔中村　明〕

5　文体の基礎　標準・偏差

ポール・ヴァレリーは「文体とは標準からの逸脱である」と定義し、シャルル・バイイは「パロールの偏差」という形で取り上げ、レオ・シュピッツァーは「一般的規範からの個人的な文体差」を問題にし、文体を逸脱と考えたピエール・ギローは偏差の科学である統計学を文体研究の柱とした。「標準」は「平均」や「典型」とは違う。「標準語」は単なる共通語ではなく、「標準服」は普段着ではなく、「標準時」は平均時刻ではない。「標準」という語には規範意識が伴う。とするなら、文体は本来そうあるべき標準の姿からどれだけ離れているかという、好ましくない距離として量的にとらえられてしまう。しかし、文体は直線上に並ぶほど単純ではないから質的にとらえるべきだし、そもそも文芸作品に本来の書き方などというものは存在しない。仮に「標準」を「平均的」という意味に緩めても、表現性ゼロという段階をどのように設定するかという大きな問題を抱えることになる。万葉集と暑中見舞とファッション記事と地球物理学の論文と小学生の作文とに共通する典型的な文章の姿などイメージできない。使用言語、書き手の属性、ジャンル特性、あるいはその下位区分としての文語体・口語体、大人・子供、初期・晩年、冒頭・結尾といった各条件において、発想・構成・展開・視点・修辞・用語・表記といった各要素の〈普通〉さの目立つ文章から言語的に抽出できる《形》、文体の標準とはそういう複合体であり、そこからの偏差もまた多面的な様相を呈するものと考えられる。

〔中村　明〕

文体の基礎

6 文体印象

例えば「あした」と「あす」と「みょうにち」という三語はどれもみな「きょうの次の日」をさすが、それぞれニュアンスが違い、それを語感の差として処理している。同様に、ある二つの言語表現がほぼ同じ情報を運ぶと仮定したときに、それでも両者の間に存在する何らかの違い、すなわち、それぞれの表現のあり方に応じて生ずる感じを「文体映像」と呼ぶことがある。それを受容主体側からとらえたのがこの「文体印象」であり、逆に表現主体側からとらえたのが「文体効果」だという関係になり、別項「表現効果」を一つの作品なり作家なりを単位に構造としてとらえたものに相当する。作品印象のうち言語的性格に起因する文体印象の広がりを一つのモデルで例示しよう。同じ図形を「アルファベットのA、B、C…を考えて下さい。A、B、C、D…そうです。そのC、Dが必要なのです。C、Dをそのまま並べてノートに書いてもおもしろくありません。C、Dをさかさまに、ちょうど鏡に映った字のように、逆立ちさせて、背中を少し重ねて並べてあるようにみえます」といった調子で説明した文章と、「垂直な二等分点を中心とする円を描き、線分とその左側部分の円弧とを、そのまま右の水平方向に平行移動させる。その際、移動の距離は直径の三分の一程度とする」と記述した文章とを比較すれば、対象の把握が、前者は人間味があり情的で概括的、後者は機械的で知的で精確であり、叙述態度が、前者は説明的・具体的・描写的・冗漫的・技巧的、後者は記述的・抽象的・要約的・凝縮的・素朴であり、作品感触が、前者は派手・なめらか・やわらかい・暖かい・軽い・明るい・親しみやすい、後者は地味・ごつごつ・固い・冷たい・重い・暗い・取っ付き難い、というふうに両者は対照的な印象となる。

文体印象に結びつく表現が工夫され、修辞的に類型化されている。以下にその主要なものを列挙する。情報量のわりに言語量を減らし、少ないことばに多くの意味をこめる表現方式が「簡潔体」、逆に、語句を節約せず対象をあらゆる角度から詳しく述べる表現方式が「蔓衍体《まんえん》」。漢語を多用するなどして、強くて激しい感じを出す硬質の表現方式が「剛健体」、逆に、和語を多用することで、優しく穏やかな感じを出す軟質の表現方式が「優柔体」。音調面でごつごつした感じに仕立て、つっかかるようなことばを活用して、特殊な文体価値を出そうとする表現方式が「武骨体」、逆に、読むときに口調がよく、読者の頭に滑らかに入ってゆくように述べる表現方式が「円滑体」。豊富な形容を用いて華やかな印象の文章に仕立てる表現方式が「華麗体」、逆に、それを最小限に抑える表現方式が「乾燥体」で、その間に、形容の多いほうから「高雅体」「清楚体」「平明体」を設ける。また、対象に心理的に接近し、それと一体になった感じで書く表現方式が「同化体」、逆に、対象から距離を置き、突き放した感じで客観的に記述する表現方式が「画離体」。事実を客観的に記述する表現方式が「叙事体」、逆に、事実よりも対象から受ける印象・感想に重点を置いて述べる表現方式が「抒情体」。細部まで緻密に巧みに描きこむ表現方式を「巧緻体」と呼ぶこともある。西洋の古典修辞学上の「荘重体」「中庸体」「低俗体」も調子の印象からの命名といえる。〔中村　明〕

文体の基礎

7 表現効果

その表現を採用することによって受容主体側に引き起こす伝達効果。ある文章の文体効果全体も大きなスケールでとらえた一つの表現効果である。その文体効果を形成する個々の要素としての、文以下のレベルの各表現それぞれの伝達効果をさして用いることも多い。「だれにでも足りないところはあるものだ」と「欠点のない人間などどこにもいない」という二つの文が同一の論理的情報を伝える目的で発せられたと仮定して、両者の表現効果を比較してみよう。前者はあたりがやわらかく、やさしく教え諭すような穏やかな調子で慰められる雰囲気だが、あとでやんわりとしみるような感じもある。後者はそれと対照的に、あたりがきつく容赦なく突き放す調子で頭からきめつけられるような雰囲気だが、さっぱりして奥にやさしさをたたえた感じもある。このような印象の違いをもたらす要因として、前者がすべて和語なのに後者は「欠点」「人間」という漢語が交じる、前者は「だれにでも」とぼんやり始めているのに後者は「欠点のない」といきなり主題に入る、前者が「足りないところ」とぼかしたのに後者はずばり「欠点」と明言する、前者が「だれにでも…ものだ」と一般化してショックをやわらげる配慮を見せるのに対して後者は「…ない…など…ない」と「など」で強めた二重否定を用いる毅然とした流れにしてある、前者がその「ものだ」で語りかけるように結ぶのに対して後者はその強い否定のまま文を閉じる、といった表現差が考えられ、それが効果の違いとつながる。

〔中村 明〕

文体の基礎

8 強調・朧化

口頭表現の場合は、大きな声が強調、小さな声がぼかし、すなわち朧化の役を果たすほか、派手なイントネーションやプロミネンスは強調の方向に、淡々とした調子は朧化の方向に作用する。文章表現の場合は、まず表記面では文字の大きさや太さ、色の変化、ダッシュやリーダー、傍線や傍点、引用符・感嘆符・疑問符などは強調に、その面での変化のなさや不使用は消極的ながら朧化につながる。語彙面では「非常に」「まさに」「絶対」「断じて」「よもや」のような状態の程度や書き手の気持ちを強める一連のことばの使用は強調の役を果たし、それらの不使用は消極的に朧化の方向で働く。また、同じことばの繰り返し、特に情報伝達の点で無意味な同一語句の反復使用は強調効果を伴う。長い文が続いている中に「朝だ」といった極端に短い文をはさんだり、ある箇所に短文を連続させたりする文長の変化も強調の効果があり、逆に同じ長さの文を続けると朧化に役立つ。段落の長さについても同様である。地の文の中に会話文や引用文を交ぜると強調になり、地の文だけで通すと朧化につながる。文章構成では結論を冒頭に置く頭括式や最後にもう一度括る双括式は強調に、散叙式は朧化につながる。レトリックでは、奇先法・頓降法・昇移法・遮断法・倒置法・強調重複・畳み掛け・詠嘆法・省略法・絶句法・体言止め・超格法・軛《くびき》語法・現写法・誇張法・極言・矛盾語法・逆説などが強調に、曲言法・婉曲語法・曖昧語法・緩叙法・側写法・依他法・含意法などが朧化の方向で働く。

〔中村 明〕

文体の基礎

9　間

言語表現上の積極的な空白部分。口頭表現の場合は音声の途切れる時間的な空白であり、文章表現ではその時間的空白の表示以外に、読んでいて息苦しさを感じさせないための工夫や、ことばの運びや情報展開におけるテンポの調整などを含む複雑な現象をさす。「初午に、花見に、七夕に、月待ちに、夷講に、年忘れに…始終遊ぶことばかりを考えた。…そうして、月の半分は、鈴むらさんは小よしのそばで…恋しい小よしのそばで暮した」という久保田万太郎の「末枯」の一節は、読点とリーダーが頻出し、作中の語り手の呼吸が読者に生々しく伝わってくる。「ガラッ、さア格子戸をあけた。…今、一足。…二足。…ここまで、百歩とはあるまい。…」という里見弴の「縁談窶《やつれ》」の一節も、修辞的に設けられた間の操作が二昔も前の男の息使いを再現し臨場感を与えている。同じ作品に、まだ子供だと思っていた都留子に、自分が女と一緒に住んでいることを知られた小父さんが「いやはや、押しの利かねえことおびただしいもんだね」と言う場面がある。そんな話を聞かれてしまったことにも、立ち聞きではないという相手の弁明にも直接つながらず、弱みを握られては今までのようにもっともらしく意見をしても迫力がなくなると自分のとまどいをつぶやいたことばだ。都留子が「え」と聞き返すのは瞬間的にそういう論理の隙間が埋めきれないことを示し、目に見えない表現の間が粋な会話を実現する。永井龍男の「風ふたたび」に散見する風景の点描も、表現の間の成熟した姿と見ることができる。〔中村　明〕

文体の基礎

10　ユーモア・ペーソス

「ユーモア」という語は語源的に血液とか粘液とか胆汁とかの「体液」を意味したとされ、中世の医学ではその配合によって人間の体質や気質が違ってくると考えていたという。「ウイット」や「エスプリ」が機知という頭の働きが前面に出た知性の産物という感が強いのに対し、「ユーモア」は当人は真面目なのに周囲には滑稽に感じられるというような天真爛漫な諧謔、人格の根底からにじみ出てくるおかしみを思わせる。その差は「をかし」と「あはれ」との関係にも似ている。「笑いは文化、ユーモアはお人柄」と一括できるように、ウイットやエスプリ、ジョークやコミックの笑いは文化によって違ってくるが、ユーモアは人柄に支えられて人間の愚かさや人生のはかなさを肯定する。この笑いと涙が背中合わせになった人間味あふれるしみじみとしたおかしみが、周囲の緊張をやわらげ、上品な笑いを誘う。「ペーソス」は、感情を意味する「パトス」の英語読みで、しばしば「ユーモアとペーソス」というセットで用いられるように、単なる哀感というよりは、ユーモアに含まれるそのしみじみとした感じをさす。小津安二郎監督の最後の映画「秋刀魚の味」で、娘の結婚披露宴を終えた父がその衣装でなじみのバーに入ると、マダムに「今日はどちらのお帰り?お葬式ですか」と声をかけられ、「ま、そんなもんだよ」と応じる場面がある。娘の旅立ちは親との離別であり、娘の幸福感は親の喪失感と同時に実現する。意外にも婚礼と葬式とが心の奥底で通い合うしみじみとしたおかしみである。〔中村　明〕

11 文体の要因
文体素

文体因子、文体的特徴、文体的要因などともいわれる。ある文章全体の文体としての印象を生み出す原因とみなされる、その意味で特徴的となる言語表現の総称。

ある文章が言語表現上、特徴的であるか否か、特徴的な場合それがどの程度かは、比較されるべき、それが含まれる集合総体の平均的あるいは典型的なあり方から相対的に規定されるものである。その集合とは、同一の書き手の文章総体の場合もあるし、同一のジャンルの文章総体の場合も、またそれらを重ね合わせた総体の場合もありうる。

特徴とみなしうる言語表現としては、その文章において、およそ言語形式として実現されている限りでの、すべての単位・側面が対象化される。従来の文体研究において取り上げられてきたものとしては、文章構成、冒頭文と結末文、段落、地の文と会話文、文、文末形式、直喩、単語、品詞、語種、人格語、指示語、接続詞、オノマトペ、色彩語、漢字、読点などがあり、その多くは量的な側面が特徴化されてきた。

これらのあり方には、相互に関連しあうものもあれば、そうでないものもある。また、特徴となる言語表現はまだ他にも考えられる。結果として以上のような言語表現が取り上げられてきたのは、多分に経験的あるいは直観的なものか、文体研究の歴史的背景としてあるレトリックからか、または方法上の便宜として計量化になじみやすいものかによる。

しかし真に問題となるのは、ある文章における言語表現自体の特徴としてではなく、それが文体素つまり文章全体の文体としての印象を生み出す原因とみなしうるかということであり、その限りにおいて、種々の言語表現上の特徴を統合・収斂しうるかということである。相対として特徴的と認められる言語表現であっても、それだけで文体素となりうるわけではなく、関わりが薄いということもなくはないのである。

言語表現のそれぞれには、選択可能な範囲で表現価値（イメージ）を認めることができるのであり、特定の言語表現が量的にあるいは質的に目立つ場合には、そのイメージが文章全体の印象に影響することは予想できることである。しかし、文章全体としての文体を考えた場合、その全体から受ける印象というのは、それとは一応別個なものとして感じ取られるものであり、それにもとづいて仮設されるものである。

全体的印象を仮設するには、その印象を言語化しなければならない。それを個別の文章特有なものとして記述することもあれば、類型として、たとえば具体的・抽象的、主観的・客観的、知的・情的、派手・地味、冗漫的・凝縮的、派手・地味、重い・軽い、上品・下品などのような対の形で示すこともある。そのうえで、仮設された文体と、その文章における言語表現の何かの特徴とを結び付けることができたとき、はじめてその言語表現は文体素と呼びうるものになるのである。

ただし、このような演繹的な方法による結び付けは文体の原則・理念としてであって、実際には個々の言語表現の特徴からの帰納的な方法によって、言わば手探り的に行われている状況であり、言語表現レベルに留まった、言語表現の特徴＝文体素＝文体というとらえ方がなされることが多い。〔半沢幹一〕

12 文字・表記的要因

文体の要因

文字・表記が文体の要因となる場合、文章を書くことに関わるさまざまな条件・要素の選択が大なり小なり関与する。

たとえば、手書きにするか活字にするか、手書きなら筆記用具として何を用いるか、字体・字形・書体をどうするかなどの選択があり、また手書きでも活字でも、縦書きにするか横書きにするかという選択もある。これらの選択の仕方から、すでにそれぞれごとに異なるイメージが形成される。

日本語の文字・表記は、選択可能性の幅が広く、その分だけ規範性も弱いため、文体的要因になることが多い。

日本語を表記する文字には、漢字・平仮名・片仮名・ローマ字の四種類があり、それぞれの文字の形態的特徴により、漢字は重い・固苦しい・改まった・書きことば的・男性的など、平仮名は柔らかい・やさしい・くだけた・話しことば的・女性的など、片仮名は軽やかな・新しい・お洒落など、ローマ字は国際的・分析的など、それぞれの文体的な印象を生み出す。これらのどの文字を多く用いるか、あるいは同じことばをどの文字で表記するかによって、文体が異なってくる。

さらに、漢字には同訓異字があり、一つの語に対してどの漢字をあてるかの違いがあり、平仮名では新旧どちらの仮名遣いにするか、片仮名ではとくに外国語をどのように表記するか、ローマ字では訓令式とヘボン式のどちらの方式に基づくか、などの選択がある。

文章全体の表記としては、現代では漢字仮名交じり、つまり漢字を中心として、それに平仮名を交える表記が一般的であり、単語の種類による文字の使い分けの規範を示す正書法というものもある。しかし実際には、新聞や教科書など、公共性の強い文章を除けば、かなり恣意的な選択が行われ、その傾向差に文体の違いを認めることができる。

歴史的には、漢字仮名交じり文のほかに、漢字文（漢文）・仮名文もあり、そのような表記様式がそれぞれ、和漢混淆文体・漢文体・和文体という文体を基礎付けるものになっていた。

また、幼児・児童向けの文章が平仮名のみで表記されたり、漫画などでの外国人の発話に片仮名表記が用いられたりして、読み手あるいは登場人物の文体として選択されている。

この他、日本語表記の特徴として、振り仮名という二重表記法がある。元来は漢文を訓読するための補助的な方法であったが、やがて独自のレトリックとして、本文の漢字と振り仮名による意味の多重化のために用いられるように発達した。その結果、振り仮名を付すか否かに始まり、振り仮名としてどのようなことばを用いるかにより、文体としての偏差が見られる。

文字以外にも、句読点などの補助符号も文体的要因となりうる。たとえば1文において読点をいくつ、どこに打つか、会話文の表示をどういう符号で行うか、疑問符や感嘆符、リーダーやダッシュをどのように用いるか、繰り返し記号を使うか否か、など文字以上に選択の幅がある。

最近は電子メールの普及に伴ない、絵文字や顔文字と呼ばれる符号も利用されるようになり、その使用の有無や種類などによっても、親密さの度合いに関わる文体が選択されるようになってきている。

〔半沢幹一〕

文体の要因

13 音声的要因

文体的特徴を形成する音声的要因としては、音声そのものの種類・性質によるものと、発音・発声のしかたによるものの、大きく二つに分けることができる。

前者は、日本語なら日本語という個別言語における音韻体系にもとづき、それを構成する音素・音節それぞれの相対的な価値（イメージ）によって生み出されるものである。

たとえば、標準日本語の母音はアイウエオの五つから成るが、それぞれの音の聞こえから、明るい・暗い、鋭い・柔らかいなどのように、対立的なイメージが組み合わされる。これら以外の、地域や世代による方言、あるいは外国語の母音は、それぞれの位相のイメージを喚起する効果を持つ。

子音における清音（無声音）と濁音（有声音）の対立も、オノマトペに端的に表れるように、軽い・重い、小さい・大きい、快・不快などのイメージ差を表す。個々の子音に関しても、その調音法により、たとえば破裂音のp音には、動的・開放的などのイメージ、摩擦音のs音には、爽やかさ・穏やかさなどのイメージがあるとされる。

音節単位では、これら子音と母音の組み合わせによるイメージが作られることになるが、特殊音節と呼ばれる、促音や撥音は活発さや勢いよさを、長音はのんびりした、大らかなイメージ、逆に連母音を融合した場合は、ぞんざいで粗野なイメージを与えやすい。

さらに、音節が結合して語・文などの長い単位になる際、特定の音素や音節の反復があると、そのイメージが強化され、文章全体に対する文体印象に強く働きかけるものになる。

後者つまり発音・発声のしかたによる要因としては、その高低・大小・遅速・調子などの付け方が関わっている。

音の高低については、そもそも全体として、低い声か高い声かにより、落ち着いた印象を与えるか否かという違いが生じる。また、高低の変化は、アクセントやイントネーションとして表されるが、アクセントは共通語か方言かで体系が異なるため、どういうアクセントかにより、その地域的位相のイメージが喚起される。有アクセント語の無アクセント化も、専門家あるいは若者という位相イメージをもたらす。

大きい声で話すか小さい声で話すか、ゆっくり話すか急いで話すか、間を取るか取らないかも、地声や個人的な癖を別にすれば、それぞれ場面や意図による使い分けがなされるものであり、その使い分け方に対応する印象、たとえば大きい声は威嚇的、小さい声は不安などというイメージが認められる。

声の調子というのは声音《こわね》ともいわれるもので、たとえば社会的位相ごとに、女性なら女性独特の、老人なら老人独特の声の出し方・調子というイメージがあり、そのどれに相当するかにより、それぞれのイメージが伝わる。

以上のような発音・発声のしかたのバラエティーは、もともとは個々人において自然的・無意識的に生じるものであるが、それらを作為的・意図的に選択することもある。意図的に選択する場合は、その文体的要因となる特徴がおさえられていることが前提であり、それにより相手に対する特定の文体効果をねらうことになる。

〔半沢幹一〕

14　文体の要因
語彙的要因

どのような語彙を選択するかは、文体特性と深く関わる。このとき、語彙の範疇によって、使用するか否かも異なってくる。たとえば、「語種」「品詞」「書き言葉／話し言葉」は、文章あるいは談話を構成する際には、必ず関わるものであり、それぞれの範疇の中から、あるものを選択しなければならない（obligatory な）ものである。すなわち、たとえば、「語種」は、大きく和語・漢語・外来語・混種語に分れるが、日本語の文章あるいは談話を生みだす際には、少なくとも、その一つを必ず用いなければならない。「品詞」についても、あえて、助詞または助動詞を用いない、ということは可能であるが、何の品詞も用いないということはありえない。したがって、これらの場合は、それぞれの範疇に属する項目が、どれぐらいの比率で用いられているかを測ることで、文体特性が求められる。

それに対して、「色彩語」「オノマトペ」「雅語／俗語」「古語／新語」「性別語」「年代語」「身分語」などの範疇は、使用してもいいし、使用しなくてもいい（optional な）ものである。したがって、こちらの範疇の場合は、そもそも用いられているかどうかがまず問われ、用いられているとすれば、どれぐらいのもので用いられているのかが問われることになる。

佐藤喜代治（一九六六）『日本文章史の研究』明治書院
山口仲美編（一九七九）『文章・文体』有精堂出版

〔小野正弘〕

15　文体の要因
語　種

どのような「語種」を用いるか、また、延べ語数において、どういう比率で語種を用いるかは、文体の指標となりうる。語種とは、和語（訓読みの語）、漢語（音読みの語）、外来語（カタカナ言葉）と、それらが組み合わされた混種語との区別を言う。

たとえば、類義の「しくみ」「体系」「システム」を考えたとき、子供向けの説明や軽いエッセーでは「しくみ」、評論や学術論文では「体系」、パソコンソフトなどの取扱説明書では「システム」が用いられることになる。軽いエッセーなどに難解な漢語を多用することは、特別な効果を狙う場合以外は、あまり考えられないし、評論や学術論文であれば、漢語が多く用いられる。さらに、時代小説であれば、会話文ではもちろん、地の文でも、時代に合わない外来語が用いられるのは、違和感があろう。すなわち、すでに一六世紀末までには日本に入っていた「煙草《たばこ》」「煙管《きせる》」「繻袢《じゅばん》」などが、江戸時代初期を舞台にした小説で用いられるのは構わないが、「ホット」「クール」のような語は、会話文ではもちろんのこと、地の文でもそぐわないものとなる。田中康夫の『なんとなくクリスタル』は、流行の最先端をゆく大量のカタカナ語を使用したことで知られているが、これは、まさに、カタカナ語の使用が、大きな文体的特性となっている例といえる。

遠藤好英（二〇〇六）『平安時代の記録語の文体史的研究』おうふう

〔小野正弘〕

16 品詞

文体の要因

延べ語数における品詞の構成比は、文体の指標となりうる。この場合、助詞と助動詞については、通常の文章では、使用頻度はそう変わらないとも思われるが、たとえば、あえて助詞をあまり用いないというような方法をとると、文体的な個性が出る。かつて宇野鴻一郎の官能小説では「わたし、困っちゃったんです」のような、女性が一人称で告白する文体が採られたが、その際、「わたし」のあとに助詞が伴わないところが個性となっていた。とはいえ、通常、文体の性格を決める品詞構成比に関わるのは、やはり自立語で、中でも、名詞と動詞の比率となる。名詞の使用比率と動詞の使用比率には相関関係があり、名詞を多用すると動詞の比率が下がり、動詞を多用すると名詞の比率が下がる。一般に、名詞比率の高い文章は、短く引き締まった、生硬な文体となり、動詞比率の高い文章は、説明的で平易な文体となる。たとえば、「彼の行動は人々の理解を超越していた」と「みんな、彼がどうしてそう振る舞うのか、よく分からなかった」を比較すると、そのことが理解できよう。形容詞や副詞を極力排して、事実のみを描写する文体は、いわゆるハードボイルド小説などに用いられる。また、接続詞を多用する文章は、論理的には分かりやすい反面、飛躍や意外性が感じられず、場合によってはくどく感じられるものとなることもある。

〔小野正弘〕

17 色彩語

文体の要因

「色彩語」を、どれほど、どう用いるかは、文体の指標となりうる。まず、色彩語の使用頻度によって文章を分類するとすれば、色彩語をあまり用いないものと多用するものとの両極端を考えることができる。色彩語の平均使用は、寿岳・樺島『文体の科学』によれば、千字あたりで四、五回であるという。色彩語を多用すれば、具体的なイメージがわきやすいという利点がある反面、読者による自由な想像は失われる。逆に、色彩語をあまり用いないと、色彩の具体的なイメージは与えられないが、それだけ読者による自由度が増す。また、色彩語選択のしかたも、文体の個性に関わる。すなわち、大別して、「赤、青、黄色…」等の直接に色彩名を表す語を用いる場合、「きつね色、雀色、土色…」等の色彩を持つものの名を利用した語を用いる場合、「春色、アクリル色…」のような、表現者が独自に創った色彩語を用いる場合の三種があり、与える印象が異なってくる。その際、微妙な色を表す語を書き込むか、それとも、大まかな色名で済ませるか、ということでも違ってくる。さらに、色彩を、和語、漢語、外来語（カタカナ語）のいずれで表現するかも、文体の個性に関わる。「限りなく透明に近いブルー」の「ブルー」が「青」だったら、かなり印象が違っていたことであろう。

寿岳章子・樺島忠夫（一九六五）『文体の科学』綜芸社
吉村耕治（二〇〇一）「色彩表現の特性と役割」『表現研究』七三号

〔小野正弘〕

18　オノマトペ

文体の要因

「オノマトペ」とは、いわゆる擬態語と擬音語をまとめた言い方であるが、これを、どのように用いるかは、文体の指標となりうる。一般的に、オノマトペを多く用いると、例えば、子供向け絵本の文体のような、感覚的で生き生きとした描写となるが、反面、幼く、間延びした印象も持つものとなる。これに対して、オノマトペの使用を抑えると、引き締まった描写となるが、反面、そっけない印象も与えるものとなる。オノマトペ使用の是非を論じたものとして、三島由紀夫の『文章読本』（一九六五）を挙げることができる。三島は、オノマトペは、言語の堕落したものであり、抽象性に欠けるので、みだりに使うべきではない、として、森鷗外「寒山拾得」の、小女に水を持ってくるよう命じたあとの描写が、「小女はバタバタと足音をたてて、チラチラと揺れながらキラキラと庭の緑を映す水を持って来た」などとはなっていず、「水が来た」とだけなっていることを絶賛している。たしかに、いちいち「開演のブザーがブーと鳴った」とか「喫茶店のドアのベルがカランと音を立てた」のような、言わなくても分かるところにオノマトペを使うと、余剰な印象を与えることもある。が、川端康成「伊豆の踊子」における「ことこと笑う」のように、強い印象を与えるものもあるので、どの程度のものを、どこに配するかが工夫のしどころとなる。

〔小野正弘〕

19　書き言葉・話し言葉

文体の要因

「書き言葉」と「話し言葉」は、音声、語彙、文法の面から、固有の文体を持つ。それぞれの語彙・語法を、文章中にどのように配置するかということは、文体の指標となりうる。通常は、話し言葉は会話文に用いられ、書き言葉は、地の文に用いられる。書き言葉である地の文を、どれぐらい話し言葉に近づけるかによって、地の文の全体的特性が決まってくる。たとえば、語りの人称を「ぼく」、文末を「です・ます」のように定めると、全体も、より話し言葉的な、例えば「とっても」「すごく」などが選択されることになる。また、同じ話し言葉でも、文末を「ございます」にすると、全体の文体的印象が異なってくる。たとえば、「ある日のことです」と「ある日のことでございます」を比較すると、その差が感じられる。山田美妙「胡蝶」（一八八九）では、地の文が「です・ます」体、会話文が文語体という、一見奇妙文体になっているが、これは時代小説であるので、その時代の人々は、今で言う文語で話していたはずだという想定によるものである。なお、会話文は、話し言葉で記されるとは言っても、現実の「話し」がそのまま写されるわけではないことには注意しておく必要がある。現実の「話し」は、言い間違いや無意味な繰り返し、省略、言いよどみなどのあるものであり、それをそのまま会話文としては、まとまりがつかないからである。口頭の言語を文字言語へうつす際には、加工・整理が必要であり、そのことによって書き言葉は洗練されるのである。

〔小野正弘〕

20　文体の要因
雅語・俗語

「雅語」と「俗語」が、どのように用いられているかは、文体の指標となりうる。雅語とは、古く格式のある言葉で、日常では用いられない語である。これと、あまり品がいい言葉だとは思われていない、日常のくだけた場面で用いられる俗語とは、対極に位置する。雅語は、和歌などの韻文や古文の中で用いられてきたものであるから、これを用いると、古典の世界が重層的に背景化する、といった表現効果も持つ。たとえば、『東海道中膝栗毛』発端の書き出しは「武蔵野の尾花がすゑにかかる白雲と詠みしは」であるが、これは『続古今集』の歌をふまえたものであり、これが、江戸の今昔を対比させる導入部として働いている。また、雅語は、現実的には日常的なものでも、なにか特別なものとして表現する力も持つ。例えば、「東北地方へ旅行に出かける」を「北国《きたぐに》に旅立つ」と表現すれば、なにか物語を予感させるようなニュアンスを持つようになる。一方、通常は、雅語を用いて表現する歌の世界に、俗語をあえて取り込んで、文体に特性と活性を求めるという場合もあり、たとえば、『山家集』や『散木奇歌集』に、その例が見出せる。また、狂歌や川柳は、和歌、俳諧が主として伝統的な歌の言葉を用いるのに対して、積極的に俗語や方言を取り入れているところに特徴があり、まさに、俗語は、狂歌・川柳の文体的特徴の一つとなっているのである。

〔小野正弘〕

21　文体の要因
古語・新語

「古語」と「新語」が、どのように用いられているかは、文体の指標となりうる。ある時代において、すでに古い言葉となっていると意識されているものが古語で、新たにつくられたものが新語である。古語で、特に品位や格式のあるものが雅語である。また、古語はすでに廃語となっている場合もあるが、最近できた語でも廃語となる場合はあるので、完全に重なるものではない。一方、新語の中で、一時的に多くの人々によって用いられるものを流行語という。古語を意識的に多く用いて文章を書く場合としては、時代小説のような歴史的な性格のものが、まずは考えられるが、江戸時代の国学者が書いた「擬古文」のように、古典の世界に自分の身をひたすために書くという場合も考えられる。あらゆるものを古語で表現しようとすれば、それは古文になってしまうので、実際は、ある特定の語を古語にして、それらしい雰囲気を作るということになる。たとえば、江戸時代を舞台にした取物帳などでは、「殺害」と書いて「せつがい」と振り仮名を付すことで、時代の雰囲気をかもしだす。また、新語を積極的に取り入れた文章を書く場合としては、大衆小説、ルポルタージュなどが考えられる。新語を取り入れた文章は、同時期においては高い共感を得られるが、少し時間が過ぎてしまうと古くなってしまう。語学的には、新語使用の宝庫である源氏鶏太、佐々木邦などのいわゆる中間小説が、現在では多くの読者を持たないのも、そこに理由がある。

〔小野正弘〕

22　文体の要因　性別語

「性別語」が、どのように用いられているかは、文体の指標となりうる。性別語とは、具体的には、男性語と女性語の別である。男性の発話と女性の発話には、歴史的に、音声、語彙、文法などの面でさまざまの差異があり、性差による文体差を形成していたと考えられる。語彙の面からは、たとえば、平安時代においては、漢文訓読の文体は、男性の用いる語を反映し、女流による物語・日記の文体は、女性の用いる語を反映するとされる。たとえば、漢文訓読で用いられる「はなはだ」「ごとし」「すみやかに」は、女流の物語・日記では、「いと」「やうなり」「とく」と表されている。また、『源氏物語』手習巻で、僧が「希有」を用いて話しかけたのに対し、明石上が「まれなり」を使って返答するという場面も、男性が漢語・漢文を表現手段としたのに対して、女性が和語を表現手段としていたことを示唆している。漢語・学術語を日常の言葉に交えるというものが男性語的で、和語を通常の用法として用いるのが女性語的であるという差異は、その後も長く続いて現代にいたる。逆に言えば、女性が漢語・学術語を日常の会話に交えると、特殊な文体を形成するということになる。『源氏物語』帚木巻に登場する、博士の娘が、風邪で「極熱《ごくねち》の草薬《さうやく》を服《ぶく》して」などと言うものは、現在、たとえば、「あたし、ハイフィーバー用のメディスンをドリンクしてるの」というものから感じるような特殊な文体特性を持っていたことが推測される。

〔小野正弘〕

23　文体の要因　年代語

「年代語」とは、個々人が属する年代特有の言葉であり、若年語・壮年語・老年語などのように分類でき、例えば、若年語は二〇代前半あたりまで、壮年語は六〇代前半あたりまで、老年語はそれ以降のように大別できる。この年代に応じて、音声、語彙、文法の面から、固有の文体が形成されている。すなわち、話しぶりで、所属する年代が分かるわけである。この年代語が、どのように用いられているかは、文体の指標となりうる。その際、現実には用いていなくても、その年代であれば用いることが想定されている、金水の『ヴァーチャル日本語』などでいう「役割語」としての年代語があることにも注意しておく必要がある。例えば、「わし」「〜じゃよ」のような表現は、いかにも老年語特有の言い回しのように受け取られる。そのような点を考慮すれば、一般に、年代相応の言い方というものがあって、例えば、「厠《かわや》」は老年語としてはふさわしいが、若者が用いると違和感があり、もし、若者の話し言葉として表現されることがあれば、文体特性の要因となる。地の文の「語り」は、通常、壮年語を基本としていると考えられるが、少年による語り、老人による語りといった地の文もありえ、その場合には、年代語が、語りの特徴を形成することになる。

〔小野正弘〕

金水　敏（二〇〇三）『ヴァーチャル日本語　役割語の謎』岩波書店

24 身分語

文体の要因

「身分語」とは、個々人の職業や地位・役割に特有の言葉である。職業、地位、役割等に応じて、音声、語彙、文法の面から、固有の文体が形成されている。逆に言えば、ある人間の話しぶりから、その人間の身分が推定しうるわけである。この際、現実には用いられなくても、その身分であればいかにも用いるであろうと想定されている、金水の『ヴァーチャル日本語』などでいう「役割語」としての身分語があることにも考慮しておく必要がある。例えば、貴族であれば「まろ」、殿様であれば「余」、遊女であれば「わちき」、警官であれば「本官」、軍人や自衛官であれば「自分」のような自称詞の含まれた文体を用いることになっている。これは、映像のような表現であれば、服装や態度で表せることを、文字だけで表す際の、固有の戦略ともいえよう。身分語は、例えば、小説の会話文においては、登場人物の身分を如実に表す文体特性の要因として働く。また、地の文においては、どういう人間による語りなのかを表す際に、その特徴となりうる。例えば、医者による語りであれば、医学用語がどこかに出てくるはずであるし、消防士が語り手として選ばれれば、その分野の専門用語が、しばしば解説を加えられながらも用いられることになる。

金水　敏（二〇〇三）『ヴァーチャル日本語　役割語の謎』岩波書店

〔**小野正弘**〕

25 待遇語

文体の要因

人間関係や場の認識に基づいて使い分けられる語という意味では、すべての語は待遇語ともいえるが、その中で尊敬語、謙譲語、丁寧語といった「敬語」は待遇語の代表的なものである。たとえば、「言う」に対応する待遇語としては、その動作を行う人を高く待遇する「おっしゃる」、動作の対象を高く待遇する「申し上げる」などがあげられる。これは話し手、聞き手、話題の人物の人間関係の認識をもとに表現されたものである。「申す」は、動作を行う人を高くしないという働きをもつだけではなく、改まった場で用いられるという面も持っている待遇語である。「本日」なども、特定の場面でしか用いられないという意味では、同種の待遇語だと言える。「弊社」「御社」などの語も、人間関係の認識に基づいて用いられる待遇語である。

以上は、相手に対する尊重や場への配慮から使われる待遇語であるが、反対に、相手を罵る際に使われる「卑罵語」や「軽卑語」などとも呼ばれる待遇語もある。これらは敬語のように体系化されておらず、「言う」意味での「ほざく」や「貴様」など相手を直接罵る語が中心である。また、特に幼児に対して親愛の気持ちから用いられる「お絵かき」など「親愛語」と呼ばれるものもこの待遇語として考えることができる。

「待遇語」は、人間関係や場の認識に基づくため、その意味では、主に話し言葉で用いられるが、書き言葉でも、手紙やEメールなど、相手を特定したもの、話し言葉に近いものには用いられるものといえよう。

〔**坂本　惠**〕

26 敬　語

文体の要因

「敬語」は通常、人間関係や場の認識によって使い分けられる言葉のことで、尊敬語、謙譲語、丁寧語などに分類される。尊敬語、謙譲語は、話し手・聞き手・話題の人物の位置づけに関係する敬語だが、丁寧語は、その文章や談話の直接の相手となる聞き手・読み手に応じて使い分けられるものである。丁寧語の中でも、きれいに表現するために使われる「お天気」や「ご飯」は「美化語」とも呼ばれる。しかし、「です・ます」のように、文体に直接関係するものが狭義の丁寧語であり、「文体丁寧語」と呼ぶこともある。このほかに、「でございます」、「であります」を使う「でございます体」や「であります体」もある。

文体としては、「です・ます」を使うか否かによってその性質が大きく異なり、使う文体を「です・ます体」「丁寧体」などと言い、使わないものを「普通体」「常体」などと呼ぶ。話し言葉においては「です・ます」を使わないものを俗に「タメ口」「タメ語」などと言い、逆に、「です・ます」を使うものを「敬語で話す」などと言うこともあるように、どちらを選択するかは、話し手と聞き手との距離感を表すことになり、大きな違いとなる。一方、書き言葉では手紙など特定の相手を想定したもの以外は「です・ます」を使わない普通体が通常であるが、「です・ます」を使用したものは書き手の存在を際だたせ、読み手に語りかけ、親しみを生むという効果も生まれる。そのため、児童書、入門書、小説などに用いられることが多い。

〔坂本　恵〕

27 スピーチレベル

文体の要因

日本語では、特に話し言葉の場合、相手との関係により、「です・ます」という丁寧語を使ういわゆる「敬体」か、使わずに「だ」体で話す「常体」「普通体」かを選択しなければならない。この話し言葉での文体のことを、「スピーチレベル」「待遇レベル」「スピーチスタイル」などと呼ぶが、「スピーチレベル」と呼ぶことが一般的になっている。

一般には、「です・ます」を用いないレベル、「です・ます」を用いるレベルの二つを設定した上で、丁寧語以外の尊敬語や謙譲語などの敬語を使うことでより高いレベルを表すと見なしたり、「ね」「よ」などの終助詞を加えることで丁寧さが変化したと考えたりする。ただし、文を最後まで言いきらない中止形、言い差しなどをどのように扱うかで、レベルの設定は異なってくる。「スピーチレベル」は相手や状況により恒常的に決まっているものではなく、変化するものである。初対面では「ですます」を使って話していても、親しくなるにつれて「です・ます」が省かれた表現が出てくることは多く、また、同一談話内でも微妙に変化するものである。

スピーチレベルを変化させることを「スピーチレベルシフト」という。変化の要因としては、心的要因、文脈的要因などが挙げられている。「スピーチレベルシフト」を効果的に行うことにより、相手との心的距離をコントロールすることができる。

〔坂本　恵〕

28 美称・蔑称

文体の要因

「美称」「蔑称」、さらに「敬称」「尊称」「謙称」「卑称」などという場合、人称を含む人物の呼称を指す場合と、呼称の中で特に接辞として用いられるものを指す場合がある。身分制度のはっきりしていた時代にはいろいろな形が使われていたが、現在では特定のものしか使われなくなっている。

「美称」「敬称」「尊称」は、いずれも敬語の一般的な用法として、第三者を含む相手側の人物について使うもので、その人物を「高めて、美しく」表現するものだと言える。「さん」「様」をはじめとした、氏名に添える接辞が多い。かつては特別なものも多かったが、現在では、「…殿」、力士に使う「…関」、皇室関係の「…陛下」「…殿下」などに限られている。また、職名や職階を接辞として添えるものもあり、「…先生」「…課長」「…師匠」などがある。一般的に使う「さん」ではなく、職名や職階名などを使うことはその人物に対する敬意を表明していると考えられる。手紙、文書の敬称は、かつては「様」「殿」などの使い分けがされたが、現在ではどのような場合でも「様」が使われることが多い。

一方、相手を低め、罵って使うのが「蔑称」「卑称」となる。呼び捨てることが罵ることにつながるため、「…ら」「…め」などの接辞のほかには、「おのれ」「こいつ」「てめえ」などの人称に集中している。自分自身（自分側を含む）について使うものを「謙称」という。自分側を低く表すもので、人称が中心となる。「私」「私ども」「手前ども」などがある。〔**坂本　惠**〕

29 文法的要因

文体の要因

文構成のあり方が文体に影響を及ぼす要因としては、文末表現の形式や、主語を明示しているか否か、助詞の省略の有無、修飾語句の特徴、文節と文節との連接・呼応関係などがある。単語の文法的機能を表す品詞の出現率も挙げられる。波多野（一九三五）では、志賀直哉の文章には名詞が多く谷崎潤一郎の文章には動詞や形容詞が多いという調査結果から、志賀の文章は即物的で谷崎の文章は観念的な文体という評価をしている。

文法を文章まで含めて考えるならば、接続語や指示詞に注目して文の連接関係などから文体を論じることもできる。指示語や接続詞の類が多いときには、一般的に評論のような硬質な文体になると考えられる。ほかにも、現象文と判断文とに分けたり、提題文を取り出したりして、それらの文がどのように出現するか、あるいはそこに表れた主題がどのように受け継がれていくのかに注目する方法がある。この結果を語り手の特徴や内容と関係づけて、主題がどのように連鎖し、何を軸として語りを展開させているかにより、文体的な特徴を明らかにすることができる。

また、中島敦「山月記」の末尾の「（虎は）二声三声咆哮したかと思うと、又、元の叢に躍り入って、再びその姿を見なかった。」のような破格表現に着目することによっても固有の文体に迫ることができる。

波多野完治（一九三五）『文章心理学』三省堂

〔**石出靖雄**〕

30 文体の要因

語順

一文の中に配置された語の順序のこと。語の位置によって文法関係が決定されない日本語では語順の規則は緩やかであるが、慣用による標準的な配置の法則は見出される。標準的語順の法則としては次のようなものが指摘される。情報量の多い、長い係り部分は前に来やすい。文脈指示語を含む部分などは前に来やすい。主題を表す「は」を含む部分は前に来やすい。強調する部分は、文頭か述語の直前に配置される。また、一文中のそれぞれの格の先後関係も述語に呼応する形で法則が存在する。しかし、これらの法則は、そのような傾向があるという程度で絶対的なものではない。

その標準的な配置の法則から外れた語順にすることによって、文体的な効果が生まれる。最も顕著な例は副文止めなどに代表される倒置である。副文止めは、述語によって文が終止する形をとった後に連用形などが続き、受ける語の後に係る語が配置されるものであるが、文の一部分を強調したり余韻を残したりする効果がある。倒置により表現は異化され、その部分の表現が意識されることになる。

倒置は標準的語順からの大きな逸脱であるが、大きな逸脱としては他に文を分断して挿入がなされる場合ぐらいであり、もともと語順の法則が緩やかな日本語では、語順の変更がよく見られる。語順は、文章の流れや表現者の意図も含めた種々の要素により決定され、文体に影響を与える要因になっている。

〔石出靖雄〕

31 文体の要因

語法

文体論では、ジャンルや作家・作品における特徴的な言葉の用い方を問題とすることが多い。その中でも、受身形の多寡や、いわゆる漢文脈や欧文脈の語法などはよく注目される。小説で受身形を用いると、語り手の視点が動作を受ける人物寄りになるため語り手の視点や位置に影響を与える。いっぽう論説文での受身形は、主語を曖昧にして客観的な印象を与えることが多い。また、漢文脈は漢文訓読調の語法を用いるため重厚な印象を与え、欧文脈は無生物主語や翻訳調の語法により、冷静で客観的な印象を与える。

個別の語に関しては、「ので」と「から」、主格の「の」と「が」など、効果や意味に微妙な差のある語がどう用いられているかにも注目する必要がある。また、文法体系が文語寄りであるか口語寄りであるか、特定の語法を多用するかなどの運用実態にも注目する必要がある。これらからあらたまりの程度や表現者の意識が観察できる。

西田（一九九二）によると、小林秀雄の評論は、「―ない」「―である」などの言い切る語法や「に過ぎない」などの切り捨てる語法が多用され、推量の助動詞などが使用されないことによって、明快さと緊張感が感じられるという。このように、頻度の高い語法、形式や意味の特殊な語法に着目することが有効と考えられる。

西田直敏（一九九二）『文章・文体・表現の研究』和泉書院

〔石出靖雄〕

32　文体の要因
文末表現

文がどのような形式で終止しているかを問題とするときの用語である。日本語は文末述語によって文の意味・性格が決定されるため、文末表現は文体研究の重要な要素で、特に文の最後の語に着目することが多く、「文末表現」といえば最後の語あるいは複合辞を指すのが一般的である。

中古から近世までは、過去、完了、推量のそれぞれの助動詞により、文末表現は充実していたが、明治二〇年前後からの言文一致運動により小説を中心に新しい文末表現が生み出された。二葉亭四迷の「だ」体、山田美妙の「です」体、嵯峨の屋御室の「であります」体、尾崎紅葉の「である」体など、使用された指定文末表現が注目され、それが文体名称となった。最終的には対読者意識の目立たない「である」が定着し、言文一致体も完成した。

現代では、「た」、「ている」、「である」、「のだ」などの文末表現の文体に与える影響について特に注目されている。小説の地の文では「た」系文末が多いが、必ずしも時制上の問題ともいえない。小説の語りは日常の言語使用と異なるため、語り手の設定や語り手が語られる事態についてどう関わっているかによって、その文末表現も異なってくるのである。さらに、文末表現は描出話法や内的独白などの話法の問題とも深い関わりがある。また、「である」や「のだ」は読者に説明する機能があるが、使用頻度や出現の偏りによりストーリーの時間的展開や、語り手の存在感に影響を与えることがある。〔**石出靖雄**〕

33　文体の要因
文　長

一文の長さ（文長）を調査することは、計量的に文体的特徴を探るときの手段の一つとなっている。波多野完治が『文章心理学』などで統計学的手法の一つとして文長を調査し、谷崎潤一郎は長い文を好み志賀直哉や芥川龍之介は短文が多いという結論を得、他のデータとも総合し作家の性格と文体を鮮やかに結びつけたことが知られている。文長は、文節数、文字数、音節単位（ひらがなに直しての文字数）によって測られる。文字数による計測は厳密でないともいわれるが、同じ作家やジャンルでの比較であればほとんど他の方法と同じ結果が出ている。

文長に関する特徴は個々の作家や小説テクストにより異なるが、文章の種類によっても異なる。会話文は一語文が含まれることもあり、同じ小説の中でも地の文に比べて平均文長の短い傾向が指摘される。扱うジャンルや時代によってもそれぞれ特徴が見られる。また、教科書の文長は高学年ほど長くなるという報告がなされ、文長と読みやすさとの関連が指摘されている。計測した文長は、平均値、中央値、標準偏差などのデータを駆使し、文体分析に用いられる。既出の波多野の調査では、芥川龍之介は二〇字台の文が非常に多くばらつきも少ないが、森鷗外は平均文長では芥川と大差ないものの一〇〇字以上の文もいくつかありばらつきが見られるという。しかし、文長の調査だけで文体的特徴を探ることは難しく、文構成、文末表現、文法、語法などの他の調査と照合しての分析が一般的である。〔**石出靖雄**〕

波多野完治（一九四九）『現代文章心理学』

34　文体の要因　表現的要因

表現が文体的要因となる場合、というのはあまりに漠然とした括りであるが、ものの言い方／話の進め方と言い換えてもよい。たとえば表現主体が直接的な方法を選ぶか間接的な手段を取るかによって、受容主体に与える文体印象は大きく変わる。

普段の会話でも、誘いを断る時にはっきりと否を口にできるケースは多くない。本当は気が進まないのであっても「ちょっと都合が」等とスケジュールのせいにすることで、相手の感情を逆撫でしないコミュニケーションが成立しているのである。「死ぬ」のように縁起の悪いことばについては、「なくなる」「去る」「（命を）失う」「没する」といった本来的意味の異なることばに置き換えることで、強いマイナスの印象を緩和している。

また、「その年でドキドキするのは恋じゃない」というキャッチコピーは生活習慣病への警鐘を鳴らす間接表現だが、「ある程度の年齢になり、少し動いただけで動悸が激しいなら健康状態を疑え」と書くよりもユーモアが感じられ、あたりも柔らかく、消費者は好感を抱く。

間接化は緩衝材となるだけでなく、表向き現れていない意味を受容主体が「読み取る」楽しみを与えもする。表現の選び方ひとつで、文体の印象が大いに変わる所以である。

〔水藤新子〕

35　文体の要因　視点

対象を見る目の位置を視点といい、広く「視点を移す」「視点がぶれる」「消費者の視点」のような使い方をする。また、表現主体の態度、即ち表現対象との距離や角度、または立ち位置を示す指標を「視点」と総称する。

視点については長年にわたり、整理・検討が行われてきた。文学作品の場合は「全知視点」と「制限視点」に分けるのが一般的である。前者は作品世界のすべての人物、すべての事件、すべての条件を、過去・現在・未来を問わず心得ている視点であり、「神の視点」とも呼ばれる。後者は作中人物のひとりに固定されていて、それは主人公の場合もあればそうでない場合もあり、また作品展開につれて語り手が次々に転じて行く場合もあるが、いずれにせよその一個人が知る限りの、あるいは考察し推測する限りの内容しか語りえない。そしてその考察や推測も正しいとは限らず、そのため読者は時として表現主体の狙った、意図的な誤解へと導かれることもある。

表現主体が設定しうる視点が映し出す＝語る内容が常に客観的なものとは限らない。視点「人物」という以上は、その誰かの「主観」が加えられたことばに置き換えられていることに留意しなければならない。表現主体はある何者かの口を借りて作品世界を語るのだから、視点とは単にその作品世界を撮影するカメラの位置ではなく、ある表現意図を持った語り――限定された叙述の発せられる位置とみなすべきであろう。作品中の誰が／どこから見ているかを「人物視点」、表現主体がどのような角度から見ているかを「機能視点」と捉える分類は、こうした考えを踏まえたものである。「原視点」と「創作視点」はいずれも作品世界に配置されたものではなく、表現主体自身の目の位置を説明した用語である。表現主体の本来有している、いわば裸眼の視点を「原視点」とした上で、創作動機と作品意図という「二枚のレンズ」を通して作品世界を覗いているものを「創作視点」と考える。これは視点人物の後ろからそれを操る「黒幕」にも喩えられる。

日英の児童文学の比較から、イギリスの作家は表現対象と一定の距離を保つのに対し、日本の作家はその距離を自在に変化させる傾向が強いとの傾向が見受けられた。登場人物を客観的に見ていたかと思うと次の場面ではその人物となり、事物を眺めていたかと思うとたちまち印象を語ったりするというのだが、これは即ち視点の「同化」と「転移」の問題とみなせよう。読者は作品の語り手に導かれ、その心情に寄り添い、喜怒哀楽をともにする。いわゆる感情移入が容易か否かは、結局のところ視点人物に負うところが大きい。

作品中の誰が／どこから見ているかは勿論のこと、その後ろに隠れた表現主体が読者に何を／どのように見せようとしているのかも、作品の印象を左右する大きな仕掛けである。視点を手がかりに作品世界へと入り込み、「目」を持つ誰かに自分をなぞらえ、縦横無尽に展開する物語の流れに身を任せることこそ、文学作品の、読書の大いなる楽しみなのである。

中村　明（一九八七）「言語表現における視点の問題」『早稲田大学大学院 文学研究科紀要』三三輯

〔水藤新子〕

36 文体の要因

配列

表現においてどのような順序で情報、そしてことばを並べるかを、広く配列の問題と考える。

「大変大変！」と叫んで飛び込んだのに「何が」と言われ、「事故！」と言えば「どこで」と問われ、「トラックと自動車が！」と答えれば「どうして」と訊かれる。いわゆる5Ｗ１Ｈを意識して、順序良く説明せよと求められるのである。新聞の文章はこのルールに則り、時系列に沿って事実を過不足なく伝えるもので、表現者の推測や考察を窺わせることばは見出せない。報道に携わる者はあくまで客観的な伝達者としての職務を与えられているからである。

ただ、たった今目撃した事故の脅威を伝えるならば、そのような表現はかなり無感動で無機質に思われる。「大変大変！」と注意喚起し、修飾句も文末表現もなく一語で「事故！」と述べ、問われてから「トラックと自動車が」「三丁目の角で」などと情報を小出しにする方が結果的に緊張感やサスペンス効果を生み、話し手の受けた衝撃が聞き手にも共有できる。

時刻表や年表、調理法や議事録など、時系列に沿った書き方が基本であり、近くから遠くへ、既知から未知へ、やさしいことから難しいことへと並べるのがわかりやすいとされる。一方で、推理小説は多面的な情報を提供し、表現者の望む誤解へと導くことで成立する。配列はすべての表現が内包しているだけに普段意識されにくいが、時にその順序を崩すことで受容主体は新鮮な驚きと興味を抱くのである。

〔水藤新子〕

37

文体の要因

叙　述

物語におけるいわゆる「地の文」の進め方を指し、「語り」「ナラティブ（narrative）」とも呼ばれる。「語り」には「語り手」が存在するが、一口に「語り手」と言ってもいろいろなタイプがあり、作品世界とは距離を置いた第三者が設定されることもあれば、登場人物のひとりがその役目を任され、彼／彼女の立場から語ることもある。前者は大抵の場合、物語全体を見渡す能力＝「神の眼」を備えており、すべての登場人物の心内を代弁し、あらゆる場面を漏らさず描写する。読者が知らない情報をさりげなくもたらしたり、今後の流れを予告したりして、明らかに全能の先導者として機能している。それに対して後者は限られた視界しか持たない。物語が進む中で彼／彼女には立ち会えない場面も少なくないし、他の登場人物の心理に分け入るには限界がある。読者にはその制約内の情報しかもたらされないため、読者の方が語り手を越えて、他の人物の内面や物語の行く末を読み取ってしまうこともある。また、老若男女、職業階級や教育程度、知的レベル等々語り手の属性も、読者にある種の先入主を与えることになる。

時制の問題も叙述と関わりを持つ。時系列に沿って語れば読者は事態が「今、ここ」で進行するかのような臨場感を覚え、物語への参加意識も得られる。いわゆる「歴史的現在」とは、過去の回想を「今、ここ」のことであるかのように現在形で語って読者を作品世界へ引き寄せ感情移入を容易にする、叙述上の常套手段となっている。

〔水藤新子〕

38

文章の文体分類

文章体・談話体

「文章体・談話体」というのは、言語の最大単位である文章と談話を、文体という観点から見た用語であり、両者が言語表現として同一内容を表す場合を前提としたとき、文章と談話の両者において一般に認められる相対的な印象の違い、または表現上の類型的な区別をいう。これは、文章ならばすべて文章体、談話ならばすべて談話体であることを意味しない。いかにも文章らしい文章、談話らしい談話というものを典型として設定し、それぞれにおいて相対的に位置づけられるものであって、文章同士における、あるいは一つの文章内部における文体差としても用いられる。

文章と談話は、文字と音声という媒体にはじまり、言語そのもののあり方に相違があるだけではなく、それらを手段としたコミュニケーションの成立条件にも異同があり、それぞれにおいて、また全体として、印象・受け取り方に違いが認められる。たとえば、媒体レベルでは、文字と音声で、どちらが簡潔あるいは冗長と感じられるか、語彙・文法レベルでは、書く時と話す時で、どちらが改まったもの、あるいはくだけたものを用いがちか、コミュニケーションレベルでは、口頭と文書で、どちらが正式なものとして扱われるか、など、それぞれに差が見られる。

ただし、近年の通信機器の急速な発達などにより、文章と談話の区別自体が曖昧化しつつあり、文章体と談話体の混淆の度合いも強くなってきている。

〔倉田靜佳〕

39 文章の文体分類

散文・韻文

「散文・韻文」という名称の示す概念自体は、日本に限らず、諸外国においても、古代から存在する。文芸上の文体区分として大まかにいえば、「韻文」とは詩歌のジャンルの文章をさし、「散文」とはそれ以外のジャンルの文章をさす。

そもそも韻文の「韻」は、特定の位置に置く同一あるいは類似の音のことであるが、その押韻によって形成される表現全体に一定のリズム（韻律）を持った文章が韻文である。和歌や俳句は五音と七音を単位として交互に繰り返すリズムを持っている点で韻文とみなされるが、伝統的な漢詩や欧米の詩とは異なり、押韻を元にしているわけではない。短詩型以外の韻文としては、謡曲や浄瑠璃など、和歌的な文脈をふまえ、節を付けて語る、あるいは歌う文章も含まれる。近代以降の日本の詩は定型詩から自由詩へと展開し、それにともなって、韻文と称するにふさわしい形式的なリズムを失ってしまったが、それでも、散文とは異なる、行分けなどの表記形式は残っていて、慣習的に韻文に分類される。

「散文」は韻文以外という消極的な概念規定であり、韻律をはじめとした構成上の形式的な制約をいっさい持たない文章である。文芸ジャンルとしては、小説や随筆などがその典型であるが、これらは、語る―聞くという、音楽性が付随した韻文のようなコミュニケーションではなく、書く―読むという、音楽性を必須としないコミュニケーションによって成り立ったものである。

〔倉田静佳〕

40 文章の文体分類

文語体・口語体

「文語」と「口語」は二重の意味で対立的に用いられる。一つは時代に関して、現代という時代のことばを口語とすれば、それ以前のが文語である。この場合の文語は「古語」や「死語」とは異なり、それとして現代でも生きていることばである。もう一つは位相に関して、同時代において、話す際に用いられるのが口語、書く際に用いられるのが文語である。このような対立の二重性は、もともと音声にくらべ保守的・規範的な性格を持つ文字による文章のことばが、談話におけることばの時代的変化に対応してこなかったことにより生じたものである。

これらに「体」を付した「文語体」と「口語体」は、文体の区別としては、もっぱら文章に関して、時代的にも位相的にも相対的な傾向差を指摘する場合に適用される。時代的な意味での文語体は、基本的に平安時代語を基準とした語彙・語法を中心とした文体をいい、位相的な意味での文語体は文章として、談話とは異なる、それらしさの規範に適った文体をいう。現代における、時代的な文語体の文章は実用文にはほとんど見られなくなったが、位相的な文語体の文章はその規範性は緩くなりつつあるものの、規範自体はなお維持されているといえる。これらに対する口語体はそれぞれ、現代語の語彙・語法を中心とする、談話的な要素が目立つ文体であり、近代以降、そういう傾向が文章において主流もしくは顕著になってきている。

〔倉田静佳〕

41　文章の文体分類　地の文・会話文

一つの文章における文体あるいは位相の区別をいい、一般に、主たる文脈を構成する表現部分を「地の文」、その中に別文脈が引用された場合、それを「引用文」といい、その引用文が会話であるものを「会話文」という。戯曲やシナリオのように、会話のやりとりが主たる文脈を成す文章では、地の文・会話文という区別は普通しない。その意味では、地の文は単に、主たる文脈を構成するというだけではなく、書き手自身の視点から直接的に行われる叙述・説明の表現であるといえる。

地の文に対する会話文は、近代の文章においては、カギカッコなどの符号によって、その引用範囲が明確に区別されるが、それ以前は区別が判然としていなかった。また、カギカッコで表示される会話文は直接話法と呼ばれ、会話そのものの再現とみなされるのに対して、地の文に融合した形で引用される、間接話法の会話というのはいわゆる会話文とはみなされない。心中の思い・考えを述べる表現を「心話文」といって、特に区別することもあるが、これは地の文の一種で、間接話法の会話に近い。

地の文と会話文というのが文体あるいは位相の区別となるのは、視点が書き手自身によるものか会話を担う素材人物によるものか、その表現が書きことば主体か話しことば主体か、また文脈の機能が説明としてか描写としてか、などという違いに対応していると考えられるからである。

〔倉田靜佳〕

42　文章の文体分類　説明文・描写文

文章の分類として「説明文」というのは一般的であり、国語教育においてもしばしば出てくるのに対して、「描写文」というのは、「描写」ということばが使われることはあっても、それだけによって成り立つ文章という意味ではあまり用いられないであろう。もっとも、説明文にしても、説明という表現方法だけによるわけでは必ずしもなく、描写表現が含まれることもあるから、どちらにせよ、主流となる表現による区別である。表現方法としての説明と描写は対立的なものとして位置づけられるが、それぞれの目的・効果を表すことばとして、「わかりやすく」と「ありのまま」があり、これらが両者の性格の違いを端的に表している。

すなわち、「わかりやすく」とは読み手の立場に立って、知的な理解を目的とするのに対して、「ありのまま」とは表現対象に即して、知覚的な再現を目的としている。これらに照らして、説明と描写の表現のしかたの違いをいえば、表現対象がどのようなものであるかを、説明は内部的な機構・原理として表すのに対して、描写は外部的な形状・様態として示すということである。そのためには前提として、説明には書き手自身の正確な知識・理解、描写には書き手自身の精密な知覚・観察が必要となり、さらに、それぞれにふさわしい語彙・表現を選択することが必要となる。その際、主観的か客観的かという区別は、説明か描写かということ自体には直接関わらない。

〔倉田靜佳〕

43　文章の文体分類

漢字文・仮名文・漢字仮名交じり文

文章の種類を、その表記に用いられた文字によって分類した名称である。現代、日本語を表記する文字としては、漢字・ひらがな・カタカナ・ローマ字の四種類があるが、割合の差はあれ、漢字にひらがなあるいはカタカナを交えた書き方、つまり「漢字仮名交じり文」の文章がほとんどであり、それが日本語の文章表記の基本かつ規範になっているといえる。漢字のみによる「漢字文」や、ひらがなあるいはカタカナのみによる「仮名文」というのは、きわめて限られた位相における文章でしか見られない。

文体との関連において「漢字文・仮名文・漢字仮名交じり文」というのが有効かつ一般的なのは歴史的に見た場合であって、これらは漢文・和文・和漢混交文という文章の分類にほぼ対応した表記として見られるものであった。ただし、表記のあり方だけを見るならば、漢文が漢字表記なのは当然としても、日本語による万葉歌も漢字のみによって書かれたのであり、平安期の女流文学作品も和文＝仮名文とみなされるが、ひらがなだけではなく、漢字も少なからず用いられている。また、ほぼ同一の内容を漢字（真名）で書いたテクストと、仮名で書いたテクストも存在する。日本語の文章表記の歴史は、漢字と仮名が出揃った段階から多様な表記上の関係を示し、それらの文字に対する知識の如何と文章のジャンルによって使い分けられた末に、漢字仮名交じり文に収斂してきたといえる。

〔倉田靜佳〕

44　文章の文体分類

和　文

一般には日本語による文章をいうが、限定的には平安期の貴族のことばをふまえた女流文学作品の散文を典型とした文章をいう。当時の和語における語彙・語法から成り立つ文章で、表記する文字も日本独自のひらがなを主体とするものである。この意味の「和文」は、それ以前からあった「漢文」に対立する文章としてあり、両者はもともとは日本語と中国語という言語の違いを反映して、さまざまな点で大きな異なりがあるが、日本の社会においては、男女の差あるいは公私の別に結び付くものともなった。その後、純粋な和文は文学・芸能または学問の世界の一部だけで生き延び、一般的な文章としては書かれることがなくなった。

それは、日本語語彙の中に漢語が増え、和語だけでは表現しにくくなったということもあろうが、文章が日本語の口語の変化に対応しないものとなっていったからと考えられる。逆にいえば、和文とはもはや過去の文章のことであり、その後の和文を「擬古文」や「雅文」と称すること自体がすでに、時代に即さない特殊なものであったことを示している。しかし、これは文章全体の書き方としてのことであって、和文としての主要な要素である和語や、それによる独特の言い回しまでが消滅してしまったわけではなく、その特徴が認められる表現についていう「和文体」として、漢文あるいは漢文訓読文に基づく文体と混淆する形で、今も用いられている。

〔倉田靜佳〕

文章の文体分類

45 漢文

日本では、中国語の古典文語による散文をいう。普通は中国人が書いたものをいい、日本人が書いた漢文を区別する場合は、「日本漢文」と称する。日本人が初めて接した文章は漢文であり、みずから初めて書いた文章も和文ではなく、漢文であった。このような日本における文章の起源によって、漢文はその後も、明治期に至るまで、正統で権威ある文章として位置づけられることになった。また、漢文はもともと中国語という外国語の文章であり、日本人が書くにはかなりの才能と学習が必要であったため、その使用はごく一部の人たちに限られていた。このことも漢文という文章の権威付けに関わっていよう。

一般的な文章としては、漢文を基本としながら日本語の要素（たとえば語順や敬語、助詞など）を取り入れたもので、公文書や記録などに広く行われた。これを「変体漢文」と呼ぶこともあり、表記上は漢文と同じく、すべて漢字で書かれた。「漢文体」というのは漢文を模した日本語の文章の文体のことであるが、実質的には「漢文訓読体」と変わらない。語彙としては漢語（字音語）を主とし、語（字）順も一部は漢文のそれを残すなどという点では漢文そのものをふまえているといえるが、その他は漢文を訓読する際の言い回しによって表現し、表記も漢字に仮名を交えたものだからである。今や、漢詩はともかく、日本人が漢文を書くということはほとんどないだろう。しかし、漢文に由来する故事成語や対句的な表現はなお根強く残っている。

〔倉田靜佳〕

文章の文体分類

46 漢文訓読文

「漢文訓読文」とは、漢文を日本語に翻訳した、つまり訓読した文章のことである。当初は、もともとの漢文つまり中国語の文章に、日本語としての訓み方を添える形であり、それ自体として独立した日本語の文章の形を成していなかった（それを漢字仮名交じりの文章にしたものが「訓み下し文」である）。その後、その訓み方をふまえ、日本語独自の文章として書かれるようになったものを「漢文訓読体」の文章という。漢文訓読文は、翻訳一般と同じく元の言語の影響を強く受け、漢語そのもの（音読み）としてはもとより、漢文訓読語や漢文訓読語法と呼ばれる、特殊な文体を持つ日本語の語彙・語法を生み出すことになった。

しかもそれらは訓読の流派によっても異なり、翻訳態度の問題も含め、近代に至るまでさまざまな訓み方が試みられた。また、そのような漢文訓読文の受容においても、学問として素読することや、教養・趣味として詩吟という漢詩の訓読文を朗詠することなどが、時代とともに、貴族から武士・町民と、次第に広く行われるようになった。ただし、現代では国語科目の一つとしてか、ごく一部の趣味でしかなくなった。いっぽう、日本語の文章としての漢文訓読体の文章は、時代を通して、実用文としては中心的な文体であり続け、日本語散文の基本となった。それは和文体に比べ、その表現の簡潔さが尊ばれたからであり、現代の日本国憲法の文章にも、その痕跡が認められる。

〔倉田靜佳〕

47 和漢混淆文

文章の文体分類

「和文」「漢文」に対して、両者の要素が「混淆《こんこう》」つまり入り混じった文章のことであり、これらはおもに明治期以前の日本語の文章を分類する際に用いられる。和文の要素とは和語およびその語法、和歌をふまえた表現技法、ひらがな表記のことであるのに対して、漢文の要素とは漢語およびその語法、漢詩文の表現技法、漢字表記のことであり、さらに漢文訓読の語彙・語法、漢字仮名交じり表記もこれに加わる。

和漢混淆文の典型の一つとして中世の「平家物語」や「方丈記」などがあげられるが、両者のどの要素を重視するか、どのような混淆のしかたを認めるか、美的な観点を考慮するかなどによって、それ以外に適用される文章とは大きな違いが見られる。

広くいえば、純粋な和文や漢文はかなり特殊な文章であるから、それら以外はすべて和漢混淆文であるという言い方もできる。少なくとも文学以外の世界では、中世以降の文章はそれであり、しかも実用文としては、和文よりも、漢文および漢文訓読文のほうを中心とした和漢混淆文がその種の文章の規範であった。

現代の文章もほとんどは和漢混淆文であるが、以前に比べ、語彙を除けば、漢文的な傾向はいちじるしく乏しくなったのに対して、和文的な要素も旧来のままではなく口語化という傾向が顕著となり、それに明治期以降の欧文およびその翻訳文の要素が付加されたものになっている。

〔倉田靜佳〕

48 翻訳文

文章の文体分類

外国語の文章を日本語に翻訳した文章のことで、広くは古くからある漢文訓読も含まれるが、普通は欧文を日本語に置き換えた文章をいう。その先駆は室町期の宣教師たちによるものであり、日本人自身による翻訳は江戸後期からで、当初は医学書・軍学書・語学書などの実用的な文章を、漢文訓読の方法をもとに、原文を逐語訳する形で行われた。それは、日本語の文章として自立したものにはなっていなかったが、その分だけ従来の日本語とは異なる、原語・原文に忠実な語彙・語法が新たに用いられ、それらが「直訳体」と呼ばれる、日本語の文章における独特な文体素を作り出すことになった。

また、当時から対訳辞書が編まれ、欧語に漢語を転用・新造することで日本語に翻訳することが盛んに行われ、それらの翻訳漢語の多くは文章のみならず口語としても一般化していった。明治期になると、実用・非実用を問わず、翻訳書つまり欧文を翻訳した文章そのものが出回るようになり、それにともない、翻訳の仕方も日本語の表現としてなじむようになった。それは、漢文訓読体を基本とした文語的な文章から口語を多く取り入れた文章になったということであり、また欧文における表現の影響を受けて、従来の日本語の文章が持っていなかった、関係詞による論理関係や、時制や文としての区別、無生物主語、句読法などを取り込んだ文章になったということでもある。

〔倉田靜佳〕

文章の文体分類

49 雅文

「雅文」は「俗文」と対をなし、その文章が優雅な印象を与えるか否かによって区別されるものである。印象を基準とした分類であるから、人によって、また時代によって、それぞれに相当する文章が異なるのは当然であるが、明治期までの文章の様式分類としては、雅文は平安期における和文という、特定の時代の特定の文章を典型とするものであり、それ以外は俗文である。平安期の和文とはすなわち女流文学の文章であり、そもそもが非実用的な文章であった。平安期の和文をもっとも特徴付けているのは、当時の貴族の口語とその語法であるから、時代を隔てて、雅文を書こうとすれば、日本語の変化に対応しない、「擬古文」としてしか成り立たないことになる。しかも、そのような文章が書けるのはごく一部の知識人にすぎず、優雅さを第一義としない一般の実用文の世界とは無縁であった。

ただ、文学や芸能の世界では、たとえ意味内容はわからなくても、その文章が醸し出す優雅な雰囲気を鑑賞・享受することは、広く行われ続けた。明治期になって、文章の近代化が図られると、もはや旧来の雅文はほぼ消滅することになった。しかし、当時盛んに出された西洋修辞学書の翻訳書が「美辞学」と名付けられたり、学校教育における作文（綴り方）が古典文学の表現を模倣することから始まったりなど、雅文（あるいは美文）という文章意識そのものは生きていたのであり、それは現代にもかかろうじて及んでいる。

〔倉田静佳〕

文章の文体分類

50 候文

「候《そうろう》」とは、現代語ならば「です・ます」に相当する丁寧語であり、「候文」とはその「候」を顕著な文体的特徴とする文章の文体、とくには書簡文の文体をいう。とはいえ、現代ではもはや用いられることがなく、昭和の終戦以前まで見られたものである。もともとは、平安期の男性貴族の私的な文書において、変体漢文体（記録体）の文章の文末に、軽い敬意を添えるものとして用いられたものであった。それが、書簡の普及とともに、次第に一般化し、往来物や書札礼などと呼ばれる書簡文例集などによって、定型の一つとして規範化されるまでに至り、個人的な書簡のみならず、公文書の書き方にまで及ぶことになった。

ここまで拡大すると、「そうろう」は文末助詞のようになり、表記も「候」一字を記号化した略体が用いられるようになった。「そうろう」という語は、室町期以降は口語では使われなくなったようであるから、その後はもっぱら文章に用いられる語として、しかもとりわけ書簡用語として定着したと考えられる。その意味では、「そうろう（候）」という語（および表記）は書簡文体の一つというよりも、かつての書簡文という種類の文章そのものの文体を規定するものであったといえる。

ちなみに、現代の書簡文において、「候」に相当するような文体素は、頭語や結語などを除けば、見当たらない。

〔倉田静佳〕

51 文章の文体分類

通俗文・普通文

「通俗文」と「普通文」とは、実質的に同じ種類の文章様式のことであるが、明治期、通俗文が一般的に用いられたのに対して、普通文はおもに政府関係文書で用いられたことばである。明治期における実用文として、新聞・雑誌などで新たに採用された文章様式をいう。その母体となったのが漢文訓読体であるという点で、文学における言文一致文とは異なる。漢文訓読文およびその文体の文章そのものは長い歴史を持ち、学問の文章や公用文の規範となってきたものであるが、その分だけ格調が高く難解な面もあって、そのままでは広く一般に通用する文章様式とはなりえなかった。

通俗文・普通文は、漢文訓読文体における文語的な言い回しを基本としながらも、それを簡略化するとともに、俗語（口語）も取り入れて平易化することにより、多くの読者が理解できるようにした文章である。もともと漢文訓読体の文章は、和文体に比べ、表現が簡潔明快であるため、情趣よりも情報を伝えることを目的とした実用文にはふさわしいものであった。

ただ、新たな実用文の文章様式になってもなお、漢文訓読文の文語の伝統そのものは残されたが、それはむしろ口語による談話とは異なる文章としての価値・位置を示すものであった。それゆえに、この文章様式は、新聞・雑誌さらに憲法や法律などの文章において、昭和終戦時まで、維持されることになった。

〔倉田靜佳〕

52 文章の文体分類

雅俗折衷文

「雅文」と「俗文」を「折衷」、つまり両者の長所を取り入れた文章をいう。雅文の長所は優雅さや格調を感じさせる点にあり、俗文の長所は生き生きとした描写ができる点にある。これらを意図的に組み合わせた文章は、文学において顕著に認められ、地の文を雅文、会話文を俗文にすることにより、両者の長所を生かそうとした。別な言い方をすれば、地の文には平安和文にならった文語を用い、会話文にはその時代の口語を反映させるということであるから、雅俗折衷文は言文折衷の文章であったともいえる。

その先蹤は江戸初期の浮世草子とされ、その後の文学では、地の文の雅文性は薄れていくものの、ある一定の文語というレベルで維持されたのに対して、会話文における俗文性はさらに際立ち、リアルな会話文となっていった。その結果、地の文と会話文との文体の格差が著しくなった。明治期の言文一致運動は、この格差を解消するためであり、会話文の俗文性ではなく、地の文のほうの雅文性さらには文語性を除去し、文章全体の俗文化をめざした。明治期にも一部で試みられた雅俗折衷文の文学は、古典的な「雅」の要素をいかに残すかに腐心したにすぎず、旧来の折衷文と基本的に変わりなかった。なお、同じ頃、散文よりも「雅」の意識が強い韻文においては、短歌・俳句はもちろんのこと、詩にあっても、雅文を特徴付ける雅語および文語的な言い回しを中心としながら、俗文的要素をまさに折衷する形をとるようになっていた。

〔倉田靜佳〕

53　文章の文体分類

言文一致体

「言文」の「言」とは口語、「文」とは文語のことであり、「言文一致」というのは、口語と文語が同一になるということではなく、文語を口語に一致させるという意味である。文章を書くことがなかった時代は、そもそも口語しかなかったのであり、文章を書き始めるようになった頃は、それ専用のことばがなかったので、口語を流用するしかなかった。口語と文語が異なるようになったのは、文章が談話から独立した手段として、保守性・規範性を重んじるようになってからであり、そのために文章はなお特権化されたものとしてあった。言文一致運動というのが明治期に起こったが、それは文学運動としてだけではなく、文章の民主化・近代化として新聞や学校教育においてもさまざまに行われた。

文学における言文一致はもっぱら地の文に関して、とりわけ文末表現の基本を「だ・である・です・でございます」などの中から、どの表現によって確定するかを模索したものである。しかし、これらはもとより文語ではないものの、当時の口語として一般的であったものでもなく、いわば新たな文語として試みられたものであった。「言文一致体」による文学作品は明治中期から見られ始め、明治末期には完成・一般化したといわれるが、それは「言文」が一致したということではありえず、当時の口語の語彙・語法を取り入れるとともに、欧米の影響も受けながら、文学という文章における新たな基盤となる文体ができたということである。

〔倉田靜佳〕

54　文芸のジャンル

文芸的文章のジャンルと文体

文芸的文章において、ジャンル的に一等最初に存在する分岐点としての「韻文」と「散文」とは、一体何が文体的に異なるのか。決定的な基準は、「型」と「リズム」の有無である。前者においては「定型」と「自由」があり、後者においては「外在律」と「内在律」がある。型における定型、およびリズムにおける外在律はともに、目に見えて確認できるものであるために、容易に韻文と散文を弁別する指標たりうる。

おそらく古くは、文芸（芸術）的文章とは、韻文のみを意味し、型とは和歌における歌体のことだったのではないだろうか。韻文とは元来叫びであり、そこに美を現出させるためには型が必要だった。つまり、芸術的な美の表象と「型」とは、不即不離の関係にあったのである。そして、そのような定まった形に封じ込めることが困難になったとき、「型」を逸脱し、溢れ出すところから、「散文」は生まれ出たのである。

〔平野芳信〕

55 文芸ジャンル

文芸のジャンル

　近代以前、特に江戸における文学には二項対立的な現象が存在していた。曰く「上の文学と下の文学」、曰く「武士の文学と町人の文学」、曰く「雅文学と俗文学」等々である。前者は和歌、漢詩、漢文といった韻文ないしは中国文学的なものを指し、後者は俳諧や浄瑠璃を含めた戯作的なものの総称といってよいであろう。

　明治以降、西洋文化が流入すると、それまで「雅」として認識されていた韻文に代わって、「俗」と見なされていた散文に関心の比重が移った。西洋近代においては、個人という概念の肯定とその流布によって、文芸の中心が詩から小説（とりわけリアリズム小説）に完全に移行していた。他方、西洋との接触はジャンルという概念を日本文学にもたらし、韻文から散文への関心の移行とともに、散文の中に純と俗、虚と実の区分を生み出した。前者は純文学と大衆文学、後者はフィクションとノンフィクションの起源となった。

　坪内逍遙の文学史上の営為が、純文学なるものの直接の起源であるかどうかは議論の余地のあるところだろうが、文体史的には彼の「小説神髄」における「小説の主脳は人情なり、世態風俗に次ぐ」というリアリズム第一主義宣言と、それを支えるための文体選択が肝要という指摘に、近代文学そのものが圧倒的な影響を受けていることだけは確かであろう。逍遙が馬琴の勧善懲悪を否定したことは有名な話だが、それは散文においてリアリティーを標榜するためには、伝奇的な読本《よみほん》が採用していた雅俗折衷体の否定なくしてはありえないという確信であった。具体的には、地の文の中に会話文が吸収され、埋没してしまう方法を一旦解体し、作品全体をほぼ会話で構成するという滑稽本的な手法を、小説作法に取り込むことで、いわゆる言文一致体の原型を創出することになったのである。

　文体的には、大衆文学とか通俗文学といわれて貶しめられてきた硯友社文学に、前近代と近代の架橋としての役割が認められる。その代表格である尾崎紅葉にしてからが、逍遙の影響を受け、言文一致体で小説を書いた事実は隠せない。ただ彼は「多情多恨」等において、一旦は言文一致体を採用しながら、畢生の書「金色夜叉」においては、雅俗折衷体に戻さざるをえなかった。しかし文体の彫琢において、硯友社に集った作家たちの業績は、忘れてはならないだろう。

　西洋ではフィクションとノンフィクションの境界は明快であるが、日本においては曖昧模糊としている。たとえば日記文学というジャンルがあるが、本来「日記」と「文学」は水と油のように相容れないはずのものである。なぜなら日記とは実際に起こった出来事の記録であり、文学作品として記述されるべき虚構とは、決定的にその前提が異なっているからである。

　ノンフィクションとしてのドキュメンタリーの嚆矢としては、国木田独歩の「愛弟通信」が想定できる。この作品は日清戦争当時、独歩が『国民新聞』派遣の従軍記者として、内地の弟に語りかける口調で戦況を報告したものである。

〔平野芳信〕

56 散文のジャンル

物語・小説

「物語」と「小説」の区別は一般的にはあまり意識されていないように思われる。しかし物語と小説は厳密にいえば別もので、物語はパターンであり、小説はそのパターンを超越（逸脱）しようとするものである。

西洋において、最初の小説はセルバンテスの「ドン・キホーテ」であるといわれている。それは後篇において前篇を読んだという人物が登場してくるからである。つまり「ドン・キホーテ」は、前篇の内容をいわば批評的に継承し、その作品世界の型《パターン》をを拒否したと考えられるがゆえに、最初の（近代）小説たりえたというわけである。

篠田（一九八三）は小説を「書かれた説話」と定義している。口承文芸のような音声言語によるものを排除した、文字言語によって記録された説話ということである。また説話とは、フランス語の récit（レシ）、英語の narrative のことであって、「物語」と通常は訳されている。

レシとは語る、話すという意味の動詞 réciter を起源にもつが、本来この動詞は「再・引用する」というのが原義であり、レシ（説話・物語）には反復引用されることが、本質的に備わっていることの何よりの証である。

西欧における、いわゆるロマンは、中世になってラテン語が崩れたあとに成立したロマンス語の説話として、吟遊詩人によって朗唱されるものであった。そのうちのいくつかはロマンス語の派生的形態であるフランス語、スペイン語、イタリア語で記録され、今に伝わっている。基本的に暗唱されたものを歌いあげるために、吟遊詩人たちは正確に反復することに、その精力の大半を費やした。

しかし文字が発明されるに至って、画期的な事態が生ずる。語り手たちは物語内容を正確に伝えることよりも、どう面白可笑しく表現するかということに力を傾けることが出来るようになったのである。そこにいわゆる作者意識なるものが介在する余地が生まれた。ロマンを物語と比定できるなら、書かれた物語としての小説は書き言葉の成立の前と後で、いわば截然と区分することが出来る。

翻って日本においてはどうかというと、やや事情が異なる。我が国においては隣国、中国の文字言語をかなり早くから輸入し、ある段階から片仮名と平仮名を考案しつつ、色々なものを記録していった。竹取物語はネパールにその原型があるとの報告があるが、それが日本に伝播し、書き残された物語の祖となった。しかし、単に書き写しただけではなく、そこには作者によって、当時の貴族社会に対する風刺的（批評的）な内容も加味された。

〔平野芳信〕

篠田浩一郎（一九八三）「小説の成立とその公分母を求めて」『物語と小説の言葉』国文社

57

散文のジャンル

長編・短編（長篇・短篇）

あくまでも一般論として、日本的な分量の尺度でいうなら、四百字詰原稿用紙二〇〇枚以上のものを「長編」、五〇枚までの長さの作品を「短編」、その間のものを「中編」という。短編の中でも、一〇枚から二〇枚前後のものは昔なら「掌編」、最近は「ショート・ショート」と呼ぶ。

〈長編〉　現実の時間を再現するために、必要とされるだけの長さが要請された作品というべきだろう。たとえば島崎藤村の「破戒」は、主人公瀬川丑松が未解放部落出身者であるという出自を告白する過程を描くに際して、十分な時間が必要だったために長編となったといえる。短編の集合体としての長編も存在する。幸田露伴は「風流微塵蔵」において、ある短編では脇役の登場人物が他の短編では主人公であるという、現代ではスピン・アウトと呼ばれる方法で長編を生み出そうとした。文学史的には連環体と呼ばれている。なお、ライトノベルでは、長編が一〇巻、二〇巻単位で一つの世界観を描くというのが通例になっている。

〈短編〉　短ければ短いほど、その作品の価値や評価を左右するのは結末、いわゆる「落ち」である。それは、物語の内容や素材となった現実の出来事を、作者がどのように解釈したかが端的に示されるということである。

〔平野芳信〕

58

散文のジャンル

私小説

「私小説」はおそらく人称という概念をもたなかった日本人が、維新の後、ドイツ文学のイッヒ・ロマンに影響を受けて創り出した一人称叙述による日本独特の小説である。虚構性や物語性を排して、作者らしき語り手の心理や身辺雑事を主たる描写の対象とするために「心境小説」とも呼ばれている。一般には太宰治に代表される「破滅型」と志賀直哉が最も有名な「調和型」の二つのタイプに分けられる。

志賀直哉の「暗夜行路」は一九二一年一月に、長編として連載が始まり、足かけ一七年をかけて完結した。この作品は前後編に分けられているが、実は前編の最後に相当する部分が短編「憐れな男」として一九一九年四月に、同じく前編の冒頭の「序詞（主人公の記憶）」が「謙作の記憶」として一九二〇年一月に発表されていた。つまり前半の最初と最後が先行して書かれた後、長編としての連載が始まったのである。しかも「暗夜行路」は全体のほとんどの部分が、主人公時任謙作の一人称による視点から叙述されているのだが、「謙作の記憶」として先行して書かれたときは、三人称叙述が採用されており、「序詞（主人公の記憶）」に書き直される際にも、ほとんど字句の訂正がなされなかったという驚くべき事実がある。

日本語では動詞の活用形は主語の人称によって決定されることはないので、一度三人称で記したものを一人称に変えても、作品全体を大幅に書き換える必要がない。この事実は、要するに日本において、一人称と三人称は容易に交換可能ということである。

二人称はどうかというと、村上春樹の「海辺のカフカ」（二〇〇二）で、ごく一部ではあるが使用されている。古いところでは、フランスのいわゆるヌーヴォー・ロマンの一つである、ミッシェル・ビュトールの「心変わり」（一九五七）や、倉橋由美子の「暗い旅」（一九六一）がある。その他、推理小説中に、ある種のトラップとして二人称が導入されたものがある。「海辺のカフカ」は主人公が乖離性同一障害の兆候を示しており、その症状を二人称記述で提示していると解釈できる。このように二人称叙述を採用した小説は、ある種の実験であったり、推理小説というジャンル特有のトリックであったり、ある種の病理を示す表象であったりするという点で、特殊であるといえる。

最後に、いわゆる四人称について触れておこう。定説では私小説が発展したものが純文学であるとされている。横光利一は「純粋小説論」（一九三五）において「純文学にして通俗小説」であるものこそが「純粋小説」であると定義し、自意識を「四人称」として表現することでそれが実現すると指摘する。「純粋小説」の実践作としては「家族会議」（一九三五）が発表されたが、成功しているとはいいがたい。

野村眞木夫（二〇〇五）「日本語の二人称小説における人称空間と表現の特性」『上越教育大学　国語研究』一九号

〔平野芳信〕

59　散文のジャンル
純文学・大衆文学・中間小説

「純文学」「大衆文学」「中間小説」という区分は、我が国独特の分け方である。

江戸時代においては、小説という概念もジャンルも存在していなかった。作品は浮世草子とか、読本《よみほん》とか、滑稽本といった様々のジャンルに属し、書かれる内容も文体も本のサイズさえも異なる完全な分業状態だった。明治時代になり、西洋近代の模写こそ、小説作法における最も優れた方法であるという坪内逍遙のプロパガンダによって、現実ありのままを正確に模写することこそ小説家の使命であるとされて以降、後の自然主義文学が最高の文学形態であるという路線がひかれる。

その延長線上に、私小説が成立し、さらには私小説とそれ以外の娯楽的な読み物としての通俗小説を区別するために純文学という概念と言葉が生まれたといってよかろう。尾崎（一九七九）によれば、「中間小説」の名付け親は久米正雄であって、彼が第二次世界大戦直後に、林房雄の作品を代表的な「中間小説」と評したのが最初であったようである。ただ、「中間小説」をあくまでも芸術性を第一義的に目指した娯楽作品と規定した場合、横光利一の「純文芸にして通俗小説、このこと以外に、文芸復興絶対に有り得ない」という「純粋小説論」を想起せざるを得ないのもまた事実である。

〈純文学〉　中村武羅夫が「本格小説と心境小説と」（一九二四）で、「私小説（心境小説）」批判を繰り広げたのに対して、久米正雄が「「私」小説と「心境」小説」（一九二五）で反論し、私小説以外のものはすべて通俗小説であると主張し、「私小説＝純文学」という図式が成立していく。「私小説」という呼称は宇野浩二の「甘き世の話」という小説が初出であるといわれており、その後、作者自身とおぼしき「私」が身辺雑事を事細かく報告する一人称小説一般を指すようになった。「心境小説」もほぼ同じ作品を指している。「本格小説」の初見は先述の中村武羅夫の「本格小説と心境小説」であるといわれ、トルストイの「アンナ・カレーニナ」を典型とする西洋近代が生み出した人生の全体像を余すところなく描き出した小説のことをいう。

「純文学」という概念は、江戸時代のジャンルの伝統を継承しているという見方も出来る。たとえば滝沢馬琴は「里見八犬伝」等の作品を読本と意識し、洒落本や人情本と同一視されることを好まなかった。なぜなら、読本と洒落本・人情本は本のサイズも文体も異なっていたからである。基本的に、読本と洒落本・人情本は、現在流通している単行本と文庫本のサイズの関係に近いといってよかろう。その上に読本は全篇が漢文訓読体の地の文で記述され、洒落本・滑稽本は逆に全篇がほとんど片仮名と平仮名の口語文（会話文）で記されている。江戸時代は漢字が読めなくては読本を味わうことは出来ず、片仮名と平仮名さえ読めれば、洒落本や滑稽本はかろうじて鑑賞することが出来た。現在の日本において「ライトノベル」という、主として十代の若者が読むジャンルは、最初から文庫本で発表されることが通例となっているが、最初から文庫というメデイアで発表される純文学作品は存在しない。このように、かつて存在した読者の二層構造が、今もなお厳然として存在しているのである。

〈大衆文学〉　明治時代、日清・日露の二度の戦争中、戦況を知る唯一の手段として国民的規模で新聞を読む習慣が成立し、活字に日々触れることが、国際的な一等国民の矜持と同義であるかのような風潮が日本人の全体に広まっていった。大正時代になり、第一次世界大戦の前後で、日本の資本主義経済力はほぼ倍増した。それに呼応するかのように大正初めと終りの段階で、大学は四校から三七校へ、高等学校は八校から三一校へと大幅に増えていることが端的に示しているように、日本人のリテラシーは飛躍的に向上した。

関東大震災の年（一九二三）に菊池寛が『文芸春秋』を創刊したが、震災直後に壊滅的な打撃を受けた関東系の出版ジャーナリズムに代わって、無傷だった関西系の大資本が関東に進出して業界全体に大きな再編成が起こる。翌一九二四年には『毎日新聞』と『朝日新聞』が相次いで発行部数が一〇〇万部を超え、講談社の大衆娯楽雑誌『キング』の創刊号（一九二五年一月）は七四万部も売れる。新聞社系週刊誌『サンデー毎日』『週刊朝日』の創刊およびいわゆる円本ブームが巻き起こるのもこの頃である。本来は仏教用語であった「大衆」を「民衆」および「庶民」の意味に転用して『大衆文芸』（報知新聞出版部）が創刊されたのは一九二六年一月、同年七月の『中央公論』は「大衆文芸研究」特集号であり、一九二七年には円本ブームの中で『現代大衆文学全集』（平凡社）全六〇巻の刊行が始まる。

「大衆文学」の成立期はこの前後と考えて相違なかろう。当初、大衆文学は時代小説を意味していたが、後には探偵小説、家庭小説、冒険小説、伝奇小説、ユーモア小説なども含むようになっていった。

〈中間小説〉「中間小説」とは、中間小説雑誌と呼ばれる、ある種の雑誌群に発表される小説のことを指しており、その嚆矢は一九四七年五月創刊の『日本小説』（大地書房）である。しかし『日本小説』は一九四九年四月に二四号を刊行したところで廃刊の憂き目にあった。現在、一般的に中間小説誌として有名なのは『小説新潮』（一九四七年九月創刊、新潮社）である。『日本小説』にしろ『小説新潮』にしろ、その創刊のねらいは芸術性を失わずに大衆性を持った小説を世に送りだすという点にあり、純文学作家に作品の依頼を行っている。

ここで、作家が作品を発表する媒体によって、文体を変えるかどうかという問題が生じる。文体を基本的に個人様式であると考えると否定的だが、現実には純文学と中間小説・大衆文学の間には微妙な差異がある。小説は説明と描写で構成されるが、純文学では、より描写的文体が、中間・大衆小説ではより説明的文体が採用されるきらいがあるようである。

尾崎秀樹（一九七九）「中間小説からエンターテインメントへ」『雑誌の時代—その興亡のドラマ』主婦の友社
野口武彦（一九八〇）「虚構の言語学—小説の「文法」をめぐって」『日本語の世界第一三巻　小説の日本語』中央公論社

〔**平野芳信**〕

60　散文のジャンル
随筆・エッセイ

「随筆」とは、日本においては随意に筆に任せて自己の思いを表出した文芸的文章ということになるだろう。それに対して、西洋ではエッセイ（essay）が、論文という意味で使用されていることに象徴されているように、論理的思索的文章を指すといって良いだろう。この相違点は文体においても際だった差異を示すことになる。

〈随筆〉日本の随筆の代表作といえば、清少納言の『枕草子』と吉田兼好の『徒然草』および鴨長明の『方丈記』ということになるだろう。『枕草子』は和文体で、『徒然草』と『方丈記』は和漢混淆文体で記されている。ただし『徒然草』には和文で書かれた章段も見られ、男性＝漢文・和漢混淆文体、女性＝和文体という区分が硬直的にあったわけではない。

〈エッセイ〉論理的思索的文章という意味合いが、エッセイに備わったのは、モンテーニュやパスカルの「エセー」に影響されるところ大なるものがあるだろう。もちろん古代ローマのキケローやカエサル以来の散文の伝統も、エッセイというジャンルの文体を規定する重要な要素になっていることも事実である。視点的には日本の随筆の場合が一人叙述、西欧的なエッセイの場合は、より超越的な視点からの、一人称でも三人称でもない非人称叙述に近い。

〔**平野芳信**〕

散文のジャンル

61 紀行文

甲斐（一九八二）は「紀行文」とは広義の日記文であって、「生活の場を離れて何らかの目標完遂のための特別な行動をとったときの日々の記録。古くは『十六夜日記』や『東関紀行』などがある。『曽良随行日記』もこの一種になる」と定義している。

また、狭義の日記の条件として、①他人に見られたくないこと、②日々の出来事や思索の記録であること、③備忘録としての役割を持っている、という三点を挙げている。紀行文がその条件を満たすのは、おそらく②だけであろう。

日本の紀行文の起源として「土佐日記」の存在は重要であり、そこに文体的な問題も兆している。日記文学の多くは、各段落の中心に和歌が置かれているが、散文と韻文（和歌）との緊張関係が最も屹立した状態で提示されているのが、「土佐日記」である。漢文体による男性の公的日記は、記録された内容自体に価値はあっても、決して文学たり得ず、女性専用と蔑視していた仮名による和文体によってのみ文学作品へと結晶化していくに違いないという紀貫之の直観による実践であったと思われる。

甲斐睦朗（一九八二）「日記の文体」『講座日本語第八巻　文体Ⅱ』明治書院

〔平野芳信〕

散文のジャンル

62 戯曲・脚本

「戯曲・脚本」は基本的に「会話」だけで構成されており、「対話」「独白」「傍白」を含めた「会話」の中に、小説における地の文の機能が併せ持たされている。戯曲・脚本における「ト書き」は地の文とは異なる性質を有している。

〈対話〉

物語（事件）を発生させ、登場人物たちをそれに絡ませ、翻弄し、最終的に収束させるためだけに、会話は奉仕する。しかも限られた上演時間の中で、観客にその事件を説明し、体験させなければならない。それゆえに対話はしばしば非日常的な観念用語や抽象度の高い語によって表現される。その結果、議論風の色彩を帯びざるをえない。また、観客にある種の臨場感（同時体験的効果）を与えるために視覚的・聴覚的効果に直結しているものも多い。

〈独白（モノローグ）・傍白〉

ただ一人の話者が語る形式のものを「独白」という。時も場所も本人がおかれた人間関係も、当の本人がすべて披瀝する。「ハムレット」の“To be, or not to be,――that is the question.”（生か、死か、それが問題だ。）は、独白の典型であろう。それに対して、「傍白」は作品の中で時や場所や人間関係などの劇的な状況がすでに決まっていて、その限定された状況のもとで登場人物が一人だけの時にしゃべる台詞である。

〈ト書き〉

戯曲・脚本の言語的要素として、逸することの出来ないものに「ト書き」がある。ト書きは基本的には観客に対するものではなく、俳優およびその舞台などの装置や環境などを整える人々に対する指示である。それゆえ、厳密には芸術性・文学性とは一線を画した要素である。ただし三島由紀夫の「サド公爵夫人」や「鹿鳴館」のような例外がないわけではない。前者においては劇の最後において初めてサド公爵自身の登場が示唆されるし、後者においては幕切れ直前に、舞台に登場人物全員がストップモーションのように動きを止めることがト書きで指示される。観客が見ることが出来るのは、その指示に従った俳優の演技だけだが、作者による的確な指示によって劇的効果が増していて、このような場合は「ト書き」の芸術性というべきものであろう。

越川正三（一九七八）「戯曲の文体」『文学と文体』創元社

〔平野芳信〕

63

散文のジャンル

童　話

現在「童話」として認識され、読まれているものの幾つかは、その起源を「昔話」に求めることが出来る。山東京伝は『骨董集』上編中之巻二一条「打出小槌、猿蟹合戦」で「童話」と書いて「むかしばなし」と読ませたり、「どうわ」と読ませたりしている。同様に滝沢馬琴は『燕石雑志』巻之四で、「桃太郎」や「舌切雀」など七つの民間説話を取り上げ分析しているが、その際その七作品を「童話」と記して「わらべものがたり」と読ませている。京伝にしろ、馬琴にしろ、草双紙の赤本系の昔話を「童話」として位置づけていたことは確かなようである。

赤本は地の文が平仮名を主体とする平易な漢字仮名交じり文で、会話部分は江戸語や浄瑠璃の影響を受けた言葉が用いられているが、このような傾向は童話、さらにいうなら児童文学として読まれる作品にも指摘しうることではないかと思われる。

たとえば芥川龍之介の「蜘蛛の糸」や「杜子春」は、鈴木三重吉によって創刊された日本初の児童向け雑誌『赤い鳥』に発表されたまぎれもなき童話だが、文末が「です・ます」体で、やや平仮名の使用が多いという程度で、基本的に他のジャンルの作品と異なる文体が採用されているわけではない。これは他に寄稿した有島武郎、泉鏡花、谷崎潤一郎においても同様である。「杜子春」において結末部分を教訓的に書き換えるといった操作は、芥川の個人的な判断ないしは近代的な子供という新しい概念に対する配慮と考えられる。グリム童話などにおける原話の残酷な場面を削除して翻訳したというエピソードにも通じる問題であろう。

むしろ文体上、指摘しておかねばならないのは、口承文芸である昔話を起源にもつために、三回の繰り返しや同じ場面においては同じ言葉で語るといった類型化した表現をとる点である。このような表現上の特徴は、児童文学という第二次世界大戦後に生まれた創作童話においては、内容はファンタジーであっても、表現はあくまでもリアリズムを追求するという姿勢によって、否定され、踏襲されないようになっている。

野上　暁（一九九九）「童話学への招待」『AERA Mook　童話学が分かる。』朝日新聞社
内ヶ崎有里子（二〇〇七）「赤本の文体」『江戸文学』三七号

〔平野芳信〕

64　散文のジャンル

絵本・漫画

「絵本」は、「絵」と「文」が共存する、やや特殊な表現ジャンルである。本質的に絵は出来事のある瞬間を線という記号によって切断したものであり、文は出来事を言語によって継起的に描いたものである。その意味では、絵と文は、補完しうる相反する媒体である。

このことを前提として、絵本における文は、次の三要素から構成されている。

①絵として描かれている場面の様子や登場人物の動作を説明する部分。

②登場人物（動物）の台詞としての会話と内面の描写。

③ストーリーを語る部分。

「漫画」は絵本とは異なり、あくまでも表現上は絵が主たる媒体であり、文はそれを補う存在である。ただし、文抜きの漫画は表現ジャンルとして成立しない。漫画における①の要素は、基本的に絵で表現される。ただし、オノマトペに関しては、絵柄化（記号化）された仮名で表象される。②の要素はいわゆる吹き出しの中に記される。普通の会話なら、明朝体の活字で実線の楕円形の吹き出しの中に、内面描写なら別の形の吹き出しの中に、ゴチック体などの活字で記入される。③は漫画ではほとんど文では示されないが、場面や場所が変わる際に、吹き出しの中ではなく、コマに直接、書き込まれることがある。

〔平野芳信〕

65　韻文のジャンル

詩のジャンル

詩の種類は、西洋では、抒情詩（lyric）、叙事詩（epic）、劇詩（dramatic poetry）に大別されるが、日本の詩（江戸時代以前の和歌、俳句、歌謡などを含む）は、本質的にはすべて抒情詩である。抒情詩は、個人の感情や情緒を主観的に表現するいきおい短い詩型が中心となり、一人称の視点を取る。和歌（短歌）はその典型である。たとえば、恋愛抒情詩である万葉集相聞歌では、「我《あれ》」、「汝《なれ》」「君」「妹《いも》」「背」、「思ふ」「恋ふ」などの語を直接詠み込んで、相手への恋情を表出する歌が多い。抒情詩の主題は、四季折々の思いや祝賀、送別など多岐にわたるが、中心は恋愛である。

叙事詩は、民族あるいは国民全体に関わる歴史的事件で華々しく活躍する英雄について、韻文形式で表現する。三人称で叙述され、事件全体を包括的に捉える視点から神話的伝説や歴史的事件を順序立てて叙述する。したがって、一定の長さが必要であり、作者の主観的な感情の表出は抑えられる。また、英雄の戦いや恋、エピソードが語られるから、説話的要素が多くなる。日本には、西洋的な意味での叙事詩は存在しないとするのが一般的である。ただし、古事記の素戔嗚尊《すさのおのみこと》、倭　建　命《やまとたけるのみこと》の物語や、万葉集の柿本人麻呂の長歌、平家物語、太平記などの軍記物語などには、叙事詩的要素を見いだすことができる。

劇詩は、対話の劇形式で書かれた詩。日本の謡曲や浄瑠璃を劇詩と見なすこともできる。しかし、西洋の相対立する人間の緊迫したやりとりを表現するものとは、本質的に異なる。

日本では、この他に叙景歌と言われるものもある。これは、自然の風物、風景を表現するものである。万葉集では、叙景歌に特徴的な表現として「見れば……見ゆ」や助動詞「らし」、形容詞「きよし」「さやけし」などがある。ただ、叙述された風物は、作者の感情とも強く結びついているので、叙景歌も抒情歌に含めるのが妥当だろう。万葉集の高市黒人、山部赤人の歌や、京極派の玉葉集、風雅集の叙景歌がその代表的なものである。

このように、江戸時代までの日本の詩は、和歌や俳句のような短い抒情詩が中心であり、七五調、五七調を基調とする定型詩であった。明治時代になるとポエトリー（西洋の詩）の影響を受けた新体詩が誕生する。新体詩では、伝統的な短詩型抒情詩に対して一定の長さを必要とする叙事詩（湯浅半月の「十二の石塚」など）、劇詩（北村透谷「蓬莱曲」、島崎藤村「悲曲琵琶法師」など）への志向が強まった。しかし、その文体、表現は、雅語や漢語を用いた七五調、五七調を基調とし、縁語、掛詞が使用されるとともに、軍記物語や読本などの影響が濃厚である。すなわち、伝統詩を脱して独自の文体や表現を創造することはできなかったのである。結局、近現代詩も抒情詩に収斂していくことになる。近現代詩の文体、表現はきわめて多様であるが、その特徴を伝統詩との比較で言えば、散文詩、自由詩の出現、口語やオノマトペの使用（伝統的詩型である短歌、俳句でさえも）、内在律と結びついた改行や行あけ、自由で多様な比喩、視角的効果を意図した用字、表記などをあげることができる。

〔小池博明〕

韻文のジャンル

66 口語詩・文語詩

「口語詩」は、現代語を用い、口語文法で表現された詩をいい、「文語詩」は、文語を用いて平安時代語を規範とする様式で表現された詩をいう。日常語の使用については早くも明治一五（一八八二）年に刊行された『新体詩抄』が主張するが、新体詩は、くだけてきてはいるものの定型を基本とする文語詩といえる。訳詩においては、『海潮音』と『月下の一群』を比べれば明らかなように、口語詩定着前後で文体の相違が著しい。一般に口語詩といえば口語自由詩を、文語詩といえば文語定型詩をさすことが多い。もともと定型は文語で成立していたのだから、口語詩が自由詩と結びつくのは必然だろう。しかし、実際には口語定型詩や文語自由詩もある。たとえば、訓読された漢詩は文語自由詩といえる。

作者が慣れ親しんでいる言葉を使用する口語詩は、文語詩に比べて取り上げることのできる主題や素材が格段に広がり、現実の感情にふさわしい言葉で、平明にそして自由に表現することができる。一方、古来洗練されてきた言葉を用いる文語詩は、格調の高さやすぐれた音楽性を特長とする。口語詩を一つの達成に導いたのは萩原朔太郎であるが、代表作「月に吠える」でも実は文語が重要な働きをしていたり、晩年の「氷島」が文語詩であるように、口語詩が現代詩として成熟した現在では、口語、文語は、新しいものと古いものと通時的にとらえるべきではなく、詩の主題や素材、表現意図などにそって選択されるものと考えるべきだろう。

〔小池博明〕

67 韻文のジャンル

詩型

詩は形態から、定型詩と自由詩に大別される。定型詩は一定の韻律形式をもった詩、自由詩は韻律形式に拘束されない詩である。そもそも詩は、発生当初は原則として韻文であり、日本の伝統的な詩も、和歌や俳句などのように、五音、七音を基調とする音数律による定型詩であった。和歌には、短歌、長歌、旋頭歌、仏足石歌といった様々な歌体があるが、すべて五音と七音から成る。音節組織の単純な日本語では、漢詩のように韻に規定される定型詩は、わずかな実験的試みを除いてはない。明治時代に西洋詩の影響から、作者の感動が伝統的な定型の制約に阻害されずに、最適な言葉で自由に表現できるよう、自由詩が創られるようになった。自由詩のあり方をさらに進め、行分けを行わずに散文形式で表現されるのが散文詩である。

定型詩は、詩に不可欠な韻律が形式的法則としてある（外在律）が、自由詩には韻律を外部から規定するものがない。だが、自由詩の奥には、作者が感動したときに生じる心の躍動（リズム）があり、これが韻律を形成する（内在律）。定型詩にも作者の心の躍動は当然存在するから、内在律を伝統が育ててきた言語による法則で表現したのが、外在律であると捉えることもできる。韻律の定型に規定されない、日本の自由詩、特に散文詩は、いかに韻律を確保するかが問題となり、自由詩の課題として現在も存在し続ける。現在の短歌、俳句の隆盛からわかるように、自由詩は定型詩を駆逐したわけではなく、両者の選択は主題や素材、表現意図などにそってなされる。〔小池博明〕

68 韻文のジャンル

漢詩

漢詩は大きく古体詩と近体詩に分けられる。唐代に形式が定まった近体詩には、四句の絶句と八句の律詩がある。それぞれに、一句が五字の五言と七字の七言とがある。音声と意味のうえから、五言は一句が二字・三字、七言は二字・二字・三字に分けられる。韻律は、漢字の音の声調（音の高低の変化）による、平仄《ひょうそく》の規則で厳格に規定される。押韻は、五言では偶数句末、七言では第一句末と偶数句末である。絶句は、一般に起・承・転・結の構成をもち、転句が特に重要である。律詩は、二句一組を一聯《れん》（連）とし、順に首聯《しゅれん》・頷聯《がんれん》・頸聯《けいれん》・尾聯《びれん》という四聯で構成される。頷聯・頸聯はそれぞれ対句となる。最短形式の絶句は作者のセンスや即興性が重んじられる。律詩は対句を中心とした構成が重んじられ、公式な場で作られることが多い。

古体詩は、近代詩成立以前の詩と近体詩成立後の、近体詩の規則に合わない詩に分けられる。ただし、『詩経』『楚辞』は古体詩からふつうは除かれる。古体詩には近体詩のような決まりがなく、自由なのが特色である。四句や六句の短いものは古風で素朴な味わいがある。長いものは、白居易の「長恨歌」のように長編叙事詩のようになることが多い。

古代中国語の漢詩を、我が国では訓読という方法で、原文を保ちつつ日本語として読んできた。この読み方では、漢字のもつ視覚的効果は保たれるが、平仄や押韻の効果は損なわれる。だが、中国語音とは異なる、簡潔で力強く歯切れの良い訓読独特の文体や豊かな含蓄が生まれる。〔小池博明〕

69

韻文のジャンル

歌体

和歌の形態の種類。短歌（五・七・五・七・七）、長歌（五・七の繰り返しの最後に七を付加）、旋頭歌（五・七・七・五・七・七）、仏足石歌（五・七・五・七・七・七）がある。

短歌は歌体の中で最も普遍性があり、記紀歌謡の時代にはすでに定着し、万葉集で全歌の九割以上を占める。他の歌体が衰えた平安時代以降は和歌と同義となるが、明治期の革新後、再び短歌の呼称が用いられるようになり今日に至る。万葉集、古今集、新古今集に代表されるように、それぞれの時代に特徴的な歌風を完成させた。修辞には枕詞、序詞、掛詞、擬人法、見立て、本歌取りなどがある。長歌は万葉集第二期に形式が固定、柿本人麻呂が完成し、平安時代以降は形骸化した。事物の説明となる長大な叙事的叙述を末尾の詠嘆的叙述で統合するのが、長歌の構成原理である。長歌に特徴的な対句表現は、繰り返しや言いかえに近い記紀歌謡の段階から、漢詩文の影響を受けつつ山辺赤人が完成した。長歌は一般に短歌形式の反歌を伴う。反歌は、長歌の内容の反復、要約、補足という従属的関係のものがある一方で、長歌と同等の立場で対応し、長歌とともに一つの作品を形成するものもある。旋頭歌は、五・七・七を繰り返すため前後句の対立が鮮明になる。すでに記紀歌謡に見えるが、万葉集後期には衰退した。仏足石歌は、第五句をそのまま少し変えて繰り返すのが特徴であり、平安時代には衰えた。この他に古事記に片歌（五・七・五）が見えるが、歌体名ではなく歌曲名とするのが妥当のようである。

〔小池博明〕

70

韻文のジャンル

短歌

もともと和歌の歌体の一つだが、平安時代以後は、他の歌体が衰えたため短歌は和歌と同義となった。古代和歌は抒情詩の典型で、一人称的視点をとる。糸井通浩は、その表現機構の原理を、一人称者の「今、ここ」における心を詠ずるものとする。短歌の構成原理は前後句の対立にあり、前句は説明される物を提示する主題、後句はその説明（主題についての心情の叙述）となるため、いきおい題・述構文が多くなる。表現の形としては、前句に景物を配し後句に心情を述べる寄物陳思歌や序詞形式の歌となる。鈴木日出男の指摘した心物対応構造も、こうした短歌の構成原理から生じる。正述心緒歌は、「主題―説明」という発想上の形式を崩し、説明すなわち心情だけが叙述されたものと見なしうる。余情を重んじる新古今集では、上下句が不即不離となり、それぞれ独立性が強まる。短歌が連歌（上下句それぞれ独立しながら二句の展開を重んじる）に接近したのである。連歌は短歌よりも少ない句で一つの世界を表すため、「の」の自在な使用や奇抜な掛詞などの圧縮した表現、前句との応答を表す呼びかけや命令表現などが特徴的。狂歌は、パロディの手法で笑いを生み、和歌の世界に反発し挑戦した。

古今集的美意識から解放された近代短歌は、語彙を旧来の和語から漢語、外来語、口語にまで拡大し、縁語や掛詞などの和歌特有の修辞をほとんど使用しなくなった。また、近代語では、助動詞の種類が平安時代に比べて少ないことも、近代短歌の文体や表現に影響を与えたと考えられる。

〔小池博明〕

71　韻文のジャンル

格調

詩歌がもつ調子や表現、構成をいう。それがある時代や流派の特徴として位置づけられると、和歌史における万葉調などのように様式化される。和歌の格調としては、いわゆる三大集のそれが典型とされている。

万葉集は、歌末に「かも」「も」などの詠嘆の助詞が多く、感動の率直な表現に即した力強い調べを特色とする。五七調で、二句、四句切れが多い。特徴的な修辞は、枕詞、序詞、対句。万葉調とされる歌人に、源実朝、賀茂真淵、正岡子規、斎藤茂吉らがいる。

古今集は、対象を直接叙述せずに理知的にとらえるため、作者の認識や判断を表す助動詞（「けり」「らむ」など）が歌末にあることが多い。七五調で三句切れが多く、なだらかな調べである。特徴的な修辞は、縁語、掛詞、見立て。古今調は、和歌だけでなく、他の文学作品にも決定的な影響を与えた。

新古今集では、作者も読者も素材についてのイメージの共通理解があったため、素材をいかに細かく描写するかに関心が払われた。そこで、長い連体修飾語が歌末の体言にかかっていく、体言止めが多く用いられた。古典を媒介とした虚構世界を成立させるために、本歌取りが発達し、象徴的表現を現出した。七五調で初句、三句切れが多い。新古今調は、京極為兼、正徹らの歌人、心敬などの連歌師、江戸期の本居宣長を経て、北原白秋などに受け継がれた。

〔小池博明〕

72　韻文のジャンル

俳句

五・七・五の三句、十七音からなり、原則として季語を含む定型詩。俳諧連歌の発句《ほっく》が独立したもので、「俳句」の語は正岡子規の俳句革新以降定着した。俳句の文体として特徴的なのは、表現の完結性や独立性を表す「や・かな・けり」などの切《きれ》字《じ》である。「閑《しずか》さや岩にしみ入る蝉の声」は、「や」によって前後の論理的関係が切断され大きな空白ができるうえに、「閑《しずか》さ」と「岩にしみ入る蝉の声」を統合する作者の表現意図が示されない。読者はそれを結合しようとするため、双方が響き合って表現の深まりや広がりが生まれる。読者の想像力を刺激することで、言葉で直接表現された情報より、きわめて豊かな内容を伝えるのである。季語は、その句の季節と詠まれた素材の本意を規定する。また、読者は季語を通して、作者と感覚や感情を共有することができる。

俳句と同じ短詩型文学である短歌は、事物を時間の推移の中で捉え、作者の感情を直接表現する。それに対して、俳句は事物を空間的、瞬間的に捉え、作者の感情を間接的、暗示的に表す。これは、流動的、時間的な動詞に比重がある短歌に対し、俳句は静止的な名詞の割合が高いからである。短さゆえ表現の圧縮を求められる俳句では、「（農夫が）田一枚植ゑて（作者が）立ち去る柳かな」のように、主語の転換が多く見られる。

なお、定型から自由な自由律俳句や季語のない無季の俳句もある。俳句と同じ定型の川柳は、口語体で季語や切れ字の制約がなく、卑俗な世相人情を軽妙滑稽に詠む。

〔小池博明〕

韻文のジャンル

73 律文

韻律のある文章で、主なものに謡曲、俳文、狂文などがある。謡曲は能の詞章をいう。漢詩および和歌の引用や縁語、掛詞、序詞、枕詞を多用する。詞と節に分けられるが、質量ともに節が詞より優位に立つ。散文的な詞は対話や独白に用いられ、文末表現に候《そうろう》が多く用いられる。節は、七五調を主体とした韻文的文体であるが、リズムを豊富にするために字余りや字足らずの句も効果的に使用される。心境の抒情的な表現や、高調した場面に使われる。詞が節に切り替わったり、節が詞に吸収されたりすることも多く見られる。謡曲は謡われるのが前提なので、その文章はいくつかある曲節の型と深く関わっており、そこに謡曲の文体の複雑さがある。

俳文は、俗語と雅語、漢語と和語の混淆が顕著な文語体で、音数律の規制はないが一種のリズムがある。和歌的要素の縁語、掛詞や漢詩的要素の対語、対句が多く、和漢の典拠に由来する表現を用いる一方で、俗諺や身近な喩えも使い、発句《ほっく》の切れや連句の付け合いに通じる飛躍した文脈をもつ。そうした俳文体は、論理的な明快さではなく、含蓄、余韻を意図したものといえよう。俳文の完成者である芭蕉は、世俗人情といった卑近なものを素材としながら表現が下品になることを戒めた。

しかし、狂歌人がものした和文体の狂文は、まさに俳文を卑俗にすることで滑稽味を生んだ。和漢の古典からの自在な引用や高雅な表現を、極端に卑俗なものと結びつけることで、笑いを生んだといえるだろう。

〔小池博明〕

話芸のジャンル

74 話芸

寄席などで演じられる芸能のうち、話術を中心とするものの総称。話術というのは、むろん専門の技法・技術のことを指し、各ジャンルにおいて専用の技法、技術、いわば「話法」が存在する。なお、歌舞伎や能・狂言などといった、多人数、また多面的な芸能の複合体である伝統芸能、演劇的舞台芸能とこれは区別する。「話術を中心」とするのは、おなじ寄席芸のなかでも奇術や太神楽などと峻別するためである。つまり、少人数によって構成される、話術を軸においた芸能をここで話芸と呼ぶ。演芸とも呼ばれる。古くから口頭伝承されてきたもののなかでも、呪言、宣託、神話、伝説、世間話などとは違い、演者の力量が話の出来不出来を左右する要素が強いもの。落語、講談、浪曲、漫才、漫談、義太夫節、声色、声帯模写、モノマネなどを指す。なかでも、話術の要素が主であるものを「舌耕芸」とも呼ぶ。演じられる場所は、寄席などの舞台をはじめ、古くは座敷や路上、昨今では劇場、貸しホール、ラジオ、テレビなど、その領域を広めている。寄席では、落語・講談と、その他の話芸を「色物《いろもの》」として区別する。なお、関西地域では漫才などを主とし、その他の話芸（落語・講談を含む）を区別して「色物」と呼称した史実もある。

話芸の特徴は、人を楽しませるための、言い方の技術やテキスト上のレトリックが駆使されている点にある。つまり、人を笑わせる、あるいは泣かせる、聞き入らせる、といった工夫が存在する。なかでも、落語、講談、漫才、漫談などは「笑い」

に特化したものが多い。話芸で使用されるレトリックは、文芸におけるレトリックと共通するものも多いが、一方で、おなじテキストを声に出して読んでも、演者にとって出来不出来の差が生まれることから考えても、話芸独自のレトリック（発声などの表現力）が存在することも確かである。いずれの話芸も、落語の場合（古典落語）は法話や伝説、漫才の場合は祝詞など、発生の起源は宗教的な要素を帯びていたが、これを広く大衆にも興味を持って理解させるために、レトリックが洗練され、自然と笑いの要素が加わっていき、やがて目的化したものと考えられる。

個々の話芸を横断的に比較すると、落語、講談、浪曲、義太夫節、説話などの類は「物語」の体裁をとっているものが多いが、漫才、漫談の類は必ずしも「物語」の体裁をとらないものが多い。前者には、古くから口伝されている「古典」なるものが存在するのに対し、後者に「古典」は見当たらない（古典的、と称されるスタイルは存在する）。「物語」とは、時間的前後関係が決まっていて、出来事の叙述を入れ替えることができず、その不可逆性が保証されている。落語、講談、浪曲、義太夫などは、一人の語り手が現在から語る、という形式こそとっているが、語り手と現在を意識させる間接引用などは、物語の導入と結部に顕著であり、むしろメインとなる話の展開は直接引用の連続による「再現」に重きが置かれているのが特徴的である。なお、浪曲、義太夫などは唄の調子に合わせて語られる点で、落語、講談などと一線を画す。漫才は二者間（以上）の会話で語られるが、漫談は原則一人の演者によって語られる独白である。

〔安部達雄〕

75 落語

話芸のジャンル

日本の伝統的話芸のなかでも、会話を中心とした物語の形式を有する芸能。一人の演者が着物を羽織り、座布団に座って演じるのが通例で、演者は小道具として扇子と手ぬぐいのみを使用し（上方では、見台、小拍子なども使用）、すべての動作、道具を表現する。その源流は近世初期に大名などに伺候した御伽衆であるとされる。

噺《はなし》は、冒頭に「マクラ」と呼ばれる導入部、次いで本編、最後は「オチ」（あるいは「サゲ」）といわれる、話全体を効果的に締めくくるセリフがあるものが多い。「オチ」により、「落とし噺」、「落語」と呼ばれる。

噺の種類には、おかしみを主として描いた滑稽噺（「落とし噺」）、人間関係の機微を表現した人情噺、吉原など花街を舞台とした廓噺などがあり、また演出手法の分類からは、舞台装置を用いた芝居噺、唄と囃子《はやし》を用いた音曲噺、地の語り（ト書きにあたる部分）で展開する地噺などがある。また、古くから口承されている「古典落語」と、演者あるいは作家によって創作される「創作（新作とも）落語」がある。

三遊亭圓朝による創作落語「牡丹燈籠」は、明治一七（一八八四）年に史上初の落語速記本として出版され、これが言文一致運動に多大な影響を与えた。

野村雅昭（一九九六）『落語のレトリック』平凡社
野村雅昭（一九九四）『落語の言語学』平凡社

〔安部達雄〕

76 話芸のジャンル

漫才・漫談

漫才と漫談は、日本の独自の話芸で、演目自体が物語の形式ではなく、日常的な話題や体験、世相風刺、あるいは特定の状況での会話を扱うのが特徴的である。他の話芸とは異なり、いわゆる「古典」と呼ばれるような固定化されたテキストはなく、現在では笑いに特化されている。

漫才は通常、二人一組で、基本的には「ボケ」と呼ばれる道化役と「ツッコミ」と呼ばれるマトモ役の掛け合いで展開される。歴史的には、「萬歳」「万歳」「万才」と表記されてきたが、現在の「漫才」になったのは、大正期から大阪で活躍した横山エンタツ・花菱アチャコのコンビによる、いわゆる「しゃべくり漫才」からとされる。近年では特定の場面を設定し、登場人物を二人が演じ分けるコント漫才（漫才コントとも）という、従来とは異なるスタイルも見られるようになった。

漫談も、大正期に確立された演芸のスタイル。無声映画の活弁士たちがその話術を活かして寄席などの舞台に立ったのが起源である。古くは音曲、現在では小道具なども使用したスタイルもあるが、狭義では小道具を一切使わず、独話だけで展開するものをいう。また落語の「マクラ」にあたる部分を「漫談」と呼ぶこともある。

秋田　實（一九七二）『笑いの創造　日常生活における笑いと漫才の表現』日本実業出版社

〔安部達雄〕

77 話芸のジャンル

講談・浪曲

演者が独特の調子で物語る、日本の伝統的話芸。古くは「講釈」。一人の演者が着物を羽織り、座布団に座って演じる点で落語と共通するが、講談の場合は釈台と呼ばれる小机と張り扇が必須で、場面転換や「修羅場」と呼ばれる聴かせ所では、張り扇で釈台を叩きリズムをとる。

内容としては、史実を扱ったものがほとんどであるが、軍書物（軍記物）、御記録物、世話物、あるいは武芸物、仇討物、侠客物などに分類される。スピーディーで、リズミカルな語り口、リアリティーとデフォルメが混在する客観描写などが話体の特徴である。大正期以降の講談速記「立川文庫」の成立と流行により、大衆文学誕生に多大な影響を与えた。

浪曲は、講談とおなじく英雄譚の要素を主としながら、「節」と「啖呵」と呼ばれる部分で構成されており、「節」は三味線を伴奏として歌いあげられる。この歌う要素が浪曲の特徴で、「節」で状況や人物の心情が描写され、観客の情に訴えかける演出がされている。「浪速節」ともいう。成立は明治期。

節の種類には関東節と関西節、その中間的存在の中京節という三種があり、各地方の特色がある。話の種類は多岐に渡るが、任侠物、世話物（スキャンダル）、出世物、お家騒動物、赤穂義士伝、武芸物などが代表的である。

講談と浪曲は長編が多く、続き物として分割して上演される。

〔安部達雄〕

78 話芸のジャンル

義太夫節

17世紀後半に、竹本義太夫によって創始された芸能で、太夫と呼ばれる者の語りと三味線の伴奏で構成される。もとは浄瑠璃の一流派だったが、諸派の浄瑠璃を集大成した竹本義太夫によって洗練を極め、江戸後期には人形芝居とは別に、独立した芸能（素浄瑠璃）として発達を遂げた。「色」「詞《ことば》」「地合《じあい》」「ふし」という四種類の語り方を用いて台本（丸本）に書かれた場面や情景、人物の言葉や心情を表現していく。その情感ある語り口と太棹三味線を使用した重厚な演奏が特徴的である。

義太夫節の影響を受けた芸能として「新内節」がある。美声で知られた鶴賀新内が創始したもので、これも素浄瑠璃化され、座敷浄瑠璃として確立した。特に「端物」といわれる吉原の遊郭の情景や遊女の心情を歌ったものが新内の醍醐味とされるが、義太夫節から借りた「段物」もある。なお新内では、中棹三味線を使用する。

ほかに、「長唄」という、細棹三味線を使用し、唄を中心とする「唄物」と呼ばれる芸能も誕生した。また、江戸末期には三味線伴奏による小歌曲が流行し、「端唄」「うた沢」などが現れ、明治期には「小唄」が誕生した。

このように、独自の節まわしによってセリフや情景を唄にすることで各ジャンルが成立していくのだが、音色とともにその言語表現が大衆に深く愛された点はどれも共通している。無伴奏の詩吟や、現在も残る民謡などにも同様のことがいえる。

〔安部達雄〕

79 話芸のジャンル

説　話

民俗学者の柳田国男によれば、説話はハナシであり、口で語り耳で聴く叙述で、口承文芸のなかでも韻律のないもの、と規定される。民俗学では、神話、昔話、伝説、世間話などを一括するものとして「説話」という概念を置く。このうち、昔話は発端の句（「むかしむかし」など）と結末の句（「これもそれっきり」など）が様式化されており、時代、土地、人物を特定しない形で伝えられる。伝説は決まった叙述の形式を持たず、時代、土地、人物、いずれも具体的に言い伝えられており、本当にあった話として伝えられる。世間話も同様に具体性を帯びており、語り手本人が経験した、あるいは見聞きした話として、その時代や風土を明確に反映し、実話として語られる。しかし、これらは、たとえば伝説が様式化され抽象的になれば昔話となり、体験談として語られれば世間話にもなるという関係にある。そこでこれらを一括して説話としたのである。

広義では、仏教説話や霊験譚、起源譚、唱導譚として「ハナシ」の形式をもつものも説話と一括することもある。いずれも、ある才人がこれらを文章化したとき、『今昔物語集』や『発心集』といった「説話文学」となる。また、説話が笑いの要素や怪談、英雄譚の要素を帯びると、芸能として特化していき、落語や講談につながっていく。説話は談話と文章の双方の研究対象として、その発達の過程までも興味深い。

〔安部達雄〕

80 文体論

文体研究

主に、文章の文体の究明を目的とする研究分野。文体の概念規定とその分析手法とが多様であり、研究者ごとに独自の方法論をもつのが現状である。古くは、文章ジャンル、記載形式、語彙・文法、修辞などを基準に、文体を類型化して整理することが中心で、修辞学の一分野であったが、波多野完治の文章心理学の登場によって、研究の方向が一変した。

文学作品に対する従来の印象批評的な判断を排し、統計的手法を導入して、言語の実態を客観的に示し、その分析に心理学的知見を駆使したのである。文体分析の基礎作業に、統計的手法を用いるという手続きは、その後の多くの文体研究に踏襲された。ただし、この方向は、統計的処理の精緻さを高め、数値化した情報を提示することに終始し、対象となる文章への理解・洞察を疎かにすることにもなった。文体論には、分析手法の違いによっていくつかの立場がある。

現在の研究に影響を与えた先駆的な研究を挙げれば、波多野完治の文章心理学、小林英夫の言語美学、樺島忠夫・寿岳章子の語学的・統計的文体論などがある。また、中村明『日本語の文体』には、「文体研究の展望」があり、研究史の概観に至便である。総じて、小林英夫が文体論について「既製の学問の蓋をとって」紹介するようなことは、「今の研究状態では、できないのではないか」と述べた状況は今も変わらない。

〔長沼英二〕

81 語学的文体論

文体研究

語学の観点から文体を分析する研究分野。分析の具体的対象は、多様である。たとえば、古典語か現代語か、書きことばか話しことばか、共通語か方言か、和語か漢語か外来語か、男性語か女性語か、平叙体か丁寧体か、また、文の長さ、文末表現などが挙げられる。これらは、分析資料となっている文章全体の文体的傾向を明らかにすることを目的とする。ほかに、レトリックなど、特定の表現に着目して、表現上の特徴を明らかにしようとする立場もある。また、表記の観点から、漢字・ひらがな・カタカナなど、各種文字の使い分け、句読点の打ち方、ふりがなの付し方、改行の仕方、各種記号の使い方などに注目する立場もある。

いずれにしても、ひとつの観点から、文体の一側面を照らすものであって、文体という統一体を、総体的に捉えうるものではない。これは、語学的文体論の方法的限界である。分析観点を複数用意することで、光の当たる側面を増やすことが可能であるけれども、それらを集積することで、統一体としての文体が明らかになるわけではない。語学的文体論には、この問題の止揚が求められる。

語学的文体論は、計量的処理に馴染みやすい。そこで、計量的文体論が成立する。代表的かつ先駆的研究は、樺島忠夫・寿岳章子『文体の科学』（綜芸社、一九六五年）である。

〔長沼英二〕

82
文体研究
文学的文体論

文学の観点から文体を分析する研究分野。文学作品を分析対象とし、作家の個性を明らかにすることを目的とする。その方法は多種多様で、文体の概念規定も千差万別である。文芸批評と見なしうるものから、語学的文体論と逕庭のないものまで、その様相は混沌と呼んでもよい。それらを文学的文体論ということばで一括しうるのならば、そこには、自己の解釈力と洞察力とで作品表現に作家の個性の表出を読みとろうとする、論者の態度が存在しなければなるまい。他の文体論が、それぞれ依拠する学問分野の方法をもって文体を分析するのに比し、文学的文体論は、論者の個性で文体を分析するはずであるからである。

そこで、文学的文体論に求められるのは、優れた解釈と洞察とである。ここに文学的文体論の真価があり、これによって、他の文体論が刺激され、研究の展開が促進され、新しい文体論も構築されうるのである。たとえば、波多野完治の谷崎潤一郎の文体と志賀直哉の文体との比較研究（文章心理学）は、深田久彌や小林秀雄の発言に触発されて、誕生した。

文学的文体論は、他の文体論に比べて、学問として曖昧であることを否定しえない。しかし、一方で、方法や手順などにおいて規制が少なく、自由度が大きいとも言える。〔長沼英二〕

83
文体研究
文章心理学的文体論

心理学の観点から文体を分析する研究分野。日本では、波多野完治『文章心理学』が嚆矢であり、波多野は、この研究分野の中心的存在である。文章心理学は、元来、国語教育、文学教育に裨益することを目的に生まれた。文章を書き、文章を味わうための、文章評価の基準とその説明とが必要であると考えたからである。文章評価の方法としては、数量的分析（統計的方法）を採用する。これは、心理学が数量的分析を用いることで、人格、性格、素質などといった現象を解明したことに基づく。説明としては、心理学を採用する。それは、「文章は個人の心の中に成立して表現される」と考えるからである。

この方法の成果がもっとも鮮やかに示されたのが、谷崎潤一郎の文章と志賀直哉の文章とを比較し、その性格の違いを明らかにした研究である。読んだとき異なる印象を受けるならば、文章の構造が異なっているはずである。それを、文の長さの比較（谷崎は長く、志賀は短い）、動詞と名詞との数の比較（谷崎は動詞が多く、志賀は名詞が多い）などを行ない、谷崎は観念的性格の文章と、志賀は即物的性格の文章と評する小林秀雄の発言を検証する。

波多野が導入した数量的分析は、語学的処理を前提とするもので、波多野の文章心理学には、語学的文体論と計量的文体論との萌芽が見られるのである。

〔長沼英二〕

84 文体研究 社会言語学的文体論

話しことばに見られる文体の使い分けを観察し、その働きを分析する、社会言語学の一分野で、文体そのものの解明を主眼とするものではない。話しことばを、形式的言語（formal or polite）・口語（colloquial）・俗語（slang or valgar）の三つの文体（言語変種）に分け、会話などの際にこれらを使い分ける基準（選択基準）を、会話などに参加する者の親密度・年齢・社会階層や、状況、話題などに求める。

たとえば、親密度の低い相手には、改まった文体（形式的言語）を用い、親密度の高い相手には、気取らない文体（口語・俗語）を用いることが好まれる。また、日本語では、聞き手との年齢差が、敬語などの改まった表現を用いるか否かの基準になるが、アメリカなどでは、年齢差が文体選択に影響することがあまりないとされる。

一連の会話のなかで、文体を切り替えることもある。親しい者同士の会話の場に見知らぬ者が加わった場合、改まった表現に変わることがある。これを、状況のコード切り替え（situational code-switching）と呼ぶ。共通語で会話をしていた者が、相手に仲間意識などを示すために方言に切り替えることがある。これを、比喩的コード切り替え（metaphorical code-switching）と呼ぶ。外国語の能力の高い人同士の会話では、外国語に切り替えて会話を行うことがある。これを、会話のコード切り替え（conversational code-switching）と呼ぶ。

〔長沼英二〕

第Ⅳ章

レトリック用語の解説

ここでいうレトリック用語とは、実質的には文彩の分類名のことである。西洋の伝統的な修辞学における分類は複雑で多岐にわたるが、本章では、中村明『日本語レトリックの体系』（岩波書店、一九九一年）おいて整理・提示された、配列・反復・付加・省略・間接・置換・多重・摩擦という八つの原理に基づき、それぞれの原理による主要な文彩をいくつかずつ取り上げ、具体例に即して解説する。

ただし、それぞれの文彩のとらえ方は必ずしも中村の同書と一致しているわけではなく、各項目担当者の見識によって異なる場合もある。

また、ここに取り上げたほとんどの文彩は古今東西を問わず認められるが、日本語固有の古典和歌における表現技法や、レトリックと密接に関連する言葉遊びも扱っている。

1　総記
弁論術

古代ギリシアで成立し、民政期のローマで発展した言語技術。この時代において、レトリックは弁論術を意味していた。古代ギリシアの弁論術で現在に伝わる最古のものはホメロスの「イリアス」「オデュセイア」であると言われる。すでにその中では、弁論によって人々を説得する術が駆使され、多種多様な文彩が表現を彩っていた。

弁論術が専門技術として考えられるようになり、それを職業とする者が出てきたのは前五世紀のシラクサにおいてであると推定されている。その後アテネにおいて、ソフィストたちの活躍により弁論術は進展していったが、ともすれば真理を離れ、言いくるめるための技術に堕落しがちな点から哲学者プラトンの痛烈な批判を浴びた。しかしながら、弁論術は、そのプラトンの弟子アリストテレスによって大成するにいたる。古代ギリシアにおける弁論術の達成形態として、アリストテレス「弁論術」の内容を以下にみる。

そこでは、説得の方法としての技術が体系化された形で論じられている。弁論術は、どんな問題でもそれぞれについて可能な説得の方法を見つけ出す能力とされ、何ごとかを勧めたり思いとどまらせたりする「議会弁論」・人を賞賛したり非難したりする「演説的弁論」・告訴したり弁明したりする「法廷弁論」に分けて説明されている。説得手段としては、例証によるもの、格言によるもの、説得推論によるものといった言語的なものの他に、話者の人柄によるものや聴き手の感情に訴えかけるものなどがあげられている。特に説得推論については多くの形式について詳細に論じられている（浅野（一九九六）に詳しい）。また、弁論に関して手がけられるべき研究として説得手段の他に表現方法と配列があげられ、表現方法には、明瞭さ・適切さ・比喩などの他に演技なども含められている。

アリストテレスによって大成された弁論術はローマに移入され、展開していった。なかでもキケローは、弁論家としても弁論術の大成者としても名高い。その著作である「弁論家について」において、弁論の種類としてアリストテレスの三分類を踏襲し、各々の特質と技術が説明されている。また、〈発想〉（どのように論点を形成するか）・〈配列〉（どのように並べるか）・〈文体〉（どのような言葉を使うか）・〈記憶〉（いかにして弁論を記憶するか）・〈発表〉（どのように口演するか）という弁論術の五部門の各々について述べられている。

弁論術はその後、西洋文明のなかで衰退していき、五部門のうち〈文体〉のみが修辞学と姿を変え生き残ることになったが、近年、言語技術として再び注目を集めてきており、日本においても、香西秀信の諸研究などにより、国語教育に生かされる途が探られている。

浅野楢英（一九九六）『論証のレトリック』講談社現代新書
香西秀信（一九九五）『反論の技術』明治図書
瀬戸賢一（一九九二）「拡大するレトリック」（安井泉編『グラマー・テキスト・レトリック』）くろしお出版
アリストテレス（前四世紀）「弁論術」（『アリストテレス全集　第一六巻』）岩波書店
キケロー（五五）「弁論家について」（『キケロー選集　第七巻』）岩波書店

〔森　雄一〕

2　レトリック

総記

古代ギリシアに淵源を持つレトリックは、当初より説得効果と美的効果の双方を言語に与える技術として発展してきた。また、話し言葉・コミュニケーションの技術としての弁論術をその中核としながらも、書き言葉の技術である修辞学・詩学とも密接に関わっていた。説得効果の言語技術と美的効果の言語技術は相互に入り組んでおり、古典レトリックの大成者であるアリストテレスの「弁論術」にもその両面を見ることができる。例えば、「明瞭さと快さと斬新さ」を与えるものとしての比喩の役割を強調していることは、同じくアリストテレス「詩学」においてと同様である。

古代のアテネやローマにおいて政治面で口頭の弁論は重要な役割を持っていたため、弁論術は学問的に発達していったが、ローマにおける共和制の終焉と帝政の確立によって、その役割は次第に失われ、レトリックは弁論術から修辞学へと力点を移していった。やがては文彩の分類学がその中心となり、古くさく顧みられないものと一時は考えられていた。

レトリックが脚光を再び浴びだしたのは、二〇世紀に入ってからであり、今日では、メタファー（隠喩）を中心に、人間の認識・思考の営みという観点から言語学・心理学を始めとする多くの領域でレトリックは論じられている。そのような観点からは、欧米ではレイコフとジョンソンの概念メタファー（conceptual metaphor）論が、日本においては佐藤信夫の一連の研究が重要である。両者とも詩的言語だけでなく通常言語においてレトリック的な現象が遍在すること、そしてそれが人間の認識に深く関わっていることがそのレトリック論の核となっている。また、こういったレトリック論の発展形として、文法・語彙などにひそむレトリック現象を解明しようとする認知言語学的な観点からの研究が注目される。

〈日本のレトリック〉　日本においては、伝統的に韻文とりわけ和歌の修辞において、レトリックが発達してきた。西洋修辞学で言うならば、比喩の原理を用いた見立てや先行和歌に対する暗示引用の技巧を使っている本歌取り、同音異義語を巧妙に用いて二重の文脈をもたらす掛詞など多種の修辞技巧が洗練された形で用いられていた。このような技巧は散文作品や俳諧等の他ジャンルの韻文にも姿を変えながらも取り入れられていった。明治以降には、西洋の修辞学が導入され、五十嵐力によって伝統的な日本レトリックと合一される形で体系化された。日本的なレトリックと西洋修辞学の統一という点では中村明の一連の研究もその流れにあるといってよい。中村『日本語レトリックの体系』においては、西洋修辞学由来のレトリックとともに、和歌修辞や洒落・語呂合わせなど一般の言語生活のなかにおいても愛好されてきた言語遊戯が並列される形で論じられている。

尼ヶ崎彬（一九八八）『日本のレトリック』筑摩書房
五十嵐力（一九〇九）『新文章講話』早稲田大学出版部
佐藤信夫（一九七八）『レトリック感覚』講談社
中村　明（一九九一）『日本語レトリックの体系』岩波書店
George Lakoff and Mark Johnson (1980) *Metaphors We Live By*, The University of Chicago Press（邦訳『レトリックと人生』大修館書店）

〔森　雄一〕

3　文彩

総記

通常の言葉遣いとは異なる表現が、主として文章において用いられたもの。詞姿・文飾・ことばのあやなどとも言う。文彩には、多様なものがありその使用目的も様々であるが（→文彩の分類法）、通常言語では表出できない何らかの効果を表すことを目的として用いられることは共通している。アリストテレスは「詩学」のなかで、文体の理想的なあり方は、明確であって平板ではないことであると述べ、明確さの追求だけならば通常言語でよいが、文体を平板でなくするために変形や比喩などの文彩を用いることを主張している。通常の言語は平板であり、表現者はそこから離れるため様々な文彩を用いる。

典型的には誇張法であり、「疲れて死にそう」、「（空腹のあまり）お腹と背中がくっつく」などといった表現は、現実離れしているが故に、言語の平板さから逃れられている。また、通常言語の持つ省略性に逆らって、「蟻がひっきりなしに通った」という表現のかわりに「蟻が通った。蟻が通った。蟻が通った……」と繰り返していく列叙法を使うことによって平板さを避けることもできる。このように多くの文彩が文体を装飾するために用いられていることは確かである。創作者はその文芸作品において、文彩を用いることによって通常言語とは異なる言語世界を作りあげている。しかしながら、アリストテレスが「詩学」の別箇所で指摘するように、文彩を用いて明確さをさらに強調することもできる。ある事物を描写するのに、喩えを用いることでその特徴を際だたせることなどはその例である。

このような伝統的な文彩観―装飾のための文彩と理解のための文彩―に付け加えて、認識のための文彩という観点を前面に出したのは佐藤信夫の諸研究である。我々が表現したい事柄のなかには、既成のことばで表現できないもの、即ち、言語カテゴリーが存在しないものが存在する。そのような場合に、あえてそれを表現するならば文彩に頼らざるを得ない。例えば、微妙な感情の綾を「心の戸を、半ばあけて、ためらつてゐる感じだった」（川端康成「舞姫」）と、「戸」の隠喩を用いて表現するのがそれにあたる。この場合、文彩によって新たな認識が形成されている。また、ある対象を見る我々の認識は、その対象全体をひとしなみに捉えるというよりも、その一部に注目することが多い。そのような場合、その一部に注目するという認識が言語化されたものが換喩という文彩となる。例えば、ある人物を描写するのに、その特徴的な一部に着目し「赤シャツ」とか「メガネ」などと表現するのがそれにあたる。このような文彩観は、瀬戸賢一の諸研究でさらに発展され、近年は認知言語学的な文彩論と合流し脚光を浴びている。以上に述べた認識のための文彩と装飾のための文彩、理解のための文彩をそれぞれの特色において検討することが待たれている。

アリストテレス（前四世紀）「詩学」（『アリストテレス全集　第一七巻』）岩波書店

佐藤信夫（一九七八）『レトリック感覚』講談社

佐藤信夫（一九八一）『レトリック認識』講談社

瀬戸賢一（一九九七）『認識のレトリック』海鳴社

森　雄一（二〇〇四）「問題群としてのレトリック」成蹊大学文学部学会編『レトリック連環』風間書房

〔森　雄一〕

4 文彩の分類法

総記

文彩を分類する際、まず意識されるのは、意味によるか形態によるかという観点である。意味による文彩として典型的に挙げられるのは、隠喩や換喩のような転義現象に関わる比喩である。また、形態による文彩として典型的なものは、省略や反復に関する現象である。これらに属さないものとして、暗示引用のように発想に関わるものや、両刀論法のように論証に関わるものがある。

佐藤ほか（二〇〇六）においては、五種類に文彩を分類する。①「表現形態のあや」では、省略や反復など形態に関わる文彩が含まれ、②「意味作用のあや」には、直喩・隠喩・換喩・提喩の四種の比喩が該当する。③「思考様態のあや」には、誇張・感嘆から暗示引用・カテゴリー変容まで言語の使い手の思考に関わる文彩が扱われる。④「論証のあや」には、推論法や両刀論法などの論法的なものがあたり、⑤「語形のあや」は、正常の語の一部が変容するというものである。おおむね、形に関わる文彩である①⑤と意味・思考・論証に関わる②③④という区分でもとらえられる。

このように形態と意味を対立的に考えることから発生する問題もある。形態のあやでも、形態を変更することにより意味的な作用が加わることがあり、意味的なあやでも、直喩のように、特有の形態（形式）を持つことなどが挙げられる。

中村明（一九九一）は、文彩について目的軸・対象軸・手段軸の三つの軸をたてることにより、文彩の分類を立体的に考え、形と意味の二項対立から救いだそうとする試みである。目的軸としては「新しい現実を作り出す」「広義の美化を行う」「変化をつけ注意をひく」などの観点から分類される。なお、この分類の先駆的なものとしては、五十嵐力（一九〇九）がある。五十嵐は読み手に対してどのような心理的効果を与えるかという観点から「結体」「朧化」「増義」「存余」「融会」「奇警」「順感」「変性」の八原理によって分類を行っている。対象軸とは、視点・構成・語彙・表記といった文彩表現上の力点がどこに置かれるかを示すものである。手段軸において文彩が体系的に分類され、本書の項目分類はこの軸に対応している。手段軸の分類では、文章の展開に関わる「展開のレトリック」と伝達の方法に関する「伝達のレトリック」に、大きく二分されている。「展開のレトリック」では、「配列」「反復」「付加」「省略」といった文章構成上の原理によって、「伝達のレトリック」では、「間接」「置換」「多重」「摩擦」といった伝達上での技法の異なりから分類される。三つの軸から文彩の分類を立体的に考えようとした企てであるが、個々の文彩をその「立体」のなかでどのように位置づけていくか、手段軸内の「展開」「伝達」という二区分は対立的なものと考えてよいかなど、今後の検証が望まれることも少なくない。

〔森　雄一〕

五十嵐力（一九〇九）『新文章講話』早稲田大学出版部
佐藤信夫・佐々木健一・松尾　大（二〇〇六）『レトリック事典』大修館書店
中村　明（一九九一）『日本語レトリックの体系』岩波書店

5 序次法　配列の原理

ことがらを順序立てて並べていく配列方法。空間的なものなら近くから遠くへ・北から南へ、出来事ならば時間軸に沿って、あるいは大きなカテゴリーから個別へというように、自然だと感じられる順序で並べる方法である。言ってみれば当たり前の並べ方だから特別な印象は残さない。分かりやすいこと、自然で目立たないこと、場合によっては整理された印象がこの方法の効果である。

次の例では序次法の分かりやすさ、受け入れやすさの効果が利用されている。シェイクスピアの「ジュリアス・シーザー」第三幕第二幕、シーザー暗殺の理由を市民に語る、ブルータスの演説の一部である。「私を愛してくれたシーザーを想えば、私は涙を禁じえない。幸福だったシーザーの半生を想うとき、私の心ははずむ。勇敢だったシーザーを想い、私は心から讃歎を惜しまない。が、野心に身を委ねたシーザーを見いだしたとき、私はそれを刺したのだ。」（福田恒存訳）ここでは、シーザーの性格とそれに対するブルータスの反応がいくつも並べられている。「愛」に対する「涙」、「幸福」に対して「心がはずむ」、「勇敢」に対する「讃歎」といった賛同しやすい反応が並んでいるため、それに慣らされて、最後の「私はそれを刺したのだ」という受け入れ難い行動までも、受け入れたくなってしまう。受け入れやすいものから受け入れ難いものへという配列も序次法である。序次法のこの用法は、言い訳や頼みごとなどで耳にしたことがあるに違いない。

〔柳澤浩哉〕

6 奇先法　配列の原理

説明などの必要な情報を後回しにする配列方法。必要な情報が出てこなければそれを知りたい気持ちが高まる。先送りによって説明などの価値を高めることが奇先法の一つの効果である。また、事実が説明なしに唐突に提示されると、それが謎のように見えることがある。奇先法のもう一つの効果は、謎を作って相手を引き込むことである。

奇先法と似た技法に未決法（懸延法）がある。驚き・強烈な印象などを与えるものを最初に出したまま、その説明を延ばし延ばしにして、文章の終わりまで読者を宙吊り状態にしておくのが未決法である。そして、最後に明かされる説明は、予想もつかなかった意外なものであることが多い。未決法は英語では suspension（宙吊り）という名称で呼ばれる。

次の例はシェイクスピアの「ジュリアス・シーザー」の第三幕第二幕のもの。市民を説得し、扇動に成功したことで知られる、アントニーの〝名演説〟の一部である。ブルータスのライバルであるアントニーは、ブルータスに続いて演台に登り、巧みなレトリックによって、ブルータスに対する市民の暴動を誘導していく。アントニーは、ブルータスへの敵意をかき立てる道具として暗殺されたシーザーの遺言状を使うのだが、遺言状の効果を最大限に引き出すために奇先法の〝宙吊り状態〟をあざとい程に利用する。アントニーはシーザーの遺言状が市民にとってどんなに魅力的なものであるかを大いに強調するが、その文面は絶対に明かさない。遺言状の文面を知りたいという市民の欲求を最大限高めておいて、ブルータスのために遺言状が読めないのだと語る。この言葉を聞いて、市民はブルータスへの敵意を一気に爆発させる。怒りを引き出す手段として、奇先法の宙吊り状態を巧みに使った例である。

　サスペンスは奇先法の親戚であるが、謎は決して推理小説だけのものではない。相手を引き込む手段として、小説・ドラマ・映画に謎は不可欠である。シナリオライターの手引書では、どのジャンルであっても、ドラマにはミステリーの要素が必要なことが強調されている。「謎や秘密を与える、というと大げさに聞こえますが、シーンの中にそうした要素を入れることで、観客に考えさせることができるわけです」（柏田道夫『エンタテイメントの書き方1』）。たとえば、謎めいた人物や場違いな小物の登場、人物の予想外の言動などがあると、その先が知りたくなって物語に引き込まれていく。

　小説において読者を引き込むことが最も求められるのは冒頭だろう。冒頭に気になる事実を書き込んで、奇先法から始まる小説は少なくない。漱石は、唐突に小説を始めることの多い作家であるが、その中には「こころ」や「行人」のように、冒頭に謎を書き込んで読者を引き込む工夫をしているものがある。この効果をさらに進めて、冒頭に描かれた驚くべき状況が、実は夢であったというパターンもあるが、これを純文学で目にすることは稀である。夢から始まるパターンは映画の方が多く見られ、例えば、「寅さん」シリーズでは、寅次郎の夢から映画が始まるというパターンが定着している。

〔柳澤浩哉〕

7　配列の原理

漸層法（漸降法）

語や文の内容・重みを徐々に強めながら積み重ねていく技法。この条件だけで漸層法を規定する本もあるが、西洋修辞学では、並行的な形式を繰り返しながら盛り上げることを漸層法の条件としている。

　ただし、並行的な形式を繰り返す本来の漸層法を日本語で行うと、どこか軽く見えてしまう。形を揃えた本来の漸層法をしばしば使う作家・随筆家に、井上ひさし氏と土屋賢二氏がいるが、彼らはユーモラスな効果を狙って漸層法を使っている。土屋氏の例を引用してみよう。「中には、女の外見さえよければ内面はどうなっていてもいい、内面などなくてもいい、とまで考える男もいる（私は違う）。それどころか、むしろ内面はないほうがいい、とさえ考える男もいるのだ（私は違う）」（土屋賢二『われ笑う、ゆえにわれあり』）。

　次の例は『近代能楽集』（三島由紀夫）に収められている「邯鄲」のもの。夢の中で、主人公次郎は怪しげな美女から結婚を迫られる。「君が忠実な奥さんになればね」という次郎の言葉に、美女は漸層法を使って答える。「なれてよ。あたくし、何でもしてよ。お雑巾かげでも、お掃除でも、つくろいものでも、何でもしてよ。あなたが裸になって街を歩けと仰言れば、それもしてよ」。ドキッとさせる漸層法であるが、漸層法の軽さが美女の言葉に空々しさを与えている点に注意して欲しい。

　次の例は「名人伝」（中島敦）から。弓の名人を志す紀昌は五年間の基礎訓練を終えて、師匠の飛衛から弓の奥義を授けられる。「奥義伝授が始まってから十日の後、試みに紀昌が百歩を隔てて柳葉を射るに、既に百発百中である。二十日の後、一杯に水を湛えた盃を右肱の上に載せて剛弓を引くに、狙いに狂いの無いのは固より、杯中の水も微動だにしない。一月の後、百本の矢を以って速射を試みたところ、第一矢が的に中れば、続いて飛来った第二矢は誤たず第一矢の括に中って突き刺さり、更に間髪をいれず第三矢の鏃が第二矢の括にガッシと喰い込む。矢矢相属し、発発相及んで、後矢の鏃は必ず前矢の括に喰い入るが故に、絶えて地に墜ちることがない（後略）」。最後の「一月の後」の叙述はこの後もしばらく続く。ここでは「十日の後」「二十日の後」「一月の後」が比較されており、初めの二つについては叙述の形式も長さもほぼ同じである。仮に「一月の後」の叙述まで揃えてしまうと、〝本来の〟漸層法となり軽薄な印象が生じたに違いない。ここでは〝本来の〟漸層法になることを避けるために、あえて最後を長くしたと考えられる。

最後に小林秀雄の評論「徒然草」の例を引こう。「彼には常に物が見えている。人間が見えている、見え過ぎている、どんな思想も意見も彼を動かすに足りぬ。評家は、彼の尚古趣味を云々するが、彼には趣味という様なものは全くない。古い美しい形をしっかり見て、それを書いただけだ」。主張のポイントは最後の一文であるが、前半の畳みかけるような漸層法の迫力が、このシンプルな主張の意味を説明し、何より主張の価値を高めている。自分の強い信念をアピールすることで読者を納得させる、小林秀雄らしいレトリックである。

〔柳澤浩哉〕

8　照応法　配列の原理

表現や内容が距離を隔てて呼応するように配置する技法。その典型的な用法をあげてみる。

同じ描写を離れた場所に出すことで、自然や状況が変わっていないことを印象づける使い方がある。「注文の多い料理店」（宮沢賢治）では、二人の紳士が山猫軒に入る直前と助け出された直後に「風がどうと吹いてきて、草はざわざわ、木の葉はかさかさ、木はごとんごとんと鳴りました」という同じ描写が置かれる。山猫軒での恐怖の体験で変わり果ててしまった紳士と、全く変わらない自然との対照である。

映画やドラマでは、全く同じせりふが、時間を隔てた離れた場面で繰り返されることがある。このような場合、二回目のせりふには一回目よりも深い意味が込められて、作品中の重要なせりふとなる。物語の展開あるいは人物の成長などが、二回目のせりふに象徴的に表現されるからである。小津安二郎の「麦秋」のラスト、父周吉が妻に向かってしみじみと言う「欲を言やア切がないが…」はその典型である。

語り手が過去の長い出来事を語った後、再び現在に戻って終わる、いわゆる枠小説も照応法である。タイムトラベラーが晩餐の席で自分の体験を語る「タイム・マシン」（H・G・ウェルズ）はこの形式の傑作である。この形式は映画に頻繁に見られる。過去と現在の二つの物語が同時に終了することでラストに厚みが生まれるからである。多くの場合、現在と過去の二つの物語をつなぐ鍵が明かされて映画が終わる。

〔柳澤浩哉〕

9　反復法

「反復法」とは、ことばの一部または全体を繰り返すという、いろいろなレベルでみられる、ことばの形成や表現の方法を言うが、狭くは文章表現上、意図的に何らかの効果をねらって用いられる修辞的技法の一つを指して言う。

〈畳音（法）〉　同音の繰り返しによって作られた語に、「おてて」「ワンワン」「じょじょ」などの育児語や、「ゴロゴロ」「ふわふわ」などのオノマトペがある。同音（語）を繰り返す修辞法としては、次のような例がある。「ウリ」や「ツキ」の音の反復にねらいがある。「瓜売りが瓜売りに来て売り残し売り（または瓜）売り帰る瓜売りの声」「月々に月みる月は多けれど月みる月はこの月の月」。

〈畳語（法）〉　オノマトペには畳語が多いが、音象徴の繰り返しで、畳音法によるもの。それに対して、既存語の一部又は全体を重ねて作られた語を畳語と言い、この造語法を畳語法という。例に、「かみがみ（神々）」「泣く泣く」「ものものしい」「あつあつ」「さむざむ（寒々）」「もともと」「しばしば」「またまた」など、いろんな品詞にわたってみられる。これらを「反復複合語」とも言う。「音」を強調するオノマトペと違って、連濁を起こす。繰り返すことで意味を強調するのがねらいだからである。修辞法としては、①「大きな大きな蕪がありました」②「通りゃんせ、通りゃんせ、ここはどこの細道じゃ」などがあるが語の繰り返しの①と違って、②のような句の繰り返しは、「畳句法」と言うこともある。

〈尻取り（文）〉　日本語の音節構造の特質から、同音節で連鎖的につないでいく遊びを「尻取り」と言い、和歌で発達した掛詞や駄洒落の原理も同じである。この原理を修辞的に文表現に展開したものを尻取り文（前辞反復・連鎖法とも）と言う。たとえば、「継がねば折角の呼吸が合わぬ。呼吸が合わねば不安である」（夏目漱石「虞美人草」）。

〈畳点法〉　展開する句や文に、集中的に同語を繰り返す修辞的表現を、畳点法という。③「女の女による女のための詞」これは、リンカーンの有名な文句をなぞって、中世に生まれた女房詞のことを言っている。④「雪のなかで糸をつくり、雪の中で織り、雪の水に洗い、雪の上に晒す」（川端康成「雪国」）。前者では「女」、後者では「雪」の語を適当な間隔をおいて繰り返すことで、表現をリズミカルにし、印象も深くイメージしやすい効果がある。先に、畳音法で示した二つの例も、意味を示す語に注目すれば、この畳点法の例になる。また、次のような例もある。⑤「春が来た、春が来た。どこに来た。山に来た、里に来た、野にも来た」（唱歌）。⑥「太郎を睡らせ、太郎の屋根に雪降り積む／次郎を睡らせ、次郎の屋根に雪降り積む」（三好達治「雪」）。

反復法は、④の「雪」、⑤の「来た」のような押韻や、⑥のような対句法と重なることが多い。他にも、和歌、現代詩、民謡など、詩歌には、さまざまな効果的な反復表現が多くみられる。

〔**糸井通浩**〕

中村　明（二〇〇五）『センスをみがく文章上達事典』東京堂出版

反復の原理

10 対句法

基本的には、前後する二つの句・文が、対応する構造をもち、対応する各位置に意味的に対照的な語を配置する修辞技法をいう。いろいろなバリエーションがあり得るが、いずれも反復法の一種で、表現に構造美や構成美を感じさせる技法である。対偶法（島村抱月『新美辞学』）、対置法、西欧語の対照法なども、ほぼ同種の修辞技法を指している。

日本語の表現が大きな影響を受けたのは、高度に発達した漢文の対句法である。まず、漢詩においては、特に六朝時代から対句が盛んに用いられるようになったと言われる。たとえば、唐代の律詩では、第三、四句、第五、六句をそれぞれ対句にしなければならなかった。次は対句の使用に長けていたと言われる杜甫の、有名な「春望」である。

国破山河在　城春草木深　感時花濺涙　恨別鳥驚心
烽火連三月　家書抵萬金　白頭掻更短　渾欲不勝簪

この詩では規範の句だけでなく、第一、二句も対句になっていることが注目される。第二句の「春」は、位置的に第一句の「破」に対応している。とすれば、文法的働きも対応してなければならないから、この「春」は「春になる」の意の動詞の働きをしている。

古典漢文（散文）でも、文章に繰り返しの美、リズムの美が求められたという。その精神は、「四字句」を重んじたことや対句が多く用いられたことが証明しているようだ。「忠言逆耳、利於行。毒薬苦口、利於病」（史記）や「長袖善舞、多銭善賈」（韓非子）では、四字句が対句にもなっている。

日本文学でも、古典漢文の影響を受けながら、対句的表現をなす美文調はいろんな作品にみられる。芭蕉の『奥の細道』冒頭はその一つ。

月日は百代の過客にして、行きかふ年もまた旅人なり

は李白の「春夜桃李の園に宴する序」の冒頭

天地者万物之逆旅　光陰者百代之過客

をふまえたもので、「月日」と「行きかふ年」、「過客」と「旅人」はそれぞれ類義語であるが、漢語的表現と和語的表現という対比が読み取れる。

本来、対句法は、対比的・対照的な語句を対置することで、構成的な妙味とおもしろさと思考の深さを表現する技法である。たとえば、「快楽が恥じらいを制し、大胆さが恐怖を制した。」（キケロー『言語学大事典』）、「東ニ病気ノコドモアレバ／行ッテ看病シテヤリ／西ニツカレタ母アレバ／行ッテソノ稲ノ束ヲ負イ」（宮沢賢治「雨ニモマケズ」）など。

なお、同類の語を構文を換えて繰り返す、次のような場合も対句法と言えよう。「飲むなら乗るな、乗るなら飲むな」「なせばなる、なさねばならぬ」。

次の『方丈記』の例は、二文が二文と対句をなしている例で、対比性、対照性が複合的である。

或は露落ちて花残れり。残るといへども朝日に枯れぬ。或は花しぼみて露なほ消えず。消えずといへども夕を待つことなし。

〔糸井通浩〕

11 リズム

反復の原理

「リズム」（rhythm）という用語は、流れるの意のギリシャ語に由来するという。言語におけるリズムとは、一定の音形式の繰り返しを意味し、そこに心地よさが伴うものである。言語学では、話しことばに観察されるリズムによって、英語、ドイツ語など「強勢拍リズム」の言語と、日本語、イタリア語、フランス語など「音節拍リズム」の言語に区分する研究を行っている。前者は、強勢のある音節と強勢のない音節が繰り返される「交替のリズム」だと言い、後者は同じ長さの音節（またはモーラ）が繰り返される「連続のリズム」と定義される（窪薗晴夫（一九九三）「リズムから見た言語類型論」（『言語』一一号））。外国人には、日本語がタッタッタッ…という「機関銃の音」を聞いているような言語だという印象を与えるようだが、日本語のすべての音節（特殊音節も含め）が等時性をもった「音節拍リズム」だからである。時枝誠記は、この日本語のリズムを「等時的拍音形式」と呼んだ。

日本語については、すべての音節が等時性（モーラ）を持つというリズム性を指摘するにとどまらず、日常語において、二音節（二モーラ）を単位とするリズム（フット・foot）が存在することを認めようという研究がある。早くには、土居光知が「二音歩」と名付けて指摘した事実である。たとえば、「葉」「桜」の複合語を「はざ—くら」と、「武蔵」「野」の複合語を「むさ—しの」と、それぞれ一息に言う一単語ながら、実際の発話では、二音節ずつの音的まとまりを感じる。このリズムは、物理的なものでなく、心理的なものという指摘もある。ちょうど、時計の刻む音は、「チッチッチッ…」と物理的には一拍子であるが、これを「チックタク、チックタク…」と二拍子に聞きなすのは、心理的なリズムである。その気になると、「チックタクタク、チックタクタク…」と三拍子にも聞きなせる。しかし、日常語にみる「二音歩」説を応用して、日本語の詩歌（伝統的に五音句・七音句によって構成）のリズムを四拍子であるという解釈が通説になりつつあるが、この解釈には疑問点も多い。

言語にみるリズムは、詩歌語（非日常語）にこそ典型的にみられる。修辞的に意図的に用いるリズムを韻律という。そういう韻律のあることばを、または文章を、律語、律文、現在一般的には「韻文（韻律文）」という。韻律の「韻」は、一定の箇所に同音を繰り返すリズム（押韻）のことで、「律」は一定の拍数の繰り返しのことであるから、日本語の詩歌のリズムは「音数律」と言われるように、日本語については「韻文」よりも「律文」と言うべきかも知れない。

日本語のリズムについて、日常にみられる「音節拍リズム」、詩歌語にみる「音数律」と言われる性質は、日本語を構成する音節構造の特質がもたらす必然である。それは、基本的に「一子音＋一母音」と言う単純な構造（しかもすべて開音節）と等時性をもつと言う特質である。それが五音句と七音句の組み合わせと繰り返しというリズムを獲得し、またいくつかの歌体を生み出した。民謡に多い「七七七五」も代表的な歌体である（→五七調・七五調）。

〔糸井通浩〕

12　五七調

反復の原理

日本語の詩歌は、その非日常語としての形式美を、日本語の音韻的特徴から、「音数律」と呼ばれる韻律を確立してきた。つまり、日本語のすべての音節が等時性（モーラ）を持つことから、音節の一定の数（五音または七音の集まり）の繰り返しに詩歌としてのリズムを獲得したのである。万葉時代まででは「五音句＋七音句」に意味的まとまりがあり、それがリズム上でも一つのまとまりとなって、その繰り返しで歌が構成された。これを「五七調」という。

この五七調に対して、平安時代以降、七五調になったといわれる。しかし和歌の中心となった短歌では、七五調と呼べるほどのリズム的繰り返しはない。わずかに残る長歌やむしろ歌謡の世界で七五調が確認できる。平安中期から発生した今様（「いろは」歌はその一つ）は「七五」の繰り返しである。さらに後世になると七五調もいろんなバリエーションをみせて、都々逸調（七七七五）と呼ばれる歌体が歌謡の代表的な形式となる。今残る多くの民謡（花笠踊など）や文部省唱歌の「茶摘」などの歌詞に見られる。しかも都々逸調の多くの歌詞の内在律が「三・四、四・三、三・四、五」というリズム構成になっていることが注目される。この末尾の「三四五」のリズムが世間に流布して、「ここであったが百年目」「末は博士か大臣か」「巨人大鵬卵焼き」「いつもにこにこ現金払い」「あんたあの娘《こ》のなんなのさ」「三井住友ビザカード」等々を生んでいる。

〔糸井通浩〕

13　押韻

反復の原理

特に詩歌で、一定の位置に同音を繰り返すことを、押韻するという。これには、該当する韻（音）の位置によって、頭韻、脚韻、畳韻と呼ばれる三種がある。

中国語の詩歌（漢詩）の押韻は、句末の音をそろえる脚韻だけで、表語文字である漢字の音を構成する「声母・韻母」のうち「韻母」を揃える。上古から漢詩の踏まえなければならない形式として定まっている。六朝時代に漢字の音韻を区分した韻書が盛んに作られたが、それも作詩の参考書としてであったと言われる。五言詩では、偶数句末の韻を揃える。たとえば、杜甫の五言詩「絶句」の、

江碧鳥逾白　山青花欲然　今春看又過　何日是帰年

では、「然（燃）」と「年」が韻を踏んでいる。七言詩では、起句（第一句）と偶数句末に韻を踏むのが原則である。

なお、畳韻は、漢字二字による語構成の問題で、同じ韻母を持つ漢字を結合した複合語にみられる押韻のこと。

西欧語の詩歌では、脚韻だけでなく、頭韻も見られる。頭韻は古代インドのヴェーダなどにもみられるが、韻を揃えるのは句頭や句末というより、複数の語の語頭音を揃えるものであった。日本語では、韻の基本となる「音節」の種類が少なく、しかも、その音の組み立てが単純であることから、聴覚印象の面で際立たず、頭韻、脚韻をなす和歌（詩歌）もあるが、和歌（詩歌）の技法とまでは規則化されていない。

〔糸井通浩〕

14　反復の原理

語調

音調、文調、トーンともいう。口調の一種で、具体的な言語表現に伴う、音声的側面に見られる特徴・調子のこと。アクセントを音調、語調ということもあるが、語に伴う法則的な調子はここでは含まない。また、文調が、文章表現の特徴や詩歌文の語呂の調子、言わば個別的文体を意味することもあるが、これもここでは含まない。語調の代表的なものは、センテンスアクセントとも言われる「イントネーション」（抑揚）である。これを、特に音節や語レベルの音調と区別して「文調」ということがある。

語調は、意味の弁別機能として働くものでなく、声の高低や強弱、長短などによって、表現に主体の感情や思いなどを託す、いわば「かぶせ」現象である。文を中心に、その全体的調子（語調）を生み出す要素には、核となるイントネーションのほかに、次のようなものもある。プロミネンス（卓立とも訳される）は、文を構成する成分の一部を強調したいときに、特に強い調子で言う語調で。新情報をとりたるように強く発音する。リズム、テンポも要素の一種。また、ポーズ（間・断続）も要素の一つと見られよう。特に朗読や講談などでは重視される。

以上の要素を組み合わせて、表現の展開に緩急をつける（調子・語調を変える）こともあり、その総合されたものが、特定の表現に伴う語調ということになって、聴き手に与える印象の違いにつながる。

〔糸井通浩〕

15　反復の原理

句読法

文の表記上、句切りを示す句点・読点などの使い方をいう。本来、句読は漢籍文における用語で、日本語では漢文（白文）を訓読するときに、句の切れ目を示すために点ずる補助記号として用い始められたもので、訓点（「点」は、つけるの意）の一種であった。現在のように句点「。」と読点「、」を使い分けるようになったのは、明治以降のことである。

句読法は、大きく論理的な句読法と修辞的な句読法とに区分できる。論理的な句読法とは、文を構成することば相互の係り受け（切れ続き）の関係を明示するための句読点の使い方を指すのが基本である。しかし、読点については、日本語の正書法として定まったつけ方の基準がまだない。それでも、条件節をなす接続助詞の後、動詞の連用中止法の後、接続詞や主題提示「は」の後などでは、読点を付けるのが一般的と言えよう。これらは、文の構造を考えた、論理的なつけ方である。修辞的な句読法には、一般的には読点（時には句点も）をつけないところにつけて、ある語句を際立たせるものがある（「うまい、の一言」、「＊＊のコシヒカリ。」）。宣伝文のコピーや現代詩の行換え（一種の読点）などに意表をつく句切りが見られる。また、人によって読点を多めにつける、あまりつけないなど、個人的な文体にかかわるケースもある。

石黒　圭（二〇〇四）『よくわかる文章表現の技術Ⅰ（表現・表記編）』明治書院

〔糸井通浩〕

16 虚辞

付加の原理

実質的な意味をほとんど持たない言語形式を、音調・口調を整えるために付加することがある。この付加された言語形式が「虚辞」である。「夕焼け小焼け」の「小焼け」、「仲良し小よし」の「小よし」などがその例として挙げられる。虚辞と類似の修辞形式として冗語法と剰語的反復がある。

〈冗語法〉 すでに表現されている内容をあえて重ねて表現する修辞形式である。「人っ子ひとりいない無人の島」「一つ残らず何もかも全部」のような例がそれにあたる。このような例は、言語形式が言い換えられているため余分な言語表現であるという感じがそれほど現れない。強調の修辞表現として成立しているものである。

〈剰語的反復〉 虚辞は口調を整えるための修辞形式、冗語法は強調のための修辞法であった。これに対して、「馬から落馬する」「雷が落雷する」「頭痛が痛い」などは、すでに言語化されているものの一部の形式を剰語的に反復するものであり、余分な言語表現であるという感じが現れる。この場合は、通常は誤用として考えられるが、滑稽感を出すために意図的に用いているとするならば、修辞形式の一種として考えてもよいであろう。また、「私は私の母に会いに行った」のように、一人称代名詞をことさらに反復することにより、語り手を客体的に表現するような場合も「剰語的反復」の一形態と考えられる。

〔森　雄一〕

17 挙例法

付加の原理

具体例を挙げることにより抽象的な概念を相手に理解させることを修辞形式とみて、「挙例法」という。

「大学生の就職状況がよい」ことの例示として「大手銀行の採用者が例年よりもずっと多かった」ことを続けて述べるのはその例である。例が多数に渡ることもある。「尤も大饗に比《ひと》しいと云つても昔の事だから、品数の多い割に碌なものはない。餅・伏菟《ふと》・蒸鮑・干鳥・宇治の氷魚・近江の鮒・鯛の楚割《すわり》・鮭の内子《こごもり》・焼蛸・大海老・大柑子・小柑子・橘・串柿などの類である。」（芥川龍之介「芋粥」）の場合、「品数の多い割に碌なものはない」ということの例示として大量の食物が挙げられている。

このように具体例を列挙していく修辞形式は列挙法とも呼ばれる。列挙法には、列叙法・詳悉法・接助法という密接に関連した文彩がある。

〈列挙法〉 「芋粥」の例のように挙例法と列挙法は重なることがある。その際、挙例法は、具体例の提示ということに重点をおいたものであり、列挙法は同格のものを積み上げていき、カテゴリーを形成することにその重点がある。「芋粥」の例は、具体例の提示であると同時に、「ある時の饗宴で提供された食物」というカテゴリーを示している。このような機能を持った修辞形式は日本文学の伝統の中にもあり、「物尽し」と呼ばれる。

同格の表現を積み上げていくことによるカテゴリーの形成と

いう点で、列挙法と物尽しは同類の修辞形式であるが、列挙法が句や様々な品詞において成立するものであるのに対し、物尽しは名詞を重ねることに違いがある。また、古代から現代までの日本文学作品に出現する物尽しを縦横に論じた、ピジョー（一九九七）では、列挙法に対する物尽しの独自性として、時代とともに発展していったことと、通常は無関係と思われるものの間に共通点を見いだし、それらを寄せ合わせていることの二点をあげている。

〈列叙法〉 列叙法は、列挙法と漸層法をまとめた概念として用いられる文彩である。列挙法が、同格のものごとを積み上げていく形をとるのに対して、漸層法は徐々にものごとの描写を強めていくことに特徴がある。どちらも、同類のことばの繰り返しということでは共通しているが、平板に積み上げるか、ことばの度合いを高めていくかに違いがある。

〈詳悉法〉 対象を描写するのに念入りにことばを積み重ねていく技法。列挙法の特殊なケースとして位置づけられる。

〈接助法〉 文章を展開する際に、接続表現を積み重ねることによりその連続感を明確にする技法。ことばの積み重ねという点では列挙法と共通する。

中村 明（一九九一）『日本語レトリックの体系』岩波書店
ピジョー、ジャクリーヌ著、寺田澄江、福井 澄訳（一九九七）『物尽くし 日本的レトリックの伝統』平凡社

〔森 雄一〕

18 付加の原理 情化法

接頭辞の付加や語形の変化によって、もともとの単語に何らかのニュアンスが付け加わることを修辞技法の一種と考えて「情化法」と呼ぶ。

「根性」に対する「ど根性」、「間違う」に対する「まかり間違う」、「図々しい」に対する「いけ図々しい」などは強調の効果を持ち、「決める」に対する「とり決める」などは文体的に堅い感じを与える例である。また、「危ない」を「危ねえ」と語形変化させるとくだけた感じがでる。古典語の「さ男鹿」「さ夜中」「か青なる」の「さ」や「か」などの接辞も、雅びな感じを出すという点で、情化法にあたるであろう。以上に見られるように、付加される言葉は実質的な意味を持たず、言葉の感じを変えるにとどまるということができる。「危ない」から「危ねえ」への語形変化も、形態の変化する部分が意味を持つのではなく、全体としてくだけたニュアンスを与えているということで、付加されるタイプの情化法と共通している。

五十嵐（一九〇九）は、「心地」に対する「御心地」のような敬語化や「鳥」を「とっと」、「足」を「あんよ」と呼ぶなどの幼児語化も情化法に含めているが、前者は「御」が敬語要素であるという点で、後者は、語形変化が著しく、異形態ではなく別語と認定されるという点で、それぞれ情化法から外すべきであろう。

五十嵐力（一九〇九）『新文章講話』早稲田大学出版部

〔森 雄一〕

19　付加の原理

枕詞・序詞

おもに和歌に用いられる表現技法で、ともに主想を導き出すためにその前に付されるものである。

〈枕詞〉　五音一句を基本とし、「あをによし」なら「奈良」、「久方の」なら「天・雨・月・空・雲」のように修飾される言葉との関係が固定化されているものが多数をしめる。柿本人麻呂に多く見られるように、歌人によって創作されたと考えられるものもある。修飾される言葉との関係は、①同一または類似の形式の反復による、②掛詞による、③意味的関連性による、の三種に分けられる。

①は、枕詞「真玉手の」が「玉手」を修飾しているような例である。②は、「刈薦の乱れて思ふ」という表現（「刈薦の」が枕詞）において、「刈薦の乱れて」と「乱れて思ふ」が「乱れて」において掛詞になっているような例である。③は、枕詞「ぬばたまの」と「黒・夜・闇」との関係のように、両者が意味的に関連していると考えられるものである。枕詞は実質的な意味をもたらすのではなく、その果たす修辞機能については分明でないとされることがあるが、古今和歌集時代の枕詞については主想として述べる心情を物象によって導くものが見出される。例えば、「秋霧の晴るる時なき心には立ちゐの空も思ほえなくに」（古今和歌集十二―五八〇）で用いられている枕詞「秋霧の」は、主想の不安の心情を薄明の風景によって導くという機能を果たしていると考えられる。

〈序詞〉　二句あるいは七音節以上からなり、修飾することばとの関係が固定化していないもの。①同一または類似の形式の反復による、②掛詞による、③意味的関連性による、という三種に分けられることは枕詞と同様である。

①の例としては、「住の江の岸による波よるさへや夢の通ひ路人めよくらむ」（古今和歌集十二―五五九）における「よる」の反復（波線部が序詞）、②の例としては、「風吹けば沖つ白波竜田山夜半には君が一人越ゆらむ」（伊勢物語二三段）における「白波がたつ」と「竜田（たつた）山」の「たつ」が掛詞になっているものがそれぞれあげられる。③は、「夏の野の繁みに咲ける姫百合の知らえぬ恋は苦しきものそ」（万葉集八―一五〇〇）で、「夏の野の繁みに咲ける姫百合の」が、「知らえぬ」を導き出す序詞となっている例があげられる。この場合、「人に知られていないもの」の比喩として序詞が使われているので、意味的な関連性の例とされる。

ここにあげた例に見られるように、序詞の機能は、基本的に景物を描写し、主想で心情を述べる導入の役割を果たすとされるが、万葉集中の序詞のなかには、主想とは異なる方向の意味を持つものもあり、その性格付けと史的変遷については今後も検討が必要である。

尼ヶ崎彬（一九八八）『日本のレトリック』筑摩書房
品田悦一（一九九七）「枕詞」「序詞」『【うた】を読む』三省堂
鈴木日出男（一九九〇）『古代和歌史論』東京大学出版会
鈴木日出男（二〇〇四）「古今集の比喩」『古今和歌集研究集成　第二巻　古今和歌集の本文と表現』風間書房
和歌文学会（一九八六）『論集　和歌のレトリック』笠間書院

〔**森　雄一**〕

20 点描法

付加の原理

ある対象を描写する際に、それを構成しているいくつかの要素を取り上げる形で描く修辞技法。絵画などにおいて、線ではなく、点の集合や非常に短いタッチで表現する技法を点描法と呼ぶが、そこからのアナロジーによって中村明により名付けられた。

「ふたえ瞼、長い睫毛、ちょっととがらせた唇、細い首と撫で肩、きゃしゃでフランス人形のような外見の少年だ」（栗本薫「ぼくらの時代」）、「大きな鼻、静かな口、長く延びた眉毛、見慣れた半蔵の眼には父の顔の形がそれほど変ったとも映らなかった」（島崎藤村「夜明け前」）といった表現のなかで、「少年の外見」「父の顔」を個々の要素の羅列により描写しているのが点描法の典型的な例である。これらの例で「少年の外見」や「父の顔」でうけているように、取り上げる各点を何らかの形で統括する構文をとることが多いが、詩作品などでは各点を投げ出す形にして、読者に統括を委ねることもある。例えば、金子光晴の「おっとせい」では、「そのからだの土嚢のやうな／づづぐろいおもさ。かったるさ。／いん気な弾力。／かなしいゴム。／そのこゝろのおもひあがってること。／凡庸なこと。／菊面《あばた》／おほきな陰嚢《ふぐり》」と対象の各点を描写しているが、構文的にまとめられておらず、統括は読者に任されている。

中村　明（一九九一）『日本語レトリックの体系』岩波書店

〔森　雄一〕

21 省略法

省略の原理

省略が重要な修辞技法であることは言うまでもないが、省略であることの認定が難しいため、西洋修辞学は省略に対して消極的な姿勢を取っている。西洋修辞学が省略と認定するのは、黙説法のように文が途中から消えてしまう場合か、省略によって文法的な乱れの出た場合かのいずれか。つまり、形の上ではっきり分かる省略だけが、省略として認定されている。

文法的な乱れの出た場合とは、たとえばシーザーの「来た、見た、勝った」のような接続語の省略されている場合（連結辞省略）。あるいは、省略によって係り方に乱れが生じた場合（軛《くびき》語法）などである。軛《くびき》語法とは二つ以上の異質な要素を一つにくくったもので、「反復を避けるためのものであるが、結果としては省略となる」（野内良三『レトリック辞典』）。川端康成「伊豆の踊子」に、下田を出る帰りの舟の中で、主人公が、見知らぬ土方風の男から、身寄りない老婆の世話を頼まれる場面がある。「どうにもしようがねえから、わしらが相談して国へ帰してやるところなんだ」。ここでは、「相談して国へ帰すことにした」と、「国へ帰してやるところなんだ」の二つがひとまとめにされて、係り方が乱れている。

ただし、省略が文法的な乱れを伴うとは限らない。言葉が凝縮されて説明上必要な叙述が省かれれば、文法的な乱れがなくても、それは省略である。文法的な乱れを伴わない省略を「省筆」と呼ぶことがある。

次の例は川端康成の「十六歳の日記」のもの。主人公は死期の近づいた盲目の祖父と二人だけで暮らしている。「学校へ出た。学校は私の楽園である。学校は私の楽園――この言葉はこの頃の私の家庭の状態を最も適切に現してはいまいか」。彼の日記は日常的な遣り取りの記録に終始していて、自分の生活ぶりを第三者的な目から述べているのは、この叙述が全てである。満十四歳の少年にとって当たり前のものが、この〝死の家〟には何一つない。「学校は私の楽園」という言葉はこれだけで、その事実と、それに対する少年の気持ちの両方を雄弁に語っている。

言葉を削っていく最たるものは韻文だろう。詩・短歌・俳句などでは省略が当たり前になっているために、省略という言葉はあえて使わないが、たとえば「夏草や　兵どもが　夢のあと」（芭蕉）という句がどれほど多くの省略の上に成立しているか。優れた省略は凝縮である。

最後に省筆の特殊な例をあげてみる。小林秀雄の評論「徒然草」は、栗ばかり食べていたために親から結婚を許されなかった娘の話（第四十段）の引用で終わる。ただし、小林は「これは珍談ではない。徒然なる心がどんなに沢山な事を感じ、どんなに沢山な事を言わずに我慢したか。」とだけ述べてこの評論を終えるので、この段のどこが偉大なのかは謎のまま残されてしまう。この謎は、「徒然草」という古典の価値を読者の手の届かないところに固定するとともに、この評論自体の価値を高める効果を発揮するだろう。

〔柳澤浩哉〕

22　体言止め（名詞止め）

省略の原理

文を最後まで言わずに名詞で終えて余韻を残す技法、というのが体言止めの一般的な説明だろう。しかし、実際の体言止めでこの説明に合致するものは少ない。

たとえば、「心なき　身にもあはれは　しられけり　しぎ立つ沢の　秋の夕暮れ」（西行）は体言止めであるが、この下の句は「秋の夕暮れ沢にしぎ立つ」を倒置したもので、そこでは何も省略されていない。体言止めの和歌の多くは、この歌と同様に倒置によって作られている。つまり、体言止めの余韻に省略は関与していない。では、何が余韻を作るのだろう。

文をまとめられない品詞は名詞以外にもあるのに、体言止めだけが余韻という特別な印象を作る。その背景を「サド侯爵夫人」（三島由紀夫）の例で考えてみたい。サン・フォン伯爵夫人は、朝まで続いたサド侯爵の濫行をシミアーヌ男爵夫人に語る。ようやく話が終わったと思うシミアーヌにサン・フォンは言う。「いいえ、終わりはしません。（中略）午後の部にそなえるためですわ。」これを聞いたシミアーヌは「午後の部！」と絶句するが、しだいに好奇心を抑えられなくなり、「そうして、午後の部は?」と思わず尋ねてしまう。「午後の部！」と「午後の部は?」を比べてみよう。体言止めである「午後の部！」の方が余韻や感情の強さで勝っているが、違いはこれだけではない。両者には後続要素の予告性とでも呼ぶべき点で違いがある。「午後の部は?」は「午後の部」についての説明を求めて文が終わるが、名詞で終わる「午後の部！」には後続要素に関する情報がない。後続要素の予告がなく先が見えないこと、これが体言止めのポイントである。

先が見えないまま文が終了すると「終わるべき場所で終わっていない」印象を強め、文末にある種の違和感を与える。この違和感こそ余韻の正体であろう。さらに、この違和感が「何か省略されている」印象を与えるのである。

〔柳澤浩哉〕

23 省略の原理 行空け

一行空けることによって、出来事がいったん終了し、新たな場面が始まることを示す形式。一般の場面変化（行空けなし）に対して、特定の場面変化を視覚的に差異化することで、その場面変化の重要性を示す。物語を切り分けることによって、物語の流れを分かりやすくし、読みやすくする効果もある。

行空けの付随的な効果として緊迫感や奇先法の効果がある。場面を変化させる場合、通常は時と場所の情報を最初に置く必要があるが、行空けは場面の変化を視覚的に教えてくれるので、時と場所の説明を先送りすることができる。出来事をいきなり語り始めることで、これらの効果を得ることができる。

通常、行明けは時間の経過を含意するが、行空けが映画のクロス・カッティングの意味で使われることがある。クロス・カッティングとは同時に起こる二つの出来事を交互に見せて緊迫感を出す技法。この場合の行空けは、〈同時刻・異なる場所〉という事を意味する。たとえばトム・クランシーの海洋サスペンス小説「レッド・オクトーバーを追え」では、頻出するこの行明けが緊迫感を高めている。

〔柳澤浩哉〕

24 省略の原理 黙説法（断叙法・断絶法・頓絶法）

感情の高まりによって、言葉が続けられなくなってしまうもの。感情の高まりを表現するために、〝演技〟としてこの技法が使われる事も多い。

次の例では恐怖のあまり言葉が凍り付いてしまっている。山猫軒の注文の意味にようやく気づいた紳士の言葉である。「西洋料理を、来た人にたべさせるのではなくて、来た人を西洋料理にして、食べてやる家とこういうことなんだ。これは、その、つ、つ、つ、つまり、ぼ、ぼ、ぼくらが…。」（宮沢賢治「注文の多い料理店」）

次の例では悔しさの余り言葉が途切れている。ナチス幹部である突撃隊隊長レームは、自分に対するヒトラーの冷遇に憤る。「この俺をさしおいて、ドイツ国軍の十倍以上の、三百万の突撃隊を率いる俺を…隊長を引受けたときはたったの一万、それをわずか二、三年で三百倍に増やした俺を…」（三島由紀夫「わが友ヒットラー」）

最後の例は同情を引くために〝演じられた〟黙説法である。サド侯爵の義理の母モントルイユは、死刑宣告の出されたサド（アルフォンス）を何とか救おうと、サン・フォン伯爵夫人にすがろうとする。「ああ、もう望みのない事態と知りながら、何とか娘のため、今は娘のためだけに、アルフォンスを救ってやらなくてはならない。でも今度という今度は…。（ト泣く）刀も折れ、矢も尽きてしまいました。」（三島由紀夫「サド侯爵夫人」）あえて見え透いた黙説法になっている。

〔柳澤浩哉〕

25 警句法（宣誓法・アフォリズム・箴言）

省略の原理

中村明の提唱するレトリック用語。中村氏の説明を引用してみよう。「省略が極度に進み，一文が前後関係を断ち切って独立した感じにすっくと立ち上がる場合がある。そういう緊迫した一文を据える表現技法を〈警句法〉という名称を借りて，ここに設定しておきたい。」（『日本語レトリックの体系』）つまり，警句や格言を引用するのではなく，警句と感じられる表現を作り，それを利用する技法である。中村氏は，『侏儒の言葉』（芥川龍之介）から，たとえば次のような例を引いている。「道徳は便宜の異名である。」「正義は武器に似たものである。」「人生は一箱のマッチに似ている。」

『侏儒の言葉』に集められたのは箴言だが，警句法での警句は箴言の必要はない。警句法の目的は，強いインパクトで読者の目を引くことだからである。たとえば，小林秀雄の「謎は解いてはならないし，解けるものは謎ではない。」（「モオツァルト」）という有名な一文は強いインパクトを持つが，ほとんどトートロジーであり，そこに内実は見いだせない。あるいは，同じく小林秀雄の「してみると，生きている人間とは人間になりつつある一種の動物かな。」（「無常という事」）という一文も巧みな撞着語法で目を引くが，「人間」という語を二通りの意味に使うことで，謎めいた表現が作られているだけである。どちらの文もインパクトは強いが，その印象に見合うだけの実質的な意味を担っているとは言い難い。しかし，説得効果の点では，作品に重みと説得力を与える重要な文となる。〔柳澤浩哉〕

26 間接表現

間接の原理

事実，感情，評価，態度など伝達したいことをそのままの形で表現せず，ニュアンスを弱める言い方。疑問形にする，伝聞や推測の助動詞を挿入する，語を代用する，別の視点から描写する，比喩を用いるなど多様なテクニックがある。

間接表現は Grice（一九七五）の会話の協力の原則から見れば，十分な情報を与えない（量），文脈とは外れたことを話す（関係），ぼかしたり不自然な言い方をしたりする（様式）など，諸格率を無視している。その結果，伝達の効率は下がるかもしれないが，さまざまなニュアンスを表現しうる。

間接表現の効果として，①表現を面白くしたり，詩的効果を高めたりする，②直接表現では伝わらない情報を伝える，③聞き手，話し手自身，第三者に対して与えるマイナスの影響を和らげる，など様々なものがある。このうち，③の対人的な効果は特に重要で，発話内容がマイナスの影響があると考えられる場合，間接表現は使用されやすくなる。

こうした対人的効果が意図されているものの一つとして，依頼（要求）における間接表現を挙げることができる。依頼したことを相手が履行してくれれば話し手は利益を得るが，相手には時間，労力，金品など負担をかけることになり，それに対する配慮を示す必要になるからと思われる。その中には，「その本を貸して」と言わずに，「その本を貸してくれない」「その本をお借りできますか」「その本を貸していただけると有り難いんですが」など，依頼を質問や願望の表明に置き換えているという意味では間接表現である。このほか、「窓を閉めて」と言わずに「寒いね」と話し手の事情を述べたり、「手伝って」と言わずに「今暇かなあ?」と相手の事情を尋ねるような、依頼を明示しない間接表現も用いられることがある。

また、話し手がよく知っており確信のあることでも、聞き手の予定、経歴、専門など、話し手より聞き手の関与の大きいこと（話し手の情報のなわばりの外にあること（神尾（一九九〇））に関しては差し出がましい印象を与えないような言語的配慮により、間接的な表現が用いられる。たとえば、「君は3時からは会議があるみたいだね」、「あなたは会社に勤めておられたそうですね」、（素人が気象予報士に）「今年の冬は例年より寒いって聞きましたけど」のように、伝聞や推測の形式が用いられるのが普通である。

これらは発話を受け取る側に対するインパクトを和らげるだけでなく、話す側がストレートな表現をすれば受けかねない反発や非難を回避するという役割も有すると思われる。また、自分に関する否定的な出来事について、たとえば、試験での不合格を「ちょっとうまくいかなかったみたいなんだ」と間接的に言う場合は、話し手自身に対して発話がネガティブな印象を与えることを和らげようとしている、と見なせる。

Grice, H. P.（一九七五）Logic and conversation. In P. Cole & J. L. Morgan (Eds.) *Syntax and semantics*. New York: Academic Press.
神尾昭雄（一九九〇）『情報のなわ張り理論』大修館書店

〔岡本真一郎〕

27　間接の原理
暗示的看過法

明示的に「こんなことは言わない」と断っているのだが、実際には当の内容を受け手に伝える技法。暗示黙過法、陽否陰述ともいう。たとえば「口に出せないことなんですが」「こんなことは言わないことにしているのですが」などと前置きしてから、「山本さんはほんとうに性格が悪いですね」という例や、「私は君よりもずっと英語ができる、なんて言うつもりはないよ」という例は、この技法を用いたものである。

志賀直哉は「小僧の神様」の結末を、小僧が客の正体を確かめるために訪ねて行ったら、人の住まいではなく稲荷の祠《ほこら》があった、と記しておきながら、そう書こうと思ったがその前で擱《かく》筆《ひつ》する、としている。これも暗示的看過法の例である。

野内（二〇〇五）は、この方法がとられる動機づけとして、強調（さりげなく言うことで印象を強める）、導入（言い出しにくいことの前置き）、誇示（自分の知見の見せつけ）、こけおどし（自分の弱みの糊塗）を挙げている。

なお、「こんなことは言いたくはないが」「これは私の意見というわけではないけど」のように発話者の責任を回避しようとする前置き、「本当かどうか知りませんけど」「これは単なる噂ですけど」と真実性を薄めて見せかける前置きは、暗示的看過法そのものではないが、話し手の責任を弱める形で内容を呈示する、という点で同種の効果をねらっている見なせよう。

野内良三（二〇〇五）『日本語修飾辞典』国書刊行会

〔岡本真一郎〕

28　ケニング　間接の原理

物事を単なる名詞ではなく、修飾語を伴った複合語や句として表現する技法。代称とも言う。石炭を「黒いダイア」、雪を「天からの便り」、肝臓を「沈黙の臓器」、最高裁判所を「憲法の番人」と言うなどが例として挙げられよう。

この用法には、表現される対象に関する隠喩が含まれている。そのことによって、単に「石炭」「雪」「肝臓」「最高裁判所」と言う以上のニュアンスが伝えられる。たとえば、「黒いダイア」は石炭が非常に貴重な資源であることを示唆する。「沈黙の臓器」は、肝臓は障害があってもなかなか症状を表に出さないという意味合いを伝える。「天からの便り」のほか、中村（一九九一）が挙げている「旅ゆく明かり」（太陽）「夜のともし火」（星）「かもめと鯨の路」（海）などは、詩的な効果を醸し出していると考えられる。キャッチフレーズに用いられた「初恋の味」（清涼飲料：カルピス）、「お口の恋人」（チューインガム：ロッテ）等も、ケニング的表現といえよう。

また、ケニングには話し手が対象に対して有する価値観、評価を反映する場合もある。たとえば、「憲法の番人」には、最高裁判所の役割を尊重する気持ちが込められている。一方、日本の首相について「（アメリカ）大統領のポチ」という言い方には、アメリカ政府の施策に追随しかできないという首相に対する強い批判が含まれている。

中村　明（一九九一）『日本語レトリックの体系』岩波書店

〔**岡本真一郎**〕

29　挙隅法　間接の原理

間接表現の一つで、表現しようとするものを通常とは異なった視点から描写する方法を側写法と言う。たとえば、会合に遅刻した人について「会合に遅れてきた」と言わずに「開始のあいさつが済んでから来た」、何かの意見に「反対した」と言わずに「賛意を示さなかった」、などは、側写法の例である。

こうした「通常とは異なった視点」からの表現法として多く用いられるものに、部分的に関連のある事柄に言及する換喩を利用した表現があり、これはとくに挙隅法と呼ばれる（中村（一九九一））。相撲で負けることを「（星取り表の）黒星」「土が付く」、教職を務めることを「教壇に上がる」「教鞭を執る」、試験で不合格になることを「赤点をもらう」など、換喩とのつながりが深い。「反対した」について「賛意を示さなかった」という側写法から、反対の行動について「賛意を口にしなかった」、さらに「首を縦に振らなかった」「首を横に振った」などと具体的に描写していけば、挙隅法になる。

なお、挙隅法で表現されている内容は文字通りに生じていることとは限らない（たとえば押し出しで負けたら「土が付く」ことはないだろうし、今は「教鞭」を用いて授業をすることは稀であろう）。文字通りでない表現、たとえば「黒星」が、野球の敗戦、さらには日常生活の失敗を指す方向に広がっていけば、換喩に隠喩が複合した用法になる。

中村　明（一九九一）『日本語レトリックの体系』岩波書店

〔**岡本真一郎**〕

30 修辞疑問

間接の原理

形式的には疑問文で相手に問いかけているが、実際にはそれに対する答えを含意する表現技法。広い意味での反語法の一種で、否定疑問文の場合は肯定的な内容の答え、肯定疑問文の場合は否定的な内容の答えを含意する。たとえば、「こんな簡単なことが彼に分からないでしょうか」で「分かるに違いない」、「彼女が現れたではないか」で「なんと彼女が現れた」、また「内閣が総辞職することがあろうか」で「絶対総辞職しない」、「受験生の君に遊んでいる暇がありますか」で「決して暇がない」、「君に何が分かるか」は「何も分からない」、「誰が行くものか」で「誰も行かない」、がそれぞれ含意される。以上の例でも明らかなように、修辞疑問では主張が強調される。

修辞疑問には、内容や文脈によって通常の疑問と曖昧になることもある。「私の計算が間違っていましたか」という発話が、「間違っていない」という主張か、単なる確認か、というように。しかし言語形式や卓立の置き方によって、修辞疑問専用になる（以下傍線は卓立の部分を示す）。たとえば「―ことがあるものか／あろうか／あるでしょうか」「―ではありませんか」などがそれに当たる。また「やれば出来るじゃないか」の「じゃない（か）」（「な」に卓立なし）、「明日は雨が降るんじゃない」の「んじゃない」も、修辞疑問「―ではないか」が慣用化した形式で、肯定的内容を含意している。

〔岡本真一郎〕

31 皮肉法

間接の原理

ある人物、集団、制度などに対する批判を、何らかの間接的でひねった表現により表現する技法。言明の中では、その人物等が話し手の期待を損なっていることがほのめかされる。英語の irony は日本語の皮肉と重なる部分が多いが、irony には必ずしも攻撃性を有さないものも含むなど、異なる部分もある。

皮肉では、話し手がネガティブな感情を有しているのに、ポジティブな感情を有しているかのように表現する場合が多い。その場合に事実と明らかに逆のことを言う。たとえば歌が下手な人について、「ほんとうに歌が上手だね」、料理のまずいレストランに関して「超一級の味だったね①」など。ただし、（知識をひけらかす人に関して）「何でもよく知っているね」のように事実を言う場合や、（パチンコに何時間もかけて負けてしまった友人に）「ごくろうなことでございました②」のような真偽が関わらない言い方をする場合もある。こうした場合も皮肉として逆転した感情が表明されているのである。

さらに、実際の用例を見ると、皮肉とされるものの範囲はもっと広くなる。（こっそり菓子を食べた子供に）「お菓子を食べたのだーれ？」［自明な疑問］、「君のやり方は君子危うきに近寄るだね」［格言のもじり］、（一〇分遅刻した人に）「三時間待ったよ」［誇張］、（部屋を散らかしている子どもに）「乱雑なお部屋でございますこと」［不自然な敬語］のように幅広い種類がある。ただ共通点もある。それは何らかのひねった表現が用いられていることである。

ひねった表現は一つの皮肉の中にいくつか重なって現れることがある。①は感情の逆転に誇張が、②は逆転に不自然な敬語が重なっている。また、これらに加えて独得の口調、ジェスチャーなども加えられることが多い。

状況的皮肉と呼ばれるものがある。「無理してスキーを買ったら大暖冬で全然雪が降らない。皮肉なことだ」のように、出来事が上手くかみ合わない、ということに言及したもので、これまでに述べてきた言語的皮肉とは異なる。ただ、たとえば「あいつ、無理して高いスキー買ったのに、全然雪降らないね」のように、他者をからかうような文脈で用いれば、これは状況的皮肉を利用した言語的皮肉になりうる。

ところで、なぜ皮肉ではひねった表現が用いられるのか。どのタイプの皮肉についても言えることとして、批判をひねった形で示すことで、ユーモラスな感じを与えることがある。話し手は誰かを非難しているのに、ユーモラスな人というプラスのイメージを獲得できる。また、よく用いられる逆の感情を表す皮肉の場合、場面によっては皮肉の意図を曖昧にすることも可能である。たとえば知識をひけらかす人に、「君は何でもよく知っているね」と言って、話し手自身は内心非難しているが聞き手にはほめられたと思いこませるとか、聞き手が「皮肉を言うな」と言い返しても「皮肉じゃないよ」と否定する（そして心の中でほくそ笑む）ことも可能である。こうした点、皮肉は話し手にとって便利な表現手段であり、それが皮肉を使用する大きな動機づけになっているのかもしれない。〔**岡本真一郎**〕

32　二重否定
間接の原理

ある言明の否定を再度否定する表現技法。ある事柄とその否定しかない事象の場合、論理的には、not not A ＝ A であるから、二重否定は否定のない言明と同義のはずである。しかし、わざわざ複雑な言い方をする（Grice（一九七五）の様式の格率を無視する）という点から、独特のニュアンスが生まれる。

その一つは婉曲である。他者を評価する表現では「彼は間違っていないことはない」「彼が正しくないというわけではない」は、それぞれ「彼は間違っている」「彼は正しい」より婉曲的である。ただし、前者には「はっきり間違っている」という感じが強いが、後者には「はっきり正しい」という感じはない。これは前者がネガティブな評価への配慮に動機づけられているためと思われる。

また限定化、つまり命題内容を肯定はするものの、部分的にしか当てはまらないというニュアンスが見られることもある。「私は本を読まないことはない」は「読むが量は少ない」「読むがジャンルが限られる」などのニュアンスを有する。

これらとは逆に、二重否定によって強調される場合もある。「彼がそれを聞いて怒らないわけがない」は「彼は絶対に怒る」を、「あの人は誠実でないはずがない」が「絶対に誠実だ」を表す。

Grice, H. P.（一九七五）Logic and conversation. In P. Cole & J. L. Morgan (Eds.) *Syntax and semantics*. New York: Academic Press.

〔**岡本真一郎**〕

33 美化法

間接の原理

ネガティブなイメージを有する事柄について、別の側面から良い特徴を見出してポジティブに表現する方法。虱のことを「千手観音」、便所を「化粧室」と言うのはそれに当たる。また、自分の家の庭先に隣家の犬が糞をして立ち去ったときに、「犬がおみやげを置いていった」と言うことや、肥満体の人に「体格がいい」と言うことも美化法と見なしうる。

これらの例のように、美化法はネガティブなイメージを美化して表現することにより、聞き手が受ける衝撃や不快感を弱める効果がある。ネガティブなニュアンスの弱めは、間接表現の多くに共通することだが、美化法では、別の視点から特徴を美化して描写している点で、面白みも生ずるし、ネガティブなイメージを和らげる効果も高まるものと考えられる。なお、ゴミ箱を「護美箱」と当て字表記するのも、美化法のバリエーションと見なしうる。

皮肉法でもネガティブな事態をポジティブに表現する場合が多いが、美化法自体は一般には批判の意図はない。ただし、前述の犬の糞の例で、隣家の主人に「お宅の犬、すてきなおみやげを置いて行かれましたよ」と言えば、批判のために用いられることになり、その場合は皮肉となる。

中村　明（二〇〇七）『日本語の文体・レトリック辞典』東京堂出版

〔岡本真一郎〕

34 比喩

置換の原理

比喩は「ある表現対象について、それを当該文脈において字義通りかつ過不足なく表す表現を通してでなく、別の表現に置き換えて表す表現」ということができる。

鈴木君という名の人物がおり、彼が来訪したことを家人が「鈴木君が来たよ」と伝えたとする。この際、対象の人物は「鈴木君」という、彼を字義通りかつ過不足なく表す表現で示されている。

これに対し、家人が、鈴木君が、たとえば計算が速く正確であることを知っている場合、①「コンピュータが来たよ」と伝えることがあるかもしれない。あるいはまた、家人が、鈴木君がいつも赤いシャツを着ていることを知っている場合、②「赤シャツが来たよ」と伝えることがあるかもしれない。あるいはまた、家人が、鈴木君がかなりの変わり者であることを知っており、彼のことをネガティブに評価している場合、③「変わった生物が来たよ」と伝えることがあるかもしれない。

①は鈴木君を、コンピュータという、人間とは別の類に所属させて捉えた表現で、隠喩といわれる比喩である。②は鈴木君を、赤シャツという、鈴木君と関与性の高いものによって捉えた表現で、換喩といわれる比喩である。③は鈴木君を、変わった生物という、必要以上に上位のカテゴリーに所属させて捉えた表現で、提喩といわれる比喩である（提喩には、右例とは反対に、下位カテゴリーを表現して上位カテゴリーを表すものもある）。

比喩に関しては、右に述べた隠喩・換喩・提喩を主要な三タイプと認めるのが一般的であるが、類包含的な捉え（対象を、①は「コンピュータ」に帰属させる、③は「変わった生物」に帰属させる）という点からすれば、隠喩と提喩は同類であり、隠喩・提喩⇔換喩という二大別で整理をすることもできる。

捉え方としては隠喩と同じだが、比喩を述べていることを示した語句（～のようだ、～のごとし等）があるものを直喩という。この他、諷喩は喩えるもののみを表現し、喩えられているものを表現しない比喩だが、仕組みは隠喩と同じである。隠喩の連続表現は諷喩と認定しやすい。また擬人法・擬物法という呼び方で、モノをヒトで喩えたり、ヒトをモノで喩えたりする技法を呼ぶことがあるが、これらは隠喩の一種である。また、引喩（ことばの引用の類）、字喩（字形に関する置き換えの類）、詞喩（もじり・語呂合わせの類）と言われるものを比喩に含める場合もある。

比喩については、隠喩（また直喩）をその代表として取り上げ、コミュニケーション効果（わかりやすく、印象的に、等）のために使われると説明されることが多いが、その前に、隠喩、提喩に共通する点として、対象を「そのようなもの扱い」したいという心的態度の存在を認めることが最も重要である。また換喩も含め比喩使用全般に共通する意識として、楽しみ、面白みのために為す表現行為であるという点を見定めることも重要である。

〔多門靖容〕

35　直喩

置換の原理

喩えるものと喩えられるものの類似性に基づく比喩として、直喩と隠喩がある。直喩は「～のようだ」「～のごとし」「まるで～」「さながら～」のように、喩えであることを示す表現が使われているものをいう。直喩は明喩とも呼ばれる。これに対し隠喩は喩えであることを示す表現が使われていないもの。暗喩とも呼ばれる。「彼は太陽のようだ」は直喩（明喩）、「彼は太陽だ」は隠喩（暗喩）である。

喩えであることを示す表現を比喩指標と呼ぶこともある。「～のようだ」「～の如し」は比喩指標として認めやすい。ただ比喩指標としてどこまでの表現を認めるか、換言すれば、直喩とはどの範囲までの表現なのかという問題はかなり厄介である。

比喩指標を意味的に分け、①類同型（「～のようだ」「～のごとし」など）、②連想型（「～と思われる」「～と見える」「～と見まがう」など）、③程度比較型（「～ほど」「～ぐらい」「～ばかり」など）、のように分類することはできるが、明確に相互排他的な分類はできない。「彼は太陽に似ている／太陽そっくりだ／さながら太陽だ／太陽同然だ／太陽っぽい／太陽的だ／太陽を想起させる／太陽を髣髴させる／太陽としか言いようがない／太陽並だ／…」など、①～③に判然と分けることができない表現が多く存在する。

「Xも逃げ出すY」「Xも青ざめるY」「Xも驚くY」などの表現もある。「鬼も逃げ出すコーチ」のように、Xに喩えるものを、Yに喩えられるものを入れると比喩になるため、これらも比喩指標に見える。しかしこれらの表現は、［コーチがとても厳しい］〈原因〉→［厳しい鬼でさえ逃げ出す］〈結果〉というフィクショナルなシナリオ（台本）に依拠した表現である。台本上の、結果の方を表現して、原因である［コーチがとても厳しい］ことを意味しているため、これは因果の関与性に基づく換喩表現なのである。ただし、比喩の素材としての「鬼」は、厳しいという類似性から選択されているので、結果的にこれは隠喩に換喩を重ねた複合表現であると考えられる。

ところで直喩と隠喩が類似性に基づく比喩という点で同じであれば、両者には差がないことになってしまうが、実際はどうなのだろうか。「XはYのようだ」と「XはYだ」のそれぞれのX・Yに、通常では類似性を感じることのできないかけ離れたものを入れたとする（例「闇は光のようだ」「闇は光だ」、「月はすっぽんのようだ」「月はすっぽんだ」）。

「〜のようだ」の部分が類似性設定の力を持っているぶん、比喩としての解釈を無理にでも行え、という感じは直喩文の方が強い。その一方、「〜のようだ」のような比喩指標は、本当は違うとわかっていてそう言うのだ、という事実性否定認識を言語化したものだから、対象を、まさにあるカテゴリーのものだと思う程度、思い込みの強さの表出としては、隠喩表現の方が勝っているといえる。

〔多門靖容〕

36　隠　喩

置換の原理

ある対象を、それが事実として所属するカテゴリーにではなく、全く別のカテゴリーに所属させて把握する行為のことをいう。

①彼は役者だ。

彼が実際にどこかの劇団員である場合、①は事実のうえで所属するカテゴリーに位置づけた、字義どおりの文となる。一方、彼が学生や会社員で、実際に演劇に関わっていなければ、事実でない特殊なカテゴリーにより把握されているので、隠喩文となる。

隠喩には事実性否定認識が必要だと言われる。本当はそうではないとわかっていてそう言うのでないと隠喩にならない、ということであるが、冒頭の定義から、隠喩という行為の、事実性否定認識の必然性が導かれる。

ところで、我々はなぜ隠喩を行うのか。なぜある対象をわざわざ一般通念のうえで所属するカテゴリーでなく、特殊なカテゴリーに所属させて把握しようとするのか。

②彼はブタだ。

③彼は太っている。

②は隠喩文であるが、一般に②の文の意味は③の文の意味に近いと思われている。しかし②の文の意味がおおむね③のようなものなら、はじめから③を発話して、②のように隠喩にする必要はない。②の発話を行う意味はいったい何なのだろうか。

ここで比喩ではない、通常の名詞述語文を見てみよう。名詞述語文のうち「鮎は川魚だ」「日本は島国だ」のように、あるものをある類に属させる文を措定文という。これらの文が行っているのは、今は「鮎」を他の観点からでなく「川魚」として扱う、という表明であり、今は「日本」を他の観点からでなく「島国」として扱う、という表明である。

隠喩文も原理的に右の措定文と同じだと考えられる。②は、今は、彼を「ブタ」同様に見る、彼を「ブタ」扱いする、と表明している。これが隠喩行為の意味である。その意味を書き出すとするなら、単に太っちょだという姿形に関わることだけでなく、ブタに対する好悪などの感情を含んだ通念の総体が動員されることになる。このように考えると、③のような、隠喩の意味の単純な置き換えは、無理であることがわかる。

〇〇扱いするという場合、ことは発話者の感情の表出に限らず、発話者の行為や反応の表出も射程に入ってくる。「神様、仏様、稲尾様」は一九五八年の日本シリーズで活躍した稲尾投手（西鉄ライオンズ）を、神様・仏様扱いした隠喩だが、祈願され願いを叶える存在として、発話者は稲尾投手に向かい、手を合わせ拝んで全く不自然でない。

隠喩と親近性の高い提喩も同様に捉えることができる。表現対象を通常考えられるよりことさら上位のカテゴリーであらわす提喩も、隠喩と同様「そういうカテゴリーのもの扱い」をしたいという発話者の心理を読み取ることが最も重要である。

〔多門靖容〕

37　死喩

置換の原理

死んだ比喩のこと。すべての比喩は成立時には活きたもの（字義と文脈・状況を関わらせた解釈プロセスが必要なもの）であった。活きていたものが死んだということは、その比喩が広く使われるうちに、文脈、状況なしに理解できるようになり、比喩的意味が或る言語共同体内に登録された状態になったということである。換言すれば、死喩とは脱文脈化、脱状況化した比喩のことである。デッドメタファーとは死んだ隠喩という意味だが、死喩は死んだ隠喩だけでない。死んだ換喩（「幕が開く」「土が付く」「黒星が先行する」など）や死んだ提喩（「シンデレラ」「ドン・キホーテ」など）も存在する。

その意味が言語共同体内に登録されてしまった結果として、その死喩の意味は知っているが、もともとどういう比喩で、なぜそういう意味になるのか説明ができない表現が出てくる。「らちが開かない」「しのぎを削る」という成句の意味（それぞれ「事態が前に進まない」「二者が激しく争う」という意味）はわかっても、「らち」や「しのぎ」の意味を知らない人は多い。「らち」は馬場の柵の意で、それが開かないと馬が堂々めぐりをすること、「しのぎ」は刀の刃と峰の間の部分の意で、それを削ってしまうほど激しく刀で打ち合うことから両句の比喩的意味は成立している。しかしこのことを知らなくても、すでに言語共同体内に登録されている比喩的意味だけ知っていれば用は足りるのである。

〔多門靖容〕

38 換喩

置換の原理

比喩の一種。ある事物とある事物の関与性に基づき成立する比喩。この点、換喩は、ある事物とある事物の類似性に基づいて成立する隠喩・提喩と対立するものである。

従来、換喩はある事物とある事物の空間的ないしは時間的な隣接性に基づき成立すると説明されてきたが、この説明では多様な換喩表現を説明することができない。関与性に基づく比喩とするのが適切である。

換喩の例としてよく引かれるものを以下に挙げる。

①作者を表現し作品を意味する。「漱石を読む」「ブラームスを聴く」

②容器を表現し内容物を意味する。「鍋が煮える」「風呂が溜まる」「トイレを流す」

③場所を表現し機関を意味する。「霞ヶ関」「永田町」

④場所を表現し産物を意味する。「瀬戸」（陶器）「大島」（紬）

⑤会社を表現し製品を意味する。「トヨタは壊れにくい」「ホンダはよく走る」

⑥衣装を表現し着ている人を意味する。「赤帽」「黒帯」「赤ずきん」

換喩について注意すべき点を、①の「漱石を読む」「ブラームスを聴く」を例に説明する。①のそれぞれが作者名で作品を表すように解釈されるのは「読む」「聴く」という述語があるからで、別の述語（「叱る」「殴る」など）が選択されれば、そのような解釈は出てこない点が重要である。つまり述語「読む」「聴く」と関与的な「漱石」「ブラームス」に関する知識が活性化され、換喩解釈が成り立つわけである。

関連して通常、換喩と意識されにくい例を見ておこう。

⑦今日は大学がない。

⑧今、大学を建てかえている。

⑨大学から連絡があった。

⑦は［大学で行われる授業がない］という意味、⑧は［大学の校舎を建てかえている］という意味、⑨は［大学の事務方から連絡があった］という意味である。ここから、同じ「大学」という語が、⑦では［大学で行われる授業］を、⑧では［大学の校舎］を、⑨では［大学の事務方］を表している、と説明するのは、間違いではないが不正確である。なぜそれぞれの文で異なる読みが可能になるかといえば、⑦では「（今日は）ない」、⑧では「建てかえている」、⑨では「連絡があった」という述語があるからである。一人「大学」のみが勝手に意味を変えているのでないのは、前述の「漱石」「ブラームス」と同じである。我々は「大学」についての総体的な知識（どんな所でどんな人達によってどんなことが行われているか、など）を持っており、そのような知識のうち、述語「（今日は）ない」「建てかえている」「連絡があった」に関与的なものを焦点化して、文解釈を行っているのである。

冒頭で、換喩は関与性に基づく比喩と述べたが、なぜ隣接性でなく関与性という概念が必要なのかは、以上の、通常は換喩と意識されない換喩例からも了解される。

〔多門靖容〕

置換の原理

39 提喩

提喩はカテゴリーを表現してそれが属するメンバーを意味したり、逆にメンバーを表現してそれが属するカテゴリーを意味する比喩である。この規定は佐藤信夫（一九七八）に拠る。

「卵を買う」「鳥肉を買う」という時の「卵」「鳥肉」は、一般的に［鶏卵］［鶏肉］を意味し、それ以外に多数存在する卵や鳥の肉を意味しない。カテゴリーを表現してそのカテゴリーに属する特定のメンバーを意味する提喩である。同方向の提喩として「太閤」「大師」が挙げられる。それぞれ、広義で前関白に対する敬称、高僧に対する敬称だが、狭義で［豊臣秀吉］［空海］を意味し、辞書にもその意味が記載されている。狭義の場合、カテゴリーを表現して、それに属する特定メンバーを意味する提喩である。

逆方向の提喩を見よう。「ドン・キホーテ」「シンデレラ」はもともとフィクションの世界の人名である。これが「僕の仲間にはドン・キホーテが多い」「今年の女子スポーツ界はシンデレラのラッシュだ」というように使われる時は、それぞれ「思慮なく勇敢な男性」類、「急に出てきてチャンスを活かす女性」類を意味している。そのような属性を持つ典型的なメンバー一名のみを表現して、実はそのメンバーが属するカテゴリー（ある類）を意味しているのである。

以上の提喩例は慣用化したものだが、新たに生成される提喩もある。ある個人を指して「おいおい、妙な哺乳類が来たよ」などとからかって言うような例である。これは「妙な人」よりも必要以上に上位のカテゴリーを使う提喩である。通常のカテゴリー以上のカテゴリーをあえて使うところに修辞性が感得される。

これとは逆に、新奇なメンバーを使って上位のカテゴリーを表わす例もある。「マスオさん」は漫画「サザエさん」の登場人物名から引用された提喩だが、現在、「妻方の両親と同居している男性」類を指すことはよく知られている。ただ、「ドンキホーテ」「シンデレラ」の比喩的意味が辞書に記載されたように、将来辞書に「マスオさん」という項目が立ち、その比喩的意味が記載されるかどうかは、時間の経過を待たなくてはならない。

ここで提喩と隠喩の関係にふれる。

①彼は「マスオさん」だ。

②彼は「妻方の両親と同居している男性」類だ。

①の「マスオさん」が隠喩として②のように「妻方の両親と同居している男性」類を意味しているとすれば、「マスオさん」自体は、代表メンバー名でカテゴリーの意味を表わす提喩的な意味拡張を起こしていることになる。ここにおいて隠喩と提喩は差がないことが明らかである。

最後に提喩の使用因を述べれば、メンバーを表現してカテゴリーを意味するものは、具体的例示によりわかりやすさが保証されることが指摘できる。またカテゴリーを表現して特定メンバーを意味するものは、歴史的文化的にそのメンバーが当のカテゴリーの代表例として捉えられてきたからだと考えられる。

佐藤信夫（一九七八）『レトリック感覚』講談社

〔多門靖容〕

40　置換の原理

擬人法

擬人法は人間以外の事物を人間に見立てる表現である。技法としての擬人法の前に、以下の例を見よう。

「テーブルの脚」「椅子の脚」などという時の「脚」は、もともと擬人法的な発想から来たものだと思われるが、現在これ以外に適切な呼びようがない。「財布の口」「ハンドバックの口」などという時の「口」も開口部（これも比喩）を示すのに他に適切な言い方がない。「釘の頭を叩く」の「頭」もそうである。ちなみにこれら言い換えのきかない慣用化した隠喩を濫喩と呼ぶ。これらの表現は人間が自分の身体を介して世界を理解する様を示している。

右のレベルほど日常言語の底に根を下ろした表現ではないが、やはり修辞技法という意識なく、物を人間のように捉える発話は日常よく見られる。

自動車を話題にする際の「足回りが良い」「太いタイヤをはく」「心臓部（＝エンジン）」「ドレスアップする」のような表現、またコンピュータを話題にする際の「立ち上がる」「言うことを聞かない」「暴走する」のような表現は、擬人法とはっきり意識されずに使われている例である。

認知言語学では群化した一連の擬人化表現から概念メタファーを抽出している。「インフレは経済の基盤を攻撃している」「最大の敵はインフレである」「インフレは私から貯金を奪っていった」「インフレは経済学者たちの裏をかいた」などはインフレの擬人化表現だが、レイコフとジョンソンは「インフレ＝人」ではなく、より具体的に「インフレ＝敵」というメタファーであると指摘している。

技法としての擬人法の前に、このような、人間の、具体物や抽象物をヒト化して捉えるという習性の広がりに留意したい。このようなバックグラウンドのもと、我々はモノを把握する様々な表現を作り出しているのである。

技法としての擬人法にふれよう。「月が微笑む」「月が快活だ」「月がこすっからい」などのように、通常は人間に使われる述語（動詞「微笑む」、形容動詞「快活だ」、形容詞「こすっからい」）が人間以外のもの（「月」）に使われているので、擬人法であることが明瞭である。また、述語に拠らず、文脈に拠る方法もある。「月が出てきた」は擬人法らしさが低い。しかし「月が庭の葉の茂みから出てきた」だと、珍客が顔を出しにきたような、人間らしさを感じる。「ひょっこり」のような副詞を添えれば、人間らしさをより高めることができる。

日本語においては、動物や植物、自然物を擬人化して表現することは古くから行われてきたが、愛や悲しさ・痛みなどの観念や感情・感覚を対象として擬人化するのは、明治になって西洋の表現の影響を受けてからのことである。

新奇な擬人法は新奇な隠喩である。隠喩や提喩の項でもふれているが、擬人法についても、当の表現対象を「そのようなヒト扱い」したいという発話者の心理を読むことが最も重要である。

〔多門靖容〕

41 擬物法 置換の原理

擬物法は擬人法の逆で、人間を物に見立てる表現である。また「視線が突き刺さる／絡みつく／這う」のように、人間に関わる非物体的なものを物のように描出する表現も含まれる。

人間は他の事物より自分（＝人間）のことをよく分かっているはずだから、人間のことを人間以外の他の事物を使って把握しようとするのは「より分かっている概念でより分かっていない概念を把握する」という認知言語学的なメタファーの規定に合わないのでは、という疑問がある。これは一見もっともな問題設定に見えるが、難点がある。何が難点かというと「人間は他の事物より人間のことをよく分かっているはず」という部分だ。これはただの思い込みで、人間は他の事物に比べて人間のことをよく分かっているわけではない。

一例を挙げれば、人間に関わることで特に捉えるのが難しいのが、知能とか感情の働きである。これを司る脳について、研究分野によっては、その仕組みを、コンピュータの比喩を使って擬似的に理解しようとする。この把握は現在でも行われている。これも一種の擬物法である。研究の進展に伴って、今後、脳の機能や仕組みの把握のため、新たなメタファーが作成される可能性は高い。要するに、人間は「自分のことをよく分かっている動物」などではなく「自分のことを少しでもよく分かろうとして次々自分についての比喩を作る動物」なのである。この一点において、擬物法は将来にわたり滅びることはない。

〔多門靖容〕

42 諷喩 置換の原理

句、文、文章の単位でたとえ（例え、喩え）が述べられ、たとえられる対象は文脈上伏せられている表現を「諷喩」という。

諷喩の典型例はことわざである。「弘法も筆の誤り」「猿も木から落ちる」「河童の河流れ」といったことわざは、おおむね「どんな名人上手も時には失敗する」という意味を持っている。ことわざはたとえられる出来事（被例示事態）が特定化されていないからこそ、いろいろな状況に対し使用できる。右のことわざでいえば、誰かが失敗した時にはすぐに使える機動力を持っているのである。使用者側からいえば、被例示事態が見つかった時に使用するという〈発見〉も、ことわざ使用の喜びの一因であろう。諷喩であることがことわざの使いやすさや使う楽しさを担保しているのである。

ちなみに右のことわざは、「どんな名人上手も時には失敗する」こととカテゴリーを設定した時、そのカテゴリーの典型メンバーと考えられるから、意味のメカニズムからいえば、提喩の一種である。

新聞や雑誌の占い欄には諷喩表現が見られる。よい占い師とは、多様な被例示事態に対応する例示事態を書ける書き手である。それがうまくいけば、後は読者の方が勝手に自分に関わる被例示事態と照応を行い、よく当たる占いだと信じてくれる。

文章の例を見よう。以下は有島武郎の「或る女」の一節である。「それかと云って葉子はなべての女の順々に通って行く道を通ることはどうしても出来なかった。通って見ようとした事は幾度あったか解らない。こうさえ行けばいいのだろうと通って来て見ると、いつでも飛んでもなく違った道を歩いている自分を見出してしまっていた。そして躓《つまず》いては倒れた。まわりの人達は手を取って葉子を起してやる仕方も知らないような顔をして唯馬鹿らしく侮笑《あざわら》っている。そんな風にしか葉子には思えなかった。幾度ものそんな苦い経験が、葉子を片意地な、少しも人を頼ろうとしない女にしてしまった。そして葉子は謂わば本能の向せるように向いてどんどん歩くより仕方がなかった。葉子は今更のように自分のまわりを見廻して見た。何時の間にか葉子は一番近しい筈の人達からもかけ離れて、たった一人で崖《がけ》の際に立っていた」。

これは、主人公葉子の旅の話ではない。彼女の人生の話である。［陸路の旅＝人生］というのは認知言語学における概念メタファーの代表例でもあるが、陸路の旅に関する一貫した知識によって人生が捉えられている。右の文章のなかには隠喩が何カ所も指摘できるが、このような隠喩連続は諷喩として認定しやすい。

これより上位の言語単位では、完結した話が何かの被例示事態に対応していると解釈されるものがある。イソップ物語の一話一話が人間への教訓譚として解釈されること、聖書の一節のエピソードが神のメッセージと解釈されることなどがこれに当たる。

〔多門靖容〕

43

置換の原理

声喩

擬声語を用いた表現技法を「声喩」という。擬声語は一般的に、擬音語と擬態語に分けられる。擬音語は対象の聴覚的な印象を描出するもので、擬態語は聴覚的な印象以外を描出するものである。以上の説明は擬声語を広義に捉える立場からのものであり、オノマトペと呼ぶこともある。狭義の立場では、擬声語を擬音語とイコールとする場合もある。

典型的な擬音語は「蝉がジージー鳴く」「牛がモーモー鳴く」「車がドカンとぶつかる」「机をバンと叩く」のようなもの。典型的な擬態語は「体をクネクネ動かす」「スイスイ泳ぐ」「ヨチヨチ歩く」のようなもの。擬態語の方は、描出対象からクネクネ、スイスイ、ヨチヨチといった音が出ていると捉えているわけではない。

これらの例だけだと、擬音語・擬態語の区別は容易に見えるが、実際はそう簡単にはいかない。

「血がドクドク流れる」「石焼き芋をホクホクほおばる」などのドクドク、ホクホクは、聴覚的とも状態的とも取れる中間的なものである。

なお「ワンワンが来たね」「ブーブーが通るよ」など、対象の出す音が対象を意味するのは、両者の関与性に基づく換喩である。これらは対象を活き活きと表す声喩としての使用とは区別される。

〔多門靖容〕

44 多重の原理

引用法

引用を広くとらえるならば、ある文脈の中に、それとは異なる文脈を取り込むことをいう。地の文の中に会話文を挿入するのも引用であるし、引用文といえば、論述の中に他者の論述を取り込むことをいう。普通これらは、かぎかっこや改行・字下げなどによって表示・区別される。

何のために引用するかといえば、伝達効率を高めるのが目的であるが、その方向性としては二つある。一つは、描写の具体性を高める方向で、会話文がその典型である。もう一つは説明の説得性を強めるためで、いわゆる引用文がそれにあたる。どちらにしても、当該文脈に別文脈を重ねることによって効果を発揮するものである。ただし、伝統的なレトリックにおける引用法というのは、おもに文学作品に関して、引用される文脈に限定があり、その引用の方法において、いくつかに分類される。引用される文脈としては、著名人による、あるいは著名な文章あるいはその一部か、周知とみなされる格言・ことわざ・慣用句などである。

引用の方法としては、誰のどの文章からかを示し、かつその箇所を表示して引用する方法（明示引用）と、程度差はあれ、表現・表示のしかたが不十分で、それが何からか特定しにくい引用の方法（暗示引用・隠引法）の二つに分けられる。さらに暗示引用の中には、和歌における本歌取りや、広く比喩関係として認める引喩法というのもある。また、言葉遊びのパロディーや文体模倣も、元になる文章なり文言なりがあってこそ成り立つものであり、表現としてそのままの形で現れるわけではないものの、引用の一種とみなされる。

明示引用は、それが論文である場合は当然のルールまたはマナーであり、それらに反すれば、他人の論のプライオリティーを侵し、盗作あるいは剽窃という罪に問われる。しかし引用であることを明示するのは、そのようなルールを守るためだけではなく、それが著名なあるいは権威ある人・説であることを明らかにすることによって、自らの正当性を補強し、説得力を増すためである。

暗示引用というのは、非明示とは異なり、引用自体は、その表現あるいは表示によって知られる引用のしかたである。その知られ具合いは、送り手あるいは受け手によって異なる。送り手としては、わざわざ示さなくても大方の受け手には分かるだろうという判断による場合もあるし、あえてぼかすことで、謎めいた雰囲気を生み出す効果をねらう場合もある。逆に、受け手としては、どの程度の知識・教養があるかが試され、引用元を特定できるか否かによって、その文章の読解・鑑賞の程度つまり文脈の重ね合わせの効果の度合いが違ってくる。それが際立っているのが古典の世界であり、和歌の本歌取りや物語の本説取りなどは、限られた共通の教養サークルの範囲内だからこそ成り立つ、暗黙のコードに基づく引用である。その後の長い文学の歴史も、新たな作品を生み出すために、多かれ少なかれ、いかに巧みに、独自に先行作品の文脈を取り入れるかという、暗示引用の蓄積・反復の歴史であったともいえる。その中には、パロディとして、引用元を風刺・批判するための作品も含まれる。

〔半沢幹一〕

45 掛詞　多重の原理

「懸詞」とも表記し、秀句、兼句ともいう。おもに古典和歌における表現技法の一つで、一般的なレトリックとしては、類音語接近や異義兼用とされ、洒落と同一の機構を有する。

典型としての掛詞は「おとにのみきくの白露よるはおきてひるは思ひにあへずけぬべし」（古今集十一—四七〇）における「きく」のように、①同一句内の単語（文節）単位で、②同音異義（聞くと菊）が二つ重ねられ、③両義が前あるいは後の表現とつながる（音にのみ聞く、菊の白露）ものをいう。この歌では他に「おき」（起きと置き）も該当し、「ひ」（思ひの「ひ」と日）のように、単語の分節が対応しない場合もある。また同音異義ではなく「け」（消）のような多義（露が消えると我が死ぬ）の用法も含めることがある。

掛詞は和歌において単独で用いられることもあるが、枕詞や序詞、縁語など他の表現技法と組み合わされることも多い。同音異義語を重ね合わせる方法は、同音（異義）反復に比べ、内容を圧縮的に表現するとともに、異義による文脈転換の意外性や一首全体における自然と心情の対比・統合を意図したもので、時枝誠記はその表現美として、旋律美・協和美・滑稽美の三つを指摘している。

掛詞は古今集において発達するが、以後ある程度限られた形式に慣用化して、謡曲・浄瑠璃などの韻文にも取り入れられるようになる一方、連歌・俳諧・狂歌など、滑稽を旨とする言葉遊び的な用法へと変化していった。

〔半沢幹一〕

46 縁語　多重の原理

おもに古典和歌における表現技法の一つであるが、一般的なレトリックとしては、縁語法・縁装法と呼ばれ、掛詞と同じく、類音語接近あるいは異義兼用として、多重の原理に基づく。

典型としての縁語は、「唐衣着つつなれにしつましあればはるばるきぬる旅をしぞおもふ」（古今集九—四一〇）における、「唐衣」に対する「つま（褄）・はる（張る）・き（着）」がそれに相当する。これらは文脈的には「妻・はる（ばる）・来」という意味を表す別語との掛詞となっているものであり、「唐衣」という語からの換喩的な連想関係つまり「縁」によって、意味ではなくイメージとして結び付けられる語群である。このように、一首全体にわたって関連しあう語群が、歌にイメージとしての統一感を与えるとともに、表現対象（この歌の場合は妻）についてのイメージを具体的に喚起する働きをする。

縁語関係の契機・中心となる語には、和歌によく取り上げられる具体名詞が多く、関係付けられるのはそれぞれある一定の連想範囲の数語にほぼ限られ、それらはとくに掛詞の箇所に現れる場合が目立つ。

縁語は古今集以降さかんに用いられるようになり、イメージを重視する新古今集に至ると、巧妙化・複雑化したものになる。この和歌における伝統をふまえた縁語表現は、謡曲や浄瑠璃などの文章にも取り入れられ、道行における地名尽くしなどの類喩・類装法として展開される。

〔半沢幹一〕

47 字喩　多重の原理

「字喩」は字謎とほぼ同じで、おもに漢字の文字構成を取り上げた言葉遊びのことをいうが、ここでは字装法や添義法も含め、日本語の文字表記に関わるレトリックとする。

字喩には、たとえば「米寿・卆寿」が八十八歳・九十歳という年齢を表すのは、「米・卆」という漢字本来の意味とは関係なく、その文字構成を分解し、数字として読み替えたものである。また「松」字を「ボク（木）とキミ（公）との差し向かい」、「壽」を「さむらい（士）のフエ、一インチ（吋）」と読んで、別の意味を持たせたり字形を覚えやすくしたりするものもある。これらは漢字が表語文字だからこそ可能な遊びである。

表現技法としての字装法は、語表記における多様性を生かし、一般的・規範的な表記とは異なる文字・文字種を用いて、表現効果をねらう方法である。たとえば、人名の音に当てるさまざまな漢字表記とりわけ万葉仮名的な表記がそうであり、「可愛い」を「カワイイ」とカタカナ表記にしたり、「よい子」を「よゐ子」のように、あえて誤った歴史的かなづかいにしてみたりするのも、特定の表現効果が意図されたものである。

漢字に対する振り仮名が普通の読み以外のことばによって付される場合、それを添義法という。「本気」に「マジ」、「地球」に「ふるさと」のような振り仮名を付け、漢字表記の意味を限定したり特別の思いを付加したりする。漢字に対してだけでなく、年号や電話番号に、関連する内容の文脈を振り仮名によって表すこともよく行われている。

〔半沢幹一〕

48 転喩　摩擦の原理

伝えたい情報を直接言わず、それに関連した他のことに置き換え、そこからの連想でわかるようにする婉曲語法のひとつ。あることに先立ったり続いて起こったり、随伴したり付加的だったり、それを想起させたりする何かを表すことによって、遠回しにずらして伝える。結果によって原因を、後件によって先件を（その逆もある）、理解させる間接表現である。

転喩をいわゆる換喩の一種、もしくはその下位とする見方もある。換喩も関連の深いものを示して表現対象を暗示する技法であり、「桜田門」で「警視庁」、「本郷」で「東大」を、「赤頭巾」や「メガネ」である人物を代弁するような、いわば単語レベルでの語義読み替えであるのに対し、転喩の場合は「地面が濡れている」と聞けば「雨が降った」とわかり、「次の桜は見られまい」と言えば「来春まで命が持ちそうにない」を意味するように、節や句に及び語のレベルに留まらない。

「生まれる」ことを「産声を上げる」、「死ぬ」ことを「墓に入る」、「便所」を「手洗い」や「化粧室」、「船出する」ことを「とも綱を解く」、旅に「出る」なら「草鞋を履く」で「終える」なら「脱ぐ」など、この技法による慣用的な表現も数多い。

「月夜ばかりと思うなよ」という台詞は、「人目につかない闇夜が来たら襲ってやる」を言い換えたものであって、真意は明らかな脅迫と知れる。日常的な会話レベルでも用いられる、間接的・婉曲的な表現の技法である。

〔水藤新子〕

49　摩擦の原理　軛語法

複数の語（主に名詞）を一つの動詞あるいは形容詞で受ける際、一方が意味的に異常な結びつきとなる表現を故意にしつらえる表現法を、「軛《くびき》語法」と呼ぶ。強引かつ乱暴な括り方もできると気付かせる面白みがある。「軛」とは元々、複数の家畜、或いは罪人をも一度に束ねる道具をいう。

たとえば「紅と簪《かんざし》をさした娘」という場合、「紅」は唇に「指」し、「簪」は髪に「挿」すのだから、「さす」の多義性を利用した領域に収まった表現といえよう。ただ、日常会話の中で「昨日はビールと焼肉を食べた」だとか「碁や将棋をさす」だとか口にしてしまう場合は、「食べた」のは焼肉だけでビールは「飲んだ」であり、また「さす」のは将棋のみで碁は「打つ」ものだと指摘されればその通りであって、うっかり言ってしまう辻褄の合わない表現である。

「こんなに世界がぐんと広くて、闇はこんなにも暗くて、その果てしないおもしろさと寂しさに私は最近はじめてこの手でこの目で触れたのだ」（吉本ばなな「キッチン」）の場合、「触れる」のは「手」だけのはずだ。「見る」の比喩と捉えてもよいが、「目」の機能を厳密に解釈すればやはり異常な結びつきである。「身も心も素顔も男女関係も乱れている」（野田秀樹「少年狩り」）は、三つ目までと四つ目とでは大きな落差を感じさせる。「身も心も」は定着した組み合わせだが、「素顔」が「乱れる」とはやや乱暴で、「男女関係」となると抽象化のレベルを大きく踏み外した感がある。

〔水藤新子〕

50　摩擦の原理　現写法

描写の臨場感を高めるために、過去や未来のことであっても、或いはフィクションであっても、現在時制で書き進める技法を「現写法」と呼ぶ。歴史的現在とも称される。

小学校低学年の子供が書く作文は概して単調である。たとえば「今日は遠足でした。朝、学校に集ってからバスに乗りました。動物園へ行きました。象がいました。キリンもいました。ライオンもいました。お弁当を食べて、またバスに乗って、学校に戻ってから家に帰りました」という文章には、接続語句もなく、文末はすべて「た」で終わっている。日本語の時制は文末に明示され、「る」ならば現在／未来を、「た」ならば過去を示す。「た」音の連続が単調に思われるのみならず、ただ順番に行なったことばかりが書かれていて、読み手に心理的な距離を覚えさせることになる。

「敵に銃で撃たれた」と書くのと、「懐に手を突っ込んで何かを取り出す——銃だ。まずい。とにかく逃げなくては。背を向けて走り出した瞬間、肩に広がる熱く重い痛み」と書くのとでは印象が変わる。核となる事実は同じでも、語り手の意識をたどった後者の方が生々しい。語り手の感じたであろう諸々を現在時で再現することによって、作品世界は臨場感を増す。読み手だけでなく、書き手自身も語り手の行為や心理を丹念になぞることで、場面ごとの、ひいては作品全体の現実味、リアリティーが高まるのである。

〔水藤新子〕

51 誇張法

摩擦の原理

大袈裟な物言いで事実を誇張した表現である。「白髪三千丈」や「万里の長城」は実際にそれほど長いわけではないし、「万力」や「千枚通し」がそこまでの威力を持つものではないが、命名をした人物の強い思い、意気込みや願望を示してはいる。若者が日常的によく口にする言い回しに、「死にそう」、「殺すぞ」、「殺される」といった一群がある。人はそう簡単に死ぬはずも殺すはずも殺されるはずもなく、置かれた状況の厳しさに音を上げたり、相手の仕打ちへの恨み言や反撃としたりして繰り出されるものだが、その思いをそのまま表現したのでは気が済まないと感じた際、極論の形で表出する。

「ぼくは時々、世界中の電話という電話は、みんな母親という女性たちのお膝の上かなんかに乗っているのじゃないかと思うことがある。特に女友達にかける時なんかがそうで、どういうわけか、必ず「ママ」が出てくるのだ」、「ぼくはどうもすぐこういう「いいお返事」をする癖があって、この調子では瀕死の床にいてもお元気?ときかれたら、はい、なんて言うのじゃないかと思う」（庄司薫「赤頭巾ちゃん気をつけて」）は、このような大袈裟な物言いで「ぼく」の感じているやりきれなさや情けなさ、諦念といった諸々をユーモアにくるみ、説得力と臨場感とともに伝えている。

なお、誇張法は大抵の場合、右のような過大誇張法だが、「猫の額ほどの庭」や「蚤の心臓」のように、過少誇張法と呼ぶべきものも多々見受けられる。

〔水藤新子〕

52 同義循環

摩擦の原理

「AはAだ」のように、主部と述部とに同語を繰り返す語法によって、受容主体の解釈をあえて困難にする表現である。

たとえば「私にとって、彼以外の男は男ではない」という場合、二つの「男」は同じ意味で用いられてはいない。前者は広く男性一般を指しているものの、後者は「私」にとって「男性的魅力を有している男」の意味と解釈される。このすべてをことばにしてしまえば理解は容易になるが説明がくどくなることを回避しようと努めた表現と考えられる。

「女は女であるとき最も女性である」（高田保「ブラリひょうたん」）は一読しただけでは真意の読み取れない、何とも不思議な表現である。戦後、女性の社会進出が進んだ中で書かれた文章だが、差別的なものではない。タイトルには「フェミニスト」とあり、むしろ女性を尊重する趣旨で書かれている。曰く、「女は男のように愚物ではない」のだから、男の職業に進出するものいいけれど、妻や母といった女性本来の役割を果たしているときの魅力や、おそらくは女性自身が感じるであろう充実感を忘れないでいてほしい。「テストを越えた彼方に存在する神秘な女性を男性は崇拝するものだ」とは、そのような意味合いだろう。最初から、「女は女にしかできないことをしているとき、最も女性として魅力的である」と書いてあれば、読者は先を読む気にはならない。あえてわかりにくくすることで読み手に謎を与え、この先を知りたいと感じさせる点でも、興味深く効果的な表現となっている。

〔水藤新子〕

53 避板法

摩擦の原理

受容主体が退屈しないよう、表現に変化をつける技法を総称して「避板法」という。平「板」な表現が続くことを回「避」する、との意味合いである。

一口に変化をつけると言っても、その方法は多岐に亘る。ある登場人物の発言をカタカナのみで書くことによって、子供であったり外国人であったり、日本人の成人であってもたどたどしい話し振りであったりすることを示すとか、エクスクラメーションマーク（「!」）や傍点といった符号を用いて表記の面から内容を強化するとか、「経費」という漢語に「かかり」とルビを振ることで戯作者の活躍した時代にふさわしい語彙を提供するとかであり、いずれも視覚的に変化をつける技術である。

「潮の引いた岩場には実に様々な生物がいる」のを目にし、昭和天皇がそれらの研究をしていたことをふと思い出して、「あるいは崩御された先帝も、磯のものどもを眺めつつ、ある時にはこのようにレイドバックしてぼおおおおおおっとしておられたのかもしれない。畏《おそ》れおおくも臣《しん》村上はこのように推察申しあげるのであった」と、この書き手らしい外来語や擬態語を織り交ぜた似非擬古文を、いささか悪乗りとも言える調子で繰り広げながらも、最後に「（まったく自信ないけど敬語はこれであってるのだろうか）」とカッコ入りの注釈をつけることを忘れない村上春樹「辺境・近境」の一節は、旅先のごくありふれた情景を材料としつつ、その表現に変化をつけ、読者を退屈させないユーモアに満ちた文章となっている。〔**水藤新子**〕

54 謎々

摩擦の原理

頓知をきかせた答を要求する問いかけを「謎々」という。一般にいわれるクイズとは違って、正解は客観的な事実に基くものではなく、言葉遊びを用いたこじつけであることが多い。

「上は大水、下は大火事、なーんだ?」（この問いかけも「何だ」ではなく、「なーんだ」と伸ばした形で歌うように発される）の答は「お風呂」だが、「大水」や「大火事」を字義通り解釈しただけでは答にたどり着けない。桶に入った分量の多い水を、下から勢いある火で沸かすことと切り離し、それぞれの規模だけに着目して成り立つものである。ギリシア神話に登場する有名なスフィンクスの謎々、「朝は四本足、昼は二本足、夜には三本足。この生き物は?」の答は「人間」だが、これは生まれて暫くは四つ足で這い、少年期から壮年期までの直立歩行を経て、年老いてからは杖をつくさまを喩えている。いずれも比喩を用いて、新しいものの見方を提供している。

また、英語の謎々に「ミシシッピに目は幾つある?」がある。"Mississippi"という綴りの中に"i"が四つあることから、同音の"eye（目）"を「四つ」持つと答えるのが正しい。いわゆる駄洒落だが、同様のものに「パンはパンでも空飛ぶパンはなーに?」があり、この答は童話に登場する空飛ぶ少年「ピーター・パン」となる。「フライパン」とする別解もあり、その場合は「パン」の語だけでなく、「フライ」の部分が"fly（飛ぶ）"の意味であることにも目配りをした点で、いわば二段階の理解を要求する構造となっている。〔**水藤新子**〕

55 言葉遊び

摩擦の原理

「言葉遊び」が、なぜレトリックの一つとして位置付けられるのか。レトリックが一般に伝達効率を高めるためにあるとしたら、言葉遊びはそれ自体が目的であって、内容の伝達には直接関わらない。にもかかわらず、他のレトリック項目においても、言葉遊びともみなされる表現技法が含まれている。これは要するに、その表現をどちらの観点からとらえるかという問題であり、ある表現技法がレトリックとして用いられる、つまり伝達効率が意図される場合もあれば、そうでない、つまり遊びとして取り上げられることもあるということである。このような、レトリックとしても言葉遊びとしてもありうる表現技法一般の特徴としては、遊びという性格の一面を反映して、意外性や面白さ、心地よさなどをあげることができる。

では、言葉遊びとしてならば、伝達にはまったく関係がないかと言えば、それは違うだろう。一つには、むしろ伝達効率をわざわざ下げることを目的とする場合がある。たとえばアクロスティックという言葉遊びがある。元の語句を一字（音）ずつにばらし、それぞれから始まる表現を作って改行し、一つの文章にするものである。その文章を読むだけでは元にした語句があることが気付かれにくい、つまり伝達されにくい。そのように仕組むこと自体がこの言葉遊びとしての目的だからである。しかし、伝達面から見れば、それが何であるか相手が分かったとき、その文章の意味との関連において、新たな発見や認識を得ることができる。その意味では、より高次の伝達が意図されているということもできる。文字（音）を用いた、類似の言葉遊びとしては、和歌の折句や物名、アナグラム、回文、いろは歌などがあげられる。洒落や語呂合わせ、パロディー、謎々など、意味にも関わる言葉遊びにも、同様の伝達上の傾向が認められる。

もう一つは、内容を伝達することが目的ではなく、伝達しあう関係が目的である場合である。伝達すなわちコミュニケーションの目的は人間相互の関係の維持および強化であるとすれば、より重要なのは内容ではなく関係そのものであるといえる。言葉遊びは、遊びという行為が成り立つ人間関係を作り保つために行われるものである。これもまた表現効果・目的とみなせるならば、それらもレトリックといえるだろう。たとえば、尻取りという言葉遊びがあるが、尻取りに用いられる言葉の意味による伝達内容はまったく問題にされない。ただ有意味な単語であることさえ確認されれば、あとは語頭音が直前の語末音と一致することだけが求められ、その成否を順番に楽しめる関係によって成り立つものである。早口言葉も、その言葉の表す内容が問題なのではなく、いかに間違えないで早く発音できるかを競い合って楽しむものである。

言葉遊びには、文字や音の形式を中心としたものや、意味・イメージを中心としたもの、その両方にまたがるものなど、多種多様に認められる。これらが古くから現代においても流布しているのは、弁論や文学的文章における、狭い意味でのレトリックとしてではなく、日常的・一般的なコミュニケーションにおける、広い意味でのレトリックとして意識され、活用されているからであろう。

〔半沢幹一〕

第V章

ジャンル別文体概観

ここでは、ジャーナリスティックな文章から文芸的な文章までを広く対象にし、第I章から第Ⅳ章までで解説された用語・概念を用いて、ジャンル別文体について概説する。具体的には、新聞の文体、雑誌の文体、ラジオ・テレビのニュースの文体、説明的文章、評論的文章、文芸的文章、文芸評論の文体、ユーモアの文体である。

このうち、ジャーナリスティックな文章を、新聞、雑誌、ラジオ・テレビのニュースの文体に分けて扱った。文体論というと、書きことばが対象となることが多いが、「ラジオ・テレビのニュースの文体」は話し言葉（談話）を対象としている。また、「ユーモアの文体」では、漫才・落語などの談話的な形態も含めて、広く「ユーモアの様式と表現」について解説されている。

「評論的文章の文体」では、評論の文体一般について扱い、また、「文芸評論の文体」では、文芸評論の分野の文体に特化して述べている。

扱う対象によって必要な事項が異なるために、記述の仕方はそれぞれの担当者に委ねた。わかりにくい用語・概念については、索引や「→」（見よ項目）を参照しながら、読み進めていただきたい。

1　新聞の文体

【新聞の文章】　新聞とは、時事に関する報道、解説、論評などを中心とする定期刊行物で、新聞社による商業新聞と各種団体による私的な新聞とがあり、日刊、週刊、旬刊に分類される。ここでは日刊の商業新聞について解説する。

新聞はさまざまな文章の集まりである。内容面からは、政治、経済、社会、生活、文化などに分けられる。文章の種類としては、第一面記事や社会面記事などの報道文、社説やコラムなどの論説文、用語解説などの説明文、新聞小説、広告などに分類される。執筆者も新聞記者や論説委員などの新聞社内の書き手から、評論家、学者、小説家など新聞社からの依頼による書き手、一般の投稿者と多様である。

新聞に掲載される文章にはそれぞれの文体があり、報道記事と新聞小説と投書とに共通するような「新聞の文体」は存在しない。だが、それらは新聞という同じ媒体を構成する文章ということから次のような条件を共有している。①国内外の日々のニュースの報道を主な役割とする。②文章の種類により程度の差はあるが、執筆時間や紙面に制約がある。③読者は一般の不特定多数の人々である。④読者は記事を選択して読むことが多く、最後まで読まずに終わる場合もある。

右の条件に対応して新聞には、報道記事以外の文章にも報道や時々の社会状況との内容的な関連が見られる。執筆時間や紙面の制約に対応するための工夫があり、一般の人にも分かりやすい文章が追求され、時間のない読者のために記事選択を容易にする見出しが付けられている。

以下、新聞社内の書き手による文章に限定し、第一面記事や社会面記事などの「報道記事」、新聞社の意見を示す「社説」、さまざまな話題の短評である「コラム」、テーマで連載される「ルポルタージュ」を取り上げ、それぞれの文体を解説する。

【報道記事の文体】

1．報道記事とは

報道記事とは、第一面、政治面、経済面、国際面、社会面などに掲載されるニュース報道の記事をさす。報道記事では、紙面の制約、時間の制約、不特定多数の一般読者という新聞共通の条件に加え、情報の正確さと報道の客観性とが要求される。報道記事に情報の正確さが求められるのは世界共通だが、報道の客観性については、第二次世界大戦中の戦争協力に対する反省や発行部数の多さから特定の立場がとりにくいという経営的な配慮など、日本の新聞に特有の特色ともいわれる。

第一面はその日の重大ニュースが掲載され、新聞各社の価値判断が凝縮して表れる新聞社の顔である。大きなニュースの場合は、社会面など他の面にも第一面の関連記事が掲載される。その場合、第一面では事実関係の概略を述べるにとどまるのに対し、それを受けた社会面などではより具体的に述べ、批判的な内容を含むことも多い。

2．報道記事の構成

報道記事は、見出し、リード（前文）、本文の三つの部分から成る。それらは詳しさの程度は異なるものの、同じニュースについて繰り返し述べるもので、報道記事に独特の三段構えの構成といわれる。

報道記事の見出しはニュースの表題であり、読者に一目で記事の要点を知らせ、読む必要があるかどうかの判断材料を提供する。見出しには、リードや本文から客観的に抽出された句が多用される。それらは「○○（の）社員（を）逮捕（した）」、「経営陣の責任（が）重大（だ）」のように、助詞や動詞の語尾、形容動詞の語尾などが省略された独特の句である。限られた紙面に多くの報道記事を載せたい新聞社と短時間に適切な記事を選択して読みたい読者とに応える形式といえる。

長い記事には、リード（前文）が付く。リードはニュースの要約であり、記事のすべてと言われ、新聞記者はその執筆に特に神経を使う。リードには本文が凝縮されており、内容的にはニュースの結論、理由、意義付けの三要素から成る。二、三文もしくは数文と文の数は少ないが、一文は長く、長い連体修飾を伴った名詞句や「名鉄海上観光船本社一階事務所」のように複数の単語が臨時的に結びついた複合語が多用される。

3. 報道記事の本文

報道記事にはさまざまな特徴が見られるが、例えば火事の場面が報道記事と小説とでそれぞれどう書かれるかを比較すると、報道記事の特徴がわかりやすい。報道記事では、報道性、客観性が重視され、執筆時間や紙面の制約もあって、被害の状況を生々しく伝える記事は書かれず、感情を抑えた型どおりの事実報告になる。以下、報道記事の本文の主な特徴について見ていく。

①事実を前面に―報道記事は新聞記者が取材して書くが、記事には記者の取材行動はまったく書かれず、取材の結果わかった事実のみが前面に押し出された形で書かれる。その結果、読者は記者の存在を意識することなく、ニュースと直接向き合うことになる。これは客観報道の要請からきた表現のあり方と思われるが、一面トップのスクープ記事であっても、一部の記名入りの記事であっても同様である。後述するルポタージュでは記者の取材行動が書かれるのとは、対照的である。

②構成―新聞の文章構成としては、「逆三角形」が知られている。これはすべての新聞の文章に当てはまるものではなく、主として報道記事の構成である。逆三角形とは、最も重要なことから書き始め、後へ行くほど必要度の低い内容になることをさす。小説や論文の構成とは異なる報道記事の特徴である。

重点先行のこの構成は、アメリカの通信社が多年の経験から作り上げ、日本にも取り入れられた。逆三角形の構成は、記事原稿が紙面の都合で切られることを恐れる新聞記者にも、最後まで記事を読み通す時間のない読者にも好都合な構成である。

③5W1H―報道記事の内容は5W1Hといわれる。それらは、When（いつ）、Where（どこで）、Who（だれが）、What（何を）、Why（なぜ）、How（どのように）である。特に初めの4Wが基本の情報として先ず述べられ、その後に残る部分が加わる。本文の構成と内容が決められることによって、新聞記者は短時間で本文を書くことが可能になる。

④慣用表現―厳しい時間の制約の中で効率よく記事を書くためには、ある事柄をどのように表すかが慣用的に決まっていたほうが速い。発言を表す表現に「～と述べる、～と明言する、～を表明する」が繰り返し用いられるのは、その好例である。

そのほか、報道記事では、客観報道の立場から、取材によって得た情報を客観的な情報として表現する必要があり、「～と見ている、～と見られている」「～との見方が強い、～との見方が出ている」「～としている、～とされている」「～見通しだ」「～模様だ」などの慣用表現が使用される。その一方で、客観報道はありえないとする立場もある。

⑤間接話法―報道記事の本文には、「『～には疑念がある』と述べた」のように直接話法の形式が用いられていながら、実際には話の要点のみが示され、実質的には間接話法になっている場合が多い。

⑥文長と接続―報道記事の文は、固有名詞の多さや連用中止形や接続助詞「て」による接続などの結果、社説など他の記事に比べて一文が長い。ただし、接続が単純なためか、理解はさほど難しくない。報道記事の文は、文学作品とは異なり、長い文のほうが読みやすいとの研究もある。単純な接続は、推敲の時間の少なさを示しているともいえる。

⑦文末表現―報道記事の文末のテンスは、社説やルポルタージュなどの他の記事と比べて、「○○を書類送検した」など事実を客観的に表す過去形の割合が高い。だが、長い記事では、「課題が多い」「責任を問われている」など書き手の判断を示す現在形の文末も使われることがある。

「調査が実施された」「判断が示された」などの直接受身は、能動態と比べて客観的な表現と言われている。それに対し、慣用的表現でも触れた「～と見られている」「～とされている」などは、アスペクト形式が付加され、「と」で受ける事柄全体を客観的に表現する。

⑧体言止め―報道記事では限られた紙面に多くの情報を盛り込む必要があることから、「会場は体育館（だ）。」「○○氏が当選（した）。」「数十名が滞納（している）。」など、名詞文やサ変動詞を述語とする文末で省略が頻繁に起こり、文が名詞化される。特にスルについては、「同会はその方針を決定、」のように文中での省略も一般化している。「少年らは○○を盗んだ疑い。」などは、何が省略されているかも不明な定型表現である。

⑨語彙―報道記事では、「埼玉県草加市の東武伊勢崎線松原団地駅東口の歩道で」のように固有名詞をあげて説明する必要がある。さらに、固有名詞を説明するために、「今年８月に２５００億円の負債を抱えて、経営破綻した不動産会社○○」のように、長い連体修飾が加わることもある。それらが文を長くする一因になっている。

【社説の文体】

1．社説とは

社説とは、「新聞・雑誌などが、自社の意見・主張として発表する論説」をさす。社説は論説文の一種だが、新聞に掲載される論説という制約から論文のような典型的な論説文とはやや異なる特徴をもっている。

社説は、一般には、朝刊の紙面の決められた位置に置かれ、一テーマにつき千字前後の文章が二つ掲載される。テーマは、その日のニュースに関連した話題から選ばれ、新聞社の複数の論説委員が議論を重ねる。執筆は一名が代表して行い、議論に基づき良識ある立場から自社の見解を述べる。同一のテーマをめぐって新聞社間で異なる見解が示されることも珍しくない。社説は多くの一般の読者を対象とするため、わかりやすい表現が用いられ、説得するというより指導する傾向が強い。日々のニュースに関連したテーマについて匿名の執筆者によって書かれるわかりやすい文章という点で、社説は報道文の一種としての性格を有する。

それに対し、論文は特定分野の専門家を対象とし、執筆者が氏名を公表して関心をもつテーマに関して自説を論証する。社説の何倍もの文字量を費やして専門的な内容を詳細に述べる論文では、正確さや論理性がより重視されるといえる。

2．社説の構成

社説は見出しと本文から成る。見出しには話題と主張とが明示され、報道記事の見出しほど複雑でない。「日中首脳会談」という話題の見出しに対し、「『戦略的互恵』の再起動を」という主張の見出しが付けられるように、社説の場合でも見出しには報道記事と同様に読者の選択と理解を容易にする工夫が見られる。

3．社説の本文

①構成―社説の本文の構成には、次のような型がある。まず、その日のニュースなど時事的な話題からテーマを紹介し、次いで、そのテーマに関して世論を指導する立場からの見解を述べ、最後に、望ましい解決に向けて関係者や当局への要請や要望を述べる。主題は結尾部にあることが多く、逆三角形の構成で、冒頭部に主題が置かれる報道記事とは対照的である。

②接続詞―社説に用いられる接続詞には、逆接を表す「だが」「しかし」が多い。「しかし」は、論文にも用いられるが、社説と論文では使い方が異なる。社説では、「○○が承認された。しかし、費用がかかる。」のように、事実を述べた後にその問題点を明示するために使用されることが多いのに対し、論文では、一般的な見解を述べた後、自説を明示するために用いられることが多い。

③文長―社説の文は、平均すると、報道記事の文ほど長くはない。報道記事では、地名や組織名などの固有名詞を多く用いる必要があるが、抽象的な見解を述べる社説ではその必要性が相対的に低いことが要因である。

④文末表現―社説の文末は、報道記事の文末とは異なり、体言止めなどの省略が少なく整っている。時事的な話題を導入する冒頭部では、報道記事と同様に過去形の文末をとる文が多いが、展開部と結尾部では、過去形の文末の割合は低く、現在形の文末をもつ文が多い。

冒頭部の書き出しには、「○○が見つかった。」「○○ことが決定された。」のようにその日のニュースなど時事的なテーマに関連する事実が過去形の文末をもつ文によって紹介される。

展開部には、「深刻だ、必要がある、当然のことだ、～と思われる」など書き手の判断を表す現在形の文末の文が多用される。さらに、結尾部には「～べきだ」「～なければならない」「～たい」など要請や要望を述べる現在形の文末の文が多い。

これは社説がまず問題点をあげて解説し、それに対する批判を述べた後に社会に対する要請や要望を述べて結ぶという構成をとることに対応している。論文の文末にも同様の文末が使用されることはあるが、社説ほど多くなく、社会への働きかけも一般には薄い。学術論文の文末文体は改まったデアル体だが、社説の文末文体は、親しみやすく文字数も少ないダ体である。

⑤語彙・表現―一般の人々を読者とする社説は、論説文ではあっても、専門家を読者とする論文とは異なり、一読して内容が理解できるわかりやすさが求められる。そのため、難解な専

門用語や文章語は避けられ、「苦境にあえぐ金融機関」などの擬人的な比喩表現や「○○をやり玉に挙げる」などの慣用句が使用される。主観的な評価は、「やっと」「たった」「とりわけ」などに表れるが、主観性の程度は自説を論証する論文ほど強くない。

【コラムの文体】

1．コラムとは

コラムは、新聞や雑誌で短い評論などを載せる欄をさす。日本の新聞では、紙面の決まった位置に一定の大きさの欄が設けられていることが多い。朝日新聞の「天声人語」、毎日新聞の「余録」、読売新聞の「編集手帳」などが代表的で、それらはいずれも六百字前後の短い文章である。コラムは、社説とは異なり、コラム担当の一人の執筆者が日常のできごとから自然などまで幅広い題材について主観的な感想や意見を述べる場合が多い。文章の種類としては、論説文、説明文、随筆文、身辺雑記など多岐にわたる。

2．コラムの構成

新聞のコラムには、字数制限の関係から報道記事や社説に見られる見出しがなく、本文のみである。さらに、本文には改行一字下げによる段落もなく、段落に代わるものとして▼や◆などの記号が四、五か所に用いられる。

コラムの本文を▼などとは別に意味の面から段落に分けると、段落なし、二段落構成、三段落構成、四段落構成の四種になる。段落相互の関係は、結論に向かって論理的に流れていく型と、同じ位置に筋が並立される型とに大別される。論理性・抽象性が不可欠な論説文は前者を中心とし、説明文や随筆文には、後者も交じる。

コラムでは冒頭の第一文に提示された語句が第二文、第三文で同語反復、類義語、対義語、上位語下位語、関連語句などで受け継がれ、反復を繰り返しながら話題を展開させていくことが多い。例えば、第一文で紹介された人名が第二文では「オランダの医学者」という関連語句に置き換えられ、さらに第三文では「オランダ医師」という同義の臨時的な複合語によって受け継がれる。結尾部では、冒頭の語句との同語反復や対義語による反復によって話題が終了する。

3．コラムの本文

① 書き出し―「○○で異変が起きている。」のように話題の世界にいきなり入って読者に印象づける文もあれば、「○○という鏡が西遊記に出てくる。」のように何の話が始まるのかと読者に期待を持たせる文もある。さらに、「駅までの道すがら、○○の香りが漂ってきた。」のように、執筆者の行動を述べるルポルタージュのような書き出しもある。報道記事や社説と比べるとコラムの書き出しには読者を引きつける表現上の工夫のある文が多いが、それはコラムの内容が報道記事や社説に比べて実質的な情報の提供という意味では相対的に重要性が低いことと関連していると思われる。

② 接続詞―社説と同様に「しかし」「だが」などの接続詞が用いられる場合もあるが、まったく使われないものもある。限られた紙幅の関係もあるだろうが、随筆文が多いというコラムの文章の種類にもその理由があると思われる。

③ 文末表現―テンスは現在形が多い。記事全体に過去形の多い報道記事や、話題が提示される冒頭部に過去形の多い社説と

は異なり、過去形の文末そのものが少なく、特定の位置に集まることもない。コラムの文末には、「～必要がある」のように社会的な問題に対する執筆者の意見を述べ、社説の文末との類似性を感じさせるものもある。一方、「○○は風情がある」「○○は心さびしくもある」など個人的な感想を述べる文末表現は、コラムに特徴的である。

【ルポルタージュの文体】

1．ルポルタージュとは

ルポルタージュとは、新聞や雑誌、報道などにおける現地からの報告をさす。第一次世界大戦後に発生した文学様式で、現地での出来事をありのままに具体的に報告する。新聞のルポルタージュは、報道記事や社説のように決まった欄をもたず、時々の社会問題などを基に特定のテーマが企画され、一連の報告が掲載される。報道記事のような事件性や速報性はなく、問題意識をもった記者が現地を訪れ、取材を重ねて事実を集め、主観を客観に近づけて臨場感豊かに現地からの報告を伝える。

2．ルポルタージュの構成

ルポルタージュは、掲載される期間中は紙面の決まった位置に記者名を示して連載される。各回の記事は「ルポ○○」などの連載のテーマ名、その回の記事の見出し、本文、大きめの写真、写真の説明、記者名などから成る。テーマ名には、読者の目を引くように、名称だけでなく文字の工夫も見られる。

3．ルポルタージュの本文

ルポルタージュの本文は、報道記事のような概略的な事実報告ではなく、新聞記者の取材行動も含めたプロセス重視の具体的な報告である。社説のように特定の意見を論理的に述べて読者を知的に説得するのではなく、具体的な細部を丁寧に述べることによって読者を共感的にある理解に導こうとする点に特色がある。

①本文の構成―報道記事の5W1Hのような強力な型はなく、取材した記者が自由に構成を決めて書くことができるため、多様である。現地報告であるルポルタージュは、記者の取材行動も載せる一種の旅行記なので、事柄が生起した時間順に配列される部分が見られる。

②シーン―「昼下がり。」「インドネシアの首都ジャカルタ。」のように時や場所を表す語句が一文として置かれ、読者を話題の世界に引き込む。これは冒頭部の書き出しに多く、コラムにも時折見られるが、報道記事や社説などにはほとんどない。「○○氏は相好を崩す。」など現在形で臨場感を高める方法は、展開部によく見られる。

③取材行動―ルポルタージュには、「○○で飛行機に乗ると、×××に着く。」「○○を訪ねた。」「○○は××にあった。」など記者の取材行動が書かれることが多い。ルポルタージュでは、取材で得た事実のみならず、記者の取材行動や印象、臨場感豊かなシーンを組み合わせることによって、読者にも現地を訪れ新たな事実を発見するプロセスを擬似的に体験させる。取材行動の表現はルポルタージュに多いが、コラムにも時折、見られる。

④会話―ルポルタージュには、直接話法の会話が多い。しかも、会話内容の「　」の部分のみを一文として独立させ、印象を強めたり、「○○では…」のような言いさしや、「○○だよね。」のような終助詞の使用により発話の再現を試みたりする。

さらに、「しみじみ語る」「胸を張って言う」のように発話者の様子を表す修飾が添えられ、臨場感を高めている。このような表現の工夫は、間接話法中心の報道記事の会話には見られない。

⑤接続詞—接続詞のうち文頭に現れ、文と文とをつなぐ接続詞は、社説ほど多くは用いられず、社説の約半分である。論理的に意見を述べる社説には接続詞が欠かせないが、具体的な事実を述べるルポルタージュではさほど必要がないためであろう。ただし、いずれも「しかし」がもっとも多い。

⑥文長—ルポルタージュの平均文長は、一般に報道記事や社説よりも短い。ルポルタージュでは、「十月。」「雑居ビルの一角。」などのシーンを表す語句や「『おはよう』。」「『もう大丈夫』。」などの会話の一部が一文とされることが多い。また、短文を重ねて新聞記者の取材行動などを描いていくプロセス重視の現地報告であり、整った文の社説とは異なって省略なども多用される。そのようなルポルタージュの特徴が平均文長の短さにつながっている。

⑦文末表現—ルポルタージュは事件の発生を伝える報道記事ではないため、過去形の文末は全体の約三分の一程度にとどまる。現在形の文末は、社説のように直接に意見を述べるものではなく、「○○氏は嘆く。」「○○川が流れている。」など臨場感を高めるために使用される場合が多い。そのほか、「夏休み。」などの体言止め文や「　」に囲まれた会話内容のみを一文とするなど、表現上の工夫の見られる文末が多い。（**→引用表現・接続表現・反復表現・文章構成の型・報告**）

石井正彦（二〇〇七）『現代日本語の複合語形成論』ひつじ書房
碓井　巧（二〇〇七）「ルポルタージュの作法」『広島文教人間文化』七号
鎌田　慧（一九九二）『ルポルタージュを書く』岩波書店
北尾幸雄（二〇〇八）「新聞記事の文章を考える」『新聞研究』六八〇号
黒羽亮一（一九七六）「報道文の探求」『現代作文講座　第四巻』明治書院
小林英夫（一九七六）「新聞文章論」『小林英夫著作集　第二巻』みすゞ書房
小宮千鶴子（一九八五）「文章の種類と言語的性格」『文体論研究』三二号
塩澤和子（一九九四）「社説の文章構造」『文藝言語研究　言語篇』二五号
塩澤和子（二〇〇五）「コラムに観察されるくり返しの機能」『文藝言語研究　言語篇』
鈴木英夫（一九二八）「新聞の文体」『講座日本語学　第八巻』明治書院
高崎みどり（一九八九）「論説の文体」『講座日本語と日本語教育　第五巻』明治書院
高崎みどり・立川和美編（二〇〇八）『ここからはじまる文章・談話』ひつじ書房
立川和美（一九九八）「段落構造の把握と国語教育への応用」『文体論研究』四四号
中村　明（一九九三）「ジャンル特性」『日本語の文体』岩波書店
波多野完治（一九六六）「新聞文章の心理学」『文章心理学体系3現代文章心理学』大日本図書
林　四郎（一九六三）「新聞リードの文章（上）（下）」『新聞研究』一四七号、一四八号
堀川直義（一九七〇）「新聞の文体史」『言語生活』二三〇号
三樹精吉（一九七〇）「客観報道とその表現について」『東京大学新聞研究所紀要』一九号

〔**小宮千鶴子**〕

2 雑誌の文体

【対象】

1．雑誌の種類――雑誌は、発行周期、対象とする年齢・性別、取り上げる内容などによって細かく分類され、「月刊誌」「週刊誌」「女性誌」「児童雑誌」「総合雑誌」「ファッション雑誌」「趣味・娯楽雑誌」のように様々な種類がある。ここでは、これらの中で文体に特徴が見られる「総合雑誌」「週刊誌」「生活情報雑誌」「ファッション雑誌」を取り上げる。

2．記事の種類――それぞれの雑誌には「論説」「報道」「ルポルタージュ」「インタビュー」「対談」「座談」「コラム」「エッセー」「読者投稿」など、様々な記事があり、同じ雑誌でも記事の種類によって文体が異なっている。たとえば、論説や報道は書き言葉を基調にしているが、インタビューや対談は話し言葉を文字化した文章を基調としている。ここでは雑誌の文体を、その雑誌の代表的な記事を中心に見ていき、最後に特徴のある記事として「インタビュー・対談・座談」と「ルポルタージュ」を取り上げる。

【総合雑誌】

総合雑誌は、たとえば『中央公論』『世界』などに見られるように、政治・経済・社会問題を論じる記事が中心となっている。それらの記事には書き手の強い主張が表れ、表現の面では論説的文章に近くなる。記事の大部分が各分野の専門家による署名記事である。

1．文章の構成――総合雑誌の代表的な記事は、論説文と同様にある問題を取り上げて筆者の意見を述べているもので、読み手を納得させるために論理的で説得力のある文章となっている。他の雑誌の記事と比べて長い記事が多く、その分、論旨が一貫するような確かな文章構成が求められると言える。文章構成は、問題の現状を批判的に述べ、根拠となるデータを基に問題の所在を明らかにし、結論として解決策を提案する、あるいは、問題点を浮き彫りにする、という構成が多い。論理の筋道が明確になる工夫として、①情報の整理、②因果関係や論理関係のわかりやすさ、③詳細なデータの提示、などが見られる。

①情報の整理については、「まず…。次に…。さらに…。」「第一に…。第二に…。第三に…。」のように順序立てて書かれていることで、読み手が情報を整理しながら理解できるようになっている。また、内容に応じて章に分かれ、小見出しがつけられていることも、理解を助けている。たとえば、〈原油高騰の背景にあるグローバル経済の変容〉という記事の〈なぜ原油価格高騰は発生したのか〉という章の中には、さらに〈三つの引き金要因〉〈二つの構造要因〉という小見出しがあり、内容の読み取りを助けている。小見出しは全般に右に挙げたように名詞止めのものが多く、〈なぜ○○か〉という疑問形のものや、〈地域から日本社会の変革へ〉のような助詞で終わる言いさしの形、〈インフレがバブルを崩壊させる〉のような文の形になっているものも見られる。週刊誌やファッション雑誌の見出し・小見出しが印象的で人目を引くものであるのに比べて、総合雑誌の見出しは内容を簡潔に表したものになっている。

②因果関係や論理関係のわかりやすさについては、文頭、

特に段落の初めの文頭に、接続詞やそれに準ずる語句が使われていることが多いために、内容をつかみやすくなっている。例えば、〈したがって〉〈このために〉〈その結果〉など因果関係を示す語句、〈しかし〉〈一方で〉など対比される視点や問題を示す語句、〈なぜなら〉など理由を示す語句を用いるなどして、段落相互の関係と論理展開が明確になっている。

③詳細なデータの提示については、主張を支える根拠を示す際のデータとして具体的な数値が挙げられ、出典も明示されている。週刊誌の記事などでは、根拠となる事柄に「証言」「聞き書き」などの談話が使われているものも多く見られるが、総合雑誌の場合には、より客観的なデータが提示されている。

2．文末表現――文末表現は、「である」「ではない」「のである」「わけではない」「〜にほかならない」「せざるを得ない」など、書き手の主体的立場から判断しているような表現が多く見られ、筆者の強い主張が表れている。「〜と思う」「〜と考える」のような思考を表す用言も見られるが、多くは先に挙げたような文末表現によって、断定的な強い調子で書かれている。

3．語彙――話題に応じた専門用語や難解な語句が多く見られる。〈療養病床〉〈自国企業保護政策〉のような漢語、〈石油アナリスト〉〈サブプライムローン〉〈ハイパーインフレ〉のような外来語（カタカナ語）を多用するほか、専門用語以外にも、〈侃々諤々の議論〉〈正鵠を射る〉〈フロンティア〉〈スパイラル的〉〈コンセンサス〉のように、日常語レベルを超えた漢語や外来語が使われており、記事で取り上げた内容に関する知識を備えた読者を想定していることがうかがわれる。

【週刊誌】

いわゆる「週刊誌」は、一般向けのもの（主に男性向けのもので、たとえば『週刊新潮』『週刊朝日』『サンデー毎日』など）と、女性週刊誌（たとえば『女性自身』『女性セブン』など）と言われるものがある。他に写真週刊誌、マンガ週刊誌などがあるが、ここでは一般の週刊誌と女性週刊誌を取り上げる。

1．文章の構成――総合雑誌に比べて、全体に記事の長さが短い。特集記事を除くと長くても2〜3頁の記事で、1頁に満たない記事も多く見られる。記事の内容は、社会問題や政治・経済に関する問題をわかりやすく解説したものが中心で、女性週刊誌の場合は芸能に関する記事も多い。読者の興味をそそる工夫として、①書き出しの工夫、②談話の多用、③見出しのインパクト、が挙げられる。

①の書き出しについては、社会問題などを報じる場合は、「誰（何）が、いつ、どうした」という背景や、問題に関して興味を惹く事柄から始まり、詳しい内容が明らかにされていくという構成になっている。報道の文章という点で新聞の文章と比べてみると、新聞はニュースの速報性が重視され、まずリード文で事件の要旨を簡潔に示している。本文ではさらに重要点を「5W1H」に沿って記し、そのあとで経緯などの内容を付け加えていく形になっている。一方、週刊誌の場合は、すでに事件について知っている時点で読まれるものであり、リード文で書かれる概要は、この記事が事件や問題のどこに焦点を当てて取り上げるかを示すものとなる。本文の冒頭には問題のきっかけとなる事柄や問題に対する疑問の投げかけが書かれてお

り、記事への興味を惹くものとなっている。特に女性週刊誌の記事の冒頭には、事件や問題に関する当事者や関係者の談話が「　」つきで書かれているものが多く、客観的な事実説明というよりも、事件への興味を誘う効果をねらっている。このように、一般の週刊誌の場合も女性週刊誌の場合も「どうなるのか?」「なぜなのか?」「どういう意味なのか?」という疑問を抱かせて興味を惹き、その疑問に答えていくような構成になっている。また、記事が短いためか、段落初めの文頭には接続詞がほとんど使われていない。

②の談話の多用については、文章中に出てくる情報の根拠とされるものに「　」で引用される談話が多いこと、さらに記事全体が談話を軸として説明が進められる構成になっているものが多いことによる。談話の前に〈○○氏が言う。〉〈○○氏がこう語る。〉〈○○さんがこう指摘する。〉のような前置きがつく場合が多い。この場合は「評論家の○○氏が～」のように情報者が明らかにされているが、前置きがなく談話だけを「　」で示す場合は、「　」の後に談話者が〈ある会社経営者〉〈近所の商店主〉のように匿名で書かれる場合が多く、情報源が曖昧になっている。

③の見出しのインパクトについては、記事の見出しが大きい文字で書かれ、記事の書き手の主観的な見方が感じられるような言葉が使われている。たとえば〈○○県・連続児童殺害○○被告「獄中日記」と「殺害現場写真」〉のように刺激的な語を使ったり、〈「○○元防衛相」が極秘運用する「疑惑の投資ファンド」〉〈いまも農薬食品は「野放し」状態〉など「疑惑」「野放し」のような筆者の見方による主観的な語を使ったり、内容を誇張した書き方が見られる。特に女性週刊誌では〈○○議員〝引っ越し先〟の東京○区でも婦人会は「応援しません」!〉〈○○クン本誌にバレンタイン独占報告!〉のように、〝〟「　」!などの符号を多用し、記事の内容を強調した書き方になっている。

2. 文末表現――文末表現を見ると、「た」「ている」という文末で客観的な事実を描写する文が連続している。これは報道記事に多いとされる文章形態であり、社会問題などを扱っている週刊誌の記事は、報道記事の範疇にあると言える。ただし、新聞の報道記事が「た」「ている」など客観的な事実を描写する文を中心としているのに対して、週刊誌の場合は「だ」「である」「ではない」のような判断を述べる文も多く混ざっており、書き手の主観的立場が表れた、断定的な口調となっている。また、〈裁判所に提訴。〉〈目立った働きはゼロ。〉のような名詞止めの文や、〈多そう。〉〈○○したばかり。〉などの言いさした表現も見られる。本文で引用された「　」内の談話部分を見ると、「です・ます」調の丁寧な文体が多く、「よ」「ね」などの終助詞も見られ、丁寧な話し言葉のスタイルになっている。

3. 語彙――難しい語、専門用語はほとんど見られない。漢語や外来語も一般的なものが多く、難しい漢字には〈惨憺《さんたん》たる〉〈件《くだん》〉のように振り仮名をしているものもある。また、〈ワイロ〉〈ニセ〉〈デタラメ〉〈センセイ〉〈クスリ〉のように本来漢字で書かれる言葉に対して、漢字を避けたりニュアンスを付け加えたりするためにカタカナ書きした例が見られる。「　」で示される談話部分は日常の会話よりも改まった言葉で書かれており、語彙の面では記事本文の書き言葉と大きな差はない。記事によっては、本文中に〈うっかり〉〈バラバラ〉〈ややこしい〉〈のらりくらり〉などの俗語がところどころ見られるものがあり、また、〈気の毒な限りである〉〈危なっかしい〉のような感情的な表現や、〈気になるのは〉〈○○が呆れて言う〉のような筆者の主観的な見方が表れた表現も見られる。

4．その他——報道記事として新聞記事と比べた場合、新聞記事は事件の内容に焦点が当てられるが、週刊誌の記事の場合は、事件の内容という「出来事」よりも、事件に関わった「人物」に焦点を当てて書かれている。社会問題を取り上げる記事の場合にも、それに関わる人たちの談話を多く載せ、新聞の報道記事と比べて人物に注目した内容になっている。また、新聞記事がより客観的であるのに対し、週刊誌の記事は筆者の見方が表れた主観的な表現も多く見られる。

文章以外の特徴としては、総合雑誌に比べて週刊誌の場合は、報道記事の中に写真が多く挿入されている。写真には短い説明（キャプション）が添えられており、記事への興味をかき立てている。

【生活情報雑誌】

「生活情報雑誌」は、衣食住、健康など生活に関する事柄を取り上げた雑誌である。地域に密着した情報を中心としたタウン情報誌などもあるが、ここでは料理を中心とした生活情報雑誌、たとえば『ＥＳＳＥ』『オレンジページ』『レタスクラブ』などを取り上げる。これらは読者対象に女性を想定しており、語りかけるような柔らかい文体が特徴的である。また、総合雑誌や週刊誌の場合には、写真記事は巻頭やセンターなど一部にしかなかったが、生活情報雑誌はファッション雑誌と同様に写真入りカラーページの割合が非常に高い。

1．文章の構成——料理のレシピや生活用品などの紹介記事が中心となっている。家事の合間などに手軽に読めて、すぐに内容がわかる工夫としては、大きな写真やイラストがあり、見出しと文章はそれに添えるものとしてキャッチコピーのように短いことが挙げられる。

料理などの紹介記事は、テーマが大見出しで書かれ、さらにその内容をいくつかに細分し、それぞれ写真・イラストを中心に小見出しと説明文が短く添えられ、読むことよりも視覚に訴える構成になっている。たとえば、〈お夜食麺〉という大見出しに〈シンプルな具の手軽な麺。お酒のあとや一人の昼食に。ほっと心が落ち着きます。〉という簡単な説明が書かれ、その中に〈コーンみそラーメン〉など何種類かの麺料理の見出しがあり、それぞれ1行程度の簡単な説明（たとえば〈野菜は手早くシャキシャキに炒めるのがポイント〉）と、料理のレシピが載っている。

レシピは、材料が示された後、つくり方が①・②・③…のように何段階かに分けられ、順を追って書かれている。作り方の説明文は短く、「次に」などの接続語は省かれ、行うべき動作を順に並べて示している。手順や料理のポイントを写真で示している場合もあり、簡潔でわかりやすい。

2．文末表現——紹介記事の見出しや説明部分は〈適性があるんです〉のように「です・ます」調を基本とし、〈○○が肝心〉〈○○にぴったり！〉〈○○をどうぞ〉〈○○なおいしさに〉など、名詞止めや副詞や助詞で止める形を取るものが混在しており、文末に変化を持たせると同時に、全体に読者に親しげに語りかける調子になっている。「○○しましょう」「○○してみませんか」などの働きかけや、〈取り入れてみる?〉〈食べる少し前にあえるようにね〉など敬体をとらないもの、〈快適に暮らしたいですね〉〈便利なアイテムですよね〉〈すてきですよ〉のように終助詞「ね」「よ」を使って読者の共感を誘うような書きぶり見られ、読者に対して身近な存在として親しみを込めながら、丁寧な口調で語りかけるような文体になっている。

3. 語彙——難解な語や専門語はなく、日常的な語彙で書かれている。たとえば〈ホームページでこまめに情報チェックを〉〈おトクな制度がいっぱい〉のように、「こまめに」「情報チェック」「おトクな」「いっぱい」という会話でよく使われる語を使って書かれている。また、〈もし、なにか落とし物をしてしまったら〉のように、「落とし物をしたら」という客観的な表現ではなく「~してしまったら」という読者の立場に立った表現も見られる。〈おトクな〉のように漢字を避けてカタカナ表記にするものや、〈つくる〉〈たりない〉〈つぶす〉のように、ひらがな表記される語も多く、全体に漢字の割合が低くひらがなの割合が高い。料理の説明部分とレシピに多く見られるのがオノマトペ（擬音語・擬態語）である。〈さくさくとした歯触り〉〈ふっくらとした○○〉〈さっと火を通す〉〈とろとろに〉〈しんなりしたら〉など、食感や調理方法を表す際に常套的なオノマトペが使われている。

4. その他——広告とタイアップした記事や、紹介記事と同じような体裁で構成された広告のページがある。写真を中心に紹介してあるが、広告の説明文は、丁寧な「です・ます」調を基調として〈○○はいかが?〉など、通常の記事と同様に親しげな語り口調になっている。広告となる商品も含めて、身近な生活情報の提供をしている。

【ファッション雑誌】

ファッション雑誌とは、衣類、アクセサリー、靴、鞄、化粧品など、ファッションに関する事物の紹介記事を中心にしたものである。写真による情報が中心で文章による記事部分は少ない。年代別・性別で数多くの種類が出版されているが、ここでは、若い女性向けの雑誌（たとえば『non-no』『CanCam』『JJ』など）、若い男性向けの雑誌（たとえば『MEN'S NONNO』『POPEYE』『MEN'S CLUB』など）を取り上げる。

1. 文章の構成——モデルや衣類などの写真が紙面の大半を占めており、文章はその紹介として小さく添えられている程度である。文字の大きさも小さく、写真の補助的役割をしている。

2. 文末表現——生活情報雑誌も、書き手が身近な存在として親しみをこめて語りかける口調になっていたが、ファッション雑誌はさらにその傾向が強い。女性ファッション雑誌の場合は、その要因として、①敬体よりも常体を基調としている、②名詞止めや助詞などでいいさす文末が多い、③「~して」「~したい」の形で誘いかけを表す、の三点が挙げられる。

①常体を基調としている点については、たとえば〈ブラウンでかっこよくいく? それともホワイトで爽やかに決める?〉〈小顔美人になれる!〉のように会話で使われるような常体を使用することで友達に話しかけられているような感覚になる。終助詞が使われた例はそれほど多くはないが、〈デキるケータイだよ〉〈充実してるよ〉のように、常体につくことで、

親しく話しかけられている印象になる。敬体を使用した場合でも、〈めちゃくちゃ歩きやすいんです！〉〈ニクイ演出でしょ?〉のように会話的な書きぶりになっているものが見られる。

②名詞止めや助詞などで言いさす文末については、多くの文末が名詞止めになっている。名詞止めの場合は、〈○○な印象。〉〈○○に最適。〉〈○○を約束。〉のように「印象」という名詞で止めるもの、「最適（だ）」という形容動詞の語幹でとめるもの、「約束（する）」という動詞の「する」を省いたものがあるが、多くの文末がこのいずれかの名詞止めになっている。また、〈丈は短めに。〉〈奥行き感を。〉〈愛くるしく。〉〈重宝しそう。〉のように、助詞や形容詞の連用形、助動詞で言いさした形の文末もあり、終止形で言い切る文末は非常に少ない。

③誘いかけの文については、たとえば〈お店に急いで。〉〈便利テクを覚えて。〉〈楽しんで。〉〈おしゃれの幅を広げてみて。〉のように「〜して」の形で誘いかける文が目立つ。「〜してください」「〜してちょうだい」の省略形「〜して」は、会話の中で親しい人、身近な人に使う表現である。また、〈ほっそり足でいきたい。〉〈デザインを選びたい。〉のように、本来は自分の願望を表す助動詞「たい」を、誘いかけの意味として使っており、「〜して」「〜たい」という独特の表現で、読者の立場に寄り添いながら誘いかけている。〈おしゃれに差をつけちゃおう〉のように「〜しよう」という誘いかけの形もところどころに見られる。

男性ファッション雑誌の場合も、〈おすすめの一着。〉〈かなり便利。〉のように名詞止めが多く見られる。また、〈白系でまとめて。〉〈まとめたい。〉〈味わおう。〉のように、「〜して」「〜たい」「〜よう」という文末で誘いかけを表すものも見られるが、女性ファッション雑誌と比較して特徴的なのは、①断定的な文末表現が多い、②解説口調になっている、という点である。①の断定的な文末表現については、〈本命アイテムはこっから攻めろ！〉〈最旬スタイルを見よ！〉のような命令形、〈個性を主張する。〉〈進化する。〉〈トライしやすい。〉のような終止形で言い切る形、〈絶妙だ。〉〈相性も抜群だ。〉〈定番カラーなのだ。〉のような「だ」「のだ」で主張を強く表す文末が多く見られる。そのため、女性ファッション雑誌よりは名詞止めの割合は低くなっている。②の解説口調については、「〜は〜だ」という文型がところどころに見られ、女性ファッション雑誌に「誘いかけ」口調が多いのに対して、解説口調になっているように感じられる。

3．語彙——女性ファッション雑誌に見られる特徴は、①外来語（カタカナ語）とカタカナ表記の多用、②英語の使用、③若者語・流行語、④造語、⑤略語、⑥オノマトペ、⑦符号の多用、⑧流行を強く訴える言葉の使用、⑨読者サイドに立った語の使用である。

①外来語（カタカナ語）は、たとえば〈シンプルなジーンズとのコーデもフェミニンに仕上がる〉〈トレンドのキャンディカラーのバッグ〉のように、ファッション用語や形容語に外来語（カタカナ語）を使う傾向が強い。また、〈オシャレ〉〈オンナ度〉〈キレイ〉〈ニクイ〉〈バツグン〉のように漢字やひらがなで表記される語をカタカナで表記する場合も多く、全体にカタカナの割合が多い。②英語については、〈○○はNG〉

〈オンナ度ＵＰ！〉〈街へＧＯ！〉〈ＧＥＴして〉〈絶妙なＭＩＸ〉〈ＧＯＯＤ！〉など、簡単な英語を外来語としてではなく英語表記して使う例が見られる。③若者語・流行語については、〈ちょいヒッピーなフラワー柄旋風がキタ！〉〈愛され系〈さりげアレンジ〉のように、「ちょい」「～きた」「～系」「さりげ」などの若者語や流行語を取り入れて、読者世代に共感されやすい表現になっている。④造語については、たとえば〈激かわ〉〈派手かわ〉〈大人かわいい〉〈カッコかわいい〉〈キレイかわいい〉のように、「かわいい」を修飾する語を様々に替えた複合語が見られる。他にも〈小顔美人〉〈華やぎドレス〉〈透け感〉のように形容語を直接名詞に接続した複合語を生み出す工夫が見られる。造語は若者語の特徴の一つでもある。⑤略語については、〈コーデ〉（＝コーディネイト）、〈ヘビロテ〉（＝ヘビーローテーション）、〈テク〉（＝テクニック）、〈ワンピ〉（＝ワンピース）のように、短く略した語が見られる。造語同様、若者語に略語が多く見られることとも関わっている。⑥オノマトペの使用については、〈ぴったり〉〈すっきり〉のように日常会話で多用されるものや、〈ころんとした〉〈ふんわりと〉のように見た目の印象を感覚的に伝えるもの、〈胸キュン〉〈チラ見せ〉〈ぷるるん唇〉のように複合語になっているものがある。⑦符号の多用については、〈！〉〈？〉だけでなく〈☆〉〈♡〉〈♪〉などを使って楽しい印象にするものや、〈プレゼントにも◎〉〈＋《プラス》して〉のように言葉の代わりに記号で表すものがある。⑧流行を強く訴える言葉については、たとえば〈○○がおすすめ〉〈○○が鉄則〉〈○○が正解〉〈買い足すべきＡ‐Ｌｉｓｔ入り決定です〉のように、流行のファッションのあり方を強く提示する表現が見られる。⑨読者サイドに立った語については、〈一目惚れしそう〉〈重宝しそう〉〈○○に夢中〉のように、読者がそのファッションアイテムを持ったときにどうなるかを同じ立場に立って表現した語が見られる。文末表現でも見たように、読者は書き手が自分と同じ視線を持って見ているような印象を受ける。

男性ファッション雑誌の場合は、女性ファッション雑誌と同じく①外来語（カタカナ語）が多い、②若者語・流行語の使用、が大きな特徴だが、他に③固い語の使用という特徴が見られる。①外来語（カタカナ語）については、たとえば〈ポップなグリーンが目を引くタイトなカラージーンズをメリハリあるシルエットで。〉のようにファッションに関する用語は外来語が多く、また「メリハリ」のような和語もカタカナ表記する例が見られる。②若者語・流行語については、〈今ドキ感のツボ〉〈ユルめのシルエット〉〈ボリュームをもたせるのがキモだ〉〈フロント使いがよさげ〉のように「ツボ」「ユルい」「キモ」「よさげ」といった若者語・流行語をところどころに使用して、同世代の男性が語りかける調子になっている。③固い口調は、たとえば〈美しさもさることながら〉〈ゲットするべし〉のようにやや古めかしい言い方を取り入れたり、〈売り切れ必至〉〈着心地抜群〉のように漢字の熟語を適宜使ったりしており、女性ファッション雑誌よりも固い言葉遣いという印象を受ける。

4．その他――女性ファッション雑誌は、〈小顔美人になれる〉〈着こなしが決まる〉〈変身させられる〉のように、受動的、可能的な言い回しになる傾向があるが、男性ファッション雑誌は

〈春の軽快さを演出！〉〈「ロールアップ」＆「巻物」が着こなしを変える〉のように、能動的、行動的な言い回しになる傾向がある。

また、生活情報誌と同様に、掲載される広告のページが本誌の記事と同じような体裁になっており、写真を中心に見出しやキャプション程度の短い文章で構成され、広告であることを意識せずに情報の一つとして読めるようになっている。

ファッション雑誌は若者を対象にしているため、他の雑誌に比べて、文末表現や語彙の特徴に関しては時代を経て変わっていきやすい。

【インタビュー・対談・座談】

インタビュー記事は、（1）聞き手が登場せず、記事全体がインタビューで語った内容になっているもの、（2）聞き手が登場し、質問と答えの形式になっているもの、（3）話し手の会話に聞き手の解説がつくもの、という三種類がある。共通しているのは、①「～です・ます」といった丁寧な話し言葉を基調としながら、ところどころに〈困っちゃった〉〈難しいんですけど〉〈そうですよね〉のようなくだけた会話的口調が混ざり、話し手の語り口が生かされていること、②（笑）（苦笑）などの表現で、言葉以外のニュアンスを伝えていること、③会話そのままではなく、文章用に整えられていること、である。特に③については、文末表現に名詞止めや言いさしの表現が少なく、述語まで言い切る整った文末が多いことが挙げられる。また、聞き手が登場し、話し手の談話の形になっている（2）（3）のような形式の記事の場合でも、聞き手の質問はごく短く、それに対する話し手の答えが非常に長く説明的になっており、質問を整理して簡潔に示していること、話し手の答えた内容を編集してまとめていることがうかがえる。

対談や座談の記事では、聞き手と話し手の役割が分かれていないため、参加者それぞれの会話がある程度の長さで書かれており、参加者のやりとりによって話が進行している。また、インタビュー記事よりも会話の言葉を生かして文章化しており、文末表現も名詞止めや言いさしの形も多く見られ、「ね」「よね」など相手に対して念押しや確認、同意を求める働きをする終助詞の割合も多くなっている。会話中に〈ハハハ〉〈うわー〉などの感動詞も見られる。インタビュー記事と同様に〈(笑)〉などの表示もあり、場合によっては〈(挙手する)〉のように動きまで加えられている。

【ルポルタージュ】

ルポルタージュとは現地からの報告記事を指す。週刊誌などの現地取材に基づく報道記事の中にはルポルタージュに近い記事がある。今回取り上げた雑誌の中で、ルポルタージュ記事は総合雑誌と週刊誌に見られた。いずれも、①臨場感がある、②筆者の視点で描かれている、③筆者の批判と主張が表れている、という特徴がある。

①については、現地・現場で体験取材したことを基にしているため、臨場感があり、説得力がある。②については、体験した事柄を客観的な描写と言うよりは筆者の視点から描いている。たとえば〈○○弁護士は「○○」と悔しさをにじませる〉〈涙ながらに訴えた〉〈怪訝そうな顔で〉〈上品で高そう〉など、主観的な見方による表現が随所に見られる。このような描写によって、単なる出来事の報告にとどまらず生き生きした

報告になっているとも言える。週刊誌の記事にも筆者の視点が多少は表れていたが、週刊誌の場合は「～という不安の声も聞かれる」のような書き方になるのに対し、ルポルタージュ記事では「～は不安が残る」とより直接的に筆者の見方が表れている。③については、筆者の視点で描かれることによって、筆者の批判と主張が表れやすくなっている。筆者がその出来事をどう受け止めているかが、そのまま文章に表れるからである。

文章構成は、問題のきっかけとなる出来事から始めるものや、問題の出来事の中で興味を惹く事柄から始めるものなど、さまざまである。週刊誌の「潜入ルポ」のような場合は、たとえば〈顔は笑っていたが、目はマジ（のように見えた）。〉など会話的表現やうがった見方をするなど、おもしろおかしく読ませるような文章になっている。（→**語種・語彙的要因・報道文・文字・表記的要因**）

井上輝子・女性雑誌研究会（一九八九）『女性雑誌を解読する』垣内出版

具　軟和（二〇〇二）「雑誌文章の特性―若い女性向けのファッション雑誌を中心に―」『人間文化研究年報』二六号

陳　志文（二〇〇四）「週刊誌に見られる文体の類型―主成分分析法を通して―」『計量国語学』二四巻六号

飛田多喜雄・大熊五郎（一九七五）『文章論の理論と方法』明治書院

永野　賢（一九八六）『文章論総説』朝倉書店

西村良平（二〇〇一）『広報・雑誌づくりのらくらく文章術』日本エディタースクール

メイナード、泉子・K（一九九七）『談話分析の可能性』くろしお出版

安本美典・本多正久（一九八一）『因子分析法』培風館

〔**中里理子**〕

3　ラジオ・テレビのニュースの文体

【対象】

ニュースを伝える媒体であるラジオとテレビの文体特徴・表現特徴を示す。また、ラジオとテレビの隣接媒体である新聞を比較材料とする。

【ニュースを伝える三媒体】

新聞・ラジオ・テレビの三媒体の伝達手法を言語面・非言語面に大別して示すと左のようになる。

	言語面		非言語面	
	文字言語	音声言語	静止画	動画
新聞	◎		○	
ラジオ		◎		
テレビ	○	◎	○	◎

右表より、新聞とテレビは言語・非言語両面において、有効な伝達手法を持っているが、ラジオの伝達手法は唯一音声言語に限られていることがわかる。

【新聞とラジオ・テレビのニュースの比較】

1．常体と敬体――新聞記事は基本的には常体で構成される。一方、ラジオ・テレビニュースの場合は、聴取者・視聴者を意識した上での敬体使用が基本である。

2．説明性と臨場性――図表や静止画が使えるとはいえ、新聞

における主要な表現手段は文字である。したがって、ラジオ・テレビにおいては、中継やＶＴＲ映像を流すことで伝えられる臨場感を、新聞においてはことばで説明する必要がある。例えば、著名人などの会見の様子を描写する際、新聞では「元気な姿をアピールした」「笑顔を見せた」「笑いを誘った」などと、視覚的な情報やその場の様子を説明的に表現する。

3．空間的文脈と線条的文脈――空間的文脈とは、情報が空間的に配置されることによって構成される文脈である。一方、線条的文脈とは、情報が徐々に追加され、時間的に展開する文脈のことである。

新聞で扱われる一つの記事は、フォントサイズの異なる見出しと本文、場合によっては図表・写真・用語解説などで構成され、それらは一つのまとまりとしての空間的文脈を作り出す。また社会的関心の高い記事の場合は、複数の面に渡って関連記事が掲載されることもある。このように新聞の特徴は、一つの記事内や関連記事間において空間的文脈を作り出す点にあるが、一つの記事を読む際は、見出しに引き続き本文を読むことが通常であり、その点では線条的文脈を認めることができる。

一方、ラジオ・テレビニュースは、情報が時間の流れに沿って追加される線条的文脈が大きな特徴である。ただし、テレビの場合は、映し出される画面に複数の情報が配置される場合もあり、空間的文脈を見いだすこともできる。たとえば、ニュースを読み上げるアナウンサーの上半身が映し出されている際に、画面下部にはニュースの要約が、さらに、アナウンサーの背景となる部分に、取り上げるニュース内容の映像が映し出されていることもある。このように、テレビの場合は、聴覚と視覚の両面に訴えるような演出がなされ、聴覚で十分理解できなかった部分は視覚で補うことが可能となっている。（→文脈）

【ラジオニュース・テレビニュースの共通点】

1．報道姿勢と番組形態――ラジオ・テレビを問わず、アナウンサーの読み上げ原稿が中心となるニュース形態を「ストレートニュース」と呼ぶ。一方、客観的報道に加え、解説者、専門家、ジャーナリストらが、自身の主観や意見を述べる報道番組を「ニュースショー」と呼ぶ。「ストレートニュース」は、比較的短時間の番組が多く、「ニュースショー」は長時間番組が多い。

2．構成――わかりやすく正確伝えることが求められるニュースには、テレビ・ラジオ共に共通の型が認められる。それが、［リード］→［詳細］→［補足］の展開パターンであり、アナウンサーの読み上げ原稿は概ねこのパターンで構成される。なお、［リード］とは、以下に扱うニュース内容を端的に言い表したものである。以下に扱うものはラジオニュースの例である。

■事例１（ラジオニュース）

［リード］　今日午前○○市の高速道路で乗用車同士が衝突して、一台が炎上し、子どもを含む四人がけがをしました。

［詳　細］　今日午前一○時半頃、○○市△△区の××南部道路の●●インターチェンジ付近で、乗用車同士が正面衝突し、このうち一台が激しく燃えました。警察と消防によりますと子ども一人を含む四人が病院に運ばれました。けがの程度はいずれも軽いということです。

［補　足］　現場は中央分離帯のない片側一車線の一方通行の高速道路で、警察が事故の原因を調べています。

3．ニュースに盛り込まれる要素―5W1H――一つのニュースにおいては，基本的には5W1Hの要素が盛り込まれる。5W1Hとは，「When（いつ）」「Where（どこで）」「Who（だれが）」「What（なにを）」「Why（なぜ）」「How（どうやって）」の頭文字を採ったものである。先のニュース例では，いつ（今日午前），どこで（○○市の高速道路で），だれが（子どもを含む四人が），なにを（けがをした），なぜ（乗用車同士が衝突して）の五つの要素が［リード］に盛り込まれた。

そして，この［リード］部分を受け，より詳しい情報が［詳細］部分で言及されることになる。

4．常とう表現の使用――「ニュースらしさ」を特徴付ける表現として，テレビ・ラジオを問わずに頻用される表現がある。

①文頭に特徴的な表現―ここでは，［リード］に続く［詳細］部分に現れる常とう表現に注目する。［詳細］部分は，基本的には［リード］で概説した内容を詳述する部分であるため，先行文脈とそれに続く文脈との関連を示す常とう表現が頻出する。この常とう表現には，指示表現が含まれることが多い。

たとえば，先行文脈に対し，より詳細な情報や追加の情報を導く表現（「これに関して」「これに対して」「これを受けて」「その中で」），結果・結論を示す表現（「このため」「こうしたことから」「その結果」），情報源を示す表現（「これまでの調べによりますと」）などがある。情報源を示す表現については，具体的な名称・調査機関が述べられることも多い。事例1では，情報の出所を指し示すマーカー「警察と消防によりますと」により，以下で扱う情報の情報源を確定している。

②文中に特徴的な表現―事実と併せてその事実に至った原因・理由を提示するニュース報道では，複合格助詞「として」がそれを導くマーカーとして機能している。「として」が導く内容には，後件に述べられる内容の判断の根拠（「○○地方裁判所は，市民の信頼を損なった責任は重いとして，△△に懲役二年の有罪判決を言い渡しました」）や，後件に述べられる行動のきっかけ（「○○の生産農家は，消費が減って売り上げや収入に大きな打撃を受けるとして，△△の引き上げに反対しました」）などがある。

また，前件と後件を結ぶ接続助詞「が」にも，ニュースならではの使い方がみられる。前件を否定する逆接の「が」以外には，続報であることを示す「が」（「～男性の行方がわからなくなっていましたが，今朝，無事救助されました」），事態の経過を示す「が」（「警視庁と東京消防庁で川の下流を捜索していますが，これまでのところ，男性の行方はわかっていないということです。」），後件を理解する上での関連情報を示す「が」（「現在，［航空会社名］の○○空港発着便はA空港，B空港，C空港を結ぶ3路線がありますが，すべて廃止となれば，○○空港の国内路線から全面撤退する形となります。」）などがある。

③文末に特徴的な表現―放送時点で確定している過去の出来事について述べる場合，文末はタ形で終止する。事例1では，リード部分と詳細部分における事実の提示にタ形が用いられている。

また，情報源となる調査機関や発言者が主語の位置に置かれている場合は，「～を明らかにしました」「～を示しました」などがしばしば用いられ，事例1［詳細］にみられるように，情報源を導く複合助詞「～によると」が用いられている場合は、「～ということです」で文が終止する傾向にある。

一方、続報が待たれるニュースや現在もその動向が見守られるニュースの場合は、非タ形が用いられる。代表的なものとしては、「成り行きが注目されています」「慎重に調べを進めています」「となる見通しです」などがある。これらはしばしばニュースの終了部に用いられ、取り上げたニュース内容に対する注目の継続を促す。

また、客観報道を印象づけるため、文末に受身表現を用いることも多い。「～とみられています」「～といわれています」「～とされています」などがそうである。その他、「～と思われます」という文末をもってニュースが終了することがある。この文末による終止は、「現在の情報を統合して考えると『自然に』そのような解釈に至る」というニュアンスを含み、主観性を和らげる効果をもっている。

5. 当事者談話の扱い――ニュースに関わる当事者談話の引用は、談話の編集・加工の程度により大きく二種に分けられる。ここでは、当事者の声を可能な限りニュースに活かした「直接的」なものと、当事者談話を要約した上でアナウンス原稿に引用する「間接的」なものに分ける。

①直接的―一連のニュースの中に、ニュースと関連する音源・取材映像をそのまま組み込むことで、臨場感を出したものがこの報道形態である。聴取者・視聴者は、当事者の話しぶりや表情、取材現場の状況なども、情報として得ることになる。

ただし、プライバシーの問題などから、当事者談話の音声・画像を加工し、放送すること場合もある。

また、海外ニュースの場合は、翻訳した内容をあたかも当人が語っているような話しぶりで、声優・ナレーターが性差や位相を反映した吹き替えを行うことがある。さらに、テレビの場合は、吹き替えと同時に下部に翻訳テロップが出ることもあり、音声情報と視覚情報の同期がみられる。

②間接的―「間接的」に分類される手法は、元のアナウンサーの読み上げ原稿の中に、当事者の話しぶりがどの程度、反映されているかで段階性をもつ。

まず、内容に責任が伴う場合やインタビューを受けた人物や会見を行う人物の個性を活かす場合は、その話しぶりが原稿に反映される。方言が特徴的な話し手の場合や「○○節」などと評される話し方を個性とする話し手の場合も、そうした部分が活かされ報道される。

逆に話し手の個性を捨象し、その内容を簡潔に伝えることが求められる場合は、話しことば的要素は省かれる。その際は、「○○によりますと」といった情報源の提示に導かれ、当事者談話の要点がわかりやすく紹介される。

【ラジオニュース・テレビニュースの相違点】

媒体の違いによって、ニュースの報道姿勢・報道形態はどのように変わるだろうか。

1. 視覚的効果―テロップを中心に――視覚的な演出が可能なテレビの場合、「めくり」効果のあるフリップ、字幕テロップ、さらにはCG（コンピュータグラフィックス）などを用いた番組制作が可能である。いずれの手法もニュースの理解を促すための手法であるが、瞬時に消える音声言語の情報を画面上に留めて置くために用いられる手法はテロップである。

テロップには、見出しに相当するもの、アナウンスの内容を要約したもの、ニュースに取り上げられる地域名や人物名、アナウンスやインタビューを受ける者の発話の文字化やその要約などがある。事例2は火事を伝えるニュースに用いられたテロップの具体例である。

■事例2　テレビニュース

［リード］
・見出しテロップ
3件の火事相次ぐ　連続放火の疑いも

［詳細］
・要約テロップ①
午前0時半ごろ　店舗兼住宅の外にあった木材から出火

・要約テロップ②
22 m^2 焼ける

・要約テロップ③
3分後　倉庫から出火 210 m^2 全焼

・要約テロップ④
10分後　入浴施設横の空き缶が燃える

［補足］
・要約テロップ⑤
警察　約300メートルの範囲に集中
いずれも火の気なし

本事例におけるテロップでは、テンスを表さない体言止めもしくは現在形終止が用いられている。また、見出し「連続放火の疑いも」については、述部にあたる要素の省略がみられる。一方、アナウンス原稿は「今日午前0時半頃、I市K町の住宅を兼ねたリサイクルショップで家の外に置いてあった木材などから火が出ているのを経営者の男性が見つけました」（リード部分）のように、テンスの明示と敬体の使用が必須となる。

また、リード部分のアナウンス「住宅を兼ねたリサイクルショップ」はテロップでは「店舗兼住宅」と短縮化されて表記され、文字が持つ表意性に依拠した表現がなされている。このように、アナウンス原稿が、聴取されることを意識した丁寧かつわかりやすい文体ならば、テロップが作り出す文体は、文字の表意性に頼りアナウンス表現を圧縮した文体であるといえる。

2. 出演者の役割と番組構成――ニュースショーの場合、役割の異なる出演者が番組に参加する。具体的には、番組を進行する司会者、原稿を読むアナウンサー、ニュース解説を行う解説者などで構成されることが多い。

①ラジオの場合―まず、ラジオの場合、アナウンサーによるニュースの概要提示の後、解説者やリポーターが次話者として指定される。その際は、「○○についての解説です」といった内容予告や「○○大学教授の△△さんにお話をお聞きします」といった呼名により、話者の交替が聴取者に知らされる。話者交替の際のこういった予告発話は、視覚的情報によって話者交替を理解することができないラジオでは必須のものであり、解説や報告終了後には、「以上、△△さんにお聞きしました」などといった締めくくりの台詞が頻用される。

また、ニュースの概要提示に続く解説・報告の段階においては、「質問」と「解説」の連鎖が認められ、アナウンサーが解説者・記者の発話を引き出す形でやりとりが進展する。この際アナウンサーは、聴取者の聴取を意識し、聴取者にニュースの理解を促すべく、専門家や記者に対して、重要語句の解説要求を行ったり、先行発話の内容を深化させる関連質問を行う。たとえば、事例3はタスポ（成人識別ICカード）導入に関わるニュースを対話形式で伝えているものである。

■事例3　ラジオニュース

［質問］アナウンサー
　この制度ですが業界団体の自主的な取り組みで始まったということですよね。なぜ導入することになったのでしょうか。
［解説］記者
　はい。導入のきっかけには国際的な圧力の高まりもありました。
［あいづち］アナウンサー
　はい。
［解説］記者
　そのきっかけとなったのが4年前に発効されたたばこ枠組み条約です。
［解説要求］アナウンサー
　たばこ枠組み条約。
［解説］記者
　はい。この条約では自動販売機が未成年者に利用されないことや未成年者の喫煙を促進しないことを求めているんです。国内では未成年者の喫煙率は依然として高い水準にあります。
［関連質問］アナウンサー
　どのくらいなんですか？
［解説］記者
　はい。たとえば高校三年生の男子は22%。5人に一人がたばこを吸っている計算です。
［感想］アナウンサー
　はあ。ずいぶん多いんですね。
［解説］記者
　はいそうなんです。このうち8割を超える生徒が自動販売機で購入しているというデータもあります。
［まとめ］記者
　タスポの導入はたばこ業界が対策を迫られた結果といえます。
［質問］アナウンサー
　で、そのタスポなんですが、今現在どの程度普及しているのでしょうか。
［解説］記者
　はい。あまり進んでいないというのが現状なんです。

こうした対話形式によるニュースの掘り下げはラジオに顕著な形式である。また、ストレートニュースの形式では見あたらない終助詞、あいづち、感動詞の使用といった対話的な特徴が随所に確認される。さらに接続詞の縮約形の使用もみられる。

②テレビの場合―テレビの場合もラジオと同様、進行を司る司会者、ニュース概要を伝えるアナウンサー、そしてゲストで構成される。ただテレビの場合、ゲストに専門家や解説者でない芸能人や著名人が招かれることがあり、その点がラジオと異なる。

　さて、テレビにおける多くのニュースショーは、司会者によるニュース導入発話、アナウンサーによる概要提示、ＶＴＲ、スタジオでの出演者同士のやりとりといった展開を基本とする。

　まず、司会者によるニュース導入発話であるが、「続いては年金問題です」のように、扱うニュースを端的に述べるものと、「また国民の信頼が裏切られました」などのように、以降で扱うニュースへの関心を呼び起こすようなものがある。

　続くＶＴＲ部分は、先に取り上げたラジオニュースの対話部分に相当し、アナウンサーによるリードを深める機能をもつ。

　そして、ＶＴＲ放映後には、スタジオにいる者でニュースについての感想・意見の交換がなされる。この部分は即興的になされる部分であり、主観提示部として機能する。たとえば、年金記録問題についてのＶＴＲ放映後では、司会者「許しちゃいけないですよね」、アナウンサーないし取材記者「おかしな話ですよね」といった会話が交わされていた。このように、原稿に基づかない自由な発言ができるのがこの場面であるが、発話権については司会者が管理し、その点が自由会話とは異なる。司会者がアナウンサーや報道記者など局側の人物を次話者とするか、ゲストを次話者とするかの決定権を持つ。そして、その指定方法には「○○さんはどのように思いますか?」といった言語的なものと、視線や身体の向きなどで暗示的に次話者を指定する非言語的なものがある。

3. VTRの使用――テレビにおける「ニュースショー」の特徴として、フリップ、テロップ、CGの使用に加え、番組独自の取材に基づくVTRの利用がある。また、一つのニュースに挿入されるVTRには、会見VTR、取材VTR、インタビューVTRなど、様々なものがあるが、これらタイプの異なるVTRを関連づけ、視聴者にニュースの理解を促すのがナレーションである。このナレーションは番組出演者以外の者が担当することが多く、その種類は、ニュース内容に直接関係するものと、タイプの異なるVTRをつなぎ、一つのニュースに挿入されるVTRとして一貫性を与えるものに大別される。

まず、ニュース内容に関連するナレーションには、映し出されている映像と同期し、その状況や人物の説明を行うもの、インタビューや会見の模様を流した後で、それらの要点を示し解説を行うものがある。

続いて、VTRの関連づけに関わるナレーションには、「この件に関して○○氏は」や「一方、こちらの県では」のように、次に導入される映像についての予告の機能を担うもの、「~と述べている」「~と指摘した」のように、先行のインタビューや会見の映像を受けるもの、「しかし、問題は残る」や「なぜ~なのだろうか」といった問題提起発話のようなものがある。

また、VTRを多用したニュースは大きな事件や事故といった注目ニュースであることが多い為、そのナレーションは視聴者の関心を喚起させる口調でなされる。特に悲惨なニュースや社会を震撼させるようなニュースは、VTR中に流れる音楽や語りの調子・口調などに音声的工夫がなされることが多い。

4. ニュースに区切りを与える装置――一番組の中では、異なるニュースが複数扱われることになるが、ニュースとニュースの間に区切りを与える言語的・非言語的装置としては次のようなものがある。

①ラジオの場合―ラジオの場合は、長いポーズやニュースとニュースの合間に挿入される短い効果音や短い音楽が区切りになる。また、読み手が二人いる場合は、読み手が交替することで一つのニュースが完結したことを示す。「続いてはスポーツです」のような予告文を使用し、ニュースの切り替わりを明示的に示すこともある。

②テレビの場合―テレビの場合も、音楽や効果音、次ニュースの内容予告によってニュース間に区切りが与えられることになるが、視覚的情報もニュース間に区切りを与える装置として重要である。

たとえば、「ストレートニュース」の場合、既にみたようにニュースのリード部分はアナウンサーの上半身が画面に映り、ニュースの詳細部分の読み上げの際は、ニュースの理解を促進するような映像が映し出される。つまり、一つのニュースは、[アナウンサーの上半身映像]と[ニュース内容に関わる映像]の二つの映像によって成っており、パターン化したスタイル

が、各ニュースにまとまりを与えることになる。（→音声的要因・書きことばと話しことば・構成・報道文）

稲垣吉彦（一九八二）「放送文章の文体」『講座・日本語学　第八巻』明治書院
宇野隆保（一九六三）「報道の文章」『講座現代語　第五巻』明治書院
宇野義方（一九八〇）『言語生活研究　コミュニケーションの基礎的問題』明治書院
NHK総合放送文化研究所編（一九七五）『放送用語論』日本放送出版協会
大西雅雄（一九五七）『放送ことば　第二巻』東京堂
奥秋義信（一九七〇）『ニュース原稿の書き方　その理論と実際』岩崎放送出版社
金庭久美子・川村よし子（一九九九）「TVニュース構成の特徴分析とそれを支える表現」『日本語教育』一〇一号
国立国語研究所編（一九五五）『談話語の実態』国立国語研究所
柴田　実（一九九九）「放送の会話は自然談話か?」『日本語学』一八巻一一号
日本放送協会編（一九五三）『ラジオ・ニュース：書き方と編集』日本放送協会
日本放送協会編（一九八五）『NHK　アナウンス・セミナー』日本放送出版協会
藤崎春代・無藤　隆（一九九二）「テレビニュースの談話分析：ニュースのおもしろさと人格化について」『社会心理学研究』七巻一号
松岡由綺雄（一九九二）『放送文章入門　ニュースよ　日本語で語ってほしい』兼六館出版
村松賢一（二〇〇五）「ニュース番組における「おしゃべり」キャスター同士の会話は何をしているのか」（『メディアとことば　第二巻』ひつじ書房）

〔星野祐子〕

4　説明的文章の文体

【対象】

説明的文章とは、時間的に内容を展開する文学的文章に対して、論理的内容展開を行う実用的な文章一般を指す。もっと詳しく「説明」という行為の性質に沿って規定するならば、読み手にとって未知の事柄や疑問に思う事柄について、書き手が自己の知識を用いて情報を伝える文章ということができる。前者は広義に「説明的文章」と呼ばれるもので、後者のような狭義の「説明文」というジャンルは、前者の一部を構成するものである。ここでは、便宜的に前者を「説明的文章」、後者を「説明文」と呼んで区別することにする。

説明的文章では、基本的な表現態度として、主観を交えずに叙述が行われることが普通であり、特に説明文では、書き手の考え自体が表現の対象となることはなく、純粋に事実の正確な伝達のみが目的とされる。しかし、文章において書き手の姿勢が全く排除されるということは不可能であり、書き手固有の視点や思考が、多少なりとも含まれるのは当然のことである。こうした主体的立場が、文章の中でどの程度明示されるのかの度合いによって、説明的文章の内部には、かなり広いジャンルの幅が存在している。

【説明的文章のジャンル的位置づけ】

今日、文章の分類方法は研究者によって立場が異なり、ジャンル規定そのものが非常に大きな問題となっている。文章の特徴を観察するにあたっては、内容や機能、形式などに着目する方法があるが、分類の基準は、これらのいずれか、もしくは複数に渡るのが普通であり、一つの立場を認めることは難しい。

また、具体的に個々の文章を検証してみると、純粋に特定のジャンルに当てはまるという例ばかりではなく、複数のジャンルの性質を併せ持つ場合が多いのが実際である。

以下、代表的なジャンル分けの研究における説明的文章の位置づけを見てみよう。

まず、明治時代に示された五十嵐（一九〇九）による分類であるが、これは西洋の修辞法に基づいたもので、散文は、「説明文（exposition）」「記実文（description）」「叙事文（narration）」「議論文（argument）」の四つに分類されている。そして、説明文については「偏見、独断、先入等の私人的感情を交へずして、公平冷静に事理を解説」する「学問上の文、学者の文」という特性を挙げているが、これは現代の説明文（たとえば取扱説明書など）とは厳密には一致しない部分もあるといえる。

次に、日本語学における本格的な文章論研究の例として、市川（一九七八）は、文章の性質上の分類について、具体的機能（あるいは用途）である、表現の相手（理解者）と表現目的とを基準としている。そこでは文章は、大きく次の三種類、「第一類　特定の相手に向けて表現される文章（通信の文章・告知の文章・申告の文章・報告の文章・証明の文章・契約の文章）」「第二類　不特定の相手に向けて表現される文章（解説の文章・報知の文章・実録の文章・表出の文章・表明の文章・論説の文章・宣伝の文章・教戒の文章・公示の文章・課題・解答の文章・規約の文章）」「第三類　後日の相手（特定または不特定）に向けて表現される文章（記録の文章）」に分けられる。

この中で「説明文」は、第二類の「解説の文章（物事を分析的に解説・説明する文章）」に、また「説明的文章」は、第二類の「表出の文章」「宣伝の文章」「教戒の文章」を除く全ての文章と、第一類の「報告の文章」、第三類の「記録の文章」などに、おおむね該当すると考えられる。

このほかユニークな例としては、作文教育の視点による飛田・大熊（一九七五）のジャンル分けがあり、「文学的文章」「生活的・実用的文章」「科学的・論理的文章」の三分類が示されている。「説明文・解説文」は、「科学的・論理的文章」に含まれ、「説明的文章」は、広くは文学的文章以外とされるため、「科学的・論理的文章」に加えて「生活的・実用的文章」がこれにあたる。

【説明的文章に含まれる諸ジャンルの特性】

説明的文章は、できるだけ客観的立場を保ち、読み手の理解を第一の目的とする「説明文・解説文」、書き手の視点や姿勢に基づき、読み手に事柄の内容を知らせる「記録文・報告文」、書き手が対象についての評価や意見を明確に示す「論説文・評論文」などのジャンルによって構成されている。そしてこれらの各ジャンルは、帯のようにゆるやかにつながり、連続的に存在している。よって、各々は相対的な特徴を持って捉えることができ、相互の境界線を明確に引くことは難しいのが実態である。

1. 説明文・解説文――「説明文・解説文」は狭義の説明を行う典型的なタイプである。叙述対象としては、構造のはっきりした事柄や概念である、物事の性質や種類、形態、変化、作り方、使用法などが選ばれる。またこのジャンルでは、単に事柄を描写するだけでなく、それがどういう法則や理由によって起こったのか、その経過や理由を述べることが特徴である。すなわち、読み手の知りたいことに対して、「それはなぜか」ということをふまえて、解き明かしていく述べ方がなされるのである。あくまでも読み手の感情ではなく理性に訴え、書き手には、できるかぎり個性を廃して正確な情報を提供することが要求される。

「説明文」と「解説文」の違いについては、前者に比べて後者は、書き手の主観的な姿勢がある程度反映される性格を持つとされるが、実際には、両者の間に厳密な違いはない。

また大熊（一九八三）では、「説明文」を、その内容の高さによって、「専門的説明文」と「初歩的・啓蒙的説明文」とに分けており、特に「啓蒙的説明文」には、辞書的説明文、読み物的説明文、実用的説明文の3種類を認める。この分類は、説明する内容の高さと、読み手の性格による文体の変化を基にしており、「専門的説明文」は、既に予備知識を持つ読者に高いレベルの情報を提供するもの、「初歩的・啓蒙的説明文」はいわゆるこのジャンルの大部分を成すもので、まったく知識を持たない読者に基本から説明を行うものとされている。

2．報告文・記録文――「報告文・記録文」は、事実をできるだけありのままに記述する文章である。その表現対象は事件や現象、行為などで、一般的に、発端から結末に至るまでの時間的な経過に従って配列する書き方がとられる。そこで、そうした一連の展開の中で、必要な項目を落とさず、かつ読者が全体像を把握できるような内容となる。

またこのジャンルは、「説明文・解説文」に比べて、比較的書き手の個性や感覚を通して調査・観察された主観的な内容を含む傾向が強い点が特徴である。

3．論説文・評論文――「論説文・評論文」では、書き手が主題（内容）に関する意見や主張を示すことによって、読み手の理解や賛同を得ることが目的とされる。つまり、事実の報告よりも、対象に対する評価や判断を読み手に納得させ、書き手の意図に沿って行動させることが眼目なのである。その点では、事実の情報提供を主な目的とする上述のジャンルとは異なるが、説明的文章の一部として認めることができ、「意見文」や「論文」などが含まれる。

以上、広義の説明的文章に含まれる諸ジャンルの特徴を見てきた。典型的な説明の文体のみで構成される狭義の「説明文」だけでなく、たとえば、「論説文・評論文」においても、筆者の主張の論拠となる事例や理論の叙述に説明の要素は入り込んでくる。つまり、説明的文章の全てのジャンルに、典型的な説明の要素は含まれているのである。さらに、小説や物語といった文学的文章においても、登場人物の紹介、場面や言動を叙述する場合に説明が行われており、説明文の文体は、広く散文一般に認められるものといってよい。

【説明的文章の文体】

1．説明的文体と文学的文体――文章のジャンルは、「文学的文章」と「説明的文章」に二大別できることは、冒頭で述べた通りであるが、これらには、内容展開の他にどういった特徴が認められるか。樺島編（一九七九）を参考に、文学的文章と説明的文章の文体・技法をそれぞれまとめてみたい。

文学的文章：対象の中で書き手が選択した事物について、具体的に、印象に訴える方法で、解釈を加えながら叙述する。

説明的文章：対象についてできるだけ網羅的に、主観的な選択や解釈を避け、読み手の理解力に訴える形で、抽象的・体系的に叙述する。

2．説明の方法――説明文は、読み手を明確に意識して書く文章である。読み手が持つ対象に対する知識の量、関心度、理解力を鑑み、それにふさわしい方法や文体が決定されるのである。

①定義による方法―対象の性質や内容を研究・調査し、その意味や概念を限定する、つまり、言葉の言い換えなどによって、物事の意味を解き明かす方法である。具体的には、類似表現の反復や、比喩表現、象徴的な言い回し（警句・スローガン）などが用いられる。反復によって強調点を明示し、比喩によって説明内容の類推を促すのである。たとえば、「雪」の意味を「冬、空から降ってくる、細かい氷の結晶。」（『新明解国語辞典　第三版』三省堂）というように、具体的な表現を用いて解説する場合などが、この例である。

②分析による方法―対象の構成要素、形態、目的や機能、発生原因と結果、その過程などを明らかにする方法である。物事を多くの角度から順序だてて細かく解釈していくため、述べる事柄の順序は自然で、論理的でなくてはいけない。

たとえば、ある高等学校の女子の服装規定を、「（1）冬服は紺のウールのワンピースです。（2）襟と袖口は、白いコットンの素材になっています。（3）ウエストは銀色のバックルのついたベルトを締めます。（4）黒のタイツを着用します。」のように、分析の方法で説明する場合、分かりやすさの観点から、各文の順番は次のように限定される。（2）と（3）は（1）の「ワンピース」に関する詳しい説明であるため、（1）の直後に来たほうがよく、（4）は他の3文とは別の副次的内容であるので、（1）～（3）の連続の中に入れ込まずにその後に置いたほうがよい。

③分類による方法―一定の基準によって共通の特徴を持ったものをまとめていき、全体をいくつかのグループに整理することで、対象の内容を明らかにする方法である。前節で示した説明的文章の下位分類を行う方法などが、これにあたる。

④実例の提示・引用による方法―実際にあった例を示したり、他からの説明を引いたりしてくる方法である。説明内容が抽象的なものである場合、具体例を挙げることで読み手の理解が容易になる、権威ある言説・見解や他の事実を引用することで信頼性が高められる、といった効果が認められる。説明文では、統計や数字など数量的データを使って根拠を客観化する方法も多用される。

⑤比較や対照による方法―説明対象の特性を明確化するために、対比する方法である。程度差のある物事を比較することで、事柄の性格を際立たせることができる他、同類の事例を列挙することで、類推による理解を促し、説得力のある内容になるという利点がある。

⑥絵・写真・図表・地図などによる方法―複雑な機構や組織を説明する場合に、視覚に訴えるものを用いて示す方法である。また、込み入った関係を示す際に、グラフや一覧表の形式にすることで、文章の形では頭に入りにくい内容も、簡単に説

明することが可能となる。

たとえば「鼻腔」について、「顔面のほぼ中央に位置する鼻の内部、鼻孔の奥にあるほら穴のような空所であって動く部分はない」（天沼他、一九七八）という説明文だけよりも、人の顔を横から見た断面図も併せて示すほうが分かりやすい場合などがこの例である。この場合は、絵や写真なども、説明のテクストの一部と認めることができる。

3．説明文の構造――説明文では、内容のまとまりごとに分けて各々に見出しをつけ、相互関係や文章の流れを示すことで、構造が明確化されている。全体は、「始め（冒頭部）・中（展開部）・終わり（結論部）」の三部構成が多いが、特に冒頭部は、テーマの概略を示すことで全体の主眼をはっきりさせたり、問題点を疑問文で示すことで読み手の知的興味を高めたりする、といった形で独立性が高められている。

説明を行う上での展開について、まず論理構造のタイプを挙げてみよう。具体的には、「時間的順序」「空間的順序」「一般から特殊へ」「原因から結果へ」「問題解決順」「既知から未知へ」「単純から複雑へ」「重要から非重要へ」「事柄から根拠へ」「全体から部分へ」などがあるが、この他、内容を箇条書きにする「列挙」もある。こうした骨組みをもとにした説明文全体の型（構成）としては、次のようなパターンが典型的である。

①問題（テーマ）の提示→②問題（テーマ）の解説・原因や結果、解決策の提示→③内容の要約→④意見や感想

この中では②の部分が中心的な内容となるが、その内部にも細かな順序が考えられ、たとえば、何かの方法を説明する場合には、「目的→手順（方法・過程）→結果」といった構造がとられる。

4．文体の特徴的な項目――まず、語彙や表現についてだが、説明文は、読み手の理解能力に応じて、丁寧で分かりやすく叙述されるという特徴がある。そのため、用いる語句は、読み手のレベルに適切なものが選択される。また、説明内容を正確に伝達するため、心理や感情を表すような曖昧な推量的表現は用いず、意味が狭く限定されるような語句が用いられる。

文の構造については、一文の長さはあまり長くならないようにといった、冗漫さが避けられる傾向が強い。また構文は簡明にし、主語と述語の関係がはっきりしていることも大切である。不要な修辞句で文章を飾らないようにし、倒置法などの詩的修辞法は用いられない。

文末表現については、常体（ダ）・敬体（デス・マス）のいずれもが用いられるが、これは説明内容や読み手によって使い分けられる。また基本的には非タ形が中心で、疑問形や命令形（～てください、～しましょう）なども多い。さらに、「円や四角、ペアシェイプ形に配したパヴェダイヤモンドの中心に、ほとんど爪が目立たないようにセッティングされたひと粒石が輝く『アバ』。」（「Precious」二〇一〇年一月号、小学館）といった女性雑誌のジュエリー解説に見られるような体言止めなど、読み手に近づく文体に特有の現象もある。

次に、文と文とのつながりを示す接続、反復、指示などの表現についてみておきたい。

説明的文章のような論理的展開を行う場合は、特に、接続表現の使用が正確で、文と文との関係が適切であることが必要と

される。また、内容を簡潔にするために、補助的な機能の接続詞を省略してひきしまった文体にすることが多いが、逆に、接続詞を多く用いることで、論理的な文体を作り出すこともある。

反復表現については、説明的文章の文体では、読み手の理解を促すために類義の内容の言いかえが多出し、これらが読解の手がかりとなることが多く、頻出する反復語句を中心に要旨をまとめることができる。これは、文学的文章では、こうした作業によってその作品の主題をつかむことはできないことと対照的である。

また、説明的文章では、文脈指示のコ・ソが多く、これらは文章中の特定の語句や文の内容を指示し、文章のまとまりを生む働きを持つ。この他、「前者」「次に」といった表現も指示表現としてしばしば用いられる。説明的文章では、こうした指示表現を適切に用いることで、説明内容を明快にし、筋の通った文脈を生みだすよう、注意が払われている。

【いろいろな説明的文章の文体】

説明的文章の対象は広くあらゆる分野にわたるが、その対象の性質ごとに説明の方法は違ってくる。加えて、読み手によって述べ方を工夫し、年少者や初歩的な読者には、事柄を列挙する比較的単純な方法を、専門家には論証的な展開をとるといった使い分けも必要とされる。もちろん、一つの説明の中に複数の述べ方を組み合わせて使うことで、効果が上がる場合もある。以下、いろいろな説明文の具体的な文体をみていきたい。

①出来事を説明する文章―これは、前述の説明的文章の中の報告文・記録文に相当する文章である。ニュース記事など報道の文章では、5W1H（誰が、いつ、どこで、何を、なぜ、どのように、どうした）が必要とされ、時間的順序や空間的順序で述べるといった文体的特徴が見られる。また、出来事の経過や過程を説明する場合は、進行段階が連続的に分かりやすく提示される。

②やり方を説明する文章―これは、前述の説明的文章の中の説明文・解説文に相当する。操作方法や使用法など、いろいろなやり方を説明する文章としては、IT機器・家電の操作のマニュアルや、薬品や化粧品などの使用説明書などがあるが、これらは典型的な説明文のタイプである。こうした文章では、説明対象自体の性質や機構に関する説明も含まれ、その部分では、図解による説明や定義的な説明が行われる。

さて、やり方の説明では、まず第一に読み手の目的が考えられ、内容を整理して必要な情報だけを選びだし、適切な配列が行われる。筋の通った内容とする一方、適宜、繰り返しによって理解を促すことも多い。以下、具体例として、電子辞書の取扱説明書を見てみよう。

まず、「ご購入後、はじめてご使用になるときは」と題目が掲げられ、説明の目的が提示される。そしてすぐ下に、「ご購入後、本機を使用する前に、下記の手順に従って、同梱されているアルカリ単4電池2本を入れてください。」と説明内容の概略が書かれている。このように冒頭に重要な内容を先行させ、以下は、操作手順を誤りなく伝えるような番号つきの説明が続く。「1．電池ブタを、2ヶ所の㊂部分を押しながら矢印の方向へスライドさせて、取り外します。」という説明文の右隣には、電子辞書本体の裏部の絵があり、読み手が知りたいことをすぐに見つけられるようレイアウトが工夫されている。次の「2．乾電池2本をいれ、電池ブタを取り付けます。」という指示の下には、やや小さめの字体で「電池の極性（＋－）を間違えないように正しく入れてください。（後略）」（CASIO EX–word XD–V4000 取扱説明書）と危険を喚起する注意の呼びかけが添えられている。このように、予想される読み手の予備知識の程度にあわせ、必要に応じてより細かな説明が加えられているのがこの文章の特色である。

③作り方を説明する文章―これも、②と同様に、説明文・解説文に相当する。このジャンルの典型例として料理の作り方の説明があるが、ここでは、材料や道具、手順、出来上がりの結果など、様々な項目が立てられている。このように、時間的な展開ではなく、空間的に配置される非線条的文脈（市川、一九七八）を構成することで、読み手は自分に必要な情報から先に獲得していくことが可能となる。以下、料理のレシピの文章を具体例として見てみよう。

まず、題目として「玄米キムチチャーハン」と掲げ、そのすぐ後に「415 kcal（1人分）」という熱量と、このレシピの特徴「ねぎの香り成分がビタミンB1の働きを助けてスタミナを持続させ、（後略）」が添えられている。次に「材料（4人分）」という見出しに続いて「玄米ご飯800 g、サラダ油大さじ3、キムチ250 g、（後略）」と示されている。次の「作り方」は手順ごとに番号が付され、「①キムチととり肉は1 cm 幅に切る。大豆もやしは長ければ半分に切る。②万能ねぎは1 cm 長さに切る。（後略）」のように各項目はできるだけ簡潔にまとめてあり、番号ごとに少しずつ間をあけるといったレイアウトの工夫も見られる。また最後に、「玄米ご飯は市販されているレトルトを温めて使うと手軽で便利です。」というアドバイスが添えられている。（日本私立学校振興・共済事業団、一九九九）。

このタイプの文章では上記のような箇条書きを用いた構造が典型的である。文は主語と述語に最低限の具体的な修飾句（1 cm 幅、半分など）が添えられる短文で、文末は単一に「ル形（デスマス形）」という簡潔な文体である。また、想定される読み手の性質（この場合は、より手軽に料理を楽しみたい人や、健康に気を遣う人）が考慮されている点も特徴である。

④物事を説明する文章―これは、前述の説明的文章の中の解説文、また論説文や評論文の要素も多分に含まれる文章である。物事を人に知らせたり分からせたりするタイプで、種類や形状、性質、機能、価値、歴史など多岐にわたる事柄が含まれる。具体的には、辞典・事典・図鑑、テキストや教科書の文章、設備の構造や仕組みの説明（製品の特色、会社や学校の案内など）などが含まれる。こうした多岐にわたる内容を扱うため、具体的な説明の方法も様々である。

たとえば、『更級日記』という作品について説明するとすれば、その内容は作者、成立、内容など、様々な項目にわたる。作者については、その生涯を調査して、推論し記述するといった分析的な叙述となり、内容については、同じ時代の女流文学の物語や日記と比較する方法を採ることができる。

（→引用法・記録・説明的文章・説明文・描写文・報告・報道文）

天沼　寧他（一九七八）『日本語音声学』くろしお出版
五十嵐力（一九〇九）『新文章講話』早稲田大学出版部
市川　孝（一九七八）『国語教育のための文章論概説』教育出版

尾川正二（一九九五）『文章のかたちとこころ』ちくま学芸文庫
大熊五郎（一九八三）「説明文」『国文学昭和48年9月増刊号〈新・文章作法入門〉』学燈社
小田迪夫（一九九三）「説明の機能—国語科でどう学ばせるか—」『表現研究』五八号
樺島忠夫編（一九七九）『文章作法事典』東京堂出版
木下是雄（一九八一）『理科系の作文技術』中公新書
阪倉篤義（一九六三）「文章の機能と目的」（『講座現代語　第五巻』明治書院）
佐久間まゆみ（一九九五）「基本的な文章」『国文学　文章のルールブック』四〇号二巻
高森邦明（一九九八）『文章表現法—書き方と書かせ方』高文堂出版
永田友市（一九九二）『文章表現の教え方』右文書院
中村　明（二〇〇七）『日本語の文体・レトリック辞典』東京堂出版
日本私立学校振興・共済事業団（一九九九）『美味しく健康をつくる本—効能・栄養再発見』
速水博司（一九七六）「説明文の書き方」林　大他編『現代作文講座　第四巻』明治書院
飛田多喜雄・大熊五郎（一九七五）『文章表現の理論と方法』明治図書
飛田良文編（二〇〇七）『日本語学研究辞典』明治書院
平井昌夫（二〇〇三）『何でもわかる文章の書き方百科』三省堂

〔立川和美〕

5　評論的文章の文体

【対象】

一般的・日常的文章や、芸術性が求められる文学的な文章とは異なり、論理的文章は、明確で理路整然とした論理の筋道を立て、正確に記述された現象について、合理的な論証を根拠に、著者の主張が展開されるタイプの文章である。

評論はその内容と文体的特徴によって、学術的論文、社会評論、啓蒙的評論、文芸的評論、文芸評論などに分けることができる。

評論は、一言で言えば論理的な文章ということになるが、論理的であるためには、現象を正確に把握・認識する論理学（ロジック）的側面と、それを的確に表現する修辞学（レトリック）的側面の両面が充足される必要がある。

【評論の論理学的側面】

評論は著者の主張を展開する文である以上、必ず著者による主張があり、それは主題とも呼ばれる。主題が読者に十分な説得性をもって受け入れられるようにするためには、筆者の主張の羅列ではなく、主張を支える根拠となる事実が必要であり、それらをわかりやすく並べていくことが求められる。すなわち、事実と主張の順序・構成を整え、文章全体の論理の流れと展開を明確にすることが必要となる。

評論は、主張と論証過程・論理展開に支えられるが、書き手の立場からは、主張はトピック・センテンスと言われることがあり、論証過程・論理展開はアウトラインと呼ばれることもある。

評論における主張・主題で最も重要な点は、独創的であることと、斬新な発想であることである。これまでに誰にも主張されていない新たな知見でなければ、論じられる意味がない。その上で、その新たな主張・主題が説得的であることが求められ、そのためには、具体的な事実を根拠とし、根拠からの論証過程が明確で、論理展開が客観的であることが必要である。

このように、評論には独創的な主張（発想法）、明確で客観的な論理展開（構成法）とその記述（叙述法）が求められる。

著者の主張をより説得的なものとするために、評論文では、著者の主張とそれを裏付ける根拠だけではなく、読者の関心を呼び起こすための問題提起や、過去の解釈や一般的な理解を紹介する前提的な記述も必要になる。さらには、著者がその問題をどのような観点からとらえようとしていくかということを述べるメタ評論としての記述も必要となる場合がある。

著者の主張を展開する評論の文体は、一見、独話的であるととらえられるかもしれないが、実際には会話的な要素が多い。読者に対して疑問を提示する形で問題提起をしたり、読者から指摘される可能性の高い反論・反例をあえて取り上げたりすることなどがしばしば行われるのがその例である。読者に論の流れと展開を明確に示すためには、読者をその中に引き込むことが必要であり、そのために、読み手とともに論理を組み立てていくような姿勢を見せることが有効だからである。

【評論の修辞的側面】

読者の心情に訴えかける文学的文章とは異なり、評論的文章は、読者の知的理解に訴えかけ、論理的に説得する文章である。そのために著者の主張が客観的に展開する評論においては、文章は明快で複数の読みを許さないこと、明確であいまいでなく断定的であること、簡潔で無駄がなく、もってまわった言い方が避けられるなどの特徴がある。

著者が根拠と主張を結びつける際には、いくつかの基本的なテクニックがある。もっとも一般的なのは演繹法と帰納法と呼ばれる推論である。演繹法とは、事実と規則から結論を導く推論で、もっとも説得的な論理展開である。帰納法とは、個々の具体的な事実から一般的な法則を導くことである。

そのほかにもアブダクション（与えられたデータを説明する最良の結論を主張する）、仮説演繹法（仮説から成り立つと予測される事態が成立することから、結論の妥当性を主張する）、アナロジー（類似の事態の存在から結論の妥当性を主張する）などの論証方法もある。

より日常的な評論では、著者の主張を理解しやすくするために、別のより具体的な話をたとえとして示す比喩法や、さまざまな具体例を多く示したり、あるいは一つの例について細かく掘り下げるなど、例を多用する例示法などもある。

こうした修辞技法を内容的に見れば、論拠から主張へ、個別・特殊から普遍・一般へ、具体から抽象へ、事実から意見へ、原因から結果へ、既知から未知へ（そして、これらの逆）という構成および叙述であるととらえることもできる。

文体の面で評論を文芸的文章と比較すると、小説よりも随筆に近いといえる。評論も随筆同様、視点・語り手は一人称（書き手）にあるが、客観的・科学的な評論になるほど、書き手は文章に出現せず、間接的に描かれるのが一般的である。評論は読者が一定の理解に至ることを目的とするため，文字や語彙の使用には個性を出さず，当該分野での一般的な表記に従う。文章はいわゆる標準語で書かれる。一文は完成したものであり，言い差しや不必要な省略は行われないといった共通点もある。

【学術的論文】

学術的論文とは，ある問題に対する解答を提示することを目的とし，科学的な手法と論理展開に沿って主張（解答）が展開されるタイプの評論的文章である。主張・主題の観点からは，独自性・斬新性がもっとも重要であり，構成・記述の観点では，さまざまな評論的文章の中でも最も主観性が低く，客観的であることが強く求められる。

1．画一的形式――一般に科学は，人文科学，自然科学，社会科学に大別されるが，それぞれの分野における学術的論文のありかたは，個々の表現のレベルでは分野ごとに様々に異なる。ある分野の学術的論文は多くが類似の表現形式や論理構成を取る場合が多いが，それはそうした論文の著者が，当該分野の学問的知識や科学的・学術的な思考方法を，読むことを通して，すなわち，受信者として学び，獲得した後に，次には自らが発信者となって，新たな論文を生産し表現していくからである。それとともに，学術的論文は，一つの表現が複数の解釈を生むような曖昧性を拒む必要がある。そのためにも型にはまった表現，論理展開が繰り返されることになる。

学術的論文は一般に，タイトル，要旨，論文本体，注（脚注の場合もある）・引用文献がこの順で提示される。要旨は論文の末尾または別ページに掲載されることもある。タイトルにはサブタイトル（副題）が付くこともある。

論文本体は，「序論（はじめに）」「本論（本文）」「結論（おわりに・まとめ・結び）」から構成され，「はじめに」では問題提起がなされ，「本文」の冒頭部分では，先行する研究の紹介・批判が盛り込まれる。その後，著者による具体的な問題の設定がなされた後に，データ・資料に基づいた論証が行われ，結論（解答）へと進む。このように重層的な構成をとることが学術的論文の特徴である。

学術的論文とは，現にある問題点を解決するタイプの文章であるが，一つの問題解決が新たな問題を生み出すということもよく見られることである。そのため学術的論文の最後には，新たに生じた次なる課題や残された問題点などが指摘されることもある。

論文末尾には注や引用文献，参考文献が一定の規則に従って記載される。最後に補遺や謝辞が付されることもある。

学術的論文にはデータを示す数値や図表などが含まれることも多く，データや資料については，収集方法も含めた詳細な解説が必要である。

学術的論文は常体（普通体）のうち，「だ体」ではなく「である体」で書かれるのが一般的である。丁寧体で書かれることはない。

2．特殊な語彙・定型表現――学術的論文は読み手もその分野に関わる人々であり，限定されている。従って，その表現や構成などは一般的な評論と異なる場合も多い。語彙にも専門的な術語が多く現れてくる点で，他の文章とは大きく異なる。また，問題提起や引用の仕方も，各分野によって定型的に方法が決まっている。

学術論文では、比喩や慣用句などもあまり使われない。このような間接的な語句・表現ではなく、直接的で簡潔な語句・表現が求められる。

3．論理の展開――学術的論文においては、独創的な主張・結論が最も重要であるため、文章表現の面で言えば、その主張・結論を、文章全体のどこに位置させるかということが、大きな問題となる。日常的な文章では、具体的な話がまず述べられ、そこから様々な事実が展開し、結論に収束することが多いが、学術的論文では、冒頭部に主張・結論が置かれることも多く、冒頭部の役割が重要である。その主張・結論は、直接に述べられることもあれば、まずは疑問の形で話題を提供し、その結論を暗示する形で、論が展開する場合もある。

4．学術的論文の教育的指導――論理の展開を客観的に学べるよう理論化されることが多いのも学術的論文の特徴である。英語教育ではアカデミック・ライティングと呼ばれるが、パラグラフ・ライティングやパワー・ライティングなどの具体的な方法論が実用化されている。

パラグラフは「段落」と訳されることもあるが、パラグラフ・ライティングとは、一つのパラグラフでは一つの中心文（トピック・センテンス）だけを扱うというテクニックである。一つのパラグラフは原則として、中心文が冒頭に置かれ、その後に他の情報が、既出情報から新出情報の順に並べられて構成される。そのように、情報を簡潔に整理して提示していくことによって、わかりやすい文章を構成していく手法である。

パワー・ライティング（power writing）はアメリカで開発された文章作成法である。言葉の抽象度を数字によって段階づけ（「パワー1」が最も抽象度が高く、「パワー4」が最も低い。読者を話題に引き込む前置きは「パワー0」とされる）、数字によって文章全体の構成を練り、それに基づいて文章を書いていくという指導方法である。

また、書くこと自体のテクニックではないが、構想を練るための方法論としてマップ（map）がある。これは、中心的な内容語から次々と語を連想させていき、それらを線で結ぶことによって地図のように紙に表記し、そうして完成したマップから、文章の内容と構成を検討するというものである。

【社会評論】

社会評論は、新聞や雑誌などの公共のメディアを通じて、広く一般社会に向けて書かれるもので、読み手の範囲の一般性という点では、学術的論文と異なる。しかし、著者によって主張される結論が、独創的で斬新であることが求められる点は、社会評論でも同じであり、学術論文以上に、読者に訴える力が求められる。

1．主題・課題――社会評論には、一般社会に通底する既存の常識を覆すような新たな知見を示すことを主題・課題とするものもあれば、事象事態が新たなものである場合、それを広く示し、それに対する背景や原因、遡及する事態についてなど、社会における当該事態の新たなとらえ方を叙述するものもある。主題・課題の独自性は非常に重要である。

話題の面では、発表される時点での対象・現象を時宜にふさわしく取り上げることが求められる。そのため、時間の経過とともに、理解するために必要な情報が増えていき、読み手には負担となる面もある。

社会評論の話題は多様であり、文芸（後述）・映画・美術・音楽・建築といった芸術分野を対象とするもの、政治・経済・株式などの社会生活を対象とするものの他、多数の読者が見込める特定の分野（野球・競馬・軍事など）についての評論も一定数、見受けられる。

2．表現・修辞――社会評論は、内容的な非日常性に関しては学術的論文に近く、論理性が高く求められるが、表現の面では、より一般向けであることが意識され、語彙の選定においても論の展開においても、読み手に配慮がなされる。書きことばでありながら、会話的な展開を装うことも多く、読者に問いかける形で主張を述べたり、論を展開したりする修辞的疑問文も頻出する。読み手を意識し、文章内に登場させることと比例して、書き手も文章内に現れやすく、その点では主観性が高い。

文体は、普通体のみならず丁寧体も出現する。文体や表現の面では、新聞か雑誌かといったメディアの性質、さらにそのメディアの読者の様々な属性により、特徴が異なる。

3．論証過程――社会評論では実社会の事実と一般的な現象や主張が出現し、文末のテンス形式によって表現が区別される。論証の根拠となる事態には具体性の高い、明快なものが多く示され、それによって、論証の明確性と客観性を保証する。社会評論では、具体的な事実から結論へと進み、最後に結論を述べる尾括型（前提・解説・解説・主題）が多く見受けられるが、頭括型（主題・解説・補説）、中括型（前提・主題・解説）や、双括型（個別的主題・解説・一般的主題、一般的主題・解説・個別的主題）なども見られる。

【啓蒙的評論】

日常の生活経験について豊かに叙述しながら、順を追って思考を展開していくタイプの評論は啓蒙的評論と呼ばれる。学校教育の現場では説明文と呼ばれることもある。

1．主題――啓蒙的評論は、物事それ自体のあり方、あるいはその見方・とらえ方を表現する文章である。科学的な事実が対象となることもあるが、言語そのものを対象としたもの、さらには社会・文化を取り上げたもの、自己意識・他者意識・人間の成長といった人間存在そのものに関わるものもある。いずれも内容としての新たな主張や考え方が展開されると共に、読み手に対して何らかの行動指針となるような提言がなされることも多い。

また一つの評論の中でなされる主張は一つに限定されるわけではなく、著者の多様な主張が展開されることもあり、その点では随筆的文章に近づく面もある。

2．表現・修辞――啓蒙的評論は、学術的論文や社会評論に比べ、客観性が劣るとは必ずしも言えないが、主観的な要素が増えることは指摘できるだろう。具体的でわかりやすい事例、著者の個人的な経験を取り上げ、受け手である読者の心情に訴える表現や書き手の直接的な感情や評価が現れることも多い。読者に直接呼びかけるといった話しことば的・対話的な表現も出現する。

文体は、普通体のみならず丁寧体も出現する。

3．論証過程――啓蒙的評論では、日常的な生活の中での具体的な経験をふまえた事例を盛り込み、読者を一定の主題へと導く尾括型が多く見られる。

【文芸評論・文芸的評論】

文芸すなわち文学を対象とした評論を文芸評論という。文芸批評ともよばれる。文芸評論の対象は作品そのものである（作品論）こともあれば、作家論、文学史、文芸時評であることもあり、多様である。評論の手法も様々であり、学術的論文であるものから、随筆的文章に重なるものまで、幅広く存在する。

評論が小説などの文学的文章と異なる点は、後者には高い芸術性が求められる点であるが、しかし、評論の中にも芸術的側面の強いタイプの評論があり、文芸的評論と呼ばれる。文芸的評論においては、主張の独自性や論理展開の客観性とともに、そこに用いられている文章表現、語彙や表現技法そのものが、文学作品同様の価値を持つものと認識される。評論文学と言われることもある。

そうした文芸的評論・評論文学の創始者とも言われるのは小林秀雄であり、小林の評論は、思考性・叙述性・情動性を併せ持ち、現代のさまざまな知的文章に大きな影響を与えた。それとともに、小林の評論自体が、評論の対象ともなっているほどに、その評論の芸術的な価値は高い。

小林の対象は文学作品を中心に、絵画、音楽、歴史に及ぶ。

小林自身は、自らの文章作成法に関して、「文章について」（一九四〇年）という文章を記し、自己のさまざまな体験をつづっているが、その中でも注目されるのは、言葉に対する姿勢である。「それぞれの文の調子とか言ひ廻しとかにいろいろ工夫を凝らした」と述べる小林は、評論の核心とも言える思考よりも、むしろ言葉を重視する発言もしている。画家が「色を塗つて行くうちに自分の考へが次第にはつきりした形を取つて行くのである。言葉を代へれば、彼は考へを色にするのではなく、色によつて考へるのである。文学者に於ける言葉も亦画家に於ける色のようなものでなければならない」と述べ、思考と言語の関係を逆転させる発想を持っていたことがわかる。小林の文章は困難であるとの定評もあるが、その魅力は「ことばの流れが、思考の動きそのもののリズムを体現している」（佐藤信夫）、「思考運動文体」（秋山駿）と言われるように、読者はその独特のリズムや語りに引き込まれていく形で、小林の思考と主張に説得されていくのであろう。（→書きことばと話しことば・修辞疑問・文章構成の型・論説文）

秋山　駿（一九六九）「小林秀雄と文体」『国文学』一四巻一五号
小林秀雄（一九四〇）「現代文章論（1）」『現代文章講座　第一巻』三笠書房（『小林秀雄全集　第七巻』、新潮社（一九六八）所収）
佐久間まゆみ編（一九八九）『文章構造と要約文の諸相』くろしお出版
佐藤信夫（一九八六）『言述のすがた』青土社
佐渡島紗織・吉野亜矢子（二〇〇八）『これから研究を書く人のためのガイドブック』ひつじ書房
土部　弘編（一九九〇）『表現学大系各論篇二七巻　評論・論説の表現』教育出版センター
土部　弘（一九七四）『文章表現の機構』くろしお出版
戸田山和久（二〇〇二）『論文の教室　レポートから卒論まで』NHKブックス

〔前田直子〕

6 文芸的文章の文体

【対象】 文芸的文章の中で、小説の文体を中心とし、いくつかの角度からその特徴を述べていく。

【随筆の文体と比較した小説の文体】

小説の文体は、常に旧式を破り、新しいスタイルを試みる運動体である。かつ非常に幅があり、極端に言えばあらゆるジャンルの文体を、引用や場面の再現として、あるいは間テクスト的に貪欲に取り込むものである。ゆえに随筆の文体とも連続的で、境を設けにくい。また随筆文体も多岐にわたり、書き手の個性を反映する。しかし仮に、連続体の両極端に、「典型的な小説文体」「典型的な随筆文体」を仮設してみると、両文体の差異的特徴として以下の点が指摘できる。

1．視点――随筆は三人称全知視点を採用しにくい

2．対象との距離――特に写生文的な随筆において、対象と一定の距離を保ち続け、外面描写を採用し、内面に踏み込んだり、同化したりしない。

3．文末のテンス――小説文体においてはどちらかといえば過去形が採用されやすいが、随筆は書き手の判断などを表す非過去形も入り混じる。

4．固有名詞・人称代名詞の用法――随筆では筆者名と本文中の「私」はイコールだが、小説では、たとえ「私小説」であってもイコールではなく、「彼」などの三人称と「私」とは同等の登場人物である。また、小説において登場人物の名前は、作家や作品にとって何らかの意味をこめて選ばれることが多い。随筆にはこのような選択の余地はない。随筆中では固有名詞を有効な情報や知識、また内容に対する信頼性の手がかりとして使用する。

5．語り手の存在――随筆においては作者ではない語り手を設定しにくい。

6．構造――随筆は、長編小説のような言語量はないため、冒頭と結尾が明確な単純な構造がとりやすい。小説はむしろすぐに読者を出来事にひきずりこみ、また余韻をもって終わらせるため、冒頭や結尾が明確でないことが多い。

7．内的思考の伝達方法――随筆は、作者や話題の人物の主観をそのまま説明的に言語形式に反映できる。小説では登場人物の描写として提示し、会話や日記や書簡などの手段で、間接的に読者に悟らせねばならない。また、「と思う」等の引用形式無しで、登場人物の思考内容や視点がそのまま地の文に入りこむ「自由間接話法」も使用される。

8．出来事の伝達方法――随筆は作者の経験や感じ方・考え方がそのまま提示されれば目的は達せられる。小説は、登場人物の経験や感じ方・考え方を、変化の時間軸や、因果の解き明かしとして整えなおす必要があり、また小説世界の出来事や結果の必然性を、説得力があるようないくつかの仕掛けを通じて証明する必要がある。

9．読み手の参画――読み手の視線が作り上げる部分が多いのが小説。随筆は読み手にとって受身でよい。小説において、読み手は常に小説世界や登場人物に同化の余地を探ろうとする。すなわち文学的経験をしたいという欲求を持ち、しかもそれを自分の力で成し遂げたいと思っている。最終的に小説の言葉か

ら作品の文体を見出すのは読者である。

【小説の文体を形成する諸要素】

小説というジャンルの中だけでの文体の追究は、微細な差異や、印象というとりとめない主観から出発するため、限りなく個別の特徴、そしてその集合である無限の多様性の中に拡散してしまう。加えて、一つの小説の文体は単一のものではなく、いくつもの要素が複合的に連動して形成され、また変化している。そして、一人の作家の中でも文体は年代やジャンルなどによって変化する。たとえば、若い頃の方が修辞的技巧を凝らし、比喩などの量・質、ともに豊富である、という場合も少なくない。以上のような困難さを踏まえた上で、それらをあえて引き離して、それぞれの言語形式の様相としてみてみる。

1．構造・構成

①ストーリーとプロット―詩や短歌は要約することが出来ないが、小説はメタ言語としてそれ自身を量的に縮め、骨格のみを示すことができる。ストーリーは小説中の出来事の時間的展開、あるいは冒頭から結尾までの線条的展開として捉えた要約であり、それが構造を示しているものである。プロットは、小説中の出来事を、因果や〈問題―解決〉等の論理的関係で処理した要約で、それが構成を示している。たとえば「杜子春」（芥川龍之介）は、「〈貧しい杜子春が老人に会う→言うとおりにして望みどおりになる〉これが三度反復され、三度目に禁を破る→望みはかなえられなかったが、禁を破ったことが良い結果となる。」がストーリーとなり、「仙人が未熟な者に援助と試練を与える―未熟な者は成長して、真に援助に価する者となる」がプロットとなる。

②物語構造―欧米の民話研究の観点で、〈悪事―計略―処罰〉〈欠乏―欠乏の解消〉のように、多くの民話に見られる共通の要素を組み合わせて、小説の輪郭を見出すこともできる。「杜子春」の話は、〈欠乏―（仮の）解消―欠乏―（仮の）解消―欠乏―目的地への移動―難題・禁止―違反―（真の）解消〉のように表すことができよう。

2．表記

①文字―日本語の文字体系は漢字・ひらがな・カタカナ・ローマ字の4体系である。また、漢字の字体の選択も、常用漢字以外の用字選択も、文体の個性を作り上げるものとして利用される。漢字は表意的表語的文字で、視覚に訴え、一目で意味が把握できる。平仮名は柔らかく易しい印象を与えるが、漢字で書くよりもスペースをとり、書かれた文章が白っぽくなる。片仮名は外来語に用いられ、鋭角的で目立つ。ローマ字は略語やイニシャルに使用される。このような基本的な使用域を超えて使われる場合、そこに文体的個性が生ずる。たとえば、ふつう平仮名で書く語を「此の」「如く」とすると、古めかしい、あるいは正式志向の印象を与える。「コワい」「ビンボー」は漢字で書くより軽い、からかいの印象が出てくる。同じ擬態語でもひらがなで「くるくる」とするのと片仮名「クルクル」とするのでは微妙なニュアンスの差がある。量的にも標準的な使用率（あまり資料がないが、たとえば新聞の一九七一年調査で延べ字数％が漢字四六・一、平仮名三五・三、片仮名六・一、ローマ字〇・四など）から著しく増減がある場合、やはり堅苦しさや古めかしさ、などの文体印象に違いが生ずる。北杜夫や安岡章太郎などは片仮名使用に文体特色が見出せる。

②表記記号―読点やダッシュ、あるいは会話の直接引用の符号、また強調などのために語句を「」や〈〉で括る、など様々の符号を駆使している。「駆込み訴え」で太宰治は読点を頻繁にうち、息せき切ったようなリズムを作り上げている。小川国夫は会話文に「」を使用せず、――（ダッシュ）に続けて記す形で連ねていき、肉声が感じられないものとなっている。

3. 語彙

①漢語・和語・外来語―漢語は音読みの漢字で構成される語で、専門語や抽象語が多く、また名詞が非常に多い。和語は本来の大和ことばで、日常語で意味のカバーする範囲が広い。外来語は、英語を中心とする欧米からの借用が多く、和製外来語も多い。外来語の新語・流行語はその時々の時代の気分を映し、斬新でおしゃれな感じが出る。この三種類の質と量が、文体形成に与る。抽象的概念を表す漢語が日常的な文脈に取り入れられる違和感を利用することも多い。また、外国語そのものとして、縦書きの中に横書きの語句や文を入れ込むことがある。「Pity's akin to love《ピチーズ アキン ツー ラッブ》」（夏目漱石「三四郎」）、「常に自分より大きい、強い物の迫害を避けなくてはゐられぬ蟲は、mimicry《ミミクリイ》を持ってゐる。」（森鷗外「雁」）、最近のものでは「The die is cast. だが、この文章をじっと見つめていると、投げられたのは賽ではなく、死であったかのように思えてくる。」（沢木耕太郎「深夜特急第一便」）。辻仁成・江國香織「冷静と情熱のあいだ」では章題や会話がイタリア語や英語で記されていたり、日本語表記に外国語が振仮名のように添えられていたりする。また、略語のほか、外国語の固有名詞もそのままアルファベットで綴って取り入れることが増えてきた。

②キーワード・色彩語・品詞―キーワードや色彩語、品詞の出現の様相も文体に関係してくる。計量言語学において、ある作品について自立語の使用頻度の高いものから、どの文章にも高頻度で使用される基礎語彙的なものを除去したあとに残る語をキーワード的なものとする。たとえば、「蜜柑」（芥川龍之介）では〈小娘・汽車・窓・トンネル〉、「刺青」（谷崎潤一郎）では〈娘・女・清吉・顔・刺青・男・絵〉などという結果になる。色彩語では一〇〇小説作品の調査で、全語数のうち色彩語の比率が一五‰を超えると〝多い〟と判断してよいという。語は〈白い・赤い・黒い・青い・紫色〉がこの順で多くなっている。品詞の比率は、名詞の割合が多いと、客観的な要約的な描写、形容詞・形容動詞・副詞・連体詞が多いとありさま描写的、動詞が多いと動き描写的な文体となる。

③愛用語・稀語―作家がこだわりを持って使う語や語の使い方がある。たとえば接続詞「そして」は珍しい語ではなく、省略されても構わないような場合もある語であるが、「そうして」という形で、しかも頻用されると独特のリズムと叙情を生む（佐藤春夫）。芥川龍之介の「が」、志賀直哉「拘泥」、川端康成「天～（天啓・天恵・天授・天上・天の心・天の時間……）」の使い方も独特である。稀語は「齝《にれが》む」（森鷗外「灰燼」）「蜀魂《ほととぎす》」（永井荷風「日和下駄」）、「桑間濮上《そうかんぼくじょう》の声」（石川淳「かよい小町」）など強い印象を残す。

4. 地域語

地域語――会話文を、地域の言葉で綴ったり、一人称の語り体で地域語を取り入れたりする。地方色というよりも、会話や語りという位相の出やすい文体を選択した以上、その地域の持つ語彙や語法でないと、作品の内容と文体とがうまく結びつかないからである。特に大阪・京都などを舞台にした関西方言がよく使用される。谷崎潤一郎「卍」や野坂昭如、織田作之助、近くは田辺聖子など。また、井伏鱒二の会話部分の方言的表現は、関西弁のみならず、博多、新潟、広島地方の方言にまで及び、人物造型や作品特有の雰囲気作りに生かされている。

5．文章体と会話体――筋を運んでいくときに、主として会話のやりとりで進める場合と地の文で出来事を進展させる場合がある。会話の場合は「」を連ねてテンポよくやりとりする場合と、〝○○は「～」と、断言した。〟のように言表態度を含んだ地の文に追い込んで示す方法とがある。また、地の文では、出来事を眼前描写として再現的に述べる場合と、起こったことを要約的に説明する場合とがある。他にも、出来事の解き明かしや告白の手段として、手紙文体や日記文体を含むことがある。

6．比喩

①比喩の機能―小説にはオノマトペから寓話までいろいろなレベルの比喩表現がみられる。オノマトペは、自然の音や状態、心理を、音の感じで比喩したもので、くりかえしや「～と」「～に」など独特の語形をもっている。対象の状態と、評価がともに直接伝わる表現方法である。辞典類に登録されていたりして一般に通用しているものの他、作品や作家によっては、新しい語形や意味合いで創造的な比喩として用いている場合もある。宮沢賢治、川端康成や幸田文、里見弴などが知られる。直喩や暗喩などの比喩は殆どの作家が虚構世界のリアリティーを現出する手段として使用しているといってよい。また、作家の感受性の赴く方向を知る手がかりになり、小説のレトリックとして中心的なものである。特に喩詞は、特異なものが選ばれたり、喩詞と被喩詞の組み合わせが意外性をもって衝突しているケースなどが強い文体印象を残す。また、擬人法といわれる、〝生物⇔無生物〟〝人間⇔非人間〟のカテゴリーの越境的表現もよく使われる。寓話は、一つの話全体が、何かの観念や状態といった抽象的なものの喩えになっている。「高瀬舟」（森鷗外）は、「高瀬舟縁起」に鷗外が「財産といふものの観念」と「ユウタナジイ」（安楽死）という問題がもとの「翁草」に含まれていると考えて、この作品として書いた、と述べている。こうした解き明かしがなくても、小説作品全体が、何らかの主義主張をなしているものと考えれば、アナロジーやアレゴリーとなり、作品の深層構造にも結びつく比喩的な発想となる。「夢十夜」（夏目漱石）などの夢語りなども相当する。

②描写法の提喩的選択―たとえば、人物の外見・性格などを描写する場合、その全部を隈なく描くというのは現実的でない。最も象徴的にその人を表すような部分に焦点をあてる。たとえば、女性が深く悲しんでいるという様子を「悲しそうだった」などとせずに手に持ったハンカチをくしゃくしゃにしている行為で描出する、などである。つまり、読者に想像の余地を残すように、提喩的（あるいは換喩的）な選択をして描写を作り上げる。このように小説にはいろいろな規模で比喩的なメカニズム、すなわちあることを言うのに全く別の（多くの場合思いがけない）表現に置換するというメカニズムが働いている。

7．語り手の設定――①登場人物が語り手となる場合、②小説世界の外側に語り手を位置させる場合、③語り手が透明で存在感がなく、読者にじかに小説世界に向き合わせる場合の三種類がある。いずれも虚構上の言語的な操作であり、小説言説を作り上げる実在の作家とは切り離された存在となる。①のケースでは、主人公が語り手となる設定が典型的で、一人称で「僕」「自分」などの位相語が選択されたり、中立的な「私」が選択されたりして、文体をも支配する。しかし、主人公が、過去の自分を三人称的に突き放して語る場合も少なくない。あるいは地の文以外に、直接話法の会話文においてもそれぞれの話者がそこでの「語り手」となっている。また語り手が他の登場人物の手紙を〝読む〟行為が描写されている場合、形としては手紙文の引用だが、〝語り手〟は手紙を書いた人物である。かつ、読者は語り手の視点を通過したテクストとして意識せざるをえないという複雑な構造となる。②は〝作者の顔出し〟表現のように、作家が直接語りかけているような錯覚を与えたり、〝私小説〟としての読み方を成立させたりする場合もある。③は、〝語り手〟としての特権的地位を消し、読み手のリアリズム感覚を壊さないように、評価づけや心理描写などに細心の注意が払われる。登場人物が三人称でも、自由間接話法などによって心内描写をきめ細かく行い、①の語り方に近くなることさえある。

8．文末――現在形終止、またその連続は、眼前描写やたたみかけ、時を超えた〝普遍〟を表現する。過去形終止、またその連続は、過去への哀惜やリズムを表現、「です・ます」体は、語り口調。「だ」体というのは、小説の中では単に非敬体の断定ではなく、文体としては私的な談話、〝つぶやき〟である主観的な表現を担っている。「のだ」「のです」は、前提となる状況を受け、それに対する判断を主観的感情的に行う。「のだ」は大正期以降の小説で増加する。これらの選択や組み合わせが、文体の主調を作り上げる。

9．冒頭と結尾――冒頭から引きつけるために、作家毎、作品毎に異なる修辞技巧が凝縮されて現れる。「死なうと思ってゐた」（太宰治「葉」）は主語の無い不完全な文で衝撃的な内容が投げ出されている。冒頭の文が提題文（「木曾路はすべて山の中である」島崎藤村「夜明け前」）か現象文（「地虫が鳴き始めていた」中上健次「岬」）か、それら以外の会話や体言の投げ出しなのかは、作品全体の雰囲気を予告すべく選ばれる。結尾は、小説の筋そのものの結着と、物理的な最後の段落・文というものとを合致させるか、ずらすのかに選択の余地が生じる。

【文学上のグループと文体の特色】

近代文学史の上で、文学上の共通性をもって分類され名づけられる作家のグループがある。それらの中で、文体的にも何がしかの共通点を指摘されるいくつかのグループについて簡単にまとめてみる。なお、戦後以降、文芸的な動きや試みはいっそう盛んになるが、文体的には個別性が強く、また変化も急激なものがあるため、それらについては巻末の個別の作家文体を参照されたい。

1．言文一致――近代小説の文体はその出発点を言文一致の試みに置く。その淵源は近世のオランダ語摂取、またさらに中世のキリシタン語学の口語訳日本語学習書に発している。幕末明治初期の欧文からの刺激により、懸隔甚だしく開化啓蒙の妨げとみなされた言と文を一致させ、簡潔平易な実用文が目指される中で、文芸的文章も近代的思想や人間像を描くにふさわしい文体がさまざまに模索された。福沢諭吉・西周らが勧め、小説に取り入れようとして坪内逍遥・二葉亭四迷・山田美妙・尾崎紅葉といった文章家が試みた文章をそれ以前の戯作や人情本の

文体と比較すると

①余分な修飾を減らした簡潔な文章。②地の文と会話文が区別される。句読法も確立し表記記号も使用され，読みやすい。③テンスやモダリティなど，客観的にも主観的にも書き分けられる語法を得た。④型から自由になり，作家の表現の個性が出やすくなった。⑤漢文訓読や俗語の良いところを残しつつ，欧文脈の語法（人称代名詞や無人称主語など主語明示・ボイス・進行形・比較級・擬人法など）の合理的なところもとりいれた。といった点が異なっている。

2．自然主義——「家」の重圧や経済的困窮，あるいは困難な恋愛・結婚に拉がれる人々を綿密に観察し，写実的・平面的に描き出そうとする。しかし作家によってその方法や文体は個性があり，たとえば島崎藤村は，岩野泡鳴が指摘するごとく，人物の内面描写を「苦しむ獣のやうな眼付きをして」のような，外面からの描写という形式にこだわって行っていた。徳田秋聲は人物の動作や会話の醜さを非情なまでに執拗に重ねていく。岩野泡鳴は主観を排することは無理だとして，「一元描写」をとなえ，作中人物の視点に入り込んで，そこから描写するという方法をとった。

3．“反”自然主義——積極的に自然主義を批判してはいないにせよ，漱石・鷗外，また泉鏡花といった作家の文体は，自然主義の作家たちとは異なるものがあった。写生文から出発した漱石は心理の襞や人間の持つエゴイズムを会話や手紙文での告白などを介して描き，自己の思想の伝達をはかった。鷗外は，物語的な素材でも，伝記・エッセイのような文体で，高みからの批評を行うことが多い。また，内容によって翻訳文体・雅文体・口語文体・和漢混交文体，など幅広い。鏡花は豊富な語彙を駆使し，言葉だけで構築される超現実的な別世界を語る。谷崎潤一郎も，物語の復活を担い，特に初期は修辞技巧を凝らした耽美主義の文体を作り上げた。

4．白樺派——もう片方の反自然主義は，雑誌「白樺」発刊を契機とした「理想主義」というヒューマニズム的思想から生まれた。文体的には白樺派の小説作品が，言文一致，口語文体のひとつの到達点として，位置づけられる。しかし，やはり個人の個性も強烈なものがあり，代表的な作家三人三様のありかたで，近代小説の文体を完成させたと言えよう。有島武郎は，欧文脈や比喩・擬人法・色彩語などを使いこなした技巧的な文体である。武者小路実篤は，修飾や技巧を去り，一見不器用ともいえるような自己の内面のリズムに忠実な言葉の選択を貫いた。切羽詰った告白というよりも，平易な口頭語による余裕のある語り体で，具体的に表現する。「美しい」などという平凡な形容詞をためらわず使い，自分の気持ちの動きをそのまま連ねていく。注意深く見ると，欧文脈的表現もあるが，すっかり文脈の中に溶け込んで，いっそう完成度の高い口語体を作り出している。志賀直哉は，基礎語彙の域を出ず，漢字・ひらがな・カタカナのバランスに注意を払うため，視覚的に快い印象を与える。単純な構造の短文を連ね，体言型の叙事に徹した文体なので，時に快不快表現を露骨に投げ出すように交えるのが目立つ。「小説の神様」と渾名されるほどの完成度であるが，サスペンスや伏線などの技巧を嫌い，はっきりとした筋立ての無い，随筆のような小品も多い。この文体は長く小説文体の一つの手本となった。

5．新思潮派——「新現実派」ともいう。代表的作家である芥川龍之介は、文体的には明晰な鷗外的文体を目指した。語彙の選択に凝り、比喩も多く、ダッシュなどの使用も目立つ。作者の顔出しや、確からしさを念押しする「のに違いなかった」「しない訳にはいかなかった」あるいは「勿論」などが逆に言い訳がましさを感じさせる。逆接や否定形が多いのも、注目喚起と見える。また倒置的に置かれる「〜ながら。」という連用修飾で終わる文末も目立つ。菊池寛は対照的に短文で平易な語彙の作品もあり、また長編小説には欧文脈や比喩を駆使したものもある。大衆向けの小説やジャーナリズムでの活躍など、ジャンル的に芥川とは異なる方向に転じていった。

6．新感覚派——「書くやうに書く」という理屈で、試行錯誤を繰り返しつつ、全く新しい文体を模索し続けたのは横光利一である。観察を重ね、言葉や表現を吟味するというよりも、瞬間的な感覚の断続をそのまま形にする。当時のダダイズムやモダニズムといった芸術思潮、モンタージュや視点の素早い切替えなどの映画的手法を小説で実践したものといえる。川端康成も斬新な形容・比喩、頻繁な改行、詩のようなリズム、「掌の小説」のような詩的短編小説など、様々な表現上の試みをした。

7．戦後派——自然主義とは異なるリアリズムをめざし、ときに饒舌や晦渋な表現で内容の錯綜を暗示し、観念的あるいは頽廃的な中に直截な生理や性の描写も交じえた。（→**語彙的要因・長編・短編・文芸的文章のジャンルと文体・文章心理学的文体論・方言・文字・表記的要因**）

井口時男・徃住彰文・岩山　真（一九九六）『文学を科学する』朝倉書店
池上嘉彦（一九八二）『ことばの詩学』岩波書店
磯貝英夫編（一九八四）『井伏鱒二研究』渓水社
磯貝英夫（一九九一）「小説の文体分析」（日本文体論学会編『文体論の世界』三省堂）
大屋幸世・神田由美子・松村友視編（一九九五）『スタイルの文学史』東京堂出版
樺島忠夫（一九八二）「文学作品の語彙」『講座日本語の語彙　第七巻』明治書院
加藤周一（一九八〇）『日本文学史序説　下』筑摩書房
金井景子・金子明雄・紅野謙介・小森陽一・島村　輝（一九九八）『文学がもっと面白くなる　近代文学を読み解く33の扉』ダイヤモンド出版
木坂　基（一九八九）「小説の文体」（山口佳紀編『講座日本語と日本語教育第五巻』明治書院）
小森陽一（一九八五）『文体としての物語』筑摩書房
武田勝彦編（一九八二）『川端康成文学語彙辞典』スタジオＶＩＣ
橘　豊（一九六六）『文章体の研究』角川書店
橘　豊（一九九一）「実用文の文体分析」（日本文体論学会編『文体論の世界』三省堂）
田中章夫（一九七八）『国語語彙論』明治書院
中条省平（一九七九）『反＝文学史』文藝春秋社
中村　明（一九七九）『名文』筑摩書房
中村　明（一九八九）「小説の文章　近代から現代へ」『国文学　解釈と鑑賞』五四巻七号
根岸正純（一九八五）『近代作家の文体』おうふう
野口武彦（一九八〇）『日本語の世界　第一三巻』中央公論社
プリンス、ジェラルド著、遠藤健一訳（一九九一）『物語論辞典』松柏社
前田　愛（一九八八）『文学テクスト入門』筑摩書房
ロッジ、デイビッド著、柴田元幸・斉藤兆史訳（一九九七）『小説の技巧』白水社

〔**髙崎みどり**〕

7 文芸評論の文体

【概観―分析の基本的な観点―】

明治期以来現在に至るまで、厖大な数の文芸評論が書かれてきた。その書き手も、文芸評論家のみならず、小説家、詩人、学者、思想家等々と多岐に亙っている。文芸評論を事とする文芸評論家が多く現れるのは、昭和初期の小林秀雄以降であり、それ以前は、明治期の高山樗牛や魚住折蘆、大正期の赤木桁平等を文芸評論家と捉えるかどうかにもよるが、文芸評論プロパーとしての文芸評論家以外の手に成る文芸評論がほとんどであった。そして、その書き方に軌範めいたものは無く、文芸評論の文体は、きわめて自由度の高い多彩なものであった。さらに言えば、文芸評論の書き手は、「何を書くか」に主眼を置いていたのであり、より魅力のある新しい文体を案出ないし創出しようという意識に乏しかった、と言っても過言ではない。つまり、「如何に書くか」にはそれほど重きを置かない傾向が永らく続いたのである。それは、小林秀雄の「評論家といふものは、小説家ほど文章といふものを重く見ない傾向がある。」(「文章について」)という言葉に端的に表れていよう。勿論、小林秀雄以降も文芸評論プロパーでない書き手、たとえば、横光利一や川端康成、萩原朔太郎、三島由紀夫等によっても文芸評論は書かれており、その文体は多彩である。多彩であるばかりでなく、三島由紀夫が「私は小説家でありますから、小説以外の評論や随想の文体はどうしてもおろそかになります。」(『文章読本』)と言うように、やはり評論の文体を重視しない傾向は続いたのである。

文芸評論の文体を論ずるには、以上のような、明治以来の坪内逍遙や二葉亭四迷、森鷗外、夏目漱石をはじめとする様々な書き手による、多彩な文体を持った夥しい数の文芸評論を考察の対象としなければならない。つまり、一人一人の書き手の個別文体を捉えるとともに、それらに共通する特性を見通し、そこから帰納的に文芸評論の類型的文体を析出する作業が必要となる。しかし、こうした作業は、文芸評論の数の多さとその書き手の多様さ、そして、文体の多彩さのゆえに、きわめて困難であると言わざるを得ない。さらに、文体論の分野では、これまで、「『批評』のジャンルにおいては、その『文体』=『物語言説』の特質は問題にすらされてこなかった」(1)という事情も存在する。そこで、文芸評論の文体を論ずる際には、問題を整理して捉え易くするために有効な、何らかの基本的な観点を導入することが求められる。

このような観点を考えるとき、大いに参考になるのは、かつて、フランスを代表する知識人であったヴァレリー(Paul Valéry 一八七一〜一九四五)が「散文」と「詩」の違いを説明するに際してしばしば用いた、次のような比喩である。すなわち、ヴァレリーは、「散文」を「歩行」に、「詩」を「舞踊」に、それぞれ喩えて対比的に説明した。彼によれば、「歩行」が「或る対象に向って進められる一行為であり、われわれの目的はその対象に辿り着くに在」るのに対して、「舞踊」は「いかにも一行為体系には違いないが、しかしそれらの行為自体の裡に己が窮極を有するもの」である(佐藤正彰訳「詩話」『ヴァリエテ』)。この違いは、要するに、行為の目的が他に存在するか、それとも、それ自身に存在するか、という、目的の外在性と内在性との違いである。ここで重要なことは、文芸評論には、表面上は同じ散文形式で書かれていても、ヴァレリーの言うところの「散文」＝「歩行」に相当する文体を持った文芸評論と、「詩」＝「舞踊」に相当する文体を持ったそれとの、二種類が存在する、ということである。前者は、文芸について論じた評論のうち、文体そのものには重きを置いていない評論である。論ずる対象は文芸に限定されるが、その文体は、基本的に、文芸以外について論じた評論の文体と大差は無く、したがって、その文体を評論文一般の文体として類型的に分析・考察することが可能であろう。勿論、今日までに書かれた文芸評論の大半は、この種の文芸評論である。これに対して、後者は、文体自体を目的とする文芸評論であるが、こちらはやや特殊である。分かり易く言えば、鑑賞に値する文体を持った、文芸の一ジャンルとして確然と位置づけられる評論のことである。それゆえ、文芸としての評論と言い換え得るが、注意すべきは、その論ずる対象が文芸に限定されない、ということである。つまり、たとえば音楽評論や絵画評論等であっても、その文体が鑑賞に値するものであれば、文芸としての評論の範疇に入る、ということである。文学史では、日本の文芸評論は小林秀雄によって確立された、とされるが、小林によって確立された文芸評論とは、まさにこの意味での文芸評論と考えられる。しかし、この種の評論が文芸たり得ているかどうかは、書き手個人の、文体に対する意識ないしは自覚に負うところが大きいうえに、読み手の主観的判断に与るところも大きいと言わねばならない。また、たとえば小林秀雄の書いた評論であっても、すべてが文芸としての評論というわけではない。このように、文芸としての評論の文体については、類型化することはもとより、一人の書き手の個別文体でさえも、その幅や揺れ、変化等の存在ゆえに、包括的な把捉は容易ではない。したがって、ある程度文芸としての評価が定まっている評論の表現から、その文体的特徴を個々別々に拾い上げていかざるを得ないであろう。

文芸評論の文体という大きなテーマに対して、基本的な見通しを得るために有効と考えられる観点は、以上のように、文芸評論を分けて考える、ということである。すなわち、文芸評論は、①文芸について書かれているが、それ自身は文芸とは見做せない評論、②文芸について書かれ、かつ、それ自身を文芸と見做せる評論、③文芸以外について書かれているが、それ自身を文芸と見做せる評論、というように三分できるのだが、この関係を図示したものが、次の図1である。

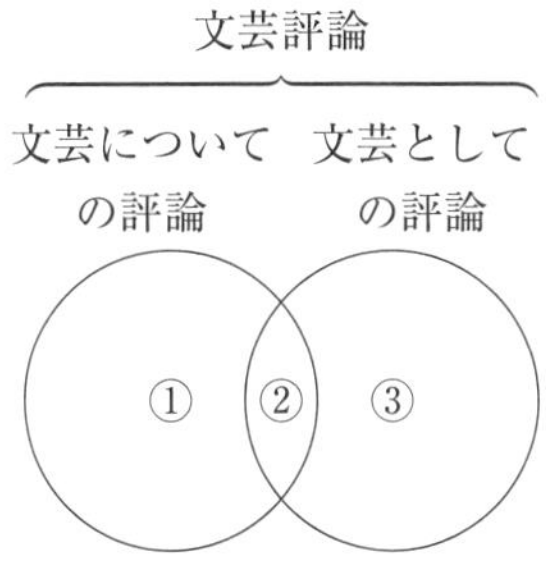

図1

このように、文芸評論を三分したうえで、以下にいくつかの文体分析の項目を立て、項目ごとに文芸評論の文体について述べていく。

【対象・語彙】

文芸評論が評論文の一種であることは、言を俟たない。評論文は、一般の共通理解では、「ものごとのありようやものごとについての見解・評価の不完全性や不当性を検証し、あるべきありようや見解・評価の完全性や正当性を論証し、さらには自分の理念・心情に同調させようとする文章」(2)と規定される論理的文章であるが、この評論文の中にあって文芸評論を他の評論から区別し特徴づけるものは、まず、論ずる対象（右の規定の言うところの「ものごと」）が文芸の範疇に入るものである、とするのが常識的な考え方であろう（図1①②）。文芸の範疇に入る対象とは、具体的には、作品や作家、文芸理論や文芸思潮等である。また、文芸評論がどうあるべきかを論じた評論も、少なからず存在している。文芸評論は、これらについて書かれているのだから、用いられる語彙も、当然のことながら、文芸に関するものが多用されることになる。たとえば、小説、詩、戯曲、批評、散文、文学、文芸、文壇、芸術、構成、意味、価値、美、○○主義、××派、△△イズム、等々である。しかし、そもそも「文芸は、言ふまでもなく広い意味に於ける人間の生活を対象とし、題材とするところに成り立つてゐる。」（中村武羅夫「誰だ？　花園を荒らす者は！」）のであるから、その文芸を対象とする文芸評論において用いられる語彙も、人間生活全般に関わる様々なものであり、限定することは到底不可能である。ただし、用いられる頻度が高いという意味では、先に挙げたようないわゆる文芸用語がやはり特徴的であろう。

なお、大正末から昭和初期にかけて、プロレタリア文学の立場から多くの文芸評論が書かれたが、ここでは、それに対する反論も含めて、階級、闘争、社会、歴史、唯物論、ブルジョア、イデオロギーといった、本来、社会科学の分野で用いられる語彙が多用されている(3)。

以上、文芸を対象とする評論（図1①②）の語彙について述べたが、文芸を対象としない、文芸としての評論（図1③）については、対象が多岐に亙るのであるから、用いられる語彙もまた、その対象の多様さに応じて一層の広がりを見せることになる。たとえば、音楽評論では音楽に関する語彙が、絵画評論では絵画に関する語彙が、専門用語も含めて多用されるのは当然であろう。したがって、文芸を対象とする評論以上に、用いられる語彙の範囲は限定されない。ただ、文芸を対象としていないにもかかわらず、先に挙げた文芸用語がしばしば用いられることには注意すべきである。これは、文芸以外の対象を、文芸と比較したり文芸になぞらえたりして論ずる手法が割合に多く採用されるためである。

【叙述・構成】

一般に、言語表現とは、ある「ものごと」についての何らかの「とらえかた」を「叙述」する行為である。そして、ある「主題」（テーマ）が展開する言語作品としての文章は、文レベルの一つ一つの「叙述」が、「文脈」（すじみち）をつけられ、「結構」（くみたて）を整えられることにより、すなわち、「構成」されることによって成り立つ意味的統一体であるとされる。ここでは、「叙述」面と「構成」面とから、文芸評論の文体について述べる(4)。

まず、「叙述」面についてであるが、「叙述」は、「ものごと」本位の「対象表現」と「とらえかた」本位の「叙述者表現」とに二大別される。そして、「対象表現」は、「ものごと」を個別的・細密的に詳述する「描写」と、「ものごと」を一般的・概括的に略述する「記述」とに識別される。また、「叙述者表現」は、「ものごと」を位置づけてその存立事情を「解明」する「説明」と、「ものごと」を意味づけて「事理」を「究明」したり「見解」を「表明」したりする「評釈」とに識別される（図2参照）。

叙述
- 対象表現（「ものごと」本位）
  - 描写（個別的・細密的）
  - 記述（一般的・概括的）
- 叙述者表現（「とらえかた」本位）
  - 説明（事態解明）
  - 評釈（事理究明・見解表明）

図2

文章は、基本的に、「対象表現」の「描写」・「記述」と、「叙述者表現」の「説明」・「評釈」という四つの「叙述」が、その「主題」（テーマ）を展開するにふさわしい配列のもとに「構成」されたものだが、重要なことは、文章の様式が異なれば、その文章の表現機能を主に担う「叙述」も異なる、ということである。いわゆる論理的文章のうち、「見解」や「評価」の定立とその正当性の論証とを基本的な表現機能とする論説文や評論文では、「叙述者表現」の「評釈」がその表現機能を担っている。つまり、論説文・評論文の主要部分は「評釈」と考えられるのである。なお、同じ論理的文章という文章様式でも、説明文や解説文の主要部分は「説明」である。また、「評釈」は、さらに、客観的・主知的な「解釈」と主観的・主情的な「評価」とに細分される。論説文と評論文とでは、通常、より強く自己が主張されるのは評論文の方であるが、この違いは、論説文の主要部分が「解釈」であるのに対して、評論文のそれが「評価」であることに由来するものと考えられる。文芸評論にしばしば見られる、きわめて自己主張の強い、論争的な評論文の中心部分は「評価」である。

文芸評論も評論文の一種であれば、右のような特徴を当然有している。そして、文の性質・機能として「叙述」を見れば、「ものごと」本位の「叙述」は「現象文」（記述文）であり、「とらえかた」本位のそれは「判断文」（説明文）である。さらに、「現象文」（記述文）には、「能動文」（スル文）・「所動文」（ナル文）・「状態文」（ガアル文）・「心情文」（オモウ文）などがあり、「判断文」（説明文）は「デアル文」である。このように、「叙述」は、一つ一つ文として定着されているのであるから、右に述べた「叙述」面での評論文の特徴は、文芸評論全般（図1①②③）の文体の基本的かつ類型的な特徴と考えられる。

しかし、文芸としての評論（図1②③）については、注意を要する。つまり、図1①の文芸評論に比して、「ものごと」本位の「対象表現」である「描写」や「記述」の重要性が高まるのである。通常、物語文や小説文などのいわゆる芸術的文章は、「対象表現」の「人物描写（記述）」や「事物描写（記述）」によって、その表現機能が担われる。すなわち、物語文や小説文の中心部分は、「描写（記述）」なのである。このように、芸術的文章では、「対象表現」と「叙述者表現」の重要度が論理的文章の場合と逆転し、「対象表現」の方がより重要となる。

文芸としての評論（図1②③）では、ここまで明確な「叙述」の重要度の逆転は無いにしても、少なくとも、「対象表現」の重要性がかなりの程度増す、と言うことができる。つまり、あくまでも図1①の文芸評論との比較においてではあるが、一つの文章の中で、ある「ものごと」（事態）についての「描写（記述）」が担っている表現機能の重要性がより高い、ということである。たとえば、江藤淳が「近代日本散文中最高の一達成」[5]と評価する小林秀雄の「無常といふ事」や「当麻」では、それぞれ、比叡山・山王権現の辺りをうろついていたときの経験や、梅若の能楽堂で万三郎の当麻を見たときの経験が「描写（記述）」されているが、これらが各々の作品中できわめて重要な役割を果たしているのは確かである。また、江藤が「小林秀雄の批評はまさにこの傑作によって絶頂に達したといってよい。」[6]と述べる「モオツァルト」でも、大阪の道頓堀をうろついていた二十年前の経験をはじめとして、多くの「描写（記述）」が見られる。すなわち、これらの作品を文芸としての評論（図1②③）たらしめる一つの要因は、「描写（記述）」という「叙述」がより重要な表現機能を担うことだと考えられるのである。

つぎに、「構成」面から文芸評論の文体を考える。先に述べたように、「構成」とは、複数の「叙述」に「文脈」（すじみち）をつけ、「結構」（くみたて）を整えることであるが、その第一義的な目的は、論理的文章である評論文の場合、書き手の意見・考え・主張、すなわち、「主題」（テーマ）の正当性を「論証」することである。「論証」は、言うまでもなく、論理的なものでなければならず、したがって、それを目的とする「構成」もまた、論理にもとづいて行われる必要がある。文章の「構成」のしかた（いわゆる文章構成法）は多種多様であるが、論理を、「事物論理」（ものごとがそれ自体有している論理、分かり易く言えば、自然の順序）、「思考論理」（ものごとをどのように位置づけ意味づけるかという、表現主体の見かた・考えかたの論理）、「実践論理」（ものごとの解決のしかたや、作りかた・使いかた・行いかた等、対策を立てたり、作業をしたりする際の論理）に三分して捉えたならば、文章構成法には、次のような三つの基本的なパターンが認められる。

（一）事物論理的関係に即した構成
（二）思考論理的関係に即した構成
（三）実践論理的関係に即した構成

一つの論理的文章は、これらの基本的な構成パターンのうち、いずれか一つのパターンで「構成」されている、とは必ずしも言えない。たとえば、前半部分は（一）事物論理的関係に即した構成がなされ、後半部分は（二）思考論理的関係に即した構成がなされる、というように、複数の構成パターンが組み合わされて「構成」される事例も数多く存在する。特に、長大な論文では、単一の構成パターンで「構成」される方が稀であろう。そして、一般論として言えば、人間の精神的営為である文芸を対象とする文芸評論（図1①②）は、（二）思考論理的関係に即した構成を多く採るものと考えられる。また、文芸としての評論（図1②③）では、「叙述」面で、先に述べたように、「ものごと」（事態）についての「描写（記述）」の重要性がより高くなるのだから、当然、図1①の文芸評論よりも、（二）事物論理的関係に即した構成がより多く組み入れられる、と考えるべきであろう。

なお、付言すれば、（二）事物論理的関係に即した構成は、自然の真理や摂理について論ずる科学論文等に、そして、（三）実践論理的関係に即した構成は、実用に供する目的で書かれたマニュアル等に、多く採用される構成パターンである。

【レトリック】

論理的文章の「主題」（テーマ）は、どんな「中心のものごと」（話題）が、どのような「とらえかた（見かた・考えかた・感じかた・願いかた）」（趣意）でとらえられているか、というように分析される。したがって、「主題文」（テーマ・センテンス）は、典型的には、「ナニハ（話題）、ナニダ（趣意）。」という「判断文」の文型に収束される[7]。ここで、煩雑さを避けるために、「話題」を「X」、「趣意」を「A」で表すと、「主題文」は、「Xハ、Aダ。」ということになる。これがその文章における、書き手の最も「言いたいこと」（意見・考え・主張）なのであるが、書き手は、この「言いたいこと」をできる限り効果的に表現して読み手を説得しようとする。そのために凝らす様々な工夫を広い意味でのレトリックと考えれば、評論文一般に用いられる主要なレトリックとして、「繰り返し」、「たとえ」、「比較・対照」の三つを挙げることができる。まず、「繰り返し」は、文字どおり、「Xハ、Aダ。」という「言いたいこと」を、何度も繰り返して述べるレトリックである。単純な方法ではあるが、「言いたいこと」を読み手に印象づけるうえで効果が大きく、評論文には頻繁に用いられる。ついで、「たとえ」は、「例え」（例示法）と「喩え（譬え）」（比喩法）とに分類できる。評論文では、「Xハ、Aダ。」に収束される「主題」は、得てして抽象度の高いものになりがちである。そこで、具体性を持たせることによって読み手の理解を助け、説得力を高めようとするのが「たとえ」のレトリックである。最後に、「比較・対照」は、「Xハ、Aダ。」という「言いたいこと」を強調するために、「Xハ、Bデハナクテ、Aダ。」と叙述するか、または、「YハBダガ、Xハ、Aダ。」と叙述するレトリックである。評論文においては、「主題」の叙述以外にも、このレトリックがきわめて頻繁に用いられる。その意味では、評論文の叙述を特徴づけるレトリックと言えよう。

以上、評論文一般の主要なレトリックを三つ挙げたが、これらは、文芸的か否かということとは無関係に文芸評論全般（図1①②③）において多用される。ただし、「たとえ」のレトリックだけは、評論文の文芸的な性格に関連するので注意すべきである。「例え」（例示法）は、先の「叙述」面で言えば「描写（記述）」であり、「構成」面では「事物論理的関係に即した構成」である。また、「喩え（譬え）」（比喩法）は、自己表出性を高めるという意味で、叙述の芸術的な価値に関わる[8]。したがって、文芸としての評論（図1②③）では、「たとえ」のレトリックが多用されるばかりでなく、書き手独自の様々な工夫が凝らされるのである。なお、科学論文に代表される学術論文では、「喩え（譬え）」のレトリックが用いられることは稀である。

【文芸としての評論の文体】

すでに【概観—分析の基本的な観点—】で述べたが、日本の近代文芸評論が小林秀雄によって確立されたということは、文学史の常識になっている。これを文体の観点から言い換えれば、小林は、小説家と同様の文体意識を持って評論を書くことにより、それまでに無かった文体を創出し、評論を芸術的な高みへと押し上げることに成功して、その後の評論家達に多大な影響を及ぼした、ということである。したがって、重要なことは、小林の文体は、文芸としての評論（図１②③）の文体の原点ないし典型と見做せる、ということである。ここでは、小林秀雄の創出・確立した文芸評論の文体が如何なるものであったのか、その要点を述べておく。

小林は、昭和十一年、中野重治からの、非論理的であるどころか反論理的である、との痛烈な批判（「閏二月二九日」）に対して、すぐに弁解ないし反論の文章（「中野重治君へ」）を書き、その中で、それまでの自分の文章を「消極的批評文」と自己批判するとともに、以後、改めて「創造的批評」を実践する覚悟の程を公言した。つまり、これ以降の小林の評論は、真に「創造的批評」たることを目指して書かれたのである。そして、小林の言う「創造的批評」としての評論には、いくつかの際立った文体的特徴が見られるが、特に重要と考えられるのは、まず、「信ずるということ」がその基底を成している、ということである。それは、自らの信ずるところを大切にし、これを直截に文章に書き表す、という意味である。小林は、人間のものごとの認識のしかたには、「知るということ」と「信ずるということ」の二つがあると考えていた。前者が客観的・論理的なものであるのに対して、後者は、自分流のものであり、証明することのできないものである。いわば、前者は真理性に、後者は真実性に関わるものである。したがって、「創造的批評」とは、小林自身の真実が、「信ずる」という言葉を多用して、あるいは、「と信ずる」という言葉を補うことによって意味がよく通ずるようになる表現を多用して、述べられた評論と言えるのである。なお、小林は、説得力のある、魅力ある生きた評論の要件として、「論理的要素」に加えて「心理的要素」を挙げている（「文章について」）が、「信ずるということ」は、「心理的要素」の最たるものと考えられる。

ついで、「創造的批評」の文体的特徴として指摘すべきは、小林自らの感動の経験が言葉によって定着され、再現されている、ということである。逆に言えば、感動無くして小林の評論は成立しない、と言っても過言ではなく、その感動に言葉で姿を与えた評論という意味で、「創造的批評」は、小林自身の言葉で言えば「詩でも書くような批評」（「座談／コメディ・リテレール　小林秀雄を囲んで」）であり、中村光夫の言葉を借りれば「詩の代用品」（「小林秀雄論」）であったのである。要するに、詩としての性質を多分に持った評論であった、ということである。

以上、「創造的批評」の特筆すべき文体的特徴を二点挙げたが、これらに共通するのは、何かを信ずるのも、また、何かに感動するのも、その主体は書き手である小林自身だということである。かつて正宗白鳥は、「本当の評論はその批評家の実感の現れであり、批評家の体験に基くべきもの」と考え、「私批評」の出現を待望した（「批評について」）。そして、中村光夫は、小林の評論を、「はじめて文学作品としての実質を備へた」「私批評」と評価した（「小林秀雄小論Ⅱ」）。つまりは、右のような文体的特徴を持った、「創造的批評」としての小林の評論は、「私批評」と大きく捉えられるのである。勿論、このような小林秀雄によって創出・確立された文芸としての評論（図1②③）は、何らかの見解・評価を客観的に「論証」することに主眼を置いたものではない。したがって、論理的でないという批判はもとより、ものごとを分析＝記述しないという批判や、こうした姿勢が日本の近代評論になってしまったという批判がなされるのは当然であろう(9)。小林秀雄に対しては、このような批判も多くなされている。

【付記―文体の定義について―】

ここまで、文芸評論を三分したうえで、いくつかの文体分析の項目を立て、文芸評論の文体について述べてきた。「文体」という言葉を当り前のように用いてきたが、実は、文体をどのように定義するかということ自体、大きな問題なのである。定義しだいでは、文体を客観的かつ科学的に測定することが可能ということにもなるし(10)、逆に、不可能ということにもなる。たとえば、小林秀雄は、「思想と文体とは離す事が出来ない。」（「私の人生観」）と述べていることからわかるように、文体をいわば思想の肉体と考えていた。この文体観に立てば、文体は、常に思想との関連において捉えられねばならず、したがって、文体の類型化はきわめて困難である。そうした意味で、これまでに述べたことは、あくまでも一般論として、文体分析の基本的な方法と一定の見通しとを示したに過ぎない。文芸評論の文体を論ずるには、本来、書き手ごとの個別文体を捉える作業を積み重ねることが何よりも求められるのである。（→反復法）

註　＊他の文献からの引用に際して、旧字体の漢字は原則として現行のものに改めた。

（1）小森陽一（一九九二）「『文体』と『語り』」『別冊國文學』四四号
（2）土部　弘（一九九〇）「論説・評論の表現特性」『論説・評論の表現（表現学大系各論篇二七）』教育出版センター
（3）プロレタリア文学以外でも、文芸は、程度の差こそあれ、人間の生き方や社会のあり方についての考えが述べられているという意味で、ある種の思想性や社会性を有するものである。したがって、こうした文芸を対象として論ずる評論においても、当然、思想性・社会性を持った語彙が多く用いられる。たとえば、同じ「芸術」という語でも、「人生のための芸術」と「芸術のための芸術」というように、対立的な意味合いで、かつ、思想性・社会性を持って用いられることもしばしばである。
（4）以下、「叙述」面および「構成」面について述べることは、土部弘氏の「叙述層」および「文章構成法」の研究成果に負うところが大きい。前掲「論説・評論の表現特性」以外に参照した主な論考は、次のとおりである。
・「課題論文の説得原理」（一九八二）『國文學　解釈と教材の研究』二七巻二号
・「言語空間の仕組み―文章表現の叙述層と構成―」（一九八六）『表現学の理論と展開（表現学大系総論篇一）』教育出版センター
・「論説・評論の主題と要旨」（一九九三）『国語表現研究』六号
・「小説表現における叙述層の重層構造」（一九九五）『国文学』七三号
（5）磯田光一他編（一九八八）『増補改訂　新潮日本文学辞典』新潮社
（6）前掲『増補改訂　新潮日本文学辞典』
（7）前掲「論説・評論の主題と要旨」
（8）吉本隆明（二〇〇一）『定本　言語にとって美とはなにかⅠ』・『同Ⅱ』角川ソフィア文庫、参照。
（9）柄谷行人編（一九九〇）『近代日本の批評　昭和篇　上』、（一九九一）『同　昭和篇　下』、（一九九二）『同　明治・大正篇』福武書店、参照。

（10）安本美典（一九九四）「文体を決める三つの因子」『言語』二三巻二号、参照。

参考文献（註に挙げたもの以外）

青野季吉・伊藤 整・中島健藏他編（一九五三～一九五五）『現代文學論大系 全八巻』河出書房

稲垣達郎・伊藤 整・平野 謙・吉田精一監修（一九七一～一九七五）『近代文学評論大系 全十巻』角川書店

平野 謙・小田切秀雄・山本健吉編（一九五六）『現代日本文學論争史 上巻』、（一九五七）『同 中巻』、（一九五七）『同 下巻』未來社

千葉俊二・坪内祐三編（二〇〇三）『日本近代文学評論選 明治・大正篇』、（二〇〇四）『同 昭和篇』岩波文庫

関谷一郎（一九九七）「文芸批評の自立」（『時代別日本文学史事典 現代編』）東京堂出版

谷沢永一（一九七一）『明治期の文芸評論』八木書店

谷沢永一編（一九八三）『鑑賞日本現代文学 第三四巻 現代評論』角川書店

谷沢永一（一九九〇）『大正期の文藝評論』中公文庫

谷沢永一（一九九五）『近代評論の構造』和泉書院

中村 明（一九九三）『日本語の文体 文芸作品の表現をめぐって』岩波書店

中村 明（一九九七）『作家の文体』ちくま学芸文庫

日本文体論学会編（一九九一）『文体論の世界』三省堂

日本文体論協会編（一九六六）『文体論入門』三省堂

原 子朗（一九七八）「文体論の諸問題 文体、ならびに文体論の基礎的問題点」（『國文學 解釈と教材の研究』二三巻一五号

はんざわかんいち（一九九七）「文体から見た日本語らしさ」『日本語学』一六巻八号

坂田達紀（一九九五）「文章表現のレトリック―評論文の場合―」『国語表現研究』八号

坂田達紀（一九九六）「レトリックを手掛かりにした文章読解法」『国語と教育』二一号

坂田達紀（一九九八）「小林秀雄『無常といふ事』の表現特性―文章レトリックの観点から―」『国語表現研究』一一号

坂田達紀（二〇〇五）「詩としての批評―小林秀雄と言葉―」『四天王寺国際仏教大学紀要』三九号

坂田達紀（二〇〇七）「小林秀雄の批評の原理―表現の論理と非論理ないしは反論理について―」『四天王寺国際仏教大学紀要』四四号

坂田達紀（二〇〇八）「私批評の成立―小林秀雄の昭和11年頃の変化について―」『四天王寺国際仏教大学紀要』四五号

坂田達紀（二〇〇九）「文芸評論は論理的文章か―小林秀雄の評論の考察を中心に―」『間谷論集』三号

坂田達紀（二〇〇九）「小林秀雄批判の文体論的考察(I)―中野重治『閏二月二九日』と坂口安吾『教祖の文学』について―」『日本語・日本文化』三五号

坂田達紀（二〇〇九）「小林秀雄批判の文体論的考察(II)―江藤淳『作家は行動する』を中心に―」『四天王寺大学紀要』四八号

〔**坂田達紀**〕

8　ユーモアの様式と表現

【おかしみの笑いについての概観】

1．人はなぜ笑うのか——おかしみを誘因とする笑いがなぜ生じるのかという問いは，ギリシャ哲学に端を発し西洋哲学の研究課題として論じられてきた部分が多い。「笑い学」の祖とされるアリストテレスは，「詩学」のなかで，文学を滑稽で喜劇的なものと，まじめで悲劇的なものとに分類し，「喜劇が現代の人間より劣った人間の再現を狙うとすれば，悲劇はそれよりすぐれた人間の再現を狙うのである」(1)とし，笑う者と笑われる者の二項対立を創り出した。笑う者の笑われる者に対する「優越理論」は，「人はなぜ笑うのか」という問いに対する解として，イギリスの哲学者ホッブスらに引き継がれ，長く「笑い学」の首座を占めた。

現存する「詩学」は悲劇編のみであるが，イタリアの記号論学者エーコ著「薔薇の名前」では，これに喜劇編があったという設定のもと，この書を巡って中世イタリアのカトリック修道院で，挿絵や翻訳などの文書館業務に携わっていた修道士が次々と奇怪な死を遂げる連続殺人事件を描いている。物語の終盤，禁断の書の頁を繰るという行為が死を招いたことが明らかとなり，犯行に及んだ異端審問官がこう告白する。「笑いは，恐れをなくす。恐れなくして信仰は成り立たない。悪魔への恐れなくば，もはや神は必要とされぬ。（中略）どんな笑いでも神を笑うことが許されれば，世界は再びカオスに包まれる。この本の存在が知れることは笑いを公式に認めることになる。この書を人目に触れさすわけにはいかぬ。墓場に運ぶまで」(2)。この文言は，笑いが優越性のみに起因すると考えられたがゆえに，絶対者をも嘲笑する可能性のある笑いは禁忌とされたことを示している。神を嘲笑することはすなわち，創造であり善である神の側から離れ，無や悪といった悪魔という誘惑者の側に接近することであり，人間の下降志向に歯止めがかからなくなることを意味する。宗教が支配的であった中世において，このような形で「優越理論」は，より強固なものとなっていった。

フランスの哲学者であるベルグソンは一九〇〇年に出版された『笑い』のなかで，「笑いは何よりもまず矯正である」「しっぺい返しの反撃である」と述べ，「優越理論」を踏襲したかのように見えるが，「(笑いは) 屈辱を与えて縮みあがらせることを役目としている。もし自然が人びとの中の最良のものにも人の悪さかあるいは少なくとも悪意をちょっぴりばかりこのために遺して置かなかったならば，笑いはその役目を果たせないであろう」(3)と記し，良俗の蹂躙に対する優越者の制裁という役割を笑いに見ながらも，人びとの中の最良のものにも人の悪さか悪意がある，つまり完全なる優越者はおらず，人間すべてが不完全であり，誰もが「しっぺい返し」の笑いの矢を向けられる存在であることを示した。アリストテレスが「すべての人間の性格がわかれるのは，劣っているか，それともすぐれているかという点においてである」(4)と，人間を優劣によって二分したのとは明らかに異なる人間論に基づく笑い観を打ち立てている。

また，ベルグソンは「固有の意味で人間的であるということをぬきにしてはおかしみのあるものはない。（中略）人は動物を笑うことはある。けれどもそれは動物に人間の態度とか人間的な表情をふと看取したからである」と述べ、笑いが極めて人間的な行為であることを示した。人間は生に伴う苦難を知っているからこそ、安易で怠惰な方へと滑って行く性質が備わっており、それゆえ、笑いの対象にも、笑う主体にもなり得るという趣意へと「優越理論」の修正を行ったといえる。

ベルグソンの理論から半世紀以上、アリストテレスから二〇世紀以上を経た一九六二年、ドイツの児童文学作家クリュスによって書かれた「笑いを売った少年」は、笑いが人間的な行為であることを児童文学の形で世に発表した。誰の心をも明るくする天性の笑い声をもつ主人公の一四才の少年は父母を失い、継母と義兄との反目と貧しさの日々のなかで、どんな賭けにでも勝てるという富の力と引き換えに、笑い声を手放す。しかし、失って始めて笑いが人間の生にとって不可欠であることに気づき、少年は笑いを取り戻す旅に出る。旅の途中、少年は自分が売ったのは笑いだけでなく魂であり、「笑いは内面への自由」であったことを知る。人生の過酷さに耐えかねて笑いを手放した少年は、過酷さに耐えるのは笑いであると気づくのである。ついに少年は笑いを取り戻すが、成長し紳士となったこの少年の物語に耳を傾けていた人物が「考えたことは、人間が笑っている所では悪魔は力を失うということよ」というと、かつての少年はこのように答える。「悪魔をやっつける方法はそれしかありません。そうすれば、悪魔の角はにぶってしまいます」。

「笑いは悪魔への恐れをなくす」という表現はアリストテレスの時代とまったく変わらないが、その解釈は大きく変わったといえよう。善という一元論を脅かすがゆえに人間存在を誘惑へと陥らせ悪魔を恐れなくさせるという笑い観は、あるがままの人間の魂を解放し、悪魔を打ち負かすことができるがゆえに、悪魔を恐れなくさせるという笑い観へと変化したのである。

修正や折衷が繰り返された「優越理論」は、「もし、人が優越感だけで笑うのだとしたら、ミス・ユニバースは街で同性とすれ違う度毎にケタケタと笑わなければならない」[5]と指摘されたように、笑いの誘因の一端を担っているとしても十分条件ではないことが明らかになった。しかし、笑いについて論じることが人間を論じることであるという事実を、二千年の長きに渡り人類に問い続ける契機になった点において、その功績は計り知れない。「優越理論」の弱点を補う理論として、一八世紀ドイツの哲学者カントは、「笑いは、ある張り詰めた期待が突如として無へかわることによって生じるひとつの情動である」[6]、また、オーストリアの精神医学者フロイトは「それまである心的な通路への給付に使われていた心的エネルギーの量が使用不可能となり、それによってこれが自由に排出されることができるようになるときに、笑いが生ずると言おうと思う」[7]として、緊張の緩和に集約される「期待はずれ理論」「放出理論」を展開した。たとえば、「巨人《ジャイアンツ》とかけてビールととく」と、この謎かけによって緊張が生まれ、「その心は、どちらもドラフトがうまい（上手い・美味い）」で緩和されることになる。

しかし、この理論もまた「「ニランデル」といった外国人の名前が日本人に滑稽にひびく現象も、もともと期待があるわけではないから、期待が無に変わるというこの理論では説明がつかない」[8]と、その弱点が指摘された。

このように、「笑う主体」へのアプローチは、相互補完的に笑いの誘因を示すものの、その全容を明かすものとはなり得ていない。よって、次節にて「笑われる対象」へのアプローチを試み、おかしみの笑いの底流を探すこととしたい。

2. 人はなにを笑うのか――おかしみの笑いについて論じる際、常に行く手を阻む障壁は、「このテクストは果たしておかしいのか」という問いである。フランスの喜劇作家パニョルは『笑いについて』のなかでこう述べている。「自然界に笑いの源泉はない。喜劇的なものの源泉は笑い手のなかにある」[9]。ここに、万人に共有可能なおかしみのテクストはなく、おかしみのテクストは「存在する」のではなく、笑い手が「発見する」ものであるということが明らかにされている。では、笑い手はなにを発見するのであろうか。

一九世紀のドイツの哲学者ショーペンハウエルは『意志と表象としての世界』のなかで、明証的事実とでもいうべき概念と現実の対象との間の不適合感あるいは不一致がおかしみを生むと述べている。筒井康隆の短編に「日本以外全部沈没」という作品がある。これはいうまでもなく、小松左京著『日本沈没』のパロディであるが、明証的事実が原作、現実の対象がパロディであり、この二者にはタイトル自体に地と図の反転という不一致が存在する。地殻変動によって日本以外の数箇所を除いて世界は海に沈み、フランク・シナトラから毛沢東に至るまで世界の名だたる人々が日本へと避難してくる。人口の爆発的増加に対し政府は外国人を国外追放すべく、日本同化テストの実施を打ち出す。官僚らが実技科目として都都逸を歌わせろだの、日本の早口ことばを喋りながら羽織と袴の紐を結ばせろだのと酒を飲みながら談笑する傍らで、シナトラは「赤城の子守唄」を歌い、同化ぶりをアピールするのである。共生を理想とする開いた社会に対する同化を強制する閉じた社会、日本語力に対する都都逸力のテスト、シナトラに対する東海林太郎など、何が何と参照されているのか認識されて初めてそのコントラストがおかしみを生む。よって、おかしみは、笑い手のなかにある参照項目の多さに比例して、複合的に発見されることになる。つまり、よく知る者はよく笑う者であるといえる。しかし、予期せぬ不一致は常におかしみを生むわけではなく、ときに失望や恐怖や喜びをも導き得る。では、おかしみに特有の不一致とはどのような性質を有しているのだろうか。次の川柳を例に考えてみたい。

「課長いる?」　返ったこたえは　「いりません!」（ごもっとも）[10]

「人＋いる?」という形式は、通常、人の存在を問う文として発せられる。「人が要る」といいたい場合は、「君の力・知恵が要る」という詳述形式がとられるか、「居る」との曖昧性を排除するために「僕・このプロジェクトには君が要る」のような必要とされる箇所の明示や、「必要だ」への換言が普通であろう。こうした言語使用上の慣例、つまり明証的事実は、「課長いる」＝「課長居る?」という誤解を容易に惹起する。しかし、「いません」ではなく、「いりません」が明かされた時点で、「課長居る？」＝「課長要る？」という現実の対象に引き戻され、「いる」には「居る」と「要る」の双方があったという潜在的事実に気づかされ、明証的事実の不安定さを目の当たりにすることになる。ショーペンハウエルは、直感作用が思考のもつ不安定要素、あるいは無能さを暴露するとき、人は概念的・合理的思考という圧力から解放されて、愉快感を味わうとも述べている。つまり、明証的事実と現実の対象の間に単に不一致があれば良いのではなく、現実の対象は明証的事実の圧力から解放する力を有していなければならないのであり、参照すべき明証的事実、優れていると信じていたものの脆さの発見がなければならないのである。フランスの思想家バタイユは「その世界で私たちは、この確信がまやかしであったこと、すべてが確実に予見しうると思い込んでいたところに予期しえないもの、予期しえず転覆をもたらすような要素が襲って来たことに気づくのですが、それが結局は私たちに最終的真理を知らしめるのです」と述べている(11)。先に取り上げた「ニランデル」に戻って、このことを考えてみたい。この例は、一見、日本語との音の「一致」が笑いをひき起こすように思えるが、単に音が一致しているだけでは笑いにはつながらない。たとえば、オバマ大統領の誕生で福井県小浜市が話題となったが、これを理由にオバマ大統領が笑いの的となることはなかった。ここには「人名としてありそうな」と私たちが想定しているリスト、すなわち明証的事実からの乖離、不一致がなく、「ニランデル」にはそれがあるからだと説明できるだろう。そして、「ニランデル」さんと聞いて思わず笑ったとき、自分たちのもっている明証的事実がいかに矮小で脆弱かに気づかされるのである。

【おかしみの様式】

1．おかしみを発見させやすくする様式――こうした明証的事実の複合的な転覆は、我々が信じて立つ規則に挑戦を仕掛けている。では、規則の足元が崩れたとき、笑い手は何を発見するのだろうか。たとえば、漫才師の酒井くにおとおるには、次のやりとりがある。

とおる「（くにおの妻について）きれいなおばちゃんよ」
くにお「いやいや、そんなことございません」
とおる「なんか夜空の星見てるみたい」
くにお「あら」
とおる「昼間は見れんよ」(12)

第一の不一致として、相方の連れ合いを公衆の面前で「醜い」と評している点がある。他者に対する丁寧さに焦点を当て、会話をうまく進めるうえでの則るべき原則をまとめたリーチの「丁寧性の原則」(13)によると、この「醜い」という伝達内容は「他者の非難を最小限に、他者の賞賛を最大限にせよ」という「是認の原則」に違反することになる。そして、第二の不一致は、「夜空の星見てるみたい」という比喩が、我々が良く知っている使い古された伝達内容「美しい」を表していないという点である。比喩はそもそも解釈に曖昧性を孕んでおり、「大根のような足」が太さではなく白さに言及している可能性は否めないにもかかわらず、馴染み深い比喩がこうした事実を覆い隠してしまう。第三の不一致は、情報伝達の効率性を度外視している点である。「昼間は見（ら）れない」を先に発話すれば、少なくとも「夜空の星見てるみたい」の根拠として、「美しい」へと誘導されることはないが、故意にまわりくどい表現を用いることで、「美しい」から「醜い」への転落を可能にしている。整合性や効率性を排す見返りに、おかしみ伝達の効率性を獲得することでおかしみの精度を増しているといえる。さらに付け加えれば、これらを総合した「おかしなことをいう人物」そのものが、不一致となって笑い手には認識される。

このような不一致を生む過程には、副産物として価値の転移が生じることがある。前掲の川柳においても、「居る」「要る」の不一致に加えて、「要りません」といわれる課長の価値低下と「要りません」という部下の価値上昇が詠み込まれ、漫才においても「美」から「醜」への低下が演じられている。イギリスの思想家スペンサーは、「笑いはもちろん、意識が不意に大きなものから小さなものへと移されるとき―下降的不調和とでも呼びうるものがあるとき―にのみ、その結果として生ずる」と述べたとされ(14)、同じくイギリスの哲学者スターンは、笑いとは価値をマイナスにする価値低下と、すべての価値をゼロへと近づける価値剝奪であるとし(15)、不一致に加え、価値論を笑いに持ち込み、不一致と価値転移が表裏一体となっておかしみの笑いの必要条件となることを論じた。

ここで、同じく情報伝達の効率性に不一致を仕掛けている漫才を例に、不一致と価値転移について検証したい。グライスは会話参加者の聞き手の態度として、「協調の原理」(16)を提案し、話し手が会話の方向や目的に沿う形で会話を進めようとしており、そのために守るべき原則に則ろうとしているという前提のもとで、聞き手は聞き取るということを示した。「協調の原理」は、要約すると次の項目から成る。

「量の原則」　会話での情報の提供は多すぎても及ばなくてもいけない。

「質の原則」　信じていないこと、証拠のないことを言ってはいけない。

「関連性の原則」　関係のないことを言ってはいけない。

「様式の原則」　明確に話せ。不明瞭さ、曖昧さを避け、簡潔に順序良く話せ。

この原理を援用して、漫才師夢路いとし喜味こいしの漫才のなかの不一致をみてみたい。

①警察官「お前が住んでいる兄の家は、どこに建っているんだ？」
交通違反者「地面の上に建ってる」
②警察官「所があるだろ、所番地は？」
交通違反者「九州、鹿児島県、札幌市、中河内郡、字神戸」
警察官「そんなとこあるのか？」
交通違反者「恐らくないでしょうね」
③警察官「ないとこ言うな、スッと言え」
交通違反者「京都で電車に乗って、終点下車、降りた所にバス停があります。そこでバスに乗っていただいて、三つ目の停留所で降りて、降りた所にタバコ屋さ

んがあって、そこの路地を右に曲がって、ドンと曲がった三軒目の家におったんですけど、大阪へ帰ってきました」
警察官「おらんとこ言うな。今、住んでるとこ言え」
④警察官「名前は？」
交通違反者「（小声で）いま、ゆうぞ」
警察官「名前は！」
交通違反者「（小声で）いま、ゆうぞ」
警察官「「今言う」言うて、言わんやないか」
交通違反者「いまい　ゆうぞう」[17]

①は「関連性の原則」、②は「質の原則」、③は「量の原則」、④は「様式の原則」に違反しており、会話の方向や目的に沿うべきであるする明証的事実に反するものとなっている。しかし、この例では、酒井くにおとおるの「夜空の星を見てるみたいで」「昼間は見るに耐えない」という表現内容の裏にある「美」を始点として「醜」を終点とするような両極を利用した価値転移は見られない。また、酒井くにおとおるの例では、視点主体（発話者）が放ったおかしみの矢は相手を射ているが、夢路いとし喜味こいしでは、その矢はブーメランのように視点主体（発話者）の元に戻り自らを射抜く矢となっている。つまり、前者は笑いを誘発した視点主体が自らをナレーターという安全地帯に置き静観するアリストテレス的おかしみであり、後者は視点主体が作中人物として登場し、笑いの切っ先に身を投げ出すベルグソン的おかしみであるということができる。

おかしみの様式は、明証的事実との不一致を底流にもちながら、不一致を仕掛ける明証的事実の在り処、価値転移の有無、視点主体の立場などの灌流の影響を受け、笑いの質の違いを生み出しているといえるだろう。

2．おかしみの質と類型――おかしみの笑いの質の違いについて、ひとつの指針となるのが、その効果である。構成作家の織田正吉は、おかしみの笑いを「人を刺す笑い＝ウィット」「人をたのしませる笑い＝コミック」「人を救う笑い＝ユーモア」に分類している[18]。

まず、漫才や落語などは人間の笑欲を満たすために「人工的につくりだされる笑い」であり、「人を楽しませる笑い」に該当するとされている。本稿でここまで挙げた用例はいずれもこれに相当し、目指す効果が明確であるため、おかしみを発見させやすくする様式が用いられている。次に「人を刺す笑い」は「相手をやっつけるための攻撃の武器」であり、「尊大なもの、いい気なもの、威張っているもの、権威ばかりで実体のないもの、無知、おろかさ、冷酷」といった「気にいらぬ存在に対して射かける笑いの矢」であり、「この矢がするどく、相手の心臓をふかくえぐればえぐるほど、それを見物している第三者は笑い、よろこ」ぶと定義している。例として、イギリスの劇作家ショウと当時の首相チャーチルとのやりとりを挙げている。

ショウがチャーチルに自作の芝居の初日の切符を二枚送り、「友人といっしょに来てください。If any（もしいるなら）」という手紙を添えました。どうせ友達なんかいないだろうという皮肉です。すると、チャーチルから、こんな返事が来ました。「せっかくながら、初日は用事があっていけません。二日目の切符を送ってください。If any（もしあるなら）」。どうせ不入りで芝居は初日だけ、二日目以後の切符なんてないだろうという皮肉です。"If any"をそのままピンポン玉のように打ちかえしたこの勝負は、チャーチルがVサインを出したことになります。

ここで注目したいのは、"If any"という表現の応酬である。これは、川柳において「いる」が「居る」「要る」の双方に利用できるのと同様の技巧的な言語操作がみられるため、人工的に作り出されたおかしみである「人を楽しませる笑い」との境界が曖昧になるといえる。また「人を楽しませる笑い」である漫才においても、次のように「人を刺す笑い」は存在する。

おぼん「今日は女性の方が八割で、ほとんどが二五、六で色白で、きれいな方ばっかしやから、まあ、出て行って目の保養したらどうやて言われてたんですよ」
こぼん「楽しんだらどうやて言われて」
おぼん「ほんと今まで二人で喜んでたんですよ」
こぼん「ほんとにね、楽屋で喜んでてね。そのことばおかしいやないか。今まで楽屋で喜んでて、今出てきてどうやってん」
おぼん「ああ、だまされたなと」(19)

観客は、出費を惜しまず時間を割いてまで会場に足を運んでいる存在である以上、漫才師にとっては楽しませるべき存在であり、「いい気なもの、尊大なもの、権威あるもの」である。そうした観客の容姿を攻撃する「人を刺す笑い」の表現がとられていることは、人を刺しながらも人を楽しませることは同時に実現可能であり、ウィットとコミックは排他的な類型ではないという可能性を示しているといえる。

最後に、「人を救う笑い」について取り上げることで問題を整理したい。織田は「人間の〈性弱説〉がユーモアの感覚によって認められる立場」とし、「他人の弱さの中に自分の持っている弱さを投影し、他人の弱点をあたたかい笑いでつつみ、いたわることによってまっさきに自分が救われる」と定義している。これを説明する例として、第二次世界大戦においてドイツ軍の激しい爆撃を受けたロンドンの百貨店の看板の文言「平常どおり営業。本日より入り口を拡張しました」を挙げ、大戦下という過酷な状況におけるイギリス国民の不屈さにユーモア感覚をみている。

二〇〇八年七月、大阪道頓堀の飲食店「くいだおれ」が経営不振から五九年の歴史に幕を下ろした翌日、看板人形であった「くいだおれ太郎」のものと思われる書き置きがシャッター越しに残されていた。「わて旅に出まんねん」。実際に太郎は元経営者とともに船に乗り旅に出ていたのだが、閉店という苦境によって看板人形が姿を消すという事態を、元経営者が「旅に出る」ということばで看板人形に託すところには、たしかに不屈の精神がある。もし、元経営者の筆で同じ書き置きが残されていたとしたら、それは悲壮感を強く喚起するだろう。それが、「他人の弱点をあたたかい笑いでつつ」む、という効果を生み出しているのは、人形が擬人化されることで元経営者の不屈の精神が「わて旅に出まんねん」に二重写しになりつつも、人格化された人形の背後に悲壮感が退いているからであろう。悲壮感を笑いに変えようという意志が、コミックとユーモア双方の特徴を兼ね備えた笑いを作り出したといえる。

つまり、ウィットは「おかしみの「対象」を刺す」ものであり、ユーモアは「おかしみの笑いの「主体」を救う」ものであり、コミックはこれらを効果的に機能させるための「「作者」の表現意図」であるといえるだろう。三者は排他的類型ではなく、おかしみの笑いを作り上げる組み合わせ可能な要素なのである。

【おかしみの要素による表現の異なり】

1．「コミック＋ウィット」「コミック＋ユーモア」の複合体における表現——本節では、コミックを基底に有しつつ、ウィットとユーモアという異なる効果を生む表現について見ていきたい。ユーモア小説として知られる夏目漱石の「吾輩は猫である」がイギリスの作家スウィフトの「ガリヴァー旅行記」に影響を受けていることはよく知られている。「ガリヴァー旅行記」第四編における馬人国の物語では、馬をフウイヌムという理性的動物として、人間をフウイヌムに使われる知能の低い醜悪野蛮な家畜ヤフーとして描いている。ガリヴァーが身を寄せる家の主人は航海の様子やイギリスについて話すようガリヴァーを促すが、フウイヌムの世界には「嘘」「殺人」「強盗」「貪欲」「傲慢」「戦争」「飢え」「貧乏」などのことばがないために、ガリヴァーは説明に窮する。ことばを尽くして戦争について語ったガリヴァーに対し、主人は「戦争は「醜態」というべきもの」と一蹴する。そこで、ガリヴァーは「私は、主人が結局何も分かっていないのを見て」人間がいかに勇敢かを説くのだが、主人はこう遮る。「お前の話を聞いているうちに、ヤフー族全体に対する嫌悪感が次第につのり、以前には全く経験したこともないような、或る不安を心の中に感じ始めた。こんなひどい言葉を絶えず耳にしていると、そのうちに慣れてしまって、いくら聞いても少しも嫌でなくなるのではないか」。ガリヴァー世界においては人間に劣る動物である馬がフウイヌム世界では人間より優れた存在であり、しかもフウイヌムの有する価値はガリヴァー世界の価値よりはるかに優れているのである。

一方、「吾輩は猫である」では、視点主体は「吾輩＝猫」である。吾輩の飼い主である教師の苦沙弥先生は、大飯をくらい、よく昼寝をして、本の上に涎をたらし、二、三頁読むとまた眠くなる。吾輩はこう考える。「人間と生まれたら教師となるに限る」。しかし、吾輩自身、笹原の中に捨てられ、苦沙弥先生の家に住家を得んがため台所への侵入を試み、下女に投げ出されては這い上がるという行為を繰り返す。その時の悔しさが忘れられず、下女の三馬を偸《ぬす》んで返報を果たし、胸の痞《つかえ》を下ろすという具合に、猫も人間並みの愚行を演じる存在として描かれている。

この二作品の違いは、梅原猛『笑いの構造』で仔細に論じられているが、ここでは、おかしみの対象に対する視点主体の立ち位置を問題にしたい。「ガリヴァー旅行記」では、視点主体であり、作者スウィフトの代弁者である「私＝ガリヴァー」は、「私のすべての旅行を通じて、これほど醜悪な動物を見たことも、またこれほどただもうわけもなくむかむかするような嫌悪感を私がいだいた動物もなかったように思う」と同族のヤフーを否定する側に立っている。馬人国には、フウイヌム→ガリヴァー→ヤフーという縦の序列があり、ガリヴァーはヤフーと同視されぬよう細心の注意を払い、あわよくばフウイヌムの位置に上がろうとする。一方、「吾輩は猫である」では、吾輩は「吾輩が時々同衾する小供」という表現を用いるなど、人間と猫が同等だという思惑はあっても、人間を超越しようという意志は感じさせない。また、苦沙弥先生が散歩中に出会った芸者を「衣装は美しいが顔は頗るまずい。何となくうちの猫に似ていた」と日記に書き留めていたのを目撃した吾輩は「何も顔のまずい例に特に吾輩を出さなくっても、よそうなものだ」と僻み、ガールフレンドの三毛子の見栄には、「われわれは時とすると理詰の虚言を吐かねばならぬ事がある」と同族の猫に対しても批判を展開する。さらに、苦沙弥先生は「漱石の自画像である」[20]ように、おかしみの対象として作者自らを描き出している。人間が猫並みに愚かだとしても、猫もまた人間なみに愚かであるという生物全般を地平線から見渡す視点が貫かれている。

また、攻撃や揶揄の対象となる人物にも異なりがある。ヤフーは我々「人間族」全体であり、逃避を許されない描き方をされているが、苦沙弥先生を中心とする交友関係はすべての人間の縮図ともいえる一方で、「ある人物を巡る物語」というふうに読み替えることもでき、読者は箇所箇所によって、自在に自己存在を作品外部に設定することもできるのである。

2.「コミック」単体における表現――「コミック」「ウィット」「ユーモア」が要素である以上、「コミック」が単体で現れる様式、つまり、「おかしみの「対象」を刺す」こともなく、「おかしみの笑いの「主体」を救う」こともなく、ただ、おかしみの笑いを誘発するという「「作者」の表現意図」だけが存在するものもあるはずである。

清水義範「ボノボ紫猿源氏」はチンパンジーによく似たボノボの群れにおけるオス・ピカルの華々しい愛の遍歴を描いたものだが、それは光源氏のそれをなぞらえたものに他ならない。視点主体である「私」は群れを観察する動物学者であり、「ピカルはどこかしら寂しげな、憂いを含んだ顔つきををしている」とピカルを評し、「「やはり恋というものは、思いが通じるまでにいろいろ困難があってこそ面白いもので、誘いをかければすぐなびくメスというのはつまらないものだよね」ということを、ピカルは言ったのかどうか」という具合に、パロディと擬人法によるたくましい推測のもとに物語は進行する。この作品では、パロディの原作が「源氏物語」であるため、コントラストは平安時代の人間とボノボの間に成り立つ。そのため、現代人の体臭を感じさせず、読み手は自身を安全地帯において静観する立場をとることができる。人間が馬とガリヴァーの総攻撃を受けたのと、猫と人間が総並びの愚かさを演じたのとは異なり、無味無臭の言語操作だけがあり、乾いた笑いであるといえる。パロディと擬人法という二重の置換によってコミック性を強化しているがゆえの産物といえるが、同時に、すべてが視点主体の動物学者の推測による点も大きい。パロディ・擬人法・架空の物語が作り上げる異空間は読者の感情移入を妨げ、人工的なおかしみへの冷静な態度を保持させるのだろう。

3.「コミック＋ウィット＋ユーモア」の総合体における表現

――「コミック」「ウィット」「ユーモア」が排他的でない以上、そのいずれをも兼ね備えたおかしみも存在することは理論上可能である。次の漫談の例を見てみたい。

長生きなんてしたってしょうがねぇだろと言いながら、栄養剤を飲んでおります。年をとるとしみは増え、皺は増え、目方まで増え、コレステロール、中性脂肪、血糖値、ありあまるほどの皮下脂肪。増えるもんばっかりです。減るのは貯金と髪の毛ぐらいです。でも、ものは考えようです、奥様。しみはブローチだと思えばいいんです。イボは黒真珠。皺はデザイン。たるみはアクセサリー(21)。

このテクストは漫談という商業的笑いであることに加え、「長生きなんてしたってしょうがねえだろ」といいながら「栄養剤」を飲むのは「矛盾語法」、「しみ」から「皮下脂肪」に至るまでの羅列は「列挙法」、「増える」「減る」の対置は「対比法」であり、「イボ」と「黒真珠」は比喩(22)という具合に言語操作が盛り込まれており、コミックとしての性質を十分に備えているテクストである。また、「奥様」と呼びかけ、加齢の副産物を女性の装飾品に喩えている点においては冷ややかな視線を投げかけるウィットである。しかし、視点主体である綾小路きみまろ自身が中高年であり、「年をとるとしみは増え～減るのは貯金と髪の毛ぐらいです」という表現で、自身がおかしみの対象として我が身を投げ出し、同じ地平にたったユーモアを描き出している。もし、視点主体が若い男性だとしたら、このテクストは「コミック＋ウィット」に、それが中年女性であれば、「コミック＋ユーモア」になるだろう。同じテクストであっても、視点主体によっておかしみの質に違いをもたらすということは、万人に共有可能なおかしみのテクストはないことの証であるとともに、キャラクターのもつ重要性を示唆するものである。

4.「ユーモア」単体における表現――おかしみは、コミックと抱き合わせになることで発見されやすくなる。よって、コミックの要素を有しないおかしみを発見するのは至難の業である。それがウィットであれば単なる攻撃としてしか認識されず、ユーモアであれば胸に染み入る話としてしか認識されない可能性は高い。

「ユーモア」の語源は、人の性格や気質を決定づける「体液」の分泌の大小とされるとおり、「ユーモア」という語は、「笑い」や「おかしみ」ということばと同義使用されたり、技巧的な言語操作によって意図的に誘導されたり、効率的に笑いを惹起したりする類のものではない。言語操作によって装飾を施していないだけ、それはひっそりとテクストのなかにあり、それを発見する「源泉は笑い手のなかにある」のである。この例を夏目漱石「坊っちゃん」のなかに見たい。

「坊っちゃん」では、坊っちゃんが世の中を眺める仕方によって、坊っちゃんのキャラクターが緻密に構築されていくのが印象的な作品である。赴任先の愛媛県松山市に到着すれば「県庁も見た。古い前世紀の建築である。兵営も見た。麻布の聯隊より立派でない。大通りも見た。神楽坂を半分に狭くした位な道幅で町並みはあれより落ちる」と批判し、尋常中学校の初授業で巻き舌のべらんめえ調に生徒から「あまり早くて分からんけれ、もちっと、ゆるゆる遣ってくれんかな、もし」と言われれば、「「おくれんかな、もし」は生温い言葉だ」と揶揄し、画学教師を「沢庵石をつけて海の底へ沈めちまう方が日本のためだ」と心念する、という具合に、ウィットの刃で周囲を斬りまくるのである。この作品は「コミック＋ウィット」の複合体が目立つ作品であり、坊っちゃんがつける渾名も、校長は「薄髯のある、色の黒い、眼の大きな狸のような男」であるから「狸」、数学教師は「逞しい毬栗坊主」だから「山嵐」、画学教師の野田は「透綾の羽織を着て、扇子をぱちつかせて、御国はどちらでげす」と問うたから素人幇間を意味する「のだいこ」と、隠喩法や洒落を用いながら、対象を射ている。

視界に入るものをキビキビと射ながら、人生を疾走する坊っちゃんだが、たった一人に対してだけ、異なる態度を見せる。それは、坊っちゃん自身が「廃せばいいのに」「気の毒だ」と思うほどに坊っちゃんを可愛がる「下女」、清である。中村明（『文章読本 笑いのセンス』）は、「ひっそりと息づくヒューマーの笑い」と評し、次の例を挙げている。

> 教師となるために出立する日、その清に見送られ、坊っちゃんはもう少しで泣きそうになる。「汽車が余っ程動き出してから、もう大丈夫だろうと思って、窓からクビを出して、振り向いたら、矢っ張り立って居た」と書いたあと、漱石は何の説明もなく、ただひとこと「何だか大変小さく見えた」と書き添えるのだ。

中村はこの箇所を「物悲しいなかに、なぜかおかしみがまじる」と述べている。疾風のように世を斬る坊っちゃんの性格に、一瞬の凪が訪れたような箇所である。視点主体の坊っちゃんに感情移入した読者は「物悲しさ」に共感でき、さらに、そこから一歩退いて作品外から眺めることができれば、この例は「ユーモア」として成立することになる。

この場面の後、「清が心配しているだろう」から、赴任先への到着を知らせようと短気で愛想なしの坊っちゃんは「奮発して長いのを書」く。「きのう着いた。つまらん所だ。十五畳の座敷に寝ている。夕べは寝られなかった。清が笹飴を笹ごと食う夢を見た。来年の夏は帰る。（中略）今に色々なことを書いてやる。さようなら」。接続詞がない短文の列挙のなかに、坊っちゃんのせっかちな性格と精一杯の奮発が読み取れるが、「清が笹飴を笹ごと食う夢を見た」のは、赴任先に出立する三日前、坊っちゃんがみやげは何がいいかと問うと、清が「越後の笹飴が食べたい」と言ったからである。しかし、愛媛と越後は方角違いであり、清の説得に「随分持てあました」という経緯がある。短気な坊っちゃんのなかで、清のことばだけは波紋のように広がり残っていたという不一致が、読む者の心にユーモアの感覚を呼び起こすといえる。

視点主体に同化するのではなく、視点主体に寄り添うこうした視線が得られたとき、ユーモアの源泉が笑い手のなかに発見されるのだろう。寄り添う視線を読者が獲得するには、この作品に見られるようにテクストの積み重ねを要する。それは、効率的に笑いを生み出そうとするがゆえに、時間的制約のなかでコマ切れの瞬発力のあるおかしさを生むことのできるコミックとは相容れない性質のものである。そこに、ユーモア単体の表現の発見の難しさや笑い手の個性があり、「何を笑うかによって、その人の人柄がわかる」(9)というパニョルの言の真意があるのだといえる。

註

(1) アリストテレス著、松本仁助・岡　道男訳（一九九七）「詩学」（『アリストテレース・詩学　ホラーティウス・詩論』岩波文庫（原書、前三六七～三二三））
(2) エーコ、U著、河島英昭訳（一九九〇）『薔薇の名前』東京創元社（原書（一九八〇）の翻訳に先立ち一九八六年に映画化された字幕より抜粋）
(3) ベルクソン、H著、林　達夫訳（一九九七、初版一九三八）『笑い』岩波文庫
(4) 前掲「詩学」
(5) 足立和浩（一九八六）『笑いのエクリチュール』青土社
(6) カント、I著、大西克礼訳（一九三二）「判断力批判」（『カント著作集第四巻』岩波書店）
(7) フロイト、S著、懸田克躬他訳（一九七〇）「機知―その無意識との関係―」『フロイト著作集　第四巻』人文書院
(8) 中村　明（二〇〇二）『文章読本 笑いのセンス』岩波書店
(9) パニョル、M著、鈴木力衛訳（一九五三）『笑いについて』岩波新書
(10) 第一生命主催「サラリーマン川柳」第十七回一位作品
(11) バタイユ、G著、西谷修訳『〈非―知〉閉じざる思考』哲学書房
(12) 酒井くにおとおる（一九九三）「初笑い東京寄席」（日本テレビの音声映像資料を文字化）
(13) リーチ、G著、池上嘉彦・河上誓作訳（一九八七）『語用論』紀伊国屋書店（原書、一九八三）
(14) 前掲「機知―その無意識との関係―」
(15) 梅原　猛（一九七二）『笑いの構造』角川書店
(16) スペルベル、D＆ウィルソン、D著、内田聖二他訳（一九九三）『関連性理論』研究社出版、（原書、一九八六）
(17) 夢路いとし喜味こいし（二〇〇二）「交通巡査」『初笑い東京寄席』（日本テレビの音声映像資料を文字化）
(18) 織田正吉（一九八六）『笑いとユーモア』筑摩書房
(19) おぼんこぼん（一九九七）「平成・住宅事情」『年忘れ漫才競演』（日本テレビの音声映像資料を文字化）
(20) 夏目漱石（二〇〇五、初版一九三八）『吾輩は猫である』岩波書店
(21) 綾小路きみまろ（二〇〇二）「爆笑スーパーライブ第1集！　中高年に愛を込めて」（テイチクの音声資料を文字化）
(22) 本稿で用いたレトリックの技法と術語は、中村　明（一九九一）『日本語レトリックの体系―文体のなかにある表現技法のひろがり』岩波書店から引用

参考文献（註に挙げたもの以外）

今仁生美・金水　敏（二〇〇〇）『現代日本語入門　第四巻　意味と文脈』岩波書店
岡崎祥明（一九六七）「『ガリヴァー旅行記』の評価をめぐって―馬の国を中心として」『英文学論集』一号
清水義範（二〇〇三）「ボノボ紫猿源氏」（『笑う霊長類』文藝春秋）
ジップ、A著、高下保幸訳（一九八四）『ユーモアの心理学』大修館書店
スウィフト、J著、平井正穂訳（一九八〇、原書一七二六）『ガリヴァー旅行記』岩波書店
関　綾子（二〇〇四）「漫才における『おかしみの質』の異なりとその生成過程」『笑い学研究』一一号
関　綾子（二〇〇五）「漫才の笑い―ズレの構造と体系」（中村　明・野村雅昭・佐久間まゆみ・小宮千鶴子編『表現と文体』明治書院）
滝聞一嘉・坂本　章（一九九一）「認知的熟慮性―衝動性尺度の作成―信頼性と妥当性の検討」『日本グループダイナミクス学会第三十九回大会発表論文集』
夏目漱石（一九九五、一九九六、初版一九二九）『漱石全集　第一五巻、第二五巻』岩波書店
夏目漱石（二〇〇三、初版一九二九）『坊っちゃん』岩波書店

〔関　綾子〕

第Ⅵ章

文章・文体・表現の基礎知識

文章・文体・表現（・レトリック）に関する分野の基本的な用語の全二三項目について、「基礎知識」を簡潔に解説し、書き方の要領や規則（ルール）を中心にまとめられている。「文章表現法」としての基本的な事項を、単なる知識としてではなく、実際に文章や談話を表現し、理解する際に、応用することが可能なように、わかりやすく説明されている。

最初に、「1．文章・談話の特質」「2．文章の種類」「3．表現意図の種類」を取り上げ、次に、「4．文章構成の型」「5．文章の論理」「6．題名・副題・小見出し」「7．書き出しと結びの要領」を述べる。続いて、「8．引用」「9．要約」「10．箇条書き」「11．参考文献」「12．註」「13．改行」「14．句読点」「15．記号」で書き方の要領を示し、「16．文字」「17．漢字」「18．仮名遣い」「19．送り仮名」「20．外来語」で表記法、最後に、「21．修飾」「22．悪文」「23．推敲」を添える。

第Ⅵ章では、書き言葉の文章を中心に扱ったが、話し言葉の談話にも共通する要領や規則（ルール）も含まれている。また、第Ⅶ章の「目的・用途別文書作法」とともに、日本語のコミュニケーション能力をみがくことができるようになっている。

1　話しことば・書きことばの特質

話しことばと書きことばの区別は、もともとは音声か文字かという媒体による区別である。そう考えると、携帯電話での会話やラジオのニュースは話しことば、携帯メールや新聞記事は書きことばになる。

たしかに、携帯電話での会話は話しことばらしい話しことばであるし、新聞記事は書きことばらしい書きことばである。しかし、携帯メールは話しことばを文字にしたという感じが強いし、ラジオのニュースは書きことばを音声に載せたという印象がある。つまり、音声か文字かという媒体の区別とは別に、話しことばらしさ、書きことばらしさというものがあるわけである（森山（二〇〇三）参照）。ここでは、そうした「らしさ」、とくに話しことばらしさを中心に検討する。

話しことばらしさを生みだす第一の要因は、表現の日常性である。それは語彙、とりわけ語種の選択に現れる。

名詞・動詞などの実質語において、話しことばらしくするために和語が、書きことばらしくするために漢語が選ばれることが多い。和語は、子どものころから親しんできた基本語彙を多く含み、日常生活と結びつく印象があるのに対し、漢語は、日常語彙として使われる比率が相対的に低く、抽象的で専門的な意味を表すことが多いからである。「子どもの数を調べる」というと話しことばらしくなり、「児童数を調査する」というと書きことばらしくなるのがその例である。

ただし、副詞においてはこの関係が逆転することが多い。事実、漢語「多分」よりも和語「おそらく」、漢語「全然」よりも和語「まったく」、漢語「一番」よりも和語「もっとも」のほうが書きことばらしい（石黒（二〇〇四）参照）。

漢語副詞にかぎらず、副詞という品詞は、話しことばらしさと強い関わりを持っている。とくに、程度の強調を表す副詞が対話で多用される。誇張して示し、聞き手の注意を惹くのは、話しことばにおける常套手段である。「すごく」「すごい」「すげえ」「超」「まじ」「激」「絶対」など、俗語が目立つ。

また、副詞としてよく使われる擬音語・擬態語（オノマトペ）は、具体的場面を想起させる力を持ち、話しことばらしさに結びつく。一方、一般的な概念を表す語彙は書きことばらしさに結びつく。そのため、「ジャムのビンを鍋でぐつぐつ煮る」は話しことばらしい感じがし、「ジャムのビンを鍋で煮沸する」は書きことばらしい感じがする。

話しことばらしさを生みだす第二の要因は、表現の対人性である。話しことばの場合、通常聞き手を目の前にして話しているため、対人的な性格が出やすい。その対人性を担うのが終助詞と感動詞である。

終助詞は、話しことばらしさを生みだす典型的な指標である。「ね」「よ」「よね」「さ」「ぜ」「ぞ」「わ」などが文末につくと、くだけた感じを与える。終助詞は、話し手と聞き手、それぞれの認識の状態をモニターしながら使われるものなので、不特定多数の読者が読む文章では使いにくいのである。そのため、論文・レポートのような硬い書きことばではまず使われることがないし、新聞報道で「首相が消費税率の見直しを明言したね。」などと読み手に個人的に語りかけることもない。

感動詞も、もっぱら話しことばで使われる指標である。感動詞には、「はい」「うん」「ええ」などの応答表現や「やあ」「ねえ」「もしもし」などの呼びかけ表現など、聞き手の存在を前提とした表現が多い。こうした表現は、メールやチャットなどの擬似対話をのぞき、書きことばではほとんど現れない。

話しことばらしさを生みだす第三の要因は、表現の即興性である。話しことばは、書きことばと異なり、つねに聞き手を目前にして時間を共有しているため、限られた時間のなかで発話をつむがなければならない。

話しことばにおいて思考時間を稼ぐものとして、「えーっと」「あのー」「なんか」「まあ」などのフィラーがある。フィラーは、頭のなかの思考のプロセスの一部をことばにしたもので、内容を伴わず、書きことばであれば推敲の段階で消える。

また、倒置は、即時的なコミュニケーションである話しことばにおいて、思いついた順にことばにした結果、生まれる現象である。「なんだよ、その目つきは。」という表現は、相手の目つきに対する違和感を先に表明し、その違和感の原因となっている目つきをあとからつけたして表現したものである。

話しことばは断定を避け、含みを持たせた表現を使うことが多い。自らの発話を十分に吟味するだけの時間的な余裕がないので、仮の表現であるという指標をつけて発話するのである。

「もし暇なら、この本とかどう？　けっこうおもしろいよ。」の「とか」は、「この本」を勧めているのであって、他に勧める候補があって使っているわけではない。にもかかわらず、並立を表す「とか」をつけるのは、とりあえずという感じを出すためである。「とか」だけでなく、「暑かったので図書館で涼んだりした。」の「たり」や、「そんなこと、言われなくてもわかってるし。」の「し」にもそうしたニュアンスがある。

話しことばらしさを生みだす第四の要因は、表現の経済性である。音声上の経済性は縮約形として現れる。具体的には、発音がしやすくなるように、「している」が「してる」、「のだ」が「んだ」、「してしまう」が「しちゃう」、「しなければいけない」が「しなきゃいけない」などと変化する。

また、対話は極度に簡潔な表現で成り立っている。相手がわかっていることまで、いちいち言う必要がないためである。「どんぶりを食う」「電話を取る」のような換喩的な発想は、対話においては自然である。「どんぶりの中味を食う」「電話の受話器を取る」などと厳密に言うほうがかえってわかりにくい。

また、「全然。」「やっぱり。」「ちっとも。」「けっこう。」などの副詞による一語文のように、単独で使われることも少なくない。接続助詞で終わる「だから、やめろっていったのに。」「もしもし、高橋ですが。」「そこまで言われたのなら、一言言ってやれば。」などのような言い差しも多い。接続助詞のあとに続く後件の部分は聞き手に任せてしまうわけである。

日本語は、諸言語のなかでも、話しことばと書きことばの違いが大きく、文章、とくに厳密さを必要とする文章を書くときに、話しことばらしい表現が混ざることを嫌う傾向が強い。そのため、硬い文章を書くときには、日常的な表現、対人的な表現、即興的な表現、経済的すぎる表現が混入していないかどうか、確認することが重要になる。

〔石黒　圭〕

2　文章の種類

言語は、思考活動のために表現者の頭のなかで使用される内言、および、ろう者の伝達の手段として用いられる手話をのぞくと、音声によって表現される談話、文字によって表現される文章に二分される。ここでは文章を扱うが、一口に文章と言っても、伝達の目的、伝達者（書き手）・被伝達者（読み手）の表現的性格、伝達の媒体などによって、様々な種類に分かれる。ジャンルとも呼ばれる、そうした文章の種類をここでは、論文・レポート、新聞記事・報告書、物語・小説、随筆・エッセイ、詩・俳句、手紙・Eメール、チャット・携帯メール、日記・メモの八種類に分け、個別に検討していきたい。

論文・レポートは、読み手を論理的に説得することを目的とした文章で、評論や新聞の社説などもここに入る。説得を目的としているため、計画性が高い。また、客観性を重視しているため、書き手の個性を前面に出すことは避けられることが多い。

表現上の特徴としては、説得の文章という性格上、「のである」「わけである」という説明のモダリティ表現が多く用いられ、「と思われる」「のではないだろうか」「ざるをえない」など、書き手の判断を慎重に提示する文末表現が目立つ。また、裁判所の判決文のような異なる立場の一方を支持する文章では、「とは言えない」のような否定表現の使用が多い。また、書き手の主張を伝える文章では、「たしかに～かもしれない。しかし…」のような譲歩がしばしば見られる（石黒（二〇〇九）参照）。

新聞記事・報告書は、読み手の知識が不足していると思われる内容を伝えることを目的とした文章で、雑誌記事、官公庁の白書、地方自治体の便りの類もここに含まれる。情報伝達を目的としているため、わかりやすく伝えることに主眼が置かれる。また、限られた紙面で示されることが多いため、簡潔な表現が求められることが多い。

表現上の特徴としては、「ポイントは三つある。まず～。次に～。さらに～」などと要点を整理して示すものが一つの典型である。新聞のように速報性を重視するメディアでは、そこまでの計画性は維持できないので、「また」「一方」などで文章を構成していく傾向がある。また、意見を中心に伝える論文・レポートにくらべ、事実を中心に伝える新聞記事・報告書では文末は単純で、「～が行われた」のような、主体の明示を避け、客観的な印象を与える受身が多いのも特徴である。

物語・小説は、登場人物が存在し、五感でとらえられる描写が多い文章で、童話やショート・ショートなどもここに含まれる。描写を中心としているため、誰の目から何を見ているかという視点の存在が重要になる。また、場面が存在するため、論理的な展開ではなく、時系列的な展開が中心となる。

表現上の特徴としては、物語世界では、視点は自由に移動できるため、「彼女は嬉しい」のような三人称の内面を直接描くことも可能である。日常言語の論理からすると、視点は話し手である「私」から離れられないので、「彼女は嬉しそうだ」のように外から描くしかないところである。一方、日常言語と同様、喜怒哀楽を表現することが多く、たとえば受身では、論理的文章なら「求められる」「述べられる」など、記述を客観化するために用いられるところを、物語・小説では、日常言語と同様、「踏まれた」「泣かれた」など、視点の位置を顕在化させ、より主観的にするために用いられる傾向がある。また、場面の描写をより効果的にするため、オノマトペがよく用いられ、その傾向は子どもむけの童話に顕著である。

随筆・エッセイは、「私」の目から見た経験や思想が自由に語られる文章で、新聞の一面の下段にあるコラムや、趣味や娯楽を共有する雑誌にも似た傾向が見られる。書き手である「私」の目が重視される一方で、読み手である「あなた」との共感を大切にし、共感によって伝達を図る傾向がある。

表現上の特徴としては、「私」に関わる表現が多いということがある。たとえば、終止形やタ形、体言止めなどの簡潔な文末が好まれる一方、「らしい」「ようだ」「かもしれない」のような認識のモダリティ表現が他のジャンルより気軽に使われる。また、共感を大切にするため、指示語の使用、「この国」「この人」「あの時代」「あのレストラン」のような、現場指示用法が目立つのも、随筆・エッセイの特徴である。

詩・俳句は、象徴的な表現を読み手の想像力によって膨らませ、叙情や感動を伝えることを目指した文章である。音読を前提としているため、音やリズムを重視している点で他の文章との違いがある。短歌や川柳なども、ここに含まれる。

表現上の特徴としては、定型に収まらない詩では、繰り返しが多いことが挙げられる。語、句、文、いずれのレベルでも繰り返しが起こる。ことばの創造性を探るジャンルであるため、破格の表現や実験的な言語使用も目立つ。一方、俳句は、すでに決まった型を有しているので繰り返しは多くないが、掛詞や押韻などに音の重視が表れている。また、描かれる内容が自然に偏っており、季節感のある語彙選択が行われるところに特徴がある。

手紙・Eメールは、不特定多数の読み手を想定している書きことば一般とは異なり、特定の書き手が特定の読み手に宛てて書いた文章である。そのため、対人性が色濃く出る点で話しことばに類似する。

表現上の特徴としては、対人性を重視するジャンルであるため、待遇表現が頻繁に現れる。敬語はもちろん、「お忙しいところ恐縮ですが」のような注釈表現も豊富である。また、何らかの用件があって書かれることが多いため、表現意図を明確に示す表現が見られることが多い。(→表現意図の種類)

チャット・携帯メールは、ITの発達により可能になったある種の筆談であり、文字で書かれた話しことばという側面が強い。発話の順番の交替が見られ、日常会話が持っている即興性を備えている。

表現上の特徴としては、即興的な言語使用に見られる断片的で経済的なことばの使用がみられる。「え?」「ね!」「了解」のような間投表現、応答表現の広範な使用が見られる。また、手紙・Eメールなどと同様、対人意識が強く、待遇表現が頻繁に用いられる。

日記・メモは、書き手自身の覚え書きとして書かれるため、手紙・Eメールなどとは反対に、待遇表現が極力排除される。

表現上の特徴としては、「私」などの主体の省略、体言止めや終止形止めなどに見られる文末表現の単純化、箇条書きの多用などがある。

〔石黒　圭〕

3　表現意図の種類

人がことばを口にするとき、通常、何らかの意図を持っている。しかし、その意図は、言語形式とは一対一で対応していないことが多いため、話し手の意図を聞き手はしばしば取り違え、誤解を生じさせてしまう。たとえば、「すみません」は、感謝の意図でも謝罪の意図でも発話される。また、レストランでウエイターに「すみません」と言えば、「注文をお願いします」の意図になるかもしれないし、電車のなかで「すみません」と言えば席を譲ってくださいの意図になるかもしれない。

このように、文の論理的な意味と発話の場面的な意味がズレを起こすというのが実際のコミュニケーションの姿である。こうした事情から、文型という文法形式による分類とは別に、表現意図という機能による分類を用意しておいたほうが、言語の運用を考えるときに都合がよいと考えられる。

表現には様々な意図が考えられるが、ここではそれを六通りに分けて検討する。

まず、話し手が自分の認識を口に出すことを目的としたものがある。独り言や聞き手を無視した発話に見られる。蒲谷他（一九九八）の一一六頁にならい、自己表出表現と名づける。

・（聞き手がいない状況で）「ああ、疲れた。」

自己表出表現には、以下のようなものがある。

感覚表出表現　「暑い！」　「眠いなあ」
感情表出表現　「やった！」　「ちくしょう！」
知覚表出表現　「あ、雨か」　「ネズミだ！」
感動表出表現　「わあ、きれいな桜！」　「いい人だなあ」

次に、話し手が自分の頭のなかにある考えを聞き手に伝えることを目的としたものがある。これを情報伝達表現とする。情報伝達は、ことばの役割とは何かと訊かれた場合、最初に浮かぶもっとも基本的な役割である。

・（聞き手にむかって）「疲れたよ。」

情報伝達表現には、以下のようなものがある。

事実伝達表現　昨日、墨田区で花火大会があった。
推量伝達表現　明日の花火大会、雨で中止かもしれない。
説明伝達表現　健二は高熱で出てこられないのです。

第三に、聞き手の頭のなかにある考えを話し手が知りたいと求めることを目的としたものがある。これを情報要求表現とする。情報要求は、疑問文一般に見られる役割である。

・（聞き手にむかって）「疲れた？」

情報要求表現には、以下のようなものがある。

疑問要求表現　来週の会議には誰が出席しますか？
確認要求表現　会議の議長は益田さんでしたっけ？

第四に、発話によって聞き手との関係を構築したり維持したりすることを目的としたものがある。これを関係構成表現とする。次例の「お疲れさま！」は、母の労苦をねぎらうことによる良好な関係の維持を意図している。

・（仕事から疲れて帰ってきた母に）「お疲れさま！」

関係構成表現には、以下のようなものがある。

いたわり表現　「大変でしたね」
評価表現　「すばらしい作品ですね」
感謝表現　「どうもありがとう」

謝罪表現　「まことに申しわけありません」
あいさつ表現　「おはよう」
かけ声表現　「おーえす、おーえす」

第五に、発話によって聞き手に対する話し手の態度を伝えることを目的としたものがある。これを態度表明表現とする。次例の「お疲れ。」は、あいさつとも取れるが、ここでは先に帰るという宣言として考えている。

・(帰りぎわに)「お疲れ。」

態度表明表現には、以下のようなものがある。
宣言表現　正々堂々と戦うことを誓います。
希望表現　韓国に留学したいと思います。
意志表現　大学を卒業したら故郷へ帰るつもりです。
承諾表現　写真撮影をしてもかまいません。
拒否表現　芝生に入ってはいけません。

第六として、発話によって聞き手に対し、発話に関連した何らかの行動を迫ることを目的としたものがある。これを行動要求表現とする。次例は、会社から帰ってきた夫が専業主婦の妻に、風呂を沸かすことや晩酌の準備をすること、蒲団を敷くことなどを意図して発話されたならば、行動要求表現になる。

・「あ〜あ、疲れたなあ。」

行動要求表現には、以下のようなものがある。
命令表現　すぐに着かえてご飯を食べなさい。
依頼表現　電子辞書を貸してもらえませんか?
勧誘表現　今夜のパーティー、一緒に行かない?
忠告表現　お酒は控えたほうがいいですよ。
許可要求表現　手を洗ってもいいですか?　〔石黒　圭〕

4　文章構成の型

文章構成の型としてよく知られているのは、序論—本論—結論と、起承転結であろう。この二つの型は、一般には、三部構成、四部構成と同義で用いられることが多い。

しかし、起承転結では、四部構成の文章であっても、厳密な意味での起承転結の文章を探すのはきわめて困難である。なかには、四部構成かどうかにかかわらず、文章構造が不明確な文章を、起承転結のない文章と呼ぶ人もある。そうなってしまうと、起承転結という用語だけが独り歩きをし、文章を書くときに役立たない、実体のない概念になってしまう。したがって、もし作文を書くための文章構成の型を身につけたければ、ジャンルごとに存在する典型的な型を学ぶのが有効であろう。

たとえば、科学論文で使われる一般的な型に、IMRADがある。IMRADは、Introduction, Materials & Methods, Results And Discussion の略であり、長さの長短にかかわらず、論文・レポートを作成するときに参考になる型である。

Introduction(序論)は「はじめに」に当たる部分で、研究の目的と背景を示し、問題提起を行う部分である。研究は仮説と検証、より平易に言うと、自分で立てた問いに自分で答える営みである。したがって、研究上の問いは、書き手である研究者の資質を判断するのに適した部分となるため、問いの立て方には慎重になる必要がある。とうてい明らかにしえない大きすぎる問いや、反対に、明らかにする価値のない小さすぎる問いなどは、その論文の評価を低め、それ以降の内容を読み手に読んでもらえなくなるおそれもある。

Materials & Methods（対象と方法）は、Introduction（序論）で立てた問いを解決する手順を示す部分である。Materials（対象）には、文学であれば古典の資料、経済学ならGDPなどのデータ、生理学なら実験の材料となる細胞など、分野によって様々なものが来る。そうしたMaterials（対象）を使って、どのようなMethods（方法）で問いを解決するかが研究の腕の見せどころになる。既存の方法に頼るのであれば、ここでの内容は先行研究に依拠した記述になるだろうし、独創性の高い方法であれば、後から研究をする研究者が追試可能なように、方法を明示的に示す必要がある。

Results（結果）は、Conclusion（結論）とは異なり、研究全体の本論に当たる部分である。この研究をとおして何が明らかになったのか、問いに対する答えを示す部分である。その答えは、特定の対象に対して特定の方法で行った実験や分析の結果によって示される。

Discussion（考察）は、Results（結果）が何を意味し、それがなぜ重要で、今後どのような発展の可能性があるのかを示す部分である。Discussion（考察）に引き続いてConclusion（結論）が示されることも多い。

科学論文というジャンルは、論証される内容に対する独創性は問われるが、論証される過程は標準化されており、そこで独創性を発揮することは許されない。したがって、文章構成の型が定型化されやすいという特徴がある。

手紙文もまた定型を持っており、前文、主文、末文という三部構成になるのが一般的である。まず、前文では、時候のあいさつを述べ、相手の安否を問い、直前に相手とのやりとりがあった場合にはお礼やお詫びのことばも書く。主文では、この手紙を書くに至った用件を記し、末文で相手や相手の身近な人の幸せを願う言葉を添えて閉じる。この型さえ知っていれば、社会的に通用する手紙が基本的には書けるはずである。

一方、小説や詩など、技術性よりも芸術性が重んじられるジャンルでは、むしろ定型化を嫌う傾向が強い。そうした文章をある型に当てはめるということは相当の困難が伴う。

起承転結に話を戻すと、文学研究者は起承転結を長い小説の全体構造に当てはめることがある一方、言語研究者は新聞のコラムのようなごく短い文章から起承転結を抽出しようと試みることが多い。これは、いずれが正しいかで決着を図れる問題ではない。佐久間（二〇〇三）が指摘するように、文章は多重的な構造を備えていると考えることで解決するのが合理的であろう。つまり、あらゆるジャンルに共通した構造を抽出しようとした場合、話題や場面によるまとまり（佐久間（一九九二）で提唱された「段」という概念を参照）を切りだし、大小様々なまとまり（「段」）の包含関係を検討し、その多重構造を記述することで解決できる。それぞれのまとまりに「起」「承」「転」「結」などというラベルを貼るのは控え、そのまとまりがどのように組み合わさって文章が構成されるかを考えるほうが、汎用性が高まる。一般の人が、四部構成に起承転結という名称を重ねて考えることもまた、起承転結の汎用性を高める一つの工夫といえる。

そのまとまりを切りだす基準となるのが統括という概念である（佐久間（一九九五）参照）。統括という概念は古く、一九〇九年の五十嵐力『新文章講話』ですでに統括のありかによって、全体を括るまとめが冒頭に来る頭括式、全体を括るまとめが結尾に来る尾括式、冒頭にも結尾にもまとめが来る双括式の存在が指摘されている。

佐久間（一九九九）では、五十嵐力『新文章講話』に始まる統括をめぐる諸説について再検討を行い、そのうえで以下の六種の分類を提案しており、参考になる。

頭括型（文章の冒頭部に中心段が位置するもの）
尾括型（文章の結尾部に中心段が位置するもの）
両括型（文章の冒頭部と結尾部に中心段が位置するもの）
中括型（文章の展開部に中心段が位置するもの）
分括型（文章の二箇所以上に複数の中心段が分散して位置するもの）
潜括型（文章中に中心段がなく、主題が背後に潜在するもの）

欧米由来のテクニカル・ライティングでは、中心文（トピック・センテンス）をふくらませて段落を構成するパラグラフ・ライティングの重要性が説かれることが多い。このことは、何括型にせよ、文章の執筆にあたり、統括という意識を明確に持って段落を構成することが、文章構成の基本となることを示している。文章は、統括によって大小様々なまとまりが形成され、それによって重層構造が構成されるということを知っていれば、たとえ文章が長くなっても、部―章―節―項といった文章の重層構造を明確に持ち、読み手に読みやすい、構成が整理された文章が書けるようになると考えられる。〔石黒　圭〕

5　文章の論理

レトリックは古代ギリシアにおいて、演説で聴衆を説得する方法を考える学問であった。現在でも、ことばによる説得の重要性は変わってはいない。ここでは、説得のための基本的な論法について概観することにする。

他者の説得を試みるとき、もっとも単純な方法は、繰り返すことである。会議において、論理よりも体力が勝つ場面にしばしば出会うことがある。会議の時間が長くなると、話が堂々巡りになり、最後には、同じ主張を大きな声で繰り返す体力のある人が勝つのである。幼い子どもでも、自分がほしいものがあると、「ねえ、これ買って。買ってくれなきゃやだ。買って、買って、買って！」と繰り返すことで、親のあきらめを引きだし、しまいには欲しいものを手に入れるという方法を使う。

社会が全体主義化していくときにも、当初、荒唐無稽と考えられていた思想が、繰り返しによって次第に主流となり、否定しにくい雰囲気ができあがっていくことがある。ナチス・ドイツのプロパガンダがその典型である。同じ言葉の繰り返しは、知性には乏しいが、基本的かつ効果的なレトリックである。

繰り返しの次に単純な方法は二分法である（野崎、一九七六参照）。子どもがアニメを見ていて、「これはいい者？　それとも悪者？」と聞くことがある。現実社会は、すべてがいい者（善玉）と悪者（悪玉）とに二分されるほど単純なわけではない。しかし、過剰な単純化はわかりやすく、大衆に抵抗なく受けいれられることから、マスコミや政治の世界などでしばしば用いられる。

二〇〇五年九月、小泉首相（当時）率いる自民党が総選挙で圧勝した。それは、政治改革の本丸を郵政民営化と位置づけ、「郵政民営化、是か非か」というところに論点を絞りこんだ選挙戦術が功を奏したからであると言われる。

また、相殺法と言われる説得の方法もある（野崎昭弘（一九七六）『詭弁論理学』参照）。論争が起きる場面には深刻な対立がつきものである。したがって、一方の立場だけを支持すると、両者が納得して引き下がることができなくなる。そこで、それぞれの問題点を指摘することでバランスを取り、お互いのメンツを傷つけずに妥協点を見いだす論法が用いられることがある。新聞の社説でしばしば見られる「Aにも問題があるが、Bにも問題がある」とするケンカ両成敗的な論法が該当する。

しかし、相殺法は、難癖を付けることで穏当な意見を引きずりおろすのに使われることもあり、注意が必要である。カンニングを注意された学生が、「どうして自分にだけ注意するのか。まわりの学生だってやっているではないか。」と抗弁することがある。これは「カンニングをしてはいけない」という論理を一見尊重しつつも、カンニングをしていた当人への批判を巧妙に避け、他者に責任転嫁をすることで自己正当化を図るものである。しかし、その自己正当化の論理は、「カンニングをしていた当の学生が悪い」ということを否定できてはいない。

以上の三つは、論理性に乏しく、詭弁に結びつくおそれもある論法である。しかし、現実の文章では頻繁に用いられ、感情面での説得に成功している、侮れないレトリックである。

一方、説得のために科学論文などで用いられる論理的な論法の典型は、因果律である。因果律は、原因があるから結果があるというもので、一見疑いようのない論理に見える。たとえば、以下の文は、否定しようのない正しい論理に思える。

インフルエンザ・ウイルスに感染したから高熱が出た。

しかし、ほんとうにこれが正しいかどうかは、いくつかの検証が必要である。

まず、「インフルエンザ・ウイルスに感染した」のが事実か、「高熱が出た」のが事実かという問題である。医者に行って、「インフルエンザ・ウイルスに感染している」と言われたとしても、誤診の可能性がないとは言えない。また、体温計を使って測った結果、「高熱が出た」ことがわかっても、前に測った人の記録が残っていたり、体温計が壊れていたりした可能性もある。

次に考えなければならないのは、「インフルエンザ・ウイルスに感染する」→「高熱が出る」という因果関係である。因果関係の正当性は、必要条件、十分条件を満たすかということで測られる。最初に必要条件から検討する。

インフルエンザ・ウイルスに感染しても、喉の痛みや頭痛に悩まされるだけで、熱が出ない人がいてもおかしくない。また、インフルエンザ・ウイルスに感染していたとしても、程度問題で、体力がある患者なら免疫で抑えられてしまい、発症しない場合もある。つまり、「インフルエンザ・ウイルスに感染する」→「高熱が出ない」という可能性が一％でもあれば、厳密に言えば必要条件を満たしていないと考えられ、論理に破綻を来すことになる。

一方、インフルエンザ・ウイルスに感染していなくても高熱が出る可能性もありうる。別のタイプの風邪で発熱する場合や、別のより深刻な病気で高熱が出ている場合なども考えられる。つまり、「インフルエンザ・ウイルスに感染していない」→「高熱が出る」可能性があり、十分条件が満たされていなければ、論理に破綻を来すことになるわけである。

じつは、因果律の場合、前提となる原因や根拠に何を選択するかで異なる結論を導きだすことができる。その意味で、因果律も完全な論理とは言いきれない部分がある。

最後に、演繹法と帰納法に触れておく。

演繹法は、真理や一般化された法則から、具体的な結論を導きだすものである。その代表例として三段論法が挙げられる。三段論法は、「人間はかならず死ぬ」という大前提、「ソクラテスは人間である」という小前提から、「ソクラテスはかならず死ぬ」という結論を導きだすような、二つの前提から結論を導きだす演繹的な論法である。演繹法においては前提が真であれば、結論も真になるが、前提となる真理や法則が真であることを証明することが難しい。

一方、帰納法は、演繹法とは反対に、具体的な事例を多数挙げることで、一般化された結論を導くものである。たとえば、日本人である田中さんは日本語で話していた。高橋さんも佐藤さんも鈴木さんも渡辺さんもそうだった。だから、「日本人は日本語を話す」とするのが帰納法である。しかし、すべての日本人に会えるわけではないので、帰納法は、一般に確率が高いということを示すに留まる。日常言語では数例から過度の一般化が行われることが多く、注意が必要である。〔石黒　圭〕

6　題名・副題・小見出しの付け方

題名のつけ方は重要である。書籍であれば、書名でその本の売れ行きが決まり、新聞では、見出しでその記事が読まれるかどうかが決まる。メールでは、件名によっては自動的にスパム・メールとして認識され、捨てられてしまうこともある。

題名のつけ方はジャンルによって変えるのが基本である。

論文や報告書であれば、何を対象にしたどのような研究・報告なのかがわかるようにタイトルを決めるのがよい。たとえば、「クマゼミの生息地の変化」というタイトルであれば、クマゼミを対象に、その生息地がどう変化しているかを扱った報告書であるということがすぐにわかる。

しかし、この報告書の内容を読むまでは、生息地がどう変化したかがわからない。それは読んでのお楽しみという立場もあるだろうが、具体的に示したほうが親切という立場もあろう。その場合は、「北進するクマゼミ」とすることも可能である。

また、論文・報告書に分析の観点を副題で示すこともよく行われる。「北進するクマゼミ―温暖化との関連で―」のようなものである。ただし、副題がないほうが、大切な情報が読者にすっきり伝わる場合も多い。当該の論文・報告書の理解に欠かせない観点である場合にかぎり、つけるようにしたい。

近年、文献の検索はコンピュータを使うことが多い。そのため、自分の書いたものが、読んでほしい読者の目に確実に留まるように工夫する必要がある。たとえば、「クマゼミ」を「熊蝉」と表記した場合、生物学者の検索からは外れるおそれが高い。生物学では、生物名を片仮名表記する習慣があるからである。また、具体的に示せるとした「北進するクマゼミ」も、南方系のクマゼミが生息地を北へ移す場合、「北進」よりも、「北上」「北限」といった表現のほうが検索にかかるかもしれない。

近年、論文を書くさい、要旨にくわえ、キーワードをつける習慣が定着しつつある。これは、あくまでコンピュータでの検索を考えてつけられているので、いくら論文の本文に何度も出てくる語であっても、自作の語を載せては検索にはかからない。使用頻度の高い既存の語を載せるのが基本である。

新聞の見出しは、記事の究極の要約になるようにつけられる。そして、一目でわかることを重視しているので、文字数を少なくするように心がけられている。しかし、記事の基本である5W1Hを可能なかぎり含むことも重要であるため、「国税局国内IT関連企業数十億円申告漏れ指摘」のような臨時一語（林（一九八二））が増えがちになる。

Eメールの件名は、スパム・メールと認識されないよう、件名を具体的にしたり、発信者の属性がわかるように工夫することが必要である。たとえば、「質問」ではなく「文章表現Ⅱの授業の質問」とすれば、発信者は授業の受講生であり、質問の内容は授業と関連するものであることの見当がつく。

なお、一冊の本や卒業論文のような長い文章の章や節の見出し、ハンドアウトを用いた発表の小見出しなどは、内容が端的に伝わることにくわえ、その見出しのつけ方に、観点の一貫性のあることがポイントである。目次を作り、章や節の見出し、小見出しを一覧できるようにすると、統一された観点での見出し作成が容易になり、便利である。

〔石黒　圭〕

7　書き出しと結びの要領

文章は、書き出しから読みはじめるものである。書き出しがうまければ、読者はその続きを楽しみに読むだろうし、書き出しがまずければ、読者はそこで読むのをやめてしまうかもしれない。したがって、書き出しというのは文章全体の印象を決める、文章の顔とでもいうべき大切な部分である。

書き出しというのは、文章のジャンルによって異なり、かなり固定しているジャンルもある。たとえば、手紙であれば、「寒さのなかにも春の兆しを感じる季節となりました。みなさまにおかれてはますますご健勝のこととお慶び申しあげます。」のような紋切り型が存在するし、新聞の事件報道ならば、「三日午前二時二〇分ごろ、東京都国立市中二「みんなのコンビニ大学通り店」に二人組の男が押し入り、アルバイトの女性店員（二二）に包丁のような物を突きつけた。」のように、時、場所、人物、出来事の順に導入するのが普通である。

このように、固定的な言い回しが準備され、それに従うことが求められるジャンルでは、工夫の余地は少ない。むしろ問題になるのは、小説、エッセイ、ブログなど、書き出しの自由度の高いジャンルであろう。ここでは、小説を例に考えたい。

新聞の事件報道と同じように、時間、空間、登場人物、状況を順に提示するタイプがある。読者にとっても、登場人物が動き回る舞台設定があらかじめ示されるので読みやすい。たとえば、芥川龍之介「羅生門」は、「ある日の暮方の事である。一人の下人が、羅生門の下で雨やみを待っていた。」で始まる。

また、舞台設定や登場人物に関わる説明で始めるタイプもある。森鷗外「高瀬舟」の「高瀬舟は京都の高瀬川を上下する小舟である。」や、同じく森鷗外「ヰタ・セクスアリス」の「金井湛君は哲学が職業である。」などがその例である。

こうした導入はオーソドックスでわかりやすいが、当たり前すぎる印象を与えるきらいがある。そこで、作家によっては、できるかぎり変わった書き出しをすることで読者の興味を惹こうとする。たとえば、太宰治「葉」は、「死のうと思っていた。」で始まる。第二文以降、それとは無関係な、はぐらかすような平和な文がしばらく続くが、読者はその間、冒頭の文がどう落ち着くのか、固唾を飲んで先を読みすすむ。太宰治には、「メロスは激怒した。」（「走れメロス」）や「おわかれ致します。」（「きりぎりす」）のような同種の奇抜な書き出しが目立つ。

太宰治ほど極端でなくても、ありきたりでない書き出しを目指すものに、状況設定や説明を省き、ある場面で起きていることを突然書きはじめるものがある。読者としては話を途中から聴きはじめるような気になり、成功すれば、作品世界のなかに自然と引きこまれる。その典型は会話や引用から始めるもので、たとえば、小林多喜二「蟹工船」は「おい地獄さ行ぐんだで！」で始まる。会話や引用で始めるのは、有力な書き出し手法の一つであるが、現代ではやや陳腐化しているため、かえってありきたりの書き出しになってしまう危険性もある。

書き出しを類型化することは困難であるし、また、どんな書き出しのタイプでも、多用されると読者にいずれ飽きられてしまうので、類型化という行為自体に矛盾があるかもしれない。しかし、書き出しの要領というものをしいて二つ挙げるとすると、一つは印象に残るような象徴性があること、もう一つは知りたくなるような情報のすき間があることである。

川端康成「雪国」の有名な書き出し「国境の長いトンネルを抜けると雪国であった。」は、「雪国の世界を象徴的に描く形で作品の幕を開けた」（中村（二〇〇三）九七頁）という指摘のとおり、作品世界のイメージが凝縮されたような一文が冒頭に配されることで、作品全体がぐっと引き締まって見える書き出しである。

また、優れた書き出しは、ほぼ例外なく、次が読みたくなるような情報のすき間が用意されている。すき間がありすぎると読者がついていけなくなるし、すき間がなさすぎると読者は読む気が失せるので、そのさじ加減が難しい。夏目漱石「こころ」は、「私はその人を常に先生と呼んでいた。だからここでもただ先生と書くだけで本名は打ち明けない。これは世間を憚かる遠慮というよりも、その方が私にとって自然だからである。私はその人の記憶を呼び起すごとに、すぐ「先生」といいたくなる。筆を執っても心持は同じ事である。よそよそしい頭文字などはとても使う気にならない。」で始まるが、「私」が誰か、「先生」が誰か、「私」にとってなぜ「先生」なのか、読者は知りたくなる。「私」「先生」という名詞の適度の抽象性が、読者を作品世界に引きこむ力の源泉となっている。

一方、結びの要領については、ここでは二つ挙げておきたい。一つは、書き出しとの呼応、もう一つは余韻である。

結びは、文章を一通り読みおえるときに目にするものであるため、文章全体を回顧するきっかけになるようなもの、とくに書き出しと、意味的・形態的関係があるものがよい。結びは

「スタートにもどる形で終わるのが、最も快い終結である、とは言えるだろう。文章はそれで輪をなして、自ら閉じた姿となる」（渡辺（一九八五）一〇一頁）からである。

もう一つの余韻もまた重要である。文章がそこで終わる以上、読者は続きを読むのに使う力を自らの想像力に振りむける。したがって、結びは読者の想像力を喚起するような、読みこませる表現であることが理想である。

「親譲りの無鉄砲で小供の時から損ばかりしている。」で始まる夏目漱石「坊っちゃん」は、実の家族には愛されなかったが、下女の清にだけは心から愛された坊っちゃんの姿が描かれる。坊っちゃんは、中学の数学教師として松山に派遣され、そこで挫折を経験し、清の暮らす東京に戻ってくる。

気性のさっぱりした坊っちゃんらしく、清の死に直面しても悲しみを口にはしないが、清への愛情は、次に示す結びの文章の接続詞「だから」に凝縮される。井上ひさし『自家製文章読本』（一九八四）で、「日本文学史を通して、もっとも美しくもっとも効果的な接続言」と評されるこの「だから」には、自分を心から愛してくれた清が、自分と同じ菩提寺に入るのを当然と思う坊っちゃんの強い気持ちが現れているのである。

清は玄関付きの家でなくっても至極満足の様子であったが気の毒な事に今年の二月肺炎に罹って死んでしまった。死ぬ前日おれを呼んで坊っちゃん後生だから清が死んだら、坊っちゃんのお寺へ埋めて下さい。お墓のなかで坊っちゃんの来るのを楽しみに待っておりますと云った。だから清の墓は小日向の養源寺にある。

〔石黒　圭〕

8　引用の種類と作法

引用というのは、誰かがすでに話したり書いたりしたことばを、二次的利用であることを明示しつつ、形態・内容ともできるかぎり忠実に再現したものである。

引用は、引用の「と」でマークされるような文法的な概念としても、パロディや金言使用などを示す修辞的な概念としても用いられるが、ここでは文法的な概念としての引用を中心に考える。また、話法という、引用に似た概念もあるが、こちらは語用論的な概念として位置づけて考えるべきである（松木（二〇〇五）六八頁）とされており、ここでは扱わない。

引用には、引用を発話した発話者が話した時点と、引用をおこなっている引用者が再構成した時点の場の二重性（砂川（一九八八）参照）があり、引用は、直接引用と間接引用の二つに分けるのが一般的である。

直接引用は、引用部の発話者が話した時点を中心に組み立てられる。そこで話された内容は、そのとき話されたとおりに忠実に再現され、「　」に入れて示されるのが普通である。

・一昨日母から「お父さんがあさっての晩あんたのアパートに泊まりに行くから準備しておいてね」と電話があった。

一方、間接引用は、引用をしている引用者が、そのときの話を、引用している今の時点から解釈しなおしている点に特徴がある。間接引用の場合は、発話したとおりではないので、「　」に入れて示されることはない。

・一昨日母から、父が今晩私のアパートに泊まりに来るから準備しておくように、と電話があった。

直接引用を間接引用にした結果、以下の諸点が変わる。

直接引用	間接引用
お父さん	父
あさっての晩	今晩
あんた	私
泊まりに行く	泊まりに来る
準備しておいてね	準備しておくように

間接引用では、「お父さん」→「父」、「準備しておいてね」→「準備しておくように」のように、直接引用で母の日常的なことばづかいであった部分が客観性の高い表現に変わっている点にくわえ、「（おとといから見た）あさっての晩」→「（引用時点から見た）今晩」、「（母から見た）あんた」→「（引用者から見た）「私」、「（父母から見た）泊まりに行く」→「（引用者から見た）「泊まりに来る」のような、引用者の「今・ここ・私」から見た引用内容の再構成が間接引用らしさに結びついている。

つぎに、文章を書くなかでどのように引用すべきか、という引用の作法を考える。引用というのは、論文やレポートというジャンルでとくに重視される。だれが最初に発見したかというオリジナリティが問われるジャンルだからである。

引用してあるということは、書き手自身の考えではなく、他者の考えであることを意味する。一方、引用せずにあえて断言してあるということは、それはそれまでにない新しい考えで、書き手自身が発見したものであることを意味する。

もし、他者の考えであるにもかかわらず、あたかも書き手自身の考えのように断言してしまうと、盗用の容疑をかけられるおそれがある。したがって、引用は、論文やレポートのジャンルのなかで、適切に使い分けなければならないものである。

冒頭で掲げた引用のポイントを、箇条書きの形で示すと、

①誰かがすでに話したり書いたりしたことばである
②二次的利用であることを明示する
③形態・内容ともできるかぎり忠実に再現する

となる。したがって、引用は、この三つの条件を満たすように示す必要がある。

①の条件を考えると、誰がいつどこで述べた意見かというのを明示しなければならない。したがって、引用のさいには、

・松山次郎（二〇〇〇）によれば、……。
・浜田（二〇〇五）一八六頁を参照。

のように、誰がいつどこで述べた意見かを明示する。稿末の参考文献表には、それに対応する文献もかならず掲載し、どこで述べたかも確認できるようにしておく。

②の条件を満たすためには、引用内容を「　」でくくり、それに引用の助詞「と」をつければ、間違いない。

・高松（二〇〇八）九三頁は、「日本国内のジニ係数は、『失われた十年』で急速に上昇した。」と述べている。

また、引用の引用である孫引きは、研究倫理に反するので注意したい。最近では、インターネット上の様々なウェブサイトに、有用な情報が部分的に記載されていることが多く、それ自体は役に立つ。しかし、そこに記載されている情報は、専門書などからの引用のつぎはぎであるケースが多い。そうした情報は鵜呑みを避け、かならず原典である書籍や学術雑誌などでそ

の真偽を確かめることが大切になる。

③の条件もまた重要である。引用した場合、そのなかの語句を勝手に改ざんしてはいけない。とくに、「　」でくくった直接引用の場合は、原文と完全に一致していなければならない。

一方、間接引用の場合は、表現の形を部分的に修正することは許されるが、その内容は原文で示された内容を可能なかぎり保持するように努めなければならない。

〔石黒　圭〕

9　要約のルール

要約とは、理解した元の文章や談話から重要な情報を選び出し、それを再構成して、より少ない言語分量で表現することである。要約は、文章・談話の種類や伝達の目的によって作成方法が異なるが、本項では、意見文や論説文の要約について述べる。

まず、文章を読み、最も中心的な内容を表す「主題文」を見つけ出す。手がかりとなるのは、書き手が内容のまとめとして付けた「題」や「見出し」のほか、様々な言語形式がある。

①接続表現では、順接型の「したがって」は、因果関係がその前後で表されため、逆接型の「しかし」は、前件に反する結果を後件に示すため、それぞれ後件の方が重要なことを示している。「まず、次に、さらに」「第一に、第二に、最後に」などは、論点や例を列挙する際に使われる。「たとえば」は、例示の機能を持つため、前件の方が重要である。

②指示表現では、文段や文章の終わりにあるコ系の「このように～のである」は、結論を表すことが多い。

③提題表現と叙述表現は、「～は」「～について」「～といえば」などと文や文段の話題を示して叙述表現でまとめるが、特に、意見文や論説文では、書き手の主張を「～のではないか」「～てほしい」などの相手に働きかける機能の表現が使われる。

④「結論から言えば」「以上の議論をまとめると、」「要点を述べれば」など、文脈展開を表すメタ言語表現がある。

次に、以上の手がかりから、元の文章の中心的内容とそれを支える根拠や例を決定し、要約文の制限文字数に従って再構成する。字数制限が大きい場合は、結論を中心にまとめる「要旨」となり、原文の約四分の一の制限文字数では、「大意」となる。後者は、原文の文章構造に沿ったものとし、結論は原文の表現を用い、根拠や例示は短くまとめ、省いたりして字数を調整し、要約文を作成する。この際、要約文だけ読んでも、文章として完結する表現となる必要がある。

最後に、要約文を次の五点からチェックして、完成する。

・原文の結論が書かれているか
・原文の重要な内容が書かれているか
・原文の具体的な事柄が短くまとめられているか
・原文にはない事柄が書かれていないか
・要約者自身の意見が書かれていないか

日本語の要約文は、原文の筆者の視点から書き、要約者の意見は入れないものが多いが、論文などでは、「この文章の筆者は…と言っているが、これは～と筆者は考える」などと、要約者の見解を添えるのが一般的である。

要約文は、読み手の理解力と表現力の両面を見ることができ、日常生活から論文執筆に至る種々の場面で必要とされている。情報社会の現代にあっては、必要な情報を効率的に相手に伝えるために、簡潔かつ正確に表現することが一層重視されつつある。

〔藤村知子〕

10　箇条書きの要領

箇条書きは、似たような事柄を列記するときに使われるもので、もっとも素朴なものは、メモやノートに現れる「・」による列挙である。

箇条書きで示すと、読者にポイントが一目で伝わるため、発表のさいに使うレジュメ（ハンドアウト）やプレゼンテーション・ソフトのスライド、ウェブサイトのトピックスなど、現代では欠かせない技術になっている。

注意する必要があるのは、メモやノートのような自分のための箇条書きと、レジュメやスライドのような他者に見せるための箇条書きとはおのずと異なる点である。他者に論点を的確にとらえてもらうためには、箇条書きによる情報提示を見やすくすることが重要になる。

他者に見せるための箇条書きの重要な第一の点は、情報の要点を可能なかぎり少ない字数で示すことである。箇条書きは忙しい読者のためのものなので、パッと見てわかるようなものにする必要がある。

次の例では、後者のほうが一目でわかり、箇条書きに適した書き方であると考えられる。

・タクシーの初乗り運賃の改定が運輸局に認可され、値上げされることになった
・タクシー運賃、値上げ決まる

箇条書きの見やすさを高めるには、見出しをつけるというのも有力な方法である。先ほど一目ではややわかりにくいとした

例も、見出しとともに示すと、トップダウン処理が容易になり、ぐっとわかりやすくなる。

・**タクシー値上げ**…タクシーの初乗り運賃の改定が運輸局に認可され、値上げされることになった

他者に見せるための箇条書きの重要な第二の点は、類似の内容を同一の観点から整理して示すことである。次の例では、最後の「市指定ゴミ袋の導入目的」だけがゴミ収集の方法とは異なる次元のものなので、箇条書きから外したほうがよい。

・ゴミの収集日・収集場所
・ゴミの分け方・出し方
・粗大ゴミの収集方法
・市指定ゴミ袋の導入目的

他者に見せるための箇条書きの重要な第三の点は、階層構造を単純に、かつ見やすくということである。

その場合、番号を振って整理すると見通しがよくなる。ハンドアウトやスライドのように、見ながら説明するものの場合は、番号は、言及する際にも便利である。

番号のつけ方は、「一章二節」とする方法、「一―二」のようにする方法、ローマ数字やカッコ数字、マル数字などを組み合わせる方法がある。ただし、「一―二―四―三」のように、あまり階層が多くなると、読者が理解困難になるので注意したい。また、「I」よりも「i」を、「(1)」よりも「①」を、階層の上位に使うと、読み手の混乱の元となるので避けたほうがよい。

〔石黒　圭〕

11　参考文献の書き方

オリジナリティを重視するジャンルである論文・レポートを書く場合、どこまでが先行研究の考えであり、どこまでが自分の意見かを区別することは大切な心得である。したがって、先行研究を引用する場合、参考文献としてその典拠を示す作業が重要になる。

参考文献の書き方は、学問の分野や流派によって大きく異なるのが現状であるため、それぞれの分野の慣行に従うのが無難である。ここでは、一般的な慣習を示すことにしたい。

本文中に参考文献を引用した場合、以下のように書くのが通例である。

「点描法」は、中村（一九九一）一七九頁によれば、「ある対象を描写する際に、全体の姿や印象を一つの流れとして描かず、それを構成しているいくつかの要素を取りあげて述べる形で進行する場合がある。対象を面としてとらえず点の集合として描くという意味で、絵画の技法の名称を借用し、《点描法》と呼ばれることがある。」というレトリック上の技法を指す。

大切なのは、次の三点である。

①「中村（一九九一）」として、執筆者名と出版年を示し、引用元の文献を指定する。
②「一七九頁によれば」のように引用のページ数を明示し、当該文献のどこからの引用であるかを明確にする。

③文献から引用した内容は、もとの文献と一字一句異ならないようにし、それを「　」に入れて示す。

また、稿末には参考文献をリストの形で示し、本文で言及した文献はかならずそこに入れる。示し方は以下の通りである。

中村　明（一九九一）『日本語レトリックの体系』岩波書店

中村　明（一九九三）「省略の文体論—表現におけるジャンル意識をめぐって—」『日本語学』一二巻一〇号、一一—一七

書名・雑誌名は『　』、論文名は「　」に入れて示すこと、雑誌の場合は巻・号・ページ数なども示すことが大切である。

稿末の参考文献には、こうした書誌情報を執筆者の五十音順に並べる。年度順に並べる場合もあるが、それは、ある分野の参考文献を網羅的に示し、一覧として示す場合に限られる。

参考文献には、本文中に示した引用文献だけを載せるべきだという立場と、参考にした文献なら何でも載せてよいという立場があるが、引用の厳密さを重んじる立場から、引用文献だけを参考文献として載せる立場が主流になりつつある。

また、欧文の著作も収録する場合、参考文献リストには、邦文の著作と区別して載せる立場と、区別せず、執筆者のアルファベット順に載せる立場とがある。見やすさでは前者が勝るが、学問的見地から考えると、対等な論文なのだから区別すべきではないという批判の声も根強い。

〔石黒　圭〕

12 注の種類と付け方

「注」とは、論文・レポートなどにおいて、本文の記述だけでは充分に理解できないと筆者が判断したとき、本文の該当箇所に注番号を付し、本文とは別の箇所に、その部分の記述を補う内容を加えたものである。「註」とも表記される。

注を形式面から考えると、「脚注」と「後注」に分かれる。

「脚注」は、本文のしたの欄外につけられる注で、注番号を付した本文と同じページに注が入り、参照しやすいという利点がある。一方、注の分量が多いと、そのぶん本文の分量が減り、どちらが本文か一見してわからないことにもなりかねないので、長い注は避けることが必要になる。

「後注」は、章や節が終わったあと、あるいは本文全体の終わりにまとめて示される注である。本文とは別の場所に置かれるので、本文を読むときに目障りにならず、注相互の参照もしやすいという利点がある。しかし、参照するときには、注の位置を確認してその都度ページをめくらねばならないという煩わしさがある。

そう考えると、脚注と後注は一長一短である。

注を内容面から考えると、大きくは、「典拠の表示」と「本文の補足」に分かれる。

「典拠の表示」は、他者の意見を引用するとき、出典を明記するのに使われる。稿末に参考文献リストがないタイプの論文・レポートでは、詳しい書誌情報を注に書きこむこともある。

渡辺　実（二〇〇一）『さすが！　日本語』三四頁、ちくま新書

しかし、現在の主流は、次のように本文に筆者名と出版年を埋めこみ、その詳しい情報を稿末の参考文献リストに示す方法であり、書誌情報を書きこむ注はすたれつつある。

なお、「せっかく」「どうせ」など、主観を表す副詞については、渡辺（二〇〇一）が詳しい。

「本文の補足」は、本文の論述の流れからは外れるが、その理解を助けるのに必要な情報を載せるのに使われる。

古典や翻訳など、読者にその方面の背景知識がないと理解できないと考えられる場合、訳者や注釈者が、時代的・言語的・文化的文脈を示すためにつける注もこのタイプに入る。

論文・レポートにつけられる注は、学問の分野や流派によって様々な考え方がある。注は文章の流れを寸断するので、そもそもつけるべきではないとする考え方もあれば、論証の過程の透明性を高めるために、可能なかぎり詳しくつけたほうがよいという考え方もある。

はっきりしていることは、注は、読者が本文を正確に理解できるための補助をするためのものである。本文に組み入れることが可能な内容は、できるだけ本文に組み入れるようにし、極端に長い注、注のなかの注、典拠不明の注、言い訳のための注は、避けるように心がけたい。

〔石黒　圭〕

13　改行のルール

日本語の文章は、古くは、墨継ぎや和歌の引用の外には、文や段落の表示もなく、連綿と綴られていたが、現在は、文に「句読点」（→句読点のルール）を記し、段落の書き出しを改行一字下げで示すのが普通である。文と文章の中間にある「段落」（→文段）は、文章の表現手法、また、「句読法」の一種であるが、実際は、改行の方法が一定しているわけではない。また、内容上のまとまりの規模がさらに大きい「大段落」（→連段）の場合は、「部・編・章・節・項」などの各種の番号や記号、見出し、また、一行空きの体裁にして表示する。

〈段落〉

一編の文章の中の部分として、通常、二文以上の連続集合体からなる内容上の一まとまりを示す段落は、文章を直接に構成する言語要素であるが、同時に、印刷・表記上の分量面の配置も示すことから、書き手の主観的な裁量の働く余地が大きく、言語単位としては「恣意性」が指摘されてきた。

国語教育では、「形式（・改行・小）段落」と「意味（・内容・大）段落」という二種類の実践用語による段落指導の効果が問題視されて久しい。

しかし、段落は、文章における思考・論理の展開様式や文章構成の方法としても、重要な働きをするため、文章の読解や表現の際の技法の単位としても有効である。

〈段落の改行規則〉

段落には、文章展開上の様々な機能があり、文章の種類や目

的によっても、改行のしかたは異なるが、通常、次の六種の改行規則が考えられる。

①新しい話題に変わるとき、改行する。

（時間・空間・状況・事物・人物・行動・心理・思考・事柄・概念・見地・段階の違いにより、話題が変わる。）

②段落の文章展開における働きが変わるとき、改行する。

（a定義　b例示　c列挙　d比較　e対比　f分類　g類推　h要約　i詳述　j因果　k反復　l省略　m一般　n特殊）。

③「開始部（はじめ）」・「継続部（なか）」・「終了部（おわり）」という文章展開の三段階が始まるとき、改行する。

④書き手の立場や視点が変わるとき、改行する。

⑤新しい会話や引用を始めるとき、改行する。

⑥大切な内容を強調したり、視覚的な印象の表現効果を高めたりするとき、改行する。

文章の目的や種類、用紙のサイズや文字数、一行の字詰め等で異なるが、一般に、三文～六文、五行～十行、約二百字に一回を目安に段落の改行をすると、読みやすいとされている。文章のジャンルや伝達媒体、書き手の文体、想定される読み手の種類、レイアウトの工夫等に応じて、改行のしかたは異なる。

内容上も、文章の規模や構成、伝達形態の違いにより、段落の設定が異なり、大きな話題に小さな話題が複数含まれることもあるため、改行のしかたは工夫を要する。〔佐久間まゆみ〕

14　句読点のルール

句点は文の終わりに打つ点で「。」で表記される。一方、読《とう》点《てん》は文中の切れ目に打つ点で「、」で表記される。両者をあわせて句読点と呼ぶ。

話しことばとは異なり、書きことばの場合、文という単位は比較的安定しているので、句点を打つ場所はあまり迷う余地がない。ただし、文としての独立性が相対的に低く、前後の文脈に依存する文の場合（野田（一九八九）参照）、句点なのか、読点なのか迷う場合がある。

具体的には、①～⑤で示す例文の一文目と二文目のあいだの句点が問題になる。

①終止形で終わり、指示語で受けなおす文

・親しい人を注意する。それがなかなか難しい。

②終止形や「～すること」で並列される列挙

・ゴキブリが出ないようにするには、以下の三点が大切である。食器を食後すぐ洗うこと。台所の床や流しをこまめに掃除すること。生ゴミをきちんと処理すること。

③終止形とも連体形とも受けとれる文

・一年間、違反をしなければ、免停になることもない。ほとんど無罪に近い罰則である。

④疑問の終助詞「か」で終わり、引用動詞に続く文

・（論述式の試験問題で）高度経済成長期になぜ公害が頻発したのか。百字以内で説明しなさい。

⑤引用助詞「と」の直前で、閉じカギで終わる文

・「なんだ、雨が降っていたのか。」と彼はつぶやいた。

とくに⑤の場合、句点を入れるのが標準的な表記だが、小説などを中心に、実際には省かれることが多い。

読点ではなく句点が選択されると、それまでの部分が文として認識されるので、読み手は、それを独立した情報として受けとる。読点を使った場合よりも情報としての価値が高くなったような印象を与えることができる。

一方、読点は書き手によって、打つ場所にかなりばらつきがある。それは、①意味、②長さ、③構造、④表記、⑤音調、⑥リズムなどの要因が複雑に絡みあって打たれるものであり、どの要因をどの程度重視するかによって、打ち方が違ってくるからである。①から順に例を見ていく。

まず、①意味であるが、複数の意味で取れる文は、一つの意味に取れるように読点を打つ必要がある。たとえば、

・太郎はイライラして電話をかけてきた次郎を怒鳴った。
・太郎はイライラして、電話をかけてきた次郎を怒鳴った。
・太郎は、イライラして電話をかけてきた次郎を怒鳴った。

の場合、イライラしたのが太郎であれば、「イライラして」のあとに、イライラしたのが次郎であれば「太郎は」のあとに、それぞれ読点を打てば、最初の文の両義性は回避される。ただし、いずれにも読点を打つと両義性を帯びるので注意が必要である。

次に、②長さであるが、修飾・被修飾の関係にある表現の距離が遠いとき、読点を打つことでその修飾関係を明確にすることができる。

・お母さんは幼稚園で遊びすぎて熱を出してしまった娘の看病に努めた。
・お母さんは、幼稚園で遊びすぎて熱を出してしまった娘の看病に努めた。

読点のない前の文では、「お母さんは幼稚園で遊びすぎて」という意味で受けとられるおそれは低いにもかかわらず、読みにくい。後の文のように、「お母さんは」のあとに読点を打つと読みやすくなる。これは、「お母さんは」と「(娘の看病に)努めた」という修飾・被修飾のあいだの距離が離れすぎているためである。つまり、「お母さんは」の直後に読点を打てば、遠くの述語にかかる読みがより自然になるという働きが読点にはあるのである。

③構造は、②長さとも関係するが、文という構造体を考えたとき、その骨格の中心となるところに読点を打つと、文の理解が容易になるということを意味する。

以下の文は長くて読みにくい。一箇所だけ読点を打つとすればどこがよいだろうか。

・経済が急成長すると給与が上がり銀行預金の利率もよくなるがそれにつれて物価も急激に上がり人々の生活はかならずしもよくならない。

構造的には、文の骨格の中心となっている接続助詞「が」のあとにまず必要である。これで読みにくさが解消される。

・経済が急成長すると給与が上がり銀行預金の利率もよくなるが、それにつれて物価も急激に上がり人々の生活はかならずしもよくならない。

この文をさらに読みやすくするには、接続助詞「が」の前後の表現の対称性を保つように、連用中止の二箇所に読点を打つ

とよい。

・経済が急成長すると給与が上がり、銀行預金の利率もよくなるが、それにつれて物価も急激に上がり、人々の生活はかならずしもよくならない。

このように、読みやすい読点を打つためには、文の構造に対する意識が必要である。文の骨格の中心となっている部分に読点を打ち、なおかつその前後の対称性（パラレリズム）が保たれている文は、文自体がかなり長くても読みにくくはないものである。

④表記は、平仮名、漢字という同じ表記が長く続くと読みにくくなるので、そうした場合に打たれる点である。日本語は、実質語は漢字（外来語の場合は片仮名）、機能語は平仮名という組み合わせで文節を構成することで、分かち書きがなくても済む表記体系を形作っているので、平仮名、漢字が連続した場合、読点で分かつこともあるわけである。次の例では「明日早朝、新千歳空港を発って」「使用している、いちょうのまな板」のように読点がないと読みにくい。

・祖母は明日早朝新千歳空港を発って北京に向かうらしい。

・板前さんは、ふだんお店で使用しているいちょうのまな板をお客にプレゼントした。

⑤音調は、文章を音読したときに息継ぎをするもので、ことばを音にしたときに置かれる間《ま》を示すときに読点が打たれる。

・パン、パパン、パパパンと爆竹が間をおいて少しずつ破裂した。

⑥リズムは、②長さや、③構造の対称性ともかかわるが、読点は、短い間隔で打つのを好む人と、長い間隔で打つのを好む人がいる。読点の感覚は作品の文体を決めるので、作家はとくに気を使う。以下は、短い間隔で打つのを好む太宰治「富嶽百景」の例である。

・十国峠から見た富士だけは、高かった。あれは、よかった。はじめ、雲のために、いただきが見えず、私は、その裾の勾配から判断して、たぶん、あそこあたりが、いただきであろうと、雲の一点にしるしをつけて、そのうちに、雲が切れて、見ると、ちがった。

直前で文体というものに触れたが、読点の場合、書き手の書き癖に依存する比率が高い。接続詞のあとにはかならず読点を打つ人、引用助詞「と」の直前あるいは直後にかならず読点を打つ人など、書き手の習慣というものにも読点はかなり影響を受ける。

しかし、読点のない文に読点を打つ実験をしてみると、誰もが読点を打つ箇所、人によって異なる箇所、一部の人だけが読点を打つ箇所、読点がまったく打たれない箇所の四つに分かれる。誰もが読点を打つ箇所は、かなりルール化が進んだと見られる箇所で、①意味、②長さ、③構造のいずれか（あるいは複数）が深く関わっていることが多い。人によって異なる箇所は、書き手の文体を決めている箇所であり、④表記、⑤音調、⑥リズムとの関連が強い。

一方、一部の人だけが読点を打つ箇所は、⑦強調として考えられるもので、文の一部の要素を際だたせるのに使われる。話しことばでのプロミネンスに対応するものである。何を強調するかは書き手の意図によって異なるため、ルールとして取りだせるようなものではない。むしろ、本来読点が打たれないところに打たれ、強調としての機能が強まる傾向がある。

以下は、太宰治の事実上の遺稿となった「人間失格」からの引用である。作品が閉じられる直前、主人公が口にする強い自己否定のことばは作家自身のことばとして読者の心に突き刺さる。その力を与えているのは、筆者が息絶え絶えに語っているような印象を抱かせる読点である。

・人間、失格。

もはや、自分は、完全に、人間で無くなりました。

読点というものには意味はなく、そのため、読点はとらえどころのない印象がある。しかし、①意味、②長さ、③構造、④表記、⑤音調、⑥リズム、⑦強調という七つの要因を考慮することは、読点の打ち方を整理して考えるさいに、役に立つものであると思われる。

〔石黒　圭〕

15　記号の種類と用法

記号には、様々な種類がある。ここではそれを、①区切る機能を持つもの（句読点の類）、②囲む機能を持つもの（かっこの類）、③つなぐ機能を持つもの（ダッシュの類）、④並べる機能を持つもの（箇条書きの類）、⑤音調を示す機能を持つもの（疑問符の類）の五つに分けて、順に概観する。

〈区切る機能を持つもの〉

・句点　。

・読点　、

・ピリオド　．

・コンマ／カンマ　，

・中点　・

・スラッシュ　／

区切る機能を持つもののうち、句点と読点については、前項「句読点のルール」で見た。ここでは、そこで扱わなかった中点について簡単に説明する。

中点は、「年金・保険の問題」のように、もっぱら語と語を並列するのに用いられる。句と句の並列にも用いられることはあるが、「AのB・CのD」は「［AのB］［CのD］」と「Aの［B・C］のD」の二つの解釈可能性もあり、できるだけ避けたほうがよい。次の例では、一瞬「保障・雇用」というまとまりで読んでしまうおそれがある。

・労働者の安定した生活には、手当の保障・雇用の継続が欠かせない。

また、中点は「スパゲティ・ペペロンチーノ」「ジョージ・ワシントン」のように、外来語のスペース相当の位置に入れて使われる。そのため、外来語では並列に読点を使ったほうが、紛れがない。その他、縦書きの漢数字の小数点にも中点が使われることがある。

スラッシュは、その前後のいずれかを選択する「または」の意味で使われる記号である。次の「②囲む機能を持つもの」で「丸かっこ／小かっこ／パーレン」という表現が出てくるが、これは（　）という記号に対し、三つの名前があり、そのいずれかで呼ばれるということを表す。日本語では、中点がこのスラッシュと同じ意味で用いられることもある。

なお、ピリオドとコンマは、横書きの場合に、句点と読点の代わりに用いられる。ただし、全般的には横書きでも句点と読点の使用が優勢であり、公用文では句点とコンマの使用が奨励されている。

〈囲む機能を持つもの〉

・かぎ／かぎかっこ　「　」
・二重かぎ／二重かぎかっこ　『　』
・丸かっこ／小かっこ／パーレン　（　）
・角かっこ／大かっこ／ブラケット　［　］
・波かっこ／中かっこ／ブレース　｛　｝

かぎは、登場人物の会話や他の書物からの抜粋など、引用を示すときに使われる。また、タイトルや見出しを示すとき、読者に見慣れないことばを示すとき、いわゆるという意味を込めたいときなど、ある表現をとくに地の文と区別して示したいときにも使われる。

二重かぎは「　」のなかにさらに「　」が入るとき、または書名を論文名・作品名と区別して示すときに使われる。

丸かっこは、「宿泊料金は一万円（税・サービス料込み）」や「一九二三年（大正一二年）九月一日に関東大震災が首都圏を襲った」のように、補足的ではあるが、読者の理解にとって必要な情報をつけ加えるのに使われる。

角かっこは、言語学では音声を、自然科学では［km］のように単位を表すのに使われるが、文章を書くときにはあまり明確なルールはない。丸かっこに似た使われ方をするが、「［スタート］→［すべてのプログラム］→［アクセサリ］のなかにあります」のように→や＋で結ぶようなときに使われやすい。

波かっこは、集合で要素を併記するときに使われるが、角かっこと同様、文章を書くときの用途はあまり明確ではない。具体例を挙げたり、「私は水｛が／を｝飲みたい」のように複数の候補を併記するのに使われやすい。

なお、丸かっこ・角かっこ・波かっこは小かっこ・中かっこ・大かっこと呼ばれ、［｛（　）｝］の順で使われる（計算式の場合は内側のものから先に計算する）。ただし、国際的には｛［（　）］｝が主流であり、注意を要する。

かっこには他にも、亀甲かっこ〔　〕、山かっこ〈　〉、二重山かっこ《　》、隅付きかっこ【　】、シングル・クォーテーション ‘　’、ダブル・クォーテーション “　” などがある。亀甲かっこ、山かっこ、二重山かっこは補足や注記をするときに用いられる。隅付きかっこは、見出しや補足など、とくに強調したいときに用いられる。シングル・クォーテーションとダブル・クォーテーションは、横書きのアルファベットの引用記号として通常用いられるほか、日本語の表記でも、かぎや二重かぎの代わりに、または、かぎや二重かぎとは異なる意味合いのある引用に用いられることがある。

〈つなぐ機能を持つもの〉

・ダッシュ　―
・イコール　＝
・リーダー　…
・コロン　：

ダッシュは、「出向―本属の会社に籍を残したまま、関連会社に異動し勤務すること」のように語句の説明や言い換えに用いられる。また、小説などの文末で使うと、絶句や間《ま》の表示にもなる。

イコールは、「指揮＝山田次郎」のように「AはBである」の関係にあるときに使われる。「マイケル＝ジョーダン」のような人名の区切りにも使われるが、現在では中点が主流である。

リーダーは、「母子家庭の生活苦浮き彫りに……生活保護世帯アンケート」のように関連があるものを結ぶのに使われる。また、引用などで省略した部分を示したり、小説などで余韻を表現するのにも使われる。

コロンは「日時：8月2日　場所：公民館」のように箇条書きでよく使われるが、縦書きには使いにくいのが難点である。なお、セミコロン；は日本語ではほとんど使われない。

〈並べる機能を持つもの〉

・中点　・
・アステリスク／アスタリスク　＊
・米印　※
・丸数字　①
・かっこ数字　(1)
・ローマ数字　Ⅰ　ⅰ

並べる機能を持つものは、文章中の箇条書きに用いられる。

中点は箇条書きの冒頭に使われる。類似の内容を列挙するのに使うもっとも一般的な記号である。

アステリスクもまた、箇条書きの冒頭に使われることがある。とくに、「＊一泊二食付き」「＊隔週土曜日掲載」のような補足的な説明に使われやすい。なお、言語学では文法的な誤りを指す記号として、コンピューターでは「×（かける）」を意味する記号としても使われる。

米印は文章が終わった後、注釈としてよく使われる記号である。「ただし」「なお」「ちなみに」などの補足の接続詞に近い。（※一）のように注を表す記号として使われることもある。

丸数字は番号付きの列挙として用いられる。行頭に用いるのが一般的であるが、文中に用いることも可能である。丸数字は機種依存文字なので、メールで送るのは避けたほうがよいとされる。

かっこ数字もまた番号付きの列挙に用いられる。丸数字よりも上のレベルの列挙に使われる傾向がある。

時計の文字盤などにも使われているローマ数字は、「第Ⅱ部」や「第Ⅳ章」など、最上位の列挙に使われることが多い。それよりも下位の箇条書きを示すときは、小文字の「ⅰ」や「ⅱ」なども使われる。なお、文中で使われる場合は、「ルパンⅢ世」

のような順序を示す。

〈音調を示す機能を持つもの〉

・疑問符／クエスチョン・マーク　？
・感嘆符／エクスクラメーション・マーク　！
・リーダー　……
・ダッシュ　――

文末におかれ、韻律的特徴を示す記号には、疑問符や感嘆符がある。こうした記号は、声を再生することが目的なので、論文やレポートなど、客観性を重視した記述では避けるのが普通である。携帯メールで使われる絵文字や顔文字は、こうした記号が細分化され、声の微妙な表情を伝えられるように工夫したものである。

疑問符は、その文が疑問文であることを示し、音読するときには上昇イントネーションで発音する。ただし、硬い書きことばでは、疑問の終助詞「か」が文末に来るため、疑問符を使わないのが普通である。

感嘆符は、その文が感嘆文であることを示し、音読するときは強めに発音する。

リーダーやダッシュは二つ重ねて用いられ、言いさしや言いよどみを表すのに用いられる。

〔石黒　圭〕

16 文字の種類と使い分け

日本語の文字の種類としては、平仮名、片仮名、漢字の三つが代表的である。その他に、ローマ字や原語での表記に使われるアルファベットや、「x二乗分布《カイ》」のように数学や物理学などで使われるギリシア文字、おもに横書きに使われるアラビア数字（算用数字）や、「ニコライII世」のように順序を表すローマ数字などがある。

幼児向けの童話や昔の電報のように、すべてを平仮名、片仮名で表記することもあるが、公用文をはじめとする社会的な文章は、漢字仮名交じりで書かれるのが一般的である。

漢字仮名交じりで文章を綴る場合、平仮名、片仮名、漢字をどのように使い分けるかが問題になる。その基準となるのは、語種による使い分けと品詞による使い分けである。

語種による使い分けは、語の出自別に、平仮名、片仮名、漢字を選択するものである。具体的には、日本固有の和語には平仮名を、中国語を起源とする漢語には漢字を、西洋諸言語を中心とする海外由来の外来語には片仮名を充てる。

品詞による使い分けは、語の文法的性格によって、平仮名、片仮名、漢字を選択するものである。具体的には、名詞・動詞・形容詞・形容動詞などの実質語には漢字（外来語の場合は片仮名）を、助詞・助動詞などの機能語には平仮名を充てる。

語種による使い分けを行うと、訓読みを憶える負担がなくなり、複雑な送り仮名のルールを憶える必要もなくなる。しかし、「漢字＋平仮名」によって構成される文節を意識させることで分かち書きをしない日本語では、実質語を平仮名で書かれると、平仮名ばかりが続いてどこで区切ってよいかがわからず、読みにくくなるおそれがある。

一方、品詞による使い分けは、字体の複雑な漢字を拾い読みすることで理解が可能であるため読みやすく、慣れれば情報の処理速度を速めることが可能である。しかし、副詞や接続詞、複合動詞や複合助詞、形式名詞など、実質語と機能語の境界線上にあるものも多く、判断基準があいまいになりがちである。

現実には、使い分けにこの二つの基準が併存することにくわえ、書き手の癖や慣用の問題もあり、表記に揺れが生じることが少なくない。副詞「ぜんぜん／全然」や接続詞「すなわち／即ち」、複合動詞「降り始める／降りはじめる」や複合助詞「に対して／にたいして」、形式名詞「～する時に／～するときに」など、人によって表記の仕方が異なる。

・太郎は突然勢い良くカレーを食べ出した。（漢字重視）
・太郎は突然いきおいよくカレーをたべだした。（語種重視）
・太郎はとつぜん勢いよくカレーを食べだした。（品詞重視）

それとは別に、読者にとっての難しさという問題もある。たとえば、「齟齬を来す」の「齟齬」は漢語で名詞なので、漢字で書くのが普通のはずだが、常用漢字表にない難しい漢字なので、「そごを来す」と平仮名で書くことも少なくない。

このように、漢字仮名交じり文では、語種、品詞、漢字の難しさなどが複雑に絡むため、統一的な表記の基準を設けることが困難になっている。

〔石黒　圭〕

17　誤りやすい漢字の使い分け

近年、パソコンを使った文書作成が一般的になっている。そこで、誤りやすい漢字の使い分けを考える場合、パソコン使用時に起こる、いわゆる変換ミスと、手書きのときにしか起こらない書き誤りとを区別しておいたほうが実用的であろう。

パソコンを使ったときに起こる変換ミスは、同音異義と同訓異字という二つの場合を考える必要がある。

同音異義は、二字漢語を中心によく見られるものである。以下の文章を読み、漢字の誤りを直していただきたい。

・携帯電話が普及した結果、それ依然には見られなかった異和感のある後景を目にすることが多い。たとえば、電車に乗ってメールを打つ高校生。若いうちから暗い社内で小さい画面を覗きこむように見ていると、目に大きな付加がかかり、視力の定価につながると思う。また、喫茶店で体面して座っている女性を無視し、携帯にむかって話しつづける若い男性。人事ながら待たされている女性が気の毒である。さらに、携帯で話しながら運転するドライバー。運転の際は、最新の注意を払う義務があるはずだ。絶体に事故を起こさない自身でもあるのだろうか。取り返しのつかない自体を思い浮かべる創造力に欠けているのだろう。

誤っていたのは、前から順に「依然」→「以前」、「異和感」→「違和感」、「後景」→「光景」、「社内」→「車内」、「付加」→「負荷」、「定価」→「低下」、「体面」→「対面」、「最新」→「細心」、「絶体」→「絶対」、「自身」→「自信」、「自体」→

「事態」、「創造力」→「想像力」である。現在のワープロ変換ソフトは機能が上がり、こうしたミスは徐々に減ってきてはいるが、最終的には書き手がチェックするしかない。

また、同訓異字というのは、一つの和語の読みに対して、複数の漢字が対応する現象である。たとえば、「さす」には、「腰に刀を差す」「針が北を指す」「窓から光が射す」「ハチが人を刺す」「花瓶に花を挿す」「水を注す」「口紅を点す」「錠を鎖す」という漢字が対応する。同音異義の場合は正誤がはっきりすることが多いが、同訓異字の場合は使い分けが比較的緩やかなのが特徴である。たとえば、「さす」の場合、「差す」の使用範囲が広く、「窓から光が差す」「花瓶に花を差す」「水を差す」「口紅を差す」などは問題がなさそうである。また、使い分けがわからなければ、平仮名で書くことも可能である。

一方、手書きの書き誤りミスは、パソコンの変換ミスと同じような誤りもあろうが、似た字体の取り違えが多いのが特徴である。次の例文で確認していただきたい。

・私は東欧の某小国の大学教員で、専問の国際経済学の講議と演習を担当している。給与は年棒制であるが、私のような外国人教員の場合、どのような基準で支給されているかは曖味である。

誤っていたのは、「専問」→「専門」、「講議」→「講義」、「年棒」→「年俸」、「曖味」→「曖昧」である。パソコンは、読み方さえ間違えなければ、こうした字を正確に変換するので、ミスは起きないのが普通である。

〔石黒　圭〕

18　誤りやすい仮名遣い

英語のアルファベットと異なり、日本語の仮名では、音と表記がほぼ対応しており、書いたとおりに読むことができる。したがって、読むときの音を思い浮かべて書けば、間違えることはほとんどない。しかし、一つの音に対して複数の仮名が対応する表記や、実際の音とはややずれる表記が一部に存在し、それが仮名遣いの混乱する要因となっている。

一つの音に対して複数の仮名が対応する表記は、三種類考えられる。一つは、もっぱら文法的な機能を果たす助詞「は」「を」「へ」である。これらは、音としては「わ」「お」「え」であるが、助詞として使われている場合、通常とは異なる表記が用いられる。

・私は本の入った重い小包を持って郵便局へ向った。

これ自体はあまり混乱の余地はないが、「こんにちは」の「は」や「やむをえない」の「を」などは、助詞として独立した機能を果たしているとは認めがたく、「こんにちわ」「やむおえない」と誤って書かれることも少なくない。

一つの音に対して複数の音が対応する二つ目の場合は、濁音、具体的には「じ」と「ぢ」、「ず」と「づ」である。この使い分けは歴史的仮名遣いの影響を受けており、現代語のなかでの区別はけっしてやさしくない。ただ、実用的には、通常の場合は「じ」と「ず」を使い、「ぢ」と「づ」を使う特別な場合だけ憶えておけばよいだろう。

「ぢ」と「づ」を使う特別な場合には二つある。一つは、一語のなかで「ち」「つ」が重なる場合である。「ちぢむ」「つづく」などがその例に当たる。なお、「いちじく」「すこしずつ」(「すこしづつ」も許容)「いちじるしい」は例外である。

もう一つは、もともと「ち」「つ」だった語が、連合によって濁音になる場合である。「はなぢ」(鼻血)、「うみづり」(海釣り)がその例である。なお、「地」については、もともとが「じ」であると考えられ、「じしん」(地震)、「めじ」(目地)などと表記される。

一つの音に対して複数の音が対応する三つ目の場合は、長音に関わるもの、具体的には「お」と「う」である。たとえば、同じ「おお」の音が、「おおきい」(大きい)や「おうじ」(王子)になり、同じ「とお」の音が、「とおか」(十日)や「おとうさん」(お父さん)になる。こうしたものは、「う」が原則であるが、歴史的仮名遣いで「ほ」のものは「お」が使われる。

一方、実際の音とはややずれる表記も、仮名遣いに混乱を及ぼしている。たとえば、「いう」(言う)は、音に近づけると「ゆう」という表記になり、携帯メールでは「てゆうか」と表記されることも多い。また、「ひ」と「し」の音も、方言によっては区別がつきにくく、混乱が起きやすい。「布団をしく」(敷く)も「布団をひく」になりがちであるし、動詞「引く」に由来する接続詞の「ひいては」(延いては)も「しいては」になりやすい。もちろん、「嫌なことを人にしいてはいけない」の「しいては」(強いては)はこれで問題はない。〔石黒　圭〕

19 誤りやすい送り仮名

「遊ぶ」の「ぶ」のような活用語尾や、「辺り」の「り」のような読みの補助のためにつける仮名を送り仮名という。訓読みは、もともと日本語にあった和語に漢字を当てることによって生まれたが、和語を漢字だけで表記すると、その語の文法的機能がわからなくなったり、誤読が生じたりする場合がある。そのため、送り仮名が発達した。

送り仮名は送りすぎると煩雑であり、送らなさすぎると読みにくい。送り仮名は、活用、意味、派生、慣用など、様々な要因が絡むので、一貫したルールは作ることが難しい。そのため、現在の表記の基準(「送り仮名の付け方」一九七三年内閣告示、一九八一年常用漢字表制定に伴い一部改訂)は、七つの通則を設け、そのなかをそれぞれ本則、例外、許容に分けるという折衷《せっちゅう》的な方法が採られている。

送り仮名は、活用のある語とない語に分けると考えやすい。活用のある語は活用語尾を送るのが原則である。五段活用の動詞の場合、たとえば「あらう」であれば、「あらわない」「あらいます」「あらう」と「わ」「い」「う」と変わる部分が活用語尾なので、「洗う」となる。また、一段活用の動詞の場合、たとえば「たべる」であれば、「たべない」「たべます」「たべる」と「べ」という変わらない部分が活用語尾なので、「食べる」となる。ただし、語幹と活用語尾の区別がつかない短い動詞は「着る」「見る」などとなる(カ行変格活用の「来る」も同じ)。

形容詞の場合、終止形の「い」の部分が活用語尾なので、

「濃い」「深い」と送るが、シク活用に由来する「しい」となるものは「美しい」「恋しい」と送る。また、形容動詞の場合、連体形の「な」の部分が活用語尾なので、「主な」のようになる。ただし、活用語尾の前に「か」「やか」「らか」を含むものは「静かな」「健やかな」「明らかな」のように送る。

さらに、他の語を含む場合は元の語の表記を活かす。「うごかす」は「動く」を含むので、「動す」ではなく、「動かす」になる。「ふるめかしい」は「古い」を含むので、「古しい」ではなく、「古めかしい」となる。「あせばむ」は「汗」を含むので、「汗む」ではなく、「汗ばむ」となる。

一方、活用のない語の代表は名詞である。名詞は「花」「月」のように送り仮名をつけないのが原則だが、読みにくい場合、例外的につける場合がある。「幸せ」「便り」のようなものである。また、活用のある語から転じてできた名詞は元の語の送り仮名に従う。「恐れ」「暑さ」のようなものである。ややこしいのは、「話」「係」「割」である。完全な名詞の場合は「別れ話」「世話係」「勝率五割」のようになるが、動詞としての働きが残るものは「話し相手」「係り受け」「割り箸」のようになる。

名詞以外の活用のない自立語、副詞・連体詞・接続詞は最後の音節を送る。「最も」「来《きた》る」「但し」などである。

複合語は、それぞれの語の元の送り仮名に従う。ただし、複合語の場合は特定の領域で慣用化されているものが多く、その場合は「取締役」「鎌倉彫」「書留」「組合」などとなる。ただし、「乗り換え」と「乗換」や「取り引き」と「取引」など微妙なものもあり、その場合はどちらでも問題ないと考えられる。

〔石黒　圭〕

20 外来語の表記

外来語の表記は、「たばこ」のように外来語意識が薄くなったものは平仮名で書かれることもあるが、一般には片仮名による表記が原則である。外来語は、日本語とは異なる音韻体系を持つ言語の音を、日本語の音韻体系のなかで表記するため、当該の表記が、原音とはかなり異なる音を表す場合もある。

一方、原音を少しでも忠実に再現するために、平仮名ではあまり用いない表記を片仮名に用いることもある。英語の語彙を例に取りながら、一般的になっている表記を示すと、「シェークスピア（Shakespeare）」の「sha」を表す「シェ」、「ジェットストリーム（jet stream）」の「je」を表す「ジェ」、「チェス（chess）」の「che」を表す「チェ」、「ティーパーティー（tea party）」の「tea」を表す「ティ」、「ディスタンス（distance）」の「di」を表す「ディ」、「ファイル（file）」をはじめとして「f」に対応する音を表記する「ファ」「フィ」「フェ」「フォ」、「デュエット（duet）」の「du」を表す「デュ」がある。そのほか、ドイツ語やイタリア語などを表記するときに使われる「ツァ」「ツェ」「ツォ」もあり、ドイツ語の「コンツェルン（Konzern）」がそれに相当する。

ここまでは、方言差や年代差はあろうが、日本語を母語とする話者が比較的苦労を覚えずに発音できる音である。しかし、原音に近づけるために、さらに踏みこんだ表記がなされることもある。「イェルサレム」の「イェ」（一般的には「エルサレム」）、「ウィスキー」の「ウィ」（一般的には「ウイスキー」、

「ウェ」「ウォ」も同様）、「クァルテット」の「クァ」（一般的には「カルテット」、「クィ」「クェ」「クォ」も同様）、「グァテマラ」の「グァ」（一般的には「グアテマラ」）、「ライプツィヒ」の「ツィ」（一般的には「ライプチヒ」）、「トゥールーズ」の「トゥ」（一般的には「ツールーズ」、「ドゥ」も同様）、「ヴァイオリン」の「ヴァ」（一般的には「バイオリン」、「v」に対応する「ヴィ」「ヴ」「ヴェ」「ヴォ」も同様）、「テューバ」の「テュ」（一般的には「チューバ」）、「フューズ」の「フュ」（一般的には「ヒューズ」）、「ヴュ」の「インタヴュー」（一般的には「インタビュー」）がそれに相当する。

　これらのなかには日本語母語話者が発音しにくいものも少なくないが、欧米の言語に親しんだ人を中心に、使用が広がりつつあり、外来語の表記の揺れの原因の一つにもなっている。

　外来語の表記の揺れが見られるものには、他に、「シンポジウム／シムポジウム」の撥音、「フィリピン／フィリッピン」の促音、さらには「ギリシャ／ギリシア」や「アルミニウム／アルミニューム」などがあるが、もっともやっかいなのが長音「ー」である。平仮名では母音字を添えて「おかあさん」と書き、「おかーさん」と書くことはほとんどないが、片仮名では長音を用いるのが原則である。しかし、原語の音を大切にする人はたとえば「Eメール」ではなく「Eメイル」と書く。また、球技の「ボウリング（bowling）」と土木作業の「ボーリング（boring）」のように、その違いを、長音か否かで表すものもある。さらに、語末の長音は、「コンピュータ／コンピューター」が共存しており、外来語の表記体系を複雑なものにしている。

〔石黒　圭〕

21　修飾のルール

日本語は言語学上は膠着《こうちゃく》語として分類され、語順が自由な言語であると言われる。事実、次の例のどちらも文法的には誤りではない。

・今朝店内でパートの店員が店長に辞職願いを手渡した。

・パートの店員が辞職願いを店長に店内で今朝手渡した。

しかし、どちらがより自然かと聞かれたら、ほとんどの人が、［今朝］―［店内で］―［パートの店員が］―［店長に］―［辞職願いを］―［手渡した］の語順のほうが自然だと答えるだろう。つまり、［いつ］―［どこで］―［だれが］―［だれに］―［なにを］―［どうした］の語順が標準的で、これを基本語順と見なすことができる。

また、主語につく助詞が「が」ではなく「は」の場合や、直前の文で示された内容を承ける場合には、主語が文頭に来ても唐突さがなくなり、自然になる。

・パートの店員は今朝店内で店長に辞職願いを手渡した。

・うちの店のパートの一人が店長の強引なやり方に腹を立てていた。そのパートの店員が今朝店内で店長に辞職願いを手渡した。

さらに、強調したい要素は、基本語順から遠い位置に移すとよい。すなわち、基本語順で文頭付近にある要素は述語の近くに、反対に基本語順で述語の近くにある要素は文頭付近に置けば強調になる。

・今朝パートの店員が店長に辞職願いを店内で手渡した。

・今朝店内で辞職願いをパートの店員が店長に手渡した。

それぞれの要素の長さも語順には関係する。長い要素は文頭に近い位置に置かれる傾向がある。

・なぜ辞職せざるをえない状況に至ったのかについて怒りを込めて綴った辞職願いを今朝店内でパートの店員が店長に手渡した。

一方、連体修飾節で複数の名詞を修飾する要素の語順は、目に映るものの描写の場合、遠くから見えるものから描き、近づいていく語順を取る傾向がある。近くのものに最初に着眼し、遠ざかっていく視点の調整も、場合によっては有効である。

・公園の木のしたに立っている、赤いランドセルを背負った、顔にそばかすのある女の子

・顔にそばかすのある、赤いランドセルを背負った、公園の木のしたに立っている女の子

また、時間的な順序性があるものは、出来事が起きた順に並べられるのが普通である。

・タバコの火の不始末が原因で起きた、乾燥した気候と折からの強風であっという間に燃え広がった、延べ一〇〇ヘクタールを焼いた山火事

さらに、物事の性格を描写するときは、前提となっている事柄から、伝えたい事柄へと並べると説得力を増す。

・鳴き声で仲間とコミュニケーションをとる、群れで役割分担をして狩りをする、頭のいいイルカ

〔石黒　圭〕

22　悪文の要素

悪文というのは、読者の文章理解に過度の負担を強いる文や文章のことである。文学作品などのなかには、過度の負担を強いることによって、深い読み込みや多面的な理解という表現効果を得ることを狙った「悪文の魅力」を備えた文章もある。しかし、報告書や論文をはじめとする説明のための文章では、悪文は改善すべき対象になる。

読者の文章理解に過度の負担を強いる原因には、読みにくさとあいまいさの二つがある。

まず、読みにくさであるが、長い文が読みにくい文の代表とされることが多い。たしかに、長い文に読みにくい文が多いのは事実であるが、長くても読みにくくない文もあるし、短いがゆえにかえって読みにくい文もある。たとえば、次の例文では、長い一文のほうが、短文の連続よりも読みやすいのではないだろうか。

・外国人労働者を積極的に受けいれるかどうかは、なかなか判断が難しい。外国人労働者を受け入れれば、日本国内で様々な異文化摩擦が生じ、ときには不愉快な経験もするだろうが、外国人労働者を受け入れなければ、異文化理解の好機を失い、国際化する社会のなかで日本は孤立することになるだろう。

・外国人労働者を積極的に受けいれるかどうかは、なかなか判断が難しい。外国人労働者を受け入れたとする。そうしたら、日本国内でさまざまな異文化摩擦が生じる。ときに

は不愉快な経験もするだろう。しかし、外国人労働者を受け入れなかったとする。そうしたら、異文化理解の好機を失う。そして、国際化する社会のなかで日本は孤立することになるだろう。

読みにくい文というのは、その文を頭から読んでいったときに意味が取りにくくなる文のことである。文が長いと、それまでに読んだ複数の要素を意識して脳内に留め、その一つひとつを後続文脈と結びつけて理解しなくてはならず、それだけ処理負担が高まることになる。

したがって、大切なことは、それまでに読んだ情報を保持しやすいように、文の構造を整理する手がかりを用意しておくことである。文を短くするという処理が、そうした構造の整理に役立つことは少なくないが、それ以外にも方法はある。一つはパラレリズムの保証、もう一つは係り受けの関係を明示する指標の活用である。

パラレリズムとは、条件や並列、対比を表現するときに、構造が対称的になるように配置することである。さきほど示した「外国人労働者を受け入れれば、日本国内で様々な異文化摩擦が生じ、ときには不愉快な経験もするだろうが、外国人労働者を受け入れなければ、異文化理解の好機を失い、国際化する社会のなかで日本は孤立することになるだろう」が長くても読みにくくならないのは、「〜を〜すれば、〜し、〜だろうが、〜を〜しなければ、〜し、〜だろう」という対称的な構造を取っているからである。対称的な構造はリズムがあり、次に来る内容が自然に予測できるので読みやすくなる。

係り受けの関係を明示する指標は、たとえば主格につく助詞「は」「が」「の」の選択に表れる。

・高橋さんは普段から親しくしている友人に会いました。
・高橋さんが普段から親しくしている友人に会いました。
・高橋さんの普段から親しくしている友人に会いました。

「は」は文末に近い述語にかかり、連体修飾節のなかには収まらない傾向があるのに対し、「が」や「の」は直後の述語にかかり、連体修飾節のなかに収まる傾向がある。とくに、「の」は主格としては連体修飾節のなかでしか使われない。そのため、どのような助詞を選択するかで、その要素がどの述語にかかるか、それらが連体修飾節に収まるかどうかなどが、読むプロセスのなかで明確になり、長い文になっても読みにくくならないことになる。

一方、あいまいな文というのも悪文を生みだす大きな要因である。あいまいな文と言った場合、筆者の態度が煮えきらない断定回避の文、指示語が何を指しているかはっきりしない文などを指すこともあろうが、ここでは、複数に取れる文に絞って、整理して示したい。

①多義

・以前、携帯を落としたことがある。（携帯を落下させたことがあるのか、携帯をなくしたことがあるのか）
・「先生に謝ったほうがいい？」「いいんじゃないかな」（謝ったほうがいいのか、謝る必要がないのか）

②文の切れ目

・彼女が私を見つめているのはなぜかよくわかった。（彼女が私を見つめていること自体がわかったのか、見つめている理由がわかったのか）

③係り受け
・黒いあの娘のチャイナ服が魅力的だ。（あの娘が黒いのか、チャイナ服が黒いのか）
④属格・同格
・その女性の先生は、私立大学の教授だ。（女性が教わっている先生が教授か、先生の性別が女性か）
⑤制限用法・非制限用法
・動脈硬化になりやすい男性は、コレステロールの摂りすぎにはとくに気をつけたい。（男性はみんな動脈硬化になりやすいのか、男性のなかでも動脈硬化になりやすい人となりにくい人がいるのか）
⑥否定文
・中村ゼミは全員男性ではなかった。（全員女性なのか、一部が女性なのか）
・十年ぶりのプールはやはり昔のように泳げなかった。（昔から泳げなかったのか、昔ほど泳げなくなったのか）
⑦疑問文
・少子化対策、児童手当の増額はどうか？（提案しているのか、懸念しているのか）
⑧相対性のある表現
・白線の前にボールが落ちている。（白線の手前か、向こう側か）
・教卓の右に花びんがある。（学生の側から見てか、教師の側から見てか）

〔石黒　圭〕

23　推敲の要領

推敲とは、文章を書いたあと、個々の表現について読み手の立場に立って再検討し、よりよいものにすることである。文章は読んでもらうために書くものだが、書いているときは書き手の立場から書いてしまい、その文章に初めて接する読み手にとってわかりにくい表現や誤解を招く表現になってしまいがちである。そこで、自分の書いた文章はしばらく寝かせておき、執筆時の思考からある程度自由になった段階で読みなおし、表現の再吟味をすることが大切である。

推敲のとき、気をつけるのは以下の諸点である。なお①～③は表現の誤りを確認する校正レベルの問題で、表現の改善に主眼のある推敲とは区別して考えることも可能である。

①誤字・脱字の確認
②表記の統一の確認
③引用・出典の確認
④読みにくさ・あいまいさの回避
⑤説明不足の回避

①「誤字・脱字の確認」は欠かせない。誤字・脱字があると、その文章の知的水準が不当に低く見積もられるおそれがあるからである。とくに、パソコンで文章を書く場合、同音異義語の変換ミス（「誤りやすい漢字の使い分け」参照）に注意したい。

②「表記の統一の確認」もまた重要である。表記の不統一が目立つ文章は、その文章に対する読み手の信頼感も下がる。比較

的起こりやすいのは、代名詞（「誰」「何」「私」などの漢字と仮名の混在）、数字（漢数字と算用数字、全角数字と半角数字）である。

③「引用・出典の確認」も滞りなく済ませたい。引用は正確であること。出典は書名・筆者名に誤りがないことが必須条件である。

④「読みにくさ・あいまいさの回避」は「悪文の要素」を参照されたい。

⑤「説明不足の回避」は読み手の立場に立って初めて見えてくるものである。

・ユビキタス社会の「ユビキタス」は元は神学用語で、イエス・キリストが時間や空間を超越して遍在することを指す。

・近年、膨大な言語データベースを用いたコーパス言語学が盛んになった最大の理由は、安価で高性能のパソコンの普及にある。

前者の例では、「ユビキタス社会」の意味を読者がわからないおそれがある。「いつでもどこでもだれでもコンピューターやネットワークなどを利用できる社会を意味するユビキタス社会ということばがある。その『ユビキタス』は～」などと説明したほうが読者に親切だろう。

後者の例では、コーパス言語学が盛んになった現状を読者が知らないかもしれない。そこで、「近年、膨大な言語データベースを用いたコーパス言語学が盛んになっている。その最大の理由は～」などと二文にして説明したほうが、読者の背景知識に配慮している印象があり、よいだろう。

〔石黒　圭〕

本章で引用・参照を行った文献を挙げる

文献

五十嵐力（一九〇九）『新文章講話』早稲田大学出版部
石黒　圭（二〇〇四）「中国語母語話者の作文に見られる漢語副詞の使い方の特徴」『一橋大学留学生センター紀要』七号、三―一三
石黒　圭（二〇〇九）「文章理解における予測研究の方法と可能性」『第二言葉としての日本語の習得研究』一二号、一五九―一七三
市川　孝（一九七八）『国語教育のための文章論概説』教育出版
井上ひさし（一九八四）『自家製文章読本』新潮社
岩淵悦太郎編（一九八九）『悪文　第三版』日本評論社
樺島忠夫編（一九七九）『文章作法事典』東京堂出版
蒲谷　宏・川口義一・坂本　惠（一九九八）『敬語表現』大修館書店
川越菜穂子（一九九一）「日本語の話しことばと書きことば」『日本語学』一〇巻五号、六八―七六、明治書院
佐伯哲夫編著（一九九八）『要説　日本文の語順』くろしお出版
阪倉篤義（一九六三）「文章の機能と目的」（時枝誠記・遠藤嘉基監修『講座現代語五　文章と文体』一―一八、明治書院）
佐久間まゆみ（一九八八）「二　文章の構成と段落作りの工夫」（文化庁編『新「ことば」シリーズ第七巻　文章表現の工夫』大蔵省印刷局）
佐久間まゆみ（一九九二）「文章と文―段の文脈の統括」『日本語学』一一巻四号、四一―四八
佐久間まゆみ（一九九五）「中心文の『段』統括機能」『日本女子大学文学部紀要』四四号、九三―一〇九
佐久間まゆみ（一九九九）「現代日本語の文章構造類型」『日本女子大学文学部紀要』四八号、一―二八
佐久間まゆみ（二〇〇三）「文章・談話における『段』の統括機能」（佐久間まゆみ編『朝倉日本語講座第七巻　文章・談話』九一―一一九、朝倉書店）
佐々木健一（二〇〇一）『タイトルの魔力―作品・人名・商品のなま

え学』中公新書
砂川有里子(一九八八)「引用文における場の二重性について」『日本語学』七巻九号、一四―二九
高崎みどり、新屋映子、立川和美(二〇〇七)『日本語随筆テクストの諸相』ひつじ書房
田中章夫(一九九九)『日本語の位相と位相差』明治書院
千早耿一郎(一九七九)『悪文の構造―機能的な文章とは』木耳社
中村 明(一九九五)『悪文―裏返し文章読本』筑摩新書
中村 明(二〇〇二)『文章作法入門』ちくま学芸文庫
中村 明(二〇〇三)『文章の技 書きたい人への77のヒント』筑摩書房
野崎昭弘(一九七六)『詭弁論理学』中公新書
野田尚史(一九八九)「真性モダリティをもたない文」仁田義雄・益岡隆志(編)『日本語のモダリティ』一三一―一五七、くろしお出版
林 巨樹(一九七七)「文章のジャンル」(『現代作文講座第一巻 文章とは何か』九七―一四一、明治書院)
林 四郎(一九八二)「臨時一語の構造」『国語学』一三一集、一五―二六
半沢幹一(二〇〇三)「文章・談話の定義と分類」(佐久間まゆみ編『朝倉日本語講座第七巻 文章・談話』一―二二、朝倉書店)
平井昌夫(一九八四)『何でもわかる文章の百科事典』三省堂
松木正恵(二〇〇五)「引用と話法」『日本語学』二四巻一号、六〇―七〇、明治書院
南不二男(二〇〇三)「文章・談話の全体的構造」(佐久間まゆみ編『朝倉日本語講座第七巻 文章・談話』一二〇―一五〇、朝倉書店)
森田良行(一九八六)「推敲で直せること」『国文学 解釈と教材の研究』三一巻一四号、一一〇―一一六
森山卓郎(二〇〇三)「話し言葉と書き言葉を考えるための 文法研究用語・12」『国文学 解釈と教材の研究』四八巻一二号、一五―二二
渡辺 実(一九八五)「文章のつかみ方」(『応用言語学講座第一巻 日本語の教育』八七―一〇二、明治書院)

第Ⅶ章

目的・用途別文章作法

ここでは、学校や職場において、あるいは、日常生活においても、作成が求められるさまざまな文章についての作法を概説する。

リポート文や手紙、スピーチ原稿などは、とかく作成が気の重いものではあるが、基本的なポイントが示されていれば、より気軽に取り組める。公的な文章やビジネス文書などの基本的な書き方は、それらを読むときのリテラシーにもつながるので、是非身につけておきたい知識である。

また、「自分史」や「投書」、文学的な文章などについては、綴っていくこと自体が社会とのつながりや心の潤いになるのではないだろうか。自分の書いた文章に共感してくれる人や勇気づけられる人がきっといると信じて、自分にしか書けない文章を書く——そんな経験を一度はしてみたい。そのきっかけになれば、と願うものである。

1　投書・投稿文の書き方

【対象】一般の新聞や雑誌の読者投稿欄を対象とする。
【目的】一定の部数をもつメディアで、自分の意見や体験を紹介する機会を得る。それによって、社会的な問題提起をしたり行政に働きかけたりするほか、様々な思いを多くの人と分かち合うことができる。

【心構え】
1．自分独自の考えや経験を伝える――大所高所からの意見は、人の心を動かさない。筆者の体験に基づく独自の意見こそ、人に新たな視点を与え、感動させる。投稿欄は、記者や編集者の限られた体験を補う意味でも設けられているのである。
2．独りよがりでなく客観性をもった文章にする――不特定多数の読者に向けた文章であることを忘れないように心がける。憤りや悲しみなどの感情をそのままぶつけるのではなく、抑制をきかせて表現することで、より読者の深い共感を得ることができる。投稿文は自己満足のために書くものではない。
3．二重投稿はしない――せっかく書いた原稿は愛着のあるものだが、不採用がはっきりしたら潔くあきらめ、別の材料で新たに書いてみる。同じ原稿をあちこちに送るのは、投稿者として一番してはいけないことと心得よう。

【採用されるためのポイント】
1．原稿は逆三角形に――新聞記者が最初に叩き込まれるのは、「原稿は大事なことから書き始める」ということである。読者は飽きっぽいものと考え、まず初めに惹きつける工夫をする。編集者は毎日、山のような投稿に目を通すので、最後まで読まれない可能性も小さくない。忙しい編集者に「おやっ」と思わせるには、導入部分が大事である。
2．文章は短めで簡潔に――新聞は「中学生にも読める分かりやすい文章を」という基準で書かれている。だらだら続く長い文章は頭に入りにくい。リズムよく明快な文章を目指そう。
3．データは正確に――「何の本だったか忘れたが」といった不確かな表現があったら、それだけで大きなマイナスになる。日付や出典、数字、固有名詞はきちんと調べ、確認できないことは書かない。あやふやな事実が含まれる原稿は、編集者も使いたがらず、仮に採用されたとしても読者に不信感を抱かせる。
4．見出しを意識する――見出しのつけにくい文章は、主張が明確でない原稿といってよい。投稿が採用されたら、必ず見出しがつけられる。どんな見出しをつけてほしいのか考えながら書くと、論点が整理され、流れや構成もすっきりする。
5．自分を出す――投稿欄に期待されるのは、顔の見える文章である。年齢や職業が記載される場合も多いが、文章の中に筆者の人間性が見えると、より親しみや説得性が増す。
6．伝えたい気持ちを大切に――文章には「熱」が必要だ。「このことを誰かに伝えたい！」という強い気持ちは、どんな文章でも必ず伝わる。上手な文章を書こうとして熱が冷めてしまうよりは、熱い気持ちがあふれているときに一気に書くことが大事だ。細かな直しや確認作業は後からいくらでも出来る。

【書くときの注意】
1．段落
①一行の文字数をチェック―投稿しようとする新聞や雑誌の

実際のページで一行が何文字かを確かめ，自分の原稿が活字になった場合の紙面のイメージを描いておく。
②改行—改行なしであまり一つの段落が長くならないように気をつける。読みやすさも考え，内容的にひとまとまりになっているところで段落を分ける。

2．表現

①決まり文句を使わない—「〜と思うのは，私だけだろうか」「〜と感じる今日このごろである」などの表現は，あまりにも使い古され，文章全体の魅力をそいでしまう。自分らしい表現を探そう。
②同じ単語，表現を繰り返さない—自分では気がつきにくいが，好きな言葉は無意識に多用してしまうものなので，何度も読んで重複を避ける。投稿する前に家人や友人に読んでもらうのもよい。
③体言止めは避ける—安易に使われがちだが，文章の品位をなくす。きちんと文章を完結させた方が，読んでいる人に安心感を与える。
④（　）は原則として使わない—建前と本音を使い分けたり，何かを補ったりするようなカッコは，投稿文にはそぐわない。一つの文章の中で，過不足なく表現する。
⑤「　」で始めるのは考えもの—新聞にも「やった，優勝だ！」などで始まる記事はよく見られ，一種の臨場感が得られるが，この形式に頼ると表現が乏しくなってしまう。書き出しをいろいろ工夫することは，文章力の鍛錬にもなる。
⑥敬体，常体を交ぜない—文体を一貫させるのは，文章を書くときの基本である。たとえ，常体で強い主張をしてきて，最後で少しトーンをやわらかくしたいために敬体に変える，という狙いがあったとしても，文体の不一致によるマイナスの方が大きい。書き始めるときに，どちらかをきちんと選択する。

3．仕上げ

①指定された分量にとらわれずに書いてみる—投稿規定に「六〇〇字以内」と指定されていても，最初から六〇〇字を意識するのでなく，書きたいだけ書いてみる。そこから削れるところをどんどん削った方がよい原稿になる。文章のプロにとっても，削るのは重要な作業である。
②何度も読む—出来上がった原稿を繰り返し読み，流れの悪いところ，頭に入りにくいところがないかどうか確かめる。前後を入れ替えただけで，文章が分かりやすくなることは多い。
③誤字，脱字などをチェックする—パソコンの同音異義語の変換ミスは見落としやすいので気をつける。手書きの場合は，正しい字が書かれているかどうか，うろ覚えの漢字や表現は辞書を引いてみる。

4．投函から採用まで

①宛名，送料の確認—投稿欄の「〇〇係」に送る場合は，「御中」を付けよう。敬称がなかったり，敬称と勘違いした「行」が付いていたりすると失礼になる。大きな封筒で送る場合は，郵送料が不足することもあるので注意する。
②問い合わせはしない—投函してしまってから，新聞社や出版社に「誤字があった」「あそこは削ってほしい」などと訂正を依頼しても，担当者を困らせるだけである。誤字は原則として直されるので，内容的な最終確認だけはきちんとしておく。採否についても静観の構えで待つ。

〔**松村由利子**〕

2　自分史の書き方

自分史というものはある程度の年配になってから書くものだという考え方が一般的であるが、今では必ずしもそうではないようである。何らかの節目を迎えたときに、それまでを振り返るのは誰にもあることであろう。ただ、それを文章に表すのは簡単にできることではない。思い立ったからといってすぐに筆をとるわけにはいかないだろう。まず考えをまとめる必要がある。さらに、書き始める前に準備するべきことが少なからずあり、準備の如何が作品の出来を左右するといっても言過ぎではない。

【書き始める前に】

1. 読者を想定する――どのような読者を想定するかによって内容も書き方も違ってくる。身内、同僚、仕事上の知人、学校の同窓など、様々な関係のある人々を考える場合と、不特定多数の人に語ろうという場合とでは大きく異なるはずであり、さらに自分と同時代を生きてきた人に話すのと、年少者に語りかけるのとでは当然言葉の選び方も違ったものになるだろう。初めに対象を決めて書き出しても途中で変わることは大いにあり得るが、常に読者を念頭において書き進めるのとまったく何も決めずに書くのとでは大きな違いが出てくる。

2. 目的をはっきりさせる――これも前項と同様に作品全体を貫く重要な項目である。自分の今後に生かすために自己評価する場合、自分の経験を次世代のために残そうとする場合、大切な思い出を記録して親しい人と楽しもうという場合など、種々の事が考えられる。前書きに明記することもあるだろうが、それよりも、書き進めるあいだ、折に触れて自分で確認するためにこの項目が必要になるといってもよいだろう。作品を貫く姿勢がしっかりしていれば読者は信頼感を持つことができる。

3. 資料を準備する――初めに誕生（以前）から今までのごく大まかな年譜を作る。あとから加筆できるように、大きく余白を取っておくとよいだろう。記入した項目に関係のある写真や地図、また、あれば日記、家計簿、手紙、文集や社史なども用意できると、記憶の確認や発掘などの助けになり、以後の作業に役立つ。

【書き始める】

1. 種を作る――初めから順を追って書いていくのは大変なので、思い出すままに、あるいは書きたいことから、とりあえず原稿用紙一、二枚くらいずつ書いてみる。断片的でかまわない。書いたものがたまると、矛盾することが出てくるかもしれないが、気にせず、一項目ずつ書いていくようにすると、忘れていたことも思い出されることが多い。その際、なるべく具体的に見出しをつけておくと、まとめる段階で便利である。単なる時間的な区切りでなく、読者や目的を考えた段階での構想に沿った見出しであればなおよい。

原稿は、もちろん原稿用紙に書かなければいけないわけではない。パソコンに保存しておけば後の利用に便利である。文体や用字などの不統一はあとで正せばよいので、とにかく気楽に書いていけばよい。これを整理する段階で既に構想は半ばまとまることになる。

2. 区切りを決める――時間的な流れに沿って話を進めていく

場合は、年譜をいくつかに区切って章立てをつくればよいだろう。何によって区切るかはそれまでの人生によって異なる。自分の人生の転換点と考える事柄を区切りとすれば分りやすいかもしれない。もしあの時あちらを選んでいたらと思うようなことは多分誰にでもあるはずである。学校、仕事、結婚相手などが一般的であるが、それ以外に、自分の人生に少なからぬ影響を与えた出会いがある場合、それを一つの区切りとすることはよい自分史への道につながる。書いたという自己満足に終わらせず、「自分らしさ」を読み手に感じさせるのがよい自分史ではないだろうか。

区切りが決められたら、区切りごとに、それまでに書き溜めた原稿や集めておいた地図、写真、資料などをひとまとめにして、番号をつける。このように整理したものを袋なり、パソコンのファイルなりにまとめて保存しておけば、整理も簡単で、最終的な仕上げの段階がなんとなく目に見える形になるだろう。袋の場合は表から見えるように「…時代」とか「…の頃」など、区切りの名称を書き、年月や年齢なども書いておく。

3．区切りごとに文章化する――この段階ではまだファイルの中だけの作業に留める。ファイルされた資料などを基に、一、二枚ずつ書き溜めた原稿を整理する作業である。重複や思い違いなどを削ったり訂正したりするのも、このような狭い範囲であればそう難しくはないと思われるからである。この作業をすべての区切りについて行う間に、おそらくおよその全体像が頭の中に組み立てられていくに違いない。

4．目次をつくる――この段階でもう一度全体の構成を考え、目次をつくる。いくつかある区切りをそのまま一章にしてもよいかどうか、どのような順序で並べるのが最も適切かを最終的に決める。これが決まれば自分史は半分できたようなものといってもよい。

【まとめと整理】

区切りごとにまとめた文章を、目次に従ってつないでいく。区切りの中で一応完結しているはずであるから、前章または前段とうまくつながるようにしなければならない。

接続表現を使って前との関係を分りやすくしたり、時間的な先後関係を示したりする作業である。説明や出来事の不要な重複に注意し、削除したり必要な説明を挿入したりして、読み手にわずらわしさや不審を感じさせないように配慮することも必要になる。前に書いたことを「これ・それ・この・その」などの指示語で示すようにすれば前とのつながりを示すことができる。また、出来事を客観的に述べるのに初めは「が」を使うが、次にそのことを話題にする場合は「は」で示すという原則がある。「新しい友達ができた。彼は…」のような使い方である。これも前の文とのつながりをさりげなく示す語法といえよう。

書き溜めた原稿をすべて利用しようと考えず、今の自分にとって意味があったかどうかという目で判断し、取捨選択する。読者にまったくかかわりのない事柄ばかりが書き連ねてあるものは、プロの作家の文章でもない限り読み続けられないだろう。読者は自分の体験とかさねて読んでいくものであるから、共通の体験としての社会的な出来事や、当時名を馳せた人物などにも言及することが必要である。また、読者の知らないことを書く場合には説明が必要になる。どの程度委しく、また前後の内容とどのように関係づけて書くかはかなり難しい問題であるが，他者との付き合いの中で日常行っていることと大きな違いがあるわけではない。それより，いわなくてもいい説明を書き連ねると文章の勢いをそぐことになるから，説明が必要かどうかの判断のほうが重要である。

文章を書くことに不慣れであると，言葉の使い方や文体などにまで気を配る余裕がないかもしれない。しかし，ここまでいくつもの小さなエピソードを書き溜めてくれば，もうそのような気後れは感じないはずである。

一つの区切りを一つの章にすればよいのであるから，章ごとに文体を変えることなども試みることができる。自分の書いた日記や手紙などを引用してもよい。文体の統一といっても，初めから終りまで，同じ調子の文が続くのが読みやすいとは必ずしもいえない。楽しんで書き綴ればよいのである。楽しんで書いた文章には勢いがあり，読者にもそれが伝わり，楽しく読むことができる。

なお，自分を美化したいというのは多かれ少なかれ誰にもある気持ちであろうが，そのために人を中傷したり，失敗を他人のせいにしたりして，関係者はもちろん，直接関係のない読者にまでいやな思いを与えるようなことをしてはいけないことはいうまでもない。(→随筆・エッセイ，紀行文・構成・構想)

〔**大久保恵子**〕

3　リポート文の書き方

【対象】 ここでは，企業用の報告書，受験用の小論文，就職用のエントリーシート，大学用のレポートといったリポート文を対象とする。これらは，組織内の特定の読み手に，書き手の調査・受講などから得た情報や知識，および，それについての分析や意見を報告する目的で書かれる。

【リポート文の目的】 決められた課題に応じて，実体験・調査をふまえた情報や考察を，整理して明快に提示し，一定の評価を得ることを目指す。

【心構え】

1．読み手の要求を把握する——リポート文は，つねに読み手による要請，出題，ニーズへの応答として作成される。したがって，まず読み手が何を知りたいのか，意図や要求をよく理解することが肝心である。報告書では，おもに書き手が体験・調査した客観的な情報や知識が求められる。他方，小論文，エントリーシートでは書き手の主観的な意見や見解が求められる傾向にある。大学用のレポートは学問分野や出題者によってそのどちらにもなるため，課題の意図が判然としない場合は出題者に尋ねることが望ましい。このように読み手の意図を踏まえたうえで，書くことを整理し，テーマを設定する。

2．提出期限を守る——決められた提出期限や時間制限を厳守する。そのためには，媒体トラブル（パソコン不具合，メール不通，プリンタ不調，郵便遅延など）や外的トラブル（交通渋滞，電車の遅延など）に備え，早め早めの着手，提出を心がけたい。また、やむを得ない事情で間に合わないときは、速やかに読み手にその旨と提出予定日を伝える。

3. 読みやすさに配慮する

① 構成に気を配る。

② タイトルや見出しの文字の大きさ・書体・色を本文と変える、重要部分に下線・傍線を引くなどして視覚効果でメリハリをつける。

③ 文章ではわかりづらいものも、図表化によって一目瞭然になることがある。とくに情報の整理には、うまく活用したい。

4. 推敲を忘れずに――文章作成に力点を置くと、推敲がおろそかになりがちである。だが文章が正確であることは、書き手の能力の高さや性格の誠実さを読み手に示す指標となり、読み手からの信頼や評価を得ることにつながる。

【作成するときのポイント】

1. まず、作成を指示した読み手の意図や要求を把握し、それに見合った題材・話題・情報・知識をできる限り調査収集する。ただし、せっかく収集した事項を未消化に終わらせぬよう、作成に取りかかる前には、テーマ決定、情報収集、文書作成、推敲といった作成スケジュールを必ず立てる。

2. 設定したテーマにそって、収集した事項を取捨選択のうえ、立論する。リポート文の種類によって、客観的事実と書き手の主観的見解のどちらに重点をおくべきかが異なる。立論の際にも読み手のニーズを確認する。

3. 書き手は、読み手にわかりやすいように、何をどのように説明するか、内容と構成を練る。リポート文の種類によって、文書形式が決まっているものとそうでないものがあるので、考慮する。小論文以外の場合、見出しや箇条書きなどを活用して、論理的かつ明快に順序立てて説明する。内容構成は、情報に遺漏がないように、《6W3H》の情報が入っているか、をいつも意識するとよい。《6W3H》とは、Who（作成者、主催者、調査主体など）、When（作成年月日、実施期間、調査期間など）、Where（場所、媒体など）、What（調査結果、提案、企画の具体的内容など）、Why（提案の根拠、企画理由、調査目的など）、Whom（提出先、調査対象など）、How（手段、方法、戦略、計画など）、How much（企画の予算や経費など）、How many（人数、物量、データなど）のことである。これらの情報を必要に応じて組み込む。

4. 事実と意見を明確に区別する。根拠のある客観的事実と、書き手の価値判断・推論・予測などの主観的見解とを明確に書き分ける必要がある。たとえば、事実部分を「～についての調査結果」、私見を「～についての所感」などと文中の見出しを変える。また、文末表現を私見の部分だけ「～が肝心だ」「～が課題である」「～と言える」「～と考えられる」などとする方法がある。ただし、「思う」の多用は避ける。

5. 他人の意見と書き手の意見を明確に区別する。他人の意見を自分の意見であるかのように述べてはならない。他人の意見のときは、「～によれば」「～の見解では」「～と言われている」などの表現で明示する。その際、本文中あるいは注に、参照した文献名・資料名などを必ず明記する。

【実際の文章表現上の注意】

1. 読む気を起こさせる視覚効果を

① 報告書やレポートの場合、タイトルや見出しの文字を、本

文より大きくしたり、書体や色を変えたりしてメリハリをつける。要点に下線・傍線を引くのも効果的である。ただし、文字装飾の不統一や過剰は、かえって読みづらくなるので注意する。

②見出し、箇条書き、引用、図表を挿入する際は、適宜改行し、文字を下げるなどして紙面に余裕をもたせると読みやすい印象を与える。

③タイトルには、内容を反映した端的なものを付す。長くなりそうな場合、より詳しい情報はサブタイトルを利用する。同様に、本文中の見出しも、それぞれの項目の内容を反映した簡明なものを付す。

④図表は、見た目に細かすぎず簡明なものにする。標題、データの年月、出典を明記し、説明文のそばに挿入する。

⑤各文書の標準書式にのっとり、手書きの場合は丁寧な字を心がける。

⑥体験・調査による情報は、内容や順序をわかりやすく自分で再構成してまとめる。

2. 構成は読みとりやすく

①一段落に一つの内容をまとめる。五、六行程度で改行し、段落の配列に気を配る。

②全体構成の基本は、《序論（リポートの主旨、目的、調査方法）》《本論（調査や分析の結果）》《結論（考察、所感）》である。ただし、報告書のように情報伝達の速やかさと明快さが要求される場合は、冒頭に《結論》的部分や概要を書き、《序論》《本論》と進むのが優れた構成とされる。

③字数制限には必ずしたがう。字数制限がなく、分量が多くなる場合には、最初に全体の要約や目次を付す。

④内容構成の順序として、［具体→抽象、過去→現在→未来、結論→根拠や経緯］が読み手にとって、より明快だとされる。とくにエントリーシートの場合は、志望理由、自己PR、入社後の抱負といった、どの項目においても、まず結論を示し、あとから理由や状況をできるだけ具体的に個性豊かに書くことが肝心である。

⑤エントリーシートの場合、各項目の内容を、すべて、書き手の一番のセールスポイントに結びつけて書くと、わかりやすく説得力をもつ。

3. 文体は理解しやすく

①美文・名文を書く必要はなく、簡潔な文をつなぐことが肝心である。一文は一つの内容だけを語るようにし、四〇字程度におさめる。

②主語・述語を明確にし、呼応表現の間違いや文の中のねじれがないようにする。

③文意がとりやすいように読点「、」をまめに打つ。長文で、読点を用いても意味がとりづらいときは、箇条書きにして文を分けると理解しやすくなる。

④段落どうしや文・節・語どうしのつながりを明確にするために、言葉をつなぐ語を用いる。ただし、多用は禁物である。とくに文中で逆接の接続助詞「が」を多用すると一文が長くなりがちになるので注意する。

⑤事実表現の場合には、「～だ」「～である」といった文末表現を心がける。

⑥読み手が見慣れないような専門用語や外来語は極力避ける。

もし使う場合は、簡単な言い換えや注などを付す。読みづらそうな固有名詞や難読語にはルビをふる。

4．表記・表現の統一性に配慮する

①重要な用語や概念は、最初に定義をはっきりさせておく。

②読みやすくなるように、漢字とひらがなを配分する。漢字は原則として常用漢字を使う。

③括弧や記号などの使い方は、それぞれの組織、分野、領域で決められた書式にならう。ルールに一貫性をもたせ、あまりいろいろな記号を多用しない。

④一つの概念を、複数の言葉で言い換えないようにする。たとえば、「先生」と「教師」、「衣服」と「衣装」などの併用は避ける。

⑤基本的に横書きではアラビア数字を、縦書きでは漢数字を用いる。縦書きでアラビア数字に統一してもかまわないが、桁数が多いと読みづらいことや、「23」といったワープロ書きによる数字の転倒に注意する。また、数字の単位表記も統一する。

5．価値が損なわれぬよう再確認する

①中立で客観的な分析に基づく表現を心がけ、印象や感想は最小限にとどめる。

②差別語、俗語、若者言葉を避ける。その他、読み手に不快感を与えかねない表現を避ける。

③最低三回は推敲する。推敲の順序は、「全体の内容構成⇓見出しや段落ごとの内容構成⇓各文やその他の細部」という流れが基本である。具体的には、必要な内容が漏れていないか、論理展開やタイトル・見出し・結論が適切か、固有名詞・数字・単位などの誤字・脱字や表現ミスがないか、を再確認する。添付資料、参考文献表、ページ番号、印刷枚数もチェックする。

④報告書、レポートなどは表紙をつけ、散逸しないように、横書きは左上端を、縦書きは右上端を、クリップかホッチキスでとめる。

⑤必ず控え（コピー）をとっておく。読み手による紛失、質問などへのアフターフォローに備えて、手元に残しておく。

（→引用表現・引用法・記号・講成・書式・推敲・接続表現・表記・文長）

石井秀明（二〇〇二）『必ず受かる小論文・作文の書き方』新星出版社
HRS総合研究所（二〇〇三）『レポート・報告書の書き方　実例集』すばる舎
國分浩太郎（二〇〇一）『すぐ役立つ報告書・レポートの書き方』実業之日本社
杉村太郎・坂本章紀（二〇〇七）『エントリーシート』ダイヤモンド社
吉田健正（二〇〇四）『大学生と大学院生のためのレポート・論文の書き方　第二版』ナカニシヤ出版

〔武内佳代〕

4　論文の書き方

【対象】 学術的な知識を広げ、研究成果を知らせるために書く論文とする。初めて書く研究論文を想定する。

【目的】 従来の研究の枠組みを踏まえながらも、それまでの常識を覆すような新たな成果を論理的に説得力のある文章で示す。論文の構成・表現の決まりに従い、全体構成、論旨の一貫性と明快さ、論文にふさわしい文体や表現、書式で書く。

【心構え】

1．研究の独自性を出す——問題提起・方法・データ・結果・考察のうち最低一つ以上に従来の研究にない新しい成果がある。

2．先行研究での位置付けと研究分野での貢献を明確にする——先行研究をよく調べて、自分の研究がどのような研究の流れの中にあるか明確にする。研究分野を進展させる貢献があることを述べる。

3．研究成果を第三者によって再現できるようにする——同じ方法・データによってだれが行っても同じ結果になることで研究への信頼性が増す。

【作成するときのポイント】

1．論文の全体構成——「①はじめに（研究目的）、②先行研究、③方法・データ、④結果、⑤考察、⑥まとめ（結論）、⑦注、⑧参考文献、⑨資料」から成る。全体構成をこのような役割に分けることにより、研究における実証の手続きが明確になる。

以下、論文の一般的な構成例①〜⑨について各々において必要な要素と典型的な表現例とともに説明する。

①はじめに（研究目的）—論文で何を明らかにするかを示す。問題の背景を説明して、問題提起をし、論文の内容を予告する。

例「〈テーマ〉について、〈問題背景の説明〉である。〈問題提起〉のだろうか。そこで、本稿では〈目的〉ために、〈方法〉によって、〈研究内容の概要〉について考察する。」

②先行研究—従来の研究史を踏まえ、自分の研究の意義を明らかにし、自分の研究の特徴と貢献できる点を述べる。

例「〈テーマ〉に関する従来の研究には次のような〈先行研究〉がある。〈先行研究1〉は〈意義〉がある。しかし、従来の研究には〈問題点〉がある。そこで、本研究は〈問題点〉を解明するために、〈研究課題〉について検討し考察する。」

③方法・データ—方法論の裏づけのある一定の手順に従った方法、用いるデータの特徴や収集方法の概要を説明する。調査資料については、調査主体・調査期間・調査対象・調査目的・調査方法・調査項目を述べる。

例「本研究は〈方法の説明〉という方法で行う。データは〈データの説明〉である。」

例（調査資料の場合）「本研究の調査は、〈だれ〉が〈いつ〉〈どこ〉で〈どんな目的の〉ために〈どのような方法〉によって行ったものである。」

④結果—データを分析してわかったことを詳しく説明する。

例「図1は〈図の説明〉したものである。図1より〈結果〉がわかった。」

⑤考察―その結果がなぜ起こったかという原因・理由や、結果から予想される影響など、結果から推論できることを書く。考察は単なる思いつきではないので論証可能な根拠を示す。例「以上の結果より、〈考察〉が考えられる。その根拠は〈根拠〉である。」

⑥まとめ（結論）―「①はじめに」で挙げた問題提起について答を出すために、結果と考察をまとめて結論を書く。例「以上、本研究により、〈結果と考察のまとめ〉が明らかになった。これは〈研究成果の強調〉という点で意義がある。」

⑦注―本文の説明で傍証として挙げた定義や引用などを出現順に番号を付けてまとめて書く。

例「注1　～。注2　～。…」

⑧参考文献―本文中に引用や参照した文献は必ず載せる。

例「著者名、文献名（「論文名」『書名、雑誌名』、など）、出版社、出版年、掲載ページ（雑誌や本に含まれる論文の場合）」

⑨資料―数ページにまたがるなど本文中に載せると読みにくくなるデータや図表は資料番号と資料名を付けて巻末に載せる。

例「資料1〈資料名〉　資料2〈資料名〉…」

2. その他の全体構成――注、参考文献、資料を除いた本文の構成について、3段構成「1. 序論（問題背景、問題提起、論文内容の予告）」「2. 本論（先行研究、方法・データ、結果、考察）」「3. 結論（結果と考察のまとめ）」も一般的である。

3. 論旨の一貫性と明確さ――論文は問題の答を見つけるという論証の過程が一本の道筋でつながっており、その道筋を全体構成に従って明確に説明する。また、「①はじめに」に書いた問題提起と「⑥まとめ」に書いたその答となる結論を読んで、問題と結論が合っているかどうか確認する。

4. その他のポイント

①引用の明示―本文中で引用・参照した文献、データの出典は必ず論文の最後にも載せる。自分と他者の研究成果を区別し、論文のデータの信頼性を高め、読み手が後で詳しい内容を知りたい時に文献を探して検証できるようにする。

②データの提示の仕方―複雑な数値データは読み手にわかりやすく見やすいように図表にして提示する。自分で調査しないで調査データを引用する際にはデータの出典を明記する。

③結果と考察の区別―数値データについて多い・少ないなどは結果の説明である。一方、データに基づいて多い・少ないといった原因・理由を考えることは考察である。論証を重視する論文ではこの両者を混同しないことが大切である。

【実際の文章表現上の注意】　論文一般に共通することを挙げる。書式や表記などの決まりは研究分野や学会誌で異なるので書く前に確認してほしい。

1. 書式

①全体構成に従って、章・節を設けて番号・見出しをつける。

②参考文献は日本語の文献は著者名のアイウエオ順、英文等のアルファベットの文献は著者名のABC順に並べる。

③紙面上の書式を整え、題は中央寄せ、段落の冒頭は一字空白、章・節の直前は一行空白、文字の大きさとフォントを統一する。

2. 文体・表現

①「である体」の使用―「だ体」「です・ます体」で書かない。

②書き言葉の使用―「でも」「いっぱい」のような話し言葉、「じゃない」「してる」のような縮約形で書かない。
③客観的な表現の使用―「思う」「感じる」「やはり」「意外と」など書き手の思い入れの強い主観的な表現は用いない。
④段落の区切り方―話題ごとに段落をまとめ、各段落の長さのバランスをとる。
⑤文の長さ―一文が長すぎないように注意する。
⑥表記―直接引用に用いる引用符「　」など使用の決まりに従って用いる。（→記号・表記）

アカデミック・ジャパニーズ研究会編著（二〇〇二）『大学・大学院留学生の日本語④論文作成編』アルク
木下是雄（一九八一）『理科系の作文技術』中央公論新社
酒井聡樹（二〇〇六）『これから論文を書く若者のために　大改訂増補版』共立出版
酒井聡樹（二〇〇七）『これからレポート・卒論を書く若者のために』共立出版
浜田麻里・平尾得子・由井紀久子（一九九七）『大学生と留学生のための論文ワークブック』くろしお出版
福澤一吉（二〇〇二）『議論のレッスン』日本放送出版協会
福澤一吉（二〇〇五）『論理表現のレッスン』日本放送出版協会

〔木戸光子〕

5　手紙の書き方

【手紙文一般の心得】

手紙の目的は、用件や思いなどを相手に伝えることである。わかりやすく、簡潔な表現を心掛け、相手に応じて敬語や形式を適切に使い分けよう。また、手紙を出すタイミングも重要である。季節の手紙は時期を逃さず、お礼やお詫びの手紙はできるだけ迅速に出すよう心掛けたい。

【手紙文一般の構成】

手紙文は、基本的に「前文」「主文」「末文」「後付」の四つの部分から構成される。さらに「副文」として追伸を添えることもできるが、これは親しい相手にのみ使うとよい。

前文

①拝啓　②さわやかな風が心地よい季節となりました。③皆様お変わりなくお過ごしのことと存じます。おかげさまで、私どもも無事に暮らしております。④日頃はご無沙汰いたしまして申し訳ありません。

主文

⑤このたびは、⑥名産のお菓子を頂戴いたしまして、誠にありがとうございました。子供たちも大喜びで、家族皆で、おいしくいただきました。いつも何かとお心遣いをいただき、恐れ入ります。

末文

⑦過ごしやすい季節ではありますが、どうぞお体を大切にお過ごしください。
まずは御礼かたがたご挨拶まで。
⑧敬具

後付

⑨五月十日
⑩朝倉瑞穂
⑪武内さやか様

区分	項目	説明
1. 前文 はじめの挨拶	① 頭語	「こんにちは」にあたる書き出しの言葉で、行頭から書く。
	② 時候の挨拶	季節に応じた挨拶を、頭語の後一字分あけて続けるか、改行して書く。
	③ 安否の挨拶	相手の繁栄を祝ったり、安否を尋ねたりする。自分の安否を伝える場合はその後に。
	④ お礼・お詫びの挨拶	日頃の感謝や、無沙汰への詫びを添えることもある。
2. 主文 用件	⑤ 起語	「さて」など、用件に入ることを示す起こし言葉で、行を改めて書く。
	⑥ 本文	用件を簡潔に、分かりやすく書く。
3. 末文 おわりの挨拶	⑦ 結びの挨拶	改行し、相手の健康や無事を祈ったり、手紙の要旨をまとめたりする。
	⑧ 結語	「さようなら」にあたる挨拶で、行末に一字分上げて書く。
4. 後付 日付、署名、宛名	⑨ 日付	改行し、行頭から二、三字下げて、やや小さめの文字で書く。
	⑩ 署名	改行し、行末より一字上げて差出人の名前を書く。
	⑪ 宛名	改行し、行頭からやや大きめの文字で相手の名前を書き、敬称をつける。

【頭語と結語】

頭語と結語は、その意味や敬意の度合いなどから、組み合わせが決まっている。セットで覚え、相手や状況に合わせて使い分けられるようにしておこう。なお、「かしこ」は女性特有の結語表現で、頭語を省略したときも添えることができる。

場合	頭語	結語
一般的な場合	拝啓 拝呈	敬具 敬白（かしこ）
改まった場合	謹啓 粛啓	謹言 謹白
急ぎの場合	急啓	急白
前文を省略する場合	前略 冠省	早々 不一
返信の場合	拝復	敬具

【時候の挨拶】

四季折々の変化を分かち合うことで、コミュニケーションを円滑にする大切な挨拶である。「○○の候」「○○のみぎり」といった漢語調の短い挨拶は、よりかしこまった印象を与える。一方、自分の言葉で身近な季節感を織り込めば、親しみを覚える表現となる。

月	挨拶
一月	初春の候 厳寒の候 初春にふさわしい穏やかな日々が続いて 寒さいよいよ厳しき折
二月	余寒の候 春寒の候 立春とは名ばかりで 梅の便りもちらほら聞かれるころ
三月	早春の候 浅春の候 日一日と春めいて 一雨ごとに暖かさが増して
四月	陽春の候 桜花爛漫の候 春光うららかに 花冷えの日が続いて
五月	新緑の候 薫風の候 青葉の緑もすがすがしく さわやかな風が心地よい季節
六月	初夏の候 梅雨の候 雨にぬれたあじさいの色も鮮やかに 梅雨明けが待ち遠しいこのごろ
七月	盛夏の候 炎暑の候 梅雨も明け、本格的な暑さを迎え セミの声に夏の盛りを感じ
八月	晩夏の候 立秋の候 暦の上では秋といえ 日中はまだ厳しい残暑が続いて
九月	初秋の候 新涼の候 朝夕はしのぎやすくなり 日ごとに秋めいて

一〇月	秋冷の候　紅葉の候　さわやかな秋晴れの日が続いて　紅葉も鮮やかに色づきはじめ
一一月	晩秋の候　向寒の候　朝夕の冷え込みが身にしみ　木枯らしに落ち葉が舞う季節
一二月	初冬の候　寒冷の候　あわただしい年の瀬を迎え　寒風が身にしみるこのごろ

【手紙用具の選び方】

基本は白無地縦書きであり，罫線の入っていない便箋はより改まった印象を与える。横書き，カラー，柄入りのものは，親しい相手にのみ使う。二重封筒は，「重なる」ことを避ける意から，弔事の手紙などでは避けた方がよい。はがきは，挨拶などを簡略化して気軽に書くことができ，季節の挨拶やお礼状，通知などによく使われる。

【用途別手紙注意事項と文例】

文例の無いものについては，最後に挙げた文献を参照されたい。

〈年賀状〉 印刷した文面だけでなく，自筆で近況やメッセージなどを一言添えると喜ばれるだろう。また，喪中欠礼状が届いたら，喪中・寒中見舞いを出して返事をすると丁寧である。

〈祝いの手紙〉「ご家族の皆さまもさぞお喜びでしょう」と家族への気遣いを添えたり，「自分のことのように嬉しく」と喜びを分かち合う表現を用いたりするとよい。

〈見舞いの手紙〉「急啓」「前略」などを用い，時候の挨拶は省略して，「ご入院と聞き，驚きました」のように，率直な驚きをまず伝えるとよい。また，「ゆっくりご養生なさってください」のように，前向きに励ます言葉を添えよう。

〈招待・案内・通知の手紙〉 情報を正確に伝えるよう心がける。日時・場所など，目立たせたい情報は「末文」の後に別記するなどの配慮が必要である。また，「ご多用中とは存じますが」のように，相手の都合を思いやることも大事である。

〈礼状〉 贈り物をいただいたら，届いたことの報告にもなるので，すぐに礼状を出すのが基本。「いただいた苺はとても甘くてみずみずしく」など，具体的な感想や家族の喜ぶ様子を一言添えると，感謝の気持ちがよく伝わるだろう。

〈依頼・問い合わせの手紙〉 依頼・問い合わせ内容を具体的に伝える。また，「突然のお願いで恐縮ですが」「ご検討いただけますようお願い申し上げます」など謙虚な表現を心がけて。

〈催促の手紙〉 一方的に責める手紙にならないように，「大変申し上げにくいのですが」「事情がおありのことと存じますが」としたり，「こちらで使う予定がありますので」と理由を添えたりするとよいだろう。

> 再敬　初霜の便りの届く頃となりました。お変わりなくお過ごしのことと存じます。
> さて，先日来ご依頼申し上げております件ですが，その後いかがなりましたでしょうか。ご検討いただけるとのことでお返事をお待ちしておりました。せめて見通しだけでもお知らせいただきたく，恐縮ながら再度のお尋ねを申し上げる次第です。
> ご多用中恐れ入りますが，近日中にご返事をいただけますようお願い申し上げます。
> 敬具

〈詫び状〉「誠に申し訳ございませんでした」「お詫びの言葉もございません」など，心から謝罪する気持ちを込める。また，今後の対応について触れたり，「何卒ご容赦いただけますよう」

と許しを願ったりする。


前略　本日はお詫びしなければならないことがございます。

　実は、先日お借りした御本を汚してしまいました。私の不注意から、水をこぼしてしまったのです。ご厚意でお貸しくださった御本ですのに、大変申し訳なく、お詫びの言葉もございません。書店に問い合わせたところ、まだ在庫があるとのことです。

　大切になさっていた御本に代えられるものではありませんが、新しいものをお返ししたいと存じますが、いかがでしょうか。ご意向をお聞かせいただければ幸いです。

　とり急ぎ、お詫びとお伺いまで。　草々

〈断りの返事〉承諾できないという旨をはっきりと伝える必要がある。「私には荷が重すぎます」「ご要望に沿えず申し訳ありません」など、事情や理由を説明し、力になれないことを詫びる言葉を添えるとよい。

拝復　お手紙拝見いたしました。

　さて、ご依頼いただいた件ですが、誠に申し訳ございませんが、お断りさせていただきたいと存じます。まだ社会経験も浅い私のような若輩者には、荷が重すぎるように思えます。お力になれず心苦しいばかりですが、何卒ご容赦ください。

　他にお役に立てそうなことがあればご遠慮なくおっしゃってください。

　まずはお詫びかたがた、ご返事まで。　敬具

〈弔事の手紙〉お悔やみ状は、通夜や葬儀に出席できない場合に出す。「前文」は省略し、故人との思い出や、遺族をいたわり慰める気持ちを一言添えるとよい。「ご家族のご心痛はいかばかりかと」など。（→手紙文・待遇表現・敬語・敬語の分類）

主婦の友社編（二〇〇八）『最新版　手紙・はがき基本文例集』主婦の友社
小学館編（二〇〇八）『出だし3行終わり3行手紙スラスラ文例集』小学館
高橋書店編集部編（二〇〇七）『礼儀正しい人の手紙の書き方とマナー』高橋書店
鶴田顕三（二〇〇一）『手紙の書き方が面白いほど身につく本』中経出版
鶴田顕三（二〇〇七）『手紙・はがき決まり文句と文例百科　決定版』日本文芸社
中川　越（二〇〇三）『手紙・はがきの書き方がすべて載ってる大事典』永岡書店
中川路亜紀（二〇〇五）『気のきいた手紙が書ける本』ダイヤモンド社
扶桑社編（一九九九）『別冊エッセ　女性が書く手紙』扶桑社
横田京子（二〇〇七）『きちんとした手紙とはがきの書き方』大泉書店

〔川原塚瑞穂〕

6 スピーチ原稿の書き方

【対象】 主に祝辞・弔辞、同窓会や記念式典での数分程度の挨拶を対象とする。弁論大会や講演会の席で行われる長時間のスピーチは対象に含めない。

【目的】 場合によって様々である。結婚披露宴での来賓挨拶ならば新郎新婦への祝いと励まし、葬儀での弔辞であれば故人の追悼や遺族への気遣い、宴席での挨拶ならば会の盛り上げあるいは総括といったものが目的となる。

話し手自身が場の性格や自分の役割をきちんと把握し、スピーチを通じてそれらに応じた目的を果たすことが求められる。

【心構え】

1. スピーチの目的を理解する――スピーチ自体の完成度の高さより、その場に応じた目的が果たせているかどうかが重要である。そこで、第一に「自分はスピーチを通じて何をすべきか」を話し手自身が正しく理解する必要がある。そのためにスピーチを行う会の趣旨、その場における自分の立場、スピーチを任せた依頼者の意図についてよく考えておく。

2. 長さの目安は三分間、九百字――一般にスピーチの長さは三分間がよいと言われている。それは一分では自己紹介と主題を兼ね備えた話をするのに短すぎ、逆に五分では多くの聞き手が長いと感じるためである。

また日本人が話をする速度は一分間に四百字程度と言われている。ここから三分間スピーチの原稿は千二百字ということになるが、スピーチでは日常会話よりゆっくりはっきりと話すことが望ましい。したがって適切な分量は一分間に三百字ずつの九百字程度ということになる。

3. 決まり文句と自分の言葉を併用する――多くの場合スピーチは、話し手の個性を出すことと同時に、形式や通例に沿うことが求められる。とくに公式な席のスピーチでは冒頭と末尾の挨拶に決まり文句を用いるのが望ましい。伝統的な型を守ることによって列席者への礼儀を示し、場のおごそかさを盛り上げるためである。

4. 音読を意識する――スピーチ原稿は本番の席上で音声化されることで役割を果たす文章、いわば「聞く」ための文章である。小論文やコラムの原稿のような「見る」文章とは性質が異なることを理解しておく必要がある。

音だけで正しく聞き取ってもらうため以下の点に留意する。

① 一文はなるべく六十字以内に抑える。
② 平易な表現を心がけ、凝った構文や修辞を避ける。
③ 同音異句の多い漢語（「指示」「支持」「私事」など）は文脈から意味を特定できるよう工夫する。もしくは和語に言い換える。
④ 字面より響きに重点を置く。

【原稿作成のポイント】

1. まず、スピーチの核となるテーマを一つ選び出す。結婚披露宴の祝辞なら「新郎／新婦の人柄」「新郎／新婦について印象に残る出来事」、弔辞ならば「故人についての思い出」がテーマになる場合が多い。いずれにせよスピーチの目的をしっかりとふまえてそれに適ったテーマを選ぶのがよい。テーマを絞らず、とりとめのない話をしてしまうのは望ましくない。

2. テーマが決まったら次はそれに合ったエピソードを探す。エピソードはなるべく話し手自身の経験に基づいて具体的に説明できるものを選ぶ。聴衆にとっても印象に残るし、その話し手ならではのスピーチをすることにもなる。テーマに関するエピソードがいくつも思い浮かぶ時には紙に書き出して使いやすそうなものを選ぶとよい。一つに絞って話してもよいし、短いエピソードを複数組み合わせて話してもよい。ただし、三分程度のスピーチの場合、盛り込むエピソードは三つ以内に抑えたほうが個々の説明が行き届いたものになる。

3. エピソードが決まったら実際の原稿作成に入る。です・ます体を用い、本番でそのまま読める形式で書くと便利である。作成の際は「起承転結」や「序論・本論・結論」といった構成に沿って書き進めるとわかりやすいものになる。ここでは後者の三段構成に従った基本パターンを紹介する。

①〈序論〉始めの挨拶
　　　　自己紹介
②〈本論〉エピソードの紹介
③〈結論〉話し手からのメッセージ
　　　　結びの挨拶

分量の配分はメインとなる〈本論〉に全体の半分以上を割くよう注意しながら適宜加減する。重要なのは配分より内容なのであまり神経質になる必要はない。

次に順を追って各部の説明を行う。

・始めの挨拶—その場に合った挨拶をひとことで述べる。決まり文句を用いるのがよい。例：「○○さん、○○さん、ご結婚おめでとうございます」〈結婚披露宴〉、「このたびのご不幸、心からお悔やみ申し上げます」〈葬儀〉、「本日はご多忙のところ、ようこそお越しくださいました」〈同窓会・祝賀会など〈主催者側〉〉

・自己紹介—自分の役職・立場をひとことで述べる。例：「私は大学で○○さんと同級生だった○○と申します」〈結婚披露宴〈新郎／新婦の同級生〉〉

・エピソードの紹介—メインとなるエピソードを紹介する。話自体の巧みさ、面白さより、スピーチがきちんとその目的を果たしているかのほうが重要である。細かい推敲は後から行えばよいので、まずは自分の言葉で思い出すまま文章化していく。

・話し手からのメッセージ—スピーチの依頼者や聴衆へ対する話し手からのメッセージを簡潔に述べる。結婚披露宴の祝辞なら新郎新婦へのはなむけの言葉、葬儀の弔辞なら故人の遺志を継ぐ決意の言葉、同窓会・祝賀会なら列席者や主賓の今後の活躍を願う言葉を述べることが多い。エピソードの紹介では視点が〈過去〉に向くものなので、ここでは新郎新婦の将来など〈未来〉に目を向けた内容でまとめるとよい。

・結びの挨拶—締めにふさわしい挨拶をひとことで述べる。やはり決まり文句を用いるのが自然である。例：「お二人の末永い幸せをお祈りして、私からのご挨拶に代えさせていただきます」〈結婚披露宴〉、「心からご冥福をお祈りします」〈葬儀〉、「それでは、本日は心ゆくまでお楽しみください」〈同窓会・祝賀会など〈主催者側〉〉

【推敲の際のポイント】

1. 事実を確認する——過去のエピソードを紹介する時には記

憶のあいまいな部分を事前に確認しておく。とくに人の名前や年齢、出身地などは間違えると失礼にあたるものなので、可能ならば当事者に連絡をとって確認し、聴衆に正しい情報を伝えるよう心がける。

2. 忌み言葉、重ね言葉を避ける――結婚の祝辞では別離をイメージさせる表現が忌み言葉として嫌われる。代表例として「切る」「帰る」「終わる」などがある。これらの表現が原稿中に使われていた場合、下記のように言い換える。

〈言い換え例〉×（ケーキを）切る→○（ケーキに）ナイフを入れる、×～へ帰る→○～へ向かう、×（会が）終わる→○（会を）お開きにする

右以外であっても不吉な印象をもつ言葉は避けたほうがよい。また、結婚の祝辞、葬儀の弔辞ともに、ものごとの重複をイメージさせる重ね言葉も嫌われる。代表例として「かさねがさね」「またまた」「再三」「繰り返し」「追って」「重ねて」などがあり、これらも原稿から除くべき表現である。

3. 誤解を招く表現を避ける――スピーチで親しい知人について話す場合、表現が率直になりすぎてイメージを落とすような言い回しをしている危険がある。これらも言い換えるか、直後にそれを補う長所があることを言い添えてフォローする。

〈言い換え例〉×頑固→○意志が固い、×派手な→○華やかな、×おしゃべり→○会話上手、×神経質→○几帳面

4. 誰にとっても聞きやすいスピーチに――スピーチは多くの異なる世代や立場の人々が耳にするものである。したがって、表現、内容ともに誰もが聞きやすい共感を呼ぶものに仕上がっていることが求められる。そこで最終的に次のような点について見直しを行う。

表現に関して陥りやすい失敗が、敬語の誤りや度を越した多用である。たとえば、「以前、私が新郎の姿をご覧になった時」（×ご覧になった→○お見かけした／拝見した〈誤用〉）、「このようにご立派なお式にご出席させていただいてご新婦様のあでやかなお姿を拝見させていただき誠に喜びに堪えません」（多用）といった言い方はいくら丁寧でも聞き苦しく感じられる。ほかにカタカナ語や専門用語の羅列、俗語や馴れ馴れしすぎる表現も使用しないよう気を配る。

また内容面では、暗すぎる話題・内輪受けの話題・難解な話題・説教じみた話題などを避けるよう注意が必要だ。冒頭でも触れた「スピーチの目的」を話し手がつねに意識していることが肝要である。

原稿が完成したら、ぜひ実際に読んで練習を行ってもらいたい。この時、世代の違う人間に感想を聞くなどの方法で原稿の見直しも行うとよい。読み方に関する注意点やスピーチの目的に応じた詳しい解説には左の文献が参考になる。（→敬語・敬語の分類・待遇表現・独話）

〈スピーチ一般についての概説的な書〉
諸星 龍（一九六四）『3分間スピーチ』光文社
扇谷正造（一九九〇）『スピーチの作法 最新上達マニュアル』グラフ社
カーネギー、ディル（二〇〇五）『人を動かすスピーチの極意』ソフトバンククリエイティブ
〈目的や立場に応じたスピーチ解説書〉
片山智志（一九九二）『真心のこもった結婚披露宴スピーチの手帳』

小学館
相川　浩（一九九五）『同僚・友人のための結婚ショートスピーチ』徳間書店
神坂恵理子（一九九九）『友人のスピーチ　実例とポイント』西東社
吉武輝子（二〇〇七）『結婚披露宴　うまいといわれる主賓・来賓の短いスピーチ』成美堂出版
金井英之（二〇〇一）『（CD付）3分間スピーチのコツが面白いほど身につく本』中経出版
松田美穂子（二〇〇四）『女性のためのスピーチハンドブック』大泉書店

〔渡邉さやか〕

7　小説（創作文）の作り方

【対象】　高校生・大学生などの若い層がクリエイティブ・ライティング（創作文）を試みる場合を想定する。プロの作家を目指せる人はとりあえず対象にしない。そういった人達は既に自分の中の創作の〝装置〟のようなものを自覚的に作動させておりむしろ基本的な型や知識を覆すことが望ましいからである。

【目標】　言語表現法というとかくアカデミック・ライティング（論作文）に傾きがちであるが、日本語の語彙力や語を用いる力の総仕上げとして、また想像力を言語に定着させる訓練として、創作文もまた重要である。〝読者〟の存在を仮構することで、感受性レベルでのコミュニケーション法を学べる。

ここでは誰でも自分の中に持っているモチーフを発見し、それを読み手に受け入れられる表現に定着させて満足感を得られるように援助したい。それが、他の既に完成されたもの（＝名作といわれる作品）への関心を呼び覚まし、読書へと赴かせるきっかけともなる。長いものではなく、また、小説として完成していなくてその一部分となるようなものでもかまわない。

【テーマについて】

予め明確なテーマを持っているという人は少ないだろう。練習なので気楽に、むしろ書くことによってテーマが見つかるかもしれない、とワクワクしながら取り組もう。ちょっとした刺激で、忘れていた経験や光景、感情体験が引き出されたり、日常生活の中での違和感や、家族・友人に対する感情が確認されたりする。たとえば、短歌・俳句のような短詩型文学の中から一つ選び、そこから連想される短いストーリーに膨らませても良い。「昔話の途中で寝入りし子の側で思う『めでたしめでたし』の先」（松村由利子）から、昔話や、中途で終わっているような小説の先を考えてみよう、という発想や、あるいは、幼い頃の不思議な、怖い出来事への連想が導かれはしないか？「憂きことを海月に語る海鼠かな」（黒柳召波）からはユーモアのある会話が作れそうではないか？

インターテクスチュアリティという観点からは、〝ものがたり〟を原形として借りたり変形させたりして、作っていくことも可能である。たとえばだれでも知っている「浦島太郎」の話は、古代から中世・近世にかけて、教訓譚や寺社縁起譚、報恩譚などさまざまな変形が加えられたことで知られる。近代以降も、太宰治は亀を訳知りの主導権を握る役割に、浦島太郎を気の弱い、風流を気取った俗人として描き、両人のくだけた会話を中心にすえ、パロディとして仕立て上げ（『御伽草紙』「浦島さん」）、川端康成は、夫を裏切った女性が海に沈んで乙姫となった、という乙姫の側に焦点をあてた複雑な話にして、「女は〜抱きつきました」「ところがどうでしょう」といった語り口調で全く異なる短編（『掌の小説』「竜宮の乙姫」）に仕立て上げている。森鷗外にいたっては、玉手箱をあけた浦島太郎が、戦いに出陣する子孫とめぐり合い、箱から出てきた宝を戦費に用立てる、という、台詞を古語の七五調にした戯曲（『玉篋両《たまくしげふたり》浦嶼《うらしま》』）に仕立て上げている、などである。

【心構え】

アカデミック・ライティングと異なり、アウトラインを作ってから書き始めるという方法はかえってやりにくいことがある。テーマが漠然とだがある、または材料だけでもある、といった段階であれば、直感的に出てきた語句などをてがかりに、題名や冒頭の数文から書き始めてみてはどうだろうか。テーマが徐々に具体化する段階になれば、ストーリーとプロット、視点、文体などは相互に密接に結びついているので、同時進行でこれらを修正しつつ進めていく。細部の表現も文体を形成する諸要素となるので、選択に注意を払う。一応、書きたいことが尽きたと感じる段階になったら、自分の表現したいことが実現しているかどうか、と同時に読み手を引き込み飽きさせないかどうかも、考えるようにする。

【小説を構成する諸要素】

小説はいくつかの異なる要素の組み合わせ・バランスから成立している。以下でポイントを述べる。

1．ストーリーとプロット――ストーリーは出来事の時間的・線条的展開に沿った大まかな流れ。プロットはできごと同士の因果関係や、起こった場所の空間的関係、登場人物の人間関係や性格づけなどで、それぞれを矛盾の無いように組み合わせる。

2．視点――基本的に一人称・二人称・三人称視点がある。一人称は小説世界を内部から描く。二人称は「あなたはふと、散歩するのも悪くないと考える。」といった、語法としては破格の述べ方をして、独特の雰囲気を与える。三人称は語り手が小説世界の外部から描き、時に解釈・評価を与えるが、その最も完全な形は「全知視点」となる。「彼女はふと、散歩するのも悪くないと考えたが、それがすべての悲劇の始まりだったのである。」

また、どの人称でも、読み手が登場人物の中のある人物の視点から小説世界を見るように設定されている（＝視点人物）。それが一人の場合も複数の人物の場合もあるが、いずれにしても、読み手は自分の視点として使える、あるいは同化できる存在を常に求めており、そういう点では常に一人称的に読んでいるとも言える。読み手が没入し、人物と同化して文学の楽しみを味わおうとしている期待を裏切ってはならない。

一人称は、登場人物の一人でもあり、語り手でもあるので、両方の役割をきちんと果たさせるのは意外と難しい。「私」の行動や内面を長々と述べると読み手は退屈してしまうし、かえって小説世界の広がりを減じるおそれもある。（→視点）

3．描写と説明、情景と内面――人物や場面の情報を、自己紹介のようにくまぐままで説明する必要はない。行動や会話描写を組み合わせ、ある程度省筆し、読み手に想像させる方が、読み手を小説世界に引き入れるのに効果がある。

読み手が読む時間の流れより小説内の時間の経過の方が速いのが普通で「それから十年たった。」という説明の一文で長い時間の経過を表現することもできる。一方、瞬間の出来事や思念をスローモーションのように引き伸ばして細密に描写することも可能である。小説は〝時間芸術〟と言われるように、小説内に流れる時間の緩急、そして読み手が要する時間などの時間処理も工夫が必要である。たとえば何行かの空白は読み手が見るのは一瞬だが、時間の経過やシーンの切り替わりを表せる。小説内の時間は一方向に流れるばかりでなく、二つの事柄を同時進行的に描いたり、回想シーンを挿入して時間を戻すなどの処理も可能である。

自然や場面を外面からばかりでなく、視点人物の感性を通じて描くのが情景描写で、内面描写の手段ともなる。

描写というとどうしても視覚的なものに傾きがちであるが、それ以外の感覚（聴覚・触覚・嗅覚・味覚）も描写に利用したい。特に共感覚（「ざらついた声」「苦い表情」）といわれる技法は比喩の一環としても使われる。視覚にしても、たとえば色彩は、色名の使用だけでなく、物で暗示（「錆色」「みかんが車窓から草原に投げられた」）することもできる。

内面描写（心理・感情・感覚など）は、現実であれば知りようの無い人物の内面をいかに真実らしく描くかが問題となる。重要場面では、「悲しい」「傷ついた」などの単純な一語で示さなくとも、対象人物の手紙・日記・告白、などの手段があり、また、行動や状態を外面から描写しても可能となる。

4．会話文と地の文――「」の直接話法のみが会話文ではない。日常的な、会話の文字起こしのような会話を模写的に連ねるのは避けて、自由間接話法や、「（博士は）車は出来てゐるかと問うて、抱車夫の返詞を聞いて、さて奥の間にはいった。」（森鷗外「半日」）等の要約的な表現で処理するなど、めりはりをきかせる。地の文の文末は過去形である「タ形」が基本だが、語り手として説明を加えるときは「である」「のだ」等の文末も混じえ、モダリティやアスペクトでニュアンスを付加することも重要である。また、緊迫した事態の推移は「非タ形」の動詞現在形を連ねたりして表現できる。形容詞止め、名詞止めも、文末に変化がつけられる。会話文と地の文あるいは心話文は無関係ではなく、ときとして文体的にも連続性を持つ。『運動会、晴れた？』女が聞いた。／え、と聞き返す。／子供と、二人で行ったんでしょ、運動会。／そうだったけか。百と二人で、バナナとりんごをタッパーウエアにいれて、敷物もたずさえて、万国旗のひらひらとひるがえる幼稚園の運動会を見学に、行ったのだったか。」（川上弘美『真鶴』）。逆に地の文が雅文体であると、「」の中まで同じ雅文体となることがある。「讀み畢りて茫然たる面もちを見て、エリス云ふ。『故郷よりの文なりや。悪しき便りにてはよも。』」（森鷗外「舞姫」）。

5．書き出しと結び――書き出しは、時、場所についての言及、あるいは登場人物の動作や状態（「メロスは激怒した。」、太宰治「走れメロス」）から起筆する場合や、特殊な状況（「炎がごうごうと燃え盛っていた。」）を述べたり、会話文や語り手の読み手への語りかけの形でなど色々に工夫する。あるいはこれらの一切を無視して話の途中から入る場合や、一見無関係のようだが、後の部分の伏線になっているような記述を置く、といった場合もある。いずれにしても冒頭の一文は、題名をつけるのと同じくらい非常に重要で、書く側はこれでその後の展開にはずみをつけることができるし、読み手はこれを先入観として小説世界に入っていくのである。どんなに神経を使っても使いすぎるということはない。

結びは、書き出しと呼応させて、時と場所のうつろいや出来事の落着、登場人物の心理の変化等で終わりとする場合が典型的で、そのあとに、さらに後日談や語り手の思いを付け足すこともある。あるいは話の途中で切れたように終わる場合や、象徴的な光景で今後の展開を暗示する余韻をもった終わり方もある。

6．比喩的表現――的確な比喩表現は事態・状況の直感的把握に有効である。逆に、月並みな比喩は著しく緊張感を損なう。また、作品全体を構造化するような比喩的発想も重要である。「構造的比喩」「寓喩」「アナロジー」などと言われるものである。題名も、作品全体のコンセプトを比喩・象徴しているような語が選ばれることも多い。

また、登場人物や場所をどう名づけるかも、広い意味で比喩的な発想にもとづく。場合によっては、特定のイメージを与えることを避けて、普遍的な意味合いをもたせるために、「老人は」「女は」「村では」などの普通名詞を使用することもある。

創造的な比喩のためには、語彙の豊かさが必要である。たった一語の発見から発想され、展開していく創作もある。いろいろなテクストから、語彙を意識的にストックしておくと良い。

【その他、注意すべきこと】

小説作品として一定の評価を得ているものを、言葉の用い方に留意して細かく吟味してみると、いかに小説というものが文体に依って成り立っているかが、確認できる。ここにあげた項目よりももう少し細かい要素（表記・符号、漢語・和語・外来語の選択、会話文の位相など）も文体研究では対象とする。ただ名作の文章を真似るのでなく、そこにある文体を把握する小説の文体研究は、創作活動の準備として欠かせないものである。

後は文献を参考にして、実作を試みられよ。（→**位相・句読点・語彙的要因・語種・長編・短編・文芸的文章のジャンルと文体・文体・文体論・文字・表記的要因・物語と小説**）

石川忠司（二〇〇五）『現代小説のレッスン』講談社
河野多恵子（二〇〇二）『小説の秘密をめぐる十二章』文藝春秋社

鴨下信一（一九九八）『忘れられた名文たち 其ノ二』文藝春秋
クノー、レイモン、朝比奈弘治訳（一九九六）『文体練習』朝日出版社
清水良典（一九九三）『作文する小説家』筑摩書房
絓 秀美・渡部直己（一九九三）『それでも作家になりたい人のためのブックガイド』太田出版
中条省平（二〇〇〇）『文章読本―文豪に学ぶテクニック講座』朝日新聞社
中村 明（二〇〇三）『文章の技』筑摩書房
秦 恒平（一九九七）『東工大「作家」教授の幸福』平凡社
半澤幹一（一九九一）「『文章表現法』授業実践報告」『共立女子大学文芸学部紀要』三七
平山瑞穂（二〇〇六）「小説における文章表現とは―『ラス・マンチャス通信』そしてブログ小説」『国文学』五一巻一二号
前田 塁（二〇〇八）『小説の設計図《メカニクス》』青土社
若桜木虔（一九九八）『作家養成講座』ＫＫベストセラーズ
渡部直己（一九九六）『本気で作家になりたければ漱石に学べ！』太田出版
ロッジ、デイヴィッド、柴田元幸・齋藤兆史訳（一九九七）『小説の技巧』白水社

〔髙崎みどり〕

8 童話の作り方

【童話の概念と対象年齢】 児童文学と一般の小説の大きな違いのひとつはその対象年齢にある。童話と呼ばれるジャンルは、大きく分類すると幼児向け絵本、幼稚園から小学校低学年までの幼年童話、小学校の中学年向け・高学年向け童話、それ以上の児童小説と大まかに分けることができるが、ここでは幼年童話を書くことを前提にする。いずれにしても、まず童話の間違った概念が創作において大きな障害になることがあることを理解しておく必要がある。単に象が空を飛んだり、魔女が出てくるものだけが童話ではない。安易な夢物語を書いても子供は喜んで読まないということを頭において置くべきで、数枚の小品であってもきちんとテーマを持ち、子供たちに極上の体験を語る決意がなければならない。

【テーマのとり方】 書き手は往々にして、「子供のためになる」という発想を持つが、物語は道徳本ではない。体験が少ない子供にとって、本はひとつの学ぶ場所であると同時に、遊びの場でもある。また子供の成長は著しく、興味を持つ事柄も千差万別であり、大人が大人の目線や価値観で書くことは避けるべきである。例えば、人気の童話『ぼくは王さま』（寺村輝夫・理論社）は、大人の常識を飛び越えた奇想天外な物語であるが、子供の心を十分に満足させるユーモアと共感が詰っている。子供の世界は時代と共に大きく変化しているが、その中にあっても普遍的なものが底に流れていることを忘れずにおくことが大事であろう。テーマは案外身近なところにあり、書き手は日常

生活で常にアンテナを張っておく事が重要となる。ただし、テーマは素材であり、それをどう料理するかが次に重要な課題である。

【書くための方法】

童話には様々なジャンルがある。大きく分けて現実を描くリアリティ童話と、空想の世界を描くファンタジーに分かれるが、『龍の子太郎』（松谷みよ子・講談社）のように民話を素材にそのスタイルで描かれた創作民話などもある。

1．リアリティ童話（生活童話）――子どもたちの実際の生活を描いた童話で、まず現実の子どもを観察することから始まる。概念で作り上げたステレオタイプな主人公では、生き生きとした作品を描くことはできない。子どもが書き手に寄り添って進んでいく物語こそ支持を得る作品といえる。たとえば大石真『はっけよいすすむくん』（理論社）の二人の子どもは、外見も性格も全く正反対でありながら、子どもらしい思いやりが清々しく、二人の個性が際立っている。また読み手の年齢から、物語は単純明快であることが第一であるが、だからといって中身のないやたらしつけや教育に言及した作品は魅力がない。まず子どもたちの暮らしや遊びの流行、学校生活やスポーツなど、多岐に渡ってリサーチしておく必要がある。

2．ファンタジー――リアリティ童話以上のリアリティが要求される難しいジャンルである。空想物語であるから、不可能なことも可能であると簡単に片付けてしまうと、読者はそこから何も得ずにただホラ話として読み捨ててしまうだろう。ファンタジーとは、あくまで現代というフィルターを通し、想像力を加味することでもうひとつの自分、もうひとつの世界の存在をむしろ現実以上に納得させる物語でなければならない。そのためには、立ち上がってくる個性的な登場人物のキャラクター作り、発想の転換から来る意外性、読後の心の変化など、細部に至って計算し尽くされた作品を目指すべきである。本格的ファンタジーの代表と言われている『モモ』（ミヒャエル・エンデ、岩波書店）は、空想物語を越えて現代社会を鋭く批判し、読み手に人間らしい生き方を教えてくれる作品である。自ら空想の世界に飛び込み、あたかも冒険をしたような体験をすることで、子どもは大きく変化し成長していく。そういう物語に出会えることが創造力を培う結果に繋がっていく。

【表現と語彙】

童話を書くに当たって、その表現や語彙の選び方には注意が必要である。ひとつは漢字の問題である。大まかにはその年齢の子供が教科書で学ぶ範囲ということになるが、幼年向きとなると、固有名詞などルビをふったもの意外はほとんどの漢字が使えないということになる。また表現においても、読んだ子供が消化し得るものということを念頭においておくべきである。つまり、誰にでもわかる平易な言葉で個性的な表現を探す作業になる。これは簡単に見えてかなり難しいことで、単に幼児語を用いたり子供に媚びた表現をすることではない。安房直子『きつねの窓』（ポプラ社）は優れた内容と共に、その美しい描写が不思議な物語をさらに深いものにしている。また流行り言葉というのは、当然すぐに消えて行くものとして捉え、必要以上は使用しない方が良策といえよう。リズムを生む繰り返しや擬音、的確で個性的な比喩を効果的に使えば、子供の想像力を大きく引き出してくれるだろう。

【その他　効果的な文章】

幼年向きの童話では、特に長い文章は避けるべきで、主述がはっきりと分かる文を心がけ、複雑な修飾や複文は避けたほうが賢明である。読み手の呼吸を考え、読点を多めにとることも必要である。時間の流れや場所の移動についても、十分な理解の範囲内で描かなければならない。また、会話文を効果的に使うことで長々とした説明を省き、より生き生きとしたシーンを描くことができる。何より重要なことは、子供に理解できるかどうかということであろう。また子供の想像力の邪魔をしないことも書き手の責任である。全て説明で片づけてしまう書き方は言うに及ばず、逆に説明不足で、読者とコミュニケーションがとれない文体も不適である。

【結末】

作者が作品において最も責任を負うべきはその結末である。長い道のりを経て完成した作品も、最後に作者が何を伝えたかったかが凝縮された形で差し出されない限り、物語は空疎なものになってしまうだろう。エズラ・ジャック・キーツの『ピーターのいす』（偕成社）には、疎外感から家出した主人公が大事な椅子を妹に譲ることで、大人の強制ではなく自発的な成長を遂げる結末が用意されている。物語は、読み終った後、一人歩きしてまた始まるべきものである。読後、子どもたちがどう考えどう変わったかが最重要課題であり、そこに導くために書くと言っても過言ではない。児童文学は何よりも向日性であるべきで、子どもたちがそこから未来に向かって勇気を出せる結末を用意すべきであろう。

〔尾崎美紀〕

9　戯曲の作り方

【対象】新作能を中心として舞台劇のための台本としての文学的戯曲を対象とする。

【東洋のドラマツルギーと西洋のドラマツルギー】

ギリシア劇を祖とする西洋演劇の台本が戯曲であるように、能や歌舞伎や文楽や京劇の台本も戯曲の性格を持つ。ただし能には戯曲以外の性格もあり、特に舞と音曲の占める比重が大きい。歌舞伎や文楽も、北京オペラと呼ばれる京劇も同様である。また戯曲の部分だけを較べても、東洋のものと西洋のものではドラマツルギー（Dramaturgie）が違う。

ドラマツルギーとはドラマを作る手法のことである。起承転結などの戯曲の構成から演技論までを含む場合もあり、意味は幅広い。このドラマツルギーが、人物同士の対立・葛藤を軸にした西洋演劇と、既に人生の葛藤を終えた亡霊が登場して過去の自分の運命を嘆く「敦盛」のような能とでは本質的に異なる。しかし、能のすべてが亡霊の登場するものではなく、現在の時空間で肉親がめぐり合う「三井寺」のような再会ドラマもある。この〝再会〟をキーワードにギリシア劇と能を比較研究することが国際的に行われている。差異性と共通性の両面から東西のドラマツルギーを研究、応用することが新たなドラマツルギーの創造につながる筈である。また日本では注目される機会が少なかった中近東の舞台劇へも目を向けたい。

【劇の形式の選択と創造】

現在、世界の国々の舞台では様々な形式の劇が演じられている。多言語が飛び交う劇の試みも活発である。既成概念に捉われずに自分の劇を創出する意志を持つことが大切である。自分の劇を目指してこそ自分の戯曲も書ける。能の戯曲である能本（謡曲）を模範として新作能を書くことも可能なら、新作歌舞伎を書くことも可能である。また「卒塔婆小町」や「弱法師」などの『近代能楽集』を著した三島由紀夫にならって能のストーリーを元に現代のドラマを書いてもよいわけである。明治以降西洋から入ったシェイクスピアやチェーホフなどの翻訳劇を元に発展したいわゆる新劇は雑多性を拡張させ、一部はコントに近いものに変容しているが、二一世紀には伝統演劇以外のものは、あえて分類せずに現代演劇として考える方が自然であろう。その上で自分はどんな劇を目指すのか、そこが創造の出発点である。

【劇の形式と戯曲について】

戯曲を書く時に想定すべき劇の形式には古典も含めて次の種類がある。それぞれの戯曲の構成や文体は劇の形式によって変わってくる。

1．能――大別すると、亡霊が登場する夢幻能と現実の人間みが現在の時間に登場する現在能の2種類がある。江戸時代に式楽として能が格付けされると、1日に5番の能を演ずることが正式の番組編成となり、内容的に能は次の五つに分類された。①脇能物―神霊が登場する夢幻能。②二番目物―修羅物とも呼ばれ、武士の霊が登場する夢幻能。③三番目物―鬘物とも呼ばれ、優美な女性や貴公子、あるいは女体の精や老い木の精の夢幻能。また優美な女性の現在能。④四番目物―狂女物など他の分類に入らない全ての能を指す。⑤五番目物―鬼畜や天狗などが登場する能。

2．狂言――能が古典的題材を元に幽玄美を目指した歌舞劇の傾向が強いのに対し、狂言は日常的な題材を扱うセリフ劇であり、風刺や滑稽に富み、笑いに特色がある。

3．文楽――浄瑠璃節（義太夫）、三味線、人形の三つが結びつき人形浄瑠璃として発展した文楽の台本は、浄瑠璃と呼ばれる。江戸時代以前の歴史に題材をとった時代物と江戸時代の市井の事件に題材をとった世話物の二種類に分けられる。

4．歌舞伎――文楽から人形を除くと演劇ではなくなるが、戯曲としての浄瑠璃の文学性は際立つのに対して、歌舞伎は一にも二にも役者中心のスペクタクル重視の演劇である。荒唐無稽な出来事のスペクタクル性だけでなく喜怒哀楽の感情の激しさの点でも歌舞伎はスペクタクル性が豊かである。そのため歌舞伎脚本は、文学性よりも演技や演出と結びついて効果を発揮する性格が強い。作品的には丸本物（丸本歌舞伎、義太夫物）、純歌舞伎、所作事（舞踊劇）の三種があり、内容的には世話物と時代物とお家物に大別される。

5．現代演劇――明治以来の新劇をはじめとして一九六〇年代後期から活発になったアングラ演劇も含む現代演劇には次のような形がある。

①**一幕もの**―上演途中に幕が下りたり引かれたりせず、同じ場所で劇が進行する三〇分から一時間ほどの演劇を指す場合が多い。

②**多幕物**―二幕以上ある演劇を指す。三幕四幕五幕が多い。上演時間は二時間を越え、間に休憩を挟む。場所や時間が多岐にわたって進行することが多い。

③**幕の概念のないもの**――幕がない点では一幕物とも言えるが、長時間にわたる上演で場も変化しながら、幕を用いず、幕の概念を取り払ったもの。アングラ劇以降の新しい演劇の多くはこの部類に入る。

【古典演劇の新作を書く】

能・狂言・浄瑠璃・歌舞伎などの古典演劇の新作を書く時、二つの方法がある。ひとつは古典の文体を尊重して書くことであり、もうひとつは現代語を用いて書く方法である。どちらの場合も実際の公演に頻繁に通い、能楽堂の空気から舞台上の演技演出、囃子の音楽まですべて自分のなかに吸収した上で能本を読解分析してそれらを手本に書いていくことが肝要である。補助手段としてビデオやDVDの利用を勧めたい。また謡を習い、仕舞や笛鼓を習うことが可能ならばそれに越したことはない。題材は「源氏物語」などの古典から現代の社会問題や悲劇的事件に至るまで求めることができる。狂言・文楽・歌舞伎も同様である。能のドラマツルギーは序破急が基本だが、内容的には五段で構成される。それぞれの段のなかにも序破急があり、全体が序破急になっていることを理解し、それを踏襲することが望ましい。幽玄美の芸術であると同時に優れた象徴劇でもある能の形式は永遠の演劇生命を期待できる。

【現代演劇の戯曲を書く】

1．テーマと題材――まずテーマを決める。自分は何を言いたいか、何を主張したいか、何を問題にしたいかをはっきり自覚することが大切である。世界の問題か、日本の問題か、ある地域で起きた事件についてか。時代の空気や気分を演劇にしてみることも可能である。また、時代や地域と関係なく、人間性とか善と悪、あるいは愛と死といった普遍的なこともテーマになる。テーマはそれを託す題材を必要とする。また、具体的な題材からテーマが導き出されることもある。

2．プロット――テーマと題材が決まったらプロット（構成）を考える。まずオーソドックスな起承転結に基づいて全体の骨組みを決めるのがよい。その時一幕物にするか、三幕物にするか、幕の概念ナシでいくかを考えねばならない。幕を決めながら起承転結にあたる筋を作っていく。筋を作りながら登場人物を造形する。人物の果たす役割はドラマを変化、発展させると共に、セリフを発することによって言葉の持つ多様な意味を観客に伝え、考えさせ、感じさせることである。演劇の場合、劇中で起こる大事件は行動の場合もあれば、行動を伝える言葉、あるいは行動とは切り離された言葉のみの場合もある。そしてそれらはすべて人物の身体と言葉によって実現される。

3．序破急と起承転結――戯曲の長短によって序破急か起承転結かを決めるのではなく、プロットを論理的に組み立てる場合は起承転結がふさわしく、飛躍や象徴性を強調する場合は序破急がふさわしい。戯曲を書く時には舞台上のドラマを進行させるだけでなく、クライマックスにより舞台上の時間を圧縮させて観客に感じさせる手法を取り入れることが大事である。クライマックスはプロットの立て方が起承転結ならば転から結に向かうところに設ける。序破急ならば急に持ってくるのが効果的である。

4．登場人物――戯曲に於ける登場人物はドラマを形作る上からも書き手の世界観や思想を代弁する上からも重要である。性別、名前、年齢、職業、境遇、性格、人間関係等を決め、その人物にふさわしい服装やしぐさや言葉遣いを決める。戯曲によっては現実味の薄い人物が設定される場合もあり得るが，どの程度現実味が薄いかを書き手は決めなければならない。

5．セリフとト書き――セリフは戯曲の命である。ドラマの進行を示すだけのセリフは意味がない。シェイクスピア劇に有名なセリフがいくつもあるようにセリフの中にドラマが生きていなくてはならない。セリフは人物の性格や心情を示すだけでなく，二重三重の意味を付与されて，運命を予感させたり，世の無常や不条理を表したりもする。

ト書きは人物の登場や退場，またしぐさや動きを説明する文である。ト書きの効果的な入れ方で，戯曲を読むだけで舞台が目に浮かぶようにすることも可能ならば，その舞台をさらにテンポよく見せることも可能になる。ト書きは単に説明で終わってはならない。

6．書き方――幕があるものは，何幕何場で構成するかを決め，幕ごとに場を示し，人物の登場とセリフを書く。幕ナシで作る戯曲は場に番号をつけて書いていくのがよい。誰がいつどこから登場するかを書き入れつつ，人物の名前の下にセリフ，セリフより下がったところから行を変えてト書きを書く。

〔**田中千世子**〕

10　詩の作り方

【対象】　詩の定義は様々である。詩とは何かを考え，模索すること自体が，詩を書くことと同義だと語った詩人もいる。ここでは広義の詩を次のように定義したい。詩は言葉による実験であり，ヴァレリーのいう poesie すなわち詩的精神（一種の昂揚した心の状態）を，言葉の集合体によって喚起する言語芸術である。

【目的】　作者が覚えた感動と同じものを言葉の集合体から立ち上がらせ，読者にも追体験させることが詩の目的である。従って①詩における言葉の働き，②詩的精神を共有する存在としての読者，を念頭に置くことが詩作の基本的な態度となる。

【詩作の態度】

1．詩の言語観を理解する――新聞の言葉／詩の言葉の働きを考えてみよう。新聞の報道文は現実に起こったことのみを記述し，読者に情報を伝達する。ここで重視されるのは文章が簡潔であること，不特定多数の読者にも誤読の余地がないほど文意が明瞭であることだ。一方で，詩は幻想や空想など非現実の世界にも関わり，文意の曖昧性や解釈の多義性はしばしば歓迎される。

しかし詩を構成する語彙は，日常会話で使われる言葉と同じ体系に属している。詩歌専用の特別な（いわゆる〈詩的〉な）言語のカテゴリが存在するわけではないのだ。では詩の言葉と新聞など通常文の言葉はどこが違うのだろうか。

新聞の言葉は事実を伝達するための〈手段〉である。そこでは言葉は透明化し、読者の関心は情報の中身へと向かう。だが詩の言葉は多義性と曖昧性の中に置かれ、一つの言葉が多様なイメージを展開させる。音のイメージとしてのシニフィアン（意味するもの。記号表現）と概念としてのシニフィエ（意味されるもの。記号内容）が相即した記号として以上の存在となるのだ。言葉そのものが美的対象として前景化するとも言えよう。つまり詩の言葉は、意志を伝達したり感情を表現したりするための〈手段〉ではない。

2．読者は詩的精神を共有する相手である――したがって作者の感情を〈ありのままに〉表現し一方的に押し付けるだけでは、言葉の働きを生かし切れず、読者に感動を与えることはできない。言葉の意味のみに囚われず、音の響きやイメージ、フォルムなど、言葉の魅力を多角的に味わい、詩作に生かしてみよう。

【詩作のポイント】

1．何を書くか――詩のテーマは無限である。自分の内面や感情、またメッセージ性を帯びたものに限らず、ある瞬間や場を取りまく気分や状態について書くこともあり得るだろう。

何を素材とするにしても、自明と思われていた事柄を見直すことで、世界の新たな相貌を浮き上がらせることが重要である。北原白秋「薔薇二曲」（「薔薇ノ木ニ／薔薇ノ花咲ク。／ナニゴトノ不思議ナケレド。」）の純朴なまなざしは、普段は見過ごされがちな生命の不思議に改めて驚くことで、凝り固まった我々の意識を揺さぶってくれる。発見的認識が詩になる例だ。

2．どう書くか――詩的精神を読者に共有させることを目的とした詩において、言葉の取捨選択には細心の注意が必要である。

①観念的な言葉づかいを排し、過剰な説明を排する。くどくどした説明は読者の想像力を疎外してしまう。情景を描写する場合でも、言葉を省略することで風通しを良くし、シンプルかつ印象的な表現でイメージを躍動させるようにしたい。

②感覚表現を取り入れる。視覚や聴覚だけでなく嗅覚や皮膚感覚も含めて、読者の五感に訴える表現を用いる。

③言葉に新たな魅力を与える。C・D・ルイスは、詩とは「言語の絶えまなき再創造《つくりなおし》」だと語る。日常生活で使い古され慣習化してしまった言い回しを避け（「薔薇のような女性」「涙の雨」はステロタイプ化した表現だ。もっと新鮮な比喩はないか？）、規範的な言葉を組み替えることで、新たな意味とイメージを生み出す。言葉を使って遊ぶ気分で表現の多様性を楽しみたい。

④言葉を空回りさせない。文飾のつもりで空疎な美辞麗句を連ねるより、必要最小限の言葉で綴った（〈レトリックを排する〉というレトリックを用いた）素朴な詩が感動を呼ぶこともある。

⑤タイトルは付かず離れず。タイトルは作品の一部であり、詩の世界を枠づける重要な働きをなす。本文とのバランスを考慮し、あまりに散文的・説明的なものや内容の要約は避ける。

⑥書いたら読者の目で読み返す。一つの言葉は前後の文脈に適切に配置され、生き生きした効果を発揮しているか。体言止めや連用終止、リフレインなどの言い回しは決まっているか。完成度が低い場合は、詩的感興の中心を担っていると思われる詩句（または行）を定めて前後の行と入れ替えたり、構成を見

直したり、助詞を変えるなどのリライトする。

【詩の技法】

1．比喩――直喩や隠喩は、あるものを別のものに喩え、異質な二項を連辞的に結合させることで新しい類似を生み出すレトリックである（「りんごのような頬」など）。一般的に、喩えるものと喩えられるものとの隔たりが大きいほどインパクトを生む。

比喩は、ありきたりな物の見方を排し、事物の新たな関係性を産出することをめざす点で、詩の根幹に関わる本質的なレトリックである。詩がまるごと隠喩になっている例もあれば、一つの隠喩がイメージを重層的に発展させて詩全体に効果を及ぼす例もある（吉野弘「熟れる一日」の、暮れゆく夏の夕陽を、誰かに食べられて次第に減っていく赤い西瓜に喩えた例）。

手垢のついた言い回しを避け、斬新な表現を作り出すことは詩の魅力だが、あまりに奇抜な比喩や混喩（比喩に矛盾が生じること。「燃える吹雪のように舞い散る落葉」は火と雪の矛盾がある）は時として読者を興醒めさせるので注意したい。

2．改行――行分けは一行に意味のまとまりを与える。朗読して一行の気息を体感しつつ改行の位置を定め、各行の頭を揃えたり、または一字下げて書くなど工夫する。改行、行分けによって生み出される余白そのものが重要なレトリックだと考えたい。

3．音韻性・視覚性への配慮――ひらがなの丸いフォルムを日本語の響きと調和させる、カタカナ・漢字の硬質な印象を取り入れる等、ヴィジュアリティと音楽性の両面に配慮する。

4．リズムその他――押韻や定型といった約束事は、感情の流露を妨げる不自由な足枷と考えられがちだが、創作の現場においてはこの〈縛り〉が逆に詩作に資することもある。言語実験の一環として取り入れるという方法もあろう。（→押韻・音声的要因・語彙的要因・口語詩・文語詩・詩形・詩のジャンル・文彩・文字・表記的要因・リズム）

谷川俊太郎（二〇〇六）『詩を書く』思潮社
野村喜和夫（二〇〇五）『現代詩作マニュアル』思潮社
黒田三郎（二〇〇三）『新装版　詩の作り方』明治書院
北川　透（一九九三）『詩的レトリック入門』思潮社
井坂洋子（一九八五）『ことばはホウキ星』主婦の友社
中桐雅夫（一九八〇）『詩の読みかた詩の作りかた』晶文社
安西　均（一九七一）『やさしい詩学』社会思想社

〔**内海紀子**〕

11　短歌の詠み方

【対象】 発表の場を考えずに創作を楽しむのもよいが、新聞歌壇や短歌総合誌などへの投稿も視野に入れる。

【目的】 日々の思いを短歌という定型の中に収めることによって、よりその思いを深め、季節の移り変わりやさまざまな事象に対する豊かな抒情を育む。

【心構え】

1．感動を大切にする——最も大切なのは、作者自身の感動である。小さな出来事や発見でも、作者に喜びや悲しみといった感情の高まりがあれば、歌の核になる。どんなに修辞が巧みで形が整った歌でも、そこに感動が込められていなければ、人の心には届かない。

2．対象をよく見る——常に心のアンテナを立て、何でもよく見ることが大切である。万葉の昔からさまざまな歌が作られてきたが、自分の気持ちは自分にしか詠うことができない。しかし、何か大きな出来事が起こるのを待っていても歌は作れない。日常のありふれた事物の中で、ふと心が動いたときを逃さず歌にする。

3．名歌を読む——優れた文章を多く読むことが文章の上達に不可欠なのと同様、優れた歌を読むことは創作の何よりの助けになる。万葉集や古今和歌集といった古典が苦手であれば、現代短歌のアンソロジーの類を読んでみる。短歌総合誌を読み、その中で自分が共感した歌の作者を見つけるのもよい。

【基本】

1．定型——短歌には「五七五七七」という形がある。そのリズムに慣れ親しむことが、創作の第一歩である。トータルで三十一文字にする、というのでなく、句ごとのまとまりを意識する。上達すれば、意図的に「字余り・字足らず」「句割れ・句またがり」を用いる技巧もあるが、初心者は基本に忠実に、あふれる思いを何とか五句三十一文字に収めるように努めよう。

2．仮名遣い——旧仮名遣い、新仮名遣いのどちらかに統一する。新仮名遣いで作っているのに、「あはれ」だけは旧仮名が使いたい、などと一首の中に二つの仮名遣いが混在するのは望ましくない。一首ごとに気分で仮名遣いを変えるのもよくない。ただ、新仮名で歌を作り始めたものの「やはり旧仮名の方がしっくりする」と思い直して改めるような場合はよい。

3．文語と口語——現代に生きる私たちは、日常的に口語を用いて会話したり文章を書いたりしている。感情を素直に表現しようとするとき、口語表現を使うのは当然のこととも言える。その半面、文語独特の強い言い切りの形なども捨て難い。現代短歌では、一首の中に文語と口語が混在することは、特にさしつかえないとされている。

【テーマ・素材】

どんな事柄も短歌の素材になる。「こんなつまらないことは歌にならない」と思ってしまうのは、歌の幅を自ら狭めてしまうことだ。自分独自の世界を開こうと、積極的に何でも歌にしてみよう。

1．愛の歌——恋愛の歌は「相聞歌」とも呼ばれ、古今東西を問わず詩歌の大きなテーマである。しかし、熱烈な恋は人生の中ではほんの一時期のことだ。長らく連れ添った夫婦の愛情や、父母への慈しみ、子どもや孫に対する情愛といったテーマの方が、継続して取り組みやすい。注意すべきなのは、家族や血縁者に対する思いは、単純で平板になりがちだということである。誰もが同じように抱く家族への愛は甘い表現になる危険性がある。特に「孫」を素材にするときには、「かわいい」だけの歌にならないように注意深く詠うことが求められる。

2．挽歌――近しい人の死は人生において大きな出来事であり、深い悲しみは歳月がたっても解消されない。亡くなった人と過ごした日々や、不在を抱えて生きる自分を詠うことは、何よりの慰めにもなる。

3．自然詠――人や街が変化しても、自然は変わらない。雄大な山河もあれば道端に咲く草花もあるが、どちらも人の心を和らげ、四季の変化や生命力、人間の小ささなどを感じさせる。自分の思いを託して詠ってもよいし、写生に徹して詠うこともできる。月や星などの天体、身近な動植物、里山や川など、日々の暮らしの中だけでも材料には事欠かない。動物園や植物園に行ったときに、まとめて作ってみるのも一興である。

4．生活詠――日常生活全般がテーマになる。台所仕事を取り上げる「厨歌」は女性の得意とするところだが、最近は男性が料理する場面も増えている。通勤や仕事などの「職業詠」にも、男女を問わず多様な場面が考えられる。作者の顔が見えやすく、現代的な要素を入れることもできる魅力的なテーマと言える。人間の「生老病死」のうち、「老い」や「病気」をここに含めることもできるだろう。

5．社会詠（時事詠）――大きな事件、事故や戦争をテーマにした歌は、その時代の生きた証言となる。新聞やテレビの報道で得た情報をもとに作られることが多いので、見たまま、聞いたままの表現にならないように気をつける必要がある。不妊治療技術や遺伝子組み換えなどの生命科学や環境問題、宇宙開発といった科学の分野も、取り組み甲斐のある大きなテーマであろう。現代社会は善悪で二分することのできない複雑な問題が多い。概括的、評論的にならず、自分の価値観や独自の視点を出すように工夫しよう。

6．旅行詠――国内外を問わず、旅は珍しい事物に出合う大きな機会である。それだけに素材となるものをそのまま詠ってしまって、観光パンフレットの文章のような面白みのない歌になる危険性が伴う。どんなに珍しいと思っても、それをいったん自分の中で消化し、ひと味違った歌にしよう。

7．非現実の歌――現実を詠うだけが短歌ではない。奇妙な夢や空想の歌は、読むのも作るのも楽しいものである。時には現実世界を離れ、見えない世界を自在に作り上げてみよう。

【修辞】

1．比喩

①直喩――「〜のような」「〜のごとき」など直接あるものに喩えた比喩。意味の飛躍が思いがけないほど効果的で、「りんごのような頬」「鬼のごとき形相」などありふれた比喩だと面白みがない。あまりに突飛で分かりにくい比喩も読者の共感が得られないため、ほどほどの飛躍が求められる。「君かへす朝の舗石《しきいし》さくさくと雪よ林檎の香のごとくふれ（北原白秋）」の「雪」、「画家が絵を手放すように春は暮れ林のなかの坂をのぼりぬ（吉川宏志）」の「春」の直喩は、独特のとらえ方であ

りながら共感を獲得し、強い印象を与える。

②隠喩（暗喩）―喩えであることが明示されていない比喩。「日本脱出したし　皇帝ペンギンも皇帝ペンギン飼育係りも（塚本邦雄）」における「皇帝ペンギン」や「皇帝ペンギン飼育係り」が言葉通りのものか、それとも何かの比喩であるか、解釈は読者にまかされている。「さくら花幾春かけて老いゆかん身に水流の音ひびくなり（馬場あき子）」における、「さくら」の「老い」、「身」に響く「水流」も同様である。

2．オノマトペ――「声喩」「音喩」ともいうが、「擬態語」「擬声語」の方がなじみのある言葉だろう。動物の鳴き声や様々な音を取り入れることで歌全体が生き生きするが、直喩と同様、ありふれたオノマトペは効果が半減する。また、あまり頻繁に使うのもよくない。「とかとんとん」「どどっぽどっぽ」など先人による独特のオノマトペを学びつつ、自分の歌にぴったり合った擬態語、擬声語を探りたい。

3．固有名詞――昔ながらの地名、名所には伝説や歴史があるため、イメージの膨らみを加えることができる。現実の地名にとどまらず、歌人の心の中にある憧憬の地である「歌枕」も含まれるであろう。歴史上の人物名も歌に奥行きを与える。企業名やタレント名などは時代と共に古びてしまう危険性があるが、現代を活写するには有効な素材である。

4．本歌取り――もともとは古歌の表現を引用し、そこに詠われた世界と自分の歌を重ねる手法だが、現在では短歌に限らず俳句や詩、映画などの引用も、広く「本歌取り」と言われることがある。イメージの重層化が可能になるが、「本歌」に負けないだけの歌に仕上げなければならない難しさも伴う。

5．外来語――日本語として定着していないものを歌に用いることには賛否がある。しかし、アルファベットそのものを歌に挿入する、なじみのない外来語に日本語のルビをふる、といった技法も用いられる。どうしてもその言葉を使いたいという必然性があれば、チャレンジしてみよう。

6．一字あき――一気に読み下すのでなく一拍おくような読み方を求める場合に用いる。漢字が続いて読みにくいとき、意味的に離したいときにも有効だが、もともと歌には「上の句」「下の句」という意識が働いているので、多用は避けたい。

7．句読点・カッコ――一字あきとは違った間合いを持たせたいとき、「、」「。」を挿入する手法がある。視覚的な効果も含めた感覚的なものなので、使いたい人は何通りか試してみるのがいいかもしれない。丸カッコ「（　）」、山カッコ「〈　〉」などの特殊な記号の効果も同様である。

8．区切れ――初句から最後まで続いていると、めりはりがないように感じられることもある。三句で切れて「上の句」「下の句」に分かれるのは一般的だが、初句切れ、二句切れ、四句切れ、それぞれのよさを味わい、作ってみる。

【実作上の工夫】

①話し言葉―方言や幼児言葉、会話などを歌にそのまま挿入すると、躍動感が得られる。

②数字―描写された光景に具体性が出る。

③色―色の名が入ると、読む人にイメージが伝わりやすい。

④五感―どうしても視覚が中心になりがちなので、それ以外の聴覚、触覚、嗅覚、味覚を働かせて歌にする。（→歌体・雅語・俗語・古語・新語・散文・韻文・短歌）

〔松村由利子〕

12 俳句の詠み方

俳句は、沈黙の文学だと言われる。なぜ、たった十七文字で映像や心情をありありと伝えられるのか。それは、あまりに短くて言い切れないからこそ、断片から作者の思いを読み取ろうとする、読者の歩み寄りを引き出すからだろう。多くを語らないことで、かえって多くが伝わるという逆説はまま存在するが、俳句ほど読者の返答を希求する文学も珍しい。しかし、その困難さゆえか、長い歴史によって培われた多くのルールを、一歩一歩マスターしてゆく快感も、また捨てがたい。そのルールを詳しく学ぶためには、句会や入門書が丁寧で分かりやすい。

【俳句の基本ルール】

五七五の十七字で、季語を入れることが、俳句の基本条件だ。

1．季語——季語は、春の「桜」や夏の「ほととぎす」など、季節の風物を指す言葉で、歴史性のある、豊かな連想力を持っている。たとえば「桜」という季語を使うことで、桜の持つ様々な文学的イメージを、一句の中に引き込むことが出来る。

しかし、「はらはらと悲しみこぼす桜かな」ではつまらない。はらはらと散ることも、悲しみも、桜という季語の持っているイメージの中に既に含まれているからである。季語の持つイメージ（本意）を踏まえた上で、「散る桜白馬暴るるごとくなり（正木浩一）」「てのひらの色ともちがふ桜かな（高柳克弘）」といった、独自の把握を加えながら詠むと、そこに自分の詩が生まれる。踏まえるべき季語の本意を知るためには、歳時記の解説や例句を参照するといい。中には、「ぶらんこ」（春）や「ビール」（夏）などの変わった季語もあり、読み物としても面白い。

近年では、季語を入れない無季俳句において、「ヒロシマ」や「戦争」など、歴史性を伴う言葉が注目されている。言葉の背負う意味性を意識して句作することで、より深いイメージを十七文字に定着することが可能となる。

2．定型——俳句は、俳諧の連歌の発句が独立したことに起因するので、五七五が俳句の固有性を保持する基本となっている。この定型を守ることにより、作品にリズムの良さが生まれ、人口に膾炙しやすくなる。七五調はもともと日本人に備わっていると言われているが、俳句独特の定型感覚を身につけるためには、たくさん作ること、より多くの名句に学ぶことが重要だろう。俳句を口に出して読むことも、近道のひとつだ。

また、この基本から逸脱した、破調や自由律俳句も存在する。「原爆許すまじ蟹かつかつと瓦礫歩む（金子兜太）」は、十七文字に収まらない破調のリズムが、原爆に対する怒りを示している。「咳をしても一人（尾崎放哉）」では、十七文字に届かない呟きによって、孤独感が強く描かれている。基本の定型感覚を身につけた上で、これらの表現に挑戦してみるのもいい。

【俳句の技法】

1．取り合わせと一物仕立て——俳句を作る際には、一物仕立てで作るか、季語とそれ以外の部分の二部構成で作るかの二パターンがある。一句を一つの素材でまとめたものを一物仕立てという。意味が一本化されわかりやすいため、人口に膾炙しやすい。まず季語を決めて、詳述に描写したり、イメージを膨らませたりして、十七文字にまとめよう。対して取り合わせとは、一句の中に素材を二つ配合する手法である。まず季語とは関係ない十二文字を作り、ぴったり来る季語を探して付けると、とりあえず簡単に取合せの句が出来る。「コンビニで立ち読みをする」というフレーズに、「春の風」を合わせると、待ち合わせのうきうきした気分が出、「秋の風」を合わせると、一人で時間を潰す孤独が感じられる。取り合わせは、季語の象徴性を利用した手法である。

2．切れ——切れとは、俳句固有の表現技法で、句末に訪れて余韻を生む切れ（「くろがねの秋の風鈴鳴りにけり（飯田蛇笏）」）と、句中にあって意味の断絶を起こし、イメージの交響をはかる切れ（「少年の見遣るは少女鳥雲に（中村草田男）」）がある。「や」「かな」「けり」などの切字を使うと、作者の感動を強く表したり、韻文の格調を与えたり出来る。

【表記の問題】

1．漢字と平仮名と片仮名——俳句という極端に短い詩型においては、十七文字を構成する文字のフォルムそのものが、詩の役割を担うことがある。「山又山山桜又山桜（阿波野青畝）」では、漢字のリフレインによって、山が奥まで連なる様子が視覚的に表現された。漢字にある象形文字の要素を利用している。「てのひらにはりついてゐる金魚かな（千葉皓史）」では、平仮名の柔らかさが、金魚の触感や幼さのイメージと繋がる。「「大和」よりヨモツヒラサカスミレサク（川崎展宏）」における片仮名は、電報は片仮名だという事実を踏まえ、戦争の死者から届くメッセージの冷たさを伝えている。それぞれの文字の持つ質感や意味性を上手に使うことで、より俳句を豊かにすることができる。

2．仮名遣い——選択肢には、旧仮名遣いと新仮名遣いがある。一句の中に異なる仮名遣いが混在するのは、文法間違いと見られるため、避けたほうがよい。句集や誌面への発表など、数句をまとめる場合も同様で、統一されているのが望ましい。旧仮名は歴史と繋がり、新仮名は現代と対峙する印象があるとすれば、自らの表現意識に合ったものを選びとることも一つの意思表明となるため、その選択には意義があるといえる。

3．文語と口語——切れの制約などから、俳句は現代でも文語で書かれる場合が多い。文語によって、過去の様々な作品と繋がり、句に格も出る。しかし、生の思いをそのまま伝えるには、日常語の口語が向いている。「がんばるわなんて言うなよ草の花（坪内稔典）」では、話し言葉を一句に呼び込むことで、読者との対話構造を作っている。文語俳句を書いた川端茅舎にも「約束の寒の土筆を煮て下さい」という口語句がある。文語も口語も、その良さに着目し、一つの手法として利用するとよい。

【最後に】

すべての創作と同様、俳句においても、良い作品を書くためには、良い俳句を読まなくてはいけない。芭蕉の奥の細道や猿蓑、蕪村や一茶などの古典に当たるのもいいし、近現代のアンソロジーに挑戦するのもいい。自分の目標となる俳句を見つけ、目指すことで、技術が身につき、感受性豊かになっていくだろう。良い読者になることが、即ち良い作者になることだといえる。

また、信頼できる読み手を得ることも必要である。気に入った俳人にゆかりの結社や句会に参加するもよし、身近な連衆で気軽な句座を持つもよし、新聞や雑誌の投稿欄で選者の読みを学ぶもよし。自分の俳句がどう読まれるか、客観的な視線に晒すことで、自分でも気づかなかった良さや欠点が見えてくる。

言葉は伝えるためのものである。俳句もまた、言葉で出来ていることに変わりはない。読み解いてくれる、いつかどこかの読者に向けて、今信じている何かを書いていく。その真摯な営為によってこそ、人の心を打つ一句が生まれるのだと信じたい。（→書き言葉・話し言葉・雅語・俗語・俳句）

〔神野紗希〕

13　わかりやすい公的文章の書き方

【対象】 自治会、PTA、NPO法人などの公的な活動に関わった際に作成する可能性の高い公的な文書（公的な通知、定款、賞状、規則、契約書など）を主対象とする。

いわゆる公的機関が作成する公用文には、例規文書（法規文書、令達文書、公示文書）と一般文書（往復文書〔照会、回答、通知、通達、報告、依頼など〕、部内文書〔辞令など〕、その他の一般文書〔議案、式辞など〕）があるが、本書では主に公的な通知文を対象とする。しかし、役所などの公的機関ではどのようなことに留意し公用文を作成しているかを理解しておくことは公用文作成の際の参考になるので、公用文の書き方も紹介する。

【目的】 ①義務教育を受けた人ならば誰にでもわかるように、文書を発する目的、趣旨、必要な事項を伝達する。②大勢の人々に同時に情報を伝える。③公の記録として残す。

【心構え】

1．読み手の立場になり、想像力を働かせる——①情報を伝達するためには、読んでもらわなければならない。そのためには、読もうと思ってもらえるような標題、見出しをつける、簡潔にし読む人の負担を減らす、惹きつける表現・提示順を工夫する、親しみやすく生き生きとした文書にするなどの方法がある。②読み手を不安にさせないよう、想定できる問い合わせが殺到しないように言葉を尽くす。③作成者の意図が読み手に伝わり実行に移されるよう工夫する。たとえば、回覧文書の場合は、期限内に周知されるように読んだ日付を記入し捺印もしくはサインをする欄を設ける。

2．正確さを重視する——①正確な事実に基づいて作成するものなので、事前に必要な資料・情報を充分に収集し整理する。関連法規も調べておく。②記載したことのみ検討の対象となるので、漏れのないように努める。いい加減なこと、あいまいなことは書かない。

3．目的に応じた標準的な書式に則る——①提出先が定めている標準的な書式、記載事項、捺印の有無、提出枚数等を確認する。過去に作成された文書を参考にするとよい。②標準的な書式が存在している場合と自由度が高い場合があるので、事前に確認する。

【よりよい公用文を書くためのポイント】

①文書を発する目的、趣旨を考え、何を伝えるべきかを考える。②目的に応じた標準的な書式、文体、用語・用字を選択する。③簡潔さを心がけ、どこに何をどの程度詳しく書くかを吟味する。④本文と具体的な情報を分け、後で確認が必要となる具体的な情報は別記に箇条書きでまとめる。⑤参考資料や詳しい説明は別添扱いにする。⑥簡潔さを維持しニーズに柔軟に対応するために、詳しい情報の問い合わせ先などの情報を適宜添えておく。

【実際の文章表現上の注意】

ビジネス文やマスコミの文書とは異なる公用文ならではの書き方を、『分りやすい公用文の書き方〔増補〕』を参考にし、紹介する（図1参照）。

1．標準的な書式——①通常、文書番号、日付、通知先、通知元、標題、本文及び「記」（記以下を含む。）で構成されている。②文書番号及び日付は、用紙の右上にそろえて記載する。通知文以外の場合は、文書番号の代わりに作成官庁や部局名を記載する場合もあるが、この場合は、日付を上に書くことが多い。③通知先は肩書きと氏名を文書番号から一、二行空けて記載する。氏名は一字抜きで記載するのが通常である。敬称は、国では「殿」であるが、地方公共団体では「様」を用いるところが増えてきている。④通知元は、通知先から一、二行空けて記載する。表記は通知先と同様である。公印を押すものと仮定し、公印の右端を行末に合わせ、公印の左端が通知元の最後の文字の真ん中に合うよう通知元の記載位置を調整する。⑤標題は、通知元から一、二行空けて記載し、センタリングする。通常「～について」とし、標題の最後に「（通知）」等の文書の性格を表す文言を付加する。⑥本文は、標題から一行空けて記載し、一字下げで書き始める。一般的な書き出しとして「このことについては、」「標記の件については、」「見出しの件については、」などがある。結論の部分を「ついては、」で書き始めるなど通知文独特の言い回しがある。「記以下」のある通知文では、文中に「下記のとおり」など「記以下」を引用する文言を本文に入れておく。⑦「記」は、本文から一、二行空けて記載し、センタリングする。記以下は、「記」から一行空けて書き始め、文末表現に「～こと。」を用いる場合は、原則として全ての文末を「～こと。」で統一する。「～こと。」で結び難い場合は、他の文章表現がないか工夫する。

2．標準的な文体——①公用文の文体は、なるべくわかりやすい自然な口語文を用いる。「である体」は法律、政令、省令、訓令などに用い、「ます体」は通知文に用いるとされている。また、「ます体」の文章の中でも、箇条書きにする部分には「である体」を用いてよい。なお、公用文では「です」は用いず「であります」を用いる。丁寧語を除き敬語は用いないので、謙譲語「いたす」は用いず「お願いします」となる。

3．表記法――辞書どおりではなく、特有のルールがある。漢字と平仮名の使い分けは、常用漢字表に則る。送り仮名、外来語、句読点の打ち方にも基本的なルールがある。

4．項目番号及び配字――横書きの場合は、1→（1）→ア→（ア）である。例のように、一文字分ずつ右にずらす。公用文の場合、「1.」のようにドットはつけない。

5．中立的な表現――①感情的にならず、問題の解決法など、検討の対象についてのみを書く。②差別用語を用いない。特に、体の部位を用いた表現には気をつける。③ジェンダーへの配慮をする。たとえば、相撲大会の開催の通知の場合、書かなくてもわかるだろうという先入観を捨て、対象は男性だけなのか、女性だけなのか、男女なのかを明記しておく。

6．自治会、PTAなどの通知文――いわゆる公用文の通知文と比べ自由度が高くなる。ビジネス文書の書き方、手紙の書き方も参考になるが、義務教育を受けた人なら誰でもわかるようにするためにも、公的な記録として残るという性格からも、公用文の書き方が参考になる。しかし、公用文よりも親しみやすさや人を惹きつけるレイアウトやイラストなどの工夫が必要になる。テンプレート集が参考になる。

7．賞状――縦書きが基本だが横書きでも良い。句読点を用いないのが正式である。ですます体を用いる。

＊■は一文字分空けるという意味

消　防　災 123 号■
平成 15 年 6 月 1 日■

■各都道府県防災主管部長■殿

消　防　庁　防　災　課　長　　印

風水害対策の強化について（通知）

■このことについては、・・・・・・・・・・・・・・・・・・・・・必要があります。
■ついては、下記事項に留意し、人命の安全の確保を最重点とする風水害対策に万全を期されるようお願いします。

記

1 ■防災知識の普及啓発
■■出水期を前に、再度、住民に対し、各種媒体を活用し、具体的かつ分かりや
■すい形で災害に関する知識の普及啓発に積極的に努めること。
2 ■避難体制の整備
■（1）適切な避難の勧告、指示及び伝達
■■■危険が切迫する前に十分な余裕をもって、避難の勧告、指示等を行うこと。
■■・・・・・

図1　通知文の例

特定非営利活動法人〇〇定款

第1章■総則

（名称）

第1条■この法人は、特定非営利活動法人〇〇とい
■■■う。

第2条■この法人は、主たる事務所を東京都府中市
■■■〇〇一丁目2番3号に置く。

■■■2■この法人は、前項のほか、その他の住所を神奈川県川崎市多摩区〇〇一丁目2番地4号に置く。

第2章　目的及び事業

・・・・・・・・・・・・・・・・

（事業）

第5条■この法人は、第3畳の目的を達成するため、
■■■次の事業を行う。

■■■（1）特定非営利活動に係る事業

①社会人のための生涯学習事業

図2　定款の例

8．NPO法人の定款——A四サイズの用紙で横書き。項目番号は、大きいものから「（〇〇）」、「第〇条」、「1」、「（1）」、①である。なお、例中の第2条のように、「1」は省略し、「2」から書き始める。通知文同様、項目番号、配字に留意する。■は一文字分空けるという意味である。（↓**賞状・書式・誓約書・表記・文書・法令文**）

磯崎陽輔（二〇〇七）『分りやすい公用文の書き方〔増補〕』ぎょうせい
上田　章・笠井真一（二〇〇六）『条例規則の読み方・つくり方　第二次改訂版』学陽書房
文化庁（二〇〇〇）『公用文の書き表し方の基準（資料集）増補二版』第一法規
宮入賢一郎・森田真佐男（二〇〇七）『図解 NPO 法人のつくり方・運営のしかた』日本実業出版社
文部省（一九九五）『四訂　公用文の書式と文例』ぎょうせい
『実例超満載！　Wordでできる POP チラシ・お知らせポスター・役立つ書類のつくり方』（二〇〇八）技術評論社
『LOCUS MOOK　スグに役立つ Word 文例集&イラスト集1550』（二〇〇七）ローカス

〔**三原祥子**〕

14　わかりやすい商業用文章の書き方

【対象】 ここでは，企業や団体で実務を行う際に，最も日常的に用いるビジネス文書の基本について述べる。ビジネスレターとは，会社や団体がその業務を行うために，内部あるいは外部の相手に正確に情報を伝える文書であり，大きく社内文書と社外文書に分かれる。近年ではEメールによる場合も多いが，ここでは紙ベースの文書について扱う。

【目的】 通知書，報告書，記録書，企画書などの社内文書，取り引き関係書類（見積書，注文書など）や案内状，礼状などの社外文書など，その内容によって様々の目的が考えられるが，基本的な目的として二つあげられる。

1．情報を確認または保存する——電話や直接の対応によって情報を伝達する場合は，録音をしない限りその内容は残らない。従って，時間を経ると，情報の確認作業ができず，会社の大きな損失に関わる可能性もある。文書によって伝達を行えば，内容を確認，情報を保存できるばかりでなく，証拠文書として重要な役割を果たすこともある。

2．同時に同じ情報を伝える——社内や団体において，必要な情報を「聞かなかった」「聞き漏らした」ではすまされない。文書によれば，関係者に同時に間違いなく同じ内容の情報を伝えることができる。

【心構え】

1．最初に何を伝えなければならないかはっきりさせておこう——ビジネス文書は，「一文書一用件主義」を取り，一つの文書で複数の用件を伝えることはない。したがって，最も伝えたいことは何か，そのためにどんな説明が必要かメモなどに整理してから文書にするとよい。「企画会議の日程変更。○月○日○時から○月○日○時。場所は同じ」，「商品の値上げをわびる。原材料値上がりのため。一個あたり○円から○円に。○月○日から」など。

2．情報を，短時間で，正確に，わかりやすく，伝えよう——能率を重んじるビジネス社会では，文書を個人の手紙のようにじっくり味わっている時間はない。情報は短時間で正確に伝える。そして，相手が一度読んだだけでもわかるように，構成，表現，レイアウトに気を配り文書を作成しなければならない。

3．一般的な形式を理解しておこう——ビジネス文書は一般に横書きである。算用数字やローマ字，外国語の表記にも適応するからである。内容の正確さやわかりやすさを重んじるが，個性や芸術性を重んじることはない。すでに世に行われている形式にまず慣れ，それを応用していくようにする。（図1参照。①文書番号，②日付，③受信者名，④発信者名，⑤タイトル，⑥本文，⑦記書き，⑧担当者名）

4．ビジネス文書は個人で書いても，会社あるいは団体が書いたことになる——したがって，個人的な見解等を書かない。また，誤字や脱字は許されないので注意する。たとえば，受信者名や数字を間違えることによって，会社の大きな損失につながることにもなる。作成後の確認は，他人の目を経るなどして，怠らないように気をつける。文書番号，社印の確認，文書の複写を残すなどの点にも注意したい。

5．社内文書と社外文書には，用語や構成に異なる部分がある

図1

ので注意する——社内文書は能率が優先されるので、すぐに用件に入り、使う敬語は最低限でよい。一方、社外文書は、礼儀も重視されるので、敬語を適切に用いる。構成は一般の手紙に準じるが、挨拶文に慣用的な定型表現を用いることが多い。

【よりよいビジネス文書を書くためのポイント】

1. 一文は一内容で、文はなるべく短くする。漢字は使いすぎると文章を読みにくくするので、仮名書きも適度に使うとよい（内閣による「公用文における漢字使用等について」参照）。常体と丁寧体を混ぜないように文体は統一する。

2. 内容が一見してわかるようなタイトル（件名）をつける。

3. 本文は、結論を先に書く。または、重要な事から先に書いていく。「さて」「つきましては」「なお」「まずは」などを段落の目印としてうまく使う。

4. あいまいな表現を用いない。また推測や私見は書かない。

5. 日時・場所・価格など要点は、「記」として、箇条書きを用いる。箇条書きがすべて終わったら「以上」と記す。

6. 必要に応じて図や表を活用する。

7. 社内文書と社外文書の違いをおさえる。

①敬語などの用い方—社内文書は文末を丁寧にする程度でよい。ただし、命令口調にならないように気をつける。社外文書は尊敬語・謙譲語・丁寧語を適切に用いる。自分側（当社・当店など）、相手側（貴社・御社など）の呼び方にも気を配る。また、何かを要求する際は「お手数ですが」「恐れ入りますが」などの表現をうまく使いソフトな印象を与えるように心掛ける。

②形式—社内文書では頭語や挨拶文はいらない。いきなり内容に入る。社外文書は一般の手紙文の形式に則るが、挨拶文は特に慣用的な表現を用いる場合が多い。例「ますますご発展のこととお喜び申し上げます」「平素は格別のご厚情を賜り厚く御礼申し上げます」

③受信者と発信者—社内文書は個人名を省き役職名だけでもよい。敬称は「殿」を用いる。複数に宛てる場合は「各位」を用いる。社外文書は「○○会社　営業部長　○○○○様」のように、会社（団体）名、役職名と個人名を書き、敬称は一般に「様」を用いる。団体名で出す場合は「御中」を用いる。

④社外文書―社外文書では、苦情や抗議を申し立てる場合、感情に走らないように冷静に書く。また、礼状や詫び状などで、形式に走りすぎて誠意を忘れないように心掛けたい。

【文書作成後のチェック事項】

①誤字がないか。特に似ている字形や同音異義語に注意する。②用語を正しく使っているか。意味の近い類義語の間違いや、話しことばの混入に注意する。③丁寧体に常体がまざっていないか。④文が長すぎてわかりにくくないか。また、主語と述語、副詞と文末などがうまく対応しているか。特に、文末の自動詞・他動詞、あるいは受動態・能動態には注意する。また、「過半数を超える」のような重複表現がないか注意する。⑤社外文書の場合は、敬語の間違いがないか確認する。特に、「拝見する」「いただく」のような謙譲語を尊敬語のように使っていないか注意する。

⑥最後に、誤字・脱字をもう一度チェックする。特に、社名や団体名、人名、地名、商品名、数値などには注意を要する。

（→**敬語・敬語の分類・契約書・仕様書・書式・手紙文・文書・法令文**）

宇野義方（一九九一）『ビジネス文書とビジネス談話　国語表現ハンドブック』学術図書出版社
実務技能検定協会編『ビジネス文書検定受験ガイド３級〈改訂新版〉』早稲田教育出版
専修学校教育振興会監修（二〇〇八）『ビジネス能力検定３級テキスト』日本能率協会マネジメントセンター
日本商工会議所編（二〇〇六）『日商ＰＣ検定試験（文書作成）３級公式テキスト』富士通オフィス機器株式会社
日本商工会議所監修、ビジネス言語研究会著（二〇〇三）『実践　日本語文書ゼミナール』紀伊国屋書店
安田賀計（二〇〇四）『ビジネス文書の書き方〈第二版〉（日経文庫）』日本経済新聞社
吉田治司（一九八三）『文書管理の基礎　ビジネス文書の作成と整理・保管第二版』秋山書店
『ビジネス文書・書式実例集　必携　すぐ使える役立つ』（二〇〇二）主婦の友社

〔**染谷裕子**〕

15 広告の文章の書き方

【対象】 商品や施設の利用などを不特定多数の相手に呼びかける広告のうち、言語で表現されている部分を対象とする。雑誌や新聞など活字媒体のマスメディアに掲載されるものを一応中心とするが、ここでは、コピーライターのような専門家をめざす人だけではなく、一般の学生や社会人でも所属団体の関係するイベントやカタログ作り、開発商品等のキャッチフレーズを考える機会が色々とあることを想定している。そうでなくても、一種の短詩系文学として、表現の鍛錬として、愛用商品の広告を考えたりするのは楽しいものである。

【目指すところ・心構え】

即座に購買行動に至らなくても、受け手の記憶に残り、後日の商品選択に結びついたり、企業イメージを良くしたりして社会の支持を得ることが企業の利益につながる。メディア面では、広告は雑誌・新聞の欠かせない一部となっており、その社会の出来事の報道・報告・分析・論説という文脈の中で広告文があまり違和感のあるものであってはならない。特に雑誌は、性・年齢・趣味などで購読層が細分化されており、それらに受け入れられるような表現を、あるいはそれ以上にアイデンティティを確認できるような表現を選ぶ必要がある。一方で広告は情報伝達の面も持っているため、医薬品や美容関係を中心として、誇大広告に対する規制もあり、表現言語もそれに伴って制限があることに留意するべきである。

現代では、広告も娯楽として消費される傾向にあり、また、映像やデザインの洗練も進んだが、やはりその基本は、きちんとした言葉を通じた伝達にあると考えたい。

【構成について】

広告文には受け手の注目をひくキャッチコピーとそれに添えるサブコピー（無い場合もある）、商品説明などのボディコピーからなる。構成は、キャッチコピーを目立つように配置し、ボディコピーに誘導するが、一回で瞬時に全体が見渡せるように、シンプルな構成が望ましい。雑誌・新聞の広告文は、記事のついでに目に入り、さっと飛ばすこともじっくり読むこともできる。記事本文を「読む」という姿勢が既に受け手の方にできているため、広告などの付加情報も比較的受け入れやすい。ネット広告はツールバーやバナー広告などがいくつか同じ画面にひしめいていたりすると、画面全体がごちゃごちゃしている印象が否めないが、雑誌広告は光沢のあるアート紙を一ページ丸ごと使う場合も多く、美的にデザインを凝らす余地が充分あり、文字部分も際立つので、字の大きさや字種の特性と効果を計算できる。たとえば、大きな活字は自然に最初に目がいき、記憶にも残りやすい。表意文字の漢字を使えば、短時間に意味が把握できる。逆にアルファベットは、形やしゃれたデザインとしてまず目に飛び込んで、意味の把握はやや遅れる。

【表現】

広告文章の華であるキャッチコピーについて見ていく。

① 文型・文末―日本語の文は文末に物事への評価や受け手への働きかけを込めるため、報告・宣言・勧誘・警告・真理・依頼・問いかけ等あらゆる文型・文末が動員される。

② 修飾語―オノマトペは端的で効果的である。「スッとのび

る」（美容液）「パパッときれいに」（掃除用品）。

③表記―「!」やそれを重ねたものは頻用される。「。」の有無でも効果が異なってくる。外来語以外をカタカナ表記（スゴイ・クルマ・キレイ・カタチ・ワケ）すると軽くなる。「」も用途が広い（「爽快」に乗る―自動車）

④語彙―語彙を豊富にすることは短期間では難しいが、大型の辞書を常にめくってみて、美しい響きの語や掛詞・洒落に使えそうな隣り合った同音異義語など色々な語彙のストックを作っておこう。方言や流行語、専門用語などにも注目したい。

⑤視点位置―書籍広告などは、評論家の推薦でなく、タレントや書店の店員の言葉でなされると、かえって新鮮で、強く訴えかけることができる。また、受け手自身の視点位置からの言葉として表現する場合や、受け手の親しい友人のようにして語りかける場合もある。ただ、親しみや強調、冗談として使ったことばが、ある受け手の視点からみると、不愉快な語、差別的疎外的な語として受け取られることもある。

⑥比喩的発想―擬人法「肝臓くんに定休日を」（酒造）やカテゴリー越え「技術の跳躍力」（建設）など。

⑦洒落・パロディ―楽しめて記憶に残る。「好機・能　上品・質」（文房具）、「みた。のった。よかった。」（自動車）

⑧文法破格・新造語―短い文句に沢山の情報を入れ注目を集めるのに効果的。「生ビールな、ヤツ」（酒造）、「おいしいが映える」（飲料）、「RVな2人」（自動車）、「乗り味」（自動車）。

【良いと思うキャッチコピーを徹底的に分析・研究してみよう】

①「米・水・人」（日本酒）――「、」でなく「・」が密接な関係にあるものの列挙を示す。画数が少ない漢字でシンプル。省略が効いており、読み手に推理させ繋がりをつけさせている。

②「恋は、遠い日の花火ではない」（ウイスキー）――「、」の存在、位置が効いている。暗喩の否定文の効果も余韻がある。「恋は今も花火のようなものだ」または「恋は今も消えないで燃え続ける炎のようなものだ」というような直喩の肯定文では表せない屈折や深さがある。「恋」「遠い」「花火」という感傷的な美を感じさせる語彙の選び方が嗜好品にぴったりである。

【求人広告・製品回収広告の表現】

企業・団体がメディアに出す広告としては商品広告の他、求人広告や、リコールなどで自主回収のお知らせを緊急に出す場合などもある。これらも企業イメージを浸透させる良いチャンスである。求人広告では職場としての企業の雰囲気を伝えたり、応募しやすい印象を与えたりするために、商品広告と同様のレトリックが駆使される。「きのうのすごいを、あしたのふつうに。」（交通）、「トッパンダー」（印刷）「Front Edge」（保険）、「募集、日本代表。」（金融）は、表記の四体系を業種の雰囲気にふさわしいものとして選び取った例。ただ、求人広告は、若い職業未経験層にターゲットを絞って、年長や経験者が励ましたり、一緒に働こうと誘いかけたり、訓戒を垂れたりするスタイルが多いことが異なっている。

回収告知は、お詫びの表明をくどくどと入れずに、敬語や挨拶的表現を最低限にして、対象商品名を目立つように置き、回収方法、費用の返戻方法などの必要な情報を箇条書きにする。アラビア数字など横書きの方が読みやすい内容が多い場合は全体を横組みにすることや、住所など漢字の連続する部分は大きな活字にして、前後に空間を置く、などの工夫をする。（↓オノマトペ・記号・言葉遊び・語種・字種・字体・視点・字喩・省略法・声喩・体言止め・対句法・比喩・表記・文末・文末表現・文字）

例にあげたキャッチコピーは二〇〇六～二〇〇八年にかけて雑誌・新聞に掲載されたものや『電通広告年鑑』（各年度版）『キャッチコピー大百科』ピエ・ブックス（一九九六）、『時代を映したキャッチフレーズ事典』電通（二〇〇五）などからとった。求人広告は本間奈央子氏の卒業論文（平成十九年度）からの提供データによる。いずれも一部を省略したものがあった事をお断りしておく。

〔髙崎みどり〕

16　広報紙の作り方

【対象】ここでは新聞・雑誌等のマスコミニケーションではなく、PTAやNPO、あるいは市町村や企業などの組織が発行する広報紙を対象とする。これらは、組織内外に活動状況を広く知らせる目的で、無償で配布することが多い。

【目的】団体・組織の活動内容を、できるだけわかりやすく説明することをめざす。詳しい説明がわかりやすい説明とは限らない。読み手が興味のある事柄、読み手にとって未知の事柄は詳しくする、などめりはりをつけることが大切である。

【心構え】

1．想像力を働かせる――読み手のもつ関心と情報を推し量る。誰がどんな要求を持ってどんな場で読むのか。精読か斜め読みか。

2．飽きさせない工夫をする――

①最初に惹きつける。②写真・イラスト・表・グラフなどビジュアルに。③同じような文章をだらだら続けない。箇条書きや一覧表や年表形式に整理する。④事実に基づく、わかりやすい、簡潔な表現を心がける。

3．推敲の手間と時間を惜しまない――①書き終わったら、少しでもよいから時間をおいて、別人の目で、別の場所で。②数字・固有名詞等は読み合わせを行う。③表記ハンドブックをまめに見て、確認する。表記に揺れや許容のあるもの、振り仮名をうつ基準などは、その広報紙で選んだものを記録して、紙面ごと、書く人ごとのブレがないようにする。④最初から直しの無い文章を書こうとしないで、わかりにくい文章を直すモニタリング力を身につけることの方が大切。それは自分や他人の書いたものを直すことで養われる。⑤思い切って削る勇気を持つこと。書き手の思い入れを反映させない。

4．常に比較研究する——他の組織の広報紙と比較研究し、よいアイデアは参考にし、もし読みにくかったり面白くなかったりしたら、どう直したらよいのか、考える。

【作成するときのポイント】

①まず、書き手が説明する対象について十分な知識（下調べ）を持ち、実際に観察（取材）することが大切である。思い込みや、知識不足のままでわかりやすい説明はできない。

②少ない材料を記事に引き延ばそうとすると、瑣末なことがらや、書き手の感想が多くなる。十分な材料を集めて、取捨選択する方が、奥行きがあって面白いものになる。

③書き手は、対象の何をどのように説明するのか、意識化する。見出しや箇条書きなどを利用して説明の範囲・角度を明確に示す。できごとなら、そこに至るまでの経緯、その出来事の経過と結果、その後の影響など、どこから書き起こし、何に重点を置くかを、アウトライン作りに生かす。ものごとなら、その意義・価値、構造、機能などの諸側面が考えられる。身近な場合では、たとえば催しなら、内容（プログラム・日時・場所）、価値・重要性、方法（参加方法・注意点）、などの情報をどれくらい詳しく、どんな順序で並べていくかを、読み手の必要性に応じて考える。

④事実と意見を表現の上でも分ける。事実は実際に起こったこと、存在することで、証拠から確認することができるもの。説明文は事実に基づいた記述が中心であるので「〜だ」「〜ている」という文末が多くなる。意見とは、事実に対する価値づけの判断、当否の意見、推論・予測、感想であり「〜と考える」「〜と思う」という文末をとる。また、「素晴らしい」「大切だ」などの主観性のある評価的な語も意見の文章に使う。

【実際の文章表現上の注意】

1．読む気を起させる見た目の工夫——①段組みの1行あたりの字数は、長すぎず短すぎず、あまりぎっちり詰め込まない。②縦書き・横書き、どちらでもよいしそれらをレイアウトで組み合わせた構成にしてもよい。ただ、表記面でそれぞれルールも違い、特に縦書きで桁数の多いアラビア数字が連続すると読みにくいので注意する。③大見出し・中見出し・小見出し、それぞれに内容の予告や要約などの役割をもたせる。④適宜改行1字下げ（右寄せ）をすると、空きが多くなるので読みやすい印象を与える。

2．読みやすい構成——①段落のまとまりをきちんとつけ、段落同士の関係がはっきりするようなつなぎの言葉を適宜入れる。②重要なこと、結論的な内容は、全体の冒頭、段落の始めの方など、早めに知らせる。③全体の構成として、《内容の予告的な部分》《本文——途中でも適宜要約しながら進める》《まとめ》が基本。④分量の多い記事には、リード部分を置く。⑤注やコラムなど、文体の異なる文章も適宜配し、紙面に変化をもたせる。

3．インタビューの処理——インタビューや座談会などは、そのままの速記録ではなく、わかりやすいように再構成する。最終的には本人に原稿を見てもらう。実際にインタビューではなくても、複雑な内容の記事などをQ&A方式に仕立てると、ポイントがつかめ、話し言葉ベースになるので親しみやすい。

4．わかりやすい言語形式は読み手への配慮――①一文の長さが六〇字を超えないようにする。②文の中がねじれないように。特に長い修飾や従属節、列挙に注意を払う。③読点「、」をまめに打つ。特に、意味のかかり方が分かりにくい部分を見極めて打つ。④固有名詞や難読語、表外字にはルビをふる。⑤馴染みの薄い外来語や専門語をなるべく使わない。もし使うときは言い換え語や注などを付すこと。⑥内容構成の順序として、〔具体→抽象、関心のあること→無関心なこと、大規模なこと→小規模なこと、過去→現在、粗→詳〕がわかりやすいとされる。

5．表記の基本を押さえる――①接続詞や副詞など、ひらがなで表記すべき語を漢字で書いていないかチェックする。②「・（中黒点）」の使い方、「」『』や〝〟などのカッコの使い方に注意する。③活字のフォントや字体、色を使い分ける。④数字の表し方、単位の表し方を統一する。「三千三百」か「３３００」か「km」か「キロメートル」か、など。

6．感じのよい表現を工夫する。――①中立的・客観的な表現を中心とし、感想や印象は最小限にする。②差別語や不快語を避ける。人によっては、からかわれたり、非難されたと感じる可能性がある表現を避ける。③基本は説明だが、「説得」することが必要な場合もある。その場合でも人は十分に説明されると、少なくとも話を聞こうとする姿勢にはなる。最初から説得を全面に出すよりも、相手の知識や関心に応じて、適切な説明を置くと感情的反発は少なくなる。（→箇条書き・構成・推敲・接続表現・説明的文章・縦書き・文末表現・見出し）

〔髙崎みどり〕

第Ⅷ章

近代作家の文体概説と表現鑑賞

《凡　例》

一、掲載の順序は作品の発表順を基準とした。
一、各項目は「作品」（引用）、「作品鑑賞」「作品解説」「作家略歴」の四項目で構成する。
一、「作品」の引用箇所は原則「冒頭」部分とし、網掛けをもって示した。できるかぎり、当該の作家の文体的特徴が冒頭部によく反映されていると考えられる作品を選定の基準とした。なお、特に冒頭部以外から引用している項目や、作家により複数の作品を引用している項目もある。引用の典拠は、引用部分または作品解説などに明記する。
一、引用の仮名遣いはそれぞれの典拠に従い、漢字は現在通行の新字体によった。
一、「作品鑑賞」は引用箇所（冒頭）についての解説を主としたが、必要に応じ冒頭以外の箇所についても言及する。
一、「作品解説」は必要に応じ冒頭以外の箇所についても言及する。
一、「作家略歴」は作家の文学活動についての解説を主とした。
一、書籍・雑誌の表記は『日本近代文学大事典』（講談社）に準拠した。

1　仮名垣魯文　かながき・ろぶん

〈作品〉天地《てんち》は万物《ばんもつ》の父母《ふぼ》。人《ひと》は万物《ばんもつ》の霊《れい》。故《かるが》ゆゑに五穀草木《ごこくさうもく》鳥獣魚肉《てうじうぎよにく》。是《これ》が食《しよく》となるは自然《しぜん》の理《り》にして。これを食《く》ふこと人《ひと》の性《せい》なり。昔〃《むかし〱》の里諺《ことわざ》に。盲文爺《ももんぢい》のたぬき汁《じる》。因果応報《いんぐわおうはう》穢《けがれ》を浄《きよ》むる。かち〱山《やま》の切火打《きりびうち》。あら玉《たま》うさぎも吸物《すいもの》で。味《あぢ》をしめこの喰初《くひぞめ》に。そろ〱開化《ひらけ》し西洋料理《せいやうれうり》。その功能《こうのう》も深見草《ふかみぐさ》。牡《ぼ》丹紅葉《たんもみぢ》の季《とき》をきらはず。猪《しゝ》よりさきへだら〱歩行《あるき》。よし遅《おそ》くとも怠《おこた》らず。往来絶《ゆききたえ》ざる浅草通《あさくさどほり》。御蔵前《おんくらまへ》に定鋪《ぢやうみせ》の。名《な》も高簱《たかはた》の牛肉鍋《ぎうにくなべ》。十人《じふにん》よれば十種《といろ》の注文《ちうもん》。昨晩《ゆうべ》もてたる味噌《みそ》を挙《あげ》。たれをきかせる朝帰《あさがへ》り。生《なま》のかはりの粋《いき》がり連中《れんちう》。西洋書生《せいやうしよせい》漢学《かんがく》者流《しやりう》。劉訓《りうくん》に似《に》た儒者《じゆしや》あれば。肖柏《せうはく》めかす僧《そう》もあり。士農工《しのうこう》商《しやう》老若男女《ろうにやくなんによ》。賢愚貧福《けんぐひんぷく》おしなべて。牛鍋食《うしなべく》はねば開化不進奴《ひらけぬやつ》と鳥《とり》なき郷《さと》の蝙蝠傘《こうもりがさ》。鳶合羽《とんびがっぱ》の翅《つばさ》をひろげて遠《とほ》からん者《もの》は人力《じんりき》車《しや》。近《ちか》くは銭湯帰《ゆがへり》。薬喰《くすりぐひ》。牛乳《みるく》。乾酪《かんらく》《洋名チーズ》乳油《ちゝあぶら》《洋名バタ》牛陽《たけり》はことに勇潔《いさぎよく》。彼肉陣《かのにくぢん》の兵粮《ひやうらう》と。土産《みやげ》に買《か》ふも最多《いとおほ》き。人《ひと》の出入《でいり》の賑《にぎ》はしく込合《こみあひ》の節前後《せつぜんご》御用捨《ごようしや》。御懐中物御用心《ごくわいちうものごようじん》。銚子《てうし》のおかはり。お会計《くわいけい》。お帰《かへ》ンなさい入ラッしやい。実《げ》に流行《りうかう》は昼夜《ちうや》を捨《すて》ず繁《はん》昌《じやう》斯《かく》の如《ごと》くになん。されば牛《うし》はうしづれの同気《どうき》もとむる肉食《にくしよく》群集席《ぐんじゆせき》を区別《わかち》しありさまを。一個《ひとり》〃〃《〱》に穿《うがち》て云《い》はゞ《まづざつとしたところがこんなものであらうか》

（「牛店雑談安愚楽鍋」）

〈作品鑑賞〉文明開化を象徴する場としての牛鍋店にやってくるさまざまな階層の人々の話しぶりを書き分ける。引用は『明治文学全集　第一巻』（筑摩書房、一九六六年）。表記を一部改めた。引用した冒頭は、本編に入る前の口上。洒落による物づくしで書かれたこの文章は、典型的な戯文といえる。

まず古典の引用から始まる。「天地は万物の父母」（「荘子」）「人は万物の霊」（「書経」）から「昔々の里諺」に移り、獣肉を表す隠語「盲文爺」から「たぬき汁」という言葉が呼び出される。「たぬき汁」からは「かちかち山」といった昔話が呼び出され、その連想で「うさぎを吸物」と続く。この後、「牡丹」（猪肉）、「紅葉」（鹿肉）、そして「牛肉鍋」へとつなげられていく。よく知られた古典や昔話にちなみつつ、巧みに「肉」づくしをつなげていくのである。

続いて、「昨晩もてたる味噌を挙」（「味噌」は自慢のこと）、「たれをきかせる朝帰り」（「たれ」はこの場合、遊里で体験したことののろけ話）、「生のかはりの粋がり連中」（「なまいき」と牛肉の「生」をかける）と、牛鍋店にちなんだ洒落をつなげ、次の「西洋書生」以下牛鍋店に出入りする当世の階層を列挙していく。「薬喰」以下は、滋養強壮に効き目があるとされた牛に関する食材を列挙していく。

このような連想と洒落による物づくしは、それ自体がまるで牛鍋店の繁盛のさまを表しているかのようである。このような修辞の方法は、引札の名手でもあった魯文にとってはお手の物であった。

〈作品解説〉全三編。一八七一～七二年、誠之堂刊。当時流行した牛鍋店に出入りする客の話を描いた滑稽本。

〈作者略歴〉一八二九（文政一二）～九四（明治二七）年。戯作者。江戸生。幕末から活動し、維新後は弥次喜多の孫がロンドン博覧会見物に行く「西洋道中膝栗毛」（一八七〇～七六年）を刊行。また、「仮名読新聞」記者となる。

〔木戸雄一〕

2 福沢諭吉　ふくざわ・ゆきち

〈作品〉一天は人の上に人を造《つく》らず人の下に人を造らずといへり　されば天より人を生ずるには万人は万人皆同じ位にして生れながら貴賤上下の差別なく万物の霊たる身と心との働《はたらき》をもつて天地の間にあるよろずの物を資《と》りもつて衣食住の用を達し自由自在互に人の妨げをなさずして各《おのおの》安楽に此世を渡らしめ給ふの趣意なり　されども今広くこの人間世界を見渡すにかしこき人ありおろかなる人あり貧しきもあり富めるもあり貴人もあり下人もありてその有様《ありさま》雲と泥との相違あるに似たるは何ぞや　其次第甚だ明かなり　実語教に人学ばざれば智なし・智なき者は愚人なりとあり　されば賢人と愚人との別は学ぶと学ばざるとに由《より》て出来るものなり　（「学問のすゝめ」）

〈作品鑑賞〉「学問のすゝめ」は、はじめ「余輩の故郷中津に学校を開くに付学問の趣意を記して旧く交りたる同郷の朋友へ示さんがため」に書かれたパンフレットであったが、明治五年に慶應義塾から活版で出版される（慶應義塾で印刷されたかについては異論もある）。当初は一編で完結の予定であったらしいが、大変な評判（二〇万部を超える部数が出たとされる）に押されたのあろう、明治六年から九年にかけて続編として二編から一七編までを分冊刊行し、一三年には合本版が出される。冒頭の引用は明治五年版の復刻版による。多くの流布本文と違い句読点・ふりがながなく、一部漢字と仮名の配分、送りがなの違いがある。引用に際しては句点を一字あけ、ふりがなをかっこに入れて示した。その文章は、五編の序に当たる文章で福沢が「モト民間ノ読本又ハ小学ノ教授本ニ供ヘタルモノナレハ初編ヨリ二編三編マデモ勉メテ俗語ヲ用ヒ文章ヲ読ミ易クスルヲ趣意」（合本版）と言うように、文語文ではあるが平易な分かりやすいものとなっている。引用に「雲と泥との相違ある」とあるがこれは雲泥の差という漢語表現を分かりやすくくだいたものに他ならず、和語や日常語を駆使するというこの「学問のすゝめ」の文章の性格を象徴しているものと言ってよかろう。無論、それはリテラシーの低い読者への配慮に他ならない。しかし、「唯むつかしき字を知り解し難き古文を読み和歌を楽み詩を作る」といった虚学を廃し、「人間普通日用に近き実学」の有用性を主張する福沢にとって、そこでの言葉は「何れも西洋の翻訳書を取調べ大抵の事は日本の仮名にて用を便し」得れば十分というものであった。無論、福沢は伝統的漢文や和文を全否定しているわけではない。「人たる者は貴賤上下の区別なく皆悉くたしなむべき」実学のための、特別な教養を必要としない「国民」の言葉について言っているのである。

〈作品解説〉アメリカの独立宣言に影響されたという説もある「天は〜」というマニュフェストは、単純な人間平等論でなく学問の有無によって社会的地位が決まるという宣言である。まさに競争を倫理とする近代社会の思想がそこにはある。

〈作者略歴〉一八三四（天保五）〜一九〇一（明治三四）年。思想家、教育者。大阪中津藩の蔵屋敷に生まれる。蘭学を志して長崎留学、さらに緒方洪庵の適塾に学ぶ。幕末に三度の洋行を経験、維新後は慶應義塾を中心にした教育活動や著述・出版活動により、近代思想の普及に努め、明治の青年に決定的な影響力を持った。

（中丸宣明）

3　矢野龍渓

やの・りゅうけい

〈作品〉 斜陽西嶺ニ傾キ、今日《キョウ》ノ課程モ終リシニヤ、衆多ノ児童ハ皆々帰リ去リケル跡ニ、尚ホ残リ留リシハ、年ノ頃十六歳ヲ首《カシ》ラトシテ十四歳マデナル七八名ノ児童ナリ。此ノ一群ノ児童ニ向ヒ、教師ト見エテ、其ノ齢六十余リ、鬚眉《シユビ》共ニ雪白ナル老翁ガ、黌堂《コウドウ》ノ隅ニ飾付ケタル一個ノ偶像ヲ指シテ語リケルハ、

「御身等ノ聞キタシト云フハ、近頃修覆セシ、此ノ像ナルカ。抑〃此ハコドリユスト云ヘル、古代ノ賢王ノ像ニシテ、此王ノ事跡ハ、語ルモ長キコトナレバ、唯其ノ大略ヲ、説キ聞カス可シ。（『齊武名士経国美談』）

〈作品鑑賞〉 ギリシャの二人の英雄の故事を語る老先生と、それを聞く生徒らの描写からこの物語は始まる。祖国を外国から守るために命を捧げたコドリユスと、国内の奸党を倒したスラスブリユスの故事は、この話を聞く少年たち、ペロピダス、イパミノンダス、メルローのその後の運命を暗示している。と同時に、これは日本を圧迫する列強と、国内の藩閥政府の寓意でもある。「経国美談」は、読者への政治的な宣伝と啓蒙を意図した政治小説だからである。

龍渓は、この小説を書くにあたって、融通無碍な文体を実現している。後篇冒頭の「文体論」で、今の文体を「漢文体」「和文体」「欧文直訳体」「俗語俚言体」の四つに分類し、前篇は俗語俚言体の一種である稗史体を基盤に据えながら四つの文体を兼用することにしたが、不慣れだったため文章がかたくるしくもたつくようになったと述べている。引用文でもその文体混交の有様をうかがい知ることができる。例えば冒頭の「斜陽西嶺ニ傾キ」や老人の描写「鬚眉共ニ雪白ナル」は漢文体の表現だが、それ以外の「今日ノ課程モ終リシニヤ」などは俗語俚言体である。

また、前篇の凡例で龍渓は「大和詞様」に読むことを求めている。例文では「衆多（あまた）」「首《カシ》ラ」「齢（よわい）」などがそれに当たろう。口述筆記で書かれたこの小説は「句調」を重視した音読的な読みやすさを指向していた。

〈作品解説〉 一八八三年三月前篇、一八八四年二月後篇、ともに報知社より刊行。政治小説の代表作。龍渓は当時、改進党員として党勢拡大に努めていた。あまり知られていないギリシャ史に材をとり、民権拡張に奔走する三英雄を描いたこの作品は好評を博し、版を重ねた。演劇化もなされ、また、ヒロインの歌う「春の花」は民権家達に愛唱されたという。引用は『経国美談（上）』（岩波書店、一九六九年）。表記を一部改めた。

〈作家略歴〉 一八五〇（嘉永三）～一九三一（昭和六）年。政治家、ジャーナリスト。佐伯生。慶應義塾で学んだ後、「郵便報知新聞」で健筆をふるった。『報知異聞浮城物語』（一八九〇年）ではその功利的娯楽的な文学観をめぐって内田不知庵と論争した。「新社会」（一九〇二年）などの小説のほかに、「人権新説駁論」（一八八二年）「周遊雑記」（一八八六年）「日本文体文字新論」（一八八六年）など多岐にわたる著作を残した。

〔木戸雄一〕

4　徳富蘇峰

とくとみ・そほう

〈作品〉明治ノ世界ハ批評ノ世界ナリ。懐疑ノ世界ナリ。無信仰ノ世界ナリ。蓋シ維新改革ノ大波瀾ハ。我カ人民ヲ駆リ。我カ社会ヲ駆リ。以テ此ノ飄忽奇怪ナル大渦中ニ漂流セシメタリ。看ヨ〳〵。大眼ヲ放テ四囲ノ光景ヲ看ヨ。学者ハ冷笑シテ学術ノ真理ヲ論シ。商人ハ冷笑シテ商業ニ従事シ。兵士ハ冷笑シテ銃ヲ肩ニシ。政治家ハ冷笑シテ政務ニ鞅掌シ。僧侶冷笑シテ説教スレハ。信者ハ亦タ冷笑シテ之ヲ聴キ。教師冷笑シテ教授スレハ。生徒ハ亦タ冷笑シテ之ヲ伝習ス。此ノ如ク冷笑者流ノ輩出スル豈ニ偶然ナランヤ。批評的ノ境遇。固ヨリ然ラサルヲ得サルナリ。

（「新日本之青年」）

〈作品鑑賞〉徳富蘇峰は、「国民新聞創刊二十五年記念出版」として刊行された大冊『蘇峰文選』（民友社、一九一五年）の巻頭に「辞達而已矣」の題字を掲げ、その序文にも「孔子の所謂る「辞達而已矣」とは、予の文学に於ける理想也」と語っている。ジャーナリストとして、相手に言いたいことを伝える「実用」の言葉に徹する姿勢が貫かれているが、同じ文章のなかで彼が、「予か所謂る実用とは、無趣味、殺風景の俗悪文字を排列するを意味せず、意を尽し、理を尽し、情を尽し、一切言はんとする所を尽すを云ふ。」と述べていることに注意したい。「実用」を目指した彼の文章が、決して平板で無味乾燥な言葉の羅列に終わらなかったことは、ここに掲げた例文からも如実にうかがうことができるだろう。

　これは蘇峰の初期の代表作の一つ「新日本之青年」の巻頭の一節で、現代の青年が批評や懐疑の眼で社会を冷笑せずにはいられない境遇にある不幸を述べながら、「蓋シ冷笑社会ハ決シテ吾人カ永住ノ故郷ニアラサルナリ。吾人ハ更ニ一歩ヲ転シ。誠実重厚ナル純白ノ平民社会ニ進マサル可ラス。」と強く主張する。張りつめた漢字カタカナ交じりの漢文訓読体で、表記上は濁点を省き、句点の用い方も現在のセンテンスの意識とは異なっている。冒頭から圏点を使用して主題を強調し、「……ノ世界ナリ。」の繰り返しや「看ヨ〳〵。」の直接的語りかけ、また「……ハ冷笑シテ……シ。」の畳みかけや「豈ニ偶然ナランヤ。」の反語表現などによって、文章に一種の詩的リズムが生れ、読者の胸に直截訴えかける。のちに正宗白鳥が、福沢諭吉と並んで「純文学者以外で、新文体を創始した代表的文章家」と評し、「あの新体の文章に随喜渇仰の涙をこぼしてゐた」（「蘇峰と蘆花」）と回想するほど、愛読された所以である。

〈作品解説〉一八八五（明治一八）年六月に自費出版された『第十九世紀日本ノ青年及其教育』を増補改題して、一八八七（明治二〇）年四月に集成社から刊行。引用は同書による。平民社会の担い手として、「叩頭」型の人間から「力作」型の人間への転換を説き、『将来之日本』（一八八六年）とともに青年読者に強い影響を与えた。

〈作者略歴〉一八六三（文久三）～一九五七（昭和三二）年。ジャーナリスト、歴史家。肥後国（現熊本）生。本名猪一郎《いいちろう》。小説家徳冨蘆花の兄。一八八七年民友社を設立し、雑誌「国民之友」や「国民新聞」を創刊。のち、平民主義から国家主義へと転じ、晩年は『近世日本国民史』全百巻（一九一八～五二年、時事通信社）の執筆に力を注いだ。

〔宗像和重〕

5　二葉亭四迷　ふたばてい・しめい

〈作品〉 千早振《ちはやふ》る神無月《かみなづき》も最早《もはや》跡二日《ふつか》の余波《なごり》となツた廿八日の午後三時頃に神田見附《かんだみつけ》の内《うち》より塗渡《とわた》る蟻《あり》、散る蜘蛛《くも》の子とうよ〳〵ぞよ〳〵沸出《わきい》で、来《く》るのは、孰《いづ》れも頤《おとがい》を気にし給《たま》ふ方《かた》々、しかし熟々《つら〳〵》見て篤《とく》と点検すると是《こ》れにも種々《さま〴〵》種類のあるもので、まづ髭《ひげ》から書立《かきた》てれば口髭《くちひげ》頬髯《ほゝひげ》顋《あご》の鬚《ひげ》、暴《やけ》に興起《おや》した拿破崙髭《なぽれをんひげ》に狆《ちん》の口めいた比斯馬克髭《びすまるくひげ》、そのほか矮鶏髭《ちゃぼひげ》、貉髭《むじなひげ》、ありやなしやの幻《まぼろし》の髭と濃《こ》くも淡《うす》くもいろ〳〵に生分《はへわか》る　髭に続いて差《ちが》ひのあるのは服飾《みなり》、白木屋《しろきや》仕込みの黒物《くろいもの》づくめには仏蘭西皮《ふらんすがわ》の靴の配偶《めうと》はありうち、之《これ》を召す方様《かたさま》の鼻毛は延びて蜻蛉《とんぼ》をも釣《つ》るべしという

（『新編浮雲』）

〈作品鑑賞〉 千早振る神無月も最早あと二日となった十月二十八日の午後三時、神田見附の辺りから帰宅する官員たちの一群の最後に内海文三と本田昇という二人の「少年《わかもの》」が現れる。二人の会話から世渡り上手な本田昇が昇進したのに対し、口べたで不器用な内海文三はこの日免職になったことがわかる。文三は立身出世を夢見て勉学に励み、やっと官員の口も決まり、その年の暮れには郷里の母を東京に呼び寄せるつもりであった。また下宿屋の娘お勢との仲も公認されていた。それが、この免職を機に文三の全てが瓦解する。伯母（お勢の母）には辛く当たられ、本田昇と親しくなったお勢にも絶交される。行き場を失った文三は、閉ざされた二階の小座敷で悪意に満ちた他者の言葉と格闘を続ける。選ばれなかったからこそ生じる男の〈内面〉を、写実的に語るという意味では、まさに日本で最初の「近代小説」ということができる。こうした新しい小説世界を可能にしたのは、冒頭の引用にも見える語り手の表現位置の定位に負っている。神田見附の橋のたもとに立ち、役所が点在していた神田辺りの官員たちの帰宅の様子を底意地悪く観察し品定めする言表主体（語り手）は、あたかも物語の現場に立ち会っているかのように「いま」「ここ」を明示しながら語り出す。かつ、この物語内に仮構された語り手の表現位置は一定ではなく、物語る内容にともない作中人物との微妙な距離を取りながら変化する。それが文三の〈内面〉を語る言葉の装置となっていくのである。また「俗語の精神」を表現することは二葉亭のねらいでもあったのだが、滑稽本的な語彙を駆使し、言葉の身振りを最大限に活かした表現は演技性を帯びた話芸に近く、この高座から語りかけるかのような言葉を文章にして再現することが、言文一致という新しい文体の生成にも深く関わっている。

〈作品解説〉 第一篇は一八八七年六月、第二篇は一八八八年二月、金港堂刊。第三篇は一八八八年七月から八月に「都の花」に掲載。作中人物の〈内面〉を生き生きと描き、最初のリアリズム小説と評される。また、文三、お勢、お政、昇というアレゴリカルなネーミングには政治小説的な側面もある。引用は初出による。

〈作者略歴〉 一八六四（元治元）～一九〇九（明治四二）年。一八六二（文久二）年生まれの説もある。小説家。本名長谷川辰之助。東京生。若くしてロシアに興味を持ち、東京外語学校でロシア語を学ぶ。小説家というより、ツルゲーネフの「あひびき」等の翻訳者として名を馳せる。「浮雲」の他に「其面影」（一九〇六年）、「平凡」（一九〇七年）の二作がある。〔**高橋　修**〕

6　三遊亭円朝

さんゆうてい・えんちょう

〈作品〉今日《こんにち》より怪談《くわいだん》のお話《はな》を申上升《あげます》るが怪談話《くわいだんはな》し申すは近来《きんらい》大《おほ》きに廃《すた》りまして余《あま》り寄席《せき》で致《いた》す者《もの》も御坐《ござ》いませんと申すものは幽霊《いうれい》と云《い》ふものは無《な》い全《まつた》く神経病《しんけいびやう》だと云《い》ふことに成りましたから怪談《くわいだん》は開化先生方《くわいかせんせいかた》はお嫌《きら》ひ成被事《なさること》で御坐《ござ》い升夫故《それゆゑ》に久《ひさ》しく廃《すた》つて居《お》りましたが今日《こんにち》に成《なつ》て見《み》ると却《かへ》つて古《ふる》めかしい方《はう》が耳《みゝ》新《あたら》しい様《やう》に思《おも》はれ升是《ますこれ》は元《もと》より信《しん》じてお聞遊《きゝあそ》ばす事では御坐《ござ》いませんから或《ある》ひは流違《りうちが》ひの怪談《くわいだん》ばなしが宜《よ》からうと云《い》ふお勧《すゝ》めに付《つ》きまして名題《なだい》を真景累《しんけいかさね》が淵《ふち》と申し下総国羽生村《しもふさくにはにふむら》と申す処《ところ》の累《かさね》の後日《ごにち》のお話《はな》しで御坐《ござ》い升るが是《これ》は幽霊《いうれい》が引続《ひきつゞ》いて出《で》升る気《き》味《み》の悪《わる》いお話《はな》しで御坐《ござ》い升

（「真景累ヶ淵」）

〈作品鑑賞〉三遊亭円朝の落語の口演速記が、言文一致体ないし口語文体の成立に大きく関係していることは、内田魯庵が「速記術が其頃（注、明治二〇年ころ）漸く実際に応用されて若林玵蔵の速記した円朝の『牡丹燈籠』が出版されて活きた口話の実例を示したのが俄に言文一致の機運を早めたのは争へない。美妙も二葉亭も此の円朝の口話の速記に負ふ処が多かつたのは想像するに余りがある」（「二葉亭四迷の一生」『思ひ出す人々』）と言うように明らかである。『怪談牡丹燈籠』は明治一七年に最初の落語速記本として出版され好評をえたが、その文章は再版本の序で坪内逍遙が「俚言俗語のみを用ひてさまで華あるものとも覚えぬものから句ごとに文ごとにうたゝ活動する趣ありて宛然《さながら》まのあたり」に登場人物の姿が浮かび上がってくるようだと評したようなものとしてあった。「真景累ヶ淵」でも、冒頭の引用に引き続く「宗「姉娘《あねへ》や、姉娘《あんねへ》や」志「アイ……モット火を入れて上げ様かへ」宗「ナニ火はモウ宜いが追〻押詰まるから」云々といった会話における口語調の再現が、登場する人物の造形の確かさに結びついている。しかし、会話文の口語文体化ということであれば、近世期から戯作文学（滑稽本や人情本など）にも指摘できる。むろん、逍遙が「彼の為永の翁を走らせ彼の式亭の叟をあざむく」（「牡丹灯籠　序」）と言うように、円朝落語における声の再現は確かに際だっている。しかし、円朝の口演速記が近代口語文の成立にインパクトを与えたのは、地の文における言文一致も大きく関与していた。掲示の「真景累ヶ淵」の冒頭は、導入部であり、必ずしも物語の地の文というわけではないのだが、その性格はほぼ共通する。聴衆への語りかけを含んだ「ます」調の今見ればなにげのない言文一致の文章ではあるが、新しい口語文として新鮮なものであったはずである。

〈作品解説〉初出は一八八七年から八八年にかけて「やまと新聞」に連載。引用は一八八八年五月刊の初版本による。小相英太郎筆記。伝統的な「累」説話に基づいた怪談噺。因果の糸に繰られた複雑な人間関係、そこにうごめく情念の劇を描く。後半では実地取材に基づく創作方法も用いられている。

〈作者略歴〉一八三九（天保一〇）～一九〇〇（明治三三）年。噺家。江戸湯島生。本名出淵《いづぶち》次郎吉。安政頃より道具入り芝居噺で人気を得るが、長編創作人情噺を数多く口演、維新後は素噺に転じ、落語界の中心的存在となる。その人情噺の速記は近代文学の形成に大きく関与したとされる。代表作に「真景累ヶ淵」や「怪談牡丹灯籠」などがある。

〔**中丸宣明**〕

7　坪内逍遥

つぼうち・しょうよう

〈作品〉　引窓を引いて後は昏《くら》さ四方より掩《おほ》ひかゝり、ランプの影は台所の天井に月の形を写したり、秋の日はトツプリ暮れて柱に掛かる時計の音耳につく程鳴ひゞく、けふもあるじはまだ役所より帰り来まさず、離れ坐敷の女隠居と縁者《みより》ときゝし十七八の娘は近い所の寄席《よせ》へ行き、頬の赤い女中も買物をとゝのへに外へ出《いで》ぬ。奥も台所も寂《ひつそ》として、別《わ》けて新参ものゝ手持なさ、阿園《おその》は独りツクネンと女中部屋に物思ひ。此時《このとき》つか〳〵と出来《いでく》るは此邸《このやしき》にゐる書生なるべし、長火鉢のそばへ突立ち湯呑と鉄瓶を左右にとりあげ、二三度おつかけて白湯《さゆ》を飲み、こちらへは見向きもせず畳を蹴《け》たてゝ帰り行くを、阿園は目を丸くして見送れり。跡《あと》は又《また》一倍《ばい》のさびしさ。

（「細君」）

〈作品鑑賞〉「細君」は逍遥がそれまでの作風を一新すべく全精力を傾注して書き上げた小説である。冒頭部の描写には、「当世書生気質」や「此処やかしこ」との大きな違いが見られる。

　さま〴〵に。移れば換《かは》る浮世かな。幕府さかえし時勢《ころほひ》には。武士のみ時に大江戸の。都もいつか東京と。名もあらたまの年毎に。……

（「当世書生気質」冒頭）

　地方《ところ》は東京《とうけい》の西のかた何辺《どのへむ》だかしらず人口といひ家並《やなみ》といひ都とたてついた小都会、其小都会の場末に近い町に元は武士邸《ぶしやしき》が在ツた事と覚《おぼ》しく今でも在《あり》し儘《まま》の盲目《めくら》長屋およそ六七軒たてならびて、貴公仆《きこうたふ》れるなら身共《みども》も転ばふ、まづ夫迄《それまで》は辛抱いたして互ひに生と死を共にせむと人なら言ひさうに依頼《もた》れあツて……

（「此処やかしこ」冒頭）

　ここに見られるような掛詞や地口の類を「細君」では廃し、冗長さを避けるために極力江戸的な修辞を用いず、簡潔さと即物性を追究している。また東京や地方小都市といった大枠としての舞台や物語設定を示さず、台所という局所から書き起こすのも新鮮で、「ランプの影」が天井に写るのを見、「時計の音」を聞く阿園《おその》の身体のありかを読者に強く想起させる。全知全能的、遍在的語りというよりは作中人物の身体を通した語りに近く、台所にやってきた書生が「こちらへは見向きもせず」、阿園がその姿を「見送」っていることからわかるように、ここでの視点は、「こちら」すなわち女中部屋に置かれている。

　夫の女性関係や継母の無心などに心を痛める下河辺家の夫人お種を主人公に、家の内情を見聞きする小間使阿園を視点人物として、俯瞰的にならないよう抑制された語りが、最後にお種阿園を襲う悲劇をより一層高めている。

〈作品解説〉　初出は「国民之友」第四巻第三七号（一八八九年一月二日）。「細君」の執筆については、逍遥自選日記抄録「幾むかし」に、「筆働かず、中旬に至り辛うじて第一回を書き終りしが　心に適せざる事多し」「かゝる苦をせしこと今までになし」とあり、苦心の様がうかがえる。引用原文は初出本文を底本とし、『逍遥選集　別冊第一巻』（春陽堂、一九二七年九月）によって適宜振り仮名及び句読点を補った。

〈作者略歴〉　一八五九（安政六）～一九三五（昭和一〇）年。小説家、劇作家、教育家。東京大学卒業後、『一読三歎当世書生気質』『小説神髄』（一八八五年）を発表、写実主義を説いて江戸文学からの脱却を唱える。二葉亭四迷の文壇進出に尽力するなど近代文学成立期に大きな役割を果たす。

〔**山本　良**〕

8　山田美妙

やまだ・びみょう

〈作品〉勇む源氏、いさむ浜風、無情、何のうらみ、嗚呼今まで白旗と数を競つて居た赤旗もいつか過半は吹折られたり、斫折られたり、はやその色をば血に譲つて仕舞つて、たゞ御座船の近処の辺に僅に命脈を繋いで居るありさま、気の故か、既に靡いて居るやうです。（「蝴蝶」）

〈作品鑑賞〉「蝴蝶」は、「武蔵野」が「だ」調の常体であったのに対して、「です」調の敬体で書かれた初期言文一致体小説の試みであった。冒頭の語りからも分かるように、これらの文末表現は、その言表主体である語り手の存在を顕示することになるだろう。「無情、何のうらみ、嗚呼」という詠嘆的な語りには、語り手の感情が露出していた。

その語り手は、風を味方につけた「白旗」の源氏が「赤旗」の平家を圧倒していく戦場の様子を語るのだが、「勇む源氏、いさむ浜風」の冒頭から、対句仕立ての修辞的な表現で捉えられていく。「吹折られたり、斫折られたり」した「赤旗」は、さらに換喩的に「血」を連想させて、平家の敗色濃厚な戦況を語るとともに、残された「御座船」だけに「命脈」が見出されている。「気の故か、既に靡いて居るやうです」と、語り手が判断することで、壇ノ浦で滅亡する平家方に物語世界は焦点化されていくのである。

御座船を逃れたが、小船から落水して対岸で甦った蝴蝶の姿を、語り手は「あゝ、高尚、真の「美」は即ち真の「高尚」です」と詠嘆してみせる。そこで出会った二郎春風と蝴蝶は落ち延び、やっと判明した安徳帝の所在を二郎春風が源氏方に通報してしまう。蝴蝶は恩愛と忠義の狭間で葛藤した末に二郎を殺害する。語り手は、それを「見廻はした蝴蝶の顔のその凄さ（あゝ殺した）」と実況中継的に語り、冒頭の「血」を「鮮血の紅」として甦らせ、「実に意地ほど恐ろしいものは有りません」という評言を残すのだった。しかし、蝴蝶が守ったはずの安徳帝が崩御したとの報せが入り、二郎殺害も意味を失ってしまうのである。

語られる蝴蝶は、結局「無情な世の中」を詠嘆する語り手の支配を逃れられなかった。「作者」と名乗る語り手は、蝴蝶の美を賞嘆しながらも、平家滅亡の運命に彼女を重ね合わせて、「哀れと薄命といふ言葉はつまり蝴蝶の又の名です」という宿命を語り尽くすことに専念するのだった。「武蔵野」とも共通する、行為が未発に終わるというモチーフは、こうした超越的に登場人物を統御する語り手によって可能になったのである。

〈作品解説〉「国民之友」一八八九年一月春季付録に、坪内逍遙「細君」などとともに掲載。渡辺省亭の挿画で「裸蝴蝶」論争となる。『国民小説』（一八九〇年）に収録。引用原文は同書による。壇ノ浦で入水したとされる安徳帝の生存伝説に基づいた、言文一致体小説。

〈作者略歴〉一八六八（慶応四）～一九一〇（明治四三）年。小説家、詩人。東京生。尾崎紅葉らと硯友社を組織し、「我楽多文庫」を発刊した。「武蔵野」（一八八七年）を「読売新聞」に発表して注目され、金港堂の「都の花」を編集する。新体詩、言文一致論などでも活躍、晩年には『大辞典』上下二巻や歴史小説などがある。

〔山田俊治〕

9　幸田露伴

こうだ・ろはん

〈作品〉三尊四天王十二童子十六羅漢さては五百羅漢、までを胸中に蔵めて鉈小刀に彫り浮かべる腕前に、運慶も知らぬ人は讃歎すれども鳥仏師知る身の心恥かしく。其道に志す事深きにつけておのが業の足らざるを恨み。爰日本美術国に生れながら今の世に飛騨の工匠なしと云はせん事残念なり、珠運命の有らん限りは及ばぬ力の及ぶ丈ケを尽してせめては我が好の心に満足さすべく、且は石膏細工の鼻高き唐人めに下目で見られし鬱憤の幾分を晴らすべしと。可愛や一向専念の誓を嵯峨の釈迦に立し男、齢は何歳ぞ二十一の春

（「風流仏」）

〈作品鑑賞〉政治小説流の漢訳体・森田思軒の欧文直訳体・二葉亭四迷らの言文一致体など〱、新時代にふさわしい小説文体模索の試みが、ほぼ出揃った明治二十年代初頭、突如西鶴文体をひっさげて登場し、衆目を驚倒させたのが露伴の「風流仏」だった。他の多くの試みが小説の文体としてはぎこちなさを免れなかった中、右の通り、西鶴仕込みのこの文体は過剰なまでの名詞の列挙、連用中止法による長文化、体言止め等によって圧倒的なスピード感を実現してみせた。主人公が仏師、女主人公は木曾の花漬売りという設定も意想外、「日本美術国に生れ」たからには「鼻高き唐人めに下目で見られし鬱憤」を晴らすと共に「我が好の心」も満足させたい、と「誓」を立てる主人公の存在は、西欧の衝撃の深さと、国民としてのアイデンティティの確立こそが何より日本の急務であることに気付き始めた当時の知識人の内実をみごとに体現していたのである。

このわかりやすさは露伴を一躍文壇の寵児にした。が、他方でそれは或る不毛さと隣り合わせだった。作品解釈的には、冒頭に示されたような国家的価値と一体化した「好の心」は、実は作品後半に入って完膚無きまでに粉砕されてしまう。そこで主人公はやむなく風流仏建立を企てることになるわけなのだが、この点が永く見落とされたために「風流仏」は国粋主義時代を象徴する作品に仕立て上げられてしまった。また新文体創造という面では、「風流仏」の成功のあまりのきわやかさゆえに、西鶴文体の応用といえば、とかく露伴（および同時期の紅葉）と関連づけられ、彼らの亜流扱いを受けかねないことになった。その後の西鶴受容は、西鶴そのものの翻刻・普及と相俟って、文体レベルのものから次第に西鶴の人間認識レベルのものに関心が移行していった、といえるだろう。

〈作品解説〉初出は吉岡書籍店発行「新著百種」第五号（一八八九年九月）。はしがきが「風流仏縁起」、またその第一章は「如是我聞」とある如く、小説全体が経典に擬されている。内容は、失恋男が女への「未練」と「妄想」を捏ね固めて成した彫像（風流仏）に心がこもり、動き出して、当の男と共に昇天する、というもの。引用原文は『新日本古典文学大系　明治編第二二巻　幸田露伴集』（岩波書店、二〇〇二年）による。

〈作者略歴〉一八六七（慶応三）～一九四七（昭和二二）年。小説家。江戸生。「露団々」（一八八九年）「風流仏」を発表して文壇的地位を確立。その後「五重塔」（一八九一年）「天うつ浪」（一九〇三～五年）など発表するが、大正期以後は考証・史論に力を注ぎ、史伝「運命」（一九一九年）や芭蕉研究に業績を残した。

〔関谷　博〕

10 広津柳浪　ひろつ・りゅうろう

〈作品〉ここにお話いたす昔語《むかしがたり》。世の中に心細いと云ふて其時の様な事はなく、悲しさ名残《なごり》惜しさも、また之に勝るものはありますまい。過し昔にあつた程の俤《おもかげ》、今身に迫る苦艱《くげん》、見ぬ世の覚束《おぼつか》なさ——花ならば散ぎわ。あゝ、其時の私の心、想へば夢の様です。
　私が十九の春の事。或日の夕刻《ゆふがた》、偶《ふ》と熱が発《で》ました。それに朝夕《てうせき》には痎嗽《せき》も出ます。左迄苦しい程にもないので、先日観梅《こないだうめみ》に行た時、帰途《かへり》が夜に入て、ゾツと身にしみた寒さ、それが原因《もと》で感冒《ひきこん》だ風邪と、素人《しろうと》極めにきめて、母の申すまゝに『妙ふり出し』なぞを用ひて見ました。（「残菊」）

〈作品鑑賞〉日本の小説表現は明治期に大きく変化した。中でももっとも大きな変化は、作中の表現が作者から独立した仮構の存在によるものだと、小説の作者と読者の間で了解されるようになったことである（この問題に関しては宇佐美毅『小説表現としての近代』［おうふう、二〇〇四・一二］に詳しい）。
　明治期には（特に一八九〇年前後から）それまでの小説にあったような「作者」を名乗る存在の表現や「読者」に直接語りかける表現が戒められるようになった。それは、小説中の表現は「作者」のものではなく、「作者」によって仮構された存在によるものという了解が広がっていったことを示している。
　こうした中で一人称表現が試みられ、依田学海「侠美人」、山田美妙「ふくさづゝみ」「この子」、森鷗外「舞姫」などが発表された。また、小説全体が一人称表現で統一されていなくても、二葉亭四迷「浮雲」のように、部分的に一人称表現が重要な要素を占める作品もあった。広津柳浪のデビュー作「女子参政蜃中楼」もそうであり、柳浪はその後「二たおもて」などの短編を経て「残菊」という完全な一人称小説を発表した。
　しかし、柳浪は一人称表現の活用よりもむしろ問題点の方を大きく考え、後には作中人物の「会話とせりふ」だけで小説を構成しようと考えた。これは、「作家の影がいづれの作にも付いて回はるやうでは、種々雑多の人物を活現することは到底出来まいか、とおもつたのです。それで一昨年頃から、力めて我を脱して、人物を種々に描くことに苦心をしたのです。」（「作家苦心談」一八九七年）という考えに基づいていた。だが、そう考えた柳浪はやがて小説を書けなくなっていった。一人称表現の意味とそれを活かす方法が獲得できなかったための結果であり、この方法の活用は後の時代（例えば漱石の「坊っちゃん」や後期三部作など）に引き継がれていくことになった。

〈作品解説〉初出「やまと錦」（一八八八～八九年）。病気で死に瀕した経験のある既婚女性の回想形式で書かれている。当時珍しい一人称小説で森鷗外「舞姫」よりも先だった。引用原文は『明治文学全集　第一九巻』（筑摩書房、一九六五年）による。

〈作者略歴〉一八六一（文久元）～一九二八（昭和三）年。小説家。肥前国生。「女子参政蜃中楼」（一八八七年）でデビューし、「残菊」（一八八九年）で一人称小説を試みて注目された。その後「変目伝」「黒蜥蜴」（一八九五年）、『今戸心中』（一八九六年）などで再び注目され、悲惨小説・深刻小説の中心的作家として評価を受けたが、それ以降は創作が停滞して世間から忘れられていった。

〔宇佐美 毅〕

11　森　鷗外　もり・おうがい

〈作品〉石炭をば早や積み果てつ中等室の卓のほとりはいと閑かにて熾熱燈の光の晴れがましきもやくなし、今宵は夜毎にこゝに集ひ来る骨牌仲間も「ホテル」に宿りて舟に残りしは余一人のみなれば

（「舞姫」）

〈作品鑑賞〉ドイツから帰国する途上の太田豊太郎が、意を決して筆をとった回想の手記。いうまでもなく、一八九〇（明治二三）年一月の「国民之友」に掲載された「舞姫」の冒頭の一節である。鷗外自身にとっても小説の第一作にあたるこの作品をはじめ、所謂ドイツ土産三部作を近代日本のロマンティシズムの先蹤と目したのは佐藤春夫であった。その新しさは、たとえば二葉亭四迷『浮雲』（第一篇、金港堂、一八八七年）の冒頭、――「千早振る神無月ももはや跡二日の余波《なごり》となッた二十八日の午後三時頃に、神田見附の内より、塗渡《とわた》る蟻、散る蜘蛛の子とうよ〳〵ぞよ〳〵沸出で、来るのは、孰れも顋《おとがひ》を気にし給ふ方々。」から髭尽しに続く一節と比較するとよくわかる。

一見すると、より早く書かれた『浮雲』のほうがこなれた「言文一致体」であるように見えるが、『舞姫』の文章を英訳することはたやすい。文語体ではあるが、その骨格は完全に翻訳体であり、また〝写実的〟である。他方、『浮雲』はほとんど翻訳不可能であり、さまざまなヒゲが列記されているけれども、一向〝写実的〟ではない。（中略）むしろ、「言文一致」の本質からいえば、『舞姫』の方が『浮雲』よりはるかに前進しているといえる。」（柄谷行人）という指摘があることに注意したい。この「文語体ではあるが、その骨格は完全に翻訳体」という特質をさらに丁寧に敷衍すれば、「欧文脈から来る明晰な論理的叙法を骨格としながら、優婉な和文脈による旋律《メロディー》を、端厳な、あるいは華麗な漢語的修辞のもつリズムによって、すくい上げすくい上げして、ひとつの典雅な格調を保たせた、新しい擬古文」（稲垣達郎）ということになる。「舞姫」の文体についての最も行き届いた評言というべきだろう。

あらためて冒頭の「石炭をば早や積み果てつ」に眼を向けてみよう。「をば」は「格助詞「を」のはたらきを強調し、動作・作用の対象を強く示す」（旺文社『全訳古語辞典』）語であり、助動詞「つ」にも、「動作・作用が実現し、完了した意を表す」とともに、「確述（強意）の用法」（同上）がある。これらがあいまって、「「石炭は早や積まれ果てつ」という受身の表現ではなく、「積み果てつ」という主体性の強い表現にしているのは、豊太郎の心象を反映させているからである。」（山崎一穎）という指摘は重要である。ここには、船に燃料の石炭を積み終えたという事実のみならず、その喧騒から一転した静寂のなかで、ドイツの生活もエリスとの交渉も、何もかもが終ってしまったことを自分自身に言い聞かせている語り手「余」の存在が浮かび上がるからである。そして、続く第二文・第三文の並べ方が、〝……,because……〟という洋文脈に準ずるものであり、「因果の論理脈に組み込まれ」た「論理本位の文章展開法」（磯貝英夫）であることも、すでに指摘がある。

なお、ここに掲げたのは初出「国民之友」の本文で、段落の意識はあるものの、まだ行頭を一字下げる習慣は生まれておらず、読点のみが用いられて句点はない。現在の底本になってい

る鷗外晩年の『塵泥《ちりひじ》』（千章館、一九一五年）収録の本文では、段落の行頭一字下げや句読点も使用され、「石炭をば早や積み果てつ。中等室の卓のほとりはいと静にて、熾熱燈の光の晴れがましきも徒なり。今宵は夜毎にこゝに集ひ来る骨牌仲間も「ホテル」に宿りて、舟に残れるは余一人のみなれば。」のように字句も改稿されていることを付け加えておきたい。

〈作品〉六畳の間に、床を三つ並べて取つて、七つになる娘を真中に寝かして、夫婦が寝てゐる。宵に活けて置いた桐火桶の佐倉炭が、白い灰になつてしまつて、主人の枕元には、唯ゞ心《しん》を引込ませたランプが微かに燃えてゐる。その脇には、時計や手帳などを入れた小蓋が置いてあつて、その上に仮綴の西洋書が開けて伏せてある。主人が読みさして寝たのであらう。

（「半日」）

〈作品鑑賞〉「舞姫」をはじめとする作品や、「戦闘的啓蒙」とも評される初期の積極果敢な活動の後、軍医としての公務に追われて、鷗外はしばらく文学界の第一線から遠ざかることになる。その彼が、自然主義文学やとりわけ夏目漱石の登場に刺戟を受けて、旺盛な創作活動を再開するのは、明治四〇年代に入ってからのことである。引用したのは、彼が再出発にあたって、言文一致体で書いた小説「半日」（「昴」一九〇九年三月）の冒頭の一節、「主人」こと高山博士の家庭内における嫁姑の確執を描いて、鷗外の私小説的作品として知られている小説の一つである。引用は同誌によったが、この作品は作品は鷗外夫人の意向を反映して、長らく単行本や全集に収録されなかったと佐藤春夫が伝えている。

四つの文末の「寝てゐる」「燃えてゐる」「伏せてある」「寝たのであらう」という、三島由紀夫が鷗外の文体の特色として挙げる「現在形の濫用」も目につくが、とりわけ「である」文の多用に注目しつつ、「「である」文が多いということは、単純化して言えば、解説文が多いということであり、解説文が多いということは、事象の提示もさることながら、その事象についての解釈・裁断・概括措定が多いということにつながる。」（磯貝英夫）という指摘を見逃すことはできない。それはいうまでもなく、妻と母との確執という煩瑣な現実に悩まされる主人公を描きながら、「主人公をそうした現実から超出させ、読者を、その主人公の認識に、言いかえれば現実の知的把捉に従わせようとしている」（同上）鷗外の強靱なまなざしによるものにほかならない。

こうしたまなざしを、「竿と紐尺とを持つて測地師が土地を測るやうな小説や脚本を書いてゐる人」（「青年」）という鷗外の自嘲的な自画像から、「眼に付くものを一つも見逃さない。曖昧さの余地も許さない」「「測地師」の眼」と呼んだのは、ジャン＝ジャック・オリガスであった。この優れた指摘を借りて「半日」の冒頭部に目を戻すと、ここでも語り手は、「六畳の間に」「床を三つ並べて」「七つになる娘を」という曖昧さを排した正確な数へのこだわりと、「主人の枕元には」「その脇には」「その上に」という、視線の移動に即して物の形とその位置を洩らさず記しとどめていく正確で几帳面な記録者の眼をもって、高山博士の苦い日常を描くことになる。それこそが、曖昧で形のつかまえにくい現実を「領略」するための最も有効な方法にほかならないからである。

〈作品〉わたくしは伊沢蘭軒《いさわらんけん》を伝するに当つて、筆を行《や》る間に料《はか》らずも北条霞亭に逢著した。それは霞亭が福山侯阿倍正精《まさきよ》に仕へて江戸に召された時、菅茶山《くわんちやざん》は其女姪にして霞亭の妻なる井上氏敬《うぢきやう》に諭すに、蘭軒を視ること猶父のごとくせよと云ふを以てしたからである。

霞亭の事蹟は頼山陽の墓碣銘に由つて世に知られてゐる。文中わたくしに興味を覚えしめたのは、主として霞亭の嵯峨生活である。霞亭は学成りて未だ仕へざる三十二歳の時、弟碧山《へきざん》一人を挈《けつ》して嵯峨に棲み、其状隠逸伝中の人に似てゐた。わたくしは嘗て少《わか》うして大学を出でた比《ころ》、此の如き夢の胸裡に往来したことがある。しかしわたくしは其事の理想として懐くべくして、行実に現すべからざるを謂《おも》つて、これを致す道を講ずるにだに及ばずして罷んだ。彼霞亭は何者ぞ。敢てこれを為した。霞亭は奈何《いか》にしてこれを能くしたのであらうか。是がわたくしの曾て提起した問である。

（「北条霞亭」）

〈作品鑑賞〉明治四〇年代に文壇に復帰して精力的な活動を再開した鷗外の転機は、一九一二（明治四五・大正元）年の明治天皇崩御とそれに続く乃木希典の殉死であった。ただちに「興津弥五右衛門の遺書」を草した彼の関心は、以後、封建時代の窮屈な、しかし張りつめた生と死を題材にした歴史小説へと向かうことになる。そして、長い官僚生活からの隠退と機を一にして書き始められることになるのが、晩年における江戸後期の儒者や文人の事蹟を綴った「史伝」であった。「渋江抽斎」（一九一六年）や「井沢蘭軒」（一九一六～一七年）などを経て、その掉尾を飾るのが、右に冒頭部を引用した「北条霞亭」（一九一七～二一年）である。はじめ「東京日日新聞」「大阪毎日新聞」に連載されて中断（引用は同紙により、誤植を訂した）、「帝国文学」を経て「アララギ」に続編が引き継がれ、死の前年まで連載が続いた。

これらの作品について、鷗外自身は「わたくしは目下何事をも為してゐない。只新聞紙に人の伝記を書いてゐるだけである。（中略）わたくしの書くものは、如何に小説の概念を押し広めても、小説だとは云はれまい。」と述べて、「小説」ならぬ「伝記」であることを強調している。しかし、作者その人である「わたくし」が、資料を通して「料らずも」「逢著」した江戸後期の文人に関心を持ち、その事蹟を明らかにするために書物を求め、旧宅や墓所を探索し、つてを求めて縁者や遺族をも尋ねていく、――その一切合切を煩を厭わずに記していくことで、これらの作品は従来の小説概念を超えて、考証とも随筆ともルポルタージュともつかない独特のスタイルと文体を獲得することになった。そしてそれが、「わたくしは嘗て少うして大学を出でた比、此の如き夢の胸裡に往来したことがある。」という自身の境涯への感懐と重ねあわされることで、「史伝文学」とも「史伝小説」とも称され、「近代文学に類のない叙事詩的感銘」（重松泰雄）をもたらす鷗外文学の到達点として、今日まで高い評価を受けるにいたっている。

〈作者略歴〉一八六二（文久二）～一九二二（大正一一）年。小説家、評論家、陸軍軍医。石見国（現島根）生。本名林太郎、別号観潮楼主人など。東京大学医学部卒業後、陸軍軍医としてドイツに留学。帰国後、実作と評論の両面にわたって、近代日本文学の先駆者の一人となる。のち陸軍軍医総監・陸軍省医務局長を務め、かたわら「テエベス百門の大都」（木下杢太郎）とも評される多面的で大きな業績を残した。**〔宗像和重〕**

12 巌谷小波

いわや・さざなみ

〈作品〉　むかし或る深山《みやま》の奥に、一匹の虎住みけり。幾星霜《いくとしつき》をや経たりけん、躯尋常《よのつね》の犢《こうし》よりも大《おほき》く、眼《まなこ》は百錬の鏡を欺《あざむ》き、髯は一束《つか》の針に似て、一度《たび》吼《ほ》ゆれば声山谷《さんこく》を轟かして、梢の鳥も落ちなんばかり。一山《さん》の豺狼《さいらう》麋鹿《びろく》畏れ従はぬものとてなかりしかば、虎はます〳〵猛威を逞《たくまし》うして、自ら金眸《きんぼう》大王と名乗り、数多《あまた》の獣類《けもの》を眼下に見下《みくだ》して、一山万獣《さんばんぢう》の君《きみ》とはなりけり。

（「こがね丸」）

〈作品鑑賞〉「こがね丸」の冒頭部である。文語体ではあるけれども、「一山万獣の君」として無類の力を誇示する猛虎「金眸大王」の姿が、くっきりと浮かび上がってくる。物語は、この金眸大王に父親を殺された犬の黄金丸が、育て親の牛の文角や、義兄弟の契りを結んだ犬の鷲郎の助けを借りて、見事に復讐をとげ、「めでたし〳〵」で結ばれる。新しい「少年文学」の嚆矢となったこの作品が、あえて文語体で書かれたことについては、「『こがね丸』が、描写というよりは、「語り」の伝統を踏まえた作品であったから」であり、「語りの言葉というものは、講談の例を引くまでもなく、耳から入る言葉であって、一字一句の詮議はとも角も、流れるような調子と、気持の好いリズムを伴うものである」（桑原三郎）という指摘がある。「文章に修飾を勉めず、趣向に新奇を索めず、只管少年の読み易からんを願ふてわざと例の言文一致も廃しつ。時に五七の句調など用ひて、趣向も文章も天晴れ時代ぶりたれど、是却て少年には、誦し易く解し易からんか」とは、巌谷小波自身がこの作品について語った言葉でもあった。

ここに「文章に修飾を勉めず、趣向に新奇を索めず」というように、たしかに今日からみれば、文章においても趣向においても、古くさい印象を与えることは否めない。しかし、実際に朗読してみれば、「幾星霜」「百錬の鏡」「豺狼麋鹿」「一東の針」「一山万獣」といった漢語表現の緊張感や、「経たりけん」「なりけり」といった句末のリズム感、そして文末の歯切れのよさが、たちまちにして子供たちを物語の世界に引き入れ、夢中にさせたであろうことを感得できる。のちに小波は、『三十年目書き直し　こがね丸』（博文館、一九二一年六月）で、みずから「今風に書き直した物」を出版しているので、参考として冒頭の同じ箇所を掲出しておきたい。

「むかしある山奥に、一匹の大虎が住んで居りました。躯は只の犢牛よりも大きく、眼は鏡の様に光つて、髯は針の様に鋭く、一度オウと吼えさへすれば、其声が山中に響いて、樹に止まつてゐる鳥までが、驚いて下へ落ちると云ふ勢。獣類仲間は誰一匹、畏れ従はぬ者も無い位でしたから、虎はます〳〵大威張、名も金眸と名乗つて、山中の大王になつてゐました。」

〈作品解説〉　一八九一（明治二四）年一月に、博文館から「少年文学」叢書の第一編として刊行された（引用は同書により、誤植を訂した）。少年向け読み物の先駆をなし、「明治期児童文学進展の大きな原動力の一つ」（続橋達雄）となった。

〈作者略歴〉　一八七〇（明治三）〜一九三三（昭和八）年。児童文学者、小説家。東京生。本名季雄。硯友社の出身で、小説から少年読物に転身。近代の児童文学の開拓者となり、『日本昔噺』『日本お伽噺』など多くの著書がある。

〔**宗像和重**〕

13 斎藤緑雨　さいとう・りょくう

〈作品〉 大丈夫《だいぢやうふ》当《ま》さに雄飛《ゆうひ》すべしと、入《い》らざる智慧《ちゑ》を趙温《てうをん》に附《つ》けられたおかげには、鋤《すき》だの鍬《くわ》だの見《み》るも賤《いや》しい心地《こゝち》がせられ、水盃《みづさかづき》をも仕兼《しか》ねない父母《ちゝはゝ》の手許《てもと》を離《はな》れて、玉《たま》でもないものを東京《とうきやう》へ琢磨《みが》きに出た当坐《たうざ》は、定《さだ》めて気《き》に食《く》はぬ五大洲《だいしう》を改《かい》造《ざう》するぐらゐの画策《くわくさく》もあつたらうが、一年《ねん》が二年《ねん》二年《ねん》が三年《ねん》と馴《な》れるに随《したが》つて、金《かね》から吹起《ふきおこ》る都《みやこ》の腐《くさ》れ風《かぜ》に日向臭《ひなたくさ》い横顔《よこがほ》を漸々《だん〳〵》かすられ、書籍御預《しよせきおんあづか》り申候《まをしそろ》の看板《かんばん》が目《め》につく程《ほど》となつては、得《え》てあの里《さと》の儀式的文通《ぎしきてきぶんつう》の下《もと》に雌伏《しふく》し、果断《くわだん》は真正《しんせい》の智識《ちしき》と、着《き》て居《ゐ》る布子《ぬのこ》の裏《うら》を剝《は》いで、其夜《そのよ》の鍋《なべ》の不足《ふそく》を補《おぎな》はれるとは、今初《いまはじ》まつたでもないが困《こま》つた始末《しまつ》、唯《た》だ感心《かんしん》なのはあの男《をとこ》と、永年《ながねん》の勤労《きんらう》が位《くらゐ》を進《すゝ》め、お名前《なまへ》を聞《き》くさへが堅《かた》くるしい同《どう》郷出身《きやうしゆつしん》の何《なに》がし殿《どの》が、縁《えん》も無《な》いに力瘤《ちからこぶ》を入《い》れて褒《ほめ》そやしたは、本郷龍岡《ほんがうたつをか》町の下宿屋《げしゆくや》秋元《あきもと》の二階《かい》を、登《あが》つて左りへ突当《つきあた》りの六畳敷《でうじき》を天地《てんち》とする、ことし廿一の修行盛《しゆぎやうざか》り、夙起《はやおき》を屢々《しば〳〵》宿《やど》の主《あるじ》に賞揚《しやうやう》された、目賀田貞之進《めがたていのしん》といふ男《をとこ》だ。（「油地獄」）

〈作品鑑賞〉 作品冒頭、「後漢書」趙温伝を引きつつ漢学を学んだ地方の若者像が提示され、彼が東京で遊びを覚えて堕落する過程が戯画的に綴られてゆく。たとえば、金に困った状態は学生相手の質屋が気になる姿、また着物の裏を売って食費を拈出する有様として描かれる。漢籍の文言と俗な言いまわしとの落差を演出し、また直接的な表現を避けて趣向の面白さを狙うこうした文章は、合巻をはじめとする草双紙の序文に近い。実際、この若者の堕落物語は、主人公の勤勉さを際立たせるための比較項であると同時に、本作の展開の予告ともなっている。

続いて文章は、年配の人物の発話へと自在に流れこみ、その称讃によって主人公の登場が導かれる。地名、下宿屋の名前、部屋の場所、その広さ、年齢、性向と、視点は徐々に人物に接近し、最終的に目賀田貞之進という名前が示されるのである。

生真面目だった貞之進は、県人会の席で出会った芸妓小歌が忘れられず、柳橋に通いはじめる。彼は小歌によって恋心をかき立てられ、学費と偽って父母に仕送りを頼むなど、無理な金の工面を続けていた。ところが彼女は、馴染客を仲間に奪われたことを契機に、かねてから身請けを望んでいた資産家によって落籍されてしまう。これを知った貞之進は激怒し、小歌の写真を油鍋で煮たあげく、病の床に臥してしまうのであった。

本作の特色はこうした類型的な展開よりも、むしろ言文一致の体裁に戯作のレトリックを盛込んだ独特の文体にある。緑雨はそれによって、花街が残す江戸の空気を演出するなかに、遊客の心情や芸妓の手管を緻密に描出してみせたのである。

〈作品解説〉 初出は新聞「国会」一八九一年五月三〇日～六月二三日。引用部分以前に、前書にあたる文章が二回にわたって掲載されているが、単行本『油地獄』（春陽堂、一八九一年）所収の際に削除された。引用原文は同書による。戯作者の伝統を継ぎ、自身も通人だった緑雨の特徴が顕著な作品である。

〈作者略歴〉 一八六七（慶応三）～一九〇四（明治三七）年。本名は賢《まさる》、仮名垣魯文に師事。「小説八宗」（一八八九年）以来、揶揄や皮肉を多用した批評によって注目を集め、「油地獄」「かくれんぼ」（ともに一八九一年）などの小説も手がけた。

〔出口智之〕

14 北村透谷

きたむら・とうこく

〈作品〉恋愛は人世の秘鑰《ひやく》なり、恋愛ありて後人世あり、恋愛を抽《ぬ》き去りたらむには人生何の色味かあらむ、然《しか》るに尤《もつと》も多く人世を観じ、尤も多く人世の秘奥を究むるといふ詩人なる怪物の尤も多く恋愛に罪業を作るは、抑《そ》も如何《いか》なる理《り》ぞ。古往今来詩家の恋愛に失する者、挙げて数ふ可からず、遂に女性をして嫁して詩家の妻となるを戒しむるに至らしめたり、詩家豈《あに》無情の動物ならむ、否其濃情なる事常人に幾倍する事著るし、然るに綢繆《ちうびう》終りを全ふせざる者尠《すくな》きは何故ぞ。ギヨオテの鬼才を以て後人をして彼の頭《かしら》は黄金《こがね》、彼の心は是れ鉛なりと言はしめしも其恋愛に対する節操全からざりければなり。バイロンの嵩《すう》峻《しゅん》を以ても彼の貞淑寡言《かげん》の良妻をして狂人と疑はしめ、去つて以太利《イタリー》に飄泊《ひょうはく》するに及んでは妻ある者女《むすめ》ある者をしてバイロンの出入を厳にせしめしが如き。

（「厭世詩家と女性」）

〈作品鑑賞〉恋愛を世界の秘密の鍵だという冒頭は、当時の青年を驚愕させた。西洋的な〈恋愛〉は、それまでの日本の色恋と異なり、精神性を重んじ、肉体を退けた新たな観念であったからである。政治の季節を経由した漢文崩し的文体で、疑問、反語を多用し、畳み掛けるように議論を展開しているが、軟弱と見られかねない恋愛が、このような文体で語られること自体、当時の読者には新鮮だった。

しかるに、女性たちが妻となるのを忌避するまでに、古往今来の男性詩人が恋愛に罪を作るのはなぜなのか。ギヨオテ（ゲーテ）やバイロン、シェリーなど泰西の詩聖が、ことごとく女性との関係をまっとうできず、狂的な恋愛の体現者であったことが列挙される。詩人が恋愛にひきつけられるのは、実世界の桎梏《しっこく》に苦しむ彼を、思想の飛翔によってそこから脱出させてくれるからである。しかしながら合一の後の婚姻は、詩人を社会につなぎ、善美の象徴であった女性は現世の代表と化し、詩人を苦しめる矛盾した存在となるというのである。末尾は「嗚呼不幸なるは女性かな」と閉じられる。

詩的想像力に不可欠な恋愛概念だが、現実の女性のふるまいにあてはめられ、拘束的な規範として機能した一面もある。

〈作品解説〉「女学雑誌」一八九二年二月。日本においてロマンティック・ラブを宣言した記念碑的評論。透谷は、自由民権運動離脱後の不如意の時期に、婚約者もあった年上の石坂ミナと知り合い、プラトニックな大恋愛の後、結婚。キリスト教入信も果たした。ミナはよき理解者であったが、次第に経済的な苦労も味わった。「厭世詩家と女性」は、そうした実生活における苦悩と結び付けられて論じられてもきた。引用原文は『明治文学全集　第二十九巻』（筑摩書房、一九七六年）による。

〈作者解説〉一八六八（明治元）～九四（明治二七）年。文芸評論家、詩人。自由民権運動に参加、その手段に疑問を持ち、離脱。理想の実現のために小説家を志す。「楚囚の詩」（一八八九年）、「蓬莱曲」（一八九一年）などの詩、また「女学雑誌」を主な舞台として、「厭世詩家と女性」をはじめとする評論を発表。一八九三年、島崎藤村、馬場孤蝶らとロマン主義的な文学雑誌「文学界」を創刊し、「内部生命論」（一八九三年）などを発表するが、精神状態が不安定になり、縊死。

〔小平麻衣子〕

15　高山樗牛

たかやま・ちょぎゅう

〈作品〉やがて来む寿永の秋の哀れ、治承の春の楽みに知る由も無く、六歳の後に昔の夢を辿りて直衣の袖を絞りし人々には、今宵の歓会も中々に忘られぬ思寝の涙なるべし。

驕る平家を盛りの桜に比べてか、散りて後の哀れは思はず、入道相国が花見の宴とて、六十余州の春を一夕の台に集めし都、西八條の邸宅。君ならでは人にして人に非ずと唱はれし一門の公達宗徒の人々は言ふも更なり、華冑摂籙の子弟の、苟も武門の蔭を覆ひに当世の栄華に誇らんずる輩は、今日を晴にと装飾ひて、綺羅星の如く連りたる有様、燦然として眩き計り、さしも善美を尽せる虹梁鴛瓦の砌も影薄げにぞ見えし。あはれ此程までは殿上の交をだに嫌はれし人の子、家の族、今は紫緋紋綾に禁色を猥にして、をさ〳〵傍若無人の振舞あるを見ても、眉を顰むる人だに絶えて無く、夫れさへあるに衣袍の紋色、烏帽子のため様まで万六波羅様をまねびて時知り顔なる世は愈々平家の世と覚えたり。

（「滝口入道」）

〈作品鑑賞〉「滝口入道」は、無骨な武士である斎藤滝口時頼が、女房・横笛への恋着ゆえに世捨て人となる数奇な生涯と、彼の主家である平家の滅亡への歩みを重ね合わせるようにして展開されていく物語である。「やがて来む寿永の秋の哀れ」と語りだされているところからも分かるように、平家の衰亡は規定の結末として冒頭から予告されている。このことが、以降長々と続く「入道相国」平清盛の「西八條の邸宅」での「花見の宴」の描写を、豪華絢爛であればあるほど、ますます儚く虚しいものに感じさせる効果を生んでいるのである。またこの部分は、本作品の下敷きとなっている『平家物語』の著名な冒頭の一部「驕れる者は久しからず／ただ春の世の夢の如し」と呼応するところでもある。

物語の中盤以降、平家はまさに桜の散り行くが如く権勢を失い、都を捨て西へと落ち延びていく。一方で、横笛は時頼の出家に動揺し、自らも宮中を出奔して尼となり短い生涯を終える。主家の斜陽と横笛の最期、そして自身の身の上を顧み、時頼（滝口入道）は頻りと涙する。その後高野山に身を寄せた時頼の元へ、かつての主・重盛の嫡男である維盛が訪ねてくる。都に残した妻子に会いたいという維盛を、時頼は「情を殺し心を鬼にして」諫める。維盛は恥じ入り、従者の重景と共に「和歌の浦」にて自裁するが、「歌道より外に何長じたる事無き」身と言われた維盛にとって、そこはどこよりもふさわしい死に場所であったと言えるだろう。そして、二人の死を知った時頼もまた、遺言の書かれた松の木の根元で割腹し、平家一門の運命に殉じていくのである。

〈作品解説〉初出紙は「読売新聞」一八九四年四月一六日～五月三〇日。引用は初出による。『平家物語』巻一〇「横笛」から「三日平氏」までの章に主な材を採った作品である。

〈作者略歴〉一八七一（明治四）～一九〇二（明治三五）年。評論家。山形県生。「読売新聞」の懸賞小説に応募した「滝口入道」が入選（一八九四年）。以後、「太陽」や「帝国文学」に多くの評論を発表。代表作に「美的生活を論ず」（一九〇一年）がある。

〔金子亜由美〕

16 樋口一葉　ひぐち・いちよう

〈作品〉廻れば大門の見返り柳いと長けれど、お歯ぐろ溝に燈火うつる三階の騒ぎも手に取る如く、明けくれなしの車の行来にはかり知られぬ全盛をうらなひて、大音寺前と名は仏くさけれど、さりとは陽気の町と住みたる人の申き、三嶋神社の角をまがりてより是れぞと見ゆる大厦もなく、かたぶく軒端の十軒長屋二十軒長や、商ひはかつふつ利かぬ処とて半さしたる雨戸の外に、あやしき形に紙をきりなして、胡粉ぬりくり彩色のある田楽みるやう、裏にはりたる串のさまもをかし、一軒ならず二軒ならず、朝日に干して夕日に仕舞ふ手当こと〴〵しく、一家内これにかゝりて夫れは何ぞと問ふに、知らずや霜月酉の日例の神社に欲深様のかつぎ給ふ是れぞ熊手の下ごしらへといふ、

（「たけくらべ」）

〈作品〉おい木村さん信さん寄つてお出よ、お寄りといつたら寄つても宜いではないか、又素通りで二葉やへ行く気だらう、押かけて行つて引ずつて来るからさう思ひな、ほんとにお湯なら帰りに屹度よつてお呉れよ、嘘つ吐きだから何を言ふか知れやしないと店先に立つて馴染らしき突かけ下駄の男をとらへて小言をいふやうな物の言ひぶり、腹も立たずか言訳しながら後刻に後刻にと行過るあとを、一寸舌打しながら見送つて後にも無いもんだ来る気もない癖に、本当に女房もちに成つては仕方がないねと店に向つて閾をまたぎながら一人言をいへば、高ちやん大分御述懐だね、

（「にごりえ」）

〈作品鑑賞〉「たけくらべ」は、物語の主要な舞台を吉原遊廓周辺の町・大音寺前にとっている。この町を支配する価値観は、家父長制度の内部と外部、すなわち母・妻・娘と呼ばれる女性たちと、男性の性的欲望の対象としての娼婦に女性を分断し、国民国家としての基盤を制度的に支えようとするジェンダーの再編成を反映している。表層においては吉原遊廓の論理に、深層においては明治家父長制度の論理に基づいて町の人々の生が形作られているのである。その中心にある吉原遊廓は、作品においては一種の空白のトポスとなっており、語り手はその内部に足を踏み入れることなく、あくまで外部の視線としてその闇の空間を語る。この語り手のスタンスは、語り手が客として遊廓に足を踏み入れることのない存在であること、すなわち女性ジェンダーを帯びていることを示唆している。

冒頭、語り手は遊廓の周囲を「廻」り、「大門」のこちらがわから吉原遊廓を見やり、娼妓の逃亡を防ぐための「お歯ぐろ溝」に遊廓内の「全盛」の射影を見る。ここにすでに吉原遊廓の二重性が示されている。妓楼の「三階」の大騒ぎ、「明けくれなしの車の行来」から知られる遊廓の「全盛」ぶりは、廓内に閉じこめられた娼妓たちの生／性の悲惨さとともにある。「お歯ぐろ溝」の黒く汚い溝水に囲われた吉原遊廓の空間は、日常のまっとうな生活から文字通り隔離された場所なのである。そこでは、女性たちが日常的に身を売り、自らの身体と性を商品化して生きている。

続いて語り手は、町を歩き回りながら「住みたる人」たちに町の様子を尋ね、この作品の舞台がどのような場所であるかを読者に提示していく。「かたぶく軒端の十軒長屋二十軒長や」

に住む人々が精を出しているのは酉の市で売られる品の下ごしらえだが、ヒロイン美登利の行く末、すなわち大黒屋で娼妓となるという将来が作中で明確に示されるのも、作品の終盤で描かれる酉の市の日のことなのである。

「柳の糸」と「いと」長し、という掛詞など、一葉の作品には古典的な、とくに和歌の修辞が多く用いられるが、加えて、「たけくらべ」の語りには、江戸小唄や浄瑠璃など、遊廓の文化的背景を伝える引用が縦横無尽に織り込まれている。耳をすませば聞こえてくるような音曲の数々に、読者は、作中の美登利の悲しみが決して彼女ひとりのものではなく、江戸以来の長きにわたって、遊廓で身を売ってきたすべての女たちに共有されるものであることを知る。このように、地の文に古典作品を引用することで作品世界を重層的に構築する方法は、一葉作品の語りのひとつの特徴である。

「たけくらべ」の美登利の行く末は、遊廓で身を売る公娼であるが、「にごりえ」が描き出したのは、それよりもさらに下層の私娼の姿である。明治の家父長制度は、女性たちを母・妻・娘／娼婦に二分したのみならず、さらに娼婦を公娼／私娼に分断し、遊廓で身を売る公娼たちには鑑札を与え、私娼たちは法的取り締まりの対象とした。新開の銘酒屋街では、冒頭のように夜な夜な酌婦たちが客を呼んでいる。表向きは銘酒屋を装いつつ、この酌婦たちはひそかに身を売る私娼である。彼女たちはまさに「にごりえ」の生を生きている。

この作品は、一人の私娼の声によって幕を開け、ヒロインお力と源七の死をめぐる街の噂の声によって閉じられる。複数の人々の声が交錯するなか、お力の死の真相は明らかにされない。一葉作品における語りの〈主体〉がどのように構築され、脱構築されているのかは、文体の構造それ自体からのさらなる考察が期待される。

〈作品解説〉「にごりえ」の初出は「文芸倶楽部」一八九五（明治二八）年九月号。下層社会を生きる私娼の姿を描いたこの作品は、同時代において高く評価され、樋口一葉の名を一躍世間に知らしめた。「たけくらべ」の初出は「文学界」一八九五（明治二八）年一、二、三、八、一一、一二、九六（明治二九）年一月号。「文芸倶楽部」九六年四月号に一括掲載。初出時にはそれほど注目されなかったが、「文芸倶楽部」への一括掲載後、森鷗外に「まことの詩人」と激賞され、「にごりえ」で注目を浴びつつあったことと相まって、一葉ブームともいうべき状況を生んだ。引用原文は、『樋口一葉全集　第一巻』（「にごりえ」）、『同　第二巻』（「たけくらべ」）（ともに筑摩書房、一九七四年）。

〈作者略歴〉 一八七二（明治五）～九六（明治二九）年。小説家。東京生。引用作品のほか「十三夜」（一八九五年）「わかれ道」（九六年）など明治の家父長制度による女性たちの抑圧を描き、弱者の視点から明治社会の矛盾を剔抉した。死後残された四四冊の日記は、女性作家の生活と精神の軌跡を伝える重要な資料である。前項でふれた「一葉ブーム」についても、一葉自身は冷ややかなまなざしを向け、世間の関心が自らの「女性」という「性」にあることを厳しく見抜いている。また、中島歌子主宰の歌塾・萩の舎に学び、歌人として四千首に及ぶ歌を残している。

〔菅　聡子〕

17　尾崎紅葉

おざき・こうよう

〈作品〉 未《ま》だ宵《よひ》ながら松立てる門《かど》は一様《いちやう》に鎖籠《さしこ》めて、真直《ますぐ》に長く東より西に横《よこた》はれる大道《だいだう》は掃《は》きけるやうに物の影《かげ》を留《とゞ》めず、いと寂《さび》しくも往来《ゆきゝ》の絶えたるに、例《れい》ならず繁《しげ》き車輪《くるま》の輾《きしり》は、或《ある》は忙《せは》しかりし、或は飲過ぎし年賀《ねんが》の帰来《かへり》なるべく、疎《まばら》に寄《よ》する獅子太鼓《しゝだいこ》の遠響《とほひゞき》は、はや今日《けふ》に尽きぬる三箇日《さんがにち》を惜むが如く、其の哀切《あはれさ》に小《ちひさ》き膓《はらわた》は断《たゝ》れぬべし。

元日快晴《ぐわんじつくわいせい》、二日快晴、三日快晴と誌《しる》されたる日記を潰《けが》して、この黄昏《たそがれ》より凩《こがらし》は戦出《そよぎい》でぬ。今は「風吹くな、なあ吹くな」と優《やさ》しき声の宥《なだ》むる者無きより、憤《いかり》をも増したるやうに飾竹《かざりだけ》を吹《ふき》靡《なび》けつゝ、乾《から》びたる葉を粗《はした》なげに鳴して、吼《ほ》えては走行《はしりゆ》き、狂《くる》ひては引返し、揉《も》みに揉んで独《ひと》り散々《さんぐ》に騒《さわ》げり。（「金色夜叉」）

〈作品鑑賞〉 いったん言文一致体も書いた紅葉が、飽き足らずに工夫を凝らした雅俗折衷体。新聞連載の開始時期にあわせた正月の街頭風景だが、三箇日の華やかさと木枯らしの寂しさを対照させ、これから起こる出来事の不穏さを暗示している。この晩に開かれた歌留多会で、富豪の富山唯継《とみやまただつぐ》が美貌の鴫沢《しぎさわ》宮を見初めたことから、宮と幼馴染で許婚同然であった間貫一《はざまかんいち》の葛藤のドラマが幕を開ける。宮が富山との結婚を選んだことに失望した貫一は復讐の鬼となるが、ここには、愛のドラマとしてだけでなく、すべてを飲み込む近代資本主義に抵抗しつづける貫一の姿がある。その後、貫一に横恋慕する女性高利貸の赤樫《あかがし》満枝《みつえ》、唯継が執着する芸者とその恋人、また貫一の旧友で金銭の外に身を置く荒尾《あらお》譲介《じょうすけ》など多彩な人物が絡み、愛と金銭への肉迫がある。

文体は、冒頭のような地の文に、「男の僕でさへ、お前が在れば富山の財産などを可羨《うらやまし》いとは更に思はんのに、宮さん、お前は如何したのだ！」、「嗚呼、私は如何したら可からう！」といった口語体の会話が交えられる。近代文体の創成期として、地の文と、文章化された会話の接続に心を砕いた紅葉の一つの到達点である。また、紅葉の文章の彫琢は有名だが、特に貫一が商用で訪ねた塩原温泉の描写は名文として名高い。現実では遂にあいまみえることのなかった宮との夢での邂逅をオーバーラップさせ、超現実的な光景を描いている。音読の良さも言われるが、同じ言葉でも宛てる漢語をさまざまに使いわけ、意味が重層化されているので、視覚面でも注目したい。

〈作品解説〉「読売新聞」一八九七年一月一日から一九〇二年五月一一日まで、断続的に連載された。連載の長さからも人気が窺えるが、紅葉の病没によって、未完のままとなった。新聞連載は梶田半古の挿絵、単行本では、武内桂舟、河村清雄、鏑木清方の美麗な口絵がある。引用原文は『紅葉全集　第七巻』（岩波書店、一九九三年）による。

〈作者略歴〉 一八六八（慶応三）～一九〇三（明治三六）年。小説家。江戸生。友人らと硯友社を結成、日本で最初の文学雑誌といわれる「我楽多文庫」を創刊。「二人比丘尼色懺悔」（一八八九年）で文名を上げ、帝国大学在学中に「読売新聞」に入社、以後執筆に専念する。「三人妻」（一八九二年）、「青葡萄」（一八九五年）、「多情多恨」（一八九六年）など、ストーリーもさることながら、西鶴調から言文一致体まで、さまざまな文体を書き分けた。胃癌により没。

〔**小平麻衣子**〕

18　国木田独歩　くにきだ・どっぽ

〈作品〉上田豊吉がその故郷を出たのは今より大概《おおよそ》二十年ばかり前のことであった。

その時渠《かれ》は二十二歳であったが、郷党みな渠が前途《ゆくすえ》の成功を卜《ぼく》してその門出を祝した。「大《おおい》なる事業」ちょう言葉の宮の壮麗《うるわ》しき台《うてな》を金色の霧の裡に描て、渠はその古き城下を立ち出で、大阪京都をも見ないで直ちに東京へ乗込んだ。

故郷の朋友親籍兄弟、みなその安着の報を得て祝し、更らに渠が成功を語り合った。

然るに、ただ一人、「杉の杜のひげ」と綽名《あだな》せられて本名は並木善兵衛という老人のみが次の如くに言った。

「豊吉が何を成就《しでか》すものぞ、五年十年のうちには必定《きっと》蒼《あお》くなって帰って来るから見て居ろ」

「何故?」その席に居た豊吉の友が問うた。

老人は例の雪の様な髭鬚《ひげ》をひねくりながら淋しそうに悲しそうに、意地の悪るそうに笑ったばかりで何とも答えなかった。

（「河霧」）

〈作品鑑賞〉「河霧」は、当人の資質に関係なく「成功」を期待する明治の時代の精神に押しつぶされ、振りまわされる〈時代の人間〉を描いた小説である。誰もが抱く「故郷」に寄せる思い、「故郷」イメージの全き体現者が、「成功」への幻想に押しつぶされ帰郷した失意の豊吉である。上田豊吉はおよそ二十年前、故郷の人々にその成功を期待され、当人も成功を期して上京する。あえなく豊吉は何事もなしえなくして故郷に帰り着く。冒頭で、故郷の人々が出郷する豊吉の成功を当然視し、豊吉の成功にはやる気持ちを「「大なる事業」ちょう言葉の宮の壮麗しき台を金色の霧の裡に描て」とたとえている。このレトリックからは、成功を期する豊吉の内実として、実体の裏づけのない彼の「成功」への憧憬が読みとれる。この小説の結末を先取りするかのように、綽名を「杉の杜のひげ」という老人の並木善兵衛が失意の裡に帰郷する豊吉を予言する。豊吉の成功を期待する人々に冷水を浴びせる言葉を発する並木善兵衛と「なぜ?」と問う豊吉の友の会話から読者に謎を提示し、その後の展開に期待を持たせる。

「河霧」では、倒置法・逆接法・平行法などのレトリックが用いられ、読者を魅了する工夫に満ちている。豊吉の友から理由を問われた並木善兵衛の髭鬚は「雪の様な」と直喩によって表現され、理由を答えなかった善兵衛の複雑な心情を「淋しそうに悲しそうに、意地の悪るそうに笑ったばかりで」という修飾語で飾っている。『ひげ』の「予言」についてはさまざまな解釈があるが、その当時の人々を幻惑した「成功」という明治の精神の批判者・相対化としてとらえることができよう。

〈作品解説〉初出誌は「国民之友」一八九八年八月号。明治三〇年代の浪漫主義文学の代表作の一つ。故郷・帰郷を描いた作品群の一つで、故郷の小川での豊吉と甥、豊吉が月のもと、河から海へと赴く光景描写など、言説による絵画化に特色がある。引用原文は『武蔵野』（新潮社、一九四九年）による。

〈作者略歴〉一八七一（明治四）～一九〇八（明治四一）年。小説家。銚子生。『欺かざるの記』、「武蔵野」「忘れえぬ人々」「牛肉と馬鈴薯」「運命論者」「竹の木戸」など。　**〔中島礼子〕**

19　徳冨蘆花

とくとみ・ろか

〈作品〉上州伊香保千明《ちぎら》の三階の障子開きて、夕景色を眺むる婦人。年は十八九。品好き丸髷《まげ》に結いて、草色の紐つけし小紋縮緬の被布を着たり。

　色白の細面、眉の間やゝ蹙《せま》りて、頬のあたりの肉寒げなるが、疵と云へば疵なれど、瘠形のすらりと静淑《しほ》らしき人品《ひとがら》。此れや北風《ほくふう》に一輪勁《つよ》きを誇る梅花にあらず、また霞の春に胡蝶と化けて飛ぶ桜の花にもあらで、夏の夕闇にほのかに匂ふ月見草、と品定めしつ可き婦人なり。

　春の日脚の西に傾きて、遠くは日光、足尾、越後境の山々、近くは小野子、子持、赤城の峯々、入日を浴びて花やかに夕栄すれば、つい下の榎離れて唖々と飛び行く烏の声までも金色に聞ふる時、雲二片蓬々《ふら〳〵》然と赤城の背より浮み出でたり。三階の婦人は、坐《そぞ》ろに其行衛を瞻視《うちまも》りぬ。　（「不如帰」）

〈作品鑑賞〉建物の三階から景色を眺めている「十八九」の女性が、この作品の主人公である片岡浪子である。もっとも、この段階ではまだ彼女は「婦人」としか称されていない。冒頭の部分は、主として語り手による浪子の外見の特徴の説明と、夕暮れの「上州伊香保」の叙景にあてられている。「北風《ほくふう》に一輪勁《つよ》きを誇る梅花」、「霞の春に胡蝶と化けて飛ぶ桜の花」よりは、「夏の夕闇にほのかに匂ふ月見草」になぞらえる方が相応しいとされる浪子は、楚々として落ち着いた美しさを持つ女性であることが分かる。語り手は、この部分以降も「夕景色」の「花やか」さをかなり詳細に叙述しながら、必ず末尾には浪子にその視点を移すことで、読者の注意が登場人物から逸れたままにならないように配慮している。「金色」の夕暮れが静かに移ろう様子を具体的に書く中に、一人の可憐な「婦人」が配されているこの場面は、一枚の絵画のように端正に描かれている。

　この後浪子は結核を発病したことで、婚家から一方的に離縁されてしまう。浪子を心から愛している夫・川島武男は、自分の不在中に母親によって行われたこの仕打ちに激怒し、絶望する。幼い頃に実母と死別し、継母に冷たく扱われながらも、結婚を機にようやく温かい愛を手に入れた浪子が、姑の嫌がらせや結核に苦しむさまは、読者の同情を強くかきたてる。特に、「ああつらい！　つらい！　もう――もう婦人《をんな》なんぞに――生まれはしませんよ。――あああ！」という浪子の悲痛な叫びは、彼女の不幸な生涯と共に、「不如帰」が発表された当時の時代に生きた女性たちの厳しい社会的立場をも想起させる象徴的な台詞である。

〈作品紹介〉初出紙は「国民新聞」一八九八年一一月二九日～一八九九年五月二四日。一九〇〇年に民友社から単行本が出版される際に、大幅な改稿が行われている。引用は同書による。一九〇一年に初めて演劇化され、以後数多くの「不如帰」劇が上演されていくこととなる。

〈作者略歴〉一八六八（明治元）～一九二七（昭和二）年。小説家。熊本生。徳富蘇峰（本名・猪一郎）の実弟。一八八九年民友社入社。代表作「不如帰」の他、「自然と人生」（一九〇〇年）など、「自然」を描いた文章を多数残している。

〔**金子亜由美**〕

20 正岡子規

〈作品〉○病牀六尺、これが我世界である。しかも此六尺の病牀が余には広過ぎるのである。僅に手を延ばして畳に触れる事はあるが、布団の外へ迄足を延ばして体をくつろぐ事も出来ない。甚だしい時は極端の苦痛に苦しめられて五分も一寸も体の動けない事がある。苦痛、煩悶、号泣、麻痺剤、僅に一條の活路を死路の内に求めて少しの安楽を貪る果敢なさ、其でも生きて居ればいひたい事はいひたいもので、毎日見るものは新聞雑誌に限つて居れど、其さへ読めないで苦しんで居る時も多いが、読めば腹の立つ事、癪にさはる事、たまには何となく嬉しくて為に病苦を忘るゝ様な事が無いでもない。年が年中、しかも六年の間世間も知らずに寝て居た病人の感じは先づこんなものですと前置きして

（「病牀六尺」）

〈作品鑑賞〉この随筆は、「病牀六尺」の空間に「六年の間」縛り付けられた者から発信される。その小さな空間が「余」にとっていかに広いかについて、「余」の身体がその「六尺」を越えることすらできない様で示される。力を尽くして断念する身体のもがきは明瞭で、子規のかねてからの主張である、読者をして眼前に実物、実事に接するかのごとく感じさせる文となっている。

「苦痛、煩悶、号泣、麻痺剤」と続く名詞の連鎖によって、体の「苦痛」が精神的「煩悶」を呼び、両者が相関して「号泣」に至り、「麻痺剤」を用いるという「一條の活路」が表明される。言い尽くしえない情緒が言外に切り置かれることでかえって各語が強く活動し、響いてくる。

「其でも生きて居ればいひたい事はいひたいもので、毎日見るものは新聞雑誌に限つて居れど（…）」は、子規の死によってこの連載が打ち切られる直前、一一九回の、「見るもの聞くもの悉く癪にさはるので政治といはず実業といはず新聞雑誌に見る程の事皆我をじらすの種である」という一文に対応する。空間的時間的制限を設けずに森羅万象から無数の「事」を集め、それらに能動的に関わる精神の律動が「いひたい事はいひたいもので」や「病苦を忘るゝ様な事が無いでもない」に出ている。

「病人の感じは先づこんなものです」と読者への敬意表現でみずからを開くのは、この随筆の「文体」が、読者から情報提供を請うなど、他者との開かれた応答関係を築く志に貫かれるその姿勢を示すといえるだろう。

これが、生気に満ちた外界を解剖し、思いがけない事物の生命を発見し、他者の検討へと開き、新しい手触りの現実を打ち立てる「写生」であった。

〈作品解説〉一九〇二（明治三五）年五月五日から、子規の死の二日前の同年九月一七日まで、一二七回にわたって新聞「日本」に連載された。引用は『子規全集　第一一巻』（講談社、一九七五年）による。「真を写」すことが追求される。

〈作者略歴〉一八六七（慶応三）～一九〇二（明治三五）年。俳人。歌人。随筆家。伊予生。「獺祭書屋俳話」（一八九二）によって俳句革新運動ののろしを上げ、「歌よみに与ふる書」（一八九八）によって短歌革新に乗り出す。『松蘿玉液』、『墨汁一滴』、『病牀六尺』、『仰臥漫録』は四大随筆。

〔**野網摩利子**〕

21　寺田寅彦

〈**作品**〉もう何年前になるか思い出せぬが日は覚えている。暮もおし詰った二十六日の晩、妻は下女を連れて下谷摩利支天の縁日へ出掛けた。十時過ぎに帰って来て、袂からおみやげの金鍔と焼栗を出して余のノートを読んでいる机の隅へそっとのせて、便所へはいったがやがて出て来て蒼い顔をして机の側へ坐ると同時に急に咳をして血を吐いた。驚いたのは当人ばかりではない、その時余の顔に全く血の気が無くなったのを見て、いっそう気を落したとこれはあとで話した。（「団栗」）

〈**作品鑑賞**〉「余」の見聞きした事柄を中心に書く写生文である。しかし本作品には、写生の対象を外側から写しとる余裕とは異なった切迫感がある。それは、第三文第四文と多く用いられた接続助詞「て」によって、一連の妻の動作を結びつつ、その間合いがしだいに詰まってくるさまに見てとれる。

「余の顔に全く血の気が無くなったのを見て」の助詞「て」は、妻を見た「余」の驚きを、妻が「余」の顔から読みとる交差する眼差しを引き受けている。反射しあい、動きあうそのような「気」の存在と運動の軌跡とが写し出される。

「気」のみならず、寅彦の文は、眼に見えなくとも「未来のいつかの科学ではそれが立派に『説明』されることにならないとも限らない」（寅彦「藤の実」）何かを捕捉しようとする。また、対象を把握するまでにかかる時間がしばしば書き込まれる。妻の気落ちについては「あとで」彼女が話して初めて分かったとあるように。

「団栗」という小品全体でみれば、人間の所作をめぐっていくつもの時間が重ね合わされている。「余」の顔色から妻に事態の深刻さを読みとられる。それは、後に、「ほんとうの肺病」であるのを「かくしているでしょう」と妻からくりかえし顔色を読みとろうとされる初回であったのだと知れる。また、遺児の団栗を拾う「溶けそうな顔」から、病人だった妻の「熱心」な団栗拾いが甦る。冒頭の「もう何年前になるか思い出せぬが日は覚えている」という一文は、過去や現在といった時制ではなく、状態（アスペクト）を表す文末表現によって、そのような記憶が束ねる光景の遍在性について示そうとしているのではないか。

このように、記憶に刻まれた感触同士の響きあいが、鮮やかな輪郭をもった事物の描写の背後に潜まされる。自然の無際限な奥行きを科学的に探求するのと同じ細やかさで、人間の意識の奥行きに反応する文体がそこにはある。

〈**作品解説**〉一九〇五（明治三八）年四月一日発行の「ホトトギス」に「寅彦」の名で発表される。一九二三（大正一二）年二月発行の随筆集『藪柑子集』に収録。寅彦の作品は基調に「寂しさ」があるといわれるが、その代表作といえる。引用は『寺田寅彦全集　第一巻』（岩波書店、一九九六年）による。

〈**作者略歴**〉一八七八（明治一一）～一九三五（昭和一〇）年。物理学者、随筆家。東京生。熊本の五高在学中に漱石から英語と俳句を学ぶ。一九二〇年、吉村冬彦の名で「小さな出来事」を発表する。随筆集に『冬彦集』、『橡の実』他多数。

〔**野網摩利子**〕

22 夏目漱石

なつめ・そうせき

〈作品〉親譲りの無鉄砲で小供の時から損ばかりして居る。小学校に居る時分学校の二階から飛び降りて一週間程腰を抜かした事がある。なぜそんな無闇をしたと聞く人があるかも知れぬ。別段深い理由でもない。新築の二階から首を出して居たら、同級生の一人が冗談に、いくら威張つても、そこから飛び降りる事は出来まい。弱虫やーい。と囃《はや》したからである。小使に負ぶさつて帰つて来た時、おやぢが大きな眼をして二階位から飛び降りて腰を抜かす奴があるかと云つたから、此次は抜かさずに飛んで見せますと答へた。（「坊つちゃん」）

〈作品鑑賞〉「親譲りの無鉄砲で」から始まる、誰でも知っている書き出しだが、よく注意すると気になる点が多い。たとえば、この一文には主語が無い。「損ばかりして居る」のが誰だか、読み始めには、わからないわけだ。作中で「坊つちゃん」と呼ばれている、最後まで名前が与えられていない主人公が、「おれ」という主語で登場するのはかなり先で、最初はこの話が、「おれ」が四国の町で経験したことを流れるように語っている形式で進行していることなど、読者は余り注意しない。手紙一本書くのにも大騒ぎをするような、文章を書くことの嫌いな数学教師の「おれ」が、こんなに長く原稿用紙に向かっているわけは無い。まるで「おれ」が自慢話をしているような調子で進行するこのスタイルは、あくまでもこの作品世界の了解事項、文学作品の論理に沿って造型されているのである。こういうやや現実離れしたスタイルだからこそ、この言葉の世界は「坊つちゃん」と名付けられた作品として実質化され、存在するのである。

「坊つちゃん」が、見事に登場人物の性格を描いた作品であることは、周知の通りであろう。「おれ」の感性は、出会う人物の使う言葉に敏感に反応し、人間を見分ける。同じ「坊つちゃん」という言葉でも、「御世辞は嫌だ」という「おれ」に、「夫だから好いご気性です」と言う下女の清が親しみを込めて使う時と、「おれ」を馬鹿にする赤シャツたちが使う時では、意味が正反対である。そうした言葉の世界の不思議さも、読み取るべきであろう。作者が作品を通して性格を描こうとした、と言うより、作品の生きた言葉の世界が、人物の性格を自然に浮かび上がらせているのである。「坊つちゃん」の原文の中には、実は「性格」の語は出て来ない。清が言うように「気性」であり、他に見られるのは「性分」と「性《たち》」である。そうした、近代の固い人間認識からは自由な用語が、この「おれ」の語りに見られるわけだ。

この作品のリズミカルな、スピード感あふれる文体はどこから来たのか。竹を割ったような気質と評される「おれ」だが、その語り口に、勝海舟の父勝小吉の「夢酔独言」の影響をみる研究もある（平岡敏夫『「坊つちゃん」の世界』、塙新書、一九九二年）。が、注意すべきは、「おれ」の語り口に見える、独特の表現構造である。書き出しの部分にも、相手の言葉にストレートに反応し、「～たから」と切り返す部分が顕著である。あれこれ考えるのではなく、一気に自分の心情を表に現わすのである。少し先にも、「そんなら君の指を切つて見ろと注文したから」とある。それを、余りに単純な反応だ、と言ってしまってはいけないだろう。「〜たから」は、「おれ」をくどくどした説明以上に、見事に描き出す。何気ない言葉も、使い方一つで、生き生きとした躍動感を生み出すのである。

　冒頭を読み、その句読点の使用法に注意すると、直接話法と間接話法の間で、表現が揺れていることもわかる。「いくら威張つても、そこから飛び降りる事は出来まい。弱虫やーい」は、同級生の言葉として直接話法として再現されており、だからこそ文章の途中で句点が使われていたり、「やーい」のような音引きの使用も見られるのだ。人々の言葉は、適度に直接話法と間接話法をミックスして再現されている。直接話法を示す「」印も、最初の部分には見られないが、数ページ先には少しずつ使われ始める。後の章では、全く小説の描き方と同じように表記されるのである。ここにも表記の揺れがあるが、それがあることこそこの作品の言葉と表現が活きていることの証しだと考えるべきであろう。『直筆で読む「坊っちやん」』（集英社新書、二〇〇七年）は、一週間で一気に書かれたという「坊っちやん」の原稿を写真版で収録し、漱石が書いた文字で読めるようにしたもので、丹念に辿れば漱石の表現の息づかいの現場に立ち会うような面白さを与えてくれる。

〈作品解説〉 初出誌は「ホトトギス」一九〇六年四月号。作品集『鶉籠』（春陽堂、一九〇七年）所収。作者の松山時代の体験を生かし、「おれ」の四国の中学校での冒険談を一人称で語ったもの。引用原文は『漱石全集　第三巻』（岩波書店、一九五六年）による。

〈作品〉 健三が遠い所から帰つて来て駒込の奥に世帯を持つたのは東京を出てから何年目になるだらう。彼は故郷の土を踏む珍らしさのうちに一種の淋し味さへ感じた。

　彼の身体には新らしく後《あと》に見捨てた遠い国の臭《にほひ》がまだ付着してゐた。彼はそれを忌んだ。一日も早く其臭を振ひ落さなければならないと思つた。さうして其臭のうちに潜んでゐる彼の誇りと満足には却《かへ》つて気が付かなかつた。

　彼は斯うした気分を有《も》つた人に有勝な落付のない態度で、千駄木から追分へ出る通りを日に二辺づゝ、規則のやうに往来した。

　ある日小雨が降つた。其時彼は外套も雨具も着けずに、たゞ傘を差した丈で、何時もの通りを本郷の方へ例刻に歩いて行つた。すると車屋の少しさきで思ひ懸けない人にはたりと出会つた。其人は根津権現の裏門の坂を上つて、彼と反対に北へ向いて歩いて来たものと見えて、健三が行手を何気なく眺めた時、十間位先から既に彼の視線に入つたのである。さうして思はず彼の眼をわきへ外させたのである。

　彼は知らん顔をして其人の傍を通り抜けやうとした。けれども彼にはもう一遍此男の眼鼻立を確める必要があつた。それで御互が二三間の距離に近づいた頃又眸《ひとみ》を其人の方角に向けた。すると先方ではもう疾《と》くに彼の姿を凝《ぢつ》と見詰めてゐた。

（「道草」）

〈作品鑑賞〉「朝日新聞」に入社して、最初の新聞小説「虞美人草」（一九〇七年）を執筆し始めた頃の漱石の文体は、まだ少し肩に力が入った感じで、独特の措辞は見られるものの、散文としての明晰さが今ひとつである。修善寺の大患（一九一〇年）を経て、作品の文章はより緻密に磨かれ、西欧文学の見事な消化をベースにした言葉の動きは、近代文学でも最高峰の完成された散文の輝きを見せている。「道草」の冒頭も、決して重い書き出しではないが、「遠い」の一語に込められた情感を、読点無しのやや長い一文に絡ませている。この作品には、イギリス・ロンドンという固有名詞は、一度も使われないのだ。全ては、空間・時間を通して、「遠い」世界なのである。「淋し味」という味わい深い一語も、「一種の」という修飾語を伴い、そっと置かれている。

『夏目漱石 原稿「道草」』（二玄社、二〇〇四年）の写真版で観察すると、第一枚目は直しが少なく、「振ひ落さうと力めた」と書きかけて、「振ひ落さなければならないと思つた」と修訂、その流れで、「さうして其臭のうちに」以下が続けられている。実は、その部分は、自分自身をモデルにした主人公健三を、高い箇所から見つめ、時には批評するという独特の視点の発生を告げる箇所でもあるのである。内側から生れる心情の発現を、外側からそっと抑制するような、絶妙のバランスが、そこから生れる。「道草」の一行一行を辿ることは、そうした言葉の静かな力に寄り添い、その生成に立ち会う稀有な体験でもあるのである。

規則的な教員生活を送っていた健三に、「ある日」「思ひ懸けない人」との出会いが訪れる。最初は何気なく「人」と描かれていたのが、「男」という乾いた語感を持つ語に受け継がれ、それが「眸《ひとみ》」という語に凝縮される。健三へのある思いが込められた「眸」なのである。少し先の部分に、「凝と彼を見送つてゐた其人の眼付に悩まされた」とあり、そこでは「眼付」という、やや不安を内在した一語が、次第に作品世界に浸透して行くようだ。一体二人の距離は、どうなっていたのだろう。「十間位先から既に彼の視線に入つた」という部分は、最初「遠くから」と「十間」という具体的な数字の見られない表現だった。「二三間の距離に近づいた頃」の部分も、初案は「五六間」である。つまり、作者は距離を示す数字で、このシーンの緊迫度を増すように工夫し、現場に読者を立ち合わせるような効果を生み出しているのだ。「十間」「二三間」の数字は、物理的な距離ではなく、この出会いで一気に関係性が露呈するという、言わば心理的な距離感を生み出す装置なのである。

健三が出会ったこの男が、自分のかつての養父であったことは、作品の進行とともにわかるが、冒頭だけではまだ定かではない。漱石作品は、こうして何らかの謎を内に秘めながら、開始される。作品に定着された生きた「小説言語」が、作品のディテールでどういう多様な世界を顕在化するかを、漱石の読者は観察しなければならないが、「道草」はそうしてこそ、その奥行が明らかになる作品であろう。

〈作品解説〉初出は「東京朝日新聞」「大阪朝日新聞」一九一五年六月三日から九月一四日まで。初版は同年一〇月、岩波書店刊。漱石唯一の自伝的長篇で、実際にあった、養父塩原昌之助に金をゆすられ、多額の金でやっと縁を切るまでの経緯を背景に、さまざまな人間関係を描く。引用原文は『漱石全集　第一三巻』（岩波書店、一九五七年）による。

〈作者略歴〉一八六七（慶応三）～一九一六（大正五）年。小説家、英文学者。江戸牛込馬場下横町生。東京大学で子規と交友。ロンドン留学後、一高・東大で教え、「吾輩は猫である」で作家に転身、のち「朝日新聞」に入社。「草枕」「三四郎」「それから」「こゝろ」「明暗」などの名作を残す。**〔中島国彦〕**

23 島村抱月

しまむら・ほうげつ

〈作品〉『破戒』はたしかに我が文壇に於ける近来の新発現である。予は此の作に対して、小説壇が始めて更に新しい廻転期に達したことを感ずるの情に堪えぬ。欧羅巴に於ける近世自然派の問題的作品に伝はつた生命は、此の作に依て始めて我が創作界に対等の発現を得たといつてよい。十九世紀末式ヴエルトシユツメルツの香ひも出てゐる。我が小説壇に一期を画するもの、若しくは画せんとしつつあつた幾多の前駆者を総括して、最も鮮やかに新機運の旆旗を掲げたものとして、予は此の作に満腔の敬意を捧ぐるに躊躇しない。『破戒』はたしかに近来の大作である。

（「『破戒』を評す」）

〈作品鑑賞〉島村抱月は、一九〇二～〇五年にかけて、ヨーロッパへ留学した。ゾライズムに代わり、象徴主義が台頭しつつあったヨーロッパの文学思潮を体験し、帰朝した抱月は、明治日本の文学状況を整理する役割を果たした。「『破戒』を評す」においては、島崎藤村の『破戒』を、ゾラやイプセンによる社会矛盾を描いた「問題的作品」と、二葉亭四迷をはじめとする「幾多の前駆者」が記した写実小説との交差点にあたる作品として意味づけている。さらに、「対等の発現を得た」という表現にも、ヨーロッパと日本の文学状況の相同性を重視する抱月の意識があらわれている。

抱月は、「早稲田文学」を主な舞台として評論活動を展開した。だが、無理想・無解決を標榜する自然主義の文学観は虚無的な人生観と結びついていき、抱月は、そのような閉塞状況からの突破口を演劇に見いだしていく。「ヴエルトシユツメルツ」とは「世界苦」と訳されるドイツ語であり、一九世紀末のヨーロッパを生きる知識人を襲った厭世的気分のことである。のちの抱月の展開を考えるうえでも、重要な表現だといえる。

また、「『破戒』を評す」の末尾では、「性格描写は感服するほどではない。殊に女性が不出来である。会話が生きて居らぬ。」との指摘がなされている。「人形の家」など女性を主人公とする「問題的作品」を翻訳した抱月ならではの視点である。

〈作品解説〉初出誌は、「早稲田文学」一九〇六年五月号。引用原文は初出誌による。この号では、同年三月に刊行された『破戒』について、二四ページにおよぶ特集が組まれている。抱月の文章も、この特集に寄せられたものであり、文学史上はじめて『破戒』を自然主義作品と規定した評論として知られている。なお、「『破戒』を評す」は、〇九年に刊行された抱月の論文集『近代文芸之研究』（早稲田大学出版部）に、「文芸上の自然主義」「イプセンの解決劇」などとともに収められている。

〈作者略歴〉一八七一（明治四）～一九一八（大正七）年。文芸評論家であり、新劇運動の先駆けとなる戯曲の翻訳や演出をおこなった。島根県生。早稲田大学教授として、第二次「早稲田文学」を主宰し、自然主義運動を牽引する。一九〇六年には坪内逍遙とともに文芸協会を設立するが、松井須磨子の処遇などをめぐり齟齬がおこり、脱退。松井とともに芸術座を結成し、「復活」などを上演し、近代劇の普及に貢献した。

〔内藤寿子〕

24 正宗白鳥

まさむね・はくちょう

〈**作品**〉「原稿出切」と二面の編輯者は叫んで、両手を伸し息を吐き、やがてゆらり〳〵と、ストーブの側へ寄つた。炎々たる火焔の悪どく暑くるしいストーブを煙草の煙で取り捲いて、破れ椅子に座してゐるもの、外套のまゝで立つてゐるもの、議会の問題や情夫殺しの消息、明日の雑報の註釈説明批評で賑つてゐる。

「築島君、その女は美人かね。」編輯の岸上が一座の中へ割り込んで問ひを発した。

「実際い、女ですよ、青ざめて沈んでる所は可憐です。僕はあんな女になら殺されても遺憾なしですね、裁判官たるもの宜しく刑一等を減ずべしだ。」三面の外勤築島は、煤けた顔に愛嬌笑ひをして、表情的に云ふ。

（「塵埃」）

〈**作品鑑賞**〉「原稿出切」という編集者の叫びを、冒頭からいきなり直接話法で書き出し、活気ある新聞社の様子を印象付ける。編集者は原稿を完成させ「両手を伸し」ホッと「息を吐」いてストーブにあたりに行くが、ストーブはただ暖かいのではなく「悪どく暑くるしい」。そしてその周りを「煙草の煙」が滞留し続ける。視点人物である若い校正記者の「予」にとっては、一見活気あるこの社内風景も、淀み停滞した空気が瀰漫する空間として捉えられている。「破れ椅子に座してゐるもの」は後に書かれる「この籐椅子の網が尻ですり切れるまで、この渦巻く編輯局の塵埃を吸はねばならぬと、天命の定つてゐるとすれば、未練はない。今日此処で舌を噛んで死んで見せる。」という「予」の慷慨と対応している。また「煤けた顔」という言葉は、理想を諦め無駄話に憂き身をやつす日々を送る者を描く隠喩でもあろうし、文字通り周囲を取り巻いている「塵埃」にまみれた顔を表す直喩的な表現とも取りうる。

「予」は将来への理想を胸に、このような「塵埃」が滞留する空間に嫌悪を感じている。しかし「予」は「木像」のような人物と目されていた老校正記者の小野との対話から、誰もが内面に理想と葛藤を抱えながら日常を生きていることを知る。「予」はそのような小野に、自らの将来を重ねて見たのかもしれない。編集者の一人は「まあお互ひに銀座のほこりを毎日吸つて、ほこりの中の黴菌に生血が吸はれつちまふまで生きてるんさ。」と述べる。「ほこり」にまみれた日常生活を送る同僚たちを軽蔑していた「予」もまた、彼らと同じように辺りを漂う「塵埃」から逃れることはできない。呼吸しなければ生きていけないように、「予」も将来への希望で自らを慰撫しつつ、少しも流動しない現実に囲い込まれて生きているのである。

〈**作品解説**〉初出誌は「趣味」一九〇七年二月号。平凡人の実人生を活写したものと、発表後好評を博し新進作家としての地歩を固めた。一九一〇年、正宗白鳥は勤めていた読売新聞記者を退職し、本格的な作家活動に入る。引用原文は『正宗白鳥全集　第一巻』（福武書店、一九八三年）による。

〈**作者略歴**〉一八七九（明治一二）〜一九六二（昭和三七）年。小説家、劇作家、文芸評論家。岡山生。小説に「何処へ」（一九〇八年）「入江のほとり」（一九一五年）など。自然主義文学の代表的作家。「人生の幸福」（一九二四年）など戯曲も多数。大正末期以降、文芸評論を多く執筆した。

〔**吉田竜也**〕

25 森田草平

もりた・そうへい

〈作品〉 日が落ちて、空模様の怪しく成つた頃である。東海道線の下り列車は、途中で故障を生じたので、一時間余りも後れて岐阜駅へ着いた。車掌が「ぎふ、ぎふ」と呼びながら、一つ宛車輌の戸を開けて行く。其後から、乗客は零れる様にプラットフオームへ降りて、先を争つて線路の上に架けた橋を渡らうとした。

小島要吉は三年振りで此停車場に立つた。今頃故国の土を踏まうとは昨日迄も思つて居なかつた。去年の夏大学を卒業した時でさへ、帰省して見やうなぞと云ふこゝろは起らなかつた。少さい時から都へ出たが、いろ〳〵因由が有つて、故郷へは帰らない。一生帰りたくない。天が下に自分の生国といふものが無ければ可いと思ふことさへあつた。それが今度止むを得ない事情で、突然帰つて来て、早くも聞慣れた土音を耳にし、見慣れた風俗を眼にすると、幾許永く他国に放浪して、自分だけは他所の人間に成済したつもりで居ても、矢張此処の土と水とで出来た人間だなと云ふ感じが俄に強く成つた。（「煤煙」）

〈作品鑑賞〉「煤煙」は、帰省する主人公が東海道線岐阜駅に到着する場面から始まる。「聞慣れた土音」「見慣れた風俗」といった言葉もやがて示されるのだが、地の文で「岐阜」と漢字表記を行いつつ、車掌の呼び声を「ぎふ、ぎふ」と音声的にひらがな表記していく作者の筆致からは、地方都市のリアリティを丁寧に記述していこうとする、作者のひそかな意気込みを察知していくことができるだろう。森田草平は漱石門下の文学者であったが、当時の文壇において、自然派がその主要なテーマのひとつとしていた「地方色（ローカルカラー）」への留意も明確にここで示している。

小説は「小島要吉は三年振りで此停車場に立つた」とあるように、原則として三人称で語られているが、この小説の語り手は、「故郷へは帰らない」「一生帰りたくない」といった表現からも判るように、主人公要吉の内言を自在に代弁していけるような位置にある。本作のこうした傾向は、やがて「朝日新聞」での連載が進行し、作者森田草平の原稿のストックが尽き、締め切りに追われながら執筆せざるを得ない状況となる中盤以降では、より顕著に見受けられるようになるが、主人公と近接した語り手の位置の問題は、そもそも小説冒頭の時点から確認でき、「煤煙」において、主人公が女主人公朋子の内面を、結末まで理解せずに終わっていくという、本作の構造を当初から規定しているとも言えるだろう。

〈作品解説〉 初出は「朝日新聞」一九〇九年一月～五月。引用は『煤烟第一巻』（明治四三年二月訂正再版、金葉堂・如山堂）による。森田草平は、平塚明との心中未遂事件によって社会的に抹殺されつつあったが、本作で、知識階層青年の不安定な精神状態を描き出し、小説家として文壇に立つこととなった。

〈作者略歴〉 一八八一（明治一四）～一九四九（昭和二四）年。小説家。岐阜生。夏目漱石門下の文学者として知られる。「煤煙」以後も、その続編「自叙伝」（一九一一年）、「輪廻」（一九二六年）などの自伝的小説を残している。

〔加藤禎行〕

26 岩野泡鳴

いわの・ほうめい

〈作品〉「あなたは色気狂ひになつたのですか？——性根が抜けたんですか？——うちを忘れたんですか？　お父さんが大変おこつてらツしやるのを知らないんでせう？——」

「……」僕は苦笑してゐる外なかつた。

「こんな児があつても」と、かの女は抱き児が泣き出したのをわざとほうり出す様に僕の前に置き、「可愛くなけりやア、捨てるなり、どうなりおしなさい！」

「……」これまで自分の子を抱いたことのない僕だが、余りおぎやア〳〵泣いてるので手に取りあげては見たが、間が悪くツて、あやしたりすかしたりする気になれなかつた。

「子どもは子どもだ、乳でも飲ましてやれ」と、無理に手渡しした。

「ほんとに、ほんとに、どんな悪魔がついたのだらう、人にかう心配ばかしさして」（中略）

僕は、妻を褥《とこ》につけてから、また井筒屋へ行つて飲んだ。吉弥の心を確かめる為、また別れをする為めであつた。十一時頃、帰りかけると、二階のおり口で、僕を捉《とら》へて云つた、

「東京へ帰ると、直ぐまた浮気をするんだらう？」

「馬鹿ア云へ。お前の為めに、随分腹を痛めてゐらア。」

「もツと痛めてやる、わ。」吉弥は僕の肩さきを力一杯につねつた。

（「耽溺」一九）

〈作品鑑賞〉この「痴話げんか」の面白みを何と表現すればよいだろうか。既婚の中年男性という点では確かに花袋の『蒲団』を踏襲しているが、ここには訳知り顔の「煩悶」は存在しない。性懲《しょうこ》りもなく「耽溺」を繰り返し、妻に「ばか野郎」と罵《ののし》られる男が、一方で「先生」と呼ばれているのも滑稽だが、登場する女性達がまた、愚かな男に媚びたりしないのも小気味よい。「見ず転」とか「おからす芸者」などと呼ばれる吉弥からして、「僕」（田村義雄）ら男達を手玉にとっているようだ。物語は、国府津の料理屋にひと夏滞在した田村が、吉弥を本気で「女優」にしようとするところから始まる。そして彼女に入れあげている古道具屋の青木だの、銀行の役員田島らがあらわれ、吉弥の「身請け話」に発展していく。さらに東京から子供を抱いた田村の妻が乗り込んでくる。しかし吉弥は一向に平気なのだ。自然主義の描写論や、翻訳物の影響なども指摘されているが、まずはこの生々しい会話の一つ一つを楽しみたい。泡鳴が江戸の俗謡にも通じていたことを考慮するなら、近松の愁嘆場を、いやむしろ落語の貧乏長屋の一こまを想起してもよい。いずれにせよ、ここに明治末期の口語文の確かな形がある。

〈作品解説〉初出は一九〇九年二月、「新小説」に掲載。翌年五月、易風社より刊行。泡鳴が本格的に小説家としての地位を確立した作品。引用原文は『岩野泡鳴全集』（臨川書店、一九九四）。漢字は新字とした。

〈作者略歴〉一八七三（明治六）～一九二〇（大正九）年。小説家、詩人。兵庫県生。若い頃は、戯曲や『露じも』など多くの詩、詩論を発表。明治末期より『耽溺』をはじめとして、『放浪』、『発展』、『毒薬を飲む女』などの「泡鳴五部作」で人気を得る。多くの評論、翻訳もある。

（中山弘明）

27　佐々木　邦　ささき・くに

〈作品〉乃公《おれ》は昨日で満《まる》十一になつた。誕生日のお祝に何を上げやうかとお母さんが言ふから、乃公は日記帳が欲しいと答へた。するとお母さんは早速上等のを一冊買つて呉れた。姉さん達は三人共日記をつけてゐるから、乃公だつてつけなくちや幅が利かない。

物は最初《はじめ》が大切ださうだ。始めて逢つた時可厭《いや》だと思つた人は何時《いつ》までも可厭だとは、お花姉さんの始終《しよつちゆう》言ふことだ。それで乃公も此《この》最初を巧くやる積りで、色々と考へて見たが、どうも面白いことが書けない。すべて物には始めがある。正月は明けましてゞ始まり、演説は満堂の紳士淑女諸君で始まり、手紙は拝啓陳者《のぶれば》で始まる。しかし日記は何で始まるものか、始《で》からして分らないのだから、全然《てんで》見当がつかない。弱つちまふ。

お花姉さんのには何麼事《どんな》が書いてあるのか知ら、一つお手本を拝見してやらうと好い所に気がついて、乃公は窃《ひつそり》と姉さんの室《へや》へ上つて行つた。

（「悪戯《いたづら》小僧日記」）

〈作品鑑賞〉江戸っ子のような太郎の気質が歯切れのよい短文の連なりに表れているが、「此日記」が「原書」に「自分の考へを加へ」た翻案物であると単行本「はしがき」に記したことは重要だ。正直者の例にワシントンを出すかと思えば四十七士の墓の話題も出るように、憧憬された欧米と日本とのあわいを攪乱する存在として、太郎は悪戯を繰り広げる。冒頭は、長姉の日記を黙って書き写し花婿候補に彼自身の悪口を音読させるエピソードだが、三姉妹の交際相手は医者や牧師であり、市民社会の欺瞞が次々と痛快な悪戯に曝される。

一人称「乃公」が採られたのは当時耽読した夏目漱石『吾輩は猫である』『坊つちゃん』を意識したためで、太郎のアナーキーかつ率直な内面と、翻弄される大人達とのギャップが誇張法の効果を生み出す。後に訳すトウェイン『トム・ソーヤーの冒険』の影響もあるが、舞台を伯母の家から円満な家庭に移していることは重要だ。邦が太郎の〈冷酷な眼〉を封印し、代わって英文学のユーモアを基調とした家庭風景を持ち込む先駆的な役割を担ったと鶴見俊輔は説くが、ナイアガラで溺れた太郎を両親が叱るラストに、その萌芽が見られる。大正昭和を通じて人気を博した邦の少年物には富裕層に雇われた家庭教師が多く登場し、太郎の価値転倒を伴った視線は静かに受け継がれていく。

〈作品解説〉後半は「明星」一九〇七年一一月号〜〇八年一〇月号に連載、前半を加え、一九〇九年五月に内外出版協会から刊行、『坊つちゃん』と同工異曲の滑稽物としてベストセラーになる。同年に続編や『おてんば娘日記』を出版、ユーモア小説を日本に定着させる礎となった。引用原文は『悪戯小僧日記』（内外出版協会、一九〇九年）による。

〈作者略歴〉一八八三（明治一六）〜一九六四（昭和三九）年。小説家。静岡生。明治学院大学卒業後、釜山の商業学校教諭時代に『悪戯小僧日記』を構想。米英のユーモア小説に親炙し、『珍太郎日記』（一九二〇年）『愚弟賢兄』（一九二八年）等によって良識に基いた笑いを開拓し続けた。

〔小澤　純〕

28 田山花袋　たやま・かたい

〈作品〉四里の道は長かつた。其間に青縞の市の立つ羽生の町があつた。田圃にはげんげが咲き、豪家の垣からは八重桜が散りこぼれた。赤い蹴出を出した田舎の姐さんがをり〳〵通つた。

　羽生からは車に乗つた。母親が徹夜して縫つて呉れた木綿の三紋の羽織に新調のメリンスの兵児帯、車夫は色の褪せた毛布を袴の上にかけて、梶棒を上げた。何となく胸が躍つた。

　清三の前には、新しい生活がひろげられて居た。何んな生活でも新しい生活には意味があり希望があるやうに思はれる。五年間の中学校生活、行田から熊谷まで三里の路を朝早く小倉服着て通つたこともう過去になつた。　（「田舎教師」）

〈作品鑑賞〉「蒲団」（一九〇七年）など、この時期の花袋の文体上の特徴は、物語世界に内在する知覚主体による気づきや発見の連なりとして物語世界が提示されてゆくということと、その知覚主体が明示されないということ、この二点に集約されよう。主語は往々にして省略されがちであるが、だからといって、知覚主体は曖昧化されているというわけでもない。というのも、赴任地までの「四里の道」が「長かつた」という感懐を抱く人物も、「車に乗つ」て「何となく胸が躍つた」のも、それを経験している当事者、すなわち「清三」以外にはありえないからである。この文体は、主語を明示しない代わりに、述語的な認知を反復させることによって、その認知主体の同一性をかたどっていくようなものとして成り立っている。

　この小説冒頭には、行田を起点とした二つの移動が書き込まれている。「四里の道は長かつた」という、まるで溜息のように溢れ出てきた言葉の背景にある心理は、「三里の路」を毎日往復したという「五年間の中学校生活」との比較のうちに推し量られるべきものである。すなわち、立身出世の階梯を順調に昇っていた熊谷までの毎日六里（約二三・四km）の道程は長く感じられず、三田ヶ谷村弥勒までの四里（約一五・六km）は「長かつた」というのだ。いうまでもなく、この逆方向を向く二つのベクトルは、「家が貧しく、到底東京に遊学などの出来ない失意の主人公の、理想と現実、過去と現在、前途有望な中学生と田舎の代用教員、といった引き裂かれたアイデンティティの様態を示している。だから彼は、「何んな生活でも新しい生活には意味があり希望がある」と、自分に言い聞かせなくてはならないのである。

〈作品解説〉書き下ろし作品として、一九〇九年一〇月に左久良書房から刊行。引用は同書。「明治三十四五年から七八年代の日本の青年を調べて書いて見やうと思つた」（『東京の三十年』）と回想にあるように、実在した一青年教師の日記をもとに実地踏査を加えて作品化したもの。主人公の視点に同化して語られる文体は、この踏査の経験に由来するものといわれる。

〈作者略歴〉一八七二（明治五）～一九三〇（昭和五）年。小説家。本名録弥。群馬県館林生。浪漫的な詩人・美文作家として出発。『重右衛門の最後』（一九〇二年）、「露骨なる描写」（〇四年）、「蒲団」、『生』（〇八年）などにより自然主義文学運動の中心的存在となる。回想録『東京の三十年』（一七年）、『近代の小説』（二三年）などの資料的価値も大きい。

〔**永井聖剛**〕

29 泉　鏡花

いずみ・きょうか

〈作品〉「やあ、大事な処《ところ》、倒れるな。」

と源三郎すつと座を立ち、よろめく三重《みへ》の背《せな》を支へた、老《おい》の腕《かひな》に女浪の袖、此の後見《こうけん》の大磐石《だいばんじやく》に、みるの緑の黒髪かけて、颯《さつ》と翳《かざ》すや舞扇は、銀地に、其《そ》の、雲も恋人の影も立添《たちそ》ふ、光を放つて、灯《ともしび》を白《しら》めて舞ふのである。

舞ひも舞うた、謡ひも謡ふ。はた雪叟《せつそう》が自得の秘曲に、桑名の海も、トトと大鼓《おほかは》の拍子を添へ、川浪《かはなみ》近く夕々と鳴つて、太鼓の響《ひゞき》に汀《みぎは》を打てば、多度山《たどさん》の霜の頂《いたゞき》、月の御在所《ございしよ》ヶ嶽《たけ》の影、鎌ヶ嶽、冠ヶ嶽も冠着て、客座に並ぶ気勢《けはひ》あり。

小夜更《さよふ》けぬ。町凍《まちい》てぬ。何処《どこ》としもなく虚空《おほぞら》に笛の聞えた時、恩地喜多八は唯一人《たゞひとり》、湊屋《みなとや》の軒《のき》の蔭に、姿蒼く、影を濃く立つて謡ふと、月が棟《むね》高く廂《ひさし》を照らして、渠《かれ》の面《おもて》に、扇のやうな光を投げた。舞の扇と、うら表《おもて》に、其処《そこ》でぴたりと合ふのである。

（「歌行燈」）

〈作品鑑賞〉久保田万太郎が「その構想の妙、その描写の冴え、先生傑作中の傑作ともいッつべきもの」（『泉鏡花読本』三笠書房、一九三六年）と称賛した「歌行燈」は、――謡自慢の盲目宗山を自殺に追い込んで勘当された恩地喜多八は、門付けに落ちぶれて桑名の町を流し歩く。一方、旅宿湊屋に寛ぐ能楽師恩地源三郎と鼓の名手辺見雪叟は、不器用な芸妓お三重の仕舞の技量に驚かされる。お三重は宗山の娘で、罪を悔いる喜多八から「海人《あま》」一曲を伝授されたのだった。――と展開する芸道小説で、右は、源三郎の謡、雪叟の鼓、お三重の舞に、駆けつけた喜多八の謡が内外で唱和する、クライマックスの場面である。

舞われるのは、竜宮から宝珠を潜《かず》き上げるさまを再現した「玉の段」。利剣を構えた海女の姿がお三重の孤影に重なる。「序破急の妙、ここに極まり、芸の神も、道の鬼もひとしく集う名場面」（増田正造『能と近代文学』平凡社、一九九〇年）を、鏡花は謡曲の詞章を意識した文章で描いた。「女浪、磐石、みる、すべて『海人』の縁語」（朝田祥次郎『注解鏡花小説』創研社、一九六七年）で、対句や擬音語も活かされている。

雪叟の小鼓《こつづみ》ひとつの「一調」から始まった調べは座敷の外に広がり、桑名の海の大鼓《おほかは》、揖斐川の太鼓《たいこ》、そして虚空に聞こえる笛《ふえ》で「本舞台」の囃子方が揃う。客座に並ぶのは周囲の山々。鏡花が愛用した『大日本地名辞書』（冨山房、一九〇〇年）によれば鎌ヶ嶽と冠ヶ嶽は同じひとつの山だが、あえて並べたのは山川の自然と人々の舞や謡が渾然一体となった芸術の法悦境に読者を導く手だてだったろう。

〈作品解説〉初出誌は「新小説」一九一〇年一月号。前年、二回に亘って湊屋のモデル船津屋に泊った鏡花は、「冬の月焼蛤の二階にて」（一九〇九年一一月二二日付絵葉書）と、月光を詠んだ句を残している。一九四〇年に新派で初演。引用は『鏡花全集 第一二巻』（岩波書店、一九四二年）。

〈作者略歴〉一八七三（明治六）～一九三九（昭和一四）年。小説家。金沢生。本名鏡太郎。「婦系図」（一九〇七年）をはじめとする花柳小説や、「高野聖」（一九〇〇年）「草迷宮」（一九〇八年）などの幻想小説を発表し、「天守物語」（一九一七年）ほか戯曲にも腕を振るった。日本近代幻想文学の代表作家として名高く、上演頻度は高い。

〔田中励儀〕

30 島崎藤村

しまざき・とうそん

〈作品〉 橋本の家の台所では昼飯の仕度に忙しかつた。平素ですら男の奉公人だけでも、大番頭から小僧まで入れて、都合六人のものが口を預けて居る。そこへ東京からの客がある。家族を合せると、十三人の食ふ物は作らねばならぬ。三度々々斯の仕度をするのは、主婦のお種に取つて、一仕事であつた。とはいへ、斯ういふ生活に慣れて来たお種は、娘や下婢を相手にして、まめ〳〵しく働いた。

炉辺は広かつた。其一部分は艶々と光る戸棚や、清潔な板間で、流許で用意したものは直にそれを炉の方へ運ぶことが出来た。暗い屋根裏からは、煤けた竹筒の自在鍵が釣るしてあつて、その下で夏でも火が燃えた。斯の大きな、古風な、どこか厳しい屋造の内へ静かな光線を導くものは、高い明窓で、その小障子の開いた所から青く透き徹るやうな空が見える。

『カルサン』といふ労働の袴を着けた百姓が、裏の井戸から冷い水を汲んで、流許へ担いで来た。お種は斯の隠居にも食はせることを忘れては居なかつた。

（「家」）

〈作品鑑賞〉 藤村の生家島崎家（小説では小泉家）と長姉の嫁ぎ先高瀬家（橋本家）の十年以上に及ぶ歴史を克明に綴った自伝的小説「家」は、一種の生活記録ともいえるものだ。同じ木曽谷にあって、近い血縁関係で結ばれた両家は、ともに由緒ある旧家であるが、没落への道を一歩一歩たどって行く。その過程であぶり出されるのは、家父長制家族制度の軛に絡め取られて生きねばならない両家の成員たちの喘ぎと懊悩である。

小泉三吉の仮名で作品に登場する藤村は、しかし、そうした旧家の伝統や血縁の束縛に抗おうとばかりしているわけではない。伝統と血縁に縛られながら、むしろ、その息苦しい人間関係に執着しているように見える。その姿勢は創作方法にもはっきりと示されている。《「家」を書いた時に、私は文章で建築でもするかのやうにあの長い小説を作ることを心掛けた。それには屋外で起つた事を一切ぬきにして、すべてを屋内の光景にのみ限らうとした。台所から書き、玄関から書き、庭から書きして見た。（「折にふれて」）》

冒頭の場面がまさにそうである。家の内部にカメラを固定し、昼の準備に忙しい橋本家の台所の光景を丹念に写し取っていく。外界をあえて遮断した「家」の方法は、全編を通して一貫している。家の桎梏を外からの視点で性急に糾弾したり、問題から目を逸らすこともできただろう。が、藤村が選択したのは、旧家の人間関係の重圧に押しつぶされそうになりながらお、内部の人間として家の構造と倫理を究明しつつ、しがらみの中に自分の場所を模索する道であった。それこそ藤村文学のリアリズムの源であり、どんな難局にも粘り強く生き抜くことを己れに課した藤村の生き様を象徴していたといえるだろう。

〈作品解説〉 上巻は「読売新聞」、下巻は「中央公論」に掲載。加筆の上『緑蔭叢書　第三篇　上下巻』として一九一一年一一月に刊行。藤村第三の長編で日本自然主義の代表的作品。引用は『新装版藤村全集　第四巻』（筑摩書房、一九六七年）による。

〈作者略歴〉 一八七二（明治五）～一九四三（昭和一八）年。詩人。小説家。長野県生。「家」のほか代表作に「破戒」「春」「新生」「夜明け前」がある。

〔小仲信孝〕

31　鈴木三重吉　すずき・みえきち

〈作品〉十吉はとうと学校を休学して、十月十幾日といふ日の夜、自分の都市へ帰つて来たのであつた。

　十吉は、長らく続いて困つて来た神経衰弱が、最早どんなにして見ても、死にでもするより外には堪え切れなくなつた。

　最早何の抵抗の力も尽きたのである。久しい間黒い土のやうにかち〳〵になつた頭の中は、一寸何か考へ続けると直ぐに、全面に毛虫に這はれるやうに苛々と痛くなつて来る。目が開くから寝附き得るまで色々の事を考へ続けて、腐り附くやうに悶えるだゞ黒い心には、自分の自由になり得る恋さへも黒く見えた。恋ではない。恋よりも外に、何か、無くては生きてゐられない或物を探して得られないやうに、噛まれるやうな悲愁に漬けられた。

（「小鳥の巣」）

〈作品鑑賞〉「小鳥の巣」は、神経衰弱の青年十吉が憧憬と寂寥の苦しみに悶える様を描いた小説である。冒頭では、小説全体に通底するイメージと十吉の懊悩が端的に示されている。

　まず冒頭を一読して目につくのは、負の感情を喚起する表現である。「死にでもする」「力も尽きた」「腐り附く」「困つて」「悶える」「だゞ黒い」「苛々」「悲愁」などの語がこの数文で重ねて用いられることで、重苦しいイメージが冒頭で構築され、小説全体に広がってゆくのである。

　次に懊悩について。「神経衰弱」による十吉の精神の疲弊が、「頭の中」の「全面に毛虫に這はれるやう」な嫌悪感を伴う「痛」みとして表れることから、頭痛は彼の精神状態の暗喩として機能していることがわかる。物理的な痛みが、それを抱える本人以外に共有不可能であるのと同様に、十吉の苦悩を周囲が理解できないことも意味するだろう。「恋」を「自分の自由になり得る」ものと認識する十吉は高い自意識の持ち主だといえるが、一方で彼の苦悩が独善的なものである可能性もここでは示されている。また、十吉が抱える「悲愁」は「探して得られない」「何か、無くては生きてゐられない或物」という比喩で表され、その感情が具体的な根拠に欠けるものであること、それゆえに「悲愁」の解消が困難であることが暗示されている。

　実際、帰郷後も十吉の懊悩は深まるばかりだった。一時は罹患した黴毒のため頭部の痛みが増し、黴毒の治療後も神経衰弱が快癒することはなかった。父の病死、妊娠させて別れた経験のある従姉の万千子との再度の別れを経て、十吉は「悲愁」を抱えたまま離郷することになるのである。

〈作品解説〉「小鳥の巣」の初出は「国民新聞」一九一〇年三月三日〜一〇月一四日。単行本は一九一二年一〇月に春陽堂から発行された。引用は同書による。「小鳥の巣」は鈴木三重吉の唯一の長編小説であり、そこに描かれた青年の煩悶や女性への幻想は、多くの読者の共感を呼んだ。

〈作者略歴〉一八八二（明治一五）〜一九三六（昭和一一）年　小説家、児童文学者。広島生。夏目漱石の推挙を受け「千鳥」（一九〇六年）でデビュー。「小鳥の巣」を契機に新ロマンチシズムの作家として注目され、「女」（一九一一年）「桑の実」（一九一三年）などを執筆。一九一四年に出版業に着手、その翌年で創作の筆を断つ。一九一八年には童話童謡雑誌「赤い鳥」を創刊、以降は児童文学者として活動した。

〔髙野奈保〕

32　近松秋江

ちかまつ・しゅうこう

〈作品〉拝啓

お前――分れて了つたから、もう私がお前と呼び掛ける権利は無い。それのみならず、風の音信《たより》に聞けば、お前はもう疾《とつく》に嫁づいてゐるらしくもある。もしさうだとすれば、お前はもう取返しの附かぬ人の妻だ。その人にこんな手紙を上げるのは、道理《すじみち》から言つても私が間違つてゐる。けれど、私は、まだお前と呼ばずにはゐられない。どうぞ此の手紙だけではお前と呼ばしてくれ。また斯様《こん》な手紙を送つたと知れたなら大変だ。私はもう何うでも可いが、お前が、さぞ迷惑するであらうから申すまでもないが、読んで了つたら、直ぐ焼くなり、何うなりしてくれ。――お前が、私とは、つひ眼と鼻との間の同じ小石川区内にゐるとは知つてゐるけれど丁度今頃は何処に何うしてゐるやら少しも分らない。けれども私は斯うして其の後のことをお前に知らせたい。イヤ聞いて貰ひたい。お前の顔を見なくなつてから、やがて七月《なゝつき》になる。（「別れたる妻に送る手紙」）

〈作品鑑賞〉この小説の冒頭部分には、物語の設定が端的に表されている。「お前」と呼びかけられる女性は、七カ月も前に「分れて了つた」元の妻であり、彼女が現在どうしているか主人公には分からない。「風の音信に聞けば」もはや「人の妻」かも知れず、「道理から言つても私が間違つてゐる」と思いながらも、こういう手紙を書いてしまう行為やその口調からは、彼女に対する主人公の尽きせぬ未練が読み取れる。

「別れたる妻に送る手紙」という作品名のとおり、この小説は離別した妻に宛てた手紙という形式で始まる。妻が去った日のこと、妻の知人をしばしばたずねて、妻の姿をそれとなく捜し回ったりしたこと等々、主人公は妻に向かって未練たっぷりに語りかける。しかしそれは冒頭から六分の一程度までであり、その後は主人公が出会った私娼お宮との話に転じてしまうのだ。彼がお宮にのめり込むきっかけが、いくら妻を失った寂しさにあったとはいえ、お宮に執着し彼女に振り回される有り様は、「其の後のことをお前に知らせたい。イヤ聞いて貰ひたい」と願って語る話題としては、あまり適当とは思われない。妻宛ての「手紙」という形式もほとんど失われる。

ただし冒頭に見られる妻への執着と未練が、同じようにお宮に対する執着と未練として繰り広げられる様子からは、主人公の性格がありありと浮かび上がるだろう。そして妻その人に対する未練は、この小説の続篇として書き継がれる「執着」「疑惑」（共に一九一三年）「うつり香」「愛着の名残り」（共に一九一五年）でさらに色濃く語られることになるのである。

〈作品解説〉初出誌は「早稲田文学」一九一〇年四月号から七月号まで連載。後に「別れた妻」と改題。同年三月の「雪の日」から「愛着の名残り」までが、近松秋江自身の内妻の失踪をモデルとした小説として「別れた妻もの」と称されている。引用は『近松秋江全集　第一巻』（八木書店、一九九二）。

〈作者略歴〉一八七六（明治九）～一九四四（昭和一九）年。小説家。本名、徳田浩司。岡山生。一九〇八年ころから評論「文壇無駄話」を連載。「別れた妻もの」や「黒髪」（一九二二年）連作などにより情痴文学の代表的作家と目された。

〔柳沢孝子〕

33　長塚　節

ながつか・たかし

〈**作品**〉巫女《くちよせ》は暫く手を合せて口の中で何か念じて居たが風呂敷包の儘箱へ両肘を突いて段々に諸国の神々の名を喚んで、一座に聚めるといふ意味を熟練したいひ方で調子をとつていつた。がや〳〵と騒いで居た家の内外は共にひつそりと成つた。「行々子《よしきり》土用へ入えつた見てえに、ぴつたりしつちやつたな」と呶鳴《どな》つたものがあつた。漸く静まつた群集は少時《しばし》どよめいた。然し直に復た静まつた。

「白紙《しらかみ》手頼《たよ》り水《みず》手頼《たよ》り、紙捻《こより》手頼《たよ》りにい…」と巫女の婆さんの声は前歯が少し欠けて居る為に句切が稍不明であるがそれでも渋滞することなくずん〳〵と句を逐うて行つた。斜に茶碗の水に立つた紙捻がだん〳〵に水を吸うて点頭《うなづ》いた様にくたりと成つた。（中略）群集の後の方からの俄な騒ぎが内側に及んだ。晩餐を済まして瞽女《ごぜ》が手を曳き連れて来た処なのである。それを若い衆が揶揄《からかひ》半分に道を開いてやらうとしては遣るまいとして騒いだのであつた。瞽女は危険相《あぶなさう》にして漸く座敷へ上つた時「目も見えねえのにさうだに押廻すなえ」瞽女の後に跟《つ》いて座敷の端まで割込んで来た近所の爺さんがいつた。若い衆等は只「ほうい〳〵」と仮声《こわいろ》で囃した。爺さんは勘次が側に居たのを見つけて「なあ、勘次さん、こんで若えものゝ処がえゝかんな」といひ掛けた。外では再び囃し立てゝ騒いだ。

（『土』一五）

〈**作品鑑賞**〉明治末期の鬼怒川畔。疲弊した小作農のみじめな姿を、これほど容赦なく描ききった作品は他にない。単行本刊行に際して、漱石が寄せた序文で「土と共に成長した蛆」とまで称された所以《ゆえん》である。勘次とお品夫婦は農閑期の日雇いで、かろうじて生きている。そのお品も、不衛生な堕胎による破傷風であっという間に死んでいく。残された勘次と子供のおつぎ、与吉の前に、醤油蔵の番人を辞めた、義父の卯平が、突然ころがりこんで来る。小説はこうして、勘次の子供らへの愛着、そして卯平との確執を軸に進む。右に掲げた文章は村に現れた巫女の「口寄せ」場面。巫女の唱える怪しげな呪文と、酔った村の若者の哄笑、そこに瞽女《ごぜ》が割り込んでくる。あばた顔の爺さんは、若者に「痘痕神」と笑い者にされる。その一方、村では念仏講が信仰されてもいる。ここには様々の音と声が響いている。まさに古代の共同体を見るようであり、この中から勘次と娘のお次の関係という隠微な「噂」も生まれてくる。あまりに生々しく、精緻にすぎる場面や会話。しかしこの読みづらさこそ、生きた時代の証言であり、もはや「農民文学」とか、「写生文」などという、通り一遍の言葉でこれをかたづけることは出来ない。

〈**作品解説**〉初出は一九一〇年六月～一一月まで「東京朝日新聞」に連載。一九一二年五月、春陽堂より刊行。正岡子規の門下であった長塚節に、漱石が目をとめ推薦したという。引用原文は『長塚節全集』（春陽堂書店、一九七六）。

〈**作者略歴**〉一八七九（明治一二）～一九一五（大正四）年。小説家、歌人。茨城県生。正岡子規のもとで写生歌を学ぶ。根岸短歌会から「アララギ」に参加。歌集の代表作に『鍼の如く』（一九一四～一五年）がある。

〔**中山弘明**〕

34 柳田国男　やなぎた・くにお

〈作品〉此話はすべて遠野の人佐々木鏡石君より聞きたり。昨明治四十二年の二月頃より始めて夜分折々訪ね来り此話をせられしを筆記せしなり。鏡石君は話上手には非ざれども誠実なる人なり。自分も亦一字一句をも加減せず感じたるまゝを書きたり。

（「遠野物語」序）

〈作品鑑賞〉故郷の伝承を体に包み込むように記憶していた佐々木鏡石。彼との出会いなくして、「遠野物語」はなかった。その意味では共著と言うべき作だが、聞き書きというにはあまりにも見事な書き言葉の世界に再構築されているのも明白だ。「自分もまた一字一句をも加減せず感じたるままを書きたり。」とは、資料提供者の語りを消したあとの言である。

各話はまず場所・人物を明らかにして進められていく。「山々の奥には山人住めり。栃内村和野の佐々木嘉兵衛と云ふ人は今も七十余にて生存せり。此翁若かりし頃猟をして山奥に入りしに、遥かなる岩の上に美しき女一人ありて、長き黒髪を梳りて居たり。」（第三話冒頭）。「栃内村和野の佐々木嘉兵衛」という記述は、続く「今も生存せり」と連動して、伝承の根本に「事実」があることを示す。明治四十年代の都市の現実からは単なる迷信と映るであろう山男・山女・河童などの怪異、を「現在の事実なり」（序）と強調するところに、この書のねらいはある。ここには、後の柳田が捨てることになる山人側への関心と、後の柳田学の軸となる常民側への関心が混在していようが、かつて竜土会の中心人物だった人ならではの視点も働いている。自己身辺をしか問題にしない田山花袋たち自然主義文学者との自然観・事実観の数年来の乖離が、より共同体的世界へと柳田を向かわせているのだ。

引用二文目の「此翁若かりし頃猟をして山奥に入りしに」の「入りしに」も、他の話に共通する特徴だ。「山」は村人にとって異界となりうるが、ここでは概念としての山に頼ってそれとの交渉が果たされるのではない。「入りしに」という、移動の表現が一話一話の「物語」の境界性を保証している。

引用箇所以外で言えば、遠野の者なら誰でも知っている場所や事柄に、たとえば「閉伊川と云ふ」「ザシキワラシと云ふ神」のように、「と云ふ」をつけるのも特徴だ。これは外に向けた語りだ。誰に伝えるのか。「この書を外国にある人々に呈す」とは、本書巻頭に刷り込まれた献辞だが、「序」と照らし合わせると比喩的な力も生じてくる。すなわち「外国にある人々」とは、日本にいて日本を知らぬ人、遠野の怪異を「現在の事実」とは無関係に思う都市の人という意味も孕んでくるだろう。

〈作品解説〉「遠野物語」（一九一〇年）は、岩手県遠野の民譚一一九篇を、当地出身の佐々木喜善（鏡石）からの聞き書きとして収めたもの。日本民俗学の第一声とも言える記念碑。引用は『柳田國男全集　第二巻』（筑摩書房、一九九七年）。

〈作者略歴〉一八七五（明治八）～一九六二（昭和三七）年。民俗学者。兵庫県生。昭和初期頃より民俗学研究に邁進し、のち日本民俗学会を組織。『雪国の春』（一九二八年）、『桃太郎の誕生』（一九三三年）、『海上の道』（一九六一年）など著作多数。

〔高橋広満〕

35　武者小路実篤

むしゃのこうじ・さねあつ

〈作品〉一月二十九日の朝、丸善に行つていろ〳〵の本を捜した末、ムンチと云ふ人の書いた『文明と教育』と云ふ本を買つて丸善を出た。出て右に曲つて少し来て四つ角の所へ来た時、右に折れやうか、真直ぐ行かうかと思ひながら一寸と右の道を見る。二三十間先に美しい華な着物を着た若い二人の女が立ちどまつて、誰か待つてゐるやうだつた。自分の足は右に向いた。その時自分はその女を芸者だらうと思つた。お白粉を濃くぬつた円い顔した、華な着物を着てゐる女を見ると自分は芸者にきめてしまう。

二人とも美しくはなかつた。しかし醜い女でもなかつた。肉づきのいゝ、一寸愛嬌のある顔をしてゐた。殊に一人の方は可愛いゝ所があつた。

自分は二人のゐる所を過ぎる時に一寸何げなくそつちを見た。さうしてその時心のなかで云つた。

自分は女に餓えてゐる。

（「お目出たき人」）

〈作品鑑賞〉日時を明示した書き出し、「丸善」「ムンチ」といった固有名詞、歩行の細かな描写など、具体性を表に出す表現方法からは、一人称「自分」の単一視点、および内的・固定的に焦点化された語りという特徴とともに、小説と言うよりは日記、あるいは語彙の易しさも手伝って、素人の作文のような印象さえ与えられる。また、路上で見掛けた女に対する、細かい割には概念的で映像化しにくい人物描写からも同じような印象を受ける。他方、飾り気のない文章は逆に、地の文に織り込まれた主観を語る後半からは徐々にリズミカルな短文に移行し、いつの間にか読者の感情を移入させるようだ。こうして、武者小路の文章によく現れる「二人とも美しくはなかつた。しかし醜い女でもなかつた」という緩叙法的表現は、続いて述べられる女性の魅力を際だたせながら、この小説の冒頭部で最も重い告白である「自分は女に餓えてゐる」という内的独白につながっていく。「お目出たき人」という題名は言うまでもなく逆説であるが、以上のようなやや変った主人公の価値を、この小説全体から読み取り得るか否かが問われる作品なのである。

〈作品解説〉初出は一九一一年二月洛陽堂から刊行された同名の単行本。この冒頭部分の『文明と教育』を買う知識青年の「自分は女に餓えてゐる」という告白に見られる教育と性欲との対比は、逆にそれらが対立ではなく調和的な関係にあるべきだという逆説である。同じように、まさに「お目出た」さのゆえんである失恋しても失恋しない主人公像も、彼の〈自然〉信仰によって正しいと確信された逆説なのである。このように、一見対立する二項の調和こそが、彼の信仰の根幹だったのだ。引用は『武者小路実篤全集　第一巻』（小学館、一九八七年）。

〈作者略歴〉一八八五（明治一八）～一九七六（昭和五一）年。小説家、戯曲家、随筆家、詩人、画家。東京生。一九一〇年「白樺」創刊、戦闘的理論家として活躍。戯曲「その妹」（一九一五年）など発表後、一九一八年から「新しき村」を創設・移住、小説「友情」（一九一九年）などを発表。小説「愛と死」（一九三九年）などを経て、戦後公職追放されたが、小説「真理先生」（一九五〇年）により文壇に戻った。

〔寺澤浩樹〕

36　水上滝太郎　みなかみ・たきたろう

〈作品〉お屋敷の子と生れた悲哀《かなしみ》を、沁《し》み々々《ぐ》と知り初《そ》めたのは何時《いつ》からであつたらう。

一日《ひとひ》一日と限り無き喜悦《よろこび》に満ちた世界に近付いて行くのだと、未来を待つた少年の若々しい心も、時の進行《すゝみ》に連れて何時かしら、何気なく過ぎて来た帰らぬ昨日《きのふ》に、身も魂も投出して追憶の甘き愁に耽り度いと云ふ果敢《はか》無い慰藉《なぐさめ》を弄ぶやうになつてから、私は私に何時も斯う尋ねるのであつた。

山の手の高台もやがて尽きようと云ふだらだら坂を丁度登り切つた角屋敷の黒門の中に生れた私は、幼《いとけな》き日の自分を其黒門と切離して想起《おもひおこ》すことは出来ない。

（「山の手の子」）

〈作品鑑賞〉「山の手の子」は、厳格なお屋敷の子として生まれ、「町つ子とお遊びになつてはいけません」と誡《いまし》められて育った「私」の一人称回想体である。作品の基調は文字通り「追憶の甘き愁」であり、過去の悲しく切ない体験を語りつつ、それを「懐かしくも嬉しき思い出」に変換してしまうようなノスタルジーが支配している。そこに描出される子ども時代は、あくまでも現在の時点から解釈されたものであり、少年のナイーブな心と彼が垣間見た大人の世界のおぞましさが、その偏差を際立たせるかたちで語られているのである。

「喜悦《よろこび》」、「慰藉《なぐさめ》」など漢語的な語彙に口語的なルビを振る表現の多用は、そうした認識の二重性を裏付けている。筆者は衒学的な装飾でこうした文体を用いるのではなく、文字としての厳しさと音の響きの柔らかさがもたらす異化効果によって、語ることのいかがわしさに自覚的であろうとしている。

また、この作品の舞台は、自分が育った屋敷の〈内〉と子どもたちの喧騒が聞こえる〈外〉が「黒門」によって画然と隔てられた構造になっており、前半では、陰鬱で自由の利かない〈内〉に棲む「私」が〈外〉への憧れを強めていく様子が、後半では、〈外〉で痛めつけられた「私」が母や乳母の寵愛の待つ〈内〉で慰められる様子が描き分けられている。つまり、時間／空間において、鮮やかな対照化がなされ、それぞれを越境する主人公の成長譚としての性質も持ち合わせている。

後半部分には、「私」が恋焦がれるお鶴という町の子が芸者になる場面があり、「子供には買へないと云ふ芸者になるお鶴と一日も早く大人になつて遊び度い」という言葉が用意されるが、それが、樋口一葉「たけくらべ」の本歌取りであることはいうまでもない。作者は、「たけくらべ」を反転させ、初恋の少女を忘れられずにいる少年の物語として「山の手の子」を描くことで、それぞれの世界を共鳴させているのである。

〈作品解説〉初出は「三田文学」一九一一年七月号。引用は初出。山の手のお屋敷に生まれ、「町つ子とお遊びになつてはいけません」といわれて育った主人公が、ひとりぼっちの寂しさと、芸者になって町を出たお鶴への淡い恋心を回顧する作品。

〈作者略歴〉一八八七（明治二〇）～一九四〇（昭和一五）年。小説家、評論家、劇作家。東京麻布生。「山の手の子」が認められ三田派の作家として活躍。実業家との二重生活のなかで、小説「大阪」（一九二二～二三年）、「銀座復興」（一九三一年）などを発表するとともに、一九一八年から四〇年まで随筆「貝殻追放」（総計二〇三編）を書き継ぐ。

〔石川　巧〕

37　田村俊子　たむら・としこ

〈**作品**〉この女作者の頭脳《あたま》のなかは、今までに乏しい力をさんざ絞りだし絞りだし為《し》てきた残りの滓《かす》でいつぱいになつてゐて、もう何《ど》うこの袋を揉み絞つても、肉の付いた一と言も出てこなければ血の匂ひのする半句も食《は》みでてこない。暮れに押し詰まつてからの頼まれものを弄《いじ》くりまはし持ち扱ひきつて、さうして毎日机の前に坐つては、原稿紙の枡《ます》のなかに麻の葉を拵《こしら》へたり立枠《たてわく》を描いたりしていたづら書きばかりしてゐる。

女作者が火鉢をわきに置いてきちんと坐つてゐる座敷は二階の四畳半である。窓の外に掻きむしるやうな荒つぽい風の吹きすさむ日もあるけれ共《ども》、何うかすると張りのない艶のない呆《ぼ》やけたやうな日射しが払へば消えさうに嫋々《なよなよ》と、開けた障子の外から覗きこんでゐるやうな眠つぽい日もある。そんな時の空の色は何か一と色交《ま》ざつたやうな不透明な底の透かない光りを持つてはゐるけれども、さも、冬と云ふ権威の前にすつかり赤裸になつてうづくまつてゐる森の大きな立木の不態《ぶざま》さを微笑してゐるやうに、やんはりと静に膨《ふく》らんで晴れてゐる。（「女作者」）

〈**作品鑑賞**〉この「女作者」は、執筆をするときでさえ、いつも白粉《おしろい》をつけていた。白粉を溶いていると小説の想が浮かぶという彼女にとって、白粉は「醜いむき出しな物」を隠すだけでなく、塗られる肌自身の感覚を呼び覚ますものであり、白粉が自ら分泌した脂と入り混じる様は、自己の輪郭の溶ける体験でもある。冒頭で自分を袋と表現し、布地を通して血や肉が染み出るイメージは、これらに続いてゆく表現である。原稿用紙には、麻の葉模様、立枠模様と、いずれも着物などに使われる図案が描かれる。着物は、白粉同様に身を装い、また自他の境界でもある。つまり、「女作者」は装うように書くのである。

続く彼女の日常では、「女は駄目だよ」と罵る「亭主」を「執拗《しつこ》く苛責《いぢ》めぬいてやり度《た》い」一方、「自分の身も肉もこの亭主の小指の先きに揉み解《ほぐ》される瞬間のある閃き」を感じたりもする。自我ゆえの男性との戦いが、ついに離れがたさに至るテーマは、冒頭の自他が融解する表現と響きあう。後半で「女作者」が、男性に依存しない友人と意図的に対比されているように、俊子の官能的な作風には当時から賛否があった。

〈**作品解説**〉「新潮」一九一三年一月。原題は「遊女」。田村俊子の作品には、作者を思わせる女性小説家と、同業であるゆえに彼女の執筆活動に寛容になれないパートナー男性との葛藤が多く、本作品もその系譜。引用原文は『田村俊子作品集　第一巻』（オリジン出版センター、一九八七年）による。

〈**作者略歴**〉一八八四（明治一七）～一九四五（昭和二〇）年。小説家。東京府生。小説家を志し、幸田露伴に入門。そこで知り合った田村松魚はパートナーとなる。大阪朝日新聞社の懸賞当選小説「あきらめ」（一九一一年）で注目される。「青鞜」にも参加。「生血」（一九一一年）、「木乃伊の口紅」（一九一三）、「炮烙の刑」（一九一四年）などを精力的に発表後、当時恋愛関係にあった鈴木悦を追い、カナダのバンクーバーへ。「大陸日報」への執筆、日本人労働組合婦人部の部長などとして活躍後、帰国する。だが文壇での再起は難く、中央公論社の特派員として中国を訪れたのをきっかけに、「女声」の創刊に力を尽くすが、脳溢血により死去。

〔**小平麻衣子**〕

38　中　勘助

なか・かんすけ

〈作品〉 夜店のうちでほほづき屋は心をひくもののひとつであった。歯車のついた竹筒をぶいぶいとまはしながら

「ほほづきやーい　ほほづき」

と呼ぶ。簀の子にしいたひばの葉のうへに赤、青、白、いろいろなほほづきをならべて、雫がほとほとしたたつてゐる。団扇の形した海ほほづき、人魂にた朝鮮ほほづき、天狗ほほづき、薙刀ほほづき、それらはみな海のほほづきで、皮質の袋のなかに磯臭い垢がはひつてゐる。たんぼほほづき、千なりほほづき。おやぢは竹筒をまはして

「ほほづきやーい　ほほづき」

と呼ぶ。ほかのほほづきは鳴らせないのでいつも海ほほづきを買つてもらつて大切に手に握つてかへる。たんぼほほづきは緋の法衣をきた坊さんの姿である。むいてみて蚊がさしてると姉はくやしがつて畳にたたきつける。蚊という奴はわるい奴である。

（「銀の匙」）

〈作品鑑賞〉 子供の頃の時間は、回想の文章にしたとたんに色あせ、変質してしまいがちだが、あたかも子供時代に引き込まれるような文章にまれに出会うことがある。「銀の匙」は、そうした希有な感覚を生じさせる小説であり、その意味では、記憶や回想を記す文章の特徴を考える場合の示唆に満ちている。

「銀の匙」で展開されるのは「私」が回想する子供の頃の出来事、身近であった「伯母さん」や「お国さん」と過ごした時間である。その時間は、回想時点から順序立て、整然と編成されているのではなく、断片的で、細切れのエピソードが積み上げられる形で叙述されている。

「私」を中心として、子供時代の好悪、感覚を中心として語られる世界は、因果性や客観性を供えた叙述とはほど遠い。語彙もまた、しばしば子供時代に用いた語彙が用いられ、出来事や事物が反復、列挙される形で提示される。ここでは事物を正確に描写することよりも、また効率的に描き出すことよりも、子供時代に理由なくひきつけられた独自の「論理」によって描き出されているのである。したがってこの世界では容易にモノはそれ自体意思をもち、いとも容易に別のモノへと変容する。

しかし、この小説の文章は、思い出す「私」が後景に退いて子供時代の時間が現前する、というタイプともやや異なる。この小説の文章では「私」が思いだし、回想していることが文体のうえで明示されている。といっても、「私」が現在どういった人物になっているのか、についての情報は読者にはいっさいもたらされず、あたかも作中の「私」ほとんど回想する行為のみに純粋に徹しており、このことが読み手を過去の時間へと導く一つの戦略ともなっている。

〈作品解説〉「東京朝日新聞」に一九一三年二月から六月にかけて連載された。一九一五年同紙に連載された「つむじまがり」とあわせ、一九二一年に『銀の匙』として刊行。引用は同書。

〈作者略歴〉 一八八五（明治一八）～一九六五（昭和四〇）年。小説家、詩人。東京生。恩師である夏目漱石の推挙で世に出た『銀の匙』他、童話集『鳥の物語』（一九四九年）や随筆にもすぐれた作が多い。

〔和田敦彦〕

39 中里介山

なかざと・かいざん

〈作品〉大菩薩峠は江戸を西に距る三十里、甲州裏街道が甲斐国東山梨郡萩原村に入って、その最も高く最も険しきところ、上下八里にまたがる難所がそれです。

　標高六千四百尺、昔、貴き聖が、この嶺の頂に立って、東に落つる水も清かれ、西に落つる水も清かれと祈って、菩薩の像を埋めて置いた、それから東に落つる水は多摩川となり、西に流るるは笛吹川となり、いずれも流れの末永く人を湿おし田を実らすと申し伝えられてあります。

　江戸を出て、武州八王子の宿から小仏、笹子の険を越えて甲府へ出る、それがいわゆる甲州街道で、一方に新宿の追分を右にとって往くこと十三里、武州青梅の宿へ出て、それから山の中を甲斐の石和へ出る、これがいわゆる甲州裏街道（一名は青梅街道）であります。（「大菩薩峠」）

〈作品鑑賞〉「大菩薩峠」の冒頭は、大菩薩峠の「江戸」からの距離と「険し」い「難所」であることとの説明から始まる。そしてその名の由来でもある「貴き聖」をめぐる伝説を語り、多摩川、笛吹川の源流にあることを伝える。政治的文化的中心からの距離感を強調しながら、社会全体に豊かな恵みをもたらした起源を伝えるその文体は、「です」「あります」調の語りによって統括されており、近代文学の話法と異なる地点から出発している。説話や伝説、民話的な伝統の取り込みは冒頭から明らかだが、物語の進展するなかでますます勢いを増していき、日本の近代化のなかで排除された民衆の無意識がのちにこの小説に見いだされていく経緯をすでに予感しているといえよう。語り手によるこうした悠々たる説明や逸脱が豊富なエピソード群と結びつき、小説のなかに一種の曼荼羅的な構造を生み出した。

　小説はこのあと机龍之助の理由なき殺人を描く。しかし、「罪と罰」のラスコールニコフには思想があるが、龍之助にはない。彼の内面は小説のなかに書き込まれておらず、外側に空白のまま放り出されている。この虚点のような人物を中軸に据えながら、さまざまなキャラクターの周辺人物たちが活躍する物語が「大菩薩峠」である。個性化はほんのわずか登場する端役にも及び、その相互の葛藤や錯綜する関係が絵巻物のように構成される。空間移動が激しいこの小説は、物語として構築的であるよりもスクロール的に造られている。山頂からの視点と地上の視点の交錯は、この説話的な語りによって成り立ち得たのである。

〈作品解説〉初出は「都新聞」一九一三年九月一二日から連載。一部断続はあるものの、一九二一年まで続いた。その後、「大阪毎日新聞」「東京日日新聞」などの新聞各紙と介山の個人雑誌「隣人之友」などで継続。さらにみずから刊行会を組織して単行本書き下ろしで刊行し、一九四一年で中絶した。引用はちくま文庫版（筑摩書房、一九九四年）による。

〈作者略歴〉一八八五（明治一八）～一九四四（昭和一九）年。小説家。東京羽村生。都新聞に入社し、新聞小説を書き出す。「大菩薩峠」が一九二〇年頃から評価を受け、演劇や映画にもなってベストセラーとなる。大衆文学の祖と言われたが、作者自身は「大乗小説」と称した。他に「高野の義人」「百姓弥之助の話」などがある。

〔**紅野謙介**〕

40 徳田秋聲　とくだ・しゅうせい

〈作品〉お島が養親《やしなひおや》の口から、近いうちに自分に入婿の来るよしをほのめかされた時に、彼女の頭脳《あたま》には、まだ何等の分明《はつきり》した考へも起つて来なかつた。

　十八になつたお島は、その頃その界隈で男嫌ひといふ評判を立てられてゐた。そんなことをしずとも、町屋の娘と同じに、裁縫やお琴の稽古でもしてゐれば、立派に年頃の綺麗な娘で通して行かれる養家の家柄ではあつたが、手頭《てさき》などの器用に産れついてゐない彼女は、じつと部屋のなかに坐つてゐるやうなことは余り好まなかつたので、稚《ちひさ》いをりから善《よ》く外へ出て田畑の土を弄《いぢ》つたり、若い男達と一緒に、田植に出たり、稲刈に働いたりした。而《さう》してそんな荒仕事が如何かすると寧ろ彼女に適してゐるやうにすら思はれた。　　（「あらくれ」）

〈作品鑑賞〉冒頭より、お島という一人物が、何の説明もなく既知の人物のごとく読者の眼前に投げ出される。「養親《やしなひおや》」とあることから、どうやら彼女は実の親以外の手で育てられたらしい。続けて、お島の十八という年齢や、容姿、養家の家格などが徐々に明らかになってゆく。そして冒頭文で述べられた「入婿」が来るという事態に対して、「じつと部屋のなかに坐つてゐ」られないお島の「〜たり」「〜たりした」という接続助詞によって列挙される行為により、彼女が家庭に収まっていられるような女性ではないという性格がほのめかされることになる。すなわちこの冒頭は、絶えず活動してゆく女性の一代記を描いた本作の題名「あらくれ」を象徴する出だしとなっている。同時に写実的でありながら、物語を適宜省略や圧縮しながら進む、要約的性格の強い秋聲の文体の特徴が現れている。

　物語はその後、冒頭で予告されたお島の入籍について語られるのではなく、彼女が七歳の時に実父に手を引かれて養家に預けられたことに遡り、その成長を追いながらやがて件の結婚の話題へとゆるやかに戻ってゆく。これは秋聲が得意とした時間の倒叙の話法で、ある状況を最初に概略的に提示した上で、そこに至るまでの経緯などを詳述していくという書き方である。また自身の結婚について「何等の分明《はつきり》した考へも」なかったとあるお島だが、その後も秋聲の筆は彼女の内面を直接に語らせることはなく、あくまでも外面の描出に徹し、そのことがかえって読者にお島の心情を様々に推測させる効果を生んでいる。それは田山花袋の「平面描写」など同時代の自然主義的方法論に呼応するものであると同時に、受動的な境遇や生活意識に生きる人間、秋聲が好んで描いた下層の庶民の不分明な意識の様相を映し出す固有の技法となっている。

〈作品解説〉初出紙は「読売新聞」で一九一五年一月一二日〜七月二四日まで一一三回連載。「あらくれ」は徳田秋聲が義弟の同棲者の女性をモデルに描いた自然主義的作風の完成作。引用は『徳田秋聲全集　第十巻』（八木書店、一九九八年）による。

〈作者略歴〉一八七一（明治四）〜一九四三（昭和一八）年。小説家。金沢生。尾崎紅葉の門下となり「藪《やぶ》かうじ」（一八九六年）で文壇デビュー。自然主義文学の興隆とともに「新世《あらじょ》帯《たい》」（一九〇八年）「黴」（一九一一年）などで注目された。他の代表作に「仮装人物」（一九三五年）「縮図」（一九四一年）など。

〔大木志門〕

41 芥川龍之介

あくたがわ・りゅうのすけ

〈作品〉或日の暮方の事である。一人の下人が、羅生門の下で雨やみを待つてゐた。

広い門の下には、この男の外に誰もゐない。唯、所々丹塗の剥げた、大きな円柱に、蟋蟀が一匹とまつてゐる。羅生門が、朱雀大路にある以上は、この男の外にも、雨やみをする市女笠や揉烏帽子が、もう二三人はありさうなものである。それが、この男の外には誰もゐない。

何故かと云ふと、この二三年、京都には、地震とか辻風とか火事とか饑饉とか云ふ災がつゞいて起つた。（中略）とうとうしまひには、引取り手のない死人を、この門へ持つて来て棄てゝ行くと云ふ習慣さへ出来た。そこで、日の目が見えなくなると、誰でも気味を悪るがつて、この門の近所へは足ぶみをしない事になつてしまつたのである。

（「羅生門」）

〈作品鑑賞〉かつて前田愛は『文学テクスト入門』（筑摩書房、一九八八年）で、「羅生門」の語りは「ストーリィ」ではなく「プロット」に属するものだと説いた。盗人が盗みをはたらく話であった「今昔物語集」の原話が「下人が盗賊になる物語」に書き換えられることで、物語には謎が生じ、なぜ下人が盗人にならねばならなかったかを語る必要が出てくる。こうして因果関係に重心がおかれた「羅生門」の語りを、前田はE・M・フォースター『小説とは何か』（ダヴィッド社、一九六九年）の定義を借りて「プロット」と評したのだ。

だが、この小説はそうしたマクロなレベルだけでなく、ミクロなレベルでも「プロット」系の語りに満ちている。引用文中でも、語り手は「この男の外に誰もゐない」異様さを読者に印象づけることで謎を生み出し、「何故かと云ふと」以下で謎解きをする。衒学的な用語がちりばめられた謎解きの前に、読者はつい、では何故下人だけは死臭も厭わず雨の夜の羅生門を訪れたのか、と反論することすら忘れてしまう。

このようにして、一定の解釈の下に読者を従わせる強引な語りを支えているのが、多用される文末詞「である」だと言えよう。「である」という文末詞は、言文一致文体、特に「描写」の文体を確立させたと言われている。他の文末詞に混じって僅かにこれが使用された場合、語り（手）の存在感がかえって薄くなる効果が生じるというわけだが（絓秀美『日本近代文学の〈誕生〉』〔太田出版、一九九五年〕）、芥川の初中期小説のように多用された場合、むしろ「である」本来の尊大さが際だつと言えるだろう。

芥川の文体のある種の饒舌さについては、過去に多くの批判や指摘がある。例えば寺田透『文学その内面と外界』（弘文堂、一九五九年）は、「枯野抄」「或日の大石内蔵助」「将軍」「歯車」「十円札」などから「ただ文章のテンポをゆるめ、容儀をつくろい、叙述された事柄や情景に対する自己の不参与を示すためにのみ役立つ、余計な措辞の例」を挙げている。一方、原子朗『文体の軌跡』（沖積社、一九八六年）は、寺田論を受けて「描かれる対象や場面の、周到にして神経質な、こまやかな限定、それが修飾語（句）の多用となり、あるいは逆接の接続詞の過多ともなる」状況を指摘しながらも、そうした特徴を作家個人の資質や自意識に還元する方向を回避しようと試みている。例えば、芥川の小説に一貫しているこの「修飾過多」が、「初期の説話もの」では「さほど目ざわりにならない」ことから、「読者のほうが、まるで仮構としての歴史的時空に幻惑されてそれらを目ざわりに感じていないのかもしれない」とし、文体の問題を「作者」よりも「読者」のものとして考える可能性を見ているのである。

原論は、芥川初期小説の「修飾過多」を読者が許容する理由として、「説話」、すなわち場の非日常性を挙げているが、それに先述の文末詞の問題を加えてもよいだろう。拙文「文体・表現」(「解釈と鑑賞」二〇〇七年九月号)でも述べたことだが、晩年の芥川の小説からは「である」という文末詞が減り、代わって「だった」が多用されるようになる。もし、原の言うように、初期小説では読者にとって「修飾過多」が「さほど目ざわりにならない」のだとすれば、それは、その過剰な修飾語が、語り手を過剰に顕在化する尊大な文末詞「である」とバランスをとっているためだとも考えられるのではないだろうか。

自然主義に代表される日本近代小説のメインストリームは、どちらかというと、語り手の存在感を隠す「描写 (showing)」文体の成熟に力を注いだ。芥川の小説が、同時代の作家や評論家からしばしば「技巧」的との批判を受けたのは、芥川がそこから外れていたことに大きな原因がありそうである。しかし、こうした過剰な「語り (telling)」の文体は芥川以外の作家に全く採用されなかったわけではない。例えば後期の森鷗外の小説や、同じ「新思潮」派の菊池寛、久米正雄の小説の中にも、類似のものを見出すことが出来る。柄谷行人『日本近代文学の起源』(講談社、一九八〇年) に従い、「言文一致文体」が小説の世界をほぼ席捲し、それによって「風景」や「内面」が言葉で「描写」できるという幻想が、小説の書き手と読み手に共有されるようになった時期を一九〇〇年代の初頭と見なすなら、鷗外や芥川らの試みは、一定のステイタスを得た「描写」文体に対する、一種の反動と見ることも出来るだろう。また、芥川の場合ほど過剰でないにしても、小林秀雄から司馬遼太郎らの小説、評論の中に、こうした「語り」文体を見ることができるようである。それらが一定の読者の支持を得たメカニズムを明らかにすることは、小説の文体研究の課題のひとつだろう。

〈作品解説〉 初出誌は「帝国文学」一九一五年一一月号。芥川龍之介は完成度の高い短編小説を多数残した大正期の人気作家。初期から中期にかけては、平安の説話を原典とし近代的にリメイクした「王朝物」を多く手がけた。「羅生門」はその代表的なもの。一方晩年には、同時代を舞台とし、主人公と語り手と作家自身が同一視されるような小説が増加した。文体と語りの面から言えば、「羅生門」のように圧倒的な情報量を持つ語り手による語りのほか、「地獄変」「蜃気楼」のような一登場人物による限られた情報に基づく語り、「藪の中」のように同一の出来事についての複数の証言を併置する語り等々、様々な語りの手法の跡を見出すことができる。引用原文は『芥川龍之介全集　第一巻』(岩波書店、一九九五年) による。

〈作者略歴〉 一八九二 (明治二五年) ～一九二七 (昭和二年) 年。漱石に「鼻」を激賞されて文壇デビュー、知的な小説が注目され、東大「新思潮」派の代表的作家とみなされた。代表作に「地獄変」「藪の中」「蜃気楼」「歯車」等がある。満三十五歳での自殺は社会に大きな衝撃を与えた。

〔**篠崎美生子**〕

42 倉田百三

くらた・ひゃくぞう

〈作品〉序曲　死ぬるもの　――ある日のまぼろし――

人　間　（地上をあゆみつゝ）わしは産れた。そして太陽の光を浴び、大気を呼吸して生きてゐる。ほんとに私は生きてゐる。見よ。あのい、色の弓なりの空を。そしてわしのこの素足がしつかりと踏みしめてゐる黒土を。生えしげる草木、飛び回る禽獣、さては女のめでたさ、子供の愛らしさ、あゝわしは生きたい生きたい。（間）わしは今日までさまぐ〳〵の悲しみを知つて来た。しかし悲しめば悲しむだけ此世が好きになる。あゝ不思議な世界よ。わしはお前に執着する。愛すべき娑婆よ、わしは煩悩の林に遊びたい。千年も万年も生きてゐたい。いつまでも。いつまでも。

顔蔽ひせる者　（あらはる）お前は何者ぢや。

人　間　私は人間でございます。

顔蔽ひせる者　では「死ぬるもの」ぢやな。

（『出家とその弟子』）

〈作品鑑賞〉劇の冒頭にふさわしい生と死の対立と緊張が、リズム感のある短かめの文の連鎖によって表される。イメージ豊かな読みやすい文ではあるが、少し注意すると、その効果のための多くのレトリックが用いられていることがわかる。「弓なりの空」とは「蒼穹」の「穹」のことで、弓形に盛り上がった形の空を表す隠喩的表現。「見よ」の後から「空を」、「土を」と倒置して自分の視点を中心に天地を対比的に指示しつつ、その間にある「草木」「禽獣」「女」「子供」を列叙。そして「あゝ」という感嘆詞を用いた主情表現は「生きたい生きたい」「いつまでも。いつまでも。」というリフレインに向かう。「悲しめば悲しむだけ此世が好きになる」という対義結合ないし逆説は、そのような「不思議な世界」を「お前」と呼ぶ擬人化の慕わしさへとつながり、「煩悩の林」という隠喩の中で「千年も万年も生きたい」という誇張さえ、読者には自然に感じられる。この語りの口語表現と「死ぬるもの」「顔蔽ひせる者」という文語表現とが効果的に使い分けられている。「序曲」の題名でもある「死ぬるもの」という提喩で「人間」を表している。

〈作品解説〉初出誌は「白樺」の衛星誌であった「生命の川」で、創刊二ヶ月後の一九一六年一一月から翌年にかけて連載され、六月に岩波書店から刊行、大きな反響を呼んだ。リズミカルで親しみやすい口語表現や観念世界の擬人化、強い主観性と時にやや冗長となる精神論の展開などは、「白樺」派の文体的特徴と重なる部分が多い。またその内容からは、浄土真宗の親鸞の教えをキリスト教的にアレンジし、独自の宗教的世界を切り拓こうとする姿勢に、武者小路実篤との類縁性が見られる。引用は『新装・倉田百三選集　第五巻』（春秋社、一九七六年）。

〈作者略歴〉一八九一（明治二四）～一九四三（昭和一八）年。戯曲家、評論家。広島生。西田幾多郎に傾倒、また京都の一灯園に入る。この戯曲を始めとして、「俊寛」（一九二〇年）「布施太子の入山」（一九二一年）などの宗教的戯曲を発表、評論集『愛と認識との出発』（一九二一年）『静思』（一九二二年）などに収められた求道的な思索を発表し続け、多くの青年たちに共感を与えた。晩年は国家主義に傾いた。

〔寺澤浩樹〕

43 岡本綺堂　おかもと・きどう

〈作品〉わたしの叔父は江戸の末期に生れたので、その時代に最も多く行はれた化物屋敷の不入《いらず》の間や、嫉妬《ねたみ》深い女の生霊や、執念ぶかい男の死霊や、さうした類の陰惨な幽怪な伝説を沢山に知つてゐた。しかも叔父は「武士たる者が妖怪などを信ずべきものでない」といふ武士的教育の感化から、一切これを否認しようと努めてゐたらしい。その気風は明治以後になつても失せなかつた。私達が子供のときに何か取留めのない化物話などを始めると、叔父はいつでも苦い顔をして碌々に相手にもなつて呉れなかつた。

　その叔父が唯一度こんなことを云つた。

「併し世の中には解らないことがある。あのおふみの一件などは……」

（『半七捕物帳』「お文の魂」）

〈作品鑑賞〉「お文の魂」は、江戸時代末期の江戸を舞台に、岡っ引きの半七が数々の難事件を解決していくという、その後の「捕物帳」の先駆けとなった『半七捕物帳』の第一話として発表された。その末尾に「わたしは彼の昔語《むかしがたり》を色々聴いた。一冊の手帳は殆ど彼の探偵物語で塡《うづ》められてしまつた。その中から私が最も興味を感じたものをだん〴〵に拾ひ出して行かうと思ふ」とあるように、すでに第一話から『半七捕物帳』の全体像が意識され、後におなじみとなる語り手「わたし」が事件の顚末を聞書きするという形式がすでに用いられている。

　「わたし」の叔父の冒頭の言葉にもあるように、『半七捕物帳』の多くは「陰惨な幽怪な伝説」や「化物話」といった江戸末期特有の世界が、語り手「わたし」を媒介にして近代化著しい明治現代の視点から照らし出されるという時代相の落差を巧妙に取り込むところに仕組まれている。実際、「お文の魂」は、「狂生」のペンネームで発表された「日本妖怪実譚」の一篇「お住の霊」（「文芸倶楽部」一九〇二年四月号）という怪談話をもとに書かれたが、それを岡っ引き半七の「探偵物語」へと変換し、たちまちに読者を物語空間へと惹き込んでゆく。引用箇所には用いられていないが、『半七捕物帳』には随所に活きた江戸言葉が散りばめられ、江戸末期特有の風物詩によって彩られた世界が、明治現代の「わたし」の聞書きという簡潔で抑制された語りの文体と「捕物帳」という新たな文学形式が渾然一体となって、鮮やかに描き出される。江戸時代の世相を題材としながらも推理小説の結構を取り入れて「捕物帳」というジャンルを生み出し得たのも、綺堂自身が江戸の御家人の子息で、江戸の風俗に精通していたからこそ可能だったのである。

〈作品解説〉「お文の魂」は、大衆小説として一世を風靡、後に「捕物帳」と呼ばれる推理小説のジャンルを生み出す契機となった、長篇連作小説『半七捕物帳』（全六十九篇）（大正六～昭和一二年）の第一話として発表された。初出は「文芸倶楽部」一九一七年一月号。引用は『半七捕物帳　第一輯』（新作社、大正一二年）による。

〈作者略歴〉一八七二（明治五）～一九三九（昭和一四）年。東京生。別号、狂綺堂。劇作家、小説家。「修善寺物語」（一九一一年）により新歌舞伎の作者として注目を浴び、その後「鳥辺山心中」（一九一五年）「番町皿屋敷」（一九一六年）「権三と助十」（一九二六年）などの戯曲を多数書いた。　〔千葉俊二〕

44　佐藤春夫

さとう・はるお

〈作品〉フラテ（犬の名）は急に駆け出して、蹄鍛冶屋《ひづめかじや》の横に折れる岐路のところで、私を待つて居る。この犬は非常に賢い犬で、私の年来の友達であるが、私の妻などは勿論大多数の人間よりよほど賢い、と私は信じて居る。で、いつでも散歩に出る時には、きつとフラテを連れて出る。奴は時々、思ひもかけぬやうなところへ自分をつれてゆく。で近頃では私は散歩といへば、自分でどこへ行かうなどと考へずに、この犬の行く方へだまつてついて行くことに決めて居るやうなわけなのである。蹄鍛冶屋の横道は、私は未だ一度も歩かない。よし、犬の案内に任せて今日はそこを歩かう。そこで私はそこを曲る。その細い道はだらだらの坂道で、時々ひどく曲りくねつて居る。おれはその道に沿うて犬について、景色を見るでもなく、考へるでもなく、ただぼんやりと空想に耽つて歩く。（「西班牙犬の家」）

〈作品鑑賞〉冒頭部に続いて、「私」とフラテは散歩を続けていると、西洋風の家に出会《でくわ》す。壁には蔦葛《つたかずら》が絡まり、階段、壁際には薔薇が咲いている。私は、隠者か、魔法使の家を訪問しているような気分に襲われる。その家は留守らしく、室内には西班牙犬が寝そべっていて、今まで人のいた気配がする。戸外に出てみると、犬が「あゝ、今日は妙な奴に駭《おどろ》かされた」と言ったような気がする。瞬きした途端、犬は中老人になって本を読んでいた。暖かい春の日の出来事であった。

　以上のように、冒頭から一貫して犬に牽引されながら、「ただぼんやりと空想に耽つて歩く」という「私」の独白体による物語であり、何とも不思議で不可解な結末を迎える。しかし、読者は副題「夢見心地になることの好きな人々の為めの短篇」を見て初めて得心する、という仕掛けが施されている。

　自然主義文学主流のこの時代の文壇にあって、空想や幻想を主体とした本作のような文学が異彩を放つとともに、清新な空気を送り込み読者に歓迎されたことは自明のことであり、作者の眼目もそこにあった。当時作家出発期にあった佐藤春夫が表現方法と文体に苦慮していたことは、自ら『詩文半世紀』（一九六三年）等で語っている。すなわち、本作や「歩きながら」（一九一四年）のように、主人公の独白体として空想と現実を絡ませながら感興の赴くままにエッセイ風に語られる文体と、「病める薔薇《そうび》」（一九一七年）から改作「田園の憂鬱」（一九一九年）へと展開する彫琢された硬質の文体との間での葛藤期にあった。本作は前者の文体の最も成功した作品と言える。

〈作品解説〉初出誌は「星座」一九一七年一月号。引用は初出。後に第一創作集『短篇集「病める薔薇」』（一九一八年）収録の際、巻頭に置かれた自信作。春夫は「ひなたぼつこの間に忽然と湧いた感興を原稿紙の反古のうらにそそくさと鉛筆で走り書きして置いたのを後に清書して星座に送つた」と回想している。

〈作者略歴〉一八九二（明治二五）～一九六四（昭和三九）年。小説家、詩人、評論家。和歌山県新宮生。「田園の憂鬱」の初稿「病める薔薇」で注目され、文壇にデビューする。「美しい町」（一九一九年）「田園の憂鬱」及びその姉妹編「都会の憂鬱」（一九二二年）『殉情詩集』（一九二一年）等の小説、詩集、『退屈読本』（一九二六年）等の随筆・評論集を著すなど広汎多岐にわたって活躍した。

〔**中村三代司**〕

45　志賀直哉

しが・なおや

〈作品〉山の手線の電車に跳飛ばされて怪我をした、其後養生に、一人で但馬の城崎温泉へ出掛けた。背中の傷が脊椎カリエスになれば致命傷になりかねないが、そんな事はあるまいと医者に云はれた。二三年で出なければ後は心配はいらない、兎に角要心は肝心だからといはれて、それで来た。三週間以上――我慢出来たら五週間位居たいものだと考へて来た。

　頭は未だ何だか明瞭しない。物忘れが烈しくなつた。然し気分は近年になく静まつて、落ちついたいい気持がしてゐた。稲の穫入れの始まる頃で、気候もよかつたのだ。

　一人きりで誰も話相手はない。読むか書くか、ぼんやりと部屋の前の椅子に腰かけて山だの往来だのを見てゐるか、それでなければ散歩で暮してゐた。散歩する所は町から小さい流れについて少しづつ登りになつた路にいい所があつた。山の裾を廻つてゐるあたりの小さな潭になつた所に山女が沢山集つてゐる。そして尚よく見ると、足に毛の生えた大きな川蟹が石のやうに凝然として居るのを見つける事がある。夕方の食事前にはよくこの路を歩いて来た。冷々とした夕方、淋しい秋の山峡を小さい清い流れについて行く時考へる事は矢張り沈んだ事が多かつた。淋しい考だつた。然しそれには静かないい気持がある。自分はよく怪我の事を考へた。一つ間違へば、今頃は青山の土の下に仰向けになつて寝てゐる所だつたなど思ふ。青い冷たい顔をして、顔の傷も背中の傷も其儘で。祖父や母の死骸が傍にある。それももうお互に何の交渉もなく、――こんな事が想ひ浮ぶ。それは淋しいが、それ程に自分を恐怖させない考だつた。何時かはさうなる。それが何時か？――今迄はそんな事を思つて、その「何時か」を知らず〳〵遠い先の事にしてゐた。然し今は、それが本統に何時か知れないやうな気がして来た。

（「城の崎にて」）

〈作品鑑賞〉「城の崎にて」は、一人称「自分」による回想形式の語りからなる。だが、このことは読み始めてすぐにはわからない。冒頭から読み進めていくと、語りの主体と語られている物語世界の行為主体はおそらく同じだろうことは窺えるものの、三つ目の段落の半ば過ぎで「自分」が現れるまでは、一人称の語りがなされていることも、語り手が自らをどう呼んでいるのかも確定しない。

　物語世界は時間構造の面から截然と分類できる。まず「怪我」の「後養生」で滞在した「城崎温泉」の時点の世界と、これに先立つ、事故に遭い、自分で病院を手配し、さらに友人に怪我が「フェータル」かどうかを尋ねていた時点（Ⅰ）、事故の少し前に「范の犯罪」という短篇を書き、「長篇小説」にも着手していた時点（Ⅱ）、最も〝前〟である、「十年程前」に芦の湖の旅館の排水口でいもりを見たり、中学で「ロード・クライブ」を習ったりした、時間的には幅のある時点（Ⅲ）へと、ひとまず分けられる。

　城崎温泉での蜂、鼠、いもりをめぐるエピソードは、「自分」の死に関する思索・認識と組み合わされて「或朝」「ある午前」「或夕方」という順に配列され（つまり一日の時間の推移に対応しつつ、死をめぐる思索と認識が深まっていく如くに並べられ）、さらに滞在時以前の〝過去の記憶〟（Ⅰ～Ⅲ）がこのそれぞれと結びついて想起される（蜂―Ⅱ／鼠―Ⅰ／いもり―Ⅲ）。

また、現在時を示す「今」はどれも城崎滞在時を指し、だから記述に沿って読み進めた場合、これが語っている時点に該当し、つまりこの作品は語っている時点と語られている時点が同じか近接している実況的な形式をとっているとも見える。

だが、この作品は「三週間ゐて、自分は此処を去つた。それから、もう三年以上になる。自分は脊椎カリエスになるだけは助かつた」と結ばれる。つまり、語っているのは実は城崎滞在時の「三年以上」後の時点で、城崎滞在時は〝物語世界の現在〟にして、語っている時点で回想される〝過去〟にあたる。

すなわち、「城の崎にて」の物語世界の時間構造は、語っている時点である〝現在〟とこれに先立つ四つの〝過去〟という五層からなる。語りは、語られる世界とは切り離された〝すべてが終わったところ〟からなされる。そしてこのことは物語世界の時間構造の面からだけでなく、内容的にも――つまり、事故の傷が「脊椎カリエス」になるかもしれないという「死」と向き合っている状況から「三年以上」たち、「二三年で出なければ後は心配はいらない」という、「生」の側に移行し終えた地点から語られている点からも言える（十川信介は、「自分」という呼称が「夢のなかの自己ならぬ自己や、他人の体験を一人称で書くには最適の自称」〔「活字と肉筆のあいだ」、『明治文学ことばの位相』所収〕と指摘しているが、「城の崎にて」における「自分」という呼称の選択は、この作品の語り手と語られる対象とのこうした関係の様相と図らずも呼応する）。

ただ、こうしたことはこの作品を読み終えるまで、はっきりとはわからない。それまでは、「今」が城崎滞在時を指したり、現在時制をとる文末表現が随所で示されたりすることで、「自分」の〝回想〟が回想ではなくまさに〝今〟行われている思索と体験のように印象づけられるばかりなのである。

なお、冒頭部の「事故」「青山〔墓地〕」「〔実〕母」「祖父」、他の箇所にある「范の犯罪」や「長篇小説」などは、作者に関する情報と連動したとき、この作品を私小説的に読解する手がかりとして働くことにも注意したい。

〈作品解説〉 初出は「白樺」第八巻第五号（一九一七年五月）。翌年一月刊の短篇集『夜の光』収録の際に、「大正六年四月」との執筆時日が示された。「児を盗む話」（一九一四年四月）発表以来約三年にわたる沈黙後の第一作。『夜の光』刊行後、菊池寛や広津和郎らにより好意的に言及され、さらにその後、いわゆる心境小説の名作にして、情景・心情の簡潔かつ鮮明な描写を展開する、静謐さを湛えた志賀の代表作とされる。引用は『志賀直哉全集　第三巻』（岩波書店、一九九九年）による。

〈作者略歴〉 一八八三（明治一六）～一九七一（昭和四六）年。小説家。父の任地だった宮城県石巻生まれ。東京で育つ。一九一〇年四月、武者小路実篤・柳宗悦らと同人誌「白樺」を創刊。「網走まで」「剃刀」「濁った頭」など、多くの短篇小説を発表、緊密な構成と、情景・心理の的確緻密な描写が注目を集める。一七年一〇月発表の「和解」の絶賛により、当代随一の作家との声価を得る。三七年、改造社版『志賀直哉全集』の刊行企画に伴い、二〇年から執筆を続けていた長篇小説「暗夜行路」が完成。四九年、文化勲章受章。長年にわたり、近代日本の小説及び散文の〝理想〟を体現した作家と目された。

〔**大野亮司**〕

46　有島武郎

ありしま・たけお

〈作品〉長い影を地にひいて、痩馬の手綱を取りながら、彼れは黙りこくつて歩いた。大きな汚い風呂敷包と一緒に、章魚のやうに頭ばかり大きい赤坊《あかんぼう》をおぶつた彼れの妻は、少し跛脚《ちんば》をひきながら三四間も離れてその跡からとぼ〱とついて行つた。

北海道の冬は空まで逼つてゐた。蝦夷富士と云はれるマツカリヌプリの麓に続く胆振の大草原を、日本海から内浦湾に吹きぬける西風が、打寄せる紆濤《うねり》のやうに跡から跡から吹き払つていつた。寒い風だ。見上げると八合目まで雪になつたマツカリヌプリは少し頭を前にこゞめて風に歯向ひながら黙つたまゝ突立つて居た。昆布岳の斜面に小さく集つた雲の塊を眼がけて日は沈みかゝつてゐた。草原の上には一本の樹木も生へてゐなかつた。心細い程真直な一筋道を、彼れと彼れの妻だけが、よろ〱と歩く二本の立木のやうに動いて行つた。

（「カインの末裔」）

〈作品鑑賞〉「カインの末裔」は、ロングショットの映画的な手法が駆使される。晩秋の、夕暮れの迫った北海道の草原を歩く人影が俯瞰的に映し出され、寡黙な夫婦や「章魚」という直喩で捉えられた「赤坊」からは言葉が奪われ、あくまで被写体として印象されるような導入になっていた。「蝦夷富士」は羊蹄山とも呼ばれる北海道後志支庁の高山で、その南西にある独立峰が「昆布岳」であった。その間の「胆振の大草原」を、「日本海から内浦湾に吹きぬける西風」に逆らって歩みを進めるというように、地図的な視点を導入して、風景描写も超越的な視座から物語の現在を示していた。

しかし、「寒い風だ」という心内語は、「見上げる」という動作ともに、動作主体が明示されず、これまでの超越的に語られてきた映像世界が、語り手の視角であるとともに、読んでいる読者の視角でもありうるような、読者を巻き込む語り方になっていた。そこに見出された、羊蹄山を擬人化した表現からは、この後で主人公が人間社会や自然とも対抗する物語内容を予想させもするのである。そうした宿命を「心細い程真直な一筋道」という表現は補強して、再び「二本の立木」という直喩で捉えられた男女の姿は、物語末尾の「真直な幹が見渡す限り天を衝いて、怒濤のやうな風の音を籠めてゐた。二人の男女は蟻のやうに小さくその林に近づいて、やがてその中に呑み込まれてしまつた」という描写と呼応して、その間に神話的な物語世界が展開されるのであった。

〈作品解説〉「新小説」一九一七年七月号。翌年『有島武郎著作集　第三輯』に収録。引用は同書。北海道の開拓農場に入植した、野性的な小作人広岡仁右衛門を、修辞的な表現でドラマチックに描き出す。カインは、聖書にある弟殺しで流離する農耕民のこと。

〈作者略歴〉一八七八（明治一一）～一九二三（大正一二）年。小説家。東京生。武者小路実篤、志賀直哉らと「白樺」を創刊。「カインの末裔」（一九一七年）で注目され、「生れ出る悩み」（一九一八年）などを発表、「白樺」掲載の「或る女のグリンプス」を全面的に改稿した『或る女』前後編（一九一九年）が代表作となる。そのほか、独自な生命哲学を『惜みなく愛は奪ふ』（一九二〇年）にまとめる。

〔山田俊治〕

47 久保田万太郎

くぼた・まんたろう

〈作品〉鈴むらさんのところへ、このごろ、扇朝《せんてう》が始終這入りこんでゐるといふ風説《うはさ》を聞いてせん枝《し》は心配した。何とかしなければいけないと思つた。——だが、何とかしたいにも、一月あまりといふもの、鈴むらさんは、まるでせん枝のところへ顔もみせなかつた。来なければならないはずのせん枝会の日にも、到頭出て来なかつた。

　さうでもないと思つて三橘《さんきつ》に聞くと、三橘も、まるでそののち会つてゐなかつた。

「俺は、先々月の晦日《みそか》、末広の独演会のかへりに川田さんや小山さんなんかと玉秀《たまひで》へ行つたときつきりだ。」と三橘はいつた。「旦那はあれでなか〳〵の気まぐれだから。——大丈夫だよ、打捨《うつちや》つて置けば、そのうちにまたさびしくなつて出て来るよ。」「気まぐれは俺も知つてゐる。——だから、出て来ないのはちつとも構はないが、たゞ少し、聞きこんだことがあるから。」

（「末枯《うらがれ》」）

〈作品鑑賞〉「末枯」の冒頭は、せん枝と三橘が同じ落語家仲間だった扇朝の近況を噂する場面から始まる。舞台設定や人物造型の描写をせず、話題の中心人物も不在のまま、過去の出来事とそこから派生した「風説」が間接話法で語られていく。

　噺家らしいテンポの早さと短く区切られた言葉の応酬で臨場感が沸き起こり、読者はすぐさま作品世界に惹き込まれる。随所に挿入されるダーシ（「——」）は、万太郎が頻繁に用いる表現技法。一瞬の〈間〉や〈沈黙〉に複雑な感情の澱みを窺うことができる。また、「行つたときつきり」、「打捨《うつちや》つて置けば」といった東京の下町言葉を自在に操ることで、読者は、その土地に暮らす人間たちの息づかいを感じることができる。

　場面は、周囲への「義理」を欠いて寄席の世界から退いた扇朝を罵るせん枝、三橘と、彼の芸のうまさと不運を嘆く「鈴むらさん」の対話に移り、やがて、ひとりの芸妓に惚れて身を持ち崩していった「鈴むらさん」の過去がつまびらかになるが、そこでの語りには、巷の喧騒や時代の動きから取り残される、愚直で不器用な人間の寂寞感が漂っている。

　畏友・水上滝太郎はその表現世界を、「作者は、作者が常にはかながる「時代の推移」の怖ろしさに心を傷めると同時に、その犠牲者に対して同情を寄せてゐるのである。けれども、作者は此の場合にも、決して詠嘆もしなければ嘆息もしない。淡々とした「情緒的写実主義」を乱される事なく進むのである」（「「末枯」の作者」、「三田文学」一九一九年八月）と評す。

〈作品解説〉初出誌は「新小説」一九一七年八月号。引用は初出。遊蕩に明け暮れて事業に失敗し、いまは浅草今戸で侘しく暮らす「鈴むらさん」と、彼が贔屓《ひいき》にした落語家や講釈師との軽妙な語りを通して、世間の栄枯や落伍者の哀歓を描く。家業が傾き精神的にも追い詰められていた時代に書かれた代表作。

〈作者略歴〉一八八九（明治二二）～一九六三（昭和三八）年。小説家、俳人、劇作家・演出家。東京浅草生。小山内薫に認められ三田派の作家として登場。時代から取り残された下町に生きる庶民を軽妙な文体で描いた。小説「末枯」（一九一七年）、「春泥」（二八年）、「市井人」（四九年）、戯曲「大寺学校」（二七年）、句集『道芝』（二七年）などがある。

〔石川　巧〕

48 広津和郎　ひろつ・かずお

〈**作品**〉若い新聞記者の鈴本定吉は近頃憂鬱に苦められ初めた。その憂鬱が彼にはいろ〳〵の方面から一時《いちどき》に押し寄せて来るやうに思はれた。彼には周囲の何も彼もがつまらなくて、淋しくて、味気なくて、苦しかつた。第一には彼の家庭である。彼は今から半年ほど前に一人の若い女と同棲した。同棲前に彼と彼女との間には既に一人の男の子が生れてゐた。二人の生活はうまく行かなかつた。……けれども、これはもつと後で説く事にしよう。

　今は何よりも先に彼が新聞社でしてゐる仕事を例に取つて見よう。彼はS——新聞社の社会部の編輯見習で、月給三十円を貰つてゐる。彼は朝九時に出社しなければならない。S——新聞は東京中の新聞といふ新聞の中で、最も忙がしい新聞だと云はれてゐる。一体は夕刊新聞なのであるが、近頃は正午版までも出し初めた。だから九時に出社して、十時半にはもう直ぐに正午版の締切と云ふ事になる。

（「神経病時代」）

〈**作品鑑賞**〉「神経病時代」は、広津和郎の文壇デビュー作であり、また〈性格破産者もの〉として、同時代に波紋を投げかけた作品である。

　二葉亭四迷と同じく、ロシア文学から強い影響をうけた広津は、四迷が『浮雲』で表出したような知識人の苦悩を、「大正」の閉塞した時代情況のもとで描き出そうとした。「神経病時代」の冒頭部には、広津のそうした姿勢がまさに凝縮されている。

　メディアの最前線で働く「若い新聞記者」に焦点が当てられ、小説の表題と呼応した「憂鬱」という言葉が二度繰り返される。さらにその「憂鬱」も「いろ〳〵の方面から」、「周囲の何も彼もが」という形で説明されていく。こうした表現をたたみかけることで、まず時代の閉塞感が前景化される。

　その上で、「一時」、「第一」、「半年」、「一人」、「二人」、「S——新聞社」、「三十円」、「朝九時」、「正午」、「十時半」など、数字や記号、時刻が過剰なまでに列挙される。それらの言葉は、鈴本定吉の「忙がしい」生活や「憂鬱」な内面と共鳴し合い、彼の苦悩を強調する。また、物語自体も順序よく進まず、「……けれども、これはもつと後で説く事にしよう」などと、〈語り手〉までもが定吉と共犯関係を結び、語ることをためらい、戸惑い、躊躇することで、定吉の煩悶が増幅されていく。

「神経病時代」は、広津の体験をもとにした小説とされる。しかし、冒頭部の表現をみても、単なる個人的な体験の表出ではなく、「神経」を「病」んだ「時代」情況を表出しようとした広津の姿勢が、浮かび上がってくるだろう。

〈**作品解説**〉初出誌は「中央公論」一九一七年一〇月号。引用は同誌。実質上のデビュー小説。広津は戦後にまで、社会問題を強く意識し続けた。〈性格破産者〉という形で、知識人の行き詰まりを描いたこの小説に、その姿勢は既に垣間見られる。

〈**作者略歴**〉一八九一年（明治二四）～一九六八（昭和四三）年。小説家、批評家。東京生。父は小説家・広津柳浪。「怒れるトルストイ」（一九一七年）、「散文芸術の位置」（一九二四年）などの評論でも有名。常に社会問題を強く意識し続け、戦後も松川裁判に積極的にかかわり、そのスタンスを貫いた。

〔平　浩一〕

49 菊池　寛

きくち・かん

〈作品〉「可哀さうな坊様ぢや。物に狂つたと見え、あの大盤石を穿つて行くわ。十の一も穿ち得ないで、おのれが命を終らうものを。」と、行路の人々は、市九郎の空しい努力を、悲しみ始めた。が、一年経ち二年経ち、丁度九年目の終りに、穴の入口より奥迄、二十二間を計る迄に、掘り穿つた。

樋田郷の里人は始めて市九郎の事業の可能性に気が付いた。一人の痩せはてた乞食僧が九年の力で、之迄掘穿ち得るものならば、人を増し、歳月を重ねたならば、此の大絶壁を、穿ち貫く事も、必ずしも不思議な事ではないと云ふ考が、里人等の胸の中に銘せられて来た。九年前、市九郎の勧進を挙つて斥けた山国川に添ふ七郷の里人は、今度は自発的に開鑿の寄進に付いた。数人の石工が市九郎の事業を、援ける為に雇はれた。もう、市九郎は孤独ではなかつた。　（「恩讐の彼方に」）

〈作品鑑賞〉「恩讐の彼方に」は、「主殺しの大罪」を犯した武士が僧となって、九州耶馬渓のいわゆる「青の洞門」を掘削したという伝説を、現代的に解釈してみせた作品であるが、そこには、巧みに織りなされる言語的な編成をみることができる。引用部でも知られるように、まず、掘削に費やされた「時間」とその「量」が、計量可能な数字／言語によって表現されている。また、その数字／言語を通じて、「坊様」の努力を傍観していた「里人」の心理が具体的に浮かび上がる仕掛けにもなっているのである。

この「坊様」と「里人」の傍観・対立・和解は、以後、執拗に反復されて「入らぬ物入をした」という里人等の打算を浮上させるが、しかしその間に、市九郎の「浅ましい心」は「道心」へと導かれ、その「道心」が旅人の「道中」を悩ます「道路」の開削となり、果ては「武士道」の意地さえも破砕されるに至る。この変貌は、里人にあっても同様の変化をたどり、「疑惑の声」「驚異の眼」「尊崇の心」へと、彼らの身体を揺り動かしていく。一方、父を殺された実之助の側も、「敵を討つ」代わりに「岸壁を打つ」ことになり、堅い石塊を「掘る」ことが、おのれの頑なな心を「掘る」ことへとつながっていくなど、いわば「喩」の連鎖として示されていくのである。

こうして、「喩」の同一化とズレを巧みに操ることで、テクストは、両者に横たわる「仇討ち」という制度から解放されて、武士に課せられた「負荷」を、人間として「返済」する物語へと変貌をとげることになるのである。

〈作品解説〉初出誌は「中央公論」一九一九年一月号。引用は同誌による。菊池寛は、歴史的な材料を取りあげつつ、人間の生活と心理に新しい解釈を与えようとした作家である。その一端は、「恩讐の彼方に」の表現にもうかがえる。

〈作者略歴〉一八八八（明治二一）～一九四八（昭和二三）年。小説家、戯曲家。香川生。芥川龍之介らと第四次「新思潮」創刊。戯曲「父帰る」や小説「無名作家の日記」で認められ、新聞小説「真珠夫人」で人気を得る。雑誌「文芸春秋」を創刊、文壇の大御所ともいわれた。

〔日高昭二〕

50　浜田広介　はまだ・ひろすけ

〈作品〉広い野原のまんなかに一本の古い栗の樹がありました。その樹の洞に椋鳥の子が、父さんと住んでゐました。

　秋もくれて、そこらこゝらの芒の穂がまつ白になると、父さんの椋鳥は、その穂をたくさん取つてきて巣の中に敷きました。穂はやはらかで、間もなく体がぬくもつてきて、綿の中にゐるやうでありましたから、やがて冬が近づいて、霜が降つても霙が降つても、寒くて困るやうなことはありませんでした。

　けれど、天気のわるい日がつづいて、もう外へ出られなくなると、椋鳥の子は、母さんの椋鳥を思ひ出しました。母さんの椋鳥は、もうこの世にゐないのでしたが、椋鳥の子はそれを知らないで、たゞ遠い所へ出かけていつたのだとばかり思つてゐました。父さんの椋鳥が、さうをしへたからでありました。

（「椋鳥の夢」）

〈作品鑑賞〉野原の古い木の洞に、母を亡くした椋鳥の父子が暮らしている。父は子に、母は遠いところへ出かけたとだけ教えた。椋鳥の子は母の帰りを待ちわびる間に、巣の入り口に付いた枯れ葉の音を母の羽音のように懐かしく聞き、枯れ葉が飛ばないように馬の毛でくくる。その夜椋鳥の子は、白い鳥の姿で母が帰った夢を見る。翌朝、枯れ葉に薄く雪が積もっていたので椋鳥の子は羽で雪を払い落とした、という話である。

　大正期に童話作家として出発した浜田広介が、二度と会えない母を恋う椋鳥の子の心情を、深まる秋の光景の中、哀感深く描き出している。この童話を表題とする第一童話集『椋鳥の夢』（新生社、一九二一年）の「自序」では、幼い頃に母から色々と昔話を聞いた思い出が述べられている。広介の童話はリズム感のある文章と「つく〴〵」「ぱつと」などの擬態語を多用した、語りかけの表現を特色とするが、昔話を母から耳で聞いた経験が、そうした語りに生かされたのかもしれない。

　作中では椋鳥の母がなぜ死んだのか、などの背後の事情はいっさい語られない。具体的な説明を省き、芒の穂の「やはらか」さやぬくもり、また葉の音や雪の白さなど、感覚に訴える描写を重ね、ひたすら椋鳥の子の母への慕情に焦点をあてる。そこから母を失った子のけなげで哀れな心情が強調されるが、同時にそれは自ら母を捜しに行くことも、父に事情を問いただすこともできずに、巣の中で状況を受け入れるだけの子どもの無力さも印象づける。これは広介の童話に限ったことではなく、大正期の多くの童話は子どもの純真な童心を尊重するあまり、現実に抗することのできない、弱者としての子どもを描くことが多かった。椋鳥の子の姿は、当時の典型的な童心主義童話の可哀想な児童像であり、その点で、大人の同情と涙こそを誘う物語ともなっている。

〈作品解説〉初出誌は「良友」一九一九年一月号。第一童話集『椋鳥の夢』（一九二一年）の表題作。平易な語りと哀感の濃い叙情的作風で知られる広介童話の初期代表作である。引用原文は『椋鳥の夢』（新生社、一九二一年）による。

〈作者略歴〉一八九三（明治二六）〜一九七三（昭和四八）年。童話作家。「大阪朝日新聞」の童話募集に当選（一九一七年）後、「良友」「コドモノクニ」誌などで活躍。作品は「ひろすけ童話」の名称で親しまれた。

〔久米依子〕

51 宇野浩二　うの・こうじ

〈作品〉そして私は質屋に行かうと思ひ立ちました。私が質屋に行かうといふのは、勿論質物《しちもつ》を出しに行かうといふのではありません、私には今少しもそんな余裕の金はないのです。と言つて、又質物を入れに行くのでも無論ありません。私は今質に入れる一枚の着物も、一つの品物も持たないのです。そればかりか、現に今私が身に着けてゐる着物まで質物になつてゐるのです。それはどうした訳かといふと、私はこの着物で既に質屋から若干《いくら》かの金を借りてゐるのです。従つて私は外《ほか》の私の質屋に入つてゐるもの丶ために、六カ月に一度づつの利息を払つてゐる外に、現在身に着けてゐるこの着物のためにさへ、これは一月《ひとつき》に一度づつ、自分の着物でありながら、損料賃として質屋の定めの利息の三倍を持つて行かねばならぬ身の上なのです。

（「蔵の中」）

〈作品鑑賞〉「蔵の中」は幾つものエピソードをつなぎ合わせる形式で作られた小説である。そのエピソードも、過去と現在が複雑に入り交じり、過去の回想の中には、主人公と関わりを持った何人もの女性が登場する。こういう錯綜した構造と、それを語る饒舌な話し言葉体は、思いつくままに話が横道に逸れ、取りとめなく続いて行く「座談」の形に似ている。小説冒頭の「そして」という特殊な書き出しも、まだここ以前に話があり、その座談の途中から切り取られたような印象を与える。さらに作中には、「そして又話が枝道に深入しますが、どうぞ大目に見て聞いて下さい、たのみます」「もう一つお話することを許して下さるでせうか」等々といった、直接読者に語りかける文章が時折差し挟まれるが、これも座談の特徴であろう。こういう文体は発表当時「落語」に近いと評され、毀誉褒貶半ばしたが、例えば読者への直接の語りかけは、個々のエピソードをつなげたり区切ったりする役割をも果たしている。

「そして私は質屋に」云々というフレーズも、エピソードの区切りとして数回繰り返されるが、何のために質屋に行くのかは、作品半ばまで明かされない。主人公は今年の夏、質屋の蔵の中で自分の預けてある多くの着物の虫干しを自分の手でさせてもらったのだが、質屋に行く理由は、新しい下宿が嫌になったため、再び虫干しを思いついたという程度のことにすぎず、物語の主筋というようなものではない。主人公の着物への異常な執着や、その着物にまつわる女性たちの回想と、それを語る滑稽かつ巧妙な饒舌文体が、この小説の主眼であると言えよう。

〈作品解説〉初出誌は「文章世界」一九一九年四月号。宇野浩二の実質的な文壇デビュー作である。友人広津和郎から、質屋の蔵で質物の虫干しをしているという近松秋江のエピソードを聞いて、それを小説に仕立てた作品であるが、作中で語られる女性たちとの物語はむしろ宇野浩二自身の体験談にやや近い。引用原文は『蔵の中』（聚英閣、一九一九年）による。

〈作者略歴〉一八九一（明治二四）～一九六一（昭和三六）年。小説家。本名、格次郎。大阪育ち。ユーモラスな饒舌体の小説から出発し、昭和二年の精神疾患を伴う大患を経て、作風を転換。「枯木のある風景」（一九三三年）「思ひ川」（一九四八年）など私小説の代表的作家として「文学の鬼」とも評された。

〔**柳沢孝子**〕

52　小川未明
おがわ・みめい

〈作品〉人魚は、南の方の海にばかり棲んでゐるのではありません。北の海にも棲んでゐたのであります。

北方の海の色は、青うございました。ある時、岩の上に、女の人魚があがつて、あたりの景色を眺めながら休んでゐました。

雲間から洩れた月の光がさびしく、浪の上を照らしてゐました。どちらを見ても限りない、物凄い波がうね〳〵と動いてゐるのであります。

なんといふ淋しい景色だらうと人魚は思ひました。自分達は、人間とあまり姿は変つてゐない。魚や、また底深い海の中に棲んでゐる気の荒い、いろ〳〵な獣物等とくらべたら、どれ程人間の方に心も姿も似てゐるか知れない。夫れだのに、自分達は、やはり魚や、獣物等といつしよに、冷たい、暗い、気の滅入りさうな海の中に暮らさなければならないといふのはどうしたことだらうと思ひました。

（「赤い蝋燭と人魚」）

〈作品鑑賞〉「赤い蝋燭と人魚」は人間に裏切られた人魚の母娘の悲劇を描いた、未明童話の代表作である。北方の暗い海の中で人間界に憧れていた母人魚が、娘の「仕合せ」を願って娘を町に産み落とし、娘は蝋燭屋の老夫婦に拾われ育てられたが、ある日香具師に大金を出され、老夫婦は娘を売り飛ばしてしまう。その晩、娘の描いた赤い蝋燭を買う不思議な女が現れ、直後に大暴風雨《あらし》が起きて香具師と娘を乗せた船は沈没する。以来、赤い蝋燭がお宮に灯るたびに嵐となり、町そのものが滅びてなくなった、というストーリーである。

新潟県出身である作者の故郷を思わせる暗鬱な淋しい海辺の町を舞台に、弱者を虐げる強欲な人間社会を告発した作である。

「あります」「ございます」と敬体の語尾を使用して童話らしい丁寧な語りで進められるが、「北の海」や娘の「黒い瞳」など、全体的に暗い色調が使われ、その中で赤い蝋燭の色と火影が、人魚の命の灯のような強い印象を残す。また冒頭部分の月に照らされる海が、終末部分ではさらに不気味に、果てしなく「高い波がうね〳〵と」動く神秘的な情景で描き出される。人間の非情さに翻弄された人魚の母娘の悲嘆と憤りが、夜の波の表現に重ね合わされ、渦巻く遺恨に読者も巻き込まれるような迫力が生じている。未明童話のこうした暗示的表現に対し、説明があいまいで児童文学には不適切ではないか、という批判も第二次大戦後には起きた。しかし象徴的な描き方によって情感を揺さぶりつつ、社会批判のメッセージも込めた未明童話の手法は、日本の童話表現の領域を確実に広げたといえる。

〈作品解説〉初出は「東京朝日新聞」夕刊一九二一年二月一六日～二〇日。未明が出身地新潟の風土と人魚伝説をふまえ、幻想的設定の中で拝金的な人間社会への批判性をこめた童話。引用原文は『赤い蝋燭と人魚』（天佑社、一九二一年）による。

〈作者略歴〉一八八二（明治一五）～一九六一（昭和三六）年。小説家、童話作家。新潟県上越市生。ネオロマンチシズムの作家として出発後、「金の輪」「牛女」（いずれも一九一九年）「野薔薇」（一九二〇年）などで童話作家の第一人者と目され、日本のアンデルセンと評された。

〔**久米依子**〕

53 内田百閒

うちだ・ひゃっけん

〈作品〉女を世話してくれる人があつたので、私は誰にも知れない様に内を出た。その女が、だれかの妾だと云ふ事は、うすうす解つてゐた。人の一人も通つてゐない変な道を、随分長い間歩いて行つたら、その家の前に来た。二階建の四軒長屋の左から二軒目の家である。左が北だと云ふこと丈は、どう云ふわけだか、ちやんと知れてゐた。内に這入つたら、すぐに座敷へ通された。馬鹿に広い座敷で、矢張り何となく白けてゐる。その座敷の真中に、たつた一人だけで坐つてゐるのは、あんまり気持がよくない。無暗に顔が引釣るらしい。顔を洗つてよく拭かずに、そのまま乾かしてゐる様な気持がする。大分たつてから、そこで御飯を食ふことになつた。大方晩飯だらうと思ふ。

（「盡頭子」）

〈作品鑑賞〉「盡頭子」は、内田百閒の第一創作集『冥途』所収の一八篇のうち三番目に配置された短篇である。囲われものの女のところへ忍んで出かけた主人公が、わけのわからぬまま奇妙な状況へと追い込まれていく様が描かれている。

これから自分が食べるのが晩飯であるかどうかも判然としないように、語り手でもある主人公はとうぜん知っていてよいはずのことを知らない。そのために曖昧な表現が多用される一方で、主人公が事前に知りえないはずのことをなぜか知っているといった不可思議な事態も生じている。

結局、主人公はこの妾宅で檀那と鉢合わせしてしまう。女の機転で檀那のところへ弟子入りにきたことにしてその場をごまかすが、檀那は馬にお灸を据える先生だということである。「盡頭子」という意味不明な号まで付けられてしまった主人公は、見当のつかない事態の連続に困り果てる。やがて先生とその弟とともに連れ立った仕事先で、主人公は馬の顔に変身した弟の姿を目撃し、恐怖のあまり悲鳴をあげて逃げ出す。

主人公をただならぬ状況へと巻き込み、不安と恐怖を高めているのは『冥途』特有のレトリックにある。結末で主人公が恐れているのは、他人が馬の顔に変身したためではなく、「盡頭子」と名付けられてしまった自分の運命（言葉の呪い）に気付いたからである。そのレトリックの謎は、『冥途』収録の別作品「件」（一八篇のうち五番目）から解き明かすことができる。

「件」は、主人公が、体は牛で顔だけ人間の化物として生まれたところから始まる。つまり、「盡頭子」【ジントウシ】（人と牛）と名づけられた主人公は、二篇後の別作品でその名のとおり半獣半人として変身させられてしまうのである。内田百閒は文字のもつ音、形、意味、さらには相互に独立した短篇を自由に横断させるなど、密度の高い独創的な物語を紡ぎ出した。

〈作品解説〉初出誌は「新小説」一九二一年四月号。同号に発表された他五篇とともに、翌年、創作集『冥途』に収録。百閒の日記から「件」と同時期に構想されたことがわかる。引用は『新輯内田百閒全集　第一巻』（福武書店、一九八六年）による。

〈作者略歴〉一八八九（明治二二）～一九七一（昭和四六）年。小説家、随筆家。岡山生。師夏目漱石が『夢十夜』などで開拓した夢幻的な領域を、『冥途』『旅順入城式』の徹底化した手法により発展させた。その後、『百鬼園随筆』などで独自のユーモアを発揮、特異な文章世界を築いた。

〔山口　徹〕

54　中河與一

なかがわ・よいち

〈作品〉城壁のやうに高く連つてゐる高架鉄道が、山の腹から出て東へ野原を横《よこ》ぎつてゐた。それと斜《はす》かひに通つた野の道は線路の下をトンネルのやうにくりぬいて、向ふに見える小さい村に消えてゐる。

　彼は、どうして其の村へ帰らうかと思ひ煩ひ乍ら放心者のやうな歩みを運んでゐた。——余り熱心すぎる——

　彼は、さう思ひ返した。余りにも馬鹿げた無体な懸命さを気《き》軽《がる》にしよう為めに。

　と、すぐ、もう眼前にトンネルが迫つてゐた。彼は呼吸を、こらへ乍ら、その辺の空気を、押しのけるやうに着物の袖を異様な焦慮にはたいて、あとしざりした。

　今朝の事である。何気なく其のガードの下を通り乍ら、緑色に晴れ渡つた大空に象眼の様《やう》にカッキリと二本の黒色の鉄道を支へた灰色の枕木が適当な間隔を置いて並んでゐるのを見上げた時、汚れた青味をおんだ血と血糊に固まつた女の髪とが落ちて来るのを見た。そして或るものは、其の切り通しのジメ〳〵と苔の生へた黒ずんだ石崖《いしがけ》を伝ひ乍ら、陰気に流れたり、しただつたり、固まつたり、又或る髪の毛の如きは中途の蜘蛛の巣にひつかゝり乍ら生き物のやうに気味悪く震へてさへゐた——

（「悩ましい妄想」）

〈作品鑑賞〉右冒頭部は、少年時代に外科医の叔父の家で見た「幾つもの鉄道惨死者の、むごたらしい回想」がもたらしたリアルな「幻覚」である。「彼」は「もうガードの下を通らぬやうにさへすれば、い、と考へ」るが、「斯うして次第に生活の範囲が、せばめられてゆく」。一方で、「彼の恋人が肺であつた事を知つて以来、極度の煩悩と憂鬱に、おち入」り、「彼は恐ろしい此の『空想の病気』を明瞭に意識し見る事が出来るやうになつてゐた」。あらゆる人や物が「汚なく」感覚される潔癖症の「彼」は「総ての清めの水」たる「Hgx」（塩化水銀、$HgCl_2$）で消毒しなければ気が済まないが、これは肉体をむしばむ「毒薬」である。近代科学・技術の産物たる「鉄道」が生み出す「惨死者」、医学がその存在をリアルなものとした「病気」は、遍在するリアルな汚れの「妄想」をもたらし、おびやかす。この「空想の病気」から身を守るための消毒薬もまた化学記号で表現される「Hgx」で、過度の使用が「彼」の肉体を蝕む。近代科学の産物や志向する目的合理性が生活の場に遍満し利便性や健康を増進することと表裏の関係で、事故や排除されるべき汚れの存在が「悩ましい妄想」として物象化して増幅し、神経をむしばむ様相が描かれる。

〈作品解説〉引用は初出誌「新公論」一九二一年六月号。大正期の「神経病」「憂鬱」を形象化した作品の流れを受け、近代科学・技術がもたらす病理や合理的認識にはらまれる背理への着眼から、新たな表現を試みた新感覚派作家のデビュー作。

〈作者略歴〉一八九七（明治三〇）～一九九四（平成六）年。小説家。「刺繍せられたる野菜」（一九二四年）「氷る舞踏場」（一九二五年）などで新感覚派の作家として頭角をあらわす。形式主義論争、偶然文学論争などでプロレタリア文学派に対抗する文学論を展開。中長編に「愛恋無限」（一九三六年）「天の夕顔」（一九三八年）がある。

〔山﨑義光〕

55　久米正雄

くめ・まさお

〈作品〉鎌倉の海は穏に凪いでゐた。

十二月初めの午後の日が、もう少しく赤みを帯びて、西へ傾き加減に煙つてゐるために、右手に突出た稲村ヶ崎一帯は、燻色の陰影になつて、江の島が半ば顔を出しながら、遠く輪郭を蝕ませて浮んでゐる海面を、対照的に光らしてゐるだけだつたが、反対の小坪の鼻からかけて、葉山の長者ヶ崎を遠望する一方は、明るい橙紅色を含んだ日影を受けて、鮮に、併し強烈ではなく、初期の印象派の絵のやうに照らし出されてゐた。冬の穏な日によくある、中空から上はくつきり晴れ上つて、青空がコバルトを濃く輝かしてゐるが、水平線に近づくに従つて暈され、やがて其下は靄とも霞ともつかぬ褪紅色のヴエールに、粉つぽくうつすらと包まれて了ふ。小春日の静けさが、澱んだやうな空象だつたので、大島は影も見えなかつたが、併し天際は遥に霽れ渡つた感じを、決して濁してはゐなかつた。（「破船」）

〈作品鑑賞〉勝見漾石（夏目漱石）・冬子（筆子）・小野（久米正雄）・杉浦（松岡譲）・柳井（芥川龍之介）などの登場人物やそのエピソードから読む人が読めば明らかな、漱石令嬢筆子に失恋した久米を主人公に据えたモデル小説である。しかし冒頭の水彩画風の風景描写にも表れているように、事件から五年もの歳月が流れる中で経緯の全体について客観的・巨視的に描こうとした作品といえる。「決して濁してはゐなかつた」という晴れやかな心境から始まるこの話は、公平かつ冷静な筆致で一連の出来事が物語として再構成されており、恋情や師への敬愛に拠る濃密な関係への欲望を局所に浮かび上がらせながらも、そのバランスに優れている。甘美や哀愁を湛えた作品は同時代の大衆の心をつかみ、流行作家としての力量を発揮した作品といえるだろう。

〈作品解説〉初出誌は、「主婦の友」一九二二年一月号～一二月号。夏目漱石の木曜会に出席していた久米正雄は、漱石の死をきっかけに遺族と交わりを深めていくなかで長女筆子に恋愛感情を抱くようになる。やがて夏目家との関わりを久米が小説に書いたことが、未亡人の逆鱗にふれ、筆子との結婚を拒絶される。久米はこの失恋を素材として「蛍草」、「敗者」（いずれも一九一八年）、「和霊」（一九二〇年）、「墓参」（一九二四年）と次々小説に書いた。失恋事件は新聞の出版広告などにも大々的に謳われたことから関係者ばかりではなく、一般読者にも周知のこととなった。これらの作品によって久米は大衆作家としての基盤を固め、「新しき時代の浪漫主義者《ロマンチスト》」（芥川龍之介）とも呼ばれたのである。引用原文は『久米正雄全集　第五巻』（平凡社、一九三〇年）による。

〈作者略歴〉一八九一（明治二四）～一九五二（昭和二七）年。俳人（号三汀）・小説家・劇作家。長野生。「牛乳屋の兄弟」（一九一五年）を発表、劇作家として門出を飾る。一九一七年第四次「新思潮」を創刊、「父の死」を発表する。「私小説と心境小説」（一九二六年）などの評論や翻訳など多彩な活動をし、流行作家となる。文壇の社交家でもあった。戦時中は日本文学報告会事務局長を務めた。戦後は川端康成、高見順らと鎌倉文庫をはじめ、雑誌「人間」（一九四六年）を発刊した。

〔山岸郁子〕

56 小山内　薫　おさない・かおる

〈作品〉

（幕が明くと、「手先」と呼ばる、捕吏が、あたりに目を配りながら出て来る。二三度、火の番小屋の前を行つたり来たりする。やがて、小屋の前に立ち留り、火の番の老爺に呼びかける。）

捕吏　とつつあん。まだ生きてるな。

火の番　（顔を上げる）生きてるとも。誰だ。をかしな事を言ふのは。

捕吏　誰でもねえ。おれだよ。

火の番　おれはまだ死にやあしねえよ。誰が死ぬものか。

捕吏　向きになる奴があるものか。冗談だな。

火の番　冗談だ。何が冗談だ。

捕吏　生きてるなと言つたのがよ。

火の番　生きてるともさ。当り前だ。死んでたまるものか。

捕吏　分からねえな。お前、冗談が分からねえのか。かう寒くつちやあ、冗談の一つも言はなけりやあ、とても遣り切れたもんぢやねえんだ。

火の番　そんな事を言つてると、体でもあつたまるのか。

捕吏　話にならねえ。（行きかける）

（「息子」）

〈作品鑑賞〉　徳川時代末期の江戸。一二月の冷えこむ晩のこと。火の番をしている老翁に見まわりの捕吏が「まだ生きてるな」と声をかけていく。その「冗談」を受け流すことができない頑迷な性格の火の番は捕吏の言葉の揚げ足を取るように食ってかかる。無愛想にかみつきあいながらも互いを思いやる江戸の庶民の姿がうかがわれる。そこへ上方から追われて逃げてきた金次郎という男が火にあたりにやってくる。実は金次郎は火の番の息子であったが、自分の息子は上方で立派に商売をしていると信じきっている火の番に名告ることができない。そこで「若しお前の息子がしくじつたとするな。そいつが困つて帰つて来たとするんだ」と例え話をしてみせる。しかし、火の番は一向に気付かない。彼にとって言葉が指し示す事象と現実の認識は一致しており、「冗談」や空想が入り込む余地がないからである。

捕吏から逃げて去っていく金次郎は、最後に「（声を飲むやうにして）ちやん。」とひと声叫ぶ。九年ぶりの親子の再会であったことに火の番は最後までが気が付かず、それゆえに観客は余計に涙を誘われ、カタルシスをもたらされるのである。

〈作品解説〉　一九二二年七月号「三田文学」に初出。一九二三年三月に帝国劇場で上演され、六世尾上菊五郎が金次郎、尾上松助が火の番、守田勘彌が捕吏を演じた。ハロルド・チャピン「父を探すオーガスタス」の翻案であるが、劇的な一場面を簡潔に描いた佳作として、近年に至るまで繰り返し上演され続けている。引用原文は『現代日本戯曲選集　第四巻』（白水社、一九五五年）による。

〈作者略歴〉　一八八一（明治一四）〜一九二八（昭和三）年。劇作家、小説家、演出家、演劇評論家。広島生。東京帝国大学英文科在学中から創作活動を始め、自伝的長編小説「大川端」（一九一一年）、戯曲「第一の世界」（一九二一年）などを発表。自由劇場や築地小劇場の創立、ラジオやトーキーの実験的製作など活動は多岐にわたる。

〔阿部由香子〕

57　前田河広一郎　まえだこう・ひろいちろう

〈**作品**〉「あれ、擽ったい。」

　はねのけるような癇高な、鼻のひくい、中年期の女のみが発し得る声が、総体にゆらゆらと傾いた船室の一隅からひびいた。女の姿は何かの蔭になって見えなかったが、男は前のめりに動いた姿だけ、汚らしい壁の上に、不自然な暴動の影を投げて、崩れるように暗い方へ消えてしまった。

「畜生、ふざけてやアがる。」

かなりな距離ではあったが、さっきからその暗隅を見すかしていた偏目の男は、巻煙草の端を上のベッドから床へ投ると同時に、もうじっとして見ては居られぬと云う風な性急な言葉を吐いた。

　そのわきに、ベッドに匍匐になって講談本を読んでいた男も、その時、むっくり頭をあげて、偏目の男の熟視している方を眺めたが、すぐつまらなそうに横を向いて、髯の中で嗤った。

（「三等船客」）

〈**作品鑑賞**〉物語の舞台は、サンフランシスコからハワイ経由で横浜をめざし太平洋を横断する汽船の三等船客室。息詰まる劣悪な環境の船室には、夢を抱いてアメリカに渡ったものの、挫折と失意のはてに故国日本へ帰ることになった「負けて、負けて、負け抜いた移民」が乗り合わせている。大部屋の三等船客は、まさに船のどん底、最底辺。ここでは船の構造が、そのまま階級社会の縮図であり象徴となっている。物語は、そうした船および社会の「どん底」に渦巻く悲哀と絶望、屈折した欲望、行き場のない怒りや暴力に焦点をあてていく。登場人物はそれぞれ「偏目の男」「紀州訛の男」「『十三番』の女」と呼ばれ、名前がない。物語の関心は個人を描くことにではなく、あくまでも集団のうごめきや感情、気配、力、エネルギーを浮び上がらせることにあるといってよい。どこかへと向かう以前の、不穏で混沌とした集団の力・群集のエネルギーに注目すること。そうした方向性は、うごめく人間の姿を、壁にうつる「不自然な暴動の影」ととらえる冒頭の描写にも端的にみてとれる。

〈**作品解説**〉初出は「中外」一九二二年八月号。「三等船客」は、前田河が一三年間のアメリカ生活を切り上げ日本へ帰国する汽船の三等船室で見聞きした体験を下敷きにしている。社会の「どん底」の象徴として「移民」に着目した点に、アメリカで長く下積み労働を体験し、セオドア・ドライザーら社会主義作家と出会った前田河ならではの「社会主義」がみてとれよう。海を舞台に、船を階級社会の縮図ととらえる視点は、その後、葉山嘉樹『海に生くる人々』や小林多喜二『蟹工船』へと受けつがれ、プロレタリア文学の方向性を決定づけた。引用は『日本プロレタリア文学集　第五巻』（新日本出版社、一九八五年）。

〈**作者略歴**〉一八八八（明治二一）〜一九五七（昭和三二）年。小説家。宮城生。徳冨蘆花に師事。キリスト教社会主義者・石川三四郎の新紀元社に入社。一九〇七年に渡米。シカゴで皿洗いや庭師等の職業を転々としながら社会主義雑誌に英文の小説や評論を発表。帰国後「種蒔く人」「文芸戦線」を拠点に活躍。作品「サッコ・ヴァンゼッティ事件」（一九三七年）などがある。

〔**栁沢　健**〕

58　野上弥生子

のがみ・やえこ

〈作品〉 十二月二十五日の午前五時、メイン・トップ・スクウナ型六十五噸の海神丸は、東九州の海岸に臨むK港を出帆した。目的地は其処から約九十海里の、日向寄りの海に散在してゐる二三の島々であつた。島からは、木炭と木材と、それから黒人仲間で五島以上だと云はれる非常に見事な鯣が出る。その他、何か知ら海産物は一年ぢう絶えない上に、往復に日数がとれないから、割のよい点では、これ位割のよい航海はなかつた。海神丸の若い船長はそれをよく知つてゐた。彼は阪神方面や中国筋を一と廻りして来た後では、屹度この島の方へ舵を向けた。――島で丁度な積荷がなければ、進んで大隈あたりへのすまでであつた。

今度の航海は、町の問屋筋の大豆を門司から積んで戻つたばかりの後であつた。併しその儘故郷の浜へ帰つて畳の上で正月を待つのは勿体なかつた。まだ四五日は残されてある。

（「海神丸」）

〈作品鑑賞〉 きわめて抑制的な冒頭は、これから起こる壮絶な事件の気配を微塵も感じさせない。海神丸の船長にとって海は「何か知ら」の豊穣を与える場であった。が、時として海は一切のもの――〈人間性〉ですら――を奪い去る暴威の相もあわせ持つ。その危ういバランスのなかで静かに航海の物語が始まるのである。船長は、海の男特有の精悍さとともに、「一枚のお札の前にも」慎ましく手を合わせるほどの敬虔さをのぞかせる人物である。凪が瞬時に時化に変貌するように、冒頭部の淡々とした文体と穏やかな情景描写は、後の急転換を際立たせる効果として十分に成功している。

乗組員の必死の抵抗もむなしく、難破した海神丸は漂流生活を強いられることになる。ここにおいて抑制的な筆致は、擬人法を多用した文体に変容し、限界状況に陥った人間のおぞましさとその極みにおける崇高さの描出にまで一気に飛躍する。難破船に閉じ込められ、絶望的な飢餓と渇きのために次第に他者不信に陥る乗組員は、人肉食という究極の選択を迫られる。凪と時化、信と不信、理性と狂気、船長の理想主義と対決する八蔵の野獣性――精巧な対比構造と精緻なリアリズム的描写により、人間の根源的なありようを写し取っている。

〈作品解説〉 初出誌は「中央公論」一九二二年九月号。一九一六年に起きた海難事故に取材したモデル小説とみせながら、虚構を織り交ぜ、西欧古典の素養や貴種流離譚のモティーフが底流している。「小説らしいものがやっと書けた最初の仕事」（「わが小説『海神丸』」朝日新聞、一九六二年三月二七日号）と自認しているとおり、初期から中期への架橋となる代表作と言える。引用原文は『野上彌生子全集　第四巻』（岩波書店、一九八一年）による。

〈作家略歴〉 一八八五（明治一八）～一九八五（昭和六〇）年。大分生。夏目漱石に私淑した夫・豊一郎とともに薫陶を受け、文学的出発の機縁を得る。動乱の時代に生きる女性のあり方を追究した『真知子』（一九三一年）、知識青年の思想的挫折と彷徨を描いた長篇『迷路』（一九四八年～五六年）など。

〔石月麻由子〕

59　大佛次郎

おさらぎ・じろう

〈作品〉先刻《さっき》の時雨は、今、東寺のあたりを降つてゐるらしい。五重の搭の影を暗くして、鉛色の雲が重く、その辺の空を蔽《おほ》つてゐます。

　搭の向ふは、茶色に汚れた平野、その先の遠い山脈《やまなみ》にはもう灰色の靄《もや》が絡まつてゐます。鳩がかじかんで棲《とま》つてゐる寺の波《は》風《ふ》に当つてゐた夕日の色も次第に力なく衰へて来てゐる。夜は間近いのでした。杉作も、それを知つてゐました。朝家を出る時食べたきりの腹ももとより空いてゐたのです。傍《そば》にゐる弟の新吉に何か口をきいてやるだけの元気もなく、此の寺の門へ時雨《しぐれ》に追はれて駆込んでしやがんだ儘、雨が過ぎて行つた今も、立ち上らうともせず、ぼんやり力ない目で往来を見てゐるのでした。

　往来にはいろ〳〵な人が通ります。みんな、いそがしさうにせか〳〵歩いて行つて、この小さい角兵衛獅子の方へは目をくれようともしません。日は暮れようとしてゐますし、風は冷《つめた》い、どんな大人だつて、暖《あたゝか》い火のある自分の家《うち》が恋しいのでせう。

（「角兵衛獅子」）

〈作品鑑賞〉「少年の為の鞍馬天狗」と副題にある「角兵衛獅子」は、「です・ます」体で語られている。「鞍馬天狗」シリーズの第一作「鬼面の老女」（「ポケット」一九二二年五月号）も春雨の靄のとばりに包まれた夕刻の京都の川沿いの道を急ぐ小野宗房の登場で幕を開けていたが、「角兵衛獅子」では「である」体が親しみやすい敬体に改められたのみならず、常套的な比喩表現に富んだ講談調の語り口は抑制され、平易で清涼感あるものとなった。まず「先刻の時雨」を降らした雨雲へと視線を向け、「茶色」「鉛色の雲」「灰色の靄」とくすんだ色調を強調し、「夕日の色も次第に力なく衰へて来て」と時の経過を示してから、「雨が過ぎて行つた今」「ぼんやり力ない目で往来を見てゐる」杉作の姿へと焦点化されてゆく冒頭部はさながら映画のワンシーンのようだ。角兵衛獅子に目もくれようとせず家路を急ぐ往来の大人たちと対置する形で、ここでは兄弟のひもじさと孤独とが強調されてはいるが、二人はほどなく鞍馬天狗こと倉田典膳と偶然出会い、心優しいヒーローに助けられる。のみならず杉作が鞍馬天狗と馬に乗って疾駆する場面やダイナミックな格闘場面を読むことで、冒頭の閉塞的な状況が突破される解放感を読者は堪能したことであろう。杉作ら登場人物の視線にたえず注意を向け、その視野に広がる奥行きある空間で、スピード感あふれる活劇を展開させる手法には、映画の影響が指摘されている。子ども物であればこそ言葉をゆるがせにしまいとした、清冽で品格ある文体は当時の少年読物の書き手たちに大きな影響を与えた。

〈作品解説〉初出誌は「少年倶楽部」一九二三年三月号〜一九二八年五月号。引用は『角兵衛獅子』（先進社、一九二九年）。

〈作者略歴〉一八九七（明治三〇）〜一九七三（昭和四八）年。小説家。本名野尻清彦。神奈川県生。「赤穂浪士」（一九二七〜二八年）で作家的地位を確立し、鞍馬天狗シリーズを始め、多くの時代小説・開化物小説を執筆。戦後は「パリ燃ゆ」（一九六一〜六四年）「天皇の世紀」（一九六七〜七三年）などノンフィクションの大作を執筆した。

〔吉田司雄〕

60　江戸川乱歩　えどがわ・らんぽ

〈作品〉「あの泥棒《どろばう》が羨《うらやま》しい」二人《ふたり》の間《あひだ》にこんな言葉《ことば》が交《かは》される程《ほど》、其頃《そのころ》は窮迫《きうはく》してゐた。場末《ばすゑ》の貧弱《ひんじやく》な下駄屋《げたや》の二階《かい》の、たゞ一間《ひとま》しかない六畳《でふ》に、一貫張《くわんば》りの破《やぶ》れ机《つくゑ》を二《ふた》つ並《なら》べて、松村《まつむら》武《たけし》とこの私《わたし》とが、変《へん》な空想《くうさう》ばかり逞《たくま》しうして、ゴロ〳〵してゐた頃《ころ》のお話《はなし》である。

（「二銭銅貨」）

〈作品鑑賞〉（以下、作品の「謎解き」にも触れる）右の冒頭の後、「私」は「あの泥棒」の話を紹介し、次いで松村が盗賊のものらしい暗号を解読して紙幣を手に入れるまでを記す。宇野浩二風の文体による自在な脱線にも見える泥棒の話は、松村を宝探しに誘因した背景だが、同時に、当時新聞に盛んに書き立てられたその華麗さと、六畳ひと間を共有する二人の男の貧しさとを対照させる。被害額の五万円と松村が手にした二銭銅貨という金額も落差の象徴だが、前者の非日常的な物語性と後者の日常的な現実性とを一瞬交錯させるのが、痕跡から真相に向かう推理のドラマツルギーである。

だがこのドラマツルギーは、徹底して真相に向かうことで、いったん確定した真相を覆してしまう。暗号は二重に解読され、松村は得意の絶頂から転落し、松村と「私」をめぐるそれまでの描写の意味も、真相を知る前と知った後では一変する。探偵小説の世界の言葉で言う叙述トリックの先駆的な秀作だが、近代小説のリアリズムの方法や語り手への信頼に対する批評としての意味を持つ作品と言うこともできるだろう。

〈作品解説〉初出誌は「新青年」一九二三年四月号。引用は初出。「新青年」はそれまで翻訳探偵小説を中心としていたが、投稿原稿で本作を読んだ編集長森下雨村は新時代の到来を感得、小酒井不木の推薦文を付し、鳴り物入りで紹介した。江戸川乱歩のデビュー作であると同時に、日本に創作探偵小説の時代を招来した記念碑的な意味を持つ作品である。

〈作品〉この話《はなし》が私《わたし》の夢《ゆめ》か私《わたし》の一時《じ》的《てき》狂気《きやうき》の幻《まぼろし》でなかつたならば、あの押絵《おしゑ》と旅《たび》をしてゐた男《をとこ》こそ狂人《きちがひ》であつたに相違《さうゐ》ない。だが、夢《ゆめ》が時《とき》として、どこかこの世界《せかい》と喰違《くひちが》つた別《べつ》の世界《せかい》を、チラリと覗《のぞ》かせてくれる様《やう》に、又狂人《またきちがひ》が、我々《われ〳〵》の全《まつた》く感《かん》じ得《え》ぬ物事《ものごと》を見たり聞いたりすると同じに、これは私《わたし》が、不可思《ふかし》議《ぎ》な大気《たいき》のレンズ仕掛《じか》けを通《とほ》して、一刹那《せつな》、この世《よ》の視野《しや》の外《ほか》にある、別《べつ》の世界《せかい》の一隅《ぐう》を、ふと隙見《すきみ》したのであつたかも知《し》れない。

（「押絵と旅する男」）

〈作品鑑賞〉「大気のレンズ仕掛け」が直接指し示すのは魚津の蜃気楼で、作品冒頭では距離感覚の不思議な曖昧さが続けて描写されるが、以下、浅草十二階や覗きからくり、双眼鏡といった視覚に変容をもたらす装置が次々に登場する。現実と非現実との距離感覚を混乱させるのは、それらの道具立てばかりではない。作品前半、蜃気楼を見た帰りの汽車で「私」が押絵を持った男に出会うモノトーンの記述と、後半、その謎の男によって色鮮やかに語られる明治二八年四月二七日の東京という、その対照的な表現と重層的な語りの効果によって、男の兄が押絵の中の娘に心を奪われて絵の中に入っていくという荒唐無稽な話が異様なリアリティを持つに至るのである。

男が最初に語る浅草十二階は、関東大震災により崩壊した。東京は、三〇年前とはすっかり変わっている。すると、荒唐無稽な話にリアリティを与えているのは、それ以上に非現実的に見える、現実の方であったのかもしれない。

〈作品解説〉 初出誌は「新青年」一九二九年六月号。引用は初出。昭和初年の「新青年」は、洒落たメンズマガジンとしてモダニズムを先導したが、乱歩自身はモダニズムの思潮への違和感をしばしば語っている。本作にも、そのような時代の中での懐古的心情を読みとることができよう。乱歩の分類では「時間怪談」に属するもので、以後数多くの幻想小説アンソロジーに収録されている。

〈作品〉 その頃《ころ》、東京中《とうきやうぢう》の町《まち》といふ町《まち》、家《うち》といふ家《うち》では、二人《ふたり》以上の人が顔《かほ》を合《あ》はせさへすれば、まるでお天気《てんき》の挨拶《あいさつ》でもするやうに、怪人《くわいじん》「二十面相《めんさう》」の噂をしてゐました。

「二十面相《めんさう》」といふのは、毎日《まいにち》々々、新聞記事《しんぶんきじ》を賑《にぎ》はしてゐる、不思議《ふしぎ》な盗賊《たうぞく》の渾名《あだな》です。その賊《ぞく》は二十の全《まつた》く違《ちが》つた顔《かほ》を持《も》つてゐるといはれてゐました。つまり変装《へんさう》が飛切上手《とびきりじやうず》なのです。

どんなに明《あか》るい場所《ばしよ》で、どんなに近寄《ちかよ》つて眺《なが》めても、少《すこ》しも変装《へんさう》とは分《わ》からない、まるで違《ちが》つた人に見えるのださうです。老人《らうじん》にも若者《わかもの》にも、富豪《ふがう》にも乞食《こじき》にも、学者《がくしや》にも無頼漢《ぶらいかん》にも、イヤ女《をんな》にさへも、全《まつた》くその人《ひと》になり切《き》つてしまふことが出来《でき》るといひます、

（「怪人二十面相」）

〈作品鑑賞〉 お天気の挨拶をするような日常的風景の中で、極端に非現実的な盗賊の噂話が交わされるというのは、すでに明かな異空間である。少年探偵団のシリーズは、書かれた時代の細部を盛り込みながら、オノマトペを多用した敬体による語りで、そこを一種の幻想空間——年少読者の目に現れる不思議に満ちた世界——として描き出す。第一作の冒頭が「そのころ、東京」と始まるのは象徴的であろう。

この冒頭で、噂話と新聞という二つのメディアが伝えるのは、真偽が定かでないゆえに増殖し、それゆえに一層不確かになる都市伝説であり、まさにその都市伝説を住処とするのが、怪人二十面相である。二十面相は、その名前が象徴するごとく、徹底して実体を持たない非現実の「悪」であり、年少読者は少年探偵団とともに二十面相に挑みながら、友情とメディア・リテラシーを学んでゆくのである。

〈作品解説〉 初出誌は「少年倶楽部」一九三六年一月号～一二月号。江戸川乱歩の少年向け探偵小説の第一作である。大人向け探偵小説にも登場していた名探偵明智小五郎と少年助手小林芳雄に加え、本作では怪人二十面相が登場し、また少年探偵団が結成されて、以後のシリーズの基本キャラクターとなる。引用は初出による。

〈作者略歴〉 一八九四（明治二七）～一九六五（昭和四〇）年。小説家。名張生。本名平井太郎。早稲田大学卒業後、職を転々とした末に「二銭銅貨」でデビュー。旺盛な執筆でたちまち探偵小説界の第一人者となる。しばしばスランプに陥りながら「パノラマ島奇談」（一九二六～二七年）「陰獣」（一九二八年）「孤島の鬼」（一九二九～三〇年）などの秀作を発表した。一九三〇年代には通俗長編により大衆娯楽雑誌に進出し、さらに「怪人二十面相」で年少読者の圧倒的支持を博するようになる。戦後は「幻影城」（一九五一年）などの評論や研究、雑誌「宝石」編集による新人の発掘にも精力を傾け、ミステリージャンルの啓蒙普及と作家の地位確立に尽力した。

〔浜田雄介〕

61　瀧井孝作

たきい・こうさく

〈作品〉根津にある松子の母親の寓居《かりずまひ》で、元日の昼過ぎ、信一が其処の隣りやお向う等への年礼を済ました。信一は暮に松子と結婚し両人《ふたり》は一緒に根津の母の家に居て年を越した。松子は暮に感冒の熱を発し未だ気分がすぐれず簡単に曲げた髪で茶の間に坐つてゐた。

母親のてつは御慶《ぎよけい》に自家《うち》の聟を遣りたがつて居たから、それで今戻つたかれに「有難う」と云つた。

松子が尋《つい》で微笑んだ。

「其麼《そんな》に起きて居ても善いの」

左う云うて信一は火鉢の側にゆき、松子の体を案じて掌を額に当てると、松子が額をその方へ傾けて「熱はないのネ」と云うた。

（「無限抱擁」）

〈作品鑑賞〉「無限抱擁」は松子・松子の母親・信一の三人での生活を、松子の死による終焉に至るまで、印象明瞭なエピソード群を時系列的に配置することにより成り立っている。出来事を淡々と提示することにより、静謐さを持つ悲劇的世界が読む者の心に動かしがたい形で残るのである。

「無限抱擁」には「始ての世帯と病気」と「良人の貞操」（いずれも一九二一年）という二つの自作が組み込まれているが、その際に過去—現在—未来という時間性と結びついた登場人物の心理描写が削除されている。瀧井は岩波文庫版『無限抱擁』（岩波書店、一九四一年二月）の自己解説において、この作品は「自身の直接経験を正直に一分一厘も歪めずこしらへずに写生したもの」と述べている。正岡子規が提唱した客観性と空間性を重視する〈写生〉の概念が、その後の展開を経つつ瀧井に影響を与え、この作品において一つの達成を見たと文学史的に評価することができる。「無限抱擁」の世界は信一の現在の視点に立脚しており、見る者・信一と見られる者・松子が互いの存在を支え合う形になっている。瀧井によれば「無限抱擁」という題名は〈愛情〉としての写生に通じるという。斎藤茂吉の〈実相観入〉説の影響の下に、見る信一と見られる松子が主客合一的に一体化していく形で、瀧井は松子のモデルである亡妻の生前の姿を、作品世界内に生き生きと存在させるという方法を貫いた。作品が死への永遠の抗いなのである。

この作品では登場人物の現在の外見・発話・行為が明瞭に示される。一方で、過去や未来と繋がるそれらの現象の意味がみだりに解釈されることがない。解釈は読者に委ねられている。

〈作品解説〉初出誌は「改造」一九二三年六月号。後に同素材作品を四篇集めて刊行した長篇『無限抱擁』（改造社、一九二七年）の「三」に当たる。この長篇小説は瀧井孝作の代表作であり、かつ昭和初期における私小説の重要作である。引用は『瀧井孝作全集　第一巻』（中央公論社、一九七八年）。

〈作者略歴〉一八九四（明治二七）～一九八四（昭和五九）年。小説家。飛驒高山生。河東碧梧桐に入門し新傾向俳句の俳人となる。小説家となり「父」（一九二一年）で注目される。志賀直哉の系列に属する私小説作家として長篇『無限抱擁』「結婚まで」（一九二七年）「積雪」（一九三七年）「松島秋色」（一九五二年）「俳人仲間」（一九七三年）などを発表した。また、芥川賞の選考委員を長く務めた。

〔**近藤　富**〕

62　稲垣足穂

いながき・たるほ

〈作品〉日が山の端《は》に隠れると、港の街には清らかな夕べがやってきた。私は、ワイシャツを取り変え、先日買ったすみれ色のバウを結んで外へ出た。

　青々と繁ったプラタナスがフィルムの両はしの孔のようにならんでいる山本通りに差しかかると、海の方から、夕凪《ゆうなぎ》時にはめずらしく涼しい風が吹き上げてくる。教会の隣りのテニスコートでは、グリーンやピンクの子供らがバネ仕掛の人形のように縄飛びしている。樅《もみ》の梢ごしに見える蔦《つた》をからませたヴェランダからはピアノのワルツが洩れてくる。「そうだ」と気がついて、私は右ポケットに手を入れ、「もういっぺん練習してみよう」と、指先をすばやく働かして、「ＡＢＣ」の紙箱の中から、巻タバコを一本抜き出そうとした。　（「星を売る店」）

〈作品鑑賞〉「星を売る店」は、神戸の街の一角に、夜空の星屑を採集して売っているという不思議な店を見つける、エキゾティックな都市の幻想を描いた短篇である。物語の独特の世界観は冒頭ではっきりと示されている。

　夕暮れ時に始まる物語は冒頭から、非日常の異世界へと進み始める。主人公の視点から眺められた情景には、内面や細部の客観的描写はほぼなく、片仮名の外来語が多用されることで、心理的な奥行きよりも、表面的に列挙されたモノによって醸し出される雰囲気が、描写の上で重視されている。直喩表現に用いられる「フィルムの両はしの孔」「バネ仕掛の人形」は、いずれも機械装置の一部を指示し、子供は服の色で換喩的に表現され、平易な描写のなかに、人間を無機的なモノに還元するまなざしが窺える。また「フィルム」の喩えは、人間を俯瞰的に眺めるまなざしへと読者を促し、人間の心理より表層的な動きが強調されることで、都市生活者の希薄化する人間関係とともに、都市に流入する新文化の魅力が表現されている。

　また、「巻タバコ」を使った「練習」は「奇術」の練習であり、その後には「米国魔術家」や「華人」の「奇術」の描写が挿入されることで、物語の核心である「星を売る店」の存在の不可思議さが、「奇術」に過ぎない可能性も冒頭で暗示される。「星を売る店」は、単なるおとぎ話の虚構世界ではなく、人間をモノに還元してしまう近代都市の、魅力といかがわしさが、海港都市に漂うドライな異国情緒や、映画という新たなメディアの様式を意識した表現で、巧みに示されていたのである。

〈作品解説〉初出は「中央公論」一九二三年七月号。引用は初出。稲垣足穂は大正期の神戸を舞台に、新しい感覚のコントや童話を発表し、新感覚派にも数えられたモダニズム作家。「星を売る店」に見られる、人間の内面描写を排した表現は、近代都市の一側面を独特の方法で抽出するものであると同時に、既成の自然主義的なリアリズムに対する批判でもあった。

〈作者略歴〉一九〇〇（明治三三）〜七七（昭和五二）年。小説家。大阪生。『一千一秒物語』「黄漠奇聞」「星を売る店」（いずれも一九二三年）などで新時代のモダニズム作家として注目されるが、その後は不遇の中でリアリズムを模索し、自伝的創作『弥勒』（一九四六年）を発表、後年は『少年愛の美学』（一九六八年）などで再評価、独自の存在感を発揮した。

〔**高橋孝次**〕

63　長谷川　伸　はせがわ・しん

〈作品〉音もなく降りつづく雪の中に旅姿の盲人がただ一人、両手をあげて狂気のように叫んでいる。

　街道とはいえ里はずれ、人家は遥かに遠く盲人は、むざんな雪の苛責にとじこめられて泣き叫ぶ声すらが冷たい雪に籠められて遥かな人里に届こうはずはなかった。

「りよ子、りよ子、友六、友六やい」

雪の路を驀地《まっしぐら》に走る盲人は、忽ち足を辷らせ体を雪に埋めて倒れた。

「りよ子、りよ子、友六」

盲人はむっくと起《た》った。よろめく足許はあぶなく、答えるもののない夕暮れに、叫び声を振り絞っている。

「人は居らぬのか、路行く人はないか、人家はないか、あっても皆笑っていなさるのか、盲じゃと思うて侮ってござるのか」

（「夜もすがら検校」）

〈作品鑑賞〉「夜もすがら検校」は、従者らの裏切りで雪の中を無一文で投げ出された検校と、それを救った農夫の若蔵の間に織り成される人情を描いた作品である。引用箇所の直後、やはり無一文の貧乏人の若蔵は瀕死の検校を家に担ぎ込み、薪がなかったため仏壇を燃やして暖め、検校の命をつなぎとめる。三年後、検校の家を訪ねた若蔵に対して検校は金銭や物品で命の恩を返そうとするが、若蔵は「他人の合力で家の跡式たてたくない」とそれらを全て拒絶する。そこで検校は自分にとってもっとも大事な琵琶を敢えて囲炉裏にくべてしまうことで、仏壇を燃やすまでして見ず知らずの自分の命を救った若蔵に対する「誠心」を表現する。

　この作品は遭難者のために自らの最も大切にするものを犠牲にする貧しきものの人情と、それに対して必死に報恩しようとする検校との間に流れる「誠心」の相同性を描いた作品であると言える。ただし作品の核心はすでに冒頭で、検校が雪の中を、人を求めて惑う場面に現れている。引用の冒頭で検校が「人は居らぬか」と泣き叫ぶ姿は、作品の後半部で、検校のもてなしがかえって若蔵にとって「迷惑」であると言われてしまい、検校が何を以って恩を返せばよいかわからず、いわば人間の「誠心」の所在を見出せずに右往左往する姿によって反復されている。つまり、冒頭部で描かれていたものは、「人の情」を求めてなりふり構わず泣き叫ぶ人間の原初的なあり方であり、この悲痛な叫びを感じとり、それに応える人間の心にこそ、この作品における「誠心」の核心があるのだ。

〈作品解説〉初出誌は「新小説」一九二四年二月号。長谷川伸は、この作品の評価によって作家としての事実上の第一歩を踏み出すが、「夜もすがら検校」は市井の「人情」のあり方を追い続けた作者のモチーフが、すでに現れたものとなっている。引用は『長谷川伸全集　第十三巻』（朝日新聞社、一九七一年）。

〈作家略歴〉一八八四（明治一七）～一九六三（昭和三八）年。小説家、劇作家。横浜市生。小説「夜もすがら検校」（一九二四年）で注目を浴び、以後、小説のみならず、戯曲「沓掛時次郎」（一九二八年）「瞼の母」（一九三〇年）や山岡荘八や池波正太郎、平岩弓枝をはじめとする後進の指導などにより現在の時代小説の礎を築いた。

〔中村晋吾〕

64 谷崎潤一郎
たにざき・じゅんいちろう

〈作品〉私は此れから、あまり世間に類例がないだらうと思はれる私たち夫婦の間柄に就て、出来るだけ正直に、ざつくばらんに、有りのままの事実を書いて見ようと思ひます。それは私自身に取つて忘れがたない貴い記録であると同時に、恐らくは読者諸君に取つても、きつと何かの参考資料となるに違ひない。殊に此の頃のやうに日本もだんだん国際的に顔が広くなつて来て、内地人と外国人とが盛んに交際する、いろんな主義やら思想やらが這入つて来る、男は勿論女もどしどしハイカラになる、と云ふ様な時勢になつて来ると、今まではあまり類例のなかつた私たちの如き夫婦関係も、追ひ追ひ諸方に生じるだらうと思はれますから。

　考へて見ると、私たち夫婦は既にその成り立ちから変つてゐました。私が始めて現在の私の妻に会つたのは、ちやうど足かけ八年前のことになります。　（「痴人の愛」）

〈作品鑑賞〉「痴人の愛」は、ナオミというひとりの女性を中心に男女関係の道徳規範が崩壊していくさまを描いているが、これまでの谷崎作品が三人称による客観描写を中心としていたのに対して、この作品では主人公河合譲治の一人称による独白体がとられている。こうした「出来るだけ正直に、ざつくばらんに」なされる「有りのまゝの事実」の告白は、ルソーを源とする告白文学の形式を連想させるが、「読者諸君」に向かって語られるのは、「足かけ八年」間の譲治とナオミとの「あまり世間に類例がない」夫婦関係である。

　『痴人の愛』の面白さは、真実に対して敬虔であるはずの語り手「私」の「告白」が、結局はナオミへの一方的な欲望を謳いあげる「痴人」の個人的な「貴い記録」でしかなかったと暴かれていく「告白」行為そのものへのパロディとなっている点にある。一人称告白体において語り手「私」は、必然的に作中で物語られる対象たる「私」と物語る「私」とに分化され、行為者と観察者の二役を演ずることになるが、前者にとっての「貴い記録」も、物語る「現在」の時点に立って全体を見渡せる位置にある後者にとっては、「男は勿論女もどしどしハイカラになる」時勢では「読者諸君」へも「何かの参考資料」になるに違いないというのだ。「私」の二分化から生ずる語りの落差は、物語にユーモアとアイロニーと自己批評を呼び寄せ、現実と虚構の境界線上に語られる「私」の「告白」は、その後の作品の展開に効果的な侵犯・転倒の繰り返しをもたらすことになり、読者を物語世界へ倦ませることなく誘うことになる。

〈作品解説〉初出は、前半部分が一九二四（大正一三）年三月から六月まで「大阪朝日新聞」に連載された後、中断を経て、後半が同年一一月から翌一九二五（大正一四）年七月まで「女性」に連載、完結。同年七月に改造社より『痴人の愛』刊行。引用は同書。

〈作品〉美佐《さ》子は今朝からときどき夫《をつと》に「どうなさる？　やつぱりいらつしやる？」ときいてみるのだが、夫《をつと》は例《れい》の執方《どつち》つかずなあいまいな返辞《へんじ》をするばかりだし、彼女自身《しん》もそれならどうと云ふ心持もきまらないので、ついぐづぐづと昼過ぎになつてしまつた。一時ごろに彼女は先へ風呂に這《は》入つて、どつちになつてもいいやうに身《み》支度だけはしておいてから、まだ寝《ね》ころんで新聞を読んでゐる夫《をつと》のそばへ「さあ」と云ふやうに据《す》わつてみたけれど、それでも夫《をつと》は何とも云ひ出さないのである。

「兎に角《かく》お風呂へお這《は》入りにならない?」

「うむ、………」

座布団《ざぶとん》を二枚腹《まいはら》の下へ敷いて畳《たゝみ》の上に頬杖《ほゝづゑ》をついてゐた要《かなめ》は、着飾《かざ》つた妻《つま》の化粧《けせう》の匂ひが身近《みぢか》にたゞよふのを感《かん》じると、それを避《さ》けるやうな風にかすかに顔《かほ》をうしろへ引きながら、彼女の姿《すがた》を、と云ふよりも衣裳《いせう》の好《この》みを、成るべく視線《しせん》を合はせないやうにしてじろじろと眺《なが》めた。　　　　（『蓼喰ふ虫』）

〈作品鑑賞〉「蓼喰ふ虫」は、協議離婚という結論に達しながらも、あと一歩のところで最終的な決断を下すことのできない夫婦関係のジレンマを描いた作品であるが、妻の美佐子が夫の要に「どうなさる?　やつぱりいらつしやる?」と文楽の人形芝居へ出かけるか否かを尋ねる冒頭の一文に、すでに作品を貫く夫婦関係の破綻をめぐる主調低音が胚胎している。美佐子の質問とは、離婚について「どうなさる?」という問いかけを暗示しており、それは続けて発せられる「兎に角お風呂へお這入りにならない?」という美佐子の質問に対する「うむ、………」と答える夫の曖昧な返事と照応し、見事な比喩的・象徴的な効果をあげている。

こうした夫婦の優柔不断な心理状態は、冒頭部での夫婦間の会話に「例の執方《どつち》つかずなあいまいな返辞」「どうと云ふ心持もきまらない」「ついぐづぐづと」「どつちになつてもいい」「何とも云ひ出さない」といった曖昧な言辞が意識的に羅列されることによって、さらに増幅され、決断を先送りする夫婦関係の状況を読者に強く予感させる。また続いて描出される「着飾つた妻の化粧の匂ひ」を避け、「彼女の姿を、と云ふよりも衣裳の好みを、成るべく視線を合はせないやうにして眺め」る夫のまなざしは、妻への性的関心を失ってしまった冷却したまなざしである。これは後段の「首は真つすぐに、夫の顔からわざと一二尺上の方の空間に眼を据ゑ」る妻の視線と対応しているのだが、こうした交錯しない夫婦のまなざしこそが、この作品の主題となっているものにほかならない。それとともに、ここで「着飾つた妻の化粧の匂ひ」「衣裳の好み」を避ける夫の仕草からは、西洋流の風俗文化から離れ、浄瑠璃人形に象徴される日本の伝統美を再認識していく、「蓼喰ふ虫」のもうひとつのテーマがほのめかされている。

〈作品解説〉初出は、「大阪毎日新聞」「東京日日新聞」（一九二八年一二月四日〜二九年六月一九日）に小出楢重の挿絵で全八三回連載。一九三六年に創元社より刊行。引用は同書。西洋崇拝から古典回帰へと向かう、大正期から昭和初期にかけての谷崎文学の変遷を知るうえで、欠かすことのできない作品である。

〈作品〉まだをかもとに住んでゐたじぶんのあるとしの九月のことであつた。あまり天気のいゝ日だつたので、ゆふこく、といつても三時すこし過ぎたころからふとおもひたつてそこらを歩いて来たくなつた。遠はしりをするには時間がおそいし近いところはたいがい知つてしまつたしどこぞ二三時間で行つてこられる恰好な散策地でわれもひともちよつと考へつかないやうなわすれられた場所はないものかとしあんしたすゑにいつからかいちど水無瀬《みなせ》の宮へ行つてみようと思ひながらついをりがなくてすごしてゐたことにこゝろづいた。その水無瀬の宮といふのは増かゞみの「おどろのした」に、「鳥羽殿白河殿なども修《す》理《り》せさせ給ひて常にわたりすませ給へど猶又水無瀬といふ所にえもいはずおもしろき院づくりしてしば〳〵通ひおはしましつゝ春秋の花もみぢにつけても御心ゆくかぎり世をひゞかしてあそびをのみぞしたまふ。

（「蘆刈」）

〈作品鑑賞〉「蘆刈」は、谷崎の古典主義的作風がもっとも色濃く現れている作品のひとつであるが、それはすでに題辞に『大和物語』（百四十八段）から「君なくてあしかりけりと思ふにもいとゞ難波のうらはすみうき」の一首が引用されていることに示されている。そこにある「あしかり」という言葉は、同題の謡曲の存在を呼び寄せながら、「蘆刈」と題されたこの一篇が、古典芸術の伝統的世界と緊密に結びつけられていることを暗示している。それは和文を基調にした独特の和文脈の文体にも明確に現れており、ここでは「をかもと」「じぶん」「あるとし」「ゆふこく」「おもひたつて」「わすれられた」「しあんしたするに」などと、通常ならば漢字表記に拠るべき言葉が、意識的にひらがなにとって代わられている。

こうした文体は、前作の「盲目物語」においてもすでに試みられていたが、「蘆刈」もまた表意文字の漢字を避けて表音文字であるひらがなを多用することで、ある種の視覚的な読みにくさを付与している。こうした表記法は読者に速読を許さず、ひらがなの一文字一文字を音に換えてゆかねばならないので、その後に展開されるお遊さまをめぐる奇しき物語も、読者のうちに声を喚起し、その場で男の語りに耳を傾けるような感覚を味わわせることになる。そうした効果は、やがて主語や改行、句読点、カギ括弧の省略などによる視覚的な文章の節目のぼかしといったさまざまな試みによって増幅されながら、慣習化した言文一致体にふたたび日本語の伝統的な美しさを蘇らせているといえる。また「蘆刈」のこうした独自の文体は、劈頭で長々と引用される『増鏡』の「おどろのした」の文章と溶け合って、水無瀬宮跡を訪れた語り手「わたし」を追懐へと誘い、後段の蘆間を分けて現れる男の物語る追憶の世界へ重なり、夕霞のおぼろにかすむ幻想世界へと読者を導き、そこにひとりの美しい女人の幻影を髣髴と浮びあがらせることになる。

〈作品解説〉初出誌は、「改造」一九三二年一一、一二月号。引用は初出。谷崎は関西移住を契機に、日本の伝統的な芸術観を再認識し、昭和初年期から独白体や古文書の編纂体など古典作品の伝統的な語りの文体を取り入れた、新たな小説形式を生み出した。「蘆刈」はこの時期の谷崎の文体観が鮮明に現れた傑作である。

〈作者略歴〉一八八六（明治一九）～一九六五（昭和四〇）年。小説家。東京生。「刺青」（一九一〇年）で注目され、「痴人の愛」（一九二四年）に前期作風を集大成し、以後古典的作風の「蓼喰ふ虫」（一九二八年）「蘆刈」（一九三二年）「春琴抄」（一九三三年）「細雪」（四七年）などを発表、晩年には「鍵」（一九五六年）「瘋癲老人日記」（一九六二年）などを書いた。三度にわたる「源氏物語」現代語訳もある。

〔千葉俊二〕

65 長与善郎

ながよ・よしろう

〈作品〉「竹澤先生と私」

かう云ふ一つの題目が、決定的な気持ちでふつと自分の頭にうかんだのは、実に告別式の当日、先生の遺族と吾々ごく親しい者だけが先生の柩の後に蹤いて、霙のふる中を墓地へ行くあの途中の俥の中でゞあつた。人間はどんな哀しみのさ中にも何を考へるかわからない。玄関から棺を柩車へうつす時、白無垢を着た奥さんと可愛い二人のお嬢さんとが、泣きながら手を合はせて拝むのを見て、又も泣かされた自分は、あの長い寒い道中では、もう先生について何か書くと云ふ事の考へで頭が一杯であつた。

（「竹澤先生と云ふ人」）

〈作品鑑賞〉長与の小説表現の特徴は、そのまったく小説的とは言えない文体、構成にある。もちろん、「竹澤先生と云ふ人」は日本の文学史上きわめて希有な思想小説であり、語り手である「自分」が、ユニークな思想家竹澤先生の思い出を綴るという虚構の枠組、すなわち「自由な主観表現」の可能な形式を利用して、「意のまゝに且つ素朴にその時の感想を語」った作品である（「改版序」東京出版、一九四六年）。したがって、その物語を構成するエピソードが、いささか時系列的なバランスを欠き、脈絡なく連続するように見える点や、出来事の展開を後回しにして続く感想・議論の長大さは、初めから意図されたものである。しかし、虚構世界と現実世界を往還するようなかたちで、虚構作品としての純粋化を自ら阻む小説の姿は、長与においてお馴染みとも言わねばならない。自らに三人称を割り当てながら、仮名と実名が入り乱れる自伝文学「わが心の遍歴」（一九五九年）や、現実世界での小説連載の余波が小説世界にフィードバックされ、意図せざるメタフィクションとなって虚構世界の境界線が融解してしまう初期長編小説「盲目の川」（一九一四年）などがその好例であろう。それらの小説らしくない小説は、それを書いている作者の精神をリアルタイムで小説世界に定着させようとする表現思想に由来している。いかに長くなっても「感想だけは変へるわけには行かない」（「改版序」）とする「竹澤先生と云ふ人」の執筆態度も、まさに長与的な姿勢によって貫かれていると言うべきであろう。

〈作品解説〉関東大震災により廃刊を余儀なくされた「白樺」を承け、長与を中心に、武者小路実篤、志賀直哉、倉田百三らの協力を得て創刊された雑誌「不二」の一九二四年四月創刊号から一九二五年九月号に掲載された。学生である「自分」が高等学校時代以来十数年間にわたる竹澤先生との交流を語るという設定で、長与自身の「神観」「虚空観」「宇宙観」の上に成り立った「道徳観」や「処世観」を表現した作品。自ら「三十歳における自分の人生観の総決算の如き作」（「改版序」）と記している。引用は『竹澤先生と云ふ人』（岩波書店、一九二五年）。

〈作者略歴〉一八八八（明治二一）～一九六一（昭和三六）年。小説家、劇作家。東京生。一九一一年に「白樺」同人となり文筆活動を始める。代表作に、戯曲「項羽と劉邦」（一九一七年）、小説「陸奥直次郎」（一九一八年）、「青銅の基督」（一九二三年）、「わが心の遍歴」など。大正期のみならず、生涯にわたって「白樺」的人道主義、理想主義をストレートに体現した作家と言えよう。

〔**金子明雄**〕

66 白井喬二
しらい・きょうじ

〈**作品**〉富士の裾野のひと目に見わたせる愛鷹山の頂きは海抜千百八十尺、江戸からざっと三十里だが、この山懐には猿がいた、猪がいた、高さのわりあいに嶮岨で見た目より谷間が深かった。これを連れ立って裾野の方へ迫って越前ガ岳、呼子ガ岳、鋸ガ岳、位牌ガ岳、黒ガ岳などの友峰が折からの晩春の霞雲の中に鼎を置いたような恰好に駿東の空高々とそびえていたのである。

　この愛鷹山の中腹に蔦成権現という小さなほこらがあった。ここまではよく猿が出て来た。この蔦成権現には駿東郡水野出羽守領内の家臣どもが巻狩のたびに献納した武運額が鈴なりのように懸かっていた。このほこらのところから俗に小足柄といった山の鼻まで草開きの道が一本羊腸とついていたが、それから先きは道がパッタリなくなって樵道を探さなければ到底分け入ることが出来なかった。この辺になると猿ばかりでなく猪も時々姿を見せたが、猪は猿より従順でさっさと向こうの方から姿を隠してしまうということである。

（「富士に立つ影　裾野編　愛鷹山史話」）

〈**作品鑑賞**〉「富士に立つ影」は、中里介山の「大菩薩峠」と並び称される大長編時代小説であるが、「大菩薩峠」と同様に、「江戸からざっと三十里」の場所にある山並みの描写に始まり、やがてその中でも険阻で人気のない山奥に視点が移っていくという冒頭に始まっている。ただしこの作品の筋書きは「剣術」とはほとんど無縁で、「築城術」をめぐる佐藤・熊木両家の因縁・確執を軸としながら、ひたすら技術的な計略や怨執を中心に展開する。こうした構成は時代小説としてはかなり特殊なものだが、縄田一男による解説「唯一無二のヒーロー」における、「主人公に剣を捨てさせることで時代と対峙していくこと」を描く作品である、という指摘が鋭く的を射ている。

　冒頭部に現れるように作品の文体は効果的に句読点を使用しながらリズムよく語りを進行させていく、いわゆる「講談調」の系譜に位置するものだが、より特徴的なことは登場人物の科白の始めによく現れる「ウム」「エエッ」「ヘエ」などの感動詞である。これらは一見、古典的な講談様式の残滓のように思われがちだが、飄々・淡々と進行する登場人物間のやりとりを一層テンポよく味わいぶかいものにする効果をもち、対話を中心に進行する物語の流れのなかで欠かせない役割を担っている。

〈**作品解説**〉初出は「報知新聞」一九二四～二七年。稀代の悪役で、結果として敵対する賛四流佐藤家を破滅に追い込んでしまう熊木伯典と、純潔無垢な性格で両家の対立を和解に導く伯典の息子・熊木公太郎という対照的な人物の描き分けは、大衆文芸におけるキャラクター造形としてひとつの頂点を形成している。引用原文は『富士に立つ影1　裾野編』（ちくま文庫、一九九八年）による。

〈**作家略歴**〉一八八九（明治二二）～一九八〇（昭和五五）年。小説家。一九二〇年、「怪建築家十二段返し」でデビューし、その後「富士に立つ影」（一九二四～二七年）によって地位を不動のものとする。一九二五（大正一四）年には仲間と「二十一日会」を結成、翌年には機関誌「大衆文芸」を創刊し、昭和初期の大衆文芸の代表的存在となった。

〔**中村晋吾**〕

67　真山青果

まやま・せいか

〈作品〉

幕あく。舞台空虚。籠うぐひすの啼音のどかに、時計の振子しづかに動く。障子に晩春の日光斜めに射す。

突如として、壁に衝突する物音二度ほど聞え、廊下に組み合ふ人の足音。試験管、硝子器の砕くる物音など聞ゆ。

外に争ふは伊東玄朴と高野長英の二人なり。最初はその姿を見ず。

長英　何んだ……何をしやがる。

玄朴　静かにしてくれ。

長英　放せ。痛い――痛い。

玄朴　病家も来てるんだ。高野、どうか静かにしてくれ。

長英　これ、馬鹿な真似するな、袖がきれる―馬鹿。

玄朴　静かに、どうか高野――（と頼むやうに云ふ）

長英　何んの態だ。放せツたら……。

玄朴　高野……。

玄朴、片手に障子をあけて、荒れ立つ高野長英を無理に室へ押込む。玄朴は総髪にて四十二才。長英三十八才。

（「玄朴と長英」）

〈作品鑑賞〉シイボルト先生の鳴滝塾で共に蘭学を学んだ伊東玄朴と高野長英。今や大名家の典医となった玄朴のもとへ出火した牢獄から逃げてきた長英が金を貸して欲しいと助けを求めてやってくる。しかし実直な生き方を指向する玄朴は、自分と正反対の激しい気性の長英と真っ向から対決して拒み通す。それは「葛藤がなさ過ぎて、事が平凡過ぎ」ることを誰よりも長英自身が望んでいないことを知っているからである。

二人は互いの後ろ暗い過去や弱味を引きずり出しては責め立てあい、激しい議論を続けながら、実は強い絆を確認しあう。最後には言葉による闘いではすまず、長英が力づくで金をもらおうと迫るが、玄朴は「死んでもおれは負けるものか」と耐え抜く。そして一人になると「あゝ俺はあいつが好きなのだ。同時に俺は……あいつが憎くてならない。」と悲痛に語って終わる。対照的な二人の人物の徹底的な対立を描きあげて、一人の人物のアンヴィヴァレントな心持ちに帰着させている。そのことで力強く人間を描くことに成功した作品である。

〈作品解説〉一九二四年九月号「中央公論」に初出。翌月十月に同志座によって初演。対照的な二人の登場人物の相剋をドラマツルギーにまで高めていった青果の代表的な作品。歴史上の人物や事件を題材として取り上げ、いくつものぶつかりあう二人の姿を戯曲の中で描いていった。引用は『現代日本戯曲選集第四巻』（白水社、一九五五年）による。

〈作者略歴〉一八七八（明治一一）～一九四八（昭和二三）年。小説家、劇作家。宮城県生。上京後は小栗風葉のもとへ入門。一九〇七年に発表した小説「南小泉村」などで注目されるが、原稿二重売り事件で文壇での風当たりが強くなり、十年余り新派の座付作者となる。「玄朴と長英」「平将門」（一九二五年）が好評をもって迎えられ文壇復帰を果たし「坂本龍馬」「元禄忠臣蔵」などの名作をその後に残した。

〔阿部由香子〕

68 横光利一　よこみつ・りいち

〈作品〉 真昼である。特別急行列車は満員のまま全速力で馳けてゐた。沿線の小駅は石のやうに黙殺された。

とにかく、かう云ふ現象の中で、その詰め込まれた列車の乗客中に一人の横着さうな子僧が混つてゐた。彼はいかにも一人前の顔をして一席を占めると、手拭で鉢巻をし始めた。それから、窓枠を両手で叩きながら大声で唄ひ出した。

（「頭ならびに腹」）

〈作品鑑賞〉「真昼である」という一文は、「真昼」という時刻を指示する名詞と「である」という助動詞とを直接に結びつけることで構成されている。この短い一文によって、「真昼」の明るさが鮮烈に提示され、場面が瞬間的に印象づけられる。映画の開始時にスクリーンが明るくなるのをイメージさせる表現となっている。

つづいて、擬人法を巧みに用いた短文によって、「特別急行列車」のスピード感が表現される。それは、視点の転換によってより加速化する。「満員」の車中、「全速力で馳け」る「列車」、「沿線の小駅」、「全速力で」走る列車の車中から見た「小駅」、「小駅」から見た「全速力で」走る「列車」と、短い文章のなかで、映し出される対象がめまぐるしく移動し、変化している。ここでは、「特別急行列車」は「馳けてゐた」、「沿線の小駅」は「黙殺された」というように、非人間の主語と述語によって統辞されている。同時に、擬人法を用いている点でも共通している。

ところで、「頭ならびに腹」の冒頭文「真昼である」に類似する表現は、横光の他の小説にも見られる。「蝿」（「文藝春秋」一九二三年五月）の以下の冒頭文がその一つである。「真夏の宿場は空虚であつた」。後年、横光は小説の冒頭の重要性について、「書き出しについて」（「創作時代」一九二七年八月）というエッセイのなかで次のように述べていた。「書き出しに良い句が来なければ、その作は大抵の場合失敗してゐると見てもさう大きな間違ひではない」。横光は、冒頭の文章を書くにあたって、何度も加筆・修正を行っているが、それは、彼の数ある小説の自筆原稿からうかがえる。小説の冒頭にこだわりを持たない作家はいないにしても、横光は特に書き出しに並々ならぬ執着を示していた。その一端が、「頭ならびに腹」「蝿」にも表れているのである。

〈作品解説〉 初出誌は「文芸時代」創刊号（一九二四年一〇月）。引用は初出による。「頭ならびに腹」の実験的な表現が、文壇で大きな話題を呼んだ。評論家の千葉亀雄はこの小説に注目し、横光をはじめとする「文芸時代」同人たちの文学運動を「新感覚派」と命名した。

〈作者略歴〉 一八九八（明治三一）～一九四七（昭和二二）年。福島生。小説家。伊賀上野から上京し、早稲田大学高等予科文科に入学するが中退。一九二三年、菊池寛主宰の「文芸春秋」に川端康成とともに参加。この年発表の「日輪」「蝿」などで文壇に認められ、その後、「春は馬車に乗つて」（一九二六年）「機械」（一九三〇年）「上海」（一九二八～三二年）「純粋小説論」（一九三五年）「旅愁」（一九三七～四六年）などを著し、昭和前期を代表する作家となった。

〔十重田裕一〕

69 梶井基次郎　かじい・もとじろう

〈作品〉えたいの知れない不吉な塊が私の心を始終圧へつけてゐた。焦燥と云はうか、嫌悪と云はうか――酒を飲んだあとに宿酔があるやうに、酒を毎日飲んでゐると宿酔に相当した時期がやつて来る。それが来たのだ。これはちょつといけなかつた。結果した肺尖カタルや神経衰弱がいけないのではない。また背を焼くやうな借金などがいけないのではない。いけないのはその不吉な塊だ。以前私を喜ばせたどんな美しい音楽も、どんな美しい詩の一節も辛抱がならなくなつた。蓄音機を聴かせて貰ひにわざわざ出かけて行つても、最初の二三小節で不意に立ち上つてしまひたくなる。何かが私を居堪らずさせるのだ。それで始終私は街から街を浮浪し続けてゐた。（「檸檬」）

〈作品鑑賞〉〈それ〉と的確に明示できないものの存在を、「えたいの知れない不吉な塊」という曖昧さを保持したまま書き起こすという方法が、逆に強い印象を読者に与えるという効果を上げている。名づけようとして名づけることが出来ないというもどかしさが、冒頭の独特な雰囲気を生み出しており、繰り返される「～のではない」という否定表現と相俟って、主人公の不安定な心理状態を、文体そのものが見事に映し出している。ここで語られているのは〈語ることが出来ない、という語り〉である。語る対象に対する的確な言葉を「焦燥と云はうか、嫌悪と云はうか」と対象を吟味しつつ模索する主人公、次いで、「宿酔があるやうに」という比喩、そうして先に述べた否定表現、これらの〈もどかしさ〉こそがこの小説の要諦に他ならない。主人公はついに語るべきものの本質に到達することなく、「何かが私を居堪らずさせる」と「浮浪」を開始する。

梶井の作品はしばしば詩的であると評される。右の本文でも、こうした傾向は見て取れる。論理的な手続きを経て時系列に添って物事が語られるといった物語の語りの構造を持ってはいない。心の中の「塊」の周囲を彷徨いつつ、そこから流れ出てくる感情をそのまま羅列してゆくような手法は、詩に近い。だからこそ、作品の後半で登場する檸檬の存在が、論理的な手続きを経ずに読者に了解されるのである。「つまりは此の重さなんだな。」、「疑ひもなくこの重さは総ての善いもの総ての美しいものを重量に換算して来た重さである」という檸檬に対する感覚的・主観的な語りを可能にし、また「見わたすと、その檸檬の色彩はガチヤガチヤした色の階調をひつそりと紡錘形の身体の中へ吸収してしまつて、カーンと冴えかへつてゐた。」の「ガチヤガチヤ」「カーン」という効果的な擬態語の使用を引き出すのも、冒頭部分にみられた詩的・主情的な語りに他ならないのである。

〈作品解説〉初出誌は「青空」一九二五年一月号。友人と始めた同人誌の創刊号の巻頭を飾った作品。美的世界を表現した作家・光と闇の文学者、といった評価がなされているが、そうした特徴はすでにこの処女作に表れている。引用原文は『檸檬』（武蔵野書院、一九三一年）による。

〈作者略歴〉一九〇一（明治三四）～三二（昭和七）年。小説家。大阪市生。同人誌「青空」を舞台に「城のある町にて」「冬の日」などを発表。さらに「交尾」「のんきな患者」などを発表するが、結核により三一歳で夭折。

（棚田輝嘉）

70　岸田國士　きしだ・くにお

〈作品〉

夫　（縁側の籐椅子に倚り、新聞を読んでゐる）「米国フラー建材会社のターナー支配人が一日目白文化村を訪れて、おゝロスアンゼルスの縮図よ！　と申しましたやうに、目白文化村は今日瀟洒たる美しい住宅地になりました。」

妻　（縁側近く座布団を敷き、編物をしてゐる）なに、それは。

夫　（読み続ける）「四万坪の地区には、整然たる道路、衛生的な下水水道電熱供給装置テニスコート等の設備があり、多くの小綺麗なバンガローや荘重なライト式建築、さては、優雅な別荘風の日本建築などが、富士の眺めや樹木に富む高台一帯の晴れやかな環境に包まれて……」（新聞を投げ出し）おい、散歩でもして見るか。

妻　いゝから川上さんとこへ行つてらつしやいよ。

夫　是非行かなくつてもいゝんだよ。

妻　あたしは、思ひ立つた時すぐでなけれやいやなの。

夫　散歩か。

妻　散歩でもなんでも……。

（間）

（「紙風船」）

〈作品鑑賞〉 晴れた日曜日の午後、庭に面した座敷で若い夫は新聞を声に出して読み上げているが、本当は「川上さん」のところへ外出したくて仕方がない。妻はその傍で編物をしながら以前のように自分のことを考えてくれなくなってしまった夫に淋しさを覚えており、さらにはコミュニケーションさえうまくとれなくなってきていることに失望することが多くなっている。何とかして閉塞感から解き放たれたい二人は、鎌倉へ遊びに行くことを仮定して、空想の世界を楽しみはじめる。言葉の力によって見事に生き生きとした時間を取り戻す二人。しかしそれも束の間に終わり、結局現実の空間に戻り、沈黙するしかない自分たちの関係を再確認することになるのだった。

「話は『する』もの」であって「『ある』もんぢやない」と夫にぶつける妻の言葉は、岸田自身の言葉への意識と重なってくるだろう。何かしら明確な内容を〈語る〉ばかりではなく登場人物が〈話す〉姿、つまりは人と人との関係性や表面化しない人間心理の描出に目が向けられている。

〈作品解説〉 一九二五年五月号「文芸春秋」が初出。翌年五月に青い鳥劇団で初演。初期の代表作であり、岸田が演劇において重要視していた「語られる言葉の美」を意識している。引用は『岸田國士全集　第一巻』（岩波書店、一九八九年）による。

〈作者略歴〉 一八九〇（明治二三）年～一九五四（昭和二九）年。劇作家、演出家、評論家、翻訳家。東京生。陸軍士官学校卒業後、久留米に配属されるが退職。東京帝国大学仏文選科入学。渡仏し、帰国後一九二四年に「古い玩具」（原題「黄色い微笑」）、「チロルの秋」などの一幕物を発表し、新しい演劇の美を戯曲の表現によって目指していった。「由利旗江」（一九二九年）「暖流」（一九三六年）などの新聞小説やコントも残している。演劇雑誌の創刊、劇団築地座や文学座の結成にも関わり、演劇の理論と実践を多面的に展開していった。

〔阿部由香子〕

71　葛西善蔵　かさい・ぜんぞう

〈作品〉裏のお上さんは、いゝお上さんだ。大工さんらしい。子供も、四五人もあるらしい。赤ン坊も居る。赤ン坊も、自家の百日位のと同じらしい。泣声がよく似てゐる。お乳が足りないのか、身体が弱いのか知らないが、牛乳も用ひてゐるらしい。

主人公は、大工だ。二三人の職人を使つて居るらしく思はれる。が、此頃の景気ではあり、気のえゝ親方ならば、充分とゆくわけがない。親方としての、困り方をせねばならない。

だいたい、さう云つた感じなんだ。それでも、自分は世田ヶ谷三宿、偶然乍らにも、さう云ふ裏を持つたと云ふことは、まだしも仕合せである。裏隣りは、大工さんだが、直ぐ左り隣り、窓障子を隔てゝ、活動へ出ると云ふ薩摩琵琶師の家だ。前通り周囲のことは、最早云ひ度くない。此頃は自分も、話を、暗い方に向けることを好まない。ものにぶつかつて、ものに衝き当つて、其を抜けて行うと云ふ人間に、普通に云ふ意味の暗さがある筈がない。

（「弱者」）

〈作品鑑賞〉破滅型の〈私小説作家〉の典型とされる葛西の中でも、「弱者」はもっとも破滅的な姿が語られている。というのも、語り手「自分」は作品の最後で回復不可能と思われる錯乱状態に陥るからである。引用した冒頭部分の語り手は、比較的〈正常〉な状態にあって、これからどんどんと錯乱していく姿を描くための比較の原点ということになる。以下、読み進める読者は語られる内容の脈絡のなさもさることながら、自称の混乱と「だつたかな」「ですな」といった談話調の突然の混入に面食らうだろう。自称は「自分」「僕」「私」「我輩」「俺」が使われ、しかも作中で「A氏」という名のはずの語り手が自らを「善蔵」と名指す箇所もある。こうした読者の困惑は「僕が神経病であるか、ないか、神経病であつたとして、あなたに世話になつたり、してやつたりすると云ふことだつたら、あなたにも迷惑ぢやないか。」と口述筆記者に直接呼びかける場面で頂点に達するだろう。こうした文体や語りの水準の混乱は語り手の、ひいては作者葛西の錯乱を示唆している。同時にこの呼びかけから作品のテーマが〈発狂〉の恐怖だったことがわかる。以下、〈発狂〉を恐れながらも、次第に錯乱の度が深刻化する語り手の姿が時として支離滅裂になる表現で語られる夢や幻聴の場面などにより鮮明に浮かびあがってくる。興味深いのは語り手が〈廃人〉同様となり、妻子に連れられて帰郷する様子が口述筆記者「H生」の手になる後記によって描かれていることである。いわば、語り手が交代して作品は終わるのである。

〈作品解説〉葛西が〈発狂〉して帰郷したという事実はない。したがって、「弱者」は葛西が自らの作家イメージを利用して構築した、捨て身の、同時に計算された虚構の世界であり、文体の先鋭な実験室といってよいだろう。引用は初出誌「新潮」一九二五年八月号。

〈作者略歴〉一八八七（明治二〇）～一九二八（昭和三）年。小説家。青森県生。「子をつれて」（一九一八年）によって高い評価を得て「早稲田志賀」の異名を取る。後年は自らの貧困・病苦・女性問題・アルコール依存などを赤裸々に語っているとされた「私小説」で注目を集めた。

〔**山本芳明**〕

72　里見弴　さとみ・とん

〈作品〉 盆をすぎて四五日、カリン〳〵に晴れあがつて、よウ、夏だな、と、そこへ来るべきものがいよ〳〵やつて来たといふ、いかに期節負《きせつまけ》をする人にも、或る落ちつきと壮《さかん》な気持とを起させるやうな、さういふ日、――都会のものとも思はれない、瑠璃いろの空のもとで、亜鉛《とたん》屋根に載せた簀の子の物乾から、ひと擁へ取込んで来た洗濯ものを、薄暗い二階の六畳に、ぺたんと鳶足《とんびあし》に坐りこんだおたねが、それ〴〵畳み返してゐる最中だつた、もの静に、勝手の硝子戸があいて、

「御免あそばせ、御免あそばせ」

と訪ふのを、誰とも見当はつけかねたが、

「どなた?」

と、勝手口の客だけに、ゆるすともなく心をゆるして、梯子段の中ほどから、いけぞんざいなうけ答をしながらおりて行つた。

（「蚊やり」）

〈作品鑑賞〉 この長い一文で「蚊やり」は始まる。「最中だつた」にも読点が打たれてあとへ続き、二つの会話も長い文章に包み込まれた形である。このあと女二人の会話がえんえんと展開し、地の文はほとんどない。全体の八、九割が会話で成り立つ作品だが、冒頭の一文はこのように凝った書き方だった。「よウ、夏だな」から始まる大柄な直喩、女の動作の念入りな描写、また「瑠璃いろ」「鳶足」など珍しい語をあえて使うところも特色。

里見弴は「小説家の小さん」と評されたことがある。落語の骨法や語り口を思わせる作品がすくなくない（「蚊やり」の中にも落語への言及があり、また「蚊やり」は落語「垂乳根」の現代版だと作者が後年述懐している）。会話のやりとりのみで進むことがよくあり、地の文もしばしば話しことば調である。会話の中では発音に近い表記を志向していることが見て取れる（「蚊やり」では「さうすれア」「おあんなさらない」「一人ツぽつち」「すまアしこんで」「気ンなる」など）。

これらの作品は発表当時、驚嘆すべき才筆、技巧の妙味、名人気質……などと讃えられる一方、巧いがそれだけのこと、何か芸当のようなもの、癖のある筆つきで「読めない」……などと評されることもあった。

〈作品解説〉 初出誌の「改造」一九二五年秋季特別号（九月号）では「最中だつた。」と句点あり。ここに掲げたのは最初に収められた短篇集『をんな』（聚芳閣、一九二六年）の形。作者があえて初出の句点を読点に直し（あるいは元の原稿の形に戻し？）、息の長い文章にしてみせたものか。ところが次の短篇集『その人』（一九三〇年）に「蚊やり」が再び収録されたときは「最中だつた、」は読点だがその前の「起させるやうな、さういふ日。」に句点がついた。その後もこの二箇所の句読点は収録される本によって異同があるが（字句はほぼ同一）、作者生前最後の全集ではどちらも読点で落着いた。作者の迷いか。それとも出版社側がつい直したくなる文章と評すべきか。

〈作者略歴〉 一八八八（明治二一）～一九八三（昭和五八）年。小説家。横浜生。有島武郎・生馬の弟。「白樺」同人として出発。「銀二郎の片腕」（一九一七年）など短篇のほか『多情仏心』（二四年）、『安城家の兄弟』（三一年）などの長篇がある。**〔武藤康史〕**

73　葉山嘉樹

はやま・よしき

〈**作品**〉松戸与三はセメントあけをやつてゐた。外の部分は大して目立たなかつたけれど、頭の毛と、鼻の下は、セメントで灰色に蔽はれてゐた。彼は鼻穴に指を突つ込んで、鉄筋コンクリートのやうに、鼻毛をしやちこばらせてゐる、コンクリートを除りたかつたのだが、一分間に十才づゝ吐き出す、コンクリートミキサーに、間に合はせるためには、とても指を鼻の穴に持つて行く間はなかつた。

　彼は鼻の穴を気にしながら遂々十一時間、――その間に昼飯と三時休みと二度だけ休みがあつたんだが、昼の時は、腹の空いてる為めに、も一つはミキサーを掃除してゐて暇がなかつたため、遂々鼻にまで手が届かなかつた――の間、鼻を掃除しなかつた。彼の鼻は石膏細工の鼻のやうに硬化したやうだつた。

（「セメント樽の中の手紙」）

〈**作品鑑賞**〉「セメント樽の中の手紙」は、人間の身体がモノ（コンクリート）に変容してしまう悲劇であるが、それは、冒頭の主人公の「鼻」をめぐる表現にすでに兆していた。鼻に手をもっていく暇もないほど過酷な労働を強いられ、人間性が奪われていく過程が鼻に焦点をあてて表現されているのである。

　あたかも、カメラのクロース・アップによって細部がとらえられるように、「鼻の下」―「鼻穴」―「鼻毛」と、与三の鼻の外部から内部へと焦点は移動していく。それと並行して、セメントの粉が鼻の下から穴の中に入り、「鉄筋」に見立てられた「鼻毛」に付着し固まり、与三の鼻が「セメント」から「鉄筋コンクリート」に、さらに「石膏細工」へと変容していくさまが直喩を用いて表現されている。時間の経過とともに、セメントが次第に固まり、人間の鼻がモノと化していくのである。また、「一分間に十才づゝ、吐き出す」コンクリートミキサーの動きは、擬人法によって表現されている。与三とコンクリートミキサーのあいだには、人間とモノとの転倒した関係がうかがえる。

　コンクリートをミキサーにあける仕事を終えた後に、与三はセメント樽の中に小箱を見つける。その中からは、女工の手紙が出てきた。破砕器にはまり、粉々になって死んだ恋人のことが綴られたその手紙を、与三は読むのだった。不特定多数の労働者を受信者に想定した宛先のない手紙からは、「あなたは労働者ですか」「あなたが労働者だつたら」など、手紙の読み手が労働者であることを確認する、女工の切々たる声が浮かび上がってくる。この手紙は、死者の着衣だったボロ切れに包まれた小箱に収められており、死者の身体を喚起させる、極めて強いメッセージを帯びてもいたのである。

〈**作品解説**〉初出誌は「文芸戦線」一九二六年一月号。引用は初出による。葉山嘉樹は、労働者たちの生活を題材に様々な新しい表現の実験を試みた、プロレタリア文学の作家である。その一端は、「セメント樽の中の手紙」の表現にもうかがえる。

〈**作者略歴**〉一八九四（明治二七）～一九四五（昭和二〇）年。小説家。福岡生。「淫売婦」（一九二五年）を発表、注目される。その後、「セメント樽の中の手紙」「海に生くる人々」「労働者の居ない船」「誰が殺したか」（二六年）などを発表、プロレタリア文学作家としての地歩を築いた。

〔**十重田裕一**〕

74　宮沢賢治

みやざわ・けんじ

〈作品〉……ある牛飼ひがものがたる

第一日曜

オツベルときたら大したもんだ。稲扱器械の六台も据えつけて、のんのんのんのんのんのんと、大そろしない音をたててやつてゐる。

十六人の百姓どもが、顔をまるつきりまつ赤にして足で踏んで器械をまはし、小山のやうに積まれた稲を片つぱしから扱いて行く。藁はどんどんうしろの方へ投げられて、また新しい山になる。そこらは、籾や藁から発つたこまかな塵で、変にぼうつと黄いろになり、まるで沙漠のけむりのやうだ。

そのうすくらい仕事場を、オツベルは、大きな琥珀のパイプをくわい、吹殻を藁に落とさないやう、眼を細くして気をつけながら、両手を背中に組みあはせて、ぶらぶら往つたり来たりする。

小屋はずいぶん頑丈で、学校ぐらいもあるのだが、何せ新式稲扱器械が、六台もそろつてまはつてるから、のんのんのんのんふるふのだ。中にはいるとそのために、すつかり腹が空くほどだ。そしてじつさいオツベルは、そいつで上手に腹をへらし、ひるめしどきには、六寸ぐらゐのビフテキだの、雑巾ほどあるオムレツの、ほくほくしたのをたべるのだ。

（「オツベルと象」）

〈作品鑑賞〉これまで、宮沢賢治の文体・表現に関して議論の対象となってきた主なトピックスは、①語彙（宗教・科学の専門用語や地方語）、②レトリック（オノマトペ、色彩表現、擬人法、提喩など）、③統辞（統合と空白）、④〈語り〉（①②③すべてに関わる）の四点である。「オツベルと象」においては、これら四点の特徴すべてを確認することができる。

まず④の〈語り〉について、一行目の「ある牛飼ひがものがたる」とは、これから語られる物語の設定を語っている部分、すなわち、物語世界外の語り手が「牛飼ひ」の語った物語を引用し、内包する形式をとることが表明されている部分である。移動する労働者である「牛飼ひ」は、「大したもんだ」といったん「オツベル」を肯定しつつ、「上手に腹をへらし」「雑巾ほどあるオムレツ」という表現を織り込んで自らの語りに揺さぶりをかける。最終的に「オツベル」の破滅を語る「牛飼ひ」は、批評的なイロニーを成立させるための重要な装置となっているのである。

次に③の統辞について、二行目に「第一日曜」と記されているのは、「牛飼ひ」という移動する労働者が、その移動の間に聞き及んだ話を、聞き及んだ分だけある特定の場所において語っていくという設定がなされているためであり、このあと「第二日曜」「第五日曜」へと話は引き継がれていく。あたかも、日曜ごとに連続して話が続くと思わせて、「第三日曜」「第四日曜」を空白にする――こうした〈語り〉の統辞と空白の方法は、「風の又三郎」「セロ弾きのゴーシュ」などにも見られる特徴的な方法である。時間の流れを止めることなく、一方でその一部を空白として提示し、読者の想像力に訴えながら意味の連続体を生成するのである。

次に②のレトリックについて、宮沢賢治のテクストに見られるオノマトペの特異性に関しては、他のテクストを論ずる際にも取り上げられることが多い。宮沢賢治テクストにおけるオノマトペは、映像的なイメージを喚起し、体感的世界把握を可能にすると指摘されてきた。ここでは「のんのんのんのんのんのん」が、稲扱器械のたてる鈍く絶えまない音とともに、器械自体の振動するさまをも想起させるもので、ここに擬音・擬態の一体となった語の働きを見ることができる。なお、最近の研究では、この「のんのんのんのんのんのん」は東北の方言に基づいたものであるとの指摘もある。これまでの賢治の「独創」という通説に甘んずることなく、方言などの使用例を参照しながら、宮沢賢治のテクストの文脈での特徴を考察すべきであろう。

最後に①の語彙について、「百姓」という農業関連、「器械」という工業関連の語が見られる冒頭部には、「小屋」という空間に、農業とその産業化、労働者と資本家という多層的な権力関係が構造化されている。また、物語が展開する中で、「サンタマリア」「赤衣の童子」「沙羅双樹」という宗教に関係する語、「議長」という共産主義を想起させる語などが、「オツベル」に具現される資本主義と対置され、物語を成立させる思想的基盤を明らかにしている。このような語彙やレトリックを結合させ、構造化するイロニカルな〈語り〉（そのイロニーは「オツベル」を破滅させた象にも及ぶ）によって、「オツベルと象」という物語は編まれているのである。

こうした文体・表現の特徴は、説話・民話を近代童話に再編成した宮沢賢治の他のテクストの特徴でもあり、ことにその〈語り〉の実験的な試みは、説話・民話の世界観を継承しつつ、同時代のリアルタイムな問題を取り込み、異化していく方法として注目される。「銀河鉄道の夜」のような、〈こちら側の世界〉〈あちら側の世界〉の論理を構築し、その細部を描写しつつ、世界像に関わるある概念、価値観の多層性を提示する方法を分析する上で、その〈語り〉の実験の様相を把握することは、欠かせない作業と言えるだろう。

〈作品解説〉　初出誌は「月曜」一九二六年一月創刊号。「月曜」を創刊したのは詩人・尾形亀之助であり、賢治と同じく「銅鑼」の同人であったことから、賢治に作品を依頼した。賢治は、「オツベルと象」の他に「ざしき童子のはなし」「寓話　猫の事務所」の三作を「月曜」に掲載している。引用原文は『校本宮沢賢治全集　第十二巻』（筑摩書房、一九九五年）による。

〈作者略歴〉　一八九六（明治二九）～一九三三（昭和八）年。詩人、童話作家、宗教者、農芸化学者・農業指導者、教育者。岩手生。仏教に篤く帰依し、花巻農業高等学校教諭を経て、農村での農作業・指導の実践活動を行う。文学については、盛岡中学校在学中の短歌制作を皮切りに、詩（心象スケッチ・口語詩・文語詩）・童話・戯曲・俳句など多岐にわたるジャンルの作品を制作。生前刊行された著作は、『春と修羅』『注文の多い料理店』（ともに一九二四年）の二冊のみで、生前発表作品もその仕事の全体から見るとわずかであり、多くは死後の全集刊行によって世に知られ、評価を高めた。

〔安藤恭子〕

75　平林たい子

ひらばやし・たいこ

〈作品〉明るい晩春の陽のさす空地では、真新しい網を間にして、工場主の娘の、双生児の女学生の、純白の洋服姿がちらちら動いていた。ラケットが、球をすくいあげるたびに、胸に結んだ水色のリボンがヒラヒラと動いた。信江はそれを、揚羽蝶の様に美しく思った。

二人は、互の、紙の様に血色の死んだ顔を見合わせると、面白くない表情に戻って、湿った麻裏でばたばたと工場の方へ歩いて行った。明るい外に慣れた目で見ると、蒸気がもうもうとこめた工場の中は、煙突の中のように細長く真っ黒だった。

「ふう」

と今度は信江が冷笑に似た嘆息をもらして馴れた蛹の香の前掛で、額の汗を拭いた。

よしのは、見てはならないものを見る様に今一度だけ工場の入口で振返った。楕円形のラケットが、青い空でおどっていた。

（「古戸棚」）

〈作品鑑賞〉平林の「蛹と一緒に」「荷車」などで、「蛹」は、幼い女工の死と結びついている。工場が急な検閲を受けると、就労年齢に満たない女工は、繭を乾かす「乾燥場」に隠されるが、そこで、少女は、「繭の中の蛹と一緒に、悶えて死」に至る。煮立てた繭から糸をとる工場は、「蛹」が羽化する前に死に至らしめ商品を得る。同様に、商品生産の苛酷な労働で、その生を削られる女工は、「蛹」と重ねられるのだ。

「古戸棚」の冒頭でも、二人の女工は、「蛹の香の前掛」をしている。対して、テニス遊びに興じる「工場主の娘」は、「揚羽蝶の様」な「リボン」を身につけた「女学生」だ。二人の女工「信江」と「よしの」は、「小学校の首席同士」で、「苦学の為に金をためようと」勧誘員に諏訪湖のほとりの工場へと連れられてきた。

「いつ、私等も勉強できるようになるら」。そう不平をかこつ二人にとって、「女学生」は、憧れの未来だ。しかし、製糸でその命が奪われる「蛹」が、「揚羽蝶」になることができないように、二人の女工が、「女学生」になることは叶わない。二人は、東京に出て、「局内に誠和女学校の便」がある電話局の交換手となる。しかし、二人は「女学校」の実態が「埃だらけの硝子戸棚」に過ぎないことを知るに及び、「反抗心の中から」「同じ仲間の間へ割り込んで行」く。「蛹」と「蝶」の比喩は、「ばたばた」と「ひらひら」で対比もされつつ、「階級」と、その矛盾への反応である結末をも仄めかしている。

〈作品解説〉初出は、「文芸戦線」一九二六年一二月号。当時、平林の故郷・信州は製糸工業地帯で、本作は、「蛹と一緒に」（「文芸市場」一九二七年五月）「荷車」（「新潮」一九二八年六月）などとともに、そこでの女工を題材としている。引用は『平林たい子全集　第一巻』（潮出版社、一九七九年）。

〈作者略歴〉一九〇五（明治三八）～七二（昭和四七）年。小説家。長野生。「喪章を売る」（後に「嘲る」に改題）が「大阪朝日新聞」の懸賞小説に当選。「施療室にて」を「文芸戦線」一九二七年九月号に発表し、プロレタリア作家として認められる。戦後、「かういふ女」（一九四六年）で、女流文学賞を受賞。

〔渡邊英理〕

76　佐藤紅緑　さとう・こうろく

〈作品〉『ぢやお先に』

チビ公は荷を担《かつ》いで家を出た、何となく戦場へでも出るやうな緊張した気持が五体《たい》に溢れた、彼は生れて始めて責任を感じた、今までは寒いにつけ暑いにつけ、商売《しょうばい》を休みたいと思つた事もあつた、又伯父さんに叱られるから仕方なしに出て行つた事もあつた、併《しか》し此の日は全然それと異《ことな》つた一大革命が精神の上に稲妻の如く起つた。

『俺がしつかりしなければみんなが困る』

彼は警察にある伯父さんも伯母も母も痩腕一本で養はねばならぬ大責任を感ずると共に奔湍《ほんたん》の如き勇気が如何《いか》なる困難をも打砕《うちくだ》いてやらうと決心させた。　（「あゝ玉杯に花うけて」）

〈作品鑑賞〉「あゝ玉杯に花うけて」は家が零落れ、父を亡くし、母と共に伯父に身を寄せる主人公のチビ公＝青木千三が、社会的そして経済的苦境に立たされながら、義侠心と礼節とを決して手放さずに、豆腐を売りながら家計を助け、不正や暴力に立ち向かいつつ、夜学にも通ってついに旧制一高入学を果たすまでの成長譚である。そのチビ公の成長の大きな契機となったのが、自分が身を寄せる伯父の復讐劇であった。伯父は豪腕を後ろ盾にチビ公から強奪を繰り返す阪井巌への仇討ちを図るが警察に捕まってしまう。そのときチビ公に「一大革命」が起こり、「痩腕一本」で伯父の代わりを務め、一家を養う決意をする。

先に掲げたのは彼が伯父の代わりを務める最初の朝の場面である。「ぢやお先に」という快活な掛け声と、それに続く「出た」「溢れた」「感じた」といった各フレーズでの「た」止めの繰り返しによってチビ公に起こった「革命」の勢いが伝えられるが、ここではセンテンスの区切りが句点ではなく読点によってなされていることにも注目したい。読点によってテンポよく内面から湧き上がる「勇気」がチビ公をより強く突き動かしていく様子が表現されている。この文それぞれの短さとテンポとによって、チビ公が背負う「荷」と「大責任」とがより鮮明に重ね合わされることになる。

チビ公に起こる「一大革命」によって、「今まで」との断絶が強調され、また「如何なる困難をも」打破しうる無限の可能性が生れたことが示唆されている点には、この作品の理想主義的な一面が色濃く反映しているといえる。

〈作品解説〉初出誌は「少年倶楽部」一九二七年二月～二八年四月。この作品は佐藤紅緑の少年・少女小説の第一作であり、またその金字塔とされている。作品タイトルは旧制一高の代表的な寮歌の冒頭部である。引用原文は『あゝ玉杯に花うけて』（大日本雄弁会講談社、一九二八年）による。

〈作者略歴〉一八七四（明治七）～一九四九（昭和二四）年。俳人、小説家、劇作家。本名洽六《こうろく》。弘前市生。一九〇一年日本新聞社入社、正岡子規から俳句を学ぶ。『蕪村俳句評釈』（一九〇四年）などを刊行後、「富士に題す」（一九二七年）などで人気大衆小説作家に。「あゝ玉杯に花うけて」の他に「少年讃歌」（一九二九年）など多くの作品で人気を博し、少年小説の大家としても目されるようになる。

〔**田中佳太**〕

77　佐々木味津三　ささき・みつぞう

〈作品〉切支丹騒動として有名なあの島原の乱——肥前の天草で天草四郎達天守教徒の一味が起した騒動ですから、一名天草の乱とも言ひますが、その島原の乱は騒動の性質が普通のとは違つてゐたので、起きるから終るまで当時幕府の要路にあつた者は大いに頭を悩ました騒動でした。殊に懸念したのは豊臣の残党で、それを口火に徳川へ恨みを持つてゐる豊家縁故の大名達が、いち時に謀反をおこしはしないだらうかと言ふ不安から、奥州は仙台の伊達一家、中国は長州の毛利一族、九州は薩摩の島津一家、と言ふやうな太閤恩顧の大々名のところへはこつそりと江戸から隠密を放つて、それとなく城内の動静を探らした位でしたが、しかし幸ひなことに、その島原の騒動も、智慧伊豆の出馬によつてやうやく納り、乱が起きてからまる四月目、寛永十五年の二月には曲りなりにも鎮定したので、お膝元の江戸も街にも久方ぶりに平和がよみがへつて、勇み肌の江戸児たちには書入時のうららかな春が訪れて参りました。

　愈々平和になつたとなると、鐘一つ売れぬ日はなし江戸の春——まことに豪儀なものです。

（『右門捕物帖』第一話「南蛮幽霊」）

〈作品鑑賞〉破格に長い冒頭では、区切りを迂回した文体によって漠然とした〈不安〉が効果的に醸成されている。一旦は宝井其角の句によって〈平和〉が強調され、八百八町は豪奢な「お花見」の噂で盛り上がるが、無礼講の余興「清正の虎退治」が惨劇の舞台となり、「親代々」の同心「むっつり右門」が登場する。

　半年の間「一口も口を利かな」かった右門と「おしゃべり屋」の岡っ引伝六の凸凹コンビが奇怪な事件を追うが、伝六の早合点を「押し黙つたまま」受け流し真っ先に表へ飛び出す右門のキャラクターは、解決へと到る過程に黙説のレトリックを仕掛ける。自序で「まだ百篇は書きつゞける」と記したように、「江戸の春」の守護者の評判は「江戸児」を賑わせ続け、不動のヒーロー性に読者も酔ったが、翌年連載の「旗本退屈男」で暇潰しに悪を斬る早乙女主水之介とともに、〈平和〉への右門の態度こそが注目される。人類の歴史とは「退屈との闘争」だと断言した味津三による主人公達は、事件がなければ〈平和〉を持て余し、〈不安〉を探し出す。大正期の空気を濃厚に湛えながら、味津三は「五里霧中、軌道なき花電車」と喩えた大衆文学の〈明日〉を模索し続けた。

〈作品解説〉初出誌は「冨士」一九二八年三月号。「南蛮幽霊」を皮切りに『右門捕物帖』はシリーズ化、翌年に映画化され、一九三二年七月の第三八話「山雀美人影絵」で完結。江戸川乱歩は〈美しい錦絵〉と呼び、岡本綺堂は〈変幻怪奇〉と緻密な〈経路〉の並存を讃えた。引用原文は『右門捕物帖』（大日本雄弁会講談社、一九二九年）による。

〈作者略歴〉一八九六（明治二九）～一九三四（昭和九）年。小説家。愛知生。明治大学卒業後、「地主の長男」（一九二一年）を発表、菊池寛を知り「文芸春秋」「文芸時代」同人となるが、困窮し大衆小説へ。芥川龍之介の激励を受け、強烈な個性が活躍する時代物で人気を博す。「小笠原壹岐守」（一九三一年）で史実尊重の作風を示したが急逝。

〔小澤　純〕

78 宮本百合子

みやもと・ゆりこ

〈作品〉仲子は両手を後にまわし、半分開け放した窓枠によりかかりながら室内の光景を眺めていた。

部屋の中央に長方形の大テーブルがあった。シャンデリヤの明りが、そのテーブルの上に散らかっている書類――タイプライタアの紫インクがぼやけた乱暴な厚い綴込《とじこみ》、隅を止めたピンがキラキラ光る何かの覚え書――の雑然とした堆積と、それらを挟んで相対し熱心に読み合せをしている二人の男とをくっきり照して、鼠色の絨毯《じゅうたん》の上へ落ちている。

部屋じゅうを輝かす灯が単調であるとおり、二人の男の仕事も単調でつまらなかった。（『伸子』）

〈作品鑑賞〉冒頭は、伸子の「両手を後にまわし」、「窓枠によりかか」るという傍観者的態度で眺められた室内の光景から始まる。伸子の視線で捉えられた光景には、「テーブル」「シャンデリヤ」「タイプライタア」などカタカナが多用されていて、伸子の居る場所が西洋（第一次世界大戦終結前夜のアメリカ）であることを示している。父たちの仕事を当初は「単調でつまらな」いと眺めていた伸子だが、引用文の後では、次第に「彼らの活動の調子につりこまれて行」き、「力強い確乎とした、同時に精力的な亢奮に似たもの」を感じる展開となっていく。

小説が、仕事のもたらす活力に引き込まれていく伸子の描写で始まることは、きわめて象徴的である。「伸子」は、一九歳の佐々伸子の恋愛と結婚から離婚にいたるまでの経緯を描いた小説であるが、伸子の同時代的な新しさは、自己を生かす道が小説家という仕事にあることを自覚していて、愛の問題も母性の問題も仕事を基軸にして主体的に選択されるからである。

また、語り手の視線が伸子のそれとほぼ重なり、伸子の内面に密着して物語を展開させていくところから、具象的・実体的あるいは身体的表現が生み出されている。自立への願望を秘めて渡米し、古代の印度・イラニアン語の研究をする佃一郎と恋におち、仕事を続けること、子供をつくらないことを条件に自由結婚を断行した伸子だが、人生観・家庭観の齟齬により夫婦の確執が深まる。伸子の欲求や願望は、「味気なかった」「飢えていた」という食物になぞらえる比喩的表現で、離婚へと追い込まれてゆく夫婦の熾烈な格闘は、「食いたい」「食われている」という生存の瀬戸際を表徴する身体的表現によってリアルに描出されており、優れたフェミニズム文学となっている。

〈作品解説〉初出は、さまざまな小題で「改造」の一九二四年九・一一月号、一九二五年一・四・六・一〇月号、一九二六年一・二・四・九月号に一〇回にわたり連載された。この初出稿に徹底的な削除・加筆・推敲を施して、一九二八年三月に改造社より単行本として刊行されたのが、現在の『伸子』である。引用は『宮本百合子全集　第三巻』（新日本出版社、一九七九年）。

〈作者略歴〉一八九九（明治三二）～一九五一（昭和二六）年。小説家。本名ユリ。東京生。日本女子大学校英文学部予科中退。「貧しき人々の群」（一九一六年）、「伸子」を経てプロレタリア作家となり、戦時下も非転向を貫き、戦後は民主主義文学の担い手として活躍した。代表作には他に、「播州平野」（四六～四七年）、「風知草」（四六年）、「二つの庭」（四七年）「道標」（四七～五〇年）など多数ある。

〔岩淵宏子〕

79　井伏鱒二　いぶせ・ますじ

〈作品〉 山椒魚は悲しんだ。

　彼は彼の棲家である岩屋から外に出てみようとしたのであるが、頭が出口につかえて外に出ることができなかつたのである。今は最早、彼にとつては永遠の棲家である岩屋は、出入口のところがそんなに狭かつた。そして、ほの暗かつた。強ひて出て行かうとこゝろみると、彼の頭は出入口を塞ぐコロップの栓となるにすぎなくて、それはまる二年の間に彼の体が発育した証拠にこそはなつたが、彼を狼狽させ且つ悲しますには十分であつたのだ。

「何たる失策であることか！」

　彼は岩屋のなかを許されるかぎり広く泳ぎまはつてみようとした。人々は思ひぞ屈した場合、部屋のなかを屢々こんな具合に歩きまはるものである。けれど山椒魚の棲家は、泳ぎまはるべくあまりに広くなかつた。彼は体を前後左右に動かすことができたゞけである。その結果、岩屋の壁は水あかにまみれて滑かに感触されたので、彼は彼自身の背中や尻尾や腹に、つひに苔が生えてしまつたと信じた。彼は深い嘆息をもらしたが、恰も一つの決心がついたかのごとく呟いた。

「いよいよ出られないといふならば、俺にも相当な考へがあるんだ」

　しかし彼に何一つとしてうまい考へがある道理はなかつたのである。

（「山椒魚」）

〈作品鑑賞〉 岩屋から出られなくなった山椒魚は、外の流れで右往左往する小魚たちや岩屋の中でもの思いに耽っている小蝦を嘲笑していたが、いよいよ脱出が不可能であることを知ると、絶望のあまりによくない性質をおびて、岩屋に入ってきた蛙を閉じこめる。彼らは二年間口論し意地をはりあうが、蛙が「嘆息」をもらしたのをきっかけに、しだいに和解していく。

　井伏鱒二が岩屋に幽閉された山椒魚というモチーフの作品で出発したのは象徴的なことだった。一九二三年に早稲田大学を理不尽な事情で、中退し、親友の青木南八も喪い、さらには同人誌仲間が全員左傾して孤立するなど「くつたく」の多かった若き日の井伏は、激動する時代や文学状況のなかで、自己に固有の表現をもつための試行錯誤を重ねつつ、ながい不遇な習作期を送らねばならなかった。その閉塞的状況がこの作品のモチーフになっているとみてよい。この作品の原型である「幽閉」は学生時代に試みた習作で、一九二三年七月、同人誌「世紀」に発表された。六年後に「山椒魚」として再発表するに際して、基本的な枠組と設定はそのままで、表現はほとんど原型をとどめぬまでに改稿しながらもなおかつこの素材に執着したのは、岩屋に幽閉された山椒魚というモチーフが、それだけ彼の青春の「くつたく」を表象するにふさわしいものだったからである。その後の井伏の関心は、もっぱらそのような閉塞感とそれのもたらす鬱屈した感情を、いかに固有の表現で形象するかに向けられていた。さらにいえば、現実という「岩屋」といかに折合いをつけ、破滅することなく自己を生かして行くかが、特に初期井伏の最大の課題であった。

　「山椒魚」の特徴のひとつはその文体にある。もってまわったような欧文直訳体、すでに死語に近いような古語や生硬な科学用語の意図的な使用などがあげられるが、これらは「幽閉」にはみられなかったものである。むしろオーソドックスでさえあった「幽閉」の文体は「山椒魚は悲しんだ」という冒頭の一文をのぞいてほぼ全面的に改稿されている。のちになって井伏は、「山椒魚」を含む初期文体の試みについて「わざとらしい文章や誇張にすぎた表現が随所にあつた。無理やり自分の表現を持ちたいと焦燥した結果である」（『シグレ島叙景』跋、一九四一年）とのべている。たしかに「無理やり自分の表現を持ちたい」ための努力が局部的に片よっていたともいえるが、絶望が深ければ深いほど、あるいは閉塞感が複雑なものであればあるほど、それに表現を与えるには幾重にも屈折した操作がなされねばならない。そのような文学表現上の努力は、生活者としての悲哀や絶望にうちまかされないために、その悲哀や絶望を飼い馴らそうとすることとパラレルであろう。山椒魚の感情の起伏は、倨傲と自嘲、頑固と絶望、外界と内面、狂気と諦めなどに大きく振れ動きつつ、蛙との対立のところで極限に達するが、時間の経過とともに、その振幅はしだいに小さくなり、やがて諦念とも和解ともつかぬ境地に到達する。そのプロセスは、作家井伏鱒二が主情的感傷的な自己表出を克服して、表現の固有性と客観性を獲得していく過程に見合っている。それは幽閉的状況の中で、状況そのものをもどきつつ破滅への傾斜から自己を救出し、生の調和を見出そうとする努力であった。かくして、凡庸な寓話的作品にすぎなかった「幽閉」は、六年の時間をへて象徴的な彫りの深さをそなえた「山椒魚」という傑作に成長したのである。

〈作品解説〉 初出誌は「文芸都市」一九二九年五月号。初出時の標題は「山椒魚―童話―」であった。第一創作集『夜ふけと梅の花』（新潮社、一九三〇年）に収録。単行本に収められるたびに加筆削除の推敲が加えられた。作者はチェーホフの「賭」にヒントを得て「絶望から悟りへの道程」を書こうとしたが、悟りの部分は書けなかったと語っている。米寿をすぎてから『井伏鱒二自選全集』（新潮社）収録に際し、末尾の山椒魚と蛙の和解の部分が、ほぼ六十年ぶりに作者の手で削除され、論議を呼んだ。改作の是非はともかく、この削除によって、両者の意地の張り合いはほぼ永久に持続することになるはずで、それだけ作品もよりいっそうながい時間と深い絶望を内包するものになった。現実を「岩屋」ととらえる思想と「水」への親和は「黒い雨」まで一貫している。引用は『井伏鱒二全集　第一巻』（筑摩書房、一九九六年）。

〈作者略歴〉 一八九八（明治三一）〜一九九三（平成五）年。小説家。本名満寿二。広島生。早稲田大学仏文科中退。「世紀」に続いて、一九二六年同人誌「陣痛時代」に参加したが、同人が左傾したので翌年秋頃脱退。「朽助のゐる谷間」「山椒魚」（一九二九年）などを発表。「川」「集金旅行」（一九三七年）など連作的手法も試みる。一九三八年「ジョン万次郎漂流記」（一九三七年）によって直木賞受賞。戦前には「さざなみ軍記」（一九三八年）「多甚古村」（一九三九年）など。徴用による従軍体験は、戦後「遥拝隊長」（一九五〇年）などの秀作を生んだ。一九五〇年「本日休診」（一九四九年）その他で読売文学賞を、一九五六年には「漂民宇三郎」（一九五五年）で芸術院賞を受けた。「漂流」も生涯のテーマだ。一九六一年に「黒い雨」で野間文芸賞。同年文化勲章を受けた。

〔**東郷克美**〕

80　小林多喜二

こばやし・たきじ

〈作品〉「おい、地獄さ行《え》ぐんだで！」

　二人はデッキの手すりに寄りかゝって、蝸牛が背のびをしたように延びて、海を抱え込んでいる函館の街を見ていた。――漁夫は指元まで吸いつくした煙草を唾と一緒に捨てた。巻煙草はおどけたように、色々にひっくりかえって、高い船腹《サイド》をすれ〳〵に落ちて行った。彼は身体一杯酒臭かった。

　赤い太鼓腹を巾広く浮かばしている汽船や、積荷最中らしく海の中から片袖をグイと引張られてでもいるように、思いッ切り片側に傾いているのや、黄色い、太い煙突、大きな鈴のようなヴイ、南京虫のように船と船の間をせわしく縫っているランチ、寒々とざわめいている油煙やパン屑や腐った果物の浮いている何か特別な織物のような波……。風の工合で煙が波とすれ〳〵になびいて、ムッとする石炭の匂いを送った。ウインチのガラガラという音が、時々波を伝って直接《じか》に響いてきた。

（『蟹工船』）

〈作品鑑賞〉「おい、地獄さ行《え》ぐんだで！」、日本プロレタリア文学を代表する名作とされる「蟹工船」は、漁夫のひとりの口から発せられる、このインパクトの強い一言で始まる。酷使・虐待された労働者たちの叛逆と弾圧、といったラディカルな内容の面からばかりでなく、その文学的方法の面からも、この作品は野心的な試みに満ちたものとなっている。

　一読して気付くのは、その比喩の多用である。引用した冒頭部分を見ただけでもまさしく枚挙に暇がない状態だ。しかもそれぞれが「似ているものを挙げて類推させる」という比喩（暗喩）の常道から大きく逸脱するような「過剰さ」を見せている。

　二つ目は、映画におけるカメラの移動やカット割りを思わせるような視点の転換による視覚的表現ばかりでなく、漁夫の声やウインチの音、港のざわめきなどの聴覚、酒臭さ、「ムッとする石炭の臭い」などの嗅覚、さらに味覚や触覚など、読者の身体感覚を呼び覚ますような表現が用いられている点である。

　こうした「過剰な比喩」と「感覚的表現」が大胆に結びつくと、作品全体の構図がガラリと転換し、高価な「食物」・「献上品」である蟹缶詰と、臭気を放つ異物とがイメージ上で結びついた上で、その価値が逆転するといったような事態が、読者の意識の上で起こることになる。これこそがまさに「蟹工船」のダイナミックな文体の「秘密」であるといってよかろう。

〈作品解説〉初出誌は「戦旗」一九二九年五、六月号。多喜二の作家としての評価を高めた「代表作」である。引用は初出を底本にして校訂された『小林多喜二全集　第二巻』（新日本出版社、一九八二年）を使用。この作品は単に「蟹工船」という特殊な場所での特殊な労働を描いているというにとどまらず、資本主義の仕組みそのものを視野に入れて書かれているため、二〇〇八年には、社会の「貧困化」の現実に直面した人々を中心にブームが巻き起こった。

〈作者略歴〉一九〇三（明治三六）～三三（昭和八）年。秋田県生。幼くして北海道・小樽に一家で転居、「蟹工船」（一九二九年）で認められ、作家同盟書記長などを務める。作品に「不在地主」（二九年）「党生活者」（三三年）など。地下活動中特高警察に逮捕され、拷問により虐殺された。

〔島村　輝〕

81　徳永　直　とくなが・すなお

〈作品〉街

一　ビラ

電車が停った。自動車が停った。――自転車も、トラックも、サイドカアも、まっしぐらに飛んで来ては、次から、次へと繋がって停った。

――どうした？

――何だ、何が起ったんだ？

密集した人々の、至極単純な顔と顔を、黄色っぽい十月の太陽が、ひどい砂埃りの中から、粗っぽくつまみ出していた。

人波は、水溜りのお玉じゃくしの群のように、後から後から押して来ては揺れうごいた。

――御通過だ――摂政宮殿下の高師行啓だ！

最前列の囁きは、一瞬の間に、後方へ拡がって行った。自動車は爆音をとめ、人は帽子を脱った。

十五分あまりが経った時、最前列にいたものは金ピカの警部と、堵列した警官の挙手の間を五台の自動車が、フィルムの影のように音もなく走り去るのを見た。漆黒の幌に菊花の紋が一つ輝いて埃りっぽい光線の中に、キラリと群集の眼を射た。しかし、後方のものには警官の帽子が見えただけであった。

（「太陽のない街」）

〈作品鑑賞〉　物語の舞台は、東京の下町・小石川の千川筋。日当たりの悪い谷底には通称〝太陽のない街〟と呼ばれる貧しいトンネル長屋の密集する貧民街が広がっていた。住民の多くは街の中心にある印刷工場「大同印刷」で働いていたが、ある日、会社側が三八人の印刷工の一方的な解雇を発表。これに反対する印刷工たちは三〇〇〇人の組合同志と共に労働争議を起こしストに突入する。引用は、争議の支持を訴えるビラを組合員が街頭にばら撒く冒頭部分。「街」「一　ビラ」といった小見出しやタイトルによって区切られたいくつもの短い章で物語が構成されている。また傍線（「―」）も多用され、ビラのレイアウトをそのまま小説内に視覚的に持ち込むなど、大衆演劇のセリフ回しや場割りや映画の字幕の手法を果敢に取り入れている。「吾々仲間が、夜業がすんでも、一二枚はひきづられて読めるもの」（「『太陽のない街』は如何にして製作されたか」）を目指したと徳永自身が回想しているように、労働者読者のための文学大衆化の工夫が随所に見られる。

〈作品解説〉　初出誌は「戦旗」一九二九年六～一一月号。最終章「旗影暗し」を加え、同年一二月に戦旗社刊。一九二六年一月から三月の共同印刷大争議に敗北した徳永の体験を下敷きにしている。徳永は当時、組合執行部の一人であった。国際革命作家同盟の機関誌に翻訳が掲載され、諸外国で読まれた。引用は『日本プロレタリア文学集　第二四巻』（新日本出版社、一九八七年）による。

〈作者略歴〉　一八九九（明治三二）～一九五八（昭和三三）年。小説家。熊本生。貧しい小作農の長男として育つ。小学校を中退し印刷文選工や煙草専売局職工などの仕事を転々としながら労働組合運動に参加。組合の機関紙に「馬」「戦争雑記」「あまり者」等を発表。労働者出身の作家として活躍した。

〔栩沢　健〕

82　直木三十五　なおき・さんじゅうご

〈作品〉高《たか》い梢《こずゑ》の若葉《は》は、早朝《そうてう》の微風《びふう》と和《なご》やかな陽光《ひかり》とを、健《けん》康《こう》さうに喜《よろこ》んでゐたが、鬱《うつ》々とした大木、老樹《ろうじゆ》の下蔭《かげ》は、薄暗《うすくら》くて、密《みつ》生した灌《くわん》木と、雑草《ざつそう》とが、未《ま》だ濡れてゐた。

樵夫《きこり》、猟師《れうし》でさへ、時々にしか通らない細い径は、草《くさ》の中から、ほんの少しのあか土を見《み》せてゐるだけで、両側《れうがは》から、枝《えだ》が、草《くさ》が、人の胸《むね》へまでも、頭へまでも、からかひかゝるくらゐに延びてゐた。

その細径《ほそみち》の、灌《くわん》木の上へ、草《くさ》の上へ、陣笠《ぢんかさ》を、肩《かた》を、見《み》せたり、隠《かく》したりしながら二人の人が、登つて行つた。陣笠《ぢんかさ》は、裏《うら》金だから士分《しぶん》であらう。前へ行く人は六十近い、白髭の人で、後方のは供人《ともびと》であらうか？　肩《かた》から紐《ひも》で、木箱を腰《こし》に垂《た》れてゐた。二人とも、白い下着の上に黄麻《きあさ》を重ね、裾《すそ》を端折《はしよ》つて、紺《こん》脚絆《きやはん》だ。

（「南国太平記」）

〈作品鑑賞〉「南国太平記」は直木三十五の出世作であり、また〈大衆文学〉というジャンルを広く認知させる役割を担った小説である。

金融恐慌、世界恐慌などが重なり、深刻な不況が蔓延した昭和初年代において、直木は、多くの読者が「現実世界を忘却」するための小説を企図していた。その姿勢が「南国太平記」の冒頭部に凝縮されている。

まず、あえて読点や改行、ルビを多く用いて、読みやすさを優先させる。また「あか土」、「裏金」、「白髭」、「白い下着」、「黄麻」、「紺脚絆」など色彩表現を連続させ、物語世界をイメージしやすくする。さらに「健康さうに喜んでゐた」、「からかひかゝるくらゐに」など、平易な擬人法を用いて風景描写を為す。

その風景描写も長くならないうちに、すかさず謎めいた人物を登場させ、「士分であらう」という推察や、「供人であらうか？」という疑問を読者に投げかけながら、徐々にその人物に焦点を当てていく。こうした表現の端々に、広い読者層に受容されることを想定した直木の姿勢が垣間見られるだろう。

死後に創設された〈直木三十五賞〉により、直木は〈大衆文学〉というジャンルを強く連想させるようになった。しかし彼は晩年〈大衆文学〉批判を為し、平易な〈私小説〉を組み立て、〈純文学〉と〈大衆文学〉との融合を試みていた。

つまり直木は、単に〈大衆文学〉というジャンルを構築することに固執していた訳でなく、あくまで読者の小説受容を強く意識し続けていたのだ。「南国太平記」の冒頭部は、そうした直木の姿勢が、まさに凝縮された箇所だといえるだろう。

〈作品解説〉初出は「東京日日新聞」、「大阪毎日新聞」一九三〇年六月一二日～三一年一〇月一六日。引用は初出。一九二〇年代に萌芽した〈大衆文学〉というジャンルは、この小説をひとつの契機として、後の文学の場を席捲していくことになる。

〈作者略歴〉一八九一（明治二四）～一九三四（昭和九）年。小説家。大阪生。出版社経営、映画製作などを経た後、「由比根元大殺記」（一九二九年）や「南国太平記」などで流行作家となる。筆名は、本名の「植村」の「植」を分割した上で、年齢ごとに「三一」、「三二」、「三三」……と変えていき、最終的に「三五」に固定した。非常に多くの随筆も執筆した。

〔平　浩一〕

83　深田久彌

ふかだ・きゅうや

〈作品〉樺太のツンドラ地帯に水草を追うて馴鹿を飼う遊牧の土民オロッコの一族が、異族の土民ギリヤークと程近く屯したある冬のこと、貯え用の干鮭に不足してきた。生れつき怠けることの好きなオロッコ族は仕方もなく、毎日強い酒や莨に耽りながら冬のあけるのを待っていた。命の養い分である干鮭が欠けては、平生荒い男達でさえ狩猟に出る元気もなかった。
　オロッコ娘のパタラはある日脂気のない鍋を始末すると、父や兄達の囲んでいる炉ばたへ寄らずに雪照りの外へ出てみた。久しぶりで晴れた気軽さに歩いて行くと、ギリヤーク族が住居している方の道へ出た。進取の気に富んだギリヤークは土着のアイヌとゆききをしているので、自然足跡が固めて道も歩き易い。

（「オロッコの娘」）

〈作品鑑賞〉樺太の先住民族オロッコ（ウィルタの旧称）の娘が、主食である干鮭に飢えて、同じ樺太の先住民族ギリヤーク（ニヴフの旧称）の村に盗み入り、そこで異族の青年から干鮭を与えられたのを機縁に、言語を異にする両者の間に男女の交合がはじまり、娘は懐妊、二人は部族を離れて夫婦となるが、娘は初産によって絶命、残された赤子は男の手で母の許に送られる（川に流される）という物語。
　オロッコ、ギリヤーク共に、狩猟、舟を使っての漁労や捕鯨、冬の間の海獣狩りなど、北方民族の生活スタイルを古代より昭和のころまで連綿と受け継いできた少数民族であり、それゆえテクストの記述から時代を特定することは不可能である。
　本作の書出しは、読点の数を極度に抑えた書きぶり（＝接離法）や「追うて」「程近く」といった文語の響きなどによって、そうした彼らの悠久的営みを視覚的・聴覚的効果から巧みに表した、格調高い一文となっている。
　引用中程には「命の養い分である干鮭」という表現があるが、「干鮭」という世俗的語感の強い語に、「命の養い分」といったやや大袈裟な、しかもどこか呪術的響きを帯びた、未開言語の直訳めいた句を冠することで異化効果が生まれ、文章に清新な印象を与えている。また第二段落のはじめには、「パタラはある日脂気のない鍋を始末すると」とあるが、この「脂気のない鍋」は、若さの盛りに脂の供給源を断たれて芯から萎びたようになってしまった、娘の現在の状態をも間接的に伝えている。その意味では当箇所を、《娘は干鮭に飢えていた》と直接的に述べる代わりに、それに伴って起こる他の事象に仮託して表現する、依他法として捉えることができる。

〈作品解説〉初出誌は「文芸春秋」一九三〇年一〇月号。東京大学在学中であった深田は、民話伝説風の枠組みと、生命感溢れる清新な表現とを特徴とする本作で、川端康成から賞賛を受けるなど世評を高め、大学を中退して作家生活に入った。引用原文は『贋修道院』（新潮社、一九三九年）による。

〈作者略歴〉一九〇三（明治三六）～七一（昭和四六）年。小説家、山岳紀行家。石川生。「オロッコの娘」（一九三〇年）、「あすならう」（一九三二年）などの小説で好評を博し、作家としての地歩を築く。戦後は小説よりも山岳研究に力を注ぎ、「日本百名山」（一九六四年）で読売文学賞を受賞した。

〔木村陽子〕

84　伊藤　整

いとう・せい

〈作品〉〔指。キリ子の指。あまり細く滑らかだ。たとへばこの指が。私がキリ子の片手を引寄せた時すぐ眼の前の壁に私の黒い帽子がかかつてゐた。私の手の中の五本の指が美しすぎるといふことは、私の視界を離れる瞬間から、その指等が汚れ始めることを意味する。私の手は汚くないのだ。私にとつて、空気中の癩菌や結核菌や破傷風菌や街の埃や男等の皮膚やドアのノツブや電車の釣革がそれに触れ始める。彼女の口に就て、眼に就て、脚に就て、あの肉体のどの部分に就てもそれが言はれるではないか。〕船は多少ロオリングを始めてゐる。汽罐の振動が船室とその中の空気に細かな絶間ない動揺を与へながら、全体が浪に乗つて大きく揺れてゐる。

（「蕾の中のキリ子」）

〈作品鑑賞〉伊藤整は、新感覚派文学の批判的発展を目指して精神分析学者フロイトの理論を取り入れ、その理論の小説作品への応用と解釈できる「意識の流れ」の方法を使用したジョイスの長編小説「ユリシーズ」（一九二二年）の翻訳を試みることによって、その方法を自己の作品に取り入れる手法（新心理主義）を模索した。すなわち、作中人物の意識内部を、作品内で前景化する手法を目指したのであるが、「蕾の中のキリ子」はその第一作である。作品の冒頭部分から〔〕に挟まれる形式で、主人公「私」の意識内部が叙述されていく。それは、その場に不在である「キリ子」という女性の「指」の「細く滑らか」な印象—その手を引き寄せたという過去の回想時への意識の遡行—その時に「私」の記憶に引っかかった帽子の黒い色—その色からの連想で、「キリ子」をめぐる環境の「汚れ」—その中で「私の手は汚くない」ということばが語られるのだが、それは「キリ子」に対する「私」の特権化という独善的な想いへと発展していく。〔〕の後の地の文では、「私」の乗船している船の振動が、以上のような「私」の意識内部の焦りに拍車をかけていく様子が示される。作品の結末では、「私」は、船が港に着いたらすぐに次の船で戻り、「キリ子」を得ることを決意することが〔〕内の叙述で語られる。新劇女優「キリ子」をめぐる男性達の意識の葛藤を描いた連作は、現在六編が知られているが、この作品はその連作の冒頭作でもある。連作を続けていく中で作者は、前景化させる意識内部の叙述を、短編小説という枠内で、いかに不自然と読者に思わせないように描くのかに苦心し、そのために一人称から三人称への叙述主体の変更、作中の括弧の消去などを試みていくのだが、結局それによってこの方法は、伝統的な描出話法と大差のないものに終わってしまった。

〈作品解説〉初出誌は「文芸レビュー」一九三〇年一一月号。引用は初出による。なお引用文中に二箇所、誤植があったが、その部分は訂正した。

〈作者略歴〉一九〇五（明治三八）～六九（昭和四四）年。小説家、評論家。北海道生。新心理主義の提唱者として昭和初年代の文壇に地歩を築き、太平洋戦争後は「チャタレイ裁判」を通じてベストセラー作家となる。小説としての代表作に「街と村」（一九三九年）、「鳴海仙吉」（一九五〇年）、「若い詩人の肖像」（一九五六年）「氾濫」（一九五八年）などがある。

〔倉西　聡〕

85 牧野信一

まきの・しんいち

〈作品〉 更に私は新しい原始生活に向ふために、一切の書籍、家具、負債その他の整理を終つたが、最後に、売却することの能はぬ一個のブロンズ製の胸像の始末に迷つた。——諸君は、二年程前の秋の日本美術院展覧会で、同人経川槙雄作の木彫「雞」「牛」「木兎」等の作品と並んで「マキノ氏像」なるブロンズの等身胸像を観覧なされたであらう。名品として識者の好評を博した逸作である。

いろいろと私はその始末に就いて思案したが、結局龍巻村の藤屋氏の許に運んで保存を乞ふより他は道がなかつた。兼々藤屋氏は経川の労作「マキノ氏像」のために記念の宴を張り度い意向を持つてゐたが、私の転々生活と共にその作品も持回はられてゐたので、そのまゝになつてゐたところであるから私の決心ひとつで折好き機会にもなるのであつた。（「ゼーロン」）

〈作品鑑賞〉「ゼーロン」は、主人公「私」が自分をモデルにして作られたブロンズ胸像「マキノ氏像」を背負い、水車小屋の駄馬ゼーロンに乗って龍巻村へ向かう珍道中を描いた、かなりユーモラスな小説である。主人公は居を定めぬ「転々生活」を送り、一切を売り払う行為の中には「負債」の整理も含まれていることから、彼の窮乏生活が看取できる。ただし冒頭のいささか誇張された文章からは、生活苦にあえぐ辛さはうかがえない。むしろ一切の所有を拒否した姿勢、もしくは生活苦など気にしないのんきなヴァガボンド的性格が漂ってくる。

その主人公にとって、ブロンズ像だけが売却できない理由は何か。一つは友人経川によって製作され、無償で贈られたものであるからだろうが、それ以上に、この胸像が「マキノ氏像」と名付けられたものであるためだ。小説中で村人たちは、経川の「雞」や「牛」ならばすぐに買い手がつくのに「あんな碌でなしの、馬鹿野郎の像をつくるなんて！」と罵声をあびせる。これは彫刻家経川と小説家「私」、つまり芸術に命をかける者への世間の無理解でもあるが、逆に言えば「私」は買い手のない者、世間的に全く無価値な存在であることをも意味する。さらに「マキノ氏像」とは、主人公または作者自身の影であり、振り捨てることのできない自己そのものでもあるわけだが、主人公は、せめてこの胸像が「或る詩人」もしくは「阿呆の首」とでも名付けられた方がよかったと考える。こういった幾分自虐的な色合いは、牧野信一の作品全般に認められる傾向であり、ここからは、すでに自己を絶対的な存在として肯定しえなくなった、昭和期文学の命題もうかがえるだろう。

〈作品解説〉 初出誌は「改造」一九三一年一〇月号。ユーモラスかつ幻想的な色調と、軽やかなスピード感の奥に、自己懐疑を潜ませた作品。中期の牧野文学は文壇内で「ギリシャ牧野」と通称されたようだが、その時期を代表する小説の一つである。引用原文は『鬼涙村』（芝書店、一九三六年）による。

〈作者略歴〉 一八九六（明治二九）～一九三六（昭和一一）年。小説家。小田原生。「父を売る子」（一九二四年）等の父母を描いた私小説で注目されるが、昭和期に入ると、小田原近郊での生活に幻想的なイメージを仮託した「ゼーロン」「心象風景」「バラルダ物語」（いずれも一九三一年）等の作風に転じた。

〔柳沢孝子〕

86　山本有三

やまもと・ゆうぞう

〈作品〉允子《まさこ》は青い草の上に坐つて、こころもちはれあがつた左の頬をおさへながら仰向いて大きな口をあけてゐた。が、上を向いてゐると空の緑が眼に染みるので、彼女のまぶたはひとりでにふさがつてゐた。野の風がお下げのリボンを軽くゆすぶつた。うしろの大きな松の梢でうるさく鳴きしきつてゐる油ぜみの声がうづく歯にちりちり響いた。

　允子の開いた口の上に昌二郎の細長い、白い顔がかぶさつてゐた。彼は人の口の中をこんなにはつきり見たことがなかつた。口の中つて随分きれいなものだなあ、と思ひながら彼は、桜もちのあんを抜いてしまつたあとの、あの柔かい桃色のしん粉の皮をすぐに連想した。あんを抜いた桃色のふはふはしたしん粉の内側に真白い有平糖を上下にづらりと列べたのが何のことはない允子の口の中だつた。彼は即座に食べてしまひたい衝動を感じた。

（「女の一生」）

〈作品鑑賞〉允子が幼なじみの昌二郎に痛む歯を抜いてもらう冒頭の場面である。

　蟬の鳴き声が響く夏の日の「青い草」「空の緑」を背景に、お下げのリボンをして歯の痛みをこらえる少女允子を配置し、仰向けになった允子の顔の上に昌二郎の「白い顔」がおおいかぶさり、口の中を観察することで描写は遠景から細部へと分け入っていくこととなる。その描写は昌二郎の空想へと転じ、允子の歯茎が桜もちの「桃色のしん粉の皮」、歯が「真白い有平糖」といった隠喩表現で招喚されていくことになるのである。

　こうした色彩表現の連続による描写は、メルヘンチックな絵画を想像させる。高橋健二が言うように、この冒頭部のみをもって「切り抜いて影絵のように額にはめてながめたくなる愛すべき小品」（『近代文学鑑賞講座第十二巻　山本有三』）に値するとも言えよう。

　昌二郎の「即座に食べてしまひたい衝動」は、幼なじみ二人のほのかな恋心を艶やかに暗示させるものとなっている。しかし、小説を読み進め、昌二郎が允子の友人弓子と結婚することで、この幼き恋心がやがて悲恋へと変わることに読者が気づくとき、この冒頭部は波瀾の人生を歩む允子との対照と相俟って、より鮮烈な印象を残すこととなるのである。

〈作品解説〉「女の一生」は、一九三二年一月二〇日から一九三三年六月六日まで東京・大阪両「朝日新聞」に連載。引用原文は初出による。作者が共産党への資金提供の疑いで検挙されたため、新聞連載は中絶。中絶以降の部分を書き足し、一九三三年一一月に中央公論社から単行本として刊行した。女主人公允子の幼年期・女学校・医師・妻・母親という、それぞれの時期と立場において生じる苦悩を克服し、力強く生きていく姿を中心として描いた成長小説である。

〈作者略歴〉一八八七（明治二〇）～一九七四（昭和四九）年。劇作家、小説家。栃木生。他の代表作に「波」（一九二八年）、「真実一路」（一九三五年）、「路傍の石」（一九三七年）、「米百俵」（一九四三年）等がある。戦後は貴族院議員・参議院議員（一九四七～五三年）として、文化政策の推進に力を尽くした。

〔植木賢一〕

87

新美南吉

にいみ・なんきち

〈作品〉これは、私が小さいときに、村の茂平といふおぢいさんからきいたお話です。

むかしは、私たちの村のちかくの、中山といふところに小さなお城があつて、中山さまといふおとのさまが、をられたさうです。

その中山から、少しはなれた山の中に、「ごん狐」と言ふ狐がゐました。ごんは、一人ぼつちの小狐で、しだの一ぱいしげつた森の中に穴をほつて住んでゐました。そして、夜でも昼でも、あたりの村へ出て来て、いたづらばかりしました。

（「ごん狐」）

〈作品鑑賞〉「ごん狐」は、村のおじいさんから聞いた話を書きとめたものとして書かれている。どうして、そんなふうに書いたのか。新美南吉のエッセイ「童話に於ける物語性の喪失」（『早稲田大学新聞』一九四一年一一月）には、こうある。――「私には紙の童話も口の童話も同じジヤンルだと思はれる。紙で読んで面白くない童話は口から聞かされても面白くない。口から聞かされてつまらない童話は紙で読んでもつまらなくない筈がない。」

「ごん狐」は、児童雑誌「赤い鳥」に投稿し、掲載されたものので、活字で流布する「紙の童話」にほかならない。たくさんの同じものが印刷される雑誌にのせられた「複製」なのだ。ところが、作品は、特定の語り手と特定の聞き手たちが作り出す場で語られる一回的な「語り」、「口の童話」を書きとめたものとして書かれている。語り手の声を聞くようにして読んでほしいと考えたのだろう。小さい狐のごんは、死の瞬間になってようやく兵十と気もちが通じるという悲劇を生きるけれど、ごんと兵十の話は、村の人びとのあいだで語りつがれ、茂平というおじいさんの口をとおして、私たちにも届けられることになったということもできるかもしれない。

南吉の「おぢいさんのランプ」（一九四二年）にも、「紙の童話」なのに「口の童話」でもあるような仕組みがある。かくれんぼで倉のすみにもぐりこんだ東一君が、めずらしい形のランプを持ち出してくる。ランプを見たおじいさんは、「東坊、このランプはな、おぢいさんにはとてもなつかしいものだ。」「ひとつ昔の話をしてやるから、ここへ来て坐れ。」という。そうして、ランプにまつわる、おじいさんの話がはじまるのだ。

〈作品解説〉初出は「赤い鳥」一九三二年一月号。南吉の手もとのノートに、「権狐「赤い鳥に投ず」」として、異稿が書き残される。投稿原稿の控えと思われるが、雑誌掲載作品とは異同が多く、「赤い鳥」主宰の鈴木三重吉の手入れがあったと思われる。異稿「権狐」は「口の童話」の性格がより強い。引用は『校定新美南吉全集　第三巻』（大日本図書、一九八〇年）。

〈作者略歴〉一九一三（大正二）～四三（昭和一八）年。童話作家・童謡詩人。愛知県生。「赤い鳥」などに童話・童謡を投稿し、数多く入選する。平明でユーモラスな語り口で筋立てのはっきりしている民話風な童話を書いたが、「久助君の話」「川」「嘘」など少年心理に踏み込んだ小説的な作品もある。「ごん狐」や「手袋を買ひに」は、戦後、小学校の国語科教材としてもよく知られるようになった。

〔宮川健郎〕

88 丹羽文雄

にわ・ふみお

〈作品〉 海棠と夕顔に雨が降つてゐた。俥屋が母の和緒の手紙をもつてきたので、津田は朝からの苛立つしよざいなさを吹きとばす気で家を出た。電報で東京から呼びよせられて来たが、肝心の和緒がうちを開けはなして何処かに姿をかくしてゐた。大変間尺にあはない昨日来であつた。

長良川が軒下にながれてゐる或る料亭のはなれに和緒はゐた。津田が熊笹の庭を渡つていくと、和緒は障子を開けた。いつものやうに陽気なほゝ笑みだつたが、どこかに元気がない。元気がないなと、少しぐいと来るものを感じて津田は目を大きくした。それで母と子の挨拶になつた。

「朝はね、もう少しのところで守山と喧嘩するんでしたよ」

笑ひながら、しかしその語気は刺々しかつた。刺があるので、まだ〳〵朝の余憤がのこつてゐ、自分はまだ慍つてゐるのだといふ気が津田はした。

（「鮎」）

〈作品鑑賞〉 その生涯、膨大な量の作品を残した丹羽文雄だが、その初期作品は何度も書き換えられたり、推敲の度合いが大きく、その文体獲得まで、思った以上の努力が積み重ねられた。出世作「鮎」は、雑誌初出から初版の定稿まで修訂はわずかで、それだけ最初からほぼ完成された表現と手法が見られる。短い文による直截な表現からの開始、植物をうまく点描して情趣を高める工夫など、処女作「秋」（一九二六年一一月「街」）からうかがえた作品作りが、完成された落ち着きある言葉運びと相俟って、見事である。「朝からの苛立つしよざいなさ」と主人公津田の心情が書かれていても、その内実はすぐさまは定かではない。ただ、何か苛立たしい、説明のつかない納得のいかない気持にいるだけなのだ。「間尺にあはない」（損になる）という古風とも言える措辞の使用も、そうした心情にぴったり寄り添い、効果を上げる。母との会見でも、先まで読まなければ、二人の間に飛び交う言葉の呼吸と屈折した感情のひだは、必ずしもよくはわからないだろう。読者は注意深く、少しずつ紡がれる言葉を辿って行く。主人公の心情や行動に沿って行ったり、時には情景を突き放したり、人間はこんな時にはこうも自分をひけらかすのかと、その業のようなものに驚きながら、読み進めるのだ。母の最初のひと言にも、作品の淀みはうかがえる。丹羽は、説明を排し、描写を重視した作家だが、一文一文の間隙に書かれない多くの物を投影させた文体は、その若き日にすでに完成された形で定着されていたと言えるだろう。

〈作者解説〉 初出誌は「文芸春秋」一九三二年四月号。創作集『鮎』（文体社、一九三五年）所収。引用は同書。丹羽に注目していた「文芸春秋」編集部の永井龍男の勧めで書かれ、「東京朝日新聞」のコラムで、杉山平助が、大人の感情の動きを「渋い筆でしつかりは握してある」と賞賛、文壇出世作となった。

〈作者略歴〉 一九〇四（明治三七）～二〇〇五（平成一七）年。小説家。三重県四日市生。幼くして生母と離別、生家の寺との確執など、重い体験を軸に、「青麦」「菩提樹」「顔」「一路」「親鸞」など、人間の業を見据えた宗教性に満ちた作品を書き、一方風俗性の強い作品にも力量を見せた。「小説作法」「小説作法（実践篇）」は、小説文章の機微にも触れ、興味深い。

〔**中島国彦**〕

89 武田麟太郎　たけだ・りんたろう

〈作品〉白い雲。ぽつかり広告気球が二つ三つ空中に浮いてゐる。――東京の高層な石造建築の角度のうちに見られて、これらが陽の工合でキラキラと銀鼠色に光つてゐる有様は、近代的な都市風景だと人は云つてゐる。よろしい。我々はその「天勝大奇術」又は「何々カフエー何日開店」とならべられた四角い赤や青の広告文字をたどつて下りて行かう。歩いてゐる人々には見えないが、その下には一本の綱が垂れさがつてゐて、風に大様に揺れてゐる。これが我々を導いてくれるだらう。すると、我々は思ひがけない――もちろん、広告軽気球がどこから昇つてゐるかなぞと考へて見たりする暇は誰にもないが――それでも、ハイカラな球とは似つかない、汚い雨ざらしの物干台に到着する。

（日本三文オペラ）

〈作品鑑賞〉冒頭の「白い雲。」という一文によって、一瞬にして読者の目は空に向けられる。

しかし、「四角い赤や青の広告文字をたどって下りて行かう」という言葉とともに、読者も作品の文字をたどりながら空の下へと目を移すと、そこには「白い雲」とは違った「汚い雨ざらしの物干台」が思いがけず目に飛び込んでくることになる。この冒頭は、まさしく「日本三文オペラ」が「空」ではなく、その下に広がる「市井」の「オペラ」であることを予告しているといえるだろう。「空」の鮮やかな輝きに「一本の綱」でつながれている、まったく「空」とは対照的な「汚い」世界こそ「オペラ」の舞台なのである。

ただ、この「汚い」世界は、「空」の否定的な側面としてのみ単純化されて描かれるわけではない。「一本の綱」で「空」につながれていることでもわかるように、この「汚い」世界は「空」を支えている場所ともいえるのである。「広告軽気球」を揚げている家の「主人」は、金融業にとどまらず、幹旋業など精力的に活動し、彼の「細君」は「テキヤ」の男との関係に巻き込まれ、またその男は別の「情婦」との関係に巻き込まれている。さらに「主人」が営む「アパート」の住人の中には、「争議団」の関係者も活動しており、「汚い」世界は、金、男女、労働、争議などではげしく渦巻いているのである。このようなダイナミックな彼らの活動こそ「汚」さでありながら、「空」（近代的な都市風景）を支える原動力となっているのではないだろうか。

〈作品解説〉初出誌は「中央公論」一九三二年六月号。ブレヒトの戯曲「三文オペラ」に触発され書かれた。後に短編集『市井事』（一九三五年）に収録されることからも分かる通り、「市井」の人々の生活を描くことで、都市生活の矛盾を指摘した代表作である。引用原文は『武田麟太郎全集』（日本図書センター、二〇〇三年）による。

〈作者略歴〉一九〇四（明治三七）～四六（昭和二一）年。小説家。大阪生。同人誌「辻馬車」に参加し、小説家の道を歩む。「暴力」「反逆の呂律」（ともに一九二九年）でプロレタリア文学作家としての地位を固めるが「日本三文オペラ」「市井事」（一九三三年）によってその作風を変えていった。

〔位田将司〕

90 尾崎士郎

おざき・しろう

〈作品〉 瓢吉はくりかへしくりかへしむさぼるように讀んだ。讀むにつれて彼の心はだんだん明るくなつてきた。何か、かう大声で笑ひたいやうな気持ちだ。あゝ、悲しみはとめ度もなく胸の底から湧きのぼつてくるのに、従容《しょうよう》として死に就いた瓢太郎のすがたは生きてゐる人間から憐《あわ》れまれ、気の毒がられることさへも拒絶して、愉快さうにカラカラ笑つてゐるやうに見へる。（かくされてゐた感情が瓢吉の心の表面へうかびあがつてきた。）

「何と書いてあるのか？」

おみねの声は不安におびえてゐる。

「いろんなことが書いてあるぜ、――第一、借金は拂ふな、と書いてある」

「まあ、――そんなことが？」

「読むから、きいといでなよ、おつかさん！」

（「人生劇場　青春篇」）

〈作品鑑賞〉「人生劇場」は吉良上野《こうずけ》の本拠、三州吉良の生まれである青成瓢吉の壮大な人生譚である。この壮大さはピストル自殺を遂げた父瓢太郎を瓢吉が目の当たりにする場面にも表れている。父の知らせを受けて郷里へと駆けつけた瓢吉は、しばらく父が手にしたピストルを見つめる。やがて、横たわる父の死体を見やりつつ、父の遺書を手にして読む。最後には父の顔に「愉快さうにカラカラ笑つてゐる」様子を見出す。ここで、肉親の死という悲劇的な出来事が、快活さに溢れる情景へと瓢吉の中で変わっていく様子をあらためて文体上から見るならば、「くりかへしくりかへしむさぼるように讀んだ」と、遺書を読む瓢吉が悲劇に長い時間触れている様子が過去形で示されたあと、「だんだん明るくなってきた」と、湧き上がってくる感情が悲しみを凌駕していく過程が暗示され、そして最後に「笑いたいような気持ちだ」という現在形の語りが続いていく点が注目される。人生の負の側面へ焦点化しながら、それとは相反する感情を仄めかし、瞬間的に顕在化させる文体こそが瓢吉の信念の深さと大きさを伝えている。

こうして詳細を語らず感情の相克と突然の変化を表す文体によって、瓢吉を中心とした作中人物の任侠に満ちた内面をより効果的に表現されることとなった。「人生劇場」がこれまで数多の映画化が試みられてきたのも、作品内容とともにこの文体の影響によるところも大きいといえる。

〈作品解説〉「青春篇」の初出誌は「都新聞」一九三三年三月～七月。引用は同七月四日号による。後にも「愛欲篇」「残侠篇」「風雲篇」「遠征篇」（後に「離愁篇」と改める）「夢幻篇」「望郷篇」「蕩子篇」を発表。自伝的要素も取り入れられ長編小説となる。川端康成が激賞したことを受け（「読売新聞」一九三五年四月一六日）、広く読まれることとなった。

〈作者略歴〉 一八九八（明治三一）～一九六四（昭和三九）年。小説家。愛知県生。早大政経科中退。一九二一年、宇野千代と結婚。「人生劇場」で流行作家としての地位を確立。「石田光成」（一九三八年）、「篝火」（一九三九年）など歴史小説にも才能を発揮した。

（田中佳太）

91 高田 保
たかだ・たもつ

〈作品〉春になつてうれしいことは、狐が町からゐなくなることである。黒、銀、赤、紅、黄などといろいろあつて流行し、あれやこれやとその品評がうるさいが、しかしどれもこれもが狐の皮である以上、狐の顔を持つてゐる。

ある夫人が、この皮の見事な宿望を遂げられて、写真屋をお呼びになつた。見事なところを撮つて欲しいといふのだが、その皮をだけかと思つたら、もちろんそれをその奥様がおかけになつてゐるところを、との仰せなのだ。

そこで写真屋は、早速に三脚を据ゑ、例の表黒の裏赤の布をすぽりと冠つて、ピント板を覗いて見ると、なんと一匹の狐が、逆鯱立《しやちほこだち》をしながら、和装を召してにこやかに笑つていらしやる！

（「狐」）

〈作品鑑賞〉最初の段落で、春になり町からいなくなり、「黒、銀、赤、紅、黄など」の様々な色があり、品評にも付される「狐」とはいったい何なのか、一瞬読者は文脈のなかで、それを読み解いていく必要にせまられる。直後の「狐の皮」と次の段落での「見事な宿望を遂げられ」た皮、ある夫人がそれを「おかけになつてゐるところ」を写真に収めたいとの希望により、「狐」とは「狐の毛皮」を身に纏う女性の姿であるとの推察が及び、前段落の「狐の顔」が女性の顔を意味していたことも了解されるのである。さらにそうした推察は、最後の段落で写真屋の視点から、「なんと一匹の狐が、逆鯱立ちをしながら、和装を召してにこやかに笑つていらしやる！」との擬人法を用いた表現がなされることにより、読者に確定づけられていくのである。

ここでは人（女性）に、その着用する狐の毛皮が付加されることをもって、本来の女性自体が「狐」という動物で風刺的に（狐が町からいなくなるのが「うれしい」のだから）表現されている。つまり、書き出しにおいて、喩えるものだけを「狐」というように言語化し、そこから喩えられている狐の毛皮を着た女性を推測させるような諷喩法が表現技法として採用されているのである。そして、その技法は読者の想像の喚起を促すことにも一役買っているのである。

〈作品解説〉「狐」は『舗道雑記帖』（時潮社、一九三三年）に所収。引用は同書による。『舗道雑記帖』は当時の世相や風俗を皮肉やユーモアを交えて記した随筆集である。こうした作風は、戦後に好評を博したエッセイ「ブラリひょうたん」などにも着実に受け継がれていった。

〈作者略歴〉一八九五（明治二八）～一九五二（昭和二七）年。劇作家、演出家、小説家、随筆家。茨城生。「古事記」の世界を題材にした戯曲「天の岩戸」（一九二四年）で注目を集める。小説には「馬鹿」（一九三一年）、「人情馬鹿」（一九三三年）等がある。「東京日日新聞」に連載された「ブラリひょうたん」（一九四八年一一月～一九五一年三月）は、占領下日本の混乱した政治・社会・文化など多岐にわたる状況を、機知に富んだ視点から縦横無尽に批評しつくしたエッセイである。作者の生涯にわたる多方面な活躍の底には、一貫して反権力的な姿勢が満ちあふれている。

〔植木賢一〕

92 サトウ・ハチロー

さとう・はちろー

〈作品〉「えーと、象が十四、象が十四、白いフラ熊が十五匹、十五匹」

「待って下さいよ。熊と象とをいまザルに入れてしまいますから」

「そのお猿が、尾長猿が、十ダースの、豚の子供が百匹」

「待って下さいよ。二十、三十、五十、八十、百と、……これで一箱ですね。お次はどんなものです」

「蛙が、青いのが五十に赤いのが三十、金魚を三十五入れ、亀の子が二十」

「水に縁のあるものばかりですな。ハイそろいました」

「その次は猛獣ばかりですよ。ライオンと虎とまぜて三十頭、河馬にワニ公で十五、キリンが二十の水牛が一ダース」

「ライオンは、みんな、モクライですか、それともヌノライですか」

「モクライ、モクライ」

「ハイ、そろいました」

「それでみんなです」

「お待ち遠さま。いま全部包んで、さしあげますから少々お待ち下さい」

（「おさらい横町」）

〈作品鑑賞〉童謡作家として名高いサトウ・ハチローは児童小説の書き手としても知られており、本作もその一つだが、いかにも唐突な書き出しであり、読む側としては面食らわざるを得ない。何者とも知れない者たちの会話が長く続き、なおかつその内容も、動物名とその数が多く出てくるが、不思議な名称も混じって要領を得ず、ようやく売り買いの場面であるらしいのが辛うじてわかる程度だ。もちろん、その後に種明かしはなされる。場所はオモチャ問屋であり、フラ熊はフランネルの熊、モクライは木製のライオン、ヌノライは布製のライオンを指すという具合に、である。物語はこのオモチャ問屋を営む家の中学生と小学生の兄妹を主人公に進んでいくが、その中で「横暴」という語がわからずにオウボウの意味を求めてあちこちに聞いて回り、さまざまな返答を得る妹の姿が描かれる。いわばこの作品の冒頭部は、不安と好奇心に熱した少女の心理状態を読者にあらかじめ体感させる働きを持っているのだ。少女の疑問はやがて解決し、兄の寝相の悪さを「横暴な寝方」とやっつけるまでになるが、この後も少女の心を揺り動かす事態が、多くはイタズラ者の兄が原因で、次々と彼女の前に現れる。その解決のため大人に頼らず奮闘する少女に寄り添う形で物語は進むのであり、そこには「カタカナの思考」を暖かく見守り肯定する視点が確固として据えられているのである。

〈作品解説〉初出は「少女倶楽部」一九三三年八月号～三四年九月号。ユーモア小説にも健筆を揮ったサトウ・ハチローらしく、全編にユーモアの溢れた作品である。引用は『少年小説大系21巻　サトウ・ハチロー集』（三一書房、一九九六年）。

〈作者略歴〉一九〇三（明治三六）～七三（昭和四八）年。詩人、小説家。本名佐藤八郎。東京生。詩集に『爪色の雨』（一九二六年）、『叱られ坊主』（一九五三年）など。少年少女小説の執筆も多い。童謡・歌謡曲の作詞者として広く知られる。

〔西川真貴〕

93 宇野千代

うの・ちよ

〈作品〉どこから話したら好いかな、と暫く考へてから彼はゆつくりと語りはじめた。外國から帰つて間もなく蒲田に二階二間階下《した》三間くらゐの小さな家を借りて、僕は二階、女房と子供は階下とまるで別別の生活を始めた。もうその頃は別れ話もだいぶん進行してゐてただ具体的な問題の片附くのを待つてゐるといふだけだつた。何しろ僕は十年振りに見る日本の女がきれいできれいで眼がさめると家を飛び出し街をほつき歩いたり夜は遅くまでダンスホールやカフエーを漁り歩いたりして帰つて来るといふ風で幾日も女房の顔を見ないことの方が多かつた。或る夜のこと帰つて見ると机の上に女文字の手紙が一通のせてある。

（「色ざんげ」）

〈作品鑑賞〉宇野千代の作品は「語る声」を言葉で再現する点に大きな特徴がある。それは例えば「未練」（一九三六年）という短編の書き出しが「憎らしい、殺してやりたいと思つたのも束の間、この頃は思ひ出すこともないくらゐ」と、あけすけに語る女の独白から始まるように、読者は突然に始まる告白に戸惑いと期待を感じながら、行を追っていくこととなる。

　ここに紹介した「色ざんげ」の冒頭は、「語る文体」とも言うべき宇野の特徴を凝縮したものと言えるだろう。作中には一度も姿を現すことのない聞き手の存在が暗示された書き出しの後に、これから恋愛遍歴を語る「僕」の声が延々と続く。「どこから話したら好いかな」という、親密な語り口を耳にする聞き手と一体化することで、読者の関心は「僕」の上にぴたりと定まる仕掛けとなる。極めて聴覚的でありながら、カメラのクローズアップのように、映像的な特徴も持っている点が昭和モダニズム時代の文体ならではだ。「ゆっくりと語りはじめた」との説明そのままに、「僕」の語りはなかなか本題に入らない。しかしこの遠回りに思える書き方の中に、「僕」が外国帰りの著名人であり、何らかの恋愛事件を起こしたらしいことが暗示され、わずか数行を追っただけで相当なプレイボーイらしい「僕」の輪郭が濃く読者には印象づけられる。男女間の愛憎という最も個人的な感情を書くため、宇野はこの文体を編んだとも言えるだろう。同一の声を持つ他人が存在しないことと同じく、「僕」が語る恋愛の固有性が際立つことになるのだ。

〈作品解説〉「色ざんげ」は「中央公論」（一九三三年九月～三五年三月）に連載された後、中央公論社より一九三五年に単行本として出版された。引用は初出による。宇野千代を代表する長編作の一つ。「僕」として描かれる画家「湯浅譲二」のモデルは、戦前の洋画界のスターであり、宇野の夫でもあった東郷青児（後に離婚）。冒頭に登場する高尾のほか、つゆ子、とも子という三人の女性との恋愛遍歴が昭和のモダン風俗とともに活写される。

〈作者略歴〉一八九七（明治三〇）～一九九六（平成八）年。山口生。作家。岩国高等女学校（現山口県立岩国高等学校）卒。小学校の代用教員などを経たのち、新聞の懸賞小説に入選したことから作家を志す。尾崎士郎との情熱的な恋愛や奔放な私生活でも注目を集めた。服飾にも造詣が深く、戦後は「スタイル社」を経営。主な作品に『おはん』（一九五七年、野間文芸賞）など。

〔鈴木貴宇〕

94　尾崎一雄

おざき・かずお

〈作品〉「ちよつとオ」とか「これよ、これ」とか云ふ芳枝の声を、「うるさいな」と思ひ思ひ、私ははつきりせぬ夢から抜け切れずにゐた。が、直ぐ覚めた。朝だ。芳枝が、薄眼で呆然《ぼんやり》してゐる私の鼻先に何か光るものを突きつけて、

「これ」

「何だ」見ると金色の妙な恰好したものだが、私には何か判断がつかなかつた。

「これ、一寸壊れてるし、あると歯が痛いから除《と》つちやつた」

入歯の金冠だなと思ふと、私は全く眼が覚めむつくり起き上らうとしたが、止めた。ちらと芳枝の顔を見やり、夜具を鼻の辺まで引き上げ、又眼を閉ぢて了つた。（「暢気眼鏡」）

〈作品鑑賞〉「暢気眼鏡」冒頭部にあるのは、芳枝の声による「私」の覚醒であり、芳枝と「私」の対話的関係性そのものが「私」の語りを形成している。ここにはマルクス・エンゲルス『ドイツ・イデオロギー』の、言語による対自的な〈関係〉こそが人間の意識であるという思想が、昭和初年代の文芸復興期において私小説のあり方に与えた影響が見られる。「私」は芳枝との関係性において相対化され自己批評性を持つ存在となっており、語りにユーモアが生まれている。

作品の中において小説家である「私」は芳枝を「暢気な」キャラクターとして小説に描こうとする。だが、対話的関係性が進んでいくうち、芳枝には「暢気な」という観念に収まらない要素が出現し、「私」の試みが挫折するところで「暢気眼鏡」という小説自体が終わっている。

観念に囚われる「私」は小説を書くことに失敗するが、芳枝は観念に囚われずに現実を生きている。そしてここには、小説に描かれる存在が小説を書く存在によって統御し切れなくなるという、小説という芸術の根幹に関わる問題が出現している。

「私」にとって予測不可能な言動を行う芳枝によって、「私」は絶えず揺り動かされ続けるが、このことにより「私」には社会性への通路が開かれている。それは、様々な人間たちの声が多声的に響き合うカーニヴァル的世界という社会性である。

「私」と芳枝にさらなる対話的関係性を開くため、尾崎は続く一連の〈芳兵衛もの〉を執筆する。そして、「私」の語りを終わりのない対話にし、語り＝権力の脱構築を行っていく。

〈作品解説〉初出誌は「人物評論」一九三三年一二月号。尾崎一雄はこの作品以降、「猫」（一九三三年）「芳兵衛」「擬態」（いずれも一九三四年）などの、「私」と妻・芳枝との対話的関係性を描いた私小説である〈芳兵衛もの〉を発表。単行本『暢気眼鏡』（砂子屋書房、一九三七年）で芥川賞を受賞。引用は『尾崎一雄全集　第一巻』（筑摩書房、一九八二年）による。

〈作者略歴〉一八九九（明治三二）～一九八三（昭和五八）年。小説家。三重生。志賀直哉に師事する昭和期の代表的私小説作家として、「暢気眼鏡」（一九三三年）「虫のいろいろ」（一九四八年）「まぼろしの記」（一九六一年）などを発表した。

〔近藤　富〕

95

亀井勝一郎

かめい・かついちろう

〈作品〉あらゆる文学的論争の背後に、私は論ずるものの実体を、即ち、たゞひたすらに意志的な人間を探し求めようとする激しい欲望に駆られる。知性が興味のまゝに様々の理論をもてあそんだ後、人間がそれを裏切つてしまふこと屢々であるから、論争の「言葉」に対しては既に濃い不信の感情が手伝ふ。

たとへば、リアリズム研究の声がかまびすしく叫ばれ、それがわが国の狭小な心境小説の打破にむけられてゐるにしても、私は直ちにそれを信用する気にはなれない。「己れを空しうした」観照主義の世界が、本格的小説といふ美しい名の下に、この国を吹きまくる転形期の自我を、巧みに糊塗しようとしてゐるからだ。実は、その狭小な心境小説をもたらしたところの、自我の、執拗にして過酷な再検討こそが、すべての創作方法の前提として率直に論じられなければなるまいと、私はつね日ごろ考へとほして来た。こゝに、平和な時代の所謂純粋自我は姿を没して、自我は、社会的激動の只中における能動的主体の自意識としてあらたに問題とされねばならぬ。

（「転形期の自我」）

〈作品鑑賞〉この評論は、まず「あらゆる文学的論争」の背後に「実体」を求めるという強い一言からはじめられることで、左翼文学の転向期にいわば「イズム」から「イズム」へと意匠を移すだけの思想的態度が批判されている。「言葉」のみで構成された世界への不信の表明がなされると同時に、信仰と同じほどに貫けるイデオロギーや主義があるのかという疑念が提出され、「自我」の本質性こそが亀井にとっては「言葉」を支える「人間」という実体として打ち出されている。

だがこの自我は無垢な「純粋自我」としてではなく、「事実のリアルな探求」を経た後においてそれでもなお信頼を寄せることが可能な何か、として求められている。そこでの文学の意義は、作品中で表現されるはずの自我の「限界」を提示しつつ、かつその「限界」を超克してゆく「能動的主体」を示唆するものとして追求されてゆく。このような意味での「自我」の再発見作業は、日本浪漫派の活動におけるアイロニーを経由した「自己意識」の問題へと結実してゆき、転向期における「自我」論の代表的なものとなっていった。

〈作品解説〉初出は「転形期における作家の自我について」の題で「文化集団」一九三四年三月号に発表された。後、『転形期の文学』（同年九月刊行）所収。引用は同書による。前年の小林多喜二虐殺、そして佐野学と鍋山貞親による転向声明発表を受けた、プロレタリア文学運動のいわゆる「転向期」のただ中で書かれた評論。

〈作者略歴〉一九〇七（明治四〇）～六六（昭和四一）年。評論家。北海道生。左傾し投獄体験を経た後、保田與重郎らと雑誌「日本浪漫派」を刊行。主な著作に『転形期の文学』『大和古寺風物誌』（一九四三年）『美貌の皇后』（一九五〇年）など。

〔宮澤隆義〕

96 室生犀星

むろう・さいせい

〈作品〉――極道兄キめ、誰がお前にそんな手荒なことをしてくれと頼んだのだ、何がお前さんとあの人の関係があるんだ、あたしのからだをあたしの勝手にあの人に遣つたつて何でお前がごたくをいふ必要があるんだ。それに誰が踏んだり蹴つたりしろといつたのだ。手出しもしないでゐる人をなぜ撲つたのだ、卑怯者、豚め、ち、道楽者め。

もんは嘗てないほど気ほひ立つていきなり伊之に摑みかかり、その肥つた手をぺつたりと伊之の顔に引つかけたなと見ると、伊之の眼尻から頬にかけて三すぢの爪あとが掻き立てられると、腫れたあとのやうに赤くなり、すぐにぐみの汁のやうなものが流れた。この気狂ひあまめ、何をしやがるんだと伊之はもんの気に呑まれながらも、すぐ張り倒してしまつた。もんはへタ張つたが、すぐ起き上つて伊之の肩さきにむしや振りついたが一と振り振られ、そのうへ伊之の大きな平手はつづけざまにこの色キチガヒの太つちよめといふ声の下で、ちから一杯に打ちのめされた。もんはキイイといふやうな声で、

――さあ、ころせ畜生、さあ、ころせ畜生。

と、しまひにぎあぎあ蛙のやうな声変りをつづけた。

（「あにいもうと」）

〈作品鑑賞〉川仕事を請け負う人足頭、赤座の家に生まれた伊之助ともん兄妹の、骨肉相食むような愛憎、兄弟愛を描いた作品「あにいもうと」には、知識人やブルジョワならぬ、無学でだらしないながらも確かな身体や言葉を持って生きる人々の生活や感情が声や音、色彩感あふれる文体でもって描かれていた。

引用部分は、奉公先で大学生に弄ばれて帰郷し、自堕落な女になってしまった妹のもんを気遣う兄伊之助が、彼女を訪ねて来た男を半殺しの目に会わせてやったと、せせら笑いをしながら報告した後の場面。

もんの激しい気性がよく描かれている。首尾の呼応しない文章は、がさつな言葉や暴力的な行為のうちに、速度感をもって愛憎の有りさまを過不足なく描き出していた。「ぐみの汁のやうなもの」「キイイといふやうな声」「ぎあぎあ蛙のやうな声変り」という表現も、読者の皮膚感覚を刺激する。

〈作品解説〉初出は一九三四年七月「文芸春秋」。翌年一月に山本書店より刊行。犀星第二の高揚期、いわゆる「市井鬼もの」の時代の幕開けを飾る作品であり、従来の叙情的、詩的虚構を打ち破った、リアリスティックで、人間生活の醜悪面を直視する、野性的な作風に変貌した記念碑的な作品。引用は『室生犀星全集　第五巻』（新潮社、一九六五年）。

〈作者略歴〉一八八九（明治二二）～一九六二（昭和三七）年。詩人・小説家。金沢生。「女中の子」として出生し、すぐさま養子に出されて、馬方ハツと渾名された幕連女の養母のもと、血の繋がらない兄妹たちとともに育てられる。小学校卒業後、金沢地方裁判所の給仕に雇われ、そこで俳句や詩に目覚め、東京へと出奔、長い労苦の果てに「愛の詩集」「抒情小曲集」でもって詩人として認められ、「幼年時代」「性に目覚める頃」等で小説家に転身する。代表作として「杏っ子」「蜜のあはれ」「かげろふの日記遺文」など。

〔二瓶浩明〕

97 福原麟太郎

ふくはら・りんたろう

〈作品〉 長生きはするものだというが、実際四十歳の気持ちというものは、四十歳にならなければ解らない。人生は四十から、などという言葉をきくと、馬鹿なアメリカ人が浅墓な人生観を赤いネクタイに結びつけて、そこいらのカフェテリアで、そっとズボンのかくしへ手をいれて小銭を勘定しているような気がして、やい神妙にしろという心持になる。昔日本の受験英語で流行った「プッシング・ツー・ザ・フラント」の後裔がまた出しゃばっているという感じで、興の醒ること夥しい。

四十歳の歌は秋の歌である、蕭条として心が澄んでくる、あきらめのすがすがしさを身にしみて覚える。自分にどれだけの事が出来るかという見通しがすっかりつく。どんなことは出来ないということも解る。そしてまず、天の定め給うたおのれの職分と、それに対する配分とは、これだけだったのかという見極めがつく、なにしろそれで落ち着いてくる。(「四十歳の歌」)

〈作品鑑賞〉 ちょっと難しいのは「蕭条」ぐらいで、あとは普段見慣れた日常生活のことばだけで書いた素直な文章だ。人生はこれからだ、まだ何でもできる、さあ、前進あるのみ、がんばれ！ そんな世間の風潮に、何を馬鹿なと、大人の見識を示したエッセイの冒頭である。その浅薄な人生観を抽象的な理屈で論破するのではなく、「赤いネクタイに結びつけて、そこいらのカフェテリアで、そっとズボンのかくしへ手をいれて小銭を勘定している」アメリカ人という勝手な想像をめぐらし、その仮想敵を「やい、神妙にしろ」と一喝する。観念的・抽象的な議論を避け、イメージゆたかに描き出して読者の感情や感覚にも訴えるのが、英国を体得したこの学者の文体である。平均寿命の延びた現在では、四十歳はまだ初夏で、五十歳でも初秋あたりかもしれないが、ともかくある年齢に達したら自分の天分から何ができて何ができないか見当がつく。諦めの暗い境地ではない。「入学試験を受けたり、恋をしたり、新しい背広を着たりして」やがて死んでゆく、ああそれが人生だったのかと悟る年齢になれば、いつまでもがむしゃらな挑戦を続けるのではなく、自分にできることを大事にし、心を落ち着けて青空を眺め、精一杯生きてゆこう、というすがすがしい心境なのだ。「秋の夕陽の中で、静かに熟れてゆこう」と、やはり具体的なイメージに託して比喩的に一編を結ぶ。

〈作品解説〉 初出は一九三四年九月「中外商業新報」。主役で目立つ投手にも一軍を統率する捕手にもあこがれず、素人野球では最も脆弱な者を配するのが鉄則となっている二塁手を夢見たというこの文学者らしい人生哲学を語った随筆。賢い人ばかりの理詰めの世の中、無差別の叱咤鞭撻を嫌い〝ヒウマー〟のある社会、静かな小春日和を待つ心境を語る。引用は『福原麟太郎著作集　第六巻』(研究社、一九六九年)。

〈作家略歴〉 一八九四(明治二七)～一九八一(昭和五六)年。英文学者・随筆家。『叡智の文学』『トマス・グレイ研究抄』『チャールズ・ラム伝』のほか、「この世に生きること」「金銭について」「交友について」「イギリスのヒウマー」「泣き笑いの哲学」など、豊かな叡智と感性で掬い取った人生の滋味を、理屈や美辞麗句を排した率直で親しみやすい粋な文章で綴った、ユーモアのにじむ大人のエッセイがある。

〔中村　明〕

98　坪田譲治

つぼた・じょうじ

〈作品〉「兄ちゃん、おやつ。」と、さけんで、三平が庭へ駆けこんでいきますと、

「馬鹿ッ。だまつてろ。今、おれ、魔法を使ってるところなんだぞ。」

兄の善太が手を上げて、三平をとめました。

「魔法？」

三平は何のことだか解らず、たゞびつくりしましたが、善太は大得意で、ひげをひねるやうな真似をして言ひました。

「へん、魔法だぞう。」

（「魔法」）

〈作品鑑賞〉童話「魔法」の舞台は、ケシの花の咲く庭。善太のいう魔法とはどんなものなのか。垣根の外を坊さんが通りかかる。坊さんは、黒い着物に黄色い袈裟をかけている。それを見た善太が三平に小さい声でいう。――「あれを僕今、蝶にして見せるから。」三平が「うん、すぐして。すぐして見せてよ。」といい、善太が「待つてろ。待つてろ。」といっているうちに、坊さんは、通り過ぎていく。三平は、「とう〳〵行つちやッた。駄目だよ、兄ちゃんなんか。」というが、やがて、一羽の黒あげはが風にのって飛んでくる。善太が「ね、これ、今の坊さんなんだよ。もう蝶になって飛んで来ちやつた。」と大声を出し、三平も、少しふしぎになってくる。――「ほんとに、このあげはの蝶と、今の坊さんとどこか似たところがあるやうです。」それから、善太は、通る人ごとに魔法を使う。人々は、トンボになったり、バッタになったり、セミになったりする。翌日、善太は、「三平ちやん、僕今日学校から魔法を使つて帰つて来るぞ。」という。何になって帰ってくるのかは明かされなかったから、午後、庭に出て兄を待っている三平は、いろいろなものを兄ではないかと疑ってみる。道から犬が駆けこんでくると、つかまえて、「こら、兄ちゃんだらう。僕には分つてるぞう。」といったりする。

善太のいう魔法とは、メタファーである。黒い着物に黄色い袈裟がけの坊さんと、黒あげはは見かけが類似していて、まるでさっきの坊さんのような黒あげはだというメタファーが成立する。作品のなかで、こうしたメタファーが重ねられることによって、三平の身のまわりのさまざまなものが、ほんとうは別の何かなのではないかという不安を背負わされていく。魔法は、兄弟の遊びだけれど、魔法がもたらす不安は、坪田譲治の童話や小説がかかえこんでいるものにかかわっている。

〈作品解説〉初出誌は「赤い鳥」一九三五年一月号。引用は同誌による。同時期の小説「お化けの世界」（一九三五年）のおしまいにも、教室のなかの先生も友だちも、みな獣に見えてくるという場面が描かれている。「お化けの世界」の三平は、「獣の学校だ。」と思うのである。こうした不安は、小説「正太樹をめぐる」（一九二六年）などで書かれた、子どもの生をおびやかす死というモチーフにもつながってくる。

〈作者略歴〉一八九〇（明治二三）～一九八二（昭和五七）年。小説家・童話作家。岡山県生。小説「正太の馬」（一九二〇年）などでデビューしたが、「赤い鳥」などに数多くの童話を発表した。小説でも子どもを描いたが、その子どもは、大人の社会の困難さを象徴する存在になっている。

〔**宮川健郎**〕

99 川端康成

かわばた・やすなり

〈作品〉国境の長いトンネルを抜けると雪国であつた。夜の底が白くなつた。信号所に汽車が止まつた。

向側の座席から娘が立つて来て、島村の前のガラス窓を落した。雪の冷気が流れこんだ。娘は窓いつぱいに乗り出して、遠くへ叫ぶやうに、

「駅長さあん、駅長さあん。」

明りをさげてゆつくり雪を踏んで来た男は、襟巻で鼻の上まで包み、耳に帽子の毛皮を垂れてゐた。

（「雪国」）

〈作品鑑賞〉パロディにも使われるほど、有名な冒頭文である。向こう側の世界が描かれるしかない始まり。主人公はそこに入り、やがて出てくるであろう。物語全体の構造の端的な提示にもなっている。

「国境の長いトンネルを抜けると」という移動の表現は、空間的であるとともに、時間的な匂いがする。汽車という、人を運ぶものの中であることもそれに作用するだろう。同時にそれは、日常空間との精神的な距離、もしくは一時的断絶を暗示する。「雪国であつた」という短い述部に、その異世界の無垢な美しさ、哀しみが感じられるのはそのためである。

「伊豆の踊子」（一九二六年）にもトンネルがある。主人公「私」は、第一章末尾でトンネルを抜けた。峠を越え、南伊豆へ入ったところから踊子たちとの旅が始まる。あれは天城トンネルであった。

「雪国」は上越国境の清水トンネルがモデルだ。一九三四年、三年前に開通したそれを通って初めて湯沢を訪れた川端は、その後も何度かこの地に取材し、「雪国」を書いた。とはいえ小説中に地名があるわけではない。「国境のトンネル」も特定のどこかを指すのではないようだ。その匿名性が、向こう側の世界を立ち上げるためのより強い記号性を帯びさせた。

トンネルから始まる物語こそ「雪国」である。そういう感想からは意外な気もするが、初出時（一九三五年）の冒頭はまったく違うものだった。「濡れた髪を指でさはつた。――その触感をなによりも覚えてゐる、その一つだけがなまなましく思ひ出されると、島村は女に告げたくて、汽車に乗つた旅であつた。」というのだ。島村の「指」の記憶に焦点を当てた書き出しで、「国境のトンネルを抜けると、窓の外の夜の底が白くなつた。」という文は少し先にあった。現在の形への改稿は、初刊本（三七年）の時である。その際、元の「国境の」の文は「た」で終る二文に切られ、車内からの視線を示す「窓の外の」が省かれた。「夜の底」という言葉は、そのことで輝きを増した。

初出冒頭にあった島村の「指」のことは、このあとの、三時間程前の車中を描く場面に移された。窓ガラスに指で線を引くと、そこが鏡のようになって「向側の座席の」娘（＝葉子）の眼が映り、「これから会ひに行く女」（＝駒子）の片眼のように見えるところである。駒子との房事をなぞる人差指によって、葉子の眼にでくわすという展開は、物語の先行きを占うものだ。この時の、「ぢかにだつて見られる」のに鏡の像の方を見続ける島村のあり方もまた、この小説を決定づけている。実像ではなく虚像をこそ求めてしまうような虚無的な心の傾きこそ、出来事としての物語の底に流れ続けているものだからだ。

駒子と葉子は、常に対照的な存在として注意深く描き分けられている。駒子が身体まるごとで表現されるのに対し、葉子は眼と声だけが強調されている。引用した冒頭部の「駅長さあん、駅長さあん。」は、葉子の「悲しいほど美しい声」を示すものだが、これと対応するものに駒子の「島村さあん、島村さあん。」がある。この前の年、初めて関係を持つ直前の駒子は、「女の裸の心」で島村をそう呼んだと後に出てくる。

「指」に続く「夕景色の鏡」の場面で最も印象的なのは、葉子の顔に野山のともし火が重なる次の部分である。

さういふ時、彼女の顔のなかにともし火がともつたのだつた。この鏡の映像は窓の外のともし火を消す強さはなかつた。ともし火も映像を消しはしなかつた。さうしてともし火は彼女の顔のなかを流れて通るのだつた。しかし彼女の顔を光り輝かせるやうなことはしなかつた。冷たく遠い光であつた。小さい瞳のまはりをぽうつと明るくしながら、つまり娘の眼と火とが重なつた瞬間、彼女の眼は夕闇の波間に浮ぶ、妖しく美しい夜光虫であつた。

窓ガラスをスクリーンにして、背後の風景の流れと前景の人物とが、「映画の二重写し」のようになっている。刻々と様子を変える夕方の、しかも汽車の中である。「だつた」「なかつた」「しなかつた」と、「た」を重ね、その映像の濃淡や動き、それにつれて起こる微妙な変化を動的かつ精密に捉えている。短文を重ねた後の最後の文のジグザグした長さも効果的だ。「ぽうつと」という擬態語の柔らかな印象を、「つまり」で唐突に始まり「瞬間」でぷつんと切れる一節を置いて転調し、「彼女の眼は……夜光虫であつた」の隠喩に持っていくところである。

葉子の顔に火がともったと見えたのは、短い時間のことである。それを細叙するのは意図的なことだ。似たような叙法は小説末尾の繭倉の火事の場面にもある。火事の二階から葉子が落下する様子が、スローモーションのように描かれるのだ。「火明りが」落ちた葉子の「青白い顔の上を揺れ通」るシーンで「夕景色の鏡」が回想され、小説は閉じられる。

葉子の眼を「夜光虫」と喩えた時、眼を超えて、葉子の存在はその虫と切り離せなくなる。正確に言えば、虫ではなく夜光虫という言葉の放つ魔性とである。駒子はこう喩えられる。

細く高い鼻が少し寂しいけれども、その下に小さくつぼんだ脣はまことに美しい蛭の輪のやうに伸び縮みがなめらかで、黙つてゐる時も動いてゐるかのやうな感じだから、もし皺があつたり色が悪かつたりすると、不潔に見えるはずだが、さうではなく濡れ光つてゐた。

喩えるものと喩えられるものの距離が遠いほど、直喩の効果は増すと言う。蛭と脣はどうか。予想外の組み合わせが、確かに、駒子を蛭化する。そこでも蛭は動物の実際より、言語イメージとして、しかも脣を超えて駒子の身体に及んでくる。

〈**作品解説**〉一九三五年一月～四七年一〇月の間、断続的に発表される。三七年六月に既発表分を『雪国』として刊行。その後続きを書き継いで、四八年一二月に決定版『雪国』刊。さらに何度かの改稿を経て、七一年八月『定本雪国』が出た。川端康成の代表作として海外にもよく知られ、ノーベル文学賞受賞の際も、「古都」「千羽鶴」とともにその名が挙げられた。引用原文は『川端康成全集　第一〇巻』（新潮社、一九八〇年）。

■〈**作品**〉尾形信吾は少し眉を寄せ、少し口をあけて、なにか考へてゐる風だつた。他人には、考へてゐると見えないかもしれぬ。悲しんでゐるやうに見える。

息子の修一は気づいてゐたが、いつものことで気にはかけなかつた。

息子には、父がなにか考へてゐると言ふよりも、もつと正確にわかつてゐた。なにかを思ひ出さうとしてゐるのだ。

父は帽子を脱いで、右指につまんだまま膝においた。修一は黙つてその帽子を取ると、電車の荷物棚にのせた。

「ええつと、ほら……。」

かういふ時、信吾は言葉も出にくい。

「このあひだ帰つた女中、なんと言つたつけな。」


（『山の音』）

〈作品鑑賞〉「雪国」冒頭と同様に、「山の音」も車中から始まる。列車の中のような閉じられた空間に主要人物を登場させ、そこに全体の予兆を含ませながら始めるのが川端の方法の一つのようだ。「千羽鶴」では、すべての人物が集まる円覚寺の茶室がそれに該当する。だが「雪国」とは違って「山の音」は、地名を具体的に挙げている。この電車も家のある鎌倉と東京を結ぶ横須賀線であることがわかる。時間の方もはっきり示されている。民法や年齢のとなえ方など、戦後の制度変更の渦中に登場人物を置くことで、物語を展開させるのである。

六二歳の尾形信吾は、記憶の衰えを感じている。引用部も、五日前にやめたばかりの女中の名も姿も浮かばず、軽い恐怖を覚えるところである。彼女の言った「おずれ」の「お」が、敬語の「お」なのか鼻緒の「緒」なのかがここでの話題だが、むしろ「ずれ」の部分が物語には関係する。息子の妻菊子への性的幻想を潜ませつつ、老いという現実との「ずれ」にとまどう信吾の前に、家族や周囲の者たちの間の「ずれ」が突きつけられ、家長としての解決を迫られるのである。

表題の「山の音」を聞くところは、こう書かれている。


八月の十日前だが、虫が鳴いてゐる。

木の葉から木の葉へ夜露の落ちるらしい音も聞える。

さうして、ふと信吾に山の音が聞えた。

風はない。月は満月に近く明るいが、しめつぽい夜気で、小山の上を描く木々の輪郭はぼやけてゐる。しかし風に動いてはゐない。

信吾のゐる廊下の下のしだの葉も動いてゐない。

鎌倉のいはゆる谷の奥で、波が聞える夜もあるから、信吾は海の音かと疑つたが、やはり山の音だつた。


「魔が通りかかつて山を鳴らし」たようなその音に「死期を告知されたのではないか」と信吾は脅え、物忘れから死の恐怖へと、老いのテーマは絞られていく。虫の音から夜露の落ちる音、「さうして」山の音へと、短文を改行しながら追い込んでいくところは見事である。

〈作品解説〉一九四九年九月～五四年四月まで断続的に発表され、同月刊。第七回野間文芸賞を受けた。古都鎌倉の風物を背景に、戦後の家族の姿が描かれている。引用原文は『川端康成全集　第一二巻』（新潮社、一九八〇年）による。

〈作者略歴〉一八九九（明治三二）～一九七二（昭和四七）年。小説家。大阪生。新感覚派運動で知られ、次第に独自の美的世界を構築。日本初のノーベル文学賞受賞（一九六八年）。

〔**高橋真理**〕

100　夢野久作　ゆめの・きゅうさく

〈作品〉

巻頭歌

胎児よ／胎児よ／何故躍る／母親の心がわかって／おそろしいのか

…………………ブウウーーーーーーーンンンーーーーーーーーーンンンン…………………。

私がウスウスと眼を覚ました時、こうした蜜蜂の唸るような音は、まだ、その弾力の深い余韻を、私の耳の穴の中にハッキリと引き残していた。

それをジッと聞いているうちに……今は真夜中だな……と直覚した。そうしてどこか近くでボンボン時計が鳴っているんだな……と思い思い、又もウトウトしているうちに、その蜜蜂のうなりのような余韻は、いつとなく次々に消え薄れて行って、そこいら中がヒッソリと静まり返ってしまった。

私はフッと眼を開いた。

（『ドグラ・マグラ』）

〈作品鑑賞〉 本書は不思議な音の題名「ドグラ・マグラ」からして、読者に意味を欲望させる促しがある一方、内容は際限ない時間ループを描き、意味に辿り着かない。祖先の殺人が「心理遺伝」した呉一郎は、何度も上映される映画の世界の主人公のように、殺人後記憶を失い、目覚めると記憶を辿ってまた殺人を繰り返す。内容とページを捲る行為が同じ時間構造のリアリズム小説に慣れた読者はジレンマに立たされる作品である。

巻頭歌の後一行目から言語以前の「…」なる無音の羅列から音に生成する「ブウウン」というオノマトペが出現する。小説最後の行にもほぼ同音が現れ、事件の次の予告となり、悪循環する世界を暗示させる。

冒頭「ウスウスと」「ジッと」「ボンボン」「ウトウト」「ヒッソリと」「フッと」と、覚醒前の身体状況を表す擬声語擬態語が並ぶ。作中ほぼ中央にある正木博士作「キチガイ地獄外道祭文」の祭文語りにも、掛け声や木魚を叩く音「スチャラカ、チャコポコ」が繰り返される。「躍る」身体の言葉は、「脳髄」を通って意味分節される言葉に、別の時空を横溢させるのである。

〈作品解説〉『ドグラ・マグラ』は一九三五（昭和一〇）年一月、松柏館書店から全編書き下ろしで刊行された。遺伝子や映画のイメージに加え、表現も談話・記事・ハガキ・本の題名の引用時に文字ポイントに変化をつけ、会話も記号・掛け声・相づちなど身振りを伴う音が頻出する。一方、副題に「幻魔怪奇探偵小説」とあり、探偵役の読者に意味を読む行為を自覚させつつ、情報伝達過程として読者を体験させる構造となっている。引用は『夢野久作全集　第九巻』（筑摩書房、一九九二年）。

〈作者略歴〉 一八八九（明治二二）～一九三六（昭和一一）年。小説家。福岡生。本名杉山泰道、幼名直樹。父茂丸は玄洋社系の大物で政界への影響も大きかった。慶応義塾中退後、僧侶や謡曲教授など職業を転々とし、「九州日報」記者時代、関東大震災の翌年「街頭から見た新東京の裏面」のルポを書く一方、小説『白髪小僧』（一九二二年）を刊行。「押絵の奇蹟」（二九年）が乱歩に賞賛され、小栗虫太郎、久生十蘭と昭和前期の「新青年」ブームを担う。『ドグラ・マグラ』刊行翌年急死。

〔**永野宏志**〕

101　石川達三

いしかわ・たつぞう

〈作品〉 一九三〇年三月八日。

　神戸港は雨である。細々とけぶる春雨である。海は灰色に霞み、街も朝から夕暮れどきのように暗い。

　三ノ宮駅から山ノ手に向う赤土の坂道はどろどろのぬかるみである。この道を朝早くから幾台となく自動車が駆け上って行く。それは殆ど絶え間もなく後から後からと続く行列である。この道が丘につき当って行き詰ったところに黄色い無装飾の大きなビルディングが建っている。後ろに赤松の丘を負い、右手は贅沢な尖塔をもったトア・ホテルに続き、左は黒く汚ない細民街に連なるこの丘のうえの是れが「国立海外移民収容所」である。

（「蒼氓」）

〈作品鑑賞〉「蒼氓」は移民収容所で渡航を俟つ群衆を描いている。一九二八年三月に開設された収容所に、全国から移民を希望する人々の乗る車が「行列」となって神戸に集まった日が「一九三〇年三月八日」であった。作者・石川もまたこの日に入所したという。明確な日時と「三ノ宮駅」から「国立海外移民センター」に移民者たちが向かった道のりが具体的に記されることで、「蒼氓」は冒頭からルポルタージュの様相を呈している。「灰色」、「赤土」、「黄色い」、「赤松」、「黒く」と配色されることによって、情景が視覚的にも再現されている。

　留意したいのは、名詞と助動詞「である」を直接つなぐ文末表現が頻出していることである。たとえば「神戸港は雨である」という一文を確認すると、〈いま雨が降っている〉という現在時の状況が強調される文体となっている。そして「である」の文末を反復することで、文体にはリズムが生まれ、収容所へと向かう視点の動きが醸し出される。だが、その動きは決して軽やかなものではない。「である」には大勢の他者に向けて語られている感じが無く、「のである」と比べても独り言のような閉塞感を伴うからである。

　また、「である」の前に置かれる名詞を列挙すると「雨」、「春雨」、「ぬかるみ」、「行列」と続き、「国立海外移民収容所」に至る。移民者たちが先行きの不安を抱えながらひしめき合い、漂流するイメージが「「国立海外移民収容所」である」に結集する仕掛けとなっている。なお、引用部以降では「である」の文末表現は殆ど見られない。収容所が見下ろす海の遥か先にあるブラジルから不安が押し寄せていることを表現するために意識的に「である」を多用した冒頭であったと言えよう。

〈作品解説〉 初出誌は「星座」一九三五年四月号。第二部「南海航路」、第三部「声なき民」（ともに「長篇文庫」）とあわせ『蒼氓』（新潮社、一九三九年）は刊行された。各部それぞれの舞台は移民収容所、船中、ブラジルと異なる。一九三五年、「蒼氓」は第一回芥川賞を受賞した。引用は『石川達三作品集第一巻』（新潮社、一九七二年）による。

〈作者略歴〉 一九〇五（明治三八）～八五（昭和六〇）年。小説家。秋田県生。早大英文科を中退し、「国民時論」の編集者となる。ブラジル移民として渡航し、農場で一か月ほど働き帰国。「生きてゐる兵隊」（一九三八年）、「風にそよぐ葦」（一九四九～五一年）、「人間の壁」（一九五七～五九年）、「金環蝕」（一九六六年）など社会性の強い作品を残した。〔西元康雅〕

102 石川 淳

いしかわ・じゅん

〈作品〉わたしは……或る老女のことから書き始めるつもりでゐたのだが、いざとなると老女の姿が前面に浮んで来る代りに、わたしはわたしはと、ペンの尖が堰の口ででもあるかのやうにわたしと云ふ溜り水が際限もなく溢れ出さうな気がするのは一応わたしが自分のことではち切れさうになつてゐるからだと思はれもするけれど、実は第一行から意志の押しがきかないほどおよそ意志などのない混乱に陥つてゐる証拠かも知れないし、或は単に物を明確に現はさうとする努力をよくし得ないほど懶惰なのだと云ふことかも知れない。（「佳人」）

〈作品鑑賞〉理想と現実との間に引き裂かれた時、人は、自己の不分明さ、自己の定位しがたさに直面する。外界との距離感の喪失は、自己の内界との距離感の喪失とも切り離せない。

他者（老婆）を描こうとペンを動かし始めた語り手は、《わたしは》と書いた途端に、《わたし》の不分明さに直面する。他者をきちんと描けないだけでなく、自己をもきちんと掴みきれないでいる。充溢なのか、《混乱》なのか、はたまた《懶惰》なのか、それすらはっきりしない。

描こうとしていた老婆には、左翼運動で下獄している息子がおり、うまく描ければ一箇のプロレタリア文学作品が完成したかもしれないが、「佳人」執筆時は、そのような作品が成立し得ない転向文学の時代であった。

すなわち、この作品は、書くことを起点に置いた時にいやおうなく浮かび上がる〈理想の崩壊〉＝〈自己の崩壊〉の姿を、冒頭部で、鮮やかに提示しているのである。

このあと作品では、生の虚無を悟った語り手が、いったんは現実否定・理想保持のために自死を試みるものの成功せず、挙句の果てに睡眠欲・食欲・性欲といった生物の基本的欲求をあらわにするに至る。つまり、自己否定から自己肯定へ、現実否定から現実肯定へという足どりが示されるわけであるが、この足どりの中に、小林多喜二の拷問死や共産党幹部の転向声明によって転向ブームが起こった一九三三年から一九三五年頃にかけての時代状況、文芸復興、宗教復興といった趨勢、死を鏡にした否定と肯定の反転の劇が踏まえられているのである。

作品末尾には、《ここでわたしのペンはちよつと停止する。》との言葉ではじまる「あとがき」めいた文言が付され、右の冒頭部で触れた老婆の物語どころかこの文章すらこれ以上書き続けられないと弁解される。こうした書き手が作品世界に自己言及するメタフィクション構造の作品は、太宰治「道化の華」（一九三五年）などこの時期いくつも書かれているが、円満たり得ない作品世界に書き手が何か注釈を付けずにはいられないところにもまた、理想と現実との乖離という時代相が窺える。

〈作品解説〉引用原文は初出誌「作品」一九三五年五月号。

〈作者略歴〉一八九九（明治三二）～一九八七（昭和六二）年。小説家。東京浅草生。「佳人」で注目され、「普賢」（一九三六年）が芥川賞を受賞し、文壇デビュー。「マルスの歌」（一九三八年）、「焼跡のイエス」（一九四六年）、「鷹」（一九五三年）、「至福千年」（一九六六年）、「天馬賦」（一九六九年）、「狂風記」（一九八〇年）など、社会状況に鋭敏に反応しながらも様式性の強い文体で独自の作品世界を創り出し続けた。**〔山口俊雄〕**

103　太宰　治

だざい・おさむ

〈作品〉「ここを過ぎて悲しみの市《まち》。」

友はみな、僕からはなれ、かなしき眼もて僕を眺める。友よ、僕と語れ、僕を笑へ。ああ、友はむなしく顔をそむける。友よ、僕に問へ。僕はなんでも知らせよう。僕はこの手もて、園を水にしづめた。僕は悪魔の傲慢さもて、われよみがへるとも園は死ね、と願つたのだ。もつと言はうか。ああ、けれども友は、ただかなしき眼もて僕を眺める。

大庭葉蔵はベッドのうへに坐つて、沖を見てゐた。沖は雨でけむつてゐた。（「道化の華」）

〈作品鑑賞〉作者自身の第三回自殺未遂（昭和五年一一月に銀座のバーの女給と鎌倉海岸で心中を図り、相手が絶命した事件）が題材だが、実際に描かれているのは事件そのものではなく、直後の入院生活。付添看護婦や友人達との会話を通し、お互いを「道化」によっていたわり合う交歓風景。

冒頭はダンテの「神曲」からの引用。「ここ」は道化を演じ合う共同体の世界、「市」はいずれ待ち受けている過酷な現実世界の比喩と考えられる。

冒頭部分は主人公「大庭葉蔵」の独白のように読めるが、実はこの後にも「僕」なる人物が登場し、みずから作者であることを名乗って注釈を始めることになる。当然、この冒頭部分も両者のイメージが重なってくるわけで、「僕」はあえて自身を「大庭葉蔵」とだぶらせながら、この人物をどのように客体化し、小説化していくかを、いわば舞台裏を明かすように描き出していくわけである。体験そのものを描く一般的な私小説とは違って、体験の「描き方」自体を題材にしてみせた実験作といえるだろう。

「僕」は物語の進行の途中で顔を出してたとえば次のような注釈を始めることになる。

「僕は後悔してゐる。」「僕はこの小説を雰囲気のロマンスにしたかつたのである。」「しかし、土崩瓦解である。」「許して呉れ！　嘘だ。とぼけたのだ。みんな僕のわざとしたことなのだ。」「ほんたうは、僕はこの小説の一齣一齣の描写の間に、僕といふ男の顔を出させて、言はでものことをひとくさり述べさせたのにも、ずるい考へがあつてのことなのだ。」「しかし、敗北した。いや、僕はこの敗北の告白をも、この小説のプランのなかにかぞへてゐた筈である。」「ああ、もう僕を信ずるな。僕の言ふことをひとことも信ずるな。」

このように小説はその小説自体を書く「小説家」自身を主人公にした瞬間に、あたかも核分裂を起こすように、さらにその自己を対象化しようとする半永久的な言葉の運動を開始することになる。

そもそも小説文体としての言文一致体は〝話し手の顔の見えない話し言葉〟を書き言葉として表記していくという根本的な矛盾を抱えており、「かつて―そこに―あった」世界の提示に努めれば努めるほど、それを提示しているのは誰なのか、という問を暗黙のうちに誘発してしまう宿命にある。自然主義以来の「描写」の理念は、つとめて話者の主観的判断を覆い隠すことによって「客観」をよそおうところに成り立っていた。太宰の文体はあえて書いている自分を全面的に押し出してみせることによって会話の息吹を取り入れ、従来の妥協的な理念への反逆を試みたのである。一九三五年前後、「道化の華」以外にもこうした企てが一斉に起こり始めるのだが、高見順、石川淳ら相次いで文壇にデビューした作家たちのこうした文体は、一般には「自意識過剰の饒舌体」と呼ばれている。

一人称の小説には回想型、伝聞型、対話型などさまざまなタイプがあるが、「道化の華」の場合は読み手を強く意識した「対話型」の形がとられている。一般に文章には読み手の存在をどこまで叙述の中に顕在化させるかという指数の如きものがあると考えられるが、太宰治の文体はこの指数が極めて高く、「道化の華」の場合も、理想の理解者である「君」が作中に設定され、その「君」に呼びかける形がとられている。

「ひと一人を殺したあとらしくもなく、彼等の態度があまりにのんきすぎると忿懣を感じてゐたらしい諸君は、ここにいたつてはじめて喝采を叫ぶだらう。ざまを見ろと。しかし、それは酷である。なんの、のんきなことがあるものか。つねに絶望のとなりにゐて、傷つき易い道化の華を風にもあてずつくつてゐるこのもの悲しさを君が判つて呉れたならば！」

「僕たち自身、ポンチの生活を送つてゐる。そのやうな現実にひしがれた男のむりに示す我慢の態度。君はそれを理解できぬならば、僕と君とは永遠に他人である。」（傍点及び傍線引用者）

このように「僕」は作中に想定された「君」に対して繰り返し同調と理解を求め、その困難の告白を通して逆説的に物語の主題にかかわる内容（傍線部）を提示していく。だが、そのようにつとめればつとめるほど、結果的には傍点部のような距離ばかりが露わになってしまう。実は、こうした距離こそが「僕」をさらなる饒舌に駆り立てていくパトスにもなっているわけで、その意味でも対話型の一人称小説は、理想の読者を追い求め、常に生成され、躍動を続けていく運動体そのものであるともいえるだろう。

〈作品解説〉 初出誌は「日本浪曼派」一九三五年五月号。第一創作集『晩年』（砂子屋書房、一九三六年）に収録。初期の代表作として知られ、芥川賞の最終候補にこの作が残れば受賞していただろうとの説もある。作者の言によれば、この小説は当初客観的な形式をとった「海」という題名の習作であったが、ジイドの「ドストエフスキイ論」に触発され、「僕」の注釈部分を挿入して書き改めたのであるという。引用は『太宰治全集第二巻』（筑摩書房、一九九八年）による。

〈作者略歴〉 一九〇九（明治四二）～四八（昭和二三）年。小説家。本名津島修治。青森県生。県下有数の大地主の六男に生まれた。東京帝国大学仏文科中退。学生時代からすでに数度の自殺未遂を繰り返していたが、左翼運動からの離脱を機に創作活動を本格化し、一九三五年に「逆行」が第一回芥川賞候補となった。翌年第一創作集『晩年』を刊行。以後自己破滅型の作風に陥るが、「富嶽百景」（三八年）前後より中期の安定した作風に移行し、「走れメロス」（四〇年）など多くの佳作を書き継いだ。戦後、混乱した世相の中で再びデカダンの傾向を強め、「斜陽」（四七年）で一躍人気作家となるが、翌年「人間失格」を完成後、玉川上水で心中自殺を遂げた。

〔安藤　宏〕

104　吉川英治

よしかわ・えいじ

〈**作品**〉――どうなるものか、この天地の大きな動きが。

もう人間の個々の振舞いなどは、秋かぜの中の一片の木の葉だ、なるやうになッてしまえ。

武蔵《たけぞう》は、そう思つた。

屍《かばね》と屍のあひだに、彼も一個の屍のやうに横たわったまま、

『――今、動いてみたッて、仕方がない』

と、観念してゐた。

けれど、実は、体力そのものが、もう動けなかつたのである。武蔵自身は、気づいていないらしいが、体のどこかに、二つ三つ、銃弾《たま》が入つているに違ひなかった。　（「宮本武蔵」）

〈**作品鑑賞**〉慶長五年、関ヶ原合戦に出陣した作州宮本村の十七歳の二人の若者、新免武蔵《たけぞう》と本位田又八《またはち》とが敗走し、屍の中に負傷した体を横たえている場面から物語は始まる。武蔵の内言の形で、天地の大きさに比して人間がいかに小さい存在であるかを示した冒頭文は、作品全体のテーマの見事な予兆となっていよう。なぜなら、吉川英治の「宮本武蔵」は武術に卓越したヒーローとして武蔵を描くのでなく、その生涯を煩悩との闘争であったと捉え、剣による精進の道を描く作品だからである。しかし、生死の境に身を置くことで運命の抗い難さと人間の卑小さを知ることは解脱への第一歩であろうが、「なるやうになツてしまへ」という投げやりな呟きはその道の遠さも暗示するだろう。ここでの語り手は武蔵の内面に寄りそう形で焦点化されているが、同時に「武蔵自身は、気づいてゐないらしい」と登場人物を見据える超越的な視座から状況を語ってもいる。この冒頭場面、「夜半から明け方にかけて、この関ヶ原へ、土砂ぶりに雨を落とした雲は、今日の午すぎになつても、まだ密集を解かずに」いて、「時々、驟雨が、サアーッと、真ッ白に、四里四方にわたる、戦場の跡を、洗つてゆく」。その雨を武蔵は「鯉のやうに口を開いて」飲む。そして、又八と会話を交わす。武蔵の台詞は総じて簡潔で無駄がない。他の登場人物にも冗漫な台詞は少なく、長々しい説明が付与されることもない。地の文にしても簡明で、時に読点で細かく切り分けられながら畳み掛けるように書かれている。講談調の長々しい常套句の代わりに動植物などの比喩が多用され、行動する人物たちのイメージをくっきりと浮び上らせながら、物語が展開してゆく。繊細な名文とは言えないが、飾り気のない、野性味さえ感じさせる文体の親しみやすさが多くの読者を引きつけた。

〈**作品解説**〉初出は「朝日新聞」一九三五年八月二三日～三九年七月一一日。引用は『吉川英治全集　第一七巻』（講談社、一九七七年）。三六～三九年、講談社刊行（全六巻）。慶長一七年四月、巌流島で佐々木小次郎を倒すまでの物語が「地」「水」「火」「空」「二天」「円明」の七章にわたり展開する。

〈**作者略歴**〉一八九二（明治二五）～一九六二（昭和三七）年。小説家。本名英次《ひでつぐ》。神奈川県生。大日本雄弁会講談社の「キング」創刊号（一九二五年一月）から「剣難女難」を連載し、「鳴門秘帖」（一九二六年）で流行作家の地位を確立。「宮本武蔵」で新境地を開き、戦後も「新・平家物語」（一九五〇～五七年）「私本太平記」（一九五八～六一年）の歴史小説の大作を執筆した。

〔**吉田司雄**〕

105 阿部知二　あべ・ともじ

〈作品〉……私の記憶はみな何かの季節の色に染まつてゐる。それは、映画のフィルムの一齣づつがいろいろな色を持つてゐるやうなものであるが、その記憶のフィルムの色はいつも正確な暦の上の季節と一致してゐるといふわけではない。夏の日の出来ごとが秋の感覚を伴つて想ひ出されることもあり、秋のことが晩春の甘い色に染まつて想ひ出されることもある。また、ある年の冬ならば冬に、三日続いて起つたことの、はじめの日はほんたうに冬のやうに、次の日は春、その次の日は秋、のことででもあつたやうに錯覚されることもある。これはその事件の性質や、その時の私の心の状態や、その事件に出てくる人物たちの性格容貌などによつてさうなるのだと思つてゐる。

（「冬の宿」）

〈作品鑑賞〉記憶をめぐる記述から始まる本作品は、映画のフィルムを例えに挙げて、記憶というものが事件の性質や心の状態で変化していき定着されていく様子を語り、記憶の不可思議さを語っている。この当時の映画フィルムはモノクロであったので、モノクロのフィルムが季節の色合いに染められていくというイメージであろう。そして冒頭部分に続いて、語り手の私は「暗く冷却した冬の色」に染められた霧島一家の記憶を語っていくことになるのである。

語り手である大学生が霧島家に暮らしたのは、実際には秋から春にかけての季節であった。しかし記憶の中の霧島家は全て冬の色に染まっているという。それはまずこの一家を形成する人たちの特異性によるだろう。霧島家は、欲望を肉体化したような存在である霧島嘉門とキリスト教の信仰に生きるまつ子の夫婦と二人の子供からなっている。この妻と夫の関係に、霊と肉の相反を見いだしていく語り手の〈私〉は、心の内に憂愁を抱えた大学生である。華やいだ生活や左翼運動の喧噪を離れ郊外の霧島家に下宿した〈私〉は、地方の旧家の出ながら財産を失い落ちぶれてしまった現在の境遇を嘉門から聞かされる。その生い立ち話を手始めに〈私〉は霧島家に同居しながら一家の生活に巻き込まれていくのだが、〈私〉はあくまで生物の断面図を見るように距離を置いて一家を観察しようとする。それは冷静で客観的な態度ともいえるが、人情を顧みない非人間的な態度でもある。もちろん冷静であろうとする〈私〉も人情に引きずり込まれそうにもなる。こうした実験の場としても、この作品の〈私〉の視線のありようは重要である。

その後霧島嘉門はせっかく得た大金を浪費し、職場では上司と衝突し辞職に追い込まれる。霧島家をでた〈私〉は、さらにどん底へと落ちていく霧島一家の引っ越しをじっと見守るのである。

〈作品解説〉初出誌は「文学界」一九三六年一月号〜一〇月号。知識人の意識を扱った「冬の宿」は、阿部知二の代表作である。引用原文は『冬の宿』（第一書房、一九三六年）による。

〈作者略歴〉一九〇三（明治三六）〜七三（昭和四八）年。小説家。岡山生。一九三〇年、小説「日独対抗競技」でデビューし、評論「主知的文学論」でも注目される。小説の他、外国文学の翻訳や英文学者としても知られる。

〔中沢　弥〕

106 中谷宇吉郎

なかや・うきちろう

〈作品〉これは本当に天然に見られるあの美麗繊細極まる雪の結晶を実験室の中で人工で作る話である。零下三十度の冷温室の中で、六花の雪の結晶を作って顕微鏡で覗き暮す生活は、残暑の苦熱に悩まされる人々には羨ましく思われるかもしれない。

雪の結晶の研究を始めたのはもう五年も前の話であるが、有り合わせの顕微鏡を廊下の吹き晒しの所へ持ち出して、初めて完全な結晶を覗いて見た時の印象はなかなか忘れ難いものである。

（「雪を作る話」）

〈作品鑑賞〉冒頭の一文はただの書き始めではない。「雪を作る話」という随筆全体に対する概括になっている。この引き締まったリードによって、雪の結晶を作るという別世界への窓を、読者は早速覗き始めることになるのだ。話題は何か、いつ、どこであったことなのか。中谷は、本随筆以外でもそれをずばりと示すことで、一気に読者を科学の領域に導きいれる。たとえば、「この話は寺田先生が航空船の爆発の原因を調査された時の研究室の内部の話である。」（「球皮事件」）というふうに。

二文目も効果的だ。それは文章が書かれた八月を意識したものだ。季節は等しく訪れるはずが、ここでは科学者だけが冷温室で顕微鏡など覗いている。つまり、語り手の特別な位置と、読者の平常の位置がさりげなく示される。それは隔たりの強調ではない。「暑」と「寒」のねじれが一つの興となって、読者を冷温室そして顕微鏡という二重の異域へと誘いこむのだ。

雪の結晶を作る研究を始めた中谷が、ようやく五年目に成功した。ここでの話題はそれだが、結果重視ではない。実験・観察・思考を重ねていく過程が、科学者としての探究心と撚りあわされて、一つの倫理的世界をなしている。随筆「兎の耳」の中で、中谷は、学者は一般の人の頭の水準を低く見過ぎて、結論だけを述べる傾向があると指摘し、「もう少し親切に研究の内容と条件とを明示」すべきだと提案している。「雪を作る話」はその実行だ。結論だけではないとは、至らなさや失敗にも話が及ぶことである。中谷の文章が自慢話に落ちることがないのはそのあたりとも関係する。

読者に対する位置の取り方の絶妙さは、冒頭の涼しそうな語り手の位置が、本文末尾に至った時にも表れる。「この仕事で一つ困ることは健康の問題である。外の気温が高くなると、いくら毛皮の防寒服に身を固めていても」「急激な気温の変化について いけないと述べ、「八月の真中に友人に話して羨しがらせているが、実はそう易しい実験でもないのである。」と締めくくるのだ。暑いときほど、寒さが苦しいとは、この書から与えられた読者の涼感とは別種の苦痛であろう。知識人がただ理屈を高みから説いた文章とは一味違うようである。

〈作品解説〉「東京朝日新聞」（一九三六年八月）、のち『冬の華』（岩波書店）に収録。本文は、中谷が雪の結晶の研究を始めた一九三二年以来の試行錯誤を話の軸とする。引用は『中谷宇吉郎随筆選集　第一巻』（朝日新聞社、一九六六年）による。

〈作者略歴〉一九〇〇（明治三三）～六二（昭和三七）年。物理学者。随筆家。石川県生。北大教授。低温物理学の権威。科学随筆は師の寺田寅彦をうけついでいる。

〔高橋広満〕

107 堀　辰雄

ほり・たつお

〈作品〉それらの夏の日々、一面に薄の生ひ茂つた草原の中で、お前が立つたまま熱心に絵を描いてゐると、私はいつもその傍らの一本の白樺の木蔭に身を横たへてゐたものだつた。さうして夕方になつて、お前が仕事をすませて私のそばに来ると、それからしばらく私達は肩に手をかけ合つたまま、遥か彼方の、縁だけ茜色を帯びた入道雲のむくむくした塊りに覆はれてゐる地平線の方を眺めやつてゐたものだつた。やうやく暮れようとしかけてゐるその地平線から、反対に何物かが生れて来つつあるかのやうに……

（「風立ちぬ」）

〈作品鑑賞〉堀辰雄の文体は、初期の翻訳経験から得た無生物主語構文を駆使したモダニズム風の叙法から、「美しい村」（一九三二～三三年）を機に内観的で途切れ目のない叙法へと大きく転回した。本作には初期作品に見られた心理分析に、プルースト・日本の王朝女流日記文学の受容で獲得した内的意識の描出が加わっている。右の冒頭は一見流麗ながら、「それらの」「その」「一本の」という代名詞・冠詞由来の翻訳調が見られ、「暮れようとしかけてゐるその地平線から、反対に何物かが生れて来つつある」といったコクトー・ラディゲ由来の逆説的・警句的表現の名残が見られる。堀の時間意識の微細さは、「てゐる」「まま」「つつ」といった継続・同時を表す句末・文末表現に典型的に表れ、「さうして」「それから」というゆるやかな順接の接続詞とあいまって、出来事と主体内部の感覚を分節せずに提示する。代名詞や指示語が対象に先行するのも特徴で、これによって本作の場合、後に到来する「お前」の死に向かって、予見と回想という二つの時間感覚が交錯して提示される。一人称の「私」から二人称の「お前」への語りかけは、日記・書簡形式の小説を好んだ堀の特徴的な人称指示である。

こうした文体は多かれ少なかれ他の堀の諸作にも見られ、事物を鮮明な輪郭のもとで指し示すのではなく、描出対象の全体的な雰囲気を浮かび上がらせる。堀の文体は単なる抒情的詠嘆ではなく、モダニズムを経過した昭和前期散文が到達し得た、時間・内的意識の中で仮構世界の中に対象を創り出す、新しい小説言語の創出であった。

〈作品解説〉初出は「改造」一九三六年一二月号。以後連作諸篇「冬」、「婚約」、「死のかげの谷」が書き継がれ、単行本『風立ちぬ』（野田書房、一九三八年）にまとめられた。引用は同書。高原のサナトリウムを舞台に、死病に冒された娘とその婚約者の男の日常が綴られる。五章仕立ての後半二章が日記形式。実体験を素材とし、初期以来西洋文学から汲み上げてきた文学的滋養の一切を注ぎ込んで書き上げた堀辰雄の代表作。

〈作者略歴〉一九〇四（明治三七）～五三（昭和二八）年。小説家。東京麹町区平河町生。第一高等学校理科乙類時代、生涯の親友となる神西清と出会い、東京帝国大学国文学科在学中、室生犀星・芥川龍之介の鍾愛を受けた。同人雑誌での翻訳・習作時代を経て、心理小説「聖家族」（一九三〇年）で芸術派新人として文壇的地位を確立。初期のモダニズム風諸作から徐々に離れ、「美しい村」、「物語の女」、「風立ちぬ」を経て、「かげろふの日記」（一九三七年）等の王朝小説に至った。「菜穂子」（一九四一年）は堀の理念だった〈ロマン〉の試みの一つの達成である。後代の文学者に慕われ、立原道造・中村真一郎・福永武彦らに強い影響を与えた。

〔戸塚　学〕

108

永井荷風

ながい・かふう

〈作品〉「ぢや、一時間ときめよう。」
「すみませんね。ほんとうに。」
「その代り。」と差出してゐる手を取つて引寄せ、耳元に囁くと、
「知らないわよ。」と女は目を見張つて睨返し、「馬鹿。」と言ひさまわたくしの肩を撲つた。（一行アキ）

為永春水の小説を読んだ人は、作者の叙事のところぐ〳〵に自家弁護の文を挟んでゐることを知つてゐるであらう。初恋の娘が恥しさを忘れて思ふ男に寄添ふやうな情景を書いた時には、その後で、読者はこの娘がこの場合の様子や言葉使のみを見て、淫奔娘《いたづらもの》だと断定してはならない。深窓の女も意中を打明ける場合には芸者も及ばぬ艶めかしい様子になることがある。また、既に里馴れた遊女が偶然幼馴染の男にめぐり会ふところを写した時には、商売人《くろうと》でも斯う云ふ時には娘のやうにもぢ〳〵するもので、これはこの道の経験に富んだ人達の皆承知してゐるところで、作者の観察の至らないわけではないのだから、そのつもりでお読みなさいと云ふやうな事が書添へられてゐる。

わたくしは春水に倣つて、こゝに剰語を加へる。読者は初めて路傍で逢つた此女が、わたくしを遇する態度の馴々し過るのを怪しむかも知れない。然しこれは実地の遭遇を潤色せずに、そのまゝ、記述したのに過ぎない。何の作意も無いのである。

（「濹東綺譚」）

〈作品鑑賞〉「濹東綺譚」は、「わたくし」という語り手をもち、随筆のような文体で語り始められる作品である。この「わたくし」は、作家であることを隠さない。また作中で「失踪」という小説を書いていることにもなっている。その一方で、「わたくし」は、「大江匡」という名を持ち、主人公としてふるまってもいる。作者や語り手、主人公などの役割が、「わたくし」という第一人称に統合され、多層的に作中に存在している。

お雪という玉の井の女と交渉する際の主人公の会話に用いられるのは、実に生々しい現実的な言葉であるが、語り手として登場してくる「わたくし」の口調は常識的で、文人的な人柄を想像させる高雅な文体となっている。ここにも落差が認められる。また、「剰語」によると、「わたくし」が書いているのは「失踪」だけでなく、「濹東綺譚」自体も指すので、作者の側面もまた二重となり、いわば自在な文体運用が為されている。

〈作品解説〉初出は「東京朝日新聞」「大阪朝日新聞」夕刊に、一九三七年四月一六日から六月一五日まで計三五回連載。一方、私家版が同年四月に出されたが、荷風の気に入らず、連載終了後の同年八月、岩波書店から改めて公刊された。荷風には比較的珍しい第一人称の随筆的小説であるが、作中作を持つその構造などから、いわゆる「私小説」とは作風を異にする。引用は『新版　荷風全集　第十七巻』（岩波書店、一九九四年）。

〈作者略歴〉一八七九（明治一二）～一九五九（昭和三四）年。小説家。東京生。早くから漢詩や俳句に親しみ、歌舞伎座修業や落語家弟子入りなどの後、ゾライズム風の小説でデビュー。アメリカとフランスに遊学した後、文明批評小説や戯作由来の小説を書く一方、訳詩、脚本、考証、散策記、随筆、評論、日記など幅広いジャンルの作品を発表した。

〔真銅正宏〕

109 島木健作

しまき・けんさく

〈**作品**〉今年は春から雨の降ることが少なかつた。

山林を切り開いて作つた煙草畑まで、一町餘りも下の田の中の井戸から、四斗入りのトタンの水槽《タンク》を背負つて、傾斜七十度の細い畦道を、日に幾度となく往き還りする老父の駒平の姿はいたいたしい。時には握飯を頬張りながら、葉煙草に水をやつてゐるやうな姿を見ることもある。

今年大学にはいつた息子の杉野駿介は、病気が治り、健康がすつかりもとに返つても、なぜか東京へ帰らうとはしなかつた。彼は高等学校から大学に進むとほとんど同時に、まだ新学期も始まらぬうちに、感冒から肺炎をひき起して倒れたのだつた。一時は危険だつたが幸に命をとりとめた。東京の病院を出るとすぐに、病後の養生のために田舎の家へ帰つてもう三月からになる。

（「生活の探求」）

〈**作品鑑賞**〉「生活の探求」は、東京での学生生活に疑問を感じた駿介が、病気療養をきっかけに故郷に戻り、農民としての労働に生活の意義を求める話である。冒頭部において、駿介は父が煙草畑に向かう山道を往復する様子を離れたところから眺めている。この後、駿介は父を手伝いながら仕事を習い覚えていくのだが、ここでは未だ傍観者の立場にあることが、距離を伴った視線によって表現されている。

また、はじめに駿介の視点から見た情景が提示され、直後に主人公「杉野駿介」を紹介する文章が続くことによって、語り手の視線は登場人物である駿介の視線に置き換えられる。これ以降、語り手は駿介の主観的世界を語ることに終始しており、語り手が駿介を批判的に語る場面は見られない。もちろん、「インテリをやめて百姓になる」ことに対する葛藤や周囲との対立は繰り返し語られているのだが、それらは最終的に駿介の成長物語といった文脈に回収されるのである。

なお、この冒頭部は「続生活の探求」の結末部に対応している。結末部では、駿介は山の上の尼寺に託児所を開設し、子供たちとともに平野の家から弁当を運んでくる妹たちを眺めている。村を一望できる山の上からの視線は、冒頭の山の下からの視線と関連づけることによって、この作品の意図を明確に示すものであると言えよう。すなわち、山の下から山の上への反転によって、駿介の抱える問題は修辞上の次元で解決するのである。

〈**作品解説**〉初出は一九三七年一〇月、「書きおろし長篇小説叢書」第二巻として河出書房から刊行。『続生活の探求』が翌年六月、同じく第一四巻として刊行されている。人生の意義を真摯に求める主人公・駿介の姿が共感を呼び、七、八十万部を売り上げるベストセラーとなった。引用は『島木健作全集　第五巻』（国書刊行会、二〇〇三年）による。

〈**作者略歴**〉一九〇三（明治三六）～四五（昭和二〇）年。小説家。北海道生。一九二六年、香川県に渡り、農民運動に挺身するが、一九二八年に検束される。二審で転向。一九三四年、獄中での体験をもとにした「癩」「盲目」を発表。「私は最初から所謂転向作家の一人として出発した」とは作者自身の言である。『生活の探求』の四ヶ月前に、香川の農民運動を描いた『再建』を刊行するが発禁になっている。

〔**井内美由起**〕

110　中山義秀

なかやま・ぎしゅう

〈作品〉（冒頭）瀬谷は七十の声を無視し最早世事一切を流れにまかした気持でゐながら、やはり心気とみに衰へはじめたことを感じないわけにはゆかない。頭は冴え永年手がけた仕事に何の困難を覚えるのではないけれども、ともするとはて知らぬ放心に陥つてゐる自分にしばしば愕くことがある。七十年の生涯をふり顧つてみると溜桶の蛆虫が桶の壁を攀ぢ登つては落ち、攀ぢ登つては落ちして依然として汚物の中から脱けでられなかつた姿の厭しさが考へられる。かの悲哀とか寂寥とかいふものではなかつた。自分の人生そのものが舌打ちしたいばかりいまいましかつたのである。

その思ひは朝から一碗の茶を給されたなり抛つておかれながら、じつと同じ新聞を読み続けてゐる片野の姿に気がつくと、燃えあがるやうに一層ぢりぢりしてくるのである。

（結末近く）三輪仕立の鉢の菊は花弁がつるぎのやうに鋭く管ばしつた走り附の厚物咲であるが、しかも平弁で組みあがつた普通の厚物咲ではなく、千重の弁の一つ一つが太管咲のやうに巻きと組みと変化の精妙をきそひながら、花芯をつつんで雲のやうに湧きたちまたは砕かれた波のやうに渦巻いてゐるのである。色は純白だつた。瞑目した美女のやうなあでやかさをもつて、黒光りする板の間に神々しく照り輝きながらじつと身を横たへてゐる。瀬谷は眼も心も奪はれて恍惚となつた。あのやうに心の汚い片野の手からかほどまで美しい花がどうして咲き出るのか瀬谷は信じられないくらゐだつた。（「厚物咲」）

〈作品鑑賞〉冒頭部は、陰鬱な比喩を用いることで、人生に敗れ、年老いた主人公瀬谷の姿を印象付ける。彼を苛立たせる片野は、瀬谷と同様の境遇にあるもう一人の主人公だが、その酷薄な性格のため、人々からは嫌悪されている。このように、複数の主人公を配置し、物語を展開していく手法は、「碑」等後の中山作品でも見られる。

題名にもなっている厚物咲の菊の描写は、「つるぎのやうに」「太管咲のやうに」等の比喩が多い上、特に最初の一文が長いため、形容が過剰で息苦しい印象がある。しかしその分、花が持つ並外れた美しさが、生彩を以て作品から立ちのぼってくる。作中、片野の持つ吝嗇ぶりや情の薄さが強調されていた分、彼が育てた菊の見事さに、読者は瀬谷と共に驚嘆せざるを得ない。周囲から厭われる人間性の持ち主から、この上ない美を備えた菊が生まれ出る皮肉。不遇な人間が放つ、余人にない輝きが、ここで鮮やかに印象付けられる。

「厚物咲」は、文章が生硬で、特に結末部では、説明的に過ぎる箇所も見られる。だが、世に入れられなかった人間の苛立ちと、なお色あせぬ意地は、熱気すら感じさせる文体で表現されたことで、一層の凄みを帯びている。

〈作品解説〉初出は「文学界」一九三八年四月号。同年七月に芥川賞受賞。引用は『中山義秀全集　第一巻』（新潮社、一九七一年）による。

〈作者略歴〉一九〇〇（明治三十三）～六九（昭和四十四）年。小説家。福島生。代表作に、「碑」（一九三九年）、「テニヤンの末日」（一九四八年）、「咲庵」（一九六三～六四年）などがある。

〔宮坂康一〕

111　火野葦平　ひの・あしへい

〈作品〉晴れわたつたよい天気である。

出発の武装をして馬淵中佐の部屋に行く。班長は、私が入つて行くと、高橋少佐宛の書面と、任務に関する訓令書とを書いてくれ、蚌埠報道部の状態、前線に出てゐる報道部の区署など丁寧に指示してくれた上給仕辻嬢に命じて麦酒を取り寄せ、元気でひとつやつて来てくれたまへ、と、麦酒を抜いて注いでくれた。

（「麦と兵隊」）

〈作品〉（弟へ。十月二十日。○○丸にて）

その後みんな変りなく達者でゐることと思ふ。兄さんも元気である。

今日も私達のまはりに、淼々と青い空と、淼々と青い海とがある。それは昨日も、一昨日も、一昨々日も、一昨々々日も、あつたと変らぬ青さで、そこにある。

（「土と兵隊」）

〈作品〉さて、この戦地に訪れて来る正月をいかにして迎へようかといふことが、いまやわれ〳〵兵隊の頭痛の種であつた。それはわれ〳〵はいかにして、この年末のやり繰りをし、襲撃し来る債鬼部隊を向こふにまはして、いかなる作戦をもつて戦闘すべきか、といふことではなくして、この戦火のため荒廃した暗黒の戦場でわれ〳〵は果して正月には雑煮や餅が食べられるであらうか、といふことであつたのである。

（「花と兵隊」）

〈作品鑑賞〉「麦と兵隊」は日録の体裁をとり、記録するものの視線に自らを規定して描いた。「土と兵隊」は国木田独歩の「愛弟通信」を意識したかのように、従軍中の兄から内地の弟への手紙として書かれた。「花と兵隊」はいわゆる一人称で、一般の小説のスタイルといってよい。

戦争の、戦闘の表現についての模索が、火野のこれらの作品からは伺われる。「麦と兵隊」は、軍に命じられて報道班に所属する、「見て報告する」ことを任務とした兵隊の表現でなければならず、それは全国民に向けた公的な意味を持つものであった。「土と兵隊」は、戦地に送られて初めて経験する戦闘の表現であり、その初めてであるが故の驚きや恐怖を表現するために弟への私信の形が選ばれた。「花と兵隊」は、「杭州警備駐留記」と副題されるように、戦地ではありながら戦闘と離れた落ち着きがある。「雪深く」「敵国の春」などの小題も切迫した報告とは違う空気を醸し出す。「麦と兵隊」と同様の私語りの報告だが、ルポルタージュ風の表現になっている。

いかにして戦争を、戦闘を言葉にし、文章にするか、をめぐる火野葦平の方法意識をこれらの作品は示しているのである。

〈作品解説〉初出は「麦と兵隊」が一九三八年八月「改造」、「土と兵隊」が同一一月「文芸春秋」、「花と兵隊」は同一二月十九日から一九三九年六月二四日まで、「朝日新聞」夕刊に掲載。引用はすべて初出による。中国での戦争を描いた作品としては、圧倒的な共感を持って国民に迎えられた。

〈作家略歴〉一九〇七（明治四〇）～六〇（昭和三五）年。小説家。福岡生。「糞尿譚」（一九三七年）で芥川賞受賞。「麦と兵隊」の成功により、戦争文学の書き手として、戦争中の代表的な作家となった。

〔川津　誠〕

112　中里恒子　なかざと・つねこ

〈**作品**〉きょうも、きのうもずっとこの頃は朝から風立っていた。

　目覚めたままのまだよごれない頭でみつめあう朝のひととき、煖爐のそばで、長年し馴れた夫妻かけ向いの静かな食事が済むと、いつものように、森之助もアデリヤもそれぞれの新聞を忙し気に読みあさり始める。

　硝子戸のそとには、弱弱しい、しかし新鮮な朝の光線が散らばって、そのために一層寒さをはっきりさせているようである。

（「乗合馬車」）

〈**作品鑑賞**〉森之助とアデリヤは、日本人とフランス人の夫婦である。二人の朝を描くこの場面は、新奇で都会的だ。「風立っていた」は「風立ちぬ」（堀辰雄）のヴァレリーの句を思わせるし、「みつめあう」「煖爐」といった語は、西洋的なイメージを喚起する。「まだよごれない（頭）」、「弱弱しい、しかし新鮮な（朝の光線）」という形容も、「光線」が「散らば」るという言い回しも、斬新だ。

　「それぞれ」が「読みあさ」るのは、日本語とフランス語の新聞。同じ居間に二つの文字という珍奇な光景は、故国につながっていたいアデリヤの気持を示し始めるところでもある。「風立ってい」るのは、季節ばかりではないようだ。

　この日、アデリヤは、帽子店を開く。小説は、彼女が病に倒れるまでを時間軸に、国際結婚によって二つの習俗を生きることを余儀なくされた妻たちを描いていく。見どころは、裕福な西洋人仲間との華やかな社交とは裏腹な、異郷に生きる女性の内面の孤独といったものを鋭く抉りだしているところ。表現的には、日本における外国人社会の雰囲気を出す工夫がおもしろい。「だめ、だめ、お掃除どうしてまだ？」といった片言交じりの日本語が活躍するだけでなく、フランス語の会話は、「あなたのもりのが、奥さんを失ってしまうでしょうから」といった具合に、直訳体の平仮名の多い日本の文字で示されるのだ。

　小説の題名は、国籍の異なる人々の共生をたとえたもの。フランス人の姉嫁アデリヤとイギリス人の義姉ドロシイ、その四人の混血の子供たちを縁者に持つ彩子が、「乗合馬車にも似た運命」を自覚する人物として登場する。何とか彼らに「日本の宝石を与える助けとなろう」と心を砕く彩子に、「運命」の目撃者としての位置が与えられている。彩子の紹介でアデリヤの弟子となり、自分で生きる術を身につけていく混血の孤児菊代に、アデリヤの果せなかった夢と共生への希望が託される。

〈**作品解説**〉「文学界」一九三八年九月号に発表。本作と「日光室」で、女性作家初の芥川賞（一九三八年下期）を受けた。水彩画のようなきれいな作と評されたが、当時目新しいものと映った国際結婚をめぐるモチーフは、作者には身辺に材をとったもので、繰り返し描かれた。引用は『中里恒子全集　第一巻』（中央公論社、一九七九年）による。

〈**作者略歴**〉一九〇九（明治四二）～八七（昭和六二）年。小説家。神奈川生。横光利一・川端康成・堀辰雄に認められる。第八回芥川賞受賞。「まりあんぬ物語」（「墓地の春」と改題）（一九四六年）「歌枕」（一九七三年）「わが庵」（一九七四年）「時雨の記」（一九七七年）など。

〔**高橋真理**〕

113

岡本かの子

おかもと・かのこ

〈作品〉人々は真昼の百貨店でよく彼女を見かける。

目立たない洋髪に結び、市楽の着物を堅気風につけ、小女一人連れて、憂鬱な顔をして店内を歩き廻る。恰幅のよい長身に両手をだらりと垂らし、投出して行くやうな足取りで、一つところを何度も廻り返る。さうかと思ふと、紙凧の絲のやうにすつとのして行つて、思ひがけないやうな遠い売場に佇む。彼女は真昼の寂しさ以外、何も意識してゐない。

かうやつて自分を真昼の寂しさに憩はしてゐる、そのことさへも意識してゐない。ひよつと目星い品が視野から彼女を呼び覚すと、彼女の青みがかつた横長の眼がゆつたりと開いて、対象の品物を夢のなかの牡丹のやうに眺める。唇が娘時代のやうに捲れ気味に、片隅へ寄ると其処に微笑が泛ぶ。また憂鬱に返る。

（「老妓抄」）

〈作品鑑賞〉老妓は、若い頃は相応の苦労もしたが、今は、養女を育てながら「小その」の名前で座敷も勤め、抱えの芸妓も何人か持ってゆとりのある生活をしていた。引用部分は、仕事を離れた自由時間の表情で、そこには「自分を真昼の寂しさに憩わしてゐる」「品物を夢の中の牡丹のやうに眺める」「また憂鬱に返る」という起伏がある。何かをみつけて「紙凧の絲のやうにすつとのして行」くという瑞々しい反応と、それを打ち消す憂鬱との間を行き来しているのだ。

老妓は、電気屋の下働きをしていた青年の柚木を引き取って、彼がかねて願っていた発明の研究に専念できる環境を整えてやった。しかし柚木は間もなく自分の才能に諦めをつけて、平穏な気持ちで何かに逃げ込もうとしていた。ところが老妓は、純粋な気持ちで何かに打ち込む人のすがたを見たい、という憧憬を今も抱き、それを柚木の上に期待していた。花柳界で人の裏も表も見てきたのに、彼女は、人間とはこんなもの、という諦めをつけていない。諦めないことは彼女の悲哀を深めもするが、心を輝かせもする。「年々にわが悲しみは深くしていよよ華やぐ命なりけり」という老妓の短歌が、その心情を浮かび上がらせていた。この短歌以外、老妓が心中を冗舌に語ったりすることはない。「老妓抄」は、「この物語を書き記す作者」という人物が語り手に設定されている。柚木もいろいろ老妓の心情を詮索していた。こうした語りの設定が、それまで表現の過剰を批判されることもあったかの子の文体を、一変させている。一文が短く、比喩も的確で読みやすくなった。

〈作品解説〉初出誌は「中央公論」一九三八年一一月。文壇に登場した頃は、情感あふれる装飾的な文体で知られたが、急速に円熟し、「老妓抄」では、人間の一途な気持ちを目のあたりにしたいという願いを抱き続ける老妓を、簡潔ながら華のある文章で描き出した。自身でも会心の作と言っている。引用は『岡本かの子全集　第四巻』（冬樹社、一九七四年）による。

〈作者略歴〉一八八九（明治二二）～一九三九（昭和一四）年。東京生。歌人として出発するが「鶴は病みき」（一九三六年）で小説家として認められる。仏教に学んだ世界観と歌人として培ってきた表現力を活かし、亡くなるまでの三年間に多くの小説を発表。「母子叙情」（一九三七年）、「鮨」「家霊」（ともに一九三九年）など。長編の遺稿もあった。

〔宮内淳子〕

114 高見　順

たかみ・じゅん

〈作品〉――アパートの三階の、私の侘しい仕事部屋の窓の向うに見える、盛り場の真上の空は、暗くどんよりと曇つてゐた。窓の近くに有り合はせの紐で引つ張つてつるした裸の電燈の下に、私は窓に向けて、小さな仕事机を据ゑてゐたが、その机の前に、つくねんと何をするでもなく、莫迦みたいに坐つてゐた。出来るだけ胸をせばめ、出来るだけ息を殺さうと努めてゐるみたいな恰好で両肘を机の上に置いて手を合はせ、その合掌した親指の先に突き出した顎を乗せて、私は濁つた空を眺めてゐた。空《そら》といふより、空《くう》を瞠めてゐたと言つた方がよろしいかもしれぬ。空には何も見えないのであつたが、眼も亦何も見てゐない如くであつた。だが、するうち、異様なものが、――それは丁度滅多に掃除しない部屋をたまに掃除したりすると、黴菌みたいな形の、長い尻尾を生やした黒い埃がフハフハとそこらに飛び立つて驚くことがあるものだが、まるでそんなやうなヘンなゴミみたいなものが、盛り場から休みなく立ち上る埃で曇つてゐるやうに見える向うの空に飛んでゐるのが眼にとまつた。そのゴミは黴菌のやうにごちやごちやと集団を成してゐたが、見てゐるうちに細長く延びてへの字を描いた。

　雁であつた。――空飛ぶ雁をゴミのやうだつたと私が言ふのを、読者は或は私の下手《へた》な作り話、大袈裟な言ひ方と笑ひはせぬかと、私は恐れる。

（「如何なる星の下に」）

〈作品鑑賞〉「如何なる星の下に生れけむ、われは世にも心よわき者なるかな」という高山樗牛の文章をエピグラフに持つ「如何なる星の下に」は、高見の代表作のひとつ。饒舌体あるいは饒舌的説話体と呼ばれる文体は、語り手「私」倉橋が読者を意識しながらしゃべるように語っていくスタイルである。気が弱くじめじめしていると評される作家の倉橋は、大森の自宅を出て浅草にアパートを借りて住んでいる。「民衆の持つてゐる素朴さ、率直さ、強靱さ等々で自分の神経を揉んで、ヒステリーを直したいと思った」のだ。が、お好み焼き屋惚太郎の美佐子や、元小説家の浅野に「鯛に食ひあきて鰯を食はうとしてゐる」と批判される。爽快な逞しい小説を書きたいと願い戦場へ行きたいとも思うが、それもできない。相変わらずじめじめしていて、レビューの踊り子小柳雅子への憧れが募るばかりだ。文学はもともと非力だとし、国への奉公において文学は強力だとする文学至上主義を否定した「文学非力説」（一九四一年）にも通じていて、全体主義に引きずられない感性を描いた。

〈作品解説〉「文芸」一九三九年一月号から、休載をはさんで一九四〇年三月号まで連載。四〇年四月に新潮社より刊行。連載の前年、浅草のアパートに仕事部屋を借りそこでの経験を作品化した。転向後、庶民の街浅草での再生を試みた小説。引用は『高見順全集　第一巻』（勁草書房、一九七〇年）による。

〈作者略歴〉一九〇七（明治四〇）～六五（昭和四〇）年。小説家。福井県生。東大卒。学生時代からダダイズムやマルクス主義に傾倒。転向のため忸怩たる思いを抱く自己像を投影した「故旧忘れ得べき」（一九三六年）で注目される。時代のなかで孤立する知識人の苦悩を描く。小説「生命の樹」（五八年）「いやな感じ」（六三年）、詩集「死の淵より」（六四年）などの他、「昭和文学盛衰史」（五八年）も代表的著作。

〔竹内栄美子〕

115　中野重治

なかの・しげはる

〈作品〉片口安吉《かたぐちやすきち》はおそい朝めしを食つてしまうと「さて今日はどうしようかな。」と考えた。目の前にある今食つたばかりの皿や茶碗の始末をすることがいつもにも増しておつくうに思われた。

　安田がいつしよにいたうちはそれほどでもなかつたが、彼が長町《ながまち》の仏具師の二階へ引つ越して行つてからはいつそう自炊ということがいやになつていた。時には彼も朝はやく起きていそいそと朝めしをつくることがあつた。しかしそれを食つてしまうと、醤油の残つたつけものの小皿とか、内側に味噌かすの線のついた味噌汁のアルミニウム鍋とかいうものが、なんともいえぬわびしいものに眺められた。そうして、もとこの部屋に一人で自炊していた松山が、ときどき安吉をひつぱつてきて二人で飯を食つた気持ちに心から同情できるのであつた。

　金沢という町は片口安吉にとつて一種不可思議な町だつた。犀川と浅野川という二つの川がほとんど平行に流れていて、ふたつの川の両方の外側にそれぞれ丘があり、ふたつの川のあいだにもう一つの丘があり、街全体は、ふたつの川と三つの丘とにまたがつてぼんやりと眠つている体《てい》であつた。

（「歌のわかれ」）

〈作品鑑賞〉金沢の高等学校の生徒、片口安吉は、生活に充実を見出せないで鬱々としている青年である。朝飯のあと「今日はどうしようかな」と考えている冒頭部分にも、潑剌とした明るい生活とは無縁で、むしろ自分の人生の方向を決めかねている逡巡の思いが投影されている。「ぼんやりと眠つている体」というのは、街だけでなく安吉自身のことでもあるのだ。二度の落第、頼子への失恋などを経験する一方、潔癖で傲岸な面持ちも見せていた。カフェブラジルで佐野に無視されたときには下宿に戻って鑿を取り出し「佐野の無礼は許せるが、佐野の無礼をおまえが許すことは許せぬぞ」と思う。高等学校卒業後、東京の大学に入学するが、東京の街そのものも安吉を快活にしなかった。ある日、大学の短歌会に参加したところ安吉の歌が最高点を得る。しかし、会のサロン的な雰囲気に反発を感じる安吉は短歌ともお別れだと考え「兇暴なものに立ちむかつて行きたい」と思い始めていた。強烈な個性と繊細で鋭敏な感受性の持ち主である青年が、人生を模索し前進しようとするさまを描いた作品。抒情的なものを乗り越え、激しく人間的なものを求めていく結末は、中野の代表的な詩「歌」にも通じている。

〈作品解説〉「革新」一九三九年四、五、七、八月号に連載。一九四〇年八月、新潮社より刊行された『歌のわかれ』に「空想家とシナリオ」「村の家」とともに収録。中野重治がプロレタリア文学運動にたずさわるようになる前史を描いた青春小説。引用は『中野重治全集　第五巻』（筑摩書房、一九九六年）。

〈作者略歴〉一九〇二（明治三五）～七九（昭和五四）年。詩人、小説家。福井県生。東大卒。プロレタリア文学および戦後民主主義文学の代表的作家。北陸の農村で培われた美意識や言語観によって高い倫理性と時代の良心を示した。『中野重治詩集』（一九三一年）、小説『むらぎも』（一九五四年）『梨の花』（一九五九年）、評論『斎藤茂吉ノート』（一九四二年）など。

〔竹内栄美子〕

116　佐多稲子　さた・いねこ

〈作品〉父の満たされぬ毎日を、私の、新芽の匂うような本能的なざわめきが乱すのではなかろうか。父は、私の娘らしい成長ぶりを親の愛情で受け入れる余裕がなくて、もっと荒々しく感じるのではあるまいか。満たされぬ若い男としての彼の官能は、娘のふくらんだ生々しさで、何かそそられるような落ちつきの無さとなるのではないかしら。（中略）。

　私は、私を窮屈にする父の視線の中に、そんな色を見たように思うのであった。

　ある朝、お婆さんも千代子も起きてしまったことを知らずにいた私は、ふと、きんきんしたお婆さんの声で目が覚めた。（中略）眠りから、そのまましーんとその言葉に叩かれるのを堪えるように味気なく目を覚ましていった。　（「素足の娘」）

〈作品鑑賞〉造船景気に沸く港町を背景に、父と娘の二人で二階に間借りする貧しい生活を営みながら、少女から娘へと成長するヒロインの性の目覚めと、精神の自由と充足を求める渇望とを描いている。父はある時から「私」を、大家である階下の人たちと一緒に寝かせることにするが、引用部分は、その父の隠された心理の動きをこのように娘が忖度したものである。

　華麗なレトリックとは無縁なさりげない叙述であるが、独特な比喩の使い方、省略の多い語法など、佐多稲子の表現上の個性が鮮やかに示されている。「新芽の匂うような」は直喩で比喩のイメージを表し、喩えられるトピック「ざわめき」に結びつく。さらに「ざわめき」は、トピックを隠したメタファーとして使われ、「娘らしい成長ぶり」に含まれる異性への関心、性的欲望の目覚めなどの全てを暗示するものである。さらに、「娘のふくらんだ生々しさで」の「で」は「によって」の意味で、きわめて会話的、省略的語法であり、「ふくらんだ生々しさ」は「女として開花しようとするふくらんだ蕾のような生々しい性的魅力」を表すメタファーである。「色」は「色にも出さず」など〝様子〟の意味の慣用句を踏まえた比喩であるが、この場合は含みの多い省略的語法といえよう。

　オノマトペの頻用も佐多稲子の特徴である。特に「しーんと……堪える」のように、お婆さんの皮肉を密かに跳ね返す心理を表す表現は、きわめて独特のものであろう。漢語による概念語を避け、柔らかな大和言葉を駆使しながら、簡潔で引き締まった印象を与える文体である。

〈作品解説〉一九四〇年二月二九日、新潮社から書き下ろしの長編小説として刊行された。苛烈さを増す言論弾圧の中で思想的に後退しつつも、作者の芸術的達成を示す最後の作品となる。思春期の娘の心と身体の変化を、当時としては大胆な性描写も交えて表現すると共に、抑圧的な環境に抗し、精神の自由を獲得しようとする娘の明るい強靭さを、イメージ豊かに描いた。引用は『佐多稲子全集　第三巻』（講談社、一九七八年）。

〈作者略歴〉一九〇四（明治三七）～一九九八（平成一〇）年。小説家。長崎生。プロレタリア文学運動に加わり、「キャラメル工場から」（一九二八）で作家として出発、「くれなゐ」（一九三六年、一九三八年）などを書く。戦後は体験を自省的に検証する「時に佇つ」（一九七五年）「夏の栞―中野重治をおくる」（一九八二年）などを書き継いだ。

〔**小林裕子**〕

117　織田作之助

おだ・さくのすけ

〈作品〉 柳吉はうまい物に掛けると眼がなくて、「うまいもん屋」へ屢々蝶子を連れて行つた。彼にいはせると、北にはうまいもんを食はせる店がなく、うまいもんは何といつても南に限るさうで、それも一流の店は駄目や、汚いことをいふやうだが銭を捨てるだけの話、本真にうまいもん食ひたかつたら、「一ぺん俺の後へ随いて…」行くと、無論一流の店へははひらず、よくて高津の湯豆腐屋、下は夜店のドテ焼、粕饅頭から、戎橋筋そごう横「しる市」のどじよう汁と鯨じる、道頓堀相合橋々詰「出雲屋」のまむし、日本橋「たこ梅」のたこ、法善寺境内「正弁丹吾亭」の関東煮、千日前常磐座横「寿司捨」の鉄火巻と鯛の皮の酢味噌、その向ひ「だるまや」のかやく飯と粕じるなどで、何れも銭のかゝらぬいはゞ下手もの料理ばかりであつた。芸者を連れて行くべき店の構へでもなかつたから、はじめは蝶子も択りによつてこんな所へと思つたが、「ど、ど、ど、どや、うまいやろが、こ、こ、こ、こんなうまいもん何処イ行つたかて食べられへんぜ」といふ講釈をきゝながら食ふと、なるほどうまかつた。

（「夫婦善哉」）

〈作品鑑賞〉「夫婦善哉」は、化粧品問屋の勘当息子・柳吉と芸者・蝶子が駆け落ちして以後の、可笑しくて、もの悲しい物語であるが、冒頭近くのこの場面には、二人の生活の一端がよく示されている。まず、柳吉がすすめる「うまいもん」が、列挙法というべき技法によって次々と浮かびあがっている。と同時に、いわゆる「食い倒れ」の町とされる大阪というトポスが、「横」「橋詰」「境内」「向い」などの、いわゆる語用論的な橋渡しによって、より一層具体的に示される。しかもそれらが、蝶子の反応としての「下手もの料理」であるとされているのも、読者に対する欲望的な消費を誘惑してやまない。

実家への帰参の夢を抱きつつ、親も認める「夫婦」になろうとする二人は、蝶子の働きで自前の店をもつが、柳吉の放蕩で相次いで潰される。そのなし崩し的な関係の曖昧さは、柳吉の吃音とも微妙に呼応している。引用部によっても知られるように、吃音は、最初の音をくりかえし、また引き伸ばすなどの特徴的な発話行為といえるが、さらに「はじめ」に向かって始められる行為とも、口唇のつかえが正音に戻るのを「待つ」行為ともとれよう。この吃音の寓意は、問屋のボンボンと芸者の関係として始められたこの夫婦の生態を、象徴的に表象する言語表出の世界とみることもできよう。

〈作品解説〉 初出誌は同人雑誌「海風」一九四〇年四月号で、これが改造社の第一回「文芸推薦」受賞作となり、同年七月号の「文芸」に再掲された。引用は同誌による。なお、「続夫婦善哉」の原稿が改造社の創業者・山本実彦の出身地である鹿児島県薩摩川内市で発見され、正続を合わせた『完全版　夫婦善哉』（雄松堂出版、二〇〇七年）として刊行された。

〈作者略歴〉 一九一三（大正二）〜四七（昭和二二）年。小説家。大阪生。「夫婦善哉」で認められ、「二十歳」「青春の逆説」など発表。戦後「アド・バルーン」「世相」「競馬」などで流行作家となる。評論に「西鶴新論」「可能性の文学」など。

〔日高昭二〕

118　椋鳩十

むく・はとじゅう

〈作品〉バシッ！

こころよい羽音《はおと》一番《いちばん》。一直線《いっちょくせん》に空へ飛びあがりました。爛漫《らんまん》とさいたスモモの花がそのはねにふれて、雪のように清《きよ》らかにはらはらとちりました。

「おーい。ガンの英雄《えいゆう》よ。おまえみたいなえらぶつを、おれは、ひきょうなやりかたでやっつけたかあないぞ。なあおい。ことしの冬も、なかまをつれて沼地《ぬまち》にやってこいよ。そうしておれたちはまたどうどうと戦《たたか》おうじゃあないか。」

大造《だいぞう》じいさんは花の下に立って、こう大きな声でガンによびかけました。そうして残雪《ざんせつ》が、北へ北へ飛《と》びさっていくのを、はればれとした顔《かお》つきで見まもっていました。

いつまでも、いつまでも、見まもっていました。

（「大造じいさんとガン」）

〈作品鑑賞〉この作品の初形本（雑誌「少年倶楽部」）での本文は「常体」となっている。また、作品の主題や作家椋鳩十の発想から言っても、当然、「常体」のほうが自然である、と考えられる。が、ポプラ社版の全集では、なぜか「敬体」にされている。なにしろ、この作品は、小学校の国語教科書で五社がそろって収録した有名な共通教材であり、さらに一九五二年から、つい最近まで、約六〇年間も採択され続けてきた長寿教材でもある。その間、国語教育界でも児童文学の世界においても、いくつかの論争が行われてきている。

それらのうち教材本文は、「常体」がよいのか、それとも「敬体」がふさわしいのか、という論争は重要な争点であった。この点に限って言えば、前掲の引用にみられるように、「おまえみたいなえらぶつを、おれは、ひきょうなやりかたでやっつけたかあないぞ」とか、「おれたちはまたどうどうと戦《たたか》おうじゃあないか」などというような男っぽいやり取りには、常体（デアル体）がふさわしい。また、教材化する場合には、常にテキスト・クリティーク（本文批評）も必要である。

もう一つの争点「主人公の年齢不詳問題」は、作品に添えられている「まえがき」の部分に登場する語り手と、虚構である作品の主人公に同じ「大造じいさん」と命名したために生じたのである。この事実を読み取らせることは小学校には無理だ。

さらに、立ち入って修辞的なことを申し上げれば、多数の比喩や擬声語・擬態語などを巧みに用いた文章は、まるで鉛筆淡彩画のような爽やかな椋のレトリックには、学び取りたい多くの表現技術があることにも気付いていただきたい。

〈作品解説〉初出誌は、大日本雄弁会講談社刊「少年倶楽部」一九四一年一一月。椋鳩十は、それまで執筆していた山窩小説が発表禁止処分されたが、「少年倶楽部」の編集者須藤憲三からの才能を認められ動物物語を書くようになった。引用原文は『椋鳩十全集　第一巻』（ポプラ社、一九六九年）。

〈作者略歴〉一九〇五（明治三八）〜八八（昭和六三）年。児童文学作家。長野県生。動物小説「山の太郎熊」（一九三八年）で注目される。「金色の足跡」（一九三九年）、「大造じいさんとガン」（一九四一年）、戦後、「片耳の大鹿」（一九五〇年）、「マヤの一生」（一九七〇年）などすぐれた多数の作品を書く。

〔鈴木敬司〕

119　木山捷平　きやま・しょうへい

〈作品〉町を出ると道はゆるい坂道で、だらだらの勾配が半道もつづいている。正助はそのだらだら道を子郎の手をひいてのぼりながら、左右の丘の冬景色を眺めた。丘の段々畑には麦が一、二寸青く芽をのばし、畑のところどころの畦に植えた茶の花が白く咲き残って、丘の麓の民家の家先には枇杷の花が葉がくれに覗いているのも見られた。

「ね、父ちゃん、ここが田舎?」子郎が正助の色あせたトンビの裾をひきひき訊ねた。

「うん、そう。ここが田舎だ」

彼はこたえながらも、半分は上の空で、十年ぶりに見る故郷の風景にあかず見とれた。わけて、この内海の港町に面した丘の畑は明るく、段々畑の頂には枝をぶち切られた桐の幹がニュッと虚空をついているのが、誰かの名画を彷彿とさせた。枝のない桐の胴体は無愛想ではあるが、それだけに一層つやつやと精気をみなぎらせ、冬の日に輝いている姿が、都会ぐらしの彼の感情をそそった。

（「氏神さま」）

〈作品鑑賞〉「氏神さま」は、木山捷平の故郷への複雑な想いが幾重にも折り重なった小説である。主人公正助の前には十年ぶりに見るふるさとの風景が広がっている。明るい冬の日差しに照らされた段々畑に見入る父には、息子の問いかけさえ届いていないかのようだ。はるばる岡山まで、五歳の息子との二人旅は容易ではなかった。車中、長旅に飽きた幼子は駄々をこね、癇癪を起こした父が泣くわが子をぶつという醜態を人前にさらしていた。しかし、そんなことは忘れたように、ひたすら見入っている。「名画を彷彿とさせた」とあるように、ふるさとは懐かしく、誇りですらあったのだろう。村の氏神さまの前で、「子郎、そうら、来たぞ。ここがお前の田舎だ!」と自慢げに語りかける父。彼にとっては、「粗笨な社殿」の氏神さまでも「立派な故郷」の象徴であったのだ。

が、作品に託された作者の想いは、一筋縄では読み解けない。木山捷平は文学を志し、父の反対を押し切って東京へ出奔した過去を持つ、いわば故郷を捨てた人間である。にもかかわらず、捨てたはずの故郷をなぜ「立派」と書き記すのか。その背景には、作品を執筆した当時の不遇の日々があった。執筆を開始した一九四〇年、木山は三六歳。妻子ある身であったが、貧困という厳しい現実を甘受していた。文学仲間の井伏鱒二らが新進作家として注目を集める一方、木山はいまだ華々しい活躍とは縁遠い存在であった。父となったいま、不遇を託つ自分が、子に誇れるものがあるとすれば……。皮肉なことに、思い浮かぶのは捨てたはずの故郷だけだった。「立派な故郷」との賛辞は、いまだ文学の芽を大きく開かせることができないことへの自己卑下と表裏の関係をなしていた。

〈作品解説〉一九四三年三月「文芸」発表。木山捷平の故郷への屈折した愛惜の想いが作品成立の背景となっている。引用原文は『氏神さま・春雨・耳学問』（講談社、一九九四年）。

〈作者略歴〉一九〇四（明治三七）〜六八（昭和四三）年。詩人。小説家。岡山県生。詩人として出発。詩集に『野』など。長い不遇の時代を経て小説家として自立する。「耳学問」「大陸の細道」「苦いお茶」「長春五馬路」などがある。〔**小仲信孝**〕

120　中島　敦　なかじま・あつし

〈作品〉漢の武帝の天漢二年秋九月、騎都尉《きとい》李陵は歩卒五千を率《ひき》ゐ、辺塞遮虜鄣《へんさいしやりよしよう》を発して北へ向つた。阿爾泰《アルタイ》山脈の東南端が戈壁《ゴビ》沙漠に没せんとするあたりの磽确《こうかく》たる丘陵地帯を縫つて北行すること三十日。朔風は戎衣《じゆうい》を吹いて寒く、如何にも万里孤軍来るの感が深い。漠北《ばくほく》・浚稽山《しゆんけいさん》の麓に到つて軍は漸く止営した。既に敵匈奴《きようど》の勢力圏に深く進み入つてゐるのである。秋とはいつても北地のこととて草も枯れ楡《にれ》や檉柳《かわやなぎ》の葉も最早落ち盡《つ》くしてゐる。木の葉どころか、木そのものさへ宿営地の近傍を除いては容易に見付からない程の・唯砂と岩と磧《かわら》と水の無い河床との荒涼たる風景であつた。極目《きよくもく》人を見ず、稀に訪れるものとては曠野に水を求める羚羊《かもしか》ぐらゐのものである。突兀《とつこつ》と秋空を劃《くぎ》る遠山の上を高く雁の列が南へ急ぐのを見ても、しかし、将卒一同誰一人として甘い懐郷の情などに唆《そそ》られるものは無い。それ程に彼等の位置は危険極まるものだつたのである。

（「李陵」）

〈作品鑑賞〉掲出した「李陵」の冒頭部分はつとに名文として名高い。磽确、北行、近傍、突兀など、硬質な響きの漢語を多用し、晩秋の荒涼とした沙漠を進む李陵軍の緊迫した様子を描き出している。また、草、木の葉、水、人など、今眼前に存在しないものに言及することで、逆にそれら生命を感じさせるものの存在する漢の世界との落差を際立たせ、李陵軍の孤絶の様を読者に強く印象づけている。さらに、雁の列に言及することで、李陵軍が退っ引きならない極度に張り詰めた精神状態にあることを表現している。この文章は、風景を彷彿させると同時に、李陵軍の息を殺すようにして進む様子や精神状態まで描き出して間然するところがない。音読してみると、七音五音のリズムが隠されていることにも気づくだろう。

小説は、李陵の他、雁信の故事で有名な蘇武、「史記」の著者司馬遷の生き方を描いていく。司馬遷の宮刑後の自問自答は、たとえば次のように論理的に描かれる。〈しかし、何処が悪かつた？　己の何処が？　何処も悪くなかつた。己は正しい事しかしなかつた。強ひていへば、唯、「我在り」といふ事実だけが悪かつたのである。〉一方、匈奴の将となった李陵の内面は、たとえば次のように主に感覚や行動を通して描かれる。〈秋天一碧《いつぺき》の下、嘎々《かつかつ》と蹄の音を響かせて草原となく丘陵となく狂気の様に馬を駈けさせる。（略）あゝ、我もと天地間の一微粒子のみ、何ぞ又漢と胡とあらんやとふとそんな気のすることもある。〉――このような書き分けも見事である。

〈作品解説〉中島敦の絶筆。草稿七七枚、浄書原稿四枚半が現存するが、未定稿に近く、題名もない。友人の深田久彌が命題して「文学界」一九四三年七月号に掲載された。「漢書」「史記」などに取材し、運命に翻弄される李陵、司馬遷、蘇武の生き方を対比させて書き、戦時下の人間の生き方を問うた作品。引用は『中島敦全集　第一巻』（筑摩書房、二〇〇一年）。

〈作者略歴〉一九〇九（明治四二）～四二（昭和一七）年。小説家。東京生。漢学の家系。横浜高女、南洋庁に勤める傍ら執筆し、一九四二年「光と風と夢」で芥川賞候補となるが、同年末喘息のため死去。「山月記」「李陵」等が代表作。戦中、現実を相対化して見る姿勢を貫き、文学の孤塁を守った。**〔山下真史〕**

121　埴谷雄高　はにや・ゆたか

〈作品〉最近の記録には嘗て存在しなかったといわれるほどの激しい、不気味な暑気がつづき、そのため、自然的にも社会的にも不吉な事件が相次いで起った或る夏も終りの或る曇った、蒸暑い日の午前、××風癲病院の古風な正門を、一人の瘦せぎすな長身の青年が通り過ぎた。

青年は、広い柱廊風な玄関の敷石を昇りかけて、ふと立ち止った。人影もなく静謐な寂寥たる構内へ澄んだ響きをたてて、高い塔の頂上にある古風な大時計が時を打ちはじめた。青年は凝っと塔を眺めあげた。（『死霊』）

〈作品鑑賞〉具体的なイメージを伴うとは言い難い長大な修飾語の集積により、一語一語は明確であるにもかかわらず、全体としては現実感に欠け、捉えどころのない印象を与える。このような冒頭によって、読者は時間も空間も不明瞭な異世界に導かれてゆくのである。主人公の青年（三輪与志）は、「自同律の不快」という問題と対峙し、「死霊」二章において次のように独語する。「《俺は――》と呟きはじめた」のち、「《俺である――》と呟きつづけることがどうしても出来なかったのである。敢えてそう呟くことは名状しがたい不快」であり、「俺は俺だと荒々しくいい切りたいのだ。そして、いいきってしまえば、この責苦。（略）おお、私は私である、という表白は、如何に怖ろしく忌まわしい不快に支えられていることだろう！　この私とその私の間に開いた深淵は、如何に目も眩むような深さと拡がりを持っていることだろう！」と呻き続ける。この「深淵」とは、「主辞と賓辞の間に跨ぎ越せぬほどの怖ろしい不快の深淵」のことだが、冒頭における修飾語の集積は、その深淵を前に立ちすくむ青年が感じるに違いない圧迫感に類似する感覚を読者に与え、その後の展開を暗示する役割も果たしている。一方、五章以降は具体性のある表現へと移行するが、馴染みのない間投詞による意外性もあり、物語性からは完全に遊離した空間で言語による「虚体」の創造を試みている。

〈作品解説〉創刊に参加した雑誌「近代文学」（一九四六年一月）で連載開始。四章で中断してから二六年を経て、五章以降を雑誌「群像」に断続的に発表。作者の死によって未完とされているが、九章「未定稿」には「《死霊》了」と記され、「附記」において「完走した」とある。埴谷が幼少期から抱いていた「自同律の不快」を出発点とし、「創造的虚在」であるところの「虚体」の出現に近づく過程を提示している。三輪家四兄弟を中心とした三日間の出来事を描いたものではあるが、執筆期間が五〇年に及ぶ大作であり「存在の革命」を模索した形而上学的実験小説として位置付けられる。また、五章までを収めた『死霊』（講談社、一九七六年）により第八回新潮日本文学大賞受賞。引用は『死霊Ⅰ』（講談社、一九八一年）による。

〈作者略歴〉一九〇九（明治四二）～九七（平成九）年。台湾生。本名、般若豊。獄中でカントの「純粋理性批判」に共鳴。「構想」創刊後、「不合理ゆえに吾信ず」を発表し、社会革命を超えた「存在の革命」を宣言し、それは「死霊」において結実する。また「死霊」中断時期には、「永久革命者の悲哀」をはじめとする多くの政治論を発表した。

〔原田　桂〕

122 網野菊　あみの・きく

〈作品〉ヒロが実母と生別れしたのは七歳の時だった。近所のお地蔵様の縁日の晩、父から「これでお前の好きな羊羹を買っておいで。」とお金を渡されて、手伝いの少女と共に喜んで出かけて夜店を一巡し、当時「うつし絵」と呼ばれていた紙芝居の一種を立見したりした後に羊羹を買って帰って来ると、母が居なくなっていた。ヒロは泣きわめき乍ら暗い便所、台所の外を探したが、母の姿はどこにも見られなかった。

母が居なくなってから叔母の家から移って来た祖父はヒロに、「おっかさんは気違いになったから気違い病院へ連れて行った。」と云った。「お祖父さんが訪ねて行ったら、おっかさんは、『ヒロちゃんが食べたい食べたい。』って云ったよ、こんなにして……。」と祖父は両手をあげて「おばけおばけ」の形をしてヒロの方へ上半身をよせて来た。

母の不在にようやく慣れたヒロは、祖父のその形を恐いとよりも滑稽に思った。それで、時々遊びにもあきると、よく、祖父の所へ、気違い病院の母の話を聞きに行った。だが、ヒロは、間もなく、母は気違い病院ではなしに懲役に行ったのだと知るようになった。父が母を姦通罪で訴えたのだった。

（「憑きもの」）

〈作品鑑賞〉七歳の時に実母と生き別れになった、父に金をもらって喜んで地蔵の縁日に出かけ、うつし絵を見たり好きな羊羹を買ったり楽しんで帰宅すると、母の姿が消えていた、母は気が狂って気違い病院に入れられたのだと祖父に聞かされた、ところが、実際は懲役になったのだとあとで知った、しかもそれが、父が姦通罪で訴えたためだとわかった。わずかな行数に、そういった数々の情報が時系列に沿ってきちんととらえられており、長編になる題材を短編にしてしまうこの作家の書き方がよくわかる冒頭だ。訪問時に護国寺裏の自宅で「わかりやすくて正確な文章」が一番だと語ったとおり、この作品も「お地蔵様」「縁日」「夜店」「紙芝居」「おっかさん」「おばけ」と日常の生活語で書き綴る。気取らず飾らない文章が読者の心にすんなりと入ってくる。志賀直哉が洒落を言っても「はアそうでございますか」と応じる率直な人柄が髣髴とする。「気違い病院」「懲役」「姦通罪」と現実を直視し、父のせりふや祖父の言動を活写して場面を直接読者に伝え、母への感傷を封印する。その意味で「不在」という用語は物理的にも心理的にも的確だ。こういう抑制の美に網野文学の爽やかさと勁さがある。

〈作品解説〉初出誌は「世界」一九四六年四月号。一五枚の原稿用紙にそれまでの全生涯が要約されていると作者みずから語った自伝的短編。父に離縁されただけでなく姦通罪で訴えられて懲役に行った実母、二度目の母の死、三度目の母の死、四度目の母を迎えた父親が、かつて実母を訴えながら自分では別に女を囲っていた事実を知った衝撃。そんな「憑きもの」に、主人公自身の結婚の失敗などを織り交ぜ淡々と綴った一編。引用は『網野菊全集　第二巻』（講談社、一九六九年）。

〈作者略歴〉一九〇〇（明治三三）～七八（昭和五三）年。志賀直哉に師事。出世作「光子」。代表作「金の棺」「さくらの花」「ゆれる葦」。自己凝視の冷徹な眼と深い諦観、虚飾を去った端正な文体の底に心のぬくもりを感じさせる。〔**中村　明**〕

123 横溝正史

よこみぞ・せいし

〈作品〉此の稿を起すにあたつて、私は一度あの恐ろしい事件のあつた家を見ておきたいと思つたので、早春のある午後、散歩かたがたステツキ片手に、ぶらりと家を出かけていつた。

私が岡山県のこの農村へ疎開して来たのは去年の五月のことだが、それ以来、村のいろんな人たちから、きつと一度は、聴かされるのが、一柳家のこの妖琴殺人事件である。

いつたい人は私が探偵小説家であることを知ると、きつと自分の見聞した殺人事件などを話してくれる。この村の人たちも御他聞に洩れずそれだつたが、その人たちの誰でもが、きつと一度は持出すのがこの話であつた。それほどこの事件は土地の人々にとつて印象的だつたと見えるのだが、それでゐてその人たちの多くは、まだこの事件のほんたうの恐ろしさは知つてゐなかつたのである。

（「本陣殺人事件」）

〈作品鑑賞〉横溝正史は大正末期のモダンな作風から昭和戦前期の浪漫的作風、戦後の本格推理小説へと、時代とともに作の重点を移した作家である。「本陣殺人事件」は、日本のミステリーに「本格推理」を打ち立てた作品だが、右の冒頭に描かれるステッキを携えた散歩には、かつて銀ブラを楽しんだモダンボーイの姿も彷彿し、「妖琴」という物神化されたアイテムには、草双紙で培われたという横溝の浪漫趣味が看取されよう。

初期の横溝が一翼を担ったモダニズムの文学は、地縁的共同体を離れた青年たちの視点でさまざまの人や情報が交錯する都会を描いたが、戦後の横溝の本格推理は、現実との距離を持つ視点が各地に残る前時代的な風習の解体に立ち会うところから出発する。封建的因習と耽美的誘惑に満ちた人間関係の錯綜を解き明かすのが、アメリカ帰りの風来坊探偵、金田一耕助である。デビュー作にあたる本作は一九三七年の設定だが、次作以降の金田一は戦後の日本と向き合うことになる。

そして金田一のデビューは、金田一事件簿の語り手のデビューでもあった。全ての関連作品に同じ人称や設定で登場するわけではないが、右冒頭の岡山への疎開などは、明らかに横溝正史を連想させよう。この語り手は作品世界にリアリティを与えるとともに、引用部でも「いったい」「きっと」といった副詞で人間の行動を法則化し、また引用に続く部分では密室トリックについての蘊蓄を傾けて事件を概括する。それは探偵小説の知的ゲームに即応するスタイルだったとも言えるだろう。

〈作品解説〉初出誌は「宝石」一九四六年四月号～一二月号。引用は初出。戦時下に読んだというディクスン・カーの影響を受けた本格推理作品である。発表直後から江戸川乱歩らに高い評価を受け、一九四八年、第一回探偵作家クラブ賞長篇賞を受賞した。

〈作家略歴〉一九〇二（明治三五）～八一（昭和五六）年。小説家。神戸生。雑誌「新青年」の投稿家として出発。博文館に入社して幾つかの雑誌に関わったのち一九三二年作家専業となる。戦前戦中は結核療養のかたわら「真珠郎」（一九三六～三七年）など浪漫趣味溢れるミステリーや捕物帖を執筆。戦後は「本陣殺人事件」を皮切りに「獄門島」（一九四七～四八年）「八つ墓村」（一九四九～五一年）などの秀作を次々に発表し、日本に本格推理小説を定着させた。

〔浜田雄介〕

124 野間　宏

のま・ひろし

〈作品〉 草もなく木もなく実りもなく吹きすさぶ雪風が荒涼として吹き過ぎる。はるか高い丘の辺りは雲にかくれた黒い日に焦げ、暗く輝く地平線を付けた大地のところどころに黒い漏斗形の穴がぽつりぽつりと開いてゐる。その穴の口の辺りは生命の過度に充ちた唇のやうな光沢を放ち堆い土饅頭の真中に開いてゐるその穴が、繰返される、鈍重で淫らな触感を待ち受けて、まるで軟体動物に属する生きもののやうに幾つも大地に口を開けてゐる。そこには股のない、性器ばかりの不思議な女の体が幾重にも埋め込まれてゐると思へる。どういふ訳でブリューゲルの絵には、大地にこのやうな悩みと痛みと疼きを感じ、その悩みと痛みと疼きによつてのみ生存を主張してゐるかのやうな黒い円い穴が開いてゐるのであらうか。（「暗い絵」）

〈作品鑑賞〉 野間宏「暗い絵」が圧倒的に高い注目を集めたのは、四〇〇字詰め九枚におよぶブリューゲル版画集をめぐる心象風景の表現によるところが大きい。冒頭一文の「草」も「木」も「実り」もないという否定語法は、島崎藤村の「千曲川旅情の歌」と同じ詩的表現ではあるが、小説の描写としては成り立たない。しかも「吹きすさぶ雪風」が「吹き過ぎる」という反復的な冗語法も描写対象を視覚的に結ぶことはない。「荒涼として」という形容も、「荒涼」は見る側の心象であるから、描写たりえない。こうした小説表現としてあえて破格なレトリックを駆使して「暗い絵」は始まる。フランス象徴主義に影響を受けた詩人は、ブリューゲルの画集を視覚的に描写するのではなく、そこから触発された心象をむしろそれ自体、読者に異物感のある表現として自立させようとしたのである。

大地にうがたれた無数の「穴」。それは生命の過剰さのあらわれであり、見る側がこだわるセクシュアリティの投影でもある。それらは「悩みと痛みと疼き」を感じさせるという。こうした三つの言葉の並記はやはり冗語法的であるが、ひとつの言葉に盛りきれない意味の過剰さを表し、文体にリズムをもたらした。以後の展開でもこうした語法が多用されている。

物語は戦中の苛酷な弾圧時代。反戦運動を展開する青年たちが目的は共有しながらも進むべき道を異にする。その後の友人たちの悲惨な最期を回想しながら、あらためて別離のときの決意を「宇宙」の意思のあらわれとして感じる。小説の現在（戦後）に戻ることなく過去の別離の場面（戦中）で終わる物語構成は、やはり異例だが、この破調の勢いが、巨大な戦争をくぐりぬけた絶対的な体験の表象として共感を得たのである。

〈作品解説〉 初出は「黄蜂」一九四六年四〜一〇月。真善美社からアプレゲールクレアトリス叢書『暗い絵』（一九四七年）として刊行。椎名麟三、梅崎春生、埴谷雄高らとともに新世代の戦後文学第一声として注目された。引用も同書による。

〈作者略歴〉 一九一五（大正四）〜九一（平成三）年。小説家。兵庫県神戸市生。旧制三高。京都大学時代にフランス象徴主義とマルクス主義に影響を受け、両者の相克を体験。戦場体験をへたのち、第一次戦後派の旗手として活躍。全体小説の理念を掲げ、文学の政治性を手放さなかった。代表作に「真空地帯」「わが塔はそこに立つ」「青年の環」など。

〔紅野謙介〕

125　上林　暁

かんばやし・あかつき

〈作品〉僕はこの頃、聖ヨハネ病院の一室で寝泊りしてゐる。この病院の精神病科へ移つて来てゐる妻を看取るためである。

数日前、半月分の入院費を払ひに来たら、係りの看護婦が、一寸話したいことがあるから来てくれと言ふことだつたので、僕は看護婦室へ行つた。奥さんが非常に衰弱してゐて、いつ如何なることが起るかも知れないから、附添ひを附けてくれと言ふ話だつた。僕は、看護婦の机の上に置かれた「真実一路」といふ本を見ながら、聞いてゐた。

（「聖ヨハネ病院にて」）

〈作品鑑賞〉「僕は」と始まるこの小説は、一組の夫婦の闘病生活を夫の視点から描いている。冒頭で「僕」は自分が「聖ヨハネ病院」で寝泊りする理由を、「看取る」という言葉を用いて説明する。これは、病床の妻に付き添う決意をした夫としての言葉である一方で、妻を「看て取る」、つまり観察する対象として捉えた言葉のようにも読めるのだが、これはあながち偶然ではない。なぜなら作中の「僕」の職業は「作家」であり、その仕事ぶりは極めて勤勉で、医師から「最後の宣告」を受けた際にも「仕事の第一着手」として妻の生い立ちの筆録を目論むほどだからである。加えて、「僕」が携帯する「トランク」の中には、妻の世話をするための日用品の他に「原稿用紙」や「ペン」「インク」「ノオト」など、いずれも「仕事」をするための道具が常に揃えてある。彼がこの「トランク」を片時も「手許から離したことがない」ように、病院での日々は「僕」が付添いという夫の役割を果す一方で作家として仕事をする時間でもあり、両者は「僕」にとって不可分なのである。

さらに物語後半で「僕」が語る「どんな生活にもクライマックスといふものがある。」という一文は、彼の旺盛な「作家根性」を象徴している。つまり、本来ならば予測不可能で取り留めのないはずの「生活」に、見せ場（すなわち「クライマックス」）を用意し、一筋の物語を編み上げようとする作家としての欲求に駆られた「僕」が顔を覗かせているのである。

これを踏まえた上でもう一度、彼が選んだ「看取る」という言葉に立ち戻ってみれば、そこには冒頭から妻の死を想起させ、これから語る妻との日々が「クライマックス」をもった物語であるかのように見せようとする「僕」の作家としての姿勢が明確に立ち上ってくる。「僕」は既に冒頭から、夫と作家の両方の立場で妻を「看取る」決意をしていたのである。

〈作品解説〉初出は「人間」一九四六年五月号。妻の闘病生活を描いた作品は本作の他にも「明月記」（一九四二年）、「晩春日記」「嬬恋ひ」（ともに一九四六年）等があり、これらは「病妻物」と呼ばれる。引用原文は『上林暁全集　第五巻　増補決定版』（筑摩書房、二〇〇〇年）による。

〈作者略歴〉一九〇二（明治三五）～一九八〇（昭和五五）年。小説家。高知県生。本名徳広巌城（いわき）。改造社入社当初から、上林暁の筆名で執筆活動を続けた。「薔薇盗人」（一九三二年）が出世作となり、その後改造社を退社して創作活動に専念。「ちちははの記」（一九三八年）、「聖ヨハネ病院にて」（一九四六年）、「白い屋形船」（一九六三年）、「ブロンズの首」（一九七三年）など私小説の手法を用いた作品を多く発表した。

〔塩野加織〕

126 坂口安吾

さかぐち・あんご

〈作品〉その家には人間と豚と犬と雞と家鴨が住んでゐたが、まつたく、住む建物も各々の食物も殆ど変つてゐやしない。物置のやうなひん曲つた建物があつて、階下に主人夫婦、天井裏には母と娘が間借りしてゐて、この娘は相手の分らぬ子供を孕んでゐる。

伊沢の借りてゐる一室は主屋から分離した小屋で、こゝは昔この家の肺病の息子がねてゐたさうだが、肺病の豚にも贅沢すぎる小屋ではない。それでも押入と便所と戸棚がついてゐた。

（「白痴」）

〈作品鑑賞〉「白痴」は、戦時下の東京を舞台とした物語である。場末の「露地」に面した一室を間借りして暮らす青年・伊沢のもとに、ある日、「白痴の女」が転がり込む。伊沢は、この女を自室の押入の中に匿い続けるが、空襲が到来するに及び、女を連れて外へと飛び出す。火中を逃げまどいながら、女につかの間「一人の新たな可愛い女」を見出したかに思った伊沢だが、疲れて眠る女の姿は再び「豚」になり下がる。

この作品は、冒頭部分においてすでに、「人間」を「豚」その他の動物たちと等価な存在と見なしており、これは「白痴の女」に「豚」を見出す結末部と照応する。「文化映画の演出家」という設定のインテリ青年・伊沢の視線に寄り添うかのように、「人間」と「豚」が「殆ど変つてゐやしない」と吐き捨てる語り手は、「食物」、「子供を孕」むこと、「ね」ること、「便所」―すなわち、食・性・睡眠・排泄といった、生々しい欲望に関わる言葉を散りばめる。しかし、人間たちが密集して生きるこの空間が、なるほどたしかに〈動物〉的であるということが語られる一方で、かつては「肺病の息子」＝「肺病の豚」が寝かされていたという伊沢の部屋に、「押入と便所と戸棚」という、「人間」が生活するための設備があつらえられていることも語られている。この「押入」に「白痴の女」が寄生することになるのだが、これがインテリ青年・伊沢の内面に確保されている〈知性〉を含意するのであれば、その中に隠匿される「白痴の女」は、伊沢がその〈知性〉の中で密かに夢想しようとした、甘やかな物語に他ならない。しかし、空襲はそのような伊沢の〈知性〉をも焼き払い、女を野ざらしの〈動物〉として伊沢の前に突きつける。この小説が敗戦後の日本において支持されたのは、焼け跡の中でさしあたり〈動物〉的に生き抜くしかない人々の生を肯定するものとして読まれたからである。

〈作品解説〉初出誌は「新潮」一九四六年六月号。坂口安吾は、敗戦直後の日本において、この小説およびそれに先立つエッセイ「堕落論」（「新潮」一九四六年四月）によって一躍脚光を浴びた。引用は『坂口安吾全集　第四巻』（筑摩書房、一九九八年）による。

〈作者略歴〉一九〇六（明治三九）～五五（昭和三〇）年。小説家。新潟県生。特異な作風の「風博士」（一九三一年）で注目を浴びた後、しばらく不遇の時期を過ごすが、敗戦後は時代の寵児として活躍。「安吾新日本地理」（一九五一年）ほか、歴史・地理への関心に基づく一連の作品も残している。

〔大原祐治〕

127 中村真一郎

なかむら・しんいちろう

〈作品〉私は突然に足を停めた。一体、何だらう？　私は心の底の不安のやうなものを捉へやうとして軽く首を傾けた。先程から歩きながらの間に次第に意識の裏側で拡り始めてゐた曇り空のやうなものが、強い衝動となつて心臓に動悸を呼ばうとする瞬間に、私は私自身のとりとめのない夢想から眼覚めた。そしてその同じ瞬間に私の不安そのものも捉へ難く何処かへ退いて了つた。丁度長い間掛けられてあつた絵が取り去られた後の、そこだけが変に不自然に四角く白く浮出た壁のやうに、また突然に退学した学生の席が、眼ざわりな程生なまとその不在の雰囲気を漂はせてゐるやうに、私の心は先程までの何かが急に消え去つた後に、名状し難い深い匂ひのやうな気配を拡げ始めてゐた。

（「死の影の下に」）

〈作品鑑賞〉「死の影の下に」は一九三八年春、大学の文学部に進んだ「私」（城栄《じょうさかえ》）がこの小説を書き始めるまでの、半日の記憶の間歇を辿った物語である。冒頭の独話では、不意にやってきた不安感を、やがては雷雨をもたらす「曇り空のやうなもの」との直喩によって示す。それは醗酵する前に解消するが、しかしその霧散は逆に「長い間掛けられてあつた絵が取り去られた後の、そこだけが変に不自然に四角く白く浮出た壁」、「突然に退学した学生の席が、眼ざわりな程生なまとその不在の雰囲気」といった具体的な喪失感へと置き換わり、「私」を不安の源泉を探る衝動へと駆立てた。足を止めた「私」は記憶の気配を手繰ろうと鬱蒼とした茂みに下りていく。崩れかけた白いベンチにおいて同日夕方まで長い回想の吹き上げに漂い、やがて帰還した「私」がこの小説を書き出そうと書斎へ向うところで作品は終わる。

中村によれば作者の主題である愛、夢、情熱、不安といったものは「一つの予定された筋に集中させられることを必要とせず、寧ろ、その瞬間に主人公にとつて最も切実となった或る感情なり理念なりの喚起させるに応じて、類推的に幾多の類似の体験が、主人公の記憶の中から恢つて来る」（「『死の影の下に』覚書」・「人間」一九四八年三月）。そこでは自然主義的純粋客観の描出や、作者の経験の再現といった小説作法は否定されることになる。記憶が無数の変奏曲に分派していく構造はこの冒頭部、不安の溶解が直ちに「深い匂ひ」へと変容する点にも表れており、プルースト『失われた時を求めて』を想起させよう。中島健蔵は「日本文学の歴史において、こういうものが出なければならなかった――抜けてきたところを穴埋めしてきた作品」（「創作合評会」・「群像」一九四八年三月）と評した。

〈作品解説〉初出誌は「高原」第一輯（一九四六年八月）から第四輯（四七年九月）。未完。後、単行本『死の影の下に』が一九四七年一一月、真善美社より刊行された。引用は同書。

〈作者略歴〉一九一八（大正七）～九七（平成九）年。詩人、小説家、戯曲家、評論家。東京生。東京大学仏文科卒。戦時下、加藤周一、福永武彦らとマチネ・ポエティクを結成。『四季』四部作（新潮社、一九七五～八四年）で谷崎潤一郎賞、日本文学大賞を受賞した。その小説は『中村真一郎小説集成』（新潮社、一九九二～九五年）にまとめられている。

〔名木橋忠大〕

128 豊島與志雄

とよしま・よしお

〈作品〉住居から谷一つ距てた高台の向ふ裾を走る省線電車まで、徒歩で約二十分ばかりの距離を、三十分ほどもかけてゆつくりと、岸本省平は毎日歩きました。それは通勤の往復といふよりは、散歩に似てゐました。道筋も気分によつて変りました。［中略］

彼が落着いた本郷の一隅は、もう町ではなくて完全に村落でした。四方とも広々とした焼け跡で、処々に小さな家が建つてはゐるもの丶、大体は小さく区切られて耕作され、麦の葉が風にそよぎ、豆類の花が咲き、雑草が伸びてゐました。その青野の彼方に、走る電車の窓や道行く人の姿が見えました。朝早く湯屋に行く時など、近道をすれば、路傍の葉露に足が濡れました。

（「白蛾——近代説話——」）

〈作品鑑賞〉冒頭では近代文明を象徴する電車から、谷によって「彼方」まで隔てられた地勢図が示され、岸本の「ゆつくり」とした徒歩の反復が、「通勤」を無目的な「散歩」へと語り直させる。空襲で「想像以上」に変貌した東京が「町」から「村落」へと簡潔に語り直されることと二重写しになり、「葉露に足が濡れ」る触覚経験を符牒として、岸本の意識に空間表象と時間表象の裂け目が生じていく。岸本は「広々とした焼け跡」を故郷の農村に重ねる日々を送る裡に、少年時代の「思ひ出」であったお千代さんそっくりの「白痴美」を湛えた美津江に出会う。白昼夢のような逢瀬を重ねるが、空襲で良人を喪った「精神の一種の弱みに乗じ」たために彼女を失い「自責」の念に駆られることになる。文末を「た」で切り揃え出来事の羅列化を図った文体は、徐々に岸本が美津江との時空に足を踏み入れていく、終わりないリズムとなる。

豊島は単行本『白蛾』（一九四六年）の後記に、敗戦後の「人間性の赤裸な現はれ方」を探求するには、心理や情景の肉づけを主とする〈小説〉では満たされず、「現実的な描写法と共に象徴的な表現法を併用」する〈近代説話〉を必要としたと明かす。この「現実の相貌を通して、気息を将来にかよはせる」試みは、結末において美津江宛の手紙に、旅館の蚊帳を揺らした巨大な蛾の姿を今こそ「幻のやうに心中に描き出」すと訴える岸本の姿に象徴化されている。「明るさ」の中で他者の傷痕を新たに宿し「自責」とともに「愛」を誓う岸本の応答可能性は、美津江の沈黙によって「将来」に委ねられた。

〈作品解説〉初出誌は、「群像」一九四六年一〇月号。〈近代説話〉を付す作品群は、三月発表の「乾杯」に始まり翌年四月の「道標」まで一四編を数えた。花田清輝は、戦中の〈近代伝説〉を受け継ぐ「日本の近代小説や物語文学の伝統にたいする不敵な挑戦」と捉え、坂口安吾の姿勢と並び称した。単行本表題となった「白蛾」は、戦前からの成果を綜合した白眉といえる。引用原文は『近代伝説白蛾』（生活社、一九四六年）による。

〈作者略歴〉一八九〇（明治二三）〜一九五五（昭和三〇）年。小説家、仏文学者。東京大学在学中に芥川龍之介らと第三次「新思潮」創刊、「湖水と彼等」（一九一四年）で注目された。文壇から距離を置きつつ創作方法を模索、「野ざらし」（一九二三年）の心理解析や「白い朝」（一九三八年）の象徴的手法に結実する。

〔小澤　純〕

129　椎名麟三　しいな・りんぞう

〈作品〉朝、僕は雨でも降っているような音で眼が覚めるのだ。雨はたしかに大降りなのである。それはスレートの屋根から、朝の鈍い光線を含みながら素早く樋へすべり落ち、そして樋の破れた端から滝となって大地の石の上に音高く跳ねかえって沫をあげているように感じられる。しかもその水の単調な連続音はいつ果てるともなく続いているのだ。ただこの雨だれの音にはどこか空虚なところがある。僕が三十年間経験し親しんで来た雨だれの音には、微妙な軽やかな限りない変化があり、それがかえって何か重い実質的なものを感じさせるのだが、この雨だれの音はただ単調で暗いのだ。それはそれが当然なのであって、この雨だれの音は、このアパートの炊事場から流れ出した下水が、運河の石崖へ跳ねかえりながら落ちて行く音なのだ。

（「深夜の酒宴」）

〈作品鑑賞〉「深夜の酒宴」は椎名麟三の実質的なデビュー作であると同時に、彼を一躍「戦後文学」の旗手たらしめた小説だが、それは語り手の「僕」の「死と絶望、これが僕の運命なのだ」という意識、そしてその意識が物語世界を覆い尽くすことによって生じる閉鎖性が、「戦後」を「解放」と捉え得ない人々に強く訴えかけたからであろう。そのような意識と世界の同一化は、冒頭において既にはっきりと示されている。

「深夜の酒宴」冒頭で「僕」は下水の音を雨音と聞き違える。「朝の鈍い光線を含みながら」「樋の破れた端から滝となって」と、視覚的な表現によって雨を描写しているかのようなこの文は、「ように感じられる」と結ばれることで、結局外部の現実世界を「私」が自らの意識・感覚を通してのみ認識しようとする様をあらわしているのだ。

しかしこの聞き違いは単なる勘違いに終わらない。やがて「今日も一日中雨が降っている」と記されるように、物語世界ではいつの間にか現実に雨が降っている。即ち『深夜の酒宴』の世界において「僕」の意識は外在の世界と奇妙なまでに一致していくのだ。また、「僕」はこの水の「連続音」を「単調で暗い」ものと述べるが、その「単調」な音は、後にアパートの住人の連続的な咳の音や子供の泣き声など様々に散らばり、「深夜の酒宴」全体を「単調」が覆い尽していくのである。

「いつ果てることもなく」続く「単調で暗い」下水の音。それは「僕」の「絶望」的な意識に覆われた物語世界、何ら変化のない「戦後」の虚無的な日常が描かれた「深夜の酒宴」の基調音となっているのである。

〈作品解説〉初出誌は「展望」一九四七年二月号。引用原文は初出による。戦後文学の代表的人物である椎名麟三の実質的なデビュー作である。椎名は初期作品において、「絶望」と「死」に運命づけられた終戦後の虚無的な現実を描き続けたが、「深夜の酒宴」冒頭の表現・文体にもそれはあらわれている。

〈作者略歴〉一九一一（明治四四）～七三（昭和四八）年。小説家。本名大坪昇。兵庫県生。第二次世界大戦後、「深夜の酒宴」（一九四六年）を発表、以後「戦後文学」の旗手となる。一九五一年に受洗した後はプロテスタント作家としても活躍。他の代表作に「邂逅」（一九五二年）「自由の彼方で」（一九五四年）「美しい女」（一九五五年）など。

〔**立尾真士**〕

130

小林秀雄

こばやし・ひでお

〈作品〉梅若の能楽堂で、万三郎の当麻《たえま》を見た。

僕は、星が輝き、雪が消え残った夜道を歩いてゐた。何故、あの夢を破る様な笛の音や大鼓《おおかは》の音が、いつまでも耳に残るのであらうか。夢はまさしく破られたのではあるまいか。白い袖が翻《ひるがえ》り、金色の冠がきらめき、中将姫は、未だ眼の前を舞つてゐる様子であつた。それは快感の持続といふ様なものとは、何か全く違つたものの様に思はれた。あれは一体何んだつたのだらうか。何んと名付けたらよいのだらう、笛の音と一緒にツッツッと動き出したあの二つの真つ白な足袋は。いや、世阿弥は、はつきり当麻と名付けた筈だ。してみると、自分は信じてゐるのかな、世阿弥といふ人物を、世阿弥といふ詩魂を。突然浮かんだこの考へは、僕を驚かした。

（「当麻」）

〈作品鑑賞〉『無常といふ事』の連作中で最も短い一篇であるが、能楽堂から帰る夜道、目にしたばかりの舞台の印象からわきおこる想念が、鮮やかなリズムをもった文体で語られている。夏目漱石の小品や梶井基次郎の掌編《しょうへん》などとも比較できるイメージの造形性があり創作としてもよいが、なおそこには、鋭い問いかけを含む批評性があり、緊迫感がみなぎっている。

強靭《きょうじん》でかつしなやかな言葉の流れは〈言葉による舞踏〉のように現れ、ヴァレリーの分類に従えばまさに散文詩といえるだろう。数々の問いを発しつつ、なお先へ先へと進む心の動きが、動的な文体となって読み手の心をつかむ。そこでは、省略と飛躍の連鎖が勢いとなり、思い切って捨てられていく言葉と次々に襲う連想の流れが、まさに舞うように読者の眼前にあらわれては消えていく。いわば、魂をゆさぶるような対象《モノ》に出会ったときの感動を、小林はここで〈実演〉しているのだ。

「美しい『花』がある、『花』の美しさといふ様なものはない。」という名高い言葉には、「美」について観念的に語るのではなく、直接「美しいもの」自体をつかみたい、と強く欲した小林秀雄の姿勢があらわれている。さらに末尾の美しい一句「あゝ、去年《こぞ》の雪何処《いづこ》に在りや」は、フランス中世の詩人、フランソワ・ヴィヨンの『遺言詩集』中の詩句であるが、富永太郎が「去年《こぞ》の雪いづくにありや」と訳し、中原中也が「去年《こぞ》の雪今何処《いづこ》にありや?」と訳したものであり、あたかも、小林の言葉の中に亡き中原や富永の霊が現れて歌ったかのようだ。「非常時」のただ中、小林という詩魂によって舞われた夢幻能《むげんのう》の一景とも見えるだろう。小林が被《かぶ》ったのはまさしく文体《スタイル》という仮面であり、小林秀雄の文体の美しさは、ここにひとつの頂点を迎えたといえるだろう。

〈作品解説〉戦時下の小林が古典の世界へ向かった第一作である。初出誌は「文学界」一九四二年四月号。同誌掲載の「当麻」「無常といふ事」「平家物語」「徒然草《つれづれぐさ》」「西行」「実朝」の六篇が、『無常といふ事』として一九四六年に創元社から刊行された。引用原文は『小林秀雄全集　第八巻』（新潮社、一九六七年）による。初出誌の本文とは異同がある。

〈作品〉僕が、はじめてランボオに、出くはしたのは、廿三歳の春であつた。その時、僕は、神田をぶらぶら歩いてゐた、と書いてもよい。向うからやつて来た見知らぬ男が、いきなり僕を叩《たた》きのめしたのである。僕には、何の準備もなかつた。ある本屋の店頭で、偶然見付けたメルキユウル版の「地獄の季節」の見すぼらしい豆本に、どんなに烈《はげ》しい爆薬が仕掛けられてゐたか、僕は夢にも考へてはゐなかつた。而《しか》も、この爆弾の発火装置は、僕の覚束《おぼつか》ない語学の力なぞ殆《ほとん》ど問題ではないくらゐ敏感に出来てゐた。豆本は見事に炸裂《さくれつ》し、僕は、数年の間、ランボオといふ事件の渦中《かちゅう》にあった。それは確かに事件であつた様に思はれる。文学とは他人にとつて何んであれ、少くとも、自分にとつては、或る思想、或る観念、いや一つの言葉さへ現実の事件である、と、はじめて教へてくれたのは、ランボオだつた様にも思はれる。

（「ランボオⅢ」）

〈作品鑑賞〉 若き日のランボーとの〈出会い〉を二〇年後に語った「ランボオⅢ」の冒頭である。詩集一冊との遭遇《そうぐう》を、まず、「見知らぬ男」が「いきなり僕を叩きのめした」という、シンプルで鮮明な、躍動感とおかしみさえある隠喩《メタファー》で表現している。同じく「爆弾」の「炸裂」という隠喩が呆《あき》れるほどの衝撃を印象づけ、さらに「ランボオといふ事件」という秀逸な〈命名〉によって、かつての出会いの深刻さと、今再びそれを語ろうとするに至った思いが一気に読み手に迫ってくる。

ただし、それはあくまで「自分にとっては」であるという。すなわち文学的体験とは個々別々のものであり、各人の読みによる各々の色彩をもった出来事なのだというのである。同様に「爆弾」の比喩を用いた梶井基次郎の「檸檬《れもん》」と比べてみれば、小林のランボー体験における懸命さと美的な遊び心の欠如とが際立つだろう。

ここで注目すべきは、これだけ断定的な口調で語られたかに見える文章が、同時に「と書いてもよい」「様に思はれる」といった言いまわしを含んでいることであり、それは後に続く段落で、ランボオが自分の精神に残した足跡を「明らかに判ずるよすがはない様である」、「明瞭な影響の跡といふ様なもの」は「ほんの表面の取引を語る」のみで「精神の深部」は「手に入れたものを確かに保存したりする様な仕組」ではない、「事件は去つて還らない」などと語られた懐旧《かいきゅう》的な姿勢——〈へだたり〉の感受とみあっている。

小林の文章の特徴である読者の心をつかむ勢いと緩急《かんきゅう》のリズム、〈思い出〉を切実なものとして語ろうとする情熱、当時と今の遠近感の感受、抑制によってかえって深まる懐旧の情等々が、独特の動きをもった鮮やかな文体として読み手の眼前にあらわれてくる。まさにすぐれた批評作品というべきである。

〈作品解説〉 初出誌は「展望」一九四七年三月号。一九四八年、小林秀雄訳『ランボオ詩集』創元社刊に収録。他に「ランボオⅠ」（原題「人生斫断家アルチュル・ランボオ」、一九二六年）、「ランボオⅡ」（一九三〇年）がある。引用原文は『小林秀雄全集　第二巻』（新潮社、一九六八年）による。

〈作者略歴〉 一九〇二（明治三五）～八三（昭和五八）年。批評家。東京生。一九二九年「様々なる意匠」が「改造」の懸賞評論二席《にせき》となり、志賀直哉論やドストエフスキー論、「私小説論」「モオツァルト」『無常といふ事』『ゴッホの手紙』『本居宣長』などにより「近代批評の確立者」とされる。〔**細谷　博**〕

131

石坂洋次郎

いしざか・ようじろう

〈**作品**〉六月の、ある、晴れた日曜日の午前であつた。

駅前通りの丸十商店の店の中では、息子の六助が、往来に背中を向け、二つ並べたイスの上にふんぞりかえつて、ドイツ語の教科書を音読していた。恐ろしくふきげんそうな様子である。

折から、どの線かの列車が入つたと見えて、陽ざしの明るい往来を、一としきり人の波がゾヨ〱と流れて行つた。

「今日は――」

店先きで、若い女の声がした。

見ると、紺の短いセーラー服を着て、浅ぐろい、よく伸びたすねをむき出し、赤い緒のげたをつつかけた、農村の者らしい、丈夫そうな女学生が立つていた。

ふり向いた六助と目を合せると、女学生は顔を真赤にした。

（親父と間違えたナ……）と六助は可笑しくなつた。

六助は、学生服の上に、父親の色がさめた仕事着をひつかけ、何ということなしに、鳥打帽子を横つちよにかぶつていたのである。

（「青い山脈」）

〈**作品鑑賞**〉「青い山脈」は、終戦後の東北の地方都市を舞台に、金物屋で店番をしている金谷六助のところに、女学生の寺沢新子が米を売りに来る場面で始まる。都市名は明記されていないが、石坂洋次郎の故郷であり、教員生活を送った青森県弘前市が連想される。六助は、大学進学のためにドイツ語の勉強に追われ、「ふきげんそうな様子」であるが、若い女性の声によって、不意にその日常性が破られる。新子は、「晴れた日曜日の午前」の「日差しの明るい往来」を背にして、明るく健康的な女学生として登場する。六助に対する含羞から「顔を真赤」にした新子と、新子を好意的に見つめる六助を対置することで、二人の出会いが恋愛関係に発展していくことが早くも予感されている。六助に闇米の買取りを求めた新子に対して、六助はその取引に応じ、新子に店で米を炊いていくように頼むという共犯関係から、二人の交際が始まることになる。

女学校の教師島崎雪子と新子が踊るダンス、新子と六助たちのテニス、女学校の校医沼田と雪子が乗る自転車など、戦後を象徴する風俗を作品に採り入れつつ、地方都市に残る封建性と対立しながらもそれを乗り越える、明るくのびやかな人間像が示されていく。「青い山脈」に描き出されたのは、健康美と生命力に満ち、男性を牽引する行動力を持つ、清新なヒロイン像であった。

〈**作品解説**〉「朝日新聞」一九四七年六月九日から一〇月四日まで連載。引用は初出による。石坂洋次郎の最初の新聞連載小説。終戦後の東北地方の女学校における新旧思想の対立を主題にして、民主主義を啓蒙し、若い男女の健康的な交際を描いて、多くの読者を獲得した。一九四九年に、今井正監督、原節子主演で映画化され、国民的人気を博した。

〈**作者略歴**〉一九〇〇（明治三三）～八六（昭和六一）年。小説家。青森生。「海を見に行く」（一九二七年）で注目を集め、「若い人」（一九三三年）、「麦死なず」（一九三六年）で文壇に地位を築く。「青い山脈」（一九四七年）の成功で、「百万人の作家」と呼ばれる人気作家となった。

〔**時野谷ゆり**〕

132 武田泰淳

たけだ・たいじゅん

〈作品〉「生きて行くことは案外むずかしくないのかも知れない」

私は物干場のコンクリートの上に枕を置き、それに腰をすえて陽にあたっていた。陽の光の射さぬ裏部屋を出て、毎朝そこで日光浴をした。鶏が二羽、いつも枯れた菜や飯の残りを、その隅でつついていた。下の路地では、日本人の品物を買いあさる中国人の声が、ののしるようにきこえていた。売る方の日本人の声は低く、かつ弱々しくとまどっていた。そのため買い手の声が、余計たけだけしくおびやかすようにきこえた。遊んでいる日本人の子供の声だけは、楽しげに元気よかった。それが親たちを、かえってイライラと不安にさせるのだった。

（「蝮のすえ」）

〈作品鑑賞〉武田泰淳は日本の敗戦を上海でむかえた。支配者だった日本人は、敗戦直後の上海で被支配者と化した。しかし上海の物干場でぼんやりする「私」に、武田はあえて「生きて行くことは案外むずかしくない」とつぶやかせる。それは「身に着けていた「文学的」な抒情的な着物」を削ぎ落とすためである。武田は、敗者としての感傷に浸る「文学」を峻拒し、欲望をむき出しに蠢く個人の姿を露呈させようとした。そのためには従来の抒情的な文体を捨て去り、「せっぱ詰まった時」の「気分に合ったような文体」を編み出さなければならなかった。「蝮のすえ」の劈頭は、そうした文体の賜物である。句読点で寸断された短文が、畳みかけるかのように書き連ねられる。しかも文と文をつなぐ接続表現がいっさい用いられていないため、ひとつひとつの文が矢継ぎ早に吐き出されているかのような印象を与え、切迫感を強める。中国文学研究会以来の盟友・竹内好が指摘したように、戦争体験を経て、武田の文体は「センテンスが短いこと、句読点が多いこと、単文にくらべて複文が少いこと」を特色とするようになった。駘蕩とした「私」のいる物干場と、中国人と日本人の声が飛び交う「下の路地」が対比され、上海の混沌とした空間が開かれる。安穏と物干場に居座る「私」は、多様な声の渦巻く下の世界と無縁でいられるのか。「蝮のすえ」の冒頭には、物語作家としてプロットを組み立てるのに秀でていたと評される武田の姿を、うかがうこともできよう。

〈作品解説〉初出誌は「進路」一九四七年八月号〜一〇月号。武田泰淳は、みずからの戦争体験をもとに、第二次世界大戦後に本格的に小説家としての活動を開始した。「蝮のすえ」は、初期の代表作として知られる作品である。引用原文は『武田泰淳全集　第二巻』（筑摩書房、一九七八年）による。

〈作者略歴〉一九一二（明治四五）〜七六（昭和五一）年。小説家。東京生。竹内好らと中国文学研究会を結成し、中国文学に関する評論や研究を発表し始める。戦時中に評論「司馬遷」（一九四三年）で注目を集め、戦後に「審判」（一九四七年）、「風媒花」（一九五二年）などを発表し、小説家としての地位を確立。代表作としては、ほかに「ひかりごけ」（一九五四年）、「森と湖のまつり」（一九五五年）、「富士」（一九六九年）などがある。

〔山本幸正〕

133 舟橋聖一

ふなはし・せいいち

〈作品〉ところが、足指の間にさえ、垢はなかった。この分では、雪夫人の肉体は、どこをどう、裏返して見ても、すべすべとして、蚊にさされたあともなく、まして、傷一つ、しみ一つ、にきび一つ、出来てはいないだろう。足のうらを、たとえ舐《な》めても、きたなくないと思えば、もう、裏も表もないことになり、つまり全身が、これ、みがかれた宝石の珠《たま》であろう。ただ一つ、右のお膝の、関節から一糎《センチ》ほど上の、内側に、ほんの小さな黒子《ほくろ》があってそれがまた何ともいえぬ挑発的な味である。

　誰か、不レ知。

　雪夫人の膝をひろげようとして、ふと、その眼下に、この可憐なる黒子一点を見るとき、男という男は、すべての理性をうち忘れ、蠢動《しゅんどう》して、全身の骨を、溶かさずにはいないであろう、と思ったら、浜子は、妬《ねた》ましさに、その黒子をひょいとつまんで、

「おくさま。とても、好き。この、ほくろ」

ほんとうをいえば、唇に吸いたかったのである。（「雪夫人絵図」）

〈作品鑑賞〉「妖しく美しい雪夫人の女体と、その運命を追求した舟橋氏の代表作」（亀井勝一郎『日本文学全集　第四四巻』「解説」新潮社、一九六〇年）と評される「雪夫人絵図」は、貴族院議員の娘雪が、放蕩者で嗜虐的な夫と愛人の間に挟まれて、自身の心と肉体の相克に苦しんだ末に入水自殺を遂げる話である。

　これは、雪夫人に仕える若い女性が、旅宿の湯舟で夫人の身体を洗う場面。自殺未遂後、最初の沐浴であるにもかかわらず、垢ひとつない清浄な肉体が描かれる。翳りのない白さに浮かぶ「可憐なる黒子一点」が印象的で、雪夫人の魅力を放つ。フットフェティシズムを思わせる描写は、谷崎文学に親炙した舟橋による女性の理想化ともいえよう。「文章がふくよかで、のびのびとして、いささかも晦渋のあとをとどめず、色彩と陰影に富み、節度を失わぬ官能美」（河盛好蔵『現代文学大系　第四七巻』「人と文学」筑摩書房、一九六四年）が称えられる所以である。

　舟橋は、「人間の性の秘密に触れることは、人間の本体を書きたいからなのです。（中略）この本末を顚倒すると、所謂、煽情文学になるわけです」（「親切な忠告」「文学界」一九五一年一一月号）と、戦後流行した「エロ小説」と一線を画す。男は、結局、雪夫人の本体を理解できず、夫人の孤独は癒されない。黒子を嫌う夫人の心情は、「われは、幼きより、人々の目に、好奇の対象としてうつりたれど、真実の愛を享《う》けたることなし」と記された最後の日記に響いている。

〈作品解説〉初出誌は「小説新潮」一九四八年一月号〜五〇年二月号。舟橋は女を描く作家として定評があり、「雪夫人絵図」も、完結と同年に溝口健二演出で新東宝から映画化された。引用は『舟橋聖一選集　第三巻』（新潮社、一九六八年）。

〈作者略歴〉一九〇四（明治三七）〜七六（昭和五一）年。小説家、劇作家。東京生。「ダイヴィング」（一九三四年）で行動主義を主張。戦時下に「悉皆屋康吉」（一九四五年）を書いて良心を示し、戦後は「花の生涯」（一九五三年）など、数多くの歴史小説や耽美的な小説を発表した。

（田中励儀）

134　小山　清　こやま・きよし

〈作品〉お母さん、今晩は。いま、月が知らせてくれました。君のお母さんは揺椅子に凭つて編物をしながら、こつくりこつくりしてゐるつて。昼間のお疲れが出たのだらうと私は返事をしておきました。お母さん、また寝間帽子ですか。私の衣裳箪笥にはあなたが編んで下さつた寝間帽子が三つも入つてゐます。私はそれを折に触れては思ひつくまゝに取りかへて被ります。それはいろんな意味で私のオーレ・ルゴイエ（眠りの精）なのです。まづ私にやすらかな眠りを与へてくれるからです。それからい、夢を見せてくれます。さうして時には溢れるほどの感興に、創作の感興に浸らせてくれるのです。かうした効果は、私は人にも訊いてみましたが、これは私の寝間帽子に限るやうですね。みんなあなたが、あなたのひとり息子のハンスの身を案じながら心を籠めて編んで下さるからだと思つてゐます。

（「聖アンデルセン」）

〈作品鑑賞〉今はコペンハーゲンに暮らす詩人、ハンス・クリスチャン・アンデルセンが、彼の親友である月の目を介して、故郷オーデンセに独居する母の動静を知り、今まさに手紙を書きはじめたところ。原稿用紙三〇枚分に相当する書簡体形式のモノローグが、一つも段を落さず、途切れなく、一気呵成に語られる点は圧巻である。都会の小部屋で筆を走らせる息子と、遠く隔たった生家で息子を案じて寝間帽子を編む母。異なる空間に位置する二つの窓辺越しの風景を、月の高見から、鳥瞰的構図で同時的に捉える、スケールの大きな構造をもつ。

とりわけ母への呼びかけ、月との応答にはじまる冒頭部は、舞台の幕開けのようで印象的であり、読者を一気にメルヘンの世界へと引き入れる。「寝間帽子」という欧文直訳風の造語や、「オーレ・ルゴイエ」といった耳慣れない言葉の使用も、異国的雰囲気を醸成して、文章に清新な印象を与えている。

ただし、引用箇所からは、ここでの「月」が天にかかるあの月なのか、あるいは何らかの比喩であるのかは断定できない。有情化された月（活喩）と私との長年の友情が語られるのは後の場面であり、その意味で情報待機の形をとる本作の冒頭部は、奇先法的な効果も発揮している。

引用後半部では、「まづ…それから…さうして…」といった漸層法の使用、「感興」「あなた」「私」などの語の強調反復が目につく。前者には徐々に核心へと迫る劇的効果があり、また後者では、文法上は必ずしも必要でない「私は」「あなたの」といった語を置くなど、同一語句を反復提示することによって、心地よい対句的リズムを生み出しているのである。

〈作品解説〉初出誌は「表現」一九四八年一月号。小山は前年一月より夕張炭鉱の坑夫となっていたが、師であった太宰治の世話で本作が発表された。その太宰が一九四八年六月に他界、一〇月、小山は上京し、以後文学活動に専念した。引用原文は『小山清全集　増補新装版』（筑摩書房、一九九九年）による。

〈作者略歴〉一九一一（明治四四）～六五（昭和四〇）年。小説家。東京浅草新吉原生。父母はクリスチャンだった。新聞配達員、徴用工、坑夫などの職歴をもち、清純な感性で人間の善意とつつましやかな愛情とを描いた。著書に小説「落穂拾ひ」（一九五三年）、「小さな町」（五四年）など。

〔木村陽子〕

135

林　芙美子

はやし・ふみこ

〈作品〉夕方、五時頃うかゞいますと云う電話であったので、きんは一年ぶりにねえ。まア、そんなものですかと云った心持ちで、電話を離れて時計を見ると、まだ五時には二時間ばかり間がある。まずその間に、何よりも風呂へいっておかなければならないと、女中に早目な、夕食の用意をさせておいて、きんは急いで風呂へいった。別れたあの時よりも若やいでいなければならない。けっして自分の老いを感じさせては敗北だと、きんはゆっくり湯にはいり、帰って来るなり、冷蔵庫の氷を出して、こまかくくだいたのを、二重になったガーゼに包んで、鏡の前で十分ばかりもまんべんなく氷で顔をマッサアジした。皮膚の感覚がなくなるほど、顔が痳くしびれてきた。五十六歳と云う女の年齢が胸の中で牙をむいているけれども、きんは女の年なんか、長年の修業でどうにでもごまかしてみせると云ったきびしさで、取っておきのハクライのクリームで冷い顔を拭いた。

（「晩菊」）

〈作品鑑賞〉美貌を武器に生きてきた女性の、老境に向かうあがきと現実との相克が、数時間の一幕に、劇的に凝縮され短編。

敗戦後の混乱期、五六歳になる元芸者のきんは、不動産の売買や金銭を貸しながら平穏に暮らしていた。そこに、思いがけなくかつての恋人田部が訪ねてくる。戦時中、親子ほども年齢差がありながら、荒々しい逢瀬を重ねた間であった。きんは田部の来訪を「恋の焼跡を吟味しに来るようなもの」と、入念に化粧をして待つ。一方、田部は、きんの変わらない若さに驚きこそすれ、その肉体には一片の未練さえ無く、金欲しさに殺意すら抱く。過去の情熱を手繰り寄せ、その残り火を掻き立てようと愛の追憶に期待したきんであったが、田部の目的が金の無心と知るや、敢然と自分の女を封じ込め、きっぱりと男を拒絶する。その瞬間、男と女の情念の世界は、殺伐とした即物的な現実主義に堕し、狡猾な男女の駆け引きへと変貌する。

戦後を、庶民的心情における〈敗戦〉として文字通り受け止めた芙美子は、荒廃した世相や悲しみを時代の証言者たるべくして書き続けた。この系列に連なる「晩菊」には、敗戦後の頽廃を背景に、そこにうごめく人間のエゴイズムと老いをテーマに形象化しえた不抜のリアリティが見られる。晩年の作者は「浮雲」に至るニヒリズムを深めながらも、対象化した人物たちへの透徹した眼差しはいよいよ冴えを見せ、この作品も時代を超える普遍性を持ちえたと言えよう。

〈作品解説〉一九四八年一一月「別冊文芸春秋」に発表され、翌年、第三回女流文学賞を受賞。引用は初出。発表当時から高い評価を得、『放浪記』『浮雲』の長編と並ぶ林芙美子の代表作。

〈作者略歴〉一九〇三（明治三六）～五一（昭和二六）年。小説家。福岡県生。詩人として出発、自伝的な日記小説「放浪記」が「女人芸術」に連載され、改造社の「新鋭文学叢書」の一冊として刊行（一九三〇年）されるやベストセラーとなる。戦後は過酷な現実を背景に懸命に生きる庶民を書き続ける。その頂点が大作『浮雲』（一九五一年）で、時代に翻弄される男女の情念と荒涼たる運命を描いた。刊行から二カ月後心臓麻痺で死去。新聞連載「めし」は絶筆となった。

〔今川英子〕

136 大岡昇平

おおおか・しょうへい

〈作品〉私は頰を打たれた。分隊長は早口に、ほぼ次のようにいった。

「馬鹿やろ。帰れっていわれて、黙って帰って来る奴があるか。帰るところがありませんって、がんばるんだよ。そうすりゃ病院でもなんとかしてくれるんだ。中隊にゃお前みてえな肺病やみを、飼っとく余裕はねえ。見ろ、兵隊はあらかた、食糧収集に出動している。味方は苦戦だ。役に立たねえ兵隊を、飼っとく余裕はねえ。病院へ帰れ。入れてくんなかったら、幾日でも坐り込むんだよ。まさかほっときもしねえだろう。どうでも入れてくんなかったら――死ぬんだよ。手榴弾は無駄に受領してるんじゃねえぞ。それが今じゃお前のたった一つの御奉公だ」

私は喋るにつれ濡れて来る相手の唇を見続けた。（「野火」）

〈作品鑑賞〉初出「文体」稿では、第三者たる文芸雑誌編輯者が現行の「私」の手記を引用紹介するかたちであった。しかし雑誌廃刊による中断後の「展望」稿では、主人公が「私」として語りはじめる形式となり定稿となった。この形式変更は、読者を直に作品の主要舞台たる第二次大戦末期レイテ島の戦場へと引き込む効果をもたらした。また「私」を殴打する分隊長の発話は、戦況の悪化を端的に描写するだけではない。エ列長音が特徴の町人江戸弁風早口の東京ことばによって、いま、その戦場に生きざるを得ない人間の焦燥をも活写し得ている。さらに、この分隊長の饒舌と、殴打され「死」の宣告を受けているといえる「私」の冷静さとの対比が相俟って、緊迫した事態が鮮明に伝わるオープニングとなった。この「私」の冷静さは、山中彷徨を描く「川」の章で、「私」が論理的で明晰な分析を行うという、大岡文学にしばしば指摘されてきた特質を発揮することで明示されている。たとえば「足の甲はいつか肉が落ち、鶏の足のように干からびて、水に濡れにくかった。手の皮膚も骨に張りつき、～」の部分では、対句で描出すべき世界を画定しつつ、直喩によってそれが頂点にあるとされている人間「私」を動物に準えることで、この章末尾で「私」が、無生物だが「動いている」（傍点原文）水に分解され死後も生きると「空想」する展開を、表現上の論理によって説得力あるものにしている。こうした「私」の明晰は、作品末尾で、「私」が朝鮮戦争時に精神を病み病院にいるという落差において、狂気、戦争、社会、人間の問題を逆照射し問いかけ得ているのである。

〈作品解説〉初出は「文体」一九四八年一二月、四九年七月（中断）。「展望」一九五一年一～八月。大戦末期ミンドロ島に一兵卒として赴き、レイテで俘虜収容所生活を送った作者による戦争文学の白眉。狂気、殺人、食人などの重いテーマを貫くのは、人間が社会的な存在であるという極めて普遍的な問題である。引用は『大岡昇平全集　第三巻』（一九九四年、筑摩書房）による。

〈作者略歴〉一九〇九（明治四二）～八八（昭和六三）年。小説家・評論家。東京生。「俘虜記」（一九四八年）、『武蔵野夫人』（一九五〇年）、『野火』、合本『俘虜記』（一九五一年）で戦後作家としての地歩を固める。「花影」（一九五八～五九年）、「レイテ戦記」（一九六七～六九年）等の小説、スタンダール、中也、漱石等の評論など幅広く活躍。

〔花﨑育代〕

137 木下順二

きのした・じゅんじ

〈作品〉

いつの間にか帰ってきたつうが、奥からすっと出る。

運ず　わっ。

惣ど　あっ。こ、こら、留守の間に上がりこんで……

つう　……？（鳥のように首をかしげていぶかしげに二人を見まもる）

運ず　へい、おらはその、向こうの村の運ずっちゅうもんで、あの布のことではいつもどうも与ひょうどんに……

つう　……？

惣ど　そんで、なあかみさんよ、実はその、布の話をこやつから聞いて……おらも向こうの村の惣どっちうもんだが、ちょっと話があって来たもんだ。……全体それは、こういっちゃ何だが、ほんなもんの千羽織りかね？

つう　……（ただいぶかしげに見ているが、ふと物音でも聞いたように、身をひるがえして奥に消える）

惣ど　……？

運ず　……？

（「夕鶴」）

〈作品鑑賞〉 矢を射られてけがをしていたところを助けてくれた与ひょうのもとへつうはやってきた。お礼に「鶴の千羽織」を織ったことで与ひょうの暮らしは裕福になる。その話を聞きつけてやってきた運ずと惣どは、初めてつうに話しかけるが、二人の言葉は全く通じない。まるで「物音」のようにしかつうには聞こえないのである。そして初めは互いに通じ合っていた与ひょうとつうとの対話も次第に成立しなくなっていく。そのきっかけが「お金」の存在であり、与ひょうはつうの不安をよそに強く「お金」に惹かれていく。そして最後には二人は別々の世界に引き裂かれてしまうのだった。木下は与ひょう、運ず、惣どには「農民的な言葉づかい」をさせ、つうには「純粋な日本語」を使ったと記している。台詞によって、それぞれの人物が属する世界を描き分けるだけでなく、意志の疎通と断絶を作品の重要なファクターとし、悲劇の核としている。

〈作品解説〉 一九四九年一月『婦人公論』に初出。四三年に書いた「彦市ばなし」をはじめとする民話劇の一つとして数えられることが多いが、「『鶴女房』という民話を単なる素材と考えて一篇の現代劇を書いたわけで、だから『夕鶴』にだけは、民話劇という呼び名を私は使わない。」（「もう一度、あとがき」『夕鶴彦市ばなし』、一九九七年）と木下自身は記している。数多く出版され、また、山本安英の「つう」が魅力的であったため、多くの人に親しまれてきた。諸外国語への翻訳、能様式への脚色、オペラ化や映画化もされている。引用原文は『夕鶴（総合版）』（未来社、一九五三年）による。

〈作者略歴〉 一九一四（大正三）～二〇〇六（平成一八）年。劇作家、小説家、翻訳家、評論家。東京生まれ。県立熊本中学、旧制第五高等学校を経て、東京帝国大学文学部英文科に入学。卒業後は大学で教鞭をとりながら創作活動を行い、新劇界をリードする役目を果たしてきた。「オットーと呼ばれる日本人」（一九五二年）「沖縄」（一九六一年）などの時代にコミットした作品の数々には揺るぎない歴史認識とドラマ創作の方法への強い意識が存在する。

〔阿部由香子〕

138

三島由紀夫

みしま・ゆきお

〈作品〉 永いあひだ、私は自分が生れたときの光景を見たことがあると言ひ張つてゐた。それを言ひ出すたびに大人たちは笑ひ、しまひには自分がからかはれてゐるのかと思つて、この蒼ざめた子供らしくない子供の顔を、かるい憎しみの色さした目つきで眺めた。それがたまたま馴染の深い客の前で言ひ出されたりすると、白痴と思はれかねないことを心配した祖母は険のある声でさへぎつて、むかうへ行つて遊んでおいでと言つた。

笑ふ大人は、たいてい何か科学的な説明で説き伏せようとしだすのが常だつた。そのとき赤ん坊はまだ目が明いてゐないのだとか、たとひ万一明いてゐたにしても、記憶に残るやうなはつきりした観念が得られた筈はないのだとか、子供の心に呑み込めるやうに砕いて説明してやらうと息込むときの多少芝居がかつた熱心さで喋りだすのが定石だつた。ねえさうだらう、とまだ疑ぐり深さうにしてゐる私のちひさな肩をゆすぶつてゐるうちに、彼らは私の企らみに危ふく掛るところだつたと気がつくらしかつた。子供だと思つてゐると油断ができない、こいつ俺を罠にかけて「あのこと」をきき出さうとしてゐるにちがひない。それなら何だつてもつと子供らしく無邪気に訊けないものだらう、「僕どこから生れたの？　僕どうして生れたの？」と。——彼らは、あらためて、黙つたまま、何のせゐかしらずひどく心を傷つけられたしるしの薄ら笑ひをじつとりとうかべたまま、私を見やるのが落ちだつた。

しかし、それは思ひ過ごしといふものである。私は「あのこと」などについて何を訊きたいわけでもなかつた。それでなくても大人の心を傷つけることが怖くてならなかつた私に、罠をかけたりする策略のうかんでくる筈がなかつた。

どう説き聞かされても、また、どう笑ひ去られても、私には自分の生れた光景を見たといふ体験が信じられるばかりだつた。

（「仮面の告白」）

〈作品鑑賞〉 右の文章は、個々の単語の意味も主語と述語の関係も一文ごとの論理的な接続もたいへん明瞭で、曖昧なところは何もない。ところが、そこで語られる内容は、「自分が生れたときの光景を見たことがある」というような、私たちの通念に反する事柄である。いわば、極めて客観的なスタイルを用いながら、実に主観的な表現が行われているのである。そこに、滑稽な感じやアイロニカルな可笑しさが生じるが、それは同時に、一見「普通」の生活をしているように見えながら、実は外界や他者との大きな隔絶感に悩む同性愛者であるという、この小説の主人公の存在のあり方を、忠実に反映するものともなっている。

また、「仮面の告白」の語り手は、主人公の「私」である。にもかかわらず、「大人たちは笑ひ、しまひには自分がからかはれてゐるのかと思つて、この蒼ざめた子供らしくない子供の顔を、かるい憎しみの色さした目つきで眺めた」、「子供だと思つてゐると油断ができない、こいつ俺を罠にかけて『あのこと』をきき出さうとしてゐるにちがひない」、「彼らは、あらためて、黙つたまま、何のせゐかしらずひどく心を傷つけられたしるしの薄ら笑ひをじつとりとうかべたまま、私を見やるのが落ちだつた」という部分では、視点は「私」を離れ、自在に大人たちの視点、さらに全知の視点へと切り替わっている。個々の文章が明晰なのでつい見過ごしてしまうが、実を言えばこれは極めて奇妙なことである。しかし、作者の三島はあえてそのような表現に挑み、さしたる違和感なくこれをやり遂げている。結果として、そこには自由自在な軽やかさが生み出されている。

三島はしばしば、文体はゾルレン（当為。現に存在しないが、意識的に追求されるべき理想や価値）の表現だと述べているが、その一例をここに見ることが出来るであろう。（「作家にとっての文体は、作家のザインを現はすものではなく、常にゾルレンを現はすものだといふ考へが、終始一貫私の頭を離れない。（略）ある作品で採用されてゐる文体は、彼のゾルレンの表現であり、未到達なものへの知的努力の表現であるが故に、その作品の主題と関はりを持つことができる」「自己改造の試み――重い文体と鷗外への傾向」、一九五六年）。

「仮面の告白」の主題は、生きることそれ自体に対する危機感に襲われた作者の三島が、同性愛の問題を描くことを通じてその危機に挑み、これを克服して自由を獲得しようとするところにある。そのような作家の姿勢が、視点の移動という一種のルール違反を犯し、自然な視点のあり方に挑んで、自由自在な軽やかさを追求する文体に反映しているのである。

〈作品解説〉 一九四九年一月に河出書房より書き下ろし長編として発刊された、三島由紀夫の自伝的小説である。初版刊行時に付された「『仮面の告白』ノート」に〈この本は私が今までそこに住んでゐた死の領域へ遺さうとする遺書だ。この本を書くことは私にとつて裏返しの自殺だ。（略）この本を書くことによつて私が試みたのは、さういふ生の回復術である。〉と記されている通り、三島自身にとって非常に重要な意味を持っている作品である。

また、同性愛の問題を扱った作品であったため、当時の文壇に少なからず衝撃を与えたが、結果的には評価され、作家・三島由紀夫の名を強く印象付けることとなった。

引用は『決定版　三島由紀夫全集　第一巻』（新潮社、二〇〇〇年）。

〈作者略歴〉 一九二五（大正一四）～七〇（昭和四五）年。東京生。本名、平岡公威。幼少の頃から詩作、小説執筆をし、一九四四年には処女短編集『花ざかりの森』（七丈書院）を出版する。敗戦体験を経て、東京大学法学部を卒業後の一九四七年に大蔵省に勤務するが、九ヶ月で退職、執筆活動に専念する。一九四九年、書き下ろし長編『仮面の告白』を刊行し、作家としての地位を確立した。

主な著書に『青の時代』（一九五〇年）、『禁色』（一九五二年）、『潮騒』（一九五四年）、『金閣寺』（一九五六年）、などがある。戯曲の執筆も多く、また、映画出演、ボクシング、ボディビル、週刊誌のグラビアや写真集の出版などのパフォーマンスによる、マスメディアへの過度な露出も目立つ。

『豊饒の海』第四部『天人五衰』（一九七一年）の結末の原稿を編集者に渡した一一月二五日に、私設の民間防衛組織・楯の会会員と市ヶ谷の自衛隊駐屯地に立てこもり、憲法改正のための決起を呼びかけたが叶わず、総監室で割腹自決した。享年四五歳。

〔**池野美穂**〕

139

田宮虎彦

たみや・とらひこ

〈作品〉石礫の様に檐をたゝきつける烈しい横なぐりの雨脚の音が、やみ間もなく、毎日、熱にうかされた私の物憂い耳朶を洗ひつゞけてゐた。病み疲れてゐたその私も、私がくるまり横たはつてゐる薄い煎餅蒲団も、指でおせば濁つた雨水がじとじととにじみ出さうなさゝくれだつた畳も、すべてが今に白くふやけ、そのまゝ腐りはてゝしまひさうであつた。

私の枕もとでは年老いた遍路と、行商の薬売りが将棋をさしてゐた。遍路はいくつぐらゐになつてゐたのだらうか。諸肌をぬいで将棋盤にむかつてゐる鶴の様に痩せ細つた長身は、駒を持つた右の手をかすかに盤の上にうごかす度びに、ポキポキと音でもたててくづれ折れさうに思へた。しはがれた声、黄色くうすよごれた頤鬚、もう八十の坂にはとつくにかゝつてゐさうにみえる。にぶい雨空のうすら明りが、その裸の右の肩口にひとすぢ無惨に走つてゐる刀創の痕をうきださせてゐた。だが、老いしなびれたそんな身体にもまだいのちの残り火が燃えてゐるのか、眼だけは老いた鷹の様にするどく光つてみえた。

（「足摺岬」）

〈作品鑑賞〉あらゆるものに浸透し、体内を蝕んでいくかのような雨の描写は、この作品全体に漂う倦怠感を導出する象徴的な役割を担い、暗く澱んだ世界に閉じ込められた「私」の心象風景を端的に示している。その中で、「私」の「物憂い耳朶」だけは、激しい雨音や同宿人の話し声に鋭敏に反応し、辛うじて外界への通路を保つ器官として描かれている。

「足摺岬」は、都会での生活に病み、死にとり憑かれた「私」の彷徨の物語である。作中に散見される雨や波などの〈水〉にまつわる表現は、「私」の倦んだ精神状況を示唆するとともに、うねり、流れるという「私」の生き方の隠喩でもある。さらに、それは偶然同宿することになった「遍路」の存在へと接続する。この「年老いた遍路」は、戊辰戦争で滅亡した黒菅藩の残党で、「死にそこな」いとして生き続けてきた。いわば、「私」と「遍路」は、死を内包したまま〈水〉のように漂泊する運命という点で一体性を有している。

しかし、熱にうかされながらも、「私」は「遍路」の眼に微かに燃える「いのちの残り火」を見逃さない。「遍路」のなかに未だくすぶり続ける〈火〉の残滓によって二人は引き合わされ、結果的に「遍路」の「いのち」を「私」が引き継ぐ――死を断念する――という物語の構図が、冒頭の〈水〉と〈火〉の対置法に既に内包されているのである。

〈作品解説〉初出誌は「人間」一九四九年一〇月号。引用原文は初出誌による。深刻な不安と苦悩に満ちた学生時代を素材とし、父親との確執や死の志向など若き日の彷徨を詩情溢れる文体でつづった、自伝的短編の端緒となる代表作。

〈作家略歴〉一九一一五（明治四四）～八八（昭和六三）年。東京生。同人雑誌「日暦」「人民文庫」等に参加。敗残者への共感的まなざしと強権への反発とが叙情性豊かに描出され、歴史小説「霧の中」（一九四七年）「落城」（一九四九年）、自伝風の作品「絵本」（一九五〇年）等に結晶。

〔石月麻由子〕

140

阿川弘之

あがわ・ひろゆき

〈作品〉彼等の家は広島の町の同じ川筋にあつた。伊吹のところの、石崖の上の客間からは、ぢかに川へ糸を垂れて沙魚《はぜ》の仔を釣る事が出来たし、其処から七、八丁かみの、耕二の家の裏の白い川原は、夏、水遊びの子供達で賑はつた。花崗岩質の、キラキラ光る砂の中にはたくさん蜆貝《しじみがひ》がゐた。対岸の神社の森の下の淵で水に潜ると、水苔のついた大きな石の蔭では、川蝦《かはえび》が長い腕を用心深げに動かしてゐた。川は、上げ潮時にはその幅いつぱいのゆたかな水をたたへ、古下駄や果物の皮をうかべて此のあたりまでのぼつて来るが、引き潮の時には清冽ながれとなつて、その川蝦や鯯や蜆貝や沙魚の棲み家の上を、広島湾指してサラサラと流れくだる。川すぢに貸ボート屋が店を出しはじめると、それは此の町に春が来る知らせであつたし、それらが店をたたむのは、此の町の秋がたけたしるしであつた。

（「春の城」）

〈作品鑑賞〉「年年歳歳」（「世界」一九四六年九月号）に作家として出発してから七年目に刊行した最初の長編小説。著者は志賀直哉の末弟子で、師について大部の書もなした（『志賀直哉』）。冒頭からなされる舞台となる場所の明示、周囲の自然的風景の描写、個物の精妙な配置と記述、といった「文法」は、師よりさらに平明であり、すぐ後に続く「耕二は」（登場人物の紹介）、「時代は」といった叙述は、その平叙ぶりを極める。水遊びする子供は巧みに名詞化されることで、自明の一点景と化す点などは志賀の影響といえようか。文学史に倣って志賀の表現を「清澄」と呼ぶなら、阿川は「平明」になろう。しかし、同様にリアリスティックな描写であっても、対象を歴史的生成のうちに捉え、その構造に立ち入る社会主義的リアリズムとは対極である。見たまま、聞いたまま、感じたままと見える表徴的記述に近い。しかし当然ながら、この「自然」的、「標準」的と見える対象把握は、技巧的達成である。不要な修辞の排除には極めて意識的であり、その屈折のなさ、（作られた）簡明さは、そのまま自明でないものを自然と見せて定着させる〈力〉を発揮する。それは、先の戦争に対する著者なりの視座、戦前戦後を分たず翻弄された人間の心理的慣性を描き出そうする意図を実現する。観念（思想）を排し、事実と心理のみを解剖するという素朴な日本風の二元論に拠るこの明察（の文体）は、しかし、手燭のごとく、手元に明るく状況に暗い。簡明さを保証しつつ、同時に背後にある構造への考察を曇らせる。

〈作品解説〉初出は「新潮」一九四九年一一月、五一年一二月、「別冊文芸春秋」五一年七月。引用は『阿川弘之全集　第一巻』（新潮社、二〇〇五年）。読売文学賞受賞。自伝的な小説とされる。歴史的仮名遣いは著者の常用。「魔の遺産」「雲の墓標」とともに戦争を主題とし「一番彼らしい作品」だが、「戦争はただ背景として、まるで偶然起った事件のように描かれているにすぎない」（安岡章太郎「雲の墓標」解説）とされる。

〈作者略歴〉一九二〇（大正九）年〜。小説家。軍都広島に生まれ、四二年海軍予備学生、入隊後、対中国諜報の特務班配属。四六年三月帰国復員、焦土の広島を見た。谷川徹三の紹介で私淑した志賀直哉に面識を得、師事。父甲一は満洲阿川組、長春倉庫運輸社長、長春日本人商工会議所会頭。〔辻　吉祥〕

141 与田準一

よだ・じゅんいち

〈作品〉たちばな小学校は、全学年で、ひとつの学級になっていました。そんな、わずかな人数の、小さな、山の小学校でした。（中略）生徒《せいと》たちは海のむこうの国から、ザボンの木のある、この、父母たちの故郷《こきょう》へ、ひきあげてきたのでした。先生も、また、ひきあげてきたなかのひとりでした。敗戦《はいせん》という、「あらし」にふきとばされて……。

　あらしにやぶれた父母の国は、野も山も、あれはてていました。／が、すなのようにかわいた人たちの心は、もっと、ひどいものでした。

　故郷《こきょう》の人たちは、あらしにふかれてかえってきた人たちを、かんげいしませんでした。一つのパンを二つにすることを、いやがりました。あらしにふかれてかえってきた人たちは、こんどは、ふかれてきた反対からも、いやがられ、風にふかれ、そのことに、「敵前上陸《てきぜんじょうりく》」と名づけました。

（「五十一番めのザボン」）

〈作品鑑賞〉この作品は、一九五一年一月一日から四月三〇日まで「毎日小学生新聞」に連載されたものを取りまとめ、新しいタイプの幼年文学として成立させた名作である。

　作品の舞台は、「白秋」の生家柳川に近い田園地帯の周辺を連想させる。ここに描かれている時代状況は、極度に物資の乏しかった敗戦直後の庶民の生き様を彷彿させる。作中の「ザボンの実」という象徴は、唐の詩人杜甫作『春望』を懐古させる豊かな詩情を作品に漂わせている、とさえ言えよう。新しい校舎の脇に切り倒さないで残った「ザボンの木」に黄金色に実った五十一個のザボンの果実が、実にさまざまな運命を繰り広げ、それぞれの世界の描写が散文詩風に展開して行く。例えば、子どもたちの視点で、当時の人間関係の崩壊状況をこのように描写するところからスタートさせている。

　生徒《せいと》たちは海のむこうの国から、ザボンの木のある、この、父母たちの故郷《こきょう》へ、ひきあげてきたのでした。先生も、また、ひきあげてきたなかのひとりでした。

　こうして、「戦争」そのものを、ひとまず「あらし」というメタファーで提示し、そのうえで、命からがら故郷に帰ってきた人たちを、同郷の人々が、「一つのパンを二つにすることを、いやがりました」などいう、一見あどけない諷喩のようにみえるが、荒涼とした敗戦直後の精神風土そのものを実に鋭角的に描きとり、現実を見事に描写していることに驚かされる。

〈作品解説〉与田準一という作家は、理論で相手を説得しようとはしない。おのれの形象によって読み手に感得してもらおうと腐心するのである。敗戦直後に発表された「二十四の瞳」に勝るとも劣らない反戦児童文学の名作と言ってよい。引用は『与田準一全集　第六巻』（第日本図書、一九六七年）による。

〈作者略歴〉一九〇五（明治三八）～九七（平成九）年。福岡県の柳川に近い瀬高町に生まれ進学はできなかったが、検定で教員資格を取得し小学校の教師となる。雑誌『赤い鳥』へ熱心に投稿し、北原白秋から認められ、巽聖歌、佐藤義美らと共に新しい童謡作家として活躍。優れた児童文学論も書き、戦後、日本女子大講師、日本児童文学者協会会長などを歴任する。

〔**鈴木敬司**〕

142　堀田善衛

ほった・よしえ

〈作品〉占領はもうすぐ終る。そのあとに来るものは、酷烈な粛清の筈だろうに――匹田は、この男はいったいどうしてこう陽気なのか？　と訝りながら安徳雷《アンドレ》というフランス風な筆名で知られている詩人記者を見上げた。口をひらくごとに義眼のような、眼窩からとび出した眼玉をぐるぐるまわし、広い額を底辺として頬骨から顎にかけて急にすぼまった、逆三角形のような顔には、不釣合なコールマン髭がまるで別の生き物のように片っぽずつ別々に動いていた。

この詩人記者は、つとめ先の大華報が、八月十一日の東京短波とモスクワ電台の放送による日本降伏のニュースを、軍検閲を突破して号外に刷った、その刷り上りを手にひらひらさせてその場へとびこんで来たのであった。

集っていた六人の日本人たちは、急を要する処理事項を相談し、お互いに情報を交換する筈だったのに、誰一人なにひとつとして具体的なことを云い出す者もなかった。誰もが暗黙のうちに事態の急変を前にして自分一個の保身の方法を考えているらしいことは、眼に見えていた。　（「漢奸」）

〈作品鑑賞〉敗戦時の上海で、親日派の中国人記者が裁かれてすべてを失うまでを描いた短編の冒頭である。匹田ら気のあった日本人文化人六人が集まっている会合の最中、日本軍管理下の新聞社である大華報につとめている安徳雷《アンドレ》がやってくる。上海で生まれ育った彼は、日本語訳を通じてシュルレアリスム詩に親しみ、おそらくアンドレ・ブルトンにならって安徳雷《アンドレ》と改名し、中国の白話で詩を発表していたが、突飛すぎて受け入れられなかった。抗日運動にも加わらず、もっぱら日本人とつきあってきた彼は、敗戦と共に居場所を失うことになる。題名の「漢奸」とは、中国語で敵に通じる売国奴を指す言葉だが、この題名が彼のその後の運命を予告している。

「義眼のような」眼玉、「逆三角形のような顔」「不釣合なコールマン髭」は、そうした彼の地に足の着かない現実認識のアンバランスさを示している。日本人である匹田の念頭に浮かんだ「酷烈な粛清」のことは思わず、到来した平和を喜んでこの場に臨んだ世間知らずの「詩人記者」である彼は、しかし日本人たちの「暗黙」の表情からようやく自分の立場を認識する。

堀田善衛は、全集一巻の「著者あとがき」において、「中国大陸における日本軍の戦争や占領が、実は多くの中国人協力者を巻き込んでの戦争であり、占領であったこと」、「それらの協力者の主だった人々が戦後に、同じ中国人の同胞によって処刑されたこと」を思い出さなければならないと述べている。

〈作品解説〉初出誌は「文学界」一九五一年九月号。同月発表の「広場の孤独」等と併せて第二六回芥川賞受賞。引用原文は『堀田善衛全集　第一巻』（筑摩書房、一九九三年）による。

〈作者略歴〉一九一八（大正七）〜九八（平成一〇）年。小説家。富山生。慶應義塾大学卒業後、軍に徴用され、軍事情報調査のため派遣されて欧州に、召集解除後は国際文化振興会に派遣されて中国に行き、上海で敗戦を体験、中国国民党宣伝部にも徴用された。稀有な経歴から、『祖国喪失』など、国際感覚豊かで時事色に富んだ作品の数々を生む。晩年は『ゴヤ』などの評伝に取り組みスペインに居を構えた。

〔鳥羽耕史〕

143 壺井　栄　つぼい・さかえ

〈作品〉十年をひと昔というならば、この物語の発端は今からふた昔半もまえのことになる。世の中のできごとはといえば、選挙の規則があらたまって、普通選挙法というのが生まれ、二月にその第一回の選挙がおこなわれた、二か月後のことになる。昭和三年四月四日、農山漁村の名が全部あてはまるような、瀬戸内海べりの一寒村へ、若い女の先生が赴任してきた。

百戸あまりの小さなその村は、入り江の海を湖のような形にみせる役をしている細長い岬の、そのとっぱなにあったので、対岸の町や村へゆくには小舟で渡ったり、うねうねとまがりながらつづく岬の山道をてくてく歩いたりせねばならない。交通がすごくふべんなので、小学校の生徒は四年までが村の分教場にゆき、五年になってはじめて、片道五キロの本村の小学校へかようのである。手作りのわらぞうりは一日できれた。それがみんなはじまんであった。（『二十四の瞳』）

〈作品鑑賞〉『二十四の瞳』の舞台は、作者の故郷の小豆島をモデルとする瀬戸内の一寒村である。第一回普通選挙から、共産主義者の弾圧、軍国主義化、国家総動員体制、終戦までの一八年間の大きな歴史の流れの中で成長していく子供たちの姿と、それを見守る教師の愛情が描かれている。

冒頭部の通学路は、新任の小学校教師大石久子と一二人の教え子たちが出会い、次第に気持ちを通わせていく通路でもある。大石先生と子供たちの人間関係は、瀬戸内の方言による会話文を通じて、いきいきと描出される。地の文には、唱歌、綴方、書簡といった文章が織り込まれている。大石先生と教え子が浜辺で歌う「あわて床屋」、男先生が教える「千引の岩」、大石先生を送る「山のからす」、先生の息子が歌う「へいたいさん」の歌、マスノが歌う「荒城の月」といった唱歌は、時にユーモアを、時に悲哀を込めながら、子供たちを取り囲む教育、人間関係、時代状況を如実に反映している。

物語は、一九四六年に、分校に復職した大石先生とかつての教え子たちが再会する場面で結末を迎える。先生は三人の家族を戦争で失い、六名の教え子は、戦死、病死、行方不明、視力の喪失を余儀なくされた。弁当箱、集合写真という道具によって、変わらぬ師弟愛と戦争による喪失が象徴的に表現され、壺井栄の反戦思想が深い叙情性を込めて主張されている。

〈作品解説〉初出誌は「ニューエイジ」一九五二年二月号～一一月号。瀬戸内の寒村を舞台に、一九二八年から四六年までの一八年にわたる、小学校教師と一二人の教え子たちの交情と、貧困と戦争が庶民生活に残した深い傷痕を描く。一九五四年に、木下恵介監督、高峰秀子主演で映画化され、国民的人気を博した。引用は『壺井栄全集　第五巻』（文泉堂出版、一九九七年）。

〈作者略歴〉一八九九（明治三二）～一九六七（昭和四二）年。小説家。香川生。「大根の葉」（一九三八年）で認められ、「暦」（一九四〇年）が出世作となる。「二十四の瞳」（一九五二年）に代表される児童文学や、「裲襠」（一九五五年）などの自伝的小説を発表。多くの作品で故郷の小豆島を舞台にし、女性や子供を中心とする庶民の姿を描き続けた。

〔時野谷ゆり〕

144 小山いと子 こやま・いとこ

〈作品〉私はこの話をウソだと思ふ。第一こんな例は今までに聞いたことがないし、そんな都合のよい（或は都合のわるい）話があつてたまるものかと思ふ。何より、私はこんな話を好まない。私は社会の秩序を愛し公安を重んじ規律を尚ぶものであるから、どうしたつてこの話をウソだと思ひたいのである。けれども私は久しぶりにその町へゆく用事があつて、大層かしましい町の取沙汰を聞き、当の両夫人にも会ひ、何ともわからなくなつてしまつた。みさ子はかはいらしい赤ちやんを抱いてゐた。桂子は五月くらゐの身重であつた。どちらもこの事件につ いてあまり触れたくない風が見えたが、また逆に話したくもあるらしかつた。つまり誰でもよくあることだが、自分に都合の悪い部分は思ひ出すのもいやだけれども、誰かに聞いてもらひたいのだつた。 （「花合せ」）

〈作品鑑賞〉子のない不仲の夫婦二組が偶然居を隣り合わせ、銘々が他方の配偶者に惹かれて夫婦交換した結果、双方うまく行き子宝にも恵まれた、という刺激的な事件の顛末を、両妻の知人である女が、彼らの行動を糾弾する目的で世間に公表するという話。友人として仮託された語り手が事の経緯を語るという小説形式は必ずしも珍しいものではないが、しかし本作の語り手の場合、その独善性と言説への過度の介入において、他に例を見ない強烈な個性を発揮している。

「私はこの話をウソだと思ふ」という書出しにはじまり、以後も語り手は頻繁に口を挟み、「今それを書きすすめなければならぬことに甚だしい羞恥と苦痛をおぼえる」などと大仰に憤慨して見せては、読者の小説世界への没入を寸断して憚らない。

そうして結末部、すべてを書き終えた女は、「たとひ何十組の夫婦が幸福になるとしても、こんなことは許しがたく思ふ」、「なぜなら、女は結婚すれば不幸であることが日本の道徳になつてゐるのだから」と、ついに自身の本音を露にする。すなわち、「社会の秩序を愛し公安を重んじ規律を尚ぶもの」だと自任する女によって語られる本小説は、表面的には敗戦後の性道徳の荒廃を非難するかのように装いながら、最終場面で語り手の価値認識の錯誤が露呈することで、一転、批判の刃が語り手自身に突き刺さるという、どんでん返しの仕掛けをもつのである。その意味で、テクスト全体が反語法的原理——文面とは正反対の意味を読者が受け取るよう送り手が巧みに誘導する技法——によって成り立っているのである。

〈作品解説〉初出誌は「小説新潮」一九五二年二月号。引用は初出による。作者は県庁の役人だった厳格な父の指導に従い、高等女学校卒業後、大手製糸会社の工場長と挙式当日まで顔さえ知らされないまま十九歳で結婚したが、どうしても夫を好きになれず、愛のない生活の果てに一九四一年、離婚に至る、という体験をもつ。

〈作者略歴〉一九〇一（明治三四）～八九（平成元）年。小説家。高知生。一九三三年、婦人公論の懸賞小説に当選して作家生活に入る。一九三八年、製糸工場に取材した「4A格」が芥川賞候補となる。戦後は大衆小説への傾斜を強め、「執行猶予」（一九五〇年）で直木賞を受賞した。

〔木村陽子〕

145 岩本素白

いわもと・そはく

〈作品〉独活《うど》すこし、慈姑《くわい》すこし、それに蕗《ふき》と出たての莢豌豆《さやえんどう》とがあれば、私の晩春の頃の食膳は事足りる。魚も肉も食べはするが、生来その生臭《なまぐさ》さを好まないのである。そのくせ、鰻と天婦羅《てんぷら》とは必ずしもひどくは厭《いと》わない。甚だ変なことだが、もともと人間は変なものなのである。うど、ふき、くわい、共にこれを漢字で書くと、色々変った字を書き、甚だむづかしい。要するにそれらの文字の如く、私という者が変な者なのであろう。

品川駅の下りホームのすぐ後ろに、東京湾の波がざぶ〳〵打寄せて居た明治時代、そこから見えるやや離れた所に小舟を浮べ、長い棒で絶えず何か海中から掬《すく》いあげて居るのを見たことがある。幼い私が、あれは何をしているのだろう、と聞いたら、母は、鰻掻きといって鰻を捕《と》って居るのだ、と教えてくれた。

（「晩春夜話―南駅余情、一―」）

〈作品鑑賞〉素白といえば散歩だ。素白の足は「大通りよりもむしろ裏通りの路次裏という方面に」向いたと証した生涯の友人窪田空穂は、人をもてなす素白の性質に触れつつも、その散歩好きを、世間づき合いが「狭かった」ことと関連させた。

「独活すこし、慈姑すこし」と、食の話題で始まる本文も、まもなく散歩と絡んでくる。鰻を厭わないのは、「幼い時分この海で捕れたものを食べ馴れた故」だが、自分はやはり「鰻よりもまず山椒の芽の煮たのを褒める男」だとして、「銀座へ出ても、とかく裏通りの方へ足が向く」と語る。そこで話題は、「一昨年の空穂会」の後、「横丁から裏通りへ、裏通りから横丁へ」と歩いた時のことに入り、「又時に京橋の南の橋袂から川に沿って東へ歩くことがある。」と転ずるのだ。この「又時に京橋の」という文が、「独活の香気、蕗のほろ苦さ、善いものではあるが少しく侘しい。その侘しさを好む私は、」に続くものであるのに注目したい。京橋川ぞいの町の「埃り臭さ侘しさ」への愛好は、冒頭の食の好みと揃っているのだ。

独活、慈姑、蕗は、「生臭さ」の反対側にある。が、ただ野菜というだけの意味とは違う。キャベツやきゅうりではなく、しかも、「すこし」なのだ。知られぬ路地、廃れた駅へと向かわせる精神は、名もない草花、忘れられた歴史、無名の人、幼少年期の品川宿を描くことへと素白を誘うが、そういう求め方が、詫びに通じる菜を選ばせ、「独活すこし、慈姑すこし」という、気取りとも映りかねない言い回しを取らせるようだ。

「生臭さを好まない」という心の位置は、非ジャーナリズム的な素白の姿勢の無意識の比喩ともみえる。外界をみつめる目と己を見つめる目との合致の上に素白随筆の粋があるとすれば、本文にもそれは確かに見てとれる。

〈作品解説〉初出は「槻の木」一九五三年六月号。没後『素白随筆』（昭和三八年）に収録。「槻の木」は早稲田の年上の同期生窪田空穂主宰の歌誌。素白随筆の大半はここに載る。引用は『岩本素白全集　第二巻』（春秋社、一九七五年）による。

〈作者略歴〉一八八三（明治一六）～一九六一（昭和三六）年。東京生。本名堅一。国文学者。随筆家。裏町や無名人、忘れられた歴史への「散策」を、慈味豊かに綴った。著書に『山居俗情』（一九三八年）、『素白集』（一九四七年）。

〔高橋広満〕

146 安岡章太郎

やすおか・しょうたろう

〈作品〉シナ大陸での事変が日常生活の退屈な一と齣になろうとしているころ、ようやく僕らの顔からは中学生じみたニキビがひっこみはじめていた。大学部の予科に進んで最初の夏休みのことだ。北海道の実家へ遊びに行く同級生倉田真悟の、いっしょに行かないかという誘いをことわって、僕はどこへ旅行するわけでもなく、ひまつぶし半分に神田のフランス語の講習会へかよっていた。

（「悪い仲間」）

〈作品鑑賞〉冒頭の一文に対応して、小説の末尾は「……そのとしの冬から、また新しい国々との戦争がはじまった。」と結ばれる。戦時下に生きられた暗い青春を、ときに脱力感さえともなう軟らかな語り口で記す。「少なくとも大状況を大状況としてとらえまい、見まいとする意志」（鳥居邦朗編『鑑賞日本現代文学　第二八巻』）をもって、この時代の「日常」をまなざす点が特徴。以下語られてゆく「僕」の悪ぶった冒険も、同級生たちに対する裏切りも、「退屈」にかられて「ひまつぶし半分」にした行動の延長に過ぎないのである。作品における消極的な主張とでも言うべきものを、投げやりな印象を与える文体が効果的に支えている。

〈作品〉片側の窓に、高知湾の海がナマリ色に光っている。小型のタクシーの中は蒸し風呂の暑さだ。桟橋を過ぎると、石灰工場の白い粉が風に巻き上げられて、フロント・グラスの前を幕を引いたようにとおりすぎた。

（「海辺《かいへん》の光景」）

〈作品鑑賞〉精神を病んだ老母の死までを描く作品。篠田一士は、その「特徴的な文体と構成」を、「最初に風景があらわれる。その風景は誘いこむようにぼくたちのまえに徐々にその魅力を発揮する。」と指摘する（「安岡章太郎試論―「海辺の光景」をめぐって―」）。引用した冒頭部分の「風景」には、主人公信太郎の目に映る年老いた父の描写が続く。全編を象徴する「海」への言及から語り起こされているが、安岡文学特有のカタカナ表記（「ナマリ色」）による形容が印象的。また、静止画のような「海」の鈍重さと、人骨の暗喩ともとれる「白い粉」（石灰）の舞う様子が、いかにも対照的である。夙に著名な小説末尾の「異様な光景」と重ねて捉えたい。

〈作品解説〉「悪い仲間」は「群像」一九五三年六月号に発表。「陰気な愉しみ」（同年四月）と合わせて、第二九回芥川賞を受ける。「第三の新人」の特質を集約する作品のひとつ。「海辺の光景」は「群像」五九年一一、一二月号に発表。二年前の母の死去を題材としている。翌年の芸術選奨を受賞するなどたいへん高く評価され、名実ともに安岡の代表作となった。引用は「悪い仲間」『安岡章太郎集　第一巻』、「海辺の光景」『同　第五巻』（ともに岩波書店、一九八六年）による。

〈作家略歴〉一九二〇（大正九）年～。小説家。高知生。戦後より本格的な創作活動を開始し、「ガラスの靴」（一九五一年）で登場。「悪い仲間」「陰気な愉しみ」が芥川賞を受賞し、「第三の新人」の中心的作家と目される。その後、「海辺の光景」「流離譚」（一九七六～八一年）をはじめ、数多くの小説を発表、長年に渡り文壇の第一線で活躍している。

〔山本亮介〕

147　吉行淳之介
よしゆき・じゅんのすけ

〈作品〉ある劇場の地下喫茶室が山村英夫の目的の場所だったが、舗装路一ぱいに溢れて行き交う人々の肩や背に邪魔されて、狭い歩幅でのろのろと進むことしか出来ない。日曜日の繁華街は、ひどい混雑だった。しかし、そのことは、彼を苛立たせはしない。うしろに連っている群衆が、彼の軀をゆっくりした一定の速度で押してゆく。彼はエスカレーターに乗って動いているような気分でいるつもりだった。（「驟雨《しゅうう》」）

〈作品鑑賞〉わずわらしい恋愛を忌避し娼婦の町を歩く独身の男が、あいまいな感情を抱えたままひとりの娼婦との待ち合わせに向かう冒頭の場面。以下、「押されるままに「押されている」ほかなく、人を押す心を失わせられているこういう現代青年」（高見順「人間疎外の文学」）が、不確かな「愛」の感情へと押し流されていく様子を描き出す。吉行文学の〈性〉を語る際に欠かせない、「軀《からだ》」という特徴的な表記にも注目したい。

〈作品〉大型バスが走っている。舗装された道が一本、真直につづいていて、その左右はひろびろとした野原である。ところどころに、人家がみえる。やがて、海が見えた。その海はしだいに迫ってきて、道のすぐ下が波打際になった。波が砕けて、白く飛び散る。

人家の密集地帯があらわれてきて、道はその中を貫いている。家々の陰に、海が隠れた。魚のにおいが、車内に漂った。停留所に二ヵ所停り、バスはふたたび海のみえる道に出て、大きく左へ曲り、しだいに海から遠ざかった。（「夕暮まで」）

〈作品鑑賞〉妻子ある中年男性と若い女性の奇妙な性関係を描く連作小説。冒頭の章では、夢とも現実ともつかぬ幻想的な男女のやりとりが語られる。作品の特徴である「贅肉をそぎ落とした硬質な文体」（高橋広満『吉行淳之介』）を、この一節は表していよう。また、認識主体の存在を明示しないまま、バスに乗っている男女の視点に映る情景を語っている。宇波彰は、こうした文体的特徴を、「人間については言及しないで、対象を直接に指示するが、その指示をする主体の視線は確実なものが存在している。だから、（…）描写される対象はたしかな存在感を持つようになる。」（「吉行淳之介の文体」）としている。

〈作品解説〉「驟雨」は「文学界」一九五四年二月号に発表。「驟雨・その他」の形で第三一回芥川賞を受け、いわゆる「第三の新人」のひとりとして頭角を現すことになった。「夕暮まで」は「文芸」一九六五年七月号から、一〇年以上に渡って書き継がれた。一九七八年に単行本となり、第三一回野間文芸賞を受賞。社会的反響も大きく、「夕暮族」なる言葉を生み出した。引用は「驟雨」『吉行淳之介全集　第一巻』（講談社、一九八三年）、「夕暮まで」『同　第一二巻』（一九八四年）による。

〈作者略歴〉一九二四（大正一三）～九四（平成六）年。小説家。岡山生。娼婦の街を舞台とする「原色の街」（一九五一年）が注目を浴び、「驟雨・その他」で芥川賞を受賞。「砂の上の植物群」（一九六三年）、「暗室」（一九六九年）など、〈性〉をとおして人間存在の奥底に迫る作品で、独自の地歩を築いた。

〔山本亮介〕

148 小島信夫

こじま・のぶお

〈作品〉僕はくらがりの石段をのぼってきて何か堅いかたまりに躓き向脛を打ってよろけた。僕の家にこんな躓くはずのものは今朝出がけにはなかった。今朝出がけではなく、今まで三年何ヵ月のあいだにこんな障害物はなかった。これはいったい何であろうと思ってさわって見ると、材木がうず高くつんであるのだ。それに手ざわりによるともうその材木には切りこみさえしてある。僕の家の敷地に主人である僕に断りもなしにいったい誰かがこれで以て家を建てるにちがいない。家を建てるとすれば、ここから五粁も六粁もはなれたところに建てるはずはない。建築者はこの近所に住んでいるのか、住もうとする人にちがいはない。いったいその本人はどこの誰で、何のために僕の家の敷地に置かねばならないのか。

ことがらの意外さに僕は向脛の痛みも忘れかけていたが、妻のトキ子の姿を見るに及んで急に痛みがよみがえってきたのには、またおどろかされた。たぶん長年の習慣で、どんな痛みにしろ、トキ子の姿を見ると生き生きとしてくるのかも知れない。僕の歯の痛みにしろ、心のすみのウズキにしろ、トキ子の日常的な姿を見ると、とたんにこんなぐあいに自分でもおどろくほどよみがえってくる。（「馬」）

〈作品鑑賞〉小島信夫の文章は、無造作に書きつけられた、特徴のない散文であるかのように見えてしまう。が、一つ一つの言葉や、一つ一つの文は何気ないものであっても、意味を追いかけようとしているうちに、読者はいつしか迷宮に足を踏み入れ、躓いてしまう。「僕」が自分の家に積み上げられた材木で向脛を打つのと同じだ。ゴーゴリやカフカの「笑い」に魅了されていた小島は、文脈は穏やかにしながらも、センテンスとセンテンスの間隙に飛躍を挿入することで、「唐突」に「別の世界」を導入し、「面白さ」を生み出そうとした。したがって自分の家という日常の空間で、「唐突」に材木と遭遇し当惑する「僕」を視点人物に据えた「馬」は、まさしく小島特有の小説言語によって練り上げられた作品だと言えよう。また小島を読む上で注目すべきは、肉体の問題である。小島は肉体を「精神にとっては異質の敵」と捉えていたが、「馬」の冒頭は、肉体の他者性を露呈させる。「僕」にとって「向脛の痛み」は、自分のものではなく、トキ子という他者によって気づかされるものでしかなかった。「僕」が主人であるはずの家には材木が侵入し、「僕」が所有しているはずの肉体には他者の痛みが貫く。こうして自明な日常は、何気ない散文によって瓦解していく。小島は「馬」で「象徴を試み」たと述べていたが、その冒頭は小島の方法としての「象徴」を示唆してもいたのだ。

〈作品解説〉初出は、「家」として「近代文学」一九五四年八月号、「馬」として「文芸」一九五四年八月号。後に「馬又は政治」としてまとめられ、『小島信夫全集　第四巻』（講談社、一九七一年）に収録される際に、「馬」と改題。引用は同書。

〈作者略歴〉一九一五（大正四）～二〇〇六（平成一八）年。小説家。岐阜生。「アメリカン・スクール」で芥川賞を受賞。以後も「島」（一九五五年）、「抱擁家族」（一九六五年）、「別れる理由」（一九八二年）などの問題作を発表し続けた。

〔山本幸正〕

149　幸田　文　こうだ・あや

〈作品〉このうちに相違ないが、どこからはひつてい、か、勝手口がなかつた。

　往来が狭いし、たえず人通りがあつてそのたびに見とがめられてゐるやうな急いた気がするし、しやうがない、切餅のみかげ石二枚分うちへひつこんでゐる玄関へ立つた。すぐそこが部屋らしい。云ひあひでもないらしいが、ざわ〳〵きん〳〵、調子を張つたいろんな声が筒抜けてくる。待つてもめどがなかつた。いきなりなかを見ない用心のために身を斜によけておいて、一尺ばかり格子を引いた。と、うちじゆうがぴたつとみごとに鎮まつた。どぶのみじんこ、と連想が来た。もつとも自分もいつしよにみじんこにされてすくんでゐると、

　「どちら?」と、案外奥のはうからあどけなく舌つたるく云ひかけられた。

（「流れる」）

〈作品鑑賞〉本作品は、花柳界・柳橋に、幸田文自ら家事使用人として住み込んだ経験に基づき、売春防止法成立前夜の芸者社会を描き出した野心作である。芸者置屋の下働きを志願する中年女性・梨花が、目見えのために訪れた置屋の玄関先で、逡巡しつつも格子戸を開ける様子が描かれている。

　読者はこの視点人物が誰であるかも知らされぬまま、ともかくも異界である花柳界に侵入することを余儀なくされる。冒頭の文章からは、まさにこれまでとは「勝手が違う」世界に入って行かざるを得ない戸惑いが象徴的に綴られている。

　しかしながら、この語り手は不用意に踏み込むのではなく、中の気配を伺い、どうやら揉め事があるらしいことを察知する世知に長けた存在でもある。同時に、中のざわめきを即座に「どぶのみじんこ」と形容する辛辣な批評眼の持ち主であり、自身もその「どぶ」の仲間入りをしようとしていることを認識する一筋縄では行かない苦労人でもあるのだ。日本の近代文学の多くが、青年たちの成長や挫折の物語であった（中村光夫「日本の近代小説」）ことを思い合わせるとき、生活体験知は豊富ながら、何者でもない中年女性を視点人物に据えた、この作品の独自性は、全く比類ないものである。

　「ざわ〳〵きん〳〵」といったオノマトペの使用も、幸田文の文体の大きな特徴の一つである。口さがなく喋り散らす女たちの声は、語られている内容に部外者が耳を澄ます以前に、共同体そのものとして部外者を疎外する。部外者である語り手が格子戸を開けた途端に、喧噪がぴたっと止んで、「どちら?」という、思いもかけないよそ行きの声がもたらされる展開は、抜群の演出効果を上げているといえるだろう。

〈作品解説〉初出は「新潮」一九五五年一月号から一二月号（四月号のみ休載、全十一回）。単行本は一九五六年、新潮社刊。引用は同書。同作品により、新潮社文学賞と日本芸術院賞を受賞した。

〈作者略歴〉一九〇四（明治三七）～九〇（平成二）年。随筆家、小説家。東京生。父・幸田露伴の看取りの記録である「雑記」（一九四七年）が注目され、四三歳で文筆業へ。代表作に「みそつかす」（一九五一年）、「おとうと」（一九五七年）、「闘」（一九七三年）、「崩れ」（一九九一年）、「木」（一九九二年）がある。

〔**金井景子**〕

150 深沢七郎

ふかざわ・しちろう

〈作品〉山と山が連っていて、どこまでも山ばかりである。この信州の山々の間にある村――向う村のはずれにおりんの家はあった。家の前に大きい欅の根の切株があって、切口が板のように平たいので子供達や通る人達が腰をかけては重宝がっていた。だから村の人はおりんの家のことを「根っこ」と呼んでいた。嫁に来たのは五十年も前のことだった。この村ではおりんの実家の村を向う村と呼んでいた。村には名がないので両方で向う村と呼びあっていたのである。向う村と云っても山一つ越えた所だった。おりんは今年六十九だが亭主は二十年も前に死んで、一人息子の辰平の嫁は去年栗拾いに行った時、谷底へ転げ落ちて死んでしまった。後に残された四人の孫の面倒を見るより寡夫になった辰平の後妻を探すことの方が頭が痛いことだった。村にも向う村にも恰好の後家などなかったからである。

その日、おりんは待っていた二つの声をきいたのである。今朝裏山へ行く人が通りながら唱ったあの祭の歌であった。

楢山祭りが三度来りゃよ

栗の種から花が咲く

（「楢山節考」）

〈作品鑑賞〉「楢山節考」の始まりには違和感がつきまとう。物語の舞台となる村の説明も、中心人物の来歴も、簡潔かつ具体的になされる。物語としては模範的な始まりだ。しかしなぜか地に足がついていない。そもそもこの物語はどこから語られているのか。おりんの住んでいる村は「向う村」であり、おりんの実家のある村も「向う村」と呼ばれる。二つの村が彼岸に位置していると語られるだけで、語り手が存在する此岸がどこなのかは明らかにされない。またその彼岸がいつの時代を舞台にしているのかも、語られない。すなわち読者は、語り手とともに曖昧な此岸に身を置かざるを得ず、いつとも知れぬ彼岸で展開される物語を聞き入ることとなるのである。「楢山節考」について、三島由紀夫は「うす気味悪い」と言い、武田泰淳は「とんでもなく異質なもの」と述べた。「楢山節考」の語りは、読者に違和感を与え続けるのである。とはいえ、それは異様なだけではない。三島が指摘した「変なユーモア」も忘れてはならない。「だった」「である」のリズミカルな繰返しが飄飄としたユーモアを生み出す。文末のリフレインが、凄惨な物語をユーモラスな雰囲気で包みこむ。ギタリストだった深沢は「楢山節考」を、ミュージックホールの楽屋で「リズムのハッキリした曲」を聴きながら書いた。民話的で土着的な物語を支えていたのは、マンボやロカビリーのリズムでもあったのだ。

〈作品解説〉初出誌は「中央公論」一九五六年一一月号。引用は初出。第一回中央公論新人文学賞の受賞作であり、単行本『楢山節考』（中央公論社、一九五七年）はベスト・セラーとなった。

〈作者略歴〉一九一四（大正三）～八七（昭和六二）年。山梨県生。戦前からギタリストとして活躍。代表作としては「笛吹川」（一九五八年）、「風流夢譚」（一九六〇年）などがある。

（山本幸正）

151 松本清張　まつもと・せいちょう

〈作品〉安田辰郎《やすだたつお》は、一月十三日の夜、赤坂の割烹《かっぽう》料亭「小雪」に一人の客を招待した。客の正体は、某省のある部長である。

安田辰郎は、機会工具商安田商会を経営している。この会社はここ数年に伸びてきた。官庁方面の納入が多く、それで伸びてきたといわれている。だから、こういう身分の客を、たびたび「小雪」に招待した。

安田は、よくこの店を使う。この界隈《かいわい》では一流とはいえないが、それだけ肩が張らなくて落ちつくという。しかし座敷に出る女中は、さすがに粒が揃っていた。

安田はここではいい客で通っていた。むろん、金の使い方はあらい。それは彼の「資本」であると自分でも言っていた。客はそういう計算に載《の》る人びとばかりであった。もっとも、彼はどんなに女中たちと親しくなっても、あまり自分の招待した客の身分をもらしたことはなかった。

（「点と線」）

〈作品鑑賞〉松本清張はエッセイ「推理小説の読者」の中で、当時の日本の推理小説が「ありきたりの陳腐な形容詞を大げさに使用する」と苦言を呈し、推理小説は犯罪という異常なものを扱うのだから、「筆を抑えて、表現の過剰を戒めた方が、内容のもつ異常感がふくれ上がって読者に迫るのである」と主張している。この主張は「点と線」で用いられている文体や表現の特徴を的確に自解している。

「点と線」で主な謎となるのは、真犯人のアリバイトリックである。「アリバイ崩し」と呼ばれるこの種の推理小説の特徴は、真犯人が物語の早い段階で読者に知らされるという点にある。実際、冒頭の数段落だけを読んでも、安田辰夫が何か後ろめたい秘密を持つ人物であることは十分に予感されるだろう。

語り手はおそらく、安田が招待した客の正体を知っている。だが、「客の正体は、某省のある部長である」と徹底してその素性を隠す書き方をしている。また第二段落では、安田の会社が「官庁方面の納入で伸びてきた」という情報を伝聞として提示することによってその裏側に何か秘密があるような印象を与え、「だから、こういう身分の客を、たびたび『小雪』に招待した」と続けて、「官庁方面の納入」と「某省のある部長」の接待との因果関係を明確にしている。ここでは、読者に秘密の存在をほのめかす書き方が選ばれているのだ。その結果、「汚職」や「癒着」といった言葉を使うことなく、安田と客の後ろ暗い関係が印象づけられ、第四段落にあらわれる「そういう計算」が隠微なニュアンスを持って響くようになるのである。

〈作品解説〉初出誌は「旅」一九五七年二月号〜五八年一月号。謎を解く人物に地道な捜査を重ねる二人の刑事を配置し、また、犯人の動機も官僚との癒着という社会問題を背景にするなど、それまでの推理小説とは一線を画すものであった。引用は『松本清張全集一　点と線・時間の習俗』（文芸春秋、一九七一）。

〈作者略歴〉一九〇九（明治四十二）〜九二（平成四）年。小説家。福岡生。一九五二年「或る『小倉日記』伝」で芥川賞を受賞。一九五七年に発表した「点と線」「眼の壁」の二作品は「社会派推理小説」の嚆矢とされる。現代文学や推理小説だけでなく、時代小説や歴史小説、ノンフィクションなど幅広い領域に足跡を残した作家である。

〔諸岡卓真〕

152

小川国夫

おがわ・くにお

〈作品〉ミケネの遺跡はアテネへ行く街道から少し入った所にあった。柚木浩がミケネから歩いてこの道路に出て、バスを待っていた時には日が照っていた。コリントでバスが十分位小休止をした時、彼は下りて葡萄を買ったが、雨が頬に当った。

浩は土砂降りになっていた時を憶えている。彼はバスの一番前の席に乗っていて、運転手の前の窓にワイパーが通ると、直ぐ水が掛って来るのを見ていた。外の灯は滲んで、何個あるか数えられなかった。バスは海に沿って走っていたが、早く日が暮れて、カーヴへ近づくと、雨以外にヘッドライトで照し出される物体がないことがわかって、海が想像出来た。停留所でドアが開くと、彼の席からは外が見えて、寒い風を起している雨脚の勢がわかった。

（「アポロンの島」）

〈作品鑑賞〉接続詞など、文間の緩みをもたらす表現が一切なく、場所【ミケネの遺跡→バス停→コリント→海→アテネ】や天候・時【日が照る→雨が頬に当たる→土砂降り→日暮れ→ヘッドライト（が必要な闇）】の移動が僅かな文章量で示される。「見る」「わかる」が二度繰り返され、旅行者としての不慣れな土地や天候に向ける視線が描かれる。そして彼の作品で頻出する〝海〟はここでは「ヘッドライトで照らし出される物体がない」ことから、想像の中に存在する、という書き方をする。

紀行文的に地形や風景を鳥瞰図的に描くのでなく、自分の位置から、まわりで起こっているできごとを捉え、抑制の効いた文体で淡々と、しかし時には唐突なひとりよがりな書き方もさせるところなどが、志賀直哉的な行き方を感じさせる。

またこの作品では何人かの登場人物が浩の目をとおして描かれるが、外国語の中に居ると、人間関係も薄膜を通すようにしか把握できず、出会った人々の仕種や目の表情に国籍を超えた普遍性をみるしかないという、旅行者の敏感な気分がよく出ている。後の部分では、要約的な会話や浩の体調不良、夢などを通して、主人公のそうした不安定な気分が描かれている。会話文は「」でなく「――」（ダッシュ）に続けて示され、文末は「た」止めやその連続が多い。これは他作品でも多く見られる特徴で、特に事件や明確な筋が無いのに、緊迫感が漲る。そして「空は真白い壁の稜で切り取られていて、すぐそばの天井のようにも、遥かにも感じられた。壁はここの人が空を見る時の額縁だった。廊下のような路地には隈なく反射光があった。」のように、平明な語で海や空や光を繰り返し描き出す。

〈作品解説〉初出は「アポロンの島と八つの短編」として同人誌「青銅時代」第一号（一九五七年六月）に発表。小川が多島海のミコノス島へ行ったときの経験に取材している。作品中に「そしてアポロンは、光に躍り出た」という一節があるが、彼もこの作品で島尾敏雄に認められ、作家として歩みだした。引用は『小川国夫全集　第一巻』（小沢書店、一九九二年）。

〈作者略歴〉一九二七（昭和二）～二〇〇八（平成二〇）年。藤枝市生。作品群としては、故郷静岡の風土を舞台にしたもの、自身を投影した半自伝的なもの、フランス留学時の経験や見聞を取り入れた紀行的な作品、あるいはこれらの要素が混ざったもの、キリスト教や聖書に材をとった作品などが主なものとしてあげられる。

〔髙崎みどり〕

153 大江健三郎　おおえ・けんざぶろう

〈作品〉死者たちは、濃褐色の液に浸って、腕を絡みあい、頭を押しつけあって、ぎっしり浮かび、また半ば沈みかかっている。彼らは淡い褐色の柔軟な皮膚に包まれて、堅固な、馴じみにくい独立感を持ち、おのおのの自分の内部に向って凝縮しながら、しかし執拗に躰をすりつけあっている。彼らの躰は殆ど認めることができないほどかすかに浮腫を持ち、それが彼らの瞼を硬く閉じた顔を豊かにしている。揮発性の臭氣が激しく立ちのぼり、閉ざされた部屋の空気を濃密にする。あらゆる音の響きは、粘つく空気にまといつかれて、重おもしくなり、量感に充ちる。

（「死者の奢り」）

〈作品〉ある真夜中、かれがローテスクの回転式鼻毛切りで、もう生きた足の上に乗っかって塵埃《じんあい》の巷《ちまた》に出てゆくこともない、自分の鼻を、猿の鼻孔さながらに、鼻毛いっぽんはえていないものにすべく、しきりに刈りこんでいると、おなじ病院の精神科病棟から抜け出てきたのか、通りすがりの気狂いか、ともかく男としては異様なほど小柄で痩《や》せているのに、ヒゲダルマ風に毛だらけの顔だけ真丸にふくらんだやつが、やにわに彼のベッドの裾に横坐りすると、

——いったい、おまえは、なんだ、なんだ、**なんだ**！　と泡を吹いて叫んだ。

（「みずから我が涙をぬぐいたまう日」）

〈作品〉老年になりながら、それも暴力がらみの深手《ふかで》を負って入院した長江古義人《ちょうこうこぎと》は、大病院の個室に顔を出す見舞客の思いがけなさに戸惑うことがあった。個人負担で、ベッドの底に退避用の大型パイプを設置したかった。しかし永年会うことがなく、近くそれがあると聞いても実感のなかった椿繁《つばきしげる》の出現には、別の印象を受けた。積み重なるイザコザの記憶はそれとして、古義人は懐かしい悦ばしさに満たされた。

——きみの初期の仕事に、妙な書き出しがあったね、いまのおれときみの、垂直と水平の対峙《たいじ》をさ、予言的に書いてたよ。

古い言葉に外国人のアクセントを交じえて、繁は話した。

——どういう小説だった？　頭をやられると、肉体的には恢復しても、なにやら心もとなさが残って、記憶の出て来方に不安がある……

——そういうこともあろうかと思ってさ。成城の家に寄って千樫《ちかし》さんと話したんだが、マーちゃんに古い文庫本をもらって来たよ。

繁は地下鉄で確かめておいたらしい書き出しの一節を、G・Iの装備のようなコートから出した本で読み上げた

（「さようなら、私の本よ！」）

〈作品鑑賞〉「死者の奢り」の主人公は大学医学部の死体処理室で、管理人の指示のもと、水槽から水槽へと死体を移すアルバイトをしている。作品は冒頭から「死者」の姿が描かれていく。「濃褐色の液」や「淡い褐色の柔軟な皮膚」はそれがすでに生命活動を喪ったことをしめしているが、反面「腕を絡みあい」「頭を押しつけあい」「躰をすりつけあって」といった表現に見られるように、あたかもそれ自体が生者であるような比喩が用いられている。その他嗅覚や聴覚など五感を総動員して、この死体処理室は描かれていく。採用された時制表現はすべて現在時になっており、眼前に表象されるような生々しさを加え

ている。サルトルやカミュら実存主義作家たちの影響を受けつつ、独特の抒情性を備えた文体をデビュー当時から大江がすでに獲得していたことは注目すべきだろう。

「みずから我が涙をぬぐいたまう日」は六〇年代半ばから七〇年代にかけて続く、難解な文体と構成を前面に押し出した作品制作のピークに位置するものの一つである。病院のベッドで深夜鼻毛を切る主人公の前に、忽然と正体不明の闖入者が現れるという設定そのものも相当に非日常的で奇想天外なものといえるが、その鼻毛を切る道具が「ローテスクの回転式鼻毛切り」であったり、闖入者が、小柄で痩せているにもかかわらず「ヒゲダルマ風に毛だらけの顔だけ真丸にふくらんだ」男であったりと、語りそのものも過剰な情報を盛り込んだ、異様なスタイルのものとなっている。また冒頭から六行目の闖入者の言葉まで文は一続きで、句点による終止は引き延ばされている。

このころ大江は自身の文学的方法として、ロシア・フォルマリズムに由来する「異化」という概念を提起し、七八年に『小説の方法』としてまとめている。その中で彼は「ある文体が「自動化作用」におちいり、ものとしての、あるいは言葉のかたちとしての手ごたえをあたええなくなった時、その文章に文体としての抵抗感を回復させるために、現にある文体からのパロディ的な展開が必要である。それは文体レヴェルでの「異化」と呼びうるものであろう」と述べているが、その実例がまさにこの作品の冒頭引用部分にはっきりとしめされている。

七九年に長編「同時代ゲーム」を書いた後、八〇年代初頭の連作集『「雨の木」を聴く女たち』『新しい人よ眼ざめよ』などの執筆を経て大江健三郎の小説に対する方法意識は変化し、一時のグロテスクなまでに誇張された文体は、やや読みやすいものになってくる。八八年に書かれた『新しい文学のために』では「若い作家としてできるかぎり早く独自の文体を作りあげようとした僕は、現に自分の持っている、それも自然発生的なものに思える文体をまず壊す、ということに専念した。その結果成立した文体は、僕自身にとって確かに新しいものだった。しかしそれは、自分で読みかえしてみてすらも、時どき息苦しくなるものなのであった…」と記してもいる。近作「さようなら、私の本よ！」の冒頭からは、かつての文体の異様さがかなり緩和されているのを感じることができる。この部分で言及されている「初期の仕事」が「みずから我が涙をぬぐいたまう日」であり、この直後で作中に引用されていることは象徴的であろう。

〈作品解説〉「死者の奢り」初出誌は「文学界」一九五七年八月号。大江のデビューを鮮やかに印象づける作品となっている。「みずから我が涙をぬぐいたまう日」初出誌は「群像」一九七一年一〇月号。「天皇と死」を巡っての、仕掛けに充ちた小説である。「さようなら、私の本よ！」初出誌は「群像」二〇〇五年一、六、八月号に分載。「取り替え子」「憂い顔の童子」とともに「おかしな二人組」三部作をなす。引用はすべて初出。

〈作者略歴〉一九三五（昭和一〇）年〜。愛媛県喜多郡大瀬村（現・内子町大瀬）生。東京大学在学中の一九五七年「奇妙な仕事」「死者の奢り」で小説家としてデビュー。脳に障害をもつ長男との生活を一方の源泉に、現代世界の困難に満ちた状況をもう一方の源泉に、粘り強い作家活動を続ける。一九九四年にノーベル文学賞受賞。「九条の会」呼掛人の一人。〔島村　輝〕

154　井上　靖

いのうえ・やすし

〈作品〉往古、西域に楼蘭と呼ぶ小さい国があった。この楼蘭国が東洋史上にその名を現わして来るのは紀元前百二、三十年頃で、その名を史上から消してしまうのは同じく紀元前七十七年であるから、前後僅か五十年程の短い期間、この楼蘭国は東洋の歴史の上に存在していたことになる。いまから二千年程昔のことである。

（「楼蘭」）

〈作品鑑賞〉「往古」西域に楼蘭と呼ぶ小さい国の謎に包まれた歴史、東洋史上にその名をとどめた「僅か五十年程」の興亡、そして、その名が消えてから「いま」までの「二千年程」の未知の世界。冒頭の三つの文章は、楼蘭という小国の歴史的輪郭を簡潔に描き出している。

　楼蘭国が「前後僅か五十年程の短い期間」、「東洋の歴史の上に存在していた」ことは、無論楼蘭国の歴史が五十年程しかないという意味ではない。漢武帝時代の冒険家張騫によって発見される前に楼蘭国はすでに沙漠地帯に存在していたし、紀元前七七年に漢の命令で楼蘭の地を離れ、鄯善国に名を改められた後も、国としてなお五百年ほど存続していたのである。「僅か」という表現は、楼蘭国の歴史の短さを表しているのではなく、むしろ楼蘭に関する史書の記述の少なさと、それに相応する楼蘭をめぐる想像的空間の広さを意味するのである。「往古」と「いま」という二つの時間表現が、「僅か五十年程の短い期間」をゆったりと包み込み、史書に記載されなかった「往古」から「紀元前百二、三十年」までの楼蘭国の歴史と、「紀元前七十七年」から「いま」までの楼蘭国の歴史、という二つの空白を含みこませた。空白であるのは、国の歴史ばかりではない。往古すでに沙漠地帯に住み着いた楼蘭人の生活、漢と匈奴に挟まれながら国を立てていく楼蘭人の苦心、新しい都への遷移を命じられた後の楼蘭人の運命、打ち捨てられた楼蘭の城邑の行末、さらに楼蘭と切り離すことのできないロブ湖の変遷も皆謎に包まれている。冒頭で示された楼蘭の歴史的空白は逆に小説「楼蘭」の豊穣な物語世界を暗示しているのである。

　張騫によって発見された後、楼蘭は様変わりした。漢と匈奴の間で揺れ続けた「楼蘭人」は次第に「鄯善人」に変わり、「楼蘭」も「帰るべき都」から「鄯善国の領土」と思われるようになった。終章では、鄯善国が滅亡して千数百年後に、沙漠に埋もれた楼蘭の城邑と柩に眠り続けた古代の楼蘭人、所在をくらましたロブ湖が探検家ヘディンによって発見され、再び世界史上に登場してくることが記されている。結尾と冒頭の見事な呼応は、長大な時空の中で変わるものと変わらぬものを鮮明に浮かび上がらせているのである。

〈作品解説〉「文芸春秋」一九五八年七月号に発表。二千年程昔に漢と匈奴の間に挟まれながら国を立てていく西域の小国楼蘭とその後身鄯善国の興亡史を辿り、千数百年も沙中に埋もれた楼蘭の地とロブ湖の再発見を描いた西域小説の名作。引用は『井上靖全集　第五巻』（新潮社、一九九五年）による。

〈作者履歴〉一九〇七（明治四〇）～九一（平成三）年。詩人、小説家。一九五〇年に小説『闘牛』で芥川賞を受賞。『氷壁』、『風林火山』、『敦煌』、『風濤』など、多くの名作を遺し、日中文化交流にも大きく貢献した。

〔孫　軍悦〕

155

福永武彦

ふくなが・たけひこ

〈作品〉ソシテ人間ノ一生ハ何処カラカ既ニキマッテシマッテイルノダ。人ハ運命トイウ。シカシソレヲキメルノハ彼（或イハ彼女）自身ノ影ノ部分ダ。シカシ誰ガ、イツ、遅スギズニ、ソノコトニ気ガツクノカ。

　もしこれが小説ならば、僕は事実だけを簡潔に語って、現実の持つ醜い恐ろしさをそのまま伝えただろう。その一日の（それは晩春の昼下りで、陽射《ひざし》は暖かく、日が暮れても、やはり春らしい、うっとりした気分を感じさせる生暖かい夕べだった）僕の経験が、僕を時間の中に立ち止らせさえしなかったなら、だいいち僕はこんなものを書くことさえもなかっただろう。しかしこれは小説ではない。僕は小説のようにこれを書くことが出来ない。

（「影の部分」）

〈作品鑑賞〉福永武彦は、欧米の二〇世紀前半の小説を範として、複数の人物をその内面外面の両面から構築的に描く方法による小説を書き続けた作家である。そのための方法として、彼の作品の多くでは、人物の内面は過去の出来事によって予め規定され、現在の外面（言動）はそれらから逃れることができないということが強調される。「影の部分」では、そのような「私」の内面が、冒頭からカタカナ書きで示される内的独白によって、読者に投げかけられる。カタカナ書きの使用については、フォークナーのイタリック体の使用法に倣ったことを、福永は評論「フォークナーと私」（一九七九年）で述べている。引用部分で語り手の「私」は、このテクストが小説ではないと繰り返すが、それは、日本の小説では一般的には使用されない（読者にとって、読みづらい）カタカナ書きという記述方法があえて使用されることによって、「私」がいかに強く過去に囚われており、それは最早「私」の現在の意識や行動自体を捉え尽くしてしまっているのだということを、読者に理解させるための言説なのである。この作品では、「私」と、その友人である未亡人の幾ちゃんと、その娘である麻ちゃんとの精神的な三角関係が辿られていくが、作品内の現在時では、麻ちゃんは自殺を果たしており、「私」の語りは、愛をめぐる幾ちゃんとの会話によって、内的独白を交えながらより過去へと遡行していき、その末には、「私」の語りによる地の文の中で、麻ちゃんが幼かった時期の三人の姿が、あたかも聖家族であったかのように示され、その後改行して「ソシテ…。」という完了しない一文によって、突如打ち切られる。つまり、この作品ではそのような結末によって、「私」の内的独白が冒頭部分に循環する形態をとるように読者を誘導することにより、現在の時空がいかに過去に覆い尽くされているのかということが、改めて読者に対して強調されることになるのである。

〈作品解説〉初出誌は「群像」一九五八年七月号。引用は『福永武彦全集　第六巻』（新潮社、一九八七年）による。

〈作者略歴〉一九一八（大正七）～七九（昭和五四）年。詩人、小説家。福岡生。「マチネ・ポエティク」の詩人として出発したが、その後、二〇世紀前半の欧米の小説におけるロマンの書き手を目指した作品を書いた。代表作に「風土」（一九五二年）、「草の花」（一九五四年）、「死の島」（一九七一年）などがある。

〔倉西　聡〕

156　串田孫一　くしだ・まごいち

〈**作品**〉これまで、沢山の人が山へ登った。これからも登り続けるだろう。恐らく山がある限り人は山へ登る。それなら、人類は最後まで山へ登るだろうか。人類の最後の日が来ても山は地上に聳えているだろうから。

しかし、人はそれまで、山に対して謙虚であり得ないかも知れない。神々の座としてそれを麓から眺めていた時代の人々は、現在の山登りのありさまを想像することはできなかった。

人々は今なおこの大きな自然に向って謙虚ではあるが、そこでの精神的な体験を持っていないある種の人たちは、山へただ人を運びあげることによって、一つの事業を考える。観光という苦しみ抜きの、悦びはなくして楽しみのみの世界しか知らず、他の世界の存在をかえりみようともしない人々は、一歩一歩の努力の連続によって遙かな山頂に立つことなどは全く考えなくなる。

これは、ひと口にいえば、人間が山を山ではなくして行く顕著な傾向である。あいまいな愛を持つ人々が、山を順に殺して行くだろう。運ばれて行く山、それは山と呼んでいいかどうかも分からないが、そういうものだけが残って、登る山がなくなってしまう時代も来ないとは限らない。（「山に関する断想」）

〈**作品鑑賞**〉まず書き出しで、〈人〉と〈登山〉の安定的関係性が、〈過去〉と〈未来〉との時間的継続性をもって示されている。しかし、こうした当然視される定義も、「それなら、人類は最後まで山へ登るだろうか。」「人はそれまで、山に対して謙虚であり得ないかも知れない。」との〈未来〉に対する懐疑の提示により、揺さぶりが加えられることになる。〈人〉にとって〈山〉という存在は、〈過去〉においては崇める対象としての「神々の座」であったが、はたして〈現在〉はどうなっているのか、その考察をもって先の懐疑の意味が明らかにされていく。作者は、〈現在〉における「山へただ人を運びあげること」を「事業」とする人々、そうした事業により「一歩一歩の努力の連続によって遙かな山頂に立つこと」を放棄する人々を批判する。ここでは、それぞれが《観光事業者》《観光客》などと直接的に明示されることなく、「そこでの精神的な体験を持っていないある種の人たち」「苦しみ抜きの、悦びはなくして楽しみのみの世界しか知らず、他の世界の存在をかえりみようともしない人々」「あいまいな愛を持つ人々」といった代称法的表現が展開されている。しかし、そうした暗示的な表現は、〈現在〉における山登りに対する精神性の欠如、という問題を批判する上では、かえって直接的強度をもつこととなる。「運ばれて行く山」だけが残り、「登る山がなくなってしまう時代も来ないとは限らない」との最終部の〈未来〉への警告は、〈現在〉の〈人〉と〈山〉との関わりを考察した結果、書き出しの安定的関係性を自ら反転させる反照法的表現ともなっているのである。

〈**作品解説**〉「山に関する断想」は、『霧と星の歌』（朋文堂、一九五八年一二月）に所収。引用は同書。登山や自然の意味を思索している。

〈**作者略歴**〉一九一五（大正四）～二〇〇五（平成一七）年。哲学者、詩人、随筆家。東京生。

〔**植木賢一**〕

157 永井龍男

ながい・たつお

〈作品〉（冒頭）「柱時計の振り子の音で、けさ四時まで、完全に眠れなかったんだからな」

佐伯は、自分にいい聞かせた。

そのくせ、自分を乗せて走っている電車の騒音には無感覚だった。

（結末近く）だが、柱時計は命じた。

「明けなさい、止めなさい、明けなさい、止めなさい」

人間の頭の中で、一番もろい処を、絶え間なく小突いてくる音であった。

彼は一度、具体的に停年の日を想像してみたことがあった。朝起きても、靴の置いてない玄関。彼の歩くことのない駅までの道。彼の加わることのない駅の雑沓。彼のデスク、彼の椅子……。

そのときに感じた恐怖が、いま佐伯を襲っていた。

彼は柱の下まで、食卓を押して行った。そして、その上に乗ると、柱時計の下部の蓋を開き、震える手先きで振り子を止めた。時鈴用の針金の輪が、柱時計の腹の中で微かに震動して揺れた。

その余韻とともに、柱時計は死んでしまった。

佐伯の手には、ごく小さな催眠剤の紙箱が二つか三つ握られていた。

（「一個」）

〈作品鑑賞〉停年間近の主人公が電車で帰宅する、何気ない場面からこの作品は始まる。しかし、後半重要な役割を果たすことになる柱時計が、主人公の台詞にてすでに登場している点に注意したい。

再就職先を求めて奔走する主人公だが、紹介状もまるで役に立たず、見通しは暗い。妻は嫁いだ娘の看護で不在。その娘も危篤であることが知らされる。結婚した頃から使っているという柱時計。正確に時を刻み続けるそれは、波乱なく続いていく主人公の生活を象徴するものだった。しかし、停年が迫る上、家族にも不幸が訪れた今、時計の音こそが、主人公にとって拷問の響きと化す。平穏な日常を象徴する事物が、一転して苦痛の対象となる恐怖。引用部分からも分かるように、この作品では過剰な形容語句や、大げさな言い回しは一切用いられず、平易な文章で淡々と描写がなされている。そのため、追い詰められた主人公の焦燥は、かえって読者に鮮烈な印象を残す。

「一個」は、平穏な日常がふと見せる深淵と、その中に潜む危機を描き出す。無駄を省いた達意の文章によってこれを成し遂げている点に、永井龍男の非凡な手腕が認められる。

〈作品解説〉初出誌は『新潮』一九五九年八月号。初収単行本は『一個その他』（文藝春秋新社、一九六五年六月）。同単行本は、同年一一月に第一八回野間文芸賞を、翌年四月に芸術院賞を受賞。引用は『永井龍男全集　第三巻』（講談社、一九八一年）による。

〈作者略歴〉一九〇四（明治三七）～九〇（平成二）年。小説家。東京生。代表作に、「蜜柑」（一九五八年）、「青梅雨」（一九六五年）、「コチャバンバ行き」（一九六五～七二年）などがある。

〔宮坂康一〕

158

倉橋由美子　くらはし・ゆみこ

〈作品〉 ある日あなたは、もう決心はついたかとたずねた。わたしはあなたがそれまでにも何回となくこの話を切りだそうとしていたのを知っていた。それにいつになくあなたは率直だった。そこでわたしも簡潔な態度をしめすべきだとおもい、それはもうできている、と答えた。パルタイにはいるということは、きみの個人的な生活をすべて、愛情といった問題ももちろんのこと、これをパルタイの原則に従属させることなのだ、とあなたは説明しはじめた。あなたは眼鏡を光らせすぎるので、そのむこうにある肉眼の表情がわたしにはよくみえない。あなたの歯ががちがちと鳴るので、できのわるいガイコツの咬合をみるようであり、あなたは不自然なほど興奮していたにちがいない。わたしはおもわず動物的な笑いをもらした。するとあなたはわたしの手を握った。いつものようにあたたかくて湿っぽい。多少居心地のわるいかんじだとおもう。あなたはわたしの決心を確かめようとしていたらしかった。そこでわたしも、すこしばかり大げさな身ぶりをともなうことばによってあなたを安心させる必要があった。（「パルタイ」）

〈作品鑑賞〉 全般に平易な語彙のみを意図的に用い、またその多くをあえて仮名で表記しながら、しかし内容としては非常に観念的な物語の展開を予感させる冒頭部である。この実質的なデビュー作について、作者自身がカフカ、カミュ、サルトルからの影響を認めている。確かに、実質の定かならぬ政治結社らしき組織の設定（「パルタイ」）にカフカが、自他共に不透明な心理を抱えながらかわされるドライな会話や人物の簡潔な交渉に基づく物語の進展にカミュが顔をのぞかせており、またそのような謎の組織に巻き込まれて不透明な心理状況を生きる実存的人物たちが時に感じとる、自らの統御を超えた不気味な生理的感覚にかいま見られる世界の生々しさ（「動物的な笑い」や「湿っぽい手」）には、サルトルの影響が如実にうかがわれる。しかし、安保に揺れる当時の状況を下敷きにして、そうした複数の先行作家による文学的手法をあからさまに模倣しつつ、ひとつひとつの単語が文中で担う意味と効果を慎重に計りながら、十分に吟味された言葉のみを書きつけていく反省的な書法は、この実質的なデビュー作の頃からすでに著者のものである。

〈作品解説〉 明治大学仏文在籍中に本作で第四回明治大学学長賞を受賞（一九六〇年）。これを平野謙が毎日新聞の文芸時評で紹介したことにより、「文学界」に転載され、芥川賞候補となる。翌年出版された同題の短編集で女流文学賞受賞。引用原文は『倉橋由美子全作品1』（新潮社、一九七五年）による。

〈作者略歴〉 一九三五（昭和一〇）～二〇〇五（平成一七）年。小説家。高知生。「聖少女」、「反悲劇」「スミヤキストQの冒険」、「ヴァージニア」、「城の中の城」、「大人のための残酷童話」、「アマノン国往還記」等の実験的で高踏的な（おそらくは同時に官能的でもあることが目指されてはいた）諸作を発表。小説創作にまつわる二〇世紀的な方法意識を持続的・反省的に練り上げていった、日本の近現代文学の中でも殊に知的な作家の一人である。

〔城殿智行〕

159 島尾敏雄

しまお・としお

〈作品〉私たちはその晩からかやをつるのをやめた。どうしてか蚊がいなくなった。妻もぼくも三晩も眠っていない。そんなことが可能かどうかわからない。少しは気がつかずに眠ったのかもしれないが眠った記憶はない。十一月には家を出て十二月には自殺する。それがあなたの運命だったと妻はへんな確信を持っている。「あなたは必ずそうなりました」と妻は言う。でもそれよりいくらか早く、審きは夏の日の終わりにやってきた。

その日、昼さがりに外泊から家に帰ってきたら、くさって倒れそうになっているけんにんじ垣の木戸には鍵がかかってい た。胸がさわぎ、となりの金子の木戸からそっと自分の家の狭い庭にまわって、玄関や廊下をゆさぶってみたが鍵ははずれそうでない。仕事部屋にあてた四畳半のガラス窓は、となりとの境の棒くいをを立てただけの垣のすぐそばで、金子や青木のほうからまる見えだが、ガラスの破れ目に目をあててなかを見ると、机の上にインキ壺がひっくりかえったままになっている。

（「死の棘」）

〈作品鑑賞〉「死の棘」は夫の不倫によって精神を病んだ妻による詰問の日々を描いた、島尾敏雄の実体験に基づく小説だが、その「審き」がいかなるものであったかは、冒頭から既に伺える。「妻もぼくも三晩も眠っていない」とは、もちろん妻の徹底した「尋問機械」ぶりを表現してもいるが、以下「わからない」「記憶はない」という否定辞の連続こそ、「審き」の日々がこれから無限に反復されるであろうことを暗示している。

「私」は「審き」が始まったその日を「どうしてか蚊がいなくなった」日と記す。以後「死の棘」において「かや」や「蚊」についての言及は一切なされないことから、「蚊」の消失は、その日が一見平穏な過去の日々との決定的な断絶であったことを示すものであるだろう。しかしその「蚊」の消失について、「私」は「どうしてか」と記すほかない。「くさって倒れそうになっているけんにんじ垣」にも象徴される「家」の危機は、自らのあずかり知らぬうちに生じているのだ。

いつの間にか決定的に起こってしまった「家」の危機と、無限に反復される「審き」。だが「私」は「審き」からは逃れ得ない。ひっくりかえった「インキ壺」の染みのように、「死の棘」において崩壊の徴候は解消されぬまま常に残されるのだ。「私」はやがて子どもに批判され、風景に圧迫され、様々なもの（「他者」）から「審き」を受けることとなるが、滑稽なまでにそれら全てに応答しようとする「私」の日々を、冒頭の文章は示唆しているのである。引用原文は『島尾敏雄全集　第八巻』（晶文社、一九八二年）による。

〈作品解説〉「群像」一九六〇年四月号から「新潮」一九七六年四月号まで各誌に連載、一九七七年に新潮社より長篇小説として出版された。日本文学賞、読売文学賞を受賞している。

〈作者略歴〉一九一七（大正六）～八六（昭和六一）年。小説家。神奈川県生。「夢の中での日常」（一九四八年）など超現実的な作品、戦争体験をもとにした「出孤島記」（四九年）や「出発は遂に訪れず」（六二年）、さらには「死の棘」（七七年）など、多種多様な小説を発表。一連の「南島論」でも知られ、「ヤポネシア」「琉球弧」の語を造った。

〔立尾真士〕

160

松谷みよ子

まつたに・みよこ

〈作品〉けわしい山が、いくつも、いくつも、かさなりあってつづいている山あいに、小さな村がありました。村の下には、すきとおった谷川が、こぼこぼと音をたてて ながれていましたが、あたりはまるっきりのやせ地で、石ころだらけの小さな畑からは、あわだの、ひえだの、まめだのが、ほんのぽっちりとれるばかりでした。おまけに、ここらにはわるいおにがいて、ようやくみのった作物を、できたかとおもうと、根こそぎさらっていってしまうのです。まったくまずしい村でした。まったく、すみにくい村でした。

それでも村の人たちは、一つぶ一つぶまめをまきながら、

一つぶは千つぶになあれ

二つぶは万つぶになあれ

とうたって、朝くらいうちから、夜も手もとが見えなくなるまで、せっせ、せっせ、せっせとはたらいていました。

さて、その村の村はずれの小さな家に、ひとりのばあさまが、太郎という男の子とすんでおりました。(「龍の子太郎」)

〈作品鑑賞〉「龍の子太郎」は、信州地方や秋田地方の小泉小太郎の伝説をもとに創造された物語である。主人公の龍の子太郎は、多くの難関を乗り越え、盲目の龍に姿を変えられてしまった母親にめぐり会う。そして、母親とともに山を切り開いて、広大な田を作りあげ、最後には母親も人間の姿に戻ることができるのである。

万人のための献身的行動を主軸に、龍の子太郎の冒険の物語が明確でリズミカルな文体により描かれている。とくに、おりにふれ挿入される歌の存在は、注目に値する。七五調の歌もあれば、擬態語や擬声語が多用された歌もあり、各地の伝説や民話に精通する作者だからこそなしえた言語表現だといえる。

また、「たいこのすきな赤おに」をはじめとする、龍の子太郎を取り巻く登場人物たちも多彩である。登場人物たちの語調にもそれぞれ違いがみられるが、特定の地域の方言が採用されているわけではない。日本各地に伝わる伝説や民話を引き継ぎながら、戦後に新しく創作された物語である「龍の子太郎」の特徴は、このような登場人物たちの語調にもあらわれている。

〈作品解説〉初版は、一九六〇年、講談社刊。引用は同書。第一回講談社児童文学新人賞に応募して入選。さらに、六一年にはサンケイ児童出版文化賞、六二年には国際アンデルセン賞を受賞した。作者の民話採集の活動のなかから生みだされた創作であり、『まえがみ太郎』(一九六五年)と『ちびっこ太郎』(一九七〇年)とあわせて、「民話の再創造長篇童話三部作」とされる。英語版、ドイツ語版、ロシア語版などもある。

〈作者略歴〉一九二六(大正一五)年〜。児童文学者。東京生。東洋高等女学校卒業。戦時下に作品を書き始め、戦後、坪田譲治に指事。一九五一年、童話集『貝になった子供』により、第一回児童文学者協会新人賞を受賞する。子どもの日常を題材にした「モモちゃんシリーズ」や「赤ちゃん絵本」、戦争体験を描いた『ふたりのイーダ』など、児童文学の新しい地平をひらく作品を多数発表。「学校の怪談」をはじめとする現代民話の採集も、精力的におこなっている。

〔内藤寿子〕

161

三浦哲郎

みうら・てつお

〈作品〉志乃をつれて、深川へいつた。識りあつて、まだまもないころのことである。

深川は、志乃が生まれた土地である。深川に生まれ、十二のとしまでそこで育つた、いわば深川ッ子を深川へ、去年の春、東北の片隅から東京へ出てきたばかりの私が、つれてゆくというのもおかしかつたが、志乃は終戦の前年の夏、栃木へ疎開して、それきり、むかしの影もとどめぬまでに焼きはらわれたという深川の町を、いちども見ていなかつたのにひきかえ、ぽつと出の私は、月に二三度、多いときには日曜ごとに、深川をあるきまわるならわしで、私にとつて深川は、毎日朝夕往復する学校までの道筋をのぞけば、東京じゅうでもっともなじみの街になっていた。

（「忍ぶ川」）

〈作品鑑賞〉作者の出世作となった作品の冒頭部分である。最初は書きあぐんだが、冒頭の一行を思いつくと作品は一気に成ったという（「雪の音　雪の香り」）。四人の兄姉が次々に自殺・失踪するという暗い宿命を負った東北出身の大学生の「私」が、寮の近くの料亭忍ぶ川の女志乃を二人に因縁のある深川に誘《いざな》う場面である。主人公の次兄は三年前に深川から失踪した。志乃は深川のくるわにあった射的屋の娘として育ったが、母はすでになく、病気の父と弟妹たちは栃木の神社のお堂で貧しく暮らしをしている。父の死後一家は離散し、志乃は「私」が引取ることになって、二人は両親と病弱な姉の待つ故郷で、五人だけのささやかな結婚式をあげる。その雪の夜「私は、はじめて、志乃を抱いた」。翌朝、近くの温泉場への一泊の新婚旅行の列車の中から「私」の家を発見した志乃は、あたりかまわず「見える、見える」「あたしのうちが！」と叫ぶ。作品は「私は、うん、うんと志乃にうなずきながら、身のまわりがやたらにまぶしく、赤面した」と結ばれる。戦後十五年たった当時といえども、やや古風な私小説的作品だが、不幸な生い立ちの男女が、ひたむきな愛によって再生していく姿を、端正で清冽な抒情的文体で描いた人間讃歌は、今読んでも感動的である。特に二人が深川を訪ねる冒頭部と雪国の家で迎える初夜の場面は秀逸で、戦後屈指の純愛小説といえよう。

〈作品解説〉一九六〇年一〇月「新潮」に発表した「忍ぶ川」によって、翌年二月芥川賞をうけた。ここに書かれている一族の不幸な宿命については大佛次郎賞を受けた大作「白夜を旅する人々」（一九八一～八四年）がある。自己の中に流れる滅びの血の誘惑から脱却すべく文学を志願した作家が、何も語らずに死んでいった兄姉たちの生と死の意味を、渾身の力をこめて追求した鎮魂と再生の書である。引用は初出による。

〈作者略歴〉一九三一（昭和六）～二〇一〇（平成二二）年。小説家。青森生。早稲田大学仏文科卒。在学中から小沼丹、井伏鱒二に師事。「忍ぶ川」をはじめ私小説的な作品も多いが「海の道」（一九七〇年）のような本格的長篇小説も少なくない。一方、短篇の名手としても知られ、連作短篇集『拳銃と十五の短篇』では野間文芸賞を受けた。天正遣欧使節を描いた長篇歴史小説「少年讃歌」では日本文学大賞を受賞。座敷童子を素材にした書き下ろし長篇童話「ユタとその仲間たち」（一九七一年）のようにユニークな作品もある。

〔東郷克美〕

162
安部公房
あべ・こうぼう

〈**作品**〉客が来ていた。そろえた両足をドアのほうに向けて、うつぶせに横たわっていた。死んでいた。

　もっとも、事態をすぐに飲込むというわけにはいかなかった。驚愕がおそってくるまでには、数秒の間があった。その数秒には、まるで電気をおびた白紙のような、息づく静けさがこめられていた。

　つづいて、唇のまわりの毛細血管が、急激に収縮し、瞳孔が拡張して、視界が白っぽくなり、ふいに嗅覚がするどくなって、ぷんと生皮のにおいを嗅ぐ。Mアパート七号室の住人、Aなにがしは、その臭いにゆすり覚まされたかのように、身ぶるいして、はじめて事の重大さに思い至ったものだ。見知らぬ男が、断りもなしに、自分の部屋で死んでいる。死体であることは、頭の上で不自然にねじれた右腕をみただけでも、ほぼ確実だった。

（「無関係な死」）


〈**作品鑑賞**〉簡潔な三つの文によって人を驚かせる冒頭である。安部公房は「マスクの発見」というエッセイで、文章の書き出しを新しいマスクや幾何学の補助線の発見に例えているが、これもそのような意外性を与える書き出しの一つと言えるだろう。日常的な来客の話が、「うつぶせに」のあたりから転倒し、死体発見の話に転ずる鮮やかさは見事である。「電気をおびた白紙」といった比喩や、毛細血管や瞳孔を描く描写は、東大医学部出身の安部らしい理系的あるいは生理的な表現である。こうした表現に注目して文例を集めた谷真介『安部公房レトリック辞典』も刊行されている。

　本多秋五『物語戦後文学史』が「変貌の作家」と規定した通り、安部はデビュー作「終りし道の標べに」（一九四八年）から「壁」（一九五一年）にかけてめまぐるしく変貌し、その後も多様な文体や方法上の実験を試みた。アパートの住人である主人公が見知らぬ男の死体に翻弄される「無関係な死」は、推理小説ブームを背景に、死体を前にして犯人を探しはじめる推理小説のパロディを試みた作品であるといえよう。

　安部の特徴として、「Mアパート」の「Aなにがし」といった匿名性・無名性を帯びた都市の住人を描くことが多いことが挙げられる。固有名を与えられず、どこの国のどの町の住人であるかも明かされない「Aなにがし」の受難は、世界中のどこの誰の身にも起こり得る普遍性を狙って描かれている。

〈**作品解説**〉初出誌は「群像」一九六一年四月号。初出題は「他人の死」で、『無関係な死』（一九六四年）収録時に題名と結末が改められた。「自首して出よう」と決意する結末から、何も決定せずに終る結末への改稿は、できる限り解釈の幅を広げようとする意志を感じさせる。戯曲化した「お前にも罪がある」（一九六五年）は俳優座で上演された。引用原文は『安部公房全集　第一五巻』（新潮社、一九九八年）による。

〈**作者略歴**〉一九二四（大正一三）～九三（平成五）年。小説家。東京生。「壁」（一九五一年）で芥川賞。戦後の前衛文学・芸術運動の旗手として活躍。『砂の女』（一九六二年）はカンヌ映画祭審査員特別賞受賞の勅使河原宏監督による映画（一九六四年）と共に有名になり、世界各国で翻訳出版された。
〔**鳥羽耕史**〕

163
檀　一雄
だん・かずお

〈作品〉「第三のコース、桂次郎君。あ、飛び込みました、飛びこみました」

　これは私が庭先をよぎりながら、次郎の病室の前を通る度に、その窓からのぞきこんで、必ず大声でわめく、たった一つの、私の、次郎に対する挨拶なのである。

　こんな時、次郎は大抵、マットレスの蒲団の上から、ずり落ちてしまっている。炎天の砂の上にひぼしになった蛙そっくりの手足を、異様な形でくねらせながら、畳にうつ伏せになっていたり、裁縫台の下に足をつっ込んでいたり、しかし、私の大声を聴くと、瞬間、蒼白な顔のまん中に、クッキリとした喜悦の色を波立たせて、「ククーン」と世にも不思議な笑い声をあげるのである。

　どんなに泣きわめいている時でも、むずかっている時でも、この「第三のコース、桂次郎君……」を私が怒鳴ってやりさえすれば、次郎の泣き声は、立ち所にピタリととまって、その顔に類い稀な鎮静の微笑が湧く。

（「火宅の人」）

〈作品鑑賞〉「火宅の人」の冒頭部は、語り手「桂一雄」と脳に障害を持つその息子、次郎とのエピソードからはじまっている。放蕩を重ねる父・一雄は、次郎が脳炎にかかる以前に感激していたテレビの競泳のアナウンスを稀に帰宅する度に叫び、子はそれにつられ喜びを全身で表して畳の上でバタバタと四肢を動かす。一雄の言葉は次郎の喜びを引きだし、また一雄にとって「鎮魂」ともなる「微笑」を次郎の顔面に浮かばせるのである。

　作者の檀一雄は「われ天涯に一人」（「波」一九七五年一一月）において、この小説を「孤独の喜びを自覚するまでの長い時間の物語」だとしながら、「人間の目出度さと賑い」についても触れているが、この冒頭部には既にその両者の凝縮を見ることができる。一雄の資質を受け継いでいたとしても全く別の人間として生きてゆく子供達は、彼にとって隣接するコースを泳いでゆく競泳者の如き存在である。彼らがたとえ「異様な形」として描かれていたとしても、彼らの規範外のあり方は、一雄にとって「鎮魂」の作用をもたらすものだった。つまりここでは、「私」（＝一雄）が他の人間たちとへ投げかける「言葉」において「虹のように浮かび上がる」関係を架橋しつづける行為が描き出されているのだ。そして「火宅の人」自体もまた、いわばこの「孤独の喜び」を伝える「言葉」として書かれている小説だとも言えるのではないか。

〈作品解説〉「新潮」一九六一年九月に発表された「微笑」から、中絶期間を挟みつつ一九七五年に全体の記述が完成、同年一一月に新潮社より単行本を刊行。引用は同書による。「新潮」一九五五年一一月に発表された「誕生」が後に第一章「微笑」の一部に入っている。

〈作者略歴〉一九一二（明治四五）～七六（昭和五一）年。小説家。山梨生、父の転職に従って各地を転々とする。「此家の性格」（一九三三年）発表後に日本浪漫派に加入。「リツ子・その愛」「真説・石川五右衛門」など。

〔宮澤隆義〕

164　北杜夫

きた・もりお

〈作品〉楡病院の裏手にある賄場は昼餉の支度に大童であった。二斗炊きの大釜が四つ並んでいたが、百人に近い家族職員、三百三十人に余る患者たちの食事を用意しなければならなかったからである。

竈の火はとうにかきだされ、水をかけられて黒い焼木杭になった薪が、コンクリートの床の上でまだぶすぶすと煙をあげていた。しかし忙しく食器を並べている従業員の誰も、そこへ行って燻っている薪を始末しようとはしなかった。そんなことにかまっている閑もなかったし、なによりそこは伊助爺さんの領分だったからだ。彼はもう十五年この病院で飯を炊いていて、おまけに御多分にもれぬ一刻者、ちょっとしたことでも他人に嘴を入れられることは容赦できない臍曲りだったのである。

（「楡家の人びと」）

〈作品鑑賞〉「楡家の人びと」は、精神病院を経営する楡家三代の盛衰を描いた長篇小説である。表題でもある「楡家の人びと」は、楡一族のみならず、楡病院の関係者を含む呼称であり、冒頭に登場する飯炊きの「伊助爺さん」もその一員である。語り手は、長年病院に仕える彼を「伊助爺さん」と親しみをこめて呼び、「おまけに御多分にもれぬ一刻者」のようなくだけた口調を織り交ぜ、読者を自然に「楡家」の内部へと招き入れる。そもそも「楡」という姓自体、病院の創立者である楡基一郎の「ハイカラ趣味」によって発明されたものだった。基一郎によって「てつきち」から「てつよし」へと名前のよみ方を変えられてしまう婿養子の二代目楡徹吉（作者の父斎藤茂吉をモデルとする）によれば、「楡家」とは「家庭」ではなくそのように創り上げられた「いかがわしい機構」だということになる。本作は、その「機構」の末端に位置する「伊助爺さん」へとフォーカスし、彼が「百人に近い家族職員、三百三十人に余る患者たち」の昼食の支度をする日常の一場面、場所も「楡病院の裏手にある賄場」から書き起こされる。悠々とした散文的な文体と相俟って、長篇らしい時空間のひろがりを読者に印象付ける冒頭部である。楡家の歩みは、明治・大正・昭和という近代日本の歴史の縮図であり、本作は以後、観念を排した説明的な文体によってそれを具体的な風俗に即し描き出していく。

〈作品解説〉トーマス・マン『ブッデンブローク家の人々』に傾倒した作者が、自身の生家の斎藤家をモデルに楡家三代の盛衰を描いた長篇小説。第一部は一九六二年一月から一二月、第二部（原題「残された人々」）は六三年九月から六四年三月「新潮」に連載、書き下ろしによる第三部を加え、六四年単行本『楡家の人びと』として新潮社より刊行。引用は同書。埴谷雄高・三島由紀夫らの激賞を受ける。毎日出版文化賞受賞。

〈作者略歴〉一九二七（昭和二）年〜。小説家。歌人斎藤茂吉の次男として東京に生まれる。船医の体験をもとにしたエッセイ『どくとるマンボウ航海記』（一九六〇年）がベストセラーになり、注目される。同年「夜と霧の隅で」により芥川賞を受賞。「どくとるマンボウ」シリーズや童話など、ユーモアあふれる作風で人気を得た。『青年茂吉』（一九九一年）以下茂吉の評伝四部作により大佛次郎賞を受賞。

〔中村ともえ〕

165 水上 勉

みずかみ・つとむ

〈作品〉「家内でございます」
と、喜助はひくい声で鮫島に紹介した。鮫島は、さきほど喜助が母屋に入ったとき、声をかけていたのはこの細君をよんでいたのか、と思いながら、ゆっくりと玉枝の顔に目をやった。瞬間息をのんだ。

美貌だったからだ。すらりと背の高い玉枝は、肉づきのいい固太りの軀をしていた。白い肌が、青みどりの竹の林を背景にして、ぬけ出てきたようにみえる。それに切長の心もちつり上った眼は、妖しい光をたたえて鮫島をみつめていた。

〈この男に、こんな美しい妻がいたのか……〉

鮫島はわれを忘れてみとれた。あいさつの声もでなかった。櫛の歯のように生えている竹林にさし込んでいる陽は、苔のはえた地面に雨のようにそそぐかにみえた。玉枝は黄金色の光の糸を背にして、竹の精のように佇んでいた。（「越前竹人形」）

〈作品鑑賞〉「私の代表作といわれる人が多い。私にも、そのような気はする」（『わが文学 わが作法』中央公論社、一九八二年）と作者自身が認める「越前竹人形」は、竹細工師喜助が亡母の面影を宿した娼妓玉枝を妻に迎え入れるが、身体の関係を持たず竹人形の製作に励むうちに、玉枝が以前の客との間で妊娠・流産し、程なく息を引き取るという哀しい話である。

右は、竹人形の評判を聞いた京都の美術商鮫島が訪ねて来て、竹藪の中で玉枝と出会う場面。谷崎潤一郎が「圧巻」と評し、「私もこゝで思はず息を飲んだ。『竹の精』と云ふ想像はいかにも美しい。」（「『越前竹人形』を読む」「毎日新聞」一九六三年九月一二～一四日）と絶賛したことで知られる。玉枝の「妖しい光」を湛えた切長の眼は、鮫島のみならず読者の心をも射通し、「白い肌」「青みどりの竹の林」等、色彩豊かな表現は彼女を〈幻の母〉の位置に引き上げる。元娼妓が聖性を得る展開に水上文学の力が発揮され、名場面が生み出された。これも、水上が「語りとは同時に騙る事でもある（中略）語りという構造を熟知した」（中上健次「短篇小説の力」「海」一九七七年六月）作家ゆえのことだろう。

戯曲「越前竹人形」のト書きでは「陽光は、竹の葉の中からさして、地めんをきらきらと縞目にうかせて、玉枝は仏像のように美しい」と説明的に叙されるが、小説の方が優れた描写であることは間違いない。「幻の故郷と幻の母はここで一体になって、われわれは一つのメールヘンの世界に出会うのだ」（越智治雄「水上勉『越前竹人形』」「国文学」一九六九年七月）。

〈作品解説〉初出誌は「文芸朝日」一九六三年一月号・四月号・五月号。同年に吉村公三郎監督で大映から映画化、翌年には菊田一夫脚本・演出で上演され、一九七三年には水上自身が戯曲化している。引用は『越前竹人形』（中央公論社、一九六三年七月二〇日）初版本による。

〈作者略歴〉一九一九（大正八）～二〇〇四（平成一六）年。小説家。福井県大飯郡（現・おおい町）生。一〇歳で京都へ僧侶修業に出されるが、一七歳で還俗。「雁の寺」（一九六一年）で直木賞を受賞。現実の事件に取材した「飢餓海峡」（一九六二年）、「五番町夕霧楼」（一九六三年）、長編評伝「宇野浩二伝」（一九七一年）など、多彩な作品を著した。（田中励儀）

166　古田足日

ふるた・たるひ

〈作品〉


　話は、まず宿題ひきうけ株式会社のことからはじまる。

　この会社は名前どおり、宿題を本人のかわりにやってくれる会社だ。

　たとえば、江戸時代の交通の地図を書けという宿題が出たとする。それをしらべたり、書いたりするのがめんどうくさいときは、この会社にたのめばよい。夕方までにちゃんとその地図が配達されてくる。

　だから、この会社にたのんでおきさえすれば、おかあさんに、

「きょう、宿題は？　もうやってしまったの？」

と、さいそくされても、

「うん、うん。なかったよ」

といって、テレビを見ておればよい。

なに、そんな便利な会社がじっさいにあったかって？

あったとも、サクラ市サクラ小学校の五年三組の連中がつくったものだ。社長も子ども、社員も子どもだった。


（『新版　宿題ひきうけ株式会社』）

〈作品鑑賞〉　タケシとそのグループは、宿題を代行し、対価をもらう会社を設立した。最終的に、この会社は教師により解散させられてしまうのだが、会社を運営していくなかで、タケシたちは次々と社会問題に直面していく。「宿題」という存在をとおして、受験戦争、五段階評価の矛盾、経済格差などについて考えはじめた彼らは、自分たちの手でこれらの問題を解決する日を思い描いていく。
　「宿題ひきうけ株式会社」は、このように小学生がみずから考え、行動する姿を描いた作品である。その文体の特徴としては、問いかけの使用があげられ、作中人物たちが直面している問題について、読者も主体的に考えることを求める。また、会話を多用し、ホームルームや授業中の討論を再現するだけでなく、作文や板書、張り紙、ビラなどを挿入し、臨場感のある言語表現を試みている。この作品は、登場人物たちと同世代の読者からだけでなく、現場の教師から多くの支持を集めてきた。それは、読者も一緒に考えることを求める文体への支持だともいえる。

〈作品解説〉　初出誌は「教育研究」一九六四年一月～六五年二月、原題は「進め！　ぼくらの海ぞく旗」。一九六六年に理論社から単行本化されるにあたり、『宿題ひきうけ株式会社』となる。一九六七年、日本児童文学者協会賞受賞。一九九六年、初版の一部を訂正した新版がフォア文庫（理論社）として出版される。引用は同書。フォア文庫に付されたあとがきには、新版を出版した経緯が詳しく述べられている。

〈作者略歴〉　一九二七（昭和二）年～。児童文学者、評論家。愛媛県生。大阪外語専門学校ロシア語科中退後、早大露文科に編入、同中退。在学中は、早大童話会で活躍し、小川未明たちの象徴童話を批判する評論を発表する。『現代児童文学論』（一九五九年）により、児童文学者協会新人賞を受賞。六一年には、最初の創作『ぬすまれた町』を出版。以降、評論と創作の両面から、戦後の児童文学界をリードする。

〔**内藤寿子**〕

167 中川李枝子　なかがわ・りえこ

〈作品〉のねずみのグリとグラは、大きなかごをもって、森のおくへでかけました。

ぼくらのなまえは　グリとグラ
このよでいちばんすきなのは
おりょうりすること　たべること
グリ　グラ、グリ　グラ

「どんぐりをかごいっぱいひろったら、おさとうをたっぷりいれてにようね。」

「くりをかごいっぱいひろったら、やわらかくゆでて、クリームにしようね。」と、二ひきがはなしながらいくと、とても大きなたまごが、おちていました。

「やあ、なんてでっかいたまごだろう。おつきさまぐらいの、めだまやきができるぞ。」と、グリがいいました。

「ぼくらのベッドより、もっとあつくて、フワフワのたまごやきができるぞ。」と、グラがいいました。「それよりも、カステラがいいや。あさからばんまでたべていても、まだのこるぐらいの、大きいカステラができるぜ。」と、グリがいうと、「そいつがいいや。」と、グラもさんせいしました。（「たまご」）

〈作品鑑賞〉「たまご」には、「三歳の子どもに聞かせる話」という副題が付されており、その文体は、音読による受容を想定したものとなっている。最大の特徴は、主人公たちによる歌の挿入である。「八音・五音」の繰り返しを基本とする歌が、冒頭を含め、本文中に三箇所みられる。また、物語は会話の積み重ねにより進められ、地の文における描写は極めて少ない。

「たまご」は、作者の保育士としての経験と深く結びついた作品である。「三歳の子ども」をはじめとする年少の読者に、「作る楽しさ」と「食べる楽しさ」を伝えることが主眼となっている。冒頭で、「大きなたまご」という食材が、「めだまやき」「たまごやき」「大きいカステラ」へと変化していく様子が語られているが、そのあと本文ではカステラの調理過程が描かれ、主人公たちは完成したカステラを森の「百ひきものどうぶつ」と一緒に食べる。そして最後には、主人公たちは残ったたまごの殻を改造し、自動車を作ってしまう。三ページほどの短い物語のなかで、「大きなたまご」をめぐるイメージの連鎖が展開されている点は注目に値する。

〈作品解説〉初出誌は「母の友」一九六三年三月号。引用原文は初出誌による。その後、絵本形式に再構成され、タイトルも「ぐりとぐら」に変更。六三年一二月に、「こどものとも」九三号として出版された。その後、「ぐりとぐらのおきゃくさま」など、主人公を同じくするシリーズが書き継がれている。また、英語やクメール語などにも翻訳されている。

〈作者略歴〉一九三五（昭和一〇）年〜。児童文学者。札幌生。東京都立高等保母学院卒業後、保育士として働くかたわら、児童文学グループ「いたどり」の同人として創作活動をおこなう。童話集『いやいやえん』（一九六二年）により、サンケイ児童出版文化賞など数々の賞を受賞。実妹の画家・山脇百合子と共作した絵本への評価も高い。主な著作に、「そらいろのたね」「本・子ども・絵本」などがある。

〔内藤寿子〕

168

小沼　丹

おぬま・たん

〈作品〉妙な猫がゐて無断で大寺さんの家に上り込むやうになつた。或る日、座敷の真中に見知らぬ猫が澄して坐つてゐるのを見て、大寺さんは吃驚した。それから、意外な気がした。それ迄も、不届な無断侵入を試みた猫は何匹かゐたが、その猫共は大寺さんの姿を見ると素早く逃亡した。それが当然のことである、と大寺さんは思つてゐた。ところが、その猫は逃出さなかつた。涼しい顔して化粧なんかしてゐるから、大寺さんは面白くない。

——こら。

と怒鳴つて猫を追つ払ふことにした。

大寺さんは再び吃驚した。と云ふよりは些か面喰つた。猫は退散する替りに、大寺さんの顔を見て甘つたれた声で、ミヤウ、と鳴いたのである。猫としては挨拶の心算だつたのかもしれぬが、大寺さんは心外であつた。

（「黒と白の猫」）

〈作品鑑賞〉急逝した妻の「肉の失せた白骨の上を乾いた風がさらさら吹過ぎるようなものを書きたい」として筆を執った小説。この作家が描こうとするのは「みんな、みんな往ってしまった、古なじみの顔が」とチャールズ・ラムの詠った感懐に似ているが、その「古なじみの顔」は人だけではなく、犬であり花であり街並みであり、時には一つの時代でもある。ここはむろん亡妻。べたべたした感傷を嫌うこの作家は一人称を避けて「大寺さん」という親しい三人称を開発し、絶妙の視点距離から、肝腎の細君は時折それとなく顔を出すだけの端役に仕立て、あたかも主役は猫ででもあるようにすっとぼけて展開する。この冒頭部だけでも「無断で家に上り込む」「澄して坐つてゐる」「涼しい顔して化粧してゐる」「挨拶の心算」とあり、以下「その旨を猫に伝へた訳でも無いのに」「恐縮した様子も見せず」「細君なぞ歯牙にも掛けぬ風情を示した」「礼も云はずに」「美人と云ふ言葉を耳にした訳でもあるまいが、ちよいと気取つて」というふうに念入りに擬人化してある。友人が「それ、ほんとに猫なのかい？」と疑うほど、妙に人くさい。悲しみは「挨拶無しに死ぬから困ります」と死んだ細君に小言を言うような調子で語り、じいんと来る淋しさは「大声で細君を呼ばうとして、大寺さんは家のなかに自分一人なのに気附いた」という迂闊さとして描くに過ぎない。そんなシャイな文体から、しみじみとした可笑しさが詩情となって溢れ出す。

〈作品解説〉初出雑誌は「世界」一九六四年五月号。妻の急死から一年後、気持ちの整理をつけるため、「いろんな感情が底に沈殿した後の上澄みのような所を書きたい」と思い立って執筆。その死にさりげなくふれながら、慟哭する心を呆れるほどのんびりしたユーモアの底に沈め、猫のイメージに転化して悲しみを間接化した、勁くしなやかな小説。引用は『小沼丹全集第二巻』（未知谷、二〇〇四年）。

〈作者略歴〉一九一八（大正七）〜九六（平成八）年。井伏鱒二に師事。出世作「村のエトランジェ」「白孔雀のいるホテル」。第三の新人の一人。代表作「黒と白の猫」「懐中時計」「銀色の鈴」「椋鳥日記」。ありふれた日常にふと顔を出す人生の深淵と機微を、洗練されたユーモアに郷愁の漂う澄明な文体で描きとる。

〔中村　明〕

169 梅崎春生

うめざき・はるお

〈作品〉五郎は背を伸ばして、下界を見た。やはり灰白色の雲海だけである。雲の層に厚薄があるらしく、時々それがちぎれて、納豆の糸を引いたような切れ目から、丘や雑木林や畠や人家などが見える。しかしすぐ雲が来て、見えなくなる。機の高度は、五百米くらいだろう。見おろした農家の大きさから推定できる。

五郎は視線を右のエンジンに移した。

〈まだ這っているな〉

と思う。

それが這っているのを見つけたのは、大分空港を発って、やがてであった。豆粒のような楕円形のものが、エンジンから翼の方に、すこしずつ動いていた。眺めているとパッと見えなくなり、またすこし離れたところに同じ形のものがあらわれ、じりじりと動き出す。さっきのと同じ虫（？）なのか、別のものなのか、よく判らない。幻覚なのかも知れないという懸念もあった。

（「幻化」）

〈作品鑑賞〉「幻化」は、精神を病んだ男が、何かを求めるように二〇年前に兵隊として過ごした場所を訪れるという話である。五郎は、病院を抜け出して鹿児島行きの飛行機に乗ってしまう。その機中で知り合ったのが映画のセールスをしている丹尾章次という男である。エンジンのオイル漏れを、自分の幻覚かと思って見ていたところを、隣席の丹尾に声を掛けられる。蟻が壁を這っているような幻覚は、五郎が何度も見ていたものであった。エンジンから這い出してくる豆粒のようなものは、五郎の不安の象徴でもあろう。また交通事故で妻子を失ったという丹尾は、憂鬱と不安にとりつかれた五郎の分身であろう。

五郎は、丹尾と阿蘇山で再会する。その阿蘇山上で、丹尾は自分が火口を一周する間に自殺するかどうかに金を賭けることを五郎に提案する。結末は、火口をふらふらと歩く丹尾の姿を、五郎が望遠鏡で見守りながら「しっかり歩け。元気出して歩け！」と呼びかけるシーンで終わっている。

この直前、五郎は終戦を迎えた海軍基地のあった坊津を訪ねている。徒歩で坊津へと向かった五郎は、道の途中で視界が開けて海が見えた瞬間、「これだ。これだったんだな」と思わず立ちすくむ。戦争が終わりあらゆるものから解放されたという気持ちが、この風景と結びついて五郎の記憶の中に隠されていたのである。五郎は、この旅において求めていたものがこの風景であり、その時の解放感だったことを知る。

〈作品解説〉初出誌は「新潮」一九六五年六、八月号。後半部分は「火」の題で発表され、単行本でまとめられた。作品完結後、梅崎春生は肝硬変により急死し、「幻化」が遺作となった。奇しくも、デビュー作「桜島」の舞台を再訪する作品でその作家としての生涯を終えた。引用は『梅崎春生全集　第六巻』（新潮社、一九六七年）による。

〈作者略歴〉一九一五（大正四）～六五（昭和四〇）年。小説家。福岡生。敗戦前後の体験を描いた「桜島」（一九四六年）で一躍戦後派作家として認められる。その後、市井の人びとをユーモアのある視点で捉える作風に転換し、「ボロ家の春秋」（一九五四年）で第三二回直木賞を受賞。

〔中沢　弥〕

170　丸谷才一　まるや・さいいち

〈作品〉香奠《こうでん》はどれくらいがいいだろう？　女の死のしらせを、黒い枠に囲まれた黄いろい葉書のなかに読んだとき、浜田庄吉はまずそう思った。あるいは、そのことだけを思った。その直前まで熱心に考えつづけていたのが、やはり香奠のことだから、すぐこんなことを思案したのは心の惰性のようなものかもしれない。

　忙しい朝だった。課長は課長会議の席から電話で、いろいろなことを問合せたり、言いつけたりしてくる。ほかにも電話がかかってくるし、来客も多い。それに、出張中のもう一人の課長補佐が受持つ分まで、浜田に仕事がかぶさってくる。彼はそういうことの合間に、ある名誉教授の告別式に包む香奠の額を、庶務課の課長補佐として考えていたのである。その告別式にはたぶん学長がゆくはずだった。

（『笹まくら』）

〈作品鑑賞〉徴兵忌避者の戦中・戦後を描いた長編小説の冒頭部分。徴兵忌避をめぐる問題は、丸谷文学の重要モチーフであった。戦時下の逃亡生活を支えてくれた女の死去を知った主人公は、しかし、現在の小市民的日常を象徴する「香奠」の額のことしか思い浮かばない。ぎりぎりまで削ぎ落とされた簡潔な文体で、複雑な感情のあり方を繊細に表現している。以下、過去と現在が交錯する実験的な語りによって小説は展開していく。そのなかで、「心の惰性」に抑圧されていた浜田の不安が徐々に現実のものとなり、戦中・戦後の別なく、日常社会から離脱することの本質的意味が明らかになる。磯田光一は、「香奠」が帯びる過去と現在の二重性を指摘し、「この書き出しは見事というほかはない」（『新潮現代文学六三』、「解説」）と評した。また、登場人物の職業に関する詳述は、丸谷が〈市民小説〉を目指すうえで強くこだわる点のひとつである。

　なお、一九七〇年代半ばより、丸谷は歴史的仮名遣いを採用している。参考例として、作品冒頭部を以下に掲げる。「病気になつてから父の語ることは昔の話ばかりだつた。ただ働きづめに働くだけで思ひ出話など滅多にしなかつた人の、かういふ変り方は恐しい。」（『横しぐれ』〔講談社、一九七五年より引用〕）、「高速道路を行つて霞ヶ関の出口から出る、ほんのすこし前の景色が好きだ。といつても格別の眺めではないから、ほかの人は気に留めないと思ふ。」（『樹影譚』〔文芸春秋、一九八八年より引用〕）。

〈作品解説〉一九六六年七月、河出書房新社より書き下ろしで刊行。前年に國學院大学を退職した丸谷が、徴兵忌避のテーマを十全に展開させて描き上げた長編作品である。翌六七年に本作は河出文化賞を受け、作家の初期代表作となった。引用は『笹まくら』（河出書房新社、一九七五年）による。

〈作家略歴〉一九二五（大正一四）年～。小説家、評論家。山形生。一九四五年、学徒動員により入営。戦後、大学教員などを経て文筆活動に入る。主な小説作品として、「年の残り」（一九六八年、芥川賞）、「たった一人の反乱」（一九七二年、谷崎潤一郎賞）、「女ざかり」（一九九三年）など。批評性・実験性に富んだ作風で知られる。博覧強記を生かした評論類も有名である。

〔山本亮介〕

171　藤枝静男

ふじえだ・しずお

〈作品〉水面からの反射光とも、空からの光ともつかぬ、白っぽい光線が湖上に遍満していて、水だけはもう生まぬるい春の水になっていた。

章はそのなかを、遠い対岸めざして一直線に渡って行った。そうして、岸辺に到着すると、松林のなかを再びまっすぐに歩いて行った。腎臓も、眼球も、骨髄も、それから血液も、残して役にたつだけのものは、死んだときみな病院に置いて来たので、彼の身は軽かった。

やがて章は、かねて自分が目的としていた場所にたどりついた。それは、小さな寺の本堂のわきの軟かい毯を一面にならべたような美しい茶畑にかこまれた、あまり古くない彼の家の墓場であった。

「とうとう来た。とうとう来た」

と彼は思った。すると急に、安堵とも悲しみともつかぬ情が、彼の胸を潮のように満たした。

（「一家団欒」）

〈作品鑑賞〉章という名前は藤枝の自伝的小説「硝酸銀」（一九六六年）などに用いられ、そのまま「私」に置き換えても読めることになっている。だから「三月中旬の或る日曜日の午後、章は市営バスにのって町を出た」と始まるこの小説も私小説かと思って読んでゆくと、章はもう死んでいて、家族の眠る「累代之墓」へ入ってゆくという展開に驚かされる。

「寺の本堂のわきの軟かい毯を一面に並べたような美しい茶畑」という風景描写も、「残して役にたつだけのものは、死んだときみな病院に置いて来たので、彼の身は軽かった」という死後の章の描写も、幻想か現実かの区別なく描かれる。それまでに培われてきた写実的な描写力は、死者たちの上にも及んだ。再会した家族たちと故郷の祭りに出かけて奉納の甘酒を杓で汲んで飲むと、甘酒が「章のガラン洞の内蔵をどろどろと下って行った」とある。一八歳で亡くなった章の姉は、「わっちは、さっきお前があんまり父ちゃんとそっくりになって、頭が禿げているもんだで、解からないっけよう」と言う。章は五九歳で死んだ。死者の身体にも年齢が刻印されているのだ。

テーマにも持続性がある。藤枝はずっと自分の内部を凝視し、恥の意識を描き出してきた。章は家族と再会し、改めて父や兄にした自分の行為を思い出して苦しんでいた。藤枝にとっては「一家団欒」も私小説なのである。

〈作品解説〉初出誌は「群像」一九六六年九月号。章の死後が描かれたが、後に生前の章を主人公にした連作が書き継がれ、これを含めた七編が創作集『欣求浄土』（一九七〇年）にまとめられた。通して読むと、囚われた心をみつめ、その解放を願う章の精神遍歴が見えてくる。苦悩は必ず具体的な風景描写、人物描写とかかわっており、概念的に述べられることはない。

引用原文は『藤枝静夫著作集　第六巻』（講談社、一九七七年）による。

〈作家略歴〉一九〇八（明治四一）～九三（平成五）年。静岡生。志賀直哉に傾倒。戦後、「近代文学」同人に勧められて小説を書く。眼科医を続けながら、独自の私小説を執筆した。『空気頭』（一九六七年）、『欣求浄土』（一九七〇年）、『田紳有楽』（一九七六年）などがある。

〔宮内淳子〕

172 古井由吉

ふるい・よしきち

〈作品〉鈍色にけぶる西の中空から、ひとすじの山稜が遠い入江のように浮び上がり、御越山の頂きを雷が越しきったと山麓の人々が眺めあう時、まだ雨雲の濃くわだかまる山ぶところの奥深く、幾重もの山ひだにつつまれて眠るあの渓間でも、夕立ち上りはそれと知られた。まだ暗さはほとんど変りがなかったが、いままで流れの上にのしかかっていた雨雲が険しい岩壁に沿ってほの明るく動き出し、岩肌に荒々しく根づいた痩木に曳裾を絡み取られて、真綿のような優しいものをところどころに残しながら、ゆっくりゆっくり引きずり上げられてゆく。そして雨音が静まり、渓川は息を吹きかえしたように賑わいはじめる。（「木曜日に」）

〈作品鑑賞〉御越山の情景描写からはじまる。夕立が過ぎ去った後、御越山がその勇姿を現してゆく過程が細やかに描写されている。雨雲が山のいただきを目指して移動してゆく様子はあたかも物語の幕が引き上げられてゆくような印象を与える。作品のはじまりを告げるという意味でも効果的な演出である。「真綿のような」「優しい」「ゆっくりゆっくり」など、その後の作品にしばしば登場する表現もすでに見られる。

「ゆっくりゆっくり」上がる幕の向こうから一人の男が姿を現す。当初、男は温泉宿の主人の眼を通して客観的に描かれている。ところが、その視点は不意に男の内部へともぐり込む。以後、物語は男＝「私」の視点から語られる。東京へ舞い戻った「私」は御越山で体験した記憶の一部が欠落していることに気付く。内部に巣食った「虚無」は「私」の存在感覚を不安定なものにしてゆく。やがて木曜日ごとに精神に変調が現れる。

御越山を包み込んでいた雨雲は散り散りになった。しかし、「私」の内部には「真綿のような優しいもの」がこびりついたままである。外界から「私」の内部へもぐり込んだ夕立は依然として「私」自身を脅かしているのである。「男」から「私」への人称の変化もその事態と対応している。しかし、それは外界の内面化ではない。視界を遮られた山頂付近で石標と自分自身とを同じ存在であると感じたり「私は立ち止まった私のそばを自分自身の幽霊のように通り過ぎる」といった思いにとらわれたりしているように、「私」の状態はもはや内部―外部という安定した二分法的な関係を保てなくなったことを表している。そのようななかでせり上がって来るものこそ「――今日は何曜日／――今日は木曜日」という言葉の生々しさである。言葉そのものが人間存在を激しく揺さぶり、存在感覚の失調までも引き起こすことを指し示したところに古井作品の特徴がある。

〈作品解説〉初出誌は同人誌「白描」第八号（一九六八年一月）。引用は『円陣を組む女たち』（中央公論社、一九七〇年）による。古井由吉の処女作。その後、同誌第九号に「先導獣の話」を、第一〇号に「雪の下の蟹」を発表。その繊細な文体を展開してゆく。その成果は「杳子」に結実した。

〈作者略歴〉一九三七（昭和一二）年～。小説家。東京生。一九七一（昭和四六）年、「杳子」により芥川賞を受賞する。「内向の世代」の代表的な存在。その後も『槿』（一九八三年）、『仮往生伝試文』（一九八九年）、『楽天記』（一九九二年）、『野川』（二〇〇四年）などの力作を発表している。〔乾口達司〕

173

司馬遼太郎

しば・りょうたろう

〈作品〉まことに小さな国が、開化期をむかえようとしている。
その列島のなかの一つの島が四国であり、四国は、讃岐、阿波、土佐、伊予にわかれている。伊予の首邑は松山。
城は、松山城という。城下の人口は士族をふくめて三万。その市街の中央に釜を伏せたような丘があり、丘は赤松でおおわれ、その赤松の樹間がくれに高さ十丈の石垣が天にのび、さらに瀬戸内の天を背景に三層の天守閣がすわっている。古来、この城は四国最大の城とされたが、あたりの風景が優美なために、石垣も櫓も、そのように厳くはみえない。
この物語の主人公は、あるいはこの時代の小さな日本ということになるかもしれないが、ともかくもわれわれは三人の人物のあとを追わねばならない。そのうちのひとりは俳人になった。俳句、短歌といった日本の古い短詩型に新風を入れてその中興の祖になった正岡子規である。（「坂の上の雲」）

〈作品鑑賞〉「坂の上の雲」は、松山出身の三人の青年、秋山好古・真之兄弟と正岡子規を主人公にして、かれらの青春と近代国家勃興期から日露戦争の明治末期へと突き進んで行く日本を重ねるようにして描いた作品である。冒頭でははるか天空にカメラを据えたように日本の全体像を俯瞰し、ついで列島のなかの四国、さらに伊予、松山へとズームしていく。そこに三人の青年が登場して物語が動き出すのだが、このズームアップの手法によって、部分と全体との関係が明瞭になり、そのうえで部分たるみずみずしい若者の気概が「まことに小さな国」「この時代の小さな日本」という全体へと充当されることで、きわめて効果的に健気な「この国」という印象を生み出してもいる。長大な作品が書き継がれる過程で、正岡子規が没した後には、日露戦争の戦局に多くの頁を割くようになるが、そこでも戦局の全体と、個々の人間の動きが巧みに配合されている。新聞記者出身らしい歯切れのいい文体が、部分と全体のこうしたバランスを支えている。

〈作品解説〉初出は「産経新聞」夕刊、一九六八年四月二二日から七二年八月四日にかけて四年三ヶ月連載された。引用は六九年より刊行の単行本（文藝春秋）による。伊賀忍者たちを主人公にした「梟の城」（「中外日報」一九五八年四月～五九年二月）で直木賞を受賞した司馬遼太郎は、まず「剣豪」ならぬ「忍豪小説」の作家として認知されたが、一九六〇年代には幕末から明治にかけて近代日本が構築される前後の時代を舞台とした歴史小説を多く書き、おりからの「高度経済成長」の社会的な上昇気運のなかで広範な読者を獲得した。さらに晩年に至ると「この国」へと視線をむけた評論が敬意をもって迎えられた。「坂の上の雲」の冒頭には、「国民作家」と称されるにいった司馬遼太郎の特色がすでにあざやかに現れている。

〈作者略歴〉一九二三（大正一二）～九六（平成八）年。小説家。大阪生。本名、福田定一。大阪外語学校在学中の一九四三年に学徒出陣、戦後は新日本新聞社を経て産業経済新聞社に入社。「梟の城」で第四二回直木賞、六一年に産経新聞社を退社。六六年に「竜馬がゆく」「国盗り物語」で第一四回菊池寛賞を受賞。一九九三年文化勲章受章。

〔佐藤　泉〕

174 辻　邦生　つじ・くにお

〈作品〉一の声　私はもうすでに十分生きながらえてきたように思う。いまは残る歳月をお前たちのために役立てたいと思うばかりだ。私にはかつてのような体力もなく、お前たちや職人一統を率いてゆく気力もない。私がここを経営してすでに二十年。はじめて家の土台が置かれた日、村の入口に植えた松と梅が、いまでは見事な枝ぶりで私たちの往還を飾っている。この二十年のあいだですら、私は家業に励み、多くの手すさびをたのしみ、お前たち一族が行く末ながく安泰に暮しうるだけの家屋敷も保ちえたように思う。家父より譲られたものに、それは何ほどの寄与もしなかったであろうが、しかし私らが我執を去り、家業を専一と心がけ、簡潔清貧を旨とすれば、それだけでも心豊かに寛いだ生活が十分にできるはずである。だからいま私がお前らに残しうるものといっては、ながい生涯のあいだに見聞したさまざまの物語、珍しい出来事、心ひかれる人物、移りかわる世のさまを、ありのままに語ってゆき、お前たちがそこから自らの思慮と行いの指針となるべきものを引きだしうるようにしてやることくらいである。　　（「嵯峨野明月記」）

〈作品鑑賞〉「嵯峨野明月記」は、戦乱の世にあって「嵯峨本」の制作に身を削った三人の芸術家の物語である。作品冒頭、「一の声」として語らいはじめる本阿弥光悦に続き、「二の声」として俵屋宗達の、「三の声」として角倉素庵の物語が呼び込まれる。すでに老づいた三者は各々「私」「おれ」「わたし」という一人称のもとに、みずからの体験を独白する。

慶長元和の時代を生きた三者の「声」が、時代劇の科白のようにそれらしさを装うのではなく、むしろ現代日本語の語彙と文体を通じて定着されていることに注意したい。辻邦生は、硬質で透明度の高い文体を駆使する小説家として知られる。その透明な文体は、時代や地域をこえたあらゆる「声」を、等質な現代日本語のもとに凝集することを可能にしている。

作中人物の諸々の経験を、作品という一つの球体にいかにして凝集するか。小説執筆を始めて以来、辻が構想した「ロマン」の本質は、この問題にこそ存していた。「嵯峨野明月記」は、三者の等質なモノローグをモザイク状に配する試みによって、この懸案に一定の解決を与えたと考えられる。他方、他の辻作品の多くに、諸人物の経験を凝集する「語り手」が挿入されていることは、「ロマン」の構想の必然的な帰結であった。

〈作品解説〉初出誌は「新潮」一九六八年九月号～七一年六月号（九月、新潮社より単行本刊行）。引用は初出による。辻邦生は、様々な芸術家の人生を通じて「芸術とは何か」という主題を問い続けた。三者の独白からなる「嵯峨野明月記」には、他の辻作品にも通ずるこうした主題の展開がみられる。

〈作家略歴〉一九二五（大正一四）～九九（平成一一）年。小説家、仏文学者。東京生。フランス留学中の六一年九月、「近代文学」に短篇小説「城」を発表。六三年七月、長篇小説『廻廊にて』を刊行し、作家としての地歩を固める。『夏の砦』（六六年）、『背教者ユリアヌス』（七二年）、『春の戴冠』（七七年）など、西欧的な「ロマン」の骨格と雰囲気を備えた長篇小説を書き継いだ。その方法論と問題意識は、長篇評論『小説への序章』（六八年）からもうかがえる。

〔梶尾文武〕

175　有吉佐和子

ありよし・さわこ

〈作品〉正子は決して不器用な娘ではない。踊りだって、清元だって、師匠が将来有望だと本気で期待しているほど勘がいいのである。だが何分にも狙いをつける金魚が大きすぎた。それはほんの数匹、金魚屋が見た目の景気づけに入れてある金魚だった。縁日に群がって来る子供たちでさえ、この網であの金魚は無理だと判断して決して追いかけない。それを正子は意地のように掬い続けて、どの網もたちまち破いてしまい、またたくうちに一円も使い果してから、ようやく諦めたのか、その割にはあまり口惜しそうな顔もせずに立上った。

「よすの？　まあもったいない」

それまで手も出さずに黙って見ていた蔦代が、そう言いながらするりと正子と居所替りをして、正子が投げ捨てるように脇へ積んでいた破れた網を手にとると、破れ残っている紙の端を水に浸し、ひょいひょいっと小柄な金魚を掬っては金盥の水の中に投げ入れた。　（『芝桜』）

〈作品鑑賞〉週刊誌の連載作品。有吉の文体は簡潔であり、話の運びも滑らかで、次回へ読者を引きつける力を持っていた。

芸者置き屋津川屋に抱えられた正子と蔦代という二人の雛妓《おしゃく》が、踊りの稽古の返りのわずかな時間に金魚すくいに興じている。正子は「見た目の景気づけに入れてある」「子供たちでさえ、この網であの金魚は無理だ」と諦めている大物を、追い続けて果たせず、やるだけのことをやると諦めも早い。蔦代は、正子の放り出した網で、ただで小さな金魚をすくう。高い目標を持って何事にも真剣に対処する正子と、現実的で計算高い蔦代の違いがよく見えてくる。以後、二人の付き合いは、しばしば蔦代に出し抜かれ迷惑を受ける正子が絶交を言い渡して会わない時期も含みつつ、三〇年に及ぶ。この対照的な性格ゆえに、かえって離れ難いつながりが生じてしまうのだ。正子の恋愛も描かれるが、基本は正子と蔦代という女性二人のつながりと、その生き方にあるのが、花柳界を舞台にした小説には珍しい。

有吉は演劇にも精通し、自ら自分の小説を脚色、演出したこともあった。ここでも「よすの？　まあもったいない」の一言のあと、間髪を入れず「するりと居所替りをして」と続くところは、芝居の一場面を見ているようだ。リズミカルな会話文も有吉作品の特徴である。

〈作品解説〉初出は「週刊新潮」（一九六九年一月～七〇年四月）である。この連載期間は部分的に「出雲の阿国」と「針女」の連載と重なっており、長編を複数、同時進行させる筆力は驚異的だ。「芝桜」は大正から戦後までの波乱の時代を、違う価値観を持ちながらも、自力で生きてゆく二人の女性を描く。引用は『芝桜　上巻』（新潮社、一九七〇年）による。

〈作者略歴〉一九三一（昭和六）～八四（昭和五九）年。小説家。東京生。「地唄」（一九五六年）で注目されてから、長編を中心に、「紀ノ川」（一九五九年）は三代の女性の生き方を、「非色」（一九六四年）は人種問題を、「恍惚の人」（一九七二年）は介護問題を、というように多彩な題材を巧みなストーリーで描き、多くの読者に支持された。「華岡青洲の妻」（一九六七年）など、自らの小説を脚色演出することもある。映画化、舞台化された作品も多い。

〔宮内淳子〕

176
阿部　昭
あべ・あきら

〈作品〉さよならだ。永かったつきあいも、これでさよならだ。僕はいちばん古い友達をなくした。……〔中略〕

僕はさいしょ、何の気なしに正面の玄関のほうへ歩き出した。すると、誰かが暗い廊下のむこうで僕を呼んだので、思い違いをしていたことに気がついたのだった。おやじを連れてきた時は堂々と表から入ったのだが、帰る時は裏口からなのだということに。その建物の一方の隅に、死者が運び出される専用口があったのである。〔中略〕

上にかける夏蒲団がみじかいので、長身だったおやじの足首が、突き出ているのが見えた。二つの足首は、生者の場合にはあり得ないと思われる具合に、すなわち、左右の足の甲が思い思いのちぐはぐな角度にねじれて、まったく力なく傾いていた。

それを見て僕は、もう一度、たしかにおやじは死んでしまったのだ、と思った。　（「大いなる日」）

〈作品鑑賞〉この作に限らずつねに冒頭にちりばめられる、その、あの、そこの、ある日、おれは、といった指示語（代名詞）の多用は、この作家の文章の特徴の第一といえよう。また構文要素である主格、目的格の語を欠落させる場合も少なくない。個々の文章の中に意図して空白をつくり（誰とさよならなのか、古い友達とは?・）、それを読む者に、どの、誰の、いつ（の時代）、どこで、どのように、といった疑問＝追跡の欲求を生じさせる。だが、この文体がそれらを同様に駆使する探偵小説と異なるのは、その空白を埋める読みの作業が満たされゆく「謎のカタルシス」にはない点である。むしろその作業は、漸進であるよりは、リセッション、緩やかな記憶の退行＝問い直しである場合が多い。潮風の臭いとともにやってくる幼少期の海の原始的な記憶、在りし日の父、過剰に意識された母、知的支障をもつ兄とのあった、ありえた（はずの）人間同士の本源的なつながり（父子ではなく「友」）がつむぎだされてくる。のみならずそこに、振幅の大きい二項のモチーフ（生と対極の死、戦後と戦前、忘れられた性の記憶と現在、日常性と逸脱の病、（引用部では正面玄関と裏口、短い布団とはみだす長身という細かな対比））が重ねられ、軋り合い、相互の意味が切り出されてゆく。「小説の主題は父子の対立ではない、真のそれは各所の描写の奥にある何か、暗闇に背をうねらせる夜の海ならぬ海そのものが、一切理屈をぬきにして、そのままで私たちを引きずりこんでしまうような何か」とは著者の評価した安岡章太郎の『暗夜行路』評だが、これこそ、ほかならぬ阿部自身の描写の奥底に効果として潜められているものである。

〈作品解説〉初出は「季刊芸術」一九六九年一月号。引用は初出。敗戦により暗転した海軍軍人を父とする家庭に育ったことを常に書くことの動機とした。父を通し自らの主体性を省察する「未成年」（六八年）、「鵠沼西海岸」（六九年）、「司令の休暇」（七〇年）、「明治四十二年夏」（七一年）、と続く前期の重要作。

〈作者略歴〉一九三四（昭和九）～八九（平成元）年。小説家。軍都広島に生まれ、海に臨む神奈川県藤沢市鵠沼に育つ。ラジオ東京で番組制作に携わりつつ、六二年「子供部屋」で文学界新人賞。「司令の休暇」に至り、作家的地位を確立。芥川賞候補に六度。「内向の世代」に括られる。

〔辻　吉祥〕

177 黒井千次　くろい・せんじ

〈作品〉――火をとめておいた方がよくはないか。

ビールのコップを持った中腰の浅井が彼の横にいた。昔のままの、浅黒い、頬骨の張った小柄な顔だった。卒業してから分厚い肉を身体につけていない数少ない顔の一つだ。このまま背広を学生服かスエターに替え、靴下をとった指の長い足にゴム草履をはかせたならば、浅井の姿は今学生自治会の部屋から出て来ても少しもおかしくはない。彼は、浅井の中に流れた時間を思った。長く自治委員や執行委員を歴任した割には、浅井はいつも目立たない存在だった。その頃のまま、浅井は今、ひっそりと彼の横に在った。

――何している。

彼は自分の声も低く柔らかくなっていることに気づく。

――前と同じ経理だが、今度コンピューターを入れることになってな、そちらの方をやらされておる。

（「時間」）

〈作品鑑賞〉アレゴリーをその語源の通り「二つの話」と理解するならば、黒井千次の紡ぐ物語は、常に二つ以上の物語の時間が組み込まれたそれである。しかし、それらは単に平行関係にあるのではない。それらは互いに背を向け合いながら、しかし相互を遠望しつつ、かつ厭い合っている。その一つは産業の時間（資本制の、会社の、と言い換えても同じである）、もう一つは、それによって圧殺され、疎外された人間の時間、本来ありえたと想念される、人間の、人間のための、人間らしい時間である。だが、物語に主として描かれるのは、複数の時間の闘争を制した産業原理に基づく時間の方であって、人間がその本来を生きる時間ではない。後者はつねに希求されながらも圧迫され、その存在は日々消失してゆく。黒井千次の物語は、まさにその消え入りそうな存在の時間を言語によって捉えようとする。血のメーデーに捕まり、裁判闘争を維持する三浦は言う、「十五年の間、私は変らなかった〔……〕変ることは許されなかったのです」。――「三浦のもつ凝結した時間」、「過去の一点から射す光の道」の存在によって、黒井千次の描くもう一方の企業的時間の物語は、いっさいが相対化される。全体を覆いつくす資本制世界の時空間が寓話と化す。その異質な、希求された時間がなにげなく介入してくる瞬間が、例えば冒頭のシーンである。否応なく進行する現代のサラリーマン的時間が、人間の親しむべき現実であるわけではなく、よそよそしげな悪夢的時間であることが、企業やサラリーマン家族の日常の質を問い返すアレゴリカルな言語、物語として構築されている。

〈作品解説〉初出は「文芸」一九六九年二月。引用は初出。「生」と労働を分断する資本制経済下、企業に生きる「生」を問う一連の初期短編を集めた『時間』に収録。自身が体験した五二年の血のメーデー事件は、「五月巡歴」「羽根と翼」にも扱われた。

〈作者略歴〉一九三二（昭和七）年〜。小説家・批評家。東京生。父を裁判所検事にもつ。高校三年のとき野間宏に手紙を出し、助言に拠って東大文科一類に進学。富士重工業に一五年間勤めながら小説を書き、七〇年退社。『時間』で芸術選奨新人賞。企業的時間の中の自らとその過去を問い返した作品や家族について書く。小説の時空間を考察する『空の地図』など創作論ノートも興味深い。「内向の世代」に括られる。〔辻　吉祥〕

178 あまんきみこ

〈作品〉せつぶんの夜のことです。／まこと君が、元気にまめまきを始めました。／ぱら　ぱら　ぱら　ぱら／まこと君は、いりたてのまめを、力いっぱい投げました。／「福はあ内。おにはあそと。」／茶の間も、客間も、子ども部屋も、台所も、げんかんも、手あらいも、ていねいにまきました。そこで、まこと君は、／「そうだ、物おき小屋にも、まかなくっちゃ。」と言いました。／その物おき小屋の天じょうに、去年の春から、小さな黒おにの子どもが住んでいました。「おにた」という名前でした。／おにたは、気のいいおにでした。きのうも、まこと君に、なくしたビー玉を、こっそり拾ってきてやりました。／（中略）／でも、だれも、おにたがしたとは気がつきません。はずかしがり屋のおにたは、見えないように、とても用心していたからです。／まめまきの音を聞きながら、おにたは思いました。／「人間っておかしいな。おには悪いって、決めているんだから。おににも、いろいろあるのにな。」／そして、古い麦わらぼうしをかぶりました。角かくしのぼうしです。

（「おにたのぼうし」）

〈作品鑑賞〉舞台は「せつぶんの夜」、節分は季節の境界であるとともに生と死の境界を意味している。これは、擬態語の「ぱらぱら」という鬼払いの「まこと君」の豆まきで「元気に」始まり、末尾はそのリフレイン、「女の子」の「しずかなまめまき」で終る。「おにた」とは人間に差別される鬼の子どもを意味しながら、親しく固有名詞で呼ばれているが、「女の子」は名付けられていない。これは語り手の寄りそい方の違いである。「女の子」の家は貧乏で、病気の母親に内緒で何も食べていない。これに気付いた「おにた」はその「女の子」なら自分のことを解ってくれると思い、魔法でその子に食べ物を持って行く。「女の子」はたいそう喜んで食べてくれるが、お母さんの病気を治すために、鬼を追い払う豆がほしいと口にする。このとき、作品のクライマックスが表れる。「おにたのぼうし」というタイトルは、「女の子」に全身全霊で愛情を示しながらも、自分の正体を帽子で隠し、逆に鬼払いの豆を要求されるおにたの悲劇の要因を示している。

〈作品解説〉『おはなし名作絵本2』（ポプラ社、一九六九年）所収。引用は同書。児童用に書かれ、平仮名が多用され、改行も多く、文章は平易。小学校三年の国語教科書に採択され、誰にも親しまれているが、語り手は二人の運命をメタレベルに立って、如何に人と人が理解し合い、愛し合うことが困難か、その他者性を語り出して稀有、近代文学の傑作に匹敵する名作である。鬼としていわれなく差別されてきた「おにた」は自分の存在の全てを掛けて愛したはずの「女の子」から何事も理解されず、逆に、自分を追放する豆になることを求められ、その手で鬼払いを受ける。「女の子」は母親のことを思うので精一杯、二人が分かり合うには、あまりにも幼い運命にあったのである。

〈作者略歴〉一九三一（昭和六）年〜。満州生。二児の母になって童話の書き方を学ぶ。一九六八年『車のいろは空のいろ』（ポプラ社）で日本児童文学者協会新人賞受賞。その作品は国語教科書に最も多く採用され、今や、宮沢賢治と並ぶ国民的児童小説作家と呼ぶにふさわしい。

〔田中　実〕

179

清岡卓行

きよおか・たかゆき

〈作品〉かつての日本の植民地の中でおそらく最も美しい都会であったにちがいない大連を、もう一度見たいかと尋ねられたら、彼は長い間ためらったあとで、首を静かに横に振るだろう。見たくないのではない。見ることが不安なのである。もしもう一度、あの懐かしい通りの中に立ったら、おろおろして歩くことさえできなくなるのではないかと、密かに自分を怖れるのだ。

それは、彼が生まれ、幼年時代と少年時代を送った町である。いや、それだけではない。第二次大戦があと五か月ほどで終わろうとしていた頃、東京のある大学の一年生であった彼が、抑えがたい郷愁にかられ、病気でもないのに休学して舞い戻った、実家のあった町、そして、やがて祖国の敗戦を体験し、そのあと三年もずるずると留まることとなり、思いがけなくも結婚した町である。

（「アカシヤの大連」）

〈作品鑑賞〉幼年時代と少年時代を送った大連という町に対して、「おそらく最も美しい都会であったにちがいない」と語り手は述べる。「最も美しい都会であった」と断定せず、その後に「にちがいない」と付け加えてやや語調を弱め、その前には「おそらく」という語をつけてしまう、ためらいがちな語の運びがおもしろい。これは大連と再会することをためらう彼に、言い回しのレベルで語りが寄り添っているためと言える。大連をめぐる彼の心情は、「ためらい」以外にも、不安・おろおろ・怖れるという否定語を積み重ねて表現されている。敗戦を契機にして、植民都市であった大連は彼の身近な故郷ではなくなる。現にそこは作品発表時には国交のなかった中国の国土になっており、いわば脳裏に描き出すしかない存在だった。脳裏に保存されて実際以上に美化されてしまったかもしれない故郷との現実の再会が、観念の大連を破壊してしまうことへの恐れを、懐かしさを言い立てる彼の裏側に読むことができる。この作品の中でひときわ印象的なのは中学生の彼が教師に大連のアカシヤのほとんどがニセアカシヤであることを告げられ、それが本当にニセモノと呼ぶべきなのか確認する場面である。わざわざ本物のアカシヤを見に行くことで、彼はニセアカシヤの方がずっと美しいと思い、町の人々が今まで呼んできたように、それをアカシヤと呼ぼうと考える。題名にも表されているように、このニセアカシヤが大連の比喩になっているのを見て取るのは容易である。冒頭部の、再び大連を見ることを最終的に拒否する彼の心的態度は、「ニセ」こそが自分にとっての真実なのだとする態度とまっすぐに繋がっている。

〈作品解説〉初出誌は「群像」一九六九年一二月号。本作には第六二回芥川賞が授与された。清岡卓行はすでに詩人として知られた存在であったが、この時期大連という土地を大きな主題に据えて抒情性豊かな小説を書き始めた。引用は『清岡卓行大連小説全集・上』（日本文芸社、一九九二年）。

〈作者略歴〉一九二二（大正一一）～二〇〇六（平成一八）年。詩人、小説家。中国・大連生。第一詩集『氷った焔』（一九五九年）で認められた。評論『手の変幻』（一九六六年）や小説「アカシヤの大連」五部作（一九六九～七二年）等を発表。その後も多面的な創作活動を展開した。

〔西川真貴〕

180　円地文子

えんち・ふみこ

〈作品〉葵祭は雨になれば一日延びるそうなと聞かされて、朝の寝ざめにもまず空あいが気にかかっていたのであろう。ふらふらベッドから起き出して障子風に紙を貼ったホテルの内窓を明けて見ると、下の方の白っぽく灰をまぶしたような古い屋根瓦の連りの先に河原が見え隠れして、人通りのない川岸向うの道の家並みの上をなだらかな東山の背がふうわり蔽っている。その薄い黛色の山の端を不確かに濁して明けたばかりの空は、淡白い雲をあちこちにかき流して、冴えた青はどこにものぞかせていないながらも、雨になりそうな重たい気配は見られなかった。

（「遊魂」）

〈作品鑑賞〉「遊魂」は、円地文子が『源氏物語』の現代語訳を通して得た古典文学への深い造詣が存分に活かされた作品の一つである。葵祭を中心的なモティーフとするこの小説では、六十歳前後の主人公蘇芳の「年にふさわない情熱」が「一つの形に凝って、自分のうちからさまよい出て行った」という生霊のような「女」が、蘇芳の想いを寄せる男たちと奔放に戯れるという「仮現の世界」が「現実」のストーリーと平行して展開されている。冒頭に置かれた平安朝の日記文学のような気だるい寝覚めの場面は、この『源氏物語』を髣髴とさせる幻想的な物語世界へと読者を誘う、重要な役割を果たしている。

内窓から臨む景色は、屋根瓦から河原へ、川岸向うの家並みからそれを蔽う東山へ、さらにその上にある夜明けの空と淡白い雲へと、視界がゆるやかに遠方へと移動していき、あたかも水墨画のような静かな情感を湛えている。色彩表現も、「白っぽく灰をまぶしたような古い屋根瓦」「薄い黛色の山の端」「淡白い雲」など伝統的な和色を織り込むことで、古典文学的な情緒を醸し出している。また、文体的には主語の省略を特徴とし、順接の助詞で接続される息の長い一文は口語体でありながら擬古文のような格調高いリズムを持っている。

一九五四年に短編集『ひもじい月日』で第六回女流文学賞を受賞して以来、円地は新聞・週刊誌・文芸雑誌・婦人雑誌等において複数の小説連載を抱える流行作家として活躍していた。しかし、一九六七年に『源氏物語』の現代語訳に着手して以後、執筆活動の中心は随筆や短編小説となり、発表の場は文芸雑誌に絞られていく。この時期、小説の文体は、『ひもじい月日』や「女坂」（一九四九～五七年）のような簡潔でストイックな文体から、「遊魂」のように擬古的で叙情的な文体へと変化した。

〈作品解説〉初出は「新潮」一九七〇年一月。「遊魂」、「狐火」（一九六九年）、「蛇の声」（一九七〇年）を収めた連作集『遊魂』（一九七一年）により、第四回日本文学大賞受賞。引用は『円地文子全集　第五巻』（新潮社、一九七八年）による。

〈作者略歴〉一九〇五（明治三八）～八六（昭和六一）年。小説家。東京生。日本女子大附属高等女学校中退。劇作家として出発したが小説に転じ、『ひもじい月日』で女流文学賞受賞。代表作は「女坂」（野間文学賞）「なまみこ物語」（女流文学賞）「朱を奪うもの」三部作（谷崎潤一郎賞）など。『源氏物語』の現代語訳でも知られる。日本芸術院会員、文化勲章受賞。『円地文子全集』（一九七七～七八年）がある。

〔倉田容子〕

181

庄野潤三

しょうの・じゅんぞう

〈作品〉炬燵で宿題をしている良二が、うつむいている顔を上げて、何か考えようとすると、額に不揃いな皺が寄る。

小学二年の時に（いまは中学二年だが）、学校の廊下を走っていて、友達とぶつかって大きなこぶが額に出来た。友達の方は前歯がぐらぐらになった。

どうしてそんなに勢いよくぶつかったんだろうと思うが、良二の話によると、

「ぼくが走って来たら、向うから豊田君がかけて来て、それでぶつかった」

というのであった。

よけられなかったのかと聞くと――あとでそんなことを聞くのも間が抜けているが――そこは狭いところであったという。どうしてまた、よけられないくらいの速さでそんな狭いところを走ったのかと聞くと、便所へ行くところであったという。

（「絵合せ」）

〈作品鑑賞〉穏やかな家庭生活の喜びを飽かず描いてきたこの作家が、娘の嫁ぐまでの五人家族の最後の日々をエピソードとスケッチで綴った作品の書き出し。次男の額の不自然な皺を眺めながら、父親はそのもとになった鉢合わせ事件に関する親子の対話を思い出している場面。ぶつかったあとで「よけられなかったのか」と聞く自分の質問を自ら「間が抜けている」と評するとおり実に要領の悪い対話だが、庄野文学の読者は、人生はこんなふうに要領が悪く間が抜けていると象徴的に読むだろう。難しい漢字で浮き彫りにされた「炬燵」はこの作家の大事にする季節感、同じく「皺」はこの場面の小主題。ともに子供でも知っている日常語、すべて平易な生活語で書かれている。「静物」で小学生だった長女がこの作品では間もなく結婚する。そういう子供の成長につれて文章も成熟し、「静物」のころは、枝葉を取り去って文も短くと「考えすぎて気持ちのゆとりがなかった」のが「今はもう少し柔らかさ、しなやかさが出てきてる」と訪問時に丘の上の家で語ったように、自然にほほえまれる文章となる。挙式が二週間後に迫り、空く部屋の使い方を話し合っている両親に、長女は突然「蚤が出るよ」と言う。まだ自分はこの家の子供だ、みんなと食事もするし掃除もする、そんな気の早いことを話さないでと、ささやかな抵抗を試みたのだ。ユーモラスでふくらみのある珠玉のことばである。

〈作品解説〉初出誌は「群像」一九七〇年一一月号。日常の自然なおかしみを好み、感傷を嫌う作者が、この家族は変わっていると思われそうな題材を選び、かけがえのない日々を描いた中編小説。結婚間近の娘のいる家族が、入学試験を控えた長男の遠慮がちな提案で、毎日「万障繰り合わせて」たわいない絵合せに興じ、挙式が近づくにつれて盛り上がる。引用は『庄野潤三全集　第九巻』（講談社、一九七四年）。

〈作家略歴〉一九二一（大正一〇）～二〇〇九（平成二一）年。芥川賞の「プールサイド小景」で第三の新人の一翼を担う。代表作「静物」「夕べの雲」「絵合せ」「秋風と二人の男」。絶えず崩壊の不安を潜めて流れ去る平穏な日々を、父性の眼と静かな感動でとらえ、日常生活のユーモラスな淡彩スケッチを重ねて人生の奥行きを描き出した。

〔中村　明〕

182 曽野綾子

その・あやこ

〈作品〉 収容所の廊下の壁にそってかけられた人々の写真は、どれも魚の顔のようであった。その眼は大きく見開かれ、眼球のまわりに薄い眼瞼の皮膚がまつわりついているので、それも、魚の眼とそっくりであった。一人くらい笑っている写真はないものだろうか。生まれつきの精薄か、そこへ来て発狂してから事態を認識する力がなくなった幸運な人で、とにかく笑っている顔が、一つや二つないものだろうか。

彼らは、一様に、パジャマに似た、縞の囚人服を着せられ、頭は丸坊主に刈られていた。頬骨が尖り、頬の肉はしぼみ、それらの冬の荒野にも似た表情の中に、凍てついた沼を思わせる二つの眼が光っていた。彼らは総て、死者たちの筈であったが、廊下の両側に、彼らの写真が三列に並んでかけられている前を過ぎるとき、彼らは私の前で生き返るのだった。（「落葉の声」）

〈作品鑑賞〉「落葉の声」は、作家の「私」が人間性の剥奪されたアウシュヴィッツに赴き、その収容所で身代わりとなって命を捨てたコルベ神父の最期を遂げた部屋を訪ね、その死によって生き延びた人物を訪問する取材行程を描く短篇小説。知的で軽妙で象徴性に富む文体の特徴は冒頭の表現にも顕著である。

人々の写真は、「どれも魚の顔のよう」との直喩によって、魚に表情も個性も命の尊厳もないように、収容所では人間らしい表情も尊厳も奪われた生活を強いられていることを表現している。そして「私」が「笑っている顔」を探すのは、それが「魚の顔」とは対極の最も人間らしい表情であるからである。

また彼らが「一様に」「縞の囚人服を着せられ、頭は丸坊主に刈られていた」という描写も、個性や人間性を剥奪された生活を表す象徴的意味をもつ。そうした状況下での表情は「冬の荒野」と、その環境のために光る二つの眼は「凍てついた沼」という比喩表現によって、その絶望的な苛酷さが示される。

「私」がその写真の前を過ぎさる時、「魚の顔」「魚の眼」で表現された人間性を失った死者である写真の人々が生き返る。

引用文に続いて、写真の人々は「家族にとって、かけがえのない夫や息子や兄や父であったろう」と「私」が想うと、「私」を見つめる写真の人々の「眼からは、今にも、涙が溢れそう」と表現されるほどに、人間らしい眼に変容する。そして「作家なら俺の一生を書いてくれ！」「俺も！」「俺も！」と写真が唱和するという擬人的な表現によって、人間性を回復させる作家の力を求める叫びが描かれる。「落葉の声」という表題にも、声なき者の声を聞き取り、描く作家の使命が象徴されている。

〈作品解説〉 初出は「文学界」一九七二年二月号。作者はキリスト教的題材を中心に宗教的テーマを象徴的表現で描くカトリック作家。「落葉の声」も神父を題材に愛と犠牲という宗教的テーマを描く。同じ神父を描く長篇「奇蹟」がある。引用は『落葉の声（自選短篇集）』（聖母の騎士社、一九九〇年）による。

〈作者略歴〉 一九三一（昭和六）年〜。小説家。幼稚園より聖心女子大学卒業までカトリック教育を受け、一九四八年に受洗。東京生。「遠来の客たち」（一九五四年）が芥川賞候補となり作家活動に入る。「無碑銘」「傷ついた葦」「神の汚れた手」等の宗教小説や「誰のために愛するか」等宗教エッセイを発表し、カトリック作家として多くの読者を得ている。**〔山根道公〕**

183 開高健　かいこう・たけし

〈作品〉その頃も旅をしていた。

ある国をでて、べつの国に入り、そこの首府の学生町の安い旅館で寝たり起きたりして私はその日その日をすごしていた。季節はちょうど夏の入口で、大半の住民がすでに休暇のために南へいき、都は広大な墓地か空谷にそっくりのからっぽさだった。毎日、朝から雨が降り、古錦のような空がひくくたれさがり、熱や輝きはどこにもない。夏はひどい下痢を起し、どこもかしこもただ冷たくて、じとじとし、薄暗かった。膿んだり、分泌したり、醗酵したりするものは何もなかった。それが私には好ましかった。（「夏の闇」）

〈作品鑑賞〉独特の生理感覚を織り込みながら作品の舞台である「夏」を呈示する「夏の闇」は、「その頃」「ある国」「そこの首府」と、「私」がいま置かれている時間と空間を具体的に確定しないままに幕を開ける。「私」が関係を重ねる「女」もまた、ただ「女」と呼ばれるばかりで、その名が明らかにされることはない。このように「夏の闇」は、ヴェトナム戦争という歴史的事実を不可欠な背景にもちながら、その叙述は固有名を排除した抽象的な世界を開いている。

開高健において、ヴェトナム戦争に従軍し九死に一生を得た体験は、書くという行為それ自体に変更を迫るものであった。開高はその体験について、「ああ、こうじゃない、こうじゃない、これはまっ赤なニセモノだと思って、どうにもペンがうごかなくなるのである」（『ベトナム戦記』あとがき）と吐露している。戦場の外傷体験は、いかに具体的に詳細に言葉を積み重ねても再現できない。「夏の闇」冒頭の抽象化された文体は、言語に対するこのような不信と表裏一体である。

中年の小説家「私」は、世界からも自己自身からも切り離された、いわば任意の一点と化している。やがて「女」と再会した「私」は、抱き合い、眠り、食べ、無為の日々を過ごす。その姿は、リアリティの重みを喪った現代の日常性を寓意的に表現してもいよう。一方で、この小説に書き込まれる数少ない固有名のひとつが、「サイゴン」であることに注意したい。何もない日常の向こう側には、ヴェトナム戦争という苛酷な戦場が拡がっている。やがて「私」はその戦場に回帰してゆく。

〈作品解説〉書き下ろし（新潮社、一九七二年）。引用は同書。『夏の闇』は、作者のヴェトナム戦争従軍経験をもとにした代表作『輝ける闇』（新潮社、六八年）の続編であり、「花終る闇」（「新潮」九〇年二月号）とあわせ三部作をなす。

〈作者略歴〉一九三〇（昭和五）～八九（平成元）年。小説家、ルポライター。大阪市生。五七年八月「パニック」を『近代文学』に発表し文壇デビュー、翌五八年には「裸の王様」で芥川賞を受賞する。石原慎太郎・大江健三郎らとともに、戦争体験をもたない世代の純文学への進出として話題を呼んだ。六〇年代以降、数回にわたってヴェトナム戦争に従軍し、『ベトナム戦記』（朝日新聞社、六五年）を執筆、ノンフィクション文学の新境地を開く。その後も小説を書き継ぐかたわら、無類の釣好き・美食家としても知られ、「PLAYBOY」など多くの大衆週刊誌にエッセイを連載、人気を博した。三部作の最終巻「花終る闇」が未刊の遺作となった。

〔梶尾文武〕

184 三木　卓　みき・たく

〈作品〉その兵士は肩から吊している自動小銃をゆすりながら近づいて来、台の上にならべられた煙草の前まで来ると無造作に手を伸ばして一箱ずつポケットに入れはじめた。最初はズボンの左右に、それから外套に外側から縫いつけてある大型のものに、落着いた手付きでねじこんでいった。

「止めて下さい」少年は打ちこまれた杭のように立ちすくんで、ただそれだけいった。「おねがいです。止めて下さい」かれはまた繰返した。言葉も皮膚の色も異なる占領軍兵士にそれが通じるわけはなかったし、勿論兵士は少年を完全に黙殺した。かれは少年の前で、無防備に背を丸めて屈みこみ、容易に報復の打撃を受けやすい姿勢で煙草に夢中になっていた。かれは少年が自分に、指一本触れることができないことをよく知っていたのだ。

（「鶸」）

〈作品鑑賞〉占領下にある町の一角で、生計を少しでも助けるために少年は煙草を売っている。ところが「言葉も皮膚の色も異なる占領軍兵士」は少年の存在をまったく無視したまま、その煙草を奪い取る。少年の様子は「杭のように」という比喩で表されるが、兵士にとってはまさに一本の杭にすぎない。この為す所なく立ちすくむ少年の姿は、相手を変え状況を変えて繰り返し現れる。中学生の兄と二人で、家から持ち出した金目になりそうなものを売ろうとするが、「この土地の民族」の人々に迫られ不当に安く買い叩かれる場面。あるいは、兄が自分を騙した同国人らしい青年に戦いを挑み倒される場面。そして、兄もまた生活を共にする同志とも呼ぶべき存在から、時に少年に対し居丈高に罵倒する理不尽な権力者になる。作中、少年は早く大人になることを熱望するが、それは満足に抵抗もできず立ちすくむしかない無力な自分からの脱出願望である。実際、少年の口調も兄の口調も妙に大人びている。それは重病で寝ている父親を横目に、大人に伍して生活しなければならない状況に追い込まれた彼らにとっての精一杯の背伸びでもあるだろう。また、少年も全的な被害者にとどまるわけではない。自分と同じ境遇の餅売りの少女から、餅を買う代償に少女の着ているコートの一部を破るという行為に出て、少女に去り際に殴られる。また、兄に強要されて大事にしていた鶸を売らざるを得なくなるが、家族の寝静まる夜明け、その鳥を自分だけのものにしておくために握り潰してしまう。この二つの挿話には少年の性衝動の発露が示されているようだ。生死に関わる非常時にあって、そこに少年の成長の兆候を重ね、物語を重層化しているのである。

〈作品解説〉初出誌は「すばる」一〇号（一九七二年一二月）。本作で第六九回芥川賞を授与される。三木卓は、少年時を当時日本の植民都市だった大連で送り、敗戦の混乱の中で肉親も失っている。「鶸」は当時の状況に取材した連作小説集『砲撃のあとで』（集英社、一九七三年）の中の一篇。引用は同書による。

〈作者略歴〉一九三五（昭和一〇）年～。詩人、小説家。本名冨田三樹。東京に生まれ大連で育つ。詩人として出発、詩集『東京午前三時』（一九六六年）、『わがキディ・ランド』（一九七〇年）が高い評価を受ける。その後、小説家としても傑出した才能を示す。また童話作家としても知られる。〔西川真貴〕

185 藤沢周平

ふじさわ・しゅうへい

〈作品〉 貝沼金吾が近寄ってきた。

双肌《もろはだ》を脱いだままで、右手に濡れた手拭いを握っている。立止まると馨之介《けいのすけ》の顔はみないで、井戸の方を振向きながら、

「帰りに、俺のところに寄らんか」

と言った。

時刻は七ツ（午後四時）を廻った筈だが、道場の裏庭には、まだ昼の間の暑熱が溜っている。汲み上げ井戸の周りには、十人余りの若もの達が、声高に談笑しながら水を使っていた。暑さに耐えて、手荒い稽古をやり終えた解放感が、男達の半裸の動きを放恣《ほうし》にしている。

（「暗殺の年輪」）

〈作品鑑賞〉 わずか十一文字だけで一段落を成す冒頭文が、いくつかのことをうかがわせる。「近寄ってきた」という表現からは、その描写の視点が主語にはなく、追って現れる馨之介にあること、「貝沼金吾が」という表現は、それをあくまで見たままの現象として示し、「近寄ってきた」のがその一人だけであること、そして、そのことが何か不吉な出来事を予感させること、などである。

続く第二文と第三文は主語を欠くが、動作主体として出て来るのは貝沼金吾だけであるから、あいまいさはなく、静かな緊張感をはらみつつ、それ以降につながっている。この作品は後半に入ると、凄烈な動の世界に転じるのであるが、視点人物の馨之介の強い緊張感は持続する。

第三段落冒頭には「時刻は七ツ（午後四時）を廻った筈だが、道場の裏庭には、まだ昼の間の暑熱が溜っている」という情景描写が現われる。藤沢独特の表現として、その後の作品にもよく見られる「昼の間の暑熱が溜っている」のような、一種比喩的な言い回しが認められる。これにより、暑熱が物質のように実体的なものとしてイメージされる。藤沢の情景描写は、それのみにとどまらず、人事や心情と響きあうものとしてなされる。ここでは、空気も周りの人もあついなかにあって、対照的に馨之介だけが疎外されたものとして、それらを冷めた視点からとらえているのである。

藤沢の初期作品はこの「暗殺の年輪」に端的に表れているように、一貫して暗い色調を帯びた表現になっているが、後にはユーモアに富んだ、余裕のある表現も加わるようになる。

〈作品解説〉 初出は「オール読物」一九七三年三月号。これにより、第六九回直木賞を受賞。同年九月、他四編と合わせ、短編集『暗殺の年輪』を出版。以後の彼の作品にたびたび登場する、海坂藩を舞台とした武家物の最初の作品。引用原文は『藤沢周平全集　第四巻』（文藝春秋、一九九二年）による。

〈作者略歴〉 一九二七（昭和二）年～九七（平成九）年。小説家。本名、小菅留治。山形生。六年に及ぶ結核療養を経て、業界新聞の編集に携わるかたわら、文芸誌に作品を投稿し、四回目の候補で直木賞を受賞後、作家専業となる。質の高い時代小説・歴史小説を多産し、その世界に新たな境地を開いた。一九九五（平成七）年、紫綬褒章を受章。生前に『藤沢周平全集』全二三巻が文藝春秋から出版される（後に三巻追補）。

〔半沢幹一〕

186 森　敦　もり・あつし

〈作品〉ながく庄内平野を転々としながらも、わたしはその裏ともいうべき肘折《ひじおり》の渓谷にわけ入るまで、月山《がっさん》がなぜ月《つき》の山と呼ばれるかを知りませんでした。そのときは、折からの豪雪で、危く行き倒れになるところを助けられ、からくも目ざす渓谷に辿りついたのですが、彼方に白く輝くまどかな山があり、この世ならぬ月の出を目《ま》のあたりにしたようで、かえってこれがあの月山だとは気さえつかずにいたのです。しかも、この渓谷がすでに月山であるのに、月山がなお彼方に月のように見えるのを不思議に思ったばかりでありません。これからも月山は、渓谷の彼方につねにまどかな姿を見せ、いつとはなくまどかに拡がる雪のスロープに導くと言うのをほとんど夢心地で聞いたのです。

（「月山」）

〈作品鑑賞〉語り始める「わたし」は、漢字で表記される「私」ではなく、また「です・ます調」の語尾は、全体にやわらかな印象を与える。「危く行き倒れになる」という命にかかわるエピソードさえも淡々と語られるため、そこには深刻なものを読みとることはできないだろう。しかし作者は、冒頭文に先立つエピグラフで「論語」の一節（「未だ生を知らず／焉ぞ死を知らん」）を引用してもいるのである。やわらかな語り口と漢文的韻律とのコントラストが、「月山」に特徴を与えている。やわらかな文体で語られながらも、その中には生と死という厳格で非情な主題（韻律）が貫かれているといえるのだ。

この文体と主題とのコントラストは、「月山」という作品の追い求める対象が、直線的なアプローチでは到達できないことをあらわしている。「月山であるのに、月山がなお彼方に月のように見える」という言葉通り、「死者の行くあの世の山」としての月山は、目の前に見えながら、なお彼方の存在である。つまり、生と死を知るということは、この月山を前にした「わたし」のように、目の前にありながらしかもそれが彼方向うに見える、引き裂かれた状態に置かれるということではないだろうか。

「わたし」が逗留することになった月山麓の村でも事情は同じである。「わたし」は村人の生と死を目の当たりにしながらも、そこには触れることができない距離を感じてしまう。それでいながら村人の生きる生々しさと死への非情な態度には衝撃を受けるのである。淡々と村での出来事を語りながらも、決して触れえない生と死に直面する主題がそこには内在する。

〈作品解説〉初出誌は「季刊芸術」一九七三年夏季号。森敦は本作品で第七〇回芥川賞を受賞する。森自身が実際に月山で体験した出来事をもとに構成されているが、単純な私小説としてではなく、森の生と死に臨む態度が、月山を取り巻く風景と重なり合う作品となっている。引用原文は『森敦全集』（筑摩書房、一九九三年）による。

〈作者略歴〉一九一二（明治四五）〜八九（平成一）年。小説家。長崎生。横光利一に師事し「酩酊船」（一九三四）を発表。同人誌「青い花」に参加するが、作品は発表しなかった。その後各地を放浪し、「月山」で芥川賞を受賞する。そのほか「初真桑」「鷗」「光陰」「かての花」「天上の眺め」を収録した、単行本『鳥海山』（一九七四）がある。

〔位田将司〕

187 後藤明生
ごとう・めいせい

〈作品〉ある日のことである。わたしはとつぜん一羽の鳥を思い出した。しかし、鳥とはいっても早起き鳥のことだ。ジ・アーリィ・バード・キャッチズ・ア・ウォーム。早起き鳥は虫をつかまえる。早起きは三文の得。わたしは、お茶の水の橋の上に立っていた。夕方だった。たぶん六時ちょっと前だろう。

（「挾み撃ち」）

〈作品鑑賞〉二十年前、身に纏っていた「カーキ色の外套」の行方をたずねて遍歴する「わたし」の一日を描いた小説である。不確定な抽象性をともなった「ある日」という言葉に因果関係の不明を意味する「とつぜん」という言葉が重なり合うことにより、物語が明確な輪郭の失われた日常のなかで進行することが暗示されている。遍歴の途上、「わたし」はみずからの戦中・戦後体験を想起する。しかし、肝心の外套を見つけ出せずに終わるという結末は過去もまたその明確な輪郭を失い、不透明なものに変容してしまっていることを指し示している。

不透明な時空間は言葉の変容や自己増殖を誘発する。「一羽の鳥」が「ジ・アーリィ・バード・キャッチズ・ア・ウォーム」「早起き鳥は虫をつかまえる」「早起きは三文の得」へと次々に変換（翻訳）されることはその典型である。「鳥」が「早起き鳥」という言葉そのものであることは「『外套』を翻訳中」であるという「わたし」の追い求める外套がゴーゴリの『外套』という文学作品でもあったことに通じている。「たとえ真似であっても構わない。何としてでも、わたしの『外套』を書きたいものだ」という一節からは、本作が「わたしの『外套』」を生み出してゆくための文学的な営為そのものを対象化したテクストでもあったことが読み取れる。

注目すべきは、大学受験の際、「ジ・アーリィ・バード・キャッチズ・ア・ウォーム」の日本語訳を求められた「わたし」が「早起きは三文の徳」という解を「書き込むことができなかった」と回想されていることである。その事態は「わたしの『外套』」を目指しながらも、本作がその獲得に挫折することを予見している。しかし、挫折は失敗作であることを意味しない。「真似であっても構わない」と語る本作は挫折という不幸な結末によってはじめて「真似」の圏域を脱し、『外套』を批評的に超克した作品として自立しているのである。その逆説的な関わりのなかにこそ現代において文学作品が存立する意義、先行するテクストを読み解き、模倣しながら批評することで新たな作品世界を生み出してゆくという創作方法の源泉があることを後藤明生は教えてくれている。

〈作品解説〉一九七三年、河出書房新社刊。引用は同書。他者との関係を「楕円」「喜劇」の観点でとらえた作品を発表。後年に展開される「小説論としての小説」のさきがけであるという点でも『挾み撃ち』には後藤作品の特徴が凝縮されている。

〈作者略歴〉一九三二（昭和七）～九九（平成一一年）年。小説家。旧朝鮮生。一九六九年、『私的生活』『笑い地獄』を刊行した頃から本格的な作家活動に入る。「内向の世代」の一人。『吉野大夫』（一九八一年）や『壁の中』（一九八六年）など言葉の表層をなぞってゆくような実験精神あふれる小説のほかにもすぐれた評論を数多く残した。

〔乾口達司〕

188　池波正太郎

いけなみ・しょうたろう

〈作品〉その日。そのとき……。

長谷川平蔵は、金竜山・浅草《せんそう》寺の仁王門を通りぬけようとしていた。

師走《しわす》（陰暦十二月）中旬の、或日の昼下りのことで、風も絶えた暖かい日和《ひより》の所為《せい》もあり、観世音菩薩《かんぜおんぼさつ》を本尊《ほんぞん》とする名刹《めいさつ》・浅草寺境内の雑踏《ざっとう》ぶりは、久しぶりに浅草へ来た平蔵をおどろかせた。

仁王門をぬけると、たちならぶ土産《みやげ》物を売る屋台店や葭簀《よしず》張りの茶店の向うに、本堂の大屋根が、鏡のごとく晴れわたった冬空にそびえて見えた。

と……。

左手の絵馬堂《えまどう》の方からやって来た中年の男へ、右側の屋台店の蔭からすっと近寄った若い男が、すれちがいざまに懐中《かいちゅう》の物を掏《す》り盗《と》ったのを、平蔵は網笠の内から見てとった。

なるほど、手ぎわはあざやかであったが、この掏摸《すり》は刃物《はもの》をつかった。掏摸仲間《なかま》でいう〔鎌鼬《かまいたち》〕というやつで、これはうすくて細長く小さい鋭利な刃物の上部へ何枚も紙を貼《は》りつけ、これを二本の指でつまむようにして持ち、すれちがいざま相手の着物を切り裂き、別の手で物を掏り盗るのである。むろん、手指の修行に物をいわせて仕事をする本格の掏摸は、このような汚いまねを、

（死んでもしねえ）

そうである。

（「毒」）

〈作品鑑賞〉「その日。そのとき……。」という表現で始まる冒頭は、鬼平犯科帳シリーズの主人公・長谷川平蔵の登場とともに事件発生の瞬間が語られようとしていることを暗示し、読者を惹きつける。丸カッコ、かめのこカッコ、三点リーダ、傍点、ふりがな、段落分けが多用され、もりだくさんの情報にもかかわらず読者の読む速度を高める工夫が随所になされている。こうした見た目にも特徴的な文体によって、焦点人物・内面と外面・話法・話題・時間・場所などの切り替えが自在に行なわれている。これは、池波が初期に積んだ劇作家としての修練によるものだろう。

池波の文章は映像的であると言われる。この冒頭部でも、まずは足早に移動する主人公を、次にロングショットで浅草寺境内の雑踏を写すと、こんどは歩く平蔵の視野で周囲を眺めはじめる。そして、あざやかな掏摸が行われた瞬間を、平蔵の編笠ごしにクローズアップして捉える。おびただしい数の事物と動きが交錯する現場において、誰一人気付かぬ犯罪を察知する鬼平のただならぬ勘働きが体感的に描き出されている。

〈作品解説〉初出誌は「オール読物」一九七四年四月号。鬼平犯科帳シリーズ七冊目となる『密告』（同年一二月刊）に収録。「剣客商売」「仕掛人・藤枝梅安」と並ぶ池波正太郎の代表作。引用は『鬼平犯科帳11』（文藝春秋、一九八二年）による。

〈作者略歴〉一九二三（大正一二）～九〇（平成二）年。小説家。東京生。多様な人生経験を作品作りに活かし、劇的なストーリーの背景に人情の機微を描いた。善と悪とに通じた魅力のある人物造形や江戸情緒あふれる舞台設定に腕を揮った。

〔山口　徹〕

189

村上　龍

むらかみ・りゅう

〈作品〉飛行機の音ではなかった。耳の後ろ側を飛んでいた虫の羽音だった。蠅よりも小さな虫は、目の前をしばらく旋回して暗い部屋の隅へと見えなくなった。

天井の電球を反射している白くて丸いテーブルにガラス製の灰皿がある。フィルターに口紅のついた細長い煙草がその中で燃えている。洋梨に似た形をしたワインの瓶がテーブルの端にあり、そのラベルには葡萄を口に頬張り房を手に持った金髪の女の絵が描かれてある。

（『限りなく透明に近いブルー』）

〈作品〉女は赤ん坊の腹を押しそのすぐ下の性器を口に含んだ。いつも吸っているアメリカ製の薄荷入り煙草より細くて生魚の味がした。泣き出さないかどうか見ていたが、手足を動かす気配すらないので赤ん坊の顔に貼り付けていた薄いビニールを剥がした。段ボール箱の底にタオルを二枚重ねて敷き、赤ん坊をその中に入れてガムテープを巻き、紐で結んだ。

（『コインロッカー・ベイビーズ』）

〈作品鑑賞〉村上龍の文章は、常に細部から始まり、細部へ収束する。『限りなく透明に近いブルー』は、乱脈な若者風俗が話題となったが、その魅力は、主人公リュウの夢想を、直接的な内的独白の形式で語る、一種の「意識の流れ」の技法と、このような細部に神の宿る精細な描写叙述とが、渾然一体化する文体に求められる。タイトルは、結末で半ば譫妄状態となったリュウが、街そのものが「大きな黒い鳥」と化す幻想の中で、自分の腕を刺したガラスの破片の色を示す。このような表現の資質は、言葉のイメージに感性を内包し、社会風俗と拮抗する強度を帯びたエクリチュールと言える。『コインロッカー・ベイビーズ』でも、文体は、細部の群を柔軟に吸収する強靱な叙述と、内的独白およびそれとの区別の曖昧な会話文との全体として呈示される。こちらは、どの単語一つをとっても前進する力に満ちている。それはまた、「ダチュラ」に象徴されるシステム破壊への志向、また母親の心臓の音に代表される生命への執着と同一根源をなすものだろう。

〈作品解説〉『限りなく透明に近いブルー』は第一九回群像新人文学賞受賞作として、「群像」一九七六年六月号に掲載。米軍基地の街を舞台に、ドラッグ、乱交、暴力に明け暮れる若者らと、その繊細な感受性を描いて衝撃を与えた。『コインロッカー・ベイビーズ』上下巻は、書き下ろし長編として一九八〇年一〇月に講談社より刊行。コインロッカーに遺棄された二人の孤児、ハシとキクの運命をたどる。ハシは超絶的な人気シンガーとなり、キクは自分の母を射殺する。キクが、毒ガス「ダチュラ」を散布する結末は、繰り返し村上の小説に現れるシステム破壊のテーマの基本形となる。引用はいずれも初刊本による。

〈作者略歴〉一九五二（昭和二七）年〜。小説家。佐世保生。『限りなく透明に近いブルー』で第七五回芥川賞を受賞。『海の向こうで戦争が始まる』（一九七七年）、『コインロッカー・ベイビーズ』、『愛と幻想のファシズム』（一九八七年）、『五分後の世界』（一九九四年）、『共生虫』（二〇〇〇年）などを発表。セックス、暴力、システム破壊をテーマに、現代的風俗を尖鋭な表現で描き続けている。

〔中村三春〕

190 宮本 輝　みやもと・てる

〈作品〉堂島川と土佐堀川がひとつになり、安治川《あじかわ》と名を変えて大阪湾の一角に注ぎ込んでいく。その川と川がまじわる所に三つの橋が架かっていた。昭和橋と端建蔵橋《はたてくらばし》、それに舟津橋である。／藁や板きれや腐った果実をうかべてゆるやかに流れるこの黄土色の川を見おろしながら、古びた市電がのろのろと渡っていった。（「泥の河」）

〈作品〉銀蔵爺さんの引く荷車が、雪見橋を渡って八人町への道に消えていった。／雪は朝方やみ、確かに純白の光彩が街全体に敷きつめられた筈なのに、富山の街は、鈍い燻銀《いぶしぎん》の光にくるまれて暗く煙っている。（「螢川」）

〈作品〉三本足の犬が、通行人の足元を縫って歩いてきた。耳の垂れた、目も鼻も薄茶色の痩せた赤犬だった。／まだ人通りもまばらな戎橋《えびすばし》を南から北へと渡りきると、犬は歩を停めてうしろを振り返った。（「道頓堀川」）

〈作品鑑賞〉あわせて「川三部作」と呼ばれるこれらのテクストは、いずれも川の流れる街を舞台として、そこに展開される生と死の物語において、家族・係累と、恋人・愛人を含めた他者との間の絆を追求する名作である。「泥の河」の少年信雄は、舟の家に住む姉弟と友達になるが、彼らの母は体を売って生活していた。街を去っていく屋形船の後から、いつか見たお化け鯉がついていく結末は圧巻である。宮本の文章は、常に川を中心として都市空間を構造化し、川によって意味づけられるような表現に満ちている。川の合流点を描いた冒頭の一節は、また人の運命の合流と分岐をも暗示する。「螢川」の竜夫は中学生で、思慕する英子らといたち川に蛍狩りに出かけるが、苦労して見つけた蛍の乱舞は、想像を絶して衝撃的であった。冒頭の雪の朝の描写は、その「鈍い燻銀《いぶしぎん》の光」の表現において、夏の夜、英子のワンピースに蛍の群れが入り込み、人体が「綾なす妖光」と化す結末と呼応するだろう。中編である「道頓堀川」では、川は直接の役割を果たしてはいない。だが、かつて他の男の許に走ったのを許せず「蹴り殺した」妻鈴子の肉体の記憶、その妻が遺した息子政夫とビリヤードで張り合う武内、そして父母を喪い武内に庇護される邦彦の、年上の女との交情、これらの営為はすべて戎橋から道頓堀川の界隈で行われる。武内の経営する喫茶店の名は、「リバー」であった。

〈作品解説〉「泥の河」は、同人誌「わが仲間」一九七七年一月号初出（原題「舟の家」）、改稿されて「文芸展望」同年夏季号（七月）に掲載。「螢川」は同誌同年秋季号（一〇月）に掲載。「道頓堀川」は同誌七八年春季号（四月）に掲載。安治川・いたち川・道頓堀川と場所は異なり、また微妙に設定を変えながら、同様の縁の中にある人々の運命を、成長する少年を焦点として追い続ける宮本初期の連作である。引用は『泥の河　螢川　道頓堀川』（筑摩書房、一九八六年）による。

〈作者略歴〉一九四七（昭和二二）年〜。小説家。神戸生。追手門学院大卒。広告会社コピーライター勤務を経て作家となる。「泥の河」が第一三回太宰治賞、「螢川」が第七八回芥川賞を受賞し、幅広い人気を獲得。『錦繍』（一九八二年）、『ドナウの旅人』（一九八五年）、『愉楽の園』（一九八九年）など著書多数。『宮本輝全集』全一四巻（新潮社）がある。

〔**中村三春**〕

191 竹西寛子

たけにし・ひろこ

〈作品〉 春の彼岸である。

東京は、まだ寒い。

町家に挟まれた浄念寺では、先刻から通夜の読経が続いている。古い造りの、町なかにしては大きな本堂だが、入口の階段下には男の靴も女の靴も数えるほどしかなくて、女物の草履が一足、少し離れた場所に脱がれている。

広告雑誌の仕事仲間の電話でしばらく通夜の席を外していた村川有紀子は、庫裡から渡り廊下を引き返してくる途中、ふと梅の花の匂いに足を止めた。軒の近くにぼうと浮き出している白い花を見つけて、二、三歩欄干に寄って行ったが、その時、母親のセキに呼ばれたような気がして急いで本堂に戻った。兄の研一夫婦と弟の浩二夫婦が並んでいる、その後ろに坐った。セキは、須弥壇の下に置かれた棺の中である。（「管絃祭」）

〈作品鑑賞〉 広島の原爆をめぐる物語。村川有紀子とその家族を取り巻く様々な人々の戦前・戦後が描かれる。

短い一文から始まる通夜の場面である。有紀子はこの時、死んだ母だけでなく、原爆で逝った友人知人や急死した父のことを思っている。みんな「不在によって」「在り続け」ている人々である。母も今、その仲間に入るのだ。「彼岸」という言葉には、そういう有紀子の内面を喚起する力がある。ここには「数えるほどしか」履物がない。通夜は子供たちだけでと決めたからだ。被爆後の広島から慣れぬ「東京」へ呼び寄せて、寂しい暮らしをさせた後悔がそうさせた。だが、恩人の死を知って駆け付けた者も一人いた。片隅の草履の主だ。彼女の母もまた、東京で暮らす被爆者である。

セキにも有紀子たちにも、広島は豊かに暮らした美しい土地である。毎年、一家で見物の屋形船に乗る厳島神社の管絃祭が、それを象徴する思い出だ。仏像と五色のテープで結ばれた母の棺が、有紀子には祭の船に見えてきた。

小説は、時間と空間を異にする一四章で構成されている。章ごとに焦点化する人物を変え、方言による一人称や書簡体を取り混ぜて、「八月六日」を多面的に描き出している。酸鼻を極めた描写があるわけではない。日常生活の丁寧な叙述の積み重ねの中から、一瞬にしてそれを奪い去ったものへの静かな抗議の声が響いてくる。

最終章は管絃祭である。祭のクライマックスで、有紀子は御座船の上に、母や広島の死者たちの姿を幻視する。いくつもの楽器の奏でる雅楽の調べが、描かれてきた人々の生の交響と聞こえる瞬間だ。ひっそりとした東京の通夜から始まる小説は、はなやいだ広島の祭で閉じられる。

〈作品解説〉 一九七七年四月～七八年四月「波」に連載の後、七月新潮社刊。第一七回女流文学賞を受けた。原爆を描いた最初の小説「儀式」では敢えて避けたという固有名詞「広島」が、ここでは方言とともに用いられた。引用は『竹西寛子著作集　第一巻』（新潮社、一九九六年）による。

〈作者略歴〉 一九二九（昭和四）年～。小説家・評論家。広島生。女学校時代に被爆。評論「往還の記」小説「儀式」（一九六三年）で注目される。「式子内親王・永福門院」「鶴」（一九七二年）「兵隊宿」（一九八〇年）など。

〔高橋真理〕

192　向田邦子　むこうだ・くにこ

〈作品〉指先から煙草が落ちたのは、月曜の夕方だった。

宅次は縁側に腰かけて庭を眺めながら煙草を喫《す》い、妻の厚子は座敷で洗濯物をたたみながら、いつものはなしを蒸し返していたときである。

二百坪ばかりの庭にマンションを建てる建てないで、夫婦は意見がわかれていた。厚子は不動産屋のすすめに乗って建てるほうにまわり、宅次は停年になってからでいいじゃないかと言っていた。停年にはまだ三年あった。

植木道楽だった父親の遺したものだけに、うちは大したことないが、庭だけはちょっとしたものである。宅次は勤めが終ると真直ぐうちへ帰り、縁側に坐って一服やりながら庭を眺めるのが毎日のきまりになっていた。

（「かわうそ」）

〈作品鑑賞〉まずはタイトルの「かわうそ」が意表を突く。それがやがて、妻の厚子をたとえていることが知られる。容貌だけではなく、「厚かましいが憎めない。ずるそうだが目が離せない」という性格までが似ているという、重ね合わせの描写が、作品全体にわたって執拗に繰り返される。

冒頭の第一文もまた、これだけではどういう状況かが知れない、唐突感がある。この冒頭文以降、第二、第三段落と展開するにつれ、これからの生活を現実的に考える妻と、これまでの生活にこだわる夫という、対立的な状況が明らかにされる。そのすぐ後で、冒頭文の出来事が、実は脳卒中の前兆であったことが分かるしかけになっている。そして、「写真機のシャッターがおりるように、庭が急に闇になった」という結末部分の一文が、この冒頭部分の状況に照応するとともに、その後の宅次や夫婦のありようを暗示する、切れ味よく、余韻を残す表現となっている。

作品全体は、行空けにより、六つのパートに分けられ、現在と過去の場面が転換される。この構成法は、テレビシナリオの方法を取り入れたものであろうが、妻をめぐるエピソードを次々とカットバックすることによって、長年の夫婦関係の真相あるいは深層を徐々に浮き彫りにしてゆくのである。

なお、「厚子」が妻の「厚」かましさに符合するとしたら、「宅次」は、妻にとって夫が「宅」の「次」の存在であることを意味するのではという深読みを楽しませる。このような登場人物の命名法にも、向田の才気と遊び心が感じられる。

〈作品解説〉初出は「小説新潮」一九八〇年五月号。連作短編集の三編目で、その三編により、第八三回直木賞を受賞する。同年一二月に、一三編から成る連作短編集『思い出トランプ』が出版され、同作品はその巻頭に置かれる。引用原文は『向田邦子全集　第三巻』（文芸春秋、一九八七年）による。

〈作者略歴〉一九二九（昭和四）～八一（昭和五六）年。シナリオライター、随筆家、小説家。東京生。テレビドラマに数々の名作を残すとともに、「父の詫び状」をはじめ、数多くの随筆を発表。小説としては他に、シナリオを元にした「寺内貫太郎一家」「あ・うん」などの長編がある。第二連作短編集「男どき女どき」の連載途中で、台湾での飛行機事故により急逝。

〔半沢幹一〕

193 中上健次

なかがみ・けんじ

〈作品〉明け方になって急に家の裏口から夏芙蓉の甘いにおいが入り込んで来たので息苦しく、まるで花のにおいに息をとめられるように思ってオリュウノオバは眼をさまし、仏壇の横にしつらえた台に乗せた夫の礼如さんの額に入った写真が微かに白く闇の中に浮きあがっているのをみて、尊い仏様のような人だった礼如さんと夫婦だった事が有り得ない幻だったような気がした。体をよこたえたままその礼如さんの写真を見て手を組んでオリュウノオバは「おおきに、有難うございます」と声にならない声でつぶやき、あらためて家に入ってくる夏芙蓉のにおいをかぎ、自分にも夏芙蓉のような白粉のにおいを立てていた若い時分があったのだと思って一人微笑んだ。

（「千年の愉楽」）

〈作品鑑賞〉オリュウノオバを視点人物とも語り手ともする「千年の愉楽」は、路地に生を受けた「中本の一統」の、六人の男性主人公をめぐって織りなされた物語である。路地の産婆オリュウノオバは、路地に生まれた総ての者の生没を暗記し、その記憶を保存しているため、路地そのものとも位置づけられる存在で、路地というトポスの重力を形作っている。

冒頭場面では、夫の遺影に呟きかけるオリュウノオバが描写されているが、「千年の愉楽」にあっては、彼女が語る記憶がつねに物語の現在時となるので、作中、「尊い仏様のような人だった礼如さんと夫婦だった事」は現在の現実として叙述されるし、いくつもの「有り得ない幻」が、彼女の記憶を媒介にして何度でも現実になる。オリュウノオバは、齢を数えることができないほどの高齢であると語られるが、「夏芙蓉のような白粉のにおいを立てていた若い時分」が今このときのこととして語られることもあれば、彼女の死の瞬間が物語の現在時にせりだすことさえある。記憶を語りに盛り込んだ文体において、時間軸は過去から未来に向かって線条を描かず、たえず逆流し、反復され、錯綜して重なり合い、オリュウノオバの視点がどの地点にも遍在するという構造が可能となるのだ。

路地の物語は、差別化された側から神話を創造する営みともなっており、物語と差別の構造を可視化する。被差別部落として表象される路地の主人公は、「中本の一統」の血の宿命として、いずれも悲劇的な死を遂げるが、オリュウノオバという文体装置によって、その生と死は幾度でも語り直され、意味づけの変更の可能性に開かれている。物語と差別の定型を異化する奇跡的な文体を獲得した作品だと言えよう。

〈作品解説〉連作長篇。初出誌は「文芸」。「半蔵の鳥」（一九八〇年七月）「六道の辻」（同九月）「天狗の松」（同一一月）「天人五衰」（八一年二月）「ラプラタ綺譚」（八二年一月）「カンナカムイの翼」（同四月）の六編から成る。引用原文は『中上健次全集　第五巻』（集英社、一九九五年）による。

〈作者略歴〉一九四六（昭和二一）～九二（平成四）年。小説家。和歌山県生。「一番はじめの出来事」（一九六九年）で文壇にデビュー。作品に、「枯木灘」（一九七七年）「地の果て至上の時」（一九八三年）「日輪の翼」（一九八四年）「重力の都」（一九八八年）など。物語と差別の構造を思考し、紀州熊野を〈路地〉というトポスとして表現した。

〔内藤千珠子〕

194

富岡多恵子

とみおか・たえこ

〈作品〉　以前は夜になるとテレビジョンを見ていた。よく見た番組に若い男女のお見合いゲームのようなものがある。はじめは男女が顔を見ないで声だけをアテに相手を想像していたのが、司会者のゴタイメーンという合図で両者の間にあった仕切りがあがると、はじめてふたりで喋る。その会話のキッカケは、たいてい、休みの時なににしているのですか、という問いかけではじまっていた。何度か見ているうちに、あまりにいつもそれが同じなのであきれてしまい、腹立たしくさえなった。しかし、その問いは相手の「私的」なところを知ろうとしていたのだろうと思ったりもした。

「休みの時はなにしてます?」

「ソーネー、ドライヴしたりとかァー」

（「波うつ土地」）

〈作品鑑賞〉「波うつ土地」は、会話することで他者との関係を作り上げてきた人間の言葉の世界が壊れかけている状況を、人が暮らしてきた土地の変容を背景に描く。冒頭の喋りには、現代の男女の出会いを企画するテレビ番組の内容とその不毛に感じられる会話に苛立ちながらも、逆にそのコミュニケーション形態に他者を知る新しい要素が含まれているのではないか、と思う語り手のアンビバレントな感情が表現されている。

語り手の批評意識は、一般的には漢字や平仮名で表記される「アテ」や「キッカケ」を片仮名表記にすることで、無意識に行なわれているように見える会話の背後にある意識を抉り出す。さらにふだん何気なく使ってしまう「私的」という言葉にカギカッコを付けることで、暗黙のうちに「私的」とは何かという問いを、読者にも突きつける。引用の最後の部分は、偶然知り合った大男と語り手「わたし」の会話である。大男は妻を「うちの大蔵大臣」といい、「わたし」に「ご主人の理解」というような「カラッポの慣用語」でしか喋れない男として設定されている。男の喋りを表現する「ソーネー、ドライヴしたりとかァー」は、まさに鈍感で凡庸な男の内面を映し出す。

夫と新興住宅地に住む物書きらしい「わたし」は男と出会った時、「『私的』な日常や考えがコトバによって出現し」、そして次第に「コトバ自体が楽しみ、たわむれ」、周りの世界が「コトバのゆきかいの中」で光を放つことを期待していた。しかしカラッポの言葉しか喋れない男との間には、ついにその瞬間は訪れない。「コトバによる交流」を期待しなくなった「わたし」は、大男との不毛な「性交という会話」を繰り返すしかない。「わたし」は、言葉で「生の深み」に触れ得る「言葉の敵娼《あいかた》」を求めているが、その可能性のあった組子も唐突に自殺し、「わたし」の希求は宙づりにされる。後半の乱開発される土地は、力を失ったゆらぐ言葉のメタファであり、そこには新しい物語を構築することの困難さがアイロニカルに表現されている。

〈作品解説〉　初出は「群像」一九八三年六月号。引用は初出。その創作活動は、ヒトとヒトとを結びつける言葉やモノが輝くコトバの力を求めて、行われてきた。日常言語にも当然宿っているコトバ本来の力を小説においても表出しようとする試みは、本作にも顕著である。

〈作者略歴〉　一九三五（昭和一〇）年～。詩人・小説家。大阪生。詩集『返礼』（一九五七年）を刊行し注目される。「丘に向かってひとは並ぶ」（七一年）で小説へ。『植物祭』（七三年）『冥途の家族』（七四年）『逆髪』（九〇年）『ひべるにあ島紀行』（九七年）『釈迢空ノート』（二〇〇一年）などを刊行。言葉と制度の関係、言語表現の意味を追究し続けている。

〔与那覇恵子〕

195

村上春樹

むらかみ・はるき

〈作品〉僕は三十七歳で、そのときボーイング747のシートに座っていた。その巨大な飛行機はぶ厚い雨雲をくぐり抜けて降下し、ハンブルグ空港に着陸しようとしているところだった。十一月の冷ややかな雨が大地を暗く染め、雨合羽を着た整備工たちや、のっぺりとした空港ビルの上に立った旗や、BMWの広告板やそんな何もかもをフランドル派の陰うつな絵の背景のように見せていた。やれやれ、またドイツか、と僕は思った。

飛行機が着陸を完了すると禁煙のサインが消え、天井のスピーカーから小さな音でBGMが流れはじめた。それはどこかのオーケストラが甘く演奏するビートルズの『ノルウェイの森』だった。そしてそのメロディーはいつものように僕を混乱させた。いや、いつもとは比べものにならないくらい激しく僕を混乱させ揺り動かした。

（『ノルウェイの森』）

〈作品鑑賞〉「ノルウェイの森」は、現在三七歳の「僕」がまだ大学生で一〇代の最後を過ごしていた時期を回想する物語である。まず留意すべきは、この作品が一人称「僕」によって語り始められていることである。一人称の代名詞「僕」が「やれやれ」とつぶやくことで、一瞬にして読者自身の意識と交代する。飛行機が着陸した後、ビートルズの「ノルウェイの森」がBGMで小さく聴こえるが、それはあたかもプルーストの「失われた時を求めて」の冒頭におけるマドレーヌの香りのように、読者を一気に作品の内部に誘い込む効果をもつのであろう。なぜなら嗅覚や聴覚といった五感に直接訴えかける香りやメロディーは、回想するというよりも、体全体があたかも過去に連れ戻されるかのような印象（錯覚）を読者にもたらすからである。作者村上春樹は一度発表した短篇の長さを変えて幾つかのヴァリアントを作ったり、その短篇を長篇の一部に取り込んだりするという作風上の特徴をもつ。前者としては「レキシントンの幽霊」や「トニー滝谷」等があり、後者としては短篇「ねじまき鳥と火曜日の女たち」が長篇「ねじまき鳥クロニクル」となった例がある。「ノルウェイの森」も実は一九八三年に短篇として発表された「螢」という原型があり、第二および三章は「螢」とほぼ同じであるといえる。その意味では「ノルウェイの森」の冒頭は、「螢」という過去へと繋がる時の回廊とでもいうべき部分であり、一人称「僕」とともに読者一人一人が、かつて起こった出来事をもう一度体験する物語の入り口でもあるといえる。

〈作品解説〉初出は一九八七年九月、講談社より書き下ろし長篇として、上下巻に分けられて刊行された。引用は同書。純文学作品としては破格の売れ行きを示し、二〇〇九年七月末時点で累計発行部数は一千万部を越えた。

〈作者略歴〉一九四九（昭和二四）年〜。小説家。京都生。『風の歌を聴け』（一九七九年）で第二二回群像新人文学賞を受け、文壇にデビュー。代表作には『世界の終りとハードボイルド・ワンダーランド』（一九八五年）や『神の子どもたちはみな踊る』（二〇〇〇年）などがある。現代日本を代表する作家として世界的に広く知られるようになり、二〇〇六年にはフランツ・カフカ賞を受賞するに至った。

〔平野芳信〕

196　池澤夏樹　いけざわ・なつき

〈作品〉この世界がきみのために存在すると思ってはいけない。世界はきみを入れる容器ではない。

世界ときみは、二本の木が並んで立つように、どちらも寄りかかることなく、それぞれまっすぐに立っている。

きみは自分のそばに世界という立派な木があることを知っている。それを喜んでいる。世界の方はあまりきみのことを考えていないかもしれない。

でも、外に立つ世界とは別に、きみの中にも、一つの世界がある。きみは自分の内部の広大な薄明の世界を想像してみることができる。きみの意識は二つの世界の境界の上にいる。

大事なのは、山脈や、人や、染色工場や、セミ時雨などからなる外の世界と、きみの中にある広い世界との間に連絡をつけること、一歩の距離をおいて並び立つ二つの世界の呼応と調和をはかることだ。

たとえば、星を見るとかして。　（「スティル・ライフ」）

〈作品鑑賞〉「スティル・ライフ」は一言でいってしまえば、主人公と同様に、社会的な安定という名の帰属を嫌ってその日暮らしのアルバイト生活に終始するかに見えた佐々井なる人物が実は、公金横領の逃亡犯であり、その金を返済するために、主人公の力を借りて、三ヶ月だけ株の売買をして、その目的を達成するといういわば現代のお伽話である。しかしその背景には、佐々井が緻密なシミュレーションによって、株の売買による確実な利殖の術を獲得しているように、理系学部出身の作者による冷静で合理的な計算がはたらいている。冒頭部分には、その稠密で洗練された方法論が表現論的な意味合いで、端的に示唆されていると思われる。この作品が芥川賞を受賞した際、選考委員の複数から冒頭部分が存在することに対する疑義が表明されたが、同時に主人公が毎年定点観測のするかのように訪れている雨崎という海岸への小旅行を評価する声も認められる。その場面はそれまで降っていたと思っていた雪が、実は自分が上昇しているのではないかと思えるようになったまさにその瞬間が描写されたものだが、相対化されることで、内と外、現実と虚構、過去と未来、完全と不完全といった対比関係にあるすべてのものが交換可能なものに変化しうるという絶対の真理が暗示されているといえるであろう。それこそが理系出身の詩人である作者にしか書けないこの作品の持ち味であり、新しさなのである。

〈作品解説〉初出誌は「中央公論」一九八七年一〇月号。引用は初出。第九八回芥川賞を三浦清宏の『長男の出家』と同時受賞した際の選評で日野啓三が「これまでの文学と新しい世代の文学とをつなぐ貴重な作品」と指摘した。

〈作者略歴〉一九四五（昭和二〇）年～。北海道生。翻訳家、詩人、小説家。埼玉大学理工学部中退。その後二九歳の時にジェラルド・ダレル著『虫とけものと家族たち』の翻訳を発表。三〇歳でギリシャに移住。帰国後、詩集『塩の道』（一九七八年）を発表。初めての長篇小説「夏の朝の成層圏」（一九八四年）で注目され、短篇小説「スティル・ライフ」（一九八七年）で中央公論新人賞と芥川賞を受け、現在に至る。〔平野芳信〕

197

小川洋子

おがわ・ようこ

〈作品〉その夜、わたしは初めて死というものについて考えた。風が澄んだ音をたてて凍りつくような、冷たい夜だった。そんなふうに、きちんと順序立てて死について考えたことは、今までなかった。

確かにそれまでにも、わたしの周りにいくつかの死はあった。

小学校の頃弟と一緒に飼っていた熱帯魚は、よくあっさりと死んだ。その死骸を、わたしたちはたいてい朝発見した。わたしよりも早く起きる弟が、「お姉ちゃん！」と叫ぶ声の雰囲気で、熱帯魚の死を知ることができた。「ね、死んでるでしょ。」と、わたしに確かめさせてから、弟は水面を漂っている死骸を掌ですくい上げた。

（『冷めない紅茶』）

〈作品鑑賞〉「その夜」という指示対象を欠いた指示代名詞によって物語はいきなり語り起こされる。続いて「そんなふうに」「それまでにも」と指示代名詞の重用が続くが、「そんなふう」の具体的思考プロセスは明らかにされない。また「それまでにも」が指示している「今」という語りの現在も、いったいいつでどういう時の様相を帯びた「今」なのか判然としない。そもそもそのように語る語り手自身、「わたし」と自称するだけで、性別や年齢や職業など現実的輪郭は示されず、読み進める中で漠然とそのイメージが感じ取れる限りなのだ。

このように、読者は圧倒的な情報量の不足（語り手と読者の情報量の落差）のもとに、語り手が一方的に差し出すコミュニケーション・コードを共有することなしには物語に参入できない。それがこの語りの特性である。こうした語り口によって実現されるのは、死とも生とも分かちがたい虚構の世界と、そこに生きる人たちの実在感、いわば〈虚構のリアリティ〉とでも呼ぶべきものである。そこには物理的な時間は流れず、そこの住人K君の入れる紅茶も冷めない。K君とその彼女の生死は確かめることができないまま、宙吊りにされている。

こうした現実社会あるいは生の世界からの離脱を目指す語りには、「わたし」の美意識（生をグロテスクで醜いもの、死を透明で美しいものととらえる）が深く関っている。「わたし」は現実感のより少ないものを美として追求する。したがって、死すらグロテスクな死体や愛惜のなまなましい情緒に結びつくことはできない。生の連続線上から「あっさり」こぼれ落ちる熱帯魚の死や、記憶の中に漂うだけのK君や、彼女のような不在性だけが、美しい抽象性として求められるのである。

〈作品解説〉「海燕」一九九〇年五月号に発表後、『冷めない紅茶』（福武書店、一九九〇年）に収録。引用は同書による。芥川賞候補作。死と生が交錯する現実とも非現実ともつかない世界を一人称によって描出した幻想的作品。

〈作者略歴〉一九六二年（昭和三七〜）岡山県生。小説家。祖父は金光教の教祖。八八年「揚羽蝶が壊れる時」で海燕新人文学賞、九一年「妊娠カレンダー」で芥川賞、二〇〇四年「博士の愛した数式」で本屋大賞・読売文学賞、同年「ブラフマンの埋葬」で泉鏡花文学賞、〇六年「ミーナの行進」で谷崎潤一郎賞を受賞。翻訳化された作品も多い。

〔近藤裕子〕

198 金井美恵子

かない・みえこ

〈作品〉 柔らかい土をふんで、そうでなくとももともと柔らかいあしのうらは音など滅多にたてずごく柔らかなふっくらとして丸味をおびた肉質のものが何かに触れる微かな音をたてるだけなのだが、固いコンクリートや煉瓦の上や、建物の一階分だけ正面の壁と床にチェス盤のようにだんだらに張った灰色と黒の大理石——小さな三葉虫の化石の断面が磨かれた石の表面に浮かび上がっていることを教えてくれたのは、一週間おきに日曜日ごとの午前中に清掃会社から建物の廊下と窓を掃除にくる青い色のつなぎ服（襟のところに赤い線があって、胸に赤い色で会社の名前がローマ字で書いてあるのだが、それをわざわざ読んでみたことはない）を着たカタコトの日本語を喋る青年だったか（いつもカセットで台湾語か中国語の流行歌手の歌う歌をヴォリュームをあげてかけっぱなしにしていて、それは時々、知っているメロディーのことがあり、夕方散歩に出て気がつくとその歌を——あいたい人はあなただけわかっているのに心の糸が結べない——口ずさんでいることがある）それとも新聞配達の青年だったろうか——には三葉虫の形がきれいに浮かびあがっていて、夏でも冷んやりとしているのだが、固いコンクリートの上や大理石の上を歩く時には、前肢の爪をものをつかもうとする時のようにいくらか広げて伸ばし気味になるので、（以下略）

（「柔らかい土をふんで、」）

〈作品鑑賞〉 句点がなく持続する細密な描写に、伝聞と回想と推量が組み込まれることで、徐々に話者の位置が浮かびあがっていく冒頭部である。フランスのヌーヴォー・ロマンと総称される作家たち、なかでもクロード・シモンを若干連想させるが、しかし表象に混在する記憶が描写の対象を微分していく書法（「灰色と黒の大理石の表面」に話者が次第に浮かび上がらせる、「三葉虫の化石の断面」）と不可分な文章の官能性は、著者特有のものである。描写とは何か、話者は語られる内容にどのような距離をとり、いかなる関係を結びうるのか等々、日本語で書くことにまつわる可能性と限界が刻印された、近現代文学における一つの極点をなす作品・文章である。

〈作品解説〉 当該冒頭部を含む一章分が「群像」（一九九一年五月）に掲載された時点では短編小説と受け取られたが、後に特異な連作として書き継がれ（そもそも著者自身による映画批評文の発展形としてこの小説が書かれており、また作品内には、別の映画批評家の創作に対する著者の批評／書評が小説の一部として含まれている）、長編の形で出版された（一九九七年）。作品の末尾は、「微かなしのびやかな足音が匂いと混じりあい湿って分厚く枯葉の積った柔らかい土をふんで、」と作品冒頭の語句に回帰し、読点で結ばれる。引用原文は『柔らかい土をふんで、』（河出書房、一九九九年）による。

〈作者略歴〉 一九四七（昭和二二）年〜。小説家。群馬県高崎市生。「愛の生活」、「岸辺のない海」、「プラトン的恋愛」、「単語集」、「くずれる水」、「恋愛太平記」、「噂の娘」等、前衛的な短編から風俗的な長編連作まで幅広い作品を発表する。先鋭な批評意識をうかがわせる機知に富んだエッセイによっても知られる、現代日本屈指の作家・文章家である。

〔**城殿智行**〕

199 遠藤周作　えんどう・しゅうさく

〈作品〉やき芋ォ、やき芋、ほかほかのやき芋ォ。

　医師から手遅れになった妻の癌を宣告されたあの瞬間を思い出す時、磯辺は、診察室の窓の下から彼の狼狽を嗤うように聞こえたやき芋屋の声がいつも甦ってくる。

　間のびした呑気そうな、男の声。

やき芋ォ、やき芋、ほかほかのやき芋ォ。

「ここが……癌です。ここにも転移しています」

　医者の指はゆっくりと、まるでそのやき芋屋の声に伴せるように、レントゲンの上を這った。（中略）

　沈黙がまた続く。耐えられず磯辺は立ちあがると、医師はレントゲンの方にもう一度、体を向けたが回転椅子の嫌な軋みが磯辺には妻の死の予告に聞こえた。

（『深い河』）


〈作品鑑賞〉『深い河』は、五人の登場人物が生活の次元では解決できない重荷をかかえ、魂と関わる人生の次元での救済を求めて母なるガンジス河に集う物語。本作のテーマは冒頭の「やき芋屋の声」と「妻の癌の宣告」の対比に暗示されている。

　「やき芋屋の声」は、個人に何が起ころうとも無関係に流れる卑近な日常の生活の次元の表象であり、「妻の癌を宣告されたあの瞬間」は、愛する者の死を前に向き合わねばならない人生の次元の幕開けを意味している。

　「やき芋屋の声」がその宣告を受けた磯辺の狼狽を「嗤う」という擬人的な表現によって、磯辺はこの声と重ねて日常の背後に何ものかを感じていることが示され、それが「窓の下から」と表現されることで、意識の下、孤独な魂の暗闇から聞こえてくる嗤いであることが暗に示されている。

　それに続いて病状を説明する医者の指が「まるでそのやき芋屋の声に伴せるように」と表現されることで、医者がやき芋屋と同様に磯辺の人生の苦しみなどとは関係なく日常の仕事を行う生活の次元を生きている存在であることが明らかにされる。

　そして磯辺はその場を立ち上がる時も、「嫌な軋みが」が磯辺に「妻の死」を予告するという擬人的な表現によって、日常性を超えた何ものかを感じていることが示されている。さらに、その嫌な軋みが「回転」によって生じるところには、ある超越的な力によって強引に人生の向きを変えられる磯辺の運命が象徴的に表現されている。すなわちこれを機に生活の次元しか頭になかった磯辺が死と死を超えた生の問題と向き合う人生の次元を生きる方向に転換させられていくのである。

〈作品解説〉一九九三年六月、純文学書下ろし長篇として講談社から刊行。遠藤文学の集大成といわれる最後の純文学作品で、毎日芸術賞受賞。人間と人間を超えたものとの関係をさぐる魂の探求を使命とするカトリック作家として、この作品でも登場人物の魂の問題に焦点を当てた表現に意識を注いでいる。引用は『深い河《ディープ・リバー》』（講談社、一九九六年）による。

〈作者略歴〉一九二三（大正一二）～九六（平成八）年。東京生。小説家。一二歳の時に母の影響で受洗。「白い人」（一九五五年）で芥川賞受賞。日本人とキリスト教、悪の問題をテーマに『海と毒薬』『沈黙』『イエスの生涯』『深い河』等問題作を発表、カトリック作家として国際的にも高い評価を得た。

〔山根道公〕

200 川上弘美

かわかみ・ひろみ

〈作品〉少し前から、逃げている。

一人で逃げているのではない、二人して逃げているのである。

逃げるつもりはぜんぜんなかった、逃げている今だって、どうして逃げているのかすぐにわからなくなってしまう、しかしいったん逃げはじめてしまったので、逃げているのである。

「モウリさん何から逃げてるの」逃げはじめのころに聞いたことがあった。モウリさんは首を少しかしげて、

「まあ、いろんなものからね」と答えたのだった。「中ではとりわけ、リフジンなものから逃げてるということでしょうかねえ」

「リフジンなものですか」ぽかんと口を開けてモウリさんを仰ぎ見ると、モウリさんは照れたように目を細め、何回か頷いた。

（「溺レる」）

〈作品鑑賞〉冒頭から「逃げている」という述語性だけが示され、主語を欠いた文が続く。八行目でようやく「モウリさんは」という主語が現れるが、それも「何から逃げてるの」という問いの対象として現れてくるという、極めて受動的な出現の仕方である。引用文に続き、「わたし」という一人称の主語も登場するが、その場合も「コマキさんは」という相手からの問いをきっかけとする。このように、二人とも誰かからの何らかの関与がなければ主体としての輪郭を描くことが出来ない、極めて受動的で対象的な人物なのである。

それは二人がいずれもカタカナで表記されることとも関わる。漢字という表意文字を与えられない音だけの苗字からは、日常性や社会性、個我性といったものが失われている。むしろそうしたものがあらかじめ抜き取られ、曖昧さへ曖昧さへと輪郭をほどいてゆくのが、本作の主体の特性だというべきであろう。

主体を結ぶ機能をかろうじて担うのは、「逃げる」という切迫感漂う述語である。モウリさんは「アイヨクにオボレた末のミチユキ」という物語を与えることで、切実感や深刻さの強化を計るが、「アイヨク」や「ミチユキ」といった時代がかった表現に現実性は乏しく、「シニタイ」（愛欲の果てに心中しなければならない）に相応するようなリアルな欲望や、それを抑圧する社会の様相は見えてこず、語れば語るほどそのリアリティは失われてゆくばかりなのである。

〈作品解説〉初出は「文学界」一九九八年一月号。九九年短編集『溺レる』（文藝春秋）に収録。引用は同書による。伊藤整文学賞と女流文学賞を受賞。駆け落ちというのっぴきならない事態とは裏腹に、理由も動機も判然としない、曖昧で浮遊感漂う男女のありようがゆるやかな文体で表現されている。

〈作者略歴〉一九五八（昭和三三）年〜。東京生。小説家。お茶の水女子大学理学部生物学科を卒業。九四年「神様」でパスカル短編文学新人賞を受賞しデビュー。九六年「蛇を踏む」で芥川賞、九九年短編集『神様』で紫式部文学賞とBunkamuraドゥ マゴ文学賞、二〇〇一年『センセイの鞄』で谷崎潤一郎賞、〇七年『真鶴』で芸術選奨文部科学大臣賞。異類との交流を淡々と描く寓話的物語から、微細な身体感覚に寄り添いつつ記憶を辿る幻想的文体へと深化をみせる。

〔近藤裕子〕

201 津島佑子　つしま・ゆうこ

〈作品〉かすかな光の点滅のように、あるいは、とても小さなさざ波のようにはじめは感じるものなのだろうか。それとも、こそばゆい感覚とともに、なにかが遠くをよぎっていくように感じるのかもしれない。

少年は思いを集中させつづける。とまどいながらも確信をこめて、想像の重力に身をまかせる。確信はある。なぜなら、それは自分の母親にほかならないのだから。ずいぶん前にこの世を去っても、母親は母親にちがいないのだから。地上にひとり残してきた自分の息子に無関心でいられるはずはない。なによりも、息子のほうはこれだけ特別に強い思いを、光ファイバーよりもはるかに迅速確実なつながりで届けつづけているのだから。

（「ナラ・レポート」）

〈作品鑑賞〉「ナラ・レポート」は、時空を超えて結び合う母と子の深い絆を五部構成で描く。最初に「0ごくまともなはじまり」というタイトルが付され、非人称の語り手が「かすかな光」や「波」を感受する意識の存在と、その「光」の発信元であるらしい少年の「思い」を説明する。

「光」を感じている主体は少年が二歳の時に三二歳で死んだ母であることは冒頭引用の後で明かされるが、初めは光を感じる感覚だけが表現されている。そこには主語を明示せずに文章を綴ることのできる日本語の特色が生かされている。そして生きている者の「想像の重力」と「強い思い」が、「死という空白のなかで無感覚」に漂っていた母の感覚を呼び覚まし、母を意識をもった霊として甦らせる。

夢や妄想という形でなく、思いが届いたという形で母の霊はハトの体を借りて息子森生の前に出現する。生者と死者が共に在るという空間が生まれたことで、物語も起動していく。さらに私生児とされた森生は、父権の象徴であるナラの大仏を嫌悪し、その破壊を導く。崩れゆく大仏からは神楽歌、催馬楽、閑吟集、説経節などの「人の声のかけら」、言葉も飛び散る。そして自在になった言葉は、森生と母の物語を、信徳丸や愛護若などの説話と結びつけ語っていく。混じり合った母と子の記憶は個人の記憶を超え、時空をつなぐ母と子の物語として創生される。庶民に親しまれてきた歌謡や説話を大胆に小説のなかに取り入れることで、物語と小説の融合が試みられているのである。

〈作品解説〉初出誌は「文学界」二〇〇三年一〇月号〜〇四年四月号。息子を不慮の事故で喪った津島佑子は、夢や記憶や妄想を糸口に死者と生者が共に在る空間を一つの現実世界として創出してきた。「ナラ・レポート」は、その集大成といえる。引用は『ナラ・レポート』（文藝春秋、二〇〇四年）による。

〈作家略歴〉一九四七（昭和二二）年〜。小説家。東京生。「レクイエム―犬と大人のために」（一九六九年）を発表、戦後生まれの作家として注目される。その後、『生き物の集まる家』（一九七三年）、『寵児』（一九七八年）、『真昼へ』（一九八八年）、『火の山―山猿記』（一九九六年）、『ナラ・レポート』（二〇〇四年）などを刊行。私小説と幻想小説を融解させた作品を紡ぎ続けている。

〔与那覇恵子〕

202

井上ひさし

いのうえ・ひさし

〈作品〉（マリヤ役の女優）あなたが去って／時がたった／けれども四つの芝居は／いまも大流行《おおはやり》／（オリガ役の女優）あなたが去って／噂がのこった／いいのもあれば／いやなのもある／（六人でリクレン）そう、胸を病み血を吐いたチェーホフ／主義もない夢もないチェーホフ／お高くとまったニヒルなやつさ／おセンチな弱虫／いろんな噂／そう、妹に頼り切るチェーホフ／そう、女優さんにもてもてのチェーホフ／けれど一つ、たしかなことは／そう、ボードビルが好きだったこと／そう、ボードビルを書きつづけた先生／なにもかも笑いのめす先生／かもめもワーニャも三姉妹も／桜の園まで／すべてがボードビル

そう、いちにちに五回も下痢　先生／そう、それなのに笑っている　先生／だから一つ　たしかなことは／そう、ボードビルが好きだったこと／（粘って繰り返す。）／だから一つたしかなことは／そう、ボードビルが好きだったこと（『ロマンス』）

〈作品鑑賞〉若き日に「一生に一本でいい、うんとおもしろいボードビルが書きたいんです。」と決意した、アントン・パーヴロヴィチ・チェーホフの一生を、ボードビルの手法で評伝劇として構成した作品。ボードビルとは一説に「街の歌」「街の声（voix des villes）」を表すとも言われている。一八世紀末にはパリにボードビル座が専門劇場として開設され、歌と踊りを組込んだ音楽軽喜劇となり、一九世紀には世界中に流行した。思えば音楽軽喜劇は、井上ひさしが一貫して追求してきたジャンル。その冒頭の挿入歌が引用部だが、評伝劇のテーマ、チェーホフ劇は娯楽性に富んだボードビルである、というメッセージがくっきりと、しかし多くの異なった声によって伝えられていく。それを可能にしているのが、レトリックの基本中の基本である反復だ。音の反復、語句の反復、構成の反復、およそ考えうる、すべての反復の形が使用されている。「チェーホフ」と「ボードビル」は、日本の新劇でチェーホフ劇を受容してきた観客には、きわめて強い対比の意識で受けとめられるはずだが、それが次第にペアになっていく。「対」の両義性がみごとに表現されている。「そう」という言葉は、相手の言葉を肯定するときに用いると同時に、自分が思い出したり、気づいたりしたことを、相手にむかって切り出すことを予告するときに使う言葉でもある。一人称と二人称の両義性の中で、歌の声と声が複綜していく。すると、そうした言葉がざわめき立つ中で、「先生」という言葉も、三人称的に対象化されたチェーホフを指示する言葉から、声を出している人物からの二人称の呼びかけの声に転じていく。反復こそが差異を生み出すのである。

〈作品解説〉こまつ座&シス・カンパニー公演として、二〇〇七年八月三日から九月三〇日まで、世田谷パブリックシアターで上演。栗山民也演出、宇野誠一郎音楽、石井強司美術。引用は『ロマンス』（集英社、二〇〇八年）。

〈作者略歴〉一九三四（昭和九）～二〇一〇（平成二二）年。山形生。放送作家。小説家。劇作家。上智大学在学中から浅草のフランス座でコントなどを執筆。六四年に『ひょっこりひょうたん島』の台本を共作。『道元の冒険』（七一年）で岸田国士戯曲賞、『手鎖心中』（七一年）で直木賞、『吉里吉里人』（八一年）で日本SF大賞、読売文学賞受賞。

〔小森陽一〕

第Ⅸ章

近代の名詩・名歌・名句の表現鑑賞

名詩

《凡　例》

一、掲載の順序は作品の発表順を基準とした。

一、各項目は「作品」（引用）、「作品鑑賞」「作品解説」「作家略歴」の四項目で構成する。ただし項目番号1～3については特定の詩のジャンルを表すため、収録された「詩集解説」をもって後二者に代える。

一、「作品」の引用箇所は原則「冒頭」部分とし、網掛けをもって示した。できるかぎり、当該の作家の文体的特徴が冒頭部によく反映されていると考えられる作品を選定の基準とした。引用は初出・初版・流布本などにより、項目内では特に典拠を示さないこととした。

一、引用の仮名遣いはそれぞれの典拠に従い、漢字は現在通行の新字体によった。

一、「作家略歴」は作家の文学活動についての解説を主とした。

一、書籍・雑誌の表記は『日本近代文学大事典』（講談社）に準拠した。

1 賛美歌

〈作品〉

一　われやめるときに　なぐさめあり
われらにかはりて　ちをながせし
イエスのくるしみを　おもひやれば
われらはいたみの　なきひとなり
二　われやめるときに　めをさまして
かみのしもべの　約百《じやうぶ》をみれば
サタナにうたれて　いたくやめど
かれはそのかみを　なほあがめり　（以下略）

（「第三十」）

〈作品鑑賞〉 邦人牧師　奥野昌綱の作。賛美歌には、原詩と原譜に拠った翻訳詩と、創作詩とがある。日本の伝統的な七五調と、英語賛美歌の八六・八八調との調和は、当時の賛美歌作者たちにとっての課題であった。本詩篇は早い時期の創作詩であるが、八六調を採用している。六音節、八音節で区切る賛美歌原曲のリズムにあわせることを余儀なくされたことが、七五調をはなれたリズムの創出につながる側面を開拓した。

〈詩集解説〉 本詩篇を収録しているのは、スタウト・ディヴィス編『賛美歌』（一八七四）。我が国における賛美歌集は、その集大成とされる『新撰賛美歌集』（一八八八）にいたるまで四十数冊をかぞえた。音調の問題のみにとどまらず、そこでうたわれた抒情性は、島崎藤村、北村透谷らをとおして、日本近代詩の精神に影響をおよぼした。

〔宮崎真素美〕

2 唱歌

〈作品〉

三　つくしのきはみ、みちのおく、
うみやま　とほく、へだつとも、
そのまごころは、へだてなく、
ひとつにつくせ、くにのため。
四　千島《ちしま》のおくも、おきなはも、
やしまのうちの、まもりなり。
いたらんくにに、いさをしく。
つとめよ　わがせ、つつがなく。

（「蛍」）

〈作品鑑賞〉 右にあげたのは、現在歌われなくなった後半の歌詞。国土の南北端が拡大された当時を反映させ、どの地にあっても国家に赤心《まごころ》を尽くして守りをせよと、愛国精神の涵養が込められたいた。作詞者は稲垣千穎。原曲はスコットランド民謡「久しい昔」。

〈詩集解説〉 一八八一（明治一四）年、文部省音楽取調掛伊澤修二と、彼が招いたアメリカの音楽教育家メーソンらによって編纂された『小学唱歌集』初編は、我が国最初の音楽教科書。その後、第二編（一八八三）、三編（一八八四）と続き、明治近代国家の出発点において、国民の徳育、国家観の養成と関わりながら、民間でも多く編纂された。

〔宮崎真素美〕

3　新体詩抄

〈作品〉

我は官軍我敵は　天地容れざる朝敵ぞ
敵の大将たる者は　古今無双の英雄で
之に従ふ兵《つわもの》は　共に剽悍決死の士
鬼神に恥ぬ勇あるも　天の許さぬ叛逆を
起し、者は昔より　栄えし例あらざるぞ
敵の亡ぶる夫迄は　進めや進め諸共に
玉ちる剣抜き連れて　死ぬる覚悟で進むべし（以下略）

（外山正一「抜刀隊の詩」）

〈作品鑑賞〉右に示したのは、全六連のうちの冒頭連。一連は二段組み七行から成り、末尾二行（〈敵の亡ぶる夫迄は　進めや進め諸共に／玉ちる剣抜き連れて　死ぬる覚悟で進むべし〉）は各連でリフレインされている。詩篇に付された詞書には、「西洋にては戦の時慷慨激烈なる歌を謡ひて士気を励ますことあり」として、「マルセイエーズ」、「ウオッチメン、オン、ゼ、ライン」があげられており、それらにならったものとして創作の意図が示されている。その後、陸軍軍楽隊教師であったフランス人ルルーによって実際に曲が付けられて鹿鳴館で演奏されるなど、『新体詩抄』中、もっとも人口に膾炙した詩篇となった。

「抜刀隊」とは西南戦争時に西郷隆盛ら反政府軍に斬り込みをかけた警視庁巡査隊を指している。「平常の語」を用いて詩作することを詩集の目的としていたにかかわらず、〈敵の刃に伏す者や　丸に砕けて玉の緒の／絶えて墓なく失する身の〉（第四連）のように、〈丸〉（弾丸）と〈玉の緒〉（命）が同音で続けられたり、〈墓なく〉と（はかなく）が掛けられたりと、七五調の採用と相俟った和歌的手法からの脱却は容易になされない。また、〈維新このかた廃れたる　日本刀の今更に／又世に出づる身の誉〉、〈大和魂ある者の／死ぬべき時は今なるぞ〉（第二連）、〈忠義の為に捨る身の　名は芳しく後の世に／永く伝へて残るらん　武士と生れた甲斐もなく／義もなき犬と云はる、な〉（第六連）と言った忠君愛国思想がつらぬかれている点は、大半を占める翻訳詩との対比において際立つ特徴と言える。

〈詩集解説〉『新体詩抄』は、一八八二（明治十五）年、井上哲次郎、矢田部良吉、外山正一の三名によって編まれたアンソロジー。三人はいずれも東京大学の教員。井上は二六歳で哲学を専門とする文学部助教授、矢田部は三〇歳で植物学を専門とする理学部教授、外山は三三歳で社会学を専門とした文学部長の職にあった。最年少の井上がまとめ役となり、漢詩や和歌に対抗すべく、わかりやすい日常の言葉による七五調の長い詩体を形式として掲げ、その範を西洋詩に求めた。収録詩篇一九篇のうち、翻訳詩一四編、編者らによる創作詩五編という構成はそのことを如実に示している。翻訳詩には、プルムフィールド、テニソン、グレー、ロングフェロー、キングスレー、シャルル・ドレアン、シェークスピアらの作が採用されている。句と節を分けて表記する方法もここで採られ、以降の日本近代詩の形式に影響を与えた。

〔宮崎真素美〕

4　北村透谷「蓬莱曲」

きたむら・とうこく

〈作品〉

凡そわが眼《め》の向ふところは浮世の迅速《みじか》き楽事《たのしみ》にあらずかし、
望《のぞみ》にも未来にも欺かれ尽してわが心は早や
世の詐網《いつわり》を坐して待つ忍耐《しのび》を失せたりける。
始めには楽しと思ひしこと、後には其の後面《うしろ》をのみ窺ふ習慣《ならひ》となりつ、
自然《おのづから》にわが眼《まなこ》、塵の世を離れて高きが上に彌《いや》高く形而上《かたちのうへ》をのみぞ注視《みつめ》ける、われに大鵬《たいほう》の翼なくとも能く世の雑粉を搏《はた》きて、
蒼穹《あをぞら》に精魂《たま》を舞ひ遊ばしめし、わが精魂《たま》の蒼穹《あをぞら》に舞ひて心地はつかに清しくなりければ、わが苦める顔色《おもて》も和《やは》らぎて――茲《ここ》に始めて嘗《な》むる恋の味、あだかも百種《もゝ》の草花《くさばな》一度に咲ける花園に、われと彼、彼とわれ、抱きて歩める如く、この世の中に、忌わしき地獄を排して、一朝《ひとあさ》に変れる極楽園。然はあれども、世の極楽は長からず、

（「蓬莱曲」抄）

〈作品鑑賞〉冒頭、詩人の眼は世俗の快楽や野心に関心を示さないことが告げられる（一行目）。かつて世俗の中で希望を求めたが、たび重なる挫折の末、自身の理念が容赦なく打ち砕かれることを座して待つわけにいかないと決意したためであった（二～三行目）。詩人は、以前は世間の俗事に悦楽を感じもしたが、次第に背後に潜む不純なき理想を注視するようになったのである（四～五行目）。詩人の眼は、『荘子』で有名となった伝説上の鳥である大鵬のように「形而上《かたちのうへ》」の世界へ羽ばたこうとした（六～七行目）。この時心中に現れたのが「蒼穹《あをぞら》」であり、しかも「恋の味」に他ならない（九～一一行目）。恋とは眼で見るといった傍観者の態度ではなく、「嘗《な》むる」ように肌で感じるものであり（一一行目）、そして恋は俗世を離れた純粋な「形而上《かたちのうへ》」の世界を現出する。詩人は、心中に広がる恋愛(love)の「花園」を至高の理想境と確信した（一一～一三行目）。しかし、恋とは人間の蝟集する世俗の感情に他ならない。純粋かつ不変の理想を求める詩人は恋もまた朽ちゆくことを実感し、さらなる絶望を噛みしめるのである（一三～一四行目）。

〈作品解説〉『蓬莱曲』は一八九一（明治二四）年に養真堂より出版。三齣《せつ》八場及び別篇で構成された長篇劇詩である。内容は、主人公柳田素雄が世を捨て遍歴し、蓬莱山頂で大魔王と問答の果てに死路へ赴くというもの。謡曲等の日本の韻文に加え、バイロン「マンフレッド」などを背景に作られた。上記箇所は第三齣第二場「蓬莱山頂」の一部分で、大魔王の問いかけに柳田が応える場面である。

〈作者略歴〉一八六八（明治元）～九四（明治二七）年。小田原市生。詩集に『楚囚之詩』（一八八九年）、『蓬莱曲』（一八九一年）、評論に「厭世詩家と女性」（一八九二年）など。一〇代に自由民権運動に関係し、後に「女学雑誌」などに詩および評論などを発表、また島崎藤村らと「文学界」（一八九三年）を創刊したが、縊死。

〔青木亮人〕

5　島崎藤村「初恋」　しまざき・とうそん

〈作品〉

まだあげ初めし前髪の
林檎のもとに見えしとき
前にさしたる花櫛の
花ある君と思ひけり

やさしく白き手をのべて
林檎をわれにあたへしは
薄紅の秋の実に
人こひ初めしはじめなり

（「初恋」抄）

〈作品鑑賞〉冒頭、少女が女性として髪を結いはじめた初々しさが述べられる（第一連一行目）。少女の「前髪」には浄瑠璃や漢詩における女性像が重ねられていよう。そして、大人に変貌しつつある少女は「林檎」の木の下に佇んでいる（二行目）。「林檎」はエデンの園の禁断の実（『旧約聖書』）を想起させるが、「われ」（想いを寄せる少年）は「花櫛」（造花で飾った櫛）を挿す少女を眺め、その危うさを秘めた美に惹かれ、嘆息するのであった（三～四行目）。第一連冒頭の「まだ」が連全体に通底音のように響くことで大人の一歩手前である少女像が暗示され、また「前髪」に挿された「花櫛」の造花は「君」が身につけ始めた（そのため作りものめいた）艶めかしさを象徴していよう。また、「まだ・あげ・初めし・前髪の／林檎の・もとに・見えし・とき」といった七五調に支えられた短い音律は軽やかである。

第二連では、やさしく白い「君」の手が、やさしい仕草で手をさしのべて（一行目）、危うき恋の象徴である「林檎」を「われ」にさし与える（二行目）。その「薄紅」色は成熟直前の微妙な初々しさを象徴し、「われ」の回想における初恋を彩る色を象徴してもいよう（三行目）。「君」から「林檎」を受け取ったその時こそ、想えば「人＝女性」を「こひ初めしはじめ」であった（四行目）。第二連冒頭の「やさしく」も連全体に及んでおり、「君」への甘美なイメージを形成するとともに「初恋」の情緒を醸成している。ただ、それは過ぎさった過去を振り返ることで初めて見出された情調であり、回想が可能にした「初恋」であった。

〈作品解説〉「初恋」は『若菜集』（春陽堂、一八九七年）収録。七五調に則ったその新体詩は、恋愛を主とする欲望の流出を和歌や漢詩、歌謡等の修辞を駆使して甘美に表現されており、浪漫的抒情と評された。キリスト教文化圏のイメージと日本の文芸の修辞などがあいまった佳品であり、藤村自身の初恋体験の反映も感じさせるなど、彼の詩の特徴が多方面から窺える作品といえよう。

〈作者略歴〉一八七二（明治四）～一九四三（昭和一八）年。岐阜県馬籠生。詩集に『若菜集』（一八九七年）、『落梅集』（一九〇一年）、小説に「破戒」（一九〇六年）、「夜明け前」（一九二五～三五年）など。新体詩の第一人者として出発し、小説に転じて後は近代私小説の大家として名を馳せた。〔**青木亮人**〕

6　土井晩翠「暮鐘」

どい・ばんすい

〈作品〉

天の荘厳地の美麗
花かんばしく星てりて
「自然」のたくみ替らねど
わづらひ世々に絶えずして
理想の夢の消ゆるまは
たえずも響けとこしへに
地籟天籟身に兼ぬる
ゆふ入相の鐘の声。

（「暮鐘」抄）

〈作品鑑賞〉冒頭に漢語「天地」が礼讃され（一行目）、続けてその具体例に「花（地の美麗）」「星（天の荘厳）」が挙げられる（二行目）。そして漢文脈の「天地」は西欧の「自然（Nature）」と言い換えられ、またその美の「たくみ」が不変であることも言い添えられる。しかし、恒久の「自然」とは異質の世界が「替らねど」という逆接で予告されるのであり（三行目）、それは「わづらひ」に満ちた人間の俗世界に他ならない（四行目）。ここには「悠久の自然／人間の俗世界」を対立項とする漢詩の世界観、また「自然」に崇高（sublime）さを見出す西欧ロマン派の詩観も背景にあろう。詩に戻ると、人間の蝟集する世界において「理想の夢」は消滅の道をたどる他ない（五行目）。崇高な「夢」の崩壊は厭わしいことではあるが、この瞬間にこそ永遠の音階が鳴り響くのであり（六行目）、それは「地籟天籟身に兼ぬる」音という（七行目）。古来、「天籟（風の音）・地籟・（地に響く音）・人籟（人間の発する音）」は「三籟」とされたが、「夢の消ゆるま」から立ちあがる旋律はこれら全てを兼ねるのであり、その音とは「入相の鐘の声」であった（八行目）。ミレー「晩鐘」（絵画）やシラー「鐘の歌」（詩）といった西欧芸術における「暮鐘」のイメージを「山里の春の夕暮れ来てみれば入相の鐘に花ぞ散りける」（『新古今和歌集』）の「入相の鐘」でもって謳いあげており、和、漢、洋の韻文等が渾然となった長篇詩「暮鐘」にふさわしい最終行といえよう。

〈作品解説〉「暮鐘」（全一七連）は「帝国文学」一八九八年四月号に発表され、後に晩翠の第一詩集『天地有情』（博文館、一八九九年）に収録された。冒頭にフランスの詩人ユーゴー「黄昏の歌」原詩を掲げたこの詩は発表時より世評高く、島崎藤村も絶賛している。後に国定教科書に採用され、『天地有情』所収の「星落秋風五丈原」とともに人口に膾炙することとなった。掲出箇所は「暮鐘」最終連。

〈作者略歴〉一八七一（明治四）～一九五二（昭和二七）年。仙台市生。東京帝国大学英文科卒業、第二高等学校教授。詩集に『天地有情』（一八九九年）、『暁鐘』（一九〇一年）、『中学唱歌』（一九〇一年）収録の「荒城の月」、翻訳に『イリアス』（一九四〇年）など。明治三〇年代を代表する詩人として島崎藤村と並び称された。昭和期に入り、批評家の保田與重郎は「晩翠先生の詩は、明治この方最も有力に国民感情の一を造形された」（「大なる国民詩人」）と礼讃している。昭和二五年、文化勲章を受章。

〔**青木亮人**〕

7　上田　敏「落葉」

うえだ・びん

〈作品〉

秋の日の
ギオロンの
ためいきの
身にしみて
ひたぶるに
うら悲し。

鐘のおとに
胸ふたぎ
色かへて
涙ぐむ
過ぎし日の
おもひでや。

げにわれは
うらぶれて
こゝかしこ
さだめなく
とび散らふ
落葉《おちば》かな。

（「落葉《らくえふ》」）

〈作品鑑賞〉第一聯では悲哀の情が表現される。「ひたぶるに」（ひたすらに）と強調されるその悲哀は、助詞「の」によって緩やかに連結され、ヴァイオリンの「ためいき」のようなかすかな音色に誘われて、説明はできないが強烈に感じられるものである。

第二聯の「鐘の音」が引き続き聴覚に訴え、過去を思い起こして「涙ぐむ」契機となる。また、「鐘のおとに」で一行五音となるはずのリズムを突然乱し、心中の動揺をイメージさせる。ここでは過去に向かう時間の流れが作品中に流れ込む。

第三聯で現在の境遇が語りだされ、副詞「げに」によって零落した身の上を確認する。「とび散らふ」は反復・継続の意の接尾語「ふ」を用いた言葉である。最終的に、飛び続ける落ち葉の様子と流浪する「われ」の姿とが一体化する。「ギオロン」と「鐘のおと」により喚起される悲しみは、緩やかだが確かに感じられるものとして、「象徴」的に表現されていると言える。

〈作品解説〉「落葉」は『海潮音』（本郷書院、一九〇五年）に収録された。フランス象徴派詩人ヴェルレーヌの詩集“Poèmes saturniens”（一八六六）中の“Chanson d'automne”（「秋の歌」）の翻訳である。一行五音節という破格の形式に合わせて、原詩では「秋の」となる部分を「秋の日の」と訳出するなどの工夫を見ることができる。

〈作者略歴〉一八七四（明治七）～一九一六（大正五）年。東京生。訳詩集『海潮音』（一九〇五年）や詞華集『あやめ草』（一九〇六年）などを刊行した。フランス象徴派・高踏派の詩をいちはやく日本の詩壇に紹介し、若い詩人たちに多大な影響を与えた。

〔**熊谷昭宏**〕

8　蒲原有明「霊の日の蝕」　かんばら・ありあけ

〈作品〉

時ぞともなく暗《くら》うなる生《いのち》の扃《とぼそ》、——
こはいかに、四方《あたり》のさまもけすさまじ、
こはまた如何《いか》に我胸《わがむね》の罪の泉を
何ものか頸《うなじ》さしのべひた吸《す》ひぬ。

善《よ》しと匂《にほ》へる花瓣《はなびら》は徒《あだ》に凋《しぼ》みて、
悪《あ》しき果《み》は熟《つ》えて墜《お》ちたりおのづから
わが掌底《たなぞこ》に、生温《なまぬる》きその香《か》をかげば
唇のいや堪《た》うまじき渇《かわ》きかな。

聞け、物の音、——飛び過《す》がふ蝗《いなご》の羽音か、
むらむらと大沼《おほぬ》の底を沸きのぼる
毒の水泡《みなわ》の水の面《も》に弾《はじ》く響《ひゞき》か、

あるはまた疫《えやみ》のさやぎ、野の犬の
淫《たはれ》の宮に叫ぶにか、噫《あゝ》、仰《あふ》ぎ見よ、
微《かす》かなる心の星や、霊《たま》の日の蝕《しよく》。

（「霊の日の蝕」）

〈作品鑑賞〉第一聯で、「扃」（戸）に仕切られた世界が設定される。その外部は「けすさまじ」（何の趣もなく白けた）という様子で、内部の「我胸」は激しく動揺する。「何ものか」が自己内部の「罪の泉」を執拗に吸い上げるという不快かつ醜悪な触覚的イメージは、内面に込み上げる罪の意識の象徴である。

第二聯では善良な精神の象徴である「花瓣」に代わり、肉欲を暗示する「生温き香」を放つ「悪しき果」の生々しい嗅覚的イメージがせり出し、それが内部世界を支配しつつあることを思わせる。ただ、「悪しき果」の「香」を自らかいでいることから、「罪」が人を惹きつける魅力をも備えていることが明かされている。

第三・四聯では、「蝗の羽音」、「野の犬の」叫びといった不快感を与えるグロテスクな聴覚的イメージによって、肉欲のざわめきが伝えられる。心中の「星」である「霊」（理性）が荒れ狂う肉欲に蝕まれる状況は、日蝕の不吉なイメージに重ねられる。かろうじて残る「霊」の存在が示されて作品は閉じる。

自己内部に抑え難く溢れる「罪」の内実は肉欲であると思われるが、具体的には明かされない。しかしそれは、五感を刺激する醜悪なイメージの連続によって「象徴」的に呈示されていると言える。

〈作品解説〉「霊の日の蝕」は『有明集』（易風社、一九〇八年）に収録された。『有明集』では二項対立が多く提示されるが、この作品でも、「霊」と「肉」の対立が七五七・五七五交互調のリズムと象徴的表現によって効果的に描かれている。

〈作者略歴〉一八七六（明治九）～一九五二（昭和二七）年。東京生。『独絃哀歌』（一九〇三年）、『春鳥集』（一九〇五年）、『有明集』（一九〇八年）などの詩集を刊行した。上田敏の訳詩の影響を受けつつ、早くから象徴詩を書き、薄田泣菫と並んで象徴詩の代表詩人となった。第四詩集『有明集』は日本象徴詩の頂点に位置する詩集である。

〔熊谷昭宏〕

9　薄田泣菫「白すみれ」　すすきだ・きゅうきん

〈作品〉

一

忘れがたみよ、津の国の
遠里小野《とほざと》の白すみれ、
人待ちなれし木《こ》のもとに、
摘みしむかしの香《か》ににほふ。

二

日は水の如往《ごとゆ》きしかど、
今はたひとり、そのかみの
心知りなるささやきに、
物思はする花をぐさ。

三

ふと聞きなれししろがねの
声《こわ》ざし柔《やは》きしのび音《ね》に、
別れのゆふべ、さしぐくしみ
あえかのまみも見浮《みうか》べぬ。

（「白すみれ」）

〈作品鑑賞〉　第一聯では、「津の国」（摂津）の歌枕、「遠里小野」に咲く「白すみれ」が想起される。古典的な雰囲気がある一方で、「津の国」が「遠里小野」を枕詞のように導き、それが「白すみれ」という意外な言葉に接続して新たな文脈を作りだしている。「白」の視覚的イメージから「香」の嗅覚的イメージへの連鎖も見られる。

第二聯では、第一聯で導かれた「むかし」という言葉を受けて、伝統的に時間の表現として用いられてきた「水」の比喩が登場する。「白すみれ」は、かつて愛人と恋を語っていた当時の心情をよく知っているとささやくのだが、ここで新たに聴覚的なイメージが感覚の連鎖の中に現われる。

第三聯では、愛人の声が幻聴としてよみがえるのだが、その声は「しろがね」（銀色）と形容される。ここに至って再び視覚的イメージが呼び起こされる。よみがえった声は柔らかな口調で周囲をはばかるように低く、別れた夕方、涙ぐんでいた彼女のまなざしまでもが浮んでくるのである。

古典的な表現が新たな文脈の中で新たなイメージを生成し、諸感覚の交錯の表現と共に「象徴」的な世界を作り出している。

〈作品解説〉「白すみれ」は『白羊宮』（金尾文淵堂、一九〇六年）に収録された。泣菫が西洋のソネットを導入して書いた「絶句」の形式が用いられる。また、古語や雅語を積極的に使用した『白羊宮』の特徴も七五調のこの作品によく表れている。

〈作者略歴〉　一八七七（明治一〇）～一九四五（昭和二〇）年。岡山生。『暮笛集』（一八九九年）、『ゆく春』（一九〇一年）、『二十五絃』（一九〇五年）、『白羊宮』（一九〇六年）などの詩集を刊行した。日本の詩壇において初めてソネット形式を導入した。浪漫的抒情詩人として出発し、後には蒲原有明と共に象徴詩の代表的詩人となった。

〔**熊谷昭宏**〕

10 北原白秋「敵」

きたはら・はくしゅう

〈作品〉

いづこにか敵のゐて、
敵のゐてかくるるごとし。
酒倉のかげをゆく日も、
街《まち》の問屋に
銀紙《ぎんがみ》買ひに行くときも、
うつし絵を手の甲に押し、
手の甲に押し、
夕日の水路《すゐろ》見るときも、
ただひとりさまよふ街の
いづこにか敵のゐて
つけねらふ、つけねらふ、静こころなく。

（「敵」）

〈作品鑑賞〉この詩の語り手は白秋自身の、感受性の人一倍強かった幼年時代をモデルとしている。子どもという存在のはかなさ、弱さ、頼りなさ。子どもは、攻撃誘発性《ヴァルネラビリティ》（vulnerability）を帯び、世界は敵と恐怖に満ちている。そういった、大人になるにつれて忘れてしまう、独特の幼年心理をみごとに描いた先駆的な詩篇であり、ここでは「敵」の正体が明示されないことが、語り手である子どもの感じる、この世界そのものへの不安感をより効果的なものとしている。

文章としては、最初の二行と最後の二行が、「いづこにか敵のゐて」の繰り返し句《リフレイン》（refrain）と次の行との、ズレをはらんだ反復によって呼応し、少年の心の恐れを効果的に強調している。

三行目「酒倉のかげをゆく日」から八行目「夕日の水路《すゐろ》見るとき」までは、白秋の故郷柳川の情景と、子どもたちの遊びの様子が歌われており、豊かな郷土色が感じられる。また、六・七行目「手の甲に押し」の繰り返し句が、リズムと緊張感を生み出している。

その情景の中を幼い語り手は一人さまよい、時あたかも「夕日」の頃となった。まもなく人さらいの出るたそがれどきが訪れようとしている。身近にひそむと感じられる、子どもたちの敵への危機感・緊張感の表明を繰り返し、一篇は完結する。

〈作品解説〉「敵」は、白秋の第二詩集『思ひ出』（一九一一年）に収録。幼年期の思い出や幼年期独特の心理を、故郷柳川の風物とともに巧みなリズムで歌った詩篇が多数収録されており、のちの白秋童謡の先駆とも評される詩集である。三行目「酒倉」は、白秋生家の酒倉。「うつし絵」は、紙に描かれた絵を、濡らして手などに押しつけると移る玩具。「夕日の水路《すゐろ》」は、柳川市内に張り巡らされている堀割の水に、夕日が反射する情景である。なお、幼い子どもをさらってその肝を取るとうわさされていた人さらい「生肝取《いきぎもとり》」への幼年時代の恐怖心が、詩集中いくつかの作品に歌われている。

〈作者略歴〉一八八五（明治一八）～一九四二（昭和一七）年。本名隆吉。現在の福岡県柳川市の、裕福な造り酒屋の長男として生まれたが、生家は大学時代に没落。第一詩集『邪宗門』（一九〇九年）以降、詩、短歌、創作民謡、「赤い鳥」の童謡運動など、（俳句を除く）あらゆる詩歌ジャンルの第一人者として活躍した、国民的な詩人である。

〔**安　智史**〕

11 白鳥省吾「世界と僕」　しろとり・せいご

〈作品〉

世界は奥深い嗟嘆と輝きに咽んでゐる、
あらゆるものを含む不思議な異性だ。
いつも僕を美と真実と力で恍惚させる
僕はたゞ一人で世界に向つてゐる、
世界と僕とは女と男とだ、
炎と蜜との相互だ、
在るものは世界と僕との二人だけだ。

また世界は無数のものが無限に素裸に踊るものだ、
草木、花卉、太陽、苔、動物、その中に僕も踊つてゐる
神秘な雷と月光と雨とを御互に降らすものだ。

（「世界と僕」）

〈作品鑑賞〉第一連において、主要なイメージである「世界」は、異性のメタファで把握される。「世界」と「たゞ一人で」対峙する「僕」の主体性は明白で強固である。「世界」＝女（異性）／「僕」＝男というジェンダー的差異を含みつつ対比的に構築される二項関係は、第二連ではオプティミスティックに同一化される。「僕」は万物とともに「踊」り、「世界」に抱擁され、世界から与えられる恩恵を当然のごとく受け取るのだ。自己と世界の理想的関係をうたうこの詩のメッセージを、誤読の余地なく読者に明瞭に伝達するのは、簡潔にして平明な口語表現である。後に民衆詩派のダイアローグとして活躍する白鳥は、民衆詩のマニフェストとして、①現代に対する情熱と未来への肯定的精神、②着実な現実性とあらゆる人間や事実に詩を見出す姿勢、③言葉が自由で平明なことを挙げた（『現代詩の研究』一九二四年）。この彼の主張は詩「世界と僕」に先取されている。

〈作品解説〉「世界と僕」は第一詩集『世界の一人』（象徴詩社、一九一四年）に収録された。平明な口語表現および素朴な人間・自然賛美が特徴。象徴主義から出発して自然主義と口語自由詩運動に影響を受け、後に民衆詩派に合流する白鳥が、詩に平明な言語と民主的要素を取り入れ始める時期の作である。

実生活の印象を自由かつ平明に表現した民衆詩派の作品は、平易に流れたためしばしば批判された。北原白秋（『芸術の円光』一九二七年）が白鳥の詩「森林帯」の改行を排して散文調に組み替え、「詩であるか」と問うたのは一例である。白秋対白鳥の民衆詩派論争は決着を見なかったが、自由詩／散文のジャンル論争を通じて、詩を詩たらしめるものは何かを再考する契機となった。近年では北川透『詩的レトリック入門』（一九九三年）が論争に触れ、改行を固有の詩的レトリックとして捉える見方を示した。

〈作者略歴〉一八九〇（明治二三）～一九七三（昭和四八）年。宮城生。福田正夫らの雑誌「民衆」に詩を発表、第一次世界大戦後の民主主義の思想を文学に取り入れた民衆詩派の中心詩人と目された。主な詩集に『世界の一人』（一九一四年）、『大地の愛』（一九一九年）他。ホイットマンの翻訳や民謡研究でも知られる。

〔内海紀子〕

12　山村暮鳥「囈語」　やまむら・ぼちょう

〈作品〉

竊盗金魚
強盗喇叭
恐喝胡弓
賭博ねこ
詐欺更紗
涜職天鵞絨
姦淫林檎
傷害雲雀
殺人ちゆりつぷ
堕胎陰影
騒擾ゆき
放火まるめろ
誘拐かすてえら。

（「囈語」）

〈作品鑑賞〉 人間が犯すさまざまな罪悪や悪徳を列挙し、身近な事物と接合させた詩。「賭博」と「ねこ」、「殺人」と「ちゅりっぷ」の間に意味の連関は存在せず、日常レヴェルでは結びつかない異種素材をあえて結合させた点に、シュルレアリスムの先駆ともいえる新奇さと特異性がある。また語と語の関係性を示す「の」「は」等の助詞、文を形成する動詞や助動詞が徹底的に排され、単語のみの羅列で感覚のモザイクが表現される。「殺人」と「ちゅりっぷ」の結合は日常的な意味の脈絡に違犯し、助詞を省略すること自体が言語の規範性を逸脱するのである。上下の語の連関性は宙吊りにされ（殺人はちゅりっぷのような現象なのか？　それとも殺人するちゅりっぷなのか？）、必然性を持たない両者が一語さながらに結合されることで、「殺人ちゆりつぷ」という暴力的なまでにソリッドな、強烈なインパクトを持ったイメージが立ち上がる。暮鳥の「囈語」は、安定的な言語規範を逸脱することで、抒情と写実を中心とした従来の詩的言語のありようを革新しようとしたのである。

〈作品解説〉「囈語」は『聖三稜玻璃』（人魚詩社、一九一五年）の巻頭に収録された。「今の文壇乃至思想界」に向けた「ばくれつだん」と著者自身が位置づけたこの詩集は、近代詩の概念を覆す斬新な詩法で賛否両論を巻き起こす。「いちめんのなのはな」という言葉を反復した詩「風景」、踊る身体の印象を「あらし／あらし／しだれやなぎに光あれ」と表現して萩原朔太郎に未来派的と評された詩「だんす」他、イマジズムの先駆的実験が実践されている。

〈作者略歴〉 一八八四（明治一七）～一九二四（大正一三）年。群馬生。キリスト教を信仰し、日本聖公会の伝道師として各地を転任する。萩原朔太郎・室生犀星と人魚詩社を結成。『聖三稜玻璃』（一九一五年）の実験的・前衛的な詩風で注目される。ドストエフスキーの思想に親しみ、後に『風は草木にささやいた』（一九一八年）で平易な表現を用いた人道主義的な詩に転じた。『雲』（一九二五年）では東洋的枯淡の詩境に達した。小説・童話・童謡も手がける。

〔**内海紀子**〕

13　萩原朔太郎「蛙の死」　はぎわら・さくたろう

〈作品〉

蛙が殺された、
子供がまるくなつて手をあげた、
みんないつしよに、
かわゆらしい、
血だらけの手をあげた、
月が出た、
丘の上に人が立つてゐる。
帽子の下に顔がある。

（「蛙の死」）
幼年思慕篇

〈作品鑑賞〉子どもは純粋で無邪気である。だからこそ、大人になれば抑圧されて表面にはあらわれなくなる残酷さを、無邪気に純粋に発揮する。末尾に「幼年思慕篇」と付記されたこの詩篇も、そういった幼年期のはらむ残虐への郷愁をテーマとしている（余談ながら、のちデビューする江戸川乱歩と、朔太郎は親交を結ぶ）。また、四行目から五行目の「かわゆらしい」と「血だらけ」という、異質なイメージどうしの組み合わせが鮮烈な印象を残す、ホラー映画を見るような強烈なイメージに満ちた詩篇でもある。

一篇は、その場面転換によって、蛙を殺した子どもたちが手をあげる前半六行と、月の昇った丘の上から、その子どもたちを見下ろす帽子をかぶった人を描く最後の二行に分けられる。とくに最後の一行は、帽子の下の顔がどのようなものか、読者の想像力を喚起するみごとな表現（のっぺらぼうか、殺された蛙の顔か、それとも？）。

また、丘の上の人の登場する最後の二行では、それまでの「た」止めが「る」止めとなる。過去の子どもたちの無邪気で残酷な行為を、大人となった現在の視点から回想していることが、文法的に暗示されている。過去とそれを回想する現在という時間軸に、平地の子供たちとそれを見下ろす丘の上の人（大人）という空間軸が、複合する仕掛けといえる。また、輪を作る子どもたちのイメージに呼応するように、かわ「ゆ」らしい、「ゐ」「る」などの、まるみをおびたひらがな文字が活用され、昇った月がまるみを帯びていることを暗示している（夕暮れ時に昇ってくるという点からも、満月であろう）。

〈作品解説〉子ども独自の残虐性という、幼年心理を描き出した点で、北原白秋『思ひ出』詩篇を継ぐ「蛙の死」は、萩原朔太郎の第一詩集『月に吠える』（一九一七）に収録。本作をふくめ『月に吠える』には、日常の俗語である口語体の機能を駆使して、詩的・芸術的な表現を作り上げようとする朔太郎の意欲が充分に発揮されており、日本の口語自由詩を確立した名詩集として名高い。

〈作者略歴〉一八八六（明治一九）～一九四二（昭和一七）年。群馬県前橋市生。少年時代は短歌を中心としていたが、白秋に認められて詩作を本格化。初期文語詩、「月に吠える」「青猫」などの口語自由詩、「氷島」などの漢文調文語詩、『宿命』収録の散文詩のほか、幻想短編小説「猫町」や多くのアフォリズム、エッセイ、詩論を執筆した。近代日本を代表する詩人・詩論家であり、エッセイストである。

〔安　智史〕

14 室生犀星「小景異情　その二」

むろう・さいせい

〈作品〉

ふるさとは遠きにありて思ふもの
そして悲しくうたふもの
よしや
うらぶれて異土の乞食となるとても
帰るところにあるまじや
ひとり都のゆふぐれに
ふるさとおもひ涙ぐむ
そのこころもて
遠きみやこにかへらばや
遠きみやこにかへらばや

（「小景異情　その二」）

〈作品鑑賞〉文語自由詩である。語り手は現在「ふるさと」に帰郷しており、現実の「ふるさと」が自分を温かく受け入れてくれる場所ではなかったことに気付いている。たとえ異郷で乞食となろうとも帰って来るべきではなかった。「ふるさと」とは、あくまで「都」から遠く望郷の念を抱くことで理想化され心の拠り所となる、イメージの中の場所なのである。語り手は再度「みやこ」へ戻り都会で生きてゆくことを決意する。

「小景異情　その二」は、故郷への思い断ちがたく屈折した愛情を清新な文語体で情感細やかに歌い上げ、犀星の代表作として高く評価されている。柔らかな響きの文語体、五七調をベースにした快いリズムは音楽性に富み愛吟を誘う。第一～二行における「―もの」の畳み掛け、最終行のリフレインも同様の働きをするだろう。親友の萩原朔太郎はこの詩について、「詩の各行を通じ一語の形容も比喩もなく、思ひ迫つた心の真情と高潮感が、そのまま言葉の張り切つた音楽節奏となつて、極めて素朴率直に歌はれてる」と評価している（「室生犀星の詩」一九四二年）。

〈作品解説〉「小景異情」は、複雑な生い立ちゆえに故郷に安住できなかった犀星の心境が色濃く現れているとされる詩集『抒情小曲集』（人魚詩社、一九一八年）に収録された。「その一」～「その六」の6つのパートからなる詩で、「その二」はとりわけ絶唱として広く知られ愛唱されている。その他のパートでは、「白魚はさびしや／そのくろき瞳はなんといふ／なんといふしをらしさぞよ」と寄る辺ない孤独感を歌う「その一」、「あんずよ花着け／あんずよ燃えよ／ああ　あんずよ花着け」と命令形で記述されたひたむきな祈りが輝く「その六」など、大正期の「白樺」的な理想主義・人道主義にも通じる純真な抒情が、文語の清冽かつ懐古的な響きを生かした調べにのせて吐露されている。

〈作者略歴〉一八八九（明治二二）～一九六二（昭和三七）年。石川生。不遇な幼年期を過ごし詩作に慰安を求める。萩原朔太郎・山村暮鳥と人魚詩社を結成。初期の抒情詩から人道主義的な色合いを強めた『愛の詩集』（一九一八年）、『忘春詩集』（一九二二年）等多くの詩集を発表。自伝的小説「幼年時代」、「性に目覚める頃」（一九一九年）、娘・朝子をモデルにした長編「杏っ子」（一九五七年）他、小説家としても健筆を振るった。

〔内海紀子〕

15　西条八十「懈怠《けだい》」　　さいじょう・やそ

〈作品〉

日に幾度《いくたび》／眼《まなこ》をとざす／疲れて、ものうく。
瞼《まぶた》のうへに／とまれる蛾の／翅《はね》の薄白さ、また冷たさ。
ほのかに蒼《あを》み／螺《きさご》のごとく翳《かげ》りゆく大地、／さびしげなる／白昼《ひる》の星宿。
をりをり、あたたかく／眉にふる花粉よ、――／忘れて銹《さ》びし鉄籠《かなかご》に／そを囚へんとして／現《うつゝ》／眠り入る。（「懈怠」）

〈作品鑑賞〉 深い疲労と倦怠にとらえられた人の意識が、まどろみながら夢と現の境界を行きつ戻りつする状態を、極めて主観的に表現した一篇。瞼を通して感知される白昼の光は、「薄白」い翅《はね》をそこに休ませる蛾《が》の姿としてまずイメージされる。静かに息づき羽ばたく蛾の呼吸は、次第に募る瞼の重さにも通うものであり、この詩全体に流れるたおやかなリズムを形作っている。

瞼《まぶた》に映る光の具体的な形を起点に、睡魔そのものの暗示へと高まってきた蛾のイメージは、最終聯にかけて濃厚な感触を伴いながら拡大して行く。「眉にふる花粉」には、瞼にとまった蛾の羽からこぼれ落ちてくる鱗粉《りんぷん》のイメージが響いていよう。蛾の翅の冷たさ、眉にふりくる花粉の温かさ。睡魔は薄れゆく意識の過程として描かれると同時に、押し寄せる肉体感覚の高まりとしても緻密《ちみつ》に表現されるのである。この肥大化する肉体感覚に呑み込まれようとする意識の最後の努力は、「忘れて銹《さ》びし鉄籠」という表現の形をとる。だがそれは、すでにかなたへと置き忘れてきたもののように遠のいている。

なお、この詩に登場するイメージが幾つかのコントラストを形成していることにも注目したい。蛾の翅の冷たさと花粉の温かさ、白昼の光とその中に潜む夜空の星。意識から無意識へと下降する入眠時を二つの異質な世界をまたぐ越境点とすれば、この詩は、人の心が持つ明暗二つの領域が入り組んだ薄明の世界のあり方を、巧みに象徴化している。不安定だが心地よい独特の浮遊感を味わいたい象徴詩の名品である。

〈作品解説〉「懈怠」は『砂金』（尚文堂書店、一九一九年）に収録された。その自序に、「詩作の態度としては、私は終始自分の心象の完全な複本《カウンタアパート》を獲たいとのみ望んでゐた」と見える。象徴とは、論理的な言語では捉えきれない情調の世界をじかに開示する手段であり、「懈怠」ではこの手法が高度に活かされている。

〈作者略歴〉 一八九二（明治二五）～一九七〇（昭和四五）年。東京生。後年は少女詩・童謡を得意とする抒情詩人、あるいは流行歌の作詞者として有名になるが、もともと骨格の確かな象徴詩人として出発した。詩集に『砂金』（一九一九年）、『見知らぬ愛人』（一九二二年）、『一握の玻璃《はり》』（一九四七年）などがある。

〔河野龍也〕

16　佐藤春夫「海辺の恋」

さとう・はるお

〈作品〉

こぼれ松葉をかきあつめ／をとめのごとき君なりき、
こぼれ松葉に火をはなち／わらべのごときわれなりき。

わらべとをとめよりそひぬ／ただたまゆらの火をかこみ、
うれしくふたり手をとりぬ／かひなきことをただ夢み、

入り日のなかに立つけぶり／ありやなしやとただほのか、
海べのこひのはかなさは／こぼれ松葉の火なりけむ。

（「海辺の恋」）

〈作品鑑賞〉七五調の文語定型詩である。「君」「われ」それぞれの動作を描写する第一聯は、「こぼれ松葉」「ごとき」「なりき」の反復からなる対句法が、口あたりのよいリズムを生み出している。この詩の情景は一見、幼い恋の美しい一場面とも見える。だが、さりげなく挿入される「ごとき」の語は、「君」と「われ」とが、出会った時点ですでに少年少女ではなかったことを暗示する。時を隔てて回想する「われ」は、直喩の使用により、かつての恋人「君」との交情を清らかな初恋のイメージで演出するのである。

さて、この詩の抒情性は第二聯において極点に達する。聯の冒頭から「ごとき」を取り払うことで、「われ」は空想に同化する。第三聯の夕日と煙の光景が、「君」に寄り添う「われ」の視点から眺められていることにも注意したい。直喩から隠喩への切り替えは、初々しい恋の甘美に陶酔する「われ」の空想世界を直接的に開示する仕掛けなのである。

しかし、この幸福感の裏にある現実の悲哀も見逃せない。「たまゆらの火」（たまゆら＝一瞬・かすか）は情景描写であると同時に、二人の恋の結末を暗示する象徴でもあった。それは最終行の「はかなさ」で明示され、美しい映像表現の向うに、「われ」の孤独な現状が透けて見える構成である。

恋に破れた男が、過去の幸福を激しく理想化しながら、それを通じて現在の孤独感を滲ませるこの詩の手法は、有名な「秋刀魚の歌」（『我が一九二二年』）にも引き継がれ、春夫の恋愛詩に特有の哀感を醸《かも》し出している。

〈作品解説〉「海辺の恋」は『殉情詩集』（新潮社、一九二一年）に収録された。親友谷崎潤一郎の妻千代と破局した直後、その苦悶のさなかに編まれた春夫の第一詩集である。作者の個人的な鬱屈は、典雅な文語定型詩のスタイルにより恋と悲哀の普遍的なテーマへと橋渡しされ、抒情性豊かな親しみ易い名篇となった。

〈作者略歴〉一八九二（明治二五）～一九六四（昭和三九）年。和歌山生。『殉情詩集』（一九二一年）、『我が一九二二年』（一九二三年）、『魔女』（一九三一年）などの詩集を刊行。その他、「田園の憂鬱」（一九一九年）以下の小説、「退屈読本」（一九二六年）の評論など、才気あふれる多彩な活動で知られ、後進の文学者に刺激を与えた。

〔河野龍也〕

17　三木露風「赤蜻蛉」

みき・ろふう

〈作品〉

夕焼《ゆうやけ》、小焼《こやけ》の／あかとんぼ／負《お》はれて見《み》たのは／いつの日か。
山の畑の／桑の実を／小籠《こかご》に摘《つ》んだは／まぼろしか。
十五で姐《ねえ》やは／嫁に行き／お里のたよりも／絶えはてた。
夕やけ小やけの／赤とんぼ／とまつてゐるよ／竿《さお》の先。

（「赤蜻蛉」）

〈作品鑑賞〉第一聯から第三聯まで幼年時代の回想。それぞれの聯の最後の一節「いつの日か」「まぼろしか」「絶えはてた」が、幼年時代のはかなさ、せつなさと喪失感を強調している。

　第一聯、詩の語り手は、誰かに背負われて赤とんぼを見た幼い日をおぼろに思い出し、それが「いつの日」のことであったかと自らに問いかけ、記憶をまさぐろうとする。

　第二聯、まず一般的な思い出として、戦前の子どもたちにとってはもっとも身近なおやつであった桑の実を摘んだ思い出が呼び出される。それもすでに遠い過去の日となってしまったさびしさが、自分自身のこころへの問いかけ「まぼろしか」に込められている。

　第三聯で、第一聯の「いつの日か」の回答にあたる思い出がついにたぐり寄せられる。背負ってくれたのは「姐や」すなわち、幼少年期の彼を可愛がってくれた子守女であった。しかし結婚した彼女の消息も、その故郷の消息も、とうの昔に絶えてしまった。それは、自分を擁護してくれる大切な人が、失われていく悲しみであり、存在のふるさとそのものから、自分は遠く隔てられてしまったという根源的な喪失感でもあった。

　最終の第四聯で、視点は現在へと向けられる。ここまで歌われた出来事は、夕焼け空のなかで「とまつてゐる」赤とんぼの現在の情景から、大人になった語り手がたぐり寄せた思い出。幼年時代にかかわる、懐かしくも哀切な記憶であった。

〈作品解説〉一九二七年山田耕筰によって作曲され、現在でも愛唱されるこの作品は雑誌初出後、童謡集『真珠島』（一九二一年）に初収録。基本的な語釈の問題として、「姐《ねえ》や」は実の姉ではなく、使用人の若い女性のことであり、とくにここでは「子守女」という、かつての日本では日常的に存在していた職業を指しているということがある。（奥野健男『ねえやが消えて—演劇的家庭論』（河出書房新社、一九九一年）を参照）

　誰の幼年時代にも自分を愛してくれた人との別れがあり、その積み重ねによって人は大人になっていくという、読者側の思いを込めやすい点にこの童謡詩の人気の秘密があるといえる。なお、この作品の主題を、幼くして別れた母への思慕とする説もあるが、この作品の表現そのものからそこまで具体的に読み込むことには無理がある。

〈作者略歴〉一八八九（明治二二）～一九六四（昭和三九）年。兵庫県龍野生。本名操。早熟の詩人で、明治末には詩集『廃園』（一九〇九年）『寂しき曙』（一九一〇年）などによって北原白秋とともに象徴主義詩の第一人者とされ、「白露時代」と称された。一九二〇年より四年間、北海道のトラピスト修道院で教師を務め、自らもカトリックに改宗した。

〔安　智史〕

18　高橋新吉「断言はダダイスト」

たかはし・しんきち

〈作品〉


DADAは一切を断言し否定する。

無限とか無とか、それはタバコとかコシマキとか単語とかと同音に響く。

想像に湧く一切のものは実在するのである。

一切の過去は納豆の未来に包含されてゐる。

人間の及ばない想像を、石や鰯の頭に依つて想像し得ると、杓子も猫も想像する。

DADAは一切のものに自我を見る。

空気の振動にも、細菌の憎悪にも、自我と云ふ言葉の匂ひにも自我を見るのである。

一切は不二だ。仏陀の諦観から、一切は一切だと云ふ言草が出る。

一切のものに一切を見るのである。

断言は一切である。


宇宙は石鹸だ。石鹸はズボンだ。

一切は可能だ。

扇子に貼り付けてあるクライストに、心太がラブレターを書いた。

一切合財ホントーである。

凡そ断言し得られない事柄を、想像する事が喫煙しないMr. God に可能であらうか。


（「断言はダダイスト」）

〈作品鑑賞〉 ダダを定義した詩。ダダは「想像」したものを言葉によって「断言」する。するとそれは「実在する」ものとなる。また、「一切」は「自我」を持つものとして言葉で実体化できる。つまり「断言」するとは「一切のものに自我を見る」ことである。そして「断言」は「一切である」と同時に「不二」すなわち絶対的なものだ。だからこそ、「宇宙は石鹸だ。石鹸はズボンだ」と言い換えることが可能なのである。

ダダが目指したのは常識や意味の破壊であり、そのための方法が「一切」を「否定」することだった。とはいいながらも、そこには言葉に対する揺るぎない信頼がある。また、そこでは通常結びつかないような言葉同士が連結される。しかし「タバコとかコシマキとか単語とか」というときの「タ」「コ（ゴ）」音の共通性に注意したい。ダダは意味の代わりに音に依拠しており、実際は「一切」を「否定」しきれていない。

〈作品解説〉「断言はダダイスト」は『ダダイスト新吉の詩』（中央美術社、一九二三年）の冒頭詩篇。この詩集が「ダダイスト」によって書かれたことを宣言するとともに、ダダイズムの否定の精神を読者に示す内容となっている。壺井繁治や中原中也など、同時代の人々に与えた衝撃は小さくない。

〈作者略歴〉 一九〇一（明治三四）～八七（昭和六二）年。愛媛生。ダダイズム紹介の新聞記事を読んで衝撃を受け、ダダの詩を書く。その後はダダを離れて仏教、特に禅に傾斜した。辻潤編『ダダイスト新吉の詩』（一九二三年）、『日食』（一九三四年）、『高橋新吉の詩集』（一九四九年）など、多くの詩集や著作がある。

〔加藤邦彦〕

19　宮沢賢治「屈折率」　みやざわ・けんじ

〈作品〉
七つ森のこつちのひとつが
水の中よりもつと明るく
そしてたいへん巨きいのに
わたくしはでこぼこ凍つたみちをふみ
このでこぼこの雪をふみ
向ふの縮れた亜鉛《あえん》の雲へ
陰気な郵便脚夫《きやくふ》のやうに
（またアラツディン　洋燈《ラムプ》とり）
急がなければならないのか
（「屈折率」）

〈作品鑑賞〉 題名の「屈折率」とは、光線が水や宝石等に入光する際に屈折する度合を表す。賢治は大正八年頃に宝石商になろうと思ったこともあり、また盛岡高等農林で地質学を学んだから、詩には鉱物や宝石の知識が存分に取り入れられる。本詩の「屈折率」と「亜鉛の雲」もその反映で、水蒸気を含んだ大気が乱れて遠景が不確かになっていることの換喩である。詩の意味は次の通り。「わたくし」は、これから「向ふ」の方へ「急」いで何かを受け取りに（あるいは届けに）行かなければならないが、「向ふ」には「縮れた亜鉛」のような不吉な雪雲が見えて吹雪に巻き込まれるかもしれない、だから「陰気な」「郵便脚夫《きやくふ》」のような気分だ。しかし勇気ある行動をとれば『アラビアンナイト』に登場するアラディンが魔法のランプを手にしたように、私も世界を変える魔法を入手できるかもしれないのだ。

賢治は自身の詩を「心象スケッチ」と称した。「心象」は、進化論という科学と輪廻転生という仏教世界観を止揚したもので、自己の内的思考は、記憶の深層に受け継がれて来た過去の生物たちの意識が蘇がえったもの、ということで、「スケッチ」はそれらの意識の変化を瞬時に捉えたもの、という定義である。そのため賢治の詩には、思考主体自身の反論や補足の声が（　）で、別の生物の声が《　》に囲まれて登場する。

「七つ森」は岩手山麓の小岩井農場あたりを指し、「向ふ」は岩手旧火山の鞍掛山《くらかけやま》を指す。「屈折率」と連詩となる詩「くらかけの雪」中に「古風な信仰です」とあるように、古火山である鞍掛山は古代の信仰（仏教思想）の象徴であった。

〈作品解説〉「屈折率」は心象スケッチ集『春と修羅』（関根書店、一九二四）に収録。賢治は「序」で、この詩集に記された心象は、二千年後に天人まで進化した人類の心象を先取りしたものだ、と宣言した。本詩は詩集の冒頭に置かれ、「陰気な郵便脚夫《きやくふ》」と「アラツデイン　洋燈《ラムプ》とり」にはこの詩集を世に問う意義が託されている。

〈作者解説〉 一八九六（明治二九）～一九三三（昭和八）年。岩手生。生前には心象スケッチ集『春と修羅』とイーハトーブ童話集『注文の多い料理店』（一九二四年）のみ出版。草野心平に誘われて詩誌「銅鑼」等に作品を発表するも戦前は無名に近い存在だった。童話「銀河鉄道の夜」「風の又三郎」「セロ弾きのゴーシュ」や詩「雨ニモマケズ」「永訣の朝」など著名な作品が多い。

〔大塚常樹〕

20 富永太郎「秋の悲歎」

とみなが・たろう

〈作品〉

私は透明な秋の薄暮の中に墜ちる。戦慄は去つた。道路のあらゆる直線が甦る。あれらのこんもりとした貪婪な樹々さへも闇を招いてはゐない。

私はたゞ微かに煙を擧げる私のパイプによつてのみ生きる。あの、ほつそりとした白陶土製のかの女の頸に、私は千の靜かな接吻をも惜しみはしない。今はあの銅色の空を蓋ふ公孫樹の葉の、光澤のない非道な存在をも赦さう。オールドローズのおかつぱさんは埃も立てずに土塀に沿つて行くのだが、もうそんな後姿も要りはしない。風よ、街上に光るあの白痰を掻き亂してくれるな。

私は炊煙の立ち騰る都會を夢みはしない……土瀝青色の疲れた空に炊煙の立ち騰る都會などを。今年はみんな松茸を食つたかしら、私は知らない。多分柿ぐらゐは食へたのだらうか、それも知らない。黒猫と共に坐る殘虐が常に私の習ひであつた……

（「秋の悲歎」）

〈作品鑑賞〉全六聯構造の詩の前半である。ある種の諦念を伴った心象世界は、倦怠の比喩におおわれ、人生の全てを拒否するかの如くである。その諦念の意味を作家論的に死の予感であると断言出来るのは後に生まれた我々の特権でもある。しかし、詩句自体（あるいは富永自身でさえ？）そうは述べていないことに注目すべきである。「私は私自身を救助しよう」というこの詩の終わり方は、単なる「諦念」ではない。ある意味では、自己再生の詩であると言ってもよい。

一方、形式的な面に目を向ければ、様々な諦念の先に見えてた即物的世界観は、日本近代詩が達成し得ることが出来なかったと言っても過言ではない、硬質な散文詩の世界である。物質と精神が直接交流するかの様な「対話」の世界を通して、詩人は新たな美の世界をうみだそうとしているのである。そして、こうした物質性と散文詩の問題系は、戦後わずかに吉本隆明の初期詩篇に継承されたのみで、今もその可能性は残されたままである。

〈作品解説〉富永太郎は「秋の悲歎」を小林秀雄に「ははあランボオばりだな、と言つてもいい。とにかく日本流行の〈情調派〉でないといふレッテルをつけてくれたら本望だ。出来不出来は問はず」という手紙を添えて送った。富永太郎が、鼻に詰めていた酸素吸入器のゴム管を「きたない」といって自らその管を取り去って夭折したのは、その翌年のことである。

〈作者略歴〉一九〇一（明治三四）～二五（大正一四）年。東京市本郷区湯島生。絵画、詩歌に独特の才を発揮するも、二四歳で夭折。生涯一冊の詩集も残していない。死の二年後、家蔵版『富永太郎詩集』（村井康男編）が刊行され、後に富永次郎編集のものや、大岡昇平編集の版が刊行されている。その硬質なイメージの詩風は、中原中也や小林秀雄など多くの文学者たちに影響を与えた。

〔疋田雅昭〕

21　八木重吉「はらへたまつてゆく　かなしみ」
やぎ・じゅうきち

〈作品〉

かなしみは　しづかに　たまつてくる
しみじみと　そして　なみなみと
たまりたまつてくる　わたしの　かなしみは
ひそかに　だが　つよく　透きとほつて　ゆく

こうして　わたしは　痴人のごとく
さいげんもなく　かなしみを　たべてゐる
いづくへとても　ゆくところもないゆえ
のこりなく　かなしみは　はらへたまつてゆく

（「はらへたまつてゆく　かなしみ」）

〈作品鑑賞〉敬虔なクリスチャンだった八木重吉の詩は、やさしい言葉で書かれた短詩を特徴とする。主題はキリストへの憧れや自然への賛歌、家族への愛などで、優しく素直な心がそのまま映されたもの、という評価が一般的だ。本詩も、二つの漢字以外はすべて平仮名で書かれているし、また言葉も平易である。本詩は特に、文節に準じた空白で区切られ、「かなしみ」「たまつてくる（ゆく）」のリフレインとの相乗効果で、視覚的にも聴覚的にも一定の音楽的なリズムを醸し出している。

「かなしみ」の理由は一切語られないが、「たまつてくる」「さいげんもなく」や「ゆくところもない」「痴人のごとく」等の表現から、神の目からみれば不完全な生き物として、日々生きて行かざるを得ない人間そのものの「かなしみ」として捉えることができる。「かなしみを　たべてゐる」「かなしみは　はらへたまつてゆく」という食のアレゴリー（諷喩）には、どんなに不完全でも生きるために始終「たべ」続けなければならない生き物の「かなしみ」が効果的に表現されているだろう。

〈作品解説〉重吉の第一詩集『秋の瞳』（新潮社、一九二五年）に収録。一九二二年に恋人とみと周囲の反対を押し切って結婚、一九二五年三月に千葉県立東葛飾中学校教諭に転任し、佐藤惣之助主宰の「詩之家」同人となる。この間の重吉の短い生涯で最も充実した時期の作品が収められた。「心　よ」「こころの　船出」「おほぞらの　こころ」「或る日の　こころ」等の作品題名に見られるように、さびしさや美しいものに焦がれる「こころ」を描いた作品が大半を占める。『秋の瞳』の詩集題名は、「空が　凝視《み》てゐる」等の作品もあるように、澄んだ秋空を神の目に譬えたものだ。また「哀しみの　秋」等の作品があるように、秋は心に「哀しみ」をもたらす季節として捉えられている。

〈作者略歴〉一八九八（明治三一）～一九二七（昭和二）年。東京生。東京高等師範学校卒業後、中学校等で英語の教師を勤める。最後の授業の締めくくりに「キリストの再来を信ず」と発言したように、敬虔なクリスチャンとして知られる。文学的にはイギリスの詩人キーツやW・ブレイクの影響を強く受けた。スペイン風邪の後遺症として発病した結核に長く苦しみ、幼い子供や妻を残して二九歳で夭折した。詩集に『秋の瞳』（一九二五年）と『貧しき信徒』（一九二八年）がある。

〔大塚常樹〕

22 草野心平「秋の夜の会話」 くさの・しんぺい

〈作品〉

さむいね
ああさむいね
虫がないてるね
ああ虫がないてるね
もうすぐ土の中だね
土の中はいやだね
痩せたね
君もずゐぶん痩せたね
どこがこんなに切ないんだらうね
腹だらうかね
腹をとつたら死ぬだらうね
死にたくはないね
さむいね
ああ虫がないてるね

（「秋の夜の会話」）

〈作品鑑賞〉 二匹の蛙の対話である。この詩人と蛙の位置は様々であり、単に蛙が詩人の象徴であるとも、蛙を描いた詩人であるとも言い難い。この詩の二匹の蛙の対話も、蛙を通じて詩人の個人的な感慨を描くと言うよりも、生物としての実存感覚とでも言ってよいようなものを言い当ててはいないだろうか。

人間は、空腹であることがもたらす感覚の存在を知ってはいる。しかし、それを知らない蛙が、ある空腹観を「切なさ」と感じることと、原因がわかっていても何ともいえぬ心理にとらわれてしまう人間のおかれた状態とは、それほど遠いものではない。

腹が「切なさ」の原因であるならば、腹を取ってしまえばいいのだが、それでは「死んでしまう」。「死」とは何かは、もちろんわからないが、どうしても「死にたくはない」と思ってしまう。

これから本当に寒くなりきってしまう前に、秋を彩る虫たちを「腹」にいれなくてはならないだろう。それでも、「切なさ」は完全に癒されることはなく、もうすぐ「土の中」である。

〈作品解説〉 草野の最初の詩集『第百階級』（銅羅社、一九二八年）に収録された。草野の主要なモチーフの一つに「蛙」と「富士山」を描くものが多いことは有名である。しかし、現在においても、この両者と詩人の関係が考察され尽くしているとは言い難い。このテーマは、草野及び草野詩の読者にとって古くて新しい問題なのである。

〈作者略歴〉 一九〇三（明治三六）～八八（昭和六三）年。福島県上小川村（現・いわき市小川町）生。中国への留学後、雑誌「銅鑼」「歴程」を主宰し、特に後者は戦前戦後を通じて、詩壇の一大勢力として多くの詩人を輩出して来た。『富士山』（一九四三年）『定本　蛙』（一九四八年）など詩集多数。また、宮沢賢治の価値を早くから見出し、最初の全集を手がけるなどその普及に尽力した。

〔疋田雅昭〕

23　安西冬衛「理髪師」　あんざい・ふゆえ

〈作品〉

私は鏡の中にきちんと蔵はれてゐる、白い敷布《シーツ》の壮烈な玉座に。だが、親方は一向そんな「悲壮」には同情を持合せて呉れない風である。だから、私を昆虫の標本のように、硝子の額縁の中へピンでぐつと刺留ると、もう逃げ出す気遣はないといふ了見でこんどは殺人《ひとごろし》のでてゐる新聞をゴワゴワさせてゐる男のところへいつて、ちよいと一ぷくにする。

『初さん、ゆふべはねえ――』

どういふものかあすこでは、話といふとゆうべのつづきのやうである。

（「理髪師」）

〈作品鑑賞〉六つの文からなる散文詩である。冒頭の三つの文で「私」の一種の監禁状態、閉塞状態が、誇張表現ではあるが、理髪店の椅子に固定された状態の暗喩を伴って語られる。この状態が私にとって「悲壮」であり惨めであることは、次の四つめの文で私が自分のそうした状態を「昆虫の標本のように」と喩えていることからも明らかである。

この詩の後半は、私が自分を拘束している、理髪師であろう「親方」を語っているが、親方が出かけて行く「男」の所を殺人記事の掲載新聞と絡ませて表現し、既に「刺留」めの状態にある私の今後をミステリアスに類推させている。しかし、こうした表現とは対照的に、親方は「一ぷく」し、落語の八ツァンを捩った表記で男に呼びかけ、しかも彼らの会話の時空は、私が意識する現在状況に対して反復される過去なのである。

「理髪師」では、詩の中の現実として私の監禁状態、閉塞状態が、「鏡の中」「硝子の額縁の中」の出来事として語られることで二重の縛りをかけられ、私の「悲壮」に同情のない親方によってさらに縛りはきつくなる。しかもこの状態は、これとは対照的な、これをはぐらかすような詩の後半の表現によって、いっそう増幅させられているといえる。

「理髪師」は、語り手である私が自分のおかれた状態の深刻さやその内面を直接に語るのではなく、暗喩や対照的表現などによって語っている点がモダニズム的表現なのである。

〈作品解説〉「理髪師」には、この詩を収めている『軍艦茉莉』（厚生閣書店、一九二九年）の重要なモティーフである監禁、閉塞状態の深化がみられるのであり、これらが表現として広がりをみせる可能性もみられる。

〈作者略歴〉一八九八（明治三一）～一九六五（昭和四〇）年。奈良生。『亜細亜の鹹湖』（一九三三年）、『渇ける神』（一九三三年）、『大学の留守』（一九四三年）、『韃靼海峡と蝶』（一九四七年）、『座せる闘牛士』（一九四九年）などの詩集を刊行した。

〔澤　正宏〕

24 北川冬彦「戦争」

きたがわ・ふゆひこ

〈作品〉

義眼の中にダイヤモンドを入れて貰つたとて、何にならう。
苔の生えた肋骨に勲章を懸けたとて、それが何にならう。

腸詰をぶら下げた巨大な頭を粉砕しなければならぬ。腸詰をぶら下げた巨大な頭は粉砕しなければならぬ。

その骨灰を掌の上でタンポポのやうに吹き飛ばすのは、いつの日であらう。

（「戦争」）

〈作品鑑賞〉 第一聯の二つの文では、負傷した兵士と戦死した兵士について、それぞれ表現されている。軍功をたたえられた二人の兵士には、その代償として、経済的・社会的価値のある「ダイヤモンド」と「勲章」が、それぞれ与えられている。しかし、奪われた人間の身体や生命はもとに戻ることはない。文末の「何にならう」という表現の反復が、戦争への痛烈な批判となるのである。

さらに第二聯では、表現の反復が文章全体に及ぶ。この二つの文では、「を」と「は」の助詞の一字のみ変えて、同じ文章が反復されている。得体の知れない不気味な「腸詰をぶら下げた巨大な頭」を「粉砕しなければならぬ」という強い意志が、反復によって強調されている。

第三聯では、この「巨大な頭」の「骨灰」を、直喩を用いて「タンポポのやうに」軽やかに「吹き飛ばす」日のことが語られる。しかし、そうした日はすぐに訪れるわけではない。文末の「いつの日であらう」という表現がそれを物語っている。この反語的表現は、第一聯の「何にならう」と呼応しているのである。

なお、「戦争」およびこれを表題にとった『戦争』は、軍国主義への抵抗を表明した北川の代表作の一つであり、彼が社会性を帯びた作風へと転換を示した作品として評価されている。『戦争』の翌年（一九三〇年）には、神原泰、三好達治らとともに雑誌「詩・現実」を創刊、社会や現実との関連を重視した新現実主義を提唱することになる。

〈作品解説〉「戦争」は『戦争』（厚生閣書店、一九二九年）に収録された。詩人として出発して以来、短詩運動・新散文詩運動などを提唱し、様々な詩の実験を試み、詩の形式の革新を積極的に行ってきた北川冬彦の新たな展開が、「戦争」および『戦争』にはうかがえる。

〈作者略歴〉 一九〇〇（明治三三）～九〇（平成二）年。滋賀生。『三半規管喪失』（一九二五年）、『検温器と花』（一九二六年）、『戦争』（一九二九年）など、多数の詩集を刊行。翻訳家、映画批評家として、マックス・ジャコブの散文詩集『骰子筒』（一九二九年）、『純粋映画記』（一九三六年）、『シナリオ文学論』（一九三八年）などを著し、精力的で幅広い活動を展開した。また、数多くの雑誌を創刊し、その時々の詩の潮流を形成した。

〔十重田裕一〕

25　三好達治「庭」　みよし・たつじ

〈作品〉

太陽はまだ暗い倉庫に遮ぎられて、霜の置いた庭は紫いろにひろびろと冷たい影の底にあつた。その朝私の拾つたものは凍死した一羽の鴉であつた。かたくなな翼を紬の形にたたむで、灰色の瞼をとぢてゐた。それを抛げてみると、枯れた芝生に落ちてあつけない音をたてた。近づいて見るとしづかに血を流してゐた。

晴れてゆく空のどこかから、また鴉の啼くのが聞えた。

（「庭」）

〈作品鑑賞〉六つの過去形の文からなる散文詩である。冒頭では、建物に遮られて朝日が当たらない暗く寒冷な庭が語られる。次いで、この庭での鴉の寒さによる死とその様子が語られ、最後に晴れていく空と何時もの鴉の啼く声が語られる。自然と人工物によって様相を変える庭は、語り手の前に様々なものが登場する場所として選ばれており、この詩の場合、それは「凍死した一羽の鴉」であった。

この鴉は、シンボルや比喩の表現ではない。そうかといって、単なる写実でもない。詩として語られるリアルな現実としての中心になる表象なのである。確かに心象の投影としての惨めな鴉として読めなくはないが、「私」と凍死した「鴉」との距離は截然と保たれている。例えばそれは、死んだ鴉が芝生に落ちたときの音を「あつけない」としたり、落ちた後の様子「しづかに血を流してゐた」として、鴉の死に対して私の感情や気持ちの移入が読み取れない点をみても明らかである。「私」と「鴉」との間に類推を差し挟む余地がないのである。

では、一見、表面描写のようにして語られる詩「庭」には、何が目論まれているのだろうか。それは「凍死した一羽の鴉」に、あるいは表現としての鴉の「凍死」という言葉に、それ以上の深い意味を持たせないというモダニズム的な目論見である。このことは、詩の最終行が、他の鴉にとっては「一羽の鴉」の死がなかったかのように、日常の始まりの繰り返しを語っている表現になっていることでわかる。

〈作品解説〉「庭」は『測量船』（第一書房、一九三〇年）に収録された。『測量船』には、師であった近代詩人の萩原朔太郎の行き詰まった詩境からの脱出を模索していた三好達治の、様々な詩の試みが見られ、「庭」はその一つの実践でもあった。

〈作者略歴〉一九〇〇（明治三三）～六四（昭和三九）年。大阪生。『南窗集』（一九三二年）、『艸千里』（一九三九年）、『駱駝の瘤にまたがつて』（一九五二年）などの詩集を刊行した。歌集、詩歌の評釈集、唐詩の解説書なども出版、詩では文語と口語の使用、多様な形式の追求、西洋的なものと日本的伝統的なものとの融合など、様々な詩の表現を追求した。

〔澤　正宏〕

26　中野重治「歌」

なかの・しげはる

〈作品〉

お前は歌ふな
お前は赤まゝの花やとんぼの羽根を歌ふな
風のさゝやきや女の髪の毛の匂ひを歌ふな
すべてのひよわなもの
すべてのうそうそとしたもの
すべての物憂げなものを撥《はぢ》き去れ
すべての風情を擯斥せよ
もつぱら正直のところを
腹の足しになるところを
胸先きを突き上げて来るぎりぎりのところを歌へ
たゝかれることによつて弾ねかへる歌を
恥辱の底から勇気をくみ来る歌を
それらの歌々を
咽喉をふくらまして厳しい韻律に歌ひ上げよ
それらの歌々を
行く行くの人々の胸郭にたゝきこめ

（「歌」）

〈作品鑑賞〉 命令調の語りと、「すべての」「ところを」「歌を」などの反復表現が、畳み掛けるような全体のリズムを形成している。

前半の七行目までは、主に「歌ふな」の否定形で綴られており、「物憂げなもの」や「風情」といった、感覚的な次元が拒絶されている。それ以降の後半は、「歌へ」と肯定的に記され、「正直」や「勇気」などの倫理的な次元が奨励された。

だが、前半は完全な否定形にはなっていない。冒頭で強調するように、語り手は「お前」という他者に向かって、否定すべき歌と、肯定されるべき歌を提示している。つまり語り手自身は、後半の「たゝかれることによつて弾ねかへる歌」だけでなく、前半の「とんぼの羽根」「女の髪の毛の匂ひ」などの「ひよわなもの」を「歌」という詩の中に書きつけたのである。後半に「胸先きを突き上げて」「咽喉をふくらまして」などの、感覚的な、前半との連続性を示す表現があることも注意したい。

語り手は前半から後半へ移行しながら、自らの感覚の変革を、全体の畳み掛ける「韻律」の中で「歌」っている。

〈作品解説〉「歌」が収録された『中野重治詩集』（ナップ出版部、一九三一年）は製本中に出版禁止となり、四年後に三四頁分が切り取られてナウカ社から刊行された。堀辰雄は「赤ままの花」（「むらさき」一九三八年一〇月号）で、前半の「ひよわなもの」を「歌い棄てたからではなく」、「棄てようと決意」している点に、この詩の「パラドクシカルな、悲痛な美しさ」を読み取っている。中野の詩は大きく①感性に溢れた習作期、②マルクス主義に目覚めた時期、③戦闘的なプロレタリア詩の頃に分けられ、「歌」は②に該当する。

〈作者略歴〉 一九〇二（明治三五）～七九（昭和五四）年。福井生。日本のプロレタリア文学を代表する人物。詩集は初期の『中野重治詩集』（一九三一年）のみだが、高い評価を得ている。後に極少数の詩も発表したが、主に小説家、評論家として活躍した。

〔西村将洋〕

27　丸山　薫「砲塁」

まるやま・かおる

〈作品〉

破片は一つに寄り添はふとしてゐた。
亀裂はまた頬笑まうとしてゐた。
砲身は起き上つて、ふたたび砲架に坐らうとしてゐた。
みんな儚い原形を夢みてゐた。
ひと風ごとに、砂に埋れて行つた。
見えない海――候鳥の閃き。

（「砲塁」）

〈作品鑑賞〉「砲塁」とは大砲をそなえている砦や要塞を意味する。しかし、詩は冒頭で砲塁の不在を告げた。それは「破片」となって「亀裂」が入り、「砲身」も崩れ落ち、廃墟と化している。

この廃墟に散乱する事物を、語り手は擬人法を用いて描き出した。より正確には、外側から事物を対象化して描くのではなく、散乱する事物へまさに「寄り添はふと」するかのように、モノたちの内面に広がる世界を捕捉しようと試みている。

一行目から三行目にかけての、「寄り添はふ」「頬笑まう」「坐らう」という意志の表現に、事物の内面に寄り添う語り手の姿を見いだすのは容易だろう。

このモノたちの心象は、続く行で「儚い原形」の「夢」と規定されている。このとき三行目までの「としてゐた」という文末のリフレインは、過去形の反語的な意味を帯び、再びモノたちの心を浮かび上がらせる。結局〈寄り添い〉〈頬笑み〉〈起き上がり〉〈座る〉という望みは叶わなかっ〈た〉。その挫折感が、読みの持続性の中で鮮明になるのである。続く五行目には「砂に埋れて行つた」モノたちの姿が、「ひと風ごとに」と、時の流れを強調しながら描かれた。

最終行の「候鳥の閃き」は、複数のレベルでそれまでの詩句と鋭く対立する。廃墟のモノたちが「見えない海」を憧憬するのに対して、渡り鳥（候鳥）は輝きながら海を見下ろす。また五行目までが抵抗感のない平易な表現で綴られていたのに対し、最終行では「候鳥」（コウチョウ）という硬質な語感が印象づけられ、さらに五行目までが堆積する時間を表現していたのに対して、最終行では瞬間的な「閃き」が描出された。この鋭利な対比構造が、再び廃墟に埋もれるモノたちの「儚い原形」を際立たせるのである。

〈作品解説〉「砲塁」は『帆・ランプ・鷗』（第一書房、一九三二年）に収録された。萩原朔太郎は「丸山薫と衣巻省三」（「四季」一九三五年一月号）で、この詩を賞賛しており、丸山薫の代表作の一つとして言及されることも多い。朔太郎は、この作品が「絶望的な詩」であるにもかかわらず、「『原形』に帰らうとする、イデアの儚い意志と希望」を持つと賞賛している。

〈作者略歴〉一八九九（明治三二）～一九七四（昭和四九）年。大分生。海への憧れから東京商船学校に入学したが、退学。『帆・ランプ・鷗』（一九三二年）で郷愁の詩人と評され、第二次世界大戦中に海洋詩人として見出された。『鶴の葬式』（一九三五年）、『物象詩集』（一九四一年）の他に戦後も多数の詩集を残した。

〔西村将洋〕

28 西脇順三郎「雨」

にしわき・じゅんざぶろう

〈作品〉

南風は柔い女神をもたらした。
青銅をぬらした、噴水をぬらした、
ツバメの羽と黄金の毛をぬらした、
潮をぬらし、砂をぬらし、魚をぬらした。
静かに寺院と風呂場と劇場をぬらした、
この静かな柔い女神の行列が
私の舌をぬらした。

（「雨」）

〈作品鑑賞〉 一行目（六行目も同じ）の「柔い女神」は、最終行まで繰返される「ぬらした」という言葉から、雨の暗喩表現であることがわかる。しかも、六行目の「女神の行列」という表現から、降ってくる雨の一粒一粒が「女神」であることがわかる。詩の空間は「女神」で充満しているのである。

二行目から五行目までは、雨が濡らす対象物を一つ一つ個別に取り出してきては「ぬらした」という言葉（連用中止形もあるが）と結び付いている点に特徴がある。また、「ぬらす」ではなくて、「ぬらした」という過去形を使用している文体からは、降雨によって同時進行的にものが濡れるのではなくて、人工物（二行目）、動物（三行目）、自然物（四行目、「南風」なので最初に濡れるもの）、人工物（五行目）、「私」（最終行）と、近づいては遠ざかり、再び近づいてくるという、仮構された遠近法による効果的な場面転換が意図されていることがわかる。

最後の二行では、こうした雨の表現を受けて、詩の語り手としての近代の旅人が、女神に喩えられる柔らかく暖かい南欧的な雨と、「舌」を通して交歓する情感的なイメージが外面的に描写されている。

こうしてみると、詩「雨」は「噴水」「潮」「魚」など、最初から濡れているものを濡らすという表現からもわかるように、二〇世紀初頭にエズラ・パウンドやリチャード・オールディントンらが詩作上で実践したイマジズムを日本に本格的に移植した作品なのである。ここにはそれまでの日本の近代詩の抒情とは異なる、乾いた明るい知的な抒情の表現が意図されている。

〈作品解説〉 詩「雨」は詩集『Ambarvalia』（椎の木社、一九三三年）の冒頭の「ギリシア的抒情詩」の章に収録された。詩を言語の思考実験、改革として知的に追求するという、西欧現代詩の影響を直接に受けた西脇順三郎の詩の試みが「雨」や『Ambarvalia』にはうかがえる。

〈作者略歴〉 一八九四（明治二七）～一九八二（昭和五七）年。新潟生。『旅人かへらず』（一九四七年）、『第三の神話』（一九五五年）、『壌歌』（一九六九年）など多数の詩集を刊行した。現代詩の開拓者であり、古代・中世英語の研究家、英文学評論家としても活躍した。

〔澤　正宏〕

29　中原中也「サーカス」

なかはら・ちゅうや

〈作品〉

幾時代かがありまして
　茶色い戦争ありました
幾時代かがありまして
　冬は疾風吹きました
幾時代かがありまして
　今夜此処での一と殷盛《さか》り
　　今夜此処での一と殷盛り
サーカス小屋は高い梁
　そこに一つのブランコだ
見えるともないブランコだ
頭倒さに手を垂れて
　汚れ木綿の屋蓋《やね》のもと
ゆあーん　ゆよーん　ゆやゆよん

（「サーカス」）

〈作品鑑賞〉「幾時代かがありまして」という冒頭行によって、作品内現在に至るまでの長い時間が示されている。しかし、それがどれぐらいの長さであるかはわからないし、その時間のなかで何があったかもはっきりしない。「茶色い戦争」が象徴するものを特定する必要は必ずしもないだろう。むしろ、過ぎ去った時間のなかに「茶色」く色あせたものとして「戦争」の記憶があり、時間の流れ去っていく速さを表すかのように、それらの時代に「疾風」が吹いていたことを確認しておきたい。

　その時間の流れと関連しているのが、リフレイン、繰り返しである。第一―三連冒頭で「幾時代かがありまして」という詩行が繰り返される。そのことによって、詩の内部にリズムが生み出され、作品世界に時間の流れが形成されている。また、「まして」「ました」という表現の繰り返しや、この詩が七（八）五調で書かれていることも、同様の役割を果たしているだろう。

　そうした時間の流れにおいて、やはり同じように過ぎ去り、そのうち忘れられていくにちがいないひとときにクローズアップしていくことが宣言されているのが、「今夜此処での一と殷盛り」という第三連のリフレインだ。この連の三行目を各連の二字下げからさらに下がった四字下げにすることで、第四連以降の「サーカス」小屋内部への場面転換が予告されている。

〈作品解説〉「サーカス」は『山羊の歌』（文圃堂書店、一九三四年）の第一章「初期詩篇」に収録されている。「ゆあーん ゆよーん ゆやゆよん」というオノマトペに、『山羊の歌』の特徴であるたゆたい、ものうさが集約されている。中原中也の詩でもっとも人口に膾炙しているうちのひとつ。

〈作者略歴〉一九〇七（明治四〇）～三七（昭和一二）年。山口生。当初はダダイズム、まもなくフランス詩の影響を受ける。「四季」「歴程」の同人として活動した。詩集『山羊の歌』（一九三四年）、『在りし日の歌』（一九三八年、没後出版）のほか、三冊のランボーの訳詩集がある。

〔**加藤邦彦**〕

30　伊東静雄「私は強ひられる――」

いとう・しずお

〈作品〉

私は強ひられる　この目が見る野や
雲や林間に
昔の私の恋人を歩まするることを
そして死んだ父よ　空中の何処で
噴き上げられる泉の水は
区別された一滴になるのか
私と一緒に眺めよ
孤高な思索を私に伝へた人！
草食動物がするかの楽しさうな食事を

（「私は強ひられる――」）

〈作品鑑賞〉「野」「雲」「林」などの風景に託して、自らの内面を歌った抒情詩である。だが、この詩では直接的に内面世界を表現しようとする姿勢が希薄で、むしろ屈折した停滞感や抵抗感が顕著である。

　例えば、最初の野、雲、林という一連の風景は、なぜ一行目と二行目で分断され、敢えて読みが停滞されているのか。三行目の「歩まする」の詩句は、なぜ「歩ませる」ではなく、古典文法の使役形が採用されたのか。また最終行の「するかの楽しさうな」という表記は、なぜ「するかのような楽しさうな」と抵抗感のない平易な表現で綴られなかったのか。

　答えは冒頭の「私は強ひられる」にある。表現上の停滞感や抵抗感は、この強制的な受け身の感覚を忠実に表現したものである。その上で、この詩は言語を緻密に配置している。敢えて改行した二行目の「雲」という言葉は、空を見上げる行為を喚起しつつ、五行目の「噴き上げられる」や、八行目の「孤高な思索」と隠喩的な連関構造を形成しており、上昇し、孤立するイメージが言語構成の中で浮上する仕組みになっている。

　「私」は自然の風景に「昔の私の恋人」の面影を抒情的に見出す。だが、それは「父」のような特権的な誰かに強制された孤独の営みである。そこでは、最終行で楽しく食事する「草食動物」のような、日常の世界における調和的な生が喪失している。語り手は、そうした日常性から完全に「区別された」、もう一人の己の姿を、冷酷に抒情化したのである。

〈作品解説〉「私は強ひられる――」は第一詩集『わがひとに与ふる哀歌』（コギト発行所、一九三五年）に収録された。この詩集の特徴は、一方で抒情的な世界を造型しながら、他方でその世界を冷酷に見つめるもう一人の自分を作り出す点にある。「私は強ひられる――」もその特徴を備えた作品である。

〈作者略歴〉一九〇六（明治三九）～五三（昭和二八）年。長崎生。『わがひとに与ふる哀歌』（一九三五年）が評価され、当時を代表する詩人となった。例えば、萩原朔太郎は「わがひとに与ふる哀歌（伊東静雄君の詩について）」（「コギト」一九三六年一月号）で、伊東を「傷ついた浪漫派」の「正統」と評価し、当代の桂冠詩人と位置づけている。他の詩集に『夏花』（一九四〇）、『春のいそぎ』（一九四三年）、『反響』（一九四九年）があり、病没後には『伊東静雄詩集』（一九五三年）が刊行された。

〔西村将洋〕

31 立原道造「さびしき野辺」

たちはら・みちぞう

〈作品〉

いま　だれかが　私に
花の名を　ささやいて行つた
私の耳に　風が　それを告げた
追憶の日のやうに

いま　だれかが　しづかに
身をおこす　私のそばに
もつれ飛ぶ　ちひさい蝶らに
手をさしのべるやうに

（「さびしき野辺」）

〈作品鑑賞〉　一四行詩（ソネット）の第一連、第二連。ここでは語りの特色として、意味が多方面に渡って経絡する語句の句跨りが挙げられる。まず第二連二行目の「身をおこす」が前後に掛かることに注目してみよう。この語句の配置によって、身をおこすのは、この語の直前の「だれか」でもあり、また直後に接続する「私」であることにもなる。ここで「私」が身をおこす動作と、「だれか」が手をさしのべるように「私」の傍に身をおこす行為とは不意に二重写しになっている。これは「身をおこす」が、「だれか」と「私」双方に掛かっていく接続の拡散化がイメージの重層をもたらしているということであり、そこから人物間の境界が溶解して、「だれか」が現れては消えてゆく断続的感覚が感じ取られることになるのだ。また第一連第四行目の、「追憶の日のやうに」が倒置されて、一連と二連双方に掛る点も同様の効能をもたらす。第一連において、「いま」、「だれか」が「私」に花の名前をささやいていった点、あるいは風がそれを私の耳に告げる点、そして第二連で「いま」、「だれか」があるいは「私」が身を起す点、また蝶に手をさしのべる点、これらの意味総てに「追憶の日のやうに」が掛かっていく配置がとられている。この語句間の経絡を錯綜させる倒置表現により、「いま」と「追憶の日」が切り分けられず、時空間が重層しているかのように感じ取られることになるのだ。あるいは余白の点在にも注意したい。これらの余白は、文節を分断するようでいて、しかし実は意味の自由な係り口として機能しており、倒置表現とあいまって、人物間、時空間の境界の融解を創出しているのである。また第二連における語句の舌足らずな進み具合は、蝶がちらちらと瞬いているかのような呼吸を演出することにもなるだろう。

〈作品解説〉　「さびしき野辺」は立原の死後「四季」立原道造追悼号（一九三九年七月号）に、遺作「優しき歌」全五作中のⅢとして掲載された。立原詩は、繊細な精神が緻密な計算によって成ったソネット形式に表出されるが、本作や「風に寄せて」連作（「コギト」三八年九月号）等晩年の作には特にその傾向が顕著である。引用は初出によった。

〈作者略歴〉　一九一四（大正三）〜三九（昭和一四）年。東京生。東大工学部建築科卒。在学中は三年連続で辰野金吾賞を受賞。詩人、建築家として将来を嘱望されたが、三八年冬、南国の光を求めた長崎への旅行中肺結核に倒れた。死の間際、「四季」主催の第一回中原中也賞を受賞している。〔**名木橋忠大**〕

32　村野四郎「高障害」

むらの・しろう

〈作品〉

花もなく
匂いもない季節
運動シャツの処女性は
白いリンネルに過ぎなかった
彼女は身軽にハードルを超えた
そして考えた
かくも容易《たやす》く
超すことが出来ると

（「高障害」）

〈作品鑑賞〉わずか八行の詩行の中に、颯爽と空間を駆け抜け、軽やかに障害物を飛び越える女性の姿が封じ込められた作品だ。具体的には競技場で「ハードル」を難なく飛んで行く女性の様子が描かれているわけだが、無駄を省いた表現と快活に動く肢体は、旧来の詩が重んじた情緒的な抒情を否定し、機械の動きが持つ合理性の美を発見したモダニズムの美学を体現する。

それでは「高障害」と題されたこの作品における「ハードル」とは何を表しているのだろうか。「花」も「匂い」もないとされる季節は、未だ成熟が訪れていない青春期であり、「白いリンネル」の運動着に身を包んだ女性の若さを強調する。こうした描写から浮かび上がる女性の像は、柔和な美しさとは異なるスポーティーな魅力だ。彼女が飛ぶ「ハードル」とは眼前に横たわる社会的制約を象徴し、その中でもタブーとされた「性」という領域への禁止を仄めかす。その「ハードル」を「身軽に」飛ぶ女性の姿は、同時に社会的通念が要求する「女らしさ」の虚妄性をも飛び越えているのだ。ここに描かれる女性は、かつて賛美された儚げな女性美とは無縁のモダンガールだ。速度と刹那的な感覚をもたらした機械時代に相応しく、行動をためらわない女性の爽快感と、あらゆる既成概念から自由であることの美しさ。極度に切り詰められた表現と、断定で終わる文が繰り返されることで、「ハードル」を飛び越える女性の潔さが強調されることになる。これこそがこの作品を貫く新しい詩情であろう。

〈作品解説〉「高障害」は『体操詩集』（アオイ書房、一九三九年）所収。同詩集は村野四郎の代表詩集であるだけでなく、戦前の前衛詩を総称するモダニズム詩の成果でもある。一九篇の詩は、すべて体操する身体のメカニックな動きとその美を扱っている。ドイツの新興写真家であったリーフェンシュタールとヴォルフによる、ベルリン・オリンピックでの競技写真が効果的に使用され、イメージと言葉の相乗効果を意図した造本となっている。

〈作家略歴〉一九〇一（明治三四）～七五（昭和五〇）年。東京生。詩人。慶応義塾大学経済学部卒。俳句から出発して二〇代より詩作を始める。ドイツの近代芸術思潮「新即物主義」に影響を受け、その成果は『体操詩集』（一九三九年）に顕著。戦後の代表詩集に読売文学賞を受賞した『亡羊記』（一九五九年）がある。日本現代詩人会初代会長等の役職を歴任。財界人の顔も持ち、旧理研コンツェルン（現、理科学研究所）の発展に長らく貢献した。

〔鈴木貴宇〕

33　堀口大学「母の声」　ほりぐち・だいがく

〈作品〉

母よ、
僕は尋ねる、
耳の奥に残るあなたの声を、
あなたが世に在られた最後の日、
幼い僕を呼ばれたであらうその最後の声を。

三半規管よ、
耳の奥に住む巻貝よ、
母のいまはの、その声を返せ。

（「母の声」）

〈作品鑑賞〉幼い日に亡くした母を想うとき、「僕」がいつも求めてやまないのは、母がその最期の瞬間に自分を呼んだはずの優しい呼び声だという。耳に残る声をたよりに故人の記憶を手繰りよせる甘美な追憶のひととき。それは確かに、あらゆる読者を共感させる普遍的な体験であろう。だが、「僕」の願いがより一層切実に響くのは「幼い僕を呼ばれたであらうその最後の声」とあるように、むしろ「僕」が母の臨終の声を記憶していない事実によるものだ。母を失い、かつそれを追慕するための声という手がかりすらない二重の喪失感は、「母よ」という対象への直接的な呼びかけ、倒置法と反復表現を通じて効果的に表現されている。

　求めて得られぬこのもどかしさが、おのれの耳を強くなじる第二聯の急展開を用意する。内耳の器官を解剖学的な知識のもとに名指しする語彙《い》の選択、さらにそれを巻貝に譬えてみせる機知に富んだ比喩は、ともすれば感傷的になりやすいこの詩のモチーフを通俗性から救い出している。かつて母の声は「僕」の鼓膜を震わし、その音波は内耳にこだましたことだろう。その残響を尋ね、「僕」は内へ内へと巻き込んで行く迷宮のような体内空間をさまよい歩いているのだ。

　「僕」の願いの実質は、母の記憶の痕跡を、自分の身内の暗い奥底から探り出そうとする極めて即物的なものである。ただし、その即物性が巻貝という比喩を用いたことで抒情性へと確かに結びつけられている所にこの詩の特色がある。

〈作品解説〉「母の声」は『人間の歌』（宝文館、一九四七年）に収録された。四歳で死別した母・政を年老いた大学が追懐した詩である。耳を貝に喩える暗喩は、かつて大学が訳詩集『月下の一群』に採録した「私の耳は貝の殻／海の響きをなつかしむ」（ジャン・コクトー）を想起させるが、コクトー流のエスプリは、この詩の抒情的なテーマの中に見事に溶かし込まれている。

〈作者略歴〉一八九二（明治二五）～一九八一（昭和五六）年。東京生。外交官の父に随って一九歳の頃からヨーロッパ各地を巡る。訳詩集『月下の一群』（一九二五年）はフランス現代詩の実例紹介として詩壇に新風を吹き込んだ。詩集に『砂の枕』（一九二六年）、『人間の歌』（一九四七年）など。その他、フランス新精神文学の翻訳小説が、横光利一・三島由紀夫らに与えた影響は大きい。

〔**河野龍也**〕

34　マチネ・ポエティク

〈作品〉

金《きん》の調べに死にたえる光
くれなゐの空の想ひを残し
天の座に静けさを染める星
地のはての大きな谷をわたり

（福永武彦「薔薇」）

〈作品鑑賞〉マチネ・ポエティクは、九鬼周造『日本詩の押韻』（岩波講座、一九三一年）を技術的基盤に、「詩人の認識主体が無限の過去と未来とを含んだ全宇宙の反映を宿す一つの小宇宙《ミクロコスモス》」（『マチネ・ポエティク詩集』序・「詩の革命」中村真一郎）となるような、マラルメ的象徴主義を標榜し、厳格な押韻定型詩の構築を目指した。挙げたのは『マチネ・ポエティク詩集』から福永武彦のソネット「薔薇」の第一連である。「光」と「わたり」、「残し」と「星」に脚韻が施され、特に意味上は直接には掛からない前者の場合に押韻の効能が際立つ。二行目の句跨りによって「想ひを残」すのは「死にたえ」ていく「光」でもあり、また三行目の「星」でもある。そして「星」は「地のはての大きな谷」を「わたり」行くのだが、「光」と「わたり」が交響することから、両者の意味上の接合はないものの、「星」が「地のはての大きな谷」を「わたり」行くときに、「光」が再び輝くかのように感じ取られることになる。作品は「まどろみは浅い大地をくだき／あまがける誕生の微笑から／深淵の夜にひらくもの　ばら」と収束し、薔薇に象徴される詩の誕生の様態を、文脈と音の交錯によって読者の想像力に喚起させんとした。

また中村真一郎「真昼の乙女たち」の第一連は、「遠い心の洞《ほら》のなか／扉のひらく時を待ち／乱れて眠る赤はだか／緑の髪の娘たち」と歌われるが、ここにおいても音は単なる装飾ではなく、「遠い」・「扉」（ＴＯ）、「乱れ」・「緑」（ＭＩ）の頭韻、「なか」・「はだか」（ＡＫＡ）、「待ち」・「娘たち」（ＡＴＩ）の脚韻の戯れが、娘たちの髪の絡み合いを髣髴とさせる。しかし「薔薇」と同様、語句の窮屈さが目立ち、詩的価値を評価できるかは疑問である。その中、原條あき子「髪」は、「わたくしのこの髪　天の使ひ達／ゆるやかな波のひだに憂ひ眠り／あはい緑の匂ひ　未来に写り／暮れて行く窓辺ひそかに時は経ち」といった清澄な響きによって押韻の詩美を達成したがその流麗さの分、押韻の厳密性と象徴詩の理念からはかえって遠ざかる結果となった。現代日本語を用いた押韻定型による象徴詩達成の試みは、理念と詩美の相反という致命的な逆説を含んでいたと言えるだろう。

〈作品解説〉『マチネ・ポエティク詩集』（真善美社、一九四八年）所収。中桐雅夫「マチネ・ポエチック批判」（「詩学」四七年一二月号）、三好達治「マチネ・ポエティクの詩作について」（「世界文学」四八年四月号）他が、脚韻の際の体言止め、同一の助詞・助動詞の頻用や、無理な行分けによる不自然さを難じた。

〈作者略歴〉加藤周一、中村真一郎、福永武彦らが戦時下の四二年に結成、押韻定型詩を試みた。四七年、「近代文学」、「詩人」、「綜合文化」等に作品を発表、詩集刊行後に運動は解消された。

〔**名木橋忠大**〕

35　金子光晴「洗面器」　かねこ・みつはる

〈作品〉

（僕は長年のあひだ、洗面器といふうつはは、僕たちが顔や手を洗ふのに湯、水を入れるものとばかり思つてゐた。ところが、爪哇人たちは、それに羊《カンピン》や、魚《イカン》や鶏や、果實などを煮込んだカレー汁をなみなみとたたへて、花咲く合歡木の木蔭でお客を待つてゐるし、その同じ洗面器にまたがつて廣東の女たちは、嫖客の目の前で不浄をきよめ、しやぼりしやぼりとさびしい音を立てて尿をする。）

洗面器のなかの
さびしい音よ。

くれゆく岬《タンジョン》の
雨の碇泊《とまり》。

ゆれて、
傾いて、
疲れたこころに
いつまでもはなれぬひびきよ。

人の生のつづくかぎり
耳よ。おぬしは聴くべし。

洗面器のなかの
音のさびしさを。

（「洗面器」）

〈作品鑑賞〉

この詩は、妻三千代と昭和三年から七年にかけて東南アジア、ヨーロッパ放浪の旅をした、その往路で手帳に書き付けたものに帰国後、手を入れて成った。しかも、洗面器の中に小便をする女は上海で、羊《カンピン》や魚《イカン》や鶏や果實などを盛り付けた洗面器は、復路、シンガポールのヒンズー・キリン族からの取材だった（「『鮫』のまわりのこと」、『新雑事秘辛』）。いくつかの体験と自分の境遇を複合しているわけである。回想の記述から、洗面器の中の尿の音が蘇ってくる。己を船とみたてて、その碇泊する己に、その音は深く染み込んでいる。人の生のつづくかぎり人はこのような音を出し続けて行くのであり、この地平において娼婦と〈僕〉とは違いはないという思いである。

〈作品解説〉「洗面器」は『女たちのエレジー』（創元社、一九四九年）の「南方詩集」に収録された。この詩集の詩は日中戦争の始まらない前の作品で、時代の苦のかげがまだ重くおおいかぶさってきていない、と序にある。

〈作者略歴〉一八九五（明治二八）～一九七五（昭和五〇）年。愛知県生。本名、安和。五年にわたる東南アジア、ヨーロッパの放浪生活が、権威主義、戦争への抵抗と諧謔の批評精神を育てた。『鮫』（一九三七年）、『落下傘』『蛾』（一九四八年）、『非情』（一九五五年）、『愛情69』（一九六八年）などの詩集のほか多くのエッセイ、評論がある。

〔阿毛久芳〕

36　高村光太郎「「ブランデンブルグ」」

たかむら・こうたろう

〈作品〉

岩手の山山に秋の日がくれかかる。
完全無缺な天上的な
うらうらとした一八〇度の黄道に
底の知れない時間の累積。
純粋無雑な太陽が
バツハのやうに展開した
（中略）
おれは自己流謫のこの山に根を張つて
おれの錬金術を究尽する。
おれは半文明の都会と手を切つて
この辺陬を太極とする。
（中略）
バツハは面倒くさい岐路《えだみち》を持たず、
なんでも食つて丈夫ででかく、
今日の秋の日のやうなまんまんたる
天然力の理法に応へて
その「ブランデンブルグ」をぞくぞく書いた。
バツハの蒼の立ちこめる
岩手の山山がとつぷりくれた。
おれはこれから稗飯だ。

（「「ブランデンブルグ」」）

〈作品鑑賞〉 失意と罪の意識を抱えて「岩手」に「流謫」した光太郎は、「完全無缺」な秋の自然に、音楽の絶対形式であるバッハの平均律を見出す。バッハが辺境にいた失意の時に傑作「ブランデンブルグ」を作曲したように、「辺陬」（片田舎）で「稗飯」生活をする自分もただの老いぼれではなく、芸術という「錬金術」を使って「現世の次元を突変させる」ことができると宣言する。詩中には「おれ」の繰り返しと断定的な文末表現が多く、強い自己肯定が見いだせる。また辺境にいる失意の自分は「バツハ」や山水画の巨匠、「王摩詰」（王維）や「黄大癡」（黄公望）等の偉大な芸術家と同位置に置かれ、「辺陬」は「太極」に拡大する。「岐路《えだみち》を持たず」「なんでも食つて丈夫ででかく」には、過去の失敗にくよくよしない天才への憧れが見られ、ここにも自己再生への意志が強く見いだされる。自己内部の正義は世界全体の理法に合致すると考える、白樺派特有の楽天的な人道主義が、表現の隅々まで行き渡っている。

〈作品解説〉 光太郎は戦時中に「必死の時」等の戦争賛美の作品を次々と発表した。これが戦後になって批判を浴び、失意の中で、宮沢賢治の弟の清六を頼り、岩手県西部の山口山で自炊生活に入った。大自然と交流を通して再び自己に漲る宇宙の力に目覚めるが、その際の作品群を収録したのが『典型』（中央公論社、一九五〇年）で、「ブランデンブルグ」はその代表作である。

〈作者略歴〉 一八八三（明治一六）～一九五六（昭和三一）年。東京生。父の影響から美術を学び、渡米中にロダンやゴッホに感銘し、帰国後は生命主義の彫刻家、白樺派系列の詩人として活躍した。「道程」（一九一四年）の他に、狂気に苦しむ妻智恵子との愛を主題にした「智恵子抄」（一九四一年）が名高い。

〔大塚常樹〕

37　谷川俊太郎「二十億光年の孤独」

たにかわ・しゅんたろう

〈作品〉

人類は小さな球の上で
眠り起きそして働き
ときどき火星に仲間を欲しがったりする

火星人は小さな球の上で
何をしてるか　僕は知らない
（或はネリリし　キルルし　ハララしているか）
しかしときどき地球の仲間を欲しがったりする
それはまったくたしかなことだ　（「二十億光年の孤独」）

〈作品鑑賞〉第一、二連である。火星人が登場するが、ここには地球人の隣人であると同時に、「人類」の外部存在たる、未知の生物としての意味合いが象徴されているだろう。その火星人たちの動向を推測した「ネリリし　キルルし　ハララしているか」の擬態語は、「僕」が「知らない」火星語を示してもいようが、「地球の仲間を欲しが」る故に発せられた電波の振動音を表しているようにも感じられる。詩は以下、「万有引力とは／ひき合う孤独の力である／／宇宙はひずんでいる／それ故みんなはもとめ合う／／宇宙はどんどん膨んでゆく／それ故みんなは不安である／／二十億光年の孤独に／僕は思はず　くしやみをした」と収束する。「万有引力」という「ひき合う」力に対し、宇宙が「どんどん膨んでゆく」放散する力が対比されることで、一様でない宇宙の「ひずみ」が強調される。結果、「孤独」と「不安」に苛まれる「みんな」の「もとめ合う」必然が印象深く刻印されるのである。

とすると、この「二十億光年の孤独」に「くしやみ」をして震える「僕」はどこにいるのだろうか。同詩集収録の「かなしみ」は「あの青い空の波の音が聞えるあたりに／何かとんでもないおとし物を／僕はしてきてしまつたらしい／／透明な過去の駅で／遺失物係の前に立つたら／僕は余計に悲しくなつてしまつた」といったもので、「僕」は「青い空の波の音が聞えるあたり」という空間の外に存在している。「過去」もまた、「おとし物」に染み付いたはずの匂いが捨象された「透明な」地点、即ち時間の外部である。「二十億光年の孤独」においても、「人類」であると同時に、無限の時空間にいることに気づいた一九歳の感性は、その外部空間へと突き抜け、さらに内部へと急速に旋廻し魂の交感を世界へ求めているのである。広がり続ける宇宙やそのひずみとは、ビッグバン宇宙論等による科学的現実の把握というより、詩人によって捉え直された直感的世界像を示しているといえよう。

〈作品解説〉「文学界」一九五〇年一二月号「ネロ」五篇中の一篇として発表され、三好達治の序詩を冠した第一詩集『二十億光年の孤独』（創元社、一九五二年）に収録された。引用は初出による。

〈作者略歴〉一九三一（昭和六）年〜。東京都生。父親は哲学者の谷川徹三。都立豊多摩高校定時制を卒業後、三好達治の推薦文（「蛇足言」）が付された上記「ネロ」五篇で詩壇に登場した。絵本、童話の創作、アニメーション主題歌の作詞など活動は多岐に渡る。

〔**名木橋忠大**〕

38 大岡　信「春のために」 おおおか・まこと

〈作品〉

砂浜にまどろむ春を掘りおこし
おまえはそれで髪を飾る　おまえは笑う
波紋のように空に散る笑いの泡立ち
海は静かに草色の陽を温めている

（「春のために」）

〈作品鑑賞〉作者初期の、瑞々しい光に満ちた四連からなる詩篇の第一連。初春を「まどろむ春」、その訪れを「おまえ」が「掘りおこし」と隠喩的に示す。そしてきめこまやかに弾ける恋人の笑みを一行目の「砂浜」と呼応して、打ち寄せる波がくだけてほころぶ泡の飛沫の動態に喩えている。これは二行目から三行目の「おまえは笑う／波紋のように空に散る笑いの泡立ち」の句が、「泡立ち」が名詞で、「おまえ」の笑いが「波紋のように空に散る笑いの泡立ち」のようだととれるからである。が、この「泡立ち」は四行目へと速やかに移っていくから、「泡立ち」は直ちに動詞の連用形に姿を変える。すると先の句は「おまえは笑う」で一旦句切れ、「笑いの」の「の」は主格を表すことになり、波の砕ける様を「波紋のように空に散る笑い」と例え、それが泡立っていると解釈されるわけである。四行目はその波を満ち引かせる海が空を映し草色に揺れ、水温が春のためにぬるまっている様態だが、海が逆に太陽を温めるといった表現を用いることで太陽をも内に含む海の豊かさを暗示している。その結果、三行目が前後を繋ぐことにより、「おまえ」の笑みがあたかも海のたゆたいのように優雅で温厚なものとして感じ取られてくるのだ。

太陽は海との関連で第三連にも、「ぼくらの視野の中心に／しぶきをあげて廻転する金の太陽」のようにその輝きを激しく飛沫を滴らせる様態に喩えられた。そして作品は「そしてぼくらの睫毛の下には陽を浴びて／静かに成熟しはじめる／海と果実」と収束する。「睫毛の下」の眸に映った海と果実の豊穣の予感になぞらえられる「ぼくら」の「春」、すなわち愛の季節の胎動が繊細な手触りをもって歌いこまれているのである。

清岡卓行はこの大岡の詩的出発を、「みずみずしく温和な日本的感性による抒情と、エリュアールの芸術前衛的ではあるが明澄な表現との合体であった」（『日本詩人全集34』新潮社一九六九年）と評し、特に「春のために」にその「精神的出会いの幸福」を読み取った。

〈作品解説〉「春のために」は「東大文学集団」（一九五二年）に「海と果実」の題で掲載されたのが初出。後タイトルを改めた。引用は『大岡信全詩集』（思潮社、二〇〇二年）によった。『記憶と現在』（書肆ユリイカ、一九五六年）に収録されている。

〈作者略歴〉一九三一（昭和六）年～。静岡県生。東大国文科卒。川崎洋、谷川俊太郎らと「櫂」を創刊。七〇年明治大学教授。八八年東京藝術大学教授。『紀貫之』（筑摩書房、一九七一年）で第二三回読売文学賞を受賞するなどその業績は各方面から高い評価を受ける。九五年恩賜賞、日本芸術院賞受賞。二〇〇三年文化勲章受賞。業績集成に『大岡信著作集』（全一五巻、青土社、一九七七～七八年）がある。

〔名木橋忠大〕

39　田村隆一「立棺《たちかん》」

たむら・りゅういち

〈作品〉

わたしの屍体を地に寝かすな
おまえたちの死は
地に休むことができない
わたしの屍体は
立棺のなかにおさめて
直立させよ

　地上にはわれわれの墓がない
　地上にはわれわれの屍体をいれる墓がない

（「立棺」Ⅱ冒頭）

〈作品鑑賞〉　引用は三部構成の（Ⅱ）の冒頭だが、詩行を論理的に追えば、「わたし」の屍体を地に寝かすべきでないのは「おまえたち」の死が地に休むことができないからである。従って「わたし」の屍体は休らうことなく垂直に立ち続けねばならず、地上には「われわれ」の墓がないという宣言が導かれる。このようにして、「わたし」が「おまえたち」の一人であり、「われわれ」という集団に絶対的に同化していることが示される。

「わたし」が否定する世界である「地上」は、（Ⅰ）では「都市」、（Ⅲ）では「文明」とされているため、「われわれ」とは文明社会の人類を主格とする人称であることが分かる。その「われわれ」に「墓がない」ことは、この後「死に価いする国がない」と言い換えられ、最後は「生に価いする国がない」と反転する。「わたし」と「おまえたち」が個人として区別されないような世界では、「われわれ」には死も生も不可能であるというひとつの主題が、対位法によって変奏されていくのである。同じ構文と書式を重ねて形作られるこの詩の堅牢なフォルムは、個人であり得ない発話主体の超絶性を詩の形態面から保証しているといえる。

「ない」という否定辞の羅列、いわゆる〈断言否定命題〉の圧倒的な多用は田村の詩の著しい特徴のひとつだが、この徹底した断言調によって、現代への拒絶の激しさが際立つ。しかし、そのような世界で「屍体」として存在し続けることを主張する各部冒頭の聯の厳しい命令形は、価値ある死（生）しか死ぬ（生きる）べきでないことの断固とした表明として、生への強靭な肯定となるのである。

〈作品解説〉　第一詩集『四千の日と夜』（東京創元社、一九五六年）所収。初出は『荒地詩集一九五二』（一九五二年）。「立棺」の語は「荒地」同人の鮎川信夫、中桐雅夫を経てこの一篇に結実したが、田村における〈垂直性〉への志向を示す象徴的な詩語の一つである。

〈作者略歴〉　一九二三（大正一二）～九八（平成一〇）年。東京生。戦前は「新領土」「LE BAL」等に詩を発表。明大文芸科卒業後、海軍航空隊に着任。復員後「荒地」発足に尽力。戦後詩の旗手となり、晩年まで多くの詩集を刊行。多数の推理小説の翻訳でも知られる。

（田口麻奈）

40 関根　弘「絵の宿題」

せきね・ひろし

〈作品〉

魚は誰のもの。
私、と魚が云いました。
ところが
漁師が魚をつかまえた。

ここに描いて下さい
魚をつかまえた漁師を。

（「絵の宿題」）

〈作品鑑賞〉連鎖的に固有名詞を転換しながら、二連によるフォルムが反復して行く。素材（主格）の「魚」は、「ところが」の逆説を挟み、背後にある諸体系の中から「漁師」という新しい素材を呼び込んでくると、副次的な素材（目的格）に降格し話題を後へとつなぐ。連想ゲームのように「魚」に始まり「漁師」「役人」「ワンマン」「兵隊」「給料」「ゼイキン」「ボク達」と素材は変化し「ボク達は誰のもの。／ボク達とボク達は答えよう。／世界《ニホン》はボク達のもの。／ボク達がボク達になるとき。／／ここに描いて下さい。／ほんとうのボク達の姿」という結末で結ばれる。この次々に起こる主客反転の劇は、社会システムにおける関係の連環を諧謔的に捉え、現実世界の存在とそれを支える根拠の不確実性を、軽快だが明瞭に描出することに成功している。

連鎖と反復は、対象が「ボク達」という大衆に至るときに停止する。「ボク達」はボク達であろうとする意志を失わない限り、何物にも主格の地位を譲ることはなくなる。それは国家の構成要素でありながら国家の所有物ではない、という民衆意識の本源の再発見と再確認である。詩行はこの地点に向かって、繰り返しの中に「誰のもの」の問いに対応する「私」を誇張しつつ、「私」を徐々に追い詰めていく。「私」という個人性が脱却されるとき初めて、人間は「世界」に向いて「ほんとう」の自由な存在を獲得し得る。本詩の根幹にあるのは、この民衆としての人間への希望と信念である。だが現実には、表題が象徴するように、それは未だ十全に実現化されずに未来に持ち越されたままの「宿題」でしかないのである。

〈作品解説〉『絵の宿題』（建民社、一九五三年）に所収。旧来的な抵抗詩の革新を目指し、政治面と芸術面とが統合したアバンギャルドを模索した。感傷の排斥、童話的な要素を活かしたユーモラスな空間の創造、大衆感情に根ざすアレゴリカルな表現等、前衛的手法がよく現れた一篇。この翌年、強靭な前衛志向は、野間宏との間に「狼論争」を起こし戦後詩史に一石を投じた。

〈作者略歴〉一九二〇（大正九）～九四（平成六）年。東京生。早くより「文化組織」などで詩を発表、清水清や花田清輝らと親交。「総合文化」編集長。「列島」「現代詩」の中心的存在として活躍。「夜の会」「記録芸術の会」にも参加。ルポルタージュ等の執筆も多数。主要詩集に『死んだ鼠』（一九五七年）、『阿部定』（一九八一年）他。

〔柿谷浩一〕

41　飯島耕一「他人の空」

いいじま・こういち

〈作品〉

鳥たちが帰って来た。
地の黒い割れ目をついばんだ。
見慣れない屋根の上を
上ったり下ったりした。
それは途方に暮れているように見えた。

空は石を食ったように頭をかかえている。
物思いにふけっている。
もう流れ出すこともなかったので、
血は空に
他人のようにめぐっている。

（「他人の空」）

〈作品鑑賞〉平易な表現しか用いられていないにも拘らず、この詩が見せる風景は極めて非日常的で超現実的だ。どこかから帰って来た「鳥たち」を迎える風景は「見慣れない屋根」、即ちよそよそしいものであり、地表に生じた「黒い割れ目」は何か災厄の後を印象づける。ここに描かれた風景は、帰って来たものが期待する故郷のイメージからは程遠い廃墟でしかない。歓待ではなく、拒絶による帰還が生む疎外感。「上ったり下ったり」している鳥たちの様子から、不安感と終末感が色濃く印象付けられる。

第二聯で描かれる「空」は、さらにその印象を強める。「頭をかかえ」「物思いにふけっている」空、これは外部からの働きかけを拒絶する態度を象徴し、「他人の空」という謎めいたフレーズにはこうした「外界への異和感」（安藤元雄「生得の詩人」）が凝縮していると言えるだろう。注意すべきは繰り返される直喩の表現だ。「〜ように」見えるのは、そこに対象を凝視する視線の持ち主がいるために他ならない。第二聯において、「空」の姿を借りて描かれているものは詩人の姿であり、「血」という自らの生命の象徴ですら「他人のように」遠く感じられてしまうという究極の疎外感、それがこの詩を覆う不穏な空気の理由となる。無限の広がりを象徴する「空」が、「石を食ったように」と描写されることで凶々しいまでの物質性を持つことにも注意したい。

〈作品解説〉「他人の空」は『他人の空』（書肆ユリイカ、一九五三年）に収録。飯島耕一の代表作としてだけでなく、戦後詩を代表する作品として名高い。ここに描かれる特異な「空」が、飯島個人の心象風景ではなく、敗戦を中学生で経験した世代に共有される集合的なイメージを持つからだ（岩田宏「飯島耕一論」）。そうした世代的代表性を持つ言葉であると同時に、鮮やかなイメージを紡ぐ自律した詩的言語でもあることが重要と言えよう。

〈作家略歴〉一九三〇（昭和五）年〜。岡山生。詩人。旧制六高を経て東大仏文科に進む。第一詩集『他人の空』に続いて発表した『わが母音』（一九五五年）で詩人としての地位を確立。『ゴヤのファースト・ネームは』（七四年）で高見順賞受賞。シュルレアリスム研究や映画評も手がけている。近年は小説も発表しており『暗殺百美人』（九六年）はBunkamuraドゥ・マゴ文学賞受賞。国学院、明治大学教授を歴任。〔**鈴木貴宇**〕

42　中村稔「凧」

なかむら・みのる

〈作品〉

夜明けの空は風がふいて乾いていた
風がふきつけて凧がうごかなかつた
うごかないのではなかつた　空の高みに
たえず舞い颺ろうとしているのだつた

（「凧」）

〈作品鑑賞〉　一四行詩（ソネット）の第一連。「乾いていた」「うごかなかつた」「うごかないのではなかつた」「舞い颺ろうとしているのだつた」のように過去終止形によって客観的描出が行われている。第二連は「じじつたえず舞い颺つてゐるのだつた／ほそい紐で地上に繋がれていたから／風をこらえながら風にのつて／こまかに平均をたもつているのだつた」と続き、夜明けの清明な空に動かないかに見えた「凧」は、実は地上に繋がれた紐によってこまかな均衡を保持していたことがわかる。ここまでは過去終止形の列挙により、静止するかに見える凧の様態が形態的均整によっても表わされている。だが第三連で転調が起こる。「ああ記憶のそこに沈みゆく沼地があり／滅び去つた都市があり　人々がうちひしがれていて／そして　その上の空は乾いていた……」。それまでとは対比的に連用中止形を用いることで、「記憶」に沈み行く沼地や、あるいは廃墟の様態が印象的に示される。そしてそれら「記憶」の場所にある「人々」にとってもその上の「空」は「乾いていた」、と再び過去終止形に戻る。この「乾いていた」は第一連一行目に通じるから、今現在の夜明けの空も、今はもうない沼地、都市にかかる空もまた、同様の渇きを含んでいるかのように読者は感じとることになる。最終第四連は「風がふきつけて凧がうごかなかつた／うごかないのではなかつた　空の高みに／鳴つている唸りは聞きとりにくかつたが」と収束する。初めの二行はやはり第一連二行目・三行目のリフレインであり、挙動を抑制された「凧」の沈黙がここでも形式上の反復により造型されているのだ。そしてこの過去から現在、うちひしがれた地上に繋がれながらも清明なる空へ絶えず舞い上がらんとする「凧」は、「人々」の姿勢の象徴として捉えられよう。中空に細かに顫動しつつ「唸り」を秘め、じっと耐えている「人々」、この明日への視線をもった人間存在の生が「凧」の様態をかりて深く刻印されているのである。

〈作品解説〉　初出は「文学界」一九五三年四月号。後『樹』（書肆ユリイカ、一九五四年）に収録された。作者は創元社版、角川書店版『中原中也全集』の編纂に携わったが、「凧」には中也の「曇天」との共鳴が聞き取れるかも知れない。引用は初出による。

〈作者略歴〉　一九二一（昭和六）年〜。東京都生。東大法学部卒。弁護士。一高時代「世代」同人となり、いいだもも、原口統三、橋本一明等の知遇を得た。『鵜原抄』（一九六六年）で第一〇回高村光太郎賞を受賞。『羽虫の飛ぶ風景』（一九七六年）で第二八回読売文学賞受賞。また『宮沢賢治』（一九五五年）、『中原中也―言葉なき歌』（一九七三年）などの評論も高い評価を受けている。

〔名木橋忠大〕

43　黒田三郎「見ている眼」

くろだ・さぶろう

〈作品〉

朝から晩まで／眼は見ているのであった／人波を／人波のなかのひとりひとりを／ひとりひとりの背中を／髪を／うなじを／その向うの飾窓を／壁を／その上にとおくいくつもいくつも並んでいる／煙突を／消えてゆくけむりを／眼は見ているのであった／自分の書いている文字を／数え切れない位沢山の文字を／書物を／朝から晩まで眼は見ているのであった／街角から出てくるバスを／車輪を／車輪に押しつぶされた紙屑を

　見ている眼が閉じられる／真夜中の都会の隅で／古ぼけたアパートの灯がみんな消えてしまう頃／貧しい寝台の上で／僕はよく夢に見るのであった／とおい／どこかとおいところにある／故郷の／白く乾いた砂の／不思議にたれひとりいない／ひっそりとどこかへ通じている／まひるの道を　（「見ている眼」）

〈作品鑑賞〉第一聯では、「眼」という機能を主体として、都会の風景が単調かつ平板な叙述によって描き出される。「人波」から「ひとりひとりの背中」へ、さらにその「髪」や「うなじ」へと、「眼」は人々の断片を捉え、その向うに無数の「煙突」を見る。一見、無作為で無感情な視線のようだが、非人格的に捉えられた群集とマスプロダクションの光景とが遠近に重ねられている。また、大量の「文字」「書物」を読んだ後、それらとの隠微な類縁性を感じさせる「紙屑」を焦点化する脈絡も同様である。「消えてゆくけむり」への言及が、都会の求心力と生産性に空虚なイメージを付与する効果を生むように、大きな「車輪」にひしがれる紙片は、たくさんの書記行為や読書行為の不毛を暗示するかのように配置されている。「見ているのであった」のリフレインで、常習化された生活における受動性を印象付けながらも、「眼」は自分自身を含めた存在の殺伐たる物量化を捉える批評眼としての機能を潜伏させているのである。

　第二聯で、「眼」ならぬ「僕」が見るのは、「どこか」にある未知の故郷と、さらに他所へ通ずる静謐な「道」の夢である。「眼」の開閉によって主体が切り替わり、二つの世界は対照的に提示されている。ただし確認した通り、「眼」は都会の昼間（第一聯）においても「僕」から切り離された完全なカメラ・アイではあり得ない。希求するべき場所へ続く「道」の像《ヴィジョン》を瞼の裏に宿す「僕」の「眼」の奥行きには、モダニズム時代の残照のなかで探られた詩の主体の問題に関わって、「詩と詩でないものとの間」から言葉を発することに賭けた黒田の方法が顕著に示されている。

〈作品解説〉実質上の第一詩集にあたる第二詩集『失われた墓碑銘』（昭森社、一九五五年）所収。戦前の作でありながら戦後の荒廃感によく合致した。初出は「純粋詩」（一九四八年）。

〈作者略歴〉一九一九（大正八）～八〇（昭和五五）年。広島生。戦前は「ＶＯＵ」等で活躍。東京帝大経済学部卒業後ジャワ島に赴任、現地で終戦。一九四七年「荒地」に参加。詩集『ひとりの女に』（一九五四年）で第五回Ｈ氏賞を受賞。「歴程」「詩人会議」等にも参加し活動の場を広げた。

〈田口麻奈〉

44 川崎 洋「はくちょう」 かわさき・ひろし

〈作品〉

はねが　ぬれるよ　はくちょう
みつめれば
くだかれそうになりながら
かすかに　はねのおとが

ゆめにぬれるよ　はくちょう
たれのゆめに　みられている?

そして　みちてきては　したたりおち
そのかげ　が　はねにさしこむように
さまざま　はなしかけてくる　ほし

かげは　あおいそらに　うつると
しろい　いろになる?

（「はくちょう」）

〈作品鑑賞〉全行がひらがなで表記された本作は、戦後の日本の詩の世界にそれまでなかったまったく新しい言葉の表情を与えたという点で画期的な業績である。ひらがな表記の柔らかな音韻で描かれた白鳥は現実の鳥のイメージを超えていわば言葉の審級の存在と化す。そして読者には、表現の素材である日本語自体の肉質とでも言うべきものを自覚させるに違いない。

その経緯は、「星が海の上にびっしり　星は瞬くまに　またびっしり星を生むのではないか」（「星は又星を」）という作を書いた川崎について、「海や山や光のなかに入りこむ魔術師!」と形容した飯島耕一の言葉が端的に物語るだろう。日本語の音韻の力をいわば原型的なレベルで再発見した川崎が、たとえばラジオドラマの世界で仕事をしたり、子供の詩の言葉や日本各地の方言（主に悪態表現）などに深い関心を寄せたりするのも頷けよう。戦後詩において、日本語の新しいシニフィアンの魅力を見出した詩篇として本作は顕揚されるべきだろう。

具体的に見よう。「はくちょう」の「はね」が「ぬれ」て、「くだかれそうになり」、また「ゆめにぬれる」、さらには「ほし」が「はねにさしこ」み、「かげ」は「しろいいろ」になるというのである。まさに自由自在のシニフィアンの魔術である。

〈作品解説〉本作は詩集『はくちょう』（書肆ユリイカ、一九五五年）の標題作。川崎は、一九五三年に茨木のり子とともに同人詩誌「櫂」を創刊する。「櫂」には続いて谷川俊太郎、吉野弘、中江俊夫、大岡信らが参加するが、彼らが実質的に戦後の現代詩の新しい言語感覚を開拓したと言えよう。本作には、そうしたいわば「櫂」的なもののエッセンスが投影されている。

〈作者略歴〉一九三〇（昭和五）～二〇〇四（平成一六）年。東京生。「詩学」への投稿から詩作を始めた。詩劇「海に就いて」がラジオで放送されて以後ラジオやテレビ、映画の世界に仕事を広げる。詩集に『川崎洋詩集』（一九六八年）、『ビスケットの空カン』（一九八六年）など。

〔林　浩平〕

45　鮎川信夫「橋上の人」

あゆかわ・のぶお

〈作品〉

橋上の人よ、／美の終りには、／方位はなかった、／花火も夢もなかった、／「時」も「追憶」もなかった、／泉もなければ、流れゆく雲もなかった、／悲惨もなければ、栄光もなかった。／（略）／橋上の人よ、／彼方の岸に灯がついた、／幻の都市に灯がついた、／運河の上にも灯がついた、／おびただしい灯の窓が、高架線の上を走ってゆく。／おびただしい灯の窓が、高く夜空をのぼってゆく。／そのひとつひとつが瞬いて、／あなたの内にも、あなたの外にも灯がともり、／死と生の予感におののく魂のように、／そのひとつひとつが瞬いて、／そのひとつひとつが消えかかる、／橋上の人よ。

（「橋上の人」Ⅷ（第三作））

〈作品鑑賞〉全八聯（Ⅰ～Ⅷ）からなるこの長篇詩は、類似した構文を並置する徹底した対位法の構成に特徴を持つが、末尾の詩行においてはそれまでの安定感を崩す差し迫ったリフレインが躍動を見せる。読点を多用しつつ、同じ詩句を畳み掛ける叙述の切迫した身振りは、「おびただしい灯」が増殖的に「あなた」を囲繞し取り込んでいく様子に臨場感を与え、「そのひとつひとつ」の絶え間ない明滅を効果的に指差していく。

「おびただしい灯の窓」が、「高架線の上を走ってゆく」「高く夜空をのぼってゆく」とは、それぞれ高架線を走る列車と、夜空を背景とする高層ビルの窓の灯を表しているが、これによって視界は横方向と縦方向に一挙に開かれ、「あなた」自身を含む生命の灯の群景が圧倒的な広がりをもって描き出される。それはとりもなおさず、此岸と彼岸の中間である「橋上」に佇立するのみであった「あなた」が、無数の「おののく魂」のひとつとして世界に直面する瞬間である。

「橋上の人＝あなた」とは、地に根を生やした生活者ではなくても、〈世界との接触〉だけは失わない存在として発想された人格であり、その理念は先行する二つの同名詩篇にも共通している。「―もなかった、―もなかった」と最後に否定辞を連ねる構成も三篇ともに同様であるが、前二作がその果てにひとり残る「あなた」を焦点化するのに対して、この第三作のみはこうして「あなた」を点景化する。第三作（決定稿）が辿り着いた、この劇的な高揚感を生み出す句読法と反復法は、おびただしい個々の生に組み込まれていく「あなた」の、〈世界との接触〉に関わるリアリティを詩篇に呼び込んでいる。

〈作品解説〉『鮎川信夫詩集一九四五～一九五五』（荒地出版社、一九五五年）所収。三篇ある「橋上の人」は各々独立した詩篇だが、戦争期を挟んで書き継がれた「橋」のモチーフは戦前戦後の連続性を示唆している。初出は『文学五一』（一九五一年）。

〈作者略歴〉一九二〇（大正九）～八六（昭和六一）年。東京生。本名、上村隆一。戦前は「新領土」「LE BAL」等に詩を発表。早大英文科中退、派兵先から病院船にて帰国。一九四七年「荒地」を復刊、その中核の詩人・詩論家として戦後詩壇を牽引し、晩年まで時事批評家としても活躍した。

〔田口麻奈〕

46 高田敏子「八月の真昼」 たかだ・としこ

〈作品〉

あの日
私はあなたをおぶって
つめたい水をくんでいた
あの日
祖国から切り離された台湾の田舎では
太陽がおそろしいほどに明るく
水田には白サギが舞っていた
あの日
おとなりの林《リン》おばさんが
私の水おけに手を貸しながらいった
「これから　わたしたちの生きるとき!」　（「八月の真昼」）

〈作品鑑賞〉冒頭で突然「あの日」と示されるが、「あの日」とはどのような日なのか判明するのは作品の半ば頃である。「あの日」という言葉が繰り返されることによって、それは特別な日であることが暗に強調されていく。

「あの日」、「私」は娘をおぶって水を汲んでいた。台湾のまぶしすぎる陽ざしが降り注ぎ、「おとなりの林《リン》おばさん」は「私」の水汲みに手を貸してくれた。南国台湾の日常の風景であるが、林《リン》おばさんの「これから　わたしたちの生きるとき!」という日本語による発言で「あの日」とは一九四五年に第二次世界大戦が終結した後のある一日を意味することが分かる。そして林《リン》おばさんの一言は、日本人の「私」と、台湾人の「おとなりの林《リン》おばさん」の間にある境界をも露呈させてしまう。林おばさんにとっては日本統治時代が終わり、解放の感覚を味わうことができただろう。隣人として一緒に水汲みをしていても、日常生活は国家間の権力構造の網目に絡めとられているのだ。この日の体験は風化することのない記憶となった。第二・第三連で描かれているように、「私」は娘と過ごす日々のなかで「あの日」を回顧して、「ふっと　暗さに落ち込む」のである。

〈作品解説〉「八月の真昼」は『月曜日の詩集』（河出書房新社、一九六二年）に収録された。一九四七年頃よりモダニズム詩に携わるが、一九六〇年三月から「朝日新聞」夕刊の家庭欄で毎月曜日に詩の連載を開始したことを契機に、平明な文体へと変化していった。『月曜日の詩集』では生を丁寧に見直すことで詩は紡がれるが、生の闇の部分へのまなざしも織り込まれる。「八月の真昼」においても難解な表現は見られないが、日常生活の一シーンのなかに戦争体験がするどく織り込まれている。

〈作者略歴〉一九一四（大正三）～八九（平成元）年。東京生。女学生時代から詩作を始めるが、結婚後は商事会社に勤める夫とともにハルピン、天津、大阪、東京、台湾などを移動した後、台湾で終戦を迎え一九四六年四月に引揚げ、東京に住む。モダニズムの詩人長田恒雄を囲むグループ「コットン」に参加し、再び詩作を開始。『雪花石膏《アラバスタ》』（一九五四年）、『月曜日の詩集』（一九六二年）、『藤』（一九六七年）、『夢の手』（一九八六年）などを刊行。詩、エッセイ、童話、合唱組曲の歌詞などで活躍。一九六六年からだれでも入れる詩誌「野火」を主宰し、アマチュアの詩人に詩作の場を提供する。

〔水谷真紀〕

47　山之口　貘「ねずみ」　やまのくち・ばく

〈作品〉

生死の生をほっぽり出して
ねずみが一匹浮彫みたいに
往来のまんなかにもりあがっていた
まもなくねずみはひらたくなった
いろんな
車輪が
すべって来ては
あいろんみたいにねずみをのした
ねずみはだんだんひらたくなった
ひらたくなるにしたがって
ねずみは
ねずみ一匹の
ねずみでもなければ一匹でもなくなって
その死の影すら消え果てた
ある日　往来に出て見ると
ひらたい物が一枚
陽にたたかれて反っていた

（「ねずみ」）

〈作品鑑賞〉車輪に引かれたねずみの末路を描いた詩だが、何度も引かれているうちに、一匹のねずみが死の影すら消え果て、一枚のひらたい物になるまでが見つめられている。そこには「あいろんみたい」に熨す車輪の圧力も、同時にとらえられている。

山本太郎は『山之口貘全集　第一巻』（思潮社、一九七五年）の解説でこの詩を「物質化の典型」「鏡の中の世界を如実にあらわした詩」と評した。「どんなに深刻な内容を持っているものでも、鏡に写して見れば、サイレントの世界であり。実にコミカルな、人間が動物の原理に戻った状態で観察される虚実の境界も判然とせぬ複合感情を主役とした、いわば最高の人間劇となるのである」と「鏡の原理」を説明している。ねずみを見つめる視線の先には熨す圧力と熨されるものの姿の関係性が鮮明に映し出されていた。

〈作品解説〉一二六篇の詩を収録した遺稿詩集『鮪と鰯』（原書房、一九六四年）に収録。貘の詩が大事にされるのは、「みんなのこころをほぐし、みんなをらくにしてくれるから」（金子光晴、小序）だが、そこには「人間が動物であるという意味で人間でなければならないという、すばらしく寛大な原理」（金子光晴、『思弁の苑』序文）が詩に貫かれており、そこからユーモアとペーソスが生み出された。初出は「山河」（一九四三年）。

〈作者略歴〉一九〇三（明治三六）～六三（昭和三八）年。沖縄県生。本名、山口重三郎。沖縄県立第一中学校中退。父が鰹節製造業に失敗し、家族が四散。放浪、転職生活が続いた。佐藤春夫に師事し、金子光晴と交友。一九三七年、金子光晴を立会人として安田静江と結婚。「歴程」同人。詩集には『思弁の苑』（一九三八年）他があり、没後『山之口貘全集』全四巻（思潮社、一九七五～七六年）が刊行された。

〔阿毛久芳〕

48 那珂太郎「作品A」 なか・たろう

〈作品〉

燃えるみどりのみだれるうねりの
みなみの雲の藻の髪のかなしみの
梨の実のなみだの嵐の秋のあさの
にほふ肌のはるかなハアプの痛み
の耳かざりのきらめきの水の波紋
の花びらのかさなりの遠い王朝の
夢のゆらぎの憂愁の青ざめる蛍火
のうつす観念の唐草模様の錦蛇の
とぐろのとどろきのおどろきの黒
のくちびるの苔みの罪の冷たさの
さびしさのさざなみのなぎさの蛹

（「作品A」）

〈作品鑑賞〉一行目は語頭の「み」、語尾の「る」「り」をに繰り返し、さらに助詞「の」によって「燃えるみどり」と「みだれるうねり」のイメージに運動と変化をもたらす。行末の「の」により、終結と連続の複雑なニュアンスを付加してゆく。この詩の以下の各行も、イメージと音韻の運動と停滞によってうねりながら進行し、行末の「の」や体言は、言語の運動のたゆたいをもたらす。このような進行の果てに全体が、「さざなみのなぎさの蛹」と言う静謐なしかし鮮烈なイメージに帰着して結ばれる。それまでのイメージや詩句の意味は、各フレーズ・各行のそれぞれにおいて成立しながら「の」によって揺らぎつつ移行する。それぞれが、人の生における感覚や観念、情感等を呼び起こしたり、それらの喩であったりするのだが、最後におかれた「蛹」のイメージに内包されて行く。このようにして、すべてを内包しながら次の段階を待つものという作品全体の喩が成立する。しかし、このような読みは、この詩の多義性の一つをひらいたに過ぎず、様々な典拠・引用の解読からは、また別の意味を導くことも可能である。「作品A」という抽象的な題名、そして長方形に整えられた詩句のレイアウトは、読者に言葉で書かれた絵を見るかのような印象を与えるが、まさにこの詩は、イメージと音韻の交響・交錯する言語構造体として、読者に呈示されていると見ることもできるのである。

〈作品解説〉「作品A」は『音楽』（思潮社、一九六五年）に収録された。「言葉のもつ所謂意味と、その言葉のもつ音色の意味とは、ときにかさなり合ひ、ときにずれながら、詩句のながれの中で相互作用を交しつつ、いはばポリフォニックな構造をもつて動いてゆく。」（「音韻に関するノオト」）という詩法に基づいて試みられた詩作。以後の詩集では、さらに詩法は変転し叙事性を強くしてゆく。

〈作者略歴〉一九二二（大正一一）年〜。福岡生。本名、福田正次郎。東京帝国大学三年次に学徒出陣、江田島海軍兵学校国語科教官として敗戦を迎える。戦後は高等学校・大学等に勤務。詩集『ETUDES』（一九五〇年）、『音楽』（一九六五年）、『はかた』（一九七五年）、『空我山房日乗其他』（一九八五年）、『幽明過客抄』（一九九〇年）、『鎮魂歌』（一九九五年）等の詩集の他『萩原朔太郎その他』（一九七五年）、『はかた幻像』（一九八六年）等の評論エッセイがある。

〔杉浦　静〕

49 石原吉郎「土地」

いしはら・よしろう

〈作品〉

そこからが膝であるく土地
膝だけであるく土地だ
そこからが
足うらの役立たぬ土地
すべて直立するものが
こころを入れかえる土地だ
そして忘れるな　ここからが肘と膝とであるく土地

（「土地」）

〈作品鑑賞〉「土地」は、石原がラーゲリを経験したシベリアを指すと考えられる。だが「土地」は、単に戦争がもたらした非人間的で不条理な時空間の意味で「忘れるな」と叫ばれるのではない。

冒頭に置かれた「そこから」「ここから」の対偶は、「から」という助詞を備えることで、土地の境界という面を強く主題化している。ここで描出されているのは、抽象や観念の位相におけるシベリアとの対峙ではない。シベリアという土地が存在する。ただその事実を「そこ」から「ここ」への視点移動をもって、実際に境界をなぞり確認しているのである。「私にとって人間と自由とは、シベリアにしか存在しない」（『サンチョ・パンサの帰郷』あとがき）と言う石原には、こうした窮めて具体的な身体行為だけが自己の在りかを保証するのである。「忘れるな」にこめられているのは、境界を凝視し続け、それを曖昧にしないことである。そうでなければ、実質的にシベリアで死を請負い、想定外に帰国をした石原の特殊な存在は存立しないも同然なのである。シベリアの位置が明確に触診される限りにおいて、石原吉郎という身体は辛うじて措定され意味を持ち得る。「足うら」「肘」「膝」といった身体的な詩語の選択、吃音にも似た列叙法を用いる描写などにも、本詩が持つ身体的モチーフの重要性はよく現れている。

シベリアについて語ること、戦争に向き合うこととはどういうことか。本源的な問いと、その答えに相当する石原自身の態度表明を、詩全体がアレゴリカルに体現している。

〈作品解説〉『石原吉郎詩集』（思潮社、一九六七年）に所収。詩とは「書くまいとする衝動」であり「沈黙を語るためのことば」だという思想のもと、隠喩と説明を極力回避し断定的な表現から詩空間を作る詩風を持つ。実存主義的な傾向が強い詩作の背景には、抑留によるタイムラグのため、終戦約十年という戦後社会からの遅れた出発だったことが大きく関与している。

〈作者略歴〉一九一五（大正四）～七七（昭和五二）年。静岡生。一九三九年召集でソ連へ。終戦時にソ連軍に抑留、恩赦帰国する一九五三年まで強制収容所生活を送る。帰国後本格的に詩作を開始、「ロシナンテ」創刊。『サンチョ・パンサの帰郷』（一九六三年）に始まる詩集の他、句集や歌集も刊行。『望郷と海』（一九七二年）などの散文は、詩作の原点にあるラーゲリ体験の告白の場となった。

〔柿谷浩一〕

50 新川和江「わたしを束ねないで」

しんかわ・かずえ

〈作品〉

わたしを束ねないで
あらせいとうの花のように
白い葱のように
束ねないでください　わたしは稲穂
秋　大地が胸を焦がす
見渡すかぎりの金色の稲穂

わたしを止めないで
標本箱の昆虫のように
高原からきた絵はがきのように
止めないでください　わたしは羽撃き
こやみなく空のひろさをかいさぐっている
目には見えないつばさの音

（「わたしを束ねないで」）

〈作品鑑賞〉第一連の第一行目に置かれた「わたしを束ねないで」という一文は、第二連では「わたしを止めないで」と言葉を変化させながら展開していく。いずれも「わたし」をまとめることのできるもの、扱いやすいものとして位置づけないでほしいというメッセージがやわらかな語り口で表現されている。

第一連では、「あらせいとう」や「白い葱」のように、一本ずつ切って束にまとめるようなものとして「わたし」を扱わないでほしい、と語られる。「わたし」とは、大地の豊かさが結実した「見わたす限りの稲穂」なのだ。第二連では、「標本箱の昆虫」や「高原からきた絵はがき」のように、枠の中に収めることの出来るようなものとして「わたし」を止めないでほしい、と語られる。「わたし」とは、果てのない「空のひろさ」のなかで休止することのない「羽撃き」の音なのだ。第三連では「海」、第四連では「風」、第五連では「川」のイメージが「わたし」に重ねられる。この作品では、「わたし」は自然界の豊かさに満ちた、際限のないものの表象によって語られている。

〈作品解説〉「わたしを束ねないで」は『比喩でなく』（地球社、一九六八年）に収録された。少女時代に西条八十に師事し詩人として出発した新川和江の詩の世界では、西洋的な技法と日本の自然観が融け合う。「わたしを束ねないで」では、女性を縛るさまざまなものからの解放が自然の豊かさに喩えられつつ表現されており、女性性への賛歌となっている。

〈作者略歴〉一九二九（昭和四）年〜。茨城生。『睡り椅子』（一九五三年）、紀行詩集『ローマの秋・その他』（一九六五年）『土へのオード13』（一九七四年）に始まるオード三部作、『ひきわり麦抄』（一九八七年）、『はたはたと頁がめくれ…』（一九九九年）、『新川和江全詩集』（二〇〇〇年）、『記憶する水』（二〇〇七年）など多くの詩集を刊行。季刊詩誌「現代詩ラ・メール」（一九八三〜九三年）を吉原幸子と発行、女性詩人を支援する活動も行う。このほか少年少女詩集、合唱曲の作詞やアンソロジーの編集、エッセイ等でも活躍。

〔水谷真紀〕

51　石垣りん「表札」

いしがき・りん

〈作品〉

自分の住むところには
自分で表札を出すにかぎる。

自分の寝泊りする場所に
他人がかけてくれる表札は
いつもろくなことはない。

（「表札」）

〈作品鑑賞〉この詩は、まさに、凛とした「精神の在り場所」を表明した詩として読まれてきたもので、詩人の代表詩の一つである。

第一連では、「表札を出す」という行為は、「他人」ではなく「自分」でするに「かぎる」という、あたりまえのような感懐がもらされる。表札すなわち自分の居所を示す表徴は自らの手によって明らかにするに「かぎる」というのは、第二連において、それが「他人」によって架けられた時、「ろくなことはない」ものでしかないからだ。詩人は、その端的な例を、「様」や「殿」の付く名札を架けられる時の二つに挙げる。病気と死である。ともに日常の生活からの一時的あるいは永遠のリタイアの時である。その時に「様」や「殿」という他者による敬称が付けられる皮肉。詩人は、「様も／殿も／付いてはいけない」と拒絶する。自分の居場所は自分で示す、他者によって定められるものであってはならないとする。最終連では、「精神の在り場所」「も」同様、「石垣りん／それでよい。」と結ぶ。「も」が使われることで、精神の在り場所以外の自らに関わるすべて「も」同じということが示唆されているのである。なお、この詩で掲げられる表札に書かれた名前は「石垣りん」である。「石垣りん／それでよい」との断言に、戦後社会においても女性が背負わされ続けていた〈家〉や〈家族〉からの離脱あるいは自立を読むことも可能であろう。

〈作品解説〉「表札」は、『表札など』（思潮社、一九六八年）に収録された。『表札など』は、詩人の第二詩集である。この詩集によりH氏賞を受賞した。『表札など』の詩には、現実の凝視により発見された冷厳でリアルな認識が、独特のユーモアに包まれて表出されている。

〈作者略歴〉一九二〇（大正九）～二〇〇四（平成一六）年。東京生。高等小学校卒業後、日本興業銀行に就職、定年まで勤務した。経済的自立を目指しての就職であったが、敗戦後には家族を支えることになった。昭和一〇年代より福田正夫の指導をうけ詩作を始めた。戦後は銀行の労働組合運動に参加し、職場の組合新聞等に詩を発表するなかで、詩人としての地歩を築いていった。「銀行員の詩集」への掲載を機に注目を浴びた。詩集に『私の前にある鍋とお釜と燃える火と』（一九五九年）、『表札など』（一九六八年）、『略歴』（一九七九年）、『やさしい言葉』（一九八四年）、散文集に『ユーモアの鎖国』（一九七三年）、『焔に手をかざして』（一九八〇年）などがある。

〔杉浦　静〕

52 富岡多恵子「身上話」

とみおか・たえこ

〈作品〉

おやじもおふくろも

とりあげばあさんも

予想屋という予想屋は

みんな男の子だと賭けたので

どうしても女の子として胞衣《えな》をやぶった

するとみんなが残念がったので
男の子になってやった
すると
みんながほめてくれたので
女の子になってやった
すると
みんながいじめるので
男の子になってやった

（「身上話」）

〈作品鑑賞〉「身上話」は八連から成る作品である。作品の第一連で表現される語り手のあまのじゃく振りは、作品全体の基調となっている。

第一連では、皆の予想を裏切るために「どうしても女の子」として生まれ出た経緯が語られている。「どうしても」という言葉には、語り手の意向が強く感じられる。また、母親の胎内から生まれ出ることを「胞衣《えな》をやぶった」と、自らの行動として表現することによって、動的なイメージが付与されている。

第二連から第三連では、語り手は自らの周囲の人々の反応を裏切るように、自在に変幻していく。「男の子になってやった」「女の子になってやった」という「なってやった」という語り口からは、性の選択権を持つ語り手の優位性や、周囲の人々に対する子供っぽい誇らしげなあまのじゃく振りが現れていよう。「男の子」と「女の子」を繰り返し行き来する様子は、「すると」という言葉で接続されて次々と展開することによって、軽やかに語られていく。第四連から六連では冒頭に「そのうちに幾世紀かが済んでしまった」という一行が配置され、時空間の感覚も軽妙に超えていく。ユーモラスな表現であるが、あまのじゃくであることは、自らをとりまく状況にやすやすととりこまれないように自らの位置や振る舞いを決定していく運動性の謂いでもあろう。

〈作品解説〉「身上話」は『返礼』（山河書房、一九七〇年）に収録された。『返礼』は小野十三郎の「序」が付された富岡多恵子の第一詩集で、収録されたほとんどの作品は未発表であったが、第八回H氏賞を受賞した。「身上話」に見られるような奇抜な発想や運動性の表現は、既成の固定的な観念を軽やかに揺さぶりかける。

〈作者略歴〉一九三五（昭和一〇）年～。大阪生。『返礼』（一九五七年）、『カリスマのカシの木』（一九五九年）、『女友達』（一九六四年）、長編詩『物語の明くる日』（一九六一年）、『厭芸術反古草子』（一九七〇年）などを刊行。以後は小説、評論、エッセイなどの散文が活動の中心となる。

〔水谷真紀〕

53　吉野　弘「沈丁華」　よしの・ひろし

〈作品〉

事物は明確に存在するが匂いのない
死の国。
その領地を
姿を見せない生者の群れが
欲望と汗の香りを振り撒いて
さざめきながら通過する。
私は
私の間近を通りすぎてゆく彼等の
強烈な香りにむせびながら
自分が死者であることに気付く。
そのように
私を死者にし生者の芳香を差し出す
沈丁華。

（「沈丁華」）

〈作品鑑賞〉 吉野弘の詩の話者は、総じて特性のない、いわば説話機能に徹した存在と言えるが、本作でも「私」は「死者」とされる。「匂いのない／死の国」との強烈なコントラストで表象されるのが、沈丁華の芳香である。それはきわめて現世的な「欲望と汗の香り」に他ならない。言葉を換えれば、本作の後半に出る「苦しい欲望と肉の甘さを放つ」生の現実そのものなのである。死者である「私」もまたその芳香の世界に帰らねばならない。その意味で本作の主題は明白だろう。誰もが引き受けなければならないこの世での生を肯定すること。代表作である「祝婚歌」をはじめ吉野の詩にはこの主題が一貫するとも言える。

〈作品解説〉 本作は詩集『感傷旅行』（葡萄社、一九七一年）に収録された。本詩集は読売文学賞を受賞、吉野の詩業の円熟ぶりがうかがえるものである。

吉野は、一九五三年に詩誌「櫂」の同人となって詩壇に出る。「櫂」同人に共通する戦後の新しい言語感覚を装備した吉野だが、その詩の自在な説話機能は、初期には労働者としての自己規定から出発しながらも柔軟な虚構世界を生みだしてゆく。この話法の練達ぶりは、コピーライターを職業とし、合唱曲への詞の提供を行なっている点とも無関係ではあるまい。他律的な要素が介入したとて鷹揚に折り合いをつけ、表現の水準は決して下げることはない。こうした融通無碍な説話機能は、しかし時に詩自体が孕むはずの、表現に向けての内的な衝迫を奪う危険があるのではないか。たとえば「叙景」連作においての一連の叙景の詩行などに感じる、豊饒な語彙とそれと裏腹な背後の空虚さというもの。だから吉野が倫理的な姿勢を一連の主題とするとき、抒情性がついに等身大の世界を食い破れないという「限界」を知る読者も少なくないに違いない。

〈作者略歴〉 一九二六（大正一五）年～。山形県酒田市生。「詩学」への投稿から詩作の活動を始めた。主な詩集に『消息』（一九五七年）、『幻・方法』（一九五九年）、『北入曽』（一九七七年）など。

〔林　浩平〕

54　入沢康夫《いりさわ・やすお》「『木の船』のための素描」

〈作品〉

乗組員はだれあってこの船の全景を知らぬ

一つ一つの船室は異様に細長い。幅と高さとが各3メートルで、長さは10メートルといった具合に（そして1×1×3メートルといった狭い室もある）。隔壁はすべて厚い槙の板で作られており、室によっては粗笨な渦巻あるいは直線と弧を組み合せた抽象図形が彫り付けられてある。そのような細長い室。大小さまざまなそれらが、上下左右前後に連らなり積み重なって、五十？　七十？　その正確な数を知るものはいない。

（「『木の船』のための素描」）

〈作品鑑賞〉具体的数値と括弧による補説を含んだ冒頭は「木の船」の言語化を期待させておきながら、後の詩行がそれを加速度的に裏切って行く。詩行が進み精緻に「素描」が行われれば行われるほど「木の船」は実体不明なものになる。それは「木の船」の情報を蓄積しながら、実証ではなく反証が進めるナンセンスな言語空間である。一行目の「船」は、言語が構築する対象であると同時に、言語自身の手で解体されるアンビバレントな記述として、言語表象の異状を暗示している。だがこれに容易に気づかない読者は、言語化できないことを言語化していく、言語の連なりに出会い混乱することになる。言わばそれは、具体的な描写≠具体的な対象構築という言語表象機能の叛逆・違反・迷走・不審という体験である。とりわけ「知らぬ」に始まる否定的言辞や「だれあって」や「すべて」などの全面肯定・全面否定の多用が、表象する言語と対象の乖離を拡張する作用をしている。

結末部で「木の船」は「木箱」だと分かることになるが、既に詩行の過程で「木の船」も表象言語自体もすっかり虚体と化すことで、その正体もまた実体のない像として浮遊する。それは意味に回収されず、存在のようで存在でない不気味なイマージュそのものである。この異体を神話的な柩と重ねて読むには「付記」にあるコードの参照が（大抵の場合）必要になる。このコード提示という手法も含め、詩は「木の船」を巡る言語構築というモチーフの下に、詩テクストのあり方を問う試論的意図を別に潜在させている。あえて「付記」に拠らなくとも、例えば後半部の「鳥」の登場、海から陸への空間転位はノアの方舟を喚起し、別角度から神話性や呪術性を捉えることもできるだろう。

〈作品解説〉『声なき木鼠の唄』（青土社、一九七一年）に所収。「擬」の概念を導入し、詩の構造から詩的言語の意味を追究する組詩。意味の宙吊り等はシュルレアリスム的な実験でもある。評論「合わせ鏡の無限廊下」での自註の一部を詩集段階で「付記」とした。

〈作者略歴〉一九三一（昭和六）年〜。島根生。「今日」「歴程」に参加。「あもるふ」創刊。主要詩集に『わが出雲・わが鎮魂』（一九六八年）他。『詩の構造についての覚え書』（一九六八年）などの詩論は詩壇に影響を与えた。他に宮沢賢治の全集編纂、ネルヴァルの翻訳等。

〔柿谷浩一〕

55　小野十三郎「拒絶の木」

おの・とおざぶろう

〈作品〉

立ちどまって
そんなにわたしを見ないで。
かんけいありません、あなたの歌にわたしは。
あなたに見つめられている間は
水も上ってこないんです。
そんな眼で
わたしを下から上まで見ないでほしい。
ゆれるわたしの重量の中にはいってこないでください。
未来なんてものではわたしはないんですから。
気持のよい五月の陽ざし。
ひとりにしておいてほしい。
おれの前に
立つな！

（「拒絶の木」）

〈作品鑑賞〉　木の側からの思いが叙述された詩である。木を歌おうとする〈あなた〉に「見ないで」、「私の重量の中にはいってこないで」と木は断わりの言葉を発する。〈あなたの歌〉や未来へ結びつけようとする思惑、意味づけへの木からの遠慮がちな不快感である。だが、木の本心は最後の二行「おれの前に／立つな！」でむき出しになる。小野十三郎にとって木は戦時下の詩に描かれた「大阪の重工業地帯にひろがっていた葦原の荒漠たる風景」の葦の延長にある。精神主義の対極に物質の影としての葦を置くことで、自分の存在を確かめ、自分が納得できる程度の抵抗の意思表示をしたという葦（『樹木たち』「あとがき」）だが、晩年「自然に親しみ、樹木たちの生命に深く参入して死にたかった」という精神の動向に対しても、「わが生涯では／木は決して友だちになってくれなかった。／木はつねに外っ方を向いていた。」（『樹木たち』「怒る樹木」）、「日本の樹木よ／へんな風情をおびて／歌になるな」（『最期の木』14）と状況に妥協しない抵抗の核心像として描かれたのである。

〈作品解説〉「拒絶の木」は『拒絶の木』（思潮社、一九七四年）に収録。第二六回読売文学賞を受賞。木は「抽象的な思考の産物」「自分が頭の中で作りだした物の影」（『樹木たち』「あとがき」）で、詩人の抵抗の批評性を浮彫にする。

〈作者略歴〉　一九〇三（明治三六）～九六（平成八）年。大阪市生。本名、藤三郎。「赤と黒」の同人としてアナキズム運動へ参加。「文芸解放」、「弾道」、「文化組織」などの雑誌にもかかわった。精神主義の動向に抵抗する批評を込めた詩集『大阪』（一九三九年）『風景詩抄』（一九四三年）を刊行し、『詩論』（一九四七年）では「伝統的抒情の否定」を主張。自伝に『奇妙な本棚』（一九六四年）がある。その後も多くの詩集を刊行した。『小野十三郎著作集』全三巻（筑摩書房、一九九〇、九一年）には一九八九年までの全詩集、主要評論が収録されている。五四年創設の大阪文学学校校長や帝塚山学院大学教授を務めた。「歴程」同人。

〔阿毛久芳〕

56 清岡卓行「青空」　きよおか・たかゆき

〈作品〉

遥かに遠浅のざわめく海の底を／水平線に向かって歩く自殺者がしだいに静まる周囲の波のなかで／はじめて味わう完璧な孤独のように。／／追いつめられて真に戦おうとする弱者が／親しい仲間の誰をも信じられず／思いがけない別れの町角で　ふと抱く／悲しく冷たいこころの泉のように。／／どこまでも澄みきって遠ざかる青。／しかし　そこから滲みでる優しさだけが／今日のぼくの夢のない痛みを支えるのだ。／／ああ　酷たらしい愛と怒りのうた。／その下で繁茂する懐かしく不気味な都会よ。／ぼくは沈黙の罰に　いつまで覚めている?　（「青空」）

〈作品鑑賞〉「青空」というタイトルにふさわしく、青と白の対比にも似た、鋭い印象を残す作品だ。だがその解釈は単純なものではない。後半部に現れる「酷たらしい愛と怒りのうた」や「懐かしく不気味な都会」といった対立表現が、読解をやや難解にしているだろう。一見すると反発しあう語が重ねられた意図は何だろうか。

磁石の対極間に置かれたモノは、互いに引っ張り合う緊張感から、そのモノ自体の独立性が際立つが、同様の緊張感がこの詩にもある。後半部に登場する「ぼく」と、絶望の深さゆえに孤立するその心情が、対立表現の繰返しによって鮮明に浮かび上がるのだ。「ぼく」を引っ張る対極の一方が、前半部に描かれる「自殺者」や「弱者」の悲しみを象徴する「青」であり、もう一方が「酷たらしい愛と怒りのうた」の下にある「都会」だ。つまりこの作品を貫く大きな対極は「空」と「地」、即ち「死」と「生」であり、この対極を統合するものが「青空」に他ならない。なぜなら、究極の青空とは天国であり、それは生命を象徴する陽光に輝く空と何ら変わりはない。この両義性を「しかし」以降の転調が鮮やかに示していることが重要だ。孤立した「ぼく」が見つめる「青」は、緊張感を伴う冷ややかな印象を当初は残す。だが、自らの孤独から逃げない「ぼく」は、やがては「青」に再生の色を見出すのだ。前半部は「死」による静寂、そして転調後は「生」による騒音（「酷たらしい愛と怒りのうた」）となる。その狭間にある「ぼく」を「沈黙の罰」に代わって生へと誘う旋律が、青空から「滲みでる優しさ」にはかすかに響くのを私たちは聞く。

〈作品解説〉「青空」は『固い芽』（青土社、一九七五年）所収。清岡卓行は愛を歌う詩人として名高いが、その対象となった最愛の妻を四〇代半ばにして失う。同詩集には喪失の悲しみからの再生を暗示する作品が多い。「青空」の冒頭に描かれる自殺者の姿には、二〇歳で入水自殺を遂げた親友、原口統三の面影を読み取ることもできるだろう。その様子は小説『海の瞳』（一九七一年）に詳しい。

〈作家略歴〉一九二二（大正一一）～二〇〇六（平成一八）年。中国・大連生。詩人、小説家。東大仏文科卒。早世した妻と植民地・大連の記憶を書いた『アカシアの大連』（一九六九年）で芥川賞受賞。以後没するまで多岐に亘って文筆を行った。主な著作に『マロニエの花が言った』（一九九九年）など。

〔鈴木貴宇〕

57　茨木のり子「自分の感受性くらい」

いばらき・のりこ

〈作品〉

ぱさぱさに乾いてゆく心を
ひとのせいにはするな
みずから水やりを怠っておいて

気難しくなってきたのを
友人のせいにはするな
しなやかさを失ったのはどちらなのか

苛立つのを
近親のせいにはするな
なにもかも下手だったのはわたくし

（「自分の感受性くらい」）

〈作品鑑賞〉六連から成るこの詩は、一つの連が三行で構成されている。第一連から第五連まで、一行目の最後の言葉は「を」、二行目は「するな」という戒めの言葉が置かれている。それらを受けとめるように、三行目では自らを省みる内容の文が配置される。一・二行目の文末表現を揃えることによって作品全体にリズムが生まれているが、各連の三行目は、共通する韻がないためにテンポから外れ、その効果として、意味内容がゆっくりと読み手に伝わるだろう。

第一連では、いつの間にか「ぱさぱさに乾いてゆく」自分の心が見つめられている。しかし語り手は、心を瑞々しく保つ努力もせずに、「ひとのせいにはするな」と静かに自らを戒める。

第二連では次第に気難しくなってきた性質が、第三連では苛立つことが、見つめられている。つまり各連の第一行目では、年を経るにつれて摩耗していく自分の感受性が見つめられているのである。しかし悪くなっていくことを、自分を取り囲む世界のせいにはしない。それらを自省すべきこととして、自分自身に引き受けることは、自らの感受性を再び建て直していく知性の強靱さが試されることなのだ。

〈作品解説〉「自分の感受性くらい」は『自分の感受性くらい』（花神社、一九七七年）に収録された。茨木のり子は詩人としての出発以来、感性と知性を両輪のように位置づけ、難解さを排したやさしい言葉で表現している。「自分の感受性くらい」では時間の経過という要素が入り込み、しなやかさを失いつつあることに気付きながらも、感受性を守るのは自分自身であるという自省が表現された。

〈作者略歴〉一九二六（昭和元）～二〇〇六（平成一八）年。大阪生。一九五三年に詩誌「櫂」を川崎洋と創刊し、詩劇や連詩なども試みる。『対話』（一九五五年）、『見えない配達夫』（一九五八年）、『鎮魂歌』（一九六五年）、『寸志』（一九八二年）、『倚りかからず』（一九九九年）など多くの詩集を刊行。また詩論『詩のこころを読む』（一九七九年）、エッセイ『一本の茎の上に』（一九九四年）、『ハングルへの旅』（一九八六年）。翻訳詩集『韓国現代詩選』（一九九〇年）は第四二回読売文学賞を受賞。金裕鴻《キムユホン》との共著『言葉が通じてこそ、友達になれる』（二〇〇四年）など幅広い分野で活躍した。〔**水谷真紀**〕

58 長谷川龍生「友だちI」

はせがわ・りゅうせい

〈作品〉

鳴かない鳥が
枝という枝にとまって
偽一重まぶたを
見ひらいたままでいる。
だまって弱者と共倒れしていく大樹海の彼方に
灰のあたたかさ。
思考化声を知らない友だちを先にやれ
ひき裂かれる朝に目ざめない友だちを先にやれ
友だちの倫理とはかくなるものだ。
優者を　崖から
突きおとせ。

（「友だちI」）

〈作品鑑賞〉 冒頭四行は二重瞼とも異なる奇怪な「偽一重まぶた」を「見ひらいた」異様な「鳥」を呈示し、その眼で捉えるように二行が続く。「だまって弱者と共倒れしていく大樹海」は、富士樹海に自殺する「弱者」の陰惨な光景を浮上させ、その先に「灰のあたたかさ」が映る。「灰」は火葬される敗者・廃人＝「弱者」の死の暗喩で、「あたたかさ」には弱者が燃やした生に滲む愛情と、容易に冷めない弱者の生の烈しさが重ねて暗示され、弱者が負う不条理が一行に凝固し表現されている。だが二つのイメージが織成す視線の主客という構図は、こうした世界の暗部に迫れるのが「鳥」の異形な視覚でしかないことを強く喚起する。それは、人間の正常で日常的な世界認識への告発となっている。

自分の思考が声として聞こえる「思考化声」や幻覚に当たる「ひき裂かれる朝」などの症状も、ここでは反日常的な知覚態として肯定的な意味を担っている。だが平等を象徴するはずの「友だち」が反日常的なものに鈍感で、今の世界知覚を疑わないとき「倫理」は暴走し始め「突きおとせ」という殺意を呼び起こす。その絶叫は、前半「鳴かない」「だまって」の詩語が作った静寂を切裂き鮮烈に響き渡る。それは通常の知覚で世界を知ったつもりでいる「優者」への抵抗であり、日常そのものへの反抗である。

〈作品解説〉『詩的生活』（思潮社、一九七八年）に所収。処女詩集を含む二冊から空白期を経て「自身の戦後詩」と訣別し新局面を見せ出す時期の作品。真骨頂である即物的なリアリズム、モンタージュ的手法、イメージの動的描写などの錬磨から、時代をより深く掴む批評フォルムを模索している。精神病理の経験と関心を素材化する典型的な一篇でもある。

〈作者略歴〉 一九二八（昭和三）年〜。大阪生。小野十三郎に師事。「詩と詩人」等に参加。「列島」では代表的詩人として活躍。「現代詩」編集長。「記録芸術の会」結成。民俗誌「日本列島」創刊。主要詩集に『パウロウの鶴』（一九五七年）、『知と愛と』（一九八六年）他。実業では一九七〇年万国博でポピュラー芸能部門を担当、一九七二年にいったん業界を退き執筆に専念する。

〔**柿谷浩一**〕

59　吉原幸子「夜間飛行」

よしはら・さちこ

〈作品〉

夜の公園に
しやぼん玉が　三つ　四つ　五つ
どこからともなく　吹かれてくる
ねむつてゐるだれかのゆめのやうに
光りながら

（「夜間飛行」）

〈作品鑑賞〉九連からなるうちの第一連。深遠な闇のなかに浮かぶ幾つかの「しゃぼん玉」の幻想的な描出である。「ねむつてゐるだれかのゆめのやうに／光りながら」の表現が一行目から三行目に対して倒置されることで、「どこからともなく　吹かれてくる」「しゃぼん玉」が「ゆめ」に比せられるのみならず、逆に「ゆめ」が「しゃぼん玉」のようにはかなく夜の闇に浮かび漂うものであることも暗示されている。そこで四、五行目の「ゆめのやうに」と「光りながら」においては、一般に夢とは光るものとは認識されないから、「やうに」とは記されても直接の比喩とはならないところ、しかし「ゆめ」が、石鹸水の油性が球体を縁取る「しゃぼん玉」に対応されることにより、夜の闇の中でも淡く発光する領域として違和感なく読み取れるわけである。作品の第三連は「ロケットが星のあひだを直進するころ／わたしは透明なくらげになつて／小さな海を横断する／だが岸にあがると／そこはこの星の　どの陸地でもない」とあり、夢のたゆたいは「小さな海」に隠喩され、しかもそこは見知らぬ世界である。が、これは夢が単に現実から隔たった異世界だというだけの意味ではない。所収の『夜間飛行』の「ＮＯＴＥ」に作者は、「飛行機を操縦できないから、私にとって〝夜間飛行〟とは、むろん、〝夢〟のことである。〔略〕夢のなかのある部分には、かつて踏みきつたきり、まだ空中をさまよつてゐる足がある――死者たちと」と記した。生者の意識の光が込められるはずの夢は、「死者たち」と乖離した地点ではないというのだ。作品は「ああまた／どこからか　ゆめになるだらう／抱きあへないこひびとたちが／しやぼん玉のやうに　泳ぐだらう」と収斂する。「夜間飛行」（夢）は淡い光を揺らめかせる「しやぼん玉」に過ぎないが、それは「どこからかゆめになる」ような覚醒時との境界を隔てない生と死が融和した時空間なのである。

〈作品解説〉第七詩集『夜間飛行』（思潮社、一九七八年）に収録。後、吉原はこの詩集の底流を「死、夢、そして愛〔略〕と呼びたい、限られたいくつかの要素であった」（「自作の背景Ⅱ」・『吉原幸子全詩Ⅱ』思潮社、一九八一年）と述べた。

〈作者略歴〉一九三二（昭和七）～二〇〇二（平成一四）年。東京都生。東大仏文科卒。卒業後五六年劇団四季に入団、「ユーリディス」主役を演じる。退団後、第一詩集『幼年連禱』（歴程社一九六四年）で第四回室生犀星賞を受賞。一九七四年、『オンディーヌ』（一九七二年）、『昼顔』（一九七三年）で第四回高見順賞受賞。一九八三年から九三年まで新川和江と女性詩誌「ラ・メール」を編輯、多くの女性詩人を輩出した。一九九五年、『発光』（一九九五年）で第三回萩原朔太郎賞受賞。

〔名木橋忠大〕

60 吉岡　実「薬玉」

よしおか・みのる

〈作品〉

菊の花薫る垣の内では
祝宴がはじめられているようだ
祖父が鶏の首を断ち
　　三尺さがって
　　　祖母がねずみを水漬けにする
父はといえば先祖の霊をかかえ
　　　草むす河原へ
声高に問え　母はみずからの意志で
　　　　何をかかえているのか
みんなは盗み見るんだ
　　たしかに母は陽を浴びつつ
　　大睾丸を召しかかえている

（「薬玉」）

〈作品鑑賞〉吉岡実は、「薬玉」を収めた詩集について、「ことばの塊りをいわば「楽譜」のようにちりばめた「言譜」のようなもの」、「古語や仏教用語を多用し、祭儀的な世界を詩で試みた」ものと、語っている。詩行の布置は、詩の進行にしたがって、段階的な上下を繰り返し、視覚的なリズムと同時にイメージの断続感や浮遊感などの空間的な感覚をもたらしている、これが、「言譜」ということである。詩句が構築するのは、土俗的祝宴の場に集う、祖先からのつながりを意識する一族の、儀礼的行いであり、グロテスクとエロティックがユーモラスに混交・交錯する世界である。伝統的・権威的〈家〉を相対化し、もう一つの本質的あり様が露骨なまでに表象されている作品である。

〈作品解説〉「薬玉」は『薬玉』（書肆山田、一九八三年）に収録されている。吉岡実の詩業を大きく整理すると、独特の詩的言語により内部完結的に構築された詩的世界を形象する『僧侶』あたりまでの前期と、『紡錘形』から『神秘的な時代の詩』あたりの模索を経て、吉岡の磁場に他者の詩句や表現を嵌入させることで外部へ開かれた世界を目指す『サフラン摘み』以降の時期に分けられる。『薬玉』は後期を代表する詩集で、括弧の多用や引用、詩句の布置などに詩法の変容を見せ、神話的あるいは農耕的習俗中に取り込まれた家族のエロス、死と再生等のテーマがかいま見える世界が展開する。

〈作者略歴〉一九一九（大正八）～九〇（平成二）年。東京生。『昏睡季節』（一九四〇年）、『液体』（一九四一年）、『静物』（一九五五年）、『僧侶』（一九五八年）、『紡錘形』（一九六二年）、『静かな家』（一九六八年）、『神秘的な時代の詩』（一九七四年）、『サフラン摘み』（一九七六年）、『夏の宴』（一九七九年）、『ポール・クレーの食卓』（一九八〇年）、『薬玉』（一九八三年）、『ムーンドロップ』（一九八八年）などの詩集を刊行。これらは詩集ごとに模索された詩法により新しい世界を切り拓いて、戦後の詩を代表する詩集群となっている。没後『吉岡実全詩集』（一九九六年）が刊行された。散文集に『死児という絵』（一九八〇年）がある。装幀家としての評価も高い。

〔杉浦　静〕

61 吉増剛造「花火の家の入口で」

よします・ごうぞう

〈作品〉

薄いヴェールの丘にたち、静かに〝病い〟を待っている
――Gelson《ジェウソン》の言葉
〝木の葉に貌を埋《うず》めて一角獣は考えていた
　宇宙船には繻子《しゅす》の靴がない〟
USP《ウスピ》（サンパウロ大学）の正門の傍に立って居る
――お嬢さん、月の桂、……。鞣《なめ》し皮《かわ》の音楽の家
（青梅の、……）うつくしい（貴女は、……）空木《うつき》？

薄い灰色の桂の木の神霊がわたしたちの奥の細道に佇んで話し掛けた

（「花火の家の入口で」）

〈**作品鑑賞**〉吉増剛造の文体は、詩のテクスト内部の「声」を力強く喚起させる。一行目はきわめて印象的な「声」の響きを持つが、この韻律が七五調であることは注意されてよい。七五調は、詩篇の題であり、詩行として何度も反復される「花火の家の入口で」というフレーズにも刻まれる。吉増の文体のダイナミズム或いは身体性のエンジン機能をこの七五調の韻律が担う点は重要である。また吉増のテクストのシニフィアンは無意識の欲動に強く結びつく。そのため詩行は意味の関連を離れて、音韻の類縁性で生成されることも多い。「薄い usui」「ウスピ usupi」「空木 utsuki」「うつくしい utsukushii」などがそうである。

しかし、本作の文体を考察するうえで重要なのは、吉増が長年に亘り続けてきた日記記述の書法の特性が顕著に投影されたことではなかろうか。本作と同時期に書かれた「ブラジル日記」の文体が参照されるべきだろう。吉増は平成四～五年をサンパウロ大学客員教授としてブラジルに暮らす。本作はその時期に制作された。Gelson とはエイズを病んだブラジル人の友人の名前であり、また「お嬢さん」とはUSP正門の塀に沿って白昼から立っている娼婦たちを言う。「青梅」は、当時日本で起こった宮崎勤事件の舞台が吉増にも縁の深い三多摩地方であったことから連想された地名である。

だが、吉増日記の書法の特性は、現実の出来事の記述という次元に留まらない。本作では「薄い灰色の」以下のくだりからうかがえるように、いわば想像界の審級の出来事までもリアルなものとして記録される。この書法は以降も踏襲されて、『ごろごろ』の大胆な実験まで発展するだろう。二年間のブラジル経験がこうした文体を導き出すうえで大きな影響を与えたに違いない。

〈**作品解説**〉本作は『花火の家の入口で』（青土社、一九九五年）の標題作。『オシリス、石ノ神』（思潮社、一九八四年）以降一九九〇年代の頂点を成す一冊のなかで、「石狩シーツ」とともに吉増の傑作詩篇として記憶されるべきである。

〈**作者略歴**〉一九三九（昭和一四）年～。東京都生。『黄金詩篇』（一九七〇年）、『熱風』（一九七九年）、『螺旋歌』（一九九〇年）、『ごろごろ』（二〇〇四年）など。極限的な言語実験の果敢な実践者である。

〔**林　浩平**〕

名　歌

（勝原晴希・中西亮太 編）

《凡　例》

一、近代・現代の歌人一〇〇名について、その特色をよく表す歌を例として取り上げ解説した。
一、短歌の掲載順については、その歌の発表年、収録歌集の刊行年を基準として編者において按配した。
一、各歌の改行については、発表時、とくに意識的に改行を行っている作品を除き、上の句、下の句による改行は行わないものとした。
一、仮名遣いはそれぞれの典拠に従った。

《収録歌一覧》（五十音順、番号は項目番号）

1　樋口一葉　ひぐち・いちよう

風ふかば今も散るべき身をしらではなよしばしとものいそぎする

（『詠草』一八九五年三月—五月）

〈鑑賞・解説〉「試練に遭遇したらひとたまりもない身を忘れて、人生の花をもうしばらく咲かせていたい、と著作にあくせくする自分のあわれを一首にまとめたもの」（野口碩）。詞書に「ことし三月花開て取る筆いよ〳〵いそがはし。あはれ此事終りかの事はてなば一日静かに花みんとねがへどもあらしは情のある物ならず。一よの雨にも木のもとの雪おぼつかなし。つく〳〵思ふて雪仏の堂塔をいとなむに似たり」とある。「雪仏の」云々とあるのは『徒然草』一六六段に拠る表現で、人の営為の虚しさを言う。一葉の傑作『大つごもり』『にごりえ』『十三夜』『わかれ道』『たけくらべ』は、明治二七（一八九四）年一二月から二九年一月の、わずか一四ヵ月の間に発表された。その渦中に歌われた、花に重ねた命の儚さと競うかのように生き急ぐ、切迫感の溢れた一首である。

〈作者略歴〉　一八七二（明治五）～九六（明治二九）年。東京府（現、東京都）生。中島歌子の歌塾・萩の舎《や》に入門。中島歌子は加藤千浪の門下で、門人千人といわれるほど、名が知られていた。一葉の日記等に和歌革新の意欲は見られるが、歌の多くは旧派の枠内にとどまる。生前刊行の歌集はない。

〔**勝原晴希**〕

2　金子薫園　かねこ・くんえん

鳥のかげ窓にうつろふ小春日に木の実こぼるゝおと志づかなり

（『叙景詩』）

〈鑑賞・解説〉『叙景詩』（新声社、一九〇二年）は尾上柴舟との共編で、「新声」に投稿された短歌約三〇〇首と柴舟・薫園の各五〇首を収めた歌集。叙景詩とは「たゞ、自然に従て、之を写すに在り。写して、人意を挿まざるに在り」とするもので、与謝野鉄幹の「明星」に対抗する意図が窺われるが、焦点を絞ったカメラ・アイに映ずる光景に似た正岡子規の写生ともまた異なり、その光景を捉えようとする「人意」は明瞭である。薫園の代表作とされる『かたわれ月』の巻頭歌「あけがたのそゞろありきにうぐひすのはつ音きゝたり藪かげの道」について「初春らしい静かな感じのままを詠じた」と自解しているように、薫園の志向は「静かな感じ」にあり、一種の境地に近いために、明瞭な焦点が結ばれることはない。初冬の小春日、窓に映る鳥影、木の実の落ちる音、その「静けさ」を写そうとした一首である。

〈作者略歴〉　一八七六（明治九）～一九五一（昭和二六）年。東京都生。本名雄太郎。落合直文の「あさ香社」に参加。一九〇三年「白菊会」結成。一九〇五年「短歌研究会」を設立し、機関誌「光」（一九一八年創刊）を主宰。歌集に『かたわれ月』（一九〇一年）、『覚めたる歌』（一九一〇年）等がある。

〔**勝原晴希**〕

3 伊藤左千夫　いとう・さちお

池水は濁りににごり藤なみの影もうつらず雨ふりしきる

（『左千夫歌集』）

〈鑑賞・解説〉「亀井戸の藤も終りと雨の日をからかささしてひとり見に来し」に始まる十首連作「藤」の第四首。「亀井戸」は東京都江東区の亀戸天神。初出は「心の花」明治三四（一九〇一）年七月号で、「藤も終り」（藤は五月ごろ紫の花が房状に垂れ下がって咲く）とあるように、「雨」は梅雨の雨のこと。「藤なみ」は藤の花が風で波のように揺れ動くさまをいう。長雨は降りしきり、雨雲は暗く垂れ込め、池水は濁りに濁って、紫の藤の花房が風に揺れている。読み終わって、暗く沈んだ色調の写生画がイメージとして浮かぶ。「濁りににごり」という畳句（同一の句を重ねて用いる手法）が長雨に濁る池水を強調し、「影もうつらず」という句に、打ち消しの形で風に揺れる藤の花房が幻のように浮かび、「雨ふりしきる」と言い下すことで、一面の雨が重ね塗られる。絵画とは異なる、文字による写生の妙味である。

〈作者略歴〉一八六四（元治元）〜一九一三（大正二）年。上総国（現、千葉県）生。三歳年少の正岡子規に師事し、子規没後、「馬酔木《あしび》」、「アララギ」の編集発行に携わる。生前に歌集はなく、岩波書店刊『左千夫全集　第一巻』「歌集」（一九七七年）に、長歌・短歌・旋頭歌などが集成されている。

〔勝原晴希〕

4 正岡子規　まさおか・しき

瓶《かめ》にさす藤の花ぶさみじかければたゝみの上にとゞかざりけり

（『竹の里歌』）

〈鑑賞・解説〉一九〇一年四月二八日、新聞「日本」連載の「墨汁一滴」に掲載された、十首連作の冒頭の一首。（病の床から見やると）机の上の瓶に活けてある藤の花は、垂れている花房が短いので畳には届いていない、という内容である。斎藤茂吉「短歌における写生の説」が「作者の主観が一種の深い調べとなつて読者の心に響いてくる」とするなど、写生歌の傑作、子規の代表作として知られている。連作全体として読まれるべきものであるとはいえ、「瓶に活けてある藤の花房は短いので畳に届いていない」という、見たままの事実をそのまま表現しただけの歌であるが、その点にこそ価値があるのであって、「深い調べ」をそこに感得するか否かは、読者に委ねられている。近代俳句の変革をなした「写生」によって、伝統的な和歌が近代短歌へと変貌する、大きな転換において重要な位置を占める歌である。

〈作者略歴〉一八六七（慶応三）〜一九〇二（明治三五）年。伊予国（現、愛媛県）生。俳句革新の中核となった「写生」の方法によって短歌革新にも乗り出し、根岸短歌会を創始、伊藤左千夫・長塚節らが参加。「歌よみに与ふる書」（一八八六年）で『古今集』を批判。自筆歌稿『竹乃里歌』（一九〇四年）がある。

〔勝原晴希〕

5　与謝野鉄幹　よさの・てっかん

われ男の子意気の子名の子つるぎの子詩の子恋の子あゝもだえの子　（『紫』）

〈鑑賞・解説〉 『紫』巻頭の歌で、初出は明治三四（一九〇一）年三月「明星」。『東西南北』『天地玄黄』の頃の鉄幹は「虎剣流」と称されたように東洋的・男性的な歌風であったが、『紫』では西洋的な恋が主題になる。その転換に大きく作用した晶子との対面は、前年の明治三三年八月。晶子『みだれ髪』の刊行は『紫』と同年の八月である。「明星」誌上に掲げられた「新詩社清規」に「われらは互に自我の詩を発揮せんとす」とあるが、「…子」を連ねることで、その「自我」＝「われ」の転換を歌いつつ、転換を貫いて多様な「われ」を包含する一回り大きな大文字の「われ」を歌いあげている。上句（意気・名・つるぎ）は東洋的理念に、下句（詩・恋・もだえ）は西洋的理念に関わっていて、「自己規定のひたすらな宣言は、諸々の矛盾を力で押し切ろうとする鉄幹の生命力のかたちそのもの」（野山嘉正）といえよう。

〈作者略歴〉 一八七三（明治六）～一九三五（昭和一〇）年。京都府生。本名寛。落合直文に師事して、一八九九年に東京新詩社設立。翌年に「明星」を創刊。歌集に『東西南北』（一八九六年）、『紫』（一九〇一年）などがあり、晶子との共著に『毒草』（一九〇四年）など。歌論書に『鉄幹歌話』（一九〇〇年）などがある。

〔勝原晴希〕

6　服部躬治　はっとり・もとはる

天地の神の保てる命なれば死ぬともわれは死なじとぞ思ふ　（『迦具土《かぐつち》』）

〈鑑賞・解説〉 迦具土神（火産神《ほむすび》とも）は、伊邪那美《いざなみ》神が国生み神生みの最後の段階に産んだ火の神。伊邪那美神は出産による火傷のために死に、怒った伊邪那岐《いざなぎ》神が迦具土神の首を斬ると、太刀についた血や迦具土神の体から多くの神が生まれた（『古事記』）。これを歌集の題としたのは「わが性の、それに近かればにや。血熱涙などの、この神に関係ある」からだと、序文にある。母神を焼死させた火の神に重ねて、自らの情熱の激しさを示したかと思われるが、王朝趣味の歌、浪漫趣味の歌、万葉集の影響、安房の方言を採り入れた歌などが混在し、それほどの激しさは感じられない。萩原朔太郎の遺蔵書に『迦具土』があり、朔太郎の「大声に棺をあけて呼び出でんわれやとこしえ死なじ老いじと」の一首は、この歌に触発されたものかと推測される。二人の歌の「死なじ」の意味するものの違いが興味深い。

〈作者略歴〉 一八七五（明治八）～一九二五（大正一四）年。福島県生。一八九三年、落合直文の「あさ香社」に加わり、一八九八年、久保猪之吉らと「いかづち会」を結成して、新派和歌運動の一翼を成すが、晩年には歌作を断った。歌集『迦具土』（一九〇一年）の他に『恋愛詩評釈』（一九〇〇年）の書がある。

〔勝原晴希〕

7　与謝野晶子　よさの・あきこ

清水《きよみづ》へ祇園《ぎをん》をよぎる桜月夜《さくらづきよ》こよひ逢ふ人みなうつくしき

（『みだれ髪』）

〈鑑賞・解説〉 絵画や写真と違って言語作品は、（文字そのものの映像性、作品の形式が与える映像性はあるものの）、作品世界の映像を直接、視覚に訴えることができない。であるからこそ逆に、イメージ（＝心に思い浮かべる映像や情景）が、言葉の働きによって作り出される。和歌がその長い歴史の中で言葉に特有のイメージを付与してきたように、晶子のこの一首は、京都の美的情調を前提として、「清水」「祇園」「桜」「月夜」という語の連なりが、読み手に美的なイメージを喚起させる。清水寺へと祇園神社のあたりを横切る運動、爛漫と咲く桜の花の照り映える月明かり、そのような夜に行きかう人も、そしてむろん、主語としては現わされない「よぎる」主体である〈わたし〉もまた、「みなうつくしき」世界。それは現実の京都を踏まえつつ、しかし言葉によってのみ成立する美しき幻想世界である。

〈作者略歴〉 一八七八（明治一一）～一九四二（昭和一七）年。大阪府生。旧姓鳳、本名志よう。旧派から出発し、与謝野鉄幹の「東京新詩社」に参加。鉄幹と結婚。歌集に『みだれ髪』（一九〇一年）、『佐保姫』（一九〇九年）など、歌書に『歌の作りやう』（一九一五年）、『晶子歌話』（一九一九年）などがある。

〔勝原晴希〕

8　高崎正風　たかさき・まさかぜ

泣く人をいぶかしげにもうちまもり随ひ行くか父のひつぎに

（『たづがね集』）

〈鑑賞・解説〉 「元彦が葬儀に七歳になれる正光が喪主となりて柩にしたがふを見て」と詞書にある。元彦は正風の長男、正光は孫。元彦は明治三七（一九〇四）年、日露戦争において三五歳で戦死。そのとき正光は満年齢では六歳。正風は六九歳。『たづがね集』には「元彦戦死せし頃申すもかしこけれどいにし明治二十三年十月三十日の詔勅に一旦緩急あれば義勇公に奉じ以て天壌無窮の皇運を扶翼すべしと宣ひしことをおもひて」と前書して「大君のみをしへ草をしをりにてさきたちし子を何か歎かむ」という歌もある。正風の『歌ものがたり』には「歌は人情の学問である」という文章もあるが、一首は戦死した正光の葬儀に参列する人々の涙を不思議そうに見つめながら柩に随行する幼い孫の姿を描いて哀切を誘う。『たづがね集』は大正一五年、正光の願いを受け、阪正臣らの選によって上梓された。

〈作者略歴〉 一八三六（天保七）～一九一二（明治四五）年。薩摩国（現、鹿児島県）生。八田知紀に歌を学び、『古今集』の詠風を重んじた。一八八八年に設置された御歌所の初代所長をつとめる。生前に歌集はなく、没後、『たづがね集』三巻が刊行された。歌書に『歌ものがたり』（一九一二年）などがある。

〔勝原晴希〕

9　窪田空穂　くぼた・うつぼ

鉦鳴らし信濃の国を行き行かばありしながらの母見るらむか

（『まひる野』）

〈鑑賞・解説〉　大意は「鉦を鳴らして信濃の国をめぐり、めぐって行ったなら、生前の姿のままの母に会うこともあろうか」。母を慕う言葉に、与謝野晶子らの星菫調とは趣の異なる、穏やかで清純なロマンティシズムが流露する。作中主体が母を見るのか、母が作中主体を見るのか。「母見る」にこの二通りの解釈があるが、「ありしながら」が母の視覚的なイメージを呼び起こすことを考慮すれば、より穏当であるのは前者か。「見るらむ」については、将来の動作を推量するのであるから、文法上は「見む」が正しい、との指摘がある。しかし、当時の文語表現の実態を見れば、この指摘は必ずしも適切でない。国文学者の佐佐木信綱にも「胸にみついくその恨はかなくもわが身と共にくちかはつらむ」（『思草』、一九〇三年）といった歌があるように、明治の歌人による助動詞「らむ」と「む」の使い分けの基準は、後世の評者が考えるほど厳格ではない。

〈作者略歴〉　一八七七（明治一〇）～一九六七（昭和四二）年。長野県生。一九〇〇年から翌年まで「明星」に出詠。一九一四年、「国民文学」を創刊。歌集に『まひる野』（一九〇五年）、『濁れる川』（一九一五年）、『土を眺めて』（一九一八年）など、歌書に『新古今和歌集評釈』（一九三二～三三年）などがある。

〔中西亮太〕

10　落合直文　おちあい・なおぶみ

緋縅《ひをどし》のよろひをつけて太刀はきて見ばやとぞおもふ山ざくら花

（『萩之家歌集』）

〈鑑賞・解説〉　初出は一八九二年五月「第一高等中学校校友会雑誌」。緋色（火のような深紅色）に染めた革や組紐で札《さね》（鎧を構成する細長い小板）を結び合わせた鎧を着け、太刀を身に帯びた姿で山桜を見たいものだ、の意。『平家物語』に「十郎蔵人は、紺地の錦の直垂《ひたたれ》に、火おどしの鎧着て、こがねづくりの太刀をはき」（山門御幸）とあり、薩摩守忠教《ただのり》の歌に「ゆきくれて木のしたかげをやどとせば花やこよひのあるじならまし」（忠教最期）とある。武家の出身であり国文学者であった直文には親しい美意識であったかも知れないが、勇ましい武者の装いと山桜との取り合わせは、古今集にならった風雅な和歌に親しんでいた当時の歌人たちには衝撃的であっただろう。一首は日清戦争前夜のナショナリズム興隆を背景に「緋縅の直文」として世に喧伝され、その美意識は鉄幹の虎剣調に継承された。

〈作者略歴〉　一八六一（文久元）～一九〇三（明治三六）年。陸前国（現、宮城県）生。植松有園に歌を学ぶ。一八九三年、あさ香社を創立し、与謝野鉄幹、金子薫園、尾上柴舟らの参加を得て、和歌改良運動の基盤を成した。没後刊行の『萩之家遺稿』（一九〇四年）、『萩之家歌集』（一九〇六年）、『落合直文集』（一九二七年）などがある。

〔勝原晴希〕

11　青山霞村

あおやま・かそん

一群の技芸天女が楽やめて撥をなげたか銀杏葉がちる
（『池塘《ちとう》集』）

〈鑑賞・解説〉「技芸天」は、歌舞・音曲などの芸能に長じた天女。「撥」は、琵琶・三味線などを弾く、へら状の道具。銀杏の葉の一斉に舞い落ちる様子を、一群の天女が楽を弾き終わって投げ捨てた撥が天から降り落ちるものと見立てた作品。大自在天の髪から生まれたといわれる容色美しい天女の一群が、幻影に浮かぶ。同じく銀杏の葉の舞い散るさまを、与謝野晶子は「金色《こんじき》のちひさき鳥のかたちして銀杏ちるなり夕日の岡に」（『恋衣』）と詠んでいる。晶子の「ちひさき鳥」もまた、一羽二羽ではない「一群」のものであろう。どちらも楽の音や鳥の声を想起させつつ、無音の光景と思われるのが興味深い。青山霞村は自らの口語歌を「（香川）景樹の歌論の到着点」としている（「再版自序」）が、この一首などは彼の言う「日用口頭の言葉」の「清新な声調」を引き出すことに成功している。

〈作者略歴〉 一八七四（明治七）～一九四〇（昭和一五）年。京都府生。本名嘉二郎。旧派から出発し、言文一致詩の主張に刺激されて口語の詩歌を試み、一九一九年「カラスキ」を創刊。口語短歌の普及につとめた。日本初の口語歌集とされる『池塘集』（一九〇六年）、『合本池塘集』（一九一八年）などがある。

〔勝原晴希〕

12　山川登美子

やまかわ・とみこ

しら珠の珠数屋町とはいづかたぞ中京こえて人に問はまし
（「明星」一九〇七年二月号）

〈鑑賞・解説〉 大意は「珠数屋町とはどちらの方か、中京を過ぎたところで通りすがりの人に尋ねてみよう」。釈迢空によれば、この歌は「流れる様な気分に、思ふまゝに随順して作ったもの」で、アララギ流の写実歌とはまた別の可能性を持っているという（『世々の歌びと』および「女流の歌を閉塞したもの」）。その「気分」を読者によく伝える一つの表現として、迢空は第一句「しら珠の」をあげている。町名に引かれて付けたこの枕詞風の言葉は、ほとんど何の意味も表さない代わりに、ある「気分」を表す、ということであろう。迢空が触れていないところで注意したいのは、第二句の助詞「と」である。この助詞の役割が単なる字数合わせでないことはもちろんである。町名を受ける助詞が「は」だけであれば、続く「いづかたぞ」は字義通りの場所探しの意味合いが強まる。「と」を添えたため、その意味合いがぼやけ、代わりに美しい町名をかなしむような「気分」が表れてくるのであろう。

〈作者略歴〉 一八七九（明治一二）～一九〇九（明治四二）年。福井県生。一九〇〇年から「明星」に出詠。与謝野晶子とともに明星派の代表的な女性歌人となるが、結核のため早世。歌集に『恋衣』（増田雅子、与謝野晶子との合著、一九〇五年）がある。

〔中西亮太〕

13　森　鷗外　もり・おうがい

書《しょ》の上に寸ばかりなる女《おみな》来てわが読みて行く字の上にゐる
（『沙羅の木』）

〈**鑑賞・解説**〉一九〇九年五月の「スバル」に「我百首」と題して百首一括掲載されたうちの一首。「我百首」は後に『沙羅の木』（一九一五年九月）に収録された。歌意は、ひろげた本の上に一寸ほどの背丈の女が現われて、わたしが読みすすめるにつれて動き、絶えず文字の上にいる、というもの。神秘的で魔的ですらある内容だが、無造作ともいえる歌い口である。森鷗外は、与謝野鉄幹に始まる新詩社系の浪漫的な作風と、正岡子規に始まる根岸派系の写実的な作風との接近を企図して、明治四〇年から四三年頃まで観潮楼歌会を催しているが、そうした事情がこの一首にもうかがわれよう。幻覚を幻覚として正確に写実することが、かえって読み手の想像力をかきたてる。こうした逆説に、「我百首」の特徴がある。また、ドイツ近代の象徴詩の息吹がうかがわれるという指摘（富士川英郎）もある。

〈**作者略歴**〉一八六二（文久二）〜一九二二（大正一一）年。島根県生。軍医最高位の陸軍省医務局長など要職を歴任。また小説、評論、翻訳、戯曲に重きをなした。山県有朋を中心とする歌会・常盤会《ときわ》（一九〇六〜二二年）にて活動。他に「奈良五〇首」（『明星』一九二二年一月号）などがある。

〔**勝原晴希**〕

14　若山牧水　わかやま・ぼくすい

山を見よ山に日は照る海を見よ海に日は照るいざ唇《くち》を君
（『別離』）

〈**鑑賞・解説**〉『別離』は第一・二歌集『海の声』『独り歌へる』をもとに新作を加えたもので、歌壇的には処女歌集ともいえ、内容的には一人の女性への恋情と失恋の歌集となっている。この一首は「女ありき、われと共に安房の渚に渡りぬ、われその傍らにありて夜も昼も断えず歌ふ、明治四〇年早春」と記された一連の歌の中に配されている。これに先立つ二首は「ああ接吻《くちづけ》海そのままに日は行かず鳥翔《ま》ひながら死《う》せ果てよいま」「接吻《くちづ》くるわれらがまへにあをあをと海ながれたり神よいづこに」というもの。海はうねりのままに、太陽は停止して、鳥は飛翔の姿のまま絶息する——時が止まる。口づける二人の前にはただ、あおあおとうねる海だけがある。この二首を合わせ読むなら、短く鋭く断定し呼びかける一首の語調は、古代の如く山を照らし海を照らしている太陽のもと、恋人に時を越えた愛を呼び掛けるものかと推量される。

〈**作者略歴**〉一八八五（明治一八）〜一九二八（昭和三）年。宮崎県生。尾上柴舟に師事。一九一一年、「創作社」を結成、「創作」を主宰する。歌集に『海の声』（一九〇八年）、『別離』（一九一〇年）、『みなかみ』（一九一三年）、『くろ土』（一九二一年）など、歌書に『牧水歌話』（一九一二年）などがあり、紀行文集も多い。

〔**勝原晴希**〕

15 吉井 勇　よしい・いさむ

君がため瀟湘《せうしやう》湖南《こなん》の少女らはわれと遊ばずなりにけるかな
（『酒ほがひ』）

〈鑑賞・解説〉 湘南を舞台にした青春歌。大意は「君と知り合ったせいで、湘南の少女たちは私と遊んでくれなくなったことよ」。恋の相手に対する恨み言のようであるが、もちろんそのように言うことで自らの恋心を相手に訴えているわけである。素直に読めば、「われ」は作者本人にも見立てられる男、「君」はその恋人である女、「少女ら」は「われ」の異性の遊び友達であろう。ところが、一首は、若い吉井勇自身がこの歌の内容を小説風に記した文章（木俣修が『吉井勇全集　第四巻』解説で紹介している）では、「われ」が女、「君」が男で、「少女ら」は「われ」の同性の友人である。この場合、一首は、友達の陰口を気にするやや気の弱い女の言葉といった具合に解されることになる。この二つの解釈を比較検討することは、短歌の解釈を方向付けるさまざまな要素を見定めることに繋がるに違いない。

〈作者略歴〉 一八八六（明治一九）～一九六〇（昭和三五）年。東京市生。一九〇五年、東京新詩社に入社。一九〇九年、「スバル」創刊に参加。歌集に『酒ほがひ』（一九一〇年）、『祇園歌集』（一九一五年）、『人間経』（一九三四年）など、歌書に『草珊瑚』（一九一九年）、『歌境心境』（一九四三年）などがある。

〔中西亮太〕

16 石川啄木　いしかわ・たくぼく

高山《たかやま》のいただきに登《のぼ》り
なにがなしに帽子《ばうし》をふりて
下《くだ》り来しかな
（『一握の砂』）

〈鑑賞・解説〉 石川啄木の歌については、釈迢空の「彼は平凡として見逃され勝ちの心の微動を捉へて、抒情詩の上に一領域を拓いた」（「歌の円寂する時」）という評がよく知られている。平凡な心の微動とは、啄木本人のいう「刹那《せつな》々の生命《いのち》」（「歌のいろ〳〵」）と同じものであろう。掲出歌にも、その特徴は明確にみとめられる。眼目は、「なにがなしに」である。山の頂上で帽子を振ったのであるが、それは何という理由もなしにしたことであるという。この「なにがなしに」の行為こそ、心の微動を表す行為の一典型にほかならない。そして、ただそれをしただけで、山を下ってきたというわけである。結句の「かな」には、刹那の生命への愛惜が滲む。しかも、その愛惜に、たちまち過ぎる青春期への愛惜が重なっているように感じられるところは、掲出歌が愛唱される一つの理由であろう。なお、三行書きの表記については、土岐善磨の項を参照されたい。

〈作者略歴〉 一八八六（明治一九）～一九一二（明治四五）年。岩手県生。「明星」を経て、一九〇九年、「スバル」創刊に参加。結核のため早世。歌集に『一握の砂』（一九一〇年）、『悲しき玩具』（一九一二年）、詩集に『あこがれ』（一九〇五年）がある。

〔中西亮太〕

17　宮沢賢治　みやざわ・けんじ

黒板は赤き傷受け雲垂れてうすくらき日をすすり泣くなり
（歌稿より）

〈鑑賞・解説〉 近代短歌は、与謝野鉄幹の「自我」や正岡子規の「自己」を前提として成立し、「いま・ここ」にいる主体を疑わず、むしろ主張するものとして発展してきたのだが、宮沢賢治の短歌は他の歌人たちとはまったく異なる、もっと原初的な、アニミズム的な特質を持っている。「赤き傷」というのは黒板に引かれた赤いチョークの線であろうか。その黒板が、生徒がいるのかいないのか、すすり泣いている。「せとものの ひびわれのごとくほそえだは/さびしく白き空をわかちぬ」という歌では「白き空」が「ひびわれ」ているかのようであり、「わがあたま/ときどきわれに/ことなれる/つめたき天を見しむることあり」という歌には「ことなれる」が「この世のそとの」となっている異稿もあって、白き空がひび割れて異世界が見えるのであるかも知れない。黒板がすすり泣くのも、そのような、現実にぴったりと重なる異世界の光景なのであろう。

〈作者略歴〉 一八九六（明治二九）～一九三三（昭和八）年。岩手県生。中学時代より作歌を始めるが、やがて『注文の多い料理店』（一九二四年）などの童話や、自らは「心象スケッチ集」と呼んだ『春と修羅』（一九二四年）などの詩の制作に移行し、短歌への本格的な取り組みはなされなかった。生前の歌集はない。

〔勝原晴希〕

18　土岐善麿　とき・ぜんまろ

日本《にほん》に住み、
日本《にほん》の国《くに》のことばもて言《い》ふは危《あや》ふし
わが思《おも》ふ事《こと》。
（『黄昏に』）

〈鑑賞・解説〉 主題は、国家が思想と言論を弾圧することへの恐怖である。「わが思ふ事」は、『黄昏に』の端々に垣間見える社会主義思想と受け取れる。一首の背景には、明治四三年の大逆事件がある。言論の自由のない時代にあって、「自らの限界をよく自覚」しつつ「ぎりぎりの線まで身を挺して」（木俣修「哀果時代の土岐善麿」）その時代の有り様を言語化した作であり、その点で記憶に値するものであろう。表現の点では、三行書きで、一段下げや句読点を加える表記が特徴である。石川啄木の歌の三行書きは、この作者からの影響とされる。啄木は、自己の感情を表現するために新しい音調が必要なこと、その音調に合うように行を分けて書くべきこと、を述べている（「歌のいろ〳〵」）。掲出歌の表記法は、これと同様の考えに基づくと見てよい。作者は、後年、そこからさらに進んで、自由律歌を試みることになる。

〈作者略歴〉 一八八五（明治一八）～一九八〇（昭和五五）年。東京市生。号、哀果。初め、金子薫園主宰の白菊会に参加。一九一三年、「生活と芸術」を創刊。歌集に『NAKIWARAI』（一九一〇年）、『黄昏に』（一九一二年）、『六月』（一九四〇年）など、歌書に『田安宗武』（一九四二～四六年）などがある。

〔中西亮太〕

19

岡本かの子

おかもと・かのこ

力など望まで弱く美しく生れしま、の男にてあれ

(『かろきねたみ』)

〈鑑賞・解説〉大意は「力など望まずに、弱く、美しく、生まれたときのままの男であってほしい」。表現上、呼びかける相手は好きな男とも、わが子とも受け取れるが、いずれにしても身と心の美しさが失われないように願う歌である。その願望は、母性的な心情の一つの典型であろう。ただ、それを「弱く」とまで表現するとき、歌は結果として、保守的な男性観に対するアンチテーゼとしての意味を持ち始めるのではないか。同じ『かろみねたみ』の「美しくたのまれがたくゆれやすき君をみつめてあるおもしろさ」といった歌も、弱い男への心寄せという点で、似た傾向のものである。『かろみねたみ』は、かの子が岡本一平と結婚して三年後にまとめた歌集。各種の伝記によれば、その後、かの子は、夫と自分の愛人との同居という、世にも稀な生活を始める。この歌集の作者像は、概ねおとなしくつつましいが、一方で奔放な思考の萌芽もすでに見せているようである。

〈作者略歴〉一八八九(明治二二)～一九三九(昭和一四)年。東京市生。一九〇五年から「明星」に、同誌終刊後は「スバル」「青鞜」に出詠。歌集に『かろきねたみ』(一九一二年)、『浴身』(一九二五年)、『わが最終歌集』(一九二九年)などがあるほか、小説『老妓抄』(一九三八年)などが著名。

〔中西亮太〕

20

尾上柴舟

おのえ・さいしゅう

つけ捨てし野火の烟のあかくと見えゆく頃ぞ山は悲しき

(『日記の端より』)

〈鑑賞・解説〉歌集の巻頭歌で、初出は「創作」一九一〇年五月号の「天城の野火」。夜を徹して野焼きをするために、つけ捨てられた野火の煙があかあかと見えるようになる頃、黒々と浮かぶ山の姿に悲哀がかきたてられる、といった歌意。野焼きがされている山を見ているのか、山から野焼きを見ているのか、この歌からは断定しづらいが、石井直三郎によれば、伊豆天城山麓に行った際に、伊東の町の橋の上から、大平山の野火を見ての作であるらしい。「つけ捨てし」→「見えゆく頃」というところに時間の経過が入っているのであって、辺りが暗くなることによって日中は「烟」に紛れていた赤々とした火が、対照的に黒く沈む山の面に浮き上がる、その頃「ぞ」「山は悲しき」というのだから、その悲しみは闇の深まりによって鬱勃と燃え上がる内心の悲哀であろう。訳詩集『ハイネの詩』(一九〇一年)の訳者にふさわしい一首である。

〈作者略歴〉一八七六(明治九)～一九五七(昭和三二)年。岡山県生。本名八郎。落合直文の「あさ香社」に参加。服部躬治らと「いかづち会」、前田夕暮・若山牧水らと「車前草社」を結成。一九一四年創刊の「水甕《みずがめ》」を主宰。歌集に『銀鈴』(一九〇四年)『日記の端より』(一九一三年)など、歌論に「短歌滅亡私論」(一九一〇年)などがある。

〔勝原晴希〕

21　斎藤茂吉　さいとう・もきち

めん鶏《どり》ら砂あび居《ゐ》たれひつそりと剃刀《かみそり》研人《とぎ》は過ぎ行きにけり

（『赤光』）

〈**鑑賞・解説**〉大意は「庭で雌鶏どもが砂を浴びている。剃刀研ぎの職人が前の道をひっそりと通り過ぎて行ったことだ」。アララギ派のみならず、近代短歌を代表する歌人の著名な一首。その特徴として「素材の不条理な配合」（塚本邦雄『茂吉秀歌『赤光』百首』）が指摘されている。例えば、この歌の本歌との説もある北原白秋の一首「ひいやりと剃刀ひとつ落ちてあり鶏頭の花黄なる庭さき」（『桐の花』）では、剃刀の背景として鶏頭が配置されている。対して、雌鶏の砂浴びと剃刀研人の通過は、一方が他方に従属することなく、それぞれ主たる光景としてそこにある。両者の間に、直ちに了解し得る意味的関連は無い。そして、それにも関わらず、雌鶏の性的なイメージと剃刀研人からくる凶器のイメージは互いに拡散することなく、「禍々しい気配」（塚本前掲書）とともに一首を構成するのである。写実の建て前と定型の枠組は、このような配合をも許容する。

〈**作者略歴**〉一八八二（明治一五）～一九五三（昭和二八）年。山形県生。伊藤左千夫に師事して、一九〇八年、「アララギ」に入会。歌集に『赤光』（一九一三年）、『あらたま』（一九二一年）、『寒雲』（一九四〇年）、『白き山』（一九四九年）など、歌書に『童馬漫語』（一九一九年）などがある。〔**中西亮太**〕

22　北原白秋　きたはら・はくしゅう

君かへす朝の舗石《しきいし》さくさくと雪よ林檎の香のごとくふれ

（『桐の花』）

〈**鑑賞・解説**〉大意は「あなたを帰らせる朝、舗道に降り積もる雪を踏む音がさくさくと響く。雪よ、林檎の香りのように清らかに降れ」。初出は「朱欒」一九一二年七月号。この頃、白秋は人妻・松下俊子との恋愛で訴えられ、市ヶ谷拘置所の未決監に拘置される。そのような作者の事情を想起すると、「君かへす」にはほのかな悲しみが感じられ、肩を並べて舗道の雪を踏む「さくさく」という音だけが、沈黙の世界に響くようだ。「雪しろき朝の舗石さくさくと林檎噛みつつゆくは誰が子ぞ」（「朱欒」一九一二年一月号）という歌もあって、「さくさく」は林檎を噛む音に通い、歯を立てた林檎から溢れる雫と香りを呼び起こす。「雪よ林檎の香のごとくふれ」とは、自分たちの恋の清浄であることへの祈りであろう。「さくさく」という聴覚と触覚、「雪よ—ふれ」という視覚、「林檎の香のごとく」という嗅覚が混じり合い、恋の喜びと悲しみ、清浄と自恃が純粋感覚として感受される作品である。

〈**作者略歴**〉一八八五年（明治一八）～一九四二（昭和一七）年。福岡県生。詩集『邪宗門』（一九〇九年）、歌集『桐の花』（一九一三年）などの詩と短歌の他に、童謡・小唄などの幅広い分野に活躍。一九三五年「多磨」を創刊、新幽玄体を主張。『白秋全集』（一九八四～八八年）がある。〔**勝原晴希**〕

23　柳原白蓮

やなぎはら・びゃくれん

誰か似る鳴けようたへとあやさるる緋房の籠の美しき鳥

（『踏絵』）

〈**鑑賞・解説**〉大意は「似た境遇の人がいるものであろうか。緋の房付きの籠に飼われて、鳴けよ、歌え、とあやされる美しい鳥に」。『踏絵』の歌は、ときに己の境遇への嘆きを、ときに遥かな恋への憧れを述べ表す。掲出歌に明らかなように、その表現は比喩的で、抽象度が高い。読者は、そこに白蓮の数奇な人生の情報を重ね、それを王朝の女流日記の歌のように捉える。物語内の歌であれば、みずからを美しき鳥に喩えるナルシズムも、読者は許容するであろう。憧憬を述べ表すこと、読者の憧憬を誘うことの二重の意味で、その歌は浪漫的である。古典の素養を窺わせる作風ゆえに、白蓮を前近代的な歌人と見做す評者もいるが、必ずしも妥当ではない。『踏絵』の歌の構文は簡潔で、和歌の伝統的修辞法をほとんど用いておらず、その意味で新派和歌の洗礼を受けている。作風が近似する九条武子などの同時代歌人も存在し、白蓮は孤立していない。

〈**作者略歴**〉一八八五（明治一八）～一九六七（昭和四二）年。東京府生。一九〇〇年から佐佐木信綱に師事。三五年、「ことだま」を創刊。歌集に『踏絵』（一九一五年）、『幻の華』（一九一九年）、『流転』（一九二八年）など、戯曲に『指鬘外道』（一九二〇年）、小説に自伝風の『荊棘《いばら》の実』（一九二四年）などがある。

〔**中西亮太**〕

24　片山弘子

かたやま・ひろこ

ああ我は秋のみそらの流れ雲たださばかりにかろくありたや

（『翡翠《かわせみ》』）

〈**鑑賞・解説**〉芥川龍之介は『翡翠』を「まだ幼稚である。しかし易きを去つて難きに就いた」と評し、「灌木の枯れたる枝もうすあかう青木に交り霜とけにけり」など数首を紹介した（「新思潮」一九一六年六月号）。やがて芥川は弘子に強く惹かれることになる。また芥川を介して弘子とその娘聡子は堀辰雄とも交流があった。芥川も指摘するように彼女の作品には他の歌人とは異質なところがある。右の一首の言葉づかいも『海潮音』の「噫《あ》、われひと、尋《と》めゆきて」（「山のあなた」）、「ながれのきしのひともとは、／みそらのいろのみづあさぎ」（「わすれなぐさ」）などの翻訳詩を思わせる。芥川の選んだ歌もそうだが、「やはらかき涙流れて知らぬ間に遠世の我の帰り来りし」「ほかの世の我が声きこゆ奇し鳥の我にあたへしゆめのさめぎは」という歌もあって、「みそら」「流れ雲」「かろく」という言葉に籠められたものは決して単純ではない。

〈**作者略歴**〉一八七八（明治一一）～一九五七（昭和三二）年。東京府（現、東京都）生。佐佐木信綱に師事。一八九八年創刊の「心の花」に短歌を発表。歌集に『翡翠』（一九一六年）、『野に住みて』（一九五四年）がある。松村みね子の筆名で翻訳をもなし、随筆集に『燈火節』（一九五三年）。堀辰雄『聖家族』の細木夫人のモデルとされる。

〔**勝原晴希**〕

25

新井　洸

あらい・あきら

人間のいのちの奥のはづかしさ滲《し》み来るかもよ君に対《むか》へば

（『微明』）

〈鑑賞・解説〉　大意は「あなたに対していると、人間の命の奥にあるはずかしさが、奥から本当に滲みて来ることだよ」。「合歓の葉」五〇首中の一首。「洸には、結婚前に好きな女性がいたが、事情あって交際を断念しなければならなかったらしい。「合歓の葉」はその実らなかった恋をうたっている」（佐佐木幸綱）。それにしてもこの「はづかしさ」とは何であろうか。「合歓の葉」中の、「ひたひたと夜のうしほの満ち潮のひたすに濡れぬ君がひとみに」では「夜のうしほの満ち潮」がひたひたと迫り、「がらす戸の窓のそともの大川の夜半のしじまのすぐ立てるかも」では「夜半のしじま」がひっそりと立っていると感じられる。合歓の木は、夜、小さな葉が手を合わせるようにして閉じ、うなだれる。世界はひとつの身体のような有機的な全体であって、にも関わらず人間はそこからはみ出している、そうした人間のありようそのものの「はづかしさ」であろうか。

〈作者略歴〉　一八八三（明治一六）～一九二五（大正一四）年。東京府生。本名幸太郎。佐佐木信綱に師事。川田順、木下利玄とともに「心の花」の三羽烏と呼ばれる。肺結核によって四三歳で死去。歌集に『微明』（一九一六年）がある。没後、『新井洸歌集』（一九三一年）が五島茂によって編まれている。

〔勝原晴希〕

26

中村憲吉

なかむら・けんきち

篠懸樹《ぷらたぬす》かげを行く女《こ》が眼蓋《まなぶた》に血しほいろさし夏さりにけり

（『林泉集』）

〈鑑賞・解説〉　大意は「プラタナスの並木道を歩んで行く若い女の瞼に、ほのかに赤みが差し、季節は夏になったことだ」。都市の景物と女のさまに、夏の到来を感じ取ったものである。叙述は直接的かつ具体的で、写実的傾向の強い歌と言えるであろう。ただ、一般の写実の域をやや超えているように思われるところもある。通り過ぎる女の本来微細で微妙な色彩を、この歌は明瞭に述べ表し、かえって夢のような印象を与えるのである。この歌が「感覚的」（山根巴『中村憲吉』）と評される所以である。「さる」は万葉集に用例の多い動詞で、時がめぐって来る、の意。作者の属するアララギ派は、元来質朴な万葉調を好む。ここでは、華やかな都市詠ゆえに、なおのこと万葉風の語を用いて、調べを質朴なものにしようとするのであろう。ただし、「さりにけり」という言い回しは、アララギ派の歌に頻出するものの、古歌には見られない。すなわち、近代の擬似万葉調である。

〈作者略歴〉　一八八九（明治二二）～一九三四（昭和九）年。広島県生。伊藤左千夫に師事し、一九〇九年に「アララギ」に入会。歌集に『馬鈴薯の花』（島木赤彦との合著、一九一三年）、『林泉集』（一九一六年）、『しがらみ』（一九二四年）、『軽雷集』（一九三一年）などがある。

〔中西亮太〕

27 長塚 節 ながつか・たかし

馬追虫《うまおひ》の髭のそよろに来る秋はまなこを閉ぢて想ひ見るべし

（『長塚節歌集』）

〈鑑賞・解説〉 大意は「馬追虫の髭の静かな動きのように、静かにやって来る秋は、瞑目して味わうのがよい」。一首の主題は、「そよろに」以下の、秋の到来を感じ取る心の有りようにある。「馬追虫の髭の」は、「そよろに」という語を引き出すための序詞である。一般に近代歌人は序詞を好まず、作例も少ない。例えば、長塚節の師である正岡子規は、人麻呂の歌の序詞を「贅物」と評していた（「四たび歌よみに与ふる書」）。序詞を用いれば、その分だけ主題部は短く、単純にならざるを得ない。子規は、主題の単純化を、陳腐な歌の氾濫に繋がるものと見て、警戒したのである。掲出歌の序詞は、一首の主題と関連の深い初秋のイメージを述べ表す。序詞から主題部への有機的な展開と、それによる主題の補足を図ったのである。序詞の持つレトリックとしてのおもしろみは生かしながら、子規の懸念にも応えたものと言えようか。「小夜深《さよふけ》にさきて散るとふ稗草《ひえくさ》のひそやかにして秋さりぬらむ」も同工の歌である。

〈作者略歴〉 一八七九（明治一二）〜一九一五（大正四）年。茨城県生。一九〇〇年、正岡子規に師事し、根岸短歌会に参加。一九〇三年、「馬酔木」の創刊に参加。一九〇八年、「阿羅々木」（のちの「アララギ」）の創刊に参加。歌集に、没後刊行の『長塚節歌集』（一九一七年）などがある。

〔中西亮太〕

28 川田 順 かわだ・じゅん

寧楽《なら》へいざ伎芸天女《ぎげいてんによ》のおん目見《まみ》にながめあこがれ生《い》き死《し》なんかも

（『伎芸天』）

〈鑑賞・解説〉 大意は「奈良へさあ行こう、伎芸天女のまなこに物を思い、あこがれ、生き、そして死にたいものよ」。秋篠寺の伎芸天像へのあふれる思いを表明する。奈良の仏像を題材にする歌としては、会津八一の作が著名であるが、掲出歌の発表は八一の歌集より早い。世人に奈良の古美術の魅力を伝えるのに大きな役割を果たした和辻哲郎『古寺巡礼』（一九一九年）よりもさらに早いので、古美術鑑賞の歴史を知る上でも興味深い歌であろう。第一句は、憶良の歌「いざ子ども早く大和へ大伴の御津の浜松待ち恋ひぬらむ」などを踏まえる表現。ただ、「寧楽へ」を先に出すところに、早る感情が表れる。第四句以下で動詞を連ねるところは、その畳み掛けるような調子自体が、伎芸天女への思い入れの強さを訴える。「斑鳩の白檀仏のまろき肩ほそるやすずろ秋の日寒き」など、同じ歌集の他の歌は概して温雅であり、掲出歌の熱情は突出している。

〈作者略歴〉 一八八二（明治一五）〜一九六六（昭和四一）年。東京府生。一八九八年、「心の花」創刊に参加。二四年、「日光」創刊に参加。歌集に『伎芸天』（一九一八年）、『山海経』（一九二二年）、『鷲』（一九四〇年）、『東帰』（一九五二年）など、歌書に『俊成・定家・西行』（一九三六年）などがある。

〔中西亮太〕

29　佐佐木信綱　ささき・のぶつな

ゆく秋《あき》の大和《やまと》の国《くに》の薬師寺《やくしじ》の塔《たふ》の上《うへ》なる一《ひと》ひらの雲《くも》

（『新月』）

〈鑑賞・解説〉「ゆく秋」＝過ぎ去ろうとしている秋、という自然界の大きな運動から始まって、「大和の国」→「薬師寺」→「塔」と視点は絞られていき、最後に空へと反転して、「ゆく秋」から遅れてしまったかのような「一ひらの雲」に焦点が結ばれる。「ゆく」と「なる」以外は名詞であり「なる」は存在を表すので、秋が去りゆくという以外の運動はなく、しかしながらそれらの名詞を六つの「の」が結んでいて、視点の移動という運動とともに、読みの滑らかさが生み出される。「ゆく」「やまと」「やくしじ」という「や」音の反復も、柔らかな淡彩画風の光景にふさわしい。「薬師寺の塔」は奈良の薬師寺東塔。ゆったりとした時の流れと空の広がりに開放感を覚えるか、秋に取り残された孤雲と旅情の悲哀を感じるかは、読み手の自由であると言うべきだろう。

〈作者略歴〉 一八七二（明治五）〜一九六三（昭和三八）年。三重県生。一八九八年に「心の花」を創刊、竹柏会を主宰して、門人の個性を尊重し、多くの歌人を育成。一九一一年に『梁塵秘抄』を発見・紹介した。歌集に『思草』（一九〇三年）、『新月』（一九一二年）、『豊旗雲』（一九二九年）などがある。

〔勝原晴希〕

30　石原　純　いしはら・じゅん

電子うごく世界のさまを想ひをれば、
黄なる書物が
我が眼に触れぬ。

（『靉日』）

〈鑑賞・解説〉 大意は「電子の運動する世界の様子を想っていると、ふと黄色い表紙の書物が私の目に触れた」というもので、この作品の言葉は、あたかも数式における数字や記号に似て、言外の深み・味わい・膨らみ・翳りといったものを持たない。作者は『相対性原理・万有引力及び量子論の研究』で学士院恩賜賞を受けた理論物理学者であった。「研究室にて」六首中の一首で、「黄なる書物」は「黄色い表紙で知られるドイツの出版書肆スプリンガー社の物理学関係の書物」か、とされている（藤沢全）。六首中には「眼を披らきもの見ざりけり／我れはいま／電子のまはる様想ひゐる」ともある。科学的な想像によって眼前にまざまざと見えている「電子うごく世界」と、「黄なる書物」としてものが「目に触れ」る視覚世界との、不意の交錯を捉え、二つの世界の関係はどのようなものであるかという目眩《めくるめ》く思いを誘う一首である。

〈作者略歴〉 一八八一（明治一四）〜一九四七（昭和二二）年。東京生。伊藤左千夫に師事し、「馬酔木」「アララギ」の歌人として活躍するが、歌人原阿佐緒との恋愛を契機に脱退し、「日光」（一九二四年）に参加。一九三七年に「新短歌」を創刊し、新短歌運動を推進した。歌集に『靉日』（一九二二年）、歌書に「新短歌概論」がある。

〔勝原晴希〕

31

三ヶ島葭子　みかじま・よしこ

つつしみを知らぬやからと怒りつつおのが妬をひそかにおそるる

（『三ヶ島葭子全歌集』）

〈**鑑賞・解説**〉一九二二年の作で、作者の生前は未発表。大意は「慎むことを知らぬ者どもが——と怒りながらも、私は自分のこの怒りに嫉妬が混じっていることをひそかに恐れている」。三ヶ島葭子の実人生において、夫は葭子の文学活動の理解者である反面、女性問題で妻を苦しめる男でもあった。伝記によれば、葭子は一時期、夫が呼び寄せた若い愛人との同居を余儀なくされたという。掲出歌は、その事実を背景にしたものと考えられる。嫉妬を恥ずべきことのように思い、倫理的な態度で人を咎めようとするところは、本を読み教養を身に付けた者の潔癖さの表われである。しかもなお、そこには、消し去ることのできない自然な感情としての嫉妬心がある。そのことは、かえってこの歌を印象深いものにしていよう。第五句は、連体形止めが余韻を響かせることを生かして、苦悩の続くさまを暗示する。また、字余りの散文調にすることによって詠嘆の意味合いを抑制し、内省的な趣を強調している。

〈**作者略歴**〉一八八六（明治一九）～一九二七（昭和二）年。埼玉県生。「スバル」などを経て、一九一二年、「青鞜」に参加。その後「アララギ」を経て、二四年、「日光」創刊に参加。歌集に『吾木香』（一九二一年）、没後刊行の『三ヶ島葭子全歌集』（一九三四年）などがある。

〔**中西亮太**〕

32

島木赤彦　しまき・あかひこ

みづうみの氷は解けてなほ寒し三日月の影波にうつろふ

（『太虚集』）

〈**鑑賞・解説**〉大意は「湖面の氷が解けてもなお寒い——。三日月の光が波に映ることだ」。島木赤彦は、大正歌壇を席巻したアララギ派の代表歌人である。赤彦の湖の歌は、これ以前に「夕焼空焦げきはまれる下にして氷らんとする湖《うみ》の静けさ」（『切火』）がある。こちらは、主観的で強烈な色彩が目を引く一首。第一句の字余りからくる韻律の窮屈さも、かえってその色彩を強調する。ただ、ここに感じられる個性の発露は、それだけでは近代人の表現としてむしろありふれているのではないか。ひるがえって掲出歌を見ると、主観があらわに出ず、韻律はあくまで典雅である。客観描写の対象についても、派手やかな事物を避けて選ぶといった規範があるようであり、作者はそれを守ってようやく波間の月影のような一点の美を得る。この禁欲性こそ赤彦ならではの個性の発露であり、赤彦一派の写実主義の一面でもある。

〈**作者略歴**〉一八七六（明治九）～一九二六（大正一五）年。長野県生。一九〇三年、「比牟呂」を創刊。一九〇九年、「比牟呂」を「アララギ」と合併。歌集に『馬鈴薯の花』（中村憲吉との合著、一九一三年）、『切火』（一九一五年）、『太虚集』（一九二四年）など、歌書に『歌道小見』（一九二四年）などがある。

〔**中西亮太**〕

33　会津八一　あいづ・やいち

しぐれのあめいたくなふりそ金堂のはしらのまそほ壁にながれむ
（『南京新唱』）

〈鑑賞・解説〉大意は「しぐれの雨よ、ひどく降ってくれるな。金堂の柱の赤い塗料が壁にながれてしまうだろうから」。近代短歌の中にあって、会津八一の歌はきわめて個性的である。その特徴として、仮名を多用する表記、古典和歌風の措辞、奈良の景物を多く題材にすること、などをあげることができる。掲出歌は、海龍王寺に取材した一首。万葉集の歌「時雨の雨間なく降りそ紅に匂へる山の散らまく惜しも」との類似を、作者みずから指摘する（『渾斎随筆』）。紅葉が散ることは惜しいが、一方で散る紅葉も一つの美である。掲出歌は、この美のあり方を踏まえているに違いない。柱の赤い塗料が落ちることは惜しまれるが、一方で白壁を走る赤い色彩もまた一つの美であり、この動的な美こそ一首の眼目なのである。仮名表記は、読者に一字ずつ遅い速度で読ませる。その速度の遅さが古寺の落ち着いた風情を伝え、むしろ動的な美を際立たせる。

〈作者略歴〉一八八一（明治一四）～一九五六（昭和三一）年。新潟県生。新派俳句の実作を重ねた後、短歌に転じる。歌集に『南京新唱』（一九二四年）、『鹿鳴集』（一九四〇年）、『山光集』（一九四四年）、『寒燈集』（一九四七年）など、歌書に『渾斎随筆』（一九四二年）、『自註鹿鳴集』（一九五三年）がある。

〔中西亮太〕

34　古泉千樫　こいずみ・ちかし

秋さびしもののともしさひと本の野稗の垂穂瓶にさしたり
（『川のほとり』）

〈鑑賞・解説〉作者晩年の病床詠で、大意は「秋めいたものの慕わしさよ。穂の垂れた一本の野稗を瓶に挿したことだ」。古歌の例に照らせば、第一句の〈さび〉は、そのものらしくなるという意味の接尾語と取るのが自然である。ただ、これを、荒れる、衰える、といった意味の動詞と取る別解（上田三四二『古泉千樫』）もある。歌集中、掲出歌の直後にその動詞を用いる一首「秋の空ふかみゆくらし瓶にさす草稗の穂のさびたる見れば」があるので、別解も検討の余地があろう。第二句の「ともしさ」は、もともと乏しさの意から転じて慕わしさの意を表すようになった語である。思うに、第一、二句ともに、秋になって草木が次第に衰えるさまを裏の意味として伝え、野稗がただ一本だけある、という下句の設定を準備しているのではないか。もろもろの解釈を誘いながら、この歌の語句は詰屈さとは無縁であり、構文もあくまで単純である。そこにこの歌の妙味はある。

〈作者略歴〉一八八六（明治一九）～一九二七（昭和二）年。千葉県生。伊藤左千夫に師事して、一九〇八年、「阿羅々木」（のちの「アララギ」）創刊に参加。二四年、「日光」創刊に参加。歌集に『川のほとり』（一九二五年）、没後刊行の『屋上の土』（一九二八年）、『青牛集』（一九三三年）がある。

〔中西亮太〕

35　釈 迢空　しゃく・ちょうくう

人も　馬も　道ゆきつかれ死に、けり。
旅寝かさなるほどのかそけさ
（『海やまのあひだ』）

〈鑑賞・解説〉「供養塔」五首中の一首。民俗学者である作者が、民俗採訪の旅で想を得た歌。上句は、道端の石塔を目にし、往時の人や馬に思いを馳せたものであるが、下句が難解である。釈迢空本人は、「ありふれた事に、これ程深く、いと遥かなものを心に感受するのは、長い旅寝を重ねる間の極度な心しづまりによるものであらう」の意と述べ（「自歌自註」）、近年の諸註はこれに従う。しかし、歌の言葉から、この意味に直ちにたどり着けるものであろうか。「かそけさ」は、現在の「われ」のさまであるとともに、過去の人や馬のさまでもある、とは解せないのか。依然として疑問が残り、しかもこの歌に言うに言われぬ魅力の存することだけは疑いない。一字空け、句点付きの表記も独特で、この歌の不思議さと魅力を支えている。その表記法は、「歌の生命の為」に「歌の様式の固定を、自由な推移に導く」試みである、と歌集後記にある。

〈作者略歴〉一八八七（明治二〇）〜一九五三（昭和二八）年。大阪府生。本名、折口信夫。初め服部躬治に師事。「アララギ」を経て、一九二四年、「日光」創刊に参加。歌集に『海やまのあひだ』（一九二五年）、『春のことぶれ』（一九三〇年）、没後刊行の『倭をぐな』（一九五五年）など、歌書に『世々の歌びと』（一九四九年）などがある。

〔中西亮太〕

36　木下利玄　きのした・りげん

舂《うすづ》ける彼岸秋陽に狐ばな赤々そまれりここはどこのみち
（『李青集』）

〈鑑賞・解説〉大意は「山に沈みかけた秋の彼岸の夕日に、曼珠沙華は赤々と染まっている。ここはどこの道か――」。木下利玄は、浪漫派から写実派まで、近代短歌の作法を自由に探究した。歌壇外に『白樺』という活動の場を持っていたことは、その自由さを生んだ一つの要因か。掲出歌は、死の前月の発表作。既成の歌風を脱して、すでに彼岸への道を歩んでいるような夢幻的な雰囲気を漂わせる。しかも、利玄の歌らしいおおらかな味わいは失っていない。その味わいは、「赤々そまれり」のいわゆる四・四調（大熊信行「利玄調」）と、「ここはどこのみち」という童謡風の口語の効果から来るものであろう。四・四調も口語も、短歌定型の格調を緩ませる。利玄は、「精密な計量」（木俣修『近代短歌の鑑賞と批評』）によって、その緩みを独特の趣へと転化させているのである。

〈作者略歴〉一八八六（明治一九）〜一九二五（大正一四）年。岡山県生。一八九九年、佐佐木信綱に師事して「心の花」に入会。一〇年、「白樺」創刊に参加。二四年、「日光」創刊に参加。歌集に『銀』（一九一四年）、『一路』（一九二四年）など、没後刊行の歌文集に『李青集』（一九二五年）がある。

〔中西亮太〕

37

相馬御風

そうま・ぎょふう

大そらを静に白き雲はゆくしづかにわれも生くべくありけり

（『御風歌集』）

〈鑑賞・解説〉 相馬御風は「直截で、自由な、自己中心の声さながらの形式」（「自ら欺ける詩界」一九〇八年）を求め「詩界に於ける自然主義」を主張、口語詩運動の先頭に立ったが、彼にとっての自然とは写実の対象としての生命なき客観の事象ではなかった。「客観の事象を我と生命を同じうせるものとして之を観る」（「文藝上主客両体の融会」一九〇七年）という、「生命」をキーワードとする理念は彼の生涯を貫いている。代表歌とされる「ころげよといへば裸の子どもらは波うちぎはをころがるころがる」（『御風歌集』）は、郷里糸魚川に隠棲した年の夏のものであり、波の寄せては返す運動と子どもたちの転がりまわる運動とが、同じ生命の躍動として感受されている。掲載歌も同様で、見はるかす大空を流れゆく白き雲の姿に自らの生を重ね見る思いが、ゆったりとした語調で歌われている。

〈作者略歴〉 一八八三（明治一六）～一九五〇（昭和二五）年。新潟県生。竹柏会、新詩社を経て、一九〇三年「白百合」を創刊。「早稲田文学」の編集に従事し一九〇七年早稲田詩社を設立、口語詩運動を推進する。大正期に入って郷里に隠棲し、良寛研究に専念。歌集に『睡蓮』（一九〇五年）、『御風歌集』（一九二六年）、『定本相馬御風歌集』（一九八三年）などがある。

〔勝原晴希〕

38

前川佐美雄

まえかわ・さみお

ひじやうなる白痴の僕は自転車屋にかうもり傘を修繕にやる

（『植物祭』）

〈鑑賞・解説〉 大意は「たいへんな白痴である僕は、自転車屋にこうもり傘を修繕させるのだ」。昭和初期のモダニズム短歌を代表する歌集『植物祭』の中で、とりわけよく知られる一首。すでに指摘されているように、自転車屋と蝙蝠傘の奇妙な取り合わせは、シュールレアリスムの影響である。文体は、口語を基本にして、一部に文語を入れた形と見てよい。唯一の明らかな文語である「非常《ひじやう》なる」は、程度の甚だしさを格調高く示す表現として、当時言文一致の文章中にも広く使われていた。掲出歌は、その習慣に従ったものであろう。ただし、ここでは、その格調高い表現が「白痴の僕」などというとぼけた自称表現に接続するので、大仰で滑稽な印象を読者に与えることになる。平仮名表記は、その印象をさらに強調するためのものに違いない。作者の意図はおそらく、みずから道化を装って、逆に世間の側の滑稽さを浮かび上がらせるところにある。

〈作者略歴〉 一九〇三（明治三六）～一九九〇（平成二）年。奈良県生。一九二一年、「心の花」に入会。三四年、「日本歌人」を創刊。歌集に『植物祭』（一九三〇年）、『大和』（一九四〇年）、『白鳳』（一九四一年）、『捜神』（一九六四年）、『白木黒木』（一九七一年）など、歌書に『秀歌十二月』（一九六五年）などがある。

〔中西亮太〕

39

今井邦子

いまい・くにこ

ぬば玉の闇《やみ》に息《いき》づくほたる火《び》の心も弱く我も息《いき》づく

（『紫草』）

〈鑑賞・解説〉 大意は「漆黒の闇にほのかに青白い光を明滅させている蛍の、その消え入るような淡い光のように、心も途絶えそうに弱弱しく、私も辛うじて生きている」。「ぬば玉の」は「闇」の枕詞、「ぬば玉の闇に息づくほたる火の」は「心も弱く」を引き出す序詞。この頃、作者は師・赤彦の死、姉の死、夫との不和などによって暗澹たる心境にあったので、「ぬば玉の闇」も「ほたる火の心」も単なる修辞ではない。どこにも希望を見出せないような漆黒の闇の世界に閉じ込められて孤独のうちに心弱りをし、ややもすると闇に消え入りそうになりながら、時折わずかに明るむことによって命の証を見せている――闇に明滅する蛍火のイメージが、そうした生きようを実感させる。繰り返される「の」が上句をつなぎ、「も」が下句をつなぎ、「息づく」が上句と下句をつないでいる、そうした技巧も、辛うじて命の糸をつないで生きている作者のありように結びついている。

〈作者略歴〉 一八九〇（明治二三）～一九四八（昭和二三）年。徳島県生。島木赤彦に師事して「アララギ」に入会するが、退会して一九三六年に「明日香」創刊。歌集に『紫草』（一九三一年）、『明日香路』（一九三八年）、歌書に『女性短歌読本』（一九三七年）など。『今井邦子全集』がある。

〔勝原晴希〕

40

前田夕暮

まえだ・ゆうぐれ

自然がずんずん体の中を通過する――山、山、山

（『水源地帯』）

〈鑑賞・解説〉 一九二九年、前田夕暮は、斎藤茂吉、土岐善麿、吉植庄亮とともに、東京朝日新聞社の飛行機で一時間半の遊覧飛行を体験した。掲出歌は、その折の作。「ずんずん」「通過する」といった口語に加え、短歌定型から大きく外れた自由律が特徴である。短歌に自由律を持ち込む運動は、昭和初年前後から始まっていた。明治末の瑞々しい相聞歌「木に花咲き君わが妻とならむ日の四月なかなか遠くもあるかな」（『収穫』）などによってすでに歌壇の大家になっていた夕暮は、この飛行体験を機に、自由律派に転じることになる。新しい感覚や思想を表現するためには新しい形式が必要である、というのが自由律派の主張であったが、「山、山、山」といった言い回し方は、飛行機という科学技術がもたらす感覚の表現として必然性を感じさせるところがある。今日必ずしも高い評価を得ているとは言えない自由律派の作品中で、この歌が一定の評価を得ている所以であろう。

〈作者略歴〉 一八八三（明治一六）～一九五一（昭和二六）年。神奈川県生。一九〇五年、尾上柴舟に師事。一一年、「詩歌」を創刊。歌集に『収穫』（一九一〇年）、『陰影』（一九一二年）、『生くる日に』（一九一四年）、『深林』（一九一六年）、『水源地帯』（一九三二年）などがある。

〔中西亮太〕

41　土屋文明　つちや・ぶんめい

吾が見るは鶴見埋立地の一隅ながらほしいままなり機械力専制は
（『山谷集』）

〈鑑賞・解説〉「鶴見臨港鉄道」と題する連作二十一首中の一首。大意は「私が今見ているのは鶴見埋立地の一隅に過ぎないが、ここでも機械力の専制支配はとどまるところを知らない」。大正歌壇の伝統を継ぐアララギの歌人の作としては、埋立地の工場群という題材が目新しい。そして、その下句には、プロレタリア歌人とは異なる立場からの大資本批判がみとめられる。作者はこの歌において、新たな題材と、それに対する新たな認識、感情を表現するために、生硬な字音語に大幅な字余りという特徴的な文体を用いている。その文体には、昭和初年前後から盛んになっていた口語自由律歌の作法の摂取を見ることが可能であろう。他方、第一句と第四句を文語にし、かつ定型の音数にしていることも見逃せない。それらの文語定型句は、この一首が短歌であることを保証しつつ、他の句の特徴的な文体をかえって強調し、一首全体に緊張感をもたらしている。

〈作者略歴〉一八九〇（明治二三）～一九九〇（平成二）年。群馬県生。伊藤左千夫に師事し、一九〇九年、「アララギ」に入会。歌集に『ふゆくさ』（一九二五年）、『往還集』（一九三〇年）、『山谷集』（一九三五年）、『韮菁集』（一九四六年）、『青南集』（一九六七年）など、歌書に『万葉集私注』（一九四九～五六年）などがある。

〔**中西亮太**〕

42　結城哀草果　ゆうき・あいそうか

木《き》の実《み》と草根《くさね》を食《くら》ひ飯食《めし》はぬ人らは黒き糞《ふん》たれにけり
（『すだま』）

〈鑑賞・解説〉「凶作」と題する六首中の一首。一九三四年の東北凶作を題材とする。大意は「人々は、凶作のために飯を食うことができず、木の実と草の根だけを食って、黒い糞を垂れることだ」。アララギの歌人で赤彦や茂吉らに次ぐ世代の代表格である結城哀草果は、自身山形県下で農業に携わってもいた。掲出歌の背景には、言うまでもなく、農民としての実生活がある。ただし、この歌は、一場面の映像を述べ表す一般的な写実の歌ではない。「人ら」がそれぞれ木の実や草の根を食い、それぞれ「黒き糞」を垂れたという事柄、すなわち時と場を隔てた複数の事柄を、この歌は組み合せているのである。抒情を抑制して叙事に努めたところは、古い時代の史書のような趣がある。なお、第一句の字足らずは、当然意図的なものと考えなければならない。おそらく、音の不足自体によって、飢餓の印象を伝えようとしたものであろう。

〈作者略歴〉一八九三（明治二六）～一九七四（昭和四九）年。山形県生。一九一四年、「アララギ」に入会し、斎藤茂吉に師事。四九年に「山塊」、五五年に「赤光」を創刊。歌集に『山麓』（一九二九年）、『すだま』（一九三五年）、『まほら』（一九四八年）など、随筆集に『村里生活記』（一九三五年）などがある。

〔**中西亮太**〕

43 五島美代子 ごとう・みよこ

胎動のおほにしづけきあしたかな吾子の思ひもやすけかるらし　（『暖流』）

〈鑑賞・解説〉大意は「胎動がほのかにしずかな朝であることよ。お腹の子の思いも穏やかであるらしい」。五島美代子は「母の歌」の歌人として知られる。二三歳で自死した長女を悼む痛切な歌がことに著名であるが、掲出歌はそのような悲しみを想像すらしていなかった、最初期の「母の歌」ということになる。上句で、胎動のさまを具体的にこまごまと述べるのでなく、「おほに」「しづけき」「あした」といった古語を用いておおどかに述べたところが、読む者の想像を誘う。それは現代の一つの命を超えて、原始の命の記憶を立ち上がらせるかのようである。対して、下句の抒情は、この歌の愛唱性を支えるものであるが、見方を変えればやや通俗的ともいうべきか。上句の叙述が残した空白部分を、作者みずから平凡な人情で埋めた感がある。ただし、この下句もまた擬古調の語を用いて、上句に釣り合う調べを得ていることは強調しておきたい。

〈作者略歴〉一八九八（明治三一）～一九七八（昭和五三）年。東京市生。一九一五年、佐佐木信綱に師事して「心の花」に入会。三八年、夫の茂と「立春」を創刊。歌集に『暖流』（一九三六年）、『赤道圏』（一九四〇年）、『新輯母の歌集』（一九五七年）、『いのちありけり』（一九六一年）などがある。

〔中西亮太〕

44 加藤克巳 かとう・かつみ

まつ白い腕が空からのびてくる抜かれゆく脳髄のけさの快感　（『螺旋階段』）

〈鑑賞・解説〉大意は「真っ白な腕が空から伸びてくる。その手によって私の脳髄が抜き取られていく今朝の快感よ」。『螺旋階段』は昭和初期の定型派歌人によるモダニズム歌集で、掲出歌はその代表歌である。作者は、刊行当時、弱冠二二歳。後年の回想によれば、盛んにシュルレアリスムの絵画を見、西脇順三郎の詩を読んでいた由である（三枝昂之編『歌人の原風景』）。西脇は、本邦初のシュルレアリスム・アンソロジー『馥郁タル火夫ヨ』（一九二七年）に寄せた序文に、「現実の世界は脳髄にすぎない。この脳髄を破ることは超現実芸術の目的である」と記していた。その目的を果たす際の「快感」もまた、同時期の西脇の論に頻出する概念である。掲出歌は、このような超現実芸術論を実践する試みとして、「まつ白い腕が空からのびてくる」形象を創造したものに違いない。その形象の小気味よさは、閉塞感の漂う当時の社会状況とは対照的である。

〈作者略歴〉一九一五（大正四）～二〇一〇（平成二二）年。京都府生。一九三五年、「短歌精神」創刊に参加。五三年、「近代」（後の「個性」）を創刊。歌集に『螺旋階段』（一九三七年）、『球体』（一九六九年）など、歌書に『意志と美』（一九六七年）、『現代短歌史』（一九九三年）などがある。〔中西亮太〕

45　明石海人　あかし・かいじん

シルレア紀の地層は杳《とほ》きそのかみを海の蠍《さそり》の我も棲みけむ

（『白描』）

〈**鑑賞・解説**〉大意は「シルレア紀の地層ははるかなものだ。その時代、私も海の蠍としてそこに棲んでいただろう」。明石海人は、ハンセン病患者の歌人として知られる。『白描』は、海人の生前に刊行された唯一の個人歌集。二部構成で、前半の「白描」に写実的な作風のもの、後半の「翳」にモダニズム的な作風のものを収める。刊行当時は「白描」に注目が集まったが、のちに塚本邦雄「短歌考幻学」が「翳」の歌を高く評価した。本来、二つの作風の違いを味わいつつ、両者を併せて一本の歌集として受容すべきなのであろう。掲出歌は、「翳」の部にある。シルレア紀は、地質年代で四億数千万年前の時代を指す語。「海の蠍」は、その時代、海中に生息した大型の蠍。想像力を駆使した歌で、「海の蠍」が妖しい美の光を放っている。同時に、そこには、己を異形の者と見做す悲しみと、己の運命を受け止めようとする意志も感じられる。

〈**作者略歴**〉一九〇一（明治三四）～三九（昭和一四）年。静岡県生。ハンセン病患者として入園した長島愛生園の文芸誌「愛生」などに一九三四年から出詠。三五年、「日本歌人」に入会。三八年、『新万葉集』に一一首収載。歌集に『白描』（一九三九年）、歌文集に『海人遺稿』（一九三九年）などがある。

〔**中西亮太**〕

46　筏井嘉一　いかだい・かいち

ある親は子にもの盗《と》らせ生きにけり盗《ぬす》む手口《てぐち》の冴えつつぞ子は

（『荒栲』）

〈**鑑賞・解説**〉大意は「ある親は、わが子に盗みをさせて生計を立てている。その子は、盗む手口の冴えわたることよ」。『荒栲』は、モダニズム短歌から日中戦争時の時局詠まで、多様な作風の歌を含む。とりわけ、この歌集を特徴付けているのは、児童詠であろう。筏井嘉一は、当時浅草の小学校教諭であったが、児童詠はその職業生活に取材したものである。掲出歌はそのうちの一首。他の児童詠と同様に、いわゆる下層社会の有り様を報告する。作中、児童の置かれた環境は過酷であるが、児童本人は健気で、むしろたくましい。第五句の「つつぞ」は、その両面への強い詠嘆であり、そこには社会状況に対する憤り、児童への人間愛など、さまざまな感情が込められているであろう。「夜は踊り一家《いっか》さざふる女生徒の授業うとうと居睡《ゐねむ》りて過ぐ」、「盛り場を流し生くれば童《こ》ながらにこゑ嗄《しや》がれたる唄ふてぶてし」といった歌も同じ傾向のものである。

〈**作者略歴**〉一八九九（明治三二）～一九七一（昭和四六）年。富山県生。一九一四年から北原白秋に師事し、「地上巡礼」などに出詠。三〇年、石川信雄らと「エスプリ」を創刊、モダニズム短歌運動の嚆矢となる。四〇年、「蒼生」を創刊。歌集に『荒栲』（一九四〇年）、『籬雨荘雑歌』（一九六五年）がある。

〔**中西亮太**〕

47 坪野哲久　つぼの・てっきゅう

曼珠沙華のするどき象《かたち》夢にみしうちくだかれて秋ゆきぬべき
（『桜』）

〈鑑賞・解説〉大意は「曼珠沙華の花の鋭い形象を夢に見た――。その花も打ち砕かれ、秋は過ぎてしまうだろう」。プロレタリア歌人であった坪野哲久は、一九三〇年に第一歌集が発禁処分となり、翌年には二度検挙されるなど、徹底的な弾圧を受けた。掲出歌は、日中戦争下の作。プロレタリア的な表現は後退し、超現実的で象徴的なイメージの美が現れている。戦後、塚本邦雄らが高く評価した作風である。眼目は、〈うちくだかれて〉にあろう。打ち砕かれるものは花と解すべきであるが、それにしても、打ち砕くという複合動詞は、「固いものを――」といった語感があり、現実の花の質感と合わない。この表現によって、形の鋭い花は、硬質の超現実的イメージに変化するとともに、「人間の命」（自註）、すなわち戦死者、思想弾圧によって倒れた者、転向を余儀なくされた者などの命の象徴として機能し始めるのである。

〈作者略歴〉一九〇六（明治三九）～八八（昭和六三）年。石川県生。「アララギ」「ポトナム」を経て、「短歌前衛」などの創刊に参加。三七年、「鍛冶」を創刊。歌集に『九月一日』（一九三〇年）、『百花』（一九三九年）、『桜』（一九四〇年）、『碧巌』（一九七一年）など、歌書に『昭和秀歌』（一九五八年）などがある。

〔中西亮太〕

48 斎藤　史　さいとう・ふみ

野に捨てた黒い手袋も起きあがり指指に黄な花咲かせだす
（『魚歌』）

〈鑑賞・解説〉「五月」と題する四首のうちの一首。大意は「冬の終わりに黒い手袋を野原に捨てたが、今やその手袋も起き上がって十指の先から黄色の花を咲かせだすほど、活気に充ちた季節であることだ」。黒い手袋に漂う西欧の香り、その黒に黄の花を配する新鮮な色彩感覚、手袋に命を吹き込む想像力もさることながら、それらを表現する短歌定型と軽やかな口語との組み合わせが印象的である。『魚歌』所収のこの歌や、「はとばまであんずの花が散つてきて船といふ船は白く塗られぬ」「岡に来て両腕に白い帆を張れば風はさかんな海賊のうた」といった歌は、前川佐美雄『植物祭』と並び、昭和初期のモダニズム短歌の代表作とされる。同時期のモダニズム系の歌人には自由律を志向する者が少なくなかったが、人々に長く記憶されることになったのは、前川や斎藤の定型歌である。なぜか。おそらく短歌の根本にも触れる問いである。

〈作者略歴〉一九〇九（明治四二）～二〇〇二（平成一四）年。東京市生。「心の花」、「短歌作品」などを経て、一九三四年、「日本歌人」創刊に参加。六二年、「原型」を創刊。歌集に『魚歌』（一九四〇年）、『うたのゆくへ』（一九五三年）、『ひたくれなゐ』（一九七六年）、『秋天瑠璃』（一九九三年）などがある。

〔中西亮太〕

49　吉植庄亮

よしうえ・しょうりょう

早少女が紺の股引の足結藁《あゆひ》あまりは唇《くち》にもてあそびつつ

（『開墾』）

〈鑑賞・解説〉 大意は「これから田植えをする少女の紺色の股引の足結藁よ。その藁の余りは少女が唇でもてあそんで――」。吉植庄亮は、四一歳の時、東京の新聞社の文芸部長を辞して千葉県印旛郡に移り住み、開墾事業を始めた。繊細な抒情が持ち味であった庄亮の歌の世界は、一変した。歌集『開墾』には、開墾と稲作と、それに関わる人々のさまがつぶさに取り上げられているほか、一九三〇年代の米価暴落と飢饉も題材になっている。掲出歌は一九三二年の作。農村の状況が悪化する中でも地道に働いていた農民の様子が窺える。「足結藁」は、活動しやすいように、作業着である股引の脛の辺りを藁で結わえたものか。洗いさらしの股引の紺色と、藁をもてあそぶ唇が、健康的な女性美を感じさせる。また、第四句までを名詞句と助詞のみで構成したことで素朴な調べが生まれ、その調べが早少女のイメージをよく表している。

〈作者略歴〉 一八八四（明治一七）～一九五八（昭和三三）年。千葉県生。一九〇三年、金子薫園主宰の白菊会に参加。二一年、「橄欖」を創刊し、「日光」創刊にも参加。歌集に『寂光』（一九二一年）、『開墾』（一九四一年）、『霜ぶすま』（一九五八年）など、随筆集に『馬の散歩』（一九三九年）などがある。

〔中西亮太〕

50　柴生田稔

しぼうた・みのる

なほいまだナチスの民にまさらむと人は言ひにき幾年前《いくとせまへ》か

（『春山』）

〈鑑賞・解説〉 大意は「まだ今のところ、ナチスの国の民衆よりは我々の方がよかろう、と人は言った。あれは何年前のことであったか」。『春山』所収歌の制作時期は、日本が軍国主義を強め、戦争への道をひた走った時代と重なっている。『春山』には、知識人の立場から当時の国家や世相について思いを述べる歌がある。掲出歌はそのような歌の一つで、一九三六年の作。一見して、省略と迂回の多い文体である。日本の軍国化を批判し、一般国民の不自由さを嘆じたものと受け取れるが、そのことを言葉の上に明示しないだけでなく、引き合いに出すナチスについても具体的な事柄は一切述べない。また、ナチスに絡む感想も、表向きは作中主体のものでなく、数年前の知人の発言なのである。この省略と迂回が、苛烈な言論統制に強いられたものであることは、言うまでもない。ただ、その文体自体が、苦悩に満ちた感情の表現として感じられるところに、この歌の生命はある。

〈作者略歴〉 一九〇四（明治三七）～九一（平成三）年。三重県生。一九二七年、「アララギ」に入会し、斎藤茂吉に師事。歌集に『春山』（一九四一年）、『麦の庭』（一九五九年）、『公園』（一九九〇年）など、評伝に『斎藤茂吉伝』（一九七九年）、歌書に『万葉の世界』（一九八六年）などがある。

〔中西亮太〕

51 木俣　修　きまた・おさむ

鷺の群渡りをへたる野の上はただうすうすに青き雪照《ゆきでり》

（『高志』）

〈鑑賞・解説〉 大意は「鷺の群れが去って静まりかえった野は、日暮れ時、積もった雪がただ仄かに青く光っている」。一九三五年に北原白秋主宰の歌誌「多磨」が創刊されたが、掲出歌の初出はその創刊号である。白秋の「多磨」創刊のねらいは、大正以来歌壇の中心勢力であったアララギ派に対抗し、その写実主義とは異なる流儀としての「新幽玄体」を打ち出すことにあった。すなわち、写実を平面描写と見做し、みずからはその平面の上に漂う余情を近代人の感覚で表そうというのである。掲出歌は、その流儀をよく実践したものとされる。第一句が喚起する鷺の群れのイメージは、第二句で否認されることによって薄れながらも、読者の脳裏を去らない。藤原定家の歌「花も紅葉もなかりけり」に似た効果である。何ものもいない雪原に鷺の群れの残像が重なるところは、夕闇の効果も相俟って、奥行きのある美の光景になっていると言えるであろう。

〈作者略歴〉 一九〇六（明治三九）～八三（昭和五八）年。滋賀県生。北原白秋に師事し、一九三五年、「多磨」創刊に参加。五三年、「形成」を創刊。歌集に『高志《こし》』（一九四二年）、『冬暦』（一九四八年）、『愛染無限』（一九七四年）など、歌書に『昭和短歌史』（一九六四年）、『大正短歌史』（一九七一年）などがある。

〔**中西亮太**〕

52 太田水穂　おおた・みずほ

命ひとつ露にまみれて野をぞゆく涯なきものを追ふごとくにも

（『流鶯』）

〈鑑賞・解説〉 『流鶯《りゅうおう》』は水穂の第七歌集で、一九四七年の刊行。「流鶯」とは、春すでに老いても声を惜しまずに鳴く鶯をいう（「後記」）。アララギ全盛の時代にも反写実の立場を変えず、芭蕉に倣った象徴的手法による作品を展開した水穂の代表作。「歌はどうしても現象から這入らずに感動の方から這入つて行かなければならない」「現象の描出は此の主観の響きに即して初めて意義を発するに過ぎない」（『短歌立言』）とあるように、露にまみれて野をゆくものは、どこの誰それであるというのではなく、生命そのものなのであり、「ぞ」とあるように、その「命」が歩むのは、どこであろうとも「野」なのであって、その命の姿は、終わりなきものを追い求める「ごとくにも」、「野」を「ゆく」のである。芭蕉の「荒野」の句を踏まえて、生命そのもののありようを表現しようとした歌であり、写生の歌ではない。

〈作者略歴〉 一八七六（明治九）～一九五五（昭和三〇）年。長野県生。本名貞一。一九〇〇年、新派和歌の同好会「この花会」結成。一九一五年、「潮音」創刊。歌集に『つゆ艸』（一九〇二年）、久保田山百合（島木赤彦）との共著『山上湖上』（一九〇五年）など、歌論書に『短歌立言』（一九二一年）などがある。

〔**勝原晴希**〕

53　吉野秀雄　よしの・ひでお

真命《まいのち》の極みに堪《た》へてししむらを敢てゆだねしわぎも子あはれ
（『寒蟬集』）

〈**鑑賞・解説**〉大意は「命の終わりの苦しみに堪えて、おのれの肉体を強いて私にまかせた妻よ、ああ」。「われ」と死を前にした妻との性愛の歌である。自註によれば、妻の死の前日の出来事を、のちに追想して詠んだものという。この歌について、岩田正は、「襟を正さずにはいられない」と記す（『日本名歌集成』）。読者がそのような感想を抱くのは、題材が厳粛であることに加え、古風な措辞がその厳粛さをよく支えているからであろう。吉野秀雄の歌の師である会津八一は、吉野の歌について、「単語でも、調子でも、私の歌に何一つ似たところが無い」と述べて、その独自性を評価している（「友人吉野秀雄」）。しかし、この歌の場合は、八一の歌「からふろのゆげのおぼろにし、むらをひとにすはせしほとけあやしも」などのアルカイスムに学んでいるのではないか。もちろん、その上で吉野が自身の思いを歌い切ったことは、作品自体が証明するところである。

〈**作者略歴**〉一九〇二（明治三五）～六七（昭和四二）年。群馬県生。一九二五年、会津八一『南京新唱』に感銘を受け、後に八一に師事。歌集に『苔径集』（一九三六年）、『寒蟬集』（一九四七年）、『早梅集』（同）など、歌書に『鹿鳴集歌解』（一九四七年）、『良寛和尚の人と歌』（一九五七年）などがある。

〔**中西亮太**〕

54　近藤芳美　こんどう・よしみ

夕ぐれは焼けたる階に人ありて硝子の屑を捨て落すかな
（『埃吹く街』）

〈**鑑賞・解説**〉大意は「夕暮れ時、焦土の中に焼け焦げて残ったビルの上の階に人が立ち、割れた窓ガラスの屑を地面に向けて捨て落とすことだ」。戦後の焼け跡の光景を活写した作である。夕日に輝きながら落下する硝子の屑、その屑が地面に落ちる音。歌の言葉の間から、それらがありありと立ち上がってくるように感じられる。近藤芳美がこのような歌をなし得た背景に、正岡子規以来の写実主義の伝統があることを思うとき、子規の文学論の射程の長さにあらためて驚かざるを得ない。なお、結句の助詞「かな」は、歌集収録にあたって、初出時の「かも」から改作したものである。万葉調の「かも」が荘重な印象であるのに比べ、古今調の「かな」はより穏やかで、軽快な印象を与える。「かな」への改作によって、この歌は、終戦直後の人々の虚脱感と解放感のない交ぜになった気分まで表すことに成功したのではないか。

〈**作者略歴**〉一九一三（大正二）～二〇〇六（平成一八）年。朝鮮生。一九三二年、「アララギ」に入会し、土屋文明に師事。五一年、「未来」を創刊。歌集に『早春歌』（一九四八年）、『埃吹く街』（同）、『黒豹』（一九六八年）など、歌書に『新しき短歌の規程』（一九五二年）、『青春の碑』（一九六四年）などがある。

〔**中西亮太**〕

55　宮　柊二　みや・しゅうじ

ひきよせて寄り添ふごとく刺《さ》ししかば声も立てなくくづをれて伏す
（『山西省』）

〈**鑑賞・解説**〉大意は「引き寄せて、寄り添うようにして刺したので、敵兵は声も立てず、崩れ落ちてうつぶせに横たわる」。宮柊二は、一九三九年に応召、一兵士として中国大陸を転戦した後、四三年に召集解除で帰還した。『山西省』は、その間に制作、発表した歌を、戦後まとめたものである。掲出歌の前後には、「磧《かはら》より夜をまぎれ来《こ》し敵兵の三人《みたり》迄を抑へて刺せり」「息つめて闇に伏すとき雨あとの峪《たに》踏む敵の跫音《あおと》を伝ふ」といった歌が並ぶ。戦中は観念的な銃後詠が量産される一方で、前線の有り様を具体的に伝える兵士の歌も発表されていた。『山西省』の歌は、後者を代表する。掲出歌の内容はことに衝撃的であるが、その表現の眼目は、刺す主体と崩れ落ちる主体をそれぞれ明示しないことであろう。日本語の特性を利用したその文体は、一連の歌の世界、すなわちあやめもわかぬ夜の闇、刺す者と刺される者が容易に入れ替わり得る極限の状況、に対応している。

〈**作者略歴**〉一九一二（大正元）〜八六（昭和六一）年。新潟県生。北原白秋に師事し、一九三五年、「多磨」創刊に参加。五三年、「コスモス」を創刊。歌集に『群鶏』（一九四六年）、『小紺珠』（一九四八年）、『山西省』（一九四九年）など、歌書に『埋没の精神』（一九五五年）などがある。

〔中西亮太〕

56　窪田章一郎　くぼた・しょういちろう

弟の臨終《いまは》のあはれ伝へ得る一人の兵もつひに還らず
（『ちまたの響』）

〈**鑑賞・解説**〉大意は「戦場で弟の死を看取って、そのさまを伝えることができたはずの一人の兵士もまた、帰還することなく、死んでしまった」。一九五二年、窪田章一郎は学会で「現代短歌の伝統と創造」と題する口頭発表をした。そこで打ち出した「民衆詩としての短歌」という理念は、戦後という新しい時代を生きる歌人のための一つの指針となった。掲出歌は、その学会発表以前の作。弟の死からもう一人の兵士の死までには一定の時間的隔たりがあるはずであるが、その二つの事柄を句切れなしに述べ表したところは、決してとどまらず、後戻りもしない残酷な時間の流れを暗示するかのようである。自身の死と、自身を看取った者の死とで、弟は二度死んだ。ここには深い家族愛と、痛切な悲しみと、その悲しみの本質をみずから理解する知性とが表れており、それはすでに新しい民衆詩としての短歌であったと言ってよいかもしれない。

〈**作者略歴**〉一九〇八（明治四一）〜二〇〇一（平成一三）年。東京府生。一九四六年、父空穂らとともに「まひる野」を創刊。歌集に『初夏の風』（一九四八年）、『ちまたの響』（一九五〇年）、『素心臘梅』（一九七九年）など、歌書に『西行の研究』（一九六一年）、『窪田空穂』（一九六二年）などがある。

〔中西亮太〕

57　塚本邦雄　つかもと・くにお

革命歌作詞家に凭りかかられてすこしづつ液化してゆくピアノ
（『水葬物語』）

〈鑑賞・解説〉大意は「革命歌の作詞家に寄りかかられること で、少しずつ溶解して音が歪んでゆくピアノよ」。いわゆる前衛短歌の旗手、塚本邦雄の第一歌集巻頭歌である。ここに塚本の歌の全てがあると言っても過言でない。その特徴は、第一に韻律の新しさ。一首全体の音数は三十一音に納めつつ、第二句から第三句にかけての〈凭りかかられて〉など、句割れ、句またがりを用いる。第二に現代社会への批判的な視点。共産主義が支持を集めていた敗戦後の時期にあって、この歌は革命を目指す運動に懐疑の目を向ける。第三に隠喩の導入。批判を直接的に述べるのでなく、液化するピアノというイメージに喩える。第四にそのイメージの非合理性。これによって、歌は作者の実生活を容易に想像させない。ここに提示された短歌の新たな可能性は、後続の歌人に決定的な影響を与えた。しかも、その可能性を塚本邦雄ほど徹底して追求した歌人はいない。

〈作者略歴〉一九二〇（大正九）～二〇〇五（平成一七）年。滋賀県生。「オレンヂ」などを経て、一九四九年、「メトード」創刊に参加。八六年、「玲瓏」を創刊。歌集に『水葬物語』（一九五一年）、『日本人霊歌』（一九五八年）、『感幻楽』（一九六九年）など、歌書に『夕暮の諧調』（一九七一年）などがある。

〔中西亮太〕

58　佐藤佐太郎　さとう・さたろう

夕映《ゆふばえ》のおごそかなりしわが部屋の襖《ふすま》をあけて妻がのぞきぬ
（『帰潮』）

〈鑑賞・解説〉大意は「夕映えが荘厳であった私の部屋の襖を開けて、妻が中を覗いた」。佐藤佐太郎は、敗戦とそれに続く第二芸術論、前衛短歌運動などにも動揺することなく、一貫して個人の生活の写生を追求した歌人と言える。ただ、興味深いのは、幻想的な作風で前衛短歌運動に近い位置にあった葛原妙子が、同時代の歌人の中では、一見自身の作とかけ離れて見える佐太郎の歌を好んでいたという事実である。葛原は佐太郎の歌に、アララギ流の写実主義に収まらないものを感じ取っていたのであろう。そのような目で見れば、掲出歌にも、素朴な写実主義の表現を超越するようなイメージをみとめることができる。夕日の光が照り輝く神々しい世界は、妻の顔の唐突な出現によって破られる。その一瞬、妻の顔は、ユーモラスな雰囲気を漂わせつつも、それまで見たことのない魔物の顔となって、世界を圧するのである。

〈作者略歴〉一九〇九（明治四二）～八七（昭和六二）年。宮城県生。一九二六年、「アララギ」に入会。斎藤茂吉に師事。四五年、歌誌「歩道」を創刊。歌集に『歩道』（一九四〇年）、『帰潮』（一九五二年）、『星宿』（一九八三年）など、歌書に『純粋短歌』（一九五三年）、『斎藤茂吉言行』（一九七三年）などがある。

〔中西亮太〕

59 生方たつゑ

うぶかた・たつえ

おのづから枯れし樹骸がたつなぎさ放たれてあればまた孤《ひとり》なり

（『雪の音譜』）

〈鑑賞・解説〉大意は「ひとりでに立ち枯れた木の見えるみぎわよ――。束縛から自由になってみると、私はまた孤独だ」。生方たつゑの歌風は、昭和十年代の二冊の歌集では写実的な傾向が強かったが、戦後数年を経て次第に変化する。それについて、生方自身は後年、「心象風景的なものも欲しいとねがいはじめ」ていた、と回想している（『雪の日も生きる』）。前衛短歌以前であるこの時期、葛原妙子や森岡貞香など、アララギ流の写実主義とは異なる歌風を目指す歌人が、少なからず登場していた。それは各人各様の動きであるとともに、一つの時代の機運でもあり、生方もその機運の中にいたと見てよい。掲出歌は、生方の歌風の変化が始まった頃の作。上句が述べ表す風景は荒涼として異界を思わせ、しかも下句の心情によく対応する。それらの点が、樹骸という耳慣れない漢語の効果と相俟って、その風景を心象風景のように感じさせるのであろう。

〈作者略歴〉一九〇五（明治三八）～二〇〇〇（平成一二）年。三重県生。今井邦子に師事し、一九三六年、「明日香」創刊に参加。後に松村英一に師事。六三年、「浅紅」を創刊。歌集に『山花集』（一九三五年）、『雪の音譜』（一九五三年）、『青粧』（一九五五年）など、評伝に『和泉式部』（一九七五年）などがある。

〔中西亮太〕

60 森岡貞香

もりおか・さだか

月のひかりとなりし畳に子を招べば肢影ながく曳き少年は来ぬ

（『白蛾』）

〈鑑賞・解説〉大意は「月の光そのものとなった畳に子を呼ぶと、肢体の影を長く曳いて少年は来た」。一首の眼目は、「子」と「少年」の違いにあろう。作者自身は、「現実以上の現実感をと願うのは、わたしの詩学」とし、この歌の「少年」は「純粋に少年というものに昇華」している、と述べる（『わが歌の秘密』）。これを参考にして言えば、一個の存在に対しての、「子」という認識は、生活者の日常的な認識である。一方、「少年」という認識は、その日常的な認識を超えて、「子」の先に純粋な典型としての「少年」をみとめるものと言える。「少年」は典型であるがゆえに、あらゆる「子」の先に存在すると同時に、それ自体としてはどこにも存在しない。その意味では、「少年」を述べ表すことは非写実的と言えるであろう。しかし、仮にその典型を見通さないまま「子」を述べ表すとすれば、それは「実」を写すと言えるであろうか。この歌は、写実の概念について、問題を投げかけているように思われる。

〈作者略歴〉一九一六（大正五）～二〇〇九（平成二一）年。島根県生。「心の花」を経て、一九三四年、「ポトナム」に入会。六八年、「石畳」を創刊。歌集に『白蛾』（一九五三年）、『未知』（一九五六年）、『百乳文』（一九九一年）などがある。

〔中西亮太〕

61 中城ふみ子　なかじょう・ふみこ

メスのもとひらかれてゆく過去がありわが胎児らは闇に蹴り合ふ
（『乳房喪失』）

〈鑑賞・解説〉 大意は「医師のメスによって私の体の奥底に沈んでいた過去が開かれてゆき、私の胎児たちは闇の中で蹴り合うことだ」。中城ふみ子の歌の題材は劇的であり、しばしばスキャンダラスでもある。乳癌という悲劇に加え、離婚、不倫、年下の青年との恋といった事柄が次々に展開される。しかし、それだけで没後半世紀以上も作品が読まれ続けることはない。その歌の特色は、題材の切り分け方にある。掲出歌第二句の初出形「あばかれてゆく」は露悪趣味的な言い回しで、自己陶酔を感じさせた。歌集では「ひらかれてゆく」という、より客観的な表現に改め、「過去」を冷徹に見つめる視点を打ち出す。闇の中の胎児らは、過去の悪事の象徴である。胎児らの蹴る動作は、作中主体を責めると同時に、世間に対して自己の存在を主張するようでもある。非合理的なイメージと、その背後に垣間見える実存主義風のモチーフは、同時期の葛原妙子らの歌とも通じ合うものであり、読者を引きつけて止まない。

〈作者略歴〉 一九二二（大正一一）〜五四（昭和二九）年。北海道生。「新墾《にひはり》」を経て、一九五三年、「潮音」に入社。新進歌人として注目されながら病没。歌集に『乳房喪失』（一九五四年）、没後刊行の『花の原型』（一九五五年）がある。

〔中西亮太〕

62 寺山修司　てらやま・しゅうじ

マッチ擦るつかのま海に霧ふかし身捨つるほどの祖国はありや
（『空には本』）

〈鑑賞・解説〉 大意は「マッチを擦る束の間、海は深い霧に包まれている。身を捨てるほど価値のある祖国など、私にあるだろうか」。寺山修司は、掲出歌の発表以前に、著名俳人の俳句作品からの〈模倣〉を批判されていた。したがって、しばしば指摘される富沢赤黄男の句「一本のマッチをすれば湖は霧」（『天の狼』）と掲出歌との類似は、寺山が批判を承知した上で、意図的に先行句の発想と表現を借りたものであろう。その作意と意義について、研究者は寺山の〈「私」性文学の短歌にとっては無私に近づくほど多くの読者の自発性になりうる〉（『空には本』）という発言などを参照しつつ様々に論じているが、結論にはなお遠いように見える。芸術の各分野で引用やコラージュが作法としてみとめられる一方、著作権の問題とも絡んで、盗作をめぐる議論が絶えない現代である。掲出歌の問題も、古くて新しいものに違いない。

〈作者略歴〉 一九三五（昭和一〇）〜八三（昭和五八）年。青森県生。演劇、映画の演出と脚本、歌謡曲の作詞など、多方面で活躍した。歌集に『空には本』（一九五八年）、『血と麦』（一九六二年）、『田園に死す』など、歌書に『火と水の対話』（塚本邦雄との共著、一九七七年）、『黄金時代』（一九七八年）などがある。

〔中西亮太〕

63

葛原妙子

くずはら・たえこ

あやまちて切りしロザリオ転がりし玉のひとつひとつ皆薔薇

（『原牛』）

〈鑑賞・解説〉 大意は「誤って切ってしまったロザリオ――。転がったその玉の一つ一つが皆薔薇の花であることだ」。昭和三十年代の前衛短歌運動の一面は、短歌の文体を多様にする試みであった。葛原妙子を前衛歌人と見做すことは必ずしも適切でないが、掲出歌の下句などは、この作者が文体の試みという点で、前衛短歌運動に近い位置にあったことの一つの証しである。第四句の字足らず、およびそこから第五句への句またがりは、「ひとつ」という語の反復とともに、転がり散らばる玉の動きを感じさせる。不意に口をつぐんだような、副詞付き体言止めの異様さは、ロザリオの原義（薔薇の花冠）の単なる確認でなく、目の前に薔薇の花そのものを出現させる幻想へと繋がっている。なお、転がった玉は皆「人間の罪過」の変容である、と作者本人は自註する（『孤宴』）。幻想の美のうちに存在の根源を問う、という作者のモチーフを開示した言葉であろう。

〈作者略歴〉 一九〇七（明治四〇）～八五（昭和六〇）年。東京市生。一九三九年、「潮音」に入社。八一年、「をがたま」を創刊。歌集に『橙黄』（一九五〇年）、『原牛』（一九五九年）、『葡萄木立』（一九六三年）、『朱霊』（一九七〇年）、『鷹の井戸』（一九七七年）など、随筆集に『孤宴』（一九八一年）がある。

〔中西亮太〕

64

武川忠一

むかわ・ちゅういち

白らじらと光る氷湖の沖解けて倚るべきものに遠く歩めり

（『氷湖』）

〈鑑賞・解説〉 大意は「氷結した湖が白々と光っているが、見渡すと沖の氷が解けていて――私は拠り所とすべきものから遠く離れて歩いている」。武川忠一は長野県上諏訪の出身で、この歌は諏訪湖を題材としたもの。同じ冬季の諏訪湖を詠んだ歌に、やはり上諏訪出身の島木赤彦の「みづうみの氷は解けてなほ寒し三日月の影波にうつろふ」がある。比較してみると、赤彦の歌が写実に徹しているのに対し、武川の歌は下句に主観の表出がある。これは赤彦が意識的に抑制しようとしたことであるから、武川の歌が赤彦の歌より新しいなどと直ちに言うことはできない。ただ、大正以来のアララギ流写実主義の影響力が、すでに自然詠においても弱まっていたことを、ここに確認することは可能であろう。「倚るべきもの」について、作者自身は風土、環境、父などをあげる（『歌人の原風景』）。氷湖の自然と対峙するような潔癖さが印象深い歌である。

〈作者略歴〉 一九一九（大正八）年～。長野県生。一九四六年、「まひる野」創刊に参加。八二年、「音」を創刊。歌集に『氷湖』（一九五九）、『秋照』（一九八一年）、『翔影』（一九九六年）など、歌書に『土岐善麿』（一九八一年）、『抒情の源泉』、（一九八七年）、『窪田空穂研究』（二〇〇六年）などがある。

〔中西亮太〕

65　春日井建

かすがい・けん

童貞のするどき指に房もげば葡萄のみどりしたたるばかり

（『未青年』）

〈鑑賞・解説〉大意は「童貞の鋭い指で房をもぐと、葡萄の緑色はしたたるかと思うほど瑞々しい」。春日井建の第一歌集『未青年』は、二十歳以前の作を中心にまとめたものである。生活臭のないイメージ群に、背徳への憧れとそれがもたらす孤立感を刻み付けた歌は、雑誌掲載時から反響を呼んだ。文体の面で注意したいのは、それらの歌があくまで端正な文語定型に拠っていることである。これについて、三島由紀夫は〈短歌形式なるものが、小説を以てしては独り合点な個人的な告白にをはるところに、（略）『生れながらの普遍性』を与へてゐる〉と評していて（「春日井建氏の歌」）、示唆に富む。掲出歌は、葡萄の房をもぐ行為が性的行為の隠喩になっている。童貞のそのような行為はいわば背徳的な行為であるが、第五句「したたるばかり」に背徳を称揚する心は明白である。その心が美を求める心に等しいことを、文語定型の様式美が証している。

〈作者略歴〉一九三八（昭和一三）～二〇〇四（平成一六）年。愛知県生。十代の頃から結社誌「短歌」に出詠。一九七九年から同誌を主宰。歌集に『未青年』（一九六〇年）、『行け帰ることなく』（一九七〇年）、『青葦』（一九八四年）、『井泉』（二〇〇二年）など、歌書に『東海詞華集』（一九八二年）などがある。

〔中西亮太〕

66　尾山篤二郎

おやま・とくじろう

箸おきてひとり酌するこの夕べいのちを洗ふごとくすずしき

（『雪客』）

〈鑑賞・解説〉尾山篤二郎は一五歳のとき、膝関節結核によって右足を切断、松葉杖を必要とした。後に「世に抛て生くらく吾と思はねどいや年の毎に抛しや吾は」（『平明調』一九三三年）と詠んでいるのが、そのことと関わりがあるというわけではないが、彼の作品に歌われる自然・情景は、どこか不思議な情感を湛え、ときに艶、ときに凄愴、深い感慨に誘われる。たとえば、「中空ゆ雪ふりきたり大河ゆ雪わきたつも明るかりけり」（『明る妙』）の不思議な明るさ。「雪かともまどふ霜夜の月光は枯木の影を地に凍てしむ」の透き通るような荒涼の美。「うつくしき入日のなごり空に顕ちおもむろにして額を照らす」（『雪客』）の艶にして神秘的な官能。「夕餉の箸を置いて、ひとり自ら酒をつぐこの夕べは、命を洗うように涼しい」と歌う掲載歌では、作者は自らを情景の内部に置いて、清爽な「この夕べ」の世界を賛している。

〈作者略歴〉一八八九（明治二二）～一九六三（昭和三八）年。石川県生。郷里の室生犀星らと交友。上京して窪田空穂、前田夕暮、若山牧水らと交友。一九一四年「異端」、一九年「自然」、三八年「芸林」を創刊、また一七年には歌壇最初の総合雑誌「短歌雑誌」の編集に加わる。歌集に『さすらひ』（一三年）、『明る妙』（一五年）などがある。

〔勝原晴希〕

67 岡井　隆　おかい・たかし

キシヲタオ……しその後《のち》に来んもの思《も》えば　夏曙《あけぼの》の
erectio penis
（『土地よ、痛みを負え』）

〈鑑賞・解説〉 一九六〇年の作で、大意は「「岸を倒せ」という声が盛んに聞こえるが、倒した後に来るであろうものを想像してみると、それは夏の明け方の erectio penis のようなものだ」。岡井隆は長い歌歴の間に幾度となく作風を変化させたが、掲出歌は前衛短歌時代の一首。「キシ」は、時の首相、岸信介。「キシヲタオ」は安保闘争の標語からの引用で、「し」以下はその闘争をめぐる所感である。闘争に勝利した後の幻滅を予想し、それを男性の朝の生理現象に喩える。隠喩の多用と題材の政治性が、この時期の岡井の歌の特徴である。第五句で横文字表記のラテン語を用いるのは憚りのためで、隠語、もしくは伏せ字に似た効果をねらうものであろう。外国語の中でもラテン語を選ぶのは、それが古い言語で非日常的な格調の高さを感じさせるからか。日常語がそのまま「歌言葉」になるわけではない（歌集後記）、という作者の短歌観の一端が窺える。

〈作者略歴〉 一九二八（昭和三）年～。愛知県生。一九四八年、『アララギ』に入会。五一年、「未来」創刊に参加。歌集に『斉唱』（一九五六年）、『土地よ、痛みを負え』（一九六一年）、『鷲卵亭』（一九七五年）など、歌書に『現代短歌入門』（一九六九年）、『辺境よりの註釈』（一九七三年）などがある。

〔**中西亮太**〕

68 岸上大作　きしがみ・だいさく

意志表示せまり声なきこえを背にただ掌の中にマッチ擦るのみ
（『意志表示』）

〈鑑賞・解説〉 いわゆる六〇年安保闘争を背景にする岸上大作の歌の中で、ことに有名な一首。大意は「意志表示を迫って、しかも無言の声――。その声を背に、自分はただ手の中でマッチを擦るだけだ」。政治闘争を前にした青年のためらい、を一首の主題と捉えることに異論は出ないであろう。ただ、上句の「せまり」については、語法の誤りとする向きもある。意志表示を「せまる」無言の声、でなければならないというわけである。意志表示をする時が迫り――、といった意味に解する説（武川忠一、『現代短歌鑑賞辞典』）は、この議論を回避するためのものと思われるが、やや苦しいか。私見を言えば、語法の誤りなど、この歌のどこにも存在しない。「意志表示せまり声なき」は、「こえ」にかかる一塊の修飾句である。この第二句までの表現により、意志表示を迫ることと無言であることの間には、微妙な因果関係が生まれるようである。無言であることの迫力は、そのことで一層強まるであろう。

〈作者略歴〉 一九三九（昭和一四）～六〇（昭和三五）年。兵庫県生。一九五五年、「まひる野」に入会。大学在学中に自死。没後刊行の歌文集『意志表示』（一九六一年）、日記『もうひとつの意志表示』（一九七三年）、『青春以前の記』（一九七四年）がある。

〔**中西亮太**〕

69　高安国世　たかやす・くによ

なまなまと病院を出でし塵埃車街に平凡のトラックとなる
（『街上』）

〈鑑賞・解説〉 大意は「生々しい廃棄物を積んで病院を出たゴミ収集車は、街中に一台の平凡なトラックとして紛れ込む」。高安国世主宰の歌誌『塔』が歌の表記を歴史的仮名遣いから現代仮名遣い（新カナ）に変えたのは、一九五六年のことである。前年、近藤芳美らの『未来』は、すでに新カナに移行している。両者を併せて、歌壇の一つの運動と見ることができる。掲出歌は新カナ採用後の作。旧カナとの違いは「ッ」の表記に見えるのみであるが、新カナ採用の影響は、むしろ表記に表れないところに大きかったはずである。例えば、同時期の高安の歌を見ると、「出《い》ず」という表記が出てくる。新カナでは打ち消しの「出《で》ず」と紛らわしくなるので、振り仮名を振るわけである。その種の配慮の必要性は、措辞や、措辞以前の発想を変化させずにはおかなかったであろう。掲出歌の「出でし」という言い回しも、あるいは振り仮名を振る煩わしさから「出ず」という語形を避けた結果かも知れないのである。

〈作者略歴〉 一九一三（大正二）～八四（昭和五九）年。大阪府生まれ。一九三四年、「アララギ」に入会。五四年、「塔」を創刊。歌集に『真実』（一九四九年）、『街上』（一九六二年）、『虚像の鳩』（一九六八年）、『光の春』（一九八四年）など、歌書に『詩と真実』（一九七六年）などがある。

〔**中西亮太**〕

70　安永蕗子　やすなが・ふきこ

紫の葡萄を搬ぶ舟にして夜を風説のごとく発ちゆく
（『魚愁』）

〈鑑賞・解説〉 大意は「それは紫色の葡萄を運ぶ舟であり――噂で聞いた通り、夜の闇の中を出立してゆくことだ」。安永蕗子の歌は、端正な韻律と抽象に傾く内容で知られる。掲出歌は、その初期の代表作。しばしば取り上げられるが、解釈になお考察の余地がある。従来、第四句「風説のごとく」は、舟の発ちゆくさまの比喩と解するのが通例である。しかし、それは、現代短歌の豊かな比喩表現に馴れ親しんだ読者による、美しい誤解ではないか。「風説のごとく」という表現は、明治、大正期の散文ではさほど珍しくない。「噂に聞く通り」というほどの意味で使うのである。掲出歌は昭和三十年代の作であるが、そのやや古風な散文の表現を借用したものと解するのが穏当ではないか。巷の噂で聞いた舟は、いま目の前で出立しようとしている。舟も葡萄も、夜の闇に紛れつつ、しかも強い印象を与える。抽象を標榜する作者らしい一首といえる。

〈作者略歴〉 一九二〇（大正九）年～。熊本県生。一九五四年、「椎の木」に参加。歌集に『魚愁』（一九六二年）、『蝶紋』（一九七七年）、『朱泥』（一九七九年）、『褐色界』（二〇〇三年）など、歌書に『幻視流域』（一九七二年）、随筆集に『みずあかりの記』（一九七九年）、『書の歳時記』（一九八二年）などがある。

〔**中西亮太**〕

71 島田修二　しまだ・しゅうじ

ただ一度生れ来しなり「さくらさくら」歌ふベラフォンテも我も悲しき

（『花火の星』）

〈鑑賞・解説〉大意は「たった一度だけ生まれてきたのだ。「さくらさくら」を歌うベラフォンテも、そして私も、悲しい存在であることだ」。一九六〇年の作で、作者本人は、安保闘争の「痛みを負った一首」と記す（『わが歌の秘密』）。日米安保条約批准は同年六月。アメリカの歌手ハリー・ベラフォンテの来日公演は、翌七月にあった。作者は、そこで歌われた日本の童謡に触発されて、その黒人歌手の人種差別との闘争を思い、かつ己の一市民としての生き方を思ったのである。しかし、その心の動きの細部は、歌の表現の上からはほとんど消されている。結果、〈ただ一度生れ来しなり〉という言葉は、不意にもたらされた啓示のように輝くのである。なお、「さくらさくら」の字余りには、ぎこちない日本語の発音を連想させるとの指摘がある（高野公彦『日本名歌集成』）。「歌ふベラフォンテも」の字余りも、歌手の肉体と声の存在感を思わせる。

〈作者略歴〉一九二八（昭和三）～二〇〇四（平成一六）年。神奈川県生。「多磨」を経て、一九五三年、「コスモス」創刊に参加。八八年、「青藍」を創刊。歌集に『花火の星』（一九六三年）、『青夏』（一九六九年）、『渚の日々』（一九八三年）など、歌書に『宮柊二』（一九八〇年）、『抒情の空間』（一九八四年）などがある。

〔中西亮太〕

72 前 登志夫　まえ・としお

暗道《くらみち》のわれの歩みにまつはれる蛍ありわれはいかなる河か

（『子午線の繭』）

〈鑑賞・解説〉大意は「暗い夜道を歩く私にまとわりつくように蛍が飛びめぐる。蛍にとって私はどのような河であろうか」。「われ」という存在の問い直しがこの歌の主題であり、「われ」のうちに山河に通うものをみとめたところがこの歌の魅力である。蛍の歌は、古典和歌に和泉式部「もの思えば沢のほたるもわが身よりあくがれ出づるたまかとぞ見る」があり、近代短歌には窪田空穂『土を眺めて』の「其子等に捕へられむと母が魂蛍と成りて夜を来たるらし」がある。蛍に女の魂のイメージを重ねたそれらの歌を念頭に置けば、掲出歌は蛍を女に、河を男に見立てて、その暗い交わりを表現したものと受け取ることも可能であろうか。前登志夫は吉野山中に暮らし、その風土と風俗に根ざした作風で知られる。風土と風俗を認識するためには、外部の目が必要である。前の歌が近代の文学と哲学をくぐり抜けていることは、掲出歌にも見て取れるであろう。

〈作者略歴〉一九二六（大正一五）～二〇〇八（平成二〇）年。奈良県生。前川佐美雄の影響を受ける。一九八〇年、「ヤママユ」を創刊。歌集に『子午線の繭』（一九六四年）、『霊異記』（一九七二年）、『落人の家』（二〇〇七年）など、随筆集に『吉野紀行』（一九六七年）、『山河慟哭』（一九七六年）などがある。

〔中西亮太〕

73

山中智恵子

やまなか・ちえこ

行きて負ふかなしみぞここ鳥髪に雪降るさらば明日も降りなむ

（『みずかありなむ』）

〈鑑賞・解説〉大意は「赴くことで負う悲しみ――。ここ鳥髪の地に、その悲しみの印のような雪が降る。そういうことであるなら、雪は明日もきっと降るであろう」。言葉の響きとリズムの美しさで名高い一首。第二、四句の中ほどに、それぞれ意味の切れ目を置くことが目を引く。古語を駆使しながら、古歌に少しも似てこないのは、主にその特異なリズムのためである。この歌はまた、難解なことでも知られる。「ここ」に雪が降ることを述べた直後、その確定事項を仮定の接続句「さらば」で受けるところは、どのように解すればよいのか。「ここ鳥髪に雪降る」と「さらば明日も降りなむ」はそれぞれ別の主体の声である、という解釈を試みに出しておく。鳥髪は、神の国から追放されたスサノオが最初に降り立った地。スサノオの、ひいてはこの世の人々の永遠に負わねばならない悲しみ、に一首の主題を見る先行説は動かないであろう。

〈作者略歴〉一九二五（大正一四）～二〇〇六（平成一八）年。愛知県生。前川佐美雄に師事し、一九四六年、「オレンヂ」に入会。歌集に『空間格子』（一九五七年）、『紡錘』（一九六三年）、『みずかありなむ』（一九六八年）、『星肆《ほしくら》』（一九八四年）など、評論集に『三輪山伝承』（一九七二年）などがある。

〔中西亮太〕

74

小野茂樹

おの・しげき

あの夏の数かぎりなきそしてまたたつた一つの表情をせよ

（『羊雲離散』）

〈鑑賞・解説〉名高い恋歌であるが、解釈に検討の余地がある。過去への愛惜のうちに現在へのどのような思いを読み取るべきか、という一首全体に関わる問いのほか、細部の読み取り方への問いもまだ有効であろう。第二句以下は、「さまざまな表情、なかでも忘れがたい表情をせよ」（久我田鶴子『現代短歌大事典』）といった意味に取るのが通例のようである。しかし、「そしてまた」を「なかでも」と解することには、いくらか無理がないか。作中主体が望むのは、無数と唯一、の二つの条件が同時に成り立つような表情である。「あの夏、君が私に見せた無数の表情は、どれもがほかの誰も持ち得ない唯一の表情であったが、あのような表情をもう一度見せてくれ」といった意味に取る解釈を、ここでは試みに出しておく。どのように無数であり、唯一であるかについては他の解釈もあり得るかも知れないが、いずれにしても、並立するそれらの条件を、まるで矛盾するものであるかのように述べたところに、表現上のおもしろみがある。

〈作者略歴〉一九三六（昭和一一）～七〇（昭和四五）年。東京市生。一九五五年、「地中海」に入社。交通事故により急逝。歌集に『羊雲離散』（一九六八年）、没後刊行の『黄金記憶』（一九七一年）がある。

〔中西亮太〕

75　福島泰樹　ふくしま・やすき

ここよりは先へゆけないぼくのため左折してゆけ省線電車

（『バリケード・一九六六年二月』）

〈鑑賞・解説〉 福島泰樹の第一歌集『バリケード・一九六六年二月』の中心は、いわゆる大学闘争を学生の立場から歌った連作である。掲出歌はその連作の中の一首。機動隊による学生の検挙を示唆する歌の後に置かれているので、その敗北感をモチーフにしたものと受け取れる。三枝昂之による歌集跋文には「自己変革」なる語が頻出し、当時の若者気質をよく示しているが、その語に照らしてみるならば、掲出歌は自己変革の困難さに対する「魂の悲鳴」（伊藤一彦『現代秀歌百人一首』）ということになる。表現の点では、「ぼく」という語に注意したい。同じ歌集には他に、われ、おれ、といった一人称が見られる。いずれも、歌集の全歌に共通する一人の視点人物の自称表現と解してよい。この歌集における数種類の一人称の使用は、それ自体が自己認識の定まらない作中主体のあり方を暗示していると思われる。また、そのような作中主体であるからこそ、自己変革を標榜することが可能になるのであろう。

〈作者略歴〉 一九四三（昭和一八）年〜。東京府生。「心の花」「反措定」を経て、一九八八年、「月光」を創刊。歌集に『バリケード・一九六六年二月』（一九六九年）、『中也断唱』（一九八三年）など、歌書に『抒情の光芒』（一九七八年）などがある。

〔中西亮太〕

76　佐佐木幸綱　ささき・ゆきつな

約束が明日から腕を伸ばし来るまっぴらごめんで二十代越ゆ

（『群黎』）

〈鑑賞・解説〉 大意は「明日の約束が、私を縛ろうとして腕を伸ばしてくる。私は二十代を越えようとしているが、そんな約束は御免被るのだ」。静的な観照と抒情の歌が多数であった短歌の世界に、佐佐木幸綱は行動的で活気にあふれた歌を掲げて登場した。掲出歌にもその特徴はよく表れている。既成の権威をはね返すような内容もさることながら、それを支える口語調の文体に注意したい。この文体からは、後年の俵万智も示唆を受けたはずである。しかし、両者を比較すれば、違いもまた目に付く。俵の『サラダ記念日』の歌が概ね現代の口語のみを用いるのに対し、掲出歌は文語に「まっぴらごめん」というやや古風な口語を交じえている。そして、口語歌はややもすると調べの点で間延びした印象を与えるが、掲出歌の口語はむしろ歯切れがよい。この歯切れのよさが歌に活気を与える。佐佐木は、そのような口語だけを選択して用いたのであろう。

〈作者略歴〉 一九三八（昭和一三）年〜。東京市生。一九七四年から「心の花」の編集人を務める。歌集に『群黎』（一九七〇年）、『直立せよ一行の詩』（一九七二年）、『夏の鏡』（一九七六年）、『金色の獅子』（一九八九年）など、歌書に『万葉へ』（一九七五年）、『底より歌え』（一九七九年）などがある。

〔中西亮太〕

77　大西民子　おおにし・たみこ

降りやまぬ雨の奥よりよみがへり挙手の礼などなすにあらずや
（『花溢れゐき』）

〈鑑賞・解説〉大意は「降りやまない雨の奥から甦って、彼は挙手の礼などをするのではないか」。挙手の礼は、旧日本軍の敬礼の作法。先行研究の指摘する通り、「よみがへ」って軍隊式の敬礼をする者は戦死者であり、一首のモチーフはその戦死者を慕う心情にあろう。国と軍紀への忠誠を示す敬礼の動作は凛々しく、それゆえに人を悲しませる。掲出歌の題材として、特にこの動作が選ばれる所以である。表現については、結句の「あらずや」に注意したい。これは、作中主体が自身にむけて発する、問いと反語が渾然と合わさったような言葉である。同じ作者による「完《まつた》きは一つとてなき阿羅漢のわらわらと起《た》ちあがる夜無きや」（『不文の掟』）の結句なども、同様の表現と考えてよい。このような表現は、幻のイメージの儚さを演出するだけでなく、そのイメージでみずからの心を埋めようとする一人の「われ」の姿を浮かび上がらせる。

〈作者略歴〉一九二四（大正一三）～九四（平成六）年。岩手県生。一九四六年、「オレンヂ」創刊に参加。後に木俣修に師事し、五三年、「形成」創刊に参加。歌集に『まぼろしの椅子』（一九五六年）、『不文の掟』（一九六〇年）、『花溢れゐき』（一九七一年）、『風の曼荼羅』（一九九一年）などがある。

〔中西亮太〕

78　玉城　徹　たまき・とおる

壁ぎはのベッドにさめしちのみごに近々と啼く霧のやまばと
（『樛木』）

〈鑑賞・解説〉「たたかひより生きて帰つたものが歌ふ」と題する二首のうちの一首。大意は「部屋の壁際のベッドの上で目覚めた乳児の耳に、霧の中で啼く山鳩の声が近々と聞こえる」。素直に解すれば、兵士がわが子を見つめて詠んだ歌ということになろうが、あるいは兵士が戦地から生還したわが身を乳飲み子になぞらえた歌との別解も成り立つか。壁際のベッドや戸外の霧が高原の療養所を思わせるようでもある。いずれにしても、歌は端正で美しい。近現代の個人歌集に慣れた目にやや奇異に映るのは、歌の詠み手を三人称で示す題である。このような題の付け方は、「生活記録のために作品を作るのではなく、逆に作品によって生活を形成する」（「樛木後記」）という作者の方法意識に関係するものと思われる。では、その方法意識は、歌自体にはどのような形で表れているのか。興味深い問題であり、研究の進展が期待される。

〈作者略歴〉一九二四（大正一三）～二〇一〇（平成二二）年。宮城県生。一九四〇年、北原白秋に師事し、「多磨」に入会。七七年、「うた」を創刊。歌集に『馬の首』（一九六二年）、『樛木』（一九七二年）、『香貫』（二〇〇〇年）など、歌書に『北原白秋』（一九七四年）、『近世歌人の思想』（一九八八年）などがある。

〔中西亮太〕

79

河野裕子

かわの・ゆうこ

青林檎与へしことを唯一の積極として別れ来にけり

(『森のやうに獣のやうに』)

〈鑑賞・解説〉 大意は「人に青林檎を渡したことを、今日の私の唯一の積極的な行為として心にとどめながら、その人と別れてきたことだ」。『森のやうに獣のやうに』は、与謝野晶子『みだれ髪』以来たえてなかった、女性による青春歌集である。この歌集では、職業生活も結婚生活も歌われない。代わりに歌われるのは、「たつた一度きりのあの夏」であり、「初夏の陽にけぶれるごときわが乳房」である。後続の女性歌人に青春歌集と見做し得るものが多いことを思えば、河野裕子は歌集の一典型を新たに作ったと言えるのではないか。掲出歌は、初々しい恋を題材にする。青林檎の酸味は、その初々しさを象徴するものか。表現を見ると、文語文法を基本にすること、ことに「青林檎与へし」の主語とその相手を示す語を省略していることなどは、短歌の伝統的な作法を受け継いでいる。他方、用語はあくまで平明である。この平明さは、後年の俵万智『サラダ記念日』の登場をすでに準備しているようにも思われる。

〈作者略歴〉 一九四六(昭和二一)~二〇一〇(平成二二)年。熊本県生。「コスモス」を経て、一九九〇年、「塔」に入会。歌集に『森のやうに獣のやうに』(一九七二年)、『ひるがほ』(一九七六年)、『体力』(一九九七年)など、歌書に『体あたり現代短歌』(一九九一年)、『斎藤史』(一九九七年)がある。

〔中西亮太〕

80

岡野弘彦

おかの・ひろひこ

そが上に身を伏せて我を蹴れといへばすなはち蹴りて後はためらふ

(『滄浪歌』)

〈鑑賞・解説〉 大意は「その上に身を伏せて「私を蹴れ」と言うと、そいつは即座に私を蹴り、そしてその後はためらっていた」。異様な光景を述べ表すが、これだけでは場面の脈絡がつかめない。〈そ〉という指示代名詞が指示する対象、蹴る人間と〈我〉との関係などが、一首の中で明らかにならないからである。この歌は、歌集では「さ蝿なすもの」と題する十五首連作中の一首である。十五首を通して見ると、それらが学生運動の盛んな時代を背景にしていること、掲出歌の〈そ〉は血まみれになって倒れた左派支持の学生、蹴る人間は右派の学生であること、〈我〉は大学教師であるらしいことが分かってくる。詳しい状況説明は、現場にいる者には不要である。掲出歌は状況説明を省き、一首の自立性を犠牲にすることで、読者を擬似的に現場に立たせる。結果、無法な暴力行為をなす者が一瞬垣間見せる人間性を、読者は生々しく感じ取るのである。

〈作者略歴〉 一九二四(大正一三)年~。三重県生。折口信夫に師事。一九七三年に「人」、九九年に「うたげの座」を創刊。歌集に『冬の家族』(一九六八年)、『滄浪歌』(一九七二年)、『天の鶴群』(一九八七年)、『バグダッド燃ゆ』(二〇〇六年)など、随筆集に『折口信夫の晩年』(一九六九年)などがある。

〔中西亮太〕

81　馬場あき子　ばば・あきこ

母の齢《よわい》はるかに越えて結《ゆ》う髪や流離に向かう朝のごときか

（『飛花抄』）

〈鑑賞・解説〉 大意は「早世した母の年齢を、自分の年齢ははるかに越えてしまった。そのことをふと思いながら結う髪――まるで流離へと出立する朝のようだ」。馬場あき子は、現代の知性をもって伝統美の世界を捉え直す作風で知られる。掲出歌は境涯詠として鑑賞できる歌であるが、「流離」という語に古典のイメージを呼び起こすところがある。馬場はこの歌について、「流離の朝の思い」とは「少し粗々しい自在な遊行への志向である」、と述べる（『わが歌の秘密』）。しかし、歌の言葉が、みずからする「遊行」でなく、他の力の働いた「流離」であることを思えば、この自釈をそのまま受け入れてよいものかどうか。髪を結う行為に凛とした意志のようなものが感じられる一方で、「流離」という語には静かな感慨もまた読み取れる。それは、母の経験しなかった時間を生きる、というよりも、生かされている、といった敬虔な思いではないか。

〈作者略歴〉 一九二八（昭和三）年～。東京府生。一九四七年、「まひる野」に入会。七八年、「かりん」を創刊。歌集に『早笛』（一九五五年）、『飛花抄』（一九七二年）、『桜花伝承』（一九七七年）、『葡萄唐草』（一九八五年）など、研究書に『式子内親王』（一九六九年）、『鬼の研究』（一九七一年）などがある。

〔中西亮太〕

82　田谷　鋭　たや・えい

息づける機関車の黒き錯綜を人は検《み》あるくときに手触《た》れて

（『水晶の座』）

〈鑑賞・解説〉 大意は「息づいているような機関車の、黒くて、複雑に入り組んだ形状を、人は点検して歩く――時折それに手を触れて」。蒸気機関車の点検作業の光景を述べ表す歌である。「息づける」は、蒸気を溜め、煙を吐くさまの擬人的表現であろう。「錯綜」は、機関車がさまざまな部品から成るさまを表そうとしたもの。ただ、この語は静的な形状でなく、流動を感じさせるところがある。第三句までの機関車のイメージは、まるで生きた若者の肉体のようではないか。そして、このイメージが、結句「ときに手触れて」に至ってまた転回する。手で触れれば、それは鋼鉄である。作中主体も、作業員の手付きを眺めながら、金属の感触をありありと想起するに違いない。この歌では、表現主義風にデフォルメされたイメージと現実そのままの手触りとが共存するのである。前衛短歌以後の作としての意義は、後者の方により多くみとめられるべきか。

〈作者略歴〉 一九一七（大正六）年～。千葉県生。一九三五年、「多磨」に入会し、北原白秋に師事。白秋没後、宮柊二に師事し、五三年、「コスモス」創刊に参加。歌集に『乳鏡』（一九五七年）、『水晶の座』（一九七三年）、『母恋』（一九七八年）など、歌書に『白秋周辺』（一九七三年）などがある。

〔中西亮太〕

83 山崎方代　やまざき・ほうだい

生れは甲州鶯宿峠《おうしゆくとうげ》に立っているなんじゃもんじゃの股からですよ

（『右左口』）

〈鑑賞・解説〉山崎方代は、兵士として送られた南方で右目を失明、帰還した後は定職に就かず、結婚することもなく、「放浪の歌人」と呼ばれた。掲出歌は、故郷自慢の思いの表れた歌などと評されることがあるが、もう少し複雑な内容を持つもののように思われる。生まれは村内でなく、「峠」であるという。ここには、故郷の土地と人に対する、微妙な距離感が窺えないか。「なんじゃもんじゃ」は、鶯宿峠に実際に立つ巨木の呼び名。当地の名木を出すところは確かに故郷自慢かも知れないが、一方で、木の股から、とは親のないことを言うときの慣用句である。方代には「馬の背の花嫁さんは十六歳方代さんのお母さんなり」（『迦葉』）といった母恋いの歌もあるが、掲出歌の場合は、捨て子であった者が名乗りをしているような印象を受ける。表現の点では、口語調が大きな特徴である。軽妙でおかしみのある言い回しは、かえって一首の底に流れる哀感を強調する。

〈作者略歴〉一九一四（大正三）～八五（昭和六〇）年。山梨県生。「一路」「工人」「寒暑」などを経て、一九七八年、「うた」創刊に参加。歌集に『方代』（一九五五年）、『右左口』（一九七三年）、『こおろぎ』（一九八〇年）など、随筆集に『青じその花』（一九八一年）がある。

〔中西亮太〕

84 浜田康敬　はまだ・こうけい

豚の交尾終わるまで見て戻り来し我に成人通知来ている

（『望郷編』）

〈鑑賞・解説〉大意は「豚の交尾を終わりまで見て帰宅した私に、役所から成人式の案内状が来ている」。豚の交尾の一部始終を見るという行為が、青年の満たされない性欲を露骨に表す。「成人通知」はその性欲と同列に置かれ、作中主体に少しの晴れがましさももたらさない。浜田康敬の歌を最初に評価した一人である塚本邦雄は、この歌のモチーフを「青春への憎悪と愛想尽かし」と解している（『浜田康敬歌集』解説）。一首全体の言葉の調子は淡々としているが、それがかえって憎しみの深さを伝えるか。伝統和歌はもちろんのこと、近代以降の短歌も、多くは美を表すものであった。掲出歌は、そのような伝統をあからさまに無視する。そして、従来の短歌が青春の美を歌い上げることで隠蔽した一つの若者像を、この歌は明るみに出すのである。小高賢は塚本の評を引きつつ、「作者の二〇歳への、短歌というかたちをとった復讐劇」と評する（『現代秀歌百人一首』）が、この歌は同時に、短歌そのものへの復讐劇でもあった。

〈作者略歴〉一九三八（昭和一三）年～。北海道生。一九七六年、「梁」創刊に参加。歌集に『望郷編』（一九七四年）、『望郷編以後』（一九八五年）、『旅人われは』（一九八五年）、『家族の肖像』（二〇〇二年）などがある。

〔中西亮太〕

85　上田三四二　うえだ・みよじ

死はそこに抗ひがたく立つゆゑに生きてゐる一日《ひとひ》一日はいづみ　（『湧井』）

〈鑑賞・解説〉大意は「死はすぐ目の前に、抵抗しがたいものとして立っているので、生きている私の一日一日は泉のように清らかで豊かなものだ」。各種事典などによれば、上田三四二は四十三歳のときに結腸癌を患い、手術を受けた。掲出歌は、その手術直前の作。作家本人の実人生に関するこのような情報は、作品理解の一助になるが、作品の全てを説明するものではない。「死はそこに」とは、重篤な病にかかった者だけに当てはまる事柄ではなく、生者全員の上に厳然として存在する事実である。そのことを確認した上で、「生きてゐる」以下の句を味わいたい。表現の点では、第四句を字余りにしていること、「一日一日」を第四句から第五句にかけての句またがりにしていること、が注意される。「生きてゐる」以下の句の韻律は、流麗さを放棄することで、一日一日が連綿と流れるものでなく、おのおのただ一つだけの貴い「いづみ」であること、を伝えている。

〈作者略歴〉一九二三（大正一二）～一九八九（平成元）年。兵庫県生。一九四九年、「新月」に入会。歌集に『黙契』（一九五五年）、『湧井』（一九七五年）、『遊行』（一九八二年）など、歌書に『現代歌人論』（一九五六年）、『戦後短歌史』（一九七四年）、『島木赤彦』（一九八六年）などがある。　〔中西亮太〕

86　永田和宏　ながた・かずひろ

なおも夕映え　両生類のごと淡く息つめておりひとりのまえに　（『メビウスの地平』）

〈鑑賞・解説〉一九六七年、京都の学生たちが中心になって同人誌「幻想派」を創刊し、京大生であった永田和宏も参加した。「幻想派」同人で、のちに永田の妻となる河野裕子によれば、当時彼らは塚本邦雄に傾倒し、河野自身も『水葬物語』の一首「しかもなほ雨、ひとらみな十字架をうつしづかなる釘音きけり」に触発されて「たとへば君　ガサッと落葉すくふやうに私をさらつて行つてはくれぬか」という歌を作ったという（『私の会った人びと』）。塚本のその歌は接続詞と副詞から唐突に始め、さらにそこに体言を付けて唐突に初句切れとする。近代短歌と著しく異なって、大胆な印象を与える措辞である。その影響を河野の歌より一層強く受けたのが、永田の掲出歌であったのだろう。ただし、この歌は、塚本の歌の影響力の強さを示す一方で、塚本らが進めた前衛的な実験の終焉をも告げていたと思われる。この歌が表現するのは、すでに聖書に取材した大きな物語などでなく、ある個人の小さな物語なのである。

〈作者略歴〉一九四七（昭和二二）年～。滋賀県生。一九六七年、「塔」に入会し、八六年から同誌を主宰。歌集に『メビウスの地平』（一九七五年）、『黄金分割』（一九七七年）、『饗庭』（一九八一年）など、歌書に『表現の吃水』（一九八一年）などがある。　〔中西亮太〕

87 藤井常世　ふじい・とこよ

いちにちを降りゐし雨の夜に入りても止まずやみがたく人思ふなり
（『紫苑幻野』）

〈鑑賞・解説〉 大意は「一日降り続いた雨が夜になっても止まず、容易には止みそうになく——私は自分の思いを抑え切れないまま、人を思い続けることだ」。眼目は、「やみがたく」がその上下の句にそれぞれ繋がり、「雨がやみがたい」と「やみがたく人を思う」の二つの意味を掛けることである。これは例えば、万葉集の歌「千鳥鳴く佐保の川瀬のさざれ波やむ時もなし我が恋ふらくは」の「やむ時もなし」の働きに近い。ただ、この古歌の場合、下句が主題部、上句はそのための序詞と解される。対して、掲出歌は、上下の句が連携して「雨の夜に人を思う」という統一的な場面を構成する。その上で、上下の句の意味が「やみがたく」の語を介して重なり合い、雨のイメージが人への思いの象徴として機能する。これを作者の側から言えば、近代短歌流に景物と心情を直叙しつつ、しかも古歌の象徴の作法を甦らせて心情を強調する、ということになろう。それは、前衛の波をくぐり抜けた後の短歌を、作法の面で活性化する一つの試みであった。

〈作者略歴〉 一九四〇（昭和一五）年〜。東京府生。一九七三年、「人」創刊に参加。九三年、「笛」を創刊。歌集に『紫苑幻野』（一九七六年）、『草のたてがみ』（一九八〇年）など、歌書に『前登志夫』（一九九三年）などがある。

（中西亮太）

88 高野公彦　たかの・きみひこ

精霊ばった草にのぼりて乾きたる乾坤《けんこん》を白き日がわたりをり
（『汽水の光』）

〈鑑賞・解説〉 大意は「ショウリョウバッタが一匹、草の上に登り、乾いた天地の間を白い日が渡っていく」。社会では学生運動が下火になり、歌壇では前衛短歌運動が一段落した一九七〇年代に高野公彦は登場した。端正で内向的な作風が新傾向として受け止められる一方、社会性に欠ける〈微視的観念の小世界〉（篠弘「戦後短歌と思想」）として批判されることもあった。掲出歌の特徴は、バッタという小さな生き物と乾坤、日といった宇宙の大きな構成要素とを対照させる構図にある。その主題はおそらく、バッタの中に宇宙を発見し、宇宙の彼方に生命を見ることである。「精霊」の語も、主題との関連から選ばれたものに違いない。人の目にこのような構図の風景が映ることは、現実にはあり得ないであろう。その意味で、この歌は非写実的であり、観念的である。先の批判も、作品の傾向に対する指摘としては妥当ではないか。同じ歌集の歌「みどりごは泣きつつ目ざむひえびえと北半球にあさがほひらき」も、構図が類似する。

〈作者略歴〉 一九四一（昭和一六）年〜。愛媛県生。一九六四年、宮柊二に師事して「コスモス」に入会。歌集に『汽水の光』（一九七六年）、『淡青』（一九八二年）、『水苑』（二〇〇〇年）など、歌書に『地球時計の瞑想』（一九八九年）などがある。

（中西亮太）

89　小池　光　こいけ・ひかる

いちまいのガーゼのごとき風たちてつつまれやすし傷待つ胸は

（『バルサの翼』）

〈鑑賞・解説〉 大意は「一枚のガーゼのような微風が吹き始めて、その風に包まれやすいことだ――傷つくことを待つ胸は」。小池光は、卓越した修辞力で現代人の生活風景を鋭く切り取る歌人である。「悲劇への陶酔」の回避、とは小池が花山多佳子の歌を評した言葉である（「父性をやどす母性」）が、その言葉は小池自身の歌にもよく当てはまる。掲出歌は、第一歌集の著名な一首。このような、少年期の繊細な感情を述べ表す歌にさえ、作者の特徴はみとめられるであろう。「つつまれやすし」は出来事の叙述でなく、いわば出来事から割り出した少年の属性の叙述である。ここには、少年を分析し、批評する知性が存在する。傷を「持つ」のでなく、「待つ」とすることもまた、その知性の表れにほかならない。少年期のただなかを生きる者自身は、おそらく、自己が傷つくことを夢想し陶酔することはできても、いまだ傷つかずにいる自己を認識することはできないはずである。

〈作者略歴〉 一九四七（昭和二二）年～。宮城県生。一九七二年、「短歌人」に入会。歌集に『バルサの翼』（一九七八年）、『廃駅』（一九八二年）、『草の庭』（一九九五年）など、歌書に『街角の事物たち』（一九九一年）、『岡井隆』（一九九七年）などがある。

〔中西亮太〕

90　道浦母都子　みちうら・もとこ

明日あると信じて来たる屋上に旗となるまで立ちつくすべし

（『無援の抒情』）

〈鑑賞・解説〉 大意は「そこによりよい明日があると信じて昇ってきた屋上に、私は己の身が旗のようになるまで立ち尽くすほかない」。道浦母都子の第一歌集『無援の抒情』は、全共闘運動に参加した若者の理想と挫折を主題にし、多くの読者の共感を集めた。屋上の旗は、風を得ればまた翻るが、得なければ垂れ下がったままである。自身をその旗に見立てたところに、未来を見失い、しかもなお未来を断念できない心境が感じられる。「立ちつくすべし」の「べし」は意志表明か、それとも意志を欠いた推量か、はたまた自身への命令か。現代の文法教育は、個々の文に用いられた助動詞「べし」を、それぞれ数種類の意味のいずれかに必ず分類できるかのように言う。しかし、掲出歌の作者は、自身の現在と未来に対する自覚を「べし」という語に込めたのみで、この語の意味の区別を明瞭に意識していたわけではなかろう。思うに、少なくとも韻文においては、「べし」は「べし」であるとしか説明の仕様のない場合があるのではないか。

〈作者略歴〉 一九四七（昭和二二）年～。和歌山県生。一九七一年、近藤芳美に師事し、「未来」に入会。歌集に『無援の抒情』（一九八〇年）、『風の婚』（一九九一年）など、歌書に『乳房のうたの系譜』（一九九五年）などがある。

〔中西亮太〕

91 阿木津英　あきつ・えい

産むならば世界を産めよものの芽の湧き立つ森のさみどりのなか

（『紫木蓮まで・風舌』）

〈鑑賞・解説〉大意は「女よ、どうせ産むならば、世界を産めよ。木の芽の一斉に萌える森の、その若々しい緑の中で」。フェミニズムを自覚的に担う歌人として知られる阿木津英の、初期の代表作。印象的な第一、二句に込められた作者の意図は、「女の身体の特殊性から解き放たれ、女が主体となってひらく新しい〈世界〉を求めよ、と鼓舞する」という本人の言葉（『岩波現代短歌辞典』）に明らかである。「産むならば」との言い回しには、既成の女性観を保持する女性への苛立ちも窺えるであろう。一方、第三句以下は、「世界」を新鮮な緑色に染め、以てその清新さを強調する。第一、二句が字数に余る思想と感情を伝えるのに比べ、第三句以下は字数がより多いにも関わらず、ただ漠然とした色彩のイメージを表すだけであるとも言える。しかし、この一首に短歌としての存在意義を求めるのであれば、それはむしろ第三句以下にあるというべきか。マ行音とナ行音の繰り返しは、口ずさんでいて実に心地よい。

〈作者略歴〉一九五〇（昭和二五）年〜。福岡県生。「牙」を経て、一九七八年、「未来」に入会。九一年、「あまだむ」を創刊。歌集に『紫木蓮まで・風舌』（一九八〇年）、『白微光』（一九八七年）など、歌書に『イシュタルの林檎』（一九九二年）がある。〔中西亮太〕

92 竹山　広　たけやま・ひろし

くろぐろと水満ち水にうち合へる死者満ちてわがとこしへの川

（『とこしへの川』）

〈鑑賞・解説〉大意は「黒々と水が満ち、黒々とその水の中に互いの身を打ち合っている死者が満ちて——これは永久に私の心から消えない川である」。竹山広は、六十一歳で第一歌集『とこしへの川』をまとめた。現代歌人を代表する一人として評価が定まったのは、それからさらに二十年を経た『竹山広全歌集』刊行（二〇〇一年）の後である。他の歌人に例を見ないほどの遅い歩みであったと言える。竹山は、原爆体験を詠む歌人である。ただ、その題材の重さのみで、終戦から数十年後の読者の心を打つことは難しい。岡井隆「竹山広の歌の永遠性」が指摘するとおり、竹山の歌を支えるのは巧みな表現技巧であり、その技巧は同時代の短歌への幅広い目配りから生まれている。歌集の一九六四年以降の部に収められた掲出歌は、五〇年代から六〇年代にかけての前衛短歌の一つの特徴であった句割れ、句またがりの技法を用いる。結果、短歌の伝統的なリズムと、それに付随する抒情性が後退し、この歌はむしろ古代神話のような崇高さを得た。

〈作者略歴〉一九二〇（大正九）〜二〇一〇（平成二二）年。長崎県生。一九四一年、「心の花」に入会。四五年、長崎で被爆。歌集に『とこしへの川』（一九八一年）、『残響』（一九九〇年）、『眠ってよいか』（二〇〇八年）などがある。〔中西亮太〕

93　永井陽子　ながい・ようこ

べくべからべくべかりべしべきべけれ
すずかけ並木来る鼓笛隊
（『樟の木のうた』）

〈鑑賞・解説〉いわゆるオノマトペ（擬音語・擬態語）の例は、古歌にも少なくない。ただ、歌語の多様化が進んだ近代以降の短歌においては、使用されるオノマトペもより多様である。しかも、時代が下るに連れて、独創的なオノマトペが増えているように思われる。これは、既成のオノマトペを用いて「いかにも音数を整えるためにあたりさわりのない語を斡旋したような」（荻原裕幸、『岩波現代短歌辞典』）印象を読者に与えることを、歌人が嫌うようになったためか。また、萩原朔太郎や中原中也ら、近代詩人の影響もあろう。掲出歌は、助動詞「べし」の活用形を連ねて鼓笛隊の擬音語としたもので、その意外性が可笑しい。この鼓笛隊は、少年少女によって編成されたものを思い浮かべればよいであろう。活用の未然形から已然形までを、中高生が試験勉強で暗記する〈活用表〉の通りに几帳面に並べたところは、鼓笛の響きとリズムのみならず、少年少女の一生懸命さまで想像させる。

〈作者略歴〉一九五一（昭和二六）～二〇〇〇（平成一二）年。愛知県生。一九六九年、「短歌人」に入会。七五年、同人誌「詩線」を創刊。歌集に『なよたけ拾遺』（一九七八年）、『樟の木のうた』（一九八三年）、『てまり唄』（一九九五年）などがある。

〔中西亮太〕

94　栗木京子　くりき・きょうこ

観覧車回れよ回れ想ひ出は君には一日《ひとひ》我には一生《ひとよ》
（『水惑星』）

〈鑑賞・解説〉大意は「観覧車よ、回れよ、回れ。今日という日を後々思い出すとき、それは君にとってはある一日に過ぎないだろうが、私にとっては自分の一生にも等しいのだ」。作者の二十歳の頃の作で、青春期の片思いを題材にする。恋歌としては、現代短歌の中で名高いものの一つ。この歌が多くの人に記憶される一番の理由は、下句の対句にある。その対照の鮮やかさと字句の簡潔さは、古詩のような味わいを持つ。ここまで印象的な対句表現は、伝統和歌の歴史まで遡ってもほとんど類を見ない。他方、上句は言及されることが少ないが、観覧車という素材も手伝って、一首に現代的な趣を添えている。第二句「回れよ回れ」に注意したい。この短い語の繰り返しは、現実の観覧車の緩慢な動きにはそぐわないようである。この表現から想像されるのは、早回しの映像のように高速で回転する観覧車のイメージではないか。その非現実的な速度のイメージは、下句の主観的な時間認識に対応するものであろう。

〈作者略歴〉一九五四（昭和二九）年～。愛知県生。「コスモス」を経て、一九八一年、「塔」に入会。歌集に『水惑星』（一九八四年）、『中庭《パティオ》』（一九九〇年）、『けむり水晶』（二〇〇六年）など、歌書に『短歌を楽しむ』（一九九九年）などがある。

〔中西亮太〕

95　俵　万智　たわら・まち

「嫁さんになれよ」だなんてカンチューハイ二本で言ってしまっていいの

（『サラダ記念日』）

〈鑑賞・解説〉『サラダ記念日』は、歌集では空前のベストセラーを記録した。その理由としては、恋をめぐる若者の心情をよく表していること、若者の風俗を素材にしていること、平易な口語調であること、があげられる。掲出歌にも、その特徴は明らかである。缶入りのチューハイが初めて発売されたのは、一九八四年。この歌の初出はその翌年で、カンチューハイは当時の恋人たちにとって、まだ新鮮な小道具である。一首を口語で統一していることは、言うまでもない。佐佐木幸綱は、俵万智の歌の口語調について、口語を「定型リズム」に乗せていること、「会話体」を導入していること、を高く評価する（『サラダ記念日』跋）。口語は文語に比べ助動詞の種類が少なく、語尾が単調になりがちであるが、「いいの」といった会話体は、語尾のバリエーションを豊かにする。語尾のバリエーションが増えれば、そこで音数も調整しやすくなる。俵の口語歌の成果を受けて、短歌における口語使用は広く定着した。

〈作者略歴〉一九六二（昭和三七）年〜。大阪府生。佐佐木幸綱に師事し、一九八三年、「心の花」に入会。歌集に『サラダ記念日』（一九八七年）、『チョコレート革命』（一九九七年）など、歌書に『あなたと読む恋の歌百首』（一九九七年）などがある。

〔中西亮太〕

96　奥村晃作　おくむら・こうさく

不思議なり千の音符のただ一つ弾きちがへてもへんな音がす

（『鴇色の足』）

〈鑑賞・解説〉奥村晃作は、自らの歌を「ただごと歌」と呼び、その意義を積極的に主張する。奥村によれば、ただごと歌は、比喩を排除した「直接の表現」によって、「日常の折節の感動」を叙述する歌の由（『鴇色の足』後記）。これだけを見れば、ただごと歌の意味するところは、写実とさほど変わらないようでもある。しかし、奥村の実作は、アララギ流の写実歌とは明らかに印象が異なる。何によって、その違いは生まれるのか。一つには、生活者の卑俗とも見える視点を持ち込んでいることであろう。奥村のただごと歌は、従来の写実歌に増して、「日常」性を徹底させるのである。よく知られた一首「ボールペンはミツビシがよくミツビシのボールペン買ひに文具店に行く」は、その一例と言える。掲出歌では、作中主体が不器用な演奏を通して、楽曲の精巧な造りを発見する。このように、日常性を貫いて非日常の世界へ出るところは、ただごと歌の真骨頂であろう。

〈作者略歴〉一九三六（昭和一一）年〜。長野県生。一九六一年、「コスモス」に入会し、宮柊二に師事。歌集に『三齢幼虫』（一九七九年）、『鴇色の足』（一九八八年）、『キケンの水位』（二〇〇三年）など、歌書に『抒情とただごと』（一九九四年）、『戦争の歌　渡辺直己と宮柊二』（二〇〇八年）などがある。

〔中西亮太〕

97　花山多佳子　はなやま・たかこ

合唱をして戻りくるおみな子が夕闇に跳ねる尿意こらえて
（『砂鉄の光』）

〈鑑賞・解説〉 小学校の合唱クラブの練習を終えて帰ってきたわが子を、たまたま戸外で出迎えた際の歌、といった具合に解すればよいであろう。小動物のような少女の動作が印象的である。仮名遣いは、作者花山多佳子の所属結社「塔」の伝統に従った現代仮名遣い。文体は、文語を基本にし、その中に「跳ねる」という口語調の語を交じえる形である。ただ、佐佐木幸綱『群黎』の歌などと比較してみると、同じ文語と口語の折衷体でも、花山はより気軽に口語を用いているように見える。この歌における口語使用の一番の理由は、文語の「跳ぬ」が現代人の言語感覚に合わないことであろう。文語尊重派の歌人なら、「跳ねたり」といった具合に、口語と同形の活用形にして切り抜けるところを、花山は文語にこだわらないわけである。この気軽さは、さまざまな形で口語導入を試みてきた短歌の歴史の末に生まれたものである。また、この気軽な口語使用によって初めて表し得る現代人の生活感覚もあるのであろう。

〈作者略歴〉 一九四八（昭和二三）年〜。東京都生。一九六八年、「塔」に入会。歌集に『樹の下の椅子』（一九七八年）、『楕円の実』（一九八五年）、『砂鉄の光』（一九八九年）、『草舟』（一九九三年）、『空合』（一九九八年）、『木香薔薇』（二〇〇六年）などがある。

〔中西亮太〕

98　水原紫苑　みずはら・しおん

まつぶさに眺めてかなし月こそは全《また》き裸身と思ひいたりぬ
（『びあんか』）

〈鑑賞・解説〉 大意は「よくよく見つめていると、悲しく、また愛おしい。月こそは一糸まとわぬ裸身、と思い至った」。水原紫苑の歌について考えるとき、その歌が文語調であることは重要な意味を持つ。俵万智『サラダ記念日』に二年遅れて第一歌集を刊行した水原にとって、文語表現は、自覚して選び取ったものであったと想像されるからである。掲出歌も、当然のように文語調である。和語が連なる中で、漢語「裸身」が韻律のアクセントになっている。「かなし」の仮名表記は、「悲し」と「愛《かな》し」の意味を掛けたものと見たい。一首の内容の眼目は、月と人肌のイメージを重ねるところにある。このイメージは、悲哀の対象であるとともに、仰ぎ見るべき美でもある。水原は、美のイメージにふさわしい表現美を求め、文語にたどり着くのであろう。水原がみずからの表現形式として短歌を選択することは、必然と言える。現代において、文語を存分に使用し得る表現形式は、ほとんど短歌のほかにないからである。

〈作者略歴〉 一九五九（昭和三四）年〜。神奈川県生。一九八六年、「短歌」に入会し、春日井建に師事。歌集に『びあんか』（一九八九年）、『うたうら』（一九九二年）、『あかるたへ』（二〇〇四年）など、随筆集に『うたものがたり』（二〇〇一年）などがある。

〔中西亮太〕

99 穂村　弘　ほむら・ひろし

「酔ってるの？あたしが誰かわかってる？」
「ブーフーウーのウーじゃないかな」　（『シンジケート』）

〈鑑賞・解説〉恋人たちの会話のみで構成した作。深夜、酒に酔った男が同棲相手の待つ部屋に帰宅した、といった場面であろう。短歌に直接話法を用いることは、明治期以来珍しいことではない。ただ、『シンジケート』ほど直接話法を多用する歌集は従来無かった。その多用は、短歌に口語を導入するための、また一首中に複数の声を響かせるための方法として効果を上げている。ブーフーウーは、一九六〇年代にテレビで放映されていた児童向けの着ぐるみ劇。ウーはそのキャラクターで、利口な頑張り屋という設定なので、掲出歌では酒に酔っていない方の人物がウーと呼ばれることになる。マスカルチャーを歌の素材にしたところは、以後の歌人に大きな影響を与えた。『シンジケート』には、六〇年代から七〇年代にかけての少年文化の道具立てが散見される。その時代に少年期を過ごし、八〇年代の好景気の時代に青春期を迎えた一人の若者の青春歌集として、『シンジケート』は一貫して読むことができる。

〈作者略歴〉一九六二（昭和三七）年〜。北海道生。一九八八年、「かばん」に入会。歌集に『シンジケート』（一九九〇年）、『手紙魔まみ、夏の引越し（ウサギ連れ）』（二〇〇一年）など、歌書に『短歌の友人』（二〇〇七年）、エッセー集に『世界音痴』（二〇〇二年）などがある。

〔中西亮太〕

100 加藤治郎　かとう・じろう

言葉ではない！！！！！！！！！！！！！！！！！！！！！！ラン！　（『マイ・ロマンサー』）

〈鑑賞・解説〉発表時、これを短歌と見做し得るものかどうか、議論を呼んだ作。音読できない「！」の羅列が、一首の中心を占める。そのことが、従来の短歌に慣れた読者を戸惑わせた。「ラン」は、コンピューターのプログラム実行を意味する語。ここでの作者の関心が、コンピューターと言葉との関わりにあることは、言うまでもない。歌集では、掲出作に続き、「言葉では　銀いろのすな　ない言葉　銀いろのゆき　ではない言葉」といった作が並ぶ。それは、モニターの画面上でコピー、貼り付け、消去などを繰り返しながら、一首の短歌を組み立てていく過程を思わせる。「言葉ではない」は、「！」の羅列で示された何かに対する説明句であるとともに、それ自体が「言葉ではない」何かでもあろう。いつ完成するとも知れない、あるいはすでに完成した——幻の短歌一首との差異において、掲出作は意味をなす。とすれば、これが短歌か否かはともかく、歌集中に置くべき作であることは確かである。

〈作者略歴〉一九五九（昭和三四）年〜。愛知県生。一九八三年、「未来」に入会。歌集に『サニー・サイド・アップ』（一九八七年）、『マイ・ロマンサー』（一九九一年）、『環状線のモンスター』（二〇〇六年）など、歌書に『ＴＫＯ』（一九九五年）がある。

〔中西亮太〕

名　句

（瓜生鐵二 編）

《凡　例》

一、近代・現代の俳人九五名について、その特色をよく表す一〇一句を取り上げ、解説した。

一、俳句の掲載順については、その句の発表年、収録歌集の刊行年を基準として編者において按配した。

一、仮名遣いはそれぞれの典拠に従った。

《収録句一覧》（五十音順、番号は項目番号）

入学の吾子人前に押し出す　（石川桂郎）七三
女神仏に春の剥落つづきをり　（細見綾子）六三
ねむりても旅の花火の胸にひらく　（大野林火）五三
海苔買ふや追はるゝ如く都去る　（吉岡禅寺洞）四五
白牡丹といふといへども紅ほのか　（高浜虚子）六
羽子板の重きが嬉し突かで立つ　（長谷川かな女）二九
葉櫻の中の無数に空さわぐ　（篠原　梵）五〇
初便り皆生きてゐてくれしかな　（石塚友二）八九
花あれば西行の日とおもふべし　（角川源義）五六
母の忌の蛍や籠の中を飛ぶ　（河原枇杷男）一〇一
萬緑の中や吾子の歯生え初むる　（中村草田男）四〇
万緑や死は一弾を以て足る　（上田五千石）九四
火遊びの我れ一人ゐしは枯野かな　（大須賀乙字）三
ひかり野へ君なら蝶に乗れるだろう　（折笠美秋）八二
人それぞれ書を読んでゐる良夜かな　（山口青邨）七四
鴨のそれきり鳴かず雪の暮　（臼田亜浪）三
枇杷のこのぽぽぽとともるほの曇り　（平井照敏）九三
火を投げし如くに雲や朴の花　（野見山朱鳥）八五
吹きおこる秋風鶴をあゆましむ　（石田波郷）四二
冬の日や臥して見あぐる琴の丈　（野沢節子）六九
冬蜂の死に所なく歩行きけり　（村上鬼城）一八
冬深し柱の中の濤の音　（長谷川櫂）九九

無礼なる妻よ毎日馬鹿げたものを食わしむ　（橋本夢道）七一
方丈の大庇より春の蝶　（高野素十）三四
螢籠昏ければ揺り炎えたゝす　（橋本多佳子）三八
摩天楼より新緑がパセリほど　（鷹羽狩行）八四
短夜や乳ぜり泣く児を須可捨焉乎　（竹下しづの女）三
水涕や鼻の先だけ暮れ残る　（芥川龍之介）二三
水枕ガバリと寒い海がある　（西東三鬼）四六
みちのくの伊達の郡の春田かな　（冨安風生）二四
靄あげて種蒔くを待つ大地かな　（福田甲子雄）五七
「大和」よりヨモツヒラサカスミレサク　（川崎展宏）九二
病めば布団のそと冬海の青きを覚え　（中塚一碧楼）一四
ゆきふるといひしばかりの人しづか　（室生犀星）二六
夢の世に葱を作りて寂しさよ　（永田耕衣）五一
ゆるやかに着てひとと逢ふ螢の夜　（桂　信子）六四
黄泉に来てまだ髪梳くは寂しけれ　（中村苑子）九八
我が肩に蜘蛛の糸張る秋の暮　（富田木歩）二八
我講義軍靴の音にたゝかれたり　（井上白文地）七六
彎曲し火傷し爆心地のマラソン　（金子兜太）五八

1　柿くへば鐘が鳴るなり法隆寺　　正岡子規《しき》

〈鑑賞・解説〉『寒山落木　巻四』所収。一八九五（明治二八）年作。「法隆寺の茶店に憩ひて」の前書きがある。一八九五年四月十日、子規は日清戦争従軍記者として宇品を出港し、旅順に向かった。五月十日、講和成立の報に接し、大連からの帰途、船中で喀血し須磨保養院で静養。八月郷里松山に帰省。十月奈良を経て東京に戻っている。折から大和路は柿の季節であった。東大寺で最初のモチーフを得た句であり、初案も「柿食うて居れば鐘鳴る法隆寺」であったといわれる。「法隆寺」を末五に置いた時の表現バランスとしては、後案の方が格調が高く優れている。子規自身も、初案では「稍々句法が弱くなるかと思ふ」と記している。推古天皇の十五年、聖徳太子によって創建された法隆寺は、金堂・五重塔中心の西院と夢殿中心の東院とに分かれ、百済観音等の至宝を保有する。季語＝柿（秋）

〈作者略歴〉一八六七（慶応三）～一九〇二（明治三五）年。本名常規《つねのり》。愛媛県松山市生。一八八四年、大学予備門に入学し、一八九〇年、東京帝国大学哲学科に入学。一八九二年大学を退学。「日本新聞」に入社し、俳句の選や新俳句に関する所見を述べた。日清戦争に従軍記者として、戦地に赴き発病。帰京後は、下谷区上根岸の子規庵に於ける病床生活が続き、「病床六尺」の空間の中で「写生」説を唱え、写生文、俳句、和歌の革新に努めた。「ホトトギス」「アララギ」の根幹を築き上げ、高浜虚子・河東碧梧桐・伊藤左千夫、長塚節等の門下を輩出。享年三六。　〔瓜生鐵二〕

2　鶏頭の十四五本もありぬべし　　正岡子規

〈鑑賞・解説〉『俳句稿巻二』所収。一九〇〇（明治三三）年作。この句の真価を世人に認識させたのは、斎藤茂吉であった。茂吉は「淡々たるうちに、新鮮な感覚を蔵し、然も病床にあつてたまたま庭前を眺めたときの無量の感慨を叙してゐるあたりは、実に非凡な手腕と云はなければならない。子規の文学は斯くの如く一般向ではないが、子規系の文学は、やがて此処から出発し、此処から発展して行つてゐるのである。」（『斎藤茂吉全集』第七巻）と評し、この句から実相に観入してものの生命を捉える姿勢のあることを読み取っている。その後、この句をめぐって、俳句の性格を端的に示す「純粋俳句」として支持する立場と、無内容な写生句とみなす立場に分かれての論議が交わされてきた。しかし、病床にあった子規自身の立場から考えると、赤い鶏頭の群生したさまを強く印象づけられたものとして表現するには「十四五本もありぬべし」という措辞で締め括る必然性があった。山本健吉は「ありぬべし」という表現は、文法上の推定ではない「たいへんな断定なのだ」「断定とは感動の重さなのだ」（『現代俳句』）と説いている。山口誓子の「十四、五本の鶏頭によって、子規は、鶏頭をあらしめている空間の、その根源にあるものに触れたのである。自己の〝生の深処〟に触れたのである。」という評は、根源俳句論に通じるものがある。季語は鶏頭（秋）。

〈句集・全集〉『獺祭書屋《だっさいしょおく》俳句帖抄』上巻（一九〇二年）、『子規全集』（第一～二十一巻、一九七五～七七年　講談社）。〔瓜生鐵二〕

3　痰《たん》一斗糸瓜《へちま》の水も間にあはず　正岡子規

〈鑑賞・解説〉『俳句稿巻二』所収。一九〇二（明治三五）年作。

「糸瓜咲て痰のつまりし仏かな」「をと、ひのへちまの水も取らざりき」と併せて子規の絶筆とされている。晩年、病床の唯一の慰めとして草花を写生していた子規は、写生するために必要な紙を板に張付けたものを用意していた。それに筆を執って三句を書きつけたのである。そしてその板も子規一人で持っていることが出来ないので、弟子達が持添えていたぐらいであった。書き終わると筆を落してしまって、何も言わなかった。それから子規はほとんど何事も言わずに、一九〇二年九月十九日の深夜、眠るように息を引取った。

「痰一斗」とは、「李白一斗詩百篇」等の語を踏まえた表現で、痰がとまらずとめどなく出ることの形容である。そのため鎮痰薬として効能のある糸瓜の水も間に合わなかったのである。一句目の、のどをつまらせて、目の前の糸瓜を見ている自分は、生きながらの仏様だと詠んだ心境といい、三句目の「をと、ひ（旧暦八月十五日）」の十五夜の晩に採取すると、一番効き目があるとされた「糸瓜の水」もとりそこねてしまったという表現といい、おそろしいまでに自己を客観化し、ユーモアさえも読み取ることができる。死の前年に「夕顔の棚つくらむと思へども秋待ちがてぬわがいのちかも」という歌を残した子規が、最期に到達した悟りの境地である。季語は「糸瓜」（秋）。

〔瓜生鐵二〕

4　遠山に日の当りたる枯野かな　高浜虚子《きょし》

〈鑑賞・解説〉句集『五百句』（改造社、一九三七年六月）所収。一九〇〇（明治三三）年十一月二十五日、虚子庵例会での題詠。前年（二五歳）に「蔵の屋根に日のあたりたる野分かな」の句がある。松山城址に立ち、石槌山を主峰とする四国の連山を思い浮かべながら作った作品だといわれているが、満目蕭条たる枯野の果てに、冬日のぽっかりあたっている遠山を配置する構図からは、何か心の救いとなるような趣が感じ取れ、写生から象徴の域に入ろうとしている作品であることが分かる。季語は「枯れ野」（冬）。

〈作者略歴〉一八七四（明治七）～一九五九（昭和三四）年。伊予松山生。本名清。一八九一年、伊予尋常中学時代に級友河東碧梧桐の紹介で正岡子規と文通を始める。松山中学を経て、京都の三高に入学。一八九四年、学制改革のために碧梧桐と共に三高から仙台の二高に転校したが、間もなく退学し上京。一八九七年に柳原極堂《きょくどう》が松山から創刊し、翌年から発行所が東京に移った俳誌「ホトトギス」を継承して、文学活動を展開する傍ら「国民新聞」俳句欄の選も行った。一九〇七年代には創作に専念し『風流懺法《せんぼう》』『俳諧師』『朝鮮』などの小説を発表。一九一三年より再び俳壇に復帰し、碧梧桐の新傾向俳句運動に対して伝統俳句を守った。昭和期に入ると俳句は花鳥諷詠の文学であると限定し、俳壇の大御所として君臨した。享年八五。句集『五百句』の他『五百五十句』（一九四三年）、『六百五十句』（一九五五年）等がある。

〔瓜生鐵二〕

5　春風や闘志いだきて丘に立つ　　高浜虚子

〈鑑賞・解説〉句集『五百句』所収。一九一三（大正二）年作。ここでの「春風」には、万物の生長を助けるが如き春の風のイメージはなく、春とは名ばかりで、風の寒さがまだ身にしみる頃に吹く風がイメージされている。「闘志」ということばも「転《うた》た押へる事が出来ない燃ゆるやうな闘志」を意味している。

　一九〇八年以降、小説に傾斜し、俳壇を引退した状態になっていた虚子は、一九一三年、俳壇復帰を決意する。「闘志」をぶつける「敵」は「三千里」「続三千里」の旅を通じて俳壇を席捲しつつあった河東碧梧桐の新傾向俳句運動であった。自然主義の影響を受けた新傾向俳句運動は「十七字」「季題趣味」という拘束を打破しようとしていた。それに対して虚子は、同年一月「霜降れば霜を楯とす法《のり》の城」の句を作り、伝来の法灯を護るべく俳壇の復活宣言をしたのである。十七字、季題趣味という拘束があればこそ俳句の天地が存在すると考えた虚子は、その後「ホトトギス」に「進むべき俳句の道」を連載し、①「主観の真実なるべきこと」、②「客観の写生をおろそかにせず、どこまでも客観の研究に労を惜しまぬようにすること」③「素朴とか壮大とかいう言葉を忘れてはならぬこと」、④「なるべく叙する事柄は単純であって、深い味わいを蔵している句が一番好ましいこと」の四点を挙げ、指針としている。「闘志尚存して春の風を見る」（一九六〇年）という句もある。季語は「春風」（春）。

〔瓜生鐵二〕

6　白牡丹《はくぼたん》といふといへども紅《こう》ほのか　　高浜虚子

〈鑑賞・解説〉『年代順虚子俳句全集』所収。一九二五（大正一四）年五月一七日に開かれた大阪毎日俳句大会に出句した題詠句である。「白牡丹（はくぼたん）」は下五に置かれた「紅（こう）ほのか」と対応した読みである。「白牡丹とはいうけれども、よく見るとほのかに紅色がさしているよ。」の意。中七の「いふといへども」とは「世間の人は呼んでいるけれども」の意であるが、ひらがな表記で同じ動詞を変化させた手法は、白牡丹のゆったりした気品を出すのに効果的である。

　それに比して与謝蕪村の「牡丹散って打かさなりぬ二三片」の句は、散った花びらを写生することで、満開期から凋落期への時間的推移を読者に感じさせる趣向になっているが、この句では満開時に焦点を絞り、固定した時間の中で白牡丹の美しさを際立たせるのに「薄紅色」の花びらを取り合わせている。

　虚子には「白牡丹いづくの紅のうつりたる」という句もある。「いづくの紅のうつりたる」という表現は、理屈が勝って実感が伴わない憾みがある。「いふといへども」の句は、以前見たことのある白牡丹を脳裏に描きながら、思い当たった句であり、その抽象性は免れないにしても、「白牡丹」という素材に真っ向から写生で挑み、そこで発見した喜びが伝わってくる。

　その単純化して不要な夾雑物を排除した手法こそがこの句の「美」を生み出した秘訣である。そして、こうした手法は、後に虚子が「花鳥諷詠」説を唱える素地にもなっているとも考えられる。季語は「牡丹」（夏）。

〔瓜生鐵二〕

7　夏山の大木倒す谺《こだま》かな　内藤鳴雪《めいせつ》

〈鑑賞・解説〉松村為王編『鳴雪俳句集』（春秋社、一九二六年六月）所収。一八九三（明治二六）年、雑誌「俳諧」に、子規選として掲載された。

「夏山で木こりたちが、大木を伐り倒している。そのすさまじい音が、樹木の茂った全山にこだまして響きわたっていることだよ。」の意。「夏山に」ではなく、「夏山の大木」とすることで、「夏山」と「大木」とが連結し、「大木」の「巨大さ」や「雄大さ」がより強くイメージされ、谺の轟き渡る様子が迫真的な力を増してくる。

〈作者略歴〉一八四七（弘化四）～一九二六（大正一五）年。伊予松山の藩士内藤同人の長男として、江戸の藩邸に生まれる。本名素行（なりゆき）。鳴雪の号は素行をもじったもの）十一歳で松山に帰省する。藩校明教館から東京の昌平校に学び、愛媛県官権少参事・文部省参事官などをつとめた。四六歳で官を辞した後、旧藩主久松家の委嘱で同郷から上京してきた学生の寄宿舎常盤会の舎監となる。舎生に正岡子規がおり、子規に影響されて俳句の道に入った。和漢の学や仏教に造詣が深く、年長者だったので長老として重んじられた。享年八〇。句集に『鳴雪俳句集』の他『鳴雪句集』（一九〇九年、水巴編）『鳴雪俳句鈔』（一九一五年、鳴雪自選）があり、『鳴雪俳話』『俳句作法』『鳴雪自叙伝』等の著書もある。子規における鳴雪の存在は、芭蕉における山口素堂の存在にも例えられている。

〔瓜生鐵二〕

8　秋の江に打ち込む杭《くい》の響かな　夏目漱石《そうせき》

〈鑑賞・解説〉初出「日記」一九一〇（明治四三）年九月三日。『漱石俳句集』（岩波書店、一九一七年一一月）所収。

修善寺温泉で療養中の作品である。漱石自身、「思ひ出す事など」（一九一一年四月一三日）の中で「是は生き返ってから約一〇日許して不図出来た句である。澄み渡る秋の空、広い江、遠くよりする杭の響、此の三つの事相に相応した様な情調が当時絶えずわが微かなる頭の中を徂徠した事は未だに覚えて居る。」と語っている。「澄みきった秋空の下、入り江に杭を打ち込む音が響き渡っている。その音が病床にある私の枕許まで伝わってくる」の意であるが、修善寺の大患を潜り抜けて、蘇生した当時の漱石の澄明で静寂な心境が伝わってくる。

〈作者略歴〉一八六七（慶応三）～一九一六（大正五）年。東京生。大学予備門から東京帝大英文科に進み、一八九三年に卒業。予備門時代に正岡子規を知り、一八八九年頃から俳句を作った。高等師範学校講師、松山中学、熊本の第五高等学校の教師を勤め、一九〇〇年から二ケ年英国に留学した。帰国後一高・東大講師を勤めた。高浜虚子の勧めで一九〇五から六年にかけて「ホトトギス」に連載した「吾輩は猫である」により、一躍文名が高まり、一九〇七年には、一切の教職を辞し、朝日新聞社員となる。以降、出勤はせずに文芸的述作に専念することを条件に、早稲田南町の漱石山房を拠点にして「三四郎」「それから」「門」「行人」「こゝろ」「道草」「明暗」等の代表作を発表した。享年五〇。雑司ケ谷墓地に眠る。

〔瓜生鐵二〕

9　赤い椿白い椿と落ちにけり　河東碧梧桐《へきごとう》

〈鑑賞・解説〉『新俳句』(民友社、一八九八年三月)、大須賀乙字編『碧梧桐句集』(俳書堂、一九一六年二月)所収。一八九六年(二四歳)の作。正岡子規はその稿「文学」の中で、「空間極めて狭くして、いよいよ印象明瞭なるを見る」と評し、「明治二十九年の俳句界」では、「之を小幅の油絵に写しなば、只々地上に落ちたる白花の一団と赤花の一団とを並べて画けば即ち足れり。蓋し此句を見て感ずる所、実に此だけに過ぎざるなり。」と評した。この句は赤い椿と白い椿が交互に散る状態を詠んだものと解されがちであるが、「と」が「赤い椿」の下にも略されていると見れば、紅白の二本の椿が地上に散っている状態を写生したものであることが分かる。

〈作者略歴〉一八七三(明治六)~一九三七(昭和一二)年。朱子学者静渓の五男として伊予松山に生まれた。本名秉五郎《へいごろう》。松山中学、京都の三高を経て仙台の二高に学ぶも、二高を退学。上京して子規の俳句革新運動を援助した。一八九六年日本新聞社に入社し、子規没後「日本俳句」欄の選者となる。一九〇六年から一九一一年にかけて二度にわたる全国行脚を行い、新傾向俳句運動を展開した。その収穫が紀行文『三千里』『続三千里』と『日本俳句鈔』第一集・第二集である。その後「層雲」に参加するも井泉水と主張を異にして別れ、「海紅」を創刊するもこれまた一碧楼に譲り、「碧」「三昧」を創刊する。その過程の中で季題からも離れ、自由律俳句へと移行した。一九三三年還暦に際して俳壇引退を声明。享年六五。〔瓜生鐵二〕

10　思はずもヒヨコ生まれぬ冬薔薇《さうび》　河東碧梧桐

〈鑑賞・解説〉『新傾向句集』(日月社、一九一五年一月)所収。『三千里』によると、一九〇六年一一月六日仙台で詠まれた句であることが分かる。

安齋櫻磈子《あんざいおうかいし》は「荒涼落莫とした冬景色の中に、紅一点の冬薔薇を見つけたオヤといふ軽い驚きと、さらに思わずも黄色の羽毛を纏うた可憐な鶏のヒヨコが、幽かに澄んだ声を出して産まれたオヤといふ、強い驚きとの感じをかつきりと句境の魂が受け取って、何の作意も加へずにそのまゝに表現したものであるが、(中略)当時としては全く例にない新しい感じ方、視方、聴き方によつたものである」(「俳句研究」一九三九年五月号)と評している。ヒヨコが生まれたことと冬薔薇とは直接的な関係はない。作者が目撃した情景を作者の経験を踏まえて、ありのままに表現した結果、この一句が生まれた。大須賀乙字は、「新傾向俳句論」の中でこうした手法を「隠約法」「暗示法」と名づけたが、この一句だけでその根拠が例証されたとはいえない。しかし、乙字がこの句を新傾向の根拠として例示したことにより、新傾向俳句運動の進歩の段階と方向性が明示されたことは確かである。従来の季題観念に頼っていては成立し難い例句として櫻磈子は「苔青き踏むあたりにも霜柱」という碧梧桐が中尊寺で作った句も挙げている。ここにも芭蕉が『奥の細道』の旅で詠んだ「夏草や兵《つはもの》どもが夢のあと」に囚われない新しい句境の開拓精神が窺える。〔瓜生鐵二〕

11　炭挽《ひ》く手袋の手して母よ　河東碧梧桐

〈鑑賞・解説〉初出「海紅」一九一七年新年号。句集『八年間』（玄同社、一九二三年一月）所収。炭を挽くために母は汚れた軍手をはめて作業に取り組んでいる。その母の姿を見るにつけ、いたわしさが湧いてくる。

碧梧桐は「人間味の充実」（「海紅」一九一七年三月号）という評論の中で、近頃「私は自分の句に嘗て絶望した人間味の匂ふものが比較的多くなった」と述べ、それはまた「従来の技巧的な一面を払い捨てて、感激の直接的表現になった」ことを意味するという。そして「人生観の土台より」（「海紅」同年四月号）では、「近頃の句には人間味の緊密なものが迫って来る。作者の人生観の背景がこれをもたらすのだ」と述べている。

碧梧桐には二十年前の一八九六年に「妻の手や炭によごれたるを洗はざる」という句がある。正岡子規は「明治二九年の俳句界」の中で、この句と「炉開いて灰つめたく火の消えんとす」という句を採り上げ、この「二句の如き些かの主観を交へたりといへども、其主観は複雑なる高尚なる主観に非ずして、目前の客観より直ちに無意識に連想し得べき主観的の観念なれば、之あるがために印象の明瞭を妨げず」と述べている。

しかし、「妻の手」と「母の手」の違いはあるにしても、碧梧桐の「妻」や「母」を詠む姿勢はどこまでも優しい。「現実味と真実味を求め、「直接的表現」を願い、「人間味の充実」を説いてきた碧梧桐の経緯がこの辺にうかがわれる。〔瓜生鐵二〕

12　火遊びの我れ一人ゐしは枯野かな　大須賀乙字《おつじ》

〈鑑賞・解説〉一九一四年作。『乙字句集』（懸葵発行所、一九二一年五月）所収。大江瑞光宛の書簡の中で、乙字は「これは小生の少年時の姿です。かういふ叙景でない抒情詩の句は数多く作るものではないやうです。」と述べている。当時乙字は病妻・愛児と別れ住み、独居していた。そんな境遇の中で、野焼きにやってきた友達はみんな帰って、唯一人枯野に残っていた少年時の記憶が蘇ってきたのである。自然観賞の態度を維持しつつ、大自然との融合から生まれる境涯味を尊重しようとした乙字ならではの句である。

〈作者略歴〉一八八一（明治一四）〜一九二〇（大正九）年。福島県生。本名績《いさお》。父は漢詩人大須賀筠軒《いんけん》。仙台二高を経て、東大国文科卒業。中学、高女で教鞭をとったのち東京音楽学校教授となる。仙台一中在学時から句作を始め、二高では奥羽百文会に属し、河東碧梧桐選「日本俳句」に投句。上京後も碧門に属し活躍。一九〇八年「俳句界の新傾向」を「アカネ」誌上に発表し、新傾向俳句の口火を切ったが、新傾向が佶屈難渋の方向性を見せるや、激しい論難を加え、荻原井泉水の「層雲」、中塚一碧楼の「海紅」とも訣別。以後「石楠」「懸葵」「常磐木」などに拠り、伝統尊重と古典復古の論陣を張る。俳論では「季感象徴論」、「二句一章論」「写意論」等を展開し、名和三幹竹、吉田冬葉などを育てた。享年三八。『乙字句集』の他『乙字俳論集』（一九二一年）『乙字書簡集』（一九二二年）。評伝、村山古郷著『大須賀乙字伝』（一九六〇年）。

〔瓜生鐵二〕

13 月光ほろほろ風鈴《ふうりん》に戯れ　荻原井泉水《せいせんすい》

〈鑑賞・解説〉『皆懺悔《かいざんげ》』（春秋社、一九二八年一二月）所収。一九二三年八月に「風鈴」の題で作られた作品の一つである。「人が寝静まった夜更け、軒端の風鈴が風に鳴り、月光がほろほろと戯れているかのように揺れている」の意。「ほろほろ」は「月の光」と「風鈴の音色」の交錯に陶酔した作者の感覚的な表現である。夢幻のような世界に爽やかな風が通い、涼気も感じられる。この他に「夫婦きりの淋しき家の風鈴をつる」等の句もある。同年九月一日には「関東大震災」、一〇月二八日には「妻の死」に遭遇することになる作者にとって、妻とともに、耳を傾けた「風鈴」の音色、その日に見た月の光は生涯に亘り心に保存されたことであろう。

〈作者略歴〉一八八四（明治一七）～一九七六（昭和五一）年。東京芝神明町生。本名藤吉。一高を経て東京帝大言語学科卒業。一高では「校友会雑誌」に投句し、「ホトトギス」句会にも参加した。大学で言語学上から見た国字問題を研究していたこととも関わって、当時の俳壇を席捲する勢いのあった新傾向俳句運動に共鳴し、碧梧桐選の「日本俳句」に投句する。一九一一年四月「層雲」を創刊。新傾向俳句の本質と形態を追求した俳論「俳壇最近の傾向を論ず」を連載し、やがて「季題無用論」を唱え、俳句は「印象の詩」「象徴の詩」であると説いた。一九一三年には碧梧桐と訣別して「自由律俳句」に移行し、その後も「自然・自己・自由」の精神を貫き、有為な門人を輩出した。享年九二。

〔瓜生鐵二〕

14 病めば蒲団《ふとん》のそと冬海の青きを覚え　中塚一碧楼《いっぺきろう》

〈鑑賞・解説〉『一碧楼句抄』（巣枝堂書店、一九四九年五月）所収。「絶句二句」と前書があり、一九四六（昭和二一）年一二月三一日、一碧楼が胃潰瘍で息を引き取る直前の作であることが分かる。「病床で生死の境をさまよいながらうつらうつらしているとまるで蒲団の外に冬海の青い世界が広がっているかのような思いにとらわれることだ」の意。「冬海の青き」を、瀬戸内海に面した故郷玉島の冬海の青さだと解釈するとそこには郷愁の念も感じとれる。故郷の清澄な冬の青い海は浄土の世界にも通じているようである。

〈作者略歴〉一八八九（明治二〇）～一九四六（昭和二一）年。岡山県玉島町生。本名直三《なおぞう》。岡山中学から早稲田大学高等予科商科に進学したが中退して帰郷。一九〇九年一一月、全国行脚の途にあった河東碧梧桐を但馬城崎に訪ね、「半ば自覚せぬ天才の煥発」と賞賛され、「日本」派の有力俳人と見られたが、選者制度の否定を掲げた俳誌「自選俳句」を発行し、碧梧桐に反旗を翻す。一九一一年再度上京し早稲田大学高等予科文科に学ぶも中退。草創期の自由律俳句誌として注目される「試作」を創刊した。一九一三年第一句集『はかぐら』を刊行。一九一四年碧梧桐を訪ねて、和解を果たす。一九一五年三月に「海紅」が創刊され、碧梧桐が去った後は、名実ともに「海紅」主宰者となり、自らの実作を通して自由律俳句の理論的な示唆を行った。戦前版「海紅」は一九四四年三月まで発行された。

〔瓜生鐵二〕

15 うしろすがたのしぐれてゆくか　種田山頭火《さんとうか》

〈鑑賞・解説〉初出「層雲」一九三二年三月号。『鉢の子』（一九三二（昭和七）年六月）所収。「自嘲」という前書がある。
　一九三一年、山頭火は熊本の三八九居に落ち着くべく努めたが、叶わずに、また旅から旅の生活が始まった。ここには時雨の中を歩いている山頭火のうしろ姿をじっと見ているもう一人の山頭火がいる。このように自己を対象化し、自己を見つめ直す姿勢が感傷性を削ぎ落とす効果を生んでいる。昭和六年大晦日の日記に記載されている句であり、時雨降る中、編笠に僧衣脚絆姿の遠ざかりゆく山頭火のうしろ姿が想起される。

〈作者略歴〉一八八二（明治一五）～一九四〇（昭和一五）年。山口県防府市生。本名正一。県立山口中学から早稲田大学文学部に入学するも、神経衰弱のため退学。その生涯において、母と弟の自殺、父と営んだ酒造場の破産、妻と熊本で経営した額縁屋の破綻、妻との離別、上京中に遭遇した関東大震災等々の不幸な出来事に遭遇し、一九二五年熊本市で得度を受ける。同年植木町味取《みとり》の観音堂の堂守となるも、一九二六年四月から托鉢行脚に出る。一九三二年、山口県小郡に其中庵《ごちゅうあん》、一九三八年、山口県湯田町に風来居、一九三九年、松山市に一草庵を構え、定住の期間もあったが、その多くを行乞行脚の旅に送った。一九〇一年から、句作を始め、一九一一年に「層雲」が創刊されるや、同年より「層雲」に投句し、井泉水に師事した。句集『草木塔』（一九四〇年）、『定本山頭火全集』（一九七二～七三年）等がある。享年五八。

〔瓜生鐵二〕

16 咳《せき》をしても一人　尾崎放哉《ほうさい》

〈鑑賞・解説〉初出「層雲」一九二六年二月号。『放哉俳句集大空』（春秋社、一九二六年六月）所収。再刻版『大空』（一九五六年）は「せきをしてもひとり」の表記である。一九二五年一〇月、放哉は小豆島にやって来て始めて地元の医師に診察してもらった。左肋膜癒着の症状を呈していた。冬を迎えて島の烈風に悩まされながら翌年二月には、肺結核と宣告される。そして、喉頭結核が進み、御飯がつかえるようになった。この短律句の場合「咳をしても」の「も」が眼目で、改めて「一人」だと知った放哉の孤独な境涯が伝わってくる。

〈著者略歴〉一八八五（明治一八）～一九二六（大正一五）年。鳥取市生。本名秀雄。鳥取第一中学から第一高等学校に進み、東京帝国大学法学部を卒業。中学時代から俳句に親しみ、一高の「校友会雑誌」には俳句や短編を寄稿し、同時期に「国民新聞」俳句欄や「ホトトギス」にも投句している。大学卒業後、一一年間に亘り、東洋生命保険株式会社に勤務する。一九二三年、朝鮮火災海上保険株式会社の支配人として京城に渡る。一年足らずで辞職を命ぜられ、満州まで放浪するも、病を得て帰国。以後妻とも別れ、一燈園（京都）、常称院（京都）、須磨寺（神戸）、常高寺（若狭小浜）と転住し、一九二六年四月七日小豆島の南郷庵《みなんごあん》で没した。享年四一。「層雲」への投句は一九一五年から始まる。『尾崎放哉句集』（岩波文庫、二〇〇七年）、『尾崎放哉全句集』（ちくま文庫、二〇〇八年）が刊行される。

〔瓜生鐵二〕

17　天渺々《びょうびょう》笑ひたくなりし花野かな　渡辺水巴《すいは》

〈**鑑賞・解説**〉一九二三年の作。『白日』（交蘭社、一九三六年七月）所収。「東都大震災直後より半歳『曲水』発行の関係上大阪郊外豊中村の延寿荘に仮寓す」とある一連の作のうちの一句。「天渺々」とは、秋空が果てし無く広がっているさま。「花野」は秋の季語で、秋の草花がとりどりに咲いている野原。大震災で壊滅した東京を逃れ、大阪の知るべを頼って、仮寓する身の作者である。このようにはてしなく広がった秋空の下、草花が乱れ咲く花野を見て、笑いたくなるまでに自己の思いを吐露したくなったところにこの句の眼目はある。建物の倒壊、人災火災といった惨状を目の当たりにした作者にとって、笑いたくなったのは辛酸苦衷の思いを解き放つためであった。

〈**作者略歴**〉一八八二（明治一五）～一九四六（昭和二一）年。東京浅草に花鳥諷詠画家渡辺省亭の長男として生まれる。本名、義（よし）。日本中学第三年修業後退学。一九〇一年一九歳の時、内藤鳴雪の門に入り、後高浜虚子に師事する。同年「俳諧草紙」を創刊し、一九〇九年に廃刊したあとは「文庫」俳句欄に合併。一九一二年虚子の俳壇復帰を機に「ホトトギス」に拠り、鬼城・蛇笏・石鼎らとともに活躍。一九一六年俳誌「曲水」を創刊主宰。一九二二年「生命の俳句」を説いて俳句観の深まりを見せた。享年六四。句集に『白日』の他『水巴句集』（一九一五年）、『新月』（一九四七年）等がある。

（**瓜生鐵二**）

18　冬蜂の死に所なく歩行きけり　村上鬼城《きじょう》

〈**鑑賞・解説**〉初出「ホトトギス」一九一五年一月号。『鬼城句集』（中央出版協会、一九一七年四月）所収。「冬蜂」＝冬を迎えてもう飛ぶ力もなく、ものにすがって這うのみの蜂。「冬蜂の」の「の」は主格を表す格助詞。「死に所なく」は作者の主観である。あの針で人を襲撃するような凄まじい勢いもすっかり衰えて、日射しを求めて生き残りの蜂がよろめきながら歩いている。死に場所を求めて求め得ないのである。同様の境涯俳句に「闘鶏の眼《まなこ》つむれて飼はれけり」「夏草に這ひ上がりたる捨蠶《すてご》かな」「凍蝶《いてちょう》の翅《つばさ》をさめて死にゝけり」等がある。

〈**作者略歴**〉一八六五（慶応元）～一九三八（昭和一三）年。鳥取藩の江戸藩邸に生まれた。本名荘太郎。七歳の時高崎に移住。司法官を志望して、明治義塾法律学校、和仏法律学校に学んだが、耳疾のために断念。三〇歳で高崎地方裁判所の構内代書人となった。一八九五年正岡子規に手紙を送って教えを乞い、「ホトトギス」に投句。子規没後は高浜虚子に選を受け、虚子は「進むべき俳句の道」の中で鬼城のことを詳細に論じた。さらに大須賀乙字編の『鬼城句集』（一九一七年）刊行は、境涯俳人鬼城の地位を確定した。父と妻の死、聴力の減退等々、八男二女を抱えての窮乏生活は言語に絶するものがあり、中年には聾となり、句作も一時中断したが、晩年には俳誌「山鳩」、「読売新聞」等の選者となった。享年七四。『鬼城句集』（一九二六年）、『続鬼城句集』（一九三三年）、『定本鬼城句集』（一九四〇年）等がある。

（**瓜生鐵二**）

19　芋《いも》の露連山影を正しうす　飯田蛇笏《だこつ》

〈鑑賞・解説〉一九一四年作。『山廬集《さんろしゅう》』（雲母社、一九三二年一二月）所収。「芋の露」とは「里芋の葉に置いた秋の露」の意。蛇笏の郷里・甲府盆地の田園風景が想起される。「連山影を正しうす」で、遠く南アルプスの連山が姿を正して、くっきりした山容を見せている意となる。未明の冷え冷えとした涼気の中、里芋の広葉に置いたしろがねの露をクローズアップし、遠景に居ずまいを正して並ぶ南アルプスの連山を描くことにより、荘厳にして引き締った雰囲気を醸し出す。当時、健康にすぐれなかった彼の激しい気性と頑なまでに折り目正しい行動が、蒼古重厚な格調高い美しさを生み出している。

〈作者略歴〉一八八五（明治一八）～一九六二（昭和三七）年。山梨県東八代郡境川村に旧家の長男として生まれた。本名武治。甲府中学を経て、一九歳で早稲田大学英文科に入学。当初は詩や小説を試みていたが、高田蝶衣の早稲田吟社に参加してから句作を始め、一九〇八年（二三歳）より高浜虚子の門に入る。同年虚子が俳壇を退き、翌年には家族から帰郷の命を受けたことにより、一切学術を捨てて家郷に帰り、田園生活に入る。一九一二年虚子の俳壇復帰を知り、再び熾烈な情熱で句作に精進し、自己の句境を確立した。一九一七年より「雲母」を主宰刊行。享年七七。句集に『山廬集』の他、『霊芝《れいし》』（一九三七）、『山響集《こだま》』（一九四〇年）、『白嶽』（一九四三年）、『春蘭』（一九四七年）、『心像』（一九四七年）、『雪峡』（一九五一年）等がある。

〔瓜生鐵二〕

20　駒《こま》ヶ嶽《たけ》凍てゝ巌《いわお》を落しけり　前田普羅《ふら》

〈鑑賞・解説〉一九三七年作。「甲斐の山々」の題で一月十七日の「東京新聞」に発表された連作五句中の一句。『定本普羅句集』（辛夷《こぶし》社、一九七二年九月）所収。「駒ケ嶽」とは、長野と山梨の境にある甲斐駒ヶ岳（標高二九六六メートル）をさす。駒ヶ岳が凍てつく寒さの中に荘厳な山容をあらわにしている。その聳え立つ山頂付近から大岩が轟音をたてて落ちていくさまを、山が「巌を落しけり」と表現したところに強い主観の働きが感じられ、作者の昂揚した気持ちを汲み取ることもできる。

「霜つよし蓮華とひらく八ヶ岳」「奥白根かの世の雪をかがやかす」等からも同様な主観的叙法が読み取れる。

〈作者略歴〉一八八四（明治一七）～一九五四（昭和二九）年。横浜生。本名忠吉。一六歳の年母が亡くなり父が再婚して台湾に渡ったため、東京の伯父の世話になる。早稲田大学英文科中退。石油会社、地方裁判所勤めなどをした後、報知新聞記者となり一九二四年に富山支局長となる。この転任は彼の剛直な資質と北越の厳しい風土とあいまって、独自の山岳俳句を形成する上でも意義があった。一九二六年から「辛夷」の雑詠欄を担当し、のちに主宰となる。一九四九年、二〇年間住んだ富山を離れて伊勢や大和を放浪。さらに東京西多摩、大田区矢口に住む。二年余の病床生活の後、没す。享年六五。句集に『春寒浅間山』（一九四六年）『飛騨紬《つむぎ》』（一九四七年）『能登寒し』（一九五〇年）の三部作等がある。

〔瓜生鐵二〕

21　秋風や模様のちがふ皿二つ

原　石鼎《せきてい》

〈鑑賞・解説〉 一九一四年作。『花影』（改造社、一九三七年六月）所収。「秋風」は、日々冷気を加え、身に身に沁みて哀れを誘う寂しい秋の風。「父母のあたたかきふところにさへ入ることをせぬ放浪の子は伯州米子に去つて仮りの宿りをなす」という前書がある。出雲から上京して放浪していた石鼎は、虚子に帰郷を勧められたが、次兄の縁で奥吉野に入り、その地で診療を手伝っていた。無医村の村人達から、医学を修めて村で開業して欲しいと懇請され、帰郷して父に相談した。医師の父はこれまでの石鼎の放縦な行動からこの申し出を拒む。父と和解出来ぬまま、伯耆《ほうき》の国米子に仮寓する。「ちがふ」のは、二つの皿の模様ばかりではない、父と子の相剋をも象徴している。

〈作者略歴〉 一八八六（明治一九）～一九五一（昭和二六）年。島根県出雲市生。本名鼎。家は代々医業を営む。京都医学専門学校を中退し、東京に出て放浪。次兄の医業を手伝うため奥吉野に入り、そこから「ホトトギス」に投じた句が高浜虚子に認められ、その「高朗の調べ」や「豪華跌宕《てつとう》」な作品が高く評価された。一九二一年から「鹿火屋」を主宰し、一九二三年以後は健康をそこね、一九四一年神奈川県二宮に隠棲した。享年六五。句集に『花影』の他『石鼎句集』（一九四八年）、『定本石鼎句集』（一九六八年）等がある。没後『原石鼎全句集』（一九九〇年）が刊行され、評論に『俳句の考へ方』（一九一八年）がある。

（瓜生鐵二）

22　鵯《ひよどり》のそれきり鳴かず雪の暮

臼田亜浪《あろう》

〈鑑賞・解説〉 一九二〇年一月二九日の作。『旅人』（交蘭社、一九三七年四月）所収。「中津行き三句」の前書がある。降り積もった大雪の中を、神奈川県厚木荘の中津へ、新年句会に出かけた。その時の会場梅屋旅館で作られた句である。亜浪は「うすうすとあたりをこめて来た夕暮れのとばりに誘はれて、私はつと起って縁側の欄《おばしま》にもたれた。雪をかぶつた三本五本の大欅、谷へなだれてゐる雪の篁、中津川の水音はそれらの枝々をかすかにをののかせて響いて来る。と、ピーピーと、四辺の静寂を破って鋭い鳥の叫び、雪がはらはらと散つた。はて、何鳥だらう。鵯らしかつたが……としばらく耳を澄ましたが、唯それきりである」（『俳句文学全集・亞浪篇』）と解説している。

〈作者略歴〉 一八七九（明治一二）～一九五一（昭和二六）年。長野県小諸生。本名卯一郎。小諸義塾を経て一九〇四年、和仏法律学校（法政大学の前身）を卒業。「横浜貿易新聞」「やまと新聞」編輯長となり、一九一六年まで記者生活を送った。一九〇二年虚子につき、一時中絶後一九一四年復活。一九一五年大須賀乙字とともに「石楠」を創刊。生活に根ざした感情を自然観照と一体化した「まこと」の俳句を以て押し進める中で、篠原梵・八木絵馬・大野林火・林原耒井《らいせい》、原田種茅《たねじ》等の俳人を育てた。享年七二。句集に『旅人』の他『亜浪句鈔』（一九二五年）、『白道』（一九四六年）、『定本亞浪句集』（一九四九年）、『臼田亞浪全句集』（一九七七年）があり、選句集に『炬火』（一九一七年）がある。

（瓜生鐵二）

23　水涕《みずばな》や鼻の先だけ暮れ残る　芥川龍《りゅう》之介《のすけ》

〈**鑑賞・解説**〉『澄江堂句集』（文芸春秋社、一九二七年一二月）所収。この句は辞世の句であるともいわれている。彼が自裁した日（七月二十四日）の一時頃、同居していた叔母の枕許で、朝主治医の下島勲《いさお》が来たら渡すようにと依頼した短冊にこの句が書かれていた。その直後に彼は毒を仰いだのである。この句が作られたのは一九一九、二〇年のことで死の直前に思い起こして書いたものである。水涕を点じた鼻の先だけが光って暮れ残っているという描写から、芥川自身の「自画像」ではないかとも想像出来る。室生犀星は「単に自嘲だけの句か。僕は彼が自分で死面をえがいていたように考える」（改造社『俳句講座第五巻』）とも記している。季語は「水涕」（冬）。

〈**作者略歴**〉一八九二（明治二五）～一九二七（昭和二）年。東京市京橋区に新原敏三の長男として生まれた。生後間もなく母方の芥川家の養子になる。府立三中・一高を経て東大に進み、一九一六年英文科を卒業。在学中に久米正雄、菊池寛等と共に第四次「新思潮」を発刊。短編小説「鼻」により夏目漱石の絶賛を受け、これが文壇に出る契機となった。大学卒業後、横須賀の海軍機関学校の教師となり、一九一八年頃から鎌倉在住の高浜虚子に師事し我鬼の号で句作した。後、教官を辞し、創作に専念し、多くの名作を残した。芭蕉に傾倒して『芭蕉雑記』『続芭蕉雑記』などの著があり、凡兆や召波の句を愛唱した。一九二六年頃から神経衰弱にかかり自殺。句集に加藤郁乎編『芥川竜之介俳句集』（岩波文庫二〇一〇年）等がある。〔**瓜生鐵二**〕

24　みちのくの伊達《だて》の郡《こほり》の春田かな　富安風生《とみやすふうせい》

〈**鑑賞・解説**〉初出一九三二年六月「ホトトギス」雑詠欄。句集『草の花』（竜星閣、一九三三年一一月）所収。「みちのく」＝陸奥と書き、陸前・陸中・陸奥三国の古称。「伊達の郡」＝昔の伊達郡のことを指すが、仙台一帯の地域をいう。「汽車に乗り、その昔〝伊達の郡〟と呼ばれていた地域を車窓から眺めていると紫雲英《れんげ》が一面に咲いた華やかな春田が広がる。その光景に、この地を治めた伊達氏のことや『奥の細道』の旅で芭蕉も通ったことを思い出し、懐かしい思いに駈られたことだ」の意。格助詞の「の」を三度使って切れ字の「かな」で締め括る手法は俳句独自のものであり、漸層法的に感動を積み重ねて「かな」結ぶことにより心地よいリズムが生まれている。

〈**作者略歴**〉一八八五（明治一八）～一九七九（昭和五四）年。愛知県一宮町生。一高、東大法科を出て逓信省に入り、三四歳の時福岡に赴任。同地の吉岡禅寺洞に俳句の手引きを受け、俳誌「天の川」に投句。一九二二年誓子・青邨・秋桜子・みずほらと東大俳句会を興す。一九二三年、欧米に出張を命ぜられ、帰朝後は「ホトトギス」発行所に出入りし、虚子の指導を受けた。一九二八年、俳誌「若葉」を主宰。一九三七年の逓信次官を最後に官界を退く。戦後官途に復職したが、一九五一年電波監理委員会委員長を退く。享年九四。句集に『草の花』の他『十三夜』（一九三七年）、『松籟《しょうらい》』（一九四〇年）、『冬霞』（一九四三年）、『村住《むらずみ》』（一九四七年）、『母子草』（一九四九年）がある。

〔**瓜生鐵二**〕

25 竹馬やいろはにほへとちり〴〵に　久保田万太郎《まんたろう》

〈鑑賞・解説〉『道芝《みちしば》』（俳書堂、一九二七年五月）所収。「竹馬」が冬の季語である。「いろはにほへと」は「ちり〴〵に」を導き出す序詞と掛詞の働きを兼ねた役割をするための措辞である。表面的には「今まで竹馬に乗っていっしょに遊んでいた友達が、夕刻になり、散り散りになって、自分の家に帰ってしまった」の意である。しかし「いろはにほへど」という用法に着目すると「その昔、竹馬に乗って一緒に遊んだ友達が、その後いろいろな宿命を背負って成長し、散り散りとなってしまった」といった詠嘆の気持ちも感じ取れる。下町の無邪気な少年達の姿を描きながら、その裏に「竹馬の友」のその後の行方がゆかしくなるような余情を混えている。

〈作者略歴〉一八八九（明治二二）～一九六三（昭和三八）年。東京浅草生。慶應義塾大学文学科卒業。家は祖父の代より袋物製造業を営む。同級の大場白水郎と共に「三田俳句会」に出席し、籾山梓月、岡本癖三酔の薫陶を受ける。次いで渡辺水巴、岡本松浜を知り、専ら松浜に師事。その後松根東洋城に師事し国民俳壇に名を連ねた。文壇、劇団での活動が主眼となるにつれて、俳句から離れた時期もあったが、一九一六年、喜多村緑郎らの「句楽会」に誘われ傘雨《さんう》の号で再び俳句を作り、四六年には主宰誌「春燈」を創刊する。享年七二。句集に『道芝』の他、『もゝちどり』（一九三四年）、『わかれじも』（一九三五年）『ゆきげかは』（一九三六年）、『これやこの』（一九四六年）等がある。

〔瓜生鐵二〕

26 ゆきふるといひしばかりの人しづか　室生犀星《むろうさいせい》

〈鑑賞・解説〉『犀星発句集』（桜井書店、一九四三年八月）所収。「『雪が降る』といっただけでそのあとは何も言わずに、その人は降る雪を静かに眺めている」の意。「ゆきふる」とは、この句に詠まれている主人公の言った言葉で、独白（モノローグ）である。「ばかり」は、「ただ～だけ」「ただ～のみ」といった意味の副助詞。「人しづか」は、その人が静かなだけではなく、降る雪も静かであることを暗示している。そこに現出するのは、全くの静寂世界であり、「人しづか」と連用形止めにしたことも、余情を生み出すのに効果的である。山本健吉は『現代俳句下』の中で、この句の主人公を女人に見立てている。

〈作者略歴〉一八八九（明治二二）～一九六二（昭和三七）年。石川県金沢市生。詩人、小説家。本名照道。別号魚眠洞。高等小学校中退後、地元の裁判所や新聞社に勤め、一九〇九年上京。俳句は一五歳で、芭蕉庵十逸に手ほどきを受け、後に河越風骨に学ぶ。その後大谷繞石《ぎょうせき》に師事し、「中央公論」の俳壇に投句した。やがて詩作に没頭し句作を一時中断した時期もあったが、大正後半より、芥川龍之介との交遊から、句作を再開し、どの派にも属さず、俳壇とは没交渉を保ちつつ、独自に「古格幽玄」の句風を追求した。享年七三。句集に『犀星発句集』の他『魚眠洞発句集』（一九二九）があり、没後に『室生犀星句集』（一九七七）が刊行された。研究書に『芭蕉襍記《ざっき》』（一九二八）がある。

〔瓜生鐵二〕

27　ぜんまいののの字ばかりの寂光土　川端茅舎《ぼうしゃ》

〈鑑賞・解説〉初出「ホトトギス」一九三七年七月号。『華厳』（竜星閣、一九三九年五月）所収。季語は「ぜんまい」（春）。ぜんまいは、春になると山野の陰地に、紫紅色の太い茎の先が渦巻き状を呈して簇生する。渦巻きには薄茶色の綿がかぶり、「のの字ばかり」は、渦巻き状の若芽の形容である。「寂光土」は寂光浄土ともいい、常住不変の仏のみの住む世界。「のどかな日射しの降り注ぐ春の野にぜんまいがひらがなの『の』の字になって簇生している。それは仏の住む寂光浄土を彷彿とさせる」の意。「の」の字を四回も使用して、視覚に訴えるだけではなく、滑らかでのびのびした調子を生み出している。

〈作者略歴〉一八九七（明治三〇）～一九四一（昭和一六）年。東京日本橋生。本名信一。川端龍子《りゅうし》の弟。独協中学卒業後岸田劉生に師事して絵を学ぼうとしたが肺患により断念した。若い頃武者小路実篤の「新しき村」の運動に参加しようとしたり、京都の東福寺で参禅したこともあり仏教への関心が深く、句も「仏教的諦観からくる美意識」に裏付けされている。一九三二年より大森の自宅で療養し、闘病生活十年に及ぶ。俳句は一九一四年、上川井梨葉《りよう》、大場白水郎らの筍頭会への出席に始まり「藻の花」「ホトトギス」「渋柿」「雲母」「俳諧雑誌」等に投句した。享年四一。句集に『華厳』の他『川端茅舎句集』（一九三四年）、『白痴』（一九四一年）がある。高浜虚子は『華厳』序文の中で「花鳥諷詠真骨頂漢」と評した。〔瓜生鐵二〕

28　我が肩に蜘蛛《くも》の糸張る秋の暮　富田木歩《もっぽ》

〈鑑賞・解説〉一九一七年作。『木歩句集』（素人社、一九三四年九月）、新井聲風《せいふう》編著『決定版富田木歩全集』（世界文庫、一九七四年一二月）所収。「病臥」の前書がある。その年、弟の利助が肺結核を病んで内職先を解雇され、母とともに看病にあたった木歩は、自らも結核に感染して倒れ、四畳半の部屋に弟と枕を並べて寝るようになった。「終日病臥する私の肩に、いつの間にか蜘蛛が降りてきて、頻りに糸を張っている秋の夕暮れである」の意。夕暮れ時の薄暗い光の中で無心に糸を張っている蜘蛛をみつめながら己れの運命に思いを致す姿からは、「死を予期した者の静かな忍従」（山本健吉）が感じられる。

〈作者略歴〉一八九七（明治三〇）～一九二三（大正一二）年。東京向島生。本名一。二歳の時、病のため歩行の自由を失う。小学校にも通えず、いろはカルタと軍人メンコなどで文字を覚えた。一九一一年に父を亡くし、一九一三年、友禅型紙彫刻師の許に徒弟奉公したが、半年程で家に戻り、以後駄菓子屋や貸本屋などで生活の資を得る。一九一三年、「ホトトギス」の「初学欄」に投句。原石鼎の指導を受ける。一九一五年、近所の同好連と「小梅吟社」を興し、一九一六年、臼田亜浪の「石楠」に加わった。一九一七年、新井聲風を知り、生涯の親交を結んだ。関東大震災に遭遇し、聲風に背負われて隅田川畔向島枕橋付近に逃れたが焼死した。享年二六。『定本木歩句集』（一九三八）、『木歩文集』（一九三四）等がある。〔瓜生鐵二〕

29

羽子板の重きが嬉し突かで立つ　長谷川かな女《じょ》

〈鑑賞・解説〉一九一四年作。『雨月』（東京堂、一九三九年一〇月）所収。季語＝羽子板（新年）。「重きが嬉し」は、精巧な押し絵の装飾が施されているがゆえの重さであり、女の子にとっては、それを持っていることだけ嬉しいのである。だから突かずにそのまま立っていたということになる。かな女自身「羽子板の句は少女の時の思ひ出そのままを詠んだものだった。年の暮れになると或る家から毎年羽子板を贈って下さることになつてゐた。人形町の勝文とか十軒店の永徳斎の上等の羽子板だつたので。似顔の押絵がそれはよく出来てゐた。其の中の一つを抱へてそつと門の前に立つて人が突く羽子を眺めてゐる、それだけでよかったのだ」と解説している。

〈作者略歴〉一八八七（明治二〇）〜一九六九（昭和四四）年。東京日本橋生。本名かな。私立小松原小学校高等科卒。一九〇九年家庭教師の富田諧三（後の長谷川零余子）と結婚。一九一〇年夫の友人石島雉子郎《きじろう》に勧められて作句。松根東洋城選の「毎日俳壇」や「ホトトギス」に投句した。一九一三年高浜虚子の勧めで始まった婦人俳句会の幹事を務め、女流俳句の端緒を開く。一九二一年、夫零余子が俳誌「枯野」創刊以後これを扶け、没後に「ぬかご」と改題されてからは雑詠欄の選に当たる。一九三〇年「水明」を創刊主宰。享年八二。句集に『雨月』の他『龍胆《りんどう》』（一九二九年）、『ゆきき』（一九三九年）、『胡笛』（一九五五年）、『川の灯』（一九六三年）、『定本かな女句集』（一九六四年）等がある。

〔瓜生鐵二〕

30

谺《こだま》して山ほととぎすほしいまゝ　杉田久女《ひさじょ》

〈鑑賞・解説〉一九三一年、大阪毎日・東京日日新聞共催の「日本新名勝俳句」に「英彦山六句」の前書で応募した作品の冒頭句。最優秀の風景院賞を受賞。『杉田久女句集』（角川書店、一九五二年）所収。福岡県田川郡添田町英彦山《ひこさん》南岳での作。英彦山は修験道の霊地として知られ、久女は「谺して山ほととぎす」に続く下五句に苦心して、小倉（北九州市）から七、八度も足を運んだという。気儘に思う存分鳴いている山ほととぎすの声について、久女は「とつぜん何ともいへぬ美しいひゞきをもつた大きな声が木立のむかふの谷間からきこえてきました。それは単なる声といふよりも、英彦山そのもの、山の精の声でした」と書いている。

〈作者略歴〉一八九〇（明治二三）〜一九四六（昭和二一）年。鹿児島市生。本名ひさ。大蔵省事務官の父の転任で、幼少期、小学校時代を琉球・台湾で過ごす。一九〇八年東京女子高等師範学校附属高等女学校卒。一九一〇年杉田宇内《うない》と結婚。福岡県立小倉中学の美術教師となった夫と小倉に赴く。一九一六年、次兄赤堀月蟾《げっせん》の勧めで俳句を始め、「ホトトギス」に投句。高浜虚子の指導を受け、その「清艶高雅」な作風が評価された。一九三二年、「花衣《はなごろも》」を創刊。一九三六年、吉岡禅寺洞、日野草城とともに「ホトトギス」同人から削除される。一九四五年筑紫保養院に入院し、翌年一月二一日没。享年五六。『久女文集』（一九六八年）、『杉田久女全集』（一九八九年）等が没後に刊行された。

〔瓜生鐵二〕

31　短夜や乳ぜり泣く児を須可捨焉乎《すてつちまおか》　竹下しづの女《じょ》

〈鑑賞・解説〉初出「ホトトギス」一九二〇年八月号。句集『颱《はやて》』（三省堂、一九四〇年一〇月）所収。季語は「短夜」（夏）。「乳ぜり泣く児」とは、「乳を催促して泣く子」のこと。当時作者は二男二女の母であり、乳を欲しがっていたのは、一歳の次男であった。「須可捨焉乎」（「捨てつちまおか」）の漢文表記は、決断の語気を漢字の固い表記で倍加させる効果を持つ。明け易くしかも寝苦しい夏の夜に、しきりに母乳を欲しがって泣く子を持て余す母の気持ちを爆発させた表現であるが、「いや捨てられはしない」という反語表現となっている。昼間は昼間で、教壇に立っていた作者の焦燥感が直截的に表現されている。

〈作者略歴〉一八八七（明治二〇）～一九五一（昭和二六）年。福岡県京都《みやこ》郡稗田《ひえだ》村（現、行橋市）生。本名静廼。福岡女子師範学校卒。尋常小学校訓導を経て、小倉師範学校助教諭となり、国語・音楽を担当。一九一二年養子縁組で水口伴蔵と結婚。一九三三年農学校校長をしていた夫に先立たれ、その後福岡市立図書館司書を勤めた。一九一九年吉岡禅寺洞について句作を始め、一九二〇年から「ホトトギス」に投句し、一躍脚光を浴びた。その後作句を中断した時期もあったが、一九二七年に復帰し、一九三四年には「ホトトギス」同人となる。一九三七年より四一年まで学生俳句連盟機関誌「成層圏」を中村草田男と共に指導し、戦後は九大俳句会の指導に当たった。享年六四。句集『颱』の他『定本竹下しづの女句文集』（星書房、一九六四年）がある。

〔瓜生鐵二〕

32　高嶺星《たかねぼし》蚕飼《こがひ》の村は寝しづまり　水原秋桜子《しゅうおうし》

〈鑑賞・解説〉一九二五年作。「大垂水《おおたるみ》峠の春」と題する連作の一つ。『葛飾』（馬酔木発行所、一九七九年四月）所収。「高嶺星」は、高い嶺の上に輝く星。「蚕飼」は、春の季語で養蚕のこと。「大垂水峠」は、高尾山の西南に位置し、武蔵から相模へ越える峠である。その麓の千木良《ちぎら》村には、機家もあり蚕飼農家もあった。この村の景色を思い浮かべて作ったのである。秋桜子はこの村の夜の景色を見たことはなかった。しかし、実際に、この村を訪ねたことがあるという体験は、空想では片づけられない「絵画的構成の美」を生み出す力となり、句の調べにみずみずしい情感を与えている。「寝しづまり」という連用形止めも、余情を漂わせるのに効果的である。

〈作者略歴〉一八九二（明治二五）～一九八一（昭和五六）年。東京神田猿楽町生。本名豊。獨協中学、第一高等学校を経て、一九一八年に東大医学部を卒業。産婦人科医師。一九一九年、松根東洋城の「渋柿」投句。一九二一年より「ホトトギス」例会に出席し、高浜虚子の指導を受ける。一九二二年「東大俳句会」を復活。「ホトトギス」課題句選者、「ホトトギス」同人として、高野素十・阿波野青畝・山口誓子とともに四Sと称された。一九二八年「破魔弓」を改題した「馬酔木」を主宰する。一九三一年十月号「馬酔木」誌上に「自然の真と文芸上の真」を発表し、「ホトトギス」を脱退。昭和初期の新興俳句運動の端緒を開いた。享年八九。『水原秋桜子全集』全二一巻（講談社、一九七七年）がある。

〔瓜生鐵二〕

33　夏草に機罐車《きかんしゃ》の車輪来て止る

山口誓子《せいし》

〈鑑賞・解説〉 初出「かつらぎ」一九三三年九月号。『黄旗』（龍星閣、一九三五年二月）所収。「大阪駅構内」と題した連作五句の一つ。「大阪駅がまだ地上にあったときの駅の構内のはずれ、そこに夏草が生い茂っていた」「機関車が、駅の構内のはずれまで来て止まった」「ゆるやかに廻っていた大きな車輪がぴたっと止まったのだ。その車輪を迎えるようにして夏草が茂っていた。その夏草の中で機関車は止まったのだ。夏草と車輪、この二つのものを思って欲しい」（『自選自解山口誓子句集』白鳳社、一九六九年）との自解がある。繁茂する夏草とクローズアップされた車輪との配合が近代的かつ即物的である。

〈作者略歴〉 一九〇一（明治三四）～九四（平成六）年。京都市生。本名新比古《ちかひこ》。生後まもなく母を失い、祖父のもとに引き取られた。一二歳の時祖父が樺太日々新聞社社長になったため樺太に渡り、中学校まで樺太で過ごす。祖父が病気で京都に戻ったので府立一中に転校。一九一九年、三高に入学。京大三高俳句会で鈴鹿野風呂、日野草城の指導を受け、「ホトトギス」に投句する。一九二二年、東大法学部に入学。東大俳句会で水原秋桜子と出会う。一九二六年に卒業し、大阪住友合資会社に入社。一九三五年、「ホトトギス」を去り、「馬酔木」に参加。一九四二年、胸部疾患により職を辞す。一九四八年、「天狼」を創刊し、「酷烈なる精神」をもって現代俳句の開拓に努めた。享年九三。『山口誓子全集』（全一〇巻、明治書院、一九七七年）がある。

〔瓜生鐵二〕

34　方丈の大庇《びさし》より春の蝶

高野素十《すじゅう》

〈鑑賞・解説〉 初出「ホトトギス」一九二七年九月号。『初鴉』（菁柿堂、一九四七年九月）所収。京都市龍安寺石庭での作。石庭は、一樹も配せず、白砂の中に、十数個の大小の岩石だけを布置し、「虎の子渡し」の名でも知られている。「方丈」は、寺院の本堂の建物。「その大海原に点在する島々のような石庭を眺めながら、無我の境地にひたっていると、本堂の暗く突き出ている大庇より、一匹の春の蝶がひらひらと翻り出てきた」の意。「春の蝶」の措辞について、虚子は「細心にして大胆なる思索から来た」ものとして評価した。「大庇」と「蝶」は、大と小、静と動、暗と明の対比を克明に印象づけている。

〈作者略歴〉 一八九三（明治二六）～一九七六（昭和五一）年。茨城県山王村（現、取手市）生。本名與巳《よしみ》。新潟県立長岡中学から一高を経て、一九一八年、東京大学医学部卒業後、法医学教室に入局。水原秋桜子らの手引きで俳句を始め、東大俳句会で精進した。一九二三年より「ホトトギス」に投句し、高浜虚子に師事した。その後の活躍はめざましく、四Sの一人に称された。句は、虚子の推進する客観写生を最も忠実に実践したもので、秋桜子の主観的、抒情的な作風と対比して論じられた。虚子は「自然界から美しい詩の天地を抜き取ってくる」独自の作句法を高く評価した。新潟医科大学学長、奈良医科大学教授を歴任。享年八三。句集『初鴉』の他『雪片』（一九五二年）『野花集』（一九五三年）。『素十全集』全四巻（明治書院、一九七〇～七一年）がある。

〔瓜生鐵二〕

35　葛城の山懐《やまふところ》に寝釈迦かな　　阿波野青畝《せいほ》

〈鑑賞・解釈〉 初出「ホトトギス」一九二八年六月号。『萬両』（青畝句集刊行会、一九三一年四月）所収。「葛城」＝大阪府と奈良県の境にある葛城山（海抜九六〇m）。「山懐」＝山間が懐のように窪んでいるところ。「寝釈迦」＝釈迦入滅時の寝姿を描いた宗教画。釈迦入滅の陰暦二月一五日、寺々では涅槃図を掛け、涅槃会《ねはんえ》を営む。青畝には、山腹の不動寺で見た涅槃図が子供心に焼きついていた。「寝釈迦」が春の季語。大和盆地・葛城山・その山腹の一寺院・その奥の涅槃図と次第に景色を集約し、「の」「に」「かな」以外は名詞を連ねる叙法から、大らかで奥深い寝釈迦が描き出されている。

〈作者略歴〉 一八九九（明治三二）～一九九二（平成四）年。奈良県高取町生。本名敏雄。旧姓橋本。一九一八年畝傍中学を卒業後銀行に就職。一九二三年結婚して阿波野姓となる。俳句は中学三年の時「ホトトギス」の読者となり、原田浜人の指導を受け、次いで虚子に師事した。主観の強い句から、虚子に説かれて忠実に自然を観る態度へと変化し、四Sの一人に名を占めた。結婚とともに大阪に移り、「山茶花」に関係。一九二九年「かつらぎ」を創刊主宰する。一九三二年「ホトトギス」同人となる。一九四五年空襲のために家が焼かれ西宮に移住、「かつらぎ」を復刊発行した。享年九三。句集に『萬両《まんりょう》』の他『国原』（一九四二年）、『春の鳶』（一九五二年）、『紅葉の賀』（一九六二年）、『甲子園』（一九七二年）等がある。

〔瓜生鐵二〕

36　チ、ポ、と鼓《つづみ》打たうよ花月夜《はなづくよ》　　松本たかし

〈鑑賞・解説〉 第二句集『鷹』（龍星閣、一九三八年一一月）所収。鎌倉浄明寺の小庵での作。たかしは宝生流の能楽師の家に生まれ、能役者としての将来を嘱望されていたが、病弱のため能を断念した。「チ、ポ、」の擬音からは、そうした家に育ち、ずっと鼓に親しんできた人ならでの説得力を感じる。「花」（さくら）が春の季語であるが、「花月夜」で、爛漫とした桜の梢に円かな月が昇って、皓々と照りわたる夜の意となる。そんな時、妻と二人だけの座に、久しぶりに鼓を取り出して、好きなくだりをチ、ポ、と打ち鳴らして、今宵の一時を過ごそうよと思ったのである。

〈作者略歴〉 一九〇六（明治三九）～五六（昭和三一）年。東京神田猿楽町生。本名孝。父は宝生流座付能役者の松本長《ながし》。作家の泉鏡花は父の従兄弟にあたる。五歳から能の稽古につき、九歳で初舞台を踏んだが、肺尖カタル・神経衰弱により、二〇歳前後に、能役者になることを断念した。一八歳で高浜虚子に師事。「ホトトギス」雑詠欄において頭角を現わし、四S以降の新人として草田男・茅舎らとともに注目された。特に病弱のために画家となる志を断念した茅舎とは相許した間柄で、茅舎はたかしを「生来の芸術上の貴公子」だと評して、彼の句の品格を称えた。禅語の言葉に倣った「只管写生」の作風は、求道的で気品高く、繊細である。一九四六年「笛」を創刊し、没年まで主宰した。享年五一。『たかし全集』全四巻（笛発行所、一九六五～六八年）がある。

〔瓜生鐵二〕

37

外《と》にも出よ触るゝばかりに春の月　　中村汀女《ていじょ》

〈鑑賞・解説〉一九四六年の作。『花影』（三有社、一九四八年一月）所収。知人宅で四、五人の集いがあり、早めにその家を出ると、真正面に春の月がかかっている。滴る色の春の月で、手を伸ばせば触れられそうに思われた。思わず声を挙げて家人に「外に出てごらんなさい」と呼びかけたのである。「外にも出よ」ということばを、冒頭にもってくることにより、作者のはずんだ気持ちが伝わってくる。一九四五年八月一五日に太平洋戦争が終結し、戦後始めて迎えた春ということを念頭に置けば、ここに詠まれている月は、戦後の平和と解放感を象徴する月、生活に潤いを齎してくれた月のように思われる。

〈作者略歴〉一九〇〇（明治三三）～八八（昭和六三）年。熊本市画図《えず》村（現、江津）生。本名破魔子《はまこ》。熊本高等女学校卒。一九二〇年東京大蔵省官吏の中村重喜と結婚。夫の転勤に伴い、東京、仙台、名古屋、大阪、横浜などに移り住む。俳句は一八歳（一九一八年）から「九州日々新聞」に投句する。翌一九年から「ホトトギス」に投句し、杉田久女を知る。一九二〇年に家族で上京後、一〇年程作句が途切れた。一九三二年、「花衣」を創刊した久女から誘われて、作句を再開。同年、高浜虚子、星野立子に逢い、その後「ホトトギス」「玉藻」において女流俳人としての地位を確立した。一九四七年、俳誌「風《かざ》花《はな》」を創刊主宰する。享年八八。句集『春雪』（一九四〇年）、『汀女句集』（一九四四年）、『春暁』（一九四七年）、『半生』（一九四七年）等がある。

〔瓜生鐵二〕

38

螢籠昏《くら》ければ揺《ゆ》り炎《も》えたゝす　　橋本多佳子《たかこ》

〈鑑賞・解説〉一九四八（昭和二三）年作。『紅絲《こうし》』（目黒書店、一九五一年六月）所収。螢籠＝螢を入れて飼育鑑賞する籠で、紗の薄い布が張ってある。昏ければ＝（蛍の光が）暗いので。「炎えたゝす」は、もっと強く発光させようとする自らの意思を込めた表現である。「螢籠を覗くと薄い布を透かして、数匹の螢が光っている。その光が乏しくて暗いので、籠を揺すってもっと点滅させようとした」の意。「炎えたゝす」は、「螢籠をもっと燃え立たせる」行為だけではなく、寂しくも、切ない胸中の思いをかきたてる行為にも通じており、こうした表現の激しさが、多佳子俳句の一面を物語っている。

〈作者略歴〉一八九九（明治三二）～一九六三（昭和三八）年。東京市本郷区龍岡町生。本名多満。祖父山谷清風に琴を習い、山田流の奥許を受ける。湯島小学校、菊坂美術学校に学ぶ。一九一六年橋本豊次郎と結婚し、九州小倉で生活する。一九二二年高浜虚子が長崎旅行の帰途、橋本家魯山荘で句会が開かれ、杉田久女を知る。これを機に久女に手ほどきを受け、「ホトトギス」「天の川」等に投句。一九二九年、大阪帝塚山に移住。同年「ホトトギス」四百号記念大会に出席し、山口誓子に逢う。一九三五年「ホトトギス」を離れ「馬酔木」に拠る。一九三七年豊次郎死去。一九四四年奈良市に疎開。一九四八年創刊の「天狼」に参加し、一九五〇年より「七曜」を主宰。享年六四。句集『海燕』（一九四一年）、『信濃』（一九四七年）、『橋本多佳子全句集』（一九七七年）等がある。

〔瓜生鐵二〕

39 美しき緑走れり夏料理　星野立子《たつこ》

〈鑑賞・解説〉一九四四年作。句集『春雷』（東京美術、一九六九年四月）所収。高浜虚子は「夏の料理、それは魚であつても野菜であつてもよからう。とにかく新鮮な緑色がさつと走つた料理であるといふのである。形態は描かれてゐないけれど緑の一色で、新鮮な、涼しげな夏料理といふものが想像される」と解説している。「緑走れり」という動きのある言葉によって、澄明清新な色彩が刻印され、爽快感を生み出している。「視覚に訴える涼味が身上の句」（西村和子）である。戦時下の騒乱と窮乏の時代にこんな豪華な料理を目の当たりにできる人は少なかったと思われるが、作者の写生理念は動じていない。

〈作者略歴〉一九〇三（明治三六）～八四（昭和五九）年。東京市麹町区富士見町生。本名も立子（父高浜虚子の三〇歳の時に誕生したことに因んで命名）。一九二四年、東京女子大高等部卒。一九二五年、星野吉人（星野天知の長男）に嫁し、麹町区平河町に居住。一九二六年、父の勧めで作句を始めた。一九三〇年、俳誌「玉藻《たまも》」を創刊主宰し、婦人俳句の興隆に努めた。一九三二年「ホトトギス」同人となり、昭和十年代には汀女とともに女流俳句の双璧と称され、後に鷹女、多佳子とあわせて四Tと併称された。一九七〇年病に倒れ、「玉藻」雑詠選を妹の高木晴子に託す。享年八一。句集に『立子句集』（一九三七年）、『鎌倉』（一九四〇年）、『続立子句集第一』『続立子句集第二』（一九四七年）、『笹目』（一九五〇年）、『実生』（一九五七年）等がある。

〔瓜生鐵二〕

40 萬緑《ばんりょく》の中や吾子《あこ》の歯生え初《そ》むる　中村草田男《くさたお》

〈鑑賞・解説〉一九三九年作。『火の島』（龍星閣、一九三九年一一月）所収。「萬緑」は、王安石の「萬緑叢中紅一点」という柘榴を詠んだ詩に出典を仰ぎ、この作品により夏の季語として定着した。「吾子」とは、この年の一月に生まれた次女郁子のこと。「寒さ見詰めて妻あり次女生れんとす」「あかんぼの舌の強さや飛び飛ぶ雪」等の句もある。青葉若葉の季節を迎えて、次女の歯が生え初めた。「萬緑の中や」の八音と「吾子の歯」以下の九音から構成され、上の句の新樹の緑と下の句の豆粒ほどの白い歯の色彩対照が鮮やかであり、「萬緑」は自然の生命と人間の生命のシンボルにもなっている。

〈作者略歴〉一九〇一（明治三四）～八三（昭和五八）年。清国福建省廈門《あもい》の日本領事館に生まれる。本名清一郎。一九〇四年に帰国し、両親の故郷松山に住む。松山中学、旧制松山高校を経て、一九二五年、東京帝国大学独文科入学。一九二九年病気休学中に高浜虚子に入門する。その後国文科に転じ、高野素十らと吟行を重ねて写生を習得。一九三三年、国文科を卒業し、成蹊学園に就職。一九三四年「ホトトギス」同人となる。一九三六年、当時盛んだった新興俳句運動の素材とスタイルのみの新化に対して批判を加え、作者自体の近代化を主張した。一九四六年、芸と文学の一致を掲げて「萬緑」を創刊主宰。一九六七年、成蹊大学退職。享年八二。句集『長子』（一九三六年）、『萬緑』（一九四一年）等。全集『中村草田男全集』（全一八巻別巻一、みすず書房、一九八四～一九九一年）。

〔瓜生鐵二〕

41 鰯雲《いわしぐも》人に告ぐべきことならず　加藤楸邨《しゅうそん》

〈鑑賞・解釈〉一九三八年作。句集『寒雷』（交蘭社、一九三九年三月）所収。「鰯雲」は、さざ波、魚鱗などに似た形の上層雲で秋の季語。「人に告ぐべきことならず」は、「人に言ってはならないことだ」の意であるが、その内容がいかなるものか、具体的に読み取ることは難しい。草田男や波郷とともに人間探求派・難解派と呼ばれた当時の作品であるが、内容の読み取りは、読者の想像に任されている。鰯雲を見ても自己抑制を効かせ、人に言わんとしても言えない胸中の思い、それは、妻子を連れて上京し、大学に通いながらの窮乏生活、日中戦争の拡大による時代の息苦しさ、特に知識人の息苦しさに結びつく。

〈作者略歴〉一九〇五（明治三八）～九三（平成五）年。東京生（出生届は山梨県大月町）。本名健雄。父が国鉄職員であったため、御殿場、福島原ノ町、新発田、金沢と転勤し、小学校三校、中学校三校の転校を経験した。金沢一中卒業後、代用教員を経て、東京師範学校臨時教員養成所を卒業。一九二九年卒業と同時に結婚し、埼玉県粕壁中学校教員となる。一九三一年、「馬酔木」に投句し、一九三五年に同人となる。一九三七年、上京し東京文理科大学国文科入学。「馬酔木」発行所で石田波郷と雑誌編集に携わる。一九四〇年、三五歳で大学を卒業し教員生活に入る。同年「寒雷」を創刊主宰。享年八八。句集『雪後の天』（一九四三年）、『野哭《やこく》』（一九四八年）、『起伏』（一九四九年）全集『加藤楸邨全集』（全一三巻別巻一、講談社、一九八〇年）等がある。

〔瓜生鐵二〕

42 吹きおこる秋風鶴をあゆましむ　石田波郷《はきょう》

〈鑑賞・解説〉初出「鶴」一九三七年九月号。『鶴の眼』（沙羅書店、一九三九年八月）所収。一九三七年九月、二五歳で「鶴」を創刊するにあたり、誌名にふさわしい句を作ろうして上野動物園に出掛け、そこで出来た句である。使役の助動詞「しむ」は、鶴の意思ではなく、秋風がいかにも鶴を歩ませているかのように感じた時の表現である。「吹き起こる秋風に促されるかのように、鶴がゆっくり脚を運んでいる」の意。しみじみとした趣、淋しさ、高雅といったイメージの籠った「秋風」という言葉に鶴を配したことで、句の風格が一層増している。

〈作者略歴〉一九一三（大正二）～六九（昭和四四）年。愛媛県松山市生。本名哲大《てつお》。一九二八年、松山中学四年の時、句作を始め、五十崎古郷より写生を学ぶ。一九三〇年、「馬酔木」に投句。一九三二年、上京し「馬酔木」の編集に携わる傍ら明治大学文科に学ぶ。一九三七年「鶴」を創刊。その頃から、草田男・楸邨らとともに難解派・人間探求派と呼ばれた。一九四二年「馬酔木」同人を辞す。一九四三年、召集され華北に渡ったが発病し、内地送還される。以後、病臥療養の生活を余儀なくされ、入退院を繰り返す。戦後「鶴」を復刊させたり、「現代俳句」を創刊し、俳壇の中心的地位を占めたが、体力は年々弱っていった。享年五六。句集『石田波郷句集』（一九三五年）、『惜命《しゃくみょう》』（一九五〇年）、全集『石田波郷全集』（全九巻別巻一、角川書店、一九七〇～七二年）がある。

〔瓜生鐵二〕

43　頭の中で白い夏野となつてゐる

高屋《たかや》窓秋《そうしゅう》

〈鑑賞・解説〉一九三三年作。『白い夏野』（龍星閣、一九三六年七月）所収。窓秋は新興俳句の期待の星として迎えられた。「白い夏野」は、現実の夏野ではない、非現実の夏野である。季語としての「夏野」は、眼前に広がる「青い夏野」であると同時に頭の中にイメージした「白い夏野」でもある。自分の視野にある外界と内面心理とがダブっていて、そこに「写真のネガとポジのような明暗二様の夏野が展開する」（高柳重信）。戦争への予感や時代を生きる若者の内面の倦怠感を抽象的に表現する手法によって、現代俳句は日常からの脱出を図ることが出来たのである。

〈作者略歴〉一九一〇（明治四三）～九九（平成一一）年。名古屋市生。本名正国。法政大学文学部卒業。一九三八年、満州電信電話株式会社に入社し、終戦まで満州の放送事業に携わる。引揚げ後一九五一年、ラジオ東京放送に入社し、編成部長等を歴任する。一九三〇年、水原秋桜子に師事し、石田波郷・石橋辰之助らと「馬酔木」の中核を担い、殊に秋桜子の提唱する連作俳句に好実作を示した。一九三五年、「馬酔木」を脱退し、一九三八年「京大俳句」同人となる。新興俳句運動の先導をつとめたが、満州赴任と共に中絶した。戦後は「天狼」「俳句評論」「未定」各誌の同人となり、作家活動を行った。享年八九。句集に『白い夏野』の他『河』（一九三七年）、『石の門』（一九五三年）、全集に『高屋窓秋全句集』（ぬ書房、一九七六年）がある。

〔瓜生鐵二〕

44　高熱の鶴青空に漂《ただよ》へり

日野草城《そうじょう》

〈鑑賞・解説〉一九四九年作。『人生の午後』（青玄俳句会、一九五三年七月）所収。新興俳句運動は戦争の深まりとともに言論統制下に置かれ終息した。それから終戦までの空白期を経て、戦後漸く俳壇に復帰した草城であったが、戦争は草城の家を焼き家財蔵書の一切を奪い、草城の健康をも奪ってしまった。一九四六年に肺炎に罹り、肋膜炎・肺浸潤を併発。それ以降一進一退を繰り返し、ついに快復することはなかった。病床で高熱に浮かされ、意識朦朧とした状態の中で作られたと考えられるこの句の鶴はやせ衰えた作者自身であり、その鶴が青空に純白の羽を広げて漂っている姿を幻想しているのである。

〈作者略歴〉一九〇一（明治三四）～五六（昭和三一）年。東京下谷生。本名克修《よしのぶ》。京城で小、中学時代を過ごす。京城中学・三高を経て京大法学部卒業。大阪海上火災保険株式会社に奉職すること二五年に及ぶも、戦後療養生活に入り、一九四九年に退職。一七歳で俳句を始め、「ホトトギス」に投句。一九二〇年、鈴鹿野風呂らと「京鹿子」を創刊。一九二九年「ホトトギス」同人となる。一九三五年「旗艦」を創刊し、無季俳句を実践するに及び、「ホトトギス」を除名され、一九四一年には新興俳句運動弾圧により俳壇を去る。一九四六年「太陽系」に参加。一九五六年に「青玄」を創刊主宰し、生涯専念した。享年五五。『草城句集　花氷』（一九二七年）、『青芝』（一九三二年）、『昨日の花』（一九三五年）、『転轍手』（一九三八年）、『日野草城全句集』（一九八八年）等がある。

〔瓜生鐵二〕

45

海苔《のり》買ふや追はるゝ如く都去る　吉岡禅寺洞《ぜんじどう》

〈鑑賞・解説〉一九一九年作。『銀漢《ぎんかん》』（天の川発行所、一九三二年一一月）所収。禅寺洞は三〇歳の年（一九一八年）福岡から初めて上京している。この句は翌一九年に二度目の上京をした時の作である。禅寺洞の上京は三月下旬から四月中旬にかけてのことであり、春の季語である「海苔」とは矛盾しない。しかし、禅寺洞にとって、この「海苔」は、季感のない東京土産の浅草海苔であった。「追はる、如く都去る」とは地方からきた人が大都会に馴染めずに、違和感を抱いて帰省する時の心理を述べたものであり、後に禅寺洞は、此の一句によって、季題主義への懐疑が深まったと記している。

〈作者略歴〉一八八九（明治二二）～一九六一（昭和三六）年。福岡県箱崎町生。一九〇三年、河東碧梧桐選「日本俳句」に投句。一九〇五年、「ホトトギス」に投句し、高浜虚子の選を受ける。一九〇六年、「三千里」の旅の途次福岡に寄った碧梧桐と会い、新傾向俳句に傾く。一九一四年、虚子の俳壇復帰により、再び「ホトトギス」に投句。一九一七年秋、九州入りした虚子と太宰府に同道。この時の虚子の句〈天の川の下に天智天皇と臣虚子と〉をもとに、一九一八年「天の川」を創刊。一九二五年以降「九大俳句会」を指導。多くの俊秀を育て、新興俳句運動を展開する。一九三六年「ホトトギス」同人を除名となる。戦後は口語俳句を提唱した。享年七二。句集に『銀漢』の他『禅寺洞句集』（一九三六年）、『新墾《しんこん》』（一九四七年）、『定本吉岡禅寺洞句集』（一九六七年）がある。

〔瓜生鐵二〕

46

水枕ガバリと寒い海がある　西東三鬼《さんき》

〈鑑賞・解説〉一九三五年作。句集『旗』（三省堂、一九四〇年三月）所収。自註に「海に近い大森の家。肺浸潤の熱にうなされてゐた。家人や友人の憂色によつて病軽からぬことを知ると、死の影が寒むざむとした海となつて迫つた」（『三鬼百句』）とある。高熱の頭が動くと、水枕が「ガバリ」と鳴る。その暗い水音によって、寒々としたとした冬海の記憶が蘇ってきて、荒寥としたイメージが広がっていく。「寒い海」は、現実的な冬の海ではなく「死の影」でもある。このように、死と真向かいながら、超現実的な世界を現出してゆく試みから、近代俳句の新たな地歩が築かれたのである。

〈作者略歴〉一九〇〇（明治三三）～六二（昭和三七）年。岡山県津山市生まれ。本名斎藤敬直《けいちょく》。日本歯科医専卒業。シンガポールに渡り、歯科医を開業。一九二八年、帰国し東京で開業。一九三三年、東京神田共立病院時代に句作を始め、「走馬燈」「馬酔木」「天の川」に投句。一九三四年、「新俳話会」を創立。一九三五年、「旗艦」「京大俳句」に加わり、新興俳句運動に参画。一九四〇年、「天香」創刊。京大俳句事件により検挙される。一九四二年、神戸に移住。一九四七年、石田波郷らと現代俳句協会を設立。一九四八年、山口誓子の「天狼」発刊に尽力する。一九五二年、「断崖」主宰。享年六二。句集に『夜の桃』（一九四八年）、『今日』（一九五二年）、『変身』（一九六二年）、『西東三鬼句集』（一九六五年）、『西東三鬼全句集』（一九七一年）等がある。

〔瓜生鐵二〕

47　徐々に徐々に月下の俘虜《ふりょ》として進む　平畑静塔《せいとう》

〈鑑賞・解説〉一九四五年作。句集『月下の俘虜』（酩酊社、一九五五年一月）所収。『月下の俘虜』は、「初期」「終戦以後」「天狼時代」の三部からなる。「終戦以後」に収められたこの句について作者は「私共の中支派遣軍の一病院部隊が終戦を迎えたのは中支崑山県城内であった。衛生部隊員百人足らず、傷病兵数百を抱え、武装解除後、貨車で上海郊外に着き、そこから九月の名月の下を上海東部の五条ケ辻まで徒歩行進をした」と自解している。「俘虜」となった兵士たちの人数は記されていないが、集団であり、「徐々に徐々に」から、その足取りは重く、力のないものであったと思われる。

〈作者略歴〉一九〇五（明治三八）～九七（平成九）年。和歌山市生。京大医学部卒業。精神科医として医大教授・病院長を歴任。一九四四年応召して、中支で終戦を迎え、一九四六年帰国。一九五一年カトリックに入信。俳句は大学在学中より「京鹿子」「ホトトギス」「馬酔木」に投句。一九三三年井上白文地・中村三山・藤後左右・長谷川素逝らと図って、「京大俳句」を創刊。結社の閉鎖性の打破を目指し、新興俳句運動の理論的指導者として活躍したが、京大俳句事件で検挙される。戦後は山口誓子の「天狼」創刊と共に参加し、実作評論に活躍した。享年九二。句集に『月下の俘虜』の他『旅鶴』（一九六二年）、『栃木集』（一九七一年）、『壺国《ここく》』（一九七六年）、『漁歌』（一九八一年）、『矢素』（一九八六年）がある。

〔瓜生鐵二〕

48　しんしんと肺碧《あお》きまで海のたび　篠原鳳作《ほうさく》

〈鑑賞・解説〉初出「天の川」一九三四年九月号。『篠原鳳作句文集』（形象社、一九七一年九月）所収。一九三四年、宮古島の沖縄県立宮古中学校から鹿児島県立第二中学校に転任した鳳作は、同年八月、夏休みを利用して、沖縄本島那覇市に住む姉や句会仲間を訪ねて渡航した。その時の「海の旅」と題する五句中の一句である。作者はその船上で、しんしんと肺まで染まってしまいそうな紺碧の海に対している。無季のこの句は、草田男の「秋の航一大紺円盤の中」とよく比較される。薩摩半島南端の長崎鼻に、この句と併せて「満天の星に旅ゆくマストあり」「幾日《いくか》はも青うなばらの円心に」の句碑が建つ。

〈作者略歴〉一九〇五（明治三八）～三六（昭和一一）年。鹿児島市生。本名国堅《くにかた》。未踏・雲彦と号し、一九三四年から鳳作と号す。一九二九年、東京帝国大学法学部卒。一九三一年、沖縄県立宮古中学校に公民、英語科担当教諭として赴任。一九三四年鹿児島県立第二中学校に転任。一九二八年「ホトトギス」に初入選。一九二九年頃から本格的な句作に入り、「京鹿子」「かつらぎ」「馬酔木」「泉」「天の川」等の俳誌に投句し、それぞれ巻頭を占めた。一九三一年以降は吉岡禅寺洞の「天の川」に拠った。一九三三年、勝目楓渓と共に同人誌「傘火《かさび》」を創刊し、この二誌を拠点に、新興俳句運動に邁進し、禅寺洞の提唱する無季俳句運動に、実作を以て応えた。享年三一。『篠原鳳作全句文集』（一九八〇年、沖積社）、宇田喜代子編『篠原鳳作』（一九九七年）等がある。

〔瓜生鐵二〕

49 蝶落ちて大音響の結氷期

富澤赤黄男《かきお》

〈鑑賞・解説〉一九四一年一月の作。『天の狼』(旗艦発行所、一九四一年八月)所収。一九四〇年、重症のマラリアのために召集解除となった赤黄男は、その後一年余り俳句表現に集中する。処女句集の『天の狼』こそは新興俳句運動の掉尾を飾る記念碑であった。新興俳句運動は、前年からの数次にわたる特高警察の弾圧を受け、壊滅状態に瀕していた。「蝶」が落ちても「大音響」を発しはしない。真冬の「結氷期」に、蝶が飛翔することもあり得ない。実景の写生とは言い難い。そこにシュルレアリズムの手法を用いたこの句の特色があり、この「蝶」こそは、軍国主義体制下にて言論の自由を奪われ、人間的な思考を奪われた知識人の象徴である。

〈作者略歴〉一九〇二(明治三五)～六二(昭和三七)年。愛媛県西宇和郡川之石村生。本名正三。早稲田大学政治経済学部卒。学生時代に「渋柿」を見て、俳句に興味を抱き、以後「泉」「ホトトギス」に投句。新興俳句勃興期に「青嶺」に拠り、一九三五年の「旗艦」創刊に参加する。一九三七年応召し、一九四〇年まで中国大陸を転戦した。一九四一年、再度の応召で北千島・占守島《しむしゅ》に赴く。戦後「太陽系」「火山系」の創刊に寄与し、詩・短歌・俳句の総合誌「詩歌殿」を編集。一九五二年、高柳重信を擁して「薔薇」を主宰。一九五八年、「俳句評論」創刊同人となり、後進を鼓舞した。享年六〇。句集に『天の狼』他『蛇の笛』(一九五二年)、『黙示』(一九六一年)『富澤赤黄男全句集』(一九七六年)がある。

〔瓜生鐵二〕

50 葉櫻の中の無数の空さわぐ

篠原 梵《ぼん》

〈鑑賞・解説〉一九三七年作。『皿』(甲鳥書林、一九四一年九月)所収。「木漏れ陽が射し、密生した葉桜の間からちらちらと空が覗いている。そこに強風が吹きつけ、無数の空が頻りにさわいでいるかのように見える」の意。葉桜の間から見える空を的確に見据えた句であるが、吹き抜ける風の音、風の強弱によって生ずる無数の明暗も感じ取れる仕組みとなっている。実際には、風によって一枚一枚の桜の葉がさわぐのに、『無数の空さわぐ』と捉えたことで、情景が鮮明に印象づけられる。その一方で、「葉桜のみずみずしさ、初夏を迎えた空の明るさ」(宮津昭彦)までも伝わってくる。

〈作者略歴〉一九一〇(明治四三)～七五(昭和五〇)年。松山市生。本名敏之。旧制松山高校を経て、一九三四年、東大文学部国文科卒。一九三八年、中央公論社入社。一九四四年退職。一九四五年、帰郷して教職に就く。一九四八年復職し、「中央公論」編集部長、取締役等を歴任。一九八二年、中央公論事業出版代表取締役となる。俳句は松山高校時代、川本臥風《がふう》の指導を受け、一九三一年、大学に入ると、臼田亜浪を訪ね「石楠」に投句。「石楠」最盛期の花形として、実作、評論の両面にわたって活躍し、連作俳句批判・新興俳句批判を展開した。一九五三年頃から俳句から遠ざかり始め、一九七五年肝硬変で急逝。享年六五。句集に『皿』の他『雨』(一九五三年)、『年々去来の花』(一九七四年)があり、俳句的自叙伝『年々去来の花別冊 径路』(一九七四年)がある。

〔瓜生鐵二〕

51　夢の世に葱《ねぎ》を作りて寂しさよ　永田耕衣《こうい》

〈鑑賞・解説〉初出「風」一九四七年一月号。『驢鳴集《ろめいしゅう》』（播磨俳話会、一九五二年一月）所収。この句に先立って一九四六年に「引く葱と別るる畝の寂しさよ」「葱の香の面に移る寂しさよ」がある。また「風」に同時発表された句には「夢の世の思ひは葱に帰りけり」「葱を泣くまでに此世の寂しさよ」などがある。両者を比較してみると、前二作は、現実世界と密着した句であり、「夢の世の葱」の句は、現実と非現実が共存する世界を描いたものであることが分かる。夢のように儚い現世と夢そのものの世界の狭間で葱作りをしていることの寂しさを詠っているのである。

〈作者略歴〉一九〇〇（明治三三）～九七（平成九）年。兵庫県加古川市生。本名軍二。一九一七年、県立工業学校卒。同年加古川の三菱製紙高砂工場に就職し、一九五五年まで三八年間に亘り勤務。一九歳の時、作業中に抄紙機にはさまれて怪我し、右手指三本の自由を失う。一九二〇年、毎日新聞の俳句欄に初めて投句。一九二一年、俳誌「山茶花」の創刊に参加。一九二七年、俳誌「桃源」を創刊するも六号で休刊。一九二九年、「鹿火屋」「鶏頭陣」に投句。一九三五年耕衣主選誌「蓑虫」を創刊し一六号で廃刊。一九四〇年石田波郷の「鶴」に投句。一九四八年「天狼」同人となり、「鶴」同人を辞す。一九四九年俳誌「琴座《りらざ》」を創刊し、終生継続。一九九五年阪神淡路大震災で罹災。享年九七。作品集成として『非佛』（一九七三年）『而今』（一九八五年）等がある。

（瓜生鐵二）

52　鳥渡るこきこきこきと罐《かん》切れば　秋元不死男《ふじお》

〈鑑賞・解説〉一九四六年の作。『瘤』（作品社、一九五〇年六月）所収。戦時中、新興俳句事件で獄中生活を送った作者は、敗戦を迎えてはじめて、気持ちの暗さから解放されたといってもよいであろう。しかし、いたるところに戦争の傷痕が残り、食糧事情も悪く、アメリカ軍の放出する罐詰などが珍重されていた。そうした時代に、罐詰の罐を、こきこきこきと切っていると澄み渡った秋空に渡り鳥の一群が渡っていたというのである。「鳥わたる」が秋の季語。「こきこきこきと」という擬声語の響きから、自由をしみじみ感じ取っている作者の心の弾みとともに、命あるものに寄せる哀愁も伝わってくる。

〈作者略歴〉一九〇一（明治三四）～七七（昭和五二）年。横浜市生。本名不二雄。旧号東京三。横浜火災海上保険会社に在職中、同じ科に島田的浦がいて、一九三〇年から「土上」に参加し、的浦の兄青峰に師事する。古家榧夫《かやお》らとともにリアリズム俳句に没頭した。一九四〇年「土上」が終刊し「天香」創刊に参加する。一九四一年、新興俳句弾圧事件により検挙され、一九四三年まで、二年余りを獄中で過ごした。戦後、新俳句人連盟の結成にあたったが、のちに西東三鬼らとともに脱退した。一九四八年、山口誓子の「天狼」創刊に参加、一九四九年、天狼東京句会を母体として「氷海」を創刊する。享年七六。句集に『瘤』の他、『街』（一九四〇年）、『万座』（一九六八年）、『甘露集』（一九七七年）等。全集『秋元不死男全集』（一九八〇年）がある。

（瓜生鐵二）

53　ねむりても旅の花火の胸にひらく　大野林火《りんか》

〈鑑賞・解説〉 一九四七年作。『冬雁』（七洋社、一九四八年六月）所収。「豊川鳥山美水居にて」の前書がある。美水は俳誌「林苑」を発行していた。『自註自解大野林火句集』（白鳳社、一九六八年六月）には、「四月初め舞鶴への旅の途次『林苑』の大会の出席し、愛知県豊川市に住み、麺製造を家業とする美水宅にお世話になった。食糧難の時代、何年も口にしなかった鯛や甘酒を御馳走になり、宴果てた頃、誰かが花火の音を告げた。花火は田畑を隔てて、豊橋の方に見えた。心底美しいと思い、昂奮した。それは、就寝してからも続き、まだ遠く聞こえる花火の音がする度に、胸の上に花火の美しい傘が開き、平和のよさをつくづく感じた」という解説が付されている。

〈作者略歴〉 一九〇四（明治三七）～八二（昭和五七）年。横浜市生。本名、正。一九一六年、横浜第一中学に入学。親友荻野清の父濁々に俳句の手ほどきを受ける。一九三五年第四高等学校に入学し、荻野の勧めで、「石楠」に入会。飛鳥田孋無公《れいむこう》や原田種茅に兄事する。一九二七年、東京帝国大学経済学部を卒業し、日本光機工業に入社。一九三〇年会社を辞し、県立商工実習学校教諭となる。一九四六年「濱」を創刊・主宰する傍ら「俳句研究」の編集に携わる。一九四八年、教職を辞し、俳句に専念。一九五三年から五六年まで、「俳句」（角川書店）編集長をつとめた。享年七八。句集『海門』（一九三九年）、『潺《せん》潺集《せんしゅう》』（一九六八年）等。全集『大野林火全集　全八巻』（一九九二～三年、梅里書房）。

〔瓜生鐵二〕

54　あなたなる夜雨《よさめ》の葛《くず》のあなたかな　芝　不器男《ふきお》

〈鑑賞・解釈〉 初出「ホトトギス」一九二六年十二月号。『不器男句集』（天の川遠賀支社、一九三四年二月）所収。「二十五日仙台につく。みちのくはるかなる伊予の我が家をおもへば」の前書がある。不器男は一九二三年東京帝大農学部に入学したが、一九二五年二月に退学して、東北帝大工学部に入学する。東北大学在学中の一九二五年の九月下旬、伊予松野町から大分を経由して、二日がかりで仙台に着いた時、作者には仙台までの長旅において車窓から見た「夜雨の葛」が鮮やかに印象づけられ、遙かな故郷のことが想起された。虚子は、明暗の中に空間の遙かさを広げて見せるこの句の手法を高く評価した。

〈作者略歴〉 一九〇三（明治三六）～三〇（昭和五）年。愛媛県松野町生。本名、太宰不器男。父来三郎は教員、村長などをつとめ俳句も作っていたが、一九〇九年に死去。一九一六年、宇和島中学に入学。一級上に富澤赤黄男がいた。一九二〇年、松山高等学校に入学。一九二三年、東京帝大農学部林学科に入学、夏休みに帰省中、関東大震災があり、休学して故郷に留まる。一九二五年東大を中退。東北帝大工学部機械工学科に入学し、「枯野」や「天の川」に投句。一九二六年、「ホトトギス」に投句。松野に帰郷したまま大学を退学。一九二八年太宰文江と結婚し、太宰家の養嗣子となる。一九二九年、発病して九州大学付属病院に入院。医局員に横山白虹がいた。享年二八。『定本芝不器男句集』（一九七〇年）、『不器男全句集』（一九八〇年）等がある。

〔瓜生鐵二〕

55　大寒《たいかん》の一戸もかくれなき故郷

飯田龍太《りゅうた》

〈鑑賞・解説〉一九五四年一月作。『童眸《どうぼう》』（角川書店、一九五九年三月）所収。大寒＝厳寒期の感じを出すために「たいかん」と読む。二四気の一つで、陽暦では冬の寒気の最も厳しい一月二〇日頃。一戸もかくれなき＝落葉し尽くした峡村が一戸一戸さだかである。故郷＝山梨県東八代郡境川村小黒坂。境川村は山間の丘陵地にあり、『百戸《ひゃくこ》の谿《たに》』という句集はこの村に因んで命名された。「大寒のよく晴れた朝、山廬の裏山あたりから、小黒坂村落百戸の家々を俯瞰すると、一戸一戸が隠れることなくその姿をさだかに見せている」の意。作者は数里離れた釜無川の清流のきらめきまでも視野に入れている。

〈作者略歴〉一九二〇（大正九）～二〇〇七（平成一九）年。山梨県境川村（現、笛吹市）生。飯田蛇笏の四男。一九三八年、山梨県立甲府中学校卒業。一九四〇年、折口信夫に惹かれて、國學院大学国文科に入学するも、肺浸潤のため休学し帰郷、農業に従事した。一九四七年に大学卒業。その間長兄、三兄を戦争で亡くす。大学在学中に西島麦南、塚原麦生らの青光会に出席して句作する。大学卒業後は、蛇笏主宰の「雲母」の編集にあたり、一九五一年から五四年まで、山梨県立図書館に勤務。一九六二年、蛇笏が永眠し、以後「雲母」を主宰する。郷里の風光を繊鋭な感覚によって描出し、独自の俳句世界を切り開いた。享年八六。句集『百戸の谿』（一九五四年）、『麓の人』（一九六五年）、『忘音』（一九六八年）。『飯田龍太全集』（全一〇巻、二〇〇五年、角川書店）がある。

〔瓜生鐵二〕

56　花あれば西行の日とおもふべし

角川源義《げんよし》

〈鑑賞・解説〉一九七四年の作。遺句集『西行の日』（牧羊社、一九七五年一一月）所収。花あれば＝桜の花さえあれば。西行の日＝『続古今集』に収められた「願はくは花の下にて春死なむそのきさらぎの望月のころ」の歌を踏まえている。西行は桜の花の下で、釈迦の涅槃の日と同じ二月の十五日の満月のころ入滅したいと願っていた。その願い通りに西行は文治六（一一九〇）年、旧暦二月一六日にこの世を去った。今日は西行の逝った日、如月の満月が美しく照っている。その月を眺めながら、これに桜の花さえあればまさに西行の願い通りの日であると思ったのである。この句を作った翌年の一〇月に亡くなった作者も、「花」を幻想して黄泉に旅立ったのであろう。

〈作者略歴〉一九一七（大正六）～七五（昭和五〇）年。富山県中新川郡水橋町（現、富山市）生。県立神通中学二年生の頃、校友会誌に「俳人一茶の生涯」を書き、俳句に興味を抱く。一九三七年、國學院大学予科に入学。折口信夫・武田祐吉・柳田国男に師事し、短歌を修行。一九四一年、同大学卒。一九四五年九月復員。角川書店を創立。一九五二年、俳句総合誌「俳句」を創刊。一九五五年に角川俳句賞、一九六七年に蛇笏賞設定。一九五八年「河」を創刊し、没年まで主宰。一九六一年、「語り物文芸の発生」で博士号取得。享年五八。句集に『西行の日』の他『ロダンの首』（一九五六年）、『秋燕』（一九六六年）、『神々の宴』（一九六九年）、『角川源義全集』全五巻（一九八七～八八年、角川書店）がある。

〔瓜生鐵二〕

57 靄《もや》あげて種蒔《ま》くを待つ大地《だいち》かな　福田甲子雄《きねお》

〈鑑賞・解説〉『草虱』（花神社、二〇〇三年五月）所収。作者は「滅びゆく農業への一縷の望みを大地に託しての種蒔きである」「この句は農業に対しての祈りをこめて作ったつもりである」（「俳句」二〇〇三年一〇月号）と説く。甲府盆地の西端、南アルプスの前衛の櫛形山の麓に生まれ、ここを定住の地とした作者にとって「土」や「大地」は、豊かな自然との共感を得る場所であった。長い冬が終わり、暖かな春日に気温が徐々に上昇してきた。大地を覆っていた霜が解け始め、一面に靄が立ちこめている。その情景を「大地」は今種を蒔くのを待っているのだと捉え、「滅びゆく農業」への一縷の望みを託したのである。

〈作者略歴〉一九二七（昭和二）～二〇〇五（平成一七）年。山梨県巨摩郡飯野村（現、南アルプス市）生。一五歳で山梨県立農林学校に入学。一九四五年、同校を早期卒業し奉天市の満州綿花入社。敗戦の十日前に召集。一九四六年、郷里に帰還。飯野村農業会に就職。上司の飯野燦雨《さんう》に誘われて飯田蛇笏選の「雲母」に投句。一九六二年より、「雲母」編集部に加わり、一九九二年の「雲母」終刊まで編集同人をつとめた。一九九三年、広瀬直人が「白露」を創刊するに際し、編集・運営全般を補佐。二〇〇二年より没年まで読売俳壇選者をつとめた。享年七八。句集に『草虱』（蛇笏賞受賞）の他、『藁火』（一九七一年）、『青蟬』（一九七四年）、『白根山麓』（一九八二年）、『山の風』（一九八七年）、『盆地の灯』（一九九二年）、遺句集『師の掌』（二〇〇五年）等がある。

〔瓜生鐵二〕

58 彎曲《わんきょく》し火傷し爆心地のマラソン　金子兜太《とうた》

〈鑑賞・解説〉『金子兜太句集』（風発行所、一九六一年一〇月）所収。一九五八年二月、日本銀行長崎支店に転勤した直後の句である。辞書の中で「彎曲」という言葉にぶつかり、一種の霊感を得て、爆心地を歩き回るうちに、マラソンの列が浮かんできて、間もなく一句が成ったという。長崎湾の海岸線と丘陵は固有の彎曲をなし、爆心地に近づくにつれ、原爆の惨禍が火傷のように残っている。マラソン選手は彎曲した海岸線を通り、被災した地域を経て爆心地に現れる。ここに原爆投下時の惨状とマラソンランナーの苦痛の表情が脳裏に焼きつき、二つのイメージを重層的に描いた句であることが分かってくる。

〈作者略歴〉一九一九（大正八）年～。埼玉県小川町生。父は伊昔紅《いせきこう》と号し「馬酔木」の同人であった。一九四一年東京帝大経済学部入学。一九四三年戦争で半年繰り上げの卒業。日本銀行に入行したが、すぐに退職して海軍経理学校で訓練を受け、一九四四年トラック島に赴任する。飢餓のうちに敗戦を迎え、米軍の捕虜となり、一九四六年一一月に帰国。日本銀行に復職し、福島、神戸、長崎、東京などに転勤した。俳句は、少年期に父の蔵書によって親しみ、一九三八年全国学生俳誌「成層圏」に参加。以後「土上」「俳句研究」「寒雷」に投句した。帰国後は同人誌「風」に参加し、その後「社会性俳句」「前衛俳句」の旗手として近代俳句の改革に奮闘する。句集に『少年』（一九五五年）、『蜿蜿《えんえん》』（一九六八年）、『現代俳句叢書　金子兜太』（一九七〇年　綜合美術社）等がある。

〔瓜生鐵二〕

59

樹々ら
いま
切株となる
谺《こだま》かな

高柳重信《じゅうしん》

〈鑑賞・解説〉 初出「薔薇」一九五四年五月号。『黒彌撒《くろみさ》』（琅玕洞、一九五六年七月）所収。四行の多行形式をとる。川名大氏は「この句は人間によって次々と伐り倒される樹々の呻きや、痛ましく晒された年輪のイメージが鮮やかだが、そのイメージ全体が暗喩になっている。彼は、戦後のいわゆる社会性俳句を推進した俳人たちのようにはストレートに社会性を詠まなかった。この句も、戦争末期から敗戦にかけての日本の状況を暗喩的に表現したものとも読み取れる」と解説している。

〈作者略歴〉 一九二三（大正一二）～八三（昭和五八）年。東京小石川生。府立九中を経て早稲田大学専門部法科卒業。一九三六年、はじめて大場白水郎主宰「春蘭」に投句。早大俳句研究会に所属し、「早大俳句」を発刊。戦後、富沢赤黄男主宰「太陽系」（後に「火山系」）に参加。一九五一年赤黄男らと「七面鳥」、一九五二年「薔薇」創刊。一九五八年「俳句評論」を創刊し、一九六八年より「俳句研究」の編集長となり、俳壇を先導する旺盛な作品と批評を展開した。享年六〇。句集に『黒彌撒』の他『蕗子』（一九五〇年）、『伯爵領』（一九五二年）、『青彌撒《あおみさ》』（一九七四年）、『日本海軍』（一九七九年）『高柳重信全句集』（一九七三年）、改定増補版『高柳重信全句集』（二〇〇二年）、『高柳重信全集』（全三巻、一九八五年、立風書房）がある。

〔瓜生鐵二〕

60

いつせいに柱の燃ゆる都かな

三橋敏雄《みつはしとしお》

〈鑑賞・解説〉 初出「俳句評論」一九六五年八月号。『まぼろしの鱶』（俳句評論社、一九六六年四月）所収。一九四五年作。敗戦直後に復員し、焦土と化した東京の土を踏んだ時、空襲の惨状を思い描いて作った句だという。そして、空襲下の現実の様相描写にとどまらず、多少なりとも時代を超えようとする意図があったともいう。一九三八年、「戦争」の題で発表した「射ち来たる弾道見えずとも低し」等の戦火想望俳句を山口誓子が激賞したのも、そこに時代を超えた普遍性を見出したからである。それは東京大空襲にとどまらず、過去現在未来のあらゆる戦争の惨禍を見つめる目にも通じる。

〈作者略歴〉 一九二〇（大正九）～二〇〇一（平成一三）年。東京都八王子市生。一九三五年、東京堂に入社し、夜は実践商業学校に学ぶ。先輩の渡辺保夫に勧められて、社内句会に参加し、新興俳句に共感する。一九三七年、渡辺白泉に師事し、同人誌「風」に参加。のち西東三鬼にも師事した。一九三八年「広場」を経て「京大俳句」に参加。同年東京堂を退職して、貿易商社・紀屋に入社。第二次世界大戦中は古俳諧の研究に没頭。一九四三年、横須賀海兵団に入団し、横須賀で終戦を迎える。一九四六年、運輸省航海訓練所に採用され、一九七二年まで勤める。戦後は「激浪」「断崖」「天狼」「俳句評論」の同人となり、無季俳句の可能性を問い続けた。享年八一。『まぼろしの鱶』の他『真神』（一九七三年）『鷓鴣《しゃこ》』（一九七九年）『三橋敏雄全句集』（一九八二年）等がある。

〔瓜生鐵二〕

61　戦争が廊下の奥に立つてゐた　　渡辺白泉《はくせん》

〈鑑賞・解説〉初出「京大俳句」一九三九年五月号。『白泉句集』（林檎屋、一九七五年一〇月）所収。当時、軍は所属の建物以外で会議を開く時、機密保持のため、会議室の周辺に歩哨を立たせ、廊下を通行止めにした。そんな場面を念頭に置いて出来た句である。こう指摘する神田秀夫は「戦争は戦場にあるのではない、戦争をさせている元凶は、今、この廊下の奥で会議をやっている、という切り込み方がすごいと思う」と評している。侵略・殺戮・略奪・爆撃等々の残虐な戦争に反対の思いを秘めながら、物の怪のように立ちはだかる戦争に正面から反対を唱えられない一市民のもどかしさが句の奥に潜む。

〈作者略歴〉一九一三（大正二）～六九（昭和四四）年。東京青山生。本名威徳（たけのり）。一九三三年、慶應義塾大学経済学部に進学。一九三四年、「句と評論」に投句し、同年、同人となる。一九三六年、大学を卒業し、三省堂に入社。一九三七年、「句と評論」を離れ、同人誌「風」を創刊したが、翌年「広場」に合流。一九三九年、西東三鬼の斡旋で「京大俳句」に参加。鋭いイロニーによる戦争俳句を作る。一九四〇年、京大俳句事件で検挙され、起訴猶予後は古俳諧研究に没頭。一九四三年、三省堂退職。一九四四年、応召を受け横須賀海兵団に入団し、函館で終戦を迎える。一九四八年、岡山県に移住し、以降岡山県と妻の実家のある静岡県で高校教諭を勤めた。享年五六。『白泉句集』の他『渡辺白泉全句集』（沖積社、一九八四年）がある。

〔瓜生鐵二〕

62　鞦《しゅう》韆《せん》は漕ぐべし愛は奪ふべし　　三橋鷹女《みつはしたかじょ》

〈鑑賞・解説〉一九五一年の作。『白骨』（鷹女句集刊行会、一九五二年三月）所収。鞦韆＝しゅうせんと読み、ぶらんこのこと。寒食《かんしょく》の日に宮殿で官女が裳裾を翻してぶらんこを漕いだという中国の古俗があり、春の景物として漢詩にも詠まれている。上五から一気によみ下された激しく勁いリズムが、ぶらんこは力強く漕ぐべきものだという意志を煽り、愛だって奪いとるべきものだという高揚感をかきたてている。この句が出来たのは鷹女五二歳の年。これから老いを迎えんとする作者が自らを鼓舞し、併せてまた男女平等の権利を獲得した戦後世代の女性を鼓舞しているとみることもできる。

〈作者略歴〉一八九九（明治三二）～一九七二（昭和四七）年。千葉県成田市生まれ。本名たか子。旧号東文恵。成田高女卒。一九一六年上京し、兄の許に寄寓し、兄の影響で短歌を作る。一九二二年、歯科医師東剣三と結婚。一九二九年、原石鼎に師事し、夫と共に「鹿火屋」に入会。一九三四年、「鹿火屋」を退会。「鶏頭陣」を経て、一九三六年「紺」創刊に参加する。一九四二年、兄の死去により、東姓を廃し、三橋家を継ぐ。一九五三年以降、「薔薇」「俳句評論」に参加し、富澤赤黄男と行動を共にする。一九六九年、湊楊一郎と同人誌「羊歯」を創刊するも一〇号をもって同誌を退き、「俳句評論」に復帰する。享年七二。句集『白骨』の他『向日葵』（一九四〇年）、『魚の鰭《ひれ》』（一九四一年）、『三橋鷹女全句集』（一九七六年）等。『三橋鷹女全集』（一九八九年、立風書房）がある。

〔瓜生鐵二〕

63　女身仏《にょしんぶつ》に春の剥落《はくらく》つづきをり

細見綾子《あやこ》

〈鑑賞・解説〉一九七〇年の作。句集『伎芸天』（角川書店、一九七四年一一月）所収。女身仏＝奈良秋篠寺の伎芸天像。『伎芸天』のあとがきには「外は春雪の舞い散る冷え冷えとした堂内でこの像を仰ぎ見たのだが、その立ち姿に脈うてるごときものを感じた。黒い乾漆がはげて下地の赫い色が出ている。遠いいつからか剥落しつづけ現在も今目の前にも剥落しつづけていることの生々しさ、もろさ、生きた流転の時間、それ等はすべて新鮮そのものだった」「あえて女身仏といったのはこの伎芸天の永遠の、美しさへの私の讃歌である」と記され、句文集『奈良百首』（一九八四年）にも収められている。

〈作者略歴〉一九〇七（明治四〇）～九七（平成九）年。兵庫県氷上郡芦田村生。本名沢木綾子。一九二七年日本女子大国文科卒業。結婚して東京に住む。一九二九年夫に死別し丹後に引き揚げる。秋病を得て療養する。医師の勧めで句作を始め、松瀬青々の「倦鳥」に拠る。一九三七年に青々死去。一九四二年秋沢木欣一を知る。一九四五年欣一が復員し、翌一九四六年金沢から創刊された「風」に同人として参加する。一九四七年、欣一と結婚。一九五〇年、長男太郎誕生。吾子俳句の佳品を残す。一九五六年、東京武蔵野市に転居。享年九〇。句集に『伎芸天』の他『桃は八重』（一九四二年）、『冬薔薇』（一九五二年）、『雉子』（一九五六年）、『和語』（一九七〇年）、『曼荼羅』（一九七八年）、『細見綾子全句集』（立風書房、一九七九年）、『存問』（一九八六年）等がある。

〔瓜生鐵二〕

64　ゆるやかに着てひとと逢ふ螢の夜

桂　信子《のぶこ》

〈鑑賞・解説〉初出「現代俳句」一九四九年二月号。『月光抄』（星雲社、一九四九年三月）所収。「浴衣などゆったりと着こなして　思いを寄せる人と出逢う　螢の飛び交う夜だよ」の意。一九四一年に夫を亡くして以降、作者は生涯寡婦を通す。夫の没後十年の歳月を経た作者三四歳の時の作品であるが、この場合の「ひと」とは男性を意識したものである。結婚して二年足らずで急逝した夫との逢瀬の夜を回想しながら作った句ともとれるし、現実に好意を寄せる人との逢瀬の夜を詠んだ句ともとれる。いずれにしても、螢の美しい夜にお化粧や着物の見繕いをして出かける時の思いは、女性ならではのものである。

〈作者略歴〉一九一四（大正二）～二〇〇四（平成一六）年。大阪市生。府立大手前高等女学校卒。一九三五年から俳句の実作を始め、一九三八年から日野草城主宰「旗艦」に投句する。一九三九年桂七十七郎と結婚。一九四一年「旗艦」同人となる。同年、夫七十七郎が急逝し、実家に戻る。一九四六年、同人誌「太陽系」に参加し、四八年に「火山系」と改題後も引き続き同人となる。一九四九年、草城主宰の「青玄」が創刊され、参加する。一九五四年「女性俳句」を創刊し、一九九九年まで継続刊行した。享年九〇。句集に『月光抄』他『女身』（一九五五年）、『晩春』（一九六七年）、『新緑』（一九七四年）、『初夏』（一九七七年）、『緑野』（一九八一年）、『桂信子句集』（一九八三年）、『樹影』（一九九一年）、『花影』（一九九六年）、『草影』（二〇〇三年）等がある。

〔瓜生鐵二〕

65　蟬時雨《せみしぐれ》子は擔送車《たんそうしゃ》に追ひつけず　石橋秀野《ひでの》

〈鑑賞・解説〉一九四七年作。句文集『櫻濃く』（創元社、一九四九年三月）収録。「七月二十一日入院」の前書きがある。一九四五年、疎開先の島根県での食糧難の生活に秀野の体は次第に衰弱し、終戦を迎えて帰り着いた京都では結核と腎臓病が進行していた。夫の山本健吉は「宇多野療養所に入院の時胸に浮かんだものを句帖の無造作に開いた頁に書付けたもの」であると記している。療養所の廊下を擔送車に身を横たえて運ばれていく母に当時六歳の娘は必死に追いすがろうとするが追いつけない。折しも蟬時雨の中、母と子の距離は広がっていくばかりである。以後秀野の病状は悪化し、この句が辞世の句となった。

〈作者略歴〉一九〇九（明治四二）～四七（昭和二二）年。奈良県山辺郡二階堂村（現、天理市）生。奈良師範附属小学校卒業後、父に従って上京し、文化学院に入学。短歌を与謝野晶子に、俳句を高浜虚子に学ぶ。一九二九年石橋貞吉（山本健吉）と結婚。夫と左翼地下運動に参加するが、間もなく運動を離脱。「愛吟」に参加し俳句を復活。一九三八年横光利一の「十日会」に参加する。一九四〇年、石田波郷主宰の「鶴」同人となり、女流俳人として頭角を現す。一九四二年長女安見子を得る。一九四五年、山陰に疎開し、玉造、松江市に移り住む。一九四六年疎開先から帰り着いた京都で復刊された「鶴」句会に参加を重ねていたが、病が進行し没す。享年三六。句文集『桜濃く』の他、『定本石橋秀野句文集』（富士見書房、一九九九年）がある。

〔瓜生鐵二〕

66　除夜の妻白鳥のごと湯浴《ゆあ》みをり　森　澄雄《すみお》

〈鑑賞・解説〉一九五三年のある忘年会での作。『雪櫟《ゆきくぬぎ》』（書肆ユリイカ、一九五四年六月）所収。病弱のうちに教師生活を続けていた作者に、アキ子夫人は献身的に仕えた。六畳一間の板敷きに薄べりを敷いた都内の小さな家に親子五人が暮らす窮乏生活の中で、妻はいつも忙しく三人の子供の育児に追われていた。今日は大晦日、お正月を迎える準備も整え、一年最後の風呂に浸かっている。その姿は、まるで白鳥が湖で水浴しているかのように美しい。一句から伝わってくるのは清潔感と妻への感謝の念である。こうした愛情表現は「雪夜にてことばより肌やはらかし」（『花眼』、一九六九年）にも通じている。

〈作者略歴〉一九一九（大正八）～二〇一〇（平成二二）年。兵庫県旭陽村（現、姫路市）生。本名澄夫。六歳の年、父の歯科開業に伴い、長崎に移住。瓊浦中学から長崎商業に進む。一九四〇年、九州帝大法文学部経済学科入学。同年創刊の「寒雷」に投句し、一躍注目を浴びる。一九四一年、太平洋戦争勃発。一九四二年、卒業と同時に入隊。一九四四年、砲兵少尉として出征し、フィリピン、ボルネオを転戦。惨憺たる状況で終戦を迎え、ゼッセルトン収容所に入所。一九四六年、長崎に復員。一九四八年、勤務先の佐賀県立鳥栖高女で知り合った内田アキ子との結婚を機に上京し、都立第十高女（現豊島高校）に就職。一九五七年から七一年まで「寒雷」の編輯に従事。一九七〇年「杉」を創刊主宰。句集に『雪櫟』『花眼』の他『鯉素』（一九七七年）、『游方』（一九八〇年）等がある。

〔瓜生鐵二〕

67　てんと虫一兵われの死なざりし

安住《あずみ》　敦《あつし》

〈鑑賞・解説〉一九四五年作。『古暦』（春燈社、一九五四年一月）所収。「八月十五日終戦」という前書がある。作者は終戦三ヶ月前に千葉県上総湊で対戦車爆撃要員として、決死の覚悟で訓練中、終戦の玉音放送に接する。てんと虫＝天道虫。半円形の甲に赤と黒の斑点がある小さな甲虫。夏の季語。叢にいる一匹の「てんと虫」を見ながら、「お前もこの暑さの中必死に生きているんだね。三八歳という年齢で召集された一兵士としての自分も何とか死なずに生き延びることが出来たよ」と語りかけるような調子になっている。「蝉しぐれ子の誕生日なりしかな」と併せ読むと、生き延びた喜びがさらに伝わってくる。

〈作者略歴〉一九〇七（明治四〇）～八八（昭和六三）年。東京都港区芝生。一九二一年、福島県立磐城中学入学。父の事業の失敗で東京に戻り、一九二六年、立教中学を卒業。逓信官吏練習所を了え、一九二八年、逓信省簡易保険局に勤務。岸風三楼を知る。一九三〇年、橋田東声主宰の「覇王樹」に入会。富安風生主宰の「若葉」に投句。一九三五年、日野草城の句の新鮮さに惹かれて「旗艦」及び「琥珀」に走る。その間移動演劇連盟に転職し、新興俳句運動に身を投じた。一九四四年「多麻」を創刊するも、応召により廃刊。一九四五年復員後、翌年、久保田万太郎が「春燈」を創刊。逓信省に戻る。一九四七年、「諷詠派」を創刊。一九六三年、万太郎急逝後の「春燈」を主宰。享年八一。句集に『古暦』の他『まづしき饗宴』（一九四〇年）等がある。

〔瓜生鐵二〕

68　長靴に腰埋め野分の老教師

能村登四郎《としろう》

〈鑑賞・解説〉初出「馬酔木」一九五一年四月号。『咀嚼音』（近藤書店、一九五四年一〇月）所収。「その後しらず」という題の二五句中の一句。老教師＝作者が勤めていた学校の同僚で、創立以来勤続し、生徒を愛し教育を尊ぶ模範的な教師であったという。「野分」（台風）の強風と豪雨の中、大きなゴム長靴を履いて、傘を斜めに傾け、中腰になって登校してくる老教師の姿が活き活きと描かれている。「長靴に腰埋め」という誇張された表現が、ずぶ濡れになっていることやその歩みの捗らないことを読者に想像させる力を持ち、この句の迫真性を生み出し、老教師の誠実さを感じ取らせる力を発揮している。

〈作者略歴〉一九一一（明治四四）～二〇〇一（平成一三）年。東京市下谷区谷中生。滝野川第一小学校・錦城中学校を経て国学院大学高等師範部入学後、短歌雑誌「装塡《そうてん》」に参加する。一九三八年、私立市川学園に奉職。一九三九年「馬酔木」に投句。一九四〇年結婚。一九四五年応召、除隊、復職。一九四六年、「馬酔木」復刊とともに投句を再開。一九四九年、三男研三誕生。一九五〇年、「馬酔木」同人になる。一九五六年、馬酔木賞受賞。一九七〇年一〇月、主宰誌「沖」を創刊。二〇〇一年三月「沖」主宰を退く。享年八九。没後「沖」は研三が主宰を務める。句集に『咀嚼音』の他『合掌部落』（一九五七年）、『枯野の沖』（一九七〇年）、『天上華』（一九八四年、蛇笏賞受賞）『寒九』（一九八七年）、『長嘯』（一九九二年、詩歌文学館賞受賞）等がある。

〔瓜生鐵二〕

69 冬の日や臥《ふ》して見あぐる琴の丈　野沢節子《せつこ》

〈**鑑賞・解説**〉一九四九年作。『未明音』（琅玕堂、一九五五年八月）所収。作者は一九三二年、フェリス女学院二年在学中に、脊椎カリエスを患い、爾後、一九五七年の完治の日まで二五年の歳月に亘って療養生活を送った。『未明音』には「春昼の指とどまれば琴も止む」の句も収められている。琴は小学五年生の終わりごろから生田流の盲目の師匠について習っていた。静寂な冬の日射しを感じながら病床から、床の間に立てかけられた琴を見上げているのである。「臥して見あぐる」と言ったところに、青春の日々を回顧しながら闘病生活を余儀なくされた作者の哀しみがよく顕れている。

〈**作者略歴**〉一九二〇（大正九）〜九五（平成七）年。横浜市生。一九三二年、フェリス女学院に入学するも、翌年、脊椎カリエス発病により中退。闘病中に『芭蕉七部集』、大野林火著『現代の秀句』に感動し、俳句に開眼。一九四二年、臼田亜浪主宰の「石楠」に入会するも、戦争により休刊となる。一九四五年大野林火の俳句通信誌「八尋」に投句。一九四六年大野林火主宰「濱」が創刊され、「濱」に投句。一九四七年第一回「濱」賞を受賞。「濱」同人となる。一九五五年句集『未明音』により現代俳句協会賞受賞。一九五七年宿痾が完治し、華道で身を立てる。一九七〇年『鳳蝶《ほうちょう》』により、読売文学賞受賞。一九七一年「蘭」を創刊し、没年まで主宰した。享年七五。句集『未明音』『鳳蝶』の他『雪しろ』（一九六〇年）、『花季』（一九六六年）等がある。

〔**瓜生鐵二**〕

70 シャツ雑草にぶつかけておく　栗林一石路《いっせきろ》

〈**鑑賞・解説**〉一九二六年作。『シャツと雑草』（大象社、一九二九年四月）所収。シャツ＝激しい労働で汗まみれになったシャツあるいは川の水でざぶざぶ濯いだシャツなどが想定される。そのシャツを日に乾かすために、いきなり雑草の上に「ぶつかけておく」のである。この荒いタッチの表現から、真夏の太陽の下、上半身裸になって働く労働者の姿が思い浮かぶ。この句からはさほどイギオロギッシュなものは感じられない。しかし、金子兜太の「果樹園がシャツ一枚の俺の孤島」の句と比べてみると、肉体労働者の労働の実態が露に描かれている。

〈**作者略歴**〉一八九四（明治二七）〜一九六一（昭和三六）年。長野県小県《ちいさがた》郡青木村生まれ。本名上野農夫《たみお》。小学校教員だった父の影響で少年時代から俳句に親しむ。六歳の時父が死亡し、母の再婚により栗林姓となる。一九一一年、荻原井泉水の「層雲」創刊と同時にこれに拠る。一九二三年に上京して「改造」記者となり、のちに新聞連合社、同盟通信社、東京民報などに転ず。一九二九年に『シャツと雑草』を刊行したころから「層雲」にプロレタリア俳句運動が起こり、その中心となる。一九三一年「層雲」を離脱。一九三四年「俳句生活」同人となる。一九四一年、俳句弾圧事件で検挙され、投獄二年半に及んだ。戦後、新俳句人連盟を結成し、初代幹事長となる。一九四六年「俳句人」を創刊。享年六六。句集に『シャツと雑草』の他『行路』（一九四〇年）『栗林一石路句集』（一九五五年）等がある。

〔**瓜生鐵二**〕

71

無礼なる妻よ毎日馬鹿げたものを食わしむ　橋本夢道《むどう》

〈鑑賞・解説〉一九四六年作。『無礼なる妻』（未来社、一九五四年八月）所収。この句の後に「あれを混ぜこれを混ぜ飢餓食造る妻天才」「妻の留守に押し入れをのぞき驚き飢餓日記」「この飢餓食茎も葉も刻み込み食う妻の論」などの句が続く。これらの句をみても、敗戦後の食糧難時代において、家庭の中で一番苦労をしているのは妻だということを十分理解した上で、この句が作られていることが分かる。妻への愛情から発して、このような逼迫した状況に陥れたものに対する憤りへと反転しているである。「大戦起るこの日のために獄をたまわる」（『良妻賢母』）にも、同じようなイロニー表現が用いられている。

〈作者略歴〉一九〇三（明治三六）～七四（昭和四九）年。徳島県藍園村（現、藍住町）生。本名淳一。高等小学校卒業後、一九一八年に上京し、深川の肥料問屋に奉公する。のちに銀座の洋品雑貨商に転職。戦後銀座に蜜豆・汁粉屋「月ケ瀬」を開店し、同社役員を務めた。俳句は、一九二三年、荻原井泉水に師事し、「層雲」に投句。一九三〇年、栗林一石路、小沢武二らとプロレタリア俳句を目指し「旗」を創刊。一九三一年「層雲」を離れ、一九三四年、一石路らと「俳句生活」を創刊。一九四一年二月、俳句事件で検挙され、二年余り獄中生活を送る。戦後、一九四六年新俳句人連盟の結成に加わり、代表作家として活動した。一九五七年石原沙人《さじん》らと「秋刀魚」を創刊し、四〇号まで刊行。享年七一。没後『橋本夢道全句集』（一九七七年、未来社）が刊行された。

〔瓜生鐵二〕

72

塩田に百日筋目つけ通し　沢木欣一《きんいち》

〈鑑賞・解説〉一九五五年作。句集『塩田』（風発行所、一九五六年三月）所収。「能登塩田」二五句中の一句。前書に「能登輪島よりバスで二時間、町野町に一寒村あり、最も原始的な塩田を営む。かつて二十余を数えたが、衰えて二、三のこる」とある。ここでの「塩田」とは、柄杓で汲んだ海水を桶で運び、それを撒き、砂を撒いて塩分を蓄え、釜小屋で炊いて製塩する揚浜式の塩田をさす。真夏の炎天下、およそ百日間に亘る作業である。「筋目つけ通し」とは、砂に撒かれた海水を蒸発させるため、女たちが砂掻きで筋をつける作業を続けていることをさす。戦後の社会性俳句論争の的となった作品である。

〈作者略歴〉一九一九（大正八）～二〇〇一（平成一三）年。富山市生。父が教職にあり、幼少期を朝鮮で過ごす。元山中学卒。一九三九年、四高に入学し、「馬酔木」に投句。一九四二年東大国文科に入学と同時に加藤楸邨に師事し「寒雷」に投句する。一九四四年、東大国文科卒業。在学中に応召され、満州牡丹江へ派遣されるも、肺を病み陸軍病院に多く臥す。一九四五年一〇月に復員し、金沢に住む。一九四六年、「風」創刊主宰。一九四七年、細見綾子と結婚。五〇年、長男太郎誕生。一九五三年、綾子と「天狼」に参加。同年復員後に勤めた金沢大学を辞して、上京。文部省に移り、一九六六年から一九八七年まで東京藝大教授等を歴任した。享年八一。句集に『塩田』の他『雪白』（一九四四年）、『地声』（一九七三年）、『沖縄吟遊集』（一九七四年）等がある。

〔瓜生鐵二〕

73　入学の吾子《あこ》人前に押し出だす　石川桂郎《けいろう》

〈鑑賞・解説〉一九四八年作。『含羞』（琅玕堂、一九五六年一二月）所収。小学校の入学式の光景である。恥ずかしがってともすれば父親の蔭に隠れようとするわが子に「何を恥ずかしがっているんだ。ちゃんと前に出なさい」と諭しているのである。幼なき日の自分の姿なのかも知れない。句集名通り「含羞」がテーマの句であるが、「入学の吾子の髪なり父が刈る」「入学の吾子の頭青く後前す」という句もある。理髪師の父から髪を刈ってもらった訳であるが、この青頭こそ吾子の「含羞」の一因だったのかも知れない。作者には「卒業歌青き吾子の頭見当りぬ」（一九五四年）という句もある。

〈作者略歴〉一九〇九（明治四二）～七五（昭和五〇）年。東京府芝三田生。本名一雄。進学を志したが成らず、高等小学校卒業後、家業の理髪業に従う。一九三四年頃から俳句を始め、「玉藻」に投句。一九三六年父の死に遭い、石川理髪店を継ぐ。一九三七年、「鶴」の創刊号より投句。一九四一年に理髪店廃業。その後会社勤めなどして何度か転職。一九四五年戦災に逢い、一九四六年町田市に移住。一九四八年、「馬酔木」同人となる。一九五二年から、角川書店、俳句研究社などで俳誌編輯に従った。一九五五年、少年時代の肺疾患が再発、肺葉切除手術を受けた。一九六四年、「風土」の主宰者となり、休刊を間に挟み没年まで刊行。享年六六。句集に『含羞』他『竹取』（一九六九年）、『高蘆《たかあし》』（一九七三年）、評伝に『俳人風狂列伝』（一九五三年）がある。

〔瓜生鐵二〕

74　人それぞれ書を読んでゐる良夜かな　山口青邨《せいそん》

〈鑑賞・解説〉一九三三年作。『雑草園』（龍星閣、一九三四年六月）所収。良夜＝十五夜や十三夜のように月の良い夜のことで、秋の季語。青邨は自らの書斎のことを「書屋」と呼んでいた。今日は名月の夜である。馴染みの「書屋」に籠もって読書していると、妻も子供達も、それぞれの部屋でめいめいに読書を楽しんでいる。読書の秋にふさわしく、今の自分と同じように静かに書を読んでいる人が沢山いるのだなあという思いが湧いてくる。そこには、今読書している自分と同じような心境の人々に対する共感の思いがあり、そこに漂う趣は「仲秋や花園のものみな高し」の句にも通じている。

〈作者略歴〉一八九二（明治二五）～一九八八（昭和六三）年。盛岡市生。本名吉郎。五歳の時に母を失い、叔父夫婦の下で育つ。盛岡中学、二高を経て、一九一三年、東京帝国大学工科大学採鉱学科入学。一九一六年、東大卒業。古河鉱業に就職。一九一九年、シベリア採鉱調査に赴く。一九二一年、東大助教授となる。一九二二年より二年間ベルリンに留学。一九三九年、東大教授となる。一九五三年、定年退職。一九二二年、高浜虚子に師事し「ホトトギス」に投句。同年秋桜子、風生らと東大俳句会を起こす。一九二九年「ホトトギス」同人となる。一九三〇年「夏草」を創刊し、主宰となる。享年九六。「夏草」は青邨一代の俳誌として一九九一年六五〇号で終刊。句集に『雑草園』以下『雪国』（一九四二年）、『露団々』（一九四六年）、『日は永し』（一九九二年）等がある。

〔瓜生鐵二〕

75　瀧の上に水現れて落ちにけり　後藤夜半《やはん》

〈鑑賞・解説〉『翠黛』（三省堂、一九四〇年一〇月）所収。一九二九年、大阪毎日新聞主催「新日本名勝俳句」で一席を得た句であり、「箕面滝」（大阪府）を詠んだもの。同年十月号「ホトトギス」でも巻頭を占めた句であるが、その時は「現はれて」の表記となっている。「滝」が夏の季語。高浜虚子が、この句は「作者が斯く見斯く感じたところを、何の智識も加えないで直叙したところが力強い」と激賞したことで知られる。客観に徹して、滝の質量感や流動感を生み出しているところに特色がある。助詞「に」「て」で一たん休止し、助動詞「にけり」で結ぶ手法は加速性を増すのに効果的である。

〈作者略歴〉一八九五（明治二八）～一九七六（昭和五一）年。大阪市生。本名、潤《じゅん》。能楽師の喜多実と後藤得三は実弟。俳人後藤比奈夫は長男。私立泊園書院卒。一九一八年、証券会社長門商店に勤務し、約三〇年に亘り勤務。父に感化されて、一九〇七年頃から句作を始め、一九二三年より「ホトトギス」に投句。高浜虚子に師事する。草城、誓子、青畝らと親交を深め、「無名会」を結成。一九三一年「蘆火」を創刊主宰したが、一九三四年病のため廃刊。戦後は職を離れて俳句に専念し、一九四八年「花鳥集」を創刊主宰。一九五三年より「諷詠」と改題し、比奈夫らの協力を得て没年まで主宰。享年八一。句集に『翠黛《すいたい》』の他『青き獅子』（一九六二年）、『彩色《さいしき》』（一九六八年）、『底紅《そこべに》』（一九七八年）、『後藤夜半全句集』（沖積社、二〇〇一年）等がある。

〔瓜生鐵二〕

76　我講義軍靴の音にたゝかれたり　井上白文地《はくぶんじ》

〈鑑賞・解説〉初出「京大俳句」一九三七年十二月号。『井上白文地遺集』（永田書房、一九八一年七月）所収。無季句である。日中戦争が勃発し、戦火が上海や南京に拡大していた頃、作者は関西大学文学部講師をつとめていた。当時陸軍は軍事教官を大学や高校などに配属させて、戦時体制に非協力な教師を監視していた。「銃剣の光講義の窓を去らず」という句もある。軍人に監視され、拘束された時間の中で講義を進めていくのは、耐え難い苦痛である。軍靴を履いた教官がずかずかと教室に入ってきて、自由の砦とした「我講義」が踏みにじられた時の苦悩が「たゝかれたり」という言葉に集約されている。

〈作者略歴〉一九〇四（明治三七）年、福井県敦賀市生。旧姓岸本久七。後に井上家の養子となり、隆證《りゅうしょう》と改名。福井中学を経て、一九二二年京都第三高等学校入学。同年、姫路に転居。一九二八年京都大学哲学科卒業後、鳥取連隊に入隊。病を得て除隊。同年京都大学大学院入学し、一九三一年退学。その後関西大学、立命館大学、大阪無線電気講習所で講師を勤める。三高在学時に作句を始め、「京鹿子《きょうかのこ》」「ホトトギス」「馬酔木」に投句。一九三三年、中村三山、平畑静塔らと「京大俳句」を創刊。一九四〇年「京大俳句」の主要メンバーとして、治安維持法違反の容疑で検挙されたが、執行猶予となる。一九四二年、結婚。一九四四年、長女誕生。無線電話講習所在職中の一九四五年、応召。朝鮮にてソ連軍捕虜となり、翌年五月以降の消息不明。

〔瓜生鐵二〕

77　遺品あり岩波文庫「阿部一族」　鈴木六林男《むりお》

〈鑑賞・解説〉初出「蠍座」第三一集（一九四二年八月）。句集『荒天』（雷光同人会、一九四九年五月）所収。「歴史の一片――バターン半島攻略抄――」の前書あり。作者は、一九四二年、フィリピンのバターン半島の攻略戦で右腕関節に砲弾破片を受けて生還した傷痍者である。激戦地の惨状を目のあたりにした作者にとって、戦死した友の遺品に岩波文庫の「阿部一族」を見出した時のことは、生還して故国の土を踏んだ後にも心に強く刻まれていた。友がなぜ森鷗外の「阿部一族」を持参したのか分からないが、修羅の戦場でなお読書という日常の時間を確保したいと願っていた友の心根がいたましい。

〈作者略歴〉一九一九（大正八）～二〇〇四（平成一六）年。大阪府岸和田生まれ。本名次郎。旧制山口高等商業中退。一二、三歳頃から「串柿」に投句。一九三九年、同人誌「螺旋」創刊。以後「蠍座」「京大俳句」「自鳴鐘」等に関わり、新興俳句運動に参加する。一九四〇年、召集され中国大陸に渡る。一九四二年、バターン・コレヒドール戦で負傷帰還し、退院後除隊。一九四六年、「青天」を創刊。一九四八年、西東三鬼に師事。「雷光」「梟」「夜盗派」等の同人誌を経て、一九五五年「天狼」に参加。一九七一年「花曜」を創刊主宰し、没年まで刊行。享年八五。句集に『荒天』の他『谷間の旗』（一九五五年）、『第三突堤』（一九五八年）、『桜島』（一九七五年）、『国境』（一九七七年）、『鈴木六林男全句集』（一九七八年、現代俳句協会）等がある。

（瓜生鐵二）

78　家々や菜の花いろの燈をともし　木下夕爾《ゆうじ》

〈鑑賞・解説〉一九四六年作。『遠雷』（春燈社、一九五九年七月）所収。「夕東風のともしゆく燈のひとつづつ」の句とともに発表された。初案は「家々や菜の花いろに燈ともせる」。敗戦から半年余りを経てまた巡ってきた春の季節、食糧難の時代ではあっても、時節違えず瀬戸内海から東風が吹き渡ってくる。そんな夕暮れ時、村の家々にぽつりぽつりと電灯が灯っていく。まるで菜の花色の灯が点々と灯っていくようであり、その明かりの下で食卓を囲んで夕食を摂っている家族の姿も偲ばれる。「菜の花いろ」という表現は、夕闇の中にともる家々の人懐かしい灯の色を的確に言いとめている。

〈作者略歴〉一九一四（大正三）～六五（昭和四〇）年。広島県福山市生。旧姓村上優二。一九二〇年、父を不慮の事故で亡くす。一九二二年、母が父の実弟と再婚。木下姓となる。一九三二年、第一早稲田高等学院仏文科に入学。一九三五年、義父が病に倒れ、家業の薬局を継ぐために、名古屋薬専に転学。一九三八年、薬専を卒業し、帰郷。薬局の経営にあたる。一九三九年、詩集『田舎の食卓』を刊行。一九四四年、結婚。同年に創刊された安住敦を中心とする俳誌「多麻」に投句。一九四五年、郷里に疎開中の井伏鱒二の知遇を得る。一九四六年、久保田万太郎主宰「春燈」の創刊に参加し、本格的な句作を再開。以後、敦や万太郎の厚遇の下、没年まで「春燈」に投句した。享年五〇。句集に『遠雷』の他『定本木下夕爾句集』（牧羊社、一九六六年）がある。

（瓜生鐵二）

79　あせるまじ冬木を切れば芯の紅　香西照雄《こうざいてるお》

〈鑑賞・解説〉一九四六年の作。『対話』(星書房、一九六四年一二月)所収。一九四二年に召集され、一九四六年五月にラバウルから復員した作者は高松市の郊外の生家で、マラリヤ罹病の後養生をしていた。東京への転勤も考えてみたが、食糧難住宅難を見て断念せざるを得なかった。小作地を返還してもらい、約二反の耕作を一家で始めた。そうした生活の中で、作者は軍籍四年の空白から抜け出て、「学問か実作か家庭本位か個性樹立か」と迷いかつ焦っていた。折しも、農作業で切り倒した冬木の断面が芯に近づくほど紅を濃くしているのに目がとまり、それを見て「焦るまい。成長意欲さえ失わなければそれでよいのだ」と自らに言い聞かせ、新たな決意を固めたのである。

〈作者略歴〉一九一七(大正六)～八七(昭和六二)年。香川県木田郡庵治村生。一九三五年、姫路高校に入学し、短歌と俳句に熱中。一九三七年、学生俳句連盟の機関誌「成層圏」に参加。一九三八年、東京大学文学部国文科に入学し、東大ホトトギス会で中村草田男に接す。一九四一年、東大を卒業し、大阪府立堺工業学校へ赴任。一九四二年、結婚式当日に召集令状を受け、同年末ラバウルへ向かった。一九四六年復員。同年草田男の「萬緑」が創刊され参加する。木田農業高校、高松一高教諭を経て、一九五五年に上京。成蹊高校教諭・成蹊大学講師を勤めた。享年七〇。句集『対話』の他『素志』(一九七二年)、『壮心』(一九八八年)、『香西照雄著作集』全四巻(私家版、一九九二年)がある。

〔瓜生鐵二〕

80　落椿とはとつぜんに華やげる　稲畑汀子《ていこ》

〈鑑賞・解説〉初出「ホトトギス」一九八〇年三月号。『汀子第二句集』(永田書房、一九八五年四月)所収。咲き満ちた赤い椿がびっしり花をつけている光景がまず目に浮かぶ。するとその中の一つが花全体で、地上に散り敷いた椿の間に、ポトリと落ちていった。その落椿が地上に落ちる瞬間、赤い炎と化したかのように「とつぜんに」華やいだのである。「花の命」という喩えもあるが、椿は命の限りを尽くして、はかなくも燦然と花としての末期を迎えたのである。「写生とはただ平明な句ではなく、このような瞼の中での抽象化を、しばしば犯すものである」(山本健吉)との評もある。

〈作者略歴〉一九三一(昭和六)年～。横浜市生。高浜年尾の次女。幼児期を鎌倉で過ごし、一九三五年兵庫県芦屋に転居。小林聖心女子学院高等学校卒業後、同校英語専攻科に進むも健康を害し、一九四九年に中退。虚子、年尾の旅に同行して俳句修行を積む。一九五六年、稲畑順三と結婚。一九六五年、「ホトトギス」同人。一九七七年、「ホトトギス」雑詠選者となる。一九七九年、父の死去により、主宰を継承。一九八〇年、「ホトトギス」一〇〇〇号祝賀会を挙行。同年、夫順三死去。一九八七年、日本伝統俳句協会を設立。一九九六年ホトトギス創立一〇〇年の行事を開催。二〇〇〇年、芦屋市に虚子記念文学館を開館。句集に『汀子第二句集』の他『汀子句集』(一九七六年)、『汀子第三句集』(一九八九年)、『障子明り』(一九九六)、『さゆらぎ』(二〇〇一年)等がある。

〔瓜生鐵二〕

81　闘うて鷹のゑぐりし深雪なり　村越化石《かせき》

〈鑑賞・解説〉一九六八年作。『山國抄』（濱発行所、一九七四年八月）所収。一面の雪の野山。鷹は上空から狙い澄まし、地上に兎などの小動物を見つけると一気に翔け降りて襲う。その闘いの痕跡が雪原に深く刻まれていた。作者は少年の頃、癩を発病し、一九四一年、一八歳で群馬県草津の楽泉園に入る。一眼を失い、四七歳にして全盲となった。高原の厳しい冬、極限で闘いながら生きる鳥獣たち。雪上に抉られた痕は、生存競争を勝ち抜いた証でもある。鳥でさえも闘って生きている。この句にはそんな作者の生への意志も籠もっている。「ゑぐりし」が鬼気迫る。失明直前、独眼でみたこの世の姿である。

〈作者略歴〉一九二二（大正一一）年～。静岡県岡部町生。本名英彦。一九三八年、ハンセン氏病発病のめ離郷。東京の病人宿を転々とし、一九四〇年、草津湯之沢にて治療に専念。一九四一年、国立療養所栗生楽泉園に入園。本田一杉の指導を受け、「栗の花句会」に参加。浅香甲陽の影響を受ける。同年、結婚。一九四八年、大野林火句集『冬雁《ふゆかり》』に感動し、翌年、林火主宰の「濱」に入会。一九五〇年、高原俳句会の指導を林火に依頼。一九五一年、林火最初の楽泉園訪問を機に「最後の癩者たらん」と覚悟した。一九五三年、「濱」同人となる。一九七〇年失明。その後も俳人協会賞、蛇笏賞、詩歌文学館賞などを受賞。句集『山國抄』の他『獨眼』（一九六二年）、『端座』（一九八二年）、『筒鳥』（一九八八年）等がある。〔瓜生鐵二〕

82　ひかり野へ君なら蝶に乗れるだろう　折笠美秋《びしゅう》

〈鑑賞・解説〉初出「俳句研究」一九八六年四月号。『君なら蝶に』（立風書房、一九八六年一二月）所収。ひかり野＝春の光が降り注ぎ、春風が吹き渡る中に、菜の花畠や蓮華畠が広がる光景が想像される。筋萎縮性側索硬化症という難病と闘う日々の中で、作者が目撃したのは、蜜を求めて百花を自在に翔び回る蝶の姿であった。その蝶を見かけた時、傍らの妻に向かって「懸命無私に介護を続けてくれる『君』だったら、蝶に乗って、ひかり野へと飛び立てるだろう」と語ったのである。「微笑《ほほえみ》が妻の慟哭　雪しんしん」と同様に「妻の慟哭」を洞察した上で、妻を悲しませないための抑制を効かせた句である。

〈作者略歴〉一九三四（昭和九）～九〇（平成二）年。神奈川県横須賀市生まれ。本名美昭。早稲田大学文学部卒。早大俳句会入会後「早大俳句」「早稲田俳句」を編集発行。同人誌「領事館」を発行。一時松原地蔵尊の「新暦」に参加。高柳重信に師事。一九五八年創刊の「俳句評論」同人となり編集を担当。同誌終刊後「騎」創刊に参画。一九七七年、「否とよ、陛下！――季題季語論への試み・序」で第三回俳句評論賞を受賞。一九八五年、第三二回現代俳句協会賞を受賞。東京新聞特別報道部次長時代の一九八二年に筋萎縮性側索硬化症を発病、闘病生活七年有余の後、他界。享年五六。句集に『君なら蝶に』の他『虎嘯記《こしょうき》』（一九八四年）、『火傳書』（一九八八年）、散文集に『サンゴ礁の仲間たち』（一九七三年）、『死出の衣は』（一九八九年）等がある。〔瓜生鐵二〕

83　愛されずして沖遠く泳ぐなり

藤田湘子《しょうし》

〈鑑賞・解説〉一九五一年作。『途上』（近藤書店、一九五五年九月）所収。愛されず＝『俳句の方法　現代俳人の青春』（一九九四年）の中で、師・水原秋桜子の勘気にふれ、失意の日々を味わっていた時に出来た作品であると説いている。そうした事情を抜きにしても、失恋や親との確執により、自分が愛されていない存在だという思いに陥ることは、青春期に課された試練でもある。そういう受けとめ方をした時、体ごと海に投げ出して沖遠くまで泳いでゆこうとする衝動に駆られた作者の気持ちも分かってくる。前半部の屈折した思いから後半部の行動へと推移してゆくところに青春の特質が秘められている。

〈作者略歴〉一九二六（大正一五）～二〇〇五（平成一七）年。神奈川県小田原生。本名良久。一六歳で俳句を始め、一九四三年から「馬酔木」に投句する。一九四五年六月、東部第八七連隊に入営するも、敗戦を迎えて帰郷。工学院工業学校を中退し、鉄道省に勤務した。一九四九年、「馬酔木」同人となる。一九五七年、「馬酔木」編集長となり、その後一〇年間に亘って清新多彩な編集を試みた。一九五八年、国鉄本社広報部に勤務し、以後二二年間在職した。一九六四年「鷹」を創刊し、代表同人となる。一九六八年、「馬酔木」同人を辞退し、以後「鷹」主宰として独自の道を歩く。享年七九。句集に『途上』ほか『雲の流域』（一九六二）、『白面《はくめん》』（一九六九年）、『狩人』（一九七六年）、『春祭』（一九八二年）、『一個』（一九八四年）、『神楽』（一九九九年）等がある。

（瓜生鐵二）

84　摩天楼より新緑がパセリほど

鷹羽《たかは》狩行《しゅぎょう》

〈鑑賞・解説〉『遠岸』（角川書店、一九六五年五月）所収。作者は一九六九年四月からおよそ一ヶ月間、アメリカに出張している。その時、ニューヨークの「エンパイヤ・ステート・ビル」の展望台から下を見下ろし、視野に入ったのは新緑のセントラル・パークだった。摩天楼の上から見た公園の新緑は、遠く小さくまるで料理のツマに添えられる「パセリほど」にしか見えなかった。天に届くかの如く聳え立つ高層ビルとパセリほどの新緑といった大・小のコントラストによって成り立ち、上七から中五・下五へと連なる句の流れが、近代的な都市感覚と清新さを生み出している。

〈作者略歴〉一九三〇（昭和五）年～。山形県新庄市生。本名高橋行雄。一九四一年、尾道市に移り、尾道商業在学中、新開《しんかい》千晩《ちひろ》に俳句を学ぶ。一九四八年、山口誓子が創刊した「天狼」に入会。一九五三年、中央大学法学部を卒業し、プレス工業株式会社に入社。一九五四年、秋元不死男の「氷海」に参加。一九五八年、結婚。一九五九年、「氷海」編集長となる。一九六〇年、第一回天狼賞を受賞し、「天狼」同人となる。一九七四年、第三句集『平遠』で芸術選奨文部大臣新人賞受賞。一九七七年、退社し俳句に専念する。一九七八年、不死男の死により、「氷海」の主宰を代行する。一九九九年、文部大臣表彰を受け、俳人協会会長・日本文藝家協会理事・国際俳句交流協会顧問などをつとめる。『誕生』（一九六五年）から『十五峯』（二〇〇七年）まで十五冊の句集がある。

（瓜生鐵二）

85 火を投げし如くに雲や朴《ほほ》の花　野見山朱鳥《あすか》

〈鑑賞・解説〉初出「ホトトギス」六百号（一九四六年一二月号）。『曼珠沙華』（書林新甲鳥、一九五〇年九月）所収。

「なお続く病床流転天の川」の句とともに六百号の巻頭を占めた句である。朴の花＝朴は、モクレン科の落葉高木。五月頃淡黄白色で、香気の強い大形の花を開く。「高々と咲いた朴の花を見上げていると、折からの夕焼け雲は、燃えさかる火を投げたかのように真っ赤な色をして上空にかかっていた」の意。火を本性とする「夕焼け雲」と「ほの白い朴の花」との「秘められたる調和」が見られる点において、典型的な「生命諷詠」の句となっており、その根底には、胸部疾患による療養生活を余儀なくされた作者の孤独感がある。

〈作者略歴〉一九一七（大正六）～七〇（昭和四五）年。福岡県直方市生。本名正男。一九三五年、鞍手中学校卒業と同時に胸を病み療養生活に入る。一九三八年、健康が回復し上京。会社勤めの傍ら絵画研究所に通う。一九四二年から三年間に亘り、郷里の施設で療養につとめる。一九四五年、高浜虚子に師事し、「ホトトギス」に投句。一九四六年、末崎ひふみと結婚。一九四九年、「ホトトギス」同人となる。一九五〇年、第一句集『曼珠沙華』を刊行。その序文で虚子から激賞される。一九五二年、福岡より新生「菜殻火《ながらび》」を創刊主宰。享年五三。句集に『曼珠沙華』の他『天馬』（一九五四年）、『荊冠《けいかん》』（一九五九年）、『運命』（一九六二年）、『野見山朱鳥全句集』（一九七一年）等がある。

〔瓜生鐵二〕

86 天網《てんもう》は冬の菫の匂《にほひ》かな　飯島晴子《はるこ》

〈鑑賞・解説〉一九七二年作。『朱田』（永田書房、一九七六年一〇月）所収。天網＝「天網恢恢疎にして漏らさず」（『老子』）に由来する。天には、悪人を捕らえるために、目に見えない網が張りめぐらされている。その網目は粗くて大きいが、決して取り逃がすことはない。「やわらかな冬の日射しを浴びて菫がかすかな匂いを漂わせている。天に張りめぐらされた目に見えない網は、そうした菫の存在にも目を向けて、ほのかな匂いまで救い取っているかのようである」の意。冬空の大きな広がりと「冬の菫」のほのかな芳香。天と地を舞台にして、知的で豊かな想像力を働かせた句となっている。

〈作者略歴〉一九二一（大正一〇）～二〇〇〇（平成一二）年。京都府富野庄村生。父・山本清太郎（ニューヨーク在住の商社員）、母小まき（西陣の商家の娘）の長女。一九三八年、京都府立第一高等女学校卒業。一九四〇年、田中千代服装学院卒業。日本衣服研究所に勤務。一九四六年、飯島和夫と結婚。一九五九年、結核療養中の夫の代理で「馬酔木」句会に出席し、能村登四郎に薫陶を受ける。一九六四年、藤田湘子らが創刊した「鷹」に同人として参加。一九六九年、「俳句研究」編集長高柳重信と出会い、評論やエッセイを書く。一九七七年、阿部完市と「現代俳句ノート」創刊。享年七九。句集に『朱田《しゅでん》』のほか『蕨手《わらびて》』（一九七二年）、『春の蔵』（一九八〇年）、『八頭《やつがしら》』（一九八五年）、『儚々《ぼうぼう》』（一九九六年）、『飯島晴子全句集』（二〇〇二年）等がある。

〔瓜生鐵二〕

87　夏帯や一途といふは美しく　　鈴木真砂女《まさじょ》

〈**鑑賞・解説**〉一九六七年作。『夏帯』（牧羊社、一九六九年三月）所収。自注には「一途は恋ばかりではない。これは仕事に一途になつてるときの人の美しさに打たれて詠んだもの」とある。夏帯＝絽や紗などの薄手の生地で、模様や色も涼しげな夏用の帯。作者は東京銀座で「卯波《うなみ》」という小料理店を経営していた。いつも和服姿で、こまめに立ち働いていた。自注にある「人の美しさ」は自画像ととった方がイメージし易い。五〇代を過ぎて、家という桎梏から抜け出し、「卯波」を開店。夏帯をきりりと締めて暖簾を出し、深夜に店仕舞いするまで、その「一途」さに店内の客も満足の様子である。

〈**作者略歴**〉一九〇六（明治三九）～二〇〇三（平成一五）年。千葉県安房郡鴨川町の老舗旅館吉田屋の三女として生まれる。本名まさ。一九二四年、日本女子商業学校（現、嘉悦学園）卒業。一九二九年、結婚。一九三五年、夫が失踪し、実家に戻る。同年長姉の梨雨女が急逝。一九三六年、義兄と結婚。梨雨女の死を契機に大場白水郎の「春蘭」に投句。一九四七年、「春燈」に所属し、久保田万太郎及び安住敦に師事する。一九五七年、病臥の夫を置いて、身一つで吉田屋を去り、銀座一丁目に小料理店「卯波」を開店。享年九七。句集に『夏帯』の他『生簀籠《いけすかご》』（一九五五年）、『卯波』（一九六一年）、『夕螢』（一九七六年、俳人協会賞）、『都鳥』（一九九四年、読売文学賞）、『紫木蓮』（一九九八年、蛇笏賞）、『鈴木真砂女全句集』（角川書店、二〇〇一年）等がある。

〔**瓜生鐵二**〕

88　音楽漂う岸侵《をか》しゆく蛇の飢《うゑ》　　赤尾兜子《とうし》

〈**鑑賞・解説**〉『蛇』（俳句研究社、一九五九年九月）所収。作者は「中学生のころ、つまり思春期前期、ひどいさびしさに襲われると、きまってひとりで川が海へ流れ出る河口の堤のあたりを散歩したり、そこに蹲まったりしていた。その川岸には音楽は流れていなかった。しかし、頭のなかは音楽にも似たリズムが堰を切ったように迅速に回転していた」（『現代俳句案内』）と説く。「音楽漂う岸」とは「人々が音楽を聞きながらリラックスして楽しめる場所」であり、そこに、この平安を侵そうと「飢えた蛇」が近づいてくる。形而上のイメージを衝突させて第三のイメージの顕在化を図った作品である。背後に戦中体験の痕跡が定かであり、作者急逝の遠因をもなす。

〈**作者略歴**〉一九二五（大正一四）～八一（昭和五六）年。兵庫県揖保郡網干町（現、姫路市）生まれ。本名俊郎。大阪外語学校中国語科を経て京都大学文学部中国文学科卒業。外語学校在学中に秋桜子や人間探究派の句集を耽読。一九四一年、岡本圭岳の「火星」に投句。一九四六年、富澤赤黄男の「太陽系」に参加し、「薔薇」の同人となる。兵庫県庁を経て、一九五〇年、毎日新聞社神戸支局、同大阪支局勤務。一九五八年、「坂」を創刊。同年「俳句評論」に参加。一九六〇年、「坂」を解体して「渦」を創刊。一九六一年、現代俳句協会賞受賞。享年五六。句集に『蛇』の他『虚像』（一九六五年）、『歳華集』（一九七五年）、『稚年記』（一九七七年）、『赤尾兜子全句集』（一九八二年、立風書房）がある。

〔**瓜生鐵二**〕

89　初便《はつだよ》り皆生きてゐてくれしかな　石塚友二《ともじ》

〈鑑賞・解説〉初出一九四六年一月、鎌倉鶴句会。『磯風』（壺俳句会、一九四六年一〇月）所収。初便り＝年賀状のこと。新年の季語。終戦後初めて迎えるお正月、戦地に赴いた人、外地に赴いた人、戦災にあった人、疎開した人等々、友人知己の消息をつかみかねていた折から、「初便り」が届き、「皆無事に生きていてくれたのだなあ」という感慨を新たにすることができたの意。作者には「百方に借りあるごとし秋の暮」（『光塵』）という句もある。「借り」とは、周囲の人々から受けてきた恩恵をさし、そうした恩人の無事を確認できた時、「皆生きていてくれたのだなあ」という喜びが湧いてきたのである。

〈作者略歴〉一九〇六（明治三九）～八六（昭和六一）年。新潟県笹岡村（現、阿賀野川市）生。本名友次。小学校卒業後、一九歳で上京。一九三二年までの東京堂書店勤務期間中、多くの文人と交わる機会を得、横光利一に師事。一九三五年、沙羅書店を興す。俳句は初め長谷川零余子の「枯野」に属し、後に水原秋桜子の「馬酔木」に投句。一九三七年、石田波郷主宰の「鶴」が創刊され、同誌の発行編集者となる。爾来常に波郷と行動を一にする。一九四三年、小説「松風」により池谷新三郎賞受賞。一九四五年、疎開先の新潟で終戦を迎え、同年九月上京。鎌倉に仮寓する。一九五三年、「鶴」が復刊され、一九六九年、波郷没後の「鶴」の主宰となる。享年七九。句集に『磯風』の他『百萬』（一九四〇年）、『方寸虚實』（一九四一年）、『光塵』（一九五四年）等がある。

〔瓜生鐵二〕

90　がう〳〵と深雪《みゆき》の底の機屋《はたや》かな　皆吉爽雨《みなよしそうう》

〈鑑賞・解説〉一九二八年作。『雪解』（雪解刊行会、一九三八年九月）所収。つぎ夫人の郷里福井県勝山町に出掛けた折、一丈を越す大雪になって帰路を断たれてしまい、九頭竜河畔に出てみると「わずかに棟を雪の上に見せている機場から機織りの音が聞こえていた。深雪にこもりながら遠雷のような音で、しかし雪の上をつたわってくる明らかな音で聞こえ、『がう〳〵』『深雪の底』という表現が直ちに捉えられた」（『自選自解皆吉爽雨句集』）という。冬籠もりの町のどの家からも聞こえてくる機織りの音を表現する「がう〳〵と」という擬声語から、雪国の人々のひたむきさや忍耐強さまでも伝わってくる。

〈作者略歴〉一九〇二（明治三五）～八三（昭和五八）年。福井市生。生後三ヶ月で皆吉家の養子となり、大太郎と改名。一九一四年、福井中学入学。一九一九年、中学卒業後、大阪の住友電線製造所に入社。社の上司に大橋桜坡子《おうはし》がおり、その勧めで「ホトトギス」に投句。一九二二年、大阪在住の「ホトトギス」系の俳人によって組織された「山茶花」創刊に参画。一九三六年「山茶花」選者となる。一九四四年、「山茶花」終刊。一九四五年八月、岸和田市で終戦を迎え、同年住友電気工業東京支店に赴任。一九四六年五月「雪解」創刊、主宰となる。一九四九年、住友電気工業退社。一九六七年、第一回蛇笏賞受賞。享年八一。句集に『雪解』の他『泉聲』（一九五二年）、『遅日』（一九五二年）、『三露』（一九六六年）、『聲遠』（一九八二年）等がある。

〔瓜生鐵二〕

91　雲の峰一人の家を一人発《た》ち　岡本　眸《ひとみ》

〈鑑賞・解説〉初出「朝」創刊号（一九八〇年八月）。句集『母系』（牧羊社、一九八三年九月）所収。一九七六年十月八日、夫けい二が脳溢血のために急逝した。句友同士の結婚であり、子のいない二人きりの夫婦だった。「残りしか残されゐしか春の鴨」（『二人』）の句は、夫の急逝から半年余り経ての作である。そこには春になっても去っていかない鴨と一人とり残された自らの姿が重なっている。そして、一九八〇年八月、主宰誌「朝」を創刊する。富山には、「朝」の創刊を待ち望んでいた長沼夫妻がいた。その句友と会うべく夏の入道雲の下、一人住まいの家を前向きな決意で一人旅立ってゆくのである。

〈作者略歴〉一九二八（昭和三）年〜。東京江戸川生。本名曽根朝子。青春時代は勤労動員に明け暮れ、一九四五年、空襲のため二度自宅を焼失。一九四六年、聖心女子学院国語科に入学。一九五〇年、日東硫曹株式会社に入社。社長秘書として、句会の幹事を務めたことから俳句を始める。一九五一年、職場句会「かつら会」を通じて富安風生に師事。一九五六年「若葉」に入会。一九五七年、真間句会を通じて岸風三楼の指導を受け、「春嶺」に入会。一九六一年、句友曽根けい二と結婚。一九六六年、子宮癌摘出手術を受ける。一九七六年、夫けい二が急逝。一九八〇年八月、「朝」創刊主宰。今日まで継続刊行する。句集に『母系』の他『朝』（一九七一年、俳人協会賞受賞）、『冬』（一九七六年）、『二人』（一九七九年）、『十指』（一九八五年）、『矢文《やふみ》』（一九九〇年）等がある。

〔瓜生鐵二〕

92　「大和」よりヨモツヒラサカスミレサク　川崎展宏《てんこう》

〈鑑賞・解説〉『義仲』（牧羊社、一九七八年一二月）所収。戦艦「大和」は、一九四一年十二月に呉工廠で建造された海軍最強の戦艦である。一九四五年四月七日、沖縄戦に出撃の途次、米軍空母と戦闘に入り、奄美諸島、徳之島の西方二十浬、水深四百三十mの海底に沈没。乗組員三千数百名が命を落とした。その海底に沈んだ戦艦大和から「ヨモツヒラサカスミレサク（黄泉の国と現世との境にある平坂に菫が咲いている）」との電報が入ったというのである。「大和」は、作者の生地で建造された。それだけに「不沈艦大和」への思い入れや、戦死者を追悼する気持ちの強かったことが洞察できる。

〈作者略歴〉一九二七（昭和二）〜二〇〇九（平成二一）年。呉市生。本名展宏《のぶひろ》。海軍将校だった父の転勤に伴い、舞鶴、横須賀、東京に移り住み、小学校も呉、佐世保、東京と転校を繰り返した。一九三九年、府立第八中学入学。戦時下に療養生活を送る。一九五三年、東京大学文学部国文科卒。同年加藤楸邨に師事し、句作を開始。一九五八年、大学院を退学後、米沢女子短大、共立女子短大を経て、明治大学法学部教授をつとめる。一九六六年、「寒雷」同人となる。一九七〇年、森澄雄の「杉」創刊に参加し、編集に従事した。一九八〇年、同人誌「貂《てん》」を創刊。以降「日経俳壇」、「朝日俳壇」の選者をつとめた。享年八二。句集に『義仲』の他『葛の葉』（一九七三年）、『夏』（一九九〇年、読売文学賞受賞）、『秋』（一九九七年）、『冬』（二〇〇三年）がある。

〔瓜生鐵二〕

93　枇杷《びわ》の子のぽぽぽともるほの曇り　平井照敏《しょうびん》

〈鑑賞・解説〉一九七六年作。『天井大風』（永田書房、一九七九年二月）所収。枇杷が夏の季語。枇杷の黄色い果実は梅雨時に熟す。「枇杷の子」とは、まだ小粒の実が枝に寄り添って付いている状態のこと。その「枇杷の子」たちが、折からの梅雨曇りの空の下、寄り添っている有様は、まるでオレンジ色の豆電球が「ぽぽぽ」と灯ったようであり、周囲をほの明るく照らし出している。「ぽぽぽ」という擬態語と「ほの曇り」の「ほの」とが、呼応していて、全体を明色に保つ効果を発揮している。「文字遊びと見せて、物の質と余韻をひき出す」という吉野弘の指摘は上記の句にも当てはまる。

〈作者略歴〉一九三一（昭和六）～二〇〇三（平成一五）年。東京府新蒲田生。本名照敏《てるとし》。一九四九年、都立小山台高校卒。一九五九年、東京大学文学部仏文科大学院博士課程修了。一九六二年、青山学院女子短期大学に勤め、後に教授となる。大学院博士課程修了後、詩人として活動が始まる。昭和三〇年代半ばから短詩型に関心を抱き、俳句を作り始め、青山学院女子短大で同僚であった加藤楸邨に師事する。一九六七年より、「寒雷」に投句し、一九七一年、同誌編集長となる。一九七四年、「槙」を主宰創刊。一九八七年、評論集『かな書きの詩』で第五回俳人協会評論賞を受賞。句集に『天上大風』の他『猫町』（一九七四年）、『枯野』（一九八二年）、『牡丹焚火』（一九八六年）、『春空』（一九九一年）、『石濤』（一九九七年）、『夏の雨』（二〇〇一年）がある。

〔瓜生鐵二〕

94　万緑や死は一弾を以て足る　上田五千石《ごせんごく》

〈鑑賞・解説〉『田園』（春日書房、一九六八年一〇月）所収。「万緑」＝中村草田男の「万緑の中や吾子の歯生え初むる」の一句で定着した夏の季語。この句から看取出来るのは、生命讃歌の象徴としての「万緑」である。しかし、この一句は「生」の象徴である「万緑」と対峙する「死」の問題も提示している。見渡す限りの緑の中、一発の銃弾の音がする。そのたった一発の銃弾で、即刻人を死に到らしめることができるし、自らの命を絶つこともできる。作者は、青春の生のエネルギーの対局には悲痛さや孤独感があり、青春の華やかさが死と隣り合わせであることを実体験を通して知ったのである。

〈作者略歴〉一九三三（昭和八）～九七（平成九）年。渋谷区代々木生。本名は明男。一九四四年、長野県に疎開。一九四五年五月、東京の生家が東京大空襲で焼失。一九四六年、静岡県に転居。松本中学から富士中学に転校し、富士中学校の文芸誌に俳句を寄せる。一九五三年、上智大学文学部新聞学科に入学。大学二年時に、過度の神経症に悩まされ、死の恐怖と闘う。折しも母の勧めにより「氷海」の句会に参加し、秋元不死男と出会い、神経症は快癒する。以来「氷海」に入会し、有馬朗人、寺山修司、深見けん二らと交流。「天狼」にも投句した。一九五六年、「氷海」同人となる。一九七三年、「畦《あぜ》」を創刊。享年六三。「畦」は一九九七年一二月号で終刊した。句集に『田園』の他『森林』（一九七八年）、『風景』（一九八二年）、『琥珀《こはく》』（一九九二年）などがある。

〔瓜生鐵二〕

95　うつくしきあぎととあへり能登時雨《のとしぐれ》　飴山　実《みのる》

〈鑑賞・解説〉『少長集』（自然社、一九七一年一月）所収。作者は一九六九年冬、「風」の吟行会で能登半島に出掛けている。半島には海から山へかけて時折時雨が走っていた。能登時雨である。作者は「この言葉を使いたかった。習作から一歩ふみだしたものを作りたかった。帰りの汽車がどこかの駅にとまった時にも時雨が通り過ぎた。夕闇のホームを土地の女人の白いうなじが去っていくとき、ようやく句になった。」（『現代俳句案内』）と語っている。「能登時雨」という風土に根ざした気象用語と美しい顎をした女人から受けた感銘との取り合わせに特色がある。「能登時雨」という季語と偶然に出会った女性の最も美しい部位を捉えて双方の調和美を見出した時、一期一会の忘れ難い思い出が言葉によって保存されたのである。

〈作者略歴〉一九二六（昭和元）～二〇〇〇（平成一二）年。石川県小松市生。金沢の四高在学中、大河寥々に俳句の指導を受ける。戦後四高俳句会を再興し、沢木欣一を知る。一九四六年、「風」が創刊され、創刊号より投句。一九四七年、京都大学農学部に入学。卒業後、静岡大学を経て、山口大学教授となる。専攻発酵微生物学。一九四八年「楕円律」を創刊。一九五一年「風」同人となるも、五年近く俳句から遠のき、一九五四年、芝不器男の句に触発され、再び投句。享年七三。句集に『少長集』の他『おりいぶ』（一九五九年）、『辛酉小雪』（一九八一年）、『飴山實全句集』（二〇〇三年、花神社）、評論集に『芝不器男伝』（一九七〇年）がある。

〔瓜生鐵二〕

96　三月の甘納豆のうふふふ　坪内稔典《としのり》

〈鑑賞・解説〉『落花落日』（海風社、一九八四年六月）所収。一月から十二月までを甘納豆と組み合わせて表現した十二句中の一句。「河馬と甘納豆」という文章の中で、作者は「この句は実にいろんな読み方がされてきた。『うふふふ』にしても、甘納豆が笑うと読む人があり、他方には、甘納豆を食べている者が笑うと読む人もいる。そして、その笑いは、かわいい少女の笑いから中年男のいやらしい笑いまで実にさまざま」と述べている。作者としては中年の自分を甘納豆に重ねたつもりだったのに、甘納豆だけが一人歩きをする結果となってしまった。その分、読者は自由な想像を楽しめる句なのである。

〈作者略歴〉一九四四（昭和十九）年～。愛媛県西宇和郡伊方町生。一九六〇年、県立川之石高校入学。一九六三年、「青玄」主宰の伊丹三樹彦を訪ねる。一九六四年、立命館大学文学部日本文学専攻に入学し、大学院に進む。一九七六年、「現代俳句」を発行し、八五年まで刊行。一九七八年、園田学園女子短期大学専任講師となる。一九八五年、「船団」を創刊。一九九〇年京都教育大学教育学部教授となり、二〇〇二年の退官まで勤務。同年仏教大学文学部教授となる。句集に『落花落日』ほか『朝の岸』（一九七三年）、『ぽぽのあたり』（一九九八年）、『坪内稔典句集（全）』（沖積社、二〇〇三年）等、評論集に『過渡の詩』（一九七八年）、『俳句　口誦と片言』（一九九〇年）等があり、『正岡子規―創造の共同性』（一九九一年　リブロート）等、子規研究の業績も大きい。

〔瓜生鐵二〕

97　白葱のひかりの棒をいま刻む　黒田杏子《ももこ》

〈鑑賞・解説〉『木の椅子』（牧羊社、一九八一年六月）所収。季語＝葱（冬）。台所の俎板の上に置かれ、これから調理しようとする葱は、白くて長い軟化部をもっている。それはつやつやした「ひかりの棒」のようにも見える。生き生きと輝く「ひかりの棒」に包丁を当て、「いま」まさに白葱を刻んでいる最中である。いとおしみつつも軽快なリズムで白葱を刻んでいく作者の心の弾みが伝わってくるばかりではなく、周囲に広がる葱の匂いまで嗅ぎ取れ、料理する楽しさも伝わってくる。台所を舞台にした日常生活から、料理の素材である白葱を採り上げ、そこに命の光を見出したところが非凡である。

〈作者略歴〉一九三八（昭和一三）年～。文京区本郷生。旧姓斎藤杏子。一九四四年、栃木県黒羽町に疎開。翌年南那須町に移住。小学校入学から高校卒業まで栃木県で生活。東京女子大学心理学科に入学し、俳句研究会「白塔会」に入る。山口青邨に師事し、「夏草」に入会。一九六一年、大学を卒業し、博報堂に入社。劇作、陶芸、染織、自然保護活動などの分野の体験を通して、作家や詩人と親交を結ぶ。一九六八年、山口青邨に再入門する。同年「日本列島桜花巡礼」を決意し、「行」としての桜花巡礼は二七年をかけて、五七歳で満行した。一九九〇年、「藍生《あおい》」創刊・主宰。句集に『木の椅子』（現代俳句女流賞・俳人協会新人賞受賞）の他『水の扉』（一九八三年）、『一木一草』（一九九五年）等がある。

〔瓜生鐵二〕

98　黄泉《よみ》に来てまだ髪梳《す》くは寂しけれ　中村苑子《そのこ》

〈鑑賞・解説〉初出「俳句評論」一九七三年一〇月号。『水妖詞《すいようし》館《かん》』（俳句評論社、一九七五年二月）所収。黄泉＝死後魂が行くというところ。作者の俳句のテーマは「死を中核に据えた現世と来世の往還である」といわれている。作者がそうした作風を確立したのは、五〇代を過ぎてからのことである。「黄泉の国までやってきても、現世に生きていた時からずっと続けていた髪を梳く行為をいまだに続けている、それは女の寂しい性である」の意。女性として生まれ、これからも女性としての宿命を背負って生きていかねばならない、そんな「女の一生」が、髪を梳くという行為に凝縮された句である。

〈作者略歴〉一九一三（大正二）～二〇〇一（平成一三）年。静岡県田方郡生。本名ソノ。一九二九年、日本女子大学に入学するも、肺結核のため中退。一九三三年、結婚。一九四四年、夫フィリピンで戦死。一九四五年より句作を始め、「鶴」「馬酔木」に投句。一九四八年、「青玄」に投句。一九四九年、「春燈」に入会し、一九五七年まで久保田万太郎に師事。その間女流俳人のみの俳誌「紫苑」を発行。一九五八年、高柳重信の招請により、「俳句評論」の創刊に参画。自宅を解放し、俳句評論社は詩歌の世界をめざす青年たちの梁山泊とも称された。一九八三年、高柳重信の死により「俳句評論」終刊。以後、無所属。享年八八。句集に『水妖詞館』の他『花狩』（一九七六年）、『中村苑子句集』（一九七九年）、『吟遊』（一九九三年）、『花隠れ』（一九九六年）等がある。

〔瓜生鐵二〕

99　冬深し柱の中の濤《なみ》の音　長谷川　櫂《かい》

〈**鑑賞・解説**〉『古志』（牧羊社、一九八五年五月）所収。読売新聞新潟支局に配属されていた頃の作品である。厳寒期の夜の情景と捉えた場合、「一日の勤めを終え、明かりを消して、蒲団に横たわっていると、そこに聞こえてくるのは、寄せては返す濤の音だけである。その濤の音はまるで家屋を支える柱の中から聞こえてくるように感じられる」という解釈が成り立つ。この句には、季語の「冬深し」と「柱の中の濤の音」という絶妙な取り合わせがみられる。この句がこうした古格に則りながら現代に通じる清新な風情を生み出し得たのは、作者の古典俳諧の素養と真剣な写実精神の裏付けがあるためである。

〈**作者略歴**〉一九五四（昭和二九）年〜。熊本県下益城郡小川町生。本名隆喜。県立熊本高校卒。一九七二年東京大学法学部入学。東大俳句会に入会し、「夏草」に投句。一九七六年、東大卒。一九七八年、読売新聞社に入社する。一九七九年、平井照敏主宰「槇」に入会。一九八三年、読売新聞東京本社へ戻る。一九八七年、創刊された詩歌総合雑誌「花神」に評論「俳句の場」を連載。一九八九年、飴山實に師事する。同年、大木あまり、千葉皓史と同人誌「夏至」を創刊。一九九三年、俳誌「古志」を創刊。二〇〇〇年、飴山實死去。同年八月、俳句専念の決意の下、読売新聞社退社。同年十月、「朝日俳壇」の選者となる。句集『古志』の他『天球』（一九九二年）、『果実』（一九九六年）、『蓬萊』（二〇〇〇年）、『虚空』（二〇〇二年）。俳論集『俳句の宇宙』（一九八九年）等がある。〔**瓜生鐵二**〕

100　千年の留守《るす》に瀑布《ばくふ》を掛けておく　夏石番矢《ばんや》

〈**鑑賞・解説**〉初出「未定」一九八四年四月号。『メトロポリティック』（牧羊社、一九八五年七月）所収。「新未来学」冒頭の「未来より滝を吹き割る風来たる」と呼応して末尾に置かれている。冒頭句は「未来から吹き渡って来る風が、滝口から落下する瀑布を一刀両断に切り裂く」の意であり、この句は、高橋新吉の詩「るす」（「留守と言へ／ここは誰も居らぬと言へ／五億年経ったら帰ってくる」）を踏まえている。「五億年」と「千年」の違いはあるが、「千年の留守」の間に「瀑布を掛けておく」の意。高橋の詩のパロディ化である。

〈**作者略歴**〉一九五五（昭和三〇）年〜。兵庫県相生市生。本名乾《いぬい》昌幸。東京大学入学後、同大学学生俳句会に参加し、高柳重信に出会う。一九八四年、大学院比較文学比較文化博士課程を修了。一九八七年、明治大学法学部助教授に就任。一九七五年代に、「俳句評論」、「俳句研究」で俳壇デビューを飾る一方、「現代俳句」（一九七六年創刊）、「未定」（一九七八年創刊）の両誌で創作・評論・座談会・シンポジウム等、多彩な活動を展開。一九九八年、国際俳句雑誌「吟遊」を創刊。二〇〇〇年、世界俳句協会設立。句集『猟常記』（一九八三年）、『神々のフーガ』（一九九〇年）、『「越境紀行」夏石番矢全句集』（二〇〇一年）、評論集『俳句のポエティック』（一九八三年）、『天才のポエジー』（一九九三年）、著書『現代ハイクキーワード辞典』（一九九〇年）等がある。〔**瓜生鐵二**〕

101　母の忌の螢や籠《かご》の中を飛ぶ

河原枇杷男《びわお》

〈鑑賞・解説〉 初出「俳句評論」一九六七年五月。『烏宙論《うちゅうろん》』（俳句評論社、一九六八年九月）所収。母の忌日に、母の魂が螢となって戻ってきたのであろうか、籠の中を飛び交う螢に母の思い出が蘇る。作者は「俳句を書くとは、闇と沈黙の詞を視聴せんとする内部の劇、我とは何かの問いの淵にひとり佇つことに他ならない」という。籠の螢の光を見つめ、「螢だ」と声をあげる。その背後の「闇」と「沈黙の言葉」を「視聴」しようとした時、「あの光は母さんの転成した光ではないか」という「内部の劇」が始まり、母さんの子である「我とは何か」という自問自答の淵に「ひとり佇つこと」を自覚したのである。

〈作者略歴〉 一九三〇（昭和五）年〜。兵庫県良元村（現、宝塚市）生。本名、良人。龍谷大学文学部卒。浄土真宗本願寺派住職の叔父の跡継ぎとして河原姓を名乗る。西宮市に就職。西宮市大谷記念美術館事務長を最後に退職。一九五四年より永田耕衣に師事。「琴座《りらざ》」同人。一九五八年、「俳句評論」同人となり、一九六七年、俳句評論賞受賞。一九八三年、高柳重信の死去により「俳句評論」終刊。一九八四年、「序曲」を創刊・主宰するが、一九八九年、二四号で終刊。句集に『烏宙論』の他『密』（一九七〇年）、『閻浮提考』（一九七一年）、『流灌頂』（一九七五年）、『詞梨陀夜』（一九八〇年）、『蝶座』（一九八七年）、『河原枇杷男句集』（一九九七年）、『河原枇杷男全句集』（二〇〇三年、序曲社）があり、評論に『西風の方法』（一九八三年）等がある。

〔瓜生鐵二〕

第X章

文章論・文体論・表現論の文献解題

一九〇二年から二〇〇六年までの間に刊行された文章・文体・表現・レトリック関連の書籍から、この分野の基本書を中心に、大きな影響を与えた本、画期的な内容の本、斬新な発想の本などの注目すべき文献を加えて約七〇冊を選定した。

作家の手になる文章読本類については、谷崎潤一郎のものだけを独立させた。最初の『文章読本』であり、また、広く長く影響を与えたからである。他の数冊の『文章読本』は、多くのスペースを割いて、便宜上まとめて扱った。

解説に際しては、書評ではないため欠点に対する批判は極力避け、その本の全体像と、優れた点、特色、魅力的な内容を中心に紹介した。一読に値するとして取り上げた書物から学ぶべきものを鮮明にするためである。

1　島村瀧太郎『新美辞学』

一九〇二年　早稲田大学出版部

著者は芸術座を興し西洋近代劇の紹介に尽力した島村抱月。早稲田大学の前身東京専門学校で美辞学を講じた際の講義録を増補改変した書。「美辞」は「レトリック」の訳で、内容は日本古典文学から文例を示した西洋修辞学の紹介であるが、言語表現を美学的に基礎づけし、体系的な整理を試みた最初の本格的な修辞学書となった。「美辞学の名称」「美辞学とは何か」「美辞学の変遷」からなる《緒論》に続き、「修辞論の組織」「詞藻論」「文体論」からなる《修辞論》と、「美論の計画」「情の活動と快楽」「快楽と美」「美の哲理的方面」「美の科学的方面」からなる《美論》とで構成されている。最狭義の「修辞」より広範囲にわたるが、このうち「詞藻論」における技法群の組織化の試みが、意欲的に独自のレトリック体系を示したものとして注目される。そこでは詞藻すなわち文彩全体をまず、思想上の彩色にあたる「想彩」と、言語の適用に基づく彩色である「語彩」とに大きく二分する。表現の内容と形式に見えるが、語彩を外面的な技術に限定したために狭くなった。次にそれぞれを修辞の最低標準である「消極的」と、最高標準に向かう経過としての「積極的」とに二分して全体を四分するが、狭義の修辞に相当する「積極的想彩」に力点が集中し、その解説に圧倒的に多くのページを割く結果となった。そこをさらに、隠喩法などの「譬喩法」、誇張法などの「化成法」、漸層法などの「布置法」、反語法などの「表出法」に四分して各技法を位置づけることで修辞体系を立体的に示している。〔中村　明〕

2　五十嵐　力『新文章講話』

一九〇九年　早稲田大学出版部

早稲田大学文学部で数年にわたり文章を講じた際の材料とその間の研究成果をまとめた『文章講話』をもとに新たに稿を起こした書。半分以上も書き加えたので増補版とせず「新」を冠したと序言にある。修辞を中心とする文章理論の書として、種類別の作文書といった性格の『実習新作文』と姉妹編をなす。「文章基礎論」「文章修飾論」「文章組織論」「文章精神論」「文章の種類及び文体」「文章に関する思想の変遷」「国文沿革の概要」「文章の品位及び結論」の八編で構成される広範な大著。中心は「修飾論」と名づけられた修辞体系の分類原理と文学作品による具体的な例証にある。心理面を基礎として四つの着眼点を設け、その点での対照的な性格を表と裏に配して、詞姿すなわち文彩を計八種に分類した。第一類は伝達対象に関するイメージを基準に、それを鮮明にする方向を表、ぼかす方向を裏として「結体」と「朧化」に、第二類は表現の概念量を基準に、増す方向を表、減らす方向を裏として「増義」と「存余」に、第三類は伝達内容の理解しやすさを基準に、抵抗感を減らす方向を表、逆に増す方向を裏として「融会」と「奇警」に、第四類は表現の滑らかさを基準に、快くさする方向を表、逆なでする方向を裏として「順感」と「変性」にそれぞれ分け、その四類八種の原理のもとに各文彩の所属を示す形で体系化しようとする。朧化・増義・奇警の原理に属する文彩が極端に少ないという不均衡も認められるが、明確な原理による分類・体系化の基礎を築いた試みとして注目される。〔中村　明〕

3　谷崎潤一郎『文章読本』

一九三四年　中央公論社

作家の手になる最初の文章読本。多彩な方法を駆使した小説家がその実作体験をもとに執筆の心得を平易に語る。「文章とは何か」で言語の功罪、口頭表現と文章表現との関係、実用文と芸術文との関係、間《ま》の問題を説き、次の「文章の上達法」で感覚をみがいて英文法に毒されない自然な日本語を書くように奨め、本書の中心をなす「文章の要素」へと進んで用語・調子・文体・体裁・品格・含蓄について具体的に論ずる。「用語」の項は、明治以降の新語を避け伝統のあることばでわかりやすく書くという一点に尽きる。「調子」の項では、書く人間の性格や体質によって文章の調子は違ってくるとしたうえで、源氏物語を代表とする和文調の流麗派こそ日本文の特長を発揮した文章だとし、対照的に漢文調の剛健なリズムを持つ簡潔派とともに中心にすえた。前者の例として泉鏡花・里見弴ら具体的な作家名を示し、後者の典型として志賀直哉を取り上げて「城の崎にて」の文章を分析してみせる。その他、傍流として冷静派・飄逸派・ゴツゴツ派を認め、個別的文体の方向に一歩踏み出した。「文体」の項で講義体・兵語体・口上体・会話体という類型的文体を取り上げ、「体裁」の項では視覚的要素として表記面の諸問題を扱う。次の「品格」の項で礼儀として饒舌を慎むことを力説し、最後の「含蓄」の項へと流れ込む。「始めから終りまで、殆ど含蓄の一事を説いてゐる」と自身の言うとおりここが結論であり、「言葉を惜しんで使ふ」日本的な美意識に立つ陰翳礼讃の文章観が集約されている。〔中村　明〕

4　波多野完治『文章心理学—日本語の表現価値』

一九三五年　三省堂

文章をその構成要素に分けて言語調査を試みるなど、文学作品の性格を客観的に分析する文章心理学を樹立し、近代的文体論の開拓に一つの方向を与えた一冊。「文章心理学原理」で、文章心理学とは何かを概説し、その課題と歴史を説いたのち、スタイルを緊張体系の表現と位置づけ、言語的表現手段の心理的価値を論じた。そこを基礎理論として「文章性格学」と「歴史的現在の心理学」の実証的な実践編が続く。前者では、谷崎潤一郎と志賀直哉を対比して文章の特徴と作家の性格との関係に迫り、次いで造形的・音楽的、滑文体・粗文体、会話体・文書体等の文章様式学の必要性を主張した。後者では舊修辞学の解体を唱え、横光利一の文章を対象に、文の長さや品詞の割合に注目して谷崎潤一郎と対比しつつ、時間の文法論・様式論を展開した。二年後の改訂版のほか、一九四九年に新潮社から出た戦後版、一九六五年に「新稿版」と銘打って大日本図書から『文章心理学大系』の一冊として出た決定稿、一九九〇年に小学館から出た『波多野完治全集』第一巻が同題の書で、内容が少しずつ違う。どれにも収録され、特に大きな影響を与えたのは、言語調査をとおして谷崎と志賀の文章の対照的な性格を析出し、ある表現の偏重が作者の性格と関係する事実を数量的処理で立証した実践である。Vernon Lee の Handling of Words に触発されてその方法論を日本の作家に適用したというこの試みは、文体分析の古典として名高い。〔中村　明〕

5　山本忠雄『文體論─方法と問題』一九四〇年　賢文社

一九三八年『文体論研究』を公刊した著者が、ヨーロッパの文体研究の影響のもと独自の理論で個人文体論を実践した書。第一部では著者の文体論についての基本的な考えが記され、第二部では実践を交えた具体的な理論が展開される。文体論は、言（ソシュールのいうパロール）の「動的な構造と情意的な発動力」を観察するものであり、一般的な言語形式を体系化する文法論と対立するとする。静的な文法論に対し文体論は人格を中心とする機能論であり、また個別の絶対価値を論ずるものであることを強調する。しかし、あくまで文法論を基礎とした言語学であって性格心理学の一部ではないとし、また「文学的な価値」の批判を目ざさないことから文学論とも分かれるとするなど、自らの立場を規定している。その方法は、情的表現となる作者の態度や世界観の表れる表現に注目し、その語法の価値を論ずることが中心である。この際、研究者はよき読者となり作者の意味連関において言語表現を理解することが求められている。このような考えに基づき、ハックスレー、モーム、ウェルズ、ジョイス、メルヴィル、ロレンス、芥川龍之介、里見弴、谷崎潤一郎、室生犀星の文体について比較研究し、最後に文体論の実践法として、外延的方法と内延的方法があることを示す。外延的方法とは特徴的な表現について調査して比較する方法であり、内延的方法とは選ばれた語句そのものの内的価値を直観する方法であるが、内延的方法も客観性を欠かないよう比較や調査の結果と照合する必要があるとする。〔**石出靖雄**〕

6　小林英夫『文体論の建設』一九四三年　育英書院

言語美学を提唱する著者が、美学的見地に立って言語学的方法を駆使する自身の文体論を理論化し実践してみせた書。「文体とは何か」「文体論の原理」で文体観や方法論を示し、「実演」と称する文体論実践のあと、「文体論の効用」で直覚的批評の論破を試みる。「一定の美的理想に適合せる一定の言的構造を具備せる文章」という「文体」の定義から、対象を「スタイルをなした」作家のすぐれた文学作品に定めたのち、作家の性格が独自の世界観を生み、それが独特の文芸理想を生み、それが特定の文章構造を要求し、それが読者にある印象をもたらすという系譜を仮定。直接の対象であるその文体映像を、上位概念から順にそれぞれ必然の結果として証明するためにこの系譜を遡るのが文体論であると図式化し、芥川龍之介の「秋」と室生犀星の「愛猫抄」を対象に文体論の実演を試みる。手順としては、まず両作品の文体印象を記述し、そのような差をもたらす原因を両者の言語的事実の違いに求めるため調査分析を実施する。具体的には、作品構成の比較、書き出しや結びなどの運び、文の長さや主語の有無や接続語の量などの構文法の調査、色彩語・オノマトペ・接続語や品詞の割合などの語彙調査、テンポの比較などを調査項目に選ぶ。次にこのような言語分析の結果をその上位の文体因子で説明するため、互いの人物評などを根拠にそれぞれの文芸理想や世界観を類推し、最後に両作家の性格特徴を抽出し、芥川はアポロ主義、犀星はディオニュソス主義という対立概念をもって結論とする。〔**中村　明**〕

7 佐々木　達『語学試論集』

一九五〇年　研究社出版

英語学における大家の、英語を中心とした言語論集。そのテーマは、語彙から冠詞、リズム、語学教育、そしてイエスペルセンら英語学者の業績紹介に至るまで多岐に亙るが、文体論に関するものが量からいってもその中心になっている。著者は文体を、特定の作家や流派特有の表現の仕方というそれまで広く使われてきた意味ではなく、「手法」の意味に限定して用い、文体論を「言語表現における手法の論」、「言語の意味における情意の論」として、語彙論と構文論と並んで言語意味論を構成する一部門とする。これは文体論を作家論ではなく言語研究の中心的な論として位置づけることを意味する。そしてこの姿勢は文体論を扱った論考だけではなく、他の言語事象を扱うときにも貫かれている。文も「言語構造の情意的分節の単位」という独特の形で定義し、「情意」的な観点から、文や文の連鎖である談話（speech）の様々な側面を分析する。例えば、縮減された新聞見出しの表現を、俳句における体言止めなどの切断によって感情価値を高める技法と呼応させて論じている。また、「続き方のよさ」を「連絡性（coherence）」、「目立つことの大小」を「卓立性（pronominence）」といった分析のための基本的な概念を提唱し、研究の方向性を示唆している。記述は体系的というよりエッセー的だが、半世紀以上も前に執筆されたにもかかわらず、言語学の中に文体論的・修辞学的な観点を取り入れようとした点で、今日のヨーロッパの新たな文体論を予感していたような論考であると言えよう。

〔赤羽研三〕

8 西尾光雄『近代文章論研究』

一九五一年　刀江書院

広く文章を学ぶためには、「過去の作品がどのように書かれ」「現代または将来どのように書かれるか」、つまり「文章の歴史認識、理解」と「文章作成の基準を考察する」という双方の視点が不可欠との立場から、日本語における文章表現研究の流れをたどる。第二章から第四章までは明治時代を十年ずつ区切り、坪内逍遙『小説神髄』から五十嵐力『文章講話』、田山花袋『美文作法』等まで広く目を配る。第五章の大正時代においては生田長江『明治文章史』、渡辺吉治『現代修辞法要』、徳田秋聲『明治小説文章変遷史』の三点を出色の書とする。第六章の昭和時代で鈴木三重吉『綴方読本』や児童心理学・教育学関連の研究書を採り上げているのは、作文教育の隆盛を物語っていて興味深い。波多野完治、山本忠雄、小林英夫の近代的文体研究の始祖についても十分な紙数が費やされている。結語において西尾は、「表記法、修辞学、文体論（略）を綜合して、文章論と名づけ」、「文法論や教育論がさらに統一されて、国語表現論を形づく」り、「この論と歴史的な作品の研究、文学史と、実際の国語教育、国語学習法とが、広い国語の問題を形成しているものとして体系づけたい」と括る。語が連なって文となり、文が連なって文章となる。言語表現における最大の単位であり、任意の作家やジャンルを対象とした個別研究は可能であっても、全貌を摑むのは困難とされる「文章」の成り立ちに真っ向から取り組んだ本書は、半世紀を経た今も尚、示唆に富む一冊となっている。

〔水藤新子〕

9　江湖山恒明『日本文章史』

一九五六年　河出書房

本書は字種による文章様式の分類を出発点としている。著者も述べるとおり、古代語の文章に多くのページを割き、近代以降の言文一致文や普通文の記述は手薄である。ただし、国語学的アプローチによって、個々の文章がもつ修辞学的表現効果の根拠を言語的な特徴から探ろうという姿勢は貫かれている。

構成は全体を「漢字文」「漢字仮名交じり文」の二部に分ける（ローマ字文と仮名専用文は考察の対象外）。著者の言う「漢字文」とは漢文、万葉仮名だけの文章という、仮名成立以前の文章を指す。「漢字仮名交じり文」とは仮名の成立以後に漢字の表意性から完全に解放された文章を指す。

「漢字文」「漢字仮名交じり文」はそれぞれを「韻文」と「散文」に分けて章を立てる。「漢字文」の韻文では、記紀歌謡と万葉集を対象として、音数律、表記、音韻、修辞（繰り返し・対句・序詞・枕詞など）の観点から個別の歌を分析する。散文では記紀のほかに宣命、祝詞を取り上げる。

「漢字仮名交じり文」の韻文では、主に古今・新古今の用語（歌語）、句切れ、体言止め、本歌取り・掛詞・縁語などの技巧にふれる。ここで著者は謡曲の詞章や連歌・俳諧・川柳・道行文なども射程に入れてはいるが、補足的記述にとどまり詳細は記されていない。散文では「竹取物語」、「伊勢物語」、「源氏物語」、「枕草子」という代表的和文のテンス・アスペクトや係り結びなど文法的観点から分析し、和文中の漢語の位置など語彙的観点からも説いて、和漢混淆文にもふれる。

〔木村義之〕

10　江藤　淳『作家は行動する—文体について—』

一九五九年　講談社

「文体」概念を、社会的現実への参加、行動の実践という観点からとらえるとともに、その観点から近現代の作家の文体をとらえる。「ことば」と「もの」とを単純に分離し、前者に対してのみ客観的な分析を行うことの不毛さや欺瞞性を述べ、一方で作家の内面や自我確立といった観念的な用語でそれらを論じることにも批判的な立場をとる。

文体は、客観的に記述することのできる言語現象というよりも、その時代、状況において、いかに主体が対象へ、外へとかかわってゆくか、というプロセスとして分析される。したがって文体の問題は、思想の問題と同様、鑑賞すべき実体といったものではなく、技法や文学的流派の問題でもない。それはあくまで、そのような静的な記述の対象というよりも、読者と小説との関係と同様、主体的な参加の運動としてとらえている。

近代文学において高い評価を得てきた小林秀雄や志賀直哉の文体は、こうした観点からとらえた場合、きわめて閉鎖的で、非行動の論理を体現した「負の文体」「非文体」の軌跡として分析される。この文体を批判的に乗り越えることが「文体」の確立として評価されることとなる。前半部の「作家は行動するⅠ」では理論的なこうした枠組みを説き、後半のⅡではその具体的な分析の実践が「新しい文体」として描き出される。特に大江健三郎や第一次戦後派の文体から、これらのすぐれた文体＝実践をとらえている。

〔和田敦彦〕

11 清水幾太郎『論文の書き方』

一九五九年　岩波書店

関東大震災の直後、中学三年で社会学を志した著者が、自身の経験から論文の基本的なルールを導き出すことを試みた一冊。文章修業の中で一番辛かったという学生時代の経験や、美文の時代から「思った通り、見た通りに書く」時代への過渡期にあった少年時代の作文などをふりかえりながら、文章修業の積み方、悪文を避けるための注意点、そして、文章を書くときの基本姿勢について論じる。「文章の修業は、書物という相手のある短文（紹介）から始めた方がよい」と述べ、この作業を続けていれば「自分だけが探すことの出来る、自分だけが持つことの出来る模範」に出会えるという文章修業のすすめに始まり、曖昧な接続助詞「が」を使うことへの警告、書き始めの難関を乗り越える方法、経験との結びつきの弱い抽象語を使うときの配慮、さらに、映像による表現があふれる世の中で文章が大切にすべきことなど、様々な観点から具体的な考察が繰り広げられる。「表現があって初めて本当の理解がある」、「全く実物に似ていない文字を使って、私たちは実物を現わさねばならない」、「文章は自然に生まれて来るものではなくて、人間が意識的に作るものである」といった本質をつく指摘に背筋を伸ばし、ときおり顔を出す「話し言葉が素裸で銀座通りを歩かせられている」のような比喩に頬をゆるめ、「笑われても、軽く見られても、自分の言いたいことだけを言おう」という一節にたどりついたとき、論文やレポートに悩んできた読者は、再びペンを握って書き手となる勇気を得るだろう。

〔**木村寛子**〕

12 時枝誠記『文章研究序説』

一九六〇年　山田書院

文章には文と別個の統一原理が存在し、語論・文論と並ぶ文章論という領域を設定すべきだと考える著者が、『日本文法口語篇』中の「文章論」を本格化させ、文章研究の基礎理論と課題の探求を試みた書。「文章」の定義や文章研究の要請とその課題などを述べた「総論」に続いて、中心たる「文章表現の機構」を論じ、「文章史記述の構想」を添えた構成になっている。人間が表現し理解する過程そのものが言語だとする言語過程説に立ち、文章は継時的全体としてのみ把握されるため、同時的全体として組み立てを問題にするのは筋違いで、冒頭の性格を明らかにし、主題の細叙・敷衍・変形を経て進行する作品展開をたどるのが正しい研究課題だとする。平家物語の冒頭を、第一段が諸行無常という主題の表白、第二段はその和漢混淆文的な表現を和文的にやわらげた変形、第三段は盛者必衰の理を具現する異朝の人物例、第四段は同じく本朝の人物例の提示にあたり、第五段でそれらを総括して具現する中心人物として平清盛をすえるという展開と見る分析範例を示したうえで、文章の冒頭の機能には、時・処・登場人物を提示して作品の輪郭を示す、作者の口上や執筆態度を述べる、全体の概要を述べる、作品展開の前提となる事柄を提示する、主題を表白する、という五種が認められ、ほかに、作者を媒介とせずに作中人物や事件を読者に直接示す無冒頭の書き出しがあるとし、以下、言語主体との関係から文章の伝言形式・合作・編纂・改稿・場面・素材・表現性などの諸問題を論じている。

〔**中村　明**〕

13

鍋島能弘『文体美学―批評の一方法として』

一九六二年　篠崎書林

芸術としての文学に対するに、文体論だけでは不足である。どうしても美学的な要素を無視できない。そこで、美学との関連において文体論を構想することになったのが鍋島文体美学である。戦後十数年の成果がまとめられて、A５判本文七五二ページに索引一六ページという大冊となって世に現れた。副題にあるように、批評の一方法であることが意図されている。

一方に形式的原理として古来の修辞学の遺産を考える。リズム、形象と比喩、寓意と象徴、擬人法ほかである。もう一方に内容的原理として詩論と美学において重要とされてきた理念を考える。理性、想像と空想、情緒、詩的経験、趣味と価値判断である。どちらも定型概念として反復伝承されてきたものである。この両者、文体論が提供する形式的原理と美学が提供する内容的原理とを、個々の文学作品という場においてつき合わせてみる、あるいは、両者を道具のように駆使してみる――それによって当該文学作品の美質を浮き上がらせ活かす。文学的価値が文体に生ずる契機・原因を解釈してみせると言い換えてもいい。これが文体美学の手法であり企図である。そして、その論述が作品の解釈であり批評であることを目指している。クローチェ、フォスラー、シュピッツァーの系統に属するとともに、アメリカのニュー・クリティシズムの分析の手法と気脈を通じてもいる。最終第四篇に文体美学批評の実践例として「シエリーの象徴について」と「ホイットマンの〝ライラックの歌〟について」の二章が添えられている。

〔栗原　裕〕

14

山本正秀『近代文体発生の史的研究』

一九六五年　岩波書店

本書は、言語の本性的な性格によって、日本語の話しことば（言）と書きことば（文）との間に起こる懸隔（不一致）をなくして両者を接近させて、西欧のように平易な文章にしようという、文章改革の実態を歴史的観点から考察したものである。研究領域としては、本書の研究は、言語史の領域としての日本語運動史に属する。また、著者が本文中で用いているキーワードでいえば、言文一致運動史、または、言文一致意識史という領域として設定することができよう。

本書の構成は、序章（全一一章）と本章（全一七章）とから成立っている。序章は、本章のテーマと方法にかかわる基本的な用語（言文一致、言文一致体、口語体、口語文体）を解説し、時期区分にそって、言文一致の発生（慶応三年）から、明治二二年までの期間中に起った言文一致運動の過程を記述している。

本書の一大特徴は、膨大な資料を駆使した細密な論述を基本姿勢として、言文一致運動の体系的な構築を意図してまとめられていることである。序文で、久松潜一博士も指摘されているように、本書の巻末に言文一致運動の資料として、附表が四〇頁にわたって置かれており、実証性の高さが特徴的な研究と評価されている所以である。そして、本書に依って近代日本語口語文体の確立の歴史記述の第一歩が踏み出されたと言える。

〔木坂　基〕

15

樺島忠夫・寿岳章子『文体の科学』

一九六五年　綜芸舎

文章を言語行動として観察し、その成立条件や文構造に関する理論的考察を行った樺島『表現論』を基礎にして文体面に踏み込み、小説に計量国語学的な方法を導入して科学的な分析処理を施した試み。「文体とはなにか」「要約的表現と描写的表現」「冗文的表現と凝縮的表現」「説明型の文章と記述型の文章」「叙述の眼」という理論的考察に続いて言語調査を実践し、「文体の統計的観察」として具体的な全体像を示したのち、井伏鱒二・大仏次郎・幸田文を取り上げて個別に論ずるという全巻の構成である。「文体の統計的観察」では、近代以降の作家一〇〇人から各一編の短編小説を取り上げ、その一〇〇作品を対象に、名詞の比率、MVRと称する形容詞や副詞といった修飾関係の語と動詞との割合、指示詞の比率、字音語の比率、文の長さ、接続詞を持つ文の比率、引用文の比率、現在形止めの文の比率、色彩語の比率、ほぼオノマトペに相当する表情語の比率という一〇項目の調査を実施した結果を示し、それをもとにした分析方法を提示している。文体を標準からの逸脱と見る立場から、その特異性を客観的に捉えるために統計的特性値の大きさを評価する尺度を作成する一方、その一〇項目の調査結果をもととして作品ごとに各項目の数値を結ぶ折れ線グラフで表し、そのプロフィールを文体パターンと考える。また、その作家の各作品の各項目の最大値を結ぶ折れ線グラフと、最小値を結ぶ折れ線グラフとで挟まれる幅の一定でない帯状の広がりをその作家の文体プロフィールと仮定する。

〔中村　明〕

16

安本美典『文章心理学入門』

一九六五年　誠信書房

心理学者の文章研究で、言語分析の数量処理をもとに表現類型と作者のタイプを結びつける文章性格学の書。「文章心理学とはなにか」で関連分野の研究史をまとめ、「現代の文章心理学とその課題」で文章類型論の理論的基礎づけを行い、「文章の性格学」でその実践を示し、「文章の性格と作家の性格」で文章類型と作家の性格とを関連づける因子分析と各因子の特徴を考察する構成になっている。中心をなす「文章の性格学」ではまず、文章に関する従来の調査で数量化された項目のうち実質的に重複するものを除いた一五項目について、口語体の小説一〇〇編を対象に調査を実施する。次にその調査結果を用いて、直喩、声喩、色彩語、文の長さ、会話文の量、句点の数、読点の数、漢字の使用度、名詞の使用度、人称代名詞や人名など人を指すことばの総称である人格語の使用度、過去形止めの文の数、不定止めの文の数、名詞の長さ、動詞の長さというその一五の調査項目それぞれの間の相関係数を算出し、その相関表をもとに因子分析法を用いて三つの因子を探り出す。名詞・漢字・人格語を中心とし、叙述の題材に関係するA因子、色彩語・声喩・直喩、名詞の長さを中心とし、文章の修飾性に関するB因子、会話文・句点を中心とし、文章の会話性に関するC因子がそれである。その三つの因子の強弱によって八種の類型に分けて各作家の文章のタイプをそこに振り分け、浪漫的、戯曲的、唯美的、芸術的会話、客観的・論理的、思想的、記録文学的、自己主張的といった共通点を指摘する。

〔中村　明〕

17

橘　豊『文章体の研究』

一九六六年　角川書店

書名の「文章体」とは、文体の概念規定の混乱を整理し、著者自らの研究対象を明確にするために、文体の下位に「文章風」とともに措定した概念である。文章体は和文体などのような文章の類型を意味し、文章風は「夏目漱石の文体」などのような文章における個性をいう。文章の個性は類型を前提として論じられるはずであるが、本書発表当時、類型を無視して個性だけを論じることが多かった。著者が特に文章体を取り上げたのは、そうした現状への批判がある。本書を特徴づけるもう一つの要素は、読者の重視である。この姿勢は、文体を「文章を読解する際に、読み手の意識によつて実現せしめられる印象」と定義したことに、際立つ。これは、文体を読者の主観的印象であるとした時枝誠記説を敷衍したものである。本書が取り上げた文章体の種類は、小説、戯曲、随筆、書簡、法語と多岐にわたるが、読者重視の姿勢が貫かれる。例えば、小説を語り手潜在の小説と語り手顕在の小説に大別し、近代以降、前者が後者に取って代わった本質的な理由を、読者層の著しい拡大により、作者に明確な読者像が欠如してしまったことに求める。書簡と法語に多くの頁を費やすのも、ともに読者の輪郭が明瞭であり、読者と文体の関係を考えるに格好の対象だからであろう。西尾光雄氏の序文に「(広い範囲に) 自己の研究の種がまかれている」とあるとおり、著者は、後に書簡作法や手紙文、日本語表現などいくつもの大部な著作を公にしている。

〔小池博明〕

18

原　子朗『文体序説』

一九六七年　新読書社

宮澤賢治研究の泰斗としても知られる著者の、もうひとつのライフワークであり、『文体論考』『文体の軌跡』『修辞学の史的研究』へと続く文体論研究の最初の一冊。すでにしてそのユニークな文体観をほとんど確立したマニフェストともいえる。文体（スタイル）を形式（フォーム）から峻別したうえで、むしろその対立概念と捉え、表現に関する美学的課題というよりは、作者と読者の存在に関わる存在論的問題として文体論を規定する立場から、文体の概念をめぐる原理的追究が繰り返される。すなわち文体とは、表現における作家の意図や形式上の個性を超えた、文学言語の本質と主体性に関わる力であり、その作品に普遍的な価値をもたらすものとして、作家側の言語行為と享受者の読書行為とによる対話的、創造的な共同行為の場において発見される。つまり、ある表現を価値ある言語芸術へと高める力であり、文学を享受する場に生まれる感動の実質である。それゆえ本書後半では、たとえ散文であっても、文体を具えた文芸作品はすべて本質的に「詩精神」をもつとの前提のもと、あらゆる文芸作品に適応する普遍的原理としての文体論を、詩的言語の形式面の分析から差異化する方法は、詩を対象とすることで集中的に把握できるとの観点から、島崎藤村や宮澤賢治の詩語を中心に、日本近代詩の成立と口語化をめぐる論考が、その文体論の体系化への最初の試みとして展開される。なお、一九七一年に増訂版がある。

〔畑中基紀〕

19

森重　敏　『文体の論理』

一九六七年　風間書房

七五〇頁を超す大著である。一一の章から成るが、序章で歴史に対応する文体規定として「意味的文体規定」を提唱し、以下その規定に沿い、その規定を中心に古代の諸作品の文体内部に深く踏み込んだ論が展開される。

第一章では「見る」という語等において万葉人が素材をどのように見、把握したかを考察し、第二章では初期万葉に成立した短歌形式がいかなる過程を経て成り、その原理とはいかなるものであるのかを論じ、第三章では古今集がなぜ種々の「知巧的」な技術を本質的なものとして発達させたのかを論じ、第四章では万葉集と古今集の文体の違いを「無常」というものを認識する違いにおいてとらえ、第五章では万葉集から八代集までの短歌の、その文法上、表現上の変遷を、主に「体言止め」に注目して論じ、第六章では古事記の文体を敬語の「タマフ」と「マス（ス）」の意味の違いに焦点を当てて考察し、第七、八、九章では平安時代の散文、伊勢物語、土左日記、竹取物語の文体の特徴を各章において論じる。伊勢物語では紀貫之を作者の第一に擬す。竹取物語では、かぐや姫が伊勢斎宮の心像をもつとしてその主題に迫るが、古事記や六国史等の文献による例証は殊に圧巻である。本書は、抽象性の高い論理展開に加え、例文を示すのに原文のみで示すなど、読む側に読解力の如何を問うような著書であるが、その文体の考察を通じて、古代という時代の精神がいかなるものであったかが伝わってくる。

〔阿久澤忠〕

20

池上嘉彦　『英詩の文法―語学的文体論』

一九六七年　研究社出版

著者は詩の言語について「表現形式と意味というものはもはや独立したものとしてはあり得ず、お互いがお互いに働きかけつつ無限にその表現性を高めて行くことになる。詩の言葉というものはそのような作用が最高度におし進められる場合だと言うことができよう。」と記している。本書には「語学的文体論」という副題が付けられていることからも明らかなように、英詩を形成し、成立させるための構成要素や言語学的な諸条件について二部構成で記述されている。第一部の「英詩の文法」では、英語の散文ないし韻文を形成する英語文法の分野に則って音韻論、形態論、統語論、意味論に関する記述を、英語の縦の時間軸を上下に移動させながら、そして言語使用域（register）を横軸に据えて、縦横に論点を移動させながら英詩が持つ固有の言語学的な特性について記述している。

第二部では、文体（style）という用語によって一つにまとめられるような個別的な問題に焦点を絞って論じている。詩が他のジャンルから切り分けられている顕著な道具立てについて取り上げ、それに詳細な分析と懇切な解説を施している。

「言語学の立場からの文学作品の分析には共通した視点というものがあるはずであり、それを例示することが本著の目的」であると記されているが、その目的は十分に達成されている。英詩に限らず、英語の文法諸現象や表現についても多くの示唆に富む記述があり、中でも著者が最も得意とする意味論に関する記述は本書の大きな魅力となっている。

〔小池一夫〕

21

土部　弘『文章表現の機構—国語教育の実践原理を求めて**』**　一九七三年　くろしお出版

文章論研究の方途を見据え、「国語教育の実践原理を求めて」（副題）、豊富な文章分析の上に、文章表現の機構を解明している。三〇編の論文をもとに、理論構築に伴い、具体的分析がなされている。

本書の特徴の一つには、「一般性・普遍性・基本性をもつ『基本様式』の『単文章』の成り立ち・しくみを見とおし、そのような単文章の複合体・混質体としての『複文章』のなりたち・しくみを見とお」している点が挙げられる。この「基本様式」の析出・認定と相互連関の考察とが、巻末の図表（「基本様式から見た文章の性質上の種類」）に集約されている。

「題材」「趣意」面から見た七基本様式（論究文・実証文・解釈文・記述文・評価文・形象文・表出文）が横列に配置され、「要求」面から見た六基本様式（視点のありかたによるものと、立場のありかたによる儀礼文・通報文・制約文・誓盟文・説得文と）が縦列に配置されている。そうした座標のなかに、あらゆる文章様式が分類されることを示している。

基本的な「文章構成の型」については、五類一四種に分かつ図表が示され、文の関連的地位では、「位」を下位区分して、一四種とりたてている。文章作品の主要な意味内容をなす〔｛（題目）話題｝主題〕についても、その用語規定を行い、具体的な作品からの様々な表現形態を析出している。文章表現力の育成にも言及し、教育への配慮がなされている。〔**船所武志**〕

22

林　四郎『文学探究の言語学』　一九七五　明治書院

一九四七年から一九七四年にかけて発表した論文をテーマ別に再構成して出版したものである。英語のタイトルにLinguistic Approaches to the Study of Literatureとあるように、言語形式の分析を通して文学研究を試みたものである。大別して、Ⅰ作品用語の分析、Ⅱ文型把握による文章分析、Ⅲ文章・文体についての論、Ⅳ作品中の言語行動の分析という章立てになっている。Ⅰには、著者が一九四七年に東京大学文学部国文学科に提出した卒業論文「み考」が含まれている。その他、選挙公報の文章と今昔物語の「早う」を論じた「民衆に語りかける言語」、議論文の「余輩」「我輩」「われわれ」を論じた「思想と文体」、漱石の『三四郎』の中で使われているキーワードの使い方を考察した「キーワード考」などが、Ⅱには、文章論と文型論をはじめとして、教育・教材に関する論が集められている。Ⅲには、歴史叙述と和漢諸文体、近代文章の成立と近代童話文章論、新聞リードの文章の論文が、そしてⅣには、会話の機能、『坊っちゃん』の会話構成、鷗外・漱石・藤村における敬語行動の諸論文が収められている。以上の諸論文はすべて著者の文章論の多角的な研究を表しているが、特に卒業論文の「み考」—形容詞語幹に「み」のついた形についての研究—」は卒業論文であるといいながら、『万葉集』をはじめとする二二歌集から用例を集め、「み」の語法の本質に迫ろうとする態度に触発される点が多い。著者としても研究者としての出発点であり、思い出深い論文なのであろう。〔**秋元美晴**〕

23

森岡健二『文章構成法』——文章の診断と治療』　一九六三年　至文堂

西洋で長い伝統を持つ「コンポジション」の理論を日本の文章の上に実現し、コンポジションの体系のもとに正しく効果的な文章作成ができるよう、理論と実践面から解き明かした先駆的な一冊である。文章構成法は、いかに内容を創造し、それを正しく効果的な言葉で表現するかの問題を扱うが、ことばだけを重視する言語主義にも、また思想や感覚だけに力点を置く内容主義にも傾いてはならない。第一部は「コンポジションの実習—文章の診断と治療—」となっているが、文章を書く手順、主題、主題の展開（材料）、アウトライン、段落、正しい文と効果的な文（文の構造）、文法、用語、文字・表記、調査報告など、文章作成法上に必要な基礎能力を扱い、その問題点と改善の方法を述べている。真にクリエーティブな表現をするためには守るべきことばの約束がある。そのための文章診断と演習課題も付けられており、訓練も可能である。本書はハンドブックとしての性格も持ち合わせており、求めたい事項が容易に引き出せるよう、見返しに「内容一覧」がつけてあるのは便利。第二部ではコンポジションの理論に言及。コンポジションの歴史、性格、目的、内容を概説し、その言語教育における役割に触れており、コンポジションを文章論として研究する視点が感じられる。付録は「広告の文章」と「用語、用字の規準」。前者ではコピー研究としてスピーチ・コンポジションの要素とレトリック（修辞）を取り上げ、後者は執筆の際の手引きと細かい配慮が行き届いている。

〔田山のり子〕

24

林　巨樹『近代文章研究』——文章表現の諸相』　一九七六年　明治書院

もっぱら近代の文章・文体に関する論文を集めたもので、Ⅰ現代の文体、Ⅱ文章表現の諸相、Ⅲ文章史の諸問題から構成されている。Ⅰでは、明治・大正・昭和の文体、宣言文の文体、井上靖の文体などが論じられている。Ⅱでは、いわゆる「文脈」についての考え方、伊藤整・井上靖・田宮虎彦の措辞、構文論、起筆の文型、文章論、文論と品詞、和歌における文章論について述べられている。Ⅲは、文章史叙述の性格と可能性、輓近文章作法書とその周囲、谷崎潤一郎・川端康成・三島由紀夫の文章観、そして随筆文章の変遷が論じられている。特に、興味深い論文といえば、「明治・大正・昭和の文体」と「井上靖の文体」「伊藤整・井上靖・田宮虎彦の措辞」であろう。いわゆる輓近三代の特徴として、活字文化への移行及び書き手の増大をあげており、著者が独自の方法で「時代に普遍的なるもの」を素描しようとしている。井上靖の文体の特徴としては、詩と小説の文章に余りに近接性があること、人物の内面描写や自然描写の場面に見られる均質性、色彩語の白を使う「白い」文体に特徴があり、文体論的には優柔体であり、素朴体であるという。そして三人の作家の共通の文体論的印象として、学校文法の観点から言えば、「誤りすれすれ」の表現が見られるとし、長い修飾部が入り込むことによる主語＋述語の不鮮明さなど、さまざまな点を指摘している。しかしながら、これらの「誤りすれすれ」の表現が逆に文体的価値を高めていることも著者は認めている。

〔秋元美晴〕

25　木坂　基『近代文章の成立に関する基礎的研究』

一九七六年　風間書房

本書は言文一致運動隆盛期を中心とし、近代文章の成立過程を考察する大著である。「序説」ではそれまでの文章史研究を概観し、「近代文章史研究の方法」で著者の立場が述べられる。「近代文章の成立各論」では、逍遙、二葉亭、美妙、紅葉など、言文一致運動をリードした作家の文章観およびその実践たる作品を中心に論を展開する。中でも、二葉亭をはじめとする文体模索期の作家たちが〈だ調・です調・である調〉といった名称で論議してきた文末形式の変遷や表現としての性格を徹底して記述した点は本書の一特色といえる。

たとえば、明治初年の啓蒙書・問答体にみえる〈でござる体〉の表現形式としての限界、〈だ調・である調〉などの象徴的に類型化されてきた文末形式の使用実態、二葉亭の初期作品に頻出する〈で終止〉の表現効果といった種々の問題が数量的調査によって具体的に明らかにされている。また、未来表現形式〈であろう／だろう〉について、二葉亭四迷『浮雲』から三島由紀夫『潮騒』まで六〇作品にわたって調査・分析し、初期言文一致の文章が〈べし／なるべし〉から〈であろう〉に向かう推移、〈だろう〉が白樺派や私小説作家よりも、鷗外、漱石が多用する傾向のあることなど、興味深い指摘がなされる。

その他、〈のだ〉文の表現価値、連接論に基づく文脈生成の解明、漢語語彙および振り仮名表現と文体の関わり、『あひゞき』の初訳と改訳との校合、近代書簡文章史記述の試みなど、豊富な資料を見わたしての論考が収められる。

〔木村義之〕

26　本多勝一『日本語の作文技術』

一九七六年　朝日新聞社

「技術なしに作文は書きようがない」という宣言で始まる本書の目的は「読む側にとってわかりやすい文章を書くこと」であると著者は明言する。読み手の技量や心理を考えれば際限ない工夫が必要になる「書く」という行為の基本作法をシンプルにまとめた一冊。「技術」は五分類されており、なかでも「修飾の技術」と題された章で示される「四つの原則」は秀逸である。「節」「句」「重要内容」といった広く一般に理解されやすい語句と、さまざまなジャンルの具体例を用いて、何が読み手の誤解や苛立ちを生むのかを検証しながら説明する。「句読点の技術」では散漫になりがちな読点の打ち方の原則を、実際の文章に図解を加えながら確認する。「漢字とカナを使い分ける技術」については漢字やカタカナの持つ視覚的な効果がわかりやすさにつながることを指摘している。「助詞を使いこなす技術」においてはあくまで簡潔にわかりやすく「助詞」の重要性を説く。「象は鼻が長い」「サルとイヌとネコがけんかした」などの例を挙げて日本語の明晰性・論理性には助詞の果たす役割が大きいことを示し、学校教育における作文指導では助詞の学習が不可欠であると述べている。「段落の技術」に至っては「段落のいいかげんな人は、書こうとしている思想もまたいいかげんで（後略）」と断罪する。続く「わかりにくい文章の悲劇」では現実に陥りがちな作文の失敗を数多くみていくことでわかりにくい文章を書くことの罪深さを実感することができる。

〔田中南穂〕

27

中村　明『比喩表現の理論と分類』

一九七七年　秀英出版

本書は国立国語研究所報告五七として刊行された。執筆者は当時の言語行動研究部第一研究室長、中村明氏である。本書の題名は的確にその体をあらわしている。すなわち全体が二部構成で、一部では比喩の理論的考察を、二部では日本の近現代文学作品を資料とした比喩表現の分類を行っている。分類の基礎として中村氏独自の理論（指標比喩、結合比喩、文脈比喩の三類別）があり、一部は二部の堅固な土台を為している。

本書は日本語学領域における比喩分析の最初の包括的な成果であり、挙げられた項目を見ても、著者の目配りの広さが知られる。しかも本書はその広い目配りから位置づけられた個々の項目につき、あくまで言語事実に即しながら、丁寧で緻密な考察を展開する。国研の報告書という性格がしからしむるものとはいえ、本書の最大の価値はここにあるといって良い。

本書は理論ならびにデータ面の記述、また文献情報の正確さから未だ高い価値を有するものだが、その高い達成のなかでも、面白さという点で特に一点を指さすなら、それは第一部第二編五章の川端康成小説のイメジャリー研究である。川端小説の喩辞（喩えに用いることば）から、光、水、匂い、幼さ、小動物、神秘、怪奇、抽象の八つのイメージを析出し、これを作者論に繋げた記述は、比喩に拠るイメジャリー研究、またイメジャリー研究に基づく作家研究の優れたケーススタディとして、今後も永く参照されるべきものである。

〔多門靖容〕

28

中村　明編『作家の文体』

一九七七年　筑摩書房

作品の言語的な在り方を〝文体〟と呼ぶなら、作家はどこまで意識するものなのか、まずはその作家の言語意識を問うことだ、として試みられた作家訪問の記録である。ジャンル、テーマ、視点、構成、表記、用語、文末表現、等々のキイ・コンセプトを軸に、吉行淳之介、井伏鱒二、小島信夫、円地文子、永井龍男、里見弴、尾崎一雄、庄野潤三、田宮虎彦、瀧井孝作、網野菊、小林秀雄、武者小路実篤、堀口大学、大岡昇平の十五人の作家の言語意識・表現意識を聞き出すことで、文体論を構築する上での生々しい、一級の素材を提供している。本書は、一九七〇年、七二年、七六年の筑摩書房の月刊誌『言語生活』に掲載された訪問記録に新たに「解説　現代作家の文体と言語意識」の稿が加えられて成っている。一九九七年には、わかりやすく読みやすくするための部立てと加筆修正が施され、巻末に〈印象記〉その日の作家たち」を収録した〈ちくま学芸文庫〉版が刊行されている。単行本と文庫版との間には二十年の歳月が流れており、その間物故した作家も多く、それだけに肉声で語られた作家自身の文体と言語意識に関わる記録は貴重なものである。そしてまた、文学と言語学の架け橋として文体論を構想し、「文体とは、表現主体によって開かれた文章が、受容主体の参加によって展開する過程で、異質性としての印象・効果をはたす時に、その動力となった作品形成上の言語的な性格の統合である」と定義するところから展開して来た中村文体論を実践的に裏付ける重要な一書となっている。

〔佐藤嗣男〕

29　佐藤信夫『レトリック感覚──ことばは新しい視点をひらく』

一九七八年　講談社

レトリックは古代ギリシア以来近代まで、《説得する表現の技術》と《芸術的表現の技術》と考えられてきたが、それだけではない、《発見的認識の造形》ということがある。私たちが、認識をできるだけありのままに表現するためには、無限の事態を有限の言語で表現するのに必要な《ことばのあや》の発見的工夫という、もう一つの技術が必要なのである、というのが本書の主題である。その見落とされていたレトリックの第三の役わりを、レトリックの体系にもとづくさまざまの表現形式を再点検しながらさぐっている。

第一章では、直喩の考察をする。「直喩」や「隠喩」は、《ふたつのものごとの類似性にもとづく》表現であるというのが古典レトリックの定説である。しかし《類似》と《もとづく》という二概念には大きな問題が含まれているので、逆に《直喩によって類似性が成立する》のだと言い換えてみると、意外な類似性を提案する比較表現が直喩だということになる。すなわち、レトリックの直喩とは《発見的認識》であるという。

『レトリック感覚』には、『レトリック認識』という続篇がある。続篇では『感覚』が『認識』となっているが、感覚が認識を支えているのであって、二つは別のことではなく、著者は両者を一つである、と考えている。『レトリック感覚』では「直喩・隠喩・換喩・提喩・誇張法・列叙法・緩叙法」などを、『レトリック認識』では「黙説・ためらい・転喩・対比・逆説・諷喩・反語・暗示」などを取り上げている。〔**速水博司**〕

30　市川　孝『国語教育のための文章論概説』

一九七八年　教育出版

本書は国語学の文章論の理論的支柱となった書であり、研究分野がテクスト・談話分析へと広がった現在も、なお輝きを失わない。まず文章の成立に関わるものとして文脈による統合を位置づけ、その文脈を線条的・非線条的、直接的・間接的と分ける考え方が示される。文章の分類については、構造上の分類に加えて性質上の分類、すなわち、相手の種類（特定・不特定、後日）によって三分し、更に機能によって分けていくという立体的な見方をとる。文をつなぐ形式に関しては、接続・指示・反復への着目や接続詞についての分類法、接続語句省略可否の調査・分析、連接類型の提示などが整然と記述されている。段落・文段、中心文（トピックセンテンス）、文章の構成と段落の統括機能、統括の位置や強弱、冒頭と結尾の特性等、文章の構造を明示しようとするアイデアが縦横にめぐらされる。さらに文章の表現特性をみるためとして、文体の観察・分析も行われる。

各部分には多くの先行研究の整理・紹介が付されており、それらは決して自説を裏付けるものとしての扱いではなく、自説を相対化し、後進の読者に考えさせる余地を与えて初学者にも励みを与える懐の深いものとなっている。

一方で本書全体には、〝国語教育の体系の中に文章指導を効果的に取りこむための文章論とその実地への適用〟という姿勢が貫かれており、実際の作文を文章論・文体論的に分析して指導に生かす方途が示されている。〔**髙崎みどり**〕

31

樺島忠夫『日本語のスタイルブック』

一九七九年　大修館書店

データと数値など科学的な手法で様々な表現を、文法論、文章論、文体論、そして表現者の意図など連続的な側面から迫った一冊。ジャンルに囚われぬ筆者の表現観が顕になっている。

本書は三部構成である。「Ⅰ表現のさまざま」では文芸作品を通じて、明治から昭和にかけての文章体の変遷を概観。特筆すべきは、シーンとサマリーという概念を導入して、文章がなぜ長くなるか、また文芸作品のジャンルによって会話をどう処理しているか、などを考察している点である。文芸作品に関する洞察も深、描写や視点といった問題も表現態度の影響下にあると述べている。「Ⅱ文章の構造」では、文章の構造を「三つの層」で捉える。「意図の構造」「意味内容の構造」「文脈の切れ続きの構造」である。「意図の構造」は、表現者の内面的なものであるとはしながらも、「なぜ——でしょう」「問題は——である」など、「意図にカタチを与える表現」があることも指摘した。この構造にしたがっ、「意味内容の構造」が文という形で明確化し、さらに局地的に接続詞、順序を示す言葉、指示語、などから、「文脈の切れ続きの構造」が構成されている、とした。「Ⅲ言語行動と表現」では、言語行動が行われる際の条件のあり方、という側面から、少年少女マンガの語彙調査などを契機として、理解の構造、表現の構造に迫り、認知的なアプローチをしている点、きわめて画期的である。図表などを駆使し、ヴィヴィッドに表現のあり様を探求した今なお新しい一冊である。

〔安部達雄〕

32

磯貝英夫『文学論と文体論』

一九八〇年　明治書院

近代文学研究者である筆者の文学理論と文体に関する研究をまとめた論文集。収録されている論文の大半は昭和三五年から四〇年代前半に書かれたもので、新しい文芸理論の構築を目指した当時の文学研究者の情熱が伝わってくる。

当時はそれまでの思想界を席巻していたマルクス思想から文学研究が解放されて、新しい文芸理論が求められた時代であった。そんな時代風潮の中で、客観的な文学研究の可能性を求めて、文体と言葉が研究対象として注目されて行った経緯、さらに、当時の典型的な文体研究の方法を知る上でも貴重な資料と言える。

磯貝氏の方法は二つか三つの極を設定して、それを軸に研究対象を論じるところに特徴がある。その極はたとえば、文学理論の研究における自然・概念・像の三局、言文一致研究における折衷と直輸、作家の文体研究における実と美、あるいは原感覚と装飾など多彩である。文体に対して優れた感覚を持つ磯貝氏の考察は、第二部の個別作家の文体分析においてその持ち味を発揮する。直感的印象から出発する氏の文体分析は多彩であり、分析の軸も対象に応じて変化を見せるが、受容者の反応を核とする分析姿勢は一貫している。また、一見自由に見える分析方法が、対象に応じて最適な方法を選択した結果であることも納得できる。文体の直感的印象をどのようにして客観的分析に結実させるか。この難しい課題に挑み、一定の成功を収めた事例として本書が色褪せることはないだろう。

〔柳澤浩哉〕

33　牧野成一『くりかえしの文法―日・英語比較対照』

一九八〇年　大修館書店

くりかえし、すなわち反復という言語現象を軸に展開される日英語の比較文章論。反復とは言語の主要な形式・機能がくりかえしなされる現象である。久野暲『談話の文法』における省略の考察から刺激を受けた著者が省略とは逆の現象について明らかにしたいと考えたことから本書が生まれた。チョムスキーは人間に言語的創造性という能力を認めているが、著者はその創造性とは、チョムスキーの言うような根本的なものではなく、むしろ「スタイルの反復の中にある個人的選択としての創造性」であるとする。こうした主張を基に、まず久野が省略の分析において示した機能論的な新・旧情報の概念を用いて反復の機能を明らかにした上で、様々な文法的反復現象を分析する。更に、話しことば・書きことばのスタイルを生む様式化行為についての考察も展開する。スタイルは言語行為としての表層のスタイルと言語能力としての深層のスタイルに分けられる。前者については、志賀直哉と尾崎一雄の比較等から、文学作品の中で反復される恒常的スタイルについての分析が行われる。また、後者については、変形生成文法の観点から基底構造が近似していると考えられる様々な構文を比較検討し、表現者が深層のスタイルの選択をいかに行うかを考察する。反復という言語現象を多面的に捉えており、論は更に文化論にまで及ぶ。反復は単に文の冗長度を上げるだけのものではなく、言語行為において様々な重要な役割を果たし、我々の言語生活を豊かにするものであるということを実証的に論じている。〔**田中妙子**〕

34　池上嘉彦『ことばの詩学』

一九八二年　岩波書店

認知言語学の第一人者である著者が、現代思想にパラダイムシフトをもたらした構造主義の知見を取り入れつつ、言語の創造性についてまとめた本。「言語は思想を表現し伝達する手段」とする伝統的な言語観を超え、言語は人間の存在様式に密接な関連を持つという文化記号論的な立場で記述される。「Ⅰ　意味の創造―言語の詩的機能」では機能に焦点を当てる。内容より表現が前景化する言語芸術としての詩や、ナンセンスを楽しむ言葉遊びは、慣習的な語法や文脈を異化することで読み手の意識を揺さぶり、未知の経験と新たな意味作用を産出する。この言語の創造性は、言葉が適切な構造の中に置かれることで引き出される。「Ⅱ　構造と創造―文化のモデルとしての言語」では言説の構造を取り扱う。プロップ『民話の形態学』やグレマスの〈行為者モデル〉を踏まえ、世界各地のなぞなぞやわらべうた、民話の物語構造を分析。日本でいう浦島太郎や羽衣伝説が、超自然界と人間界の〈出会い―別れ〉サイクルの反復という構造を持つこと、登場人物や視点の位置を変えることで無限の変奏が可能であることを論証する。構造は固定化したものではなく、多彩なヴァリエーションを生み出す可能性に満ちた動的な装置として記述される。構造主義はしばしば静的な構造によって対象を説明する方法論を批判されたが、本書で著者は認知言語学の立場から言語と言説の構造における変動可能性や創造性に注目し、ポスト構造主義的な視点を導入したといえる。〔**内海紀子**〕

35

水谷　修編『講座日本語の表現3　話しことばの表現』

一九八三年　筑摩書房

話し言葉を、入門知識、表現の形、人間関係、表現の場、書き言葉との異同という五つの観点から分かりやすく考察している一冊。我々の常識から、マナー中心に考える電話、挨拶とスピーチ、祝義・不祝義、面接、人に会う、紹介といった日常場面で具体的に役立つ。日本語独特の相づちと相手の文を完結し合う共話の話し方、シナリオと言語行動の観察に基づいて分析した「感謝とお詫び」と「ひとりごと」、最近注目を浴びている敬語の指針の元になる「〈待遇表現〉気配りの言語行動」、「敬語の構造と将来」、音声の大切さを語る金田一春彦の論考に続き、音声を少し取り入れる言いよどみ、命令と依頼の表現についての論考がある。また、「女らしさの言語学」と「電話と手紙」は現在の状況に合わせ今後それぞれ現代の女性の言葉と携帯電話・Eメールとを比較して議論を進めることが期待される。報告・発表、会議・進行、授業・講義等は大まかな特徴づけに終わるが、表現の場という大きい単位を扱っていることは一九八三年という談話研究がほとんど日本では行われていない時代を考えると革新的と言える。「話しことばと書きことばの接点」は人間の進化の観点の導入、言文一致の運動、方言と書き言葉の政治的な問題も提出される。それぞれの論考は約一〇頁で日常的な言葉で書かれており、留学生や学部生の教科書にも適切である。この本と実際の会話を収集した文字化資料とを照らし合わせることで研究課題をたくさん見つけ出すことができる本でもある。

〔**ポリー・ザトラウスキー**〕

36

山口仲美『平安文学の文体の研究』

一九八四年　明治書院

文体研究の立場には「文学的立場」と「語学的立場」とがあるが、本書は後者の立場から、古典（平安文学）の文体研究に一つの方向性を示した貴重な書である。第一部「文体研究への展望」、第二部「比喩と文体」、第三部「象徴詞と文体」、第四部「作品の性格と文体的特性」からなっているが、特に第二部、第三部では、源氏物語の植物を使った直喩表現が、作品主題に基づく登場人物の描き分けに極めて有効に機能していることや、擬音語・擬態語を総称して象徴詞と措定して取り上げ、源氏物語の象徴詞、中でも擬態語が主要な登場人物紫の上の人柄や容貌を表現するために独特な使われ方がなされていることを指摘し、比喩表現とともに源氏物語の表現方法の独創性を明らかにした。

そして注目すべきは、著者が、文体とは表現者の表現行為による個別の表現形式と捉えるものの、すべての項目において文章類型の多い平安時代の文章体や文学ジャンルとの関わりを視野に入れながら、取り上げる表現や言葉の性格についての基礎的検討をした上での説得力ある論を展開していることである。従来の研究方法とは一線を画した観のある著者の文体研究は、単に源氏物語に止まらず、平安文学全体に及び、とりわけ第四部の今昔物語集の文末表現「…事无限シ」についての論考は、出典文献との厳密な比較を基に撰者独自の文体的特性を解明した点において、説話文学の文体研究に新たな視点を拓いたともいうべき示唆に富んだものとなっている。

〔**村井幹子**〕

37　相原林司『文章表現の基礎的研究』　一九八四年　明治書院

本書は、文章の書き方の指南を目的とするものではなく、文章表現を構成する諸要素の機能を分類し、その意義を考察することによって文章表現の姿を多角的に捉えようとした書である。文中、多くの例文が示されるが、その範囲は詩歌・小説などの文芸作品から評論、法律、辞典類の記述まで、実に幅広い。著者はその膨大な例文を、主題／段落／冒頭と末尾／修飾と比喩／連接と接続語／語法の観点から、鮮やかに〈型〉に切り分けてみせる。例えば第三章では、小説の末尾を①問題が終結する完結型（首尾照応の体裁をとるものが多い）、②事柄が完結した上に何らかの付加がなされる完結補足型、③問題が解決しないまま終結する未完結型（象徴性や暗示性に富む）に分類する。もちろん、すべての作品の末尾をこの三分類に強引に当てはめることはせず、芥川『羅生門』の末文「下人の行方は、誰も知らない」などは〈象徴性・暗示性に富む完結型〉とするのだが、こういった〈型〉の意識が最終的に文章を書く技術の向上に直結していくことはいうまでもない。また、著者は〈型〉の正しい見きわめが作品分析につながることも示唆する。第二章で短編の段落起こしを比較し、作品の特徴を探ろうとした試みは、作品研究の一つの視点を提供するであろう。各論は、まず日本語学・国語教育での定義・言説を比較検討し、次に著者の私見を的確な例文とともに示して、〈型〉に分類しながら一つ一つ丁寧に解説を加えるという順で記述されてゆく。全編を貫くその構成は、極めて明快である。〔寺田智美〕

38　根岸正純『近代作家の文体』　一九八五年　桜楓社

本書は作家・作品に固有の文体が存在するという理念に基づいて、その研究方法を確立するために、抽象的論議ではなく、具体的な言語事実を対象とする本質論的な考察を試みた文体研究史上逸することのできぬ一冊である。冒頭の「和文体と漢文体との表現性」は近代文章前史論というべきもので、それに続いて言文一致前夜の二葉亭四迷・森鷗外・樋口一葉といった作家の文体上の諸相が分析される。さらにリアリズムの方法論的問題が、韻文におけるいわゆる「写生文」と散文における島崎藤村・田山花袋といった自然主義作家の文体の具体的検証を通して詳述される。近代小説における写実的文体の出発点を二葉亭の『浮雲』とし、その特徴を近接描写（接写）とし、ほぼ二〇年を経て、自然主義が確立したとき、その代表的な作家の文体はむしろ遠隔描写に変移しているとされている。その後、考察の対象は夏目漱石・芥川龍之介・佐藤春夫・川端康成・横光利一・島尾敏雄・遠藤周作にまで広げられ、それぞれの作家個別の文体的特徴が詳細に究明される。最後に「文体論研究の現状」と「文体論の方法」の二つの論究がおかれており、前者においては一九七〇代の近代作家文体研究史がまとめられ、後者においては近代作家の文体的変遷が鳥瞰されている。本書の文体論研究における最大の功績は、近代の言文一致体成立以降、それまで表面に現れた外形上の特徴が作家・作品の個性との関わりにおいて、内面的な思想や感情の特徴と連動している可能性を見出した点にあると思われる。〔平野芳信〕

39 永野　賢『文章論総説―文法論的考察』

一九八六年　朝倉書店

時枝誠記が一九五〇年に『日本文法口語篇』で提唱した「語論」「文論」と並ぶ「文法研究の一領域」としての「文章論」を継承した著者が、一九五四年の『学校文法文章論』と一九七二年の『文章論詳説』を発展させ、「連接論」「連鎖論」「統括論」という三種の分析観点を設けて、「文法論的文章論」を理論的に体系づけたものである。「はしがき」には「文章を対象とした文法論の研究書」、「文法教育・国語教育の改革を目指す基礎理論の書」とある。「文法」を「言語表現の全体的構造を貫く体系」とし、「一つの文では表現しきれない一つの事がらを二つ以上の文で表現した」文章を扱う文章論も文法論の一領域としてしかるべきであるとする。「連接論によって文脈展開の流れをたどり、連鎖論によって全体の結構を把握し、統括論によって文章としての統一と完結とを最終的に確かめる」ことが「文法論的文章論の枠組み」だと規定して、接続詞・指示詞等を形態的指標とする「文の連接関係」七種を「段落の連接関係」に適用し、文章の全体的構造を記述した。著者の文章論の真髄の「統括論」と「連接論」「連鎖論」の相互交渉から、段落の「統括の重層性」を論じ、「統括の原則」を「位置」と「文法的特徴を持つ言語形式」による統括に大別し、細則を設けて、文章構造を解明する方法は、斬新かつ独創的であり、今もなお、文章論の不朽の大著として、文章・談話論の今後の研究の新展開に方法論的可能性を示唆している。

〔佐久間まゆみ〕

40 森岡健二『文体と表現』

一九八八年　明治書院

本書は「現代語研究シリーズ」全五巻のうちの一巻で、「言文一致体の成立」と「表現と言語」の二部構成となっている。

「言文一致体の成立」ではまず明治維新という社会の変動によりもたらされた大きな言語変化として、標準語の形成、待遇法の変化、マス・コミュニケーションの発達の三つをあげ、互いを前提としつつ発展、成立した事情に言語を取り囲む環境から言及。口語史における心学道話の果たした役割など、時代をさかのぼっての検証も踏まえつつ論を展開。標準語は明治三〇年代にほぼその骨格ができたとし、文体については実用文はやや時期が遅れるが、同じく明治三〇年代に文語系より口語系が主流になり、小説の多くが口語文で書かれ、教科書も口語を採用するなど、口語の文章が国民に浸透し、第二期国定教科書の使用された明治四三年をもって言文一致体の成立期と考察。

「表現と言語」の第一章では現代における表現研究、文学研究の源流を修辞学に求め、アリストテレスの「弁論術」と「詩学」をテキストに論を展開。また、第二章「文学における言語」では余情、情趣の発する契機を国語学の対象として、鑑賞と表現の両面から全体的に考察。鑑賞面では、読む構え、読者のパーソナリティ、表現の文脈、一般意味論的制約が情緒の鑑賞に大きな影響を与え、表現面では、作家のパーソナリティ、形象、主題、素材、構成、叙述が情緒の表現の決定因となっていると結論づける。第三章では文章のわかりやすさ、リーダビリティについて先駆的研究結果を示す。

〔西谷裕子〕

41 山梨正明『比喩と理解』

一九八八年　東京大学出版会

日本における認知言語学研究の第一人者が、比喩を能動的な認識の現象として位置づけて、比喩に関わる諸側面を言語学的観点から考察した本である。本書は「認知科学選書」の一冊として刊行され、日本における認知言語学、比喩研究を方向づけた。本書は六章構成で、一章「序章」では、比喩研究は「言語の認知的制約を、文法と語用論の枠組みとの関連で見きわめていくための検証の場を与えてくれる」と位置づけている。二章「類似性の認識—隠喩と直喩」では比喩を支える認知の構造や文脈の問題、三章「慣用化と比喩—意味の原型と転義」では共感覚やイディオムと比喩の問題、四章「記号化と現実—換喩と提喩」では、推論や連想のメカニズムの問題、五章「比喩と認知」では、視点、擬人化、擬物化、意味拡張などの問題が取り上げられ、六章「終章」では本書のまとめとして、比喩と認識の問題を認知科学とその関連分野の中で位置づけをしている。このように、本書は、比喩現象を体系的に扱い、小説、新聞記事、広告などの多彩な比喩の用例に基づいて考察していることが特徴である。また、巻末の発達心理学者、岩田純一による補稿「「比喩ル」の心—比喩の発達の観点から」では、比喩的思考の発達や発生の起源について解説している。なお、二〇〇七年には、新装版が刊行され、巻末の著者解題「認知科学とメタファー研究の新展開」において、初版後二〇年間の認知言語学と認知科学の急速な展開について、メタファー研究を軸に明快な解説がされている。

〔楠見　孝〕

42 小森陽一『文体としての物語』

一九八八年　筑摩書房

この書は近代小説の語り、文体についての構造主義的な分析としてその後の文学研究に大きな影響を与えている。作家の思想や作品の影響関係ではなく、ここでは語りの形態とそうした形態どうしの関係、影響、再編成をとらえている。

最初のパートでは二葉亭四迷『浮雲』がとりあげられるが、そこで焦点をあてられるのは、登場人物と、その人物を提示し、語り出す語り手との距離、さらにはその揺れである。作中人物と作者の思想とを等距離においてその自己意識を追うのではなく、あくまで登場人物とそれを語る語り手の性質や役割とを明確に取り出してゆこうとする。文体は、ここではこうした語り方、人称や視点、話法の問題となる。

こうしたスタンスでの分析がその後のパートでも軸となっており、森鷗外のドイツ三部作をとりあげる場合には、回想という形式が必然的にはらむ時間的な重層性をとりあげ、広津柳浪の初期作品をとりあげる際には、独白形式に焦点があてられている。また、漱石の『こゝろ』についても、「下」の部分のみではなく、小説全体における語りの構造の中から、積極的に語り手と先生、先生の奥さんとの距離を読み解こうとする。

とはいえ、語りの受け止め方は、その時代の読む側の読みの規約や慣習によってかわってくる。また、語る側と語られる側との距離、空白を考える際にも、読者の積極的な役割が介在する。本書は読書行為論にも関心を向けているが、これは語りについての分析が必然的にゆきつく問題でもある。

〔和田敦彦〕

43 茂呂雄二『なぜ人は書くのか』

一九八八年　東京大学出版会

本書は、言語心理学者の著者が、「状況の中にあり、活動として動き、出来事として歴史を織り上げるものとして言葉を見る」見方から、「書くことをより根源的なところから問い直し、人々が書くことで何を作り出し、（略）どのように作られるか」を描き出すことを目指したものである。子どものなぐり書きから作文作品、授業実践などの豊富な事例に基づいて、書くことの発生的変化の過程を描き出している。さらに、ヴィゴツキーやバフチンの生成的な記号の理論、文化的実践としての読み書きなど広範な理論に基づいて考察している。本書は、五章構成で、一章「書くことの発生と前史」では書くことの発達過程、二章「書きことばと知の発達」では書くことと知的発達、三章「書かれたものの意味―シンボル・センス・対話」では有意味であることのシンボルの使用過程、四章「生成的記号活動としての作文」では作文作品におけるシンボル使用過程、五章「書くことを支えること、育てること」では教育の問題が述べられており、終章「なぜ書くのか」では、まとめとして答えを示した上で、認知を対話としてとらえる重要性を考察している。さらに、教育学者汐見稔幸による補稿「書くことと「やさしさ」」は、知的障害を持つ子どもの作文作品に基づいて、体験の意味を確立するために書くという別の視点を示している。本書は「認知科学選書」の一冊として刊行され、心理学、教育学、言語学など幅広い領域において、書くことをめぐる活動の理論と実践の研究展開の契機になった。

〔楠見　孝〕

44 速水博司『近代日本修辞学史』

一九八八年　有朋堂

明治期以降、日本は西洋から多くの学問を摂取してきた。修辞学（レトリック）もそのひとつである。修辞学と一口に言っても、自由民権運動のなかで求められた演説教本から西洋的な文体・文章の研究書まで、あるいはギリシャ・ローマ時代の古典的な理論から同時期の合衆国で誕生した実用的マニュアルまで、多種多様な修辞学書が短期間のあいだに紹介された。なかには翻訳・翻案から進めて、日本独自の内容を盛り込んだ書物も世に問われた。こうした先人の事績は断片的には紹介されてきたが、思潮の総体が捉えきれていない憾みがあった。

本書は日本における修辞学の受容・生成に関するダイナミックな史的展開に肉迫した本格的な研究書として公刊された。海外の文献の渉猟をはじめ、堅実な調査を踏まえた実証的な手法が本書を支えている。本書は一二章から成り、西周『百学連環』から一九二六年刊行の渡辺吉治『現代修辞法要』までが含まれる。この間に隆盛を極めた尾崎行雄、佐々政一、武島又次郎（羽衣）、五十嵐力らの業績をはじめ、周到な目配りが行われている。著者は日本修辞学史を「一、レトリックの紹介」「二、レトリックの翻訳紹介・訳・訳述」「三、創意工夫を加えて紹介・翻案」「四、日本化、独自の試作」「五、日本化、独自の試作・創出」「六、改訂・翻案、亜流」「七、紹介・翻案」と整理した。本書の考究は主に一から六であるだけに、著者による今後のさらなる研究が切望されよう。

〔中村敦雄〕

45

中村　明『日本語レトリックの体系──文体のなかにある表現技法のひろがり』　一九九一年　岩波書店

本書は単なる修辞技法の解説書ではない。その目的は、実際の文章表現（主に近代以降の文学作品）に現れる表現技法を幅広く収集・整理し、修辞技法がどのように働き、いかなる効果をあげているかについて体系化することにある。現実の表現は複数の技法に対応しうる多面性を持つ。本書が多面性の切り分け方として提案するのは、「Ⅰ目的軸」「Ⅱ対象軸」「Ⅲ手段軸」の設定である。例えば、谷崎潤一郎「春琴抄」の句読点なく続く文章は、「Ⅰ目的軸／対象伝達の精度を上げる」、及び「Ⅱ対象軸／表記」で言及される（「Ⅲ手段軸」での言及はないが「省略」に分類されるであろう）。「Ⅲ手段軸」では二類四種の計八原理（展開＝配列・反復・付加・省略／伝達＝間接・置換・多重・摩擦）のもとに二百数十種の修辞を位置づける。この原理を（複数）適用することで、表現のもつ多面性が記述できる。多面性は修辞技法自体にも存在する（「倒置反復」など）ことも指摘している。本書は後半、Ⅲの分類に沿って記述されていく。読者はⅠⅡの軸を頭の中に構築したうえでⅢを読み進み、表現を立体的に付置してゆく面白さを味わうであろう。なお、小林秀雄の一表現を「倒置法」とみなしがたい理由について、その「配列」がまさに小林の〈思考の論理を跡づけている〉からであるとするくだりがある。先に見た句読点削除についても、谷崎の文章観とのリンクが指摘されていた。作家論に肉薄する分析も、氏の論考を読む醍醐味と言えよう。

〔**稲益佐知子**〕

46

西田直敏『文章・文体・表現の研究』　一九九二年　和泉書院

本書は、著者の一九五三年から九一年までに執筆された文章論を中心とした著作を一書にまとめたものである。全体は、Ⅰの「文章・文体の研究」、Ⅱの「表現の研究」、Ⅲの「国語教育・日本語教育」、Ⅳの「学界展望・学界時評」からなる。各々の章で扱われているテーマは多岐に渡る。Ⅰは、時枝誠記の「文章論」から始まって、「段落とその接続」、「文の連接」を扱った論文が並び、続く「日本語の文体論」では、文章文体の研究史が概説されている。その後は宮沢賢治、井伏鱒二、堀辰雄、岡本かの子、小林秀雄の文体を取り上げた論文が続き、最後は解説・説明文のスタイルについてその分類と特徴が論じられた文章が収められている。Ⅱは、最も広範で多様なテーマが取り上げられている。まず「判断から言語表現へ」では、判断とは何かが論じられ、判断の種類と形式、言語の表現形式との関係が述べられている。次の「書き出しと結びの型と工夫」では、具体例を挙げながら、文章作法における書き出しと結びの型が論じられる。その他「間接表現」「悪文」「落語」「子どもとことば」「方言」「敬語」等、日本語の表現について多様な切り口を示した興味深い論考が続く。Ⅲは、国語教育関係で「文法教育」「読解指導」「古文指導」をテーマとする論考があり、日本語教育関係では「教授法」「漢字教育」「明治大正期の北方諸民族への日本語教育」についての三編が収められている。Ⅳは、通読すると六〇年代から八〇年代の国語学の研究状況が概観できる内容となっている。

〔**山下喜代**〕

47

山梨正明『推論と照応』

一九九二年　くろしお出版

本書は、「照応の問題を一つの手がかりとして推論と日常言語のかかわりを考察していくことにより、これまで文法・論理・レトリックの問題として区別されていた現象を統合的に見直していくことが可能になる」（はしがき）ことを実証した研究である。

「ある言語表現が、これに後続する言語表現と同一の内容ないしはおなじ対象をさす場合、これらの表現は「照応関係」にある」（序章）という関係を構成する「先行詞」と「照応詞」は、常にぴったりと対応しているわけではなく、往々にしてずれや省略が見られる。しかし、われわれはそこで混乱することなく、様々なタイプの「推論」を駆使して修正・補完し、理解に至っている。

本書の中核をなす二章から六章では、その「推論」を可能ならしめる装置が分析対象となっている。

「2．語用論的推論と照応現象」では論理や言語外的知識をもとにした推論の枠組み、「3．談話・テクストの主観性と照応」では、ヴォイス・テンス・モダリティといった文法カテゴリーの関わり、「4．間接照応と認知プロセス」では先行詞が省略されたりダイナミックに変化したりする場合の処理方法、「5．レトリックと照応現象」ではメトニミーとメタファーが日常言語においても認識の基盤になっていることが、それぞれ日英語の豊富な例文の解析をもとに示されている。

〔宮田公治〕

48

阪倉篤義『日本語表現の流れ』

一九九三年　岩波書店

「語彙の構造」「句の連続」「文の構造」「文の性質」の四つの面から、その背景に存在したと考えられる、古代から現代に至る日本語表現の流れの方向について論じた一冊。修辞《レトリカル》的な文体論的な意味でなく、文法に近い表現を扱ったもので、語彙の変遷、条件表現の変遷、疑問表現の変遷、「係り結び」の成立と変遷、の構成で通時的な観点から考察され、具体的事例を用いた分析と解釈は説得力がある。ひとつの時代における表現形式が、次の時代にはどのように過去からの連続に対応しつつ異なる表現形式へと変化していったかを文法変化との関係から説明されている。音韻・文法・語彙等の各面から、日本語は中世に転換期を迎え、古代語から近世語へと大きく変化を遂げる。疑問表現が「問い」的表現から「疑い」的表現へと転換したり、接続助詞が恒常的条件表現を背景に前件と後件との関係を明示するようになったり等の変化過程の背景には、限られた狭い情意的な社会から、次第に階層の違う人々とのコミュニケーションを必要とする複雑社会への移行が関係しているとの見解が示されている。社会や文化、人々の考え方や感じ方の変化の結果として、日本語の表現は、論理性を明らかにする方向に進んできたというのである。

一九六六年に『語構成の研究』で画期的な語彙研究を構築された著者が、慎重着実な文法史研究を基盤にして、新たな視点から表現法の流れを論じたもので、文法論と文体論の融和の方向性が示されたものである。

〔郡　千寿子〕

49　中村　明『日本語の文体―文芸作品の表現をめぐって』

一九九三年　岩波書店

文体とはどこにあるのかというのが本書の理論と実践とに通底する問題意識である。本書にとって文体の存在様態を問うことは、あらためて文体とは何かを発見していく営為である。著者はまず、文語体、口語体などの使用された言語の性格から、ジャンル、作家に関係してくるスタイルに至るまで遺漏なく、内外の文章研究、文体研究史を紹介する。

そのうえで著者の文体論が構築される。そこで提示された原理は、文体論のパラダイムを大きく転換した。本書は文学作品からその独自性をすくいとるにあたり文体を読者という「受容主体の意識」を通った「動的な現象」であると理論的に明らかにしたのである。このことによって読者の「主体的な受容行動」も考察に入れた研究をなす基盤ができ、文体認定の基準が押し上げられた。このように文学を「働きかけることば」とみなす本書の理論は、「作家の文体」についても個々の作品の文体から帰納される「可能態」という見方を提唱し、文学の「生きた力」を総合的に捉えうる道筋を付けた。

取り上げられる作家は広範に上るが、大幅な紙幅を割かれるのは芥川龍之介、小沼丹、川端康成、太宰治、井上ひさし、小林秀雄、井伏鱒二である。その分析は、「個性面に着目したこの文体観の底に、普遍への志向が沈潜している」のを見逃さない実践例となっていよう。「全的な文体構造の生きた力」を運動体のまま科学的に捕捉する方法を示す本書は、これからの文体研究に感性の科学を取り入れるため欠くことができない。〔野網摩利子〕

50　山口佳紀『古代日本文体史論考』

一九九三年　有精堂

本書の構成は、序章古代日本文体史研究のために、第一章奈良時代語の諸相、第二章平安時代語の源流、第三章平安時代語の諸相、第四章今昔物語集の文体から成る。今昔物語集の文体研究から出発した著書が、個の作品からその時代全体を見渡そうとする視点で、平安時代語の成立にたいしての刺激的な把握を展開し、更に時代を遡って、奈良時代の研究に歩をすすめて来た、その足跡が纏められたものである。著者は「文体」という語を、表現の媒体（音声・文字）、ジャンル、目的・意図、場面・状況などによって、言語が異なった姿を呈する現象、また、そうして観点から見た時の言語の姿と定義する。表現者が同一人物であっても、さまざまな要因によって、表現上の差異が生ずることを考えるものである。すなわち、すべての文献はそれぞれに文体研究の対象となるものである。そこで、文字表記の別、語法・語彙の別などに関して論を立てているが、ひとつの例を示すに止まっているかに見える。この著に収められた論文の中で、発表された時に話題を呼んだものは、第二章の「平安時代語の源流について」である。当時、東京大学教養学部助手であった著者が二〇代最後の歳に発表したものである。奈良時代語と平安時代語との差を大和と山城の方言の差と捉えようとするものであった。文体研究として明確な成果を示しているのは第四章の今昔物語集についてのものであるが、著者の関心は今は「古事記」に向いている。〔白藤禮幸〕

51

中村三春『フィクションの機構』 一九九四年　ひつじ書房

虚構の言語とはどういった言語なのか、という原理的な問から発して、虚構言語の根元的な性質をもとにした言語形式の評価を試みている。

内外の文芸理論や言語理論を参照しながら、虚構という概念が、これまでどのように論じられてきたのかを論じ、そのうえで、虚構が虚構として認識される仕組みを考えている。言語で描かれた世界は、単なる世界の写像でもないし、かつ世界から完全に自立した体系でもない。それは読者によって一定の水準の現実性、あるいは虚構性をもつものとして了解される出来事である。

フィクションの言語の受容においては、それが虚構であるという枠組みについての一定の了解がなされねばならない。このことは、フィクションの、というよりも言語事象の根元的な特性でもある。小説とは、この根元的な言語の特性を体現した特権的な表現形態ということとなる。そして小説の中でも、自らが虚構であることを積極的に呈示する戦略をかかえた小説や詩は、この言語の根元的な特性を凝縮されたものとして評価できる。

こうした評価軸の中で、昭和初期の純粋小説をめぐる議論をとらえ、また、太宰治や立原道造、さらには原民喜の言語活動の特徴をとらえている。小説が小説であること、詩が詩であることを呈示する自己言及的な特性、メタフィクション的な戦略が積極的にとらえられている。

〔和田敦彦〕

52

阿部純一ほか『人間の言語情報処理—言語理解の認知科学』 一九九四年　サイエンス

本書は、単語認知からはじまり、文解析・文章解析にいたる言語理解の過程について、認知科学（とくに、認知心理学と自然言語処理研究を中心に、言語学や神経科学も含む）の方法と成果に基づいて解説した専門書である。

本書は、三部構成であり、それぞれにおいて、基礎的概念から経験的事実、さらに、理論的展開とモデルの現状、そして参考文献が丁寧に解説されている。第一部「単語認知過程」では、単語認知過程と心内辞書に関する心理実験手法、さらに実験データや脳損傷患者の症例に基づく単語認知過程と心内辞書のモデル化、第二部「文解析過程」では、統語解析過程と統語知識に関する心理現象（両義文の解釈上の偏り、ガーデン・パス現象など）と、計算言語学的な理論展開に基づく統語解析過程のモデル、第三部「文章理解過程」では、理解過程を支える推論や知識、とくに、文章における照応関係や連接関係とそれらの理解過程の研究手法、さらにモデル化について詳細に述べられている。

このように、本書は、人間の言語理解過程の全体像を、認知科学という学際的手法によって解明することを目指した我が国における先駆的な書物である。そして、認知科学・心理学・計算機科学・言語学などの広範な領域の研究者に刺激を与え、日本におけるこの分野の研究の発展に寄与した。

〔楠見　孝〕

53　村上征勝『真贋の科学』　一九九四年　朝倉書店

日本行動計量学会編の「行動計量学シリーズ」の一冊として出版され、副題には「計量文献学入門」とある。全七章から成り、順に「真贋の世界」「書き手のクセ」「真贋判定の統計手法」「真贋分析の歴史」「読点の付け方のクセ」「日蓮遺文の真贋判定」「計量分析による真贋判定の課題」という内容である。

ここで言う「真贋」とは、ある文章と別の文章の書き手が同一か否かということであり、その判定は文章中に表れる「クセ」が似ているか否かを統計的な手法で計量・分析することによって行われる。これは別の見方をすれば、各々の文章の文体のありようを明らかにする方法・研究ということでもある。

本書ではその統計的な手法が数式および具体例とともに、さまざま紹介されている。たとえば、もともとこの研究は欧米で聖書やシェイクスピア戯曲などについて始まったものであるが、日本では源氏物語や日蓮遺文などについて、その作者の同定のために適用され、一定の成果をあげているという。

クセとしてそもそも文章中の何に注目するかは、この研究の前提であって、「〝執筆者のクセは必ずここに現れるので、したがってこれだけに注目すればよい〟といういわば犯人を特定する指紋のような決定的な統計量はみつかっていない」とされる。従来、注目されてきたクセは、文の長さ、文字種や符号の使用割合、名詞や動詞、オノマトペや色彩語などの出現率などである。今後パソコンや各種ソフトの普及により、この分野のますますの開拓・進展が期待される。

〔半沢幹一〕

54　長田久男『国語文章論』　一九九五年　和泉書院

文章を表現の最大の言語単位とみなし、その成立から構造の記述までを、独自の文章観によって説明した研究書。著者の文章観は、「文章は、その文章の作り手の、文字言語による一つの答である。」というもので、この規定が根底をなし、文章についての仮説と文章を解明する方法とを導き出す。

著者には先に『国語連文論』があって、文の連続体に意義の繋がりをつける言語の役割を「連文的職能」と呼び、構文論を拡張しながら文法的法則を帰納する議論を展開した。そこでは言語の内面的意義が抽象的に問われていたのに対し、本書では文章の作り手のみならず読み手との関係が浮かび上がる。つまり、文章は読み手にとって理解すべき対象だというのである。文章を自立させるのは、文章を統一し成立させる問であって、文章の構造を解明するには、語・文・段落の三者を単位とした記述が求められる。連文的職能は語を単位とした意義の繋がりとして発動されるのだが、これは狭義の連文論である。文を単位とした意義の配列と連関の記述は、広義の連文論としての文の連接や改行段落ごとの文の配列と連関が問われる。ここで研究方法は連文論の外に踏み出したことになる。

文章における段落を単位とした意義の統一と構成の記述においては、答である文章の構成の型が問や統括の観点から類別され、多様な文章の統一構成図が描かれる。文章の成立と構造の記述説明が優れた一貫性をもって解明されている。

〔野村眞木夫〕

55 橘　豊『日本語表現研究』一九九六年　おうふう

「日本語＝言語＝表現という図式に導かれて」（『日本語表現論考』）半世紀にわたって日本語表現の分析を続けてきた著者が、その方法と成果を示した一冊である。言語表現には個性的な面と類型的な面があって、言語表現について考える際にはこの両面に注意しなければならないとの考えにもとづいて、本書は三部構成をとる。第一部「日本語表現の諸相」で、まず表現の個性的な面について論じる。1比喩表現2物語的口調3断定的表現4数量的表現5語に対する価値意識の調査6ユーモア7句読点8様々な表現技法という章立てになっており、言語表現に接したとき読み手が抱く漠然とした印象の、どのような点をどのように解き明かしていけばよいのかが理解できるように配慮されている。対象としているのは源氏物語から渡辺淳一までの幅広い言語表現である。また、5は昭和五一年と六一年との調査を比較しており、さらに平成八年の調査を加えた報告が『日本語表現論考』（平成一一年　おうふう）に収載されている。第二部「文章体の表現特性」では文章表現の類型的な面について考察する。9戯曲10手紙11翻訳文12実用文という章立てである。そして第三部「表現分析の実践」には実例を配置する。ここでは13『ビルマの竪琴』14『ごん狐』15『走れメロス』16『富獄百景』17大江健三郎18『蜻蛉日記』19『平家物語』がとりあげられる。古典から現代までの様々な言語表現を、それぞれに応じた方法で分析してみせる。その手際の鮮やかさに読者は感嘆するのである。

〔近藤尚子〕

56 野村雅昭『落語のレトリック』一九九六年　平凡社

しんそこ落語を愛してやまない国語学界の権威が、文字表記や漢語の語構成や語彙論とともに専門としている落語について正面からおおまじめに論じた血の通う本格的な落語表現論。落語家のことばの多層性、落語の談話構造、談話行動を軸とするオチの分類などを扱った先行の『落語の言語学』、間の問題や反復・誇張・混同などを扱う後続の『落語の話術』とともに落語の言語学シリーズをなす一冊で、比喩表現、造語・命名、異分析、混用、洒落、オノマトペをとりあげて分析・考察している。「松平柾目正は杉平柾目正に、地蓋治部九郎は治部田治部右衛門として演じられ、少し異同がある」といった比較資料を示す史的考察、明治の速記と志ん生の高座との同じ場面を比較して漸層法の効果を説明するなどの文章論的な視点の導入、「おおくんなます」という造語について、動詞的な成分と接頭辞の「おお」が結合することはあるが終止形と結合することはないとし、語形の一致と類似や拍数の一致と不一致を基準に洒落を整然と分類する点など、学術的な記述を貫く。「怪談牡丹灯籠」の鐘の音の長さが演者で違うことを百分の一秒まで示すほか、志ん生の「火焔太鼓」の比喩表現を扱うにも六種類のテープを聴いて異同を調査するほど実証的である。豊富な用例を駆使し、綿密な考証を経て熱っぽく語る第一章の五「古今亭志ん生の比喩表現」などは圧巻で、話芸を対象とした文体論の実践と見ることもできる。

〔中村　明〕

57

南　不二男『現代日本語研究』

一九九七年　三省堂

本書は、『敬語』や『現代日本語の構造』『現代日本語文法の輪郭』など、一連の敬語研究・構文論研究で知られる著者の、一九六一年から九六年までの言語生活研究および文法に関する論文三五編と新たに書き下ろした一編の計三六編をまとめた一冊である。全体は四部から成り、「Ⅰ　構造の輪郭」は、文にA・B・C・Dという階層的4類を認めるという記念碑的論文「述語文の構造」を中心に、それに至る前の論考と、その後の実証的調査に関する論文が収録されている。「Ⅱ　ことばの諸相」では、待遇行動としての敬語表現の機能・意味構造、および談話の構造についての論考が取り上げられている。国立国語研究所の松江調査や永井荷風『断腸亭日乗』を資料とした研究に加え、音声（オーストラリア英語、社会音声学）に関わる論文も三編見られる。「Ⅲ　モデル化の試み」では、言語・言語行動・言語理解それぞれをモデル化し、そのシステムを体系化しようと試みた論文が並ぶ。「Ⅳ　研究の展望」では、文法研究展望（一九七〇〜七一年）、国立国語研究所の研究と活動（一九七三年まで）、日本の社会言語学の諸相（一九八二年まで）に関する論文が並び、いずれも学界の転機となる時期と内容が論じられている。また言語資料そのものの分類を取り上げた論考二編も含まれている。本書は、体系的な文法研究と実証的な言語生活研究という異なる二方面を追究してきた著者の研究の足跡をたどると共に、今なお独創的な著者の考察が随所にちりばめられた論文集である。

〔前田直子〕

58

泉子・Kメイナード『談話分析の可能性』

一九九七年　くろしお出版

書き言葉の談話分析を中心に、海外の談話分析と国内の文章論の中で興味を引く内容を数多く挙げ、談話の中の引用、名詞化等に新鮮な見方を示した入門書。まず談話分析を定義し、バフチンの対話理論や日本の文章論から、バフチンの「語る『声』とテキストの対話性」、対照談話分析、クリティカル・ディスコース分析まで取り上げる。「海外の談話分析には（略）体系やモデルが使われるが、日本の研究ではむしろ地道にデータを見つめて研究するケースが多い。」のように海外の談話分析と日本の文章論とを対比させながら論を進めている。分析のテーマは、「提題の『は』と物語の表現性」、「新聞コラムのレトリック」、「引用表現と『声』の操作」、「名詞化表現のレトリック効果」等多岐に渡る。異なるジャンルの文章を分析対象とし、なぜこの資料を用いるか必ず説明する点に特徴がある。時枝誠記『日本文法口語篇』に従い、「主体的なもの即ち作者がどのように表現面に自己を表しているか」を追求する。日本語に主語がないとの三上章『現代語法序説』の主張、日本語は「なる」言語であるとする池上嘉彦『するとなるの言語学』の説から発想を得、作者は引用や名詞化表現を用いることで、「する」ことを後景化し、自分の発話態度を表す効果があると主張する。これをさらに発展させ、言語の特徴（英語はロゴス、日本語はパトス）を導き出す。最後に談話分析と日本語教育、談話分析の可能性について述べる。

〔ポリー・ザトラウスキー〕

59

赤羽研三『言葉と意味を考えるⅠ・Ⅱ』

一九九八年　夏目書房

隠喩をはじめとする文彩の考察を通じて、言葉とその意味を考えた研究書。Ⅰは「隠喩とイメージ」、Ⅱは「詩とレトリック」という副題を持つ。アリストテレス以下、ソシュール、リチャーズ、ヤコブソン、リクール、デリダ等の理論を参照し、これと並行して萩原朔太郎、宮沢賢治、西脇順三郎、三好達治等の表現をきめ細かく読み解いてゆく。そこで基調をなす原理は、表現と意味の関係は分離できないということと、言葉の意味は他の言葉との重なり合いの関係で定まるということである。この原理のもとで隠喩やレトリック、詩の文彩を理解しようとするときに浮かび上がるのは「イメージ」である。そのイメージも論理で取り出すのではなく、思考する私たちがイメージそのものの意味の厚みに身をゆだねる、といった方向に導く。ⅠⅡ巻を通して、多くの詩句が取り上げられる。そこで解き明かされるのは、たとえば西脇の「この静かな柔い女神の行列が／私の舌をぬらした。」の多様なイメージ、三好の「祖母」という一語のもたらすイメージ、あるいは賢治の「ジョバンニは眼をひらきました。」という表現の効果である。意味の差異やずれ、重層化、イメージの強弱がそれらから紡ぎ出されるのだが、このときつねに著者自身の想像力が媒介していることが、本書を単なる詩やレトリックの分析的な研究を越えたものとしている。字義通りの意味を疑い、表現の背後にせまろうとする丁寧な営みが随所に見いだされる書物である。

〔**野村眞木夫**〕

60

林　四郎『文章論の基礎問題』

一九九八年　三省堂

本書は、林四郎氏が文章論的構文論と名付けた文研究を文章研究の第一歩と捉え、上梓したものである。きちんとした言語研究には確固とした言語観が存在することを教えてくれる本であり、文章《テキスト》研究、言語研究に興味をもつ人たちに、言語モデル、理論をただ当てはめるのではなく様々な言語資料を深く読み、言語資料に即して考える大切さを教えてくれる一冊である。林氏は、考察に際し、孤立した文が連続して文章となるという立場も、逆に文章から出発し、すべての単位を静的に抽出するという立場も取っていない。文は孤立しているのではなく、作られた時点ですでに文章を志向していると捉え、文章を目指し文が次々に作られていく過程の中で動的に文の成立事情を考察するという立場を取っている。この立場から、小学校教科書、「夢十夜」、「枕草子」、「古事記」等実に多彩な文章で説明がなされるが、考察する視点にはまったくぶれは見られない。第一部は構話活動総論であり、文章産出活動に関する基礎的な事項が説明される。この基礎の考察を踏まえ、第二部では文章を目指す表現行為である構話活動と構文活動が説明され、主目的の、文脈の中で文の姿を観察し、記述する文章論的構文論が展開される。陳述、文型、構文要素、テーマ主語とレーマ主語等の文に関する事柄を文章の中で考察すると共に、文と文章の間の単位として文塊を提案している。最後の第三部は文章論の領域での考察となるが、ここでは、古典でのカギ括弧の使用と、文章理解に不可欠な文脈論とが特に重要である。〔**小沼喜好**〕

61

野村眞木夫『日本語のテクスト―関係・効果・様相』　二〇〇〇年　ひつじ書房

現代日本語のテクストを取り上げ、コミュニケーションの過程でそれがどのように組織化されているかについて、複数の具体的な現象と表現類型を視座として分析した注目すべきテクスト論である。話し言葉と書き言葉を同等に扱い、コミュニケーションをシステムとみなしテクストをその中に位置づける、特にコミュニケーションとテクストの参加者・観察者に着目した立場が特徴的である。また、テクスト部分に想定される「関係」、その関係同士あるいはその関係とテクストの他の部分との関係において派生する「効果」、関係の選択や効果の派生する「様相」を基礎概念とする点や、テクストをとらえるレベルとして「マイクロ・メゾ・マクロ」の三段階を想定し、そのうち中間的な「メゾ」レベルからの理解を中核に置く点など、様々な問題提起をしている。「第1章　テクストにおいて問われるもの」で基本的概念を規定し、「第2章　コミュニケーションにおけるテクスト」では言語過程説の批判的検討を通してコミュニケーションの観察者という範疇を明確にし、「第3章　テクストにおける関係性」ではメゾレベルの有効性を論証する。「第4章　総称表現とテクスト」「第5章　描出表現とテクスト」はその応用実践編である。特に描出表現の考察は詳細で、描出表現の標識を提示する中で、描出表現はテクストに内在するというよりコミュニケーションの参加者のテクスト理解に応じて成立すると指摘する点など、本書の立場を象徴していると言える。

〔**松木正恵**〕

62

北原保雄監修・佐久間まゆみ編『朝倉日本語講座7　文章・談話』　二〇〇三年　朝倉書店

本書は以下の章から成る。第1章「文章・談話の定義と分類」（半沢幹一）、第2章「文章・談話の重層性」（宮地裕）、第3章「文章・談話における語彙の意味」（森田良行）、第4章「文章・談話における連文の成立」（長田久男）、第5章「文章・談話における「段」の統括機能」（佐久間まゆみ）、第6章「文章・談話の全体的構造」（南不二男）、第7章「文章生産の機構モデル小考」（林四郎）、第8章「文章・談話のスタイル」（樺島忠夫）、第9章「文章・談話のレトリック」（中村明）、第10章「テクストの意味と構造」（野村眞木夫）、第11章「談話分析の対照研究」（泉子・K・メイナード）、第12章「文章・談話の心理学的研究」（海保博之・茂呂雄二）、第13章「文章・談話研究の歴史と展望」（糸井通浩）

第1章では文章と談話について、文字か音声かの違いではなく、単独の主体による「文」を基本単位とするか複数の主体による「発話」を基本単位とするかの違いだと述べられる。第2章以下では文章と談話を構成する語彙、連文、段の機能や全体的構造と機能について論じ、文章生成過程のモデル化を図る。次いで、スタイル、レトリック、テクストの分析、談話分析の対照研究、隣接領域の心理学からのアプローチを提示し、文章・談話研究の歴史と展望の論によって締めくくる。いずれの論も異なった性格の構造が錯綜して成り立つ文章と談話を単純なモデルに還元しようとするのではなく、複雑なありさまそのものとして記述しようとする試みである。

〔**砂川有里子**〕

63 多門靖容『比喩表現論』

二〇〇六年　風間書房

大部である本書の多くを占めるのは、中古から近世にかけての散文作品における（主に）直喩表現を網羅的に収集し、用例ひとつひとつに文脈に即した分析を行い整理した、〈ある比喩（群）はどのように変遷したのか〉についての歴史的考察である。結果、喩辞と被喩辞の関係の把握のしかたには、時代ごとに傾向があることが明らかになる。中古は〈像〉の把握に重きがあった時代、中世は像から〈意味〉が取り出された時代、近世はモノ・コトの持つ様々な〈現象〉に光が当たった時代、というこの結論は、単なる印象論ではない。表現のおかれた文脈、テキストへの関わりの深浅、先行作品への参照の有無などを徹底的に検討した結果である。また本書では、比喩的思考を捕捉する類型の設定（隠喩と換喩の複合タイプなど）、類包含理論の適用による比喩と例示との統一的説明など、有用な理論構築が行われている。しかし、これほどの成果を氏自身は、〈いわばこのジャンルの比喩の様式史の記述〉にすぎず〈日本語の比喩表現史記述の一部分〉でしかないと述べる。そして、次に進むべきは〈ある比喩（群）はなぜそのように変遷したのか〉の考察であり、その解明に重要なのは〈修辞意識〉であるとする（例として『紫式部日記』における史記の参照や洒落本『錦之裏』のちゃかしなどがあがる）。従来の合目的的な比喩観から一歩先に進み、人が持つ〈複雑多様〉な〈比喩づかいの心〉について考察を重ねる必要性を説く氏の眼差しは、さらに大きな次元を見据え、そして捉えている。

（稲益佐知子）

64 作家の文章読本

ここで「文章読本」というのは、斎藤美奈子『文章読本さん江』（二〇〇二年四月、筑摩書房）の規定を借りれば、広く「文章の上達法を説く本」のことである。したがって、同書が続けて指摘するように、その「開祖」である谷崎潤一郎『文章読本』をはじめ、「「文豪」クラスのえらい作家が書いた文章作法書」に限る必然性は、どこにもない。しかし一方で、「小説家の手がけた文章作法の本で、『文章読本』以外の題が用いられることはあっても、その逆、つまり小説家でない筆者が『文章読本』の題を選んだ例は見当らない。どうやら、『文章読本』という題は小説家の書く文章作法のためにとっておかれているらしい。」という向井敏『文章読本』（一九八八年一一月、文藝春秋）の指摘もある（ただし現在では、向井敏自身の著書を含めて、小説家以外の書き手による『文章読本』が刊行されている）。本項で「作家の文章読本」をとりあげる所以も、「作家の」という点を特別視したいからではなく、もっぱら「文章読本」という書名の共通性によることを、まずはお断りしておきたい。

・谷崎潤一郎『文章読本』（初刊昭和九年、中央公論社。のち、中公文庫）
・菊池寛『文章読本』（初刊昭和十二年、モダン日本社）
・川端康成『新文章読本』（初刊昭和二十五年、あかね書房。のち、新潮文庫）
・伊藤整『文章読本』（編著。初刊昭和二十九年、河出新書）

・三島由紀夫『文章読本』（初刊昭和三十四年、中央公論社。のち、中公文庫）
・中村真一郎『文章読本』（初刊昭和五十年、文化出版局。のち、新潮文庫）
・丸谷才一『文章読本』（初刊昭和五十二年、中央公論社。のち、中公文庫）
・井上ひさし『自家製文章読本』（初刊昭和五十九年、新潮社。のち、新潮文庫）

さて、向井敏の前掲書には、「今までに書かれた『文章読本』として右の八点が列記され、「このうち、菊池寛と川端康成のは別人の代作だそうだし、伊藤整のは編著（ただし、伊藤整自身の文章論三篇を含む）だから、それを別扱いにしたとしても、なお五人の有力な小説家がそれぞれ『文章読本』を書いたことになる。」とされている。「代作」問題は真偽の確定が難しいが、本項でも菊池・川端・伊藤整の著書については省略し、また谷崎のものは別項が用意されているので、それに続く三島・中村・丸谷・井上の四人が著した『文章読本』について、以下に概観することにしたい（引用はそれぞれの文庫版による）。

三島由紀夫『文章読本』は、「この文章読本の目的」「文章のさまざま」「小説の文章」「戯曲の文章」「評論の文章」「翻訳の文章」「文章技巧」「文章の実際―結語」の全八章と「附・質疑応答」から成る。「文章の最高の目標を、格調と気品に置いています。」（傍点は原文、以下同じ）という彼は、「昨今の「文章読本」の目的が、素人文学隆盛におもねって、だれでも書ける文章読本というような傾向に陥る傾き」があることに苦言を呈する。そして、「この「文章読本」の目的を、読む側からの「文章読本」という点だけに限定」し、各ジャンルにわたる近代・現代作家の例文を豊富に引用しながら、容易には到達できないその優れた技巧の数々を「精読者《リズール》」の眼で読み解いていく。「粗雑な現代現象」のなかで、「古典時代の美の単純と簡素」に憧れる三島由紀夫の、いわば反時代的な姿勢が浮かび上がる一冊である。

一方、中村真一郎『文章読本』は、「口語文の成立」「口語文の完成」「口語文の進展」「口語文の改革」という目次が端的に示すように、「近代日本の文章の変遷の歴史を叙べた本」としての趣をもっている。「現代における文章とはどのようなものか、どのようなものであった方が望ましいか、と考えるのに、なるべく実際の文例に従って行うという原則をたてて、やってみたところ、それはおのずから近代百年の口語文の歴史のあとを、洗い直すという仕事になりました。」と述べる所以である。中村はここで、明治の二葉亭四迷から同時代の井上ひさし・小田実・大江健三郎らにいたるまで、おおむね時代順に口語文の変遷を跡づけながら、「自分たちの考えること（思想）と感じること（感情）との、全体的な表現」としての現代口語文の意義と可能性に繰り返し言及し、自身も平易な語り口で、口語文を積極的に評価する立場をとっている。

それに対して丸谷才一『文章読本』は、「口語文の型はまだ出来あがつてゐないゆゑすこぶる具合が悪い」といふ。その制約のなかで、小説家がいかにして日本語の表現と格闘して達意の文章を生み出してきたか、――つまり「小説家が一番の名文家」なのであり、『文章読本』を小説家の専売特許とするに足る理由であることを力説するのがこの著書である。第一章「小説家と日本語」から最後の「現代文の条件」まで十二章に及ぶ長編で、巻末の「主要引用文献一覧」に掲げられた書目だけでも、『古事記』から『伊勢物語』、荻生徂徠・柳宗元などの古典や和漢の文人、さらには「大日本帝国憲法」などを含む六十九点に上っている。とくに、「名文を読め」（第二章）とともに文章上達の「呪文」として掲げるのが、「ちよつと気取つて書け」（第三章）というアドバイスで、ここに歴史的仮名遣いの使用とともに、「新しい文章の型」を模索しようとする丸谷の規範意識が明瞭に現れている。

最後に井上ひさし『自家製文章読本』は、谷崎以来の『文章読本』の「卓見」や「名人芸」に賛嘆しながら、いまや普遍的な『文章読本』を編もうとすることは「滑稽な冒険」にならざるを得ないという。だから「筆者自身のための文章読本」というのが、標題に冠した「自家製」の意味であり、手近な市役所の広報や広告文などにも目を通しながら、「話すように書くな」「透明文章の怪」「文間《ぶんかん》の問題」など、手製の概念や用語を駆使して、諸家の『文章読本』に対峙しようとする。文中に「ワードプロセッサー」の語も登場するが、「自分のなかに眠っている力を、言葉であらわすよろこび」すなわち「自己発見のよろこび」こそが文章表現の唯一の「援軍」であるという本書は、現代における文章表現や文学の変質と、それゆえの困難をも問わず語りしているといえよう。このほか、内容には触れることができないが、吉行淳之介・林真理子・橋本治らの作家にも、「文章読本」の名を冠した編著があることを付け加えておきたい。

〔宗像和重〕

用語索引

ア行

カ行

サ行

タ　行

ナ行

ハ行

ヤ 行

ラ 行

ワ　行

欧文・数字・記号

人名索引

ア行

カ 行

サ 行

タ　行

ナ　行

ハ　行

マ　行

ヤ　行

ラ　行

ワ　行

作品名索引

ア　行

カ行

サ行

タ　行

ナ行

ハ行

マ　行

ヤ行

ラ行

ワ行

欧文・数字

編集委員略歴

中《なか》 村《むら》　明《あきら》（編集主幹）

1935 年　山形県に生まれる
1964 年　早稲田大学大学院文学研究科修士課程修了
現　在　早稲田大学名誉教授
主　著　『日本語レトリックの体系』（岩波書店，1991 年）
『日本語の文体』（岩波書店，1993 年）

佐久間《さくま》まゆみ

1947 年　東京都に生まれる
1982 年　お茶の水女子大学大学院人間文化研究科博士課程単位取得退学
現　在　早稲田大学国際学術院教授
主　著　『朝倉日本語講座 7　文章・談話』（編集，北原保雄監修，朝倉書店，2003 年）
『講義の談話の表現と理解』（編著，くろしお出版，2010 年）

髙崎《たかさき》みどり

1950 年　愛知県に生まれる
1974 年　お茶の水女子大学大学院人文科学研究科修士課程修了
現　在　お茶の水女子大学大学院人間文化創成科学研究科教授
主　著　『随筆テクストの諸相』（共著，ひつじ書房，2007 年）
『ここからはじまる文章・談話』（共編，ひつじ書房，2008 年）

十《と》重《え》田《だ》裕一《ひろかず》

1964 年　東京都に生まれる
1993 年　早稲田大学大学院文学研究科博士後期課程単位取得退学
現　在　早稲田大学文学学術院教授
主　著　『〈名作〉はつくられる―川端康成とその作品』（NHK 出版，2009 年）
『横断する映画と文学』（編著，森話社，2011 年）

半《はん》 沢《ざわ》 幹《かん》 一《いち》

1954 年　岩手県に生まれる
1979 年　東北大学大学院文学研究科博士前期課程修了
現　在　共立女子大学文芸学部教授
主　著　『日本語表現学を学ぶ人のために』（共編，世界思想社，2009 年）
『向田邦子の比喩トランプ』（新典社，2011 年）

宗《むな》 像《かた》 和《かず》 重《しげ》

1953 年　福島県に生まれる
1983 年　早稲田大学大学院文学研究科博士後期課程単位取得退学
現　在　早稲田大学政治経済学術院教授
主　著　『投書家時代の森鷗外』（岩波書店，2004 年）
『編年体大正文学全集別巻　大正文学年表・年鑑』（共編，ゆまに書房，2003 年）

日本語 文章・文体・表現事典（新装版）　定価はカバーに表示

2011 年 6 月 30 日　初　版第 1 刷
2018 年 5 月 10 日　新装版第 1 刷
2020 年 3 月 10 日　　　　第 2 刷

編集委員　中　村　　明
佐久間まゆみ
髙崎みどり
十重田裕一
半　沢　幹　一
宗　像　和　重
発行者　朝　倉　誠　造
発行所　株式会社 朝　倉　書　店
東京都新宿区新小川町 6-29
郵便番号　162-8707
電　話　03(3260)0141
FAX　03(3260)0180
http://www.asakura.co.jp

〈検印省略〉

シナノ印刷・牧製本

ISBN 978-4-254-51057-7　C 3581　Printed in Japan